ARISTÓTELES

METAFÍSICA

VOLUME III

Sumários e comentário

PLANO DA OBRA:

Volume I:	Ensaio introdutório
Volume II:	Texto grego com tradução ao lado
Volume III:	Sumário e comentários

ARISTÓTELES

METAFÍSICA

Ensaio introdutório, texto grego com tradução e comentário de

GIOVANNI REALE

VOLUME III

Sumários e comentário

TRADUÇÃO

Marcelo Perine

Título original:
Aristotele Metafísica – Saggio introduttivo, testo greco con traduzione a fronte e commentario a cura di Giovanni Reale (edizione maggiore rinnovata)

ISBN 88-343-0541-8 (obra)

Capa e projeto gráfico: Maurélio Barbosa
Diagramação: So Wai Tam
Revisão: Marcelo Perine

Edições Loyola Jesuítas
Rua 1822, 341 – Ipiranga
04216-000 São Paulo, SP
T 55 11 3385 8500/8501 • 2063 4275
editorial@loyola.com.br
vendas@loyola.com.br
www.loyola.com.br

ISBN 978-85-15-02428-5

5ª edição: 2016

109802

Poi ch'innalzai un poco più le ciglia,
Vidi 'l maestro di color che sanno
Seder fra filosofica famiglia.
Tutti lo miran, tutti onor li fanno (...).
Dante, *Inferno*, IV 130-133.

(...) er [Aristóteles] ist eins der reichsten und umfassendsten (tiefsten) wissenschaftlichen Genie's gewesen, die je erschienen sind, ein Mann, dem keine Zeit ein gleiches an die Seite zu stellen hat.

(...) ele [Aristóteles] é um dos mais ricos e universais (profundos) gênios científicos que jamais existiram, um homem ao qual nenhuma época pode pôr ao lado um igual.

G. W. F. Hegel,
Vorlesungen über die Geschichte der Philosophie, in *Sämtliche Werke*,
Bd. 18. Ed. Glockner, p. 298.

Sumário

Advertência

Se é difícil traduzir a Metafísica *de Aristóteles, por muitos aspectos é ainda mais difícil comentá-la.*

As duas operações (como expliquei no Prefácio geral *contido no primeiro volume e na* Advertência *do segundo volume), são estritamente conexas, pelo menos com base no critério que adotei, ou seja, o critério de apresentar uma tradução que já implica uma precisa interpretação. Portanto, o comentário revela-se estruturalmente conexo com a tradução e não pode ser separado dela.*

A maior dificuldade do comentário relativamente à tradução depende dos seguintes motivos.

O leito sobre o qual a tradução deve necessariamente fluir é imposto pelo próprio texto e pelas suas precisas margens em geral, e também em particular com base nos critérios escolhidos por mim, ou seja, no que se refere aos conteúdos, mais do que à forma linguística. Por sua vez, o comentário pode proceder segundo diferentes direções de maneira, por assim dizer, transversal, embora mantendo o mesmo texto como ponto de referência essencial.

As três vias mestras que se podem seguir no comentário à Metafísica *foram ilustradas no* Prefácio geral *(cf. vol. I, pp. 17-22). Também já indiquei a "via intermediária" da "justa medida" escolhida por mim, e expliquei também as razões pelas quais a escolhi.*

Todavia, quero ainda voltar sobre um ponto, não só para reafirmá-lo, mas também para trazer ulteriores esclarecimentos sobre ele.

Existem boas traduções da Metafísica *em línguas modernas, embora poucas; comentários modernos bons e úteis, que ajudem verdadeiramente o leitor na fruição dessa obra prima, ao invés, são pouquíssimos.*

Isso decorre do fato de que a Metafísica *é certamente um autêntico* "cosmo noético"*, de tal amplidão e de tal alcance, que dificilmente se submete à análise, a qual, ademais, faz perder de vista aquele "todo", que* *constitui justamente a cifra básica e a proposta de fundo dos livros que constituem essa obra.*

Portanto, é preciso proceder por sínteses e análises, evitando qualquer discurso dispersivo e, no que concerne aos vários destaques sobre os particulares, é necessário limitar-se ao essencial, submetendo-se ao todo.

Justamente por razões de princípio, portanto, é preciso evitar os vários excursus *e as variadas discussões pormenorizadas, que poderiam frequentemente ser feitas, mas que levariam a excessos de particularização e não fariam captar o sentido geral do discurso (como poucas outras obras, a* Metafísica *se transformaria, com esse critério, numa verdadeira enciclopédia de raio bastante amplo).*

Como já disse mais de uma vez, a melhor garantia de caráter metodológico é fornecida por aquele esquema que sustenta a dialética platônica, nos seus dois momentos de "sinopse" e de "diairese", ou seja, de síntese e de análise, harmonicamente mediados.

Quero recordar aqui um fato particular, que me parece interessante para todos os leitores da Metafísica. *A obra que mais me ajudou e me forneceu uma série de suportes de fundo ao escrever a minha* História da filosofia antiga *foi, justamente, a* Metafísica, *com a única exceção do* Fédon *de Platão. E no* Ensaio introdutório, *em toda a segunda parte, do capítulo oito ao doze (vol. I, pp. 157-266), evidencio também as razões que levam a bem compreender o que estou dizendo. No quinto volume da minha* História da filosofia antiga, *depois, o leitor poderá ver como, na elaboração do léxico filosófico grego, as referências a* Aristóteles *(e particularmente à* Metafísica*) revelam-se determinantes, na maioria dos casos.*

Isso demonstra ad abundantiam *a amplidão e o alcance daquele* "cosmo noético" *que é constituído pela* Metafísica, *como disse acima; e prova, ademais, quão grande é a exigência que comporta a tentativa de fornecer um comentário a ela, justamente com aquele desdobramento conjunto de sinopse e de diairese, ou seja, de síntese e de análise, do modo mais adequado possível.*

Quanto à bibliografia (que no nível das análises particulares nos últimos decênios teve uma verdadeira explosão, e que por isso não evoquei aqui e remeti a outro trabalho), particularmente no que se refere aos companheiros de viagem que escolhi, depois de meditada ponderação, já dei explicações no Prefácio *e remeto o leitor àquelas páginas (cf. vol. I, pp. 12 ss.).*

Aqui é oportuno explicar os critérios segundo os quais cadenciei esse trabalho de comentário, mesmo repetindo oportunamente algumas coisas já ditas.

O quadro geral que apresenta os temas de fundo de cada livro da Metafísica *e a indicação dos seus nexos com o conjunto da coletânea foram apresentados por mim no sétimo capítulo do* Ensaio introdutório *(cf. vol. I, pp. 123-155). Antes de afrontar a leitura das notas de comentário a cada livro será oportuno afrontar a prévia leitura das páginas daquele capítulo referentes a cada um dos livros.*

Alguns conceitos gerais e particulares que nos vários livros são apresentados de diferentes modos e com diferentes articulações, também foram estudados no Ensaio introdutório. *Para comodidade do leitor, portanto, no curso do comentário de cada livro serão, amiúde, indicadas as precisas páginas de referência do* Ensaio introdutório, *que é oportuno ter presentes.*

Cada capítulo de cada livro da Metafísica, *depois, é apresentado de maneira preliminar em forma de* Sumário, *que evidencia os temas especificamente tratados e as suas articulações. Esses* Sumários *são premissas às notas de comentário analítico de cada um dos capítulos. Lendo até mesmo só os* Sumários, *normalmente no seu conjunto, tem-se um resumo (ou uma paráfrase sumária) da problemática de toda a* Metafísica. *Por isso, apresentei-os em caracteres cursivos, justamente para evidenciar a diferença metódica (ou seja, o momento* sinótico *ou* sintético) *que especificamente os caracteriza com relação às sucessivas notas de comentário (ou seja, relativamente ao momento* diairético *ou* analítico).

As notas de comentário, justamente porque analíticas e, portanto, mais difíceis de seguir, foram por mim muito diferenciadas em comparação com as da primeira edição. Conservo a chamada no texto (porque ela ajuda muitíssimo o leitor), mas, depois, começo a nota de comentário não só com a chamada do texto, também com a indicação (em caracteres em negrito) das particulares linhas do texto da Metafísica *que são interpretadas e comentadas. Frequentemente ocorre que uma nota envolva sinoticamente um grande número de linhas, e que as sucessivas notas retomem o comentário de grupos particulares dessas linhas, sempre expressamente indicadas no início com caracteres em negrito; ou pode acontecer que se proceda também em sentido oposto, ou seja, que se comentem primeiro pontos particulares (linhas ou termos individuais) e que, depois, se retome o comentário de um amplo grupo de linhas (incluídas as que já foram tratadas individualmente) para ilustrar o discurso no seu conjunto, segundo a oportunidade.*

Tenha-se presente que a indicação das linhas tem como ponto de referência sempre e só o texto grego, porque as linhas da tradução correspondem apenas aproximadamente às do texto grego, pelas razões que indiquei na Advertência *ao segundo volume.*

Para ajudar o leitor o máximo possível, ademais, também intitulei, de modo oportuno, todas as notas (exceto algumas brevíssimas). Desse modo, o leitor pode com facilidade seguir não só o desenvolvimento dos raciocínios nas suas articulações, às vezes bastante complexas, mas pode também facilmente encontrar ou reencontrar com agilidade aquelas temáticas que lhe possam interessar particularmente e, portanto, utilizar da melhor maneira o comentário.

Nas várias referências aos autores precedentes ou contemporâneos a Aristóteles que são feitas na Metafísica, *sempre indiquei as edições e as traduções de referência. Excluí, ao invés, muitas das referências feitas na primeira edição também à literatura crítica, não só porque com as atualizações elas se tornariam demasiado pesadas, mas também porque o leitor tem à sua disposição o quinto volume da minha* História da filosofia antiga *(da qual, paralelamente, foi feita uma atualização) no qual pode-se encontrar aquilo que aqui apenas poderia repetir, com pouca utilidade para o leitor.*

Convém evocar aqui ainda uma ideia fundamental já expressa no Ensaio introdutório.

Com base numa prévia escolha metodológica, meu comentário não quis ser nem de caráter puramente filológico, nem, muito menos, de caráter prevalentemente teorético. Realiza, ao contrário, aquele caráter no qual me inspirei em todas as minhas obras, vale dizer, o caráter hermenêutico, ou seja, exegético e, portanto, interpretativo e histórico-filosófico. Com efeito, quem quiser compreender o pensamento antigo, particularmente obras-chave como a Metafísica, *a meu ver, não pode e não deve fechar-se nos estreitos horizontes do filologismo, como se se tratasse de explicar meras palavras ou coisas mortas; e de modo análogo, deve evitar reler os textos antigos como se se tratasse de meras ocasiões ou de pretextos para autocompreender-se e autoexprimir-se; como já disse, deve trilhar aquela precisa via que indiquei e que é, no caso que nos diz respeito, a justa via intermediária.*

E outra ideia já expressa no Prefácio *(cf. vol. I, pp. 7-11) merece ser evocada e reafirmada.*

Reconstruir uma história de ideias implica mergulhar, de diferentes modos, no interior delas, pôr-se em sintonia com elas, e, particularmente, alcançar uma maturidade hermenêutica que possibilite entender aquela alteridade histórica em que se situam, e que, portanto, possibilite realizar a ampliação daquele raio do círculo hermenêutico que nos permite com-

preender o sentido. Mas o filologismo que tem como fim a pura palavra mais que o pensamento, e, por outro lado, o teoreticismo que tem por fim a pura teoria em sentido abstrato e global (e, portanto, que atualiza tudo o que pensa), não são capazes de alcançar esse objetivo.

Enfim, considero oportuno reafirmar um terceiro ponto, que, como os precedentes, já foi evidenciado por mim no Prefácio *(vol. I, p. 11), mas que deve também ser evocado aqui.*

No comentário tentei não fazer pesar sobre o leitor a minha nova interpretação de Platão: ao invés, remeto ao Ensaio introdutório, *ademais do meu livro* Para uma nova interpretação de Platão (trad. bras. de M. Perine, Edições Loyola, São Paulo, ²2004), *onde o leitor pode encontrar tudo o que lhe pode servir, e no comentário reduzo ao máximo os novos acréscimos concernentes a essa problemática.*

Volto ainda a recordar, enfim, que as chaves de abóbada da minha interpretação da Metafísica *de Aristóteles (e não só das relações entre Aristóteles e Platão e os Platônicos) e, portanto, a "grade" teórica, por assim dizer, que sustenta tudo o que escrevo nesse* Comentário, *estão contidas no* Ensaio introdutório, *e que, portanto, o primeiro volume dessa obra deve ser lido com atenção por todos os que quiserem entender o que apresento nesse terceiro volume em todas as suas implicações e no seu alcance hermenêutico.*

Os princípios axiológicos e normativos que os Gregos propuseram, vale dizer, o da "justa medida" e o do "nada em demasia", foram por mim rigorosamente seguidos e conjugados com a máxima deontológica formulada e reafirmada sobretudo em tempos modernos (mas que, de certo modo, reflete o próprio pensamento dos Helenos, que foi sempre da maior "transparência"), que recorda ao filósofo que a honestidade de fundo de todo pensador se reconhece pela sua clareza. *Fugir da clareza e da transparência significa, em última análise, fugir da verdade (ou, se se prefere, de uma transparente busca da verdade).*

Com efeito, a meu ver, não há nada de verdadeiro, por mais profundo que seja, que não se possa exprimir (ou, pelo menos, que não se deva tentar exprimir) com transparente clareza, de modo a estender a sua compreensão ao maior número possível de pessoas.

Portanto, no meu comentário, tentarei sempre chegar a conclusões, e nunca deixarei, na medida do possível, o leitor na trama dos problemas, sem indicar-lhe a solução que a meu ver é correta, ou, pelo menos, que me parece ser a mais plausível.

Em muitas ocasiões apresentarei também as passagens daqueles comentários que acrescentaram aquela interpretação que me parece a mais adequada.

Ademais, tentarei sempre chegar ao núcleo dos próprios problemas, sem dispersar-me nas suas periferias.

Em conclusão, o escopo precípuo desse Comentário *é justamente o de tentar tornar mais aproveitável a todos os leitores de filosofia (e não só aos pesquisadores especialistas e aos cultores do pensamento antigo) essa obra-prima de doutrina, porque, embora com as categorias do* logos *grego,* Aristóteles, *nela, leva o* logos *humano enquanto tal a um dos mais altos níveis especulativos que o homem até agora alcançou na sua história espiritual.*

Sumários e Comentário à "Metafísica"

Πῶς γὰρ ἔσται τάξις μή τινος ὄντος ἀδίου καὶ χωριστοῦ καὶ μένοντος;

Como poderia haver uma ordem, se não existisse um ser eterno, separado e imutável?

Metafísica, K 2, 1060 a 26-27.

ἐν ἅπασι μάλιστα τὸ ἀγαθὸν ἀρχή.

Em todas as coisas o bem é o princípio por excelência.

Metafísica, Λ 10, 1075 a 37.

SUMÁRIOS E COMENTÁRIO AO LIVRO A

(PRIMEIRO)

É evidente, portanto, que não a buscamos por nenhuma vantagem que lhe seja estranha; e, mais ainda, é evidente que, como chamamos livre o homem que é fim para si mesmo e não está submetido a outros, assim só esta ciência, dentre todas as outras, é chamada livre, pois só ela é fim para si mesma.

Metafísica, A 2, 982 b 24-28.

1. *Sumário e comentário a A 1*

[1] (980 a 21 – 982 a 3). Sumário. — *Nesse capítulo* Aristóteles *quer demonstrar que todos os homens entendem por sapiência* (σοφία) *a forma mais elevada de saber e que esta é o* conhecimento das causas e dos princípios. *Em vista disso, ele traça uma rápida descrição das várias formas do conhecimento (sensação, memória, experiência, arte e ciência), indica como se desenvolvem umas das outras e mostra que todos, concordemente, consideram como sapiência só a arte e a ciência. — A experiência (assim como a sensação) refere-se sempre ao* particular; *a arte e a ciência referem-se ao* universal, *ao* porquê *e à* causa *das coisas. — Do ponto de vista da* utilidade prática, *a experiência pode ter mais sucesso do que a ciência, mas, do ponto de vista do* saber, *ela é muito inferior: a experiência (assim como a sensação) limita-se aos* dados de fato, *enquanto a arte e a ciência alcançam o conhecimento do* porquê e *da* causa *dos fatos. Justamente por isso, não se consideram sapiência nem a sensação nem a experiência, mas a arte e a ciência, e não se consideram* sapientes *os empíricos, mas só os que possuem arte e ciência. —* Ademais, *a experiência não é comunicável nem ensinável aos outros, mas sim a arte e a ciência (justamente porque são conhecimento de causas e princípios) e todos concordam em considerar como peculiar à* sapiência *o fato de ser ensinável, e como característica do* sapiente *o fato de saber ensinar. — Enfim o* sapiente *é considerado assim, enquanto e na medida em que se eleva a um saber que está acima das necessidades práticas (e só o conhecimento puro das causas é assim). Conclui-se, portanto, que a sapiência é* conhecimento de certas causas e de certos princípios.

[2] (980 a 21). *Todos os homens por natureza tendem ao saber.* — Esta é uma cifra verdadeiramente emblemática do pensamento grego em geral, além de ser também do pensamento aristotélico. É a raiz da qual nasceu e na qual se funda a filosofia (particularmente a metafísica). Ver o desenvolvimento pormenorizado desse conceito em A 2, 982 b 11-983 a 23.

[3] (980 a 21-26). *A superioridade da visão e do ver.* — A firme convicção da *superioridade da visão relativamente a todos os outros sentidos* é outra característica emblemática da espiritualidade dos Gregos, levada ao primeiro plano já por Platão. Ver as observações que fazemos em: *Para uma nova interpretação de Platão* ([2]2004), pp. 207ss. — Recorde-se que, enquanto a civilização grega é uma civilização da "visão" e da "forma", a espiritualidade hebraica está centrada no "escutar", no "ouvir" (a voz e a palavra dos Profetas e de Deus). Tenha-se, portanto, presente a atmosfera tipicamente helênica dessas páginas.

[4] (980 a 26-27). *As "diferenças" que a visão nos dá a conhecer.* — Não é totalmente claro quais sejam essas "diferenças" (διαφοραί) que a visão nos dá a conhecer (e, portanto, qual é a razão pela qual a visão nos faz conhecer mais do que todas as outras sensações). Os comentadores dão três indicações. — (1) Alexandre (*In Metaph.*, p. 1, 22 ss. Hayduck) considera que se trata das "*diferenças das cores* que existem entre as cores extremas branca e preta, vale dizer, cinza, amarelo, escarlate, vermelho e amarelo claro, enquanto entre quente e frio ou seco e úmido não existe uma multiplicidade de diferenças como essas"; o mesmo repete Asclépio, *In Metaph.*, p. 6, 15-17 Hayduck. — (2) Tomás (*In Metaph.*, p. 7, § 8 Cathala-Spiazzi), ao contrário, considera que se trata da *figura*, da *grandeza* e das outras diferenças desse gênero, que são captadas justamente pela visão, mais do que pelos outros sentidos; assim também Colle, *Métaph.*, I, pp. 5 s.; Ross, *Metaph.*, I, p. 115 e outros. Esta segunda exegese é, provavelmente, mais próxima da verdade. De fato, escreve Aristóteles em *De sensu*, 1, 437 a 5-9: "a faculdade da visão revela numerosas *diferenças* de todos os tipos, enquanto a cor pertence a todos os corpos, de modo que mediante ela se percebem os sensíveis comuns: entendo por sensíveis comuns *figura, grandeza, movimento, número*". — (3) Schwegler (*Metaph.*, III, pp. 3 s.), partindo desse mesmo texto e referindo-se a *Metafísica*, H 2 (ver *infra*), parece considerar que Aristóteles fale de "diferenças" unicamente no sentido de *determinações essenciais* das substâncias sensíveis, portanto, daquelas determinações que constituem o *eidos* ou forma (= *diferença específica*) das coisas sensíveis (cf. H 2, 1043 a 19-21). Mas, na realidade, esse primeiro capítulo da *Metafísica* tem caráter propedêutico e, portanto, muito dificilmente "diferença" pode ter aquele sentido metafísico que tem nos livros Z H. — Portanto, é preferível a segunda exegese, é melhor entender por "diferenças", as *figuras*, as *grandezas*, os *movimentos*, o *número* e semelhantes.

[5] (980 a 27-b 25). *Os vários tipos de animais, a sua inteligência e a sua capacidade de aprender.* — Aristóteles divide aqui os animais nas seguintes

três ordens hierárquicas: (1) animais que não têm nem *ouvido* nem *memória*; (2) animais que têm *ouvido* e não *memória* e (3) animais que têm *ouvido e memória*. Os primeiros não são nem *inteligentes* nem *disciplináveis* (domáveis, adestráveis), os segundos são *inteligentes* mas não *disciplináveis*, os terceiros são *inteligentes e disciplináveis* (cf. Tomás, *In Metaph*., p. 8, § 13; Maurus, *Arist. op. omn*., IV, p. 257. § 3). — "Inteligentes" traduz o termo φρόνιμοι, que aqui é usado em sentido genérico (no sentido em que também nós dizemos comumente que alguns animais são inteligentes) e não no sentido que φρόνησις tem em *Et. Nic*., VI 5, 1140 a 25; 11, 1143 a 8 ss.; 13, 1043 b 20 ss.; nesse sentido técnico φρόνησις (sabedoria) implica λόγος e, portanto, é exclusiva do homem. A φρόνησις do animal, portanto, não é mais que a habilidade natural com que ele sabe se virar na vida prática; nesse sentido, também a *Et. Nic*., VI 7, 1141 a 26-28, chama φρόνιμα os animais que "parecem ter a faculdade de prover à própria vida" (cf. *A ger. dos anim*., III 2, 753 a 11 ss.). — A capacidade de "aprender" (μανθάνειν), aqui atribuída por Aristóteles aos animais, deve ser entendida (como explicita Tomás, *loc. cit*.) como capacidade de serem *disciplinados*; hoje diríamos capacidade de serem *adestrados*. — A razão pela qual, segundo Aristóteles, são assim só os animais dotados de sensação *auditiva*, é extraída claramente de *Hist. dos anim*., IX 1, 608 a 17-21: "alguns animais têm também a capacidade de aprender e de ensinar, de aprender uns dos outros, ou dos próprios homens: estes são *os animais que têm ouvido*, e não só os que ouvem os sons, mas os que também percebem as diferenças dos seus significados". Portanto, é perfeita a observação de Asclépio (*In Metaph*., p. 5, 4-7 Hayduck): "[Aristóteles] diz que são capazes de aprender aqueles animais capazes de perceber os sons e de entender os que são ameaçadores e os que não o são: tais são o cão, o cavalo (...) e outros animais desse tipo". Para o exemplo das abelhas, que não teriam ouvido, cf. *Hist. dos anim*., IX 40, 627 a 17-19: "não é de todo claro se [as abelhas] têm o ouvido ou se fazem o que fazem movidas pelo prazer ou pelo temor".

[6] (980 b 26 – 981 a 7). *Imagens sensíveis, lembranças, experiência, arte, raciocínio*. — Aristóteles introduz agora uma série de conceitos, que merecem ser tratados. (1) Com "imagens sensíveis" traduzimos o termo φαντασίαι, que aqui só pode significar "operações da imaginação, imagens e associações de imagens" (Colle, *Métaph*., I, p. 10); cf. *Da alma*, II 3, 415 a 8 ss. (ver G. Movia, *Aristotele, L'anima*, Nápoles 1979, pp. 403 s., nota 2). — (2) As "recordações", ou seja, "memória" (μνήμη), referida aos animais, só pode indicar a *memória sensível* (cf. Colle, *loc. cit*.), enquanto, referida ao

homem, "deve ser entendida, ao mesmo tempo, como lembrança sensível e lembrança abstrata, embora particular" (Colle, *loc. cit.*). A relação entre imagem e memória é assim explicada por Aristóteles no *Da memória*, 1, 451 a 15-16: a memória está "de posse da imagem, considerada como cópia daquilo de que é imagem"; ademais, a memória implica estruturalmente a dimensão do tempo, como Aristóteles, *ibid.*, 449 b 28 s., diz: "... por isso a memória implica sempre o tempo. Portanto, só os animais que têm percepção do tempo têm memória...". — (3) A "experiência" (ἐμπειρία), nota justamente Colle (*Métaph.*, I, p. 10), não deve ser entendida como mera soma de múltiplas lembranças, como se poderia crer com base no texto que estamos comentando (cf. também *Anal. post.*, II 19, 100 a 5); segundo Aristóteles "experiência" constitui "um estado psicológico *resultante* da multidão das lembranças de um mesmo objeto". Naturalmente o pouco de experiência que Aristóteles considera terem alguns animais será de caráter puramente sensível, e deverá ser uma coleção de imagens ou uma fusão de muitas associações de imagens e de lembranças sensíveis numa única representação sensível"; a experiência dos homens, ao invés, "tem um sentido mais amplo: compreende a experiência sensível e a experiência abstrata. Ela é o estado de consciência resultante de um conjunto de lembranças abstratas, mas particulares" (Colle, *op. cit.*, p. 11). E com isso já falamos, além da natureza da experiência, também da particular relação dela com a memória. — (4) Quanto à "arte" (τέχνη), cf. a nota seguinte. — (5) No que se refere ao "raciocínio" (λογισμός) de que fala o início do nosso período em conexão com a arte, tenha-se presente que ele indica o *raciocínio prático*, isto é, o cálculo que operamos, não só para estabelecer o que é verdadeiro ou falso, para deliberar o que devemos fazer ou não; cf. Bonitz, *Comm.*, p. 39; cf. *Da alma*, III 11, 434 a 7 ss.; *Et. Nic.*, VI 2, 1139 a 12. — Enfim, tenha-se presente que o Polo citado é o conhecido personagem do *Górgias* de Platão; eis as textuais palavras de Polo no *Górg.*, 448 C: "... existem muitas artes entre os homens, extraídas de várias experiências, e descobertas mediante a experiência: a experiência, de fato, faz a nossa vida proceder com arte, enquanto a inexperiência a faz proceder ao acaso". Naturalmente, não se pode dizer se Platão põe na boca de Polo as precisas palavras extraídas do seu escrito, embora Estobeu (*Floril.*, III 88) cite esta passagem sob o nome de Polo.

[7](981 a 7-12). *O conceito grego de "arte" e relações entre arte e experiência.* — "Arte" (τέχνη) é algo muito próximo da *ciência*, enquanto implica, justamente, *conhecimento dos universais*. Na linguagem moderna

a palavra "arte" não tem mais o antigo sentido e, portanto, existe o risco de equívocos. — Schwegler traduz τέχνη por *Theorie* (*Metaph*., II, pp. 1 s.; III, pp. 7 s.); mas se esta tradução corresponde ao aspecto da arte (τέχνη) como "conhecimento dos universais" (γνῶσις τῶν καθόλου), não corresponde ao outro aspecto da *aplicação prática*, que também está implícito (portanto, corre o risco de gerar o equívoco oposto ao que pode gerar a tradução "arte", mas com o agravante de tornar mais difícil a compreensão das relações entre arte e ciência). — Particularmente esclarecedoras são as seguintes explicações de Jaeger (*Paideia*, II, trad. ital., Florença 1954, pp. 217 s.): "O nosso conceito de 'arte' não reflete adequadamente o sentido da palavra grega. Esta tem em comum com 'arte' a tendência à aplicação e ao aspecto prático. Por outro lado, em oposição à tendência 'individual' criadora, 'não submetida a nenhuma regra' (para muitos implícita hoje na palavra 'arte'), acentua o fator concreto do saber e da aptidão, que para nós estão ligados ao conceito de especialidade. A palavra *techne* tem em grego uma extensão muito mais vasta do que a nossa palavra 'arte'. Designa toda profissão prática baseada em determinados conhecimentos especializados e, portanto, não só a pintura, a escultura, a arquitetura e a música, mas também, e talvez com maior razão ainda, a medicina, a estratégia militar ou a arte da navegação. A palavra significa que estas tarefas práticas ou estas atividades profissionais não correspondem a mera rotina, mas baseiam-se em regras gerais e conhecimentos sólidos; neste sentido, o grego *techne* corresponde frequentemente, na terminologia filosófica de Platão e Aristóteles, à moderna palavra *teoria*, sobretudo nas passagens em que se contrapõe à mera experiência. *Techne*, por sua vez, distingue-se, como teoria, da 'teoria' no sentido platônico de 'ciência pura', já que aquela teoria (a *techne*) é sempre concebida em função de uma *prática*". — Dito isso, também está resolvido o problema da relação entre *experiência* e *techne*: esta deriva diretamente da primeira, mas dela se distingue nitidamente, enquanto opera uma radical passagem de plano, elevando-se do conhecimento do particular ao do universal. — Para ulteriores aprofundamentos cf. Colle, *Métaph*., I, pp. 11-13, o qual evidencia, entre outras coisas, a inadequação dos comentários antigos relativamente à passagem que estamos lendo.

[8] (**981 a 18-20**). *O significado da expressão "acidentalmente" nesse contexto*. — Deixemos, por agora, a questão geral que está em pauta (da qual falaremos na nota seguinte) e tentemos entender este particular inciso. A expressão *acidentalmente* (κατὰ συμβεβηκός e συμβέβηκεν), neste nosso

texto, não tem um significado totalmente claro. Os intérpretes propõem três exegeses diferentes. — (1) Bonitz (*Comm.*, p. 41), referindo-se a uma conhecida distinção dos significados de συμβεβηκός (de que falaremos a propósito de Δ 30), considera que, aqui, Aristóteles entende συμβεβηκός não no sentido de *casual* e *fortuito*, mas no sentido de propriedade que pertence *por si* à coisa (συμβεβηκὸς καθ'αὑτό), mas não constitui a essência da coisa. Mas muitos estudiosos (Colle, *Métaph.*, I, p. 16; Ross, *Metaph.*, I, p. 118; Tricot, *Métaph.*, I, p. 6, nota 2) rejeitam essa exegese, que, com efeito, não é pertinente e não esclarece o texto. — (2) Outra via trilhou Colle (*Métaph.*, I, pp. 17 ss.). Remetendo-se a uma passagem de Alexandre das ἀπορίαι καὶ λύσεις, I 9 b 23, onde se diz que a *universalidade é um acidente* da essência, e explorando sistematicamente esta afirmação, ele entende assim: "Portanto, a universalidade é um acidente da essência. Daí deriva que a essência, considerada formalmente do ponto de vista da sua extensão, isto é, como universal, é um atributo acidental da essência considerada exclusivamente do ponto de vista da sua compreensão. Para usar o exemplo de Alexandre, 'um animal em geral' ou, o que é o mesmo, 'um animal' (essência universal), será atributo acidental de 'este animal' (essência considerada separadamente do seu caráter universal). Assim, 'um homem' será atributo acidental 'deste homem'. Se é assim, 'um homem' será também atributo acidental do indivíduo do qual 'este homem aqui' exprime a essência. Portanto temos: 'um homem' é atributo acidental de Cálias. E é neste sentido que Aristóteles pode dizer: 'Cálias ou Sócrates, que tem por acidente ser um homem" (*loc. cit.*, p. 17). Assim também Tricot, *Métaph.*, I, p. 6, nota 2. Mas tais significados recônditos são improváveis num texto propedêutico como o nosso. — (3) A exegese mais satisfatória é a de Ross (*Metaph.*, I, p. 118), e é também a mais simples: συμβεβηκός, no nosso texto, significa *indiretamente*: o médico cura *diretamente* Cálias e *indiretamente* o homem, porque cura Cálias que é homem. Cf. também *Metaph.*, M 10, 1087 a 19 s.

[9] **(981 a 24-30)**. *Por que a arte faz conhecer mais do que a experiência.* — Aristóteles explica perfeitamente a razão da superioridade da arte e da teoria sobre a experiência de que fala nesse texto: a experiência limita-se ao *dado* (τὸ ὅτι), a arte vai além do dado e alcança o *porquê* dele (τὸ διότι), a sua *causa* (αἰτία). — Traduzimos τὸ ὅτι (da linha 29) por "o puro dado de fato", explicitando o sentido; de fato, a tradução mais literal "os empíricos sabem *o quê*..." pode se prestar a grave equívoco e sugerir até o contrário do que entende Aristóteles (o *quê* de uma coisa pode também fazer pensar

ao seu *quid*). Justamente Ross (trad. *Met.*, *ad. h. l.*) traduz τὸ ὅτι por "*that the thing is so*", Colle (*Métaph.*, p. 3) traduz por "*le fait*", Tricot (*Métaph.*, I, p. 7) por "*qu'une chose est*", enquanto Gohlke (*Metaph.*, p. 37) traduz com a eficaz expressão "*was vorliegt*".

[10] (981 b 7-10). *O caráter peculiar da sapiência está em ser ensinável, enquanto é conhecimento de causas.* — Note-se que esta argumentação subentende justamente a tese de fundo que está em discussão no nosso capítulo e da qual pretende ser nova prova. A *ensinabilidade* é característica distintiva da sapiência e o *saber ensinar* é distintivo do sapiente, diz Aristóteles; mas a sapiência é ensinável, justamente porque é *conhecimento de causas*, e o sapiente sabe ensinar *porque conhece as causas*. Neste sentido, essa característica distintiva da sapiência e do sapiente é uma confirmação da tese de que a sapiência é *ciência das causas*. (Cf. também Colle, *Métaph.*, I, pp. 18 s.).

[11] (981 b 10-13). *Prova ulterior da tese de que a sapiência é ciência das causas.* — Por que a sensação, mesmo sendo instrumento de conhecimento de particulares, não é considerada sapiência? Porque a sensação só conhece o *fato*, não o *porquê* (= a causa). Desse modo se confirma novamente que só o *conhecimento das causas* é considerado sapiência.

[12] (981 b 13-25). *Última prova em favor da tese de que a sapiência é ciência das causas.* — Quanto mais longe de servir a objetivos práticos estiver um conhecimento (e, portanto, quanto mais puramente teorético for), tanto mais concordemente os homens o consideram *sapiência*. Mas o conhecimento que está mais longe de escopos práticos é, justamente, o *conhecimento das causas*!

[13] (981 b 25-27). *Diferença entre ciência e arte.* — A passagem da *Et. Nic.* a que Aristóteles alude é VI 3, 1139 b 14 ss. A diferença aí estabelecida entre ciência e arte é a seguinte: ciência é conhecimento *demonstrativo* do que é *necessário* e *eterno*; a arte é, ao contrário, "disposição ou hábito produtivo acompanhado de razão", tendo como objeto não o necessário e o eterno, mas "aquelas coisas que podem ser diferentes do que são". Ver, ademais, a nota 7, *supra*.

[14] (981 b 28). *Sobre o termo* πρῶτα. — Talvez tenha razão Wirth ao eliminar esse termo πρῶτα, "primeiras", aqui fora de lugar. Independente das objeções de Colle (*Métaph.*, I, pp. 20 s.), Ross (*Metaph.*, I, p. 119), Tricot (*Métaph.*, I, p. 11, nota 1), a eliminação de πρῶτα, tornaria melhor compreensível a ordem de pensamentos dos capítulos 1-3; de fato, A 1 demonstra que sapiência é ciência de causas e princípios (de *certas* causas e *certos* princípios, dizem as duas últimas linhas; cf. a nota seg.), A 2 explica que

essas causas e esses princípios são *os primeiros e supremos*, e A 3 determina *quais são* as causas e os princípios primeiros (as *quatro* célebres causas).

[15] (982 a 2). A *expressão* περί τινας ἀρχὰς καὶ αἰτίας. — Confirma, com a sua generalidade e bem calibrada indeterminação (περί τινας...), o que dissemos na nota precedente.

2. *Sumário e comentário a* A 2

[1] (982 a 4 – 983 a 23). Sumário. — *Estabelecido que a* sapiência *(que será o objeto específico desse desenvolvimento) é ciência de* certas *causas e* de certos *princípios, Aristóteles quer agora precisar* quais *são essas causas e esses princípios, e conclui que estes são as causas e os princípios* primeiros *ou* supremos. *Por isso ele examina mais uma vez a característica que, segundo o juízo unânime de todos, o sapiente e a sapiência devem ter. — O sapiente* (a) *deve conhecer, em certo sentido, tudo; e conhece tudo quem conhece* o universal. (b) *Deve conhecer as coisas difíceis; e assim são justamente* os universais. (c) *Deve possuir conhecimentos exatos; e exato é sobretudo o conhecimento* dos primeiros princípios. (d) *Deve saber ensinar; e mais do que todos sabe ensinar quem conhece as* causas. (e) *Deve possuir aquela ciência que se busca por ela mesma e não pelos seus efeitos práticos, e essa ciência é a* dos primeiros princípios. (f) *Deve, enfim, possuir a ciência que é superior a todas, e essa ciência é a ciência do* fim, *o qual é uma* causa primeira. — *A segunda parte do capítulo reafirma a* pura teoreticidade, *já incluída no ponto* (e), *e o caráter* divino *da* sophia; *ela é buscada por puro amor ao saber e não por alguma utilidade prática; ela é, portanto,* livre, *tendo em si mesma e não em outro o seu fim; ademais, ela é* divina, *porque* (1) *é o tipo de ciência que Deus possui e porque* (2) *tem o próprio Deus como objeto (todos, com efeito, consideram que Deus seja causa e princípio primeiro, e que, portanto, a ciência que trata das causas e dos princípios trate de Deus). — Ademais, Aristóteles indica o estado de espírito do qual tem origem a sapiência: o estupor, a admiração de que as coisas sejam assim como são e o desejo de libertar-se da ignorância. Uma vez alcançada a sapiência, experimentamos o estado de espírito exatamente oposto: conhecendo a causa última ou a razão última das coisas, compreendemos a sua necessidade, isto é, o fato de não poder ser diferentes do que são; e, portanto, nos admiraríamos se fossem diferentes do que são.*

[2] (982 a 4-b 10). *Esquema do raciocínio da primeira parte do capítulo.* — Aristóteles enfoca aqui o problema para cuja resolução logo em seguida

redige o elenco das várias características concordemente reconhecidas como distintivas da sapiência e do sapiente (ll. 8-21); a partir da linha 21 até 982 b 7, ele as retomará e comentará uma a uma, com vistas a demonstrar como elas (individualmente ou no seu conjunto) levam à mesma conclusão: o conhecimento que elas pressupõem é o conhecimento não só das causas e dos princípios em geral, mas das causas e dos princípios *primeiros* ou *supremos* (982 b 7-10). — Indicamos com números progressivos entre parênteses as várias características da sapiência, que primeiro são enumeradas e depois comentadas, para facilitar ao leitor encontrar a correspondência entre o elenco das características e o comentário explicativo das mesmas.

[3] (**982 a 21-23**). *Primeira característica do sapiente e suas implicações.* — Quem tem conhecimento do universal conhece "só em certo aspecto" (πως), vale dizer, *em potência*, os particulares. Excelente a explicação de Bonitz (*Comm.*, p. 48): "Non *simpliciter* sed *quodammodo* eum cognovisse dicit πάντα τὰ ὑποκείμενα, quoniam in universali notione *non actu*, sed *potentia* continentur singulae res quae ei sunt subiectae, cf. *Analyt. post.*, I 24. 86 a 22 sqq...". — A complexa expressão por nós indicada no texto entre colchetes traduz o termo τὰ ὑποκείμενα, aqui usado por Aristóteles em sentido diferente do habitual. De fato, ὑποκείμενον significa (como veremos adiante): (1) o *substrato* material relativamente à forma, ou (2) a coisa, isto é, o *sujeito* do qual se predicam os acidentes. Ora, Bonitz observa que desse segundo significado de algum modo pode-se extrair luz para esclarecer o uso que o nosso texto faz do termo: o *sujeito* é habitualmente uma coisa *particular* e o predicado que se lhe atribui tem sempre uma extensão maior, é sempre mais *universal*, consequentemente "res singulae *subiectae* univesali notioni dici possint ὑποκείμενα" (p. 49). Análogo uso do termo pode-se ver abaixo, p. 982 b 4. — A conexão dessa argumentação com a tese de fundo do capítulo (cf. nota precedente) é óbvia: os *universais* aqui em questão são, justamente, os *princípios primeiros* (cf. nota seg.).

[4] (**982 a 23-25**). *Segunda característica da sapiência e suas implicações.* — A expressão τὰ μάλιστα καθόλου deve ser entendida em sentido ontológico forte. De fato, esses "universais supremos" que o sapiente conhece são "insensibilia" (Maurus, *Arist. op. omn.*, IV, p. 260 a), e entre eles existem as "substâncias separadas que são as mais distantes dos sentidos" (*ibid.*, p. 260 b). Note-se particularmente o fato de que o termo *universal* não tem o significado de universal *abstrato*; os princípios e as causas primeiras, de que Aristóteles fala *passim* nesse livro, não são meras *abstrações mentais*: eles indicam os fundamentos, as condições, as razões metafísicas de todas

as coisas, e são ditos "universais", antes "universais supremos", justamente enquanto explicam *todas as coisas*. Portanto: as causas primeiras são *universais*, porque causas de *todas* as coisas. — Cf. a respeito disso as pormenorizadas explicações que damos no nosso volume *Il conc. di filos. prima*[5] (1993), pp. 34 ss.

[5] (**982 a 25-28**). *Terceira característica da sapiência e suas implicações*. — O exemplo é claro: a matemática tem a ver com os números e com os princípios do número, a geometria *acrescenta* a estes o princípio da extensão (cf. Bonitz, *Comm.*, p. 50). Colle (*Métaph.*, I, pp. 24 ss.) acha estranha a argumentação dado que, diz ele, "é verdade que a multidão dos princípios é causa de confusão e de erro: mas a razão pela qual os primeiros princípios são mais claros encontra-se na sua própria natureza: são de evidência imediata" (cf. *Top.*, I 1, 100 b 18). — Na realidade a argumentação não é estranha, porque não está em questão a *clareza* ou a *evidência*, mas a *exatidão* (ἀκρίβεια). Diz bem, portanto, Bonitz (*loc. cit.*): "Itaque ἀκρίβειαν praecipuam qui tribuunt sapientiae, eam referre debent ad prima et simplicissima rerum genera". — A conexão da argumentação com a tese de fundo do capítulo pode ser assim entendida e expressa: a exatidão de uma ciência depende da simplicidade dos princípios sobre os quais verte; a sapiência é a ciência mais *exata* porque refere-se aos *princípios mais simples*, e tais são os *princípios primeiros*.

[6] (**982 a 28-30**). *Quarta característica da sapiência e suas implicações*. — Podemos reconstruir a argumentação e explicitar o seu nexo com o tema do nosso capítulo do seguinte modo. Uma ciência é considerada tanto mais sapiência, *quanto mais é capaz de ensinar*; mas uma ciência é tanto mais capaz de ensinar, *quanto mais indaga as causas*. Ensinará, portanto, em grau supremo a ciência que indaga as causas supremas. Portanto, confirma-se que sapiência é a *ciência das causas supremas*.

[7] (**982 a 30 – 982 b 4**). *Quinta característica da sapiência e suas implicações*. — Também a característica de *ser desejável por si mesma* e não por escopos práticos, confirma que a sapiência tem por objeto os *princípios primeiros*. De fato, *desejável por si* é a ciência que é tal em máximo grau; ora, essa ciência só pode ser a ciência do que é *em máximo grau cognoscível*; mas em máximo grau cognoscíveis são, justamente, os *primeiros princípios*!

[8] (**982 b 4-7**). *Sexta característica da sapiência e suas implicações*. — Eis como se pode reconstruir a presente argumentação. Na p. 982 a 17, Aristóteles diz que quanto mais elevada hierarquicamente for uma ciência, tanto mais será sapiência. Ora, a superioridade hierárquica de uma ciência relativamente às que dependem dela deriva do conhecimento do fim.

Portanto, a ciência que é hierarquicamente mais elevada conhece o *fim mais elevado*. A sapiência, portanto, tem como objeto *o fim mais elevado ou supremo*. (Ver a este respeito Colle, *Métaph.*, I, pp. 27 s.). — Note-se, depois, que o texto distingue um duplo fim: (*a*) o *fim particular*, ou seja, o bem próprio de cada coisa individual (τἀγαθὸν ἑκάστου), e (*b*) o *fim universal*, ou o bem em toda a realidade (τὸ ἄριστον ἐν τῇ φύσει πάσῃ): este último, obviamente, é Deus (o Movente imóvel), que para Aristóteles atrai tudo a si, assim como atrai a si o objeto de amor, como veremos em Λ 7. Cf. Bonitz, *Comm.*, p. 51; Rolfes, *Metaph.*, I, p. 181, nota 5; Ross, *Metaph.*, I, p. 121; Reale, *Il conc. di filos. prima* [5] (1993), pp. 22 s.

[9] (**982 b 11-12**). *"Sapiência" e "filosofia"*. — Note-se a expressão ἐκ... φιλοσοφησάντων. De fato, desse ponto em diante, Aristóteles, em vez de "sapiência" e "sapiente", para indicar os mesmos conceitos usará os termos "filosofar", "filosofia" e "filósofo". Foi observado (por mais de um estudioso) que Tomás (*In Metaph.*, p. 18, § 56 Cathala-Spiazzi) indicou a exata razão dessa mudança de terminologia: desse parágrafo em diante, com efeito, será demonstrada a tese de que *o sapiente busca a sapiência por amor à própria sapiência e não por amor a outra coisa* e, portanto, ele em boa razão é φιλόσοφος, filósofo, *amator sapientiae*. "Et exinde nomen sapientis immutatum est in nomen philosophi, et nomen sapientiae in nomen philosophiae. Quod etiam nomen ad propositum aliquid facit. Nam ille videtur sapientiae amator, qui sapientiam non propter aliud, sed propter seipsam quaerit. Qui enim aliquid propter alterum quaerit, magis hoc amat propter quod quaerit, quam quod quaerit".

[10] (**982 b 12-19**). *A admiração, a filosofia e o mito*. — Aristóteles retoma aqui e desenvolve um conceito já expresso por Platão, *Teet.*, 155 D: "*É próprio do filósofo isso (...), ser cheio de admiração; e a filosofia não tem outro princípio além desse*". — Quem ama o mito (φιλόμυθος) é filósofo (φιλόσοφος), justamente porque μύθος e σοφία estão estreitamente ligados à *admiração*, ou seja, ao próprio princípio do qual derivam, e, em certo sentido, também ao mesmo fim cognoscitivo a que tendem. Pode-se ver a respeito disso, Ross, *Metaph.*, I, p. 123.

[11] (**982 b 19-28**). Pode-se ler, para esclarecimento do caráter de pura teoricidade do saber filosófico, *Et. Nic.*, X 7-8; *Polit.*, VIII 2-3.

[12] (**982 b 30-31**). Fr. 3 Hiller (cf. a citação também em Platão, *Prot.*, 341 E; 344 C).

[13] (**983 a 3-4**). Cf. Leutsch e Schneidewin, *Paroem. Graec.*, I, 371; II, 128, 615.

[14] (983 a 4-10). *Primeira evocação explícita da dimensão teológica da metafísica.* — A passagem deve ser meditada atentamente porque é essencial. Nela Aristóteles diz claramente que a sapiência é ciência *de coisas divinas e do divino* (τῶν θείων), isto é, "teologia"; o termo θεολογική (ἐπιστήμη ou σοφία) será usado só nos livros E e K; mas aqui está o seu exato correlativo: θεολογική (ἐπιστήμη) é, de fato, τῶν θείων (ἐπιστήμη ou σοφία). — Note-se, ademais, que a nossa passagem explica a fundo a razão pela qual sapiência é teologia (τῶν θείων σοφία): a sapiência, como se viu, é ciência *das causas e dos princípios primeiros*, mas Deus é justamente causa e princípio primeiro, do que se segue, necessariamente, que a ciência das causas primeiras (*aitiologia*) é ciência de Deus (*teologia*). — *A dimensão teológica da metafísica* está, portanto, presente desde o início (e será muitas vezes reafirmada nos vários livros). — Note-se, enfim, que o Deus de que fala Aristóteles, não é um simples θεῖον, mas um *Deus* em certo sentido *pessoal*, isto é, *pensante e cognoscente*, dado que, explicitamente, a nossa passagem diz que ele (e só ele) possui em máximo grau a *sophia*, o saber teorético. Portanto, isso implica uma concepção idêntica à de Λ 7 e 9. Cf. sobre este ponto *Il conc. di filos. prima*[5] (1993), pp. 21 s., onde aprofundamos a questão (cf. também *ibid.*, p. 23, nota 41).

[15] (983 a 10-11). *A superioridade da metafísica relativamente às outras ciências.* — Este é uma verdadeira cifra emblemática do pensamento metafísico aristotélico. Ver o que dissemos a respeito no *Ensaio introdutório*, e, particularmente nas *Conclusões*, pp. 267-273.

[16] (983 a 18-19). *O provérbio a que Aristóteles alude (soa assim:* δευτέρων ἀμεινόμων, *ou* δεύτερον ἄμεινον) *e o seu significado.* — (Cf. Leutch e Schneidewin, *Paroem. Graec.*, I, pp. 62, 234; II, p. 357). Platão, *Leis*, IV 723 E, o cita como se segue: "Recomecemos do início, porque *a segunda prova é a melhor*, como dizem os jogadores". Em lugar dos jogadores, Esíquio, comentando a passagem citada, a refere aos sacerdotes que faziam sacrifícios, os quais, quando não tinham sucesso na primeira vez, refaziam o sacrifício, dizendo justamente: "a segunda é melhor". Asclépio (*In Metaph.*, p. 22, 19-20 ss. Hayduck) comenta assim o provérbio: a segunda vez é melhor relativamente à primeira quando, "tendo tentado uma primeira vez e não tendo conseguido, consegue-se, ao invés, na segunda vez". O sentido é obviamente adaptado por Aristóteles ao seu discurso, como deixamos claro na tradução.

[17] (983 a 19-23). A *admiração do sapiente.* — O exemplo da incomensurabilidade da diagonal ao lado (do quadrado) é caro a Aristóteles, que o

cita frequentemente: cf. as passagens enumeradas por Bonitz, *Comm.*, p. 56. — O sentido da nossa passagem é óbvio: a filosofia, fazendo-nos conhecer as *causas* e o *porquê* das coisas, revela-nos a sua *estrutural necessidade*, portanto, o fato de *não poder ser diferentes do que são*. Daqui a admiração que o sapiente, ou seja, o filósofo experimentaria *se as coisas não fossem como são*.

[18]*Algumas observações metodológicas sobre os dois primeiros capítulos do livro A.* — Ao término desses dois primeiros capítulos, definido o conceito da sapiência ou filosofia (primeira), é necessário fazer algumas reflexões sobre o *método* com que Aristóteles adquiriu e justificou tal conceito. Ter-se-á notado que todas as coisas que ele disse acerca da sapiência não foram deduzidas nem motivadas abstratamente, mas apresentadas como *dados admitidos por todos*, como *convicções que todos condividem*. — Note-se o uso da primeira pessoa do plural, que no capítulo primeiro, com insistência, sublinha justamente isso: οἰόμεθα (981 a 25), ὑπολαμβάνομεν (981 a 26), νομίζομεν (981 a 31), ἡγούμεθα (981 b 8, 10); ou, no final do capítulo, a terceira pessoa do plural: ὑπολαμβάνουσι πάντες (981 b 29) e no cap. 2: δοκεῖ... πᾶσιν (983 a 8 s.). E note-se como todas as características da sapiência e do sapiente enumeradas e discutidas no cap. 2 são apresentadas como ὑπολήψεις ἃς ἔχομεν περὶ τοῦ σοφοῦ (982 a 6 s., 20). As ὑπολήψεις são os juízos ou as convicções ou as opiniões comumente aceitas (Alexandre, *In Metaph.*, p. 9, 23 Hayduck, as chama κοιναὶ ἔννοιαι). Schwegler destaca bem o caráter desse procedimento (*Metaph.*, III, pp. 13 s.) o qual, entre outras coisas observa: "[Aristóteles] fala em nome da multidão, em nome da comum convicção popular (...) e com base nela ele descreve o âmbito daquela peculiar tarefa cuja solução constitui o conteúdo da metafísica. Portanto, com procedimento empírico, por meio de análises de representações que ele encontra e acolhe empiricamente, é deduzido, de maneira tipicamente aristotélica, justamente o conceito primeiro e constitutivo de toda a pesquisa". Leia-se também Alexandre, *In Metaph.*, p. 9, 19 ss. Hayduck, do qual o próprio Schwegler parte. — Note-se que o mesmo método será seguido por Aristóteles para todo o resto do livro, com uma única diferença: (a) nos dois primeiros capítulos, são consideradas as opiniões e as convicções de *todos os homens*; (b) nos capítulos restantes, ao invés, serão consideradas as opiniões de *todos os filósofos*, ou seja, de todos os *especialistas na matéria*, isto é, de todos os homens que fizeram pesquisa específica da verdade e, portanto, tentaram individuar *quais são* as "causas primeiras" e os "princípios supremos" das coisas.

3. *Sumário e comentário a* A 3

[1] (983 a 24 – 984 b 22). Sumário. — *Definido que a* sophia *é ciência das causas primeiras, Aristóteles procede a uma determinação das próprias causas. "Causa" entende-se em quatro significados diferentes:* (a) *como causa* formal, (b) *como causa* material, (c) *como causa* motora *(ou causa* eficiente*) e* (d) *como causa* final. — *Aristóteles já estudou essas causas na* Física; *todavia ele pretende aqui retomar a questão em outras bases, para determinar que as causas são, justamente,* estas e não outras. — *Essa determinação se desenvolve com base no exame crítico das doutrinas dos predecessores. Aqueles, diz o Estagirita, tratavam de certas causas e de certos princípios, que, em última análise, não são mais do que as quatro causas acima descritas, embora captadas e expressas de maneira mais ou menos obscura e inadequada. — Os antigos pensadores centravam a atenção principalmente sobre a* causa material *(Tales pôs como princípio a água, Anaxímenes e Diógenes o ar, Hipaso e Heráclito o fogo, Empédocles todos os quatro elementos, Anaxágoras as homeomerias). — Todavia, esses pensadores caíram na conta de que esse princípio não era suficiente para explicar o* devir *das coisas, e assim foram obrigados pela própria realidade a buscar um princípio ulterior:* o princípio movente *(os que admitiram um único princípio não se deram bem conta do problema: os Eleatas acreditaram até mesmo que deviam suprimir o movimento; ao contrário, os pluralistas foram mais ágeis na solução do problema e se serviram do fogo como se fosse dotado de natureza motora). — Mas esses dois princípios ainda não bastavam para explicar toda a realidade: de fato, causa da* beleza *e da* bondade *das coisas certamente não pode ser um dos quatro elementos. Surgiu assim a doutrina de Anaxágoras, que introduziu uma* inteligência *como causa da* ordem *e da* harmonia *das coisas, porém, considerada mais como* causa de movimento *do que, propriamente,* causa final.

[2] (983 a 26-27). As *quatro causas*. — Começa aqui o tratamento sistemático da problemática das *causas*. Como na *Fís.*, II 3, 194 b 23ss. observa justamente Ross (*Metaph.*, I, p. 126), a doutrina das quatro causas é introduzida "quite abruptly" e em nenhum lugar encontra-se uma verdadeira dedução dela. A mais exaustiva justificação que Aristóteles deu da doutrina é, no fundo, a que estamos começando a comentar (caps. 3-6). — Ver, ademais, sempre na *Metafísica*, as seguintes passagens: α̃ 2; B 2, 996 b 5 ss.; Δ 2, *passim*; Z 7-9; Z 17; H 4, 1044 a s. e Λ 4. Da *Fís.* ver, particularmente II 3 e 7. Cf. também As *partes dos anim.*, 1, 639 a ss. — Para o aprofundamento do significado do conceito aristotélico de causa e dos

problemas a ele conexos, cf. *Il conc. di filos. prima*[5] (1993), pp. 34 ss., e o *Ensaio introdutório*, cap. 3, *passim*.

[3] (**983 a 27-29**). A *causa formal*. — Traduzimos a passagem entendendo ἔσχατον referido a ανάγεται e πρῶτον a διὰ τί (com Alexandre, *In Metaph.*, p. 20, 5 ss. Hayduck), e atendo-nos à exegese de Bonitz (*Comm.*, p. 60), que é a mais persuasiva: "Ac primum quidem substantiam et notionem substantialem... principiorum in numero esse habendam inde apparet: ἀνάγεται γὰρ διὰ τί εἰς τὸν λόγον ἔσχατον a 28, h. 1, si quis quaesiverit, cur aliquid hoc sit vel illud, quum multa possint responderi, postremo tamen, ἔσχατον, afferenda est ea notio, quae ipsam rei naturam exprimat (vernaculae interpreteris: *denn das Warum wird zuletzt auf den Begriff der Sache zurückgeführt*)". — *Substância* (οὐσία) aqui significa *substância formal*, isto é, *essência* (τὸ τί ἦν εἶναι) e *forma* (λόγος), como o próprio Aristóteles especifica. — No *Ensaio introdutório*, pp. 53-61 e 87-109, já falamos em que sentido a *essência* é "causa" (e o reafirmaremos em outras ocasiões): ela é o *princípio determinante e a natureza íntima de cada coisa*, ou seja, *aquele princípio que faz com que algo seja exatamente aquela determinada coisa e não outra*. Em suma, é aquele *quid*, na ausência do qual só resta a matéria da coisa, e é aquilo que a coisa não pode não ser sem deixar de ser o que é: nesse sentido, é a condição principal do ser das coisas. Em Z 17, 1041 b 28, é chamada explicitamente de *causa primeira do ser* (αἴτιον πρῶτον τοῦ εἶναι).

[4] (**983 a 29-30**). A *causa material*. — Tricot propõe entender: "a matéria ou, *mais exatamente*, o substrato" (*Métaph.*, I, p. 26, nota 1), enquanto o *substrato* (ὑποκείμενον) tem um significado mais amplo do que *matéria* (ὕλη), já que pode querer dizer, além de matéria, também *forma* e *sínolo* (cf. H 1, 1042 a 26 ss.). Mas, na verdade, no nosso texto e no curso do livro A, ὑποκείμενον é usado quase sempre na acepção de *matéria*, e os seus outros significados não são aqui evocados. A dupla expressão do nosso texto, assim, deve ser entendida como pleonasmo, isto é, como se Aristóteles exprimisse a mesma coisa com duplo termo e, portanto, dissesse: "o substrato, ou seja, a matéria", isto é, "o substrato material". Tenha-se presente, ademais, que ὕλη (matéria), nas páginas que estamos para ler, terá sempre significado de *matéria sensível* (ὕλη αἰσθητή). — O substrato material é causa enquanto constitui a *id ex quo* (τὸ ἐξ οὗ), *aquilo de que* são feitas as coisas e *aquilo de que* derivam: "por exemplo, o bronze da estátua ou a prata da taça" (*Fis.*, II 3, 194 b 23-26). Aristóteles sublinha (*ibid.* e em muitos outros lugares) que a matéria é sempre e necessariamente constitutivo *imanente* (ἐνυπάρχον)

ou intrínseco das coisas, e isso é imediatamente evidente. — Recordamos, enfim, que a matéria é causa ou condição das coisas *sensíveis*, de *todas as coisas sensíveis* (se não existe madeira não pode existir a mesa, se não existem membros não pode existir o ser humano, etc.), já que o sensível, para Aristóteles, é estruturalmente constituído de matéria e forma (concepção hilemórfica); esta, contudo, não é causa nem condição do *suprassensível*, que, como veremos, é *pura forma*, essência imaterial, ato puro (como se verá sobretudo em Λ 7-9). Excepcionalmente (como veremos), Aristóteles é propenso a admitir também uma *matéria inteligível*, sobretudo para explicar os entes matemáticos (por influência dos Platônicos).

[5] (**983 a 30**). A *causa do movimento ou causa eficiente*. — Na *Fís*., II 3, 194 b 29 ss., a causa eficiente é definida como *o princípio primeiro do qual deriva o movimento ou o repouso*; assim o ato de vontade é causa da efetuação de uma ação, o pai é causa da geração do filho, etc. Em poucas palavras, a causa eficiente é a *condição necessária para que se ponha em movimento e se efetue qualquer processo de geração, ou para que tenha lugar qualquer tipo de movimento* (cf. Z 7-9).

[6] (**983 a 31-32**). A *causa final*. — O *fim* (τέλος) ou *causa final* (τὸ οὗ ἕνεκα), para Aristóteles (como já vimos em A 2, 982 b 5 ss.), está inseparavelmente conexa com o bem (τὸ ἀγαθόν). Bonitz (*Comm*., p. 61) explica: "Coniungit autem causae finalis nomen τὸ οὗ ἕνεκα cum nomine boni καὶ τἀγαθόν..., quia utraque notio, si eam per se et plena absolutaque vi ceperis, idem Aristoteli significat. Summus enim finis, quo omnia tendunt, est ultimum finem spectare omnia dicat. Cf. *Eth. Nic*. I 1, III 6". — O sentido em que a causa final é *oposta* à causa eficiente, é esclarecido por Alexandre do seguinte modo: a causa eficiente é *primeira*, enquanto a final é *última* e, portanto, uma é oposta às outra assim como o que é primeiro é oposto ao que é último" (*In Metaph*., p. 22, 8-11 Hayduck).

[7] (**983 a 33 – b 1**). As passagens da *Fís*. a que Aristóteles remete aqui são: II 3 e II 7; cf. *Ensaio introdutório*, pp. 56 ss.

[8] (**983 b 1-6**). *O exame sistemático do pensamento dos predecessores e o seu objetivo*. Começa aqui o amplo exame histórico-crítico do pensamento dos filósofos que precederam Aristóteles (de Tales a Platão), que ocupa todo o resto do livro. Até o sexto capítulo prevalece a exposição; o sétimo é um sumário dos resultados; o oitavo e o nono são de conteúdo prevalentemente crítico, enquanto o décimo serve de fechamento do livro. — Tenha-se bem presente que o objetivo dessa resenha histórico-crítica é afirmada claramente aqui por Aristóteles, e será continuamente reafirmada (cf. A

7, *passim*; A 10, 993 a 11 ss.). Aristóteles quer demonstrar que *ninguém descobriu causas e princípios além dos que ele indica no início desse capítulo e na* Fis. *loc. cit.*; *antes, quer demonstrar que todos os filósofos falam daquelas causas e princípios, embora com pouca clareza e com pouco rigor*. Portanto, a resenha histórica das opiniões filosóficas dos predecessores quer ser a prova de que as causas e os princípios são quatro, nem mais nem menos, e que a "tábua" das causas redigida por Aristóteles é exata e completa. — Ver o que dissemos a respeito disso no *Ensaio introdutório*, pp. 58 ss. Recordamos, mais uma vez, que esse texto é a primeiríssima "história do pensamento filosófico", em chave teorética, e que tudo o que Aristóteles nos diz sempre foi considerado, e ainda continua sendo (apesar das observações críticas e das reservas feitas por estudiosos modernos e contemporâneos) o quadro de base para reconstruir o pensamento dos Pré-socráticos.

[9] (**983 b 1-18**). *As categorias em função das quais Aristóteles apresenta o pensamento dos predecessores*. Célebre passagem à qual foi por muito tempo ligada (e em grande parte permanece ainda) a interpretação historiográfica dos Jônicos, muito mais que dos Pré-socráticos em geral. Aqui (deixando a complexa questão da discussão do valor e dos limites que a passagem tem como testemunho histórico objetivo) indicamos simplesmente as categorias em função das quais Aristóteles vê esses pensadores. — (1) Antes de tudo, examinemos a precisa distinção das causas e dos princípios em número de quatro. Bonitz assim comenta: "Antiquissimorum philosophorum... plerique ea unice principia posuerunt, *quae si diversa distinxeris principiorum genera*, ad genus materiae referenda erunt" (*Comm*., pp. 61 s.). O destaque é justo; note-se, porém, que julgar uma filosofia que tem concepções muito *indistintas* (como é, justamente, essa primeira) em função de *distinções teoréticas posteriores*, significa sempre introduzir subrepticiamente elementos estranhos, ou pelo menos condicioná-la com base num preciso modo de ver (certamente os primeiros filósofos na sua ἀρχή viam mais do que a aristotélica causa material). — (2) Em seguida, note-se a distinção entre ὑποκείμενον (substrato) e ἕξεις (estados, modos de ser do substrato); essa distinção é certamente (pelo menos dessa forma) muito mais avançada com relação aos níveis alcançados pela filosofia que Aristóteles quer interpretar. — (3) A distinção entre ἁπλὴ γένεσις (geração absoluta) e ἀλλοίωσις (alteração dos estados e dos modos de ser) está ligada à distinção a que nos referimos acima. — Sobre esse problema ver: H. Cherniss, *Ar. Crit. Pres. Phil.*, especialmente da p. 218 em diante (naturalmente levando em conta a posição teoreticamente redutiva de Cherniss).

[10] (983 b 19-27). *Tales*. — Os testemunhos e fragmentos de Tales encontram-se em Diels-Kranz, n. 11, I, pp. 67-81 e em Maddalena, *Ionici, Testimonianze e frammenti*, Florença 1963 (textos e trad. ital. com comentário), pp. 3-75; cf. também G. Colli, *La sapienza greca*, vol. II, Milão 1978, pp. 105-151 (texto e tradução) e pp. 282-295 (notas). Cf. a nossa *História da filosofia antiga*, I, pp. 47-51.

[11] (983 b 27-33). *As opiniões dos "antiquíssimos teólogos"*. — Por "alguns", que nomeia no início do período, Aristóteles entende talvez Platão, *Crát.*, 402 B; *Teet.*, 152 E; 160 D; 180 C; 181 B; cf. Ross, *Metaph.*, I, p. 130 e as observações *ibid.* — Os "antiquíssimos" teólogos aos quais Aristóteles acena logo depois, são, segundo Alexandre (*In Metaph.*, p. 25, 10 Hayduck), Homero e Hesíodo. Tomás de Aquino, ao invés, escreve que os antiquíssimos teólogos "Fuerunt autem tres, Orpheus, Museus et Linus" (*In Metaph.*, § 83, p. 25 a Cathala-Spiazzi). Mas, contra essa exegese, cf. as observações de Schwegler, *Metaph.*, III, pp. 31 ss. (e Bonitz, *Comm.*, p. 64). — Para a concepção de Oceano e Tétis, cf. Homero, *Ilíada*, XIV 201, 246; para o juramento dos deuses cf. ainda Homero, *Ilíada*, II 755; XIV 271; XV 37; confronte-se ainda as passagens de Hesíodo, *Teogonia*, vv. 397-400; 782-806.

[12] (983 b 33 – 984 a 5). *Hípon*. — Esse pensador, como já Bonitz observa muito bem (*Comm.*, p. 65), "Thaleti subiunxit Aristoteles non ut aetate sed placitis proximum Thaleti". De fato, Hípon viveu na época de Péricles. — Ver os testemunhos sobre Hípon em Diels-Kranz, n. 38, I, pp. 385-389; Maddalena, *Ionici, Test. e framm.*, pp. 226-243 (texto e tradução); ver também a nota introdutória a Hípon, *ibid.*, pp. 214-224. — O juízo negativo de Aristóteles deve-se à mediocridade das doutrinas hiponianas sobre os princípios, que representam um regresso para a sua época (cf. Maddalena, *op. cit.*, p. 224), e não, como pensa Colle (*Métaph.*, I, p. 47), ao fato específico de Hípon ser ateu. Alexandre (*In Metaph.*, p. 26, 20 ss. Hayduck) alega as duas razões.

[13] (984 a 5). *Anaxímenes*. — Testemunhos e fragmentos de Anaxímenes encontram-se em Diels-Kranz, n. 13, I, pp. 90-96; A. Maddalena, *Ionici, Test. e framm.*, pp. 158-213 (texto, trad. e nota introdutória); G. Colli, *La sapienza greca*, II, pp. 207-231 (texto e trad.). Cf. a nossa *História da filosofia antiga*, I, pp. 59-62.

[14] (984 a 5-7). *Diógenes de Apolônia*. — É um pensador que podemos qualificar como eclético, do século V a.C.: inspira-se tanto nos pluralistas (Empédocles, Anaxágoras e Leucipo) como em Anaxímenes, cuja concepção de fundo pretende fazer reviver (e para isso, embora pertença ao século

sucessivo, é aproximado a Anaxímenes). — Testemunhos e fragmentos em Diels-Kranz. n. 64, II, pp. 51-69; A. Maddalena, *Ionici, Test. e framm.*, pp. 244-307 (texto, trad. e nota introdutória). Cf. Reale, *História da filosofia antiga*, I, pp. 166-171.

[15] (984 a 7). *Hipaso de Metaponto.* — É um pitagórico, que viveu pouco antes ou pouco depois de Heráclito (a sua anterioridade ou posterioridade com relação a Heráclito é questão debatida e não resolvida). — Testemunhos antigos em Diels-Kranz, n. 18, I, pp. 107-110; M. Timpanaro Cardini, *Pitagorici, Testimonianze e frammenti*, vol. I, Florença 1958, pp. 78-105 (texto, trad., nota introdutória, comentário). — Timpanaro Cardini é pela anterioridade de Hipaso com relação a Heráclito. Nessa doutrina do fogo de Hipaso alguns pretenderam ver a primeira notícia daquilo que sucessivamente será o "fogo central" de Filolau. Timpanaro Cardini contesta essa exegese, sustentado que Hipaso está ainda bem longe da doutrina do fogo central ligada ao nome de Filolau. Hipaso é "ainda um primitivo, e a sua doutrina cosmológica deve ser aproximada das que floresceram na Jônia na busca de um primeiro princípio" (*ibid.*, p. 82). E ainda: "A doutrina do fogo deve, sem dúvida, ser ligada à física jônica, mas, transferida ao ambiente pitagórico, torna-se um aspecto dele; e talvez para Hipaso o fogo foi o elemento luz, que, oposto às trevas, é o *termo* que dá origem às coisas extraindo-as do *indeterminado* e levando-as à sua figura determinada. Em todo caso, que o seu fogo fosse um fogo pitagórico procede da equivalência de alma-fogo e alma-número que nele nos atesta Jâmblico" (p. 83).

[16] (984 a 7-8). *Heráclito de Éfeso.* — Testemunhos e fragmentos de Heráclito encontram-se em Diels-Kranz, n. 22, I, pp. 139-190. Entre as numerosas edições e traduções italianas recordamos: R. Mondolfo — L. Tarán, *Eraclito, Testimonianze e imitazioni*, Florença 1972; M. Marcovich, *Eraclito, Frammenti*, Florença 1978; G. Colli, *La sapienza greca*, III, *Eraclito*, Milão 1980; C. Diano — G. Serra, *Eraclito, I frammenti e le testimonianze*, Fondazione L. Valla-Mondadori, 1980, 1987^2. Cf. Reale, *História da filosofia antiga*, I, pp. 63-71.

[17] (984 a 9-11). *Empédocles de Agrigento.* — Testemunhos e fragmentos de Empédocles encontram-se em Diels-Kranz, n. 31, I, pp. 276-375. Ver também: G. Gallavotti, *Empedocle, Poema fisico e lustrale*, Fondazione Lorenzo Valla-Mondadori 1975 (ver também G. Imbraguglia, Giuseppe S. Badolati, R. Morchio, A.M. Battegazza, G. Messina, *Index Empedocleus*, 2 vols., Gênova 1991). Cf. Reale, *História da filosofia antiga*, I, pp. 133-142. — As linhas 9-11 põem dois problemas exegéticos. (1) Que entende aqui

Aristóteles por "unidade"? Mais adiante em 985 a 28, unidade significa a Esfera de Empédocles, mas aqui esse significado deve ser excluído, caso contrário o contexto não teria sentido (cf. Bonitz, *Comm.*, p. 66). Portanto, só resta a entender "unidade" no sentido das *unidades particulares*, vale dizer, das coisas individuais ou das manifestações individuais dos quatro elementos. — (2) No que se refere, depois, ao sentido a atribuir a toda a frase, já Alexandre (*In Metaph.*, p. 27, 15-25 Hayduck) propunha mais de um. (*a*) Em primeiro lugar, ela pode se referir à união e separação dos quatro elementos que constituem as coisas. Os quatro elementos, diria Aristóteles, permanecem imutáveis na sua natureza e sofrem simplesmente uma (relativa) mudança quantitativa, tornando-se poucos, quando o amor os reúne para formar uma unidade, e tornando-se muitos, quando a discórdia os desagrega (a desagregação multiplica) (ll. 15-19). (*b*) Ou pode-se referi-la à *aparente* geração e corrupção dos quatro elementos. Aristóteles diria então o seguinte: "Cada um dos quatro elementos *parece* degenerar-se, quando se reúne uma certa quantidade deles; quando, de fato, numa determinada mistura, existam mais partes de fogo, então *parece* que se gera o fogo, e quando se tornam menos *parece* que existe corrupção deles" (ll. 19-23). (*c*) Enfim, poder-se-ia também entender assim: os quatro elementos não advêm, advém apenas "a multiplicidade ou a escassez das coisas, devido ao agregar-se e ao desagregar-se deles" (ll. 24 s.). Alexandre não diz qual se deve preferir. — A maioria dos estudiosos tende a interpretar no primeiro sentido. Cf. Tomás, *In Metaph.*, § 89, p. 26 a Cathala-Spiazzi; Maurus, *Arist. op. omn.*, p. 266a; Bonitz, *Comm.*, p. 66; Ross, *Metaph.*, I, p. 131; Tricot, *Métaph.*, I, p. 31, nota 3. — A segunda solução é adota por Colle, *Métaph.*, I, pp. 41 s.: se os quatro elementos são eternos e não susceptíveis de mudança substancial, comenta Colle, todavia continuaria sendo verdade "que não se forma água senão no sentido que se reúnem partículas de água e juntas tornam-se uma massa suficiente para ser observada e, inversamente, seria verdade que a água não pereceria senão no sentido que uma massa de água, quando se dissipam as suas partículas, se desagrega e torna-se demasiado pequena para ser percebida". — Ademais, a favor da primeira é adotado o fr. 17 de Empédocles, que não é totalmente decisivo. A segunda exegese não explica de modo totalmente satisfatório o que significa aumento e diminuição de quantidade. A terceira exegese não tem defensores, e deve ser excluída, porque, como observa justamente Ross (*loc. cit.*), entende πλήθει καὶ ὀλιγότητι de maneira inaceitável. A mais plausível continua sendo a primeira.

[18] (984 a 11-16). *Anaxágoras de Clazômenas.* — Fragmentos e testemunhos de Anaxágoras em Diels-Kranz, n. 59, II, pp. 5-44; e em D. Lanza, *Anassagora, Testimonianze e frammenti*, Florença 1966. Cf. Reale, *História da filosofia antiga*, I, pp. 143-150. — A passagem levanta duas complexas questões. (1) A primeira consiste na interpretação da primeira proposição: τῇ μὲν ἡλικίᾳ πρότερος... τοῖς δ' ἔργοις ὕστερος. Desta são possíveis três exegeses. (*a*) É possível dar a πρότερος e a ὕστερος significado cronológico, e interpretar a proposição como visando sublinhar o fato de que Anaxágoras, mais velho do que Empédocles, escreveu e elaborou o seu pensamento filosófico *depois* de Empédocles. E nesse sentido traduzimos. (*b*) Ou é possível dar a πρότερος significado cronológico e a ὕστερος um significado mais complexo, que implique um destaque da *maior* maturidade do pensamento de Anaxágoras e, portanto, entender a frase do seguinte modo: Anaxágoras vem *antes* de Empédocles, mas pelo seu pensamento *mais complexo e mais maduro*, deve ser situado *depois*. (*c*) Alexandre (*In Metaph.*, p. 28, 1 ss. Hayduck) atribui a ὕστερος até mesmo o sentido de *inferior* e na frase vê expresso *um juízo de valor*: a filosofia de Anaxágoras seria inferior à de Empédocles (porque introduzia princípios *infinitos*, enquanto é mais correto introduzir princípios *finitos*, como fazia Empédocles); cf. também Asclépio, *In Metaph.*, p. 25, 25 ss. Hayduck. Essa última exegese é certamente errada, porque μὲν - δέ exigem uma contraposição que faltaria. Anaxágoras seria dito *de um lado* (μὲν) mais velho, *de outro lado* (δέ) inferior: a contraposição, como foi notado, não tem razão de ser, ademais não teria sentido a avaliação singular que Aristóteles exprime pouco depois, em 989 b 5, relativamente a Anaxágoras. — As duas primeiras exegeses são sustentáveis. Traduzimos no primeiro sentido, mas julgamos muito atraente também o segundo sentido, tanto mais que o próprio Aristóteles nos dirá em que medida Anaxágoras tem um pensamento mais avançado, no cap. 8, 989 b 5 ss. e b 19 ss. Nesse segundo sentido, seria preciso traduzir τοῖς ἔργοις "pelo pensamento" ou "pela doutrina", ou ainda, explorando um particular uso que Aristóteles faz da expressão (sobre isso ver Schwegler, *Metaph.*, III, p. 35), "de fato", "com efeito" e, assim, entender do seguinte modo: *no que se refere aos anos*, Anaxágoras deve ser situado *antes* de Empédocles, mas *de fato* deve ser situado depois. — (2) A outra dificuldade refere-se ao sentido filosófico da passagem. (*a*) Recordamos, antes de tudo, que o termo "homeomeria" (ὁμοιομερῆ) não é de Anaxágoras, mas, provavelmente, de cunho aristotélico, e só por erro a doxografia o atribui a Anaxágoras (que, ao invés, usa o termo σπέρματα = *semina*); ele

indica coisas "feitas de partes semelhantes entre si". (*b*) Ademais, tenha-se presente que água e fogo não são, para Anaxágoras, homeomerias, mas compostos, e que isso Aristóteles nos diz explicitamente em *Do céu*, III 3, 302 a 28 ss.; *Da ger. e corr.*, I 1, 314 a 24 ss. Portanto, o καθάπερ (ὕδωρ ἢ πῦρ) não pode ser entendido no sentido de οἷον (Bonitz, *Comm.*, p. 68), vale dizer, "por exemplo", mas no seu uso de "ao modo de", "assim como". O sentido geral, segundo alguns estudiosos, seria então o seguinte: "as coisas que têm partes entre si semelhantes (homeomerias) à maneira (ou assim como) a água ou o fogo" (assim Bonitz, *loc. cit.*; Ross, *Metaph.*, I, p. 133; Tricot, *Métaph.*, I, p. 32, etc.). — Essa interpretação, contudo, não satisfaz plenamente, porque Aristóteles, dado que nos diz alhures que água e fogo para Anaxágoras não são homeomerias, mas compostos, não pode, para ilustrar o comportamento das homeomerias, referir-se justamente à água e ao fogo! — A passagem deve, portanto, ser entendida da maneira indicada por Colle: "Aos olhos de Anaxágoras quase todos os corpos que chamamos homeomerias nascem e perecem do mesmo modo em que [no sistema de Empédocles] a água e o fogo, isto é [somente] por reunião e por separação". Aristóteles diz *quase*, porque nem todos os corpos, que a seu juízo são homeomerias, o são também para Anaxágoras. A exegese, ademais, concorda perfeitamente com o texto, que diz, justamente: καθάπερ ὕδωρ ἢ πῦρ οὕτω γίγνεσθαι καὶ ἀπόλλυσθαί κτλ. — Concluindo: Aristóteles diz que as homeomerias de Anaxágoras, *de maneira semelhante aos elementos de Empédocles*, não se geram, mas *parece que se geram*, quando se reúnem muitos iguais; e tampouco se corrompem, mas *parece que se corrompem*, quando se desagregam. Esta é também a exegese de Alexandre, *In Metaph.*, p. 28, 16-21 Hayduck.

[19] (**984 a 16-25**). Quase literalmente esses conceitos se leem também em *A ger. e a corr.*, II 9, 335 b 29 ss.

[20] (**984 a 27 – b 1**). *Os filósofos aos quais se alude.* — Nas ll. 27-29 Aristóteles fala dos primeiros filósofos naturalistas: Tales, Anaxímenes, Heráclito. Da linha 29 em diante, Aristóteles alude, ao invés, aos Eleatas, como já Alexandre (*In Metaph.*, p. 29, 20 Hayduck) justamente notava.

[21] (**984 b 1-4**). *Parmênides e os Eleatas.* — Como se vê, Aristóteles, nessa passagem, entende a especulação dos Eleatas como uma forma de *naturalismo:* o um (ἕν) eleático seria, em substância, o *substrato* (ὑποκείμενον), isto é, o *princípio material* (mas no quinto capítulo Aristóteles precisará melhor a sua interpretação dos Eleatas, corrigindo-a em parte). A diferença entre Eleatas e Jônicos seria, porém, dupla: (1) os

Jônicos não se deram conta de não poder explicar o movimento só com o princípio material e não compreenderam, portanto, a necessidade de introduzir uma *causa eficiente*; ao contrário, os Eleatas captaram a dificuldade, mas acreditaram resolvê-la eliminando radicalmente o movimento. (2) Portanto, enquanto os Jônicos negavam só a geração e a corrupção (em sentido absoluto), os Eleatas, além da geração e da corrupção, negavam todas as formas de movimento (aumento e diminuição, alteração, translação), e consideraram o seu (substrato) *absolutamente imóvel*. — Segundo Aristóteles, Parmênides constitui uma exceção. Aqui é óbvio que o Estagirita pensa na segunda parte do poema de Parmênides (isto é, na seção sobre a δόξα), na qual, como é sabido, o Eleata expõe a doutrina física, deduzida dos dois princípios contrários: fogo-noite, luz-trevas, e readmite (ainda que em sede de δόξα) movimento e até mesmo geração e corrupção das coisas individuais (cf. fr. 9-18). — Sobre Parmênides ver Zeller-Reale, *La filos. dei Greci*, Parte I, vol. 3, Florença 1967, pp. 165-335; *ibid.*, pp. XIV ss. todas as indicações bibliográficas. Fragmentos e testemunhos em Diels-Kranz, n. 28, pp. 217-246; e M. Untersteiner, *Parmenide, testimonianze e frammenti*, Florença 1956; ver particularmente o seguinte volume: Parmenide, *Poema sulla natura. I frammenti e le testimonianze indirette, Presentazione, con testo greco dei frammenti del poema a fronte e note di* G. Reale, *Saggio introduttivo e Commentario filosofico* di L. Ruggiu, Milão 1991 (1993[2]), com riquíssima bibliografia (pp. 381-423). — Sobre a questão levantada por Aristóteles, cf. o que dizemos em *Note sulle interpretazioni della* δόξα *parmenidea*, em Zeller-Reale, cit., pp. 292-319; ver, ademais, as observações de Ruggiu na obra acima citada, pp. 40 ss.; 268 ss.; 310 ss.

[22] (**984 b 5-8**). *Evocação de um filósofo pluralista não identificável.* — É claro que aqui não se fala mais de Parmênides, como dizem Alexandre (*In Metaph.*, p. 31, 18-26 Hayduck) e Bonitz (*Comm.*, p. 70), porque como bem observa Ross (*Metaph.*, I, p. 135), Parmênides é considerado por Aristóteles como um daqueles filósofos que admitem a *unicidade do princípio* (ἓν φάσκοντες εἶναι τὸ ὑποκείμενον), isto é, um *monista*, enquanto na nossa passagem são evocados aqueles filósofos que apresentam mais princípios (πλείω ποιοῦντες), isto é, os *pluralistas*. — Que Pluralistas? Ou se trata, diz Ross, de algum dos Pitagóricos que identificava o *princípio ativo* (o limite) com a luz ou o fogo e o *princípio passivo* (o ilimitado) com a noite e o ar (cf. 986 a 25; *Fis.*, IV 6, 213 b 22), ou de Empédocles (cf. 985 a 29 - b 2; *A ger. e a corr.*, II 3, 330 b 19). Na realidade, Empédocles

põe uma causa eficiente além dos quatro elementos e como tal Aristóteles o examina, frequentemente, entre os pensadores que tentaram explicar explícitamente o movimento. Todavia Ross justifica a sua hipótese assim: "Empédocles atribuiu atividade eficiente tanto ao fogo como à amizade e à discórdia": portanto pode ser considerado aqui, enquanto atribui ao fogo atividade eficiente e, mais adiante, enquanto atribui a atividade eficiente à amizade e à discórdia. — De qualquer modo, é certo que, na nossa passagem, *não* se fala de Parmênides (sempre considerado por Aristóteles um monista, malgrado a sua doutrina da δόξα), mas de um filósofo ou de filósofos *pluralistas*.

[23] (984 b 8-22). A *causa eficiente-final*. — A propósito dessa afirmação e, portanto, de todo o texto até o final do capítulo, surgiu uma importante questão. Qual é essa *causa ulterior* ou *princípio ulterior* (τὴν ἐχομένην [i.é.: ἀρχή]) a que Aristóteles alude? Os estudiosos se dividem e propõem três soluções. — (1) Alguns pensam que Aristóteles aluda à *terceira causa*; depois de ter falado da causa *material* e em parte da *eficiente*, aqui ele examinaria a causa *final*, isto é, *a causa do bem* (cf. por exemplo Bonitz, *Comm.*, pp. 59 e 71; Schwegler, *Metaph.*, III, p. 28). — (2) Outros, ao invés, negam que aqui Aristóteles pense na causa *final*; tratar-se-ia sempre da segunda causa, isto é, da *causa eficiente*, dado que Aristóteles não só conclui como lemos, mas em 985 a 11 e b 21 diz que, em substância, os filósofos examinados descobriram *só duas* causas, a *material* e a *eficiente*, e portanto, claramente deixaria entender que não falaram desta (cf. Colle, *Métaph.*, I, pp. 55 s.; Ross, *Metaph.*, I, pp. 135 ss.; Tricot, *Métaph.*, I, p. 35, nota 1). — (3) A terceira solução (a nosso ver a correta) era já dos antigos comentadores: Aristóteles falaria aqui da causa *eficiente-final*. Alexandre, de fato, depois de ter dito, primeiro, que Aristóteles agora fala da causa *eficiente*, no final escreve explicitamente que os filósofos (aqui citados e os que seguirão) "junto com a *causa eficiente* puseram *a causa pela qual as coisas se geram e são belas e ordenadas*" e logo depois: "puseram um princípio que é causa não simplesmente do mover-se e do gerar-se, mas do mover-se e do gerar-se *de modo belo* (καλῶς)" (*In Metaph.*, p. 32, 16-21 Hayduck). O mesmo diz Asclépio (*In Metaph.*, p. 27, 31 - p. 28, 2 Hayduck), que entende a causa em questão como causa *produtora do bem e do belo* (τὴν ποιητικὴν εὖ ἔχειν καὶ καλῶς). Assim também Tomás (*In Metaph.*, § 97, p. 28 b Cathala-Spiazzi): "Hic ponit opiniones *ponentium causam efficientem non solum ut principium motus, sed etiam ut principium boni vel mali in rebus*". Cf. Maurus, *Arist. op. omn.*, IV, p. 267 b. Entre os modernos: Carlini, *Metaf.*, p. 17, em nota:

"... sustento que A. aqui considera complexivamente, depois da causa material, ou *material eficiente*, a *motora-eficiente*". — A nosso ver, o modo pouco claro como Aristóteles fala e a consequente perplexidade dos intérpretes são explicáveis se levarmos em conta o seguinte. O Estagirita, lendo e interpretando os seus predecessores (cujo *pensamento arcaico* é ainda *imaginativo* e *indistinto*) em função de categorias teoréticas bem precisas, e pretendendo enquadrá-los nas mesmas, nem sempre consegue, apesar dos seus esforços. Particularmente, não consegue assinalar nitidamente os confins entre quem descobriu *só* a causa material, quem *só* descobriu a eficiente, e assim por diante. Ele se dá conta de que, pelo menos alguns dos que falaram da causa *material*, de algum modo (especialmente certos Pluralistas e até mesmo o monista Parmênides em sede de *doxa*) usaram um dos seus princípios materiais (o quente, o fogo) *também com função motora*. Agora ele considera um grupo de pensadores que (a seu ver) teriam explicado o movimento melhor do que os outros, introduzindo um princípio específico; mas se dá conta de que não foi tanto o problema da explicação do movimento e do devir que os solicitou, quanto o problema da explicação do *belo*, do *bem*, da *ordem* das coisas. O uso que esses pensadores fazem das novas causas introduzidas, leva Aristóteles a enquadrá-las como *causas eficientes*; por outro lado, ele não esconde que, por outros aspectos, elas têm tangências com a *causa final*. Daqui surgem todas as perplexidades de que falamos. — Em conclusão: (*a*) antes Aristóteles falou da causa *material*, (*b*) depois introduziu (984 a 16 ss.) o problema da *causa eficiente-motora* e disse daqueles pensadores que, mesmo tratando prevalentemente da causa material, advertiram de algum modo vagamente o problema da causa motora e atribuíram a um elemento *função motora* (causa *material-motora*); (*c*) agora ele introduz aqueles pensadores que deram um destaque mais preciso às causas *motoras* do que os precedentes, mas observa, ao mesmo tempo, tratar-se de causas que, em consideração da sua natureza e dos aspectos das coisas que queriam explicar, têm tangências também com a *causa final*. (Se são causas introduzidas para explicar o εὖ e o καλῶς ἔχειν e γίγνεσθαι das coisas, 984 b 11 s.; para explicar κόσμος e a τάξις, ll. 16 s.). Seriam, portanto, propriamente causas *eficientes e finais*; mas, dado que esses pensadores não falam expressamente de fim (τέλος e τίνος ἕνεκα), Aristóteles acaba, no discurso que segue, por considerá-las como *causas eficientes*. Explicam-se assim as afirmações de 985 a 11 e b 21, segundo as quais esses filósofos viram apenas *duas* causas: *material e motora*. — Mas depois, em A 8, resumindo todas as conclusões adquiridas, Aristóteles torna a reconhecer que, de algum modo, as causas em questão eram também, embora inadequadamente, causas *finais*: "O *fim*... pelo qual as ações, as mudanças e os movimentos têm lugar, eles, *de certo modo, dizem ser causa*, mas não dizem, depois, de que modo é causa, nem dizem qual é a sua natureza. Os que põem a inteligência e a amizade [isto é Anaxágoras, que Aristóteles citou no nosso texto e Empédocles, que citará no capítulo seguinte], admitem *essas causas como bem, mas não falam delas como fim, mas como se delas derivassem os movimentos*... de modo que lhes ocorre, em certo sentido, afirmar e não afirmar que o bem é causa. Eles, de fato, não dizem em sentido verdadeiro e próprio que o bem é causa absoluta, mas dizem acidentalmente". Como se vê, a exegese que demos acima não poderia ser confirmada de modo mais explícito.

[24] (984 b 18). De Anaxágoras deve-se ver sobretudo 59 B 12 Diels-Kranz, II, pp. 37 ss.

[25] (984 b 19-20), *Hermótimo de Clazômenas*. —Não é um personagem histórico, mas uma figura lendária, cuja alma teria tido o privilégio de poder abandonar o corpo e depois voltar a ele. Teria sido uma das encarnações de Pitágoras. — É difícil dizer a razão pela qual, nesse contexto, tenha sido ligado a Anaxágoras. Os antigos comentadores não nos referem nada de preciso: cf. Alexandre, *In Metaph.*, p. 32, 24 ss. Hayduck. Zeller (*Die Phil. der Griech.*, I, 2, p. 1269[6]) considerava que essa ligação tenha sido feita por doutos posteriores. Diels pensava, ao invés, que o próprio Anaxágoras tenha valorizado a lenda de Hermótimo em relação com a doutrina do νοῦς separado (cf. Diels-Kranz, II, p. 21 *ap. crit.*). Mas essa explicação é rejeitada. Talvez Aristóteles alude a Hermótimo também em *Da alma*, I 2, 404 a 26, mas não é certo (cf. Movia, *Aristotele, L'anima*, p. 232).

4. *Sumário e comentário a* A 4

[1] (984 b 23 – 985 b 22). Sumário. — *O capítulo (que é a sequência imediata do precedente) continua o exame da doutrina dos Pré-socráticos. Depois de um aceno a Hesíodo e a Parmênides (um e outro citados como possíveis precursores da causa motora-final com a sua doutrina do* Eros cosmológico*), é examinado Empédocles, o qual, notando no universo também a existência de feiura e males, além da beleza e da ordem, introduziu, para explicar esses contrários, dois princípios: a* Amizade *e a* Discórdia. *Todos os filósofos até agora examinados, conclui Aristóteles, entreviram*

duas *causas: a* material *e a* motora *(só em pequena parte a* final), *ou de modo inadequado (como Anaxágoras) ou contraditório (como Empédocles). Analogamente Leucipo e Demócrito, com a sua doutrina dos átomos e das diferenças dos átomos, indicaram a causa* material, *mas descuidaram a causa do* movimento.

[2] (984 b 23-24). Trata-se da causa *motora-final*, ou, como também diz Aristóteles, da causa do *bem* e do *movimento*.

[3] (984 b 24-27). *Evocação de Parmênides.* — Parmênides, B 13 Diels-Kranz, I, p. 243. Falta o sujeito no texto original, mas só pode ser δαίμων. Sobre esse ponto da doutrina de Parmênides cf. Zeller-Reale, *La fil. dei Greci*, I, 3, pp. 256 ss. e notas 35, 36 e 38.

[4] (984 b 27-31). *Evocação de Hesíodo.* — Hesíodo, *Teog.*, vv. 116-120 (Aristóteles cita de modo não muito exato; cf. Ross, *Metaph.*, I, p. 137). É óbvio em que sentido Aristóteles pensa que o *Amor cosmogônico* não é mero princípio movente, mas um *particular* princípio movente, ou seja, um princípio que move de modo *bom e positivo* (e que é, portanto, causa motora-final): o amor reúne (συνάγει) de modo efetivo e, portanto, *positivo*. A evocação do *amor cosmogônico* de Parmênides e de Hesíodo (que à primeira vista pode parecer estranha ao leitor) tem a sua precisa razão de ser no fato de que, aos olhos de Aristóteles, ele é o antecedente da φιλία (*amizade ou amor*) de Empédocles, do qual se dirá logo em seguida.

[5] (984 b 31-32). Aristóteles promete retomar o problema adiante; mas, na realidade, não volta mais a essa questão.

[6] (984 b 32 – 985 a 10). *Empédocles parece ter vislumbrado a causa final.* — Aqui Aristóteles parece considerar expressamente a *Amizade* de Empédocles como causa *do bem* (e a discórdia como causa do mal), portanto, parece referir-se à *causa final*; da l. 22 em diante, ao contrário, como se verá, a que aqui é considerada *causa do bem*, é chamada *causa motora* e, implicitamente, é negado que os pensadores discutidos tenham vislumbrado a causa final. Esclarecemos amplamente na nota 23 do cap. 3 as razões dessas mudanças de julgamento.

[7] (985 a 10-18). Cf. *Ensaio introdutório*, pp. 157 ss.

[8] (985 a 18-21). *Incertezas de Anaxágoras.* — A mesma observação, aqui feita por Aristóteles contra Anaxágoras, se lê em Platão, *Fédon*, 97 C ss. e, particularmente, 98 B ss., onde, entre outras coisas, se lê: "Eis, ao contrário, caro amigo, que tão elevada esperança eu sentia esmorecer e desaparecer, à medida que, procedendo na leitura, via que esse homem não se valia absolutamente da mente, *não lhe atribuía nenhum princípio*

de causalidade na ordem do universo, mas apresentava como causas o ar, o éter a água e muitas outras coisas, e todas elas fora de lugar...". Cf. Reale, *Para uma nova interpr. de Platão*, (^{2}2004), pp. 106 ss.

[9] (985 **a** 21-29). *Algumas incoerências de Empédocles.* — Deixando a complexa questão de índole histórica, é claro o que Aristóteles pretende dizer. Empédocles não é coerente: de fato, como exatamente comenta Alexandre (*In Metaph.*, p. 35, 8 s. Hayduck), "a amizade deveria ser *em todos os casos* causa de união e a discórdia de separação". Ao invés, isso não ocorre, porque *às vezes é causa de união a discórdia*, enquanto a amizade é causa de separação, como nos exemplos apresentados. Quando tudo se reúne na *Esfera divina* (e isso ocorre por obra da amizade), é evidente que os elementos, justamente ao reunir-se e apaziguar-se no todo, se *separam*, enquanto as suas partes se separam umas das outras, misturando-se com as dos outros elementos, para dar lugar à unidade absoluta: portanto, nesse preciso sentido, ao mesmo tempo que a amizade *reúne* (os elementos no todo) também separa (as partes de cada elemento umas das outras). E, vice-versa, quando a discórdia *separa* os elementos (dissolvendo a unidade da Esfera), ao mesmo tempo, também, *reúne*: reúne justamente as várias partes dos mesmos elementos umas às outras.

[10] (985 **a** 29 – 985 **b** 4). *Conclusões sobre Empédocles.* — Tenha-se presente que é justamente esse o esquema de base sobre o qual se fundam muitos intérpretes modernos do pensamento de Empédocles, não tanto no que concerne à introdução dos dois diferentes princípios do movimento, mas sobretudo no que concerne à individuação dos elementos materiais em número de quatro, que permaneceu por muito tempo definitiva (água, ar, terra e fogo).

[11] (985 **b** 4). *Leucipo.* — Como é sabido, de Leucipo se conhece muito pouco. Testemunhos e fragmentos em Diels-Kranz, n. 67, II, pp. 70-81; e V. E. Alfieri, *Gli Atomisti, Frammenti e testimonianze*, Bari 1936; reimpr. em *I Presocratici, Testimonianze e frammenti*, Bari 1975, II, pp. 643-662; cf. a nossa *História da filosofia antiga*, I, pp. 151 s., nota 1.

[12] (985 **b** 5). *Demócrito.* — Para Demócrito cf. testemunhos e fragmentos em Diels-Kranz, n. 68, II, pp. 81-230; V. E. Alfieri, *Gli Atomisti*, pp. 41-320, e em *I Presocratici*, II, pp. 663-829; ver também: F. Enriques-M. Mazziotti, *Le dottrine di Democrito d'Abdera. Testi e commenti*, Bolonha 1948. Frequentemente a exposição do Atomismo é feita não por pensadores individuais, mas no seu conjunto, como, de resto, faz o próprio Aristóteles. Cf. Reale, *História da filosofia antiga*, I, pp. 151-163.

[13] (985 b 5-20). *Interpretação aristotélica do atomismo.* — Ter-se-á notado, em primeiro lugar, a interrupção do fio lógico que Aristóteles seguia. Ele estava falando dos filósofos que introduziram uma *causa motora* (que, na realidade, como vimos, era uma causa *motora-final*); agora, repentinamente, evoca os Atomistas que, ao invés, descuidaram essa causa (pelo menos ele diz isso). Ross (*Metaph.*, I, p. 139) acha que a introdução dos Atomistas nesse ponto é "um pouco confusa", enquanto eles deveriam ter sido tratados na seção dedicada à *causa material*, porque lhes é reconhecido só o tratamento daquela causa. Já sabemos, pela nota 23 do cap. 3, as razões dessas oscilações. — No que concerne à interpretação da gênese do Atomismo, já Aristóteles atribuía de modo pertinente e também historicamente exato *a fonte principal ao próprio eleatismo* (cf. especialmente A *ger. e a corr.*, I 8, 324 b 35 - 325 a 32): o Atomismo, mais precisamente, teria surgido da exigência de salvar a experiência (geração e corrupção, movimento, multiplicidade) e, ao mesmo tempo, a instância de fundo do eleatismo. — O *ser* ou o *pleno* de que fala o nosso texto são, obviamente, os *átomos*; enquanto o *não-ser* e o *vazio* são os intervalos entre os átomos. As *diferenças* dos átomos com linguagem técnica eram chamadas por Leucipo e por Demócrito *proporção* ('ρυσμός), *contato* (διαθιγή) e *direção* (τροπή). Aristóteles traduz essa terminologia na sua linguagem, respectivamente por *forma* ou *figura* (σχῆμα), *ordem* (τάξις) e *posição* (θέσις); tais "diferenças" são interpretadas por ele como o análogo das *afecções do elemento originário* dos mais antigos pensadores e, antes, como ele diz, como análogo do *raro* e *denso* (de Anaxímenes e Diógenes). Na verdade, estes são algo muito mais complexo, e a comparação de Aristóteles é tanto menos adequada, na medida em que *raro* e *denso* são qualidades que, menos do que as outras, são aplicáveis aos átomos (que são um compacto ser-pleno). O pensamento de conjunto é, contudo, claro. Para um aprofundamento ulterior do sentido dessas diferenças cf. a nota a H 2, 1042 b 11-15. — Enfim, recordo que, enquanto os códices têm Z e N, Wilamowitz e Diels preferem as letras H e N. De fato, a antiga grafia de Z era feita com a letra H em posição ἀνεστραμμένη, isto é, "estendida". De qualquer modo, é claríssimo o pensamento que Aristóteles quer ilustrar com o exemplo, e a escolha de uma e de outra indicação gráfica não muda nada.

5. *Sumário e comentário a* A 5

[1] (985 b 23 – 987 a 289). Sumário. — *Sempre em vista de demonstrar que os predecessores não falam senão de algumas das* quatro *causas acima*

enumeradas, Aristóteles passa agora ao exame das doutrinas dos Pitagóricos e dos Eleatas. — No que concerne aos Pitagóricos, Aristóteles nota que o seu pensamento filosófico depende estritamente das suas investigações matemáticas: eles puseram os números e as características dos números (pares e ímpares) como princípios das coisas e das qualidades das coisas. Alguns Pitagóricos puseram, ao invés, dez pares de contrários *como princípios. Os contrários como princípios foram postos também por Alcméon, sem contudo agrupá-los de modo preciso e determinado. Aristóteles, embora com certo embaraço, considera que esses princípios têm função de* causa material, *enquanto são concebidos pelos Pitagóricos como constitutivos imanentes das coisas das quais são princípios. No final do capítulo, porém, Aristóteles admite que os Pitagóricos começaram a dar algumas* definições *(embora rudemente) e a falar da* essência *(isto é, da* causa formal*). — O tipo de pesquisa desenvolvida pelos Eleatas, ao invés, sai fora da investigação sobre as causas primeiras, porque eles reduziram tudo a uma unidade imóvel. Todavia, Aristóteles aproxima o um de Parmênides (finito) à* forma *(isto é, à causa formal) e o um de Melisso (infinito) à* matéria *(isto é, à causa material). Particularmente, ele encontra na segunda parte do poema parmenidiano uma confirmação das suas próprias perspectivas: Parmênides, forçado a levar em conta os fenômenos, teve de admitir, além do Um (que é segundo a razão), também o múltiplo (que é segundo os sentidos). E para explicar o múltiplo, ele introduziu dois princípios: o quente e o frio. O capítulo termina com um resumo das conclusões até aqui alcançadas.*

[2] **(985 b 23)**. *A expressão "os assim chamados Pitagóricos" e o seu significado.* — Uma importante questão nasceu a propósito dessa expressão aristotélica: os "assim chamados" Pitagóricos (οἱ καλούμενοι Πυθαγόρειοι). O que ela significa? As respostas dos estudiosos são substancialmente três. (1) Uma primeira entende genericamente a expressão (que volta inclusive em 989 b 29; *Do céu*, II 2, 284 b 7; 13, 239 a 20; *Meteor.*, I 6, 342 b 30; 8, 345 a 13) como indicativa da incerteza de Aristóteles sobre a pessoa de Pitágoras, a sua verdadeira doutrina e a época em que ele viveu (cf. Bonitz, *Comm.*, p. 77; em parte Ross, *Metaph.*, I, p. 143; Tricot, *Métaph.*, I, p. 41, nota 4). — (2) Uma segunda interpretação, sustentada sobretudo por E. Frank (*Plato und die sogenannten Pythagoreer*, Aia 1923), vê em οἱ καλούμενοι Πυθαγόρειοι (die *sogenannten* Pythagoreer) uma expressão que visava discriminar os *verdadeiros* Pitagóricos, os que desde a segunda metade do século VI se reuniram numa seita religiosa semelhante à órfica (e que continuaram a sua tradição na Itália meridional até a era romana),

dos falsos ou pseudo-Pitagóricos, que constituíram uma escola matemática e sobre os quais Aristóteles discorre. Justamente para indicar esses últimos e diferenciá-los dos primeiros, Aristóteles os chamaria de "assim chamados" Pitagóricos. — (3) Uma terceira interpretação foi elaborada sobretudo por Timpanaro Cardini (*Pitagorici*, III, p. 9 ss.). Depois de ter destacado que καλούμενος, λεγόμενος e afins, muito amiúde, em Aristóteles, indicam que o vocábulo de que se acompanham é *expressão técnica*, e a ela dão destaque, explica do seguinte modo a expressão sobre a qual estamos falando: se Aristóteles destaca com καλούμενοι o nome dos Pitagóricos "é porque se encontra diante de um fato singular: dos outros filósofos antes nomeados, cada um representava a si próprio; tinham certamente alunos e seguidores, mas sem particulares laços de escola. Os Pitagóricos, ao invés, constituíram um fenômeno novo: estudam e trabalham, para usar um termo moderno, em *equipe*; o seu nome é um programa, uma sigla; enfim, é um termo técnico, indicador de uma determinada orientação mental, uma certa visão da realidade sobre a qual consentem homens e mulheres de pátria e de condições diferentes. Aristóteles capta essa característica, sente que, introduzindo no discurso os Pitagóricos, deve de certo modo prevenir alguma admiração de quem ouve ou lê: como! até agora foram apresentadas figuras bem individuadas de filósofos, cada um com as suas visões pessoais; e agora aparece esse grupo, com um nome de grupo, mas anônimo relativamente aos indivíduos que o compõem? Justamente assim se chamam, assegura Aristóteles, essa é a denominação oficial que eles têm como escola, e que, no curso do tempo, representa a unidade e a continuidade da sua doutrina". — Essa exegese, a nosso ver, é a mais adequada e persuasiva. De resto, as palavras que precedem (ἐν δὲ τούτοις καὶ πρὸ τούτων) indicam claramente que Aristóteles capta de um só golpe os Pitagóricos mais recentes e os mais antigos, e em 986 a 29 s. o próprio Pitágoras é evocado junto com os Pitagóricos. — Fragmentos e testemunhos dos Pitagóricos encontram-se em Diels-Kranz, nºs 14-20; 24-27; 32-36-39-58, contidos no volume I; mas convém, sobretudo, ver a edição de M. Timpanaro Cardini, *Pitagorici, Testimonianze e frammenti*, 3 vols., Florença 1958-1964 (que integra Diels-Kranz); esta edição contém também claras introduções, traduções e amplo comentário. Cf. também a tradução de A. Maddalena, *I Pitagorici*, Bari 1954; reimpressa em *I Pitagorici*, vol. I; cf. a nossa *História da filosofia antiga*, I, pp. 79-82 e o vol. V, *sub voce*.

[3] (**985 b 29**). A "*propriedade*" (πάθος) *dos números*. — No nosso contexto, o termo πάθος não pode ser entendido, afirma Timpanaro Cardini,

senão como *a propriedade pela qual cada número é ele mesmo* (em certo sentido, a essência que o caracteriza): para o dois a *dualidade*, para o três a *trindade* etc. (*Pitagorici*, II, p. 59).

[4] (**985 b 29-31**). *Primeiro grupo de semelhanças entre números e realidades segundo os Pitagóricos.* — Tentemos entender os exemplos individuais apresentados. Que quer dizer que *certa propriedade* dos números é a *justiça*? Alexandre (*In Metaph.*, p. 38, 10 ss. Hayduck) assim explica: "estando convencidos de que o caráter peculiar da justiça era a *reciprocidade* e a *igualdade*, e achando que isso se encontra nos números, por esse motivo diziam que a justiça é o primeiro número quadrado...". Com efeito, é claro que no número quadrado os dois fatores são iguais e o primeiro trata o segundo do mesmo modo que este trata aquele. Para alguns Pitagóricos esse número era o 4 (= 2 x 2, isto é, o primeiro quadrado de um par), para outros o 9 (= 3 x 3, isto é, o primeiro quadrado de um ímpar). — A *alma e o intelecto* eram, ao invés, o número 1, porque "persistente e todo igual e dominante", e assim eles pensavam que era o número 1 (Alexandre, *In Metaph.*, p. 39, 13-22 Hayduck). — O *momento e o ponto justo* traduzem o grego καιρός, que é um termo intraduzível (*oportunidade, conveniência*, traduzem apenas parte do original). O καιρός pitagórico é muito bem explicado por Alexandre (*In Metaph.*, p. 38, 16 ss. Hayduck). Os Pitagóricos chamavam *momento justo* (καιρόν) o número 7, porque os fenômenos naturais pareciam ter ciclos *setenários*: o homem, por exemplo, "pode nascer com sete meses, solta os dentes depois de sete meses, chega à puberdade depois do segundo setênio, e gera em torno do terceiro setênio". Depois, como o sol parece ser a causa desses ciclos setenários, os Pitagóricos o colocavam "no lugar que é próprio do número sete, que eles chamavam de καιρόν (*ponto justo*). De fato, o sol ocupa o sétimo lugar dos corpos que se movem em torno do centro...". Portanto, é claro por que o καιρός (= 7) só pode ser traduzido com dupla expressão: o *momento justo* (o acme dos ciclos setenários). — Outros exemplos não reportados aqui por Aristóteles, e que extraímos de Alexandre (*loc. cit*, p. 39, 4-13): Atenas era chamada número 7 (como o καιρός); porque, como o 7 não é gerado de nenhum número e não gera nenhum outro (no interior da díade), assim Atenas não tinha mãe e era sempre virgem. Ademais, indicavam as *núpcias* com o número 5, porque a núpcias são a união do macho (ímpar) e fêmea (par) e 5 é união do primeiro ímpar (o 3) e do primeiro par (o 2). Recordamos ainda que os Pitagóricos, como indicavam o intelecto e a inteligência com o número 1 pela sua estabilidade (Alexandre, *ibid*, 16 ss.), assim indicavam a *opinião*

com o número 2, porque ela é mutável como uma e a outra unidade da díade, e assim por diante.

[5] (**985 b 31-32**). *Segundo grupo de semelhanças entre números e coisas segundo os Pitagóricos.* — Trata-se das *relações musicais*, que para os Pitagóricos, eram redutíveis a relações numéricas como se segue: "a oitava consiste na relação de 1 a 2, a quinta na relação de 2 a 3 e a quarta na relação de 3 a 4" (Alexandre, *In Metaph.*, p. 39, 19 ss. Hayduck).

[6] (**985 b 32 – 986 a 3**). *Terceiro grupo de semelhanças entre números e coisas segundo os Pitagóricos.* — Todas as coisas sensíveis, particularmente as *celestes* (como logo em seguida ele especificará), são redutíveis a número. Portanto, podem-se extrair as seguintes conclusões: se todas as realidades não físicas (primeiro grupo), todas as realidades musicais (segundo grupo) e todas as realidades físicas e celestes (terceiro grupo) são redutíveis a número, então *tudo é redutível a número e os princípios dos quais derivam os números são os princípios dos quais tudo deriva.* A afirmação de que todo o céu é *harmonia e número* é esclarecida por Alexandre (*In Metaph.*, p. 39, 22 ss. Hayduck) do seguinte modo. Os corpos celestes que giram em torno do centro têm distâncias entre si proporcionais; ademais, eles giram com diferentes velocidades, alguns mais velozmente e outros menos: os mais lentos têm um som mais grave, os velozes mais agudo; portanto, todos juntos produzem um concerto harmonioso (que não ouvimos, porque estamos habituados a ele desde o nascimento), justamente por causa da proporcionalidade das distâncias, das consequentes velocidades e, portanto, dos sons.

[7] (**986 a 3-10**). *Importância e papel da dezena segundo os Pitagóricos.* — O número 10, como é sabido, tem para os Pitagóricos fundamental importância. De fato, o 10 era a matriz ou a origem de todos os números e de todas as suas potências. Portanto, se todas as coisas são ontologicamente números e todas as coisas são conhecidas na medida em que se conhecem justamente os números, e se, por outro lado, todos os números dependem da dezena, daí se segue que da dezena depende o ser e o conhecimento de todas as coisas. — Sobre a dezena e as razões da sua perfeição cf. *Theolog. arithm.*, p. 82, 10 De Falco = Filolau, A 13 Diels-Kranz (I, pp. 400 ss.) e Filolau, B 11 Diels-Kranz (I, p. 411).

[8] (**986 a 11-12**). A *Antiterra e a sua função.* — Aqui Aristóteles apresenta a *antiterra* como tendo a única função de completar o número dos corpos celestes e atingir o número 10 e, portanto, como exemplificação do que disse nas ll. 7-9; todavia a Antiterra, adverte Timpanaro Cardini, "não tinha só a finalidade preconcebida de completar a dezena (...) mas

também o objetivo, nitidamente científico, de explicar a maior frequência dos eclipses de lua relativamente aos do sol; o próprio Aristóteles o recorda no *Do céu*, 293 b 20, e deve ter falado disso também no livro perdido sobre os Pitagóricos, como testemunha Aécio II 29, 4 (DK 58 B 36 ss.)"; *Pitagorici*, II, p. 153. Recorde-se que na evoluída concepção dos Pitagóricos o centro do mundo não é a terra, mas o *fogo central*. Ao redor do fogo central giram:

(1) a Antiterra
(2) a Terra
(3) a Lua
(4) o Sol
(5) Vênus
(6) Mercúrio
(7) Marte
(8) Júpiter
(9) Saturno
(10) o céu das estrelas fixas.

[9] (**986 a 12-13**). *Referência ao escrito perdido de Aristóteles "Sobre as doutrinas pitagóricas"*. — O lugar a que Aristóteles remete não é certamente *Do céu*, II 13, 293 a 23 ss., mas provavelmente ao tratado *Sobre as doutrinas pitagóricas*, como já Bonitz, *Comm.*, p. 79, notava. Alexandre, ao comentar parte desse capítulo, provavelmente utiliza essa obra aristotélica perdida, como prova a abundância de particulares em estreita aderência com a passagem comentada. Cf. P. Wilpert, *Reste verlorener Aristoteles-Schriften bei Alexander von Aphrodisias*, in "Hermes", 75 (1940), pp. 369-396; cf. também M. Timpanaro Cardini, *Pitagorici*, III, p. 61 s.

[10] (**986 a 14-17**). *Que são* πάθη τε καὶ ἕξεις *dos números*. — Passagem de interpretação controvertida. O original diz: ... τὸν ἀριθμὸν... ἀρχὴν εἶναι καὶ ὡς ὕλην τοῖς οὖσι καὶ ὡς πάθη τε καὶ ἕξεις. É fácil entender o que significa que os números são causa *material* dos seres; de difícil exegese são as palavras (ἀρχὴν) ὡς πάθη τε καὶ ἕξεις. (1) Alexandre (*In Metaph.*, p. 41, 19 ss. Hayduck) dá três exegeses, todas inadequadas (aqui Alexandre não extrai mais das obras aristotélicas perdidas sobre os Pitagóricos, porque aqui, como o próprio Aristóteles nos diz, volta-se sobre a questão de outro ponto de vista, para comparar a doutrina dos Pitagóricos com a das *quatro causas*): (*a*) Os números seriam, além de causa *material, causa eficiente*: as πάθη e os ἕξεις próprios dos números que estão presentes nas

coisas, são *causa eficiente* das πάθη e dos ἕξεις das coisas (p. 41, 21-26). (*b*) Ou "o número é ὕλη, πάθος é o *par*, ἕξεις é o *ímpar*" (exegese atribuída por Alexandre a Aspásio: p. 41, 26 s.). (*c*) Ou ainda: "o número par é ὕλη e πάθος, o número ímpar é ἕξεις" (p. 41, 28). Esta última é também a exegese de Asclépio, *In Metaph.*, p. 37, 33 ss. Hayduck. Na verdade, a única exegese que poderia de algum modo se sustentar é a primeira, mas ela é contraditória: se as πάθη τε καὶ ἕξεις dos números são *causa* das πάθη τε καὶ ἕξεις das coisas, obviamente não podem ser *causa eficiente*, porque tais são *só* as causas do movimento, mas deverão ser, no máximo, causa *formal*, como veremos abaixo. — (2) Outra via é trilhada por Tomás (*In Metaph.*, § 124, p. 37 a-b Cathala-Spiazzi): "Videntur... Pythagorici ponere numerum esse principium entium sicut numerum, et *passiones* numeri esse sicut *passiones entium*, et sicut *habitus*: et per *passiones* intelligamus *accidentia cito transeuntia*, per *habitus accidentia permanentia*". Cf. também Colle, *Métaph.*, I, pp. 73 s. O número, portanto, seria causa tanto da *matéria* como dos *acidentes* (transitórios e permanentes) das coisas. — (3) Ross (*Metaph.*, I, pp. 147 s.) encontrou a via para uma justa interpretação. Ele entende com πάθη as modificações *temporárias* e com ἕξεις as *permanentes* (cf. Tomás, *supra*), mas justamente vê que ἀρχὴ ὡς πάθη τε καὶ ἕξεις se *opõe* a ἀρχὴ ὡς ὕλη e só pode indicar a *causa formal*. Com efeito, abaixo Aristóteles (987 a 20) dirá que os Pitagóricos vislumbraram também essa causa. Portanto, a nossa passagem diria que os números pitagóricos são causa material das coisas e causa que faz as coisas (temporariamente ou de maneira estável) ser o que são, vale dizer, *causa formal*. Ross explica que πάθος quer dizer ποιότης (M 8, 1083 a 10) ou διαφορά (*A ger. e a corr.*, I 1, 315 a 9) ou εἶδος (*Meteor.*, IV 5, 382 a 29) ou elemento da essência das coisas (*As part. dos anim.*, IV, 678 a 32); ἕξεις quer dizer εἶδος (H 5, 1044 b 32; Λ 3, 1070 a 12). — A única coisa que *não* convém é a identificação dos πάθη com as propriedades transitivas; já em 985 b 29 encontramos πάθος com o significado de *propriedade* essencial (que também Ross, I, p. 143, entende no sentido de πάθος καθ'αὑτό, no sentido dos ἴδια πάθη de Γ 2, 1004 b 11) e esse é o significado que também na nossa passagem o termo deve ter. Concluindo: Aristóteles *fala das propriedades peculiares essenciais das coisas* (πάθη) *e dos seus estados permanentes* (ἕξεις). Cf. os aprofundamentos da questão em Schwegler, *Metaph.*, III, pp. 47 ss., e em Timpanaro Cardini, *Pitagorici*, III, pp. 76-78. — Para a questão da interpretação do número seja como causa material, seja como causa final, cf. a nota final deste capítulo.

[11] (986 a 17-21). *Os elementos constitutivos dos números segundo os Pitagóricos.* — Para uma pormenorizada explicação da doutrina aqui exposta ver a nossa *História da filosofia antiga*, I, pp. 81 ss. O ponto chave é a relação sintética e dinâmica do *ilimite* e do *limite* ou do *ilimitado* e do *limitante*. Um documento basilar é o fr. 5 de Filolau: "Todas as coisas são necessariamente ou limitantes, ou ilimitadas, ou ao mesmo tempo limitantes e ilimitadas. Não podem existir só coisas ilimitadas ou só coisas limitantes. Portanto, sendo claro que as coisas que são não poderiam ser constituídas nem só de elementos limitantes nem só de elementos ilimitados, é evidente que o universo e as coisas que existem nele são constituídas do acordo de elementos limitantes e ilimitados". — Para as relações entre pares e ilimite, ímpares e limite, ver o que dizemos no local acima citado da nossa *História da filosofia antiga*, I, pp. 82 s. com a ilustração gráfica. (A doutrina do limite e do ilimite terá grande desenvolvimento em Platão e no Platonismo).

[12] (986 a 22-26). A *tábua pitagórica dos dez contrários.* — Sobre essa "tábua", e particularmente sobre as suas implicações e consequências, haveria muito a dizer, mas aqui não é o lugar. Recordamos, antes de tudo, que ela não devia pertencer ao mais antigo pitagorismo e que é, talvez, atribuída se não ao próprio Filolau, aos Pitagóricos da sua geração. Todos os Pitagóricos concordavam em derivar os fenômenos de oposições fundamentais (par-ímpar, limite-ilimite etc.). Depois que a dezena adquiriu uma função preponderante (cf. Filolau) no âmbito das doutrinas pitagóricas, deve ter sido redigida essa "tábua" decádica (e talvez também devem ter sido redigidas outras análogas). Sobre os desenvolvimentos dessa doutrina ver o que dizemos no volume *Para uma nova interpretação. de Platão* ([2]2004), pp. 298 ss.

[13] (986 a 27 – b 2). *Alcméon de Crotona.* — Fragmentos e testemunhos de Alcméon encontram-se em Diels-Kranz, n. 24, I, pp. 210-216, e, ademais em Timpanaro Cardini, *Pitagorici*, I, pp. 118-153, com tradução e comentário.

[14] (986 b 4-8). Mas, cf. o que Aristóteles diz em seguida em 987 a 13 ss. e a nota 33.

[15] (986 b 10-18). A *interpretação do eleatismo em função da aitiologia aristotélica.* — Trata-se, obviamente, dos Eleatas (que logo em seguida serão nomeados individualmente). Aristóteles tem muito trabalho em assumir os Eleatas no esquema da sua aitiologia. Precisamente, ele só consegue isso com a segunda seção do poema de Parmênides (a que se refere à δόξα), e por isso lhe escapa, nessa discussão restrita à doutrina das causas,

justamente a *pars potior*. Zenão aqui não será tomado em consideração, enquanto Xenófanes e Melisso serão declarados pensadores rudes, e assim eliminados. — Por que o Eleatismo não entra no esquema da aitiologia aristotélica? A razão é simples: os naturalistas monistas admitiam um *único* princípio, mas além do princípio admitiam também a multiplicidade das coisas e o movimento, do qual o princípio era a razão última. Ao invés, os Eleatas absorvem tudo na unidade do ser, declarado imóvel. Desse modo, não resta mais nada *a explicar*, antes, o ser-um eleático (pelo menos como o entende Aristóteles) cessa de ser princípio em sentido estrito, porque *o princípio só é princípio se existe outra coisa (ou outras coisas) da qual ele é princípio* (cf. *Fis.*, A 2, 185 a 3-5). A inadequação *histórica* da interpretação aristotélica do eleatismo em função das categorias aitiológicas não necessita ulterior comentário depois do que se disse nas notas precedentes. — Note-se, ademais, que a razão da passagem dos Pitagóricos aos Eleatas não tem um fio lógico preciso: talvez Aristóteles passou de uns aos outros seguindo um critério, digamos, geográfico (ambos são Itálicos). Mas também essa razão é pouco convincente.

[16] (986 b 18-19). *O Um de Parmênides entendido como forma.* — O *um* parmenidiano é aproximável da *forma* enquanto é *limitado* e *finito*, e assim é justamente o εἶδος ou *forma*. (Cf. logo abaixo, e cf. Alexandre, *In Metaph.*, p. 44, 3 Hayduck; Asclépio, *In Metaph.*, p. 41, 24 Hayduck). Que Parmênides conceba o ser como *finito* está fora de discussão: cf. fr. 8, vv. 30 ss., 42 ss., mas essa concepção tem bem pouco a ver com o εἶδος de Aristóteles. Note-se, ainda, que hoje está em discussão também se o ἐόν parmenidiano é concebido como ἕν ou, antes, como οὖλον (ἕν ocorre só no fr. 8, 6; mas dessa passagem foi descoberta por Untersteiner uma variante, que não contém mais o ἕν, atributo que, portanto, viria a desaparecer como temático do poema parmenidiano: cf. Untersteiner, *Parmenide*, pp. XXVII ss. e *passim*). A prioridade da temática do *um* se impôs, no âmbito do Eleatismo, sobretudo com Zenão e com Melisso.

[17] (986 b 19-21). *O Um de Melisso entendido como matéria.* — Melisso, ao invés, afirmava o seu ser como *infinito* (cf. frs. 3-7) ou *ilimitado*, características que correspondem ao *indeterminado* da *matéria*; nesse sentido Aristóteles aproxima o ἐόν melissiano à matéria. — Inútil insistir sobre a inadequação histórica da exegese aristotélica: recorde-se (e isso é muito interessante) que o fr. 9 de Melisso diz que o ser não tem corpo (σῶμα), porque, se não fosse assim, teria espessura e partes. E é sabido que, com base nesse fragmento, alguns historiadores falaram até de *espiritualidade*

do ser melissiano. Isso é sem dúvida excessivo e errado; porém é certo que Melisso realiza o máximo esforço (mais do que Parmênides) para libertar o ser dos atributos materiais. — Fragmentos e testemunhos em Diels-Kranz, n. 30, I, pp. 258-275 ss.; com notáveis ampliações em G. Reale, *Melisso, Testimonianze e frammenti*, Florença 1970 (com uma ampla monografia introdutória, tradução e comentário).

[18] (986 b 21-25). *Xenófanes de Cólofon.* — Sobre Xenófanes, cf. Zeller-Reale, *La fil. d. Greci*, I, 3, sez. 2, pp. 57-164, com relativas notas de atualização. Testemunhos e fragmentos em Diels-Kranz, n. 21, I, pp. 113-139 e M. Untersteiner, *Senofane, Testimonianze e frammenti*, Florença 1954. — Hoje não se considera mais sustentável a tese de um Xenófanes eleata: sobre isso cf. a nota 94 em Zeller-Reale, pp. 162 ss. e as indicações que aí damos. Sobre a passagem (que só pode ter o sentido que explicitamos na tradução) cf. Zeller-Reale, p. 111 ss., nota 35 e as indicações que *ibid.* damos.

[19] (986 b 25-27). *O juízo negativo de Aristóteles sobre Xenófanes e sobre Melisso.* — Cf. as três notas acima. Note-se o indiscriminado e injusto juízo de Aristóteles, que põe no mesmo plano Xenófanes e Melisso. O juízo é particularmente injusto e inadequado no que se refere a Melisso, mas, não obstante, teve um peso decisivo. — Para uma correta reconstrução história do pensamento desse filósofo, ver: G. Reale, *Melisso*..., *passim*, e para esta passagem p. 336 e *ibid.* e remissões.

[20] (986 b 30-31). *Uma remissão à "Física".* — Cf. *Fis.*, I 1-3, *passim*. A esses capítulos da *Física* dedicamos um comentário analítico no ensaio *L'impossibilità di intendere univocamente l'essere e la "tavola" dei significati di esso secondo Aristotele*, in "Rivista di Filosofia neoscolastica", 56 (1964) pp. 289-326 (cf. especialmente pp. 294-308), agora republicado na quinta edição de *Il conc. di filos. prima*[5] (1993), pp. 407-446, espec. pp. 414-428, ao qual remeto o leitor.

[21] (986 b 27 – 987 a 2). *Uma interpretação aristotélica de Parmênides hoje não mais sustentável.* — Essa é uma passagem famosíssima (porque frequentemente examinada pelos estudiosos de Parmênides) e diferentemente julgada no que concerne à sua credibilidade histórica. Digamos logo que, malgrado muitos estudiosos, tendo Zeller à frente, serem dispostos a dar-lhe crédito, hoje em dia é considerada de maneira totalmente diferente. (1) Em primeiro lugar, não é exato, do ponto de vista histórico, que Parmênides falasse do um *segundo a razão* (κατὰ τὸν λόγον) e do múltiplo *segundo o sentido* (κατὰ τὴν αἴσθησιν): ele falava, ao contrário, de uma visão da realidade *segundo a verdade* (κατὰ ἀλήθειαν) e de uma *segundo a opinião* (κατὰ

δόξαν). — (2) Não falava de *quente* e *frio* nem de *fogo* e *terra*, mas de *luz* e *noite* (ou *fogo* e *noite*). — (3) Não identificava o primeiro com o *ser* e o segundo com o *não-ser*. — Sobre o problema ver: H. Schwabl, *Sein und Doxa bei Parmenides*, in "Wiener Studien", 66 (1953) pp. 50-75; Untersteiner, *Parmenide*, cap. IV, *passim*. Amplas informações e discussões sobre isso em Zeller-Reale, pp. 242 ss.; particularmente cf. a nota 79, *passim*; e a recente reconstrução de L. Ruggiu (1991), na nota 11 do cap. 4, *passim*. — Ao invés, é verdade que entre os Eleatas Parmênides (e só Parmênides) tentou dar conta dos fenômenos, embora somente *segundo a opinião* (κατὰ δόξαν). A passagem seria historicamente menos infiel se por *não-ser* se entendesse a *potência* e por *ser* o *ato*: nesse caso, significaria que a luz parmenidiana tinha função de *forma* e a noite (Aristóteles erroneamente diz a terra) de *matéria*. Mas o uso de ser (ὄν) e o de não-ser (μὴ ὄν) no período precedente (ll. 28 s.) excluem que na nossa passagem as mesmas palavras tenham um significado diferente (acrescente-se, ademais, que, no capítulo precedente, o fogo parmenidiano é considerado como causa motora).

[22] (987 a 4). Tales e Hípon.

[23] (987 a 5). Hipaso e Heráclito.

[24] (987 a 5). O ar para Anaxímenes e Diógenes.

[25] (987 a 5). Tales, Hípon, Anaxímenes, Diógenes, Hipaso, Heráclito, Melisso.

[26] (987 a 6). Leucipo e Demócrito (985 b 4 ss.).

[27] (987 a 7-8). Faz-se referência à *causa material*.

[28] (987 a 9). Anaxágoras (984 b 15 ss.) e talvez Parmênides (984 b 3).

[29] (987 a 9). Empédocles (985 a 2 ss.).

[30] (987 a 10). Faz-se referência aos Pitagóricos (ver 987 a 31; 988 a 26; *Meteor.*, I 6, 342 b 30).

[31] (987 a 12). Anaxágoras.

[32] (987 a 13). Empédocles.

[33] (987 a 13-19). *Interpretação particular dada pelos Pitagóricos do um, do limite e do ilimite.* — O pensamento é claro: enquanto os outros pensadores consideraram o *um*, o *limite* e o *ilimite* como *atributos* de outra coisa, vale dizer, como atributos de outras substâncias ou elementos, os Pitagóricos os consideraram como substâncias e elementos. Alexandre comenta: "[Aristóteles] diz que a doutrina desses [Pitagóricos] difere da de outros, enquanto os outros aplicando o infinito e o finito ao seu princípio, consideravam finita e infinita uma realidade, isto é, um corpo tendo como atributo a infinitude ou a finitude (alguns consideravam infinita a água,

outros o ar, outros uma realidade intermediária, como Anaximandro). Ao contrário, aqueles [os Pitagóricos] dizem que o próprio infinito e o finito são o substrato" (*In Metaph.*, p. 47, 19-24 Hayduck). Para ulteriores aprofundamentos ver Schwegler, *Metaph.*, III, p. 52-54.

[34] (987 a 18-22). *Papel dos números como causa formal (ademais de material) segundo os Pitagóricos.* — Aqui Aristóteles vê no número pitagórico não mais a *matéria*, como acima, mas a *essência* (τὸ τί ἐστι), vale dizer, a *causa formal* das coisas. Na nota 10 já vimos uma primeira afirmação de Aristóteles nesse sentido. No cap. seguinte, 987 b 11 s., Aristóteles dirá até mesmo que as coisas, para os Pitagóricos, são *por imitação* (μιμήσει) dos números, acentuando assim a função de *causa formal* dos números. — Já Zeller tinha notado bem que as duas afirmações aristotélicas: "os números são causa material das coisas", "os números são causa formal das coisas" não estão em contradição (Zeller-Mondolfo, *La fil. d. Greci*, I, 2, pp. 433 ss.). Melhor ainda os sucessivos estudos aprofundaram o problema. Timpanaro Cardini (*Pitagorici*, III, p. 20) explica, de modo convincente, que a μίμησις de *Metafísica* 987 b 11 "exprime o mesmo conceito que ὁμοιώματα de 985 b 27 e ἀφωμοιῶσθαι de 985 b 33" e que a μίμησις pitagórica não implica absolutamente a transcendência do número. Não estamos de acordo com Timpanaro Cardini quando ela escreve: "Posto, portanto, que μίμησις, de 987 b 11 não representa uma exceção, mas entra também ela no conceito do número 'não separado', *o grande problema* consiste em ver como esse número, presente nas coisas, constitua a essência inclusive material delas. Esse é o problema sobre o qual se debruçou Aristóteles, o qual teve, sem dúvida, a fineza e a honestidade crítica de vislumbrar que o número pitagórico era como um Juno bifronte: era ὡς ὕλη, mas também ὡς πάθη καὶ ἕξεις (986 a 16-17). E ele se deu conta também de que esse número pitagórico não era só o da série natural, mas era também relação, λόγος (985 b 31). Portanto, o erro, ou melhor a insuficiência dos Pitagóricos consistiu em não operar uma distinção que, na mente de Aristóteles, era essencial, entre causa material e causa formal. É óbvio que, operada essa distinção, o número seria causa formal" (*ibid.*, pp. 20 ss.). — Na realidade, o grande problema não é mais problema, se *não* se aplicam aos Pitagóricos as categorias da aitiologia aristotélica; de outro lado, mesmo se se mantém firme a distinção aristotélica, os números *não* podem ser *só* causa formal, porque não admitem outro princípio fora deles, e por isso, se se reduzissem só à causa formal, viria a faltar a matéria, da qual seriam essência ou forma (cf., de resto, o que foi dito na nota precedente). — Em todo caso, são claríssimas

as razões pelas quais Aristóteles vê nos números pitagóricos tanto a causa material como a formal; mas, ao mesmo tempo, é igualmente claro que as categorias da aitiologia aristotélica, como outras vezes constatamos, inevitavelmente, isto é, *estruturalmente*, condicionam o pensamento a que se aplicam. A nosso ver, os princípios dos Pitagóricos estão ainda *além* dessa distinção de matéria-forma, e, de resto, o próprio Aristóteles o confessa acima: "... nem mesmo pelos Pitagóricos esses contrários foram analisados de maneira suficientemente clara *a ponto de se estabelecer de que modo é possível reduzi-los às causas das quais falamos*" (986 b 4 s.), o que é uma nítida confirmação do que explicamos acima.

[35] (987 a 22-27). *Crítica à posição dos Pitagóricos no que concerne à definição das coisas.* — Duas graves falhas destaca Aristóteles no procedimento dos Pitagóricos ao fornecer a "definição". (1) Ele é *superficial*, porque "em vez de indicar a essência, eles indicavam uma *analogia*" (Colle, *Métaph.*, I, p. 93); ver os exemplos acima, na nota 4. (2) Com base nessa analogia eles subiam, na série dos números, ao primeiro número que convinha à analogia; por exemplo: o *dobro* era reduzido ao *dois* (porque o dois é o primeiro número dobro). Mas é óbvio que também 4, 6, 8 etc. são dobros; e, se fosse verdade o que dizem os Pitagóricos, todos os números pares e tudo que é dobro deveria ser 2! E ainda: para os Pitagóricos o mesmo número seria a essência de mais coisas (por exemplo: 2 é essência do dobro, 2 é essência da *opinião*, 2 é a essência da linha, etc.); se assim é, todas as coisas cuja essência é indicada pelo mesmo número deveriam identificar-se.

6. *Sumário e comentário a* A 6

[1] (987 a 29 – 988 a 17). Sumário. — *Agora é a vez de Platão, que Aristóteles examina sempre em função do objetivo de individuar nos predecessores os precedentes e as confirmações da doutrina das* quatro causas. — *A célebre doutrina das Ideias de Platão é vista pelo Estagirita (e esta interpretação terá muito sucesso mesmo entre os estudiosos modernos) como o resultado do encontro do heraclitismo com o método socrático do conceito: estando Platão convencido (com os Heraclitianos) que o sensível está sujeito ao fluxo contínuo, e estando por outro lado convencido do valor do método socrático da definição, o qual postula um objeto estável e imóvel (portanto, com características opostas ao sensível), ele introduziu outras realidades (justamente as Formas ou Ideias) como objetos aos quais se referem as definições.* — *Entre Ideias e*

coisas sensíveis Platão estabeleceu uma relação de participação *(simplesmente chamando com outro nome aquilo que os Pitagóricos chamavam de* imitação, *mas sem aprofundá-la). — Ademais, Platão pôs como "intermediários" entre as Ideias e as coisas os "Entes matemáticos", os quais são múltiplos como os sensíveis, mas imóveis e eternos como as Ideias. — Ulteriormente Platão tentou também (e aqui Aristóteles se refere sobretudo às doutrinas não escritas) determinar os elementos dos quais se originam as próprias Ideias; estes são a Díade de grande-e-pequeno e o Um (em parte remetendo-se aos Pitagóricos, em parte divergindo deles). — Depois de ter acenado para algumas incongruências dessa doutrina, Aristóteles sublinha que as causas das quais Platão se serviu são fundamentalmente duas: a* formal *(as Ideias são causas formais das coisas, o Um é a causa formal das Ideias) e a* material *(a Díade de grande-e-pequeno serve de causa material em todos os níveis). Ademais Platão entendeu a sua* causa formal *também como* causa do bem *(isto é, como* causa final*) e a* causa material *como* causa do mal *(como já Anaxágoras e, sobretudo, Empédocles).*

[2] (987 a 32 – b 1). *Relações de Platão com o pensamento de Crátilo.* — O filósofo Crátilo, com base nos escassíssimos testemunhos que nos chegaram, teria levado ao extremo a doutrina heraclitiana do devir com as relativas consequências tendentes ao ceticismo. Ver o que Aristóteles explica mais adiante em Γ 5, 1010 a 10 ss., onde refere que Crátilo acabou por se convencer de que, por causa do geral envolvimento das coisas no devir, a célebre afirmação de Heráclito de que não se pode entrar duas vezes no mesmo rio devia ser corrigida no sentido de que, na realidade, não se pode entrar nem mesmo uma vez. Acabou até mesmo por se convencer de que não se devia falar, estando a própria palavra envolvida no devir geral e limitava-se a fazer sinais com o dedo. — Esta é a única informação antiga que temos das relações de Platão com Crátilo; mas é perfeitamente digna de fé (Cf. Diógenes Laércio, IV 5). A Crátilo, como é sabido, Platão dedicou o célebre diálogo homônimo.

[3] (987 b 1-4). *A posição de Sócrates.* — Sobre Sócrates e sobre a interpretação aristotélica de Sócrates cf., *infra*, a nota a M 4, 1078 b 17 ss., onde Aristóteles retoma, ampliando, esse mesmo conceito. Sobre a peculiar interpretação que Aristóteles dá de Sócrates (atribuindo-lhe como explícitos alguns conceitos que nele estavam prevalentemente implícitos e que amadureceram só com Platão e com o próprio Aristóteles), ver a nossa *História da filosofia antiga*, I, pp. 316-322. — Mas, ao mesmo tempo, note-se certa incerteza de Aristóteles, que, no capítulo precedente, nos

disse que os Pitagóricos por primeiro começaram a falar da essência e da definição, enquanto, agora, diz-se que o primeiro a definir foi Sócrates. A contradição se atenua notavelmente se considerarmos o que se disse nas duas últimas notas do precedente capítulo e se subentendermos aqui o sentido de "adequadamente": Sócrates, então, teria sido o primeiro a definir *de modo adequado* (cf. também o que diz Alexandre, *In Metaph.*, p. 50, 4 ss. Hayduck).

[4] (987 b 4-8). *Os termos* ἰδέα *e* εἶδος *e o seu significado.* — Traduziremos, normalmente, ἰδέα, ἰδέαι por *Ideia, Ideias*, ao contrário, εἶδος e εἶδη por *Forma, Formas*: maiúsculo quando se trata das Formas dos Platônicos (transcendentes ou separadas dos sensíveis, pelo menos como as interpreta Aristóteles) e minúsculo quando se trata, ao invés, da forma aristotélica imanente à matéria. Traduzir indiscriminadamente por Ideia seja ἰδέα seja εἶδη é, obviamente, incorreto, porque se é verdade que querem dizer a mesma coisa (isto é, *figura*), fazendo isso se perderia aquela ligação que efetivamente subsiste entre o εἶδος platônico e o εἶδος aristotélico (Aristóteles dirá, em última análise, o seguinte: *a forma não é como vós Platônicos a entendeis, isto é, separada e substância em si, mas como digo eu, isto é, imanente e princípio informante da matéria*). — A riquíssima literatura sobre a teoria platônica das Ideias pode ser encontrada nas obras que indicamos no nosso volume *Para uma nova interpretação de Platão* ([2]2004), p. 195, nota 1. — Ast, no seu *Lexicon Platonicon* (II, p. 87), assim define a ἰδέα: "sensu philosophico est *forma* vel *species rerum quae ratione et intelligentia continetur*, h. e. *aeterna* et *immutabilis, exemplum* (vern. *Urbild, Idee, Wesen an sich...*); et sensu qui dicitur logico est *notio communis* vel *generalis* (quae Platoni con est notio a rebus abstracta, sed ipsa rei natura animo spectata vel cogitata)". O mesmo vale para εἶδος, quando é usado em sentido forte; cf. *ibid*, I, p. 607 ss. Cf. também É. des Places, *Platon, Lexique*, Paris, 1964, pp. 260 ss. e 159 s. — Para a estrutura e a articulação a teoria das Ideias, muito mais complexas e ricas do que se pode ver pelo esquema redutivo segundo o qual Aristóteles. aqui as apresenta, ver ainda o nosso livro *Para uma nova interpretação de Platão* ([2]2004), pp. 108 ss.; 117-156; 157 ss.

[5] (987 b 8-9). *A expressão* τὰ αἰσθητὰ παρὰ ταῦτα *[= as Ideias] e as suas implicações conceituais.* — Normalmente Aristóteles se exprimirá em sentido inverso: dirá que as Ideias são παρὰ τὰ αἰσθητά. Nessa acepção παρὰ é sinônimo de *separação*, transcendência (isto é, sinônimo de χωρίς, χαριστόν, κεχωρισμένον τῶν αἰσθητῶν: cf. por exemplo M 1, 1076 a 11; 2, 1076 b 13, 30 ss.; 1077 a 2, 1078 b 16 etc.). — A tese da "separação" entre

Ideias e coisas não é autenticamente platônica, pelo menos na forma pesada e teoreticamente restrita em que no-la apresentará Aristóteles. Aqui não podemos entrar no núcleo do problema, que é de exegese platônica e não aristotélica, mas não podemos não destacar o seguinte. (1) Nos primeiros diálogos e nos considerados de transição (*Eutífron, Hípias maior, Ménon, Crátilo*) *não* aparece no nível temático a doutrina da "separação" ou transcendência das Ideias. (2) No *Parmênides* a doutrina da separação (como era mal-entendida por alguns) é expressamente combatida. Deveria, portanto, no máximo encontrar-se nos diálogos da fase central (*Banquete, Fédon, Fedro, República*). Mas (e isso é muito indicativo) Platão não usa termos ou expressões que *justifiquem* a exegese de Aristóteles no seu caráter pesado, para quem a Ideia é um ente παρὰ, χωρίς, χαριστόν, κεχωρισμένον relativamente ao sensível (no sentido grosseiro de uma duplicação inútil; no *Parmênides* Platão não critica a própria doutrina das Ideias, mas os mal-entendidos sobre ela). — Também aqui nos encontramos diante da típica "curvatura" que, vista com as categorias do pensamento aristotélico, sofre o pensamento dos outros filósofos. Particulares mais precisos serão vistos no comentário aos livros sobre a substância. — Em conclusão, o nosso pensamento sobre a questão (que aqui só é possível acenar) é o seguinte: (*a*) não é aceitável a tese de um Aristóteles intencionalmente deformador do pensamento platônico; (*b*) tampouco é sustentável a tese de um Aristóteles que não soube compreender Platão. Pensamos, ao invés, que a particular visão aristotélica do platonismo seja em grande parte *estruturalmente condicionada*, como já falamos acima, pelas novas categorias metafísicas descobertas pelo próprio Aristóteles: *são exatamente essas que, adotadas como cânones historiográficos, curvam (e, portanto, historicamente deformam) o pensamento platônico* (e, a isso se acrescente também uma ponta e, às vezes mais do que uma ponta, de animosidade polêmica, como veremos). — No que concerne ao "dualismo" platônico ver o que dizemos em *Para uma nova interpretação de Platão* ([2]2004), pp. 139 ss.

[6] (987 b 9-14). *Uma posição indevida de Aristóteles diante de Platão.* — Eis um daqueles momentos evidentes de animosidade por parte de Aristóteles: dizer que Platão, relativamente aos Pitagóricos, inovou *somente* (μόνον) o nome de "participação" (linha 11) é verdadeiramente excessivo. — Na nota 34 do precedente capítulo já vimos o que significa a μίμησις pitagórica: ela exprime exatamente os ὁμοιώματα (985 b 27) entre coisas e números (ver acima). Para Platão o problema é muito mais complexo. Em primeiro lugar, ele não usa só o termo μέθεξις (que aparece em *Parm.*,

132 D, 151 E). Platão diz, por exemplo, numa célebre passagem do *Fédon*, 100 D: "... não há nada que faça com que aquela determinada coisa seja bela senão a *presença* (παρουσία) ou a *comunhão* (κοινωνία) de tal belo em si, ou outro qualquer modo em que tenha lugar essa relação. *Porque eu não insisto absolutamente sobre esse modo*, e afirmo apenas que todas as coisas belas são belas *pelo belo* (τῷ καλῷ)"; e usa também numerosas outras expressões, que poderão ser encontradas em Ross, *Plato's Theory of Ideas*, Oxford 1953², pp. 228 ss. (esse volume de Ross está traduzido por G. Giorgini: *Platone e la teoria delle Idee*, Bolonha 1989, pp. 294 ss.). — Ademais a Ideia como *paradigma* (dizer que as coisas imitam as Ideias ou que participam das Ideias equivale a dizer que as Ideias são *paradigmas*, cf. A 9, 991 a 20 s.) indica algo de muito mais profundo do que Aristóteles reconhece (no lugar citado o considerará até mesmo como uma *linguagem vazia*). O caráter paradigmático da Ideia indica, aos olhos de Platão, *como as coisas devem ser* para ser o que são: em termos modernos se poderia dizer que esse caráter exprime a *normatividade ontológica* ou o *dever ser* das coisas. Mas, particularmente, deve-se observar que Aristóteles passa em silêncio *in toto* a função mediadora do Demiurgo, que, justamente em função dos números (dos quais aqui se fala logo em seguida), funda notavelmente a justificação da "participação" e "imitação" das coisas sensíveis relativamente às Ideias, como mostramos em *Para uma nova interpretação de Platão* (²2004), pp. 465-466; 517-530 e em geral na Quarta Parte, *passim*.

[7] (**987 b 14-18**). *A doutrina platônica dos* μεταξύ. — Essa doutrina dos entes matemáticos *intermediários* (μεταξύ) é atribuída a Platão expressamente também em Z 2, 1028 b 20, e muitas vezes citada no curso da *Metafísica* (cf. por exemplo: A 9, 991 b 29; A 9, 992 b 16; B 1, 995 b 17; B 2, 997 b 2 e 13; B 2, 998 a 7; B 6, 1002 b 13 e 21; K 1, 1059 b 6; M 2, 1077 a 11; N 3, 1090 b 35). Esses entes são "intermediários" enquanto, de um lado, são imóveis e eternos (como as Ideias) e, de outro, *existem muitos deles da mesma espécie* (como as coisas sensíveis). — É bastante clara a razão pela qual Platão ou os Acadêmicos introduziram esses μεταξύ. (*a*) Os números sobre os quais opera a matemática, e também as grandezas sobre as quais opera a geometria, *não* são obviamente sensíveis, porque têm características totalmente diferentes dos sensíveis. (*b*) Por outro lado, também não são os números ideais e as grandezas ideais; de fato, as operações aritméticas implicam a existência de *muitos números iguais* e as operações geométricas *muitas figuras geométricas iguais*, enquanto os números ideais são *especificamente únicos* e também

assim as grandezas ideais. Surge daqui a hipótese dos entes matemáticos que têm características e prerrogativas justamente "intermediárias", *não sensíveis* (imóveis e eternos), mas *numericamente múltiplos*. Note-se (e isso é essencial) que os *números matemáticos* são desse modo bem distintos dos *números ideais*, os quais têm, ao invés, as mesmas características das Ideias. — Para uma pormenorizada explicação dessa doutrina dos entes "intermediários" ver o nosso volume *Para uma nova interpretação de Platão* ([2]2004), pp. 173-176. — Recordamos ainda que é discutidíssima a questão se Platão menciona essa doutrina também nos diálogos, ou só nas doutrinas não escritas. Obviamente, a resposta a essa questão depende totalmente da ótica segundo a qual se releem os escritos platônicos. Parece-nos, em todo caso, que em *Rep.*, VII 534 A 5-8 e sobretudo em VI 511 D 2-5 ocorra um claro e dificilmente negável aceno; cf. *Para uma nova interpretação de Platão*, ([2]2004), pp. 270-271; além do que dissemos no *Ensaio introdutório*, pp. 199-203; 218-222; 239-243.

[8] (987 b 18-22). A *doutrina platônica dos Princípios supremos*. — Aristóteles atribui aqui a Platão uma doutrina que suscitou numerosíssimas discussões, porque não possui um preciso e inequívoco correspondente nos diálogos, sobretudo se lidos na ótica tradicional e se pusermos entre parênteses o *Filebo*, que fala da derivação de toda a realidade, inclusive as eternas, do *limite* e do *ilimite*. Platão admitiu que as Ideias derivam de dois ulteriores princípios e que, portanto, são de algum modo "compostos". Os princípios das Ideias são: de um lado, o *Um* e, de outro, o *grande-e-pequeno*, abaixo chamado de *Díade ilimitada* ou *indefinida*. O *Um* é aproximado por Aristóteles à *forma* (causa formal), a díade à *matéria* (causa material). Portanto, as Ideias seriam causa dos sensíveis, o *Um* e o *grande-e-pequeno* princípios das Ideias e, portanto, de maneira mediada, de todas as coisas. No final do capítulo, Aristóteles delimita ainda melhor: o Um é princípio formal; o grande-e-pequeno é princípio material das Ideias; as Ideias, depois, são princípio formal das coisas sensíveis, unidas ao grande-e-pequeno que serve, mais uma vez, de princípio material. Esse *grande-e-pequeno* é assim definido por Bonitz (*Comm.*, p. 92): "... id quod et augendo et diminuendo pariter est idoneum et utriusque in se continet δύναμιν" (cf. *Fis.*, Γ 6, 206 b 27 e Δ 2, 209 b 33 ss.). — Discutidíssima é a lição das linhas 21 ss.: ἐξ ἐκείνων γὰρ (i.é. do grande e pequeno) κατὰ μέθεξιν τοῦ ἑνὸς τὰ εἴδη εἶναι τοὺς ἀριθμούς. Os estudiosos estão nitidamente divididos. (1) Alguns pretendem excluir τὰ εἴδη (Zeller, Ross); (2) Outros pretendem excluir τοὺς ἀριθμούς (Christ, Jaeger); (3) Outros ainda pretendem manter o texto como

está, entendendo ἀριθμούς como *aposição* de εἴδη (Bonitz, Robin, Stenzel e outros); (4) Jackson corrige τὰ εἴδη εἶναι τὰ ὡς ἀριθμούς. — A primeira proposta não persuade porque "ex [978 b] 18 hoc loco τὰ εἴδη nominari exsprectes, non numeros (cf. 988 a 11)" (Jaeger, *Metaph.*, ap. crít., p. 19); mas, por sua vez, a segunda abre a guarda às objeções de Ross (*Metaph.*, I, p. 172), e não persuade a explicação de Jaeger (*loc. cit.*) de que ἀριθμούς tenha sido originalmente uma nota marginal. A terceira proposta não se sustenta gramaticalmente. Enfim alguns propõem a distinção entre εἴδη *simpliciter* e εἴδη ὡς ἀριθμοί, que não existe no texto. — Sendo assim, parece que se constitui uma via de solução o καὶ que Asclépio lê (*In Metaph.*, p. 48, 15 Hayduck) τὰ εἴδη εἶναι [καὶ] τοὺς ἀριθμούς. A nosso ver, isso explicaria melhor as coisas: primeiro Aristóteles fala das Formas, logo em seguida dos Números e, depois, ainda das Formas. A nossa passagem diria, portanto, que *e* as Ideias ou Formas [e] os Números ideais derivam dos princípios indicados. Tanto mais justificável essa maneira de dizer εἴδη [καὶ] ἀριθμούς, enquanto, como hoje quase todos os estudiosos admitem, *Ideias* e *Números ideais* não se identificam em sentido absoluto (ver a nota seguinte). Cf. de resto, o modo como Aristóteles, nas linhas 29 ss., distingue ainda ἀριθμοί e εἴδη. — Sobre os complexos problemas relativos à interpretação do que Aristóteles aqui nos diz e nos dirá a respeito de Platão e à avaliação dos limites da sua objetividade e fidelidade histórica existe hoje uma vastíssima literatura. Os estudiosos, no que se refere a esse último problema, movem-se em três diferentes direções. (1) Alguns pensam que as doutrinas "platônicas" referidas por Aristóteles nos revelem um Platão esotérico das "doutrinas não escritas" e das lições dadas na Academia (que não seria só o último Platão, mas o Platão da maturidade, além do Platão da velhice, particularmente a partir da fundação da Academia). — (2) Outros pensam que se trata do *último* Platão, e se preocupam em encontrar nos *últimos* diálogos os acenos ou os prenúncios dessas doutrinas. — (3) Outros pensam, ao invés, num verdadeiro mal-entendimento do pensamento de Platão, ou até mesmo, sob certos aspectos, numa confusão das concepções dos discípulos de Platão com as do próprio Platão. — Quando preparamos a primeira edição dessa obra e ainda no curso da primeira metade dos anos Setenta, pendíamos para a segunda das teses acima expostas. Mas a partir do final dos anos Setenta e com toda uma série de trabalhos no curso dos anos Oitenta, nos convencemos de que *a tese historicamente exata só pode ser a primeira*. Ver o que dissemos, a respeito disso, no *Ensaio introdutório*, e as indicações bibliográficas que aí damos pp. 177-208. Particularmente ver a ampla discussão com a relativa documentação que damos no volume *Para uma nova interpretação de Platão* ([2]2004), sobretudo na primeira parte, *passim*, no que concerne aos problemas metodológicos e a sua documentação; cf., ademais, pp. 157-166 para a interpretação dos dois princípios do Um e da Díade. Tenha-se presente que a estrutura bipolar do real em todos os níveis é verdadeiramente doutrina específica de Platão, e não só no *Parmênides* e no *Filebo*, onde é apresentada explicitamente.

[9] (987 b 22-29). *Diferenças entre Platão e os Pitagóricos.* — Eis que, muito diversamente do que disse no início do capítulo 987 b 10 s., as diferenças entre Platão e os Pitagóricos são notabilíssimas. Os Pitagóricos puseram os números como *imanentes* às coisas e, portanto, não admitiram Números ideais (nem Ideias) e tampouco um número matemático como gênero subsistente e *intermediário* entre entes ideais e entes sensíveis (μεταξύ). Portanto os Pitagóricos reduzem todo o real ao sensível, enquanto Platão admite *diferentes planos de realidade*: dois suprassensíveis e um sensível:

1. Os Princípios primeiros do Um e da Díade

2. Entes ideais [Números ideais (números e grandezas ideais)
                  [Ideias

3. Entes intermediários, μεταξύ (= números e grandezas *matemáticas*)

4. Entes sensíveis

Dos μεταξύ falamos na nota acima. Quanto ao problema se as Ideias se identificam imediatamente com os números ideais ou não, já indicamos, na nota precedente, qual seja a solução que a maioria acolhe. De Aristóteles poder-se-ia extrair tanto uma como a outra solução. Todavia, para decidir por uma ou por outra, socorre-nos Teofrasto, que, na sua *Metafísica*, p. 6 b 11-14 escreve: "E também Platão, ao remeter as coisas aos princípios, poderia parecer que trate de *coisas sensíveis* ligando-as às *Ideias*, e estas, por sua vez, aos *números* e que destes suba aos princípios e depois desça, por meio da geração, até as coisas de que falamos" (= *Test. Platonica*, n. 30, p. 494 Gaiser = N. 8, pp. 376 s. Krämer). E socorre-nos, ulteriormente, um texto de Sexto Empírico, *Contra os matem.*, X, 258 (= *Test. Platonica*, n. 32, p. 498 Gaiser = N. 12, pp. 390 ss. Krämer): "Do que se disse, fica claro que os princípios dos corpos captáveis só com o pensamento devem ser incorpóreos. Se, portanto, existem entes incorpóreos que preexistem aos corpos, nem por isso eles são sem mais, necessariamente, elementos das coisas existentes e princípios primeiros. Consideremos, por exemplo, como as Ideias, que segundo Platão são incorpóreas, preexistem aos corpos, e como tudo o que se gera gere-se com base nas relações com elas. Ora, não obstante isso, elas não são os princípios primeiros das coisas, uma vez que cada Ideia considerada individualmente é dita uma, mas considerada junto com outra ou outras é dita duas, três, quatro, de modo que deve existir algo que está acima da sua realidade, ou seja, o número, em cuja participação o um, o dois, o três ou um número maior se predica delas". — Portanto, é claro que as *Ideias* não coincidem sem mais com os *Números ideais*, mas são remissíveis e subordináveis aos Números ideais: o próprio Ross, que num primeiro tempo (*Metaph.*, I, pp. LXVII ss.) pensava que Ideias e números se identificassem, em *Plato's Theory of Ideas* (pp. 216-220) mudou de opinião. Na p. 218 escreve: "É provável... que Platão não identificasse as Ideias com os números, mas que apenas atribuísse *números* às Ideias; por exemplo que ele considerasse certas ideias como *monádicas*, outras como *diádicas*, e assim por diante" (ver *ibid.* os textos que Ross discute); e, na p. 220, Ross explica ulteriormente: "Se Platão *não identificava* as Ideias com os Números, mas somente atribuía números às Ideias, isto é, classificava as Ideias como monádicas, diádicas, etc., a teoria não é absolutamente a estranha fantasia que à primeira vista parece ser; nela Platão levava o esforço de abstração a um ponto mais distante do que já tinha levado ao abstrair as Ideias dos particulares sensíveis". — Na realidade o nexo entre as Ideias e os Números em Platão é ainda mais complexo; ver as explicações que fornecemos em: *Para uma nova interpretação de Platão* ([2]2004), pp. 136-139; 145-154; 169-173; 198-200; 266-269; 322 ss.

[10] (987 b 29-32). A *investigação de Platão fundada nos logoi*. — O texto diz διὰ τὴν ἐν τοῖς λόγοις σκέψιν, onde λόγος é dificílimo de traduzir: traduzimos por *noção*, mas talvez se poderia também traduzir por *conceito*, *definição*. Aristóteles alude certamente a *Fédon*, 99 E - 100 A, onde Platão diz que, por reação contra o procedimento dos Pré-socráticos, que punham a causa das coisas nos elementos materiais, água, ar, etc., ele decidiu refugiar-se εἰς τοὺς λόγους: "... considerei que devia refugiar-me em certos conceitos (εἰς τοὺς λόγους) e considerar nestes a verdade das coisas que são...; e, a cada vez tomando por base aquele conceito (λόγον) que me parece mais sólido, julgo verdadeiro o que concorda com ele, seja relativamente às causas seja relativamente às outras coisas, e o que não concorda julgo não

verdadeiro". — Sobre essa passagem ver o que dissemos no volume *Para uma nova interpretação de Platão* ([2]2004), pp. 108-113.

[11] (987 b 32-33). *Alusão aos Pitagóricos.* — Diógenes Laércio (VIII 57) e Sexto Empírico (*Contra os matem.*, VII 6 = Diels-Kranz, 29 A 10, p. 250, 1-4) nos dizem que Aristóteles considerava Zenão fundador da dialética. Portanto, os "predecessores" de Platão que não conheciam a dialética de que Aristóteles fala aqui só podem ser os Pitagóricos.

[12] (987 b 33 – 988 a 1). *Interpretação do termo* ἐκμαγεῖον *e da expressão "números primeiros"*. — A presente passagem levanta dois problemas: (1) o da exegese da expressão ἔκ τινος ἐκμαγείου e (2) o da exegese da expressão ἔξω τῶν πρώτον. — (1) Ἐκμαγείου é um termo que significa: (*a*) matéria ou material sobre o qual se imprime uma imagem, (*b*) modelo. Os estudiosos estiveram e ainda estão em desacordo sobre o sentido preciso a dar ao termo no nosso contexto. Alexandre (*In Metaph.*, p. 57, 3-11 Hayduck) assim comenta a frase aristotélica: "Isso porque lhe parece que a Díade tem uma função de dividir tudo aquilo a que se aplica; por isso a chamava também *duplicadora* (δυοποιόν). De fato, duplicando tudo aquilo a que se aplica, em certo sentido, o divide, não lhe permitindo permanecer tal como era. E essa divisão é geração dos números. Como os ἐκμαγεῖα e os tipos (τύποι) tornam iguais a si as coisas que neles são colocadas, assim também a díade, como se fosse um ἐκμαγεῖον, é geradora dos números que a ela se seguem, tornando dois e duplicando tudo aquilo a que se aplica. Aplicada ao um fez o *dois* (de fato, duas vezes um é dois), aplicada ao dois fez quatro (de fato, duas vezes dois faz quatro), ao três fez seis; e assim por diante" (= Περὶ τἀγαθοῦ, fr. 2 Ross). É fácil ver que aqui ἐκμαγεῖον *não* significa simplesmente *matéria, mas, como* τύπος (= tipo), matéria de algum modo *plasmada-plamante*. — Alguns pensam que Alexandre esteja enganado (Ross, *Plato's Theory of Ideas*, p. 202 ss.). Outros, ao invés, a começar por Stenzel (*Zahl und Gestalt*, pp. 53 ss.) consideram a exegese de Alexandre exata. Na linha de Stenzel, Berti esclarece o seguinte: "ἐκμαγεῖον é propriamente o recipiente de argila no qual é versado o bronze fundido destinado a formar a estátua. Como tal ele recebe a forma da ação plasmadora do artista e, portanto, pode ser considerado princípio passivo, material; mas por sua vez ele transmite a forma ao bronze que nele é introduzido e, portanto, desempenha também uma função ativa, formadora" (*La filos. d. prim. Aristotele*, p. 296). A tradução *matriz*, que acolhemos, traduz bem esse duplo significado. — (2) Vejamos agora o segundo problema, cuja solução esclarecerá ulteriormente a solução do primeiro. Que entende Aristóteles

por "números primeiros" no nosso contexto? Deixando de lado a questão das diversas soluções (que o leitor encontra, cuidadosamente exposta, em Robin, *Th. plat.*, pp. 661 ss., e em Ross, *Metaph.*, I, pp. 173 ss.), destacamos que, hoje, existe uma substancial convergência sobre a interpretação de ἔξω τῶν πρώτον = ἔξω τῶν περιττῶν, quer se entenda πρώτον como equivalente de περιττῶν, quer se suponha poder corrigir o texto nesse sentido (assim Ross, como já Heinze; cf. Ross, *Metaph.*, I, p. 174). Retoma-se, portanto, uma perspectiva que já era de Alexandre (*In Metaph.*, p. 57, 22 ss. Hayduck), o qual explicava que Aristóteles pode ter dito *primeiros* todos os números ímpares, os quais, com efeito, não derivam por um processo de duplicação por obra da díade, como os números pares (cf. a passagem acima citada), mas derivam "por acréscimo de uma unidade (note-se: de uma unidade e não do Um princípio) ao par, progressivamente produzido pela díade. Exemplo: aplicando a díade ao Um tem-se o 2; acrescentando uma unidade tem-se o 3; aplicando a díade ao 3, tem-se o 6; acrescentando uma unidade, tem-se o 7 e assim por diante. (Outras reconstruções da gênese dos números podem ser vistas em Ross, *Plato's Theory of Ideas*, pp. 176 ss.; Berti, *La fil. d. primo Aristotele*, pp. 293 ss.). — Como pura hipótese poder-se-ia talvez supor que aqui Aristóteles fale prevalentemente dos números matemáticos, e que com os "números primeiros" entenda os números ideais (as essências numéricas), que, como veremos, limitam-se a dez. Mas é hipótese a ser verificada.

[13] (**988 a 1-6**). *Uma rude crítica de Aristóteles ao princípio material de Platão.* — Esta é uma daquelas críticas que, justamente em função dos conceitos que Aristóteles quer fazer prevalecer teoreticamente, obscurecem notavelmente as conotações históricas da doutrina platônica. A Díade, como princípio oposto ao Um, para Platão é princípio de *multiplicidade* e, portanto, *multiplicante* de modo estrutural (em sentido metafísico), e está bem longe de reduzir-se à matéria física (entendida como bloco unitário), a que Aristóteles aqui a reduz (até mesmo considerando-a como uma porção particular e específica de matéria). Ver a complexidade do conceito do princípio material tratado por Platão no *Timeu* e da Díade em geral, como tentamos ilustrar em: *Para uma nova interpretação de Platão*, ([2]2004), pp. 447-471. — Note-se, depois, que aqui Aristóteles joga com as imagens de modo enganador, mas sobretudo rude. A matéria é comparada à fêmea, que é fecundada por um único coito, enquanto o macho pode fecundar muitas fêmeas. O que multiplica não é, portanto, a fêmea-matéria, mas o macho, que, de acordo com o que é dito, deveria corresponder à forma, da

qual segundo Platão, deveria derivar uma única coisa, enquanto o exemplo mostra que dele deveriam derivar muitas. Mas a comparação não se sustenta, tanto é verdade que o próprio Aristóteles *é forçado a corrigir o tiro, introduzindo o "artesão que aplica a forma", ou seja, uma outra causa, que não é a que está em discussão.* O artesão, mesmo sendo um só, pode produzir muitas mesas, mas justamente como causa eficiente; mas a forma que ele aplica *faz unidade*, ou seja, garante que aquilo que o artesão produz seja sempre *uma mesma coisa*, ou seja, *uma mesa*. E as *muitas* mesas, enquanto muitas, tornaram-se possíveis justamente em virtude da matéria. Se não se presta adequada atenção, o exemplo leva a engano, porque inverte os termos do problema.

[14] (**988 a 7-14**). *Inexatas conclusões de Aristóteles.* — Já Alexandre (*In Metaph.*, p. 59, 28 ss. Hayduck) notava que Platão, na realidade, tinha falado também de causa *eficiente* e de causa *final*, e citava o *Timeu*, 28 C e *Carta II*, 312 E; cf. Bonitz, *Comm.*, p. 96 (e assim também outros). — Sabemos de que modo devemos tomar esses juízos aristotélicos. Mas é o caso de acrescentar que sobre a causa final, com a sua doutrina do Bem, Platão foi muito mais longe. E no que concerne à causa eficiente avançou *muito mais do que Aristóteles* com o quarto gênero do *Filebo* e com a doutrina do Demiurgo, que como Inteligência é *causa eficiente cósmica* justamente em sentido *cosmo-poiético*; cf. *Para uma nova interpretação de Platão* ([2]2004), pp. 373-537. Ao contrário, uma causa eficiente cósmica propriamente dita não existe em Aristóteles; como veremos, o Movente imóvel é sobretudo causa final, ou melhor, pode ser considerado eficiente só enquanto final.

[15] (**988 a 14-17**). *Redução do Bem ao Um e do Mal à Díade.* — Cf. *supra* A 3, 984 b 18 e 985 a 3 e nota 23. As posições de Empédocles e de Anaxágoras podem evocar concepções platônicas, mas têm apenas uma frágil semelhança com elas. Sobre a validade histórica dessa informação que aqui nos fornece Aristóteles sobre Platão (Bem = Um; Díade = mal) ver o que dissemos no *Ensaio introdutório*, pp. 180 ss. Ver o que Aristóteles disse *supra*, A 7, 998 b 7-15 (passagem a que remete expressamente).

7. *Sumário e comentário a* A 7

[1] (**988 a 18 – b 21**). Sumário. — *Nesse capítulo Aristóteles resume os resultados da sua verificação da teoria das* quatro causas, *feita com base no exame crítico das doutrinas dos predecessores. Nenhum, conclui o Estagirita,*

tratou de causas diferentes das quatro acima distintas, e, antes, todos trataram justamente delas, embora de maneira confusa. A maioria dos pensadores falou da causa material; *alguns falaram da* causa motora. *Nenhum falou com clareza da* causa formal; *mais do que todos, porém, falaram dessa causa os Platônicos. Da* causa final, *em certo sentido, foi vislumbrada a existência e, noutro sentido, não: de fato, aqueles que, de algum modo, falam da* causa do bem, *a consideraram, efetivamente, como causa de movimento (assim Anaxágoras considerou a Inteligência e Empédocles a Amizade), ou como* causa formal *(assim os Platônicos consideravam o Um). De outras causas ninguém falou. Aristóteles conclui, portanto, que quatro, nem mais nem menos, são as causas, e que os princípios se devem indagar nesses quatro modos ou em alguns deles e de modo algum fora deles.*

[2] (**988 a 21-22**). Remissão a *Fis.*, II 3 e 7.

[3] (**988 a 25-27**). Portanto, tanto para Platão como para os Pitagóricos o princípio material é de tipo *incorpóreo* (ἀσώματον), diferentemente dos outros pensadores, que punham como princípios materiais os elementos corpóreos.

[4] (**988 a 30**). *Com o "ar" faz-se referência a Anaxímenes e a Diógenes de Apolônia* (984 a 5).

[5] (**988 a 30**). *Com a "água" faz-se referência a Tales* (983 b 20 ss.) *e a Hípon* (984 a 3).

[6] (**988 a 30**). *Com o "fogo" faz-se referência a Hipaso e a Heráclito* (984 a 7).

[7] (**988 a 30-32**). *Alusão a um filósofo não identificável.* — Não é claro a quem Aristóteles alude. — Alexandre (*In Metaph.*, p. 60, 8 Hayduck) e Asclépio (*In Metaph.*, p. 54, 2 s. Hayduck) pensam em Anaximandro. A hipótese é categoricamente excluída por Zeller, com abundância de argumentações (cf. Zeller-Mondolfo, I, 2, pp. 153-162 e as ulteriores indicações de Mondolfo). Nicolau e Porfírio (como informa Simplício, *In Phys.*, pp. 25, 8; 149, 13; 151, 21 Diels) pensam em Diógenes de Apolônia; mas A 3, 984 a 5 exclui que aqui Aristóteles possa pensar em Diógenes. — Zeller (Zeller-Mondolfo, I, 2, pp. 257 s.) pensava, em via hipotética, em Ideu de Imera; e Diels, também hipoteticamente, recolhe a nossa passagem justamente como testemunho sobre Ideu (Diels-Kranz, n. 63, II, p. 51, 5 ss.). Mas Sexto Empírico, *Contra os matem.*, IX 360, diz expressamente que Ideu pôs como princípio o *ar*. Ross, *Metaph.*, I, p. 178, levanta a hipótese de algum seguidor da escola de Anaxímenes (o qual tentava uma mediação entre Anaxímenes e Heráclito). Em todo caso, estamos sempre no nível das conjecturas.

[8] (988 a 33-34). *Com "Amizade e discórdia" faz-se referência a Empédocles* (cf. A 4, 985 a 5 ss.).

[9] (988 a 34). *Com a "Inteligência" faz-se referência a Anaxágoras* (cf. A 4, 984 b 23-32).

[10] (988 a 34). *Com o "Amor" faz-se referência a Parmênides e a Hesíodo* (cf. A 4, 984 b 23-32).

[11] (988 a 34-35). *Evocação da causa formal.*

[12] (988 a 35 – b 1). *Remissão a Platão e aos Platônicos.* — Recorde-se, porém, que, embora de modo limitadíssimo, Aristóteles reconhece aos Pitagóricos um primeiro vislumbre da *causa formal*; cf. A 5, 986 a 17 e 987 a 20 ss.

[13] (988 b 3-4). Porque, pela sua natureza, são absolutamente imóveis e imutáveis.

[14] (988 b 4-6). Cf. *supra*, 987 b 20 ss.

[15] (988 b 6-11). Ver, *supra*, a nota 23 ao capítulo 3.

[16] (988 b 11-16). *A questão do princípio do Bem e da causa final.* — Explica Tomás (*In Metaph.*, p. 52 a, § 179 Cathala-Spiazzi): "quia non ex ratione boni, sed ratione eius cui accidit esse bonum". Em outros termos: o dizem apenas *indiretamente*, porque referem à causa *eficiente* (Anaxágoras e Empédocles) ou à causa *formal* (os Platônicos) o atributo "bom". Desse modo, o *bem* não é causa *em sentido verdadeiro e próprio*: para ser tal, dever-se-ia reconhecer-lhe *uma função que lhe fosse própria* (justamente a de *fim*, τέλος, τὸ οὗ ἕνεκα), e não só a de ser atributo de outra causa. — É desnecessário recordar a falta de fundamento da crítica relativamente a Platão, que faz do Bem justamente o Princípio absoluto de todas as coisas, tanto nos seus escritos como nas doutrinas não escritas. Cf. *Para uma nova interpretação de Platão* ([2]2004), *passim*.

[17] (988 b 16-19). *Conclusões.* — O âmbito da pesquisa metafísica é perfeitamente delimitado: ou se deverão buscar as quatro causas, todas elas, do modo visto, ou, em todo caso, alguma delas, porque não existe nenhuma outra causa além delas.

8. *Sumário e comentário a* A 8

[1] (988 b 21 — 990 a 32). Sumário. — *Depois e ter mostrado, nos capítulos precedentes, que as pesquisas dos predecessores eram uma confirmação da própria doutrina das quatro causas (e, portanto, depois de ter indicado o aspecto positivo daquela pesquisa), Aristóteles passa a indicar as dificuldades*

e as aporias em que eles caem (e, portanto, o seu aspecto negativo, ou seja, as suas insuficiências). Particularmente, no presente capítulo, Aristóteles critica (1) *os físicos monistas,* (2) *os físicos pluralistas (particularmente Empédocles e Anaxágoras) e* (3) *os Pitagóricos.* — (1) *Aos monistas ele reprova:* (a) *ter posto um princípio apto para explicar só as coisas corpóreas e não as incorpóreas,* (b) *não ter posto uma causa motora.* (c) *não ter posto uma causa formal e* (d) *ter escolhido de modo muito simples o elemento originário.* — (2) *Empédocles, ao invés, errou* (a) *por ter considerado como originários os quatro elementos, os quais derivam um do outro;* (b) *por ter introduzido duas causas do movimento e* (c) *por ter tornado impossível o processo de alteração. De Anaxágoras, Aristóteles destaca uma série de dificuldades implícitas no seu conceito da originária "mistura" das homeomerias.* — (3) *Dos Pitagóricos são, finalmente, destacadas as seguintes aporias:* (a) *eles introduziram princípios mais elevados relativamente aos dos naturalistas, todavia limitaram-se, também eles, a explicar só as coisas sensíveis;* (b) *não explicaram como se gera e como é possível o movimento;* (c) *não explicaram como dos números derivam as características físicas dos corpos;* (d) *não é clara a explicação que eles deram de todas as coisas em função dos números.*

[2] (988 b 22-24). Vale dizer, os Naturalistas monistas (Tales, Anaxímenes, etc.).

[3] (988 b 24-26). *Primeira objeção dirigida aos Naturalistas.* — Esses filósofos *limitaram-se à explicação da realidade corpórea*, isto é, à explicação da esfera do ser físico: eles são, portanto, mais *físicos* do que *metafísicos*. — Para o acentuado destaque da *componente teológica*, que aqui é feita, cf. *Il conc. di filos. prima*[5] (1993), pp. 29-31.

[4] (988 b 26-28). *Segunda objeção contra os Naturalistas.* — Cf. Alexandre, *In Metaph.*, p. 64, 24-29 Hayduck; melhor ainda Tomás (*In Metaph.*, p. 55 a, § 182 Cathala-Spiazzi) "Quicumque habet necesse determinare de motu, oportet quod ponat causam motus: sed praedicti philosophi habebant necesse tractare de motu: quod ex duobus patet: tum quia ipsi conabantur dicere causas generationis et corruptionis rerum, quae sine motu non sunt: tum etiam quia de rebus omnibus naturaliter tractare volebant: naturalis autem consideratio requirit motum, eo quod natura est principium motus et quietis...: ergo debebant tractgare de causa, quae (est) principium motus. Et ita cum illam auferrent causam, *nihil de ea dicendo*, patet etiam quod in hoc deliquerunt".

[5] (988 b 28-29). *Terceira objeção contra os Naturalistas.* — Os filósofos naturalistas monistas não falam de *causa formal*; portanto erram, porque

sem essa causa não podem explicar as coisas (nesse contexto *substância* é sinônimo de *forma*).

[6](988 b 29 – 989 a 18). *Quarta objeção contra os Naturalistas.* — Resumamos toda a complexa argumentação. Os fisiólogos procederam *sem critério* na escolha do elemento originário. — (a) De fato, para estabelecer qual é o elemento anterior aos outros, é preciso examinar o processo pelo qual um se gera do outro. Esse processo só pode ser o de *reunião e separação de partes semelhantes*, dado que, para esses filósofos, o elemento é único (Colle, *Métaph.*, I, p. 116, diz que, em substância, trata-se de *condensação e rarefação*, mas Aristóteles é mais genérico, justamente para poder se referir a todos e não só a Anaxímenes). Pois bem, situando-se nesse ponto de vista, é óbvio que deverá ser *originário* o elemento *mais sutil* e que tem partes menores, porque todos os outros elementos deverão derivar da reunião dessas partes. Consequentemente, o elemento primeiro deverá ser o *fogo* (reunindo-se, as partes do fogo originariam o ar, reunindo-se ulteriormente, a água, etc.). — (b) Ao contrário, se em vez de seguir o critério da *geração*, seguirmos o critério da *natureza* dos próprios elementos, as conclusões alcançadas deveriam se inverter. De fato, *por natureza* é anterior não o que é primeiro na ordem da geração, mas *o que é último* (que representa o estágio *mais complexo, mais perfeito, mais realizado*). Então, o elemento anterior aos outros deveria ser *a terra* (justamente o elemento que ninguém escolheu!). — É evidente que desse dilema, segundo Aristóteles, não se pode sair: *não existe um elemento que seja primeiro e originário em sentido absoluto.*

[7](988 b 29-30). *Os motivos pelos quais Aristóteles não evoca a posição de Xenófanes, que afirma ser a terra o princípio de todas as coisas.* — Discutiu-se sobre as possíveis razões pelas quais, a respeito disso, Aristóteles não cita Xenófanes, que diz expressamente: ἐκ γαίνης γὰρ πάντα καὶ εἰς γῆν πάντα τελευτᾷ (fr. 27 Diels-Kranz). Mas Aristóteles não o cita *porque* não julga rigoroso e, portanto, verdadeiramente confiável, o pensamento de Xenófanes (cf. *supra*, 986 b 21), cujas mensagens teriam permanecido no nível mítico-poético. É desnecessário recordar que a posição aqui assumida por Aristóteles é em parte justificável, embora, por outro lado, discutível.

[8](989 a 5-6). Cf. nota precedente.

[9](989 a 10-11). Hesíodo, *Teog.*, v. 116.

[10](989 b 12-15). *Alusão a um filósofo não identificável.* —Esta opinião, que punha o elemento originário como algo a meio caminho entre o *ar* e

a *água* (análoga, mas não coincidente com a que vimos em 988 a 30, que punha o elemento originário como algo intermediário entre o *fogo* e o *ar*) é recordada também em *Do céu*, III 5, 303 b 10 ss.; *Fis.*, III 4, 203 a 16 ss.; 5, 205 a 25 ss.; A *ger. e a corr.*, II 5, 332 a 20 ss. — Pelas mesmas razões vistas na nota 7 do precedente capítulo, é claro que não se trata de Anaximandro nem de Ideu de Imera (Zeller-Mondolfo, I 2, pp. 257 s. e Diels-Kranz, n. 63, p. 51, 9 s., que traz a passagem de *Fis.*, III 5). Trata-se, em todo caso, de um seguidor de Anaxímenes ou, em todo caso, de um físico que pretendia mediar Anaxímenes e Tales.

[11] (**989 a 18-19**). A "única causa" de que se fala aqui é a *causa material*.

[12] (**989 a 21-22**). Particularmente, as dificuldades levantadas em 988 b 24, 28 (isto é, a primeira e a terceira das dificuldades dirigidas contra os monistas).

[13] (**989 a 22-24**). *Primeira objeção contra Empédocles.* — Os quatro elementos *não* podem ser princípios, porque *não* têm o caráter peculiar do princípio, vale dizer, *o fato de permanecer idêntico*. De fato, os quatro elementos *não* permanecem idênticos, porque constata-se, por experiência, que eles se transformam uns nos outros.

[14] (**989 a 24**). Aqui Aristóteles não remete à *Física*, mas a *Do céu*, III 7, 305 e ss. e a A *ger. e a corr.*, II 6, 333 a 16 ss. (cf. M. Migliori, *Aristotele, La generazione e la corruzione*, Nápoles 1976, pp. 105-107 e notas).

[15] (**989 a 25-26**). *Segunda objeção contra Empédocles.* — Essa objeção já foi desenvolvida por Aristóteles em 985 a 22 ss., e aqui apenas reevocada.

[16] (**989 a 26-30**). *Terceira objeção contra Empédocles.* — No sistema de Empédocles não é possível nenhum *processo de alteração*: por exemplo, a passagem do *quente ao frio*, ou vice-versa. Para tornar possível esse processo, dever-se-ia admitir um *substrato*, que não fosse caracterizado por nenhum desses contrários e capaz de acolher sucessivamente esses contrários. Mas é justamente isso que Empédocles não admite, justamente pondo os quatro elementos como *originários e não transformáveis* uns nos outros: assim o fogo só pode permanecer *sempre quente* e a água *sempre fria* e, consequentemente, *não pode haver passagem do quente ao frio* (ou vice-versa), assim como não pode haver passagem do fogo à água (ou vice-versa).

[17] (**989 a 30-31**). *Os dois princípios de Anaxágoras.* — Esses "dois elementos" são, evidentemente, o *Nous* ou *Inteligência* e a *mistura das homeomerias*. Antes Aristóteles disse (984 b 15) que a *Inteligência* anaxagoriana era causa *eficiente* (ou, no máximo, eficiente-final), enquanto as

homeomerias eram causa *material*. E aqui neste texto? Os comentadores discordam. (1) Tomás (*In Metaph.*, p. 57 a. § 194 Cathala-Spiazzi) entende que também aqui Aristóteles considere o *Nous* como causa *eficiente* e as homeomerias como causa *material*: "... duo principia, scilicet materiam et *causam agentem*". — (2) Bonitz (*Comm.*, p. 103) escreve, ao invés: "... duo modo posuisse principia, materiam et mentem formantem". O *Nous* é considerado quase como causa *formal*. Assim, e mais explicitamente, Colle (*Métaph.*, I, p. 117): "Aristóteles quer demonstrar que, se se analisasse mais de perto o pensamento de Anaxágoras, poder-se-ia admitir que este filósofo teria vislumbrado dois elementos, ou seja, a *forma e a matéria*!". — (3) Ross (*Metaph.*, I, p. 182) pensa até mesmo que aqui o próprio *Nous* é considerado como matéria: "chamando a 'Mente' de Anaxágoras elemento [de fato, o nosso texto usa o termo στοιχεῖον], Aristóteles a considera como *princípio material* e não, como em 984 b 15, como *princípio eficiente*" (e isso seria justificado pela própria linguagem anaxagoriana do fr. 12). — A primeira e a terceira exegeses são pouco convincentes; melhor é a segunda. Veremos logo que, nesse contexto, Aristóteles aproxima o *Nous* anaxagoriano ao *Um* dos Platônicos e a *mistura indistinta* das homeomerias às *Ideias*, isto é, ao *indeterminado* daqueles filósofos. Ora, no capítulo 6 vimos que o Um platônico é justamente aproximado à causa *formal* e a díade à causa *material*. Cf. ulteriores esclarecimentos na nota 22 (e sobre a mistura nas notas 18-21).

[18] (**989 a 33 – b 1**). *As coisas que formam uma mistura preexistem à mistura enquanto tal.* — De fato, diz Alexandre (*In Metaph.*, p. 68, 18 Hayduck): "a mistura não é nunca primeira" (οὐκέτι ἡ μῖξις πρώτη). E, ainda melhor, Tomás (*In Metaph.*, p. 57 b, § 195 Cathala-Spiazzi): "... impermixtum se habet ad permixtum sicut simplex ad compositum: sed simplicia praeexistunt compositis, et non e concerso; ergo impermixta oportet praeexistere mistis, cuius contrarium Anaxagoras dicebat".

[19] (**989 b 1-2**). *As coisas não são todas misturáveis.* — Por exemplo, diz Alexandre (*In Metaph.*, p. 658, 19 s. Hayduck): "como se poderiam misturar *linha* e *branco* ou *branco* e *músico*?".

[20] (**989 b 2-4**). *A mistura de tudo comportaria a insustentável separabilidade de tudo.* — Com efeito, as coisas podem ser misturadas, só enquanto são, cada uma e todas, diferenciadas e, portanto, separadas e separáveis. Claríssimo Tomás (*In Metaph.*, p. 57 b, § 195 Cathala-Spiazzi): "... eorundem est permixtio et separatio: non enim dicuntur misceri nisi illa quae apta nata sunt separata existere: sed passiones et accidentia sunt permixta substantiis, ut Anaxagoras dicebat: ergo sequeretur quod passiones et accidentia

possent a substantiis separari, quod est manifeste falsum". Note-se que, nessas críticas, Aristóteles introduz maciçamente as suas categorias e deforma bastante o pensamento de Anaxágoras. Cf. Bonitz, *Comm.*, p. 103.

[21] (989 b 6-16). A *"mistura" de Anaxágoras deveria ser matéria indeterminada.* — Com efeito, o "todo misturado", entendido corretamente, é *absolutamente privado de determinações de qualquer tipo*: ele deveria ser como a *matéria indeterminada*. Mas desse modo perderia justamente a conotação de mistura (a mistura só pode ter lugar entre as coisas diferenciadas). — Que só a Inteligência seja sem mistura Anaxágoras diz no fr. 12 Diels-Kranz.

[22] (989 b 16-21). *Juízo sobre Anaxágoras.* — Se só a *Inteligência* (νοῦς) é separada da mistura e se a mistura é totalmente indiferenciada e indeterminada então se pode reconhecer no *Nous* o *Um* dos Platônicos e na *mistura* o *princípio indeterminado*, vale dizer a *díade*. Ora, em A 6, 987 b 20 s., Aristóteles nos disse claramente que a díade é princípio *material*, enquanto o *Um* é princípio ὡς οὐσιαν, vale dizer *formal*; e no final do mesmo capítulo reafirmou (988 a 10 s.) que o Um é princípio τοῦ τί ἐστιν. Portanto, é claro o que dizíamos na nota 17. — Note-se: não vale a objeção de que, antes, Aristóteles reconheceu só aos Pitagóricos (em mínima parte) e aos Platônicos (mais do que a todos os outros) o mérito de ter visto e considerado a *causa final*. De fato, aqui Aristóteles diz claramente que Anaxágoras *não* escreveu essas coisas, e que *só se pode fazê-lo dizer essas coisas desenvolvendo certas considerações e explicitando aquilo que está apenas implícito na sua especulação*. Portanto, trata-se de ulteriores e novas considerações que Aristóteles faz sobre Anaxágoras, diferentes das que foram desenvolvidas precedentemente. — Note-se, enfim, uma bela confirmação do que dizíamos na nota 23 do cap. 3: não só Aristóteles não conseguiu introduzir inteiramente o *Nous* anaxagoriano na *causa motora* e teve de reconhecer nele uma tangência com a *causa final*, mas, aqui, chega a reconhecer no *Nous* uma (embora implícita) tangência com a *causa formal*.

[23] (989 b 21-24). *Crítica de fundo dirigida aos Pré-socráticos.* — Esses pensadores desenvolveram pesquisas unicamente em torno da *substância física* (e, portanto, não fizeram metafísica no sentido próprio, enquanto não reconheceram a existência de um ser acima do físico.

[24] (989 b 24-27). *Alusão aos Pitagóricos e aos Platônicos.* — Aristóteles alude aos Pitagóricos, que serão examinados logo em seguida, e aos Platônicos, que serão examinados no próximo capítulo.

[25] (989 b 29). Sobre a expressão οἱ καλούμενοι Πυθαγόρειοι, cf. *supra*, nota 2 ao cap. 5.

[26] (989 b 29 – 990 a 8). *Primeira objeção contra os Pitagóricos.* — A objeção feita aqui por Aristóteles coincide com a primeira levantada contra os físicos monistas (988 b 24 ss.) e evocada também contra Empédocles (989 b 21 s. e nota relativa). Note-se como Aristóteles insiste na *componente teológica* da metafísica; cf. Reale, *Il conc. di filos. prima*[5] (1993), *passim*. — A diferença entre esses filósofos e os outros está no seguinte: os outros põem princípios aptos unicamente a explicar o sensível, enquanto os Pitagóricos põem princípios que, por si, *valeriam também para explicar entes não sensíveis*; mas, apesar disso, *eles servem-se deles apenas para explicar o sensível.*

[27] (990 a 8-12). *Segunda objeção contra os Pitagóricos.* — Os princípios dos Pitagóricos, que são princípios do número e os números, *não* podem produzir movimento, porque os números são *móveis* (Alexandre, *In Metaph.*, p. 72 25 s. Hayduck). Por outro lado, os Pitagóricos não podem ignorar o movimento se querem explicar a geração e a corrupção das coisas e os movimentos do céu.

[28] (990 a 12-18). *Terceira objeção contra os Pitagóricos.* — Os Pitagóricos têm muito trabalho para deduzir dos números as *grandezas*. Mas, dado (e não concedido) que consigam, eles encontram sempre uma dificuldade ulterior insuperável: como podem derivar dos números as outras características dos corpos físicos, como o *leve* e o *pesado*? (Cf. também N 3, 1090 a 30; M 6, 1080 b 20; e *Do céu*, III 1, 300 a 15 ss.). Os Pitagóricos aplicaram os seus princípios *tanto* aos corpos matemáticos *como* aos sensíveis; e não falam nada dos elementos físicos *enquanto tais*, justamente porque os reduzem a números (ou, melhor, a figuras geométricas, que por sua vez derivam dos números). Mas é justamente por isso que as quantidades *propriamente físicas* dos corpos, para os Pitagóricos, permanecem inexplicadas e inexplicáveis.

[29] (990 a 18-32). *Quarta objeção contra os Pitagóricos.* — Essa última objeção contra os Pitagóricos é clara na sua formulação, mas muito hermética no seu sucessivo desenvolvimento. A dificuldade é substancialmente a seguinte. O "número" dos Pitagóricos é *causa* das coisas e, ao mesmo tempo, identifica-se com as próprias coisas (as coisas são números): essa posição é contraditória porque identifica a *causa* e o *causado* (Alexandre, *In Metaph.*, p. 73, 15 s. Hayduck: δεῖ μὲν γὰρ ἄλλο τι εἶναι τὸ αἴτιον καὶ τὸ αἰτιατόν). O absurdo da identificação do número-causa é destacado do seguinte modo. Os Pitagóricos (*a*) enumeravam os vários lugares do

universo, isto é, identificavam os números com as várias partes dele (a partir do centro que era o número 1); (*b*) ademais, nesses lugares, eles colocavam outras realidades: as realidades nas quais número-causa correspondia ao número do lugar do universo; por exemplo a *opinião*, cujo número-causa é 2 no lugar 2 no universo, o *momento oportuno* (καιρός, ver nota 4 ao cap. 5), cujo número é 7, no lugar 7 no universo, e assim por diante. Daqui o problema: cada número que existe no universo coincide com as realidades que têm o correspondente número-causa? — Em torno da metade desse desenvolvimento insere-se uma frase (linhas 25-27: συμβαίνει... ἑκάστοις) que divide o período sintaticamente, mas que pode ser entendida à guisa de parênteses (cf. Timpanaro Cardini, *Pitagorici*, III, pp. 140 s.), *com a finalidade de tornar ainda mais claro o absurdo que Aristóteles quer destacar* (Timpanaro pensa tratar-se de ulteriores objeções, mas, na verdade, trata-se sempre da mesma). Os Pitagóricos, diz Aristóteles, põem nos vários lugares do céu *opinião, momento oportuno, injustiça* etc.; mas note-se: em cada um desses lugares não existe apenas *aquela* determinada realidade, mas *muitas outras realidades*: todas aquelas que, obviamente, têm o mesmo número-causa, as quais, por força do mesmo raciocínio, devem agrupar-se no lugar do céu que tem o seu número correspondente (no lugar 2 existirá, além da *opinião*, também a *linha* e tudo o que tem como número-causa o 2 e assim por diante). Desse modo fica mais do que evidente a dificuldade em questão, vale dizer, a impossibilidade de identificar número-causa e número-coisa. Os Pitagóricos, conclui então Aristóteles, não têm outra via de saída senão a que foi trilhada por Platão, que distinguiu *número ideal* (νοητός) e *número sensível* (αἰσθητός), *causa*, o primeiro, *causado*, o segundo. — Recordamos que a exegese dessa passagem é muito controvertida e não são poucos os estudiosos que consideram indispensável corrigir de algum modo o texto. Para um aprofundamento do problema ver: Colle, *Métaph.*, I, pp. 125 ss.; Ross, *Metaph.*, I, pp. 184 s. e Timpanaro Cardini, *Pitagorici*, III, pp. 140 ss.

9. *Sumário e comentário a* A 9

[1] (990 a 33 – 993 a 10). Sumário. — *À crítica aos Pitagóricos segue-se agora uma cerrada crítica a Platão e aos Platônicos. Aristóteles reúne, maciçamente, uma série de argumentações concentradíssimas (deduzidas certamente de suas obras precedentes, nas quais deviam ser mais claramente*

e amplamente expostas, particularmente do seu tratado Sobre as Ideias*), que indicam diversas dificuldades nas quais caem a doutrina daqueles filósofos. — Distinguimos 26 argumentos para ser mais claros (outros estudiosos propõem, ao invés, um diferente agrupamento dos mesmos, mas isso tem pouca importância). — Os temas de fundo aos quais se reportam todas essas argumentações são os seguintes: o mundo das Ideias é uma inútil duplicação do mundo sensível; as provas aduzidas pelos Platônicos para demonstrar a existência das Ideias, na realidade, ou não demonstram de modo irrefutável o que querem demonstrar, ou demonstram demais (isto é, a existência também de Ideias de coisas das quais os Platônicos não admitem a existência de Ideias); as Ideias não são aptas para constituir nem para explicar a realidade sensível; carregada de numerosas contradições internas é também a doutrina dos números; absurda, enfim, é a doutrina platônica do inatismo do conhecimento das Ideias. — Nas notas seguintes exporemos e comentaremos analiticamente cada um dos argumentos.*

[2] (**990 b 1-8**). *Primeiro argumento: as Ideias não explicam mas duplicam as coisas que pretendem explicar.* — O sentido dessa argumentação é claro: com o seu mundo das Ideias, os Platônicos introduziram um *doublê* do mundo sensível, que é inútil e, até mesmo, prejudicial. De fato, *em vez de explicar as coisas, a doutrina das Ideias as duplica* (vem à mente, a respeito disso, uma célebre máxima da filosofia medieval: *entia non sunt multiplicanda!*): as coisas, uma vez duplicadas, permanecem não só inexplicadas, mas ulteriormente complicadas. (Aristóteles, argumentando assim, como oportunamente destaca Bonitz, *Comm.*, p. 107, pressupõe o que só explicitará mais adiante em Z 16, 1040 b 30 ss.; B 2, 997 b 5 ss.; M 9, 1086 b 9 ss.: que as Ideias, longe de ser princípios explicativos do real, não são mais do que "sensíveis eternos".). — Todavia, algumas dificuldades podem surgir no aprofundamento da argumentação. Como Aristóteles pode dizer que as Ideias, relativamente às coisas individuais, são em número *praticamente igual*, vale dizer, um pouco superior ou pelo menos não inferior? (Inexato sobre este ponto Colle, *Métaph.*, I, p. 129 s., que pretende extrair do texto a afirmação de que as Ideias são "em número ligeiramente inferior" às coisas; exata, ao invés, Robin, *Th. plat.*, p. 122, nota 150, III; cf. *Metafísica*, M 4, 1078 b 36 ss.). De fato, se pensarmos que, para Platão, não existe uma Ideia de cada coisa individual (de cada cavalo individual, de cada cão individual, de cada planta individual, etc.) mas de cada *espécie e gênero* de coisas, o "número" das Ideias revela-se notavelmente reduzido relativamente às coisas individuais e a afirmação aristotélica da nossa passagem se revela

obscura. Alguns intérpretes (Alexandre, *In Metaph.*, p. 77, 19 ss. Hayduck; Asclépio, *In Metaph.*, p. 71, 1 s. Hayduck; Bonitz, *Comm.*, p. 109) pensam que τούτοις (ou τούτων segundo outra leitura) e καθ'ἕκαστον (das linhas 5 e 6) significam não as *coisas individuais*, mas os *singula rerum genera*; o que, então, mudaria o sentido geral do discurso aristotélico. Mas, na realidade, o τούτοις da linha 5 tem o mesmo sentido do τούτοις da linha 2, o qual, incontestavelmente, refere-se a τωνδὶ τῶν ὄντων da linha precedente (cf. Colle, *Métaph.*, I, p. 129 s.) e, portanto, exprime exatamente *as coisas individuais desse mundo*. — Como Aristóteles pode dizer, então, que *as Ideias são em número igual ou superior ao número das coisas individuais*? As linhas 6-8 no-lo dizem bastante claramente: os Platônicos admitem (1) Ideias para todas as substâncias (homem, cavalo, cão, etc.), (2) Ideias de tudo o que é redutível a um conceito unitário (qualidade, relações, etc.), (3) Ideias não só das substâncias sensíveis corruptíveis, mas também, daquelas que para Aristóteles são sensíveis *eternas* (isto é, das substâncias celestes: sol, lua, astros, etc.), (4) Ideias de todas as propriedades dessas últimas substâncias que podem ser pensadas unitariamente num conceito. Como é óbvio, daí deriva um número bastante elevado de Ideias, que Aristóteles pode dizer em sentido geral, embora com notável ênfase retórica, igual ou superior ao número das coisas sensíveis. — No que concerne à leitura do texto, que nas linhas 6 ss. é controvertida (ver o *status*, ainda útil, que traçou Bonghi, app. T, in Bonghi-Sciacca, p. 128 ss.: Bonitz, *Comm.*, pp. 108 s.; Schwegler, *Metaph.*, III, p. 80; Ross, *Metaph.*, I, p. 191), atenho-me a Ross, reintegrando porém o ὧν da linha 7, que ele exclui (interessante, mas pouco provável, a proposta de Jaeger, *app. crit. ad h. l.*, p. 26). — Com a expressão "uma entidade com o mesmo nome", traduzimos ὁμώνυμον, que, obviamente, aqui não é usado no sentido técnico aristotélico de equivocidade, mas só para indicar o fato, justamente, de que *para cada coisa (ou tipo de coisa sensível) Platão introduzia uma Ideia que designava com o mesmo nome*; cf., ademais, Bonitz, *Comm.*, p. 109; Ross, *Metaph.*, I, p. 191).

[3] (**990 b 8-15**). *Segundo argumento: as provas a favor das Ideias provam muito pouco ou demais*. — A argumentação pode ser assim resumida: as provas que se aduzem a favor das Ideias não alcançam o objetivo que pretendem, porque, (1) ou provam *muito pouco* ou (2) provam *demais*, vale dizer, mais do que se esperaria delas. — (1) Os argumentos que *provam muito pouco* não são mencionados: Alexandre (*In Metaph.*, p. 78, 14-18 Hayduck) menciona alguns, do seguinte modo: "(*a*) se existe algo de verdadeiro, então existirão as Formas, porque nenhuma das coisas desse

mundo é verdadeira; (*b*) e se existe memória, também existem as Formas, porque a memória implica o que permanece (...); (*c*) o número refere-se ao ser, enquanto as coisas desse mundo não são ser, e se refere-se ao ser, então se referirá às Formas: portanto existem Formas (...); (*d*) as definições se referem aos seres, enquanto nenhuma das coisas desse mundo é ser". — (2) Os argumentos *que provam demais* (melhor: veremos que são, na realidade, argumentos que provam *muito pouco e muito ao mesmo tempo*) são, ao invés, enumerados por Aristóteles, mas de maneira muito condensada, que dificilmente se poderiam entender sem o comentário de Alexandre, que extrai trechos (recordemo-lo) do Περὶ ἰδεῶν, e que é, portanto, particularmente precioso. Do *De ideis*, além da edição de Ross, ver também a de D. Harlfinger contida no volume de W. Leszl, *Il "De Ideis" di Aristotele e la teoria platonica delle idee*, Florença 1975, seguida de uma tradução e de uma interpretação analítica de Leszl. — (*a*) No que concerne às "provas extraídas das ciências" (οἱ λόγοι ἐκ τῶν ἐπιστημῶν) eis as explicações de Alexandre (*In Metaph.*, p. 79, 5-15 Hayduck = Περὶ ἰδεῶν = fr. 3 Ross): "(α) Se cada ciência desenvolve a sua tarefa referindo-se a algo uno e idêntico e a nenhuma das coisas particulares, deverá existir, para cada ciência, algo diferente, além das coisas sensíveis, que é eterno e é modelo do que é produzido por cada ciência: tal é, justamente, a Ideia. (β) Ademais, os objetos a que se referem as ciências existem; mas as ciências referem-se a objetos diferentes dos particulares, porque estes são ilimitados e indeterminados, enquanto as ciências referem-se a objetos determinados; então devem existir algumas coisas além das particulares, e tais são as Ideias. (γ) Ademais, se a medicina não é ciência desta saúde particular, mas é ciência da saúde em geral, deverá existir uma saúde-em-si; e se a geometria não é ciência desta particular igualdade e desta particular proporção, mas da igualdade em geral e da proporção em gral, deverá existir um igual-em-si e uma proporção-em-si, e estas serão Ideias". Logo em seguida, Alexandre (*ibid.*, 15-19) evidencia o erro das provas; elas efetivamente demonstram que existem κοινά, isto é, os *universais*, dos quais se ocupam as ciências, mas não provam que estes sejam Ideias, vale dizer, realidades existentes em si e por si e separadas (portanto, nesse sentido, também elas provam muito pouco). Por último, Alexandre (*ibid.*, p. 79, 19 - p. 80, 6) evidencia justamente o ponto que nos interessa aqui: *em que sentido elas provam demais*, vale dizer, mais do que delas se esperaria: "ademais <esses argumentos postulam> a existência de Ideias *também dos objetos produzidos pela arte*; de fato, também cada arte individual refere as suas operações a algo único, e os objetos em torno dos quais versam as artes existem, e as artes versam precisamente sobre objetos que são diversos e exteriores aos objetos particulares. Esta última observação, além de não demonstrar que existem Ideias, *parece estabelecer a existência de Ideias daquelas coisas de que* [os Platônicos] não admitem Ideias: de fato, se existe uma saúde-em-si pelo fato de a medicina não ser ciência desta saúde particular mas da saúde em geral, deverá existir <a Ideia> *também para cada uma das artes*. Com efeito, as artes não versam sobre objetos individuais e particulares, mas versam, em geral, sobre aquilo de que são arte: por exemplo, a arte de construir a cadeira versa sobre a cadeira em geral e não sobre aquela cadeira, e assim a arte de construir a cama versa sobre a cama em geral e não sobre esta cama. Assim se diga também da escultura, da pintura, da arquitetura e de cada uma das artes. Portanto, *deverá existir uma Ideia também para cada um dos objetos produzidos pelas artes, o que [os Platônicos] não admitem*". — (*b*) A prova "derivada da unidade do múltiplo" (κατὰ τὸ ἓν πολλῶν), que é a segunda a que acena Aristóteles, é assim esclarecida por Alexandre (*In Metaph*., p. 80, 8-15, sempre extraindo de Περὶ ἰδεῶν = fr. 3 Ross): "Se cada um dos muitos homens é homem, cada um dos muitos animais é animal, e assim por diante para todos os casos, e se não existe para cada um destes algo por si que seja predicado de si mesmo, mas existe algo que se predica de todos eles, sem ser idêntico a nenhum deles, deverá existir algo além desses particulares, separado deles e eterno: isso, de fato, se predica sempre do mesmo modo de coisas que são numericamente diversas. Mas o que é uma unidade referente a uma multiplicidade, separado dela e eterno, é uma Ideia". — Naturalmente, para Aristóteles também este argumento é inadequado, isto é, não prova suficientemente (cf. as críticas apresentadas por Alexandre, *ibid*., p. 81, 7-10, que são, substancialmente, as apresentadas contra os argumentos precedentes); mas, como o precedente, ao mesmo tempo, *prova demais*: isso leva (como diz explicitamente o texto da *Metafísica* que estamos comentando) a admitir *Ideias de negações*, o que é inadmissível. E leva a admitir Ideias de negações (explica sempre Alexandre., *ibid*., 16-21) porque é possível repetir para elas, literalmente, a mesma argumentação apresentada acima: "De fato, também a negação se predica de muitas coisas e é uma e idêntica, e se predica das coisas que não são e não é idêntica a nenhuma daquelas coisas. O não-homem, de fato, se predica tanto do cavalo, como do cão e de todas as coisas que não são o homem e, portanto, é uma 'unidade que se refere a uma multiplicidade' (ἓν ἐπὶ πολλῶν) e não é idêntica a nenhuma das coisas das quais se predica". Evidentemente a Ideia de *não-homem* é um absurdo, assim como, em geral, a Ideia de *não-ser* (cf. *ibid.*, p. 81, 1 ss.). — (*c*) Enfim, Aristóteles, no texto que estamos comentando, recorda o argumento extraído do νοεῖν τι φθαρέντος. Eis a exposição oferecida por Alexandre (*ibid.*, pp. 81, 26-82, 1, sempre deduzida do Περὶ ἰδεῶν = fr. 3 Ross): "Se, quando pensamos um homem, um ser terrestre ou um animal, pensamos algo que é, mas não é nenhuma das coisas particulares (de fato, mesmo depois que estas se corrompem o pensamento continua), é evidente que existe, além das coisas particulares, o que pensamos, quer aquelas coisas existam, quer não existam: de fato, é claro que não pensamos certamente um não-ente. Ora, o que pensamos é, justamente, a Forma ou a Ideia". Em que sentido o argumento *prove demais* no-lo diz logo em seguida Alexandre (*ibid.*, p. 82, 1-7): "[Aristóteles] diz que esse argumento leva a admitir Ideias também das coisas que se corrompem e se corromperam, e em geral *das coisas individuais e perecedouras*, por exemplo <Ideia> de Sócrates e de Platão; de fato, nós *também os pensamos e deles conservamos uma imagem que mantemos mesmo quando eles não existem mais:* com efeito, existe a imagem inclusive de coisas que não existem mais. Mas nós pensamos também coisas que não existem absolutamente, como o Centauro e a Quimera: de modo que nem mesmo este argumento demonstra a existência de Ideias". O *demais* consiste, portanto, no seguinte: *o argumento leva a admitir a existência de Ideias de indivíduos*, coisa que os Platônicos não admitiam. — (Para uma exposição pormenorizada desses argumentos ver: Leszl, *Il "De ideis"*..., pp. 93-101 e 103-117).

[4] (**990 b 15-17**). *Terceiro argumento: crítica das provas "mais rigorosas" aduzidas pelos Platônicos em favor das Ideias.* — Aristóteles acena, agora, a "argumentações mais rigorosas" (ἀκιβέστεροι τῶν λόγων), que, justamente enquanto tais, ele distingue das precedentes. Por que *mais rigorosas*? Alexandre (*In Metaph.*, p. 83, 12-22 Hayduck) explica do seguinte modo: enquanto as precedentes argumentações examinadas chegavam, no máximo, a demonstrar a *existência de um universal* (κοινόν), que não tinha necessariamente as características das Ideias (isto é, não separado e não subsistente por si), esses novos argumentos parecem demonstrar "a existência de *um modelo* (παράδειγμα) das coisas desse mundo, que é ser por excelência", e este é, justamente, o caráter peculiar da Ideia. Em suma: os primeiros demonstram que existe algo que se predica universalmente de muitas coisas e depois saltam indevidamente desse *predicado universal* à *Ideia-substância* e *ser supremo*; esses novos argumentos não fazem esse salto

indevido (Ross, *Metaph.*, I, p. 194, recusa a explicação de Alexandre, mas não propõe uma alternativa convincente. Alexandre tinha diante dos olhos o Περὶ ἰδεῶν, e tudo o que ele nos diz no comentário de parte deste capítulo tem, ademais, uma base precisa). — Note-se, depois, que Aristóteles fala (A) de argumentos que levam a Ideias de relativos e (B) de argumentos que levam ao "terceiro homem". — (A) O argumento que leva aos relativos é oferecido por Alexandre (*In Metaph.*, p. 82, 11 ss. Hayduck = Περὶ ἰδεῶν, fr. 3 Ross) de forma muito complexa, que resumimos aqui. Um mesmo predicado pode ser atribuído a dois ou mais sujeitos nos seguintes modos: (1) ou porque existe identidade de natureza entre os dois sujeitos e o significado do predicado, como por exemplo de Platão e de Sócrates dizemos que são *homem*; (2) ou porque os sujeitos a que atribuímos o predicado são *imagens* dos verdadeiros, como por exemplo dizemos que são *homens* Sócrates e Platão *pintados* (de fato, essas imagens pintadas significam uma mesma natureza); (3) ou porque o predicado pertence a um sujeito como *modelo* e a outro como *cópia*, por exemplo quando dizemos *homem* tanto Sócrates como as suas *imagens pintadas*. Ora, nós atribuímos aos objetos sensíveis o predicado da *igualdade*: pois bem, em qual dos três modos nós o predicamos? Não no primeiro, porque não existem coisas sensíveis *verdadeiramente iguais* (as qualidades das coisas sensíveis mudam continuamente). Não no segundo e terceiro modos, *se nos limitarmos ao âmbito dos sensíveis*, porque não temos razão para considerar modelo uma coisa mais do que outra. Portanto, é preciso sair fora do sensível e concluir que existe um igual em si e absoluto, por referência ao qual as coisas desse mundo tornam-se e são ditas iguais, e isso é a Ideia, exemplar e modelo relativamente às coisas que advêm em relação a ela. — O antecedente dessas provas é, sem dúvida, *Fédon*, 74 A ss. Aprofundamentos desses argumentos devem ser vistos em Robin, *Th. plat.*, pp. 19 ss.; Cherniss, *Ar. Crit. of Plato*, pp. 229 ss.; Wilpert, *Zwei arist. früschrift*, pp. 41 s.; Berti, *La filos. del primo Aristotele*, pp. 212 ss. (ulteriores indicações em Berti, *loc. cit*). — Já dissemos por que a prova é "mais rigorosa" (chega a demonstrar a existência do παράδειγμα), resta esclarecer o significado da crítica que lhes move Aristóteles. Também aqui nos socorre Alexandre (*In Metaph.*, p. 83, 26 ss. Hayduck), que explica: a prova examinada leva a admitir a existência de Ideias *de relativos*, mas os Platônicos "não diziam que existem Ideias de relativos, pela razão de que as Ideias existem *por si mesmas*, sendo substância, enquanto os relativos têm um ser que consiste *só na relação* de uns com os outros". Portanto, é clara a contradição: a Ideia é um ser por si, o relativo implica sempre um ser-em-relação-a-outro, portanto uma Ideia de relativo deveria reunir em si duas características que se excluem mutuamente. — Berti, *La filos. del primo Aristotele*, p. 216 s. explica o seguinte: "Essa observação pressupõe claramente a divisão do real em dois gêneros, os ὄντα καθ'αὑτά e os ὄντα πρός τι, que se excluem reciprocamente. Trata-se de uma divisão tipicamente platônica e acadêmica: de fato, ela aparece em *Sof.*, 255 CD, em Xenócrates (...) e nas próprias *Divisiones Aristoteleae*, N. 67, as quais contêm material essencialmente acadêmico. Portanto, as próprias doutrinas acadêmicas *implicitamente excluíam as ideias de relativos*, por mais que os Acadêmicos explicitamente as admitissem. *Os Acadêmicos posteriores (...) deram-se conta disso e as excluíram*. Compreende-se assim o significado da afirmação de Alexandre, segundo a qual os Acadêmicos οὐκ ἔλεγον existir ideias dos relativos. Ela indica uma exclusão indireta, implícita, derivada como consequência das próprias doutrinas acadêmicas. Sob essa luz a crítica de Aristóteles ao argumento que demonstra ideias dos relativos aparece exatamente o inverso da crítica dirigida aos argumentos que partem das ciências. *Enquanto a propósito destes ele reprova aos Acadêmicos de implicar indiretamente ideias que eles explicitamente negavam, a propósito do argumento que demonstra ideias dos relativos ele reprova aos Acadêmicos o fato de pôr explicitamente ideias que eram implicitamente excluídas das suas próprias doutrinas*". Cf. também Ross, *Metaph.*, I, p. 194. Uma pormenorizada interpretação do *argumento dos relativos* e das críticas de Aristóteles a tal argumento se encontrará em Leszl, *Il "De ideis"...*, pp. 185-224; 225-237. — (B) Passemos agora ao exame dos argumentos que conduzem ao "terceiro homem". Alexandre (*In Metaph.*, p. 83, 34 ss. Hayduck) oferece dele diversas formulações: "(1) O argumento que leva ao terceiro homem é desse teor: dizem que os predicados comuns das substâncias são tais por excelência, e que estes são Ideias. (2) Ademais <dizem> que as coisas que são semelhantes entre si, o são justamente por participação em algo de idêntico, o qual é por excelência tal, e que este é a Ideia", e na p. 84, 21 ss. (= Περὶ ἰδεῶν = fr. 4 Ross) dá esta terceira formulação: "O terceiro homem é demonstrado também do seguinte modo. Se o que é predicado com verdade de certo número de coisas e existe como algo que é diferente e além das coisas das quais é predicado e separado delas (é justamente isso que pensam ter demonstrado os que defendem as Ideias: de fato, segundo eles existe um homem-em-si, enquanto homem se predica com verdade dos homens particulares que são múltiplos e não coincide com os homens particulares) — pois bem, se é assim, haverá um terceiro homem. Se, de fato, o predicado é diferente das coisas das quais é predicado e é por si subsistente, e homem se predica seja dos particulares seja da Ideia, haverá um terceiro homem além dos homens particulares e da Ideia <de homem>. E assim haverá também um quarto: o predicado deste e da Ideia e dos homens particulares, e também um quinto e assim ao infinito". — Como é sabido, o argumento do terceiro homem já está presente no *Parmênides*, 132 A ss. Alexandre, *In Metaph*., p. 84, 16 Hayduck, atribui uma formulação do argumento do terceiro homem ao sofista Polixeno, discípulo do megárico Bríson. Sempre Alexandre, *ibid*., p. 85, 9-12, diz que uma das formulações do argumento estava no Περὶ λέξεως de Eudemo e outra formulação (a última lida) no Περὶ ἰδεῶν de Aristóteles. O argumento tem, como se vê, uma longa histórica. — O leitor pode ver sobre o argumento os seguintes tratamentos monográficos: P. Wilpert, *Das Argument vom "dritten Menschen"*, in "Philologus", 94 (1939-1940), pp. 51-64; C. Arpe, *Das Argument* τρίτος ἄνθρωπος, in "Hermes", 76 (1941), pp. 171-207; L. Lugarini, *L'argomento del terzo uomo e la critica di Aristotele a Platone*, in "Acme", 7 (1954), pp. 3-72; e as densas páginas de Leszl, *Il "De ideis"*..., pp. 239-277. — O ponto fraco do argumento não precisa de ulterior comentário: ele leva a um processo ao infinito, que é absurdo. Restaria a ver por que Aristóteles enumera esta prova entre as "mais rigorosas". Não se vê muito bem como a observação feita a respeito da precedente possa ser aplicada a esta. E. Berti (*La filosofia del primo Aristotele*, pp. 222 s.) deu uma interessante interpretação, que parece esclarecer o problema. Partindo da primeira formulação do argumento (à qual, substancialmente, é redutível também a terceira), Berti observa que os predicados em questão são os predicados comuns *das substâncias*, como por exemplo o predicado "homem". Isso denotaria que o argumento concentra-se num *tipo particular* de predicação. "Para que, de fato, o predicado comum seja verdadeiramente diferente dos muitos dos quais é predicado e, portanto, sirva para demonstrar a existência de uma ideia a ele correspondente, é necessário que ele constitua uma verdadeira unidade, isto é, que seja predicado de modo verdadeiramente unitário. No caso das substâncias essa unidade é mais do que evidente, pois a predicação ocorre em sentido próprio (κυρίως) como Aristóteles não deixa de destacar e, portanto, sempre com um só e idêntico significado. Isso explica, a meu ver, por que Aristóteles na *Metafísica* enumera este argumento entre os ἀκιβέστεροι e explica, sobretudo, a relação existente entre esse argumento e o que põe ideias dos relativos, igualmente enumerado na *Metafísica*, entre os ἀκιβέστεροι". Em substância, observa ainda Berti (*ibid.*), esses argumentos "mais rigorosos" não são mais do que uma versão mais rigorosa dos argumentos ἓν ἐπι πολλῶν (ver nota precedente): e o rigor é precisamente devido "à particular atenção que eles prestam ao modo pelo qual τὸ ἕν é predicado de τὰ πολλά".

[5] (990 b 17-22). *Quarto argumento: incompatibilidade da teoria das Ideias com a teoria dos princípios primeiros.* — Essas novas críticas mudam de ângulo. Aristóteles reprova aos Platônicos uma contradição subsistente entre os argumentos que visam demonstrar a existência das Ideias e a *doutrina dos princípios* da qual eles derivam as próprias Ideias, vale dizer, a Díade e o Um (cf., *supra*, cap. 6): e é uma contradição tal que, se dermos crédito aos argumentos que visam demonstrar a existência das Ideias, destróem-se os Princípios (usamos aqui o maiúsculo para evidenciar a importância axiológica que eles têm para os Platônicos, embora em seguida deveremos usar o minúsculo para evitar que o texto se torne muito pesado e para manter o jogo das ambiguidades muito frequente em Aristóteles), os quais têm, ademais, para os Platônicos, mais importância do que as Ideias, justamente porque são os princípios dos quais derivam as próprias Ideias. Assim teríamos essa peculiar situação: *dando crédito aos argumentos que demonstram a existência das Ideias, destróem-se os Princípios (Um e Díade) dos quais derivam as Ideias, e, consequentemente, também as Ideias*. Aristóteles acena para três razões: (1) daqueles argumentos resulta ser "anterior" (isto é, princípio) não a *Díade* mas o número, (2) resulta que o *relativo* é anterior ao *por si* e (3) derivam também *outras consequências* (que não são especificadas). — Mas em que sentido os argumentos que demonstram a existência de Ideias destróem os princípios? Alexandre (*In Metaph.*, p. 85, 21 ss. Hayduck = Περὶ ἰδεῶν, fr. 4 Ross) explica o primeiro ponto do seguinte modo: "(...) se de todas as coisas das quais se predica o termo comum, <este> é separado e é Ideia, e também da díade indefinida se predica a díade, deverá haver algo anterior a ela e é Ideia. Mas assim a *díade indefinida* não seria mais princípio. Mas, ulteriormente, também não seria princípio a *díade* [entenda-se a *díade-ideia*], porque, por sua vez, também desta se predica o *número*, enquanto ela é uma *Ideia*; segundo eles, de fato, as Ideias são números e, consequentemente, para eles, deveria ser *antes* o número, sendo ele uma Ideia. Se isto é assim, o *número* será *anterior* à *díade infinita*, que, segundo eles, é princípio, e, ao invés, a díade não será anterior ao número. Mas se isto é assim, a díade não será princípio, dado que ela só é princípio por participação em algo". A passagem é clara e não precisa de ulterior comentário. — (2) O segundo ponto, sempre a partir

de Alexandre (*In Metaph.*, p. 86, 3-10 Hayduck = Περὶ ἰδεῶν, fr. 4 Ross) é bem explicado. Referindo-se imediatamente à passagem precedente, na qual demonstra que *antes* é o número e não a díade, ele prossegue: "(...) mas se o número é *um relativo* (de fato, todo número é um número *de algo*) e é o primeiro dos seres, dado que é anterior inclusive à díade que eles [os Platônicos] puseram como princípio, o *relativo* deveria ser, para eles, anterior ao que é *por si*. Mas isso é absurdo, porque todo relativo é posterior. De fato, o relativo indica uma relação de uma realidade preexistente, anterior à relação que se segue". A presente crítica, como se vê, é uma *consequência* imediata da precedente. — (3) As "outras consequências", a que Aristóteles acena sem especificar ulteriormente, são assim explicadas por Alexandre (*In Metaph.*, p. 87, 3-24 Hayduck = Περὶ ἰδεῶν, fr. 4 Ross): "(*a*) Se o que se predica em comum de algumas coisas é princípio e Ideia delas, e dos princípios se predica em comum o princípio e dos elementos o elemento, deveria haver algo que é anterior e princípio dos princípios e dos elementos: mas desse modo não haveria mais nem princípio nem elemento. (*b*) Ademais, uma Ideia não pode ser anterior a uma Ideia, porque todas as Ideias são igualmente princípios. Mas o Um-em-si e a Díade-em-si são ideia do mesmo modo que é ideia o homem-em-si, o cavalo-em-si e cada uma das outras Ideias. Então não haverá uma destas que seja anterior à outra e, consequentemente, também não haverá um princípio. Portanto, o Um e a Díade indefinida não serão princípios. (*c*) Ademais, é absurdo que uma Ideia seja "enformada" (εἰδοποιεῖσθαι) por outra Ideia, porque todas são Formas; mas se os princípios são o Um e a Díade indefinida, uma ideia será "enformada" por outra Ideia, porque a Díade-em-si é enformada pelo Um-em-si. De fato, é assim que eles dizem ser os princípios, como se o um fosse a *forma* e a díade *a matéria*. Então eles não são princípios. (*d*) Se, depois, eles não dirão que a Díade indefinita é Ideia, primeiro será algo que é anterior a ela, mesmo sendo ela princípio, <será anterior> a ela a díade-em-si, por cuja participação ela mesma [a díade ilimitada] é díade, dado que ela não é a díade-em-si; de fato, a díade será predicada dela por participação dado que é assim também para as outras díades. (*e*) Ademais, se as Ideias são simples, não deveriam ser constituídas por princípios diversos; mas o Um e a Díade indefinida são diversos. (*f*) E mais, o número das díades será surpreendente, se uma será a Díade-em-si, outra a Díade indefinida e outra ainda a díade matemática da qual nos servimos nas operações aritméticas e que não é idêntica a nenhuma das precedentes, e outra ainda, além dessas, é a que está nas coisas numeráveis e sensíveis". — Como se vê, todas essas seis argumentações sustentam um insanável contraste entre *doutrina dos Princípios* e *doutrina das Ideias*, pelo que, como se disse acima, *para sustentar a existência das Ideias, se destróem os Princípios* (e, portanto, as próprias Ideias que se pretendem derivar dos Princípios). — Para um aprofundamento dessa argumentação ver: Leszl, *Il "De ideis"*..., p. 279-304.

[6] (990 b 22 – 991 a 8). *Quinto argumento: a teoria das Ideias implicaria a existência não só de Ideias das substâncias como, ao contrário, se sustenta.* — Essa argumentação, dada a amplidão com que se desenvolve, talvez não seja extraída do Περὶ ἰδεῶν, sendo introduzida aqui pela primeira vez (cf. Berti, *La filos. del primo Aristotele*, p. 233). Para esclarecê-la será preciso, portanto, seguir um método diferente relativamente ao que seguimos no comentário dos argumentos precedentes: aprofundaremos os seus momentos essenciais, mais do que a ampliaremos com os comentários de Alexandre, que aqui talvez já não extraia mais de textos de Aristóteles. Por mais intrincada que pareceça, a argumentação no seu conjunto é bastante clara. Ela se articula em três momentos. (1) *Primeiro momento.* Aristóteles diz que há um conflito estrutural entre as consequências a que leva a *lógica das provas* da existência das Ideias e as *consequências* que se extraem do exame da *natureza das Ideias*. Seguindo a lógica das provas, dever-se-ia admitir Ideias de tudo e não só das substâncias (porque é possível reduzir qualquer multiplicidade à unidade de conceito); ao invés, a própria natureza das Ideias exige que as Ideias sejam *unicamente substâncias*, porque elas são substâncias e porque a participação das coisas nas Ideias é *substancial* e não puramente *acidental*; portanto as coisas participam das Ideias só enquanto estas são *substâncias*, e, consequentemente, as Ideias são só Ideias de *substâncias*. — (2) O que Aristóteles diz da linha 34 em diante constitui um *segundo momento* da prova. É uma implícita resposta, que visa fechar uma possível escapatória. Os Platônicos poderiam dizer: nós contestamos a tua objeção porque, para nós, o termo *substância*, referido ao mundo ideal, não tem o mesmo significado que tem quando referido ao mundo sensível e, portanto, nada impede que uma Ideia seja substância e que o seu correlativo sensível não seja substância. Pois bem, contra essa possibilidade Aristóteles demonstra que *o termo que indica uma substância no mundo das Ideias não pode não designar uma substância também no mundo sensível* (e vice-versa). Se não fosse assim, não teria nenhum sentido dizer que a Ideia é *a unidade do múltiplo sensível*, porque isso equivale a dizer que ela é a própria *essência* desse múltiplo sensível e o que é comum a esse múltiplo sensível. Noutros termos: justamente porque

é unidade do múltiplo, a Ideia *estruturalmente* deve ser *da mesma natureza* daquele múltiplo. E se é assim, então a Ideia não pode designar uma substância no mundo ideal e uma não-substância (uma propriedade acidental) no mundo sensível. (É absurdo pensar que dois seres possuam a *mesma natureza* e um seja *substância* e o outro *não-substância*). — (3) O *terceiro momento* da argumentação (que alguns consideram como uma prova à parte, mas cuja estreitíssima conexão com o que precede, a nosso ver, não permite considerá-lo como tal) prossegue exatamente a partir das conclusões obtidas, em vista de romper as defesas dos Platônicos, e apresenta uma espécie de dilema. (*a*) Ou aceitamos as conclusões acima enunciadas, ou (*b*) não as aceitamos. (*a*) Se aceitamos e dizemos que existe identidade de natureza entre as Ideias e as coisas sensíveis, então caímos no inconveniente do processo ao infinito, isto é, do "terceiro homem", como demonstra o exemplo das díades (se as Ideias e as coisas correlativas têm a mesma natureza ou Forma, será sempre possível, com base na lógica do sistema, considerar essa Forma comum como nova Ideia, e assim ao infinito). (*b*) Se não aceitamos as conclusões acima enunciadas, então entre a Ideia e as coisas só existirá de comum *o puro nome* e nada mais, e a teoria das Ideias perderá todo significado. Em suma: com a teoria das Ideias entramos num beco sem saída. — Na linha 34 convém ler οὐσιῶν em vez de οὐσία, com Bonitz, *Comm.*, p. 114. — Para aprofundar ulteriormente a argumentação cf. Alexandre, *In Metaph.*, pp. 88-95 Hayduck; Bonitz, *Comm.*, pp. 113-116; Robin, *Th. plat.*, pp. 627 ss.; Colle, *Métaph.*, I, pp. 135-140; Cherniss, *Ar. Crit. of Plato*, pp. 305 ss.

[7] (**991 a 8-19**). *Sexto argumento: as Ideias dos Platônicos não servem para a explicação nem do ser das coisas nem do conhecimento delas.* — A nova argumentação é límpida. As Ideias, concebidas do modo como as entendem os Platônicos, isto é, como *transcendentes* ou *separadas* dos sensíveis, *não servem para nada*. (O aceno aos *sensíveis eternos* é claro: são, recorde-se, os *corpos celestes*. Também destes os Platônicos admitiam Ideias: Ideia de sol, Ideia de lua etc.; cf. Alexandre, p. 96, 3 s. Hayduck). Precisamente: (1) não explicam o *movimento* e as *mutações* (o movimento dos corpos celestes, e as mutações das coisas desse mundo), porque *não são causas eficientes*; (2) não explicam o *ser* das coisas (o ser deve ser entendido tanto no sentido essencial como no sentido existencial, isto é, *o ser tal* e *o existir*), justamente porque *não imanentes* (ἐνυπάρχοντα) *às coisas*; (3) não servem tampouco ao *conhecimento* das coisas, pela mesma razão; para servir ao conhecimento das coisas deveriam ser *nas* coisas e não *fora* das coisas. — Até aqui tudo é claro. Mais difíceis são as últimas linhas,

porque procedem apenas na base de acenos. Para compreendê-las, tenha-se presente o seguinte. Eudoxo (e um grupo de Platônicos encabeçados por ele ou pelo menos sob a sua influência) tinha tentado superar essas dificuldades *imanentizando* as Ideias, sustentando que elas são causa das coisas, por *mistura* com elas. Eudoxo tinha retomado, em certo sentido, a doutrina introduzida e aplicada por Anaxágoras às homeomerias, e a tinha aplicado às Ideias (é claro que, para Eudoxo, a mistura deveria ocorrer entre as Ideias e as coisas; mas não possuímos precisas explicações a respeito). Pois bem, para Aristóteles as Ideias devem ser imanentes às coisas, mas *não* do modo proposto (na linha de Anaxágoras) por Eudoxo, porque essa concepção cai em insuperáveis absurdos. — Aristóteles, aqui, não nos diz quais são esses absurdos. Alexandre no-los indica (*In Metaph.*, p. 97, 27 ss. Hayduck) extraindo-os do Περὶ ἰδεῶν (fr. 5 Ross). Ei-los: (1) Se as Ideias se misturam com as outras coisas, deveriam, antes de tudo, ser *corpos*, porque a mistura ocorre entre corpos. (2) Ademais, deveriam ser entre si opostas, porque a mistura tem lugar entre opostos (97, 30-98, 2). (3) Além disso a mistura implicará que, em cada coisa com que se mistura, a Ideia se misture *inteiramente* ou *em parte*; ambas as hipóteses são absurdas (cf. p. 98, 2-9). (4) Ademais, em cada coisa será misturada não *uma só*, mas *muitas* Ideias (por exemplo, no homem a Ideia de *homem* e a de *animal*), o que implicaria a mistura das Ideias entre si (p. 98, 9-16). (5) Se admitimos a mistura, as Ideias deixam de ser *modelos* (p. 98, 16-19). (6) E, enfim, seriam iguais aos sensíveis (p. 98, 19-21). — O objetivo de Aristóteles com essas objeções é claríssimo: certamente as Ideias devem ser imanentizadas, mas não do modo querido por Eudoxo, mas em função da uma forma mais radical (justamente a de Aristóteles), que elimine a transcendência das Ideias e renuncie a pôr as Ideias como entes *substanciais*, fazendo delas a *forma imanente do sensível*. — Cf. Cherniss, *Ar. Crit. of Plato*, Appendix VII, pp. 525-539; Berti, *La filos. del primo Aristotele*, pp. 232-239; F. Lasserre, *Die Fragmente des Eudoxos von Knidos*, Berlim 1966, onde se encontrará, além da edição dos fragmentos, a tradução com comentário; Leszl, *Il "De ideis"*..., pp. 331-348.

[8] (**991 a 19 – 991 b 1**). *Sétimo argumento: os Platônicos apresentam nexos aporéticos entre as Ideias e as coisas.* — Depois de ter negado (cf. nota precedente) que as Ideia *sirvam ao sensível*, porque são separadas dele, Aristóteles, seguindo logicamente o discurso, quer agora demonstrar que aqueles laços que os Platônicos instituíam entre Ideias e coisas são *totalmente inconsistentes*. As coisas *não* podem derivar das Ideias nos modos

queridos pelos Platônicos (seguimos a segunda das exegeses propostas por Alexandre, *In Metaph.*, p. 100, 22 ss. Hayduck), vale dizer, por "imitação" ou "participação" (*Fédon*, 100 D fala também de relações παρουσίᾳ e κοινωνίᾳ, aqui não consideradas por Aristóteles). E não podem pelas seguintes razões. (*a*) Seria preciso uma *causa eficiente* que agisse sobre os sensíveis olhando as Ideias, isto é, como *medium* entre as Ideias e as coisas. Na verdade Platão, em *Tim.*, 28 C ss., fala justamente de um *Demiurgo* detendo essa função (e, assim, já em *Filebo*, 23 D, ele tinha introduzido de maneira muito precisa uma αἰτία τῆς συμμείξεως, causa da mistura), mas Aristóteles silencia sobre as precisas e maciças afirmações feitas por Platão e nega que ele fale dessa causa (não é o caso de repetir aqui as razões aduzidas por Aristóteles, que, ademais, não convencem, como demonstramos no *Ensaio introdutório*, pp. 167 ss., e em *Para uma nova interpretação de Platão*, em toda a quarta parte, *passim*). (*b*) Faltando essa causa eficiente intermediária, explica ulteriormente Aristóteles, as coisas poderiam muito bem ser semelhantes às Ideias sem ser uma imitação delas. O *ser semelhante* a alguma coisa não implica necessariamente o *ser imitação* dela: duas coisas podem assemelhar-se, sem ser necessariamente uma modelo e a outra cópia. O fato de as Ideias serem *eternas* e as coisas que se lhes assemelham não o serem não modifica em nada a situação, pois o *conceito de eternidade não implica o de cópia* (excelente sobre esse ponto o comentário de Colle, *Métaph.*, I, pp. 142 s.). (*c*) De uma mesma coisa existirão vários modelos: de fato, o homem é *homem* e *animal* e *bípede*, e, portanto, implicará, ao mesmo tempo, esses três modelos, contrariamente à doutrina dos Platônicos, que põem *um só modelo para cada espécie de coisa*. (*e*) Enfim, as Ideias serão *modelos* e *cópias* ao mesmo tempo. Por exemplo a Ideia (Gênero) de animal (= o animal-em-si), enquanto contém em si outras Ideias (as Formas ou Espécies de homem, cão, etc.), deverá ser (pela lógica do sistema) *modelo* delas, e, por sua vez, estas deverão ser *modelos* das coisas sensíveis; de modo que a Ideia de Animal virá a ser um modelo de um modelo; enquanto a Ideia de homem virá a ser *modelo* (relativamente aos homens sensíveis) e *cópia* (relativamente à Ideia-Geral de homem). — Para o texto da linha 30 s. atenho-me à pontuação de Zeller e Christ οἷον τὸ γένος, ὡς γένος, εἰδῶν, que é acolhida também por Colle, *Métaph.*, I, p. 144 e por Tricot, *Métaph.*, I, p. 88.

[9] **(991 b 1-9)**. *Oitavo argumento: a inutilidade das Ideias dos Platônicos e a questão das Ideias dos "artefacta"*. — A nova prova tem dois objetivos: ela demonstra (A) que a *separação* torna as Ideias totalmente *inadequadas* e

insuficientes à sua função, e ademais (B) que são até mesmo *supérfluas*. — (A) As Ideias, dizem os Platônicos, são a substância e a essência das coisas: mas, se é assim, elas não podem ser separadas, porque a essência das coisas é o que é mais íntimo às próprias coisas. Separar a substância daquilo de que é substância, vale dizer, a essência daquilo de que é essência, é simplesmente absurdo. Mas é justamente esse o absurdo cometido por Platão, que afirma as Ideias transcendentes e, ao mesmo tempo, as põe como causa do *ser* (da essência e da existência) e do *devir* das coisas (cf. *Fédon*, 100 A ss.). — (B) Mesmo concedendo que existam Ideias, elas seriam absolutamente *inúteis* se não existisse uma *causa motora*, que produzisse as coisas que delas participam (cf. argumento precedente). Antes, os próprios Platônicos *negam que dos objetos artificiais existam* Ideias *correspondentes*. Portanto as *causas* que produzem um *anel* ou uma *coisa* são outras (e não as Ideias) segundo os próprios Platônicos; e então, por que não podem ser essas outras as causas também das realidades naturais? — Se Platão negou a existência de Ideias de *artefacta* é uma questão muito debatida. É certo que Platão explicitamente as admitiu, porque existem abundantes passagens de diálogos que o provam (cf. abaixo). Mas as posições assumidas pelos intérpretes são as mais disparatadas. (1) Alguns pensam que Platão tenha evoluído e que Aristóteles se refira à última fase do pensamento do Mestre, quando fala da não admissão de Ideias de *artefacta*. (2) Outros pensam num erro de Aristóteles, que o interpreta a seu modo. (3) Outros ainda pensam que foram os Platônicos e não Platão quem negou as Ideias de *artefacta*. (4) Outros, enfim, pensam que faltam precisos documentos para um juízo definitivo. — Uma coisa é certa: muitas vezes Aristóteles faz confusão, ao falar dos Platônicos, entre o Mestre, os discípulos e as várias correntes seguidas pelos discípulos de Platão, e é empreendimento difícil, na falta de documentos diretos, tentar extrair das suas palavras a *verdade histórica* de maneira precisa e isenta de controvérsias. (Cf., para aprofundamentos, Leszl, *Il "De ideis"*..., pp. 119-140). — No nosso caso, todavia, o problema pode muito bem ser resolvido. Platão não só reafirma a existência de Ideias de *artefacta* em diálogos de transição como o *Crátilo* (398 A-D), mas até na sua obra-prima da maturidade, ou seja, na *República* (X 596 A ss.), e também na tardia *Carta VII* (342 D 5) e na sua última obra, as *Leis* (XII 965 B-C). Ele punha, contudo, as Ideias dos *artefacta* numa posição "intermediária", e (contrariamente às Ideias das realidades naturais) as considerava *criadas pelo Demiurgo*. Ver o que dissemos no *Ensaio introdutório*, pp. 223 ss., e em *Para uma nova interpretação de Platão* (^{2}2004), pp. 391-396 e 412-423, com a relativa documentação e com a explicação das razões da posição aqui assumida por Aristóteles.

[10] (991 b 9-21). *Nono argumento: os Números ideais e as Ideias-números não podem ser causas das coisas.* — A nova argumentação é dirigida contra a transformação das Ideias em Números e Ideias-números, e demonstra que os Números não podem ser causas das coisas. De fato (*a*) se dizemos que os números são causa porque os números são *eternos*, evidentemente não se responde ao problema, porque *ser eterno* não quer dizer *ser causa*; (*b*) se, ao invés, dizemos que as coisas procedem de *relações numéricas* e que, por isso, os números são causas das coisas, destruímos a própria natureza dos números, do modo como se verá abaixo. (*a*) O primeiro ponto é em parte claramente explicado por Alexandre (*In Metaph.*, p. 107, 18-28 Hayduck): "Se as Ideias são números, como poderão ser causa das coisas desse mundo? Talvez pelo motivo de que também as coisas desse mundo são números como as Ideias, porém diferentes delas e diferentes uns dos outros assim como são diferentes umas das outras, e um número é homem, outro é cavalo, outro é Platão e outro Sócrates, e as coisas sensíveis são diferentes umas das outras segundo a diferença dos números? Mas se é assim, *como poderão os números ideais ser causa dos números desse mundo que constituem os sensíveis?* Se também os números desse mundo fossem iguais àqueles e o homem ideal e o homem sensível fossem, por exemplo, o número cinco, um número cinco eterno o primeiro, um não eterno o segundo; pois bem, *como poderá o primeiro número cinco ser causa do ser do segundo?* Certamente os números iguais não podem ser causa uns dos outros. E certamente um número não pode ser causa do ser do outro". Acrescentamos: dizer que o primeiro número é *eterno* não desloca o problema: *eternidade* do cinco *não* implica absolutamente, como consequência, que ele tenha o poder de *causar* outros números cinco! (*b*) Se, ao invés, dizemos que os números são *causa* porque as coisas sensíveis são determinadas *relações numéricas*, assim como é uma relação, por exemplo, a harmonia, então, diz Aristóteles, é necessário que exista uma *matéria* ou *elementos materiais* que sejam postos em relação (a relação é sempre relação de algo com algo). E, se assim é, *também* as Ideias-números deverão ser *relações numéricas* de determinados elementos, porque (justamente como nota Colle, *Métaph.*, I, p. 147) deve haver nas Ideias-números tudo o que há nos sensíveis, justamente enquanto elas são causas das quais os sensíveis derivam todo o seu ser. Em suma: se os Números ideais causam relações, eles também *são relações*, e se são relações (a relação, como dissemos, é sempre relação de algo a algo),

deixam de ser números em sentido verdadeiro e próprio (depois de ἀριθμός, na linha 20, é preciso, se não ler, pelo menos subentender ἁπλῶς; cf. Bonitz, *Comm.*, p. 120; Ross, *Metaph.*, I, p. 200). Essa explicação, portanto, eliminaria justamente o Número em sentido verdadeiro e próprio, no sentido querido pelos Platônicos, porque faria dele uma relação numérica de um substrato e não uma substância, e, portanto, destruiria o próprio sistema dos Platônicos. Vale a pena relembrar que a posição de Platão era, na realidade, muito mais complexa e refinada, e que a concepção do *número* como *relação* era uma noção típica da matemática grega. Ver o que dissemos no volume *Para uma nova interpretação de Platão* ([2]2004), pp. 167-173, com a relativa documentação que fornecemos.

[11] (991 b 21-27). *Décimo argumento: absurdos que se seguem à conexão das Ideias com os números.* — Eis o sentido da argumentação. (1) Se as Ideias são Números será possível somá-las, assim como se soma, por exemplo, 3 e 4 e se obtém 7. Mas, pode-se somar duas Ideias e obter uma só? Se somarmos, por exemplo, a Ideia de homem e a Ideia de cão, não obteremos uma única Ideia. Certamente não se poderá dizer que a soma da Ideia de homem com a Ideia de cão é a Ideia de *animal*! (cf. Alexandre, *In Metaph.*, p. 110, 5 ss. Hayduck). — (2) Os Platônicos poderiam objetar: no 7 *não* se somam o número 3 e o número 4, mas as *unidades* do 3 e as *unidades* do 4; e o número 7, consequentemente, procede de 7 unidades. (Assim também o 10.000 procede de 10.000 unidades!). — (3) Aristóteles responde: também isso conduz a absurdos insuperáveis. De fato, não se compreende *como podem ser* essas supostas unidades. (*a*) Se são todas *especificamente iguais* (ὁμοειδεῖς), todas as Ideias só poderão ser especificamente iguais, e assim as coisas que delas participam; de modo que tudo deveria ser especificamente igual, o que é absurdo (Aristóteles deixa aqui implícita esta conclusão: voltará sobre o problema em M 6; cf. as explicitações de Alexandre, *In Metaph.*, p. 111, 15 ss. Hayduck). (*b*) Se dissermos que são *diferentes uma da outra*, também isso será um absurdo, porque não se vê de modo algum como podem diferir uma da outra, porque são privadas, com base na própria hipótese, de todas as determinações qualitativas, que são as únicas a poderem diferenciá-las. — Recordamos que, aqui, Aristóteles, traiçoeiramente trata os *Números ideais* como se fossem *números matemáticos*, extraindo indevidas consequências.

[12] (991 b 27-30). *Décimo primeiro argumento: os Platônicos, além dos números ideais são forçados a admitir também números intermediários, mas com absurdas consequências.* — Esta objeção se liga à precedente, e,

precisamente, à última hipótese de que as *unidades* sejam *especificamente diferentes* (cf. Alexandre, *In Metaph.*, p. 112, 19 Hayduck), mas constitui uma ulterior argumentação a ser considerada separadamente. Se as unidades são *especificamente diferentes* umas das outras, diz Aristóteles, então, além dos números ideais, será necessário introduzir também os *números matemáticos* (isto é, os assim chamados números *intermediários* entre os ideais e os sensíveis). E será necessário fazer isso justamente para salvar as matemáticas, cujas operações só são possíveis se as unidades são especificamente *iguais* e não diferentes. Mas, nesse caso, não se vê como podem existir esse *intermediários* e de que princípios podem derivar: (*a*) não podem derivar dos princípios dos números ideais, porque, então, seriam números ideais e não intermediários; (*b*) tampouco podem derivar dos princípios dos sensíveis, porque, então, seriam sensíveis. — A última proposição do texto talvez deva ser entendida assim: por que devem existir intermediários *só* entre os objetos matemático-geométricos e não também, por exemplo, entre a Ideia de homem e o homem-sensível e, em geral, para todas as outras coisas? (Alexandre, *In Metaph.*, p. 113, 17 ss. Hayduck). — Cf. *supra*, nota 7 ao Capítulo 6.

[13] (**991 b 31 – 992 a 1**). *Décimo segundo argumento: a ambiguidade e a aporeticidade da Díade.* — (1) A quase totalidade dos intérpretes, na sequência de Alexandre (*In Metaph.*, p. 113, 24 ss. Hayduck), entende por *díade* a *díade indefinida* e explica o texto do seguinte modo. Os Platônicos fazem derivar as unidades do encontro da Díade indefinida e do Um. Ora a Díade, se é tal, é constituída de duas unidades. Mas, de onde são derivadas essas duas unidades constituintes da Díade? Segundo a lógica do sistema, deveriam derivar de uma Díade, anterior à Díade, o que é absurdo, porque equivaleria a *um princípio anterior ao princípio* (cf. Bonitz, *Comm.*, p. 121; Schwegler, *Metaph.*, III, p. 95; Colle, *Métaph.*, I, p. 152, e ainda outros). — (2) Ao contrário, Ross (*Metaph.*, I, p. 201) entende a *díade* no significado de *número dois* e explica: "as unidades do *número dois*, e cada uma das duas, segundo os Platônicos derivam de um precedente dois (a díade indefinida), o que é impossível: duplamente impossível, porque isso torna o dois anterior seja ao um seja a si mesmo". A primeira explicação parece mais convincente; mas, na realidade, Aristóteles joga propositadamente com a ambiguidade, pelas que razões que já explicamos.

[14] (**992 a 1-2**). *Décimo terceiro argumento: a unidade dos números individuais permanece inexplicada.* — O problema que Aristóteles agora levanta é o seguinte: sobre o quê se funda a unidade estrutural dos diferentes

números? Os Platônicos não explicam isso. Mas esta seria uma explicação tanto mais necessária, na medida em que eles põem as unidades como especificamente diferentes (recorde-se que aqui Aristóteles está falando de Números ideais), e não se vê como *unidades especificamente diferentes* possam constituir um número que deveria ser *ele mesmo unidade*. Ver as ulteriores dificuldades que surgiriam caso se admitisse um princípio ἑνοποιοῦν, em Alexandre, *In Metaph.*, p. 114, 12-19 Hayduck. (Na realidade, para Platão, a função unificadora do Princípio primeiro se explica de vários modos e em vários níveis; coisa que aqui é totalmente ignorada).

[15] (**992 a 2-10**). *Décimo quarto argumento: dificuldade que comporta o Um relativamente aos números ideais.* — A nova objeção é clara, sobretudo quando se tem presente que a evocação dos Naturalistas serve apenas como exemplificação, e quando não se insiste em querer elaborar sutilezas sobre os próprios termos dessa exemplificação. — Aristóteles diz o seguinte. Se, como os Platônicos afirmam, as unidades são especificamente *diferentes* (διάφοροι), eles deveriam dizer, para ser coerentes, que são princípios tanto as *unidades* em geral, como as *diferenças das unidades*. Eles deveriam fazer (e eis em que sentido são evocados os Naturalistas) como fizeram os filósofos que puseram mais elementos corpóreos como princípios das coisas: eles, de fato, não disseram que princípio é o *elemento corpóreo em geral*, mas *especificaram* que princípios são *fogo, terra* etc. — Ao contrário, os Platônicos não especificam isso e, portanto, *de fato* tratam as unidades não como se fossem διάφοροι mas ἀδιάφοροι, isto é, *indiferenciadas*, portanto homogêneas (ὁμοιομερές, linha 7). Mas se é assim, os números *deixam de ser números ideais* (tornam-se números matemáticos), e, na medida em que deixam de ser números ideais, deixam de ser substâncias. — Entretanto, precisa Aristóteles, é muito evidente, pelo menos num caso, a necessidade de chamar em causa a *diferença*: de fato, os Platônicos introduzem, acima de todas as unidades, um Um-em-si (τὸ ἕν αὐτό) como supremo princípio. Obviamente o Um-em-si não pode ter o mesmo significado das outras unidades, caso contrário não poderia ser princípio, porque não se diferenciaria das outras unidades. Cf. Alexandre, *In Metaph.*, pp. 114, 22-117, 19 Hayduck; Schwegler, *Metaph.*, III, p. 96 (particularmente incisivo); Colle, *Métaph.*, I, pp. 153-156.

[16] (**992 a 10-19**). *Décimo quinto argumento: dos Princípios dos Platônicos não se deduzem as grandezas.* — Nos últimos dois livros poderemos conhecer melhor essas doutrinas dos Platônicos. Aqui evocamos apenas o que importa para entender a objeção que agora é feita. Alexandre (*In Metaph.*, p. 117,

24 Hayduck) diz que aqui Aristóteles expõe a opinião dos Platônicos, como já tinha feito no Περὶ φιλοσοφίας; e, extraindo obviamente desta obra, explica: "[Os Platônicos], querendo reportar os entes (que ele [Aristóteles] chama aqui, como sempre, substâncias) aos princípios que tinham posto (para eles, de fato, eram princípios dos entes o *grande e o pequeno*, que chamavam díade indefinida), querendo, portanto, reportar tudo a essa díade, diziam que princípio do comprimento são o *curto e o longo*, convencidos de que o comprimento deriva do longo e do curto, que são (uma espécie de) grande e pequeno..., e que os princípios da superfície são o *estreito e o largo*, os quais também são (uma espécie de) grande e pequeno" (= fr. 11 Ross; pode-se ver o comentário de Untersteiner, *Aristotele, Della filos.*, pp. 145 ss.). Aristóteles objeta duas coisas. Tenha-se presente que para o Estagirita a superfície não é mais que o *limite* do sólido e a linha não é mais que *limite* da superfície, como se verá em M 3. Pois bem, com base nessa sua convicção, Aristóteles reprova aos Platônicos que, fazendo derivar sólidos, superfícies e linhas de *diferentes* espécies do grande e pequeno, caem no absurdo de fazer ser essas unidades de natureza *diferente* e não mais *passíveis de inclusão* uma na outra. Se a linha deriva do longo-curto, não poderá ser contida na superfície, justamente porque esta não deriva do longo-curto, mas do largo-estreito; nem a superfície poderá ser *contida* no sólido, porque este não deriva do largo-estreito mas do alto-baixo. Note-se que os Platônicos admitem que o *número*, o qual deriva do muito-pouco, não esteja *contido* nas grandezas geométricas, justamente porque o muito-pouco é um gênero diferente do grande-pequeno: pois bem, por coerência, eles devem admitir também o que foi dito acima. Em suma, de acordo com os princípios dos Platônicos, *os gêneros mais altos* não podem ser contidos nos *mais baixos*. — (2) Os Platônicos poderiam defender-se assim: isso vale só para os números relativamente às grandezas, mas não *para os vários gêneros de grandezas*, porque o *muito-pouco* é gênero diferente do *longo-curto, largo-estreito, alto-baixo*, enquanto esses três são subordinados um ao outro de modo que o seu *gênero* é, em certo sentido, o mesmo (*largo-estreito* seria uma espécie de *longo-curto* e *profundo-raso* uma espécie de *largo-estreito*; ou, o que é o mesmo: *longo-curto* seria gênero de *largo-estreito* e este, gênero de *profundo-raso*). Mas Aristóteles ulteriormente objeta: se *largo-estreito* é como um gênero do qual *profundo-raso* é espécie, então seguir-se-á, logicamente, que o sólido deverá ser uma *espécie* de superfície; e se *longo-curto* é gênero de *largo-estreito*, a superfície deverá ser uma espécie de linha, o que é manifestamente absurdo!

[17] (992 a 19-24). *Décimo sexto argumento: as complicações implicadas na doutrina do ponto.* — Vimos que linhas, superfícies e sólidos derivam de princípios diferentes, e vimos quais são esses princípios segundo os Platônicos. E os pontos? Eis a pergunta que agora se põe Aristóteles. Os pontos são diferentes de todas as grandezas geométricas, e, portanto, deveriam derivar de princípios diferentes. Platão teria eliminado o problema, negando *realidade ontológica* aos pontos e fazendo deles uma simples hipótese geométrica. Portanto, Platão teria definido o ponto como o "princípio da linha" ou também como "linha indivisível", evidentemente (explica Alexandre, *In Metaph.*, p. 120, 7 ss. Hayduck) para poder com facilidade explicar o ponto com o princípio da linha, isto é, como o *longo-curto*. Mas, objeta Aristóteles, isso é absurdo. De fato, caso se deva admitir que a superfície é diferente do sólido, porque é *limite* do sólido, e a linha é diferente da superfície, porque é limite da superfície: pois bem, pela mesma razão, dever-se-á admitir o ponto como diferente da linha. De fato, a linha (seja ou não indivisível) *deve* ter o seu *limite* (assim como o têm os sólidos e as superfícies), e esse limite é o ponto! — A passagem levanta grandes questões *históricas* e *exegéticas*. De fato, não temos confirmação de que Platão sustentasse essa doutrina sobre o ponto, que, ao invés, é bem testemunhada por Xenócrates (cf. Simplício, *In Phys.*, p. 138, 14; 140, 12; 142, 16 Diels), e portanto essa passagem é suscetível de várias interpretações. — A respeito disso cf. Robin, *Th. plat.*, p. 472 s.; Ross, *Metaph.*, I, p. 203 ss.; Gaiser, *Platons ungeschr. Lehre*, pp. 158 ss.

[18] (992 a 24-29). *Décimo sétimo argumento: as Ideias ou Formas só podem ser causas das coisas se não são separadas das coisas.* — Aristóteles, nesta e nas três argumentações que se seguem, retoma aquele que é propriamente o tema do livro: *as quatro causas*. A "sapiência" é busca das *causas dos fenômenos*, mas os Platônicos estão bem longe de ter satisfeito a essa pesquisa: eles, de fato, falaram de maneira incorreta. E eis a primeira observação aqui destacada. Os Platônicos não buscam a causa dos fenômenos, tanto é que descuidam da *causa do movimento* (eficiente), sem a qual nenhum fenômeno (dado que todo fenômeno está estruturalmente sujeito ao devir) pode ser explicado. — Mas, deixando por agora essa causa específica, Aristóteles examina justamente aquela que ele reconhece ter sido investigada pelos Platônicos, mais do que por todos os outros predecessores: *a causa formal*. Pois bem, mesmo essa causa não foi corretamente introduzida pelos Platônicos, porque eles puseram as Formas como *separadas* das coisas das quais deveriam ser formas, e depois não souberam superar essa separação. As razões já foram apontadas acima: a "participação" não é mais do que

uma vazia metáfora (cf. *supra*, nota 8; cf. também nota 6 ao Capítulo 6 e o *Ensaio introdutório*, pp. 209-218, espec. 216 ss.). Sabemos em que consiste a correção aristotélica do erro dos Platônicos: *deve-se negar a separação* e, para fazer isso, *deve-se renunciar a fazer da forma uma substância* (ao lado e além das sensíveis): deve-se *imanentizar a forma*.

[19] (**992 a 29 – b 1**). *Décimo oitavo argumento: as Ideias dos Platônicos não são causa final das coisas.* — Continua a ordem de pensamentos iniciada com a precedente objeção (cf. nota 18). Os Platônicos, diz Aristóteles, não falaram da *causa final* (aquela causa, especifica o Estagirita, em função da qual operam as *ciências*, a *inteligência* e a *natureza* (cf. p. ex. *Et. Nic.* I 1). As Ideias não são, de fato, reconduzíveis à *causa final*, porque (explica Alexandre, *In Metaph.*, p. 121, 19 ss. Hayduck) são causa do *ser* das coisas, mas não τοῦ εὖ εἶναι, vale dizer, do ser das coisas *boas*; ademais as Ideias são ditas modelos e não *fins* das coisas; mas sendo separadas não poderiam ser *fins* das coisas. (É desnecessário recordar que justamente enquanto *modelos* das coisas, as Ideias exprimem o *dever-ser* das coisas, ou seja, como as coisas devem ser *para ser da melhor maneira o que são*. Portanto, exprimem o bem e o melhor e por isso têm uma precisa relação com o fim). — Como acena à excessiva matematização da filosofia, é provável que Aristóteles esteja pensando sobretudo em Espeusipo e na sua corrente, que vai muito além do princípio afirmado por Platão na *Rep.* VII 531 D ss., ao qual o nosso texto parece referir-se nas últimas palavras.

[20] (**992 b 1-7**). *Décimo nono argumento: o princípio da díade de grande-e-pequeno dos Platônicos não pode ter a função de causa material.* — Continua a ordem de pensamentos iniciada na linha 24 (cf. nota 18). Os Platônicos não designaram corretamente nem a *causa material*. E a respeito disso Aristóteles nota duas deficiências da doutrina deles. (1) O *grande-e-pequeno* (do qual eles se servem como princípio material) é um princípio *matemático* e não *físico*. (2) Ademais, grande-e-pequeno não são propriamente *matéria*, mas *afecções e determinações da matéria*; em suma, não podem ser substratos materiais mas apenas *estados* do substrato material. Matéria poderia ser, no máximo, o *substrato que acolhe esses estados e diferenças* (mais corretos, portanto, foram os Naturalistas, que puseram como matéria não o *rarefeito* e o *denso*, mas um *elemento ulterior* do qual *rarefeito e denso* constituem *estados* ou *diferenças*). — Ver, contudo, a bem mais refinada e complexa doutrina da *Díade de grande-e-pequeno*, tal como parece ter sido efetivamente sustentada por Platão, no nosso volume *Para uma nova interpretação de Platão* ([2]2004), pp. 463-471.

[21] (992 b 7-9). *Vigésimo argumento: não se pode derivar o movimento da díade de grande-e-pequeno.* — Encerra esse grupo de objeções a explícita retomada da questão da *causa formal* acima apenas acenada e depois deixada (cf. nota 18; ver linha 25 s.). A objeção, aqui apresentada em forma de dilema, é extremamente concisa, mas clara. Tenha-se presente que Platão e alguns Platônicos tinham tentado reduzir o *movimento*, mediatamente ou imediatamente, ao *grande-e-pequeno*, do que Aristóteles acaba de falar. — Pois bem, diz o Estagirita, no que concerne à causa do movimento os Platônicos só podem chegar a um beco sem saída. De fato: (1) ou o grande-e-pequeno é movimento e, então, pode-se dizer que eles introduziram uma causa eficiente. Mas com as seguintes consequências: como as Ideias, segundo os Platônicos, derivam do grande-e-pequeno, por consequência, não poderão mais ser *imóveis* (dogma fundamental do platonismo), mas serão elas também *em movimento*! — (2) Se não é assim (se o grande-e-pequeno não é movimento) fica sem resolução, para eles, o problema *de onde derivar o movimento.* Não explicar isso, conclui Aristóteles, significa eliminar toda pesquisa física (enquanto é caráter essencial da φύσις o movimento). Cf. Colle, *Métaph.*, I, pp. 16 s.; cf. nota 18. — Sobre a ligação da *Díade de grande-e-pequeno* com o movimento cf. Simplício, *In Phys.*, p. 248, 5-16 Diels, e o que dizemos em *Para uma nova interpretação de Platão* ([2]2004), p. 466 e 461-463. — Uma resposta a esta objeção de Aristóteles se obtém facilmente, quando se tem presente que o princípio diádico antitético ao Um (ou seja, o *grande-e-pequeno*) para Platão se diferenciava de modo preciso nos diferentes graus do ser (cf. o nosso volume acima citado, pp. 468 ss.); portanto, na esfera do inteligível, a Díade devia ser privada de movimento, em todo caso privada do *movimento físico* (e, portanto, podia implicar apenas *movimento inteligível*); portanto, as Ideias que derivam da *Díade de grande-e-pequeno inteligível*, podiam muito bem ser entendidas como *privadas de toda forma de movimento físico*, ou seja, privadas daquele tipo de movimento de que fala Aristóteles.

[22] (992 b 10). *Significado técnico do termo* ἔκθεσις. — Oferecemos um esclarecimento do termo técnico deixado sem traduzir. ἔκθεσις (ἐκτίθεσθαι) significa aqui, como em B 6, 1003 a 10 e em M 9, 1086 b 10, o procedimento próprio dos Platônicos *de dar existência separada aos predicados universais*, vale dizer, *de substantificar ou de hipostasiar os atributos universais.* Portanto, a prova por *ekthesis* ou *ectesi* é a prova baseada nesse típico procedimento. — Uma tradução do termo ou faz perder o sentido, ou, para manter o sentido, deve-se traduzir o termo por toda uma frase, que contrastaria de modo gritante com a expressão fortemente sintética de todo o resto da passagem.

Bonghi, mesmo mostrando conhecer perfeitamente o sentido de ἔκθεσις, traduzia para o italiano com "estrinsecazione" (De fato, mediante a sua *estrinsecazione* não se tornam todas as coisas, mas só...", Bonghi-Sciacca, p. 105 s.); mas em Z (p. 134) escrevia: "A palavra *estrinsecazione* com a qual resolvi traduzir ἔκθεσις não me convence definitivamente: talvez poderiam sugerir-me outra melhor"; e, na realidade, ela não oferece minimamente a ideia do que está em questão aqui. Carlini (*ad. h. l.*) traduzia: "por via *de abstração* não se chega à unidade do todo", que é uma tradução indubitavelmente inadequada, porque a ἔκθεσις platônica não é absolutamente *abstração* (lógica), mas *hipostatização ontológica*; tampouco ele, nas notas, acrescentava qualquer explicação, mostrando assim não ter captado o complexo procedimento a que alude o texto. Damos alguns exemplos de traduções em outras línguas. Bonitz (*Trad. Metaph.*, p. 29) desdobra o termo na seguinte expressão: "Denn durch *das Herausheben des Einen aus der Vielheit*..."; Schwegler traduz entendendo ἔκθεσις em sentido não técnico de *Darstelung* (*Metaph.*, II, p. 25); mas, no comentário, retoca a tradução, dizendo que esse sentido não técnico é excluído pelo paralelo de M 9; Gohlke (*Trad. Metaph.*, p. 71) traduz com um inexplicável "Denn in der *begrifflichen Ordnung* (?)"; Ross (*Trad. Met., a.h.l.*) "for what is proved by *the method of setting out instances*..."; entre as traduções francesas recordamos a de Colle (*Métaph.*, I, p. 26) "par *l'exposition*..." (que poderia, de algum modo, ser versão correta, entendendo-a no sentido forte de *ex-positio*: ἐκ-τίθημι = *ex-pono*; mas ninguém pensa nisso ao ler, e tampouco é claro que o autor pensasse nisso). Tricot, enfim, traduz (*Métaph.*, I, p. 99): "car de la preuve *par ecthèse*", tal como também nós fizemos. — Alexandre (*In Metaph.*, pp. 124, 10-125, 4 Hayduck) explica do seguinte modo o procedimento por ἔκθεσις: "O procedimento deles por ἔκθεσις era assim: (*a*) Partindo dos nomes individuais buscavam todas as semelhanças que havia entre eles, e encontrando que esta semelhança pela qual todos são *homens* é uma e idêntica em todos, reconduziam todos os homens a essa *unidade* e diziam que os homens são homens por participação nessa unidade, e chamavam essa unidade que inclui todos os homens de *homen-em-si*. E aplicavam o mesmo procedimento aos cavalos, aos cães e aos outros animais. (*b*) Em seguida, aplicando o procedimento da ἔκθεσις comparativamente aos homens, aos cães e aos outros animais, supunham que eles eram, justamente, *animais* em virtude de uma *unidade*, e punham essas unidades como causas pelas quais os animais são animais e em seguida introduziam outra unidade ou Ideia e a chamavam de *animal-em-si*, e a essa unidade reconduziam todos os animais. (*c*) Em seguida, com o mesmo procedimento, tomando todos os animais juntos, as plantas e os outros corpos e achando que todos eles são *substâncias* por participação numa unidade, supunham uma *Ideia* e *unidade* da substância e a chamavam de *substância-em-si* e recolhiam todas as substância sob ela. (*d*) E assim depois, de novo, sustentando que a *essência* e a *qualidade* são *entes* por participação no *ente* e introduzindo um *Ente-em-si*, reduziam a essa unidade todos os entes. E com esse procedimento da ἔκθεσις acreditavam remeter todos os entes ao *Um* e ao *Princípio*". — O termo ἔκθεσις tem também um uso técnico na lógica, do qual este não é o lugar para falar. Sobre o problema ver: Bonitz, *Observ. crit.*, p. 128; Waitz, *Organon*, II, p. 570; Schwegler, *Metaph.*, III, p. 98; Mayer, *Die Syllogistik des Aristoteles*, II 1, pp. 310-320 e 2, pp. 141-149; Ross, *Metaph.*, I, pp. 208 ss.

[23] (992 b 9-13). *Vigésimo primeiro argumento: a demonstração da tese da Ideia como unidade de um múltiplo não se sustenta.* — Uma vez esclarecido o sentido do procedimento por ἔκθεσις (cf. nota prec.), é claro o sentido da passagem. Mesmo concedendo que sejam verdadeiros os pressupostos dos Platônicos (que existe uma Ideia correspondente a cada predicado universal), o procedimento que eles seguem chega a demonstrar, no máximo, que existe *certa unidade* fora da multiplicidade, mas não chegam a demonstrar que *tudo é um*. "At vero ita non efficitur (diz muito bem Bonitz, *Comm.*, p. 124) ut multa illa sint unum, sed ut *praeter* multa ponatur unum". Antes, nem mesmo isso se consegue demonstrar (isto é, nem mesmo o *unum praeter multa*), se não se concede que cada *universal* seja um *gênero*: de fato, existem universais que não são gêneros e são mais amplos e extensos do que os gêneros, tais como o *ser* e o *um*. — Alguns comentadores citam como exemplos de universais que são gêneros os conceitos gerais de negativo e de relação. Isso é verdade, mas estes não têm nenhuma relação com a argumentação em questão, e, aqui, Aristóteles alude certamente ao *ser* e ao *um* que são (como aprofundaremos adequadamente ao ler Γ 2) πολλαχῶς λεγόμενα, isto é, conceitos *transgenéricos* e que, como tais, cortam pela base, segundo Aristóteles, a possibilidade do procedimento seguido pelos Platônicos (cf. também Alexandre, *In Metaph.*, p. 126, 30-37 Hayduck).

[24] (992 b 13-18). *Vigésimo segundo argumento: impossibilidade introduzir os entes geométricos ideais nos três gêneros de realidade admitidos pelos Platônicos.* — Alexandre (*In Metaph.*, p. 128, 2-9 Hayduck) esclarece do seguinte modo: "todas as realidades, segundo eles [os Platônicos], (1) ou são Ideias, (2) ou são entes matemáticos, (3) ou são sensíveis. (1) Ora, o comprimento-em-si, a superfície-em-si e o sólido-em-si não poderão ser Ideias,

enquanto, segundo eles, as Ideias são números, e aqueles [cumprimento, superfície e sólido-em-si] vêm depois dos números. (2) Mas não poderão tampouco ser entes intermediários, porque, segundo eles, intermediários são os objetos matemáticos; estes, segundo a doutrina deles, são muitos, enquanto não é assim para a linha-em-si, a superfície-em-si e o sólido-em-si. (3) Mas também não poderão ser coisas sensíveis e corruptíveis: de fato, nenhum destes é ser em sentido verdadeiro e próprio. Parece, portanto, que, segundo eles, exista um quarto gênero de realidade". — Em suma: a impossibilidade de introduzir adequadamente as grandezas ideais ou os entes geométricos ideais nas três classes de realidades admitidas pelos Platônicos, deveria levar a admitir um *quarto gênero* de realidade. O que é duplamente embaraçante: em primeiro lugar, porque os Platônicos, contra a lógica do seu sistema, não o fizeram; em segundo lugar, porque, se o tivessem feito ou se o fizessem, multiplicariam ulteriormente as realidades (e, em geral, o absurdo de multiplicar os entes foi destacado por Aristóteles, a propósito das Ideias, no início deste capítulo). — Sobre o estreito nexo entre Ideias, Números e grandezas ideais ver particularmente: Gaiser, *Platons ungeschr. Lehre, passim*. Por mais conjectural que possa ser a tese de Gaiser, é, em todo caso, suficiente para descartar amplamente essas críticas de Aristóteles, e, em todo caso, para redimensioná-las estruturalmente.

[25] (**992 b 18-24**). *Vigésimo terceiro argumento: impossibilidade de buscar os elementos e os princípios de todos os tipos de ser como pretendiam os Platônicos.* — Os Platônicos pretendiam buscar os princípios comuns a todos os seres (segundo eles, esses eram os princípios dos números). Aristóteles diz que essa empresa é insensata, porque os Princípios comuns de todos os seres só poderiam existir se o *ser* significasse uma mesma coisa (isto é, se fosse um gênero único). Ao invés, o *ser* (como já acenamos duas notas acima) é dito em muitos sentidos (πολλαχῶς λεγόμενον), portanto, indica estruturalmente uma multiplicidade de significados. Assim, quem investiga o ser, em primeiro lugar (como fará Aristóteles em Γ 2) deverá distinguir *quais são esses diferentes significados do ser* e estabelecer de *quais* desses significados se *pode* e, portanto, se *deve* buscar os princípios. Se não se faz isso, compromete-se a pesquisa (como fizeram os Platônicos). De fato, é absurdo, por exemplo, buscar os Princípios ou os elementos materiais do *ser no significado de categoria e de acidente*. Não tem sentido buscar qual é o princípio material, por exemplo do "fazer" e do "padecer" (categorias) e do "reto" (acidente). Evidentemente, diz Aristóteles, se essa busca tem um sentido, *só* o tem no significado do ser como "substância". Portanto, os

Platônicos estão totalmente extraviados (cf. Alexandre, *In Metaph.*, p. 128, 12 ss. Hayduck). — Essa passagem de A 9 que estamos lendo merece, a nosso ver, uma atenção muito particular. Ela, de fato, constitui um notável documento que testemunha, de maneira eloquente, como Aristóteles, ao compor o livro A, já tinha claro em mente não só, genericamente, que a *sophia* ou *sapiência* é uma *ontologia*, mas também a *estrutura* dessa ontologia. De fato, aqui o Estagirita nos diz, com clareza, que o ser é um πολλαχῶς λεγόμενον, e que a busca dos princípios só é realizável para um significado (o significado principal), isto é, a substância: τῶν οὐσιῶν μόνον ἐνδέχεται. — É, portanto, desde agora claro que *a ontologia aristotélica será predominantemente e fundamentalmente* (embora não exclusivamente) *uma usiologia*. — Para um aprofundamento da questão cf. Reale, *Il conc. di filos. prima*[5] (1993), pp. 32 s. e *passim*, bem como o *Ensaio introdutório*, *passim*.

[26] (**992 b 24 – 993 a 2**). *Vigésimo quarto argumento: impossibilidade de conhecer os elementos de todas as coisas contrariamente às teses dos Platônicos.* — Na precedente objeção Aristóteles demonstrou que uma ciência universal, isto é, uma ciência dos elementos de todas as coisas, não existe. Agora ele sugere: mesmo que existisse, não poderíamos aprendê-la. E por que não poderíamos aprendê-la? Porque não existiriam as condições indispensáveis para poder aprendê-la! Contudo, quem se dispusesse a aprender essa ciência, não deveria saber nada. De fato, quando alguém se dispõe a aprender uma ciência que antes não conhecia, tem conhecimento de outras coisas, mas não conhece nada daquela ciência. E assim deveria ser para quem se dispõe a aprender *a ciência de todas as coisas*: precedentemente, ele não deveria conhecer nada desta ciência, mas dado que esta é, justamente, a ciência de todas as coisas, quem se dispõe a aprendê-la não deveria saber absolutamente nada. Isso já seria claramente absurdo. — Mas Aristóteles vai além, apresentando o absurdo sob outro aspecto. Se quem se dispõe a aprender a ciência de todas as coisas deve (antes de aprendê-la) não conhecer nada, então não poderá, absolutamente, aprender. De fato, o conhecimento humano não é nunca a passagem de um não saber absoluto a um saber, mas de alguns conhecimentos precedentes (totalmente ou em parte) a outros subsequentes. — Aqui Aristóteles evoca uma conhecida doutrina sua, que Trendelenburg (*Elem. logices Aristoteleae*, § 18, p. 29[5]) fixa nesse cristalino axioma: "omnis doctrina et omnis disciplina, quae quidem in ratione est posita, ex antecedenti fit cognitione". Cf. *Anal. post.*, I 1, 71 a 1 ss.; *Et. Nic.*, Z 3, 1139 b 26). Por exemplo, quando nos dispomos a aprender geometria, não sabemos nada de geometria, mas devemos saber

outras coisas, sem as quais não poderíamos aprender geometria; devemos saber, por exemplo, o que significa igual, maior, menor, etc. (cf. Alexandre, *In Metaph.*, p. 130, 2 ss. Hayduck). Em geral, explica Aristóteles, essa regra vale para toda forma de conhecimento: seja ele dedutivo, seja indutivo (e, podemos acrescentar, também definidor). Se é assim, então, aquele que se dispõe a aprender a ciência de tudo *não poderá absolutamente estar em condições de aprendê-la*, enquanto (pelas razões vistas acima) não sabe nada, e, se não sabe nada, não pode aprender nada. — Para esclarecer a doutrina segundo a qual *omnis disciplina ex antecedenti fit cognitione*, é importante ler a bela passagem de Alexandre, *loc. cit.*, pp. 130, 12- 131, 3: "Nós aprendemos alguma coisa (1) ou por *demonstração* (2) ou por *definição* (3) ou por *indução*. (1) Ora, mesmo o que aprendemos por via de demonstração pressupõe alguns conhecimentos por parte de quem aprende e que são diferentes daquilo que ele aprende; estes <conhecimentos prévios> são os *axiomas* [= os princípios lógicos fundamentais] que são conhecimentos naturais e premissas imediatas (...). — (2) Também o conhecimento por via de *definição* pressupõe precedentes conhecimentos. Quem aprende a definição de homem como *animal bípede*, não conhece precedentemente que homem é o que se diz, mas conhece precedentemente cada um dos dois elementos *animal* e *bípede*, caso contrário não poderia aprender que homem é animal bípede. — (3) Em terceiro lugar, o mesmo vale também para o conhecimento indutivo, porque quem conhece com procedimento indutivo quer chegar ao universal e, para fazer isso, deve, precedentemente, conhecer as coisas das quais se extrai o universal "e estas, conclui Alexandre, são os particulares". — Naturalmente os Platônicos poderiam contestar tudo o que disse Aristóteles objetando: esse conhecimento de todas as coisas de que falamos não tem necessidade de ser aprendido como dizes, porque ele é *inato* (cf. *Ménon*, 81 s.; *Fedro*, 249 C; *Fédon*, 72 E), e, portanto, simplesmente o *recordamos*, tirando-o do íntimo da nossa alma. Absurdo, responde Aristóteles, porque se assim fosse o possuiríamos *sem saber*. Comenta Alexandre, (*In Metaph.*, p. 132, 1 ss. Hayduck): possuímos espontaneamente e naturalmente a faculdade de sentir e de caminhar, e o *sabemos*; ao contrário, possuiríamos aquela que é a mais elevada das ciências e não nos daríamos conta disso e não saberíamos que a possuímos! — O problema da *anamnese* é, obviamente, muito mais complexo do que Aristóteles aqui dá a entender; cf. Reale, *História da filosofia antiga*, II, pp. 153-161, partic. pp. 160 s., onde indicamos em que sentido na *anamnese* platônica se pode ver a primeira descoberta ocidental do *a priori*, em sentido metafísico.

[27] (993 a 2-7). *Vigésimo quinto argumento: dificuldade que surgiria da admissão de uma ciência dos princípios e dos elementos de todas as coisas.* — Sempre seguindo o mesmo fio lógico das duas questões precedentes, diz Aristóteles: admitamos (por hipótese) que se possua essa ciência dos princípios ou elementos de todas as coisas (seja ela ou não inata); pois bem, com quê critérios estabeleceremos que, dentre todos os que conhecemos, somente alguns e não outros são, justamente, elementos de todas as coisas? Evidentemente não é porque vocês Platônicos dizem que são aqueles que lhes parecem tais, que todos estarão de acordo sobre isso: sempre haverá a possibilidade de contestação e de diferentes interpretações. Por exemplo, o som ZA, para alguns se decompõe em *D* + *S* + *A*, para outros, ao invés, trata-se de um som *não* redutível àqueles sons singulares; pois bem, algo análogo, inevitavelmente, aconteceria e acontece quando se quer determinar os princípios ou elementos que são primeiros, isto é, elementos de todas as coisas, e os que não são primeiros, mas redutíveis a outros (cf. Alexandre, *In Metaph.*, p. 132, 11 ss. Hayduck).

[28] (993 a 7-10). *Vigésimo sexto argumento: ulterior dificuldade que surgiria da admissão da ciência dos princípios e dos elementos de todas as coisas.* — Último absurdo destacado por Aristóteles. Dado que existisse essa ciência dos princípios ou elementos constitutivos de todas as coisas, então bastaria conhecer esses elementos para conhecer *tudo* o que existe: portanto, mesmo para conhecer coisas nunca vistas, nunca ouvidas, jamais concebidas! Com efeito, basta o conhecimento das letras do alfabeto para conhecer todas as sílabas e para ser capaz de formar todas as palavras por elas constituídas. Portanto, bastaria conhecer os elementos do suprassensível, que são constitutivos das coisas sensíveis, para conhecer os próprios sensíveis, sem necessidade de ter experiência sensível deles! — Ross (*Metaph.*, I, p. 211) interpreta assim: "se todas as coisas fossem produzidas pelos mesmos elementos, as cores teriam os mesmos elementos dos sons, e um homem que tivesse ouvido conheceria necessariamente as cores"; mas não parece ser este o pensamento sugerido por Aristóteles. Ver, ao invés, qual é a efetiva concepção dos princípios em sentido elementarizante em Reale, *Para uma nova interpretação de Platão* ([2]2004), pp. 157-166; 184-193.

10. *Sumário e comentário a* A *10*

[1] (993 a 11-27). Sumário. — *Nesse capítulo Aristóteles retoma as conclusões de toda a investigação desenvolvida no livro e as reafirma. Todos os*

filósofos não buscaram senão as quatro *causas acima estabelecidas, e nenhuma outra fora delas; antes, dessas mesmas causas eles trataram de modo hesitante e confuso. — Segue uma exemplificação tirada da doutrina de Empédocles. — O capítulo se encerra anunciando o tratamento de* duas distintas séries de problemas (*que serão, como veremos, objeto dos dois livros seguintes*).

[2] (**993 a 16-17**). *Síntese sobre o método seguido.* — Aristóteles resume de modo emblemático a ótica com a qual conduziu toda a discussão do livro, a partir do capítulo 3. — Cf. *Ensaio introdutório*, pp. 58-62.

[3] (**993 a 15-16**). *Significado de* πρώτη φιλοσοφία *neste contexto.* — Aqui Aristóteles usa a expressão πρώτη φιλοσοφία no sentido da filosofia *cronologicamente primeira*, e não no sentido técnico de "filosofia primeira" (= metafísica), como alguns erroneamente sustentaram. O modo como traduzimos a expressão, evidenciando o significado que assume neste contexto, evita qualquer equívoco.

[4] (**993 a 17-24**). *Significado da citação de Empédocles.* — O filósofo Empédocles (cf. fr. 96 Diels-Kranz) é citado não tanto como exemplificação de um pensador que individuou uma *causa* particular, mas como exemplificação do *típico dizer e não dizer* (do balbuciar) próprio dos primeiros filósofos. — No que se refere à teoria aristotélica da substância como *relação formal* (λόγος) que liga os elementos materiais, cf. Z 17 e o relativo comentário.

[5] (**993 a 24-27**). *Passagem aos dois livros seguintes.* — Essas duas últimas linhas poderiam ser preciosas para provar que a ordem de sucessão dos livros A ᾶ B é exata, porque aqui é prevista bastante explicitamente. Aristóteles fala de *duas ordens de problemas que pretende enfrentar*: (1) propõe-se voltar imediatamente sobre algumas *dificuldades e problemas concernentes* às causas e aos princípios (ὅσα δὲ περὶ τῶν αὐτῶν τούτων ἀπορήσειεν ἄν τις, ἐπανέλθωμεν πάλιν) porque, diz ele, talvez da solução desses problemas poder-se-ia tirar vantagem para a solução de (2) *ulteriores dificuldades e problemas* (πρὸς τὰς ὕστερον ἀπορίας). Ora, não se pode contestar seriamente a possibilidade de identificar (1) o *primeiro grupo de problemas* com os tratados em ᾶ 2 e (2) os *ulteriores problemas* (τὰς ὕστερον ἀπορίας) com os do livro B (livro por excelência dos problemas e das aporias). — (1) De fato, Alexandre (*In Metaph.*, p. 136, 14-17 Hayduck) põe o leitor claramente nessa via, chamando a atenção para o fato de que ᾶ ζετεῖ τε καί ἀπορεῖ justamente sobre as causas e os princípios. (Cf. também Asclépio, *In Metaph.*, p. 112, 22 s. Hayduck). — (2) Portanto, é evidente que τὰς ὕστερον ἀπορίας só podem ser as de B; caso contrário ὕστερον seria inexplicável! Sobre o problema cf. Reale, *Il conc. di filos. prima*[5] (1993), pp. 51 s., com as indicações bibliográficas *ibid.*

SUMÁRIOS E COMENTÁRIO AO LIVRO α̂ ἔλαττον

(SEGUNDO)

(...) A causa da dificuldade da pesquisa da verdade não está nas coisas, mas em nós. De fato, como os olhos dos morcegos reagem diante da luz do dia, assim também a inteligência que está em nossa alma se comporta diante das coisas que, por sua natureza, são as mais evidentes.

Metafísica, α̂ 1, 993 b 8-11.

1. *Sumário e comentário a α 1*

[1] (993 a 30 – b 31). Sumário. — *A pesquisa da verdade é, em certo sentido, fácil e, noutro sentido, difícil. É difícil por ser impossível ao homem captá-la na sua totalidade; é fácil, porque não existe homem que não saiba alcançá-la pelo menos parcialmente. — A verdadeira razão da dificuldade da pesquisa da verdade não está nas coisas, mas em nós mesmos, vale dizer, na incapacidade da mente humana de ver as coisas que, contudo, pela sua natureza, são as mais evidentes: a mente humana se comporta diante dessas coisas como os olhos do morcego diante da luz.* — *A pesquisa da verdade se serve do concurso de todos os pesquisadores, porque todos são causa, direta ou indireta, do progresso na conquista da verdade. — A filosofia é denominada, e com razão,* ciência da verdade, *porque, enquanto ciência teorética, tem em mira a verdade e só a verdade, enquanto a ciência prática tem em mira a realização de escopos particulares. Conhecer a* verdade *significa conhecer a* causa. *E quanto mais uma causa é condição do ser das coisas que dela dependem, tanto mais ela é verdadeira. Mais verdadeiras do que todas as outras são as causas dos seres eternos, enquanto são eternamente verdadeiras. O grau de verdade de uma coisa corresponde, portanto, ao seu grau de ser.*

[2] (993 b 1). *Uma leitura que torna mais claro o texto.* — Lemos μήτε πάντως ἀποτυγχάνειν com Brandis (em vez de πάντας), como de algum modo Alexandre (*In Metaph.*, pp. 139, 11; 140, 3 Hayduck) parece justificar.

[3] (993 b 2). *Significado de φύσις neste contexto.* — O texto diz περὶ τῆς φύσεως, onde φύσις não pode ser traduzido por *natureza* sem gerar vários equívocos. — Já Bonitz anotava: "περὶ τῆς φύσεως i.é. περὶ τῆς τῶν φύσει ὄντων οὐσίας vel omino περὶ τῆς ὀυσίας; cf. Δ 4. 1014 b 35. 1015 a 12. Itaque formulae περὶ τῆς φύσεως et περὶ τῆς ἀληθείας tamquam eiusdem fere significationis perinde coniunguntur atque ἀλήθεια et τὸ ὄν (*Comm.*, p. 128).

[4] (993 b 5). *Um provérbio que ilustra a pesquisa da verdade no seu alcance.* — Cf. Leutsch-Schneidewin, *Paroemiogr. Graec.*, II, 678. O sentido do provérbio é óbvio: todos sabem esticar o arco e fazer mira numa porta (isto é, todos sabem atingir uma superfície tão vasta quanto uma porta). A ideia que quer ilustrar também é clara: todos são capazes de alcançar alguma verdade, dada a sua vastidão: "O campo da verdade (diz muito bem Colle, *Métaph.*, II, p. 174) é tão vasto, que o pensamento de todo homem o toca nalguma parte".

[5] (993 a 30 – b 7). *Em que sentido a verdade é fácil e em que sentido é difícil.* — Cole esclarece este ponto melhor do que todos os outros (*Métaph.*, II, p. 175): "Com base no que precede, é fácil alcançar o conhecimento da verdade, quando se considera esse conhecimento, ou a própria verdade no seu conjunto, como um todo; assim considerada, ela é como um grande alvo que se atinge facilmente. Mas, diz Aristóteles, o fato que não se consiga alcançar alguma parte, eis o que demonstra a dificuldade da ciência. Existem partes da verdade que são árduas ou impossíveis de descobrir. Aristóteles parece, também aqui, ter em mente a metáfora do tiro ao alvo, e parece querer comparar a dificuldade em resolver certos problemas particulares com a dificuldade de atingir um ponto determinado do alvo". Cf. também *Anal. prim.*, II 21, 67 a 29 ss.; *Fís.*, I 1, 184 a 21 ss.

[6] (993 b 7-9). *Os tipos de dificuldades que obstaculizam o conhecimento da verdade.* — Esses tipos de dificuldades são: (*a*) o objetivo, inerente às próprias coisas; (*b*) o subjetivo, inerente à mente humana. Ora Aristóteles diz que, mais uma vez, a verdade é, ao mesmo tempo, fácil e difícil: (*a*) é fácil, quando nos colocamos do ponto de vista do objeto (as realidades que por natureza são primeiras, são as mais evidentes); (*b*) é difícil, quando nos colocamos do ponto de vista do sujeito (para quem as coisas que *por si* são mais evidentes, resultam as menos evidentes). Cf. Z 3, 1029 b 4 ss.

[7] (993 b 9-11). *Uma citação desta passagem em Teofrasto.* — A mesma imagem é retomada, quase literalmente, por Teofrasto na sua *Met.* (9 b 11-13) "Mas quando destas (= das sensações) passamos às realidades supremas e originárias, não podemos prosseguir na pesquisa das causas, seja porque não existem mais causas ulteriores, *seja pela nossa fraqueza, por assim dizer, para ver as coisas que são mais luminosas*". — Esta, que é obviamente uma citação, é uma formidável prova da autenticidade do livro ᾱ. Cf. Reale, *Teofrasto...*, cit., pp. 133 s. = *Il conc. di filos. prima*[5] (1993), p. 53.

[8] (993 b 11-14). *Em que sentido nos dão uma contribuição inclusive os que têm opiniões diferentes das nossas.* — Cf. Alexandre, *In Metaph.*, p. 143,

14 ss. Hayduck. — Os que pensam diferentemente de nós contribuem para exercitar aquela δύναμις ou *capacidade* de especular que está em nós, de modo a formar uma ἕξις, um *habitus* especulativo.

[9] (993 b 15). *Timóteo de Mileto.* — Nascido em 446 e morto em 357, foi célebre poeta e músico. Para notícias sobre ele e sobre Frini, cf. o cap. *Cromatismo ed enarmonia* in C. Del Grande, *Espressione musicale dei poeti greci*, Nápoles 1932, pp. 86-101, assim como O. J. Gombosi, *Tonarten und Stimmungen der antiken Musik*, Copenhague 1939, *passim*.

[10] (993 b 16). *Frini de Mileto.* — Foi mestre de Timóteo. Pouco sabemos dele. Cf. Aristófanes, *Nuvens*, 971. Indicações bibliográficas na nota precedente.

[11] (993 b 16-19). *Comunidades de pesquisa e de pesquisadores.* — É um interessantíssimo destaque que exprime, para usar uma linguagem moderna, a *socialidade da pesquisa* ou, como ainda podemos dizer, o seu polifônico aspecto coral.

[12] (993 b 19-31). *Esquema do raciocínio conclusivo do capítulo.* — A linha de raciocínio que vai desse ponto até o final do capítulo foi indicada por Colle com muita clareza: "O objeto da filosofia é o conhecimento da verdade, porque ela é uma ciência teorética. Ora só conhecemos a verdade das coisas mediante o conhecimento da sua causa, e por outro lado as causas das coisas eternas, coisas de que se ocupa a filosofia, são mais verdadeiras do que qualquer outra coisa. Portanto, para alcançar o seu objeto, a filosofia deve envolver o conhecimento das coisas mais verdadeiras que existem. Segundo a nossa interpretação, Aristóteles tem em mira estabelecer essa proposição: a filosofia é por excelência a ciência da verdade, e o faz demonstrando que, para alcançar o seu objeto, ela deve alcançar o conhecimento das coisas mais verdadeiras de todas" (*Métaph.*, II, p. 178).

[13] (993 b 21-23). *Ciência prática e ciência teorética.* — Colocamos o período entre parênteses porque desse modo capta-se melhor o nexo entre o que precede e o que segue. A respeito das relações entre ciência *prática* e *teorética*, cf. E 1, *passim*, e relativo comentário.

[14] (993 b 23-24). *A verdade das coisas é a sua causa.* — Eis que emerge de novo plenamente o tema de fundo do livro A. Sobre este ponto ver a agudas observações de Alexandre, *In Metaph.*, p. 146 Hayduck.

[15] (993 b 24-25). *Correspondência entre o grau de verdade e o grau de ser das coisas.* — Seguimos Bonitz (*Comm.*, p. 129): "Iam veritas cognosci non potest, nisi cognita causa... Atqui si plures res eiusdem sunt generis ac naturae (συνώνυμα b 25...), in ea potissimum huius naturae vis cernitur,

ex qua eadem asd reliquas manavit. Ergo quum vera sint ea quae sunt..., veriora et verissima ea esse apparet, quae reliqua ut sint efficiunt; idem et essentiae est et veritatis gradus...". — Colle (*Métaph.*, II, p. 40) propõe a seguinte interpretação: "... ce de quoi les autres choses tienent leur attribution synonyme, possède lui-même cette attribution plus qu'aucume de ces choses là, par exemple ce qui est le plus chaud c'est le feu"; e na p. 179 contesta que aqui esteja em questão o princípio pelo qual a causa de uma qualidade existente em outras coisas possua necessariamente ela mesma, em nível superior, a qualidade produzida. O princípio invocado seria, ao invés, esse outro: "quanto mais coisas participam de um mesmo nome tomado no mesmo sentido (e é isso que Aristóteles chama de sinonímia; *Categ.*, cap. 1), o que é designado com esse nome pertence por excelência à coisa da qual todas as outras derivam a sua comum denominação (καθ'ὃ καὶ τοῖς ἄλλοις ὑπάρχει τὸ συνώνυμον: aquilo de que as outras coisas derivam a sua atribuição sinônima)"; cf. na p. 180 as ulteriores explicações de Colle. — Mas, mesmo que fosse esse o princípio invocado, ele, na realidade, pressuporia sempre o primeiro, pelo menos no modo pelo qual é aplicado no nosso contexto. As ll. 26-31 o confirmam. Cf. *infra*, nota 17.

[16] (993 b 28). *Evocação das substâncias sensíveis eternas.* — Os "seres eternos" (τῶν ἀεὶ ὄντων) de que se fala são os céus e os corpos celestes; cf. Alexandre, *In Metaph.*, p. 148, 24 ss. Hayduck.

[17] (993 b 26-31). *Uma cifra emblemática da metafísica aristotélica.* — Esta é uma das passagens mais fortes e mais belas, que exprime de modo até mesmo paradigmático o "realismo" de Aristóteles e do pensamento grego. A verdade não depende do pensamento (do sujeito) mas do próprio ser. — Como para Platão, também para Aristóteles a verdade e, portanto, o conhecimento das coisas, é proporcional ao seu ser. Todos os seres sensíveis corruptíveis dependem dos seres sensíveis eternos; e estes, por sua vez, dependem no seu ser e no seu movimento, de uma causa primeira suprema, o Movente imóvel, Ser supremo. A verdade suprema coincide, portanto, com o ser supremo, do qual depende o ser de todas as coisas, como será explicado no livro Λ.

2. *Sumário e comentário a ᾱ 2*

[1] (994 a 1 – b 31). Sumário. — *Estabelecido que conhecer a verdade equivale a conhecer as causas, Aristóteles demonstra, agora, que o número*

das causas é necessariamente finito. *De fato*, (A) *as causas não constituem uma* série infinita no âmbito das espécies individuais de causas; (B) *nem constituem uma* série infinita de espécies. — (A) *Um regresso ao infinito não é possível no âmbito de nenhuma espécie de causas: nem na* material, *nem na* motora, *nem na* formal, *nem na* final. *Os motivos pelos quais não é possível dar-se uma série infinita de causas são os seguintes:* (a) *Em todas as séries de causas, os termos que estão entre o primeiro e o último são termos intermediários, e cada um desses é causa dos sucessivos, mas é, por sua vez, causado; de modo que deve, necessariamente, haver uma causa primeira. Numa suposta série infinita de causas, o último termo é o presente, todos os outros termos (por mais numerosos que sejam) são do tipo dos intermediários; portanto nessa série faltaria um termo* primeiro, e, *faltando este, não haveria absolutamente uma causa (e, portanto, nem mesmo uma série de causas).* (b) *Ademais, não só não é possível* subir *ao infinito, mas também é possível* descer *ao infinito na série das causas. De fato, todo processo de devir que assinala a passagem de uma coisa a outra tem um* termo bem definido. *(Aristóteles exemplifica amplamente esse ponto, analisando os dois processos pelos quais uma coisa deriva de outra, e mostrando em que sentido ambos têm um* termo *bem definido).* (c) *Um processo ao infinito no âmbito da causa final é absurdo, porque, se todo fim existisse em função de um fim ulterior, não existiria nenhum fim, já que o fim é* aquilo que não é em vista de outro, *portanto, que é* termo último. (d) *E tampouco no âmbito da causa formal é possível uma série infinita de definições, que remetam uma à outra, porque isso destruiria a própria possibilidade de pensar e de conhecer.* — (B) *Enfim, não é possível que exista um* infinito número de espécies de causas, *porque, se assim fosse, mais uma vez, ficaria destruída a possibilidade de conhecer.*

[2] (**994 a 2**). *Impossibilidade de uma série infinita de causas em linha vertical.* — O texto diz simplesmente εἰς εὐθυωρίαν, vale dizer, *em linha reta* (progredindo e regredindo), no *âmbito de uma mesma espécie de causas*. Asclépio (*In Metaph.*, p. 120, 12 Hayduck) comenta com imagem eficaz: εἰς εὐθυωρίαν, τουτέστι κατὰ βάθος; podemos também dizer *verticalmente*. A demonstração desse ponto ocupa o grosso do capítulo, até a p. 994 b 27.

[3] (**994 a 2**). *Impossibilidade de uma série infinita de causas em sentido horizontal.* — O texto diz κατ' εἶδος. Asclépio (*In Metaph.*, p. 120, 14 Hayduck) comenta: τουτέστι κατὰ πλάτος, vale dizer, horizontalmente. A demonstração desse ponto ocupa as últimas quatro linhas do capítulo (994 b 27-31).

[4](994 a 7). *Aceno a uma doutrina de Empédocles.* — Cf. Diógenes Laércio, VIII 77 = 31 A 1 Diels-Kranz, I, p. 228, 11 ss.; Aët., II 8, 2 = 31 A 58 Diels-Kranz, I, p. 294.

[5](994 a 11). *Significado da expressão* τὸ τί ἦν εἶναι *nesse contexto.* — Traduzimos livremente a expressão τὸ τί ἦν εἶναι (essência), explicitando o conceito de causa formal que ela exprime nesse lugar. — Até aqui Aristóteles simplesmente *ilustrou* a sua tese; no resto do capítulo dará a *demonstração*.

[6](994 a 17). *Significado da expressão* τοῦτον τὸν τρόπον. — Que quer dizer *desse modo* (τοῦτον τὸν τρόπον)? Normalmente é entendido no sentido indicado por Bonitz (*Comm.*, p. 131): "τῶν δ' ἀπείρων τοῦτον τὸν τρόπον, i. e., τῶν ἀπείρων κατὰ τὴν πρόσθεσιν, cf. b 30, inde enim, quod usque novi quid extrinsecus additur, haec exsistit infinitas, nec vero continuata sine fine divisione, κατὰ διαίρεσιν, cf. b 23". — Colle (*Métaph.*, II, p. 182), de maneira mais verossímil, considera que Aristóteles aluda simplesmente à série de causas infinitas ἐπὶ τὸ ἄνω (logo em seguida, de fato, linhas 19 ss., Aristóteles tomará em exame a série ἐπὶ τὸ κάτω). O infinito em gênero, a que Aristóteles acena logo em seguida, é qualquer tipo de infinito, considerado seja na ordem da causalidade seja na ordem da grandeza espacial ou temporal (Tomás, *In Metaph.*, § 303, p. 87 a Cathala-Spiazzi, e Colle, *loc. cit.*).

[7](994 a 11-19). *Por que em todas as séries de causas deve haver uma primeira causa e não é possível ir ao infinito na série.* — O raciocínio é bem focalizado por Colle (*Métaph.*, II, p. 182): "Em toda série de causas na qual existem termos intermediários, a causa de toda a série é um termo anterior aos intermediários. Ora, numa série infinita de causas, todos os termos, exceto o último, seriam intermediários e, consequentemente, em tal série não existiria um termo anterior aos intermediários. Portanto, tal série não teria causa". — E, poder-se-ia acrescentar, explicitando uma ulterior conclusão apenas implícita: essa série não seria nem mesmo uma série em sentido próprio e verdadeiro. Portanto, uma causa *primeira* é estruturalmente exigida em toda série de causas ἐπὶ τὸ ἄνω.

[8](994 a 22-23). *Uma acepção particular da expressão* τόδε ἐκ τοῦδε. — Esta expressão, na acepção particular que aqui se assume, dificilmente pode ser traduzida. Indica mera sucessão temporal, que Aristóteles exclui desse desenvolvimento, não tendo ela nenhuma ligação com a acepção (que em seguida discutirá) que exprime a *derivação de uma coisa de outra como da própria causa material.*

[9] (994 a 23 – b 6). *Esquema da demonstração da impossibilidade de descer na série de causas ao infinito.* — Antecipamos resumidamente toda a prova que se estende até a linha 994 b 6. Aristóteles explica, antes de tudo, os dois sentidos da expressão τόδε ἐκ τοῦδε que interessam. (*a*) O primeiro sentido indica *a passagem de algo que advém de um estado menos realizado a um estado realizado*, portanto, passagem do adveniente ao advindo (exemplo, da criança ao homem; a criança é o que é *em via de realização*, e é o *adveniente*, enquanto o homem é o estado *realizado* e é o *advindo*); (*b*) o segundo sentido indica a *passagem ou a transformação de um elemento em outro elemento* (exemplo, a água em ar). A diferença entre os dois processos é dada (α) pelo fato de o primeiro implicar algo que *seja substrato ou sujeito permanente* na passagem de um estado ao outro (por exemplo: na passagem da criança ao homem o sujeito dessa passagem permanece, ou seja, a criança que se torna homem não se destrói, mas permanece, e apenas completa o que estava incompleto); ao invés, o segundo não implica esse sujeito, e o aparecimento do novo termo implica o total desaparecimento do outro. (β) Uma segunda diferença é a seguinte: o primeiro processo é *irreversível*, enquanto o segundo é *reversível*: o homem não pode se tornar criança, enquanto o ar pode se tornar água. — Ora, o ponto em questão é o seguinte: *nenhum desses dois processos admite uma série de causas infinitas* ἐπὶ τὸ κάτω. (*a*) O primeiro, porque o adveniente, vale dizer, a criança e os diferentes estados pelos quais passa a criança, tem o próprio *termo final* no *homem* (e aqui termina o processo); (*b*) e tampouco o segundo, porque *início* e *termo* do processo são dados pelos dois elementos que se transformam um no outro reciprocamente.

[10] (994 a 32 – b 3). *Do devir não deriva um devir mas um advindo.* — Deve-se ler esta afirmação entre parênteses, porque é como uma prova para o inciso da afirmação precedente. Quanto ao texto, adotamos a correção de Christ (acolhida também por Ross e por Jaeger) ἀλλ' <ὃ> ἔστι κτλ. (994 b 1). — O sentido geral de toda a passagem é explicado claramente por Tomás (*In Metaph.*, p. 88 a, § 311 Cathala-Spiazzi): "Quia enim in primo modo unum se habet ad alterum ut fieri ad factum esse, et medium ad terminum, patet, quod habent ordinem naturaliter adinvicem. Et ideo non reflectuntur adinvicem, ut indifferenter unum fiat ex altero. Unde non dicimus quod ex viro fiat puer sicut dicimus e converso. Cuius ratio est, quia illa duo ex quorum uno secundum istum modum dicitur alterum fieri, non se habent adinvicem sicut duo termini mutationis alicuius; sed sicut ea, quorum unum est post alterum. Et hoc est quod dicit, quod

illud 'quod fit', idest terminus generationis, scilicet esse, non fit ex generatione, quasi ipsa generatio mutetur in esse; sed est post generationem, quia naturali ordine consequitur ad generationem, sicut terminus est post viam, et ultimum post medium. Unde, si consideramus ista duo, scilicet generationem et esse, non differunt ab illo modo quem exclusimus, in quo consideratur ordo tantum; sicut cum dicimus, quod dies fit ex autora, quia est post auroram. Et propter istum naturalem ordinem, non dicimus e converso, quod aurora fit 'ex die', ideest post diem. Et ex eadem ratione non potest esse, quod puer fiat ex viro. Sed secundum alterum modum, quo aliquid fit ex altero, invenitur reflexio. Sicut enim aqua generatur ex aëre corrupto, ita aër generatur ex aqua corrupta. Et hoc ideo, quia ista duo non se habent adinvicem secundum naturalem ordinem, scilicet ut medium ad terminum; sed sicut duo extrema quorum utrumque potest esse et primum et ultimum".

[11] (994 b 3-9). *A relação de causalidade entre coisas que se sucedem uma à outra.* — Passagem de exegese muito difícil. (1) A mais persuasiva parece-nos a de Colle (*Métaph.*, II, p. 188), o qual vê nela nada mais que uma nova razão que explica por que são recíprocas as relações de causalidade entre seres que se sucedem um ao outro por transformação. Aristóteles diria o seguinte: "na série dos seres que derivam uns dos outros (onde a destruição de cada um produz imediatamente o sucessivo) existe necessariamente um que é primeiro. Isso resulta dos argumentos pelos quais ele demonstrou que cada série de causas é limitada para cima. Ora, não mais que os sucessivos, o ser que seria primeiro na série não poderia ser eterno. Ao contrário, é necessário que ele não seja eterno porque é da sua destruição que o sucessivo deriva. No pensamento de Aristóteles isso demonstra que a produção dos seres que nascem uns dos outros é recíproca. E, com efeito, se esse primeiro ser do qual se falou não é eterno e, portanto, tem um começo, é preciso que ele mesmo derive de um dos seres que dele derivam. Porque, se derivasse de outro ser diferente, não seria mais o primeiro da série". — (2) Ao contrário, outros (cf. Ross, *Metaph.*, I, p. 218; Tricot, *Métaph.*, I, p. 114) entendem a passagem do seguinte modo. Aristóteles falou há pouco de uma causa material que se corrompe no momento em que produz aquilo de que é causa. Agora ele explicaria que a *causa material primeira* de todos os processos de geração *não* é uma causa desse tipo, mas é incorruptível e eterna. Por isso as coisas em geral derivam da sua matéria não do modo como um elemento se transforma em outro corrompendo-se, mas no modo como o homem deriva da criança. Mas para sustentar essa exegese é preciso traduzir o nosso

texto acrescentando toda uma proposição: "Ademais, se o primeiro termo da série fosse eterno seria impossível que perecesse. E porque o processo de geração não é infinito na série das causas, <*é necessário que exista um primeiro termo que seja eterno, enquanto*> necessariamente não é eterno o primeiro termo de cuja corrupção gerou-se o outro".

[12] (994 b 9-16). *A impossibilidade de uma série infinita de causas finais.* — A primeira argumentação era relativa à série de causas em geral (mas referia-se particularmente à causa *eficiente*); a segunda refere-se explicitamente à causa *material*; esta argumentação refere-se à causa *final* (enquanto a última se referirá à causa *formal*). — A impossibilidade de uma série infinita de *causas finais* é demonstrada do seguinte modo. (*a*) Se não existisse um *fim último*, não haveria absolutamente um fim e uma causa final (fim e processo ao infinito se excluem mutuamente). (*b*) Se se admitisse o processo ao infinito e, portanto, se suprimisse o fim, suprimir-se-ia o *bem* (porque fim = bem, como vimos em A 3, 983 a 32). (*c*) Se se admitisse um processo ao infinito e se se suprimisse o fim, tirar-se-ia todo *escopo* e toda *inteligência* às várias ações humanas.

[13] (994 b 16-20). *Impossibilidade de uma série infinita de causas formais.* — Aristóteles se desloca agora para a *causa formal*, para demonstrar que, nem mesmo no âmbito dela pode haver uma *série infinita*. Antes, como bem observa Colle (*Métaph.*, II, p. 189 s.), Aristóteles *parece até mesmo excluir que na causa formal exista qualquer série*. Pode-se definir uma coisa e sucessivamente desenvolver essa definição, definindo cada um dos termos, e depois definindo os termos com que se definiu os primeiros termos, e assim por diante; todavia "essas definições sucessivas progressivamente desenvolvidas não representam absolutamente as causas formais da coisa. Essa regressão, do ponto de vista que nos interessa, não é legítima. Na ordem ontológica a série não existe. Só o objeto da primeira definição existe (...)".

[14] (994 b 20-23). *Impossibilidade do conhecimento, se se admite uma série infinita de definições.* — Aristóteles apresenta aqui uma ulterior argumentação, que vem apoiar a precedente: quem admite a possibilidade de uma série infinita de definições, destrói (*a*) o *saber científico* (τὸ ἐπίστασθαι) e (*b*) em geral o *conhecimento comum* (τὸ γιγνώσκειν), porque tanto o saber científico como o conhecimento geral implicam que se alcance algo primeiro e determinado. — É difícil dizer o que Aristóteles entende, nesse contexto, com "o que não é mais divisível", τὰ ἄτομα (linha 21). (1) Alexandre (*In Metaph.*, p. 162, 19 Hayduck) interpreta: τά ἀμέσως ὑπάρχοντα (assim como Asclépio, *In Metaph.*, p. 131, 6 Hayduck). — (2) Os

modernos (por ex. Colle, *Métaph.*, p. 191; Ross, *Metaph.*, I, p. 219) pensam nos *gêneros* e nos *termos mais universais*, que não são mais divisíveis ulteriormente em gêneros e diferenças. — (3) Parece-nos que Aristóteles entenda: *o que é indivisível tanto em cima como em baixo*, vale dizer tanto o *gênero supremo* como a *espécie ínfima* (cf. também Tomás, *In Metaph.*, p. 90 b, §§ 323 s. Cathala-Spiazzi), de acordo com a perspectiva na qual se situe.

[15] (**994 b 23-26**). *Ulterior demonstração da impossibilidade do conhecimento, se se admite uma série infinita de causas formais e de definições.* — Lemos na linha 26, ὅλην (em vez de ὕλην) com Ross (cf. *Metaph.*, I, p. 219 s.). Deixando ὕλην o texto é ininteligível, enquanto a correção de Ross o esclarece bem. — O sentido de toda a argumentação das ll. 23-27 (que se liga estreitamente à precedente) seria, portanto, o seguinte. Alguém poderia objetar (e esta objeção é subentendida) que poderia muito bem haver uma série infinita de causas formais (e de definições) e, todavia, ser possível o conhecimento, assim como no caso da linha, que pode ser divisível ao infinito e, contudo, pode ser conhecida. Pois bem, responde Aristóteles, é verdade que a linha é divisível ao infinito, mas *não pode ser conhecida procedendo desse modo*. Para pensar a linha devemos interromper o processo de divisão, e devemos *captá-la no seu conjunto*, com o nosso intelecto, o qual, justamente para poder captá-la no seu conjunto, não deve mover-se de uma parte a outra dela.

[16] (**994 b 26-27**). *A essência do infinito, se existisse o infinito, não poderia ser infinita, mas deveria ser finita.* — Este é o último argumento que conclui as precedentes reflexões. Dado (não concedido) que exista o infinito, a sua *essência ou a sua* forma *(a sua causa formal)* não *poderia ser infinita (forma e essência são, de fato,* πέρας (Δ 17, 1022 a 4-9), ou seja, implicam por natureza limite e determinação. E se, portanto, a própria essência do infinito exclui a série infinita (de causas formais), *a fortiori* isso valerá para a essência das outras coisas.

[17] (**994 b 27-31**). *Demonstração da impossibilidade da série infinita de espécies de causas.* — Cf. *supra*, nota 3. O absurdo da hipótese da infinidade de espécies de causas é bem esclarecida por Tomás (*In Metaph.*, p. 91 b, § 330 Cathala-Spiazzi): "Tunc putamus nos scire unumquodque quando cognoscimus omnes causas eius: sed, si sunt infinitae causae secundum adiunctionem unius speciei ad aliam, non erit pertransire istam infinitatem, ita quod possint omnes causae cognosci: ergo etiam per istum modum excludetur cognitio rerum".

3. *Sumário e comentário a ᾶ 3*

[1] (**994 b 32 – 995 a 20**). Sumário. — *O capítulo contém algumas anotações de caráter metodológico. O sucesso do método que se segue nas lições depende dos hábitos e da* forma mentis *de quem escuta: quanto mais o método responde àqueles hábitos, mais ele tem sucesso, e vice-versa. Alguns aceitam só o método rigoroso das matemáticas; outros querem, ao invés, que se proceda por exemplos; outros, enfim, querem que se aduzam testemunhos dos poetas. E, enquanto alguns amam o rigor, outros o detestam. Portanto, é necessário que, quando se aborda uma ciência, se esteja previamente de posse do conhecimento do método exigido por essa ciência, porque não se pode aprender, ao mesmo tempo, o método e a ciência. O método melhor é o matemático, mas não se pode pretender aplicá-lo a todas as ciências, mas só às ciências que tratam das coisas imóveis. À física, por exemplo, não se poderá aplicar o rigor das matemáticas. Deve-se, portanto, usar o método que convenha ao objeto da ciência que se quer estudar.*

[2] (**994 b 32 – 995 a 20**). *Observações metodológicas.* — Tenha-se presente que esse breve capítulo, como fica claro no sumário que apresentamos na nota precedente, contém *notas gerais de caráter metodológico*. Aristóteles rejeita não só o método empírico, que visa prevalentemente a ilustração mediante exemplos, ou o retórico, que tenta dar valor ao que diz com citações de poetas, mas também rejeita o pan-rigorismo de tipo matemático. O método não pode ser único para as investigações de todas as coisas. *O método a seguir deve ser adequado à natureza da coisa a estudar.* O método mais rigoroso só pode ser aplicado às coisas imateriais. Para dar a entender o seu raciocínio, Aristóteles dá o exemplo específico da física (Cf. nota 4).

[3] (**995 a 15-16**). *O rigor matemático só convém às coisas que não têm matéria.* — Comenta Bonitz (p. 135): "Quo quid remotius est a materia et suapte natura simplicius, eo maiorem admittit cognitionis subtilitatatem... Contra si quid coaluit cum materia, ut quae sit ἄγνωστος καθ' αὑτήν, Z 10. 1036 a 8, minor est subtilitas requirenda et reputandum in definiendo ὅτι ἀ'σεὶ ἀναιρεῖν ἔστι, Z 15. 1040 a 7".

[4] (**995 a 16-19**). *Por que nesta sede de problemática metafísica é evocada uma questão concernente à física.* — Uma grande questão suscitaram essas palavras, as quais, segundo alguns, provariam que ᾶ ἔλαττον é um proêmio a *lições de física* e não de metafísica (e, portanto, que o livro está fora de lugar). Mas P. Gohlke, *Entstehung der arist. Prinzipienlehre*, p. 94, forneceu o modo correto de interpretar a passagem. A física é chamada em causa

como um exemplo específico particular para ilustrar um pensamento mais geral. Precisamente: Aristóteles diz que o método matemático não pode ser aplicado a qualquer tipo de objetos, mas só aos objetos não materiais. Portanto, o método matemático não pode ser aplicado às pesquisas sobre a natureza, porque toda a natureza tem matéria. Por isso, para dar um exemplo, *em vista de determinar o justo método da pesquisa física*, deve-se, em primeiro lugar, pesquisar que é a natureza; e assim, analogamente, *deve-se fazer em todos os casos*. — As duas frases sublinhadas são os subentendidos que sustentam toda a argumentação. — Muitos intérpretes erram ao interpretar esse exemplo *particular* em sentido *geral e global*.

[5] (**995 a 19-20**). *Passagem ao livro* B e a questão da referência do livro *ᾱ a Pasicles de Rodes*. — Essas últimas linhas anunciam a primeira aporia do livro B, e, manifestamente, pretendem introduzi-lo. Muitos quiseram eliminá-las como acréscimo posterior, com a escopo de criar um laço, ademais inadequado, entre ᾱ e B. — Alexandre não acena a essas linhas. Mas o seu silêncio não prova nada, dado que Asclépio (*In Metaph.*, p. 140, 29-30 Hayduck) as cita; portanto, poderiam ser autênticas. Cf. Tricot, *Métaph.*, I, p. 118, nota 3; Reale, *Il conc. di filos. prima*[5] (1993), p. 52. Interessante, ademais, é a presença das linhas 995 a 14-17 em Teofrasto, *Metafísica*, 10 e 5-9, sobre o quê cf. Reale, *Teofrasto*..., p. 134 = *Il conc. di filos. prima*[5] (1993), p. 53. Portanto, não nos parece absolutamente necessário suprimilas. — Recorde-se que os textos aristotélicos são apontamentos de lições, e que, por isso, algumas de suas passagens abruptas e breves, não muito esclarecidas e não bem elaboradas, são perfeitamente normais. — No que se refere à anotação que se encontra num códice, segundo a qual o livro teria sido escrito por Pasicles de Rodes, discípulo de Aristóteles, ver o que dissemos no *Ensaio introdutório*. pp. 126 ss.; o artigo de E. Berti, *Note sulla tradizione dei primi due libri della Metafisica di Aristotele* (1982) e o de S. Bernardinello, *Gli scolî alla Metafisica di Aristotele nel f. 234' del Parisinus Graecus 1853 E* (1982), já citados no *Ensaio introdutório*, p. 127, nota 6. — Recordamos que a anotação, corretamente lida, do ponto de vista paleográfico, parece referir-se antes a A e não a ᾱ ἔλαττον.

SUMÁRIOS E COMENTÁRIO AO LIVRO B

(TERCEIRO)

(...) é preciso que, primeiro, sejam examinadas todas as dificuldades (...), porque os que pesquisam sem primeiro ter examinado as dificuldades assemelham-se aos que não sabem aonde devem ir (...). Ademais, quem ouviu as razões opostas, como num processo, está necessariamente em melhor condição de julgar.

Metafísica, B 1, 995 a 33 - b 4.

1. *Sumário e comentário a* B *1*

[1] *Algumas observações preliminares sobre o livro* B. — Esse livro, que, primeiro, passa em resenha e, depois, discute quinze problemas de fundo da metafísica, não se presta a ser resumido seguindo a divisão dos capítulos que comumente agrupam mais de um problema. Será, portanto, muito mais profícua uma exposição sistemática de cada problema, posta no início de cada um deles. — O presente capítulo, depois de ter exposto as razões e a finalidade da consideração das aporias (sobre isso ver a nota 3), traça um elenco das mesmas. A sucessão dos problemas, nesse elenco, não é idêntica à sucessão em que são discutidos nos capítulos 2-6. Como esta última nos parece mais sistemática, a tomaremos como guia. Portanto, o número entre parênteses posto ao lado dos problemas indica não a ordem segundo a qual são enumerados, mas aquela segundo a qual são discutidos. Ver (além das notas 3-16, *infra*) a tábua sinótica de confronto entre ordem segundo a qual as aporias são discutidas e a ordem segundo a qual são enumeradas in *Il conc. di filos. prima*[5] (1993), p. 57. — Sobre o termo ἀπορία (e derivados) cf. Waitz, *Organon*, II, pp. 381 ss.; Bonitz, *Comm.*, pp. 135 ss.; Owens, *The Doctr. of Being*..., pp. 113 ss. — Particularmente úteis, para compreender adequadamente essa aporética (que a uma primeira leitura pode parecer árida e escolástica, enquanto, na realidade, é historicamente vivíssima e fecundíssima), são muito úteis os estudos modernos, que, na tentativa, mesmo fracassada, de retraçar a sua presumível "gênese", lançaram muita luz sobre a questão. Ver: Jaeger, *Studien zur Entstehungsgeschichte der Metaphysik des Aristoteles*, Berlim 1912, mas especialmente *Aristoteles. Grundlegung einer Geschichte*..., trad. ital., pp. 231 ss.; 259-305; E. Oggioni, *Aristotele, La Metafisica*, cit., pp. 101-137; M. Wundt, *Untersuchungen zur Metaph. d. Aristoteles*, pp. 29-41; Owens, *The Doctr. of Being*..., pp. 113-146; S. Mansion, *Les apories de la Métaphisique aristotélicienne*, in AA.VV.,

Autour d'Aristote, Lovaina 1955, pp. 141-179. Sobre o conceito e sobre o método da aporia ver também: P. Aubenque, *Sur la notion aristotélicienne d'aporie*, in AA.VV., *Aristote et les problèmes de méthode*, Lovaina 1961, pp. 3-19; Idem, *Le problème de l'être chez Aristote*, Paris 1962; L. Lugarini, *Aristotele e l'idea della filosofia*, Florença 1961, pp. 123-147 (estes últimos autores introduzem, porém, uma problemática moderna de inspiração existencial). — Para um confronto entre a aporética de Aristóteles e a de Teofrasto, que pode ajudar a compreender a riqueza do livro B, cf. o nosso *Teofrasto...*, pp. 78-102. Ao comentar o livro não será, obviamente, possível recolocar em discussão a densa problemática suscitada pelos estudos realizados no âmbito do paradigma histórico-genético (que permanecem ainda iluminadores): o leitor a encontrará no cap. II do nosso volume *Il conc. di filos. prima*[5] (1993), pp. 79-98, ao qual remetemos.

[2] (**995 a 25 – 995 b 4**). *As vantagens que derivam de uma sistemática consideração das aporias.* — Eis a finalidade da aporética bem focalizada. — (1) Os problemas e as dificuldades devem ser adequadamente situados e discutidos, porque a plena consciência das dificuldades constitui uma etapa essencial na passagem do não saber ao saber: quem ignora as dificuldades não sabe o que deve pesquisar e não sabe, mesmo que encontre alguma coisa, se o que encontrou é o que devia buscar. — (2) A boa solução não é mais que a resolução das dificuldades precedentemente acertadas. A dificuldade é como um nó, e quem duvida é como quem está amarrado; a solução é como a dissolução do nó: é evidente que não pode desamarrar o nó quem ignora a sua existência e o seu ser. — (3) As dúvidas e os problemas nascem do encontro, antes, do confronto de opostas opiniões. Ora, o conhecimento dessas opostas opiniões (dos filósofos) oferece a vantagem de apresentar como os *pró* e os *contra* da questão e a vantagem de fazer amadurecer uma consciência das razões das partes opostas, portanto, de pôr nas melhores condições para julgar e decidir, como num processo.

[3] (**995 b 4-6**). Aporia discutida no cap. 2, 996 a 18 - b 26. A referência é ao livro A, ou ao final de ᾶ 3.

[4] (**995 b 6-10**). Aporia discutida no cap. 2, 996 b 26 – 997 a 15.

[5] (**995 b 10-13**). Aporia discutida no cap. 2, 997 a 15-25.

[6] (**995 b 13-18**). Aporia discutida no cap. 2, 997 a 34 – 998 a 19.

[7] (**995 b 18-27**). Aporia discutida no cap. 2, 997 a 25-34. (A segunda parte dessa aporia não é retomada na discussão. Na realidade ela é um apêndice. Ver a solução em Γ 2, 1004 a 17 ss. e I 3-10).

[8] (**995 b 27-29**). Aporia discutida no cap. 3, 998 a 20 – b 14.

[9] (**995 b 29-31**). Aporia discutida no cap. 3, 998 b 14 – 999 a 23.

[10] (**995 b 31-36**). Aporia discutida no cap. 4, 999 a 24 – b 24.

[11] (**996 a 1-2**). Aporia discutida no cap. 4, 999 b 24 – 1000 a 4.

[12] (**996 a 2-4**). Aporia discutida no cap. 4, 1000 a 5 – 1001 a 3.

[13] (**996 a 4-9**). Aporia discutida no cap. 4, 1001 a 4 – b 25.

[14] (**996 a 9-10**). Aporia discutida no cap. 6, 1003 a 5-17.

[15] (**996 a 10-12**). Aporia discutida no cap. 6, 1002 b 32 – 1003 a 5.

[16] (**996 a 12-15**). Aporia discutida no cap. 5, 1001 b 26 – 1002 b 11.

[17] *Como devem ser lidas as aporias do livro* B *para serem bem compreendidas.* — Tendo lido a lista dos problemas, antes de afrontar a discussão deles, devemos explicitar três questões de caráter exegético. — (1) O escopo da discussão de todo o livro B *não é resolver* os problemas, mas *acentuar ao máximo a dificuldade, tornando-a maximamente estimulante e até mesmo agressiva.* Esta é, portanto, a peculiaridade do livro: mostrar que existem problemas metafísicos de fundo, prescindindo, no momento, da sua solução. Desse modo, a aporética torna-se um momento metodológico essencial, segundo Aristóteles. Certamente ela é um derivado ou um fruto daquela aporética platônica à qual, por anos, Aristóteles, na Academia, se tinha habituado. Mas trata-se de uma aporética transformada, de atitude geral do espírito na pesquisa com método socrático-maiêutico, às vezes até mesmo conclusiva de uma pesquisa, em momento metodológico inicial e, por mais que seja necessário, introdutório e propedêutico. — (2) O número e ordem das aporias aristotélicas não são deduzidos segundo critérios apriorísticos e abstratos. As aporias, na maioria das vezes, brotam do encontro ou, melhor ainda, do confronto das opostas soluções dos naturalistas e dos Platônicos, ou (quando se trata de novas "dificuldades") de soluções modeladas e inspiradas nessas opostas correntes de pensamento. Todas giram em torno de núcleos temáticos de fundo da filosofia primeira, que já conhecemos pelos precedentes livros: *causas e princípios, ser, substância, suprasensível.* O seu número poderia ser reduzido ou aumentado, porque algumas são repetições sob outro registro do mesmo problema, enquanto outras suscitam aporias na aporia. Mas isso, obviamente, é de importância secundária. Mais importante é, ao contrário, notar que os livros que seguem contêm, explicita ou implicitamente a resposta a esses problemas, mas também algo mais amplo e complexo, como já se disse no *Ensaio introdutório*, pp. 129-132. — (3) Enfim, no que concerne à estrutura da aporética, tenha-se presente o seguinte. Todas as aporias são formadas de uma "tese", à qual é contraposta uma "antítese". Tese e antítese, por sua vez, são apresentadas

e reduzidas ao absurdo, de modo a deixar o leitor numa situação de *duplo xeque*: não se sustenta a "tese" e tampouco a "antítese". Mais ainda, tese e antítese contrapõem pontos de vista dos Naturalistas ou inspirados no naturalismo e pontos de vista dos Pitagóricos e dos Platônicos ou inspirados no clima de pensamento deles. — (4) A razão pela qual o Estagirita insiste em tornar maximamente estridente o contraste entre tese e antítese, está no seguinte: *ele quer mostrar a insuficiência tanto de uma como da outra e, ao mesmo tempo, quer mostrar a instância positiva e válida que cada uma delas apresenta.* Emerge, portanto, claramente que, segundo Aristóteles, as aporias não se resolverão, nem acolhendo a instância apresentada pela "tese", nem a apresentada pela "antítese"; para resolvê-las será preciso alcançar um novo plano, que permita recolher sinteticamente as exigências de cada uma das opostas posições de pensamento, eliminando delas, ao mesmo tempo, as unilateralidades e os erros. — Ulteriores aprofundamentos in: *Il conc. di filos. prima*[5] (1993), pp. 85 ss. e 91 ss.

2. *Sumário e comentário a* B 2

[1] (**996 a 18 – b 26**). Sumário. — *Exposição da primeira aporia.* — "É só uma a ciência das quatro causas, ou são muitas?". — [Tese] *Não é possível que seja uma só pelas seguintes razões.* (a) *Coisas entre si* diferentes *só podem pertencer a uma mesma ciência se são* contrárias; *mas os quatro diferentes gêneros de causas* não são contrários. (b) *Nem* todas *as quatro causas estão sempre presentes em* todas *as coisas: por exemplo, a causa eficiente e a causa final não estão presentes nos entes imóveis e nas coisas matemáticas.* — [Antítese] *Por outro lado, se são diferentes as ciências de cada gênero de causa, não se poderá considerar "filosofia primeira" nenhuma delas com exclusão das outras, porque não só uma mas todas têm algum título para serem consideradas "filosofia primeira":* (a) *a ciência da* causa final tem título, *enquanto todas as coisas existem em função de um fim;* (b) *a ciência da* causa formal tem título, *enquanto o conhecimento da forma ou essência das coisas é conhecimento por excelência;* (c) *a ciência da* causa eficiente tem título, *enquanto nos dá a razão da geração e do devir das coisas.* A *aporia será resolvida em* Γ *1.* — Sobre a solução, cf. *Il conc. di filos. prima*[5] (1993), pp. 125 ss.

[2] (**996 a 21-22**). *Primeira argumentação.* — Alexandre (*In Metaph.*, p. 181, 2-5 Hayduck): "Das coisas que são especificamente diferentes existe uma única ciência se elas são contrárias entre si; mas as causas não

são contrárias entre si e, portanto, das causas que são especificamente diferentes não existe uma única ciência". Cf. também Asclépio, *In Metaph.*, p. 149, 27 ss. Hayduck; Siriano, *In Metaph.*, p. 13, 18 ss. Kroll; e assim também a maior parte dos modernos. — Ao contrário, Tomás (*In Metaph.*, p. 106, § 371 Cathala-Spiazzi) e Colle (*Métaph.*, II, p. 210) interpretam a passagem como se dissesse: "o conhecimento de um princípio implica o conhecimento dos outros?"; Colle conclui: "Posta desse modo, a questão comporta a dúvida levantada. Não se vê como o conhecimento de um princípio implicaria o conhecimento dos outros princípios primeiros, a menos que não fossem contrários". — Mais aderente ao texto nos parece a primeira interpretação.

[3] (**996 a 23**). O texto diz τὴν τοῦ ἀγαθοῦ φύσιν, vale dizer, a realidade e a natureza do bem, isto é, a *causa final*.

[4] (**996 a 32**). *Aristipo de Cirene.* — Este pensador, como é sabido, pertence aos círculos socráticos e é fundador da assim chamada Escola cirenaica. Aristóteles aqui o chama "sofista", provavelmente por causa do seu subjetivismo gnosiológico. Os testemunhos a seu respeito foram recolhidos por G. Giannantoni, *Socratis et Socraticorum Reliquiae*, 4 vols., Nápoles 1990, na seção IV A, vol. II, pp. 1-103.

[5] (**996 a 21 – b 1**). *Segunda argumentação.* — Desta argumentação (a primeira é a que foi explica acima, nota 2) são dadas diferentes exegeses. — (1) Alexandre (*In Metaph.*, p. 181, 25 ss. Hayduck) interpreta do seguinte modo. Nem todos os objetos têm todos os gêneros de causa. Ora, toda ciência só conhece o objeto que lhe é próprio; portanto, cada ciência só conhecerá aqueles gêneros de causa presentes no objeto que lhe é próprio e, portanto, os diferentes gêneros de causa que pertencem a objetos diferentes pertencerão a diferentes ciências. — (2) Colle acha que essa exegese atribui a Aristóteles um sofisma demasiado pueril e escreve: "Parece que o argumento esteja baseado no mesmo equívoco do precedente. Se se entende que os princípios constituem o objeto de uma mesma ciência à maneira dos contrários, de modo que a ciência de um implique necessariamente a ciência do outro, pode-se objetar que certas coisas não têm todos os gêneros de causa e que, consequentemente, certas ciências (as que se ocupam daquelas coisas) conhecem certas causas sem conhecer outras" (*Métaph.*, II, pp. 211 s.); cf. Ross, *Metaph.*, I, p. 227. — (3) Outra fisionomia ainda assume o raciocínio na interpretação de Asclépio (*In Metaph.*, p. 150, 4 ss. Hayduck) e de Siriano (*In Metaph.*, p. 13, 30 ss. Kroll). — "Se a filosofia primeira (diz Asclépio, *loc. cit.*, ll. 26-31) é imóvel e *refere-se às*

coisas imóveis, é evidente que não se referirá à causa eficiente nem à final. De fato... se os entes imóveis e inteligíveis absolutamente não advêm, mas são eternos, é evidente que não há neles causa eficiente... e tampouco causa final...". Cf. também Tricot, *Métaph.*, I, p. 126, nota 3; Owens, *Doctr. of Being*, p. 120. Esta última interpretação é a mais profunda ainda que, talvez, vá um pouco além do texto: Aristóteles, com efeito, parece chamar em causa o *imóvel* não tanto como objeto específico que é próprio da filosofia primeira, mas *só como exemplo de ente no qual não estão presentes as causas*, assim como abaixo apresentará a *casa* como *exemplo de ente no qual estão presentes todas as causas*.

[6] (996 b 8). Cf. *supra*, A 2, *passim*.

[7] (996 b 9-10). *Por que a "sophia" não pode ser identificada com as ciências que se ocupam individualmente de uma das quatro causas*. — A *sophia* ou *filosofia primeira* não poderá especificamente identificar-se com nenhuma ciência, tendo algo em comum com todas. As argumentações que seguem mostram qual seja a instância (e, portanto, a característica) que cada ciência de cada uma das causas poderia ter para ser considerada sapiência.

[8] (996 b 13-14). Cf. A 2, 982 a 32 ss.

[9] m(996 b 14). Vale dizer, a ciência da causa *formal* (aqui οὐσία significa *essência* ou *forma*).

[10] (996 b 14-16). Isto é, aquele que conhece a coisa naquilo que ela é e não naquilo que ela não é.

[11] (996 b 16-18). Cf. A 1, *passim*.

[12] (996 b 18-19). *As coisas das quais existe demonstração são as propriedades ou os atributos*. — Muito clara a explicação de Colle (*Métaph.*, II, p. 216): Aristóteles disse-nos que o conhecimento perfeito de um objeto é o da sua *essência* e não dos seus atributos categoriais. "Mas essas mesmas propriedades têm uma certa essência e definição, e é essa definição que dá o verdadeiro conhecimento dessa propriedade. Também isso, segundo Aristóteles, prova que o conhecimento verdadeiro das coisas consiste no conhecimento da sua essência".

[13] (996 b 21). *A média proporcional* (μέση) *de que se fala*. — É aquela entre os dois lados do retângulo.

[14] (996 b 22-24). *A omissão da causa material*. — Aristóteles conclui o seu discurso com a causa eficiente e não menciona, nesse ponto, a causa *material* (à qual acenou em 996 b 7). A razão dessa omissão é bem esclarecida, parece-nos, por Tomás (*In Metaph.*, p. 108, § 383 Cathala-Spiazzi): "Praetermittit autem de causa materiali, quia illa imperfectissime se habet

ad hoc quod sit principium cosgnoscendi: non *einim fit cognitio per id quod est in potentia*, sed per id quod est in actu".

[15] (996 b 24-26). Sobre a estrutura do raciocínio dialético desta aporia ver Bonitz, *Comm.*, pp. 139 s.

[16] (996 b 26 – 997 a 16). Sumário. — *Exposição da segunda aporia*: "Pertencem a uma só e mesma ciência o estudo dos princípios lógicos fundamentais e o estudo da substância?". (*E no caso de não pertencerem a uma mesma ciência, com qual das duas identificaremos a "filosofia primeira"?*). — [Tese] *Que os princípios lógicos fundamentais sejam objeto de pesquisa da mesma ciência que estuda a substância, parece impossível pelas seguintes razões.* (a) *Todas as ciência utilizam os princípios lógicos fundamentais; portanto, não se vê por quê o estudo deles deva ser da competência da filosofia primeira mais do que de outras ciências; e muito menos por quê possa ser de competência de todas.* (b) *Antes, parece, até mesmo, que não exista uma* ciência dos princípios lógicos, *porque eles são imediatamente conhecidos e é impossível um conhecimento demonstrativo deles.* — [Antítese] *Por outro lado, se a ciência dos axiomas é diferente da ciência da substância, é preciso determinar qual das duas tem precedência e superioridade sobre a outra. Com efeito, os princípios lógicos fundamentais são o que de mais universal existe e, portanto, valem para todas as realidades; consequentemente, não se vê quem mais, além do filósofo (do metafísico) poderia indagar a sua verdade ou falsidade.* — Aristóteles responderá à questão em Γ 3 (cf. *Il conc. di filos. prima*[5] (1993), pp. 127 s.).

[17] (996 b 27). Entenda-se: a *ciência que estuda as substâncias* (cf. 996 b 31); noutros termos: é uma só a ciência que estuda as substâncias e os axiomas?

[18] (996 b 28). As *opiniões comuns*. — Em grego κοινὰς δόξας (cf. acima ὀποδεικτικὰς ἀρχάς e, noutro lugar, κοινὰς ἀρχάς, ἐξ ὧν ἅπαντα δειχθήσεται (*Anal. post.*, I 32, 88 a 36) ou τὰ κοινὰ ἀξιώματα (*ibid.*, I 10, 76 b 14) ou ἀξιώματα (cf. 997 a 11) ou ainda τὰ κοινά (*Anal. post.* I 11, 77 a 27). Bonitz, *Comm.*, p. 142, do qual tiramos as indicações acima, adverte, oportunamente, que δόξας indica aqui τὸ δοκοῦν πᾶσιν = *communem omnium persuasionem* e não "opinião" (oposta a *ciência*).

[19] (996 b 27-31). Cf. Γ 3-8, *passim*.

[20] (997 a 2-11). *Dificuldade implicada pela admissão de uma ciência dos axiomas.* — Bonitz (*Comm.*, pp. 143 s.) dá o comentário mais preciso e sintético: "Non modo primae philosophiae tribuendum non est, ut summorum cognoscendi principiorum cognitionem quaerat, sed omnino fieri non

potest, ut eorum scientia sit. Etenim duo sunt scientiae genera, quorum alterum in *definiendo* alterum *demonstrando* cernitur, ἐπιστήμη aut ὁριστική est aut ἀποδεικτική, cf. *An. post.* I 3. II 3.4. Definitivo scientiae genere opus non est in summis cognoscendi principiis, nam quid singula quaeque significent καὶ νῦν γνωρίζομεν i.e. αὐτόθεν καὶ χωρὶς ὁρισμοῦ γνωρίζομεν. Cf. *An. post.* I 10. 76 b 20... Alterum autem genus τὸ ἀποδεικτικόν, quod demonstrativum dicere leceat, locum habere non potest. Namque ad quamlibet demonstrationem tria necessario requiruntur, primum *genus*, ad quod spectet universa argumentatio, deinde *propositiones vel axiomata*, ex quibus petatur argumentatio, denique *affectiones*, quas inesse generi demonstretur. Haec tria etiam in ea requirentur scientia demonstrativa, qua axiomata comprobentur, ipsaque axiomata affectiones erunt eiusdem generis, in quo cognoscendo haec versetur scientia. Iam quum axiomata ad amnes res via ac ratione comprobandas adhiheantur, nec tamen ad aliud genus possint transferri, qua, in quo ipsa insint, cf. *An. post.* I 9. 76 a 22, inde videtur effici, omnium rerum demonstrandarum idem esse genus".

[21] (**997 a 11-15**). *Conclusão*. — Com base na observação de Alexandre (*In Metaph.*, p. 190, 25 ss. Hayduck) podemos assim formular o raciocínio: se a filosofia *primeira* refere-se a coisas que são *primeiras*, e se os axiomas são princípios *primeiros*, resulta óbvio atribui-los àquela.

[22] (**997 a 15-25**). Sumário. — *Exposição da terceira aporia*. "Existe só uma ciência para todos os tipos de substâncias (sensíveis e suprassensíveis), ou existem diversas?" — [Tese] *Se se admite que são diversas as ciências das diferentes substâncias, surgirá a dificuldades de estabelecer* de que tipo de substâncias a filosofia primeira é ciência. — [Antítese] *Ao contrário, se se admite uma ciência única para todos os tipos de substâncias, cai-se na seguinte consequência absurda. Toda ciência demonstrativa versa em torno de um* objeto *e demonstra todas as* propriedades *ou* atributos *essenciais dele, partindo dos princípios lógicos fundamentais. Portanto, se fosse única a ciência de todas as substâncias, seriam único o objeto dessa ciência e todas as propriedades seriam propriedades desse objeto e o seu estudo competiria, obviamente, a essa mesma ciência: assim todas as ciência seriam reduzidas a essa única (conclusão que permanece idêntica, qualquer que seja a solução da precedente aporia)*. — Esta aporia será resolvida em Γ 2, 1004 a 2-9 e em E 1.

[23] (**997 a 15-16**). *Referência a todas as substâncias*. A expressão "de todas as substâncias" (τῶν οὐσιῶν πασῶν) significa os diferentes *tipos* de substância, vale dizer, das substâncias *inteligíveis e imóveis* por um lado,

e das substâncias *sensíveis e móveis* por outro (cf. Alexandre, *In Metaph.*, p. 191, 15 ss. Hayduck; Asclépio, *In Metaph.*, p. 162, 32 ss. Hayduck).

[24] (**997 a 16-17**). A *sophia alcança todas as substâncias.* — É óbvio que a *sophia* trata (como veremos mais de uma vez) das substâncias suprassensíveis, mas não *só* e não *exclusivamente* delas, enquanto a *sophia* (e também isso veremos muitas vezes) alcança *todas as substâncias*: as substâncias sensíveis, como o que deve ser explicado, e as suprassensíveis, como princípios que as explicam. Em todo caso, é clara a dúvida que Aristóteles levanta preliminarmente. *Pode uma mesma ciência tratar da substância sensível e da suprassensível?* Cf., com diferente enfoque, a exegese de Siriano, *In Metaph.*, p. 21, 10 ss. Kroll.

[25] (**997 a 17-21**). Cf. *supra*, 997 a 5 ss. e nota 20.

[26] (**997 a 21**). E justamente seria o nosso caso, porque, se todas as substâncias entram no âmbito da mesma ciência, constituem o *mesmo gênero* de coisas e não *gêneros diferentes* (a ciência só é única se é único o gênero do qual ela trata: cf. Γ 2, 1003 b 19 s., de onde emerge esse princípio: ἑνὸς γένους μία ἡ ἐπιστήμη).

[27] (**997 a 23-24**). Óbvio aceno à precedente aporia, cuja solução Aristóteles quer deixar sem julgamento: o que se está demonstrando agora, diz o Estagirita, não muda, quer a ciência dos axiomas e das substâncias seja uma só, quer sejam diferentes ciências.

[28] (**997 a 24-25**). *Dificuldades derivadas da admissão de só uma ciência para todas as substâncias.* — Entende-se: em função da solução que se dê à precedente aporia (cf. nota precedente). Em conclusão: se se admite a existência de só uma ciência de *todas as substâncias*, por consequência lógica dever-se-á admitir também só uma ciência de *todas as propriedades*. O que, noutros termos, equivaleria a dizer que a matemática (que estuda as propriedades dos números), a astronomia (que estuda as propriedades dos corpos celestes), a medicina... etc. se reduziriam a essa ciência. Note-se que a dificuldade não é nada peregrina, quando se pensa que Aristóteles definirá a metafísica como ciência do ser enquanto ser e das suas propriedades essenciais e, também, como ciência da substância e dos princípios gerais da substância. Definições que, justamente, podem dar margem à dúvida tematizada na presente aporia.

[29] (**997 a 25-34**). Sumário. — *Exposição da quarta aporia*: "A ciência que estuda a substância é a mesma que estuda as propriedades da substância?". — [Tese] *Se se admite que a ciência da substância coincida com a ciência das propriedades da substância, cai-se na seguinte consequência*

absurda. Dado que a ciência das propriedades da substância é uma ciência demonstrativa, *dever-se-á logicamente admitir que também a ciência da substância é* demonstrativa. *E isso é absurdo porque da substância e da essência não é possível demonstração, mas só definição. Portanto, as duas ciências em questão não podem coincidir.* — [Antítese] *Mas, se se admite duas diferentes ciências (uma da substância e uma das propriedades da substância), surgirá a seguinte dificuldade: não poderá ser encontrada essa ciência que trate* só *das propriedades (dado que todas as ciências tratam das propriedades de um objeto).* — A aporia é resolvida em Γ 2, 1003 b 33 - 1005 a 18.

[30] (997 a 30-32). *Por que não existe demonstração da essência.* — O termo *substância*, no nosso contexto, significa *essência* e *forma*. Em *Anal. post.*, II 3-8; cf. *Met.* E 1, 1025 b 14, Aristóteles mostrou como e por que não existe demonstração da substância. Melhor do que todos, Tricot (*Métaph.*, I, p. 133, nota 2) resume a doutrina a que Aristóteles se refere : "A essência (ou, se se prefere, a definição que a exprime) não se demonstra, porque toda demonstração estabelece que um atributo convém a um sujeito, e em geral não se comporta diante da diferença ao modo do atributo (*Anal. post.*, II 3, 90 b 34). As definições desempenham, na demonstração, o papel de princípios e esses princípios, resultado da indução, são indemonstráveis, caso contrário dever-se-ia proceder ao infinito (*Anal. post.* II 4, 91 a 35 e ss.). Para que tal demonstração fosse possível, seria preciso que a causa da essência fosse diferente da própria essência, enquanto toda coisa é por si a sua própria quididade (*Met.*, Z 6, *passim*; *Anal. post.*, II, 8, 93 a 4-13 e sobretudo ll. 5-6)".

[31] (997 a 32-34). *O problema em questão.* — É dificílimo, antes, impossível resolvê-lo, porque a ciência que estuda os atributos *implica estruturalmente o sujeito* (a substância!) ao qual os atributos inerem.

[32] (997 a 34 – 998 a 19). Sumário. — *Exposição da quinta aporia*: "Existem só substâncias sensíveis, ou outras substâncias suprassensíveis? Se existem substâncias suprassensíveis estas serão apenas as platônicas Ideias, ou também os Entes 'intermediários" (matemáticos)?". — [Tese] *Conduzem a absurdas consequências tanto* (a) *a doutrina das Formas ou Ideias quanto* (b) *a doutrina dos Entes intermediários.* (a) *Admitindo a existência de Ideias (como fazem os Platônicos), cair-se-á no absurdo de afirmar, de um lado, que existem realidades* além *das sensíveis, e, de outro lado, considerá-las, não obstante isso,* idênticas *às sensíveis, com a única diferença de considerar aquelas eternas e estas corruptíveis (entre o cavalo-em-si e o cavalo sensível, por exemplo, não existe nenhuma diferença além dessa).* As Ideias não são

mais do que "sensíveis eternos", vale dizer inúteis e absurdas duplicações das realidades sensíveis. (b) *Admitindo Entes matemáticos intermediários entre os números ideais e os números sensíveis dever-se-á, por analogia, admitir entes intermediários para todas as ciências matemáticas e, depois, também para todas as outras ciências; assim cair-se-á numa quantidade de absurdos: por exemplo, dever-se-á admitir um céu, um sol e uma lua "intermediários" entre os ideais e os sensíveis; ou uma saúde "intermediária" entre a ideal e a sensível e assim uma medicina intermediária, etc.* — [Antítese] *Ao contrário, deve-se reconhecer como justa a exigência apresentada pelos Platônicos: de fato, nem a geodésia parece ter como objeto as grandezas sensíveis, nem a astronomia parece ter como objeto o céu que vemos. Mais ainda: as linhas sensíveis não são aquelas de que fala a geometria, porque não existe nada sensível reto ou curvo do modo preciso em que o considera a geometria. Analogamente, os movimentos e as revoluções dos céus, tais como são considerados pela astronomia, não são idênticos aos naturais, nem os astros são pontos como os consideram os astrônomos. Desse ponto de vista, portanto, parece necessário admitir os entes "intermediários". Por outro lado, não é certamente possível admitir esses "intermediários" e pô-los como* imanentes *aos sensíveis, como fizeram alguns Platônicos. De fato, os argumentos que valeriam para provar a imanência dos "intermediários", levariam a admitir também a imanência das Ideias. Mas, sobretudo, chegar-se-ia a absurdos como o seguinte: no mesmo lugar deveriam existir, por exemplo,* dois *sólidos: o sensível e o intermediário imanente; mais ainda, o primeiro deveria ser* móvel *e o segundo* imóvel! *Essa doutrina é ainda mais absurda do que a dos Entes intermediários separados. (Note-se: a antítese aqui só é desenvolvida em sentido relativo, isto é, permanecendo no âmbito das concepções dos Platônicos).* — A solução da aporia encontra-se nos livros Λ M e N (cf. particularmente Λ, 6-9 e M 3).

[33] **(997 b 1-3)**. *Referência a Platão e aos Platônicos.* — Cf. A 6, 987 b 14-18.

[34] **(997 b 4)**. O texto diz ἐν τοῖς πρώτοις λόγοις, sem nenhuma dúvida referindo-se ao livro A, 6 e 9.

[35] **(997 b 5-12)**. Cf. A 9, 990 b 2 ss.; Z 16, 1040 b 30 ss. As Ideias são, portanto, uma absurda duplicação do real. Portanto, não se poderá admitir realidades suprassensíveis do modo como os Platônicos afirmam as Ideias.

[36] **(997 b 13)**. *Os entes intermediários* (τὰ μεταξύ). — Sobre a problemática relativa a esses entes cf. A 6, 987 b 14-18 e nota relativa, assim como o *Ensaio introdutório.*

[37] (997 b 17-18). *Um pensamento implícito.* — Pode-se acrescentar "*além do céu sensível e além do céu em si*", e assim se pode fazer também para os outros exemplos que se seguem. Ver, ademais, as observações de Colle, *Métaph.*, II, p. 227.

[38] (997 b 18-20). *O absurdo ao qual se refere.* — O céu "intermediário", *enquanto não é sensível,* não pode estar em movimento: mas ele seria, então, um céu que não é céu, porque, para Aristóteles, o movimento é *essencial* ao céu.

[39] (997 b 21). *A harmônica matemática à qual se refere.* — Alexandre (*In Metaph.*, p. 198, 18-21 Hayduck) explica que essa harmônica matemática (ἡ ἐν τοῖς μαθήμασιν ἁρμονική) "não é aquela com a qual se harmonizam as cordas (...), mas é aquela que mostra em que relações numéricas consiste cada acorde musical".

[40] (997 b 22-23). *Razões que tornam impossível uma harmonia intermediária.* — Essas razões são bem explicadas por Alexandre (*In Metaph.*, p. 198, 21 ss. Hayduck): os objetos da ótica deveriam ser *visíveis e não ser sensíveis* e os da harmônica deveriam ser *audíveis e não sensíveis*!

[41] (997 b 23-24). *Os animais e os sensientes intermediários que se deveriam admitir.* — Exata a explicação que já fornecia Bonghi (*La Metafisica*, p. 179, nota 5, ed. Bonghi-Sciacca): "Assume que os objetos da ótica e da harmônica devem forçosamente ser visíveis e audíveis; de modo que, sendo sensíveis, deverá haver sensientes, segundo a teoria desenvolvida no segundo *De anima*, e alhures. Por isso, é preciso que existam animais adequados para senti-los, não podendo ser adaptados a eles nem os animais desse mundo, que os sentem como sensíveis concretos, nem os ideais que não sentem nada".

[42] (997 b 26). A *geodésia* (γεωδαισία). — Essa ciência não era limitada à mensuração da terra, mas se estendia também às mensurações empíricas das superfícies e dos volumes; cf. Th. Heath, *Greek Math.*, I, p. 16; Ross, *Metaph.*, I, p. 231.

[43] (997 b 23-32). A *multiplicação global dos intermediários que os Platônicos deveriam fazer.* — A argumentação de Aristóteles pode ser resumida. Para ser coerentes, os Platônicos deveriam admitir ciências intermediárias para *todos os gêneros de coisas*, porque para todos os gêneros de coisas é possível repetir *a argumentação que eles aduzem só para os objetos matemáticos*.

[44] (997 b 32-34). *Distinção falaz entre geometria e geodésia.* — Aristóteles diz que, na realidade, a distinção estabelecida pelos Platônicos entre a *geometria* e a *geodésia* (mencionada nas ll. 26-27) não é verdadeira,

porque se a geodésia tratasse das coisas sensíveis como tais, então, quando estas se corrompessem, ela também deveria se corromper: o que é manifestamente absurdo.

[45] (**998 a 3-4**). *A obra de Protágoras a que se alude.* — Talvez na obra Περὶ τῶν ματημάτων (à qual alude Diógenes Laércio, IX 55), que era, provavelmente, uma seção de Περὶ τεχνῶν (cf. Nestle, *Vom Mythos zum Logos*, Stuttgart 1940, pp. 301 ss.). Comenta Alexandre (*In Metaph.*, p. 200, 18-20 Hayduck): "Protágoras, baseando-se nas coisas sensíveis, acreditava refutar e demonstrar o erro dos geômetras, mostrando que nenhuma das coisas sensíveis é tal como eles dizem...". Particularmente, a tangente encontra o círculo (sensível) não só num ponto mas em mais pontos, isto é, segundo o comprimento de um segmento. "Portanto, as deduções dos geômetras, que não se fundam sobre grandezas sensíveis, estão em contradição com os dados da experiência. Aqui *Protágoras* aparece como precursor dos céticos: cf. Sexto Empírico, *Contra os mat.*, III 27" (Untersteiner, *Sofisti, Testimonianze e frammenti*, I, Florença 1961², pp. 83 ss.). — Testemunhos e fragmentos de Protágoras em Diels-Kranz, N. 80, II, pp. 253-271; tradução italiana aos cuidados de M. Timpanaro Cardini, *I Sofisti*, Bari 1954, pp. 4-38, reimpr. *I Presocratici*, cit., pp. 874-902; Untersteiner, *op. cit.*, (com texto ao lado e amplo comentário); A. Capizzi, *Protagora, Le testimonianze e i frammenti*, Florença 1955.

[46] (**998 a 6**). *Significado de* τὰ σημεῖα. — Entenda-se: "os pontos" (τὰ σημεῖα) com que os astrônomos indicam os astros (Alexandre, *In Metaph.*, p. 200, 26 s. Hayduck). A argumentação de todo o período pretende destacar o que há de positivo e válido na instância da teoria platônica dos intermediários, e tem, obviamente, função de "antítese".

[47] (**998 a 7-9**). *Evocação de alguns Platônicos não identificáveis.* — Os intérpretes não estão de acordo ao identificar quem sejam esses. — (1) Alguns, referindo-se a N 3, 1090 a 20 ss., pensam nos Pitagóricos. — (2) Schwegler (*Metaph.*, II, p. 128) pensa em Eudoxo, de que fala em A 9, 991 a 14-18; mas, na verdade, Eudoxo admitia *as Ideias como imanentes* e o nosso texto fala de filósofos que admitiam *as Ideias transcendentes* e *apenas os intermediários como imanentes.* — (3) A maioria pensa nos Platônicos em geral (Bonitz, *Comm.*, p. 149; Colle, *Métaph.*, II, p. 232; Ross, *Metaph.*, I, p. 232 etc.). Esta é, indubitavelmente, a hipótese mais verossímil.

[48] (**998 a 9-11**). Cf. M 2, 1076 a 38 ss.; N 3, 1090 a 20 ss.

[49] (**998 a 11-13**). *Absurdo é admitir como imanentes só os intermediários.* — De fato, comenta Alexandre (*In Metaph.*, p. 201, 14-16 Hayduck): "se

estes [isto é, os entes intermediários], que são substâncias por si e inteligíveis, são imanentes aos sensíveis, por que razão não serão imanentes ao sensível também as Ideias, dado que também elas são substâncias inteligíveis [como os intermediários]?".

[50] (998 a 13-14). *Os "dois sólidos"* (δύο στερεά). — Esses seriam: o sólido sensível ou *corpo sensível* e *o sólido geométrico intermediário*.

[51] (998 a 17). Cf. 997 b 15 ss.

[52] (998 a 17-19). Sobre essa doutrina ver Robin, *Th. plat.*, pp. 208 s., § 103 e nota 217, pp. 209 ss.

3. *Sumário e comentário a* B 3

[1] (998 a 20 – b 14). Sumário. — *Exposição da sexta aporia*: "Os princípios dos seres são as partes intrinsecamente constitutivas de cada coisa (τὰ πρῶτα ἐνυπάρχοντα) ou elementos materiais, ou são os gêneros (τὰ γένη)?" — [Tese] *De um lado, os princípios parecem ser* as partes originárias constitutivas de cada coisa (*i.é.* os princípios materiais). *De fato,* (a) *os princípios das palavras parecem ser os sons físicos (vogais e consoantes) dos quais são constituídas e não o gênero universal (isto é, a noção abstrata de palavra);* (b) *em geometria chamam* elementos *aquelas proposições e demonstrações fundamentais constitutivas de todas as outras proposições e demonstrações;* (c) *os filósofos naturalistas consideram princípios dos corpos justamente os elementos materiais que os constituem (fogo, água, etc.);* (d) *também os objetos produzidos pela arte (por exemplo a cama e semelhantes) são conhecidos quando conhecemos as suas partes constitutivas.* — [Antítese] *Por outro lado, ao contrário, princípios parecem ser* os gêneros. (a) *De fato, conhecemos por meio de definições, e os gêneros são princípios das definições e, portanto, também das coisas definidas.* (b) *Ademais, conhecemos as coisas por meio da espécie e os gêneros são princípios da espécie.* (c) *Enfim, os Platônicos põem como princípios das coisas* o Ser e o Um, *que parece serem considerados como gênero.* — *Seríamos induzidos a admitir como verdadeiros* ambos os pontos de vista *(o da tese e o da antítese); mas isso não é possível, porque, então, a definição de uma coisa seria dupla, sendo que cada coisa só pode ser definida de um único modo.* — A aporia não é expressamente resolvida; todavia uma resposta implícita encontra-se nos livros Z H, *passim*.

[2] (998 a 22-23). A *expressão* ἐξ ὧν ἐνυπαρχόντων ἐστιν ἕκαστον πρώτων. — Com esta expressão Aristóteles alude, sem sombra de dúvida,

aos constitutivos *materiais* das coisas, como demonstram os exemplos (abaixo, ll. 28 ss.) da *água*, do *fogo* etc. e a evocação dos Naturalistas. Cf., ademais, A 3, 983 b 7 ss.

[3] (998 a 23). O sentido de φωνή *nesse contexto.* — Traduzimos por "palavra" o grego φωνή, porque expressa melhor o significado de *som articulado* (composto de mais elementos), que é exigido pelo contexto (cf. Tricot, *Métaph.*, I, p. 138, nota 1).

[4] (998 a 23-25). Isto é, as *vogais e as consoantes*, concretas, materiais, físicas.

[5] (998 a 25-27). *O significado do termo* διαγράμματα *nesse contexto.* — Traduzimos por "proposições geométricas", o termo διαγράμματα (cf. Asclépio, *In Metaph.*, p. 174, 9 Hayduck; Bonitz, *Comm.*, p. 150 e a maior parte dos intérpretes). Excelente o comentário de Tomás (*In Metaph.*, p. 120 b, § 424 Cathala-Spiazzi): "Secundum exemplum ponit in diagrammatibus idest in demonstrativis descriptionibus figurarum geometricarum. Dicuntur enim horum diagrammatum esse elementa non hoc commune quod est diagramma, sed magis illa theoremata, quorum demonstrationes insunt demonstrationibus aliorum theorematum geometralium, aut omnium, aut plurimorum; quia scilicet aliae demonstrationes procedunt ex suppositione primarum demonstrationum. Unde et liber Euclidis dicitur *liber elementorum*, quia scilicet in eo demonstratur prima geometriae theoremata, ex quibus aliae demonstrationes procedunt".

[6] (998 a 28). *O significado de* τῶν σωμάτων *nesse contexto.* — O termo σώματα deve ser entendido aqui no sentido de corpos ou realidades *constituídas pela natureza*, em contraposição a *entes artificiais*, que serão considerados no exemplo logo abaixo, 998 a 32 ss.

[7] (998 a 28). *Os defensores da existência de numerosos elementos.* — Trata-se de Empédocles, Anaxágoras e dos Atomistas.

[8] (998 a 29). *Os defensores da existência de um único elemento.* — Trata-se de Tales, Anaxímenes, Heráclito etc.; cf. A 3, 984 a 2-7.

[9] (998 a 28-32). *A evocação dos Naturalistas.* — A autoridade dos Naturalistas tem, obviamente, um valor dialético; pouco adiante, 998 b 9 ss., na antítese, o apelo será à autoridade dos Platônicos. Assim veremos também em outras aporias. Para a adequada compreensão desse procedimento cf. *Il conc. di filos. prima*[5] (1992), pp. 85-91.

[10] (998 b 1). *Apelo aos objetos da arte.* — Esses "outros objetos" (καὶ τῶν ἄλλων) só podem ser os *artefacta* (como o exemplo da *cama* logo prova), em oposição às *realidades naturais* (cf. nota 6), como exatamente Tomás

(*In Metaph.*, 120 b, § 426 Cathala-Spiazzi) nota: "*Tertiam* rationem ponit ibi... Quae procedit in *artificialibus*: et dicit quod si quis velit 'speculari naturam', idest definitionem indicantem essentiam *aliorum corporum a corporibus naturalibus, scilicet artificialium*, etc.". Cf. também Maurus, *Arist. op. omn.*, IV, p. 312 b.

[11] (**998 b 3-6**). *Por que os gêneros das definições devem ser também os gêneros das coisas definidas.* — A razão dessa necessidade é bem explicitada por Tomás (*In Metaph.*, p. 121 a, § 427 Cathala-Spiazzi): "Si igitur *idem* est principium *essendi* et *cognoscendi*, videtur, quod id est principium definitionis sit principium rei definitae".

[12] (**998 b 6-8**). *Por que o gênero enquanto princípio da espécie o é também da coisa.* — Para saber quem é Sócrates devo saber o que é o homem (*espécie*); mas, antes, só posso conhecer o que é o *homem* (a espécie) se conheço o que é *o animal* (o gênero), já que as espécies são constituídas sempre pelo *gênero* e pela *diferença*: no nosso exemplo, a espécie homem é dada pelo *gênero* "animal" e pela *diferença* "racional". Como, portanto, o gênero é princípio da espécie, assim (mediadamente) o é da coisa.

[13] (**998 b 9-11**). *Referência a alguns Pitagóricos e a Platão.* — Cf. Alexandre (*In Metaph.*, p. 203, 30 Hayduck), Asclépio (*In Metaph.*, p. 176, 9 ss. Hayduck), Siriano (*In Metaph.*, p. 30, 16 Kroll); ver, ademais, *supra*, B 1, 996 a 6; A 6, 987 b 20.

[14] (**998 b 11-14**). *Conclusão.* — Aqui Aristóteles, para acentuar a tensão da aporia, exclui que a solução possa consistir em aceitar, juntas, a tese e a antítese. Ver a sua solução positiva em H 2, 1043 a 14 ss.

[15] (**998 b 14 – 999 a 23**). Sumário. — *Exposição da sétima aporia*: "Na hipótese de que os princípios sejam os gêneros, serão princípios os gêneros primeiros ou os gêneros últimos?". — [Tese] *Que os gêneros primeiros ou sumos sejam princípios, parece impossível pelas seguintes razões.* (a) *De acordo com a regra segundo a qual o que é mais universal é mais princípio, deveriam ser princípios os* gêneros mais universais, *portanto* o Ser e o Um, *que são os* supremos universais. *Mas, na realidade, o Ser e o Um* não são *gêneros e, não sendo gêneros, tampouco serão princípios.* (b) *Princípios deveriam ser também todos os universais intermediários, constituídos pelo gênero combinado com as sucessivas diferenças: de fato, todos esses intermediários, enquanto universais, são gêneros. Mas, na realidade, alguns desses intermediários não são gêneros e, portanto, tampouco princípios.* (c) *Universais são também as* diferenças *e, portanto, também elas mereceriam ser consideradas princípios. Mas, se assim fosse, os princípios seriam inumeráveis porque*

inumeráveis são as diferenças. (d) *Admitido, depois, que o Um seja princípio, então não os sumos gêneros mas as* espécies ínfimas *deveriam ser princípios; de fato, o que é verdadeiramente um é indivisível, mas o gênero é divisível em espécie, e só a espécie última é ulteriormente indivisível.* (e) *Enfim, não existe um gênero fora da espécie nem para as coisas que constituem uma série (números, figuras) nem para as outras coisas; portanto, mais uma vez, parece impor-se como princípios as* espécies ínfimas. — [Antítese] A*o contrário,* se se admitem as espécies ínfimas como princípios, *tem-se as seguintes consequências. O princípio e a causa devem estar fora das coisas das quais são princípios e devem ser separados das mesmas; ora, o que existe além do singular só pode ser o universal predicável de muitos. Se é assim, o que é mais universal será mais separado do particular e, portanto, mais princípio. Então, sendo os gêneros primeiros os* universais supremos, *ter-se-á que os princípios deverão ser não as espécies mas os gêneros, com o quê se recai na* tese *da aporia e nas dificuldades a ela relativas.* — Para a solução da aporia, cf. livro Z (particularmente Z 12 e 13).

[16] (998 b 17-27). *Primeira argumentação da tese.* — Esse argumento, que implica uma doutrina muito complexa, já foi esclarecido, de modo conciso e preciso, por Bonghi: "O conceito genérico de *animalidade* se diferencia mediante outro conceito, igualmente genérico, de *racionalidade*: e o primeiro como gênero, circunscrito pelo segundo como diferença, dão juntos o conceito específico de homem: *o homem é um animal racional.* Ora, note-se que esse conceito específico de *homem* não pode ser predicado do conceito diferenciador de *racionalidade*: não se pode, por exemplo, dizer '*o racional é homem*' porque o conceito de *racionalidade* é mais amplo e extenso do que o de *humanidade.* E o conceito genérico de *animalidade*, assim abstrato, tampouco pode ser predicado do conceito diferenciador de *racionalidade*: já que seria absurdo dizer '*o racional é animal*', sendo a *racionalidade* um conceito simples, de uma extensão e compreensão totalmente diferentes do conceito de animalidade. Portanto, nem um conceito específico, nem um conceito genérico pode ser predicado daquele conceito diferenciador, que, dividindo o segundo, constitui o primeiro. Mas *o um* e *o ente* se predicam de todas as diferenças: portanto, não são nem espécies nem gêneros" (*La Metafisica*, I, p. 184, nota 1). Mais amplas indicações podem ser vistas em Tricot, *Métaph.*, I, p. 140, nota 2.

[17] (998 b 27-30). *Segunda argumentação da tese.* — (1) O argumento pode ser formulado do seguinte modo. Mantendo a regra segundo a qual o universal é gênero e é princípio, daí segue-se que todos os universais que

estão entre *o Ser e o Um* e as *espécies ínfimas*, tomados junto com alguma diferença, deverão ser *gêneros* e, portanto, *princípios*. Mas note-se: alguns desses universais intermediários considerados junto com uma diferença (por exemplo: animal-racional) *são gênero*; outros, ao invés (por exemplo: animal-que-não-corre, animal-não branco), *não são gêneros*. Por isso é claro que a regra: universal = gênero = princípio, não se sustenta. Bonghi destacou muito bem o pensamento que sustenta a argumentação: "...nem todo universal é gênero. De fato, uma diferença não é gênero... Ademais, uma diferença privativa ou acidental não forma um gênero subalterno, mesmo que forme um universal, vale dizer uma noção predicável de muitas coisas: ora, se o universal coincidisse com o gênero, como devem dizer os que sustentam que o um e o ente são gêneros porque são universais, uma diferença daquele tipo deveria formar um gênero, dado que forma um universal... Que, ademais, uma diferença privativa acidental forme um gênero, não há dúvida. A diferença de *não correr*, acrescentada ao conceito de *animal*, dá um conceito universal de *animal que não corre*, o qual não é um conceito *genérico*. Assim a diferença do *branco* acrescentada ao conceito de *animal*, dá um conceito de *animal branco* que não é *genérico*. De fato, existem *animais* de *gêneros* diferentes que não *correm* ou são *brancos*: e nem estes nem aqueles podem ser reunidos sob um único gênero (...). Em suma, a constituição do *universal* é meramente lógica e formal: a constituição do *gênero* é dada pela natureza, porém, metafísica, necessária, real". (*La Metafisica*, I, p. 185, nota 2). — (2) Outros, ao invés, pensam que Aristóteles na afirmação τὰ μὲν δοκεῖ τὰ δ' οὐ δοκεῖ (linha 30) não exprima tanto um pensamento próprio (isto é, não diga em geral: alguns universais são gêneros, outros não), mas aluda à doutrina dos *Platônicos*, os quais negavam a existência de gêneros para as *negações, privações e relações* (cf. Colle, *Métaph*., II, p. 243). Portanto, toda a objeção deveria ser entendida limitando-se exclusivamente ao platonismo. Mas, assim interpretado, força-se um pouco o texto. Com efeito, Tricot, por exemplo, que segue essa exegese, é forçado a traduzir: "En outre, les espèces intermédiaires, dans lesquelles le genre est combiné avec les différences successives seront, <dans cette théorie>, des genres, jusqu'à ce qu'on arrive aux espèces dernières, bien qu'en fait certaines seulement, semble-t-il aux Platoniciens, soient des genres et que les autres ne le soient pas" (I, p. 142; cf. *ibid*., nota 2). — (3) Uma terceira exegese de τὰ μὲν δοκεῖ κτλ, é a de P. Gohlke, que traduz: "Nun aber hält man das eine für richtig <dass sie Gattungen sind>, das andere nicht <dass sie auch Grundlagen sind>" (trad. *Metaph*., p. 93). Mas é uma exegese improvável, dificilmente tolerada pelo texto, que fala explicitamente só de *gêneros* e não de *princípios*.

[18] (998 b 30 – 999 a 1). *Terceira argumentação da tese.* — O pensamento expresso por Aristóteles nessa passagem foi esclarecido, a nosso ver, melhor do que pelos comentadores gregos (Alexandre, *In Metaph.*, p. 207, 29 ss. Hayduck; Asclépio, *In Metaph.*, p. 181, 7 ss. Hayduck; Siriano, *In Metaph.*, p. 33, 22 ss. Kroll), por Tomás (*In Metaph.*, p. 122 a, § 435 Cathala-Spiazzi): "Si prima genera sunt principia, quia sunt principia cognitionis specierum, multo magis differentiae sunt principia, quia differentiae sunt principia formalia specierum. Forma autem et actus est maxime principium cognoscendi. Sed differentias esse principia rerum est inconveniens, quia secundum hoc erunt quasi infinita principia. Sunt enim, ut ita dicatur, infinitae rerum differentiae. ... Et quod sint infinitae, patet dupliciter, *Uno modo* siquis consideret multitudinem ipsam differentiarum secundum se. *Alio modo* siquis accipiat primum genus quasi primum principium. Manifestum enim est quod sub eo continentur innumerabiles differentiae. Non ergo prima genera sunt principia".

[19] (999 a 1-6). *Quarta argumentação da tese.* — Alguns estudiosos sustentam que a antítese começa aqui (cf. Bonitz, *Comm.*, p. 152; Colle, *Métaph.*, II, p. 243), dado que o período começa com ἀλλὰ μήν. Na realidade, a *antítese* só começa na linha 14; aqui Aristóteles prossegue a demonstração dos absurdos a que leva a *tese*. Se, com os Platônicos, põe-se o Um com a prerrogativa de princípio, diz Aristóteles, então a própria tese dos Platônicos se inverterá. Por que? Porque "um" no sentido mais forte do termo não é o que é *mais universal*, mas o que é *menos universal*. Particularmente, *a espécie última é uma com mais razão do que o gênero*, porque o gênero se divide em espécie e, portanto, contém em si mais espécies, enquanto a *espécie última* não é ulteriormente divisível. (A espécie última se aplica a *muitos indivíduos*, mas estes não são subdivisões da espécie, tal como são as espécies com relação ao gênero). Portanto, se o *um* é princípio, não os *gêneros mas as espécies ínfimas serão princípios*, porque são mais unidades do que aqueles.

[20] (999 a 6-13). *Quinta argumentação da tese.* — O absurdo da *tese*, nessa argumentação, revela-se ainda mais evidente, enquanto Aristóteles mostra que *não existe um gênero em si separado ou além das espécies ínfimas*. Tomemos, por exemplo, as coisas que admitem um "anterior" e um "posterior", isto é, que formam *séries hierarquicamente ordenadas*: por exemplo a série dos números e a série das figuras geométricas. Pois bem, o que é comum a toda a série, o *número* e a *figura não têm existência em si*, separada e além dos números individuais e das figuras individuais. Não existe um *gênero-número* (= um número que não seja nem dois, nem três, etc.) nem um *gênero-figura* (= uma figura que não seja nem triângulo, nem quadrado,

etc.). Portanto, nessas coisas, não serão princípios o gênero-número e o gênero-figura (que não existem como tais, independentemente), mas serão princípios as *espécies últimas* (o dois, o três, o triângulo, o quadrado, etc.), isto é, aquelas espécies que não se dividem ulteriormente em espécie e se predicam imediatamente dos indivíduos. — Aristóteles tomou como exemplo as realidades que constituem uma *série*, números e figuras, porque (diz ele) é sobretudo nesses casos que se considera existirem *gêneros em si*. É, portanto, evidente que, *a fortiori*, não poderão existir gêneros fora da espécie nos outros casos. — A última linha é uma resposta a uma objeção subentendida: o que se demonstrou para os *gêneros*, não valerá também para as *espécies ínfimas*? Não, responde Aristóteles, porque as espécies ínfimas se predicam imediatamente dos indivíduos, os quais não constituem absolutamente uma série, e, por isso, a relação gênero-espécie não é absolutamente igual à relação espécie-indivíduo. Concluindo: mais uma vez, é a *espécie ínfima* que parece ser princípio. — A interpretação proposta por Zeller (*Die Phil. d. Griech.*, II, 1, pp. 683 ss.) e acolhida por Schwegler (*Metaph.*, III, p. 132), que desloca o raciocínio para o plano dos platônicos *números ideais* é pouco convincente: cf. Bonitz, *Comm.*, p. 154; Ross, *Metaph.*, I, p. 237.

[21] (**999 a 13-14**). *Sexta argumentação da tese.* — Esta argumentação é bem esclarecida por Tomás (*In Metaph.*, pp. 122 b-123 a, § 439 Cathala-Spiazzi): "Tertiam rationem ponit quae sumitur ex meliori et peiori: quia in quibuscunque invenitur unum alio melius, semper illud quod est melius, est prius secundum naturam. Sed horum quae sic se habent non potest poni unum genus commune separatum: ergo eorum quorum unum est melius et aliud peius non potest poni unum genus separatum. Et sic redit in idem quod prius. Haec enim ratio inducitur quasi confirmatio parecedentis, ad ostendendum, quod in speciebus cuiuslibet generis invenitur prius et posterius".

[22] (**999 a 16-21**). *Argumentação de caráter dialético, necessária para fazer aflorar a antítese.* — Uma coisa, diz Aristóteles, só se distingue dos indivíduos *se não é individual*: e isso só pode ser o *universal* (cf. Colle, *Métaph.*, II, p. 250)

4. *Sumário e comentário a* B 4

[1] (**999 a 24 – b 24**). Sumário. — *Exposição da oitava aporia:* "Existe algo além dos indivíduos ou não?" — *Trata-se de uma variação do mesmo*

problema tratado na quinta aporia, visto em ótica diferente. [Tese] *Se não existisse nada além dos indivíduos concretos, sendo estes infinitos em número, a ciência seria impossível. O conhecimento dos indivíduos só é possível se existe um universal que os compreenda em si.* —[Antítese] *Mas se é necessário que exista o universal, então deverão existir os gêneros (sejam estes gêneros primeiros ou gêneros últimos), o que se viu ser impossível, na precedente aporia.* Ademais, *posto que existam formas ou espécies além dos indivíduos concretos, surgirá a seguinte dificuldade: existem respectivas espécies separadas para todos os indivíduos ou só para as realidades naturais e não para os objetos artificiais? Ou não se deverá negar que existam essas formas ou espécies?* — [Tese] *Ora, novamente, se além do sensível não existe nada, ter-se-ia o seguinte absurdo.* (a) *Não existiria* o inteligível *e, portanto, tampouco a ciência (a menos que se reduza a ciência à sensação).* (b) Não *existiria* o eterno e o imóvel, *e, portanto, também o sensível, porque o sensível depende do suprassensível e o móvel do imóvel.* E, *ao invés, é necessário que exista uma matéria ingênita e assim, também, uma forma ingênita.* — [Antítese] *Porém, mais uma vez, se se admite a existência de formas ingênitas e, portanto, separadas, surgirá o problema:* de quais existem formas separadas? *Não de todas, porque é absurdo pensar que exista uma forma separada de objetos produzidos pela arte, como por exemplo da casa.* Ademais, *a forma (para as coisas das quais existe* será única para todas ou não? *Que seja única, parece absurdo, porque, do contrário, todas as coisas que têm a mesma forma tornar-se-iam uma única coisa (pois o que tem uma forma ou substância única constitui uma coisa única). Por outro lado, a mesma forma não pode ser múltipla, porque não podem existir múltiplas formas substanciais idênticas.* E, *enfim, como pode a forma, se dotada de existência em si, constituir uma unidade junto com a matéria, isto é, constituir um* sínolo? — Ver a solução da aporia em Z, *passim* (particularmente os caps. 8, 13 e 14); H; Λ 6-10.

[2] (**999 a 24-29**). *Por que é necessário um universal unitário.* — Claro o comentário de Tomás (*In Metaph.*, p. 125 a, § 444 Cathala-Spiazzi): "Obiicit ad ostendendum, quod universalia sint separata a singularibus. Singularia enim sunt infinita: infinita autem cognosci non possunt. Unde singularia omnia cognosci non possunt nisi inquantum reducuntur ad aliquid unum, quod est universale. Sic igitur scientia de rebus singularibus non habetur, nisi inquantum sciuntur universalia. Sed scientia non est nisi verorum et existentium: ergo universalia sunt aliqua per se existentia praeter singularia".

[3] (**999 a 29-32**). Ver as duas precedentes aporias, cap. 3, *passim.*

[4] (999 a 32 – b 1). *Sínolo (σύνολον) como concreto composto de matéria e forma.* — Cf. Z 10-11. Alguns traduzem simplesmente como *composto*, *indivíduo*, e semelhantes, mas é muito mais preferível deixar o termo técnico aristotélico, pleno de significação. — Damos, todavia, alguns exemplos de tradução, para que o leitor se oriente: Bonitz (trad. *Metaph.*, p. 47) traduz com *concretum*; Schwegler (*Metaph.*, II, p. 40) com *Einselding*; Gohlke (trad. *Metaph.*, p. 94) com *Gesamtding*; Ross (trad. *Metaph.*, ad. j. l.) com *the concrete thing*; Colle (*Métaph.*, II, p. 59) com *l'être concret*; Tricot (*Métaph.*, I, p. 146) com *le composé*; Bonghi (*Metafisica*, I, p. 191) com *tutt'insieme*; Eusebietti e Cardini (*a.h.l.*) usam *sinolo*. — O problema levantado nesse período é o seguinte: *para quais realidades concretas admitiremos formas separadas* (dado que existam)? Recorde-se que já em A 9 Aristóteles disse, mais de uma vez, que os próprios Platônicos *não* admitiam Ideias para *os objetos produzidos pela arte*. Daqui nasce o problema (retomado, depois, logo em seguida: cf. 999 b 17ss.).

[5] (999 b 1-4). *Retomada da tese.* — Cf. nota 2. Aqui Aristóteles retoma a tese com acréscimo da evocação da doutrina facilmente reconhecível como a de Protágoras, sobre a qual cf. Γ 5.

[6] (999 b 4-6). *Um princípio fundamental da metafísica de Aristóteles.* — Esta nota não é uma simples tirada dialética, mas exprime um dos fundamentos do aristotelismo: εἴ γε ἀΐδιον μηθέν ἐστιν, οὐδὲ γένεσιν εἶναι δυνατόν (ao que Alexandre, *In Metaph.*, p. 212, 25 s. Hayduck acrescenta, de maneira eficaz, como comentário: εἰ δή γένεσις, οὐδὲ τὰ γενητά, εἰ δὲ μὴ τὰ γενητά, οὐδὲ τὰ αἰσθητά).Tudo o que segue, até o final da tese, é uma demonstração deste ponto.

[7] (999 b 6-8). *Evocação do conceito de matéria prima.* — Portanto, deve existir um substrato último, vale dizer *a matéria prima* (Alexandre, *In Metaph.*, p. 213, 3 Hayduck; Asclépio, *In Metaph.*, p. 188, 17 Hayduck), que, por sua vez, não se gera e é eterna. Tomás (*In Metaph.*, p. 126 a, § 450 Cathala-Spiazzi) explica com clareza: "Dicit ergo primo, quod si nihil est sempiternum, non est possibile esse generationem alicuius rei. Et hoc probat sic. Quia in omni generatione necesse est aliquid quod fit, et aliquid *ex quo* fit. Si ergo id *ex quo* fit aliquid, iterum generatur, oportet quod ex aliquo generetur. Aut ergo necesse est quod in infinitum procedatur in materiis, aut quod stet processus in aliquo primo, quod sit aliquod primum materiale principium non generatum: nisi forte dicatur quod generetur ex non ente, quod est impossibile. Si autem in infinitum procederetur, numquam posset compleri generatio, quia infinita non est transire: ergo vel oportet

ponere aliquid ingenitum materiale principium, aut impossibile est esse aliquam generationem".

[8] (999 b 8-12). *Evocação da necessidade da existência do imóvel.* — Passagem não totalmente clara, que é explicada na conclusão (como já Schwegler, *Metaph.*, III, p. 135, notava). A explicação mais verossímil nos parece a fornecida por Colle (*Métaph.*, II, p. 254), o qual aí vê demonstrada a necessidade da existência do *imóvel* (cf. 999 b 4), do seguinte modo: "Ademais, é preciso que exista algo imóvel. De fato, quer se considere o movimento ou a mudança em geral, quer se considere a geração em particular, é preciso admitir um termo, e, por consequência, algo *imóvel*. Em primeiro lugar, todo movimento ou mudança tem um fim, porque tem lugar em direção a alguma coisa εἴς τι (*Fis.*, E 1, 225 a 1) que é o seu fim. E esse algo é *imóvel* (εἴς ἃ κινοῦνται τὰ κινούμενα ἀκίνητά ἐστιν, *Fis.*, 1, 224). Quanto à geração em particular, é impossível que alguma coisa seja em devir, se ela não pode nunca ser advinda. Ora, o que advém *é*, e o ser é o termo imóvel do devir". — A argumentação (como já para Tomás, *In Metaph.*, p. 126 a, § 451-452 Cathala-Spiazzi), para Colle (*ibid.*) teria a finalidade de provar a existência da *forma* separada: de fato esse *termo imóvel* do movimento e da geração só poderia ser a forma. E da forma Aristóteles fala, com efeito, logo em seguida.

[9] (999 b 13). *Uma leitura esclarecedora.* — Lemos ἐστὶν ἀΐδιος, com Christ. De fato, Aristóteles está demonstrando a afirmação de 999 b 4 s.: ἔτι οὐδ' ἀΐδιον...: e de 5 ss. εἴ γε ἀΐδιον κτλ.

[10] (999 b 12-16). Cf. *supra*, nota 8. Para a explicação da expressão "com maior razão", que indica, substancialmente, o *papel predominante da forma* sobre a matéria, cf. Z 3 e ZH, *passim*.

[11] (999 b 17-20). *Evocação dos objetos produzidos pela arte.* — Aristóteles fala aqui dos *artefacta*. Cf. *supra*, 998 b 1 e relativa nota; 999 a 32-b 1 e nota 4 (*in fine*), e sobretudo a nota 9 a A 9, 991 b 1-9, e a remissões que aí fazemos.

[12] (999 b 20-23). A *questão da multiplicidade das formas.* — Alexandre (*In Metaph.*, p. 215, 32 ss. Hayduck): "Além dos precedentes, põe também o problema... se a forma é numericamente uma e se a essência é numericamente uma para todos os homens, ou se existem tantas quantos são os homens individuais. Se se afirma que ela é uma numericamente, então *gerar-se-á um único homem da matéria que recebe aquela forma.* Afirmar que existem tantas quantos são os homens individuais é absurdo: de fato, em que se diferenciariam umas das outras aquelas formas (de homem)

tomadas separadamente da matéria? Com efeito, as diferenças entre os homens individuais são materiais".

[13] (999 b 23-24). Para compreender a objeção recorde-se que estão em questão a forma e a matéria consideradas como entes *separados*: daqui a dificuldade. Para a solução desta questão cf. Z 6.

[14] (999 b 24 – 1000 a 4). Sumário. — *Exposição da nona aporia*: "Os princípios têm unidade específica ou unidade numérica?" — [Tese] *Se os princípios têm só unidade* específica *e* não numérica, (a) *nenhuma coisa poderá ser numericamente uma, não sendo assim os princípios.* (b) *Pela mesma razão, não poderão ter unidade numérica o próprio Um e o próprio Ser.* (c) *Enfim, destrói-se a ciência, a qual só é possível se existe algo idêntico e um (e não só especificamente, mas numericamente), que envolva o múltiplo.* — [Antítese] *Por outro lado, se a unidade dos princípios é* numérica, *teremos essas outras consequências inadmissíveis. As coisas reduzir-se-ão a tantas quantos são, numericamente, os princípios. De fato se, por exemplo, os elementos da voz fossem numericamente determinados, isto é, se fossem tantos quantas são as vogais e as consoantes tomadas uma única vez e não repetíveis (com base na hipótese, não poderia haver mais de um* a, *mais de um* b, *etc.), todas as palavras se reduziriam às vinte e quatro letras do alfabeto ou a quantas se podem compor com essas vinte e quatro letras não repetíveis, o que é absurdo.* — Ver a solução da aporia em Z 14; Λ 4-5; M 10.

[15] (999 a 24-27). *Argumentação da tese.* — Para bem entender a dificuldade levantada por Aristóteles, tenha-se presente que a tese (assim como a antítese) *põe unilateralmente o problema*: supõe que os princípios tenham *só* a unidade específica. Justamente dessa unilateralidade da posição surgem as dificuldades. — Tenha-se, depois, presente, que *numericamente um* (ἀριθμῷ ἕν) é o indivíduo, isto é, a coisa individual materialmente, além de formalmente determinada; ao invés, *especificamente um ou formalmente um* (εἴδει ἕν) é tudo o que possui a mesma forma e definição. Sócrates, por exemplo, é numericamente um; Sócrates, Cálias e Platão são numericamente múltiplos, mas *formalmente ou especificamente* constituem uma unidade (homem). Cf. Δ 6, 1016 b 31 ss. — Pressuposto isso, todo o discurso torna-se claro: excluído que os princípios tenham unidade numérica, nada mais poderá ser numericamente um (de que uma coisa poderia receber unidade numérica, se os próprios princípios não têm unidade numérica?); tampouco o Um, apesar de chamar-se justamente "um"! E tampouco será possível a ciência, porque a ciência só é possível se se reduz a multiplicidade a *unidade* (ἓν ἐπὶ πολλῶν). Por exemplo, só é possível uma ciência dos homens se os

múltiplos indivíduos são redutíveis à *unidade* do εἶδος-homem; mas se nada é numericamente um, tampouco esse εἶδος-homem será um, e, portanto, será totalmente impossível a ciência.

[16] (**999 a 27 – 1000 a 4**). *Argumentação da antítese.* — Também a *antítese* (como vimos a propósito da *tese*) joga com a *unilateralidade do enfoque*. Posto que os princípios sejam *unicamente e exclusivamente* unidades numéricas, é claro que serão *únicos*. Noutros termos: será impossível que o princípio, mesmo permanecendo especificamente idêntico, numericamente se repita. Então, teremos as seguintes consequências absurdas: não se poderá, por exemplo, escrever ou pronunciar mais de uma vez as letras A ou *B*; portanto, não se poderá mais formular as diferentes palavras, ou não se poderá formular mais do que as que se obtém com as 24 letras do alfabeto, porém, tomadas uma única vez e não repetíveis! E o mesmo valerá, em geral, para todas as outras coisas. E, antes, do ponto de vista metafísico, dever-se-á concluir que nada poderá existir além dos princípios na sua singularidade. (O exemplo final foi explicado acima, na nota 14, *in fine*).

[17] (**1000 a 4 – 1001 a 3**). Sumário. — *Exposição da décima aporia*: "Os princípios das coisas corruptíveis e os princípios das coisas incorruptíveis são idênticos ou diferentes?". — [Tese] *Se são os mesmos, não se explica que algumas das coisas que deles derivam sejam incorruptíveis, enquanto outras sejam corruptíveis. As explicações mitológicas e teológicas dadas pelos antigos são inadequadas. Também os filósofos antigos deixam o problema substancialmente inexplicado, inclusive Empédocles, que sobre isso disse mais do que os outros.* — [Antítese] *Ao contrário, se se admite que os princípios das coisas incorruptíveis são* diferentes *dos das coisas corruptíveis, teremos as seguintes dificuldades.* (a) *Dever-se-á admitir que os princípios das coisas corruptíveis são, também eles, corruptíveis, ou que são incorruptíveis? Se são corruptíveis, por sua vez deverão derivar de outros princípios; mas, então, existirão princípios de princípios (o que é absurdo, quer se ponha essa série de princípios como limitada, quer se a ponha como ilimitada).* (b) *Ademais, se os princípios são corruptíveis, deverão, em certo momento, perecer e, então, não poderá existir mais nenhuma coisa sensível. Se, ao invés, também os princípios das coisas corruptíveis são incorruptíveis, surgirá essa dificuldade: como é possível que de alguns princípios incorruptíveis derivem entes incorruptíveis, enquanto de outros princípios incorruptíveis derivem entes corruptíveis?* (c) *Enfim, nenhum filósofo jamais pôs como diferentes os princípios das coisas corruptíveis e das incorruptíveis, mesmo sem entrar na presente questão.* — Ver a solução da aporia que se extrai de Z 7-10 e Λ 1-7.

[18] (**1000 a 9-11**). *Os "teólogos"*. — Cf. A 3, 983 b 29. Bonitz (*Comm.*, p. 160) explica: "Theologus quos dicat infra ipse significat, quum eosdem appellat τοὺς μυθικῶς σοφιζομένους. Ii igitur Aristoteli sunt theologi, qui antiquissimis temporibus ante exortam ipsam philosophiam carminibus exposuerant quae de rerum natura sentirent, et deorum numina immiscentes rerum naturalium cognitioni fabularum involucris usi erant, non notionibus et ratiocinationibus".

[19] (**1000 a 15**). Obviamente se diz em sentido irônico que o que eles afirmam esteja "acima da nossa capacidade de compreender" (ὑπὲρ ἡμᾶς) (Cf. Colle, *Métaph.*, II, p. 263).

[20] (**1000 a 15-18**). *A absurda concepção da nutrição dos deuses.* — Tomás (*In Metaph.*, p. 131 a, § 470 Cathala-Spiazzi) assim explica: "Dii enim, qui gustaverunt nectar et manna, aut gustaverunt propter delectationem, aut propter necessitatem essendi. His enim de causis aliqui sumunt cibum. Siquidem sumpserunt ista propter delectationem, non possunt nectar et manna esse eis causa existendi, ita quod per hoc incorruptibiles reddantur: quia delectatio est quoddam consequens ad esse. Si autem propter necessitatem essendi praedicta sumpserunt, non erunt semper iterum cibo indigentes. Videtur ergo quod corruptibiles existentes prius tamquam cibo indigentes, per cibum facti sunt incorruptibiles. Quod iterum videtur inconveniens; quia cibus non nutrit in sua specie, nisi corruptus transeat in speciem nutriti. Quod autem est corruptibile, non potest aliis incorruptionem praestare".

[21] (**1000 a 24-26**). Entenda-se: Empédocles falou da maneira mais coerente a respeito disso do que todos os filósofos naturalistas.

[22] (**1000 a 28**). O "Um" de que se fala é a Esfera, Deus, como logo Aristóteles diz expressamente.

[23] (**1000 a 29-32**). Fr. 21, 9-12 (Diels-Kranz, I, p. 320).

[24] (**1000 a 32 – b 3**). *Contraditoriedade do princípio empedocliano da Discórdia.* — Objeção análoga Aristóteles já moveu contra Empédocles em A 4, 985 a 21. A *discórdia*, introduzida para explicar a *corrupção* das coisas, na realidade explica, não menos que o princípio oposto, a *constituição* de todas as coisas, exceto a da Esfera, governada exclusivamente pela *amizade* (cf. frs. 27-29 e os contextos dos autores que os reportam, em: Diels-Kranz, I, pp. 323 ss.). O fragmento de Empédocles aqui citado é B 36 Diels-Kranz, I, p. 328.

[25] (**1000 b 3-9**). *A objeção, tematizada acima por Aristóteles, só indiretamente é ligada com a aporia discutida.* — Anteriormente Aristóteles disse

que a discórdia entra na constituição do todo, exceto na da Esfera ou Deus. Agora ele acrescenta, quase entre parênteses, uma ulterior consequência absurda que daí brota: como o conhecimento, que ocorre entre os semelhantes, supõe a discórdia que dissolva os elementos da indiferenciada unidade da Esfera, é óbvio que Deus (a Esfera) *não poderá ter esse conhecimento!* Ele, que é sumamente feliz, será o menos inteligente (cognoscente) dos seres. O fragmento de Empédocles que é citado é B 109 Diels-Kranz (I, p. 351).

[26] (**1000 b 9-12**). *Contraditoriedade do princípio empedocliano da Amizade.* — Assim como a discórdia é causa também da constituição das coisas (cf. nota 24), analogamente, de fato, a *amizade também é causa da corrupção das coisas*; com efeito, a Esfera nasce quando a amizade conquista domínio total; mas este é o ponto: o nascimento da Esfera significa a *destruição e a corrupção de todas as coisas*, que são absorvidas na sua indiferenciada unidade; portanto a amizade, assim como é causa da formação da Esfera, também é causa da destruição das outras coisas.

[27] (**1000 b 12-16**). *As razões da alternância dos turnos.* — Para Empédocles era, obviamente, necessidade *fatal* e, como tal, absoluta. Mas isso é, para Aristóteles, no máximo, um fato do qual deveriam, pelo menos, ser fornecidas as precisas "razões". O fragmento citado é B 30 Diels-Kranz (I, p. 325).

[28] (**1000 b 18**). Ver *supra*, nota 27.

[29] (**1000 b 18-22**). E a esse problema Empédocles não respondeu: cf. Alexandre, *In Metaph.*, p. 221, 15-19 Hayduck.

[30] (**1000 b 28-29**). *O princípio não pode ter ulteriores princípios.* — A existência de *princípios anteriores aos princípios* é absurda, porque *princípio* é o que é *absolutamente primeiro*.

[31] (**1000 b 28-29**). *Por que os princípios das coisas corruptíveis não podem ser corruptíveis.* — Colle (*Métaph.*, II, p. 268), remetendo-se em parte a Tomás (*In Metaph.*, p. 134 a, § 484 Cathala-Spiazzi), explica: "... se os princípios das coisas corruptíveis são eles mesmos corruptíveis, chegará um momento em que eles terão perecido. E como poderão existir ainda coisas corruptíveis, quando os seus princípios terão perecidos?".

[32] (**1001 a 4 – b 25**). Sumário. — *Exposição da décima primeira aporia:* "O Um e o Ser são realidades por si e substâncias das coisas, ou não têm uma realidade por si e são predicáveis de outro?". — *Depois de ter recordado que os filósofos estão divididos sobre a questão (Platão e os Pitagóricos de um lado, e os Naturalistas de outro), Aristóteles desenvolve a aporia do seguinte modo.* — [Tese] (a) *Se o Um e o Ser não são substâncias, sendo eles*

universais por excelência, daí seguir-se-á que tampouco os universais poderão ser substâncias. (b) *Ademais, se o Um não é substância, tampouco poderá ser substância por si subsistente o número, que é constituído pela unidade. Então o Ser e o Um serão realidades em si e a sua substância será o próprio ser e o próprio um e não outra coisa.* — [Antítese] *Ao contrário, admitindo a existência do Ser e do Um em si, cair-se-á nos seguintes absurdos.* (a) *Em primeiro lugar, será impossível admitir a existência de outras coisas além do Ser e do Um: o diferente do ser, de fato, não pode ser (razão pela qual, com Parmênides, será preciso admitir que tudo se reduz ao único ser em si); analogamente, fora do Um em si não poderá existir outra unidade e não poderá existir nem sequer o múltiplo, porque o múltiplo consta de várias unidades e, além do um em si, não podem existir outras unidades.* (b) *Ademais, se o Um é indivisível, de acordo com a doutrina de Zenão, seria nada (de fato, aquilo que, acrescentado ou subtraído de algo não o faz aumentar ou diminuir é nada). A doutrina de Zenão é rude e poderia ser refutada dizendo que o indivisível também é um ser, porque se acrescentado a algo não o faz aumentar em grandeza, o fará aumentar* em número. *Permanece, todavia, válida essa objeção (que pode ser extraída da instância zenoniana): como pode do Um (não extenso) ou de uma multiplicidade de unidades (não extensas) derivar grandeza e extensão? Seria como pretender derivar do ponto (não extenso) a linha.* (c) *A doutrina dos Platônicos, que quer derivar do Um e da desigualdade os números e do Um (ou de alguns números) e da própria desigualdade também as grandezas, não se sustenta de modo algum.* — Para a solução da aporia ver Γ 2, *passim*, bem como I 2.

[33] (**1001 a 8-19**). *Desenvolvimento conjunto de tese e antítese.* — Esta passagem já contém, substancialmente, tese e antítese, vistas como opostas respostas ao problema, dadas, de um lado, pelos Pitagóricos e pelos Platônicos e, de outro, pelos Naturalistas. Os primeiros punham o Ser e o Um como *realidades substanciais* em si e por si; os outros, ao invés, os consideravam como *atributos de outras realidades* (dos elementos materiais).

[34] (**1001 a 21-24**). O que já se viu ser absurdo: cf. *supra*, 4, 999 a 26 ss.

[35] (**1001 a 24-27**). O que é absurdo, naturalmente, do ponto de vista dos Platônicos, que é o que inspira a tese.

[36] (**1001 a 27-29**). *Uma passagem de interpretação controvertida.* — Depois de muita incerteza, decidimo-nos a acolher a correção de Bonitz (*Comm.*, p. 164), o qual lê na linha 28 καθ' οὗ em vez de καθόλου (lição de todos os códices). No final das contas, a argumentação de Bonitz é persuasiva: "Alexander quantum laboret [dá, de fato, três interpretações diferentes,

cf. *In Metaph.*, p. 225, 4-32], ut vulgatam lectionem ad sententiam quodammodo aptam vel conformet vel detorqueat, ex eius commentario ad. h. l. cognoscitur; frustra eum laborare ex ipsa sententiae ratione facile est perspicere. Neque enim propterea ipsum unum et ipsum ens dici possunt substantiae esse, quia nihil aliud de iis universe praedicetur; nimirum de substantiis nihil impedit quominus alia diversa ab ipsarum notione universe praedicentur, τὰ καθ' αὑτὰ ὑπάρχοντα τῇ οὐσίᾳ, immo vero hoc ut fiat proprium est ac peculiare substantiae, *Cat.*, 5, 2 b 4. At hoc consituit vim ac naturam substantiae, quod ipsa non praedicatur de alia re, cf. Δ 8. 1017 b 13... Z 3. 1029 a 8... B 5. 1001 b 30. Inde mutatione satis leni scripsi καθ' οὗ, quam si probaveris emendationem, *aptissime opponi videbis physicos Platonicis et Pytagoreis: illi ponunt* ὑποκειμένην τινὰ φύσιν a 8. *de qua praedicetur unum et ens; hi vero ita ponunt unum et ens, ut nihil sit aliud de quo praedicentur, sed ipsa sint de quibus praedicentur reliqua*". Também Jaeger acolhe a correção na edição crítica *a. h. l.* — *Contra* cf. Robin, *Th. plat.*, p. 157, nota 461 e Ross, *Metaph.*, I, pp. 244 s. Colle acolhe a correção de Bonitz, mas propõe operar deslocamentos no texto; cf. *Metaph.*, II, pp. 272-275. — Parece-nos que, acolhida a correção de Bonitz, o pensamento de Aristóteles se revela bastante claro. Com base nas observações das duas precedentes objeções seria necessário admitir o Um e o Ser em si; mas, se existem o Um e o Ser em si (eis o pensamento da nossa passagem), *eles deverão ser substâncias por si, não predicados de outro* (como querem os Naturalistas), *mas eles mesmos serão sujeito substancial de predicação.* O pensamento serve de fechamento para a tese e, ao mesmo tempo, de passagem à antítese.

[37] **(1001 a 29 - 1001 b 1)**. *Evocação de um pensamento de Parmênides.* — Na linha 32 Aristóteles pensa no fragmento 7, 1 de Parmênides: "De fato, isto jamais poderá se impor: que o não-ser seja"; cf. também fr. 6, 1-2; e fr. 2 Diels-Kranz. — O sentido da passagem é claro: entendido o ser como substância por si (portanto, *univocamente*), não há mais espaço para outro que não seja esse ser-substância, porque qualquer outra coisa seria *diferente dele*, portanto, *não-ser*, e o não ser não é.

[38] **(1001 b 1-6)**. Cf. Γ 2 e I 2, *passim.*

[39] **(1001 b 7-13)**. *Nova objeção contra a existência do Um em si.* — Aristóteles aduz aqui uma argumentação que *Zenão de Eleia utilizava contra a multiplicidade*, mas que vale também contra o Um em si, como já observava Zeller: "Zenão não fala aqui sobretudo do ser único, mas, partindo da hipótese da multiplicidade, diz como deveria ser pensada cada

uma das coisas múltiplas. Mas enquanto ele demonstra que toda coisa, para ser um, deveria ser também indivisível, a sua afirmação poderia ser aplicada também para o ser único: também este deve, para ser um, ser indivisível" (Zeller-Reale, *La filos. d. Greci*, I, 3, p. 356 em nota). — Voltando ao nosso preciso contexto, eis o raciocínio zenoniano. Um indivisível é nada; prova disso é o fato que, quer se o acrescente, quer se o extraia, não produz, respectivamente, acréscimo nem diminuição da coisa à qual se o acrescenta ou da qual se o extrai. O raciocínio zenoniano, diz Aristóteles, implica, evidentemente, que o verdadeiro ser seja a grandeza corpórea tridimensional, porque só esta faz aumentar em todos os sentidos aquilo a que é acrescentada e faz diminuir aquilo de que é extraída; sendo que a superfície faz aumentar ou diminuir só em *extensão*, a linha só em *comprimento*, enquanto o ponto não faz aumentar nem diminuir em nada aquilo a que é acrescentado ou do qual é extraído. Nesse sentido, o Um, como o ponto, é nada. — Fragmentos e testemunhos de Zenão, em Diels-Kranz, N. 29, I, pp. 247-258; mais amplos e completos em H. D. P. Lee, *Zeno of Elea, A text with translation and notes*, Cambridge 1936; cf. também M. Untersteiner, *Zenone, Testimonianze e frammenti*, Florença 1963 (com tradução italiana e comentário). Sobre Zenão: Zeller-Reale, *La filos. d. Greci*, I 3, quarta seção, *passim*.

[40] (**1001 b 13-19**). *Em que sentido a argumentação zenoniana tem sua validade.* — Aristóteles reconhece a "rudeza" da argumentação zenoniana, mas extrai dela uma instância, a seu juízo, válida: o Um sobre o qual se raciocina não é um nada, porque se não aumenta em grandeza aquilo a que se acrescenta, o faz aumentar *por número*; porém fica a seguinte dificuldade: desse Um que não tem grandeza, como pode derivar a grandeza? Dificuldade que é idêntica a essa outra: como pode do ponto, que não tem extensão, derivar a linha, vale dizer, um comprimento? Em poucas palavras: admitido que exista o Um sobre o qual raciocinamos, não se poderá explicar a grandeza.

[41] (**1001 b 19-25**). *Último raciocínio da antítese.* — Em substância, aqui Aristóteles apenas reafirma a conclusão do raciocínio que acabou de fazer (ver nota 40). Os Platônicos e os Pitagóricos derivam do *Um* e do *desigual* a série dos números *e também as grandezas*. Mas, desse modo, não se explica como às vezes deve derivar um número e às vezes uma *grandeza*, sendo idênticos os princípios. Tampouco é a melhor solução fazer derivar (como fazem alguns) do Um e do *desigual* os *números*, e depois de *certos números* (em vez do Um) e do *desigual* as *grandezas*: de fato, os dois pares de princípios

permanecem fundamentalmente idênticos e, portanto, a dificuldade da *dedução das grandezas* fica sem solução. Cf. Alexandre, *In Metaph.*, p. 228, 8 ss. Hayduck; Asclépio, *In Metaph.*, p. 207, 22 ss. Hayduck.

5. *Sumário e comentário a* B 5

[1] (1001 b 26 – 1002 b 11). Sumário. — *Exposição da décima segunda aporia*: "Os números, os corpos, as superfícies e os pontos são substâncias ou não?". — [Tese] *Se números, corpos, superfícies e pontos não são substâncias, não se vê o quê pode ser substância. De fato,* (a) *substâncias não são as afecções, as relações, os movimentos e semelhantes, porque estes não são algo determinado e se referem sempre a um substrato;* (b) *substâncias também não são os elementos (ar, água, fogo, etc.), nem as suas afecções (quente, frio).* (c) *Resta, então, que seja substância* o corpo ou o sólido, *que serve de suporte para as afecções. Todavia, o corpo parece ser substância menos do que a superfície, porque esta o determina; a superfície parece ser substância menos do que a linha, porque esta, por sua vez, determina aquela; e a linha menos do que o ponto, pela mesma razão. E é por isso que os Platônicos e os Pitagóricos puseram como substâncias os números. Portanto, se não são substâncias essas coisas, não existirá nenhuma substância.* — [Antítese] *Ao contrário* (a) *se se admite que os pontos, as linhas e as superfícies são substâncias mais do que os corpos, não se vê em quais corpos poderão encontrar-se, já que é impensável que se encontrem nos corpos sensíveis.* (b) *Ademais, parece que pontos, linhas e superfícies não são substâncias, mas divisões dos corpos.* (c) *E parecem estar presentes nos corpos não em* ato *(e, portanto, não como substância) mas só* em potência, *como qualquer outra figura está presente, por exemplo, no mármore.* (d) *Enfim, pontos, linhas, superfícies se produzem e se destróem de modo totalmente diferente das substâncias (isto é, não com um processo de geração e corrupção), o que comprova que não são substâncias.* — Para a solução da aporia ver M 1-3; 6-9; N 1-3 e 5-6.

[2] (1001 b 29-32). *Primeira argumentação da tese.* — Afecções, movimentos, relações, disposições etc. *não* são substâncias, porque carecem justamente de duas das características essenciais e definidoras da substância: de fato (*a*) inerem *a outro* e, portanto, se predicam *de outro,* (*b*) não são *algo determinado.*

[3] (1001 b 32 – 1002 a 4). *Segunda argumentação da tese.* — Substâncias não são tampouco os *elementos materiais* dos fisiólogos, tal como eles os

entendiam; de fato, se se prescinde das qualidades próprias desses elementos (como quente, frio e semelhantes, que não são substância, mas afecções), deles não resta senão um corpo *privado de qualidade*, que é mera grandeza e, portanto, *corpo geométrico*.

[4] (1002 a 4-8). *Terceira argumentação da tese.* — Bonitz (*Comm.*, p. 166) exprime bem a linha de pensamento desenvolvida nessa argumentação: "Atqui corpus definitur planis, plana lineis, linea punctis, *et ea, quae quid definiunt, potiora sunt dignitate et natura substantiali quam id, quod definitur*; ergo res mathemnaticae simplicissimae quaeque maxime sunt habendae pro substantiis. Accedit quod planum sine corpore esse potest, linea sine plano (ἐνδέχεσθαι δοκεῖ dicit 1002 a 7, *quia dialectice disputat*, non distinguens, qua ratione possint esse sine illis, qua non possint); atqui si aliqua possunt esse sine aliis, illa potius quam haec pro substantiis sunt habenda".

[5] (1002 a 8-12). Pelas razões de que fala a nota precedente.

[6] (1002 a 12-14). Se são substâncias os pontos, as linhas etc., *a fortiori* não o serão os seus acidentes.

[7] (1002 a 15-18). *Primeira argumentação da antítese.* — Se existem pontos, linhas etc. *onde existem*? Certamente não nos sensíveis. Por que? Porque, explica Alexandre, (*In Metaph.*, p. 230, 22 ss. Hayduck), nos sensíveis não é possível encontrar o ponto geométrico, isto é, sem extensão; nem é possível encontrar a linha geométrica, vale dizer, um comprimento sem extensão; nem é possível encontrar a superfície geométrica, vale dizer, uma extensão sem espessura.

[8] (1002 a 18-20). *Segunda argumentação da antítese.* — Se são meras *divisões* dos corpos, são *afecções* e, portanto, *não são substâncias*.

[9] (1002 a 20-25). *Terceira argumentação da antítese.* — Esta argumentação, segundo muitos intérpretes complicadíssima é, na realidade, a nosso ver, muito simples. Aristóteles quer dizer simplesmente o seguinte. No sólido, segundo os Platônicos, pontos, linhas e superfícies deveriam estar presentes *em ato* (porque substâncias), *mas* não assim as outras figuras. Isso é absurdo, diz o Estagirita, porque (*a*) ou se admite que *todas* as figuras estão presentes em ato, (*b*) ou a existência em ato não se admite para *nenhuma*. A primeira tese é manifestamente absurda (não podem, ao mesmo tempo, estar presente *em ato*, no mesmo sólido, figuras diferentes e opostas); a segunda é verdadeira, mas leva, como consequência, a que pontos, linhas e superfícies estejam presentes no sólido *só em potência* (como Hermes na pedra). *O que, porém, equivale a dizer que pontos, linhas e superfícies não*

são substâncias, porque o que é em potência não é substância. — Bonghi já tinha captado a estrutura do raciocínio: "No sólido estão potencialmente todas as figuras que se podem reduzir ao ato, circunscrevendo o sólido de um modo ou de outro. Aristóteles dá por concedido esse princípio, que na verdade é evidente, e mostra as consequências absurdas que derivam dele no caso de os comprimentos, as superfícies etc. serem essências. Porém não diz explicitamente como nesse caso se deveria entender aquele princípio e, por isso, como ele se torna presa daqueles absurdos. É preciso captar por si as transformações a que deve ser submetido e servir-se dele como de uma menor do raciocínio entre o próprio princípio e as conclusões. No caso ocorre que, observando bem, aqueles comprimentos etc. quando são por si essências ou seres substanciais, pela sua própria natureza deverão ser em ato: e por isso todas as figuras deverão encontrar-se no sólido, não só potencialmente, como se admitiu, mas em ato; e se não se encontrarem todas, não se poderá encontrar nenhuma. Ora, que todas não estejam em ato é evidente: uma mesa quadrada não é redonda. Mas se não se encontram todas, não se encontra nenhuma. Portanto, se a mesa não for também redonda e oval, tampouco poderá ser quadrada..." (*Metaf.*, I, p. 205, nota 2).

[10] (1002 a 28 – b 5). *Quarta argumentação da antítese.* — O núcleo de toda essa quarta argumentação é o seguinte. As substâncias vêm ao ser por um *processo de geração* e passam ao não-ser por um *processo de corrupção*; e isso vale para todas as substâncias que às vezes são e às vezes não são, sem exceção. Ao contrário, pontos, linhas e superfícies às vezes são e às vezes não são, mas *não passam por um processo de geração e corrupção*, seguindo outro processo. É óbvio, conclui Aristóteles, que, por se comportarem de modo totalmente diferente das substâncias, justamente no vir ao ser e no cessar de ser, os pontos, as linhas e as superfícies não podem ser substâncias. A última frase contém um argumento de reforço: na hipótese que ponto, linha etc. se gerassem, *de que matéria se gerariam*? Obviamente, não existe essa matéria e, portanto, não pode haver um processo de geração deles.

[11] (1002 b 5-11). *Quinta argumentação da antítese.* — Esta última observação tem o escopo de confirmar definitivamente as conclusões adquiridas. Também o *instante* é, e é sempre novo e diferente: entretanto, não se gera e não se corrompe e não é substância. E como os instantes temporais são e se sucedem uns aos outros *sem gerar-se nem corromper-se* e sem ser substâncias, assim também deve ser para os pontos, as linhas e as grandezas espaciais. (Para um aprofundamento da questão do instante ver: Alexandre, *In Metaph.*, p. 232, 21 ss. Hayduck).

6. *Sumário e comentário a* B 6

[1] (1002 b 12-32). Sumário. — *Exposição da décima terceira aporia:* "Além das coisas sensíveis e além dos entes 'intermediários', é preciso admitir também as Ideias?". — [Tese] *Parece necessário admitir também a existência das Ideias, pelas seguintes razões. Os entes "intermediários" diferenciam-se dos sensíveis, porque são inteligíveis, mas têm em comum com os sensíveis a característica de serem múltiplos numericamente numa mesma espécie (existem muitos números iguais, muitos triângulos iguais, etc.). Consequentemente, também os seus princípios* não serão numericamente determinados *(assim como, por exemplo, não são numericamente, mas só especificamente determinados os elementos da linguagem e da escritura: existem 24 espécies de letras, mas de cada espécie de letras existem inumeráveis exemplares). Portanto, se além das coisas sensíveis existissem os entes matemáticos, os princípios dos seres seriam determinados só quanto à espécie e não quanto ao número, enquanto é necessário que os princípios dos seres sejam especificamente e numericamente determinados. Portanto, é necessário admitir também a existência das Ideias, que são, justamente, numericamente determinadas.* — [Antítese] *Ao contrário, se se admite a existência das Ideias, e se se admite que os princípios são* numericamente *e* não especificamente determinados, *recairemos nos absurdos examinados na nona aporia.*

[2] (1002 b 14-16). Sobre os entes matemáticos intermediários cf. A 6, 987 b 14 ss. e nota relativa.

[3] (1002 b 16-19). *Em que sentido os princípios das palavras só são limitados segundo a espécie.* — Os princípios das palavras são, segundo a espécie, tantos quantas são as letras do alfabeto; mas *cada letra* é suscetível de ser repetida ao infinito. Há um ilimitado número de *a*, de *b*, de *c*, etc.

[4] (1002 b 19-21). Obviamente, dessa sílaba *BA*, as letras são só duas, e do nome Aristóteles (este aqui escrito) as letras são 11 e não mais.

[5] (1002 b 24-25). Os princípios dos seres não poderiam ser numericamente determinados, mas só especificamente, porque, parece pensar Aristóteles, "o que não é limitado em número não pode ter princípios limitados de número" (Colle, *Métaph.*, I, p. 296).

[6] (1002 b 25-26). A *sucessão dos conceitos dessa passagem.* — É muito bem sublinhada por Bonitz (*Comm.*, p. 169): "Hoc enim dicit: si Platonici proptera ideas praeter res sensibiles et mathematicas posuerunt, quod utriusque huius generis principia specie non numero finita sunt, profecto, si illud est necessarium (εἰ οὖν τοῦτο ἀναγχαῖον b 25), nimirum principia poni numero etiam nec specie solum finita, necesse est poni ideas".

[7] (1002 b 27-30). E, portanto, é *única* numericamente (Cf. Asclépio, *In Metaph.*, p. 219, 30 ss. Hayduck; Colle, *Métaph.*, II, p. 297).

[8] (1002 b 30-32). Cf. *supra*, 4, 999 b 27-1000 a 4.

[9] (1002 b 32 – 1003 a 5). Sumário. — *Exposição da décima quarta aporia*: "Os princípios são em potência ou em ato?". — [Tese] *Se são em ato, deve haver algo anterior aos princípios, isto é, a sua potência, porque a potência vem antes do ato.* — [Antítese] *Ao contrário, se são em potência, tudo o que é poderia não ser, porque é em potência para ser também o que ainda não é.* — Para a solução da aporia ver: Θ 8 e Δ 6-9.

[10] (1002 b 32 – 1003 a 2). *Explicitações da tese.* — Explicitamos o raciocínio de Aristóteles. Que os princípios sejam *em ato*, parece impossível. De fato, se eles fossem em ato, seria preciso admitir outra coisa, anterior aos princípios: a potência é, justamente, anterior ao ato. E que a potência seja anterior ao ato, resulta manifesto do seguinte: tudo o que é em potência não se converte necessariamente em ato, podendo permanecer em potência, enquanto tudo o que é em ato pressupõe a potência desse ato. Portanto, a hipótese de que os princípios sejam em ato, comporta o absurdo de ter de admitir algo anterior a eles.

[11] (1003 a 2-5). *Explicitações da antítese.* — Eis, ao invés, os absurdos a que se chega, admitindo que os elementos e os princípios são *em potência*. Se, de fato, fossem em potência, seria possível que nada atualmente existisse. O que é em potência *não deve necessariamente traduzir-se em ato*; algo que ainda não é (em ato) pode todavia ser (em potência). E que o que é em potência possa não ser ainda (em ato), resulta do seguinte: advém o que ainda não é, e tudo o que advém é preciso que seja em potência para ser, porque nada pode advir do que não é possível que seja. Portanto, se os princípios são em potência, poderia não existir nada (em ato) de tudo o que atualmente existe, o que é absurdo.

[12] (1003 a 5-17). Sumário. — *Exposição da décima quinta aporia*: "Os princípios são universais ou individuais e particulares?". — [Tese] *Se são universais, os princípios não podem ser substâncias, porque o que é universal exprime um atributo da substância e não a substância. Ademais, se, como fazem os Platônicos, se erigem os universais em substância, cai-se em consequências absurdas.* — [Antítese] *Ao contrário, se os princípios são particulares, não poderão mais ser objeto de ciência, porque a ciência é sempre do universal. E se queremos que exista uma ciência dos princípios, será preciso admitir princípios (universais) anteriores aos princípios (particulares), o que é absurdo.* — Para a solução da aporia ver Z 13-15; M 10.

[13] (1003 a 9). *Significado do termo* τοιόνδε. — O termo τοιόνδε, nesse contexto, não pode ser traduzido simplesmente por "qualidade", porque exprime o abstrato universal do qual τόδε é o concreto. Falaremos mais amplamente disso no comentário ao livro Z.

[14] (1003 a 9-10). *Observe-se a expressão grega* τόδε τι, *assim como abaixo (linha 10) a expressão* τόδε τι καὶ ἕν. — Sobre o significado teorético desses termos ver o que explicamos no *Ensaio introdutório*, pp. 98 ss.

[15] (1003 a 9-12). *A dificuldade que deriva de pôr os universais como substâncias.* — Bonitz explica muito bem (*Comm.*, pp. 170 ss.): "Hanc difficultatem evitaturi si statuerimus... universale per se et re ac veritate esse (ἐκθέσθαι, cf. ad A 9. 992 b 10), aliis implicamur haud levioribus ineptiis a 9-12. Namque inde efficitur, ut individua substantia, veluti Socrates, plures in se cintineat substantias, siquidem Socrates et ipse est Socrates et homo et animal, quorum unumquodque per se substantiam esse posuimus".

[16] (1003 a 14-15). *A ciência é sempre do universal.* — Ver o que é dito em Z 15, 1039 b 27 ss.; M 9, 1086 b 5 ss.; *Anal. post.*, I 31, 87 b 38.

[17] (1003 a 15-17). *É absurdo pensar que possa haver princípios anteriores aos princípios.* — De fato, o princípio é o que é *absolutamente primeiro*, ou seja, aquilo a que nada pode ser anterior.

SUMÁRIOS E COMENTÁRIO AO LIVRO Γ

(QUARTO)

Existe uma ciência que considera o ser enquanto ser e as propriedades que lhe competem enquanto tal. Ela não se identifica com nenhuma das ciências particulares: de fato, nenhuma das outras ciências considera o ser enquanto ser no universal, mas, delimitando uma parte dele, cada uma estuda as características dessa parte.

Metafísica, Γ 1, 1003 a 21-25.

1. *Sumário e comentário a Γ 1*

[1] (**1003 a 21-32**). Sumário. — *Existe uma ciência* do ser enquanto ser *e das suas propriedades essenciais; essa ciência é diferente de todas as outras ciências particulares, porque se estende a todo o ser, enquanto cada uma das outras ciências limitam-se a uma parte do ser.* As *causas e os princípios primeiros ou supremos (dos quais se falou nos livros precedentes) não são mais que* as causas e os princípios do ser enquanto ser. *Portanto, a sapiência (ou filosofia primeira ou metafísica) será a investigação das* causas e dos princípios do ser enquanto ser.

[2] (**1003 a 21-26**). *Esta é a mais célebre e mais influente definição aristotélica da metafísica.* — Impõe-se um breve comentário desta celebérrima página. As ciências particulares, diz Aristóteles, restringem-se a uma consideração parcial do ser: isolam uma parte ou um setor do ser e, deste, investigam as propriedades e as características. Assim, por exemplo, a matemática examina aquele gênero particular de ser que é o número e investiga as suas características (paridade, imparidade, igualdade, desigualdade, comensurabilidade, incomensurabilidade, etc.). Sobre o paradigma desse exemplo apresentado por Aristóteles, para esclarecimento do conceito em questão, pode-se aduzir quantos outros exemplos se queira: a astronomia estuda aqueles particulares corpos celestes e as suas características; a botânica estuda aquele particular gênero de ser que é dado pelas plantas e as suas propriedades, e assim por diante. Ao contrário, a ciência do ser tem como objeto de investigação *a realidade, não considerada enquanto esta ou aquela realidade particular, mas considerada em si mesma*, justamente enquanto realidade: *a realidade enquanto realidade* ou *o ser enquanto ser*. Note-se: isso que se disse é apenas o início da caracterização da ciência do ser enquanto ser (ὂν ᾗ ὄν). De fato, restam ainda dois pontos essenciais a serem esclarecidos: (*a*) *que tipo de ciência é esta?* (*b*) *que significa ser?* A primeira questão é respondida logo em seguida; a segunda questão

é respondida no capítulo seguinte (e, implicitamente, já no período que se segue).

[3] (**1003 a 26-32**). *Conexão da ontologia com a aitiologia.* — Desse período, do qual muitos estudiosos lamentam a falta de nexo lógico (cf. p. ex. Schwegler, *Metaph.*, III, p. 151), Bonitz forneceu a mais feliz exegese (*Comm.*, pp. 171 s.): "... prima philosophia primas inquirit causas et summa principia. Ergo eam versari oportet in cognoscendis causis non accidentis cuiuspiam — iis enim altiores essent et superiorescausae ipsius rei, cui illa accidentia inhaerent — sed naturae cuiusdam (φύσεώς τινος) h. e. substantiae per se, sive entis, quatenus est ens. Huius igitur causae perinde nobis sunt investigandae, ac veteres physiologi ipsius entis quaesiverunt elementa"; e na p. 172, ulteriormente, assim Bonitz explica a evocação dos Naturalistas: "Hoc autem dicit Aristoteles: si igitur physiologi veteres, quum elementa rerum quaererent, re vera has, in quibus nunc versamur, summas ac principes causas quaesiverunt (nimirum physica disciplina tum universae ac primae etiam philosophiae dignitatem sibi vindicabat, 3. 1005 a 32): etiam illa elementa non unius cuiusdam rerum generis, veluti sensibilium, sed entis, quatenus est ens, oportet elementa fuisse. Perinde etiam nobis profecto primae ipsius entis sunt quaerendae sausae". Entretanto, eis que Aristóteles já disse, com toda clareza, que esta *ciência do "ser enquanto ser"* (ὂν ᾗ ὄν) é a própria *aitiologia* ou *doutrina das causas e princípios supremos*, que já conhecemos (portanto, que não é absolutamente um conhecimento de tipo intuitivo, como a ontologia parmenidiana e a platônica). De resto, o nexo entre *aitiologia* e *ontologia* (aristotélica) é óbvio: justamente porque os princípios buscados pela "sophia" são *primeiros* e *supremos*, eles são princípios *totalmente* condicionantes e, portanto, capazes de explicar, não esta ou aquela (particular) realidade, mas *a realidade no seu conjunto, isto é, toda a realidade, todo o ser ou, como diz Aristóteles, o ser enquanto ser*. — Note-se que o texto afirma que já os Naturalistas, enquanto tentaram encontrar esses princípios *supremos*, portanto, condicionantes e capazes de explicar tudo o que era (para eles), foram (ao seu modo) *ontólogos*. — A passagem que lemos mostra-se obscura para muitos também porque, amiúde, não se leva em conta o valor, ou melhor, os *valores* propriamente aristotélicos da fórmula ὂν ᾗ ὄν, que, enquanto no primeiro período parecia significar *todo o ser em todos os seus significados*, aqui claramente indica o *ser não-acidental* (linha 30), vale dizer, o *ser substancial* (cf. a primeira passagem de Bonitz que transcrevemos acima). — Na nossa passagem se revela tanto mais clara quando se relê A 9, 992 b 18-24 (e a nota relativa). — Com isso,

porém, já nos dirigimos à solução do problema "*que é o ser?*" (e, portanto, do problema "*que é o ser enquanto ser?*"), explicitamente tematizado no capítulo seguinte, ao qual remetemos.

2. *Sumário e comentário a* Γ 2

[1] **(1003 a 33 – 1005 a 18)**. Sumário. — (1) *Uma vez estabelecido que a nossa ciência estuda as causas e os princípios do ser enquanto ser, explica-se agora* que é o ser. *O ser indica, estruturalmente, um multiplicidade de significados, porém, todos eles implicando de várias maneiras uma referência unitária ao primeiro e fundamental significado, que é o de* substância. *O filósofo, portanto, deverá investigar* todos os significados do ser, mas sobretudo o significado de substância: *o filósofo deverá, portanto, investigar* as causas e os princípios da substância. — (2) *O capítulo passa em seguida a demonstrar que* ser e um *se implicam mutuamente e que, portanto, é tarefa da própria filosofia primeira investigar, além do ser e dos seus vários significados, também* o um *e as várias noções derivadas do um ou referentes ao um* (idêntico, semelhante, etc.). — (3) *Segue-se uma observação de fundo.* A *filosofia divide-se em "partes" e estas são tantas quantas são as diferentes substâncias (substâncias suprassensíveis e substâncias sensíveis). Portanto, existirá uma* filosofia primeira *que estuda a substância primeira, e uma* filosofia segunda, *que estuda a substância segunda.* — (4) *Enfim, dado que à mesma ciência compete o estudo dos contrários, e dado que ao* um *se contrapõe o* múltiplo, *caberá à filosofia também o estudo do múltiplo e das várias formas e noções relativas a ele* (diverso, dessemelhante, etc.). — *O capítulo se encerra com observações de caráter histórico-teorético que sustentam os pontos nele estabelecidos.*

[2] **(1003 a 33 – b 10)**. *Polivocidade e analogia do ser.* — Aqui aparece uma das doutrinas cardeais da *Metafísica* de Aristóteles: o *ser* tem muitos significados, ele é um πολλαχῶς λεγόμενον; , *não* tem um significado *unívoco*, mas *polívoco* (o princípio é repetidamente reafirmado no curso de quase todos os livros da *Met.*: A 9, 992 b 18s.; Γ 2, 1003 a 33; *ibid.*, 1003 b 5; Δ 7, *passim*; 10, 1018 a 35; 11, 1019 a 4 s.; E 2, 1026 a 33 s.; *ibid.*, 1026 b 2; 4, 1028 a 5 s.; Z 1, 1028 a 10 s.; I 2, 1053 b 25; K 3, 1060 b 32 s.; *ibid.*, 1061 b 11 s.; 8, 1064 b 15; M 2, 1077 b 17; N 2, 1089 a 7; *ibid.*, 1089 a 16). — Note-se, porém, *que essa polivocidade não é equivocidade*, isto é, não é pura e casual homonímia. Aristóteles, com efeito, explica que existe uma

via intermediária entre univocidade e equivocidade pura: esse é, justamente, o caso de *ser*. — Essa via intermediária é a dos significados que, embora diversos, todavia *têm um laço comum de certo tipo*. — Os exemplos dados por Aristóteles são muito claros. "Saudável" se diz de muitas e diferentes coisas (uma cor, um alimento, um corpo, etc.), mas todos esses diferentes significados implicam uma referência comum a algo um: *a saúde* (ou são sintomas de saúde, ou causa da saúde, ou estão em posse da saúde, etc.). Do mesmo modo, "médico" se diz de uma erva, de um homem, de um instrumento, etc., portanto, se diz de coisas diferentes e variadas, mas se diz justamente porque há um certo laço entre essas coisas: todas implicam alguma relação com a medicina. Assim também para o *ser* e para os seus vários significados. Antes, dado que o ser é o mais compreensivo dos predicados, ele pode ser predicado de tudo. — Mas, a que título se pode predicar o ser de tudo? Aristóteles é claríssimo sobre este ponto. Existe um significado *fundamental* do ser e este é o de *substância* (οὐσία); todos os outros significados do ser merecem essa qualificação enquanto, e só enquanto, *têm uma relação com a substância*. Por exemplo, a *qualidade* é *ser*, mas porque se refere a uma substância (toda qualidade é qualidade de uma substância); uma *afecção* qualquer é *ser* porque se refere a uma substância (toda afecção é afecção da substância); e o mesmo se pode dizer dos *movimentos*, das *posses*, dos *estados*, das *privações*, etc. Em poucas palavras: tudo o que é, *é* πρὸς τὴς οὐσίαν, *é em referência à substância*. — Os múltiplos significados do ser têm uma *unidade*, que se pretendeu chamar de *analógica* (analogia de referência a um único termo). A expressão "analogia de referência a um único termo" é *certamente correta*, embora, sob certos aspectos, possa ser perigosa, e se não se tem bem claro o significado da expressão no seu preciso alcance, pode levar a erro. De fato, Aristóteles, normalmente, chama "analogia" outro tipo de relação. Particularmente, a *analogia do* ser evoca a célebre doutrina medieval da *analogia entis*, que é outra coisa (sobretudo pela referência que ela faz ao teorema da criação). — Caso se queira falar de analogia, será indispensável sempre acrescentar o que explicitamos: "analogia de referência a um único princípio (πρὸς μίαν ἀρχήν)". A οὐσία é, portanto, como *o fundo do ser*, ao qual remete, de um modo ou de outro, tudo o que em qualquer nível é dito ser. — É óbvio que sendo esta a estrutura dos significados do ser, a ontologia aristotélica se ocupará *fundamentalmente, embora não exclusivamente*, da οὐσία, da substância, e *buscará, sobretudo na substância a resposta ao problema do ser*: cf. Z 1, 1028 b 2-7. — Sobre o ser como πολλαχῶς λεγόμενον cf., além do volume que é um ponto de referência clássico, F. Brentano, *Von der mannigfachen Bedeutung des Seienden nach Aristoteles*, Friburgo na Brisgóvia, 1862 (Darmstadt 1960), os seguintes trabalhos: Owens, *The Doctrine of Being...*, cit., especialmente pp. 49-63; Reale, *L'impossibilità di intendere univocamente l'essere, passim*, além de *Il conc. di filos. prima*[5] (1993), pp. 109 ss. e 407-446. — Mas, além destas, existem também outras razões que justificam (e não pouco) a interpretação da doutrina do ser em sentido *analógico*: cf. *infra*, notas 11 e 31; ver também *infra*, o que dizemos na nota 32 a Δ 6.

[3] (**1003 b 11-19**). *Nexos estruturais entre ontologia e usiologia*. — Aristóteles tira explicitamente as conclusões do que, como mostramos nas notas precedentes, está implicitamente contido nas primeiras afirmações de Γ 1. — (1) São objeto da mesma ciência não só as coisas unívocas, mas também as que se dizem em sentidos diversos, mas que implicam referência a uma única coisa. Portanto, todos os significados do ser (justamente porque, mesmo sendo diversos, têm uma referência estrutural a uma única natureza) são objeto de uma única ciência. — (2) Todavia (e deve-se prestar particular atenção a isso), justamente porque os múltiplos significados supõem estruturalmente *um significado primeiro e fundamental*, relativamente ao qual todos se "comparam" e se determinam; pois bem, justamente por isso é claro que a ciência que estuda coisas com significados diversos, mas com relação a um significado fundamental, deve ter *essencialmente como objeto esse significado primeiro e fundamental*. A ontologia estudará, particularmente, todos os significados do ser, mas, fundamentalmente, *estudará o significado principal do ser, que condiciona todos os outros significados, isto é, a substância* (οὐσία). Cf. Alexandre, *In Metaph.*, pp. 244, 15 ss. Hayduck; Bonitz, *Comm.*, p. 174. (Nesse sentido, em *Il conc. di filos. prima*[5] (1993), *passim*, sustentamos a tese de que a *ontologia* aristotélica é fundamentalmente uma *usiologia*, e a ele remetemos, além do *Ensaio introdutório*, pp. 63-85, a quem queira aprofundar o problema). — (3) Note-se que a expressão "o filósofo deverá conhecer *as causas e os princípios da substância*" é muito significativa. Já a partir de A 9, 992 b 18-24, sabemos que só *da substância* se podia buscar os elementos, as causas e os princípios e não dos outros significados do ser, *porque só existem elementos, princípios e causas da substância e não do ser entendido nos outros significados*. Com isso temos uma belíssima confirmação do que se disse no ponto precedente. — (4) Pode-se assim compreender um último ponto, considerado por muitos como inexplicável. A fórmula ὂν ᾗ ὄν (ser

enquanto ser) *não* tem um único significado. No primeiro capítulo, como vimos, significava a οὐσία; nas linhas 15 s., que acabamos de ler, significa *todos os seres, todos os significados do ser* (mas era no plural τὰ ὄντα ᾗ ... ὄντα); em K 7, 1064 a 29 a fórmula significará *a substância mais elevada* (o divino). A nosso ver, a mobilidade da fórmula, como já explicamos no *Ensaio introdutório*, pp. 63-85, se deve à própria estrutura polivalente do ser e dos seus significados, que permite entender o *enquanto* da fórmula "ser *enquanto* ser", tanto de modo *extensivo* como de modo *intensivo*. Entendida de modo *extensivo*, a fórmula só pode significar a própria multiplicidade dos significados do ser e a relação que formalmente os liga; entendida de modo *intensivo*, indicará o significado principal de ser, o centro para o qual convergem todos os significados, isto é, a *substância*, ou, até mesmo, excepcionalmente, a *mais alta substância*; cf. Reale, *L'impossibilità di intendere univocamente l'essere*..., p. 326, agora reeditado em *Il conc. di filos. prima*[5] (1993), p. 446. — (5) Contudo, está fora de discussão que a expressão "ciência do ser", para Aristóteles, queria dizer principalmente (embora não em sentido exclusivo e redutivo), *ciência das causas e princípios do ser*, no sentido de *ciência das causas e princípios da substância*. Em última análise, o conhecimento dos outros significados do ser se reduzirá ao conhecimento das relações que eles têm com a substância.

[4] (1003 b 19). Por exemplo, para os sons o *ouvido*, para as cores a *vista*, para os sabores o *paladar*.

[5] (1003 b 20-21). A gramática não estuda só a voz aguda ou grave, mas toda espécie de voz *enquanto voz* (cf. Alexandre, *In Metaph.*, p. 245, 10 ss. Hayduck).

[6] (1003 b 21-22). *As espécies de ser aqui evocadas são as espécies do um com que se identificam (como o idêntico, o semelhante, etc.) discutidas em seguida.* — A passagem foi entendida de diferentes modos: a dificuldade está sobretudo em entender o que significam as "espécies" do ser. — (1) Alguns pensam que se trate das *diferentes substâncias*. Tomás (*In Metaph.*, p. 153 a, § 547 Cathala-Spiazzi), por exemplo, escreve: "Hic ostendit quod *primi philosophi est considerare de omnibus substantiis*, tali ratione. Omnium eorum qui sunt unius generis, est unus sensus et una scientia, sicut visus est de omnibus coloribus, et grammatica considerat omnes voces. Si igitur omnia entia sint unius generis aliquo modo, oportet quod omnes species eius pertineant ad considerationem unius scientiae quae este generalis: et species entium diversae pertineant ad species illius scientiae diversas. Hoc autem dicit, quia non oportet quod una scientia consideret

de omnibus speciebus unius generis secundum proprias rationes singularum specierum, sed secundum quod conveniunt in genere. Secundum autem proprias rationes pertinent ad scientias speciales, sicut est in proposito. Nam omnes substantiae, inquantum sunt entia vel substantiae, pertinent ad considerationem huius scientiae: inquamtum autem sunt talis vel talis substantia, ut leo vel bos, pertinent ad scientias speciales". Cf. também Bonitz, *Comm.*, p. 178. Em parte assim também Alexandre, *In Metaph.*, p. 245, 37 ss. Hayduck. — (2) Alexandre, *In Metaph.*, p. 245, part. ll. 33-35 Hayduck, pensa também nas *categorias*, mas logo em seguida propõe uma exegese que se remete àquela de que falamos no número precedente. — (3) Colle (*Métaph.*, III, pp. 47 s.) escreve, ao invés: "Acreditamos que, falando de *espécies do ser*, Aristóteles tenha em mira unicamente as noções que pretende tratar: o idêntico, o semelhante etc., que são propriamente as espécies do Um, mas que, como ele pretende justamente demonstrar, são também as espécies do ser" (Solução que, contrariamente ao que pensava Colle, já era de Robin, cf. *Th. plat.*, p. 149, 7 primeiras linhas da nota). — Excluída a segunda exegese, dado que, nem antes nem depois dessa passagem nada se diz das categorias, restariam a primeira e a última. Mas o que imediatamente se segue exige, a nosso ver, a última exegese; tanto mais que (*a*) as diversas substâncias *não* podem absolutamente ser chamadas εἴδη de um gênero; ao contrário, o *idêntico*, o *semelhante* etc. podem, embora em *sentido lato*, ser chamados εἴδη; cf. nota 9. Ademais, a primeira exegese não concorda bem com o que leremos abaixo, em 1004 a 2-4. (Sobre as duas últimas linhas ver, ademais, Ross, *Metaph.*, I, p. 257). — Cf. *Ensaio introdutório*, pp. 257 ss.

[7] (**1003 b 22-32**). *Coincidência do ser e do um e suas consequências.* — Aristóteles passa agora a demonstrar que, dado que *ser* e *um* coincidem, daí deriva, consequentemente, que a ciência que investiga o *ser* e os seus significados *deverá investigar também o um e as noções relativas ao um.* — Na passagem que lemos é fornecida uma primeira prova da coincidência de *ser* e *um* (recorde-se a fórmula medieval que tornará celebérrima esta doutrina: *ens et unum convertuntur*). *Ser* e *um*, diz Aristóteles, indicam a *mesma realidade*, já que a afirmação do primeiro implica também a do outro e vice-versa: uma coisa *não* pode *ser*, sem ser *uma*; e não pode ser *uma*, se não for *ser*. Todavia, não são idênticas as *noções* de "ser" e de "um": de fato, dizendo *ser*, pretendemos exprimir a *existência* ou o *existir* da coisa (τὴν ὕπαρξιν, diz Alexandre, p. 247, 19 Hayduck); ao invés, dizendo *um*, entendemos *a distinção ou separação* (χωρισμόν) *de uma coisa das outras*

e da multiplicidade (*ibid.*, 20). Evidentemente, não mudaria nada se se objetasse que *também as duas noções* coincidem; pelo contrário, a tese que se está demonstrando se beneficiaria disso! (A respeito da comparação que Aristóteles apresenta do *princípio* e da *causa*, cf. Δ 1, 1013 a 16 ss.). — Segue-se um exemplo esclarecedor. Dizer "homem" e "*um* homem", e dizer "homem" e "*é* homem" (ou "homem *existente*") é o mesmo. De onde (Ross, *Metaph.*, I, p. 257, cuja leitura é também a melhor) se podem extrair as seguinte equações:

um homem = homem
homem *existente* = homem
um homem = homem *existente*
um = *existente*

— A argumentação que se segue, e que pusemos entre parênteses, serve de reforço, e é de difícil interpretação. Eis três nuanças diferentes de possíveis exegeses. — (1) Tomás (*In Metaph.*, p. 155 a, §§ 551 s. Cathala-Spiazzi): "Idem enim este generari et corrumpi hom inem, et id quod est homo. Quod ex hoc patet, quia generatio est via ad esse, et corruptio mutatio ab esse ad non esse. Unde nunquam generatur homo, quin generetur ens homo: nec unquam corrumpitur homo, quin corrumpatur ens homo. Quae autem simul generantur et corrumpuntur sunt unum. — Et sicut dictum est quod ens et homo non separantur in generatione et corruptione, similiter apparet de uno. Nam cum generatur homo, generatur unus homo: et cum corrumpitur, similiter corumpitur". — (2) Bonitz (*Comm.*, p. 176), depois de ter lamentado a obscuridade da frase, escreve: "Videtur autem hoc dicere: neque in generatione neque in corruptione seiungitur essentiae notio ab unitate, et similiter unitatis notio non seiungitur ab essentia". — (3) Uma terceira nuança é dada pela exegese de Asclépio (*In Metaph.*, p. 236, 25-27 Hayduck), onde se mantenha a lição dos manuscritos e não se suprima εἷς nas ll. 25 e 26 como pretende Hayduck (cf. também Tricot, *Métaph.*, I, p. 180, nota 3, que justamente mantém εἷς): "quando se gera *um* (εἷς) homem, gera-se o *ser* do homem (ὢς ἄνθρωπος), e quando se corrompe *um* homem, corrompe-se o *ser* do homem. E o mesmo se diga do *um*". — Todas as três nuanças de exegese, em todo caso, levam à mesma conclusão. — Cf. *Ensaio introdutório*, pp. 253 ss.

[8] (**1003 b 32-33**). *Novo argumento aduzido para demonstrar a identidade do ser e do um.* — Toda substância é *uma* não acidentalmente mas *essencialmente*, e assim toda substância é *ser* não acidentalmente mas *essencialmente*; portanto, "ens... et unum significant idem secundum rem" (Tomás, *In*

Metaph., p. 155 b, § 554 Cathala-Spiazzi). Para um aprofundamento do argumento cf. Bonitz, *Comm.*, pp. 176 s. e *Ensaio introdutório*, pp. 255 ss.

[9] (**1003 b 33-36**). *Coincidência da ontologia e da henologia.* — Eis as conclusões a que Aristóteles queria chegar (cf. nota 7). Dada a identidade do *ser* e do *um* e das *espécies* do ser e do um (aqui as *espécies* indicam as diferentes noções que se reduzem ao ser e ao um; cf. *supra*, nota 6, in fine), uma mesma ciência deverá tratar do *ser*, do *um* e das suas "espécies" (como *idêntico, semelhante*, etc.), assim como dos contrários destas (porque é sempre a mesma ciência que trata do contrário relativamente ao próprio objeto: por exemplo, a medicina trata da saúde, mas também da doença etc.). Sobre este ponto Aristóteles voltará logo em seguida, p. 1004 a 9 ss. — Cf. *Ensaio introdutório*, pp. 253-266.

[10] (**1004 a 1-2**). *Evocação da obra "A divisão dos contrários"*. — Trata-se de uma obra perdida de Aristóteles, identificável com o Περὶ ἐναντίων, mencionado no catálogo de Diógenes Laércio, 30. — Alexandre, que já não dispunha dela, informa que Aristóteles falou dessa divisão dos contrários também no livro II do Περὶ τἀγαθοῦ (*In Metaph.*, p. 250, 17-20 Hayduck), sem contudo identificar (como erroneamente alguns acreditaram) uma obra com a outra. — Sobre a questão ver P. Moraux, *Les listes anciennes des ouvrages d'Aristote*, Lovaina 1951, pp. 52 ss. — O "princípio" (ἀρχή) de que Aristóteles fala (na linha 1004 a 1) é assim interpretado por Alexandre: "[Aristóteles] chama 'princípio' a contrariedade do *um* e do que é oposto ao *um*, vale dizer os *muitos*. De fato, o *idêntico* é um, o *diferente* é uma *multiplicidade* e numa multiplicidade. Assim também o *semelhante* e o *igual* se remetem ao *um*, enquanto o *dessemelhante* e o *desigual* se remetem à multiplicidade" (*In Metaph.*, p. 250, 13-16 Hayduck).

[11] (**1004 a 2-9**). *Distinção entre filosofia primeira e filosofia segunda e evocação da estrutura hierárquica do ser e da sua consequente unidade.* — Esta passagem (de grande importância) para alguns parece estar fora de lugar. (1) Alexandre (*In Metaph.*, p. 250, 32 ss. Hayduck) pretende lê-la ou depois de 1003 b 19 ou depois de 1003 b 22; (2) Schwegler (*Metaph.*, III, p. 155) e Ross (*Metaph.*, I, pp. 256 s.) depois de 1003 b 19; (3) Colle (*Métaph.*, III, p. 52) pretende até mesmo, absurdamente, suprimi-la. Mas, que Colle seja vítima de um equívoco, já o demonstramos em: *Il conc. di filos. prima*[5] (1993), pp. 114 ss. — A segunda das hipóteses de Alexandre é descartada por todos (efetivamente, a passagem não se ligaria com o que precede). — Ao contrário, seria perfeitamente lida depois de 1003 b 19, e ter-se-ia, sem dúvida, melhor sucessão de ideias; mas não é certo que,

por isso, a passagem esteja fora de lugar; cf. as razões que aduzimos em *Il conc. di filos. prima*[5] (1993), p. 107. — Contudo, o sentido da passagem é por si claríssimo. O ser é *originalmente* ou *imediatamente* (ευθύς serve para indicar "id quod suapte natura ὑπάρχει, *non intercedente alia causa*", Bonitz, *Index*, p. 296 a 15-16) dividido em "gêneros". — Esses "gêneros do ser" são como a maioria concorda em interpretar (cf. Alexandre, *In Metaph.*, p. 251, 24 s. Hayduck; Siriano, *In Metaph.*, p. 61, 17 ss. Kroll; Tomás, *In Metaph.*, p. 156 b, § 563; Schwegler, *Metaph.*, III, p. 155; Bonitz, *Comm.*, p. 178; Ross, *Metaph.*, I, p. 256 e outros). — Portanto, haverá uma "filosofia primeira" que tratará do *suprassensível*, e uma "filosofia segunda" que tratará do *sensível*. Emerge aqui a componente *teológica*, da qual falaremos no cap. 3. Para a comparação com as ciências matemáticas, cf. E 1, final e nota relativa. Tenha-se presente que se não se põe em primeiro plano *a estrutura hierárquica do ser* e a consequente estrutura hierárquica da ciência, só se compreende parcialmente o pensamento de Aristóteles. — Esta é outra razão que justifica a qualificação da concepção aristotélica do ser como *analógica*. Uma coisa, de fato, é o ser suprassensível e outra coisa é o ser sensível: o significado de "ser" nos dois casos não é *idêntico*, mas, justamente, *análogo*. Nesse caso, como veremos, a unidade dos significados do ser não é *por referência a um único termo*, porque estão em causa as próprias substâncias (substâncias suprassensíveis e substâncias sensíveis), mas *por consequência*, como se diz mais adiante (1005 a 19-11); cf. *infra*, nota 31 (e *supra*, nota 2), e nota 32 a Δ 6.

[12] (**1004 a 9-22**). *A investigação sobre o ser e sobre o um implica também o estudo do múltiplo e dos conceitos a eles conexos*. — Retoma um pensamento já antecipado em 1003 b 36 - 1004 a 2, e o desenvolve sistematicamente (cf. notas 9 e 10). A mesma ciência que estuda o ser e o um estuda também o *múltiplo* (pela razões de que se fala nas notas 9 e 10) e *todas as noções que se ligam, ademais do um, também ao múltiplo: negação, privação, diverso, dessemelhante, desigual, contrariedade e diferença*. — O raciocínio entre parênteses, que explica como *negação* e *privação* são conexos ao *um*, parece-nos fornecido, com maior aderência ao texto, por Colle mais do que por outros (*Métaph.*, III, p. 55): "... A privação (...) e a negação do um não são mais do que duas maneiras de considerar a mesma coisa, isto é, o um. E, para explicar o seu pensamento, Aristóteles mostra em que consiste precisamente a negação pura do um e a sua privação. Ou, diz ele, dizemos de maneira absoluta que o um não existe (é a pura negação: não-um), ou dizemos que o um não existe num gênero determinado de seres (é a privação, a *multidão*,

se interpretamos bem o pensamento de Aristóteles; e o gênero do qual se nega a unidade quando se fala da multidão é o gênero de seres que possuem a quantidade discreta). Aqui, portanto (na privação), prossegue Aristóteles, há algo mais do que na simples negação. Na simples negação do um não se encontra a *diferença* (a diferença específica), na privação se a encontra. De fato, na privação do um, na *multidão*, a negação afeta o um em condições tais que essa negação constitui uma diferença específica. Isso não ocorre na negação pura e simples. A pura negação não-um não é uma diferença específica, porque não divide nenhum gênero determinado de seres; a privação do um, ao contrário, a multidão, divide o gênero determinado dos seres que podem possuir a quantidade discreta, e é por isso que ela constitui realmente uma diferença específica. De fato, a pura negação do um, diz Aristóteles, não significa senão a simples ausência do um, mas na privação do um, há uma certa natureza (um gênero) que serve de substrato, ao qual a privação é atribuída. — Nas explicações que precedem, demos à expressão τὸ ἕν o sentido que se lhe dá em todas as interpretações conhecidas. Perguntamo-nos, todavia, se τὸ ἕν não signifique aqui simplesmente a noção, qualquer que seja, da qual há negação ou privação. Esta conjectura nos é sugerida pela leitura do capítulo X (12 b e 13 a) das *Categorias*, onde a expressão τὸ ἕν designa, muitas vezes, a noção da qual existe privação. Tomando τὸ ἕν neste sentido, pode-se explicar o pensamento aristotélico por meio de exemplos muito mais claros e menos contestáveis. Assim, se se tomasse a noção de *aquele que vê* (a negação seria *aquele que não vê*, a privação seria *cego*, o gênero seria *animal*), o pensamento de Aristóteles, mostrar-se-ia bem mais claro e de maneira mais segura. — Ross (*Metaph.*, I, pp. 259 s.) entende o texto renunciando a explicar τῷ ἑνὶ ἤ (linha 13 s.), e no aparato crítico (*ad. loc.*) levanta até mesmo a hipótese que deva ser suprimido (cf. também Tricot, *Métaph.*, I, p. 183, nota 3). — Cf. *Ensaio introdutório*, pp. 257-260.

[13] (**1004 a 18**). Isto é, *o idêntico*, o *semelhante* etc., cf. 1003 b 36.

[14] (**1004 a 18-19**). Todas as noções que derivam das que Aristóteles citou e dos seus contrários.

[15] (**1004 a 19-20**). *Todas as contrariedades se resolvem na contrariedade do um e dos muitos*. "(...) Algumas imediatamente, outras só de maneira mediada, e imediatamente em outras contrariedades mais afins e próximas" (Bonghi, *Metaf.*, I, p. 243, nota 2).

[16] (**1004 a 20-22**). Cf. I 3, 10-54 b 23 ss.; 4, 1055 a 3 ss.

[17] (**1004 a 23-25**). Cf. *supra*, 1003 b 12 ss.

[18] (1004 a 28-31). Cf. *supra*, 1003 a 34 ss.

[19] (1004 a 31 – b 1). Cf. B 1, 995 b 18-27; 2, 997 a 25-34.

[20] (1004 b 1-3). *O problema a que se alude*. — Alexandre explica assim o problema: se a substância considerada por si e a substância considerada junto com o seu acidente são a mesma coisa ou se são duas coisas diversas (*In Metaph*., p. 257, 24 s. Hayduck).

[21] (1004 b 3-4). Cf. respectivamente: I 4, 1055 a 19-23; 1055 a 3-19, 23-33; 1055 a 38 - b 20; 1055 a 33-38, b 20-26. (Cf. Tricot, *Métaph*., I, p. 186, nota 2).

[22] (1004 b 5). "*Essas coisas*" (ταῦτα). — Referem-se a: *idêntico, igual, semelhante* etc., e aos seus contrários.

[23] (1004 b 8-9). *Alusão aos Sofistas*. — São explicitamente nomeados depois em 1004 b 17.

[24] (1004 b 8-10). *A pesquisa dos Sofistas é uma pesquisa sem base de sustentação*. — De fato, eles tratam do que se funda na substância e ignoram o que é a substância.

[25] (1004 b 17-26). *Diferença entre a filosofia, a dialética e a sofística*. — Excelente é a explicação de Schwegler (*Metaph*., III, p. 159): "a filosofia se distingue da dialética τῷ τρόπῳ τῆς δυνάμεως, isto é, no seguinte: ela deduz e prova cientificamente as próprias proposições, enquanto a dialética, que sabe tornar as próprias proposições apenas *prováveis*, partindo do ponto de vista das convicções comuns (ἐξ ἐνδόξων), fornece apenas resultados provisórios e, ao mesmo tempo, indaga as razões pró e contra só preliminarmente e na base de tentativas. [Seguem citações de *Top*., A 1, 100 a 27; 2, 101 a 25; b 2]. A filosofia se distingue da sofística pela sua tendência geral e escolha (τοῦ βίου τῇ προαιρέσει), enquanto tende ao conhecimento verdadeiro e científico, enquanto esta é só aparência de saber, privada de seriedade e de exigências científicas. A dialética pelo menos leva ao saber, embora ela mesma não seja saber; ao invés, a sofística tem só a aparência de saber". Não se poderia dizer melhor; a única coisa que, talvez, se poderia acrescentar é que em τοῦ βίου τῇ προαιρέσει pode-se ver uma alusão também ao escopo pragmático de lucro, ao qual os Sofistas, em parte, subordinavam a sua arte.

[26] (1004 b 31-32). *Referência particular aos Pitagóricos*. — Cf. A 5, 986 a 18 ss.

[27] (1004 b 32). *Referência a Parmênides*. — Naturalmente, não se refere à primeira mas à segunda seção do seu poema sobre a *doxa*, cf. A 3, 984 b 4; 5, 986 b 33.

[28] (**1004 b 32-33**). *Ulterior referência aos Pitagóricos e a Platão.* — Cf. A 5, 986 a 18 ss.; mas cf. sobretudo *Filebo, passim*, e especialmente as doutrinas não escritas.

[29] (**1004 b 33**). *Referência a Empédocles.* — Cf. A 4, 985 a 5 ss.

[30] (**1004 b 34 – 1005 a 1**). *Nova referência à obra "A divisão dos contrários".* — Cf. 1004 a 1 s., onde Aristóteles cita expressamente o título desta obra; cf. *supra*, nota 1.

[31] (**1005 a 10-11**). *Unidade por consequência.* — Da *unidade por referência a um único termo* já falamos acima na nota 2. Aqui Aristóteles acena também à *unidade de consequência* (τῷ ἐφεξῆς), que tem lugar quando existe uma *série* de termos na qual um é anterior ao outro em escala hierárquica, de modo que o posterior depende do anterior e todos dependem do primeiro. Por causa dessa dependência, todos os termos que formam a série entram no âmbito da mesma ciência que tem por objeto o primeiro termo da série. Cf. Colle, *Métaph.*, III, p. 63 e Tricot, *Métaph.*, I, p. 190, nota 4 e o nosso volume *Il conc. di filos. prima*[5] (1993), pp. 119 ss. — Tenha-se presente este ponto, porque o evocaremos para resolver a questão suscitada por Aristóteles no final de E 1. Ver o que dissemos acima, nota 11, *in fine*. Desempenha aqui um papel essencial a recepção da componente platônica na ontologia aristotélica. Esse nexo estrutural do ser é de importância essencial para garantir a unidade polívoca do ser em sentido global.

3. *Sumário e comentário a Γ 3*

[1] (**1005 a 19 – b 34**). Sumário. — *No presente capítulo Aristóteles demonstra que à metafísica compete, além do estudo do ser e do um e de todas as noções imediatamente ou mediatamente deriváveis destes*, também o estudo dos axiomas ou princípios da demonstração *(cf. segunda aporia). De fato, os axiomas valem para todos os seres e não só para alguns, e, portanto, a investigação deles é de competência de quem estuda todo o ser. — Por esse motivo, as ciências particulares se valem dos axiomas, mas não fazem deles objeto específico de investigação; e se alguns físicos, ao invés, fizeram deles objeto de investigação, isso ocorreu porque esses físicos consideraram que a natureza esgotava todo o ser, e, portanto, fizeram deles objeto de investigação* como se fossem ontólogos (embora a seu modo), mais do que como simples físicos. — *Todavia, posto que a natureza não é todo o ser, mas apenas um gênero do ser, é claro que o estudo dos axiomas competirá a quem investiga*

também o outro gênero do ser (e, portanto, todo o ser), vale dizer, ao metafísico. — *Aristóteles passa, em seguida, a enunciar o primeiro dos axiomas, isto é,* o princípio de não contradição, *que ele qualifica como o mais seguro de todos os princípios, aquele sobre o qual não é possível enganar-se: "é impossível que o mesmo atributo pertença e não pertença, ao mesmo tempo, à mesma coisa"; ou ainda: "é impossível que a mesma coisa seja e não seja ao mesmo tempo". Este é o princípio do qual dependem todos os outros axiomas e o princípio ao qual todos se remetem quando demonstram alguma coisa.*

[2] (**1005 a 23-27**). *As ciências particulares usam os axiomas na medida em que lhes compete.* — Este raciocínio é bem esclarecido por Tomás (*In Metaph.*, p. 164 a, § 591 Cathala-Spiazzi): "Rationem autem, quare omnes scientiae eis utuntur, sic assignat; quia unumquodque genus subiectum alicuius scientiae recipit praedicationem entis. Utuntur autem principiis praedictis ascientiae particulares non secundum auam communitaqtem, prout se extendunt ad omnia entia, sed quantum sufficit eis: et hoc secundum continentiam generis, quod in scientia subiicitur, de quo ipsa scientia demnonstrationes affert. Sicut ipsa philosophia naturalis utitur eis secundum quod se extendunt ad entia mobilia, et nonm ulterius".

[3] (**1005 a 27-29**). *Plena solução da segunda aporia.* — Cf. *supra*, B 2, 996 b 26-997 a 15.

[4] (**1005 a 29-33**). *Em que sentido os filósofos naturalistas a seu modo podem ser considerados também como metafísicos (ainda que impropriamente e parcialmente).* — Ross (*Metaph.*, I, p. 262) crê que aqui Aristóteles aluda a pensadores que desenvolveram elementos de ceticismo contidos em Heráclito, Empédocles, Anaxágoras e Demócrito. Mas, a nosso ver, seria mais lógico pensar, em primeiro lugar, em Parmênides e nos Eleatas. — O pensamento aristotélico é, em todo caso, claríssimo: esses físicos ou filósofos naturalistas *ignoravam a existência de qualquer outra realidade além da física.* Portanto eles viam na natureza *todo o ser* (consideravam o ser natural como *o todo do ser*), e portanto, a seu modo, faziam uma *ontologia*. E dado que eles acreditavam esgotar todo o real (*o todo do ser*), assim se explica o fato de eles também se ocuparem, em certo sentido, com os axiomas.

[5] (**1005 a 33 – b 2**). *Uma passagem-chave da ontologia aristotélica: o metafísico está "acima" do físico.* — Deve-se prestar atenção nessa passagem importantíssima, bem comentada por Colle (*Métaph.*, III, pp. 64 s.): "Do fato de existir algo além dos seres da natureza (os corpos, seres móveis e inseparáveis da matéria), isto é, a substância primeira (o ser imóvel e separado), conclui-se com razão que não pertence ao físico como tal a tarefa

de tratar o ser enquanto ser, nem por consequência os axiomas, pois, pelo simples fato da existência ou da possibilidade de um ser incorpóreo, a ideia de ser aparece manifestamente como mais ampla do que a ideia de corpo. O estudo do ser enquanto ser pertence, portanto, a uma ciência mais universal, e, nesse sentido, mais elevada do que a física. Mas não é só isso que Aristóteles diz aqui. Ele conclui que a ciência geral do ser e, por consequência, dos axiomas, pertence necessariamente à ciência que tem como objeto próprio o estudo da substância primeira: *ele afirma nitidamente a unidade da ontologia e da teologia*". Cf. também Tricot, *Métaph.*, I, p. 193, nota 1. — Note-se ainda que o termo *universal*, posto ao lado da expressão *substância primeira* (lemos, com Jaeger: τοῦ <περὶ τὸ> καθόλου καὶ [τοῦ] περὶ τὴν πρώτην οὐσίαν) deve ser entendido adequadamente: Aristóteles não fala absolutamente do universal *lógico*, isto é, do κοινόν abstrato. Aqui *universal* [e usado no mesmo sentido em que em A 2, 982 a 24 s. os princípios primeiros são chamados *universais supremos, enquanto se trata daqueles princípios que dão razão de toda a realidade*. Ora, a *substância primeira*, de que fala a nossa passagem, é, como veremos, *razão primeira e suprema de toda a realidade, e, portanto, nesse sentido, é universal*. Mas devemos enfrentar novamente a questão em E 1. — Para os aprofundamentos do problema ver *Il conc. di filos. prima*[5] (1993), pp. 114-121, particularmente pp. 116 s. — Por enquanto é claro o seguinte: (*a*) A fórmula *ser enquanto ser* é móvel, justamente porque a palavra ser designa uma multiplicidade de significados; (*b*) a ontologia da qual o livro Γ traçou os contornos revelou-se (por causa da peculiar estrutura dos múltiplos significados do ser que se referem concentricamente à *substância*, e dessa referência à substância repetem a sua qualificação de seres) fundamentalmente como uma *usiologia* ou teoria da substância; (*c*) ulteriormente se viu, em Γ 2, que a filosofia se divide segundo a divisão das substâncias. Portanto, a nossa passagem apenas retoma e reafirma esse pensamento de fundo, que é o eixo de sustentação da *Metafísica* de Aristóteles. — Note-se, enfim, que essa passagem contém a expressão mais próxima à acepção da metafísica como ciência do *suprassensível* (o metafísico como alguém que está *acima* do físico, τοῦ φυσικοῦ τις ἀνωτέρω); cf. *Ensaio introdutório*, pp. 31 ss., 43 ss.

[6] (**1005 b 1-5**). *Evocação dos "Analíticos"*. — Alexandre (*In Metaph.*, p. 267, 14 ss. Hayduck) considera que se deve ler esse período depois de b 8; assim também Schwegler, *Metaph.*, III, pp. 160 s. — Colle (*Métaph.*, III, p. 66) pretende até mesmo exclui-lo. — Mas já Bonitz (*Comm.*, p. 185) tinha demonstrado que se pode lê-lo no lugar onde nos foi transmitido (cf. *ibid.*

as argumentações). — O significado da passagem é bem captado por Ross (*Metaph.*, I, p. 263): "Alguns evidentemente introduziram nas discussões da ἀλήθεια, isto é, da natureza última da realidade (...), a pesquisa das condições segundo as quais se devem acolher como verdadeiras as crenças. Essa questão, sublinha Aristóteles, *não deve ser confundida com a questão relativa à natureza da realidade*. Esta pertence à lógica, que se deve estudar antes de enfrentar tal questão. E se a estudarmos, aprenderemos que não se deve sempre esperar uma prova, que existem princípios que não a exigem ou não a admitem (1006 a 5-8; cf. *An. Post.* I 3)". — Alguns identificam aqueles com Antístenes, como também Ross propõe (cf. *ibid.* as argumentações, mas não totalmente persuasivas). Cf., ademais, também Antisth., V A 157, *Socratis et Socraticorum*..., vol. II, p. 198 Giannantoni.

[7] (**1005 b 8-11**). *Evocação da substância em sentido global.* — O texto diz: ὅτι μὲν οὖν τοῦ φιλοσόφου καὶ τοῦ περὶ πάσης τῆς οὐσίας θεωροῦντος, ᾗ πέφυκεν. O que significa: tanto da substância *física* quanto da substância *primeira* ou *suprafísica*: cf. 1005 a 35 e nota 5.

[8] (**1005 b 8-11**). *Porque cabe ao filósofo também a investigação sobre os princípios dos silogismos.* — Tomás (*In Metaph.*, p. 167 a, § 596 Cathala-Spiazzi): "In unoquoque genere ille est maxime cognoscitivus, qui certissima sognoscit principia; quia certitudo cognitionis ex certitudine principiorum dependet. Sed primus philosophus est maxime cognoscitivus et certissimus in sua cognitione: haec enim erat una de conditionibus sapientis, ut in prooemio huius libri patuit, scilicet quod esset certissimus cognitor causarum; ergo philosophus debet considerare certissima et fimissima principia circa entia, de quibus ipse considerat sicut de genere sibi proprie subiecto".

[9] (**1005 b 11-18**). *Duas conotações essenciais do princípio de não contradição.* — Aristóteles estabelece aqui quais são as duas prerrogativas básicas do princípio mais seguro de todos, isto é, daquele princípio sobre o qual não é possível se enganar: (*a*) deve ser *imediatamente conhecido* (porque aquele conhecimento deve ser possuído antes de possuir e justamente para poder possuir qualquer outro conhecimento); (*b*) deve ser *não hipotético*, isto é, *incondicionado* (justamente porque deve ser ele mesmo condição de todos os outros conhecimentos). — Sobre o ponto (b) cf. Platão, *Rep.*, VI 507 B 7; 511 B 6.

[10] (**1005 b 19-20**). *Primeira formulação do princípio de não contradição.* — Além dessa formulação, Aristóteles dá outras, por exemplo abaixo, nas linhas 23 s.: "é impossível a quem quer que seja acreditar que uma mesma coisa seja e não seja"; e nas linhas 26 s.: "não é possível que os contrários subsistam juntos no mesmo sujeito".

[11] (1005 b 20-22). Cf. *infra*, nota 14.

[12] (1005 b 25). *Em que sentido se refere aqui a Heráclito*. — Note-se a fórmula dubitativa usada por Aristóteles, que afirma referir uma opinião (e, portanto, não dados extraídos diretamente da obra de Heráclito).

[13] (1005 b 25-26). *Em que sentido aqui Aristóteles critica Heráclito*. — Segundo Ross (*Metaph*., I, p. 264) "Aristóteles não acusa Heráclito de insinceridade, mas sugere que ele não exprimiu com exatidão o seu pensamento, ou não compreendeu plenamente o significado das palavras que usava".

[14] (1005 b 27-28). *Insistência de Aristóteles sobre a necessidade de formular o princípio de não contradição com todas as determinações*. — Cf. *supra*, ll. 20-22. As razões já foram ditas acima: alguém, com argumentações sofístico-dialéticas, poderia aproveitar da falta de algumas dessas determinações e especificações, para criar dificuldades.

[15] (1005 b 28-32). Esclarece no plano, digamos assim, *gnosiológico*, que acima foi dito no plano *ontológico*.

4. *Sumário e comentário a Γ 4*

[1] (**1005 b 35 – 1009 a 5**). Sumário. — *A partir deste capítulo começa a célebre* "defesa refutatória" (ἀποδεῖξαι ἐλεγκτικῶς) *do princípio de não contradição. A sua "demonstração" é impossível, porque os primeiros princípios* não podem estruturalmente ser demonstrados *(caso contrário ir-se-ia ao infinito na demonstração). Porém é possível uma "refutação" de quem nega o princípio de não contradição e, portanto, uma prova indireta dele (demonstração por via de refutação)*. — *De quem nega o princípio dever-se-á, em primeiro lugar, pretender* não *que admita que algo* ou seja ou não seja *(porque é justamente este o ponto que se deve alcançar), mas simplesmente que* diga algo *com sentido para ele e para os outros. Se o adversário não fizer isso, não poderá nem sequer falar consigo ou com os outros; se fizer isso, a refutação será possível: de fato, já terá admitido algo determinado e alguma coisa como verdadeira mesmo que não tenha sido demonstrada. Segue um grupo de maciças provas por refutação, facilmente distinguíveis em número de sete*. — Dada a sua amplidão e complexidade, resumiremos separadamente cada uma delas à medida que as encontrarmos, nas notas postas no início de cada prova (cf. notas 15, 22, 29, 34, 35, 38, 39).

[2] (**1005 b 35**). *Possível evocação dos Megáricos*. — Que os pensadores aos quais se refere sejam os Megáricos, como Maier (*Syllogistik des Aristoteles*,

II, 2, 7, nota 1) argui da comparação de 1006 b 15-17, 1007 a 10-14 com Simplício, *In Metaph.*, p. 120 12 ss. Diels, não é totalmente evidente. Ross (*Metaph.*, I, 268), seguido por Tricot (*Métaph.*, I, p. 197, nota 1), julga que é pelo menos muito provável; cf. também Döring, *Die Megariker*..., p. 155, nota 2.

[3] (**1005 b 35**). Aristóteles remete aqui ao que disse *supra*, p. 1005 b 23-25.

[4] (**1006 a 1-2**). Note-se como Aristóteles aqui distingue acuradamente os dois planos: *ontológico* e *lógico*.

[5] (**1006 a 2-3**). *Os Naturalistas aos quais se refere*. — Aristóteles refere-se aos seguintes filósofos: Heráclito (3, 1005 b 25; 7, 1012 a 24; 8, 1012 a 34), os Heraclitianos (5, 1010 a 11), Empédocles (5, 1009 b 15), Anaxágoras (5, 1009 a 27; 1009 b 25 s.), Demócrito (5, 1009 a 27; 1009 b 11, 15).

[6] (**1005 a 4-5**). Aristóteles remete ao que disse *supra*, 3, 1005 b 17 ss.

[7] (**1006 a 6**). *Evocação de Antístenes*. — Cf. *supra*, 3, 1005 b 2-5. A ignorância (ἀπαιδευσία) é aquilo de que Aristóteles falou nos *Analíticos*. As ll. 3-6 são reportadas como fragmentos de Antístenes, V A 157, vol. II, p. 198 Giannantoni[2].

[8] (**1006 a 8-9**). *Impossibilidade de fornecer demonstração de tudo*. — Tomás (*In Metaph.*, p. 168 b, § 607 Cathala-Spiazzi); "...Si enim omnia demonstrarentur, cum idem per seipsum non demonstretur, sed per aliud, oportet esse circulum in demonstrationibus. Quod esse non potest: quia sic idem esset notius et minus notum, ut patet in primo *Posteriorum*. Vel oportet procedere in infinitum. Sed, si in infinitum procederetur, non esset demonstratio, quia quaelibet demonstrationis conclusio redditur certa per reductionem eius in primum demonstrationis principium; quod non esset si in infinitum demonstratio sursum procederet".

[9] (**1006 a 11-12**). A *impossibilidade em palavra*. — Isto é, *que a mesma coisa, ao mesmo tempo seja e não seja*.

[10] (**1006 a 15-20**). *Pode-se provar a validade do princípio de não contradição não pela demonstração, mas pela refutação de quem o nega*. — Este é o celebérrimo ἔλεγκος (ἐλεγκτικῶς ἀποδεῖξαι), que já ilustramos acima, perfeitamente explicado por Bonitz (*Comm.*, pp. 188 s.): "Prorsus enim diversa est demonstrandi et refutandi ratio; demonstratio enim repetenda est ex propositiinibus sua natura altioribus et ad cognoscendum aptioribus (*An. post.*, I 2, 71 b 17 ss., *An. pr.*, I 31. 46 b 38); itaque si quis principium contradictionis demonstrare susceperit, quoniam non est alia propositio hac altior, fieri non potest quin id ipsum pro fundamento concludendi

ponat et ab adversario concedi postulet, quod ab initio ad demonstrandum erat propositum (...). Qui vero refutare alium suscipit, initium capit ab iis propopsitionibus, quae adversarius libens volens concedit, et vel inesse in his vel ex his consequi id, quod erat demonstrandum, comrpobat; qua in argumentatione si tecte id ipsum pro fundamento ponit, quod est comprobandum, non ipsi potest obiici petitio principii, sed potius adversarius eius petiotinis principii auctor est". — A *petição de princípio* (αἰτεῖσθαι τὸ ἐν ἀρχῇ, l. 17; cf. ll. 18 e 25) consiste, como é sabido, em valer-se, na demonstração, da coisa que se tinha proposto demonstrar.

[11] (**1006 a 20-21**). *Pressupor o que se quer provar.* — Isto é, tomar como premissa do raciocínio o que está em questão (cf. Colle, *Métaph.*, III, p. 72).

[12] (**1006 a 21-24**). *O mínimo que se pede ao adversário.* — Basta, portanto, que o adversário diga *qualquer palavra sensata*, para que a refutação possa ocorrer. (Note-se que o adversário só pode fugir a esta exigência deixando de falar, não só com os outros, mas também consigo). De fato, se ele diz alguma palavra com sentido: (*a*) já existe algo determinado e (*b*) esse algo é assumido como verdadeiro sem demonstração (de fato, quando se estabelece que uma palavra tem determinado sentido, não se demonstra, mas se assume). E assim a refutação poderá ocorrer.

[13] (**1006 a 24-26**). A *petição de princípio na posição dos adversários.* — De fato, explica Alexandre (*In Metaph.*, p. 274, 25-28 Hayduck): "aquele que diz que nada é de um modo mais do que de outro (...) destrói o discurso. Mas ao destruir o discurso, serve-se do discurso!". Noutros termos: só se pode destruir o discurso com o discurso. A petição de princípio aqui é óbvia.

[14] (**1006 a 28**). *Uma frase a excluir:* ὥστε οὐκ ἂν πᾶν οὕτως καὶ οὐχ οὕτως ἔχοι. — Esta frase "nada pode ser de determinado modo e, também, não ser desse modo", se relê na linha 30, e aqui está fora de lugar e, além disso, não consta em nenhum manuscrito e não é comentada por Alexandre nem por Asclépio. Também Ross e Jaeger (cf. *apar. crít.*, *ad. h. l.*) a põem entre parênteses, como já havia proposto Bonitz.

[15] (**1006 a 28 – 1007 a 20**). *Primeira refutação do adversário do princípio de não contradição.* — Articula-se em quatro momentos sucessivos. — (1) Se o adversário fala, como vimos, diz algo que tem determinado significado. Ora, ele deverá, por exemplo, forçosamente, usar a cópula, isto é, a palavra *ser*, e deverá admitir, pelas razões explicadas, que a palavra "ser" tem outro significado determinado e, com isso, já terá admitido que nem tudo é *desse*

modo e, ao mesmo tempo, também *não desse modo*. — (2) Considerações análogas às feitas para a cópula, poder-se-ão, ademais, repetir para qualquer palavra; particularmente, para a palavra que indica o sujeito: ponhamos, por exemplo, "homem". Ora, também *homem* deverá ter um significado único e determinado: digamos que este seja "animal bípede". Dizendo que homem tem um significado único e determinado, diz-se o seguinte: toda vez que algo for chamado homem, este será animal bípede. Note-se: o adversário não pode objetar o seguinte: (*a*) Não pode objetar que as palavras não tenham um, mas *muitos* significados; de fato, esta dificuldade pode ser superada estabelecendo quais e quantos são esses significados e dando a cada um nome diferente. (*b*) E tampouco pode objetar que isso não é factível, pois os significados não são finitos, mas infinitos em número: se fosse assim, não mais seria possível entender-se com os outros, e tampouco consigo mesmo; antes, em geral, não se poderia sequer pensar, porque só se pode pensar alguma coisa *determinada*. Fica, pois, demonstrado que o nome exprime um e só um significado determinado. — (3) Com base no que se estabeleceu, será impossível (A) que *essência de homem* e o que não é *essência de homem* signifiquem a mesma coisa, e (*B*) será impossível que a mesma coisa *seja homem* e, ao mesmo tempo, *não seja homem*. (Noutros termos, aquilo que se disse da palavra e do seu significado, é verdade também da *essência* significada; e o que é verdade da cópula e do sujeito é verdade da cópula e do sujeito tomados juntos). (A) Que a *essência de homem* não possa significar o que não é *essência de homem*, brota imediatamente do ponto (2), mas Aristóteles o prova *ad abundantiam* (para prevenir objeções sofísticas e dialéticas), mostrando que (α) "significar uma coisa única" (σημαίνειν ἕν) não pode ser confundido com (β) "significar um atributo de uma coisa única" (σημαίειν καθ' ἑνός). Tem-se (α) σημαίνειν ἕν, quando se diz "homem é animal bípede"; (β) tem-se σημαίειν καθ' ἑνός, quando se diz "homem é branco" ou "homem é músico". É claro que, se trocarmos o segundo caso com o primeiro, então "o homem é branco" significará homem-branco e homem será igual a não-homem (o branco é não-homem) e assim também para "músico". Mas é justamente contra essa confusão que a argumentação põe em guarda. (De resto, conclui Aristóteles, é de tal modo radical a demonstração em palavra, que, se não se a opera, todos os atributos de um sujeito significarão a mesma coisa do sujeito e, portanto, todos se identificarão entre si e com o sujeito, e tudo deverá reduzir-se a uma única coisa). (*B*) E assim não será possível que a *mesma coisa* seja homem e não seja homem, não só em palavras (isto é, só se aquilo que nós chamamos *homem* outros o denominassem *não-homem*; mas esta é uma questão puramente verbal, que não tem ligação com o nosso problema). De fato, se "homem" não significasse algo diferente de "não-homem", então também a "essência de homem" não seria algo diferente da "essência de não-homem", e as duas expressões significariam a mesma coisa, assim como "túnica" e "veste". Ao invés, demonstrou-se que significam duas coisas diferentes. Por isso, com base na definição dada acima, se algo (digamos Sócrates) é "homem", necessariamente é "animal bípede", não pode ser o oposto. Portanto, não é possível dizer da mesma coisa (Sócrates) que é *homem* e também que *não é homem*. — (4) Enfim Aristóteles refaz o raciocínio (que fez para o *ser homem*) também para o *não-ser-homem*. Se "ser branco" significa algo diferente de "ser homem", *a fortiori* "ser não-homem" significará algo diferente de "ser homem", porque é até mesmo o oposto. O adversário não poderá fugir, dizendo que "homem" é também "branco", porque, assim dizendo, confundiria o σημαίνειν ἕν com o σεμαίνειν καθ' ἑνός (ver a primeira metade da prova precedente). Pela mesma razão, quando se pergunta ao adversário se algo (digamos, Sócrates) é homem ou não, não se pode responder que é "homem", mas também "branco" e "grande" (e, portanto, homem e também não-homem). Todos os atributos acidentais são, com efeito, excluídos e não podem ser chamados em causa. Os atributos acidentais, *não* exprimem a essência da coisa e *não são* a coisa, e portanto, quem os enumera *não diz o que é a coisa*, mas diz quê coisa *não é aquela coisa*. Ademais são inumeráveis; e o adversário não os chama em causa, ou, se o faz, deverá enumerá-los todos; mas, se os enumera, sendo ilimitados em número, nunca acabará, e deverá parar de discutir.

[16] (1006 a 33-34). *A essência do homem* (τὸ ἀνθρώπῳ εἶναι). — Será "animal bípede", como foi acima explicado (linha 32).

[17] (1006 a 34 – b 11). *O poder significativo que têm as palavras*. — Colle dá uma cristalina exegese de todo esse raciocínio: "Depois de dar essa definição [a das linhas 32-34] Aristóteles tem o cuidado de fazer observar que esse poder de significar possuído pelas palavras, não é destruído pelo fato de certas palavras terem múltiplos significados diferentes. Esta é uma imperfeição apenas acidental, em nada essencial à linguagem. Para fazê-la desaparecer, quando for necessário, basta indicar com uma palavra diferente da palavra equívoca. O mal seria sem remédio apenas no caso em que supusesse (e então seria destruído o poder de significação da palavra) que a palavra signifique um número ilimitado de coisas diferentes. Se fosse assim, evidentemente, a linguagem seria impossível. As palavras não

teriam nunca um significado determinado e nunca significariam uma só coisa. Ora, o que não significa uma só coisa, com exclusão das outras, na realidade não significa nada. Se essa hipótese fosse verdadeira, não só não seria possível conversar com os outros, mas nem sequer seria possível falar consigo mesmo, isto é, pensar. De fato, não se pensa nada se não se pensa algo determinado. O fato de poder pensar algo determinado (e é certo que se pode), não impede que se dê a este algo determinado um nome determinado" (*Métaph.*, III, pp. 76 s.). — Deve-se assinalar a exegese de Bonghi da segunda parte do raciocínio (particularmente das ll. 9-11) que, separando-se de todos os outros, propunha: "Se, por absurdo, ocorresse o ato de pensar algo sem pensar algo único, seria um ato intelectivo *sui generis*, de uma essência diferente de toda outra e por isso exigiria uma palavra diferente e única para ser indicado. O conceito desse ato seria um *conceito único*, o signo, com o qual seria indicado, seria *uma palavra única*. Nem o seu conceito, nem o vocábulo que o exprime seriam os mesmos conceitos e vocábulos correspondentes a todos os outros atos. De modo que se, por absurdo, se concedesse aos adversários que é impossível um ato de pensar algo sem pensar algo único, nem por isso se estaria vencido. O próprio conceito desse ato é um conceito único, certo, destinado, determinado, fixo: e assim também o vocábulo que o exprime" (*La Metaf.*, I, p. 258, nota 1). Exegese aguda, mas improvável. Em todo caso, as conclusões de todo o raciocínio não mudariam.

[18] (**1006 b 13-18**). *Diferença entre significar uma coisa precisa e significar o atributo que se refere a uma coisa.* — Bonitz (*Comm.*, p. 190 s.) explica: "His igitur positis (δή) [isto é, o que foi estabelecido nos pontos (*a*) e (*b*)] demonstrat fieri non posse ut idem vere dicatur et esse homo et non esse homo, b 33. Quod ut appareat, religiose tenendum est quid sit quod dicimus σημαίνειν ἕν, neque permiscendum cum eo quod dicimus σημαίνειν καθ' ἑνός b 14. Nimirum per σημαίνειν ἕν ipsam notionem substantialem nominis alicuius significamus, τὸ ὅπερ ἀνθρώπῳ εἶναι..., verum καθ' ἑνός σημαίνει quaecumque de eodem subicto praedicantur, veluti μουσικόν, λευκόν, ἄνθρωπος, b 16. Quod si dicamus idem esse ac σημαίνειν ἕν, inde consequens erit, ut quaecunque de eodem praedicentur idem sint notione et substantia atque id de quo praedicentur, ac proptera etiam inter se notione substantiali, κατὰ τὸν λόγονῆς οὐσίας, eadem sint, hoc est autem συνώνυμα..., unde facile eo pervenimus ut omnia esse unum contendamus, quod pro manifesto summae absurditatis signo Aristoteles ponere solet, cf. 1007 b 19, Z 11. 1036 b 20. al.".

[19] (1006 b 13-34). *Estrutura do raciocínio contido nessa parte do capítulo.* — Parece-nos que o raciocínio de Aristóteles se esclareça dividindo esse momento da argumentação em duas partes: (1) a primeira lida acima (ll. 13-18) demonstra que a *essência de homem* não pode ter o mesmo significado relativamente *ao que não é essência de homem* (por exemplo, a *essência de branco ou de músico*), pelas razões vistas. (2) A segunda (desse período até o final) se desloca (pelo menos em parte) do plano da *essência* ao plano da coisa *individual*, e demonstra que uma dada realidade individual (por exemplo: Sócrates, Cálias ou Platão) não pode *ser homem* e também (ao mesmo tempo) *não ser homem*, justamente em consequência do que foi conquistado na primeira parte. Para a exposição do conjunto cf. nota 15.

[20] (1006 b 34 – 1007 a 20). *A via intransitável da enumeração de todos os acidentes e suas consequências.* — Este último momento da prova é considerado supérfluo por Bonitz (*Comm.*, p. 192): "Quod hocusque demonstravit exorsus a notione hominis, idem nunc comprobat profectus a notione negativa non-homo; quam argumentationem cur distinguat a superiore non video; neque enim ipsa re diversa est ab illa, quoniam eadem est opositio sive ab hoc sive ab illi initium feceris, neque rationibus utitur aliis atque antea. Nititur enim haec etiam argumentatio in eo, quod *per* σημαίνειν ἕν denotatur ipsa notio, non accidentia notioni". — Colle (*Métaph.*, III, p. 81) pensa, por sua vez, que Aristóteles não conclui a argumentação que aqui formula, e portanto a reconstrói a seu modo. — Parece-nos, ao invés, que Aristóteles institua esse novo ramo de argumentação para poder explicitar completamente a questão do acidente e da predicação acidental. De fato, todos os *atributos acidentais* do homem não exprimem a essência do homem, mas uma essência *diferente do homem* e, portanto, de *não-homem*. Ora, é verdade (e o adversário não pode deixar de objetar) que o homem é o que se estabeleceu como essência de homem, mas é igualmente verdade que o homem é *também*, por exemplo, *branco, alto, etc.* e tantas outras coisas, que também não são o que se estabeleceu como essência de homem. Por que, então, não poderemos licitamente dizer que o homem é *também* essas coisas? Porque além de confundir o σημαίνειν ἕν e o σημαίνειν καθ' ἑνός (ponto já estabelecido na precedente argumentação), fazendo isso, entraríamos por uma via *absolutamente intransitável* (eis a novidade da argumentação), enquanto a enumeração dos acidentes (*i.e.* do que não é homem ou não é essência de homem ou é essência de não-homem), para ter sentido, deveria ser *completa*: mas isso é impossível, porque os acidentes são *infinitos*.

[21] (1007 a 19-20). *Conclusões.* — Quem segue a via da enumeração dos acidentes não pode discutir, porque deverá proceder ao infinito e, portanto, nunca chegar ao fim na enumeração dos acidentes infinitos.

[22] (1007 a 20 – b 18). *Segunda refutação do adversário do princípio de não contradição.* — Quem nega o princípio de não contradição *suprime a substância e a essência*, reduzindo tudo a acidente. De fato, quem diz que *a essência de homem* é também *a essência de não-homem* ou *não-essência de homem*, diz que homem é diferente do que se estabeleceu como a essência de homem (animal bípede). Ora, o que é *diferente da essência* é, justamente, *acidente*. E quem sustenta esta tese dissolve, portanto, a essência nos acidentes. Ora, dissolvida a essência, não poderá mais haver nada que sirva de sujeito dos acidentes. Mas, note-se, o acidente, pela sua natureza, se predica sempre de um sujeito; portanto, vindo a faltar um sujeito, todo acidente deverá ser um acidente de um acidente ao infinito. Mas isso é absurdo, pelas seguintes razões. O acidente (*a*) ou se predica imediatamente de um sujeito, (*b*) ou se predica de outro acidente. (*a*) No primeiro caso, quando digo por exemplo "Sócrates é branco", o sujeito é termo último, e não só não existe série infinita, mas não existe sequer a predicação de um acidente de outro acidente. (*b*) No segundo caso existe um acidente que se predica de outro: por exemplo, quando digo "o músico é branco" ou "o músico é alto"; mas isso ocorre só porque existe um *sujeito* (por exemplo, Sócrates) de quem "músico" e "alto" são acidentes, e é só em virtude desse sujeito (Sócrates) que "alto" pode ser dito de "músico" (enquanto Sócrates é alto *e* músico). E também aqui a série infinita não ocorre. — Concluindo: se não é possível que exista uma série infinita de acidentes e se é necessário um sujeito primeiro, haverá algo que exprima a substância e, portanto, será impossível que a mesma coisa seja o que é e, ao mesmo tempo, o que não é. Ross (*Metaph.*, I, p. 266) considera esta prova um momento (o último) da precedente. Parece-nos que, mesmo tendo ligação com a precedente, deva ser distinguida, *pelo uso mais intenso dos conceitos metafísicos de substância e acidente*.

[23] (1007 a 23-25). E, portanto, do ponto de vista dos negadores do princípio de não contradição, seriam compatíveis com "homem" (cf. Tricot, *Métaph.*, I, p. 205, nota 2).

[24] (1007 a 25-26). Cf. 1006 a 32: a definição que exprime a essência do homem é animal-bípede. Cf. *supra*, nota 26.

[25] (1007 a 26-33). *Estrutura e significado do raciocínio de Aristóteles nestas linhas.* — O raciocínio, que normalmente é muito complicado pelos

comentadores, na realidade é, a nosso ver, muito simples e pode ser resumido assim. (*a*) Quem pretende que uma coisa seja também *diferente do que é* e, portanto, *o que ela não é*, destrói a sua essência (que significa determinação e exclusão de tudo o que a coisa não é). (*b*) Destruída a essência, vale dizer, o que a coisa é, só restam os acidentes, que são justamente tudo o que a coisa não é. (*c*) Portanto, tudo o que se diria das coisas, se fosse verdade a pretensão de quem nega o princípio de não contradição, só poderia ser acidente. A segunda parte desta prova mostrará justamente os absurdos dessa conclusão e, portanto, das premissas das quais ela procede.

[26] (1007 b 10). *Exegese da proposição* οὐ γὰρ γίγνεταί τι ἓν ἐξ ἁπάντων. — Ross (trad., *Met. ad loc.*) traduz livremente assim: "for no unity can be got out of such a sum". O significado parece-nos simplesmente o seguinte: a "Sócrates" posso acrescentar "branco" e obtenho "Sócrates branco". Ora, "Sócrates branco" não forma uma *unidade* a ponto de servir de substrato ou sujeito de ulteriores acidentes. — Outra exegese proposta é, por exemplo, a de Colle (*Métaph.*, III, pp. 86 s.), o qual considera que a série dos atributos de Sócrates seja necessariamente finita pela seguinte razão: "Não se pode com todos os acidentes de qualquer tipo formar algo que seja um. A ideia de Sócrates branco já é incompatível com uma quantidade de outros acidentes, e todo novo acidente que se acrescente excluirá uma nova quantidade de outros acidentes". Mas essa exegese não concorda bem com o texto de 1007 a 11-20, onde se diz que os acidentes atribuíveis a um sujeito são ilimitados.

[27] (1007 b 11-13). *Impossibilidade de atribuir um acidente a outro acidente.* — Nem ao "branco" nem ao "músico" poder-se-á acrescentar outro acidente, porque nenhum dos dois é verdadeiramente *sujeito*, enquanto ambos devem ser inerentes a algo, que é propriamente sujeito. — Colle (*Métaph.*, III, p. 87) escreve: "(...) não existe verdadeiramente atribuição de um acidente a outro acidente, de modo que um seja realmente sujeito do outro. O que o demonstra bem é o fato de que se pode, nesses casos, inverter a ordem da atribuição. Onde se diz que um branco é músico, poder-se-á dizer, caso se queira, que o músico é acidente de branco, mas pode-se, igualmente com razão, dizer que branco é acidente de músico. E como aqui não existe absolutamente atribuição [verdadeira], não é possível uma série dessas atribuições, nem, consequentemente, alguma série infinita".

[28] (1007 b 13-18). A *predicação do acidente pressupõe estruturalmente a substância e as consequências que isso comporta.* — Aristóteles recorda

que *só dois* são os modos nos quais se predica o acidente: tanto um como o outro, imediatamente ou mediadamente, *supõem um sujeito e não admitem um processo de predicação ao infinito*. Outros casos de predicação acidental não existem. Portanto, a conclusão se impõe: *existe um sujeito primeiro, portanto, uma substância*. E se existe uma substância, a não contraditoriedade do ser está salva.

[29] (1007 b 18 – 1008 a 2). *Terceira refutação do adversário do princípio de não contradição.* — Se admite-se que os contraditórios existem no mesmo sujeito e podem ser predicados juntos, derivam dai as seguintes consequências absurdas: *todas as coisas reduzir-se-ão a uma só e todas as coisas serão confundidas e misturadas*. Por exemplo, um *homem* será também uma *trirreme* e uma *parede*, etc. Tome-se, por exemplo, a doutrina de Protágoras, que sustenta que é verdade *o que a cada um parece*; pois bem, se a um parece que algo seja *homem* e *não trirreme*, então aquilo será *não trirreme*, mas, ao mesmo tempo (uma vez que se tenha negado o princípio de não contradição), será forçosamente também *trirreme*, e assim por diante. Desse modo, todas as coisas viriam a fundir-se e a confundir-se juntas, como dizia Anaxágoras. Na verdade, nota Aristóteles, esses filósofos acreditam falar do ser, enquanto, na realidade, falam do não-ser, ou, melhor, *do ser potencial e indeterminado* (que é não-ser em ato), já que só em potência e não em ato os contraditórios podem estar juntos. Em todo caso, diz Aristóteles, os pensadores que negam o princípio de não contradição não podem fugir às conclusões tiradas aqui, porque, se se admite que de toda coisa se possa predicar a *sua negação*, com maior razão dever-se-á admitir que se possa predicar também *a negação de outra coisa* (de fato, se é lícito dizer que o homem é *não-trirreme*, será também lícito dizer que é *trirreme*; e assim do homem poder-se-á negar e depois afirmar qualquer outra coisa).

[30] (1007 b 23-24). No que se refere a Protágoras, ver *infra* o cap. 5, dedicado expressamente a ele.

[31] (1007 b 25-26). *Evocação da doutrina do fr. 1 de Anaxágoras* (Diels-Kranz, II, p. 32). — Naturalmente, Aristóteles entende o pensamento anaxagoriano ao seu modo. Cf. também o que se disse *supra*, A 8, 989 b 6 ss. (cf. também, Platão, *Fédon*, 72 C).

[32] (1007 b 26-29). *Papel decisivo do problema da distinção ontológica de ato e potência.* — Aristóteles alude à sua doutrina metafísica fundamental (da qual nos ocuparemos sobretudo no comentário de Θ), segundo a qual todos os significados do ser têm dois "modos" fundamentais: *ato* e

potência. Em ato é o ser realizado, presente, completo e determinado; em potência é o ser possível, ainda não completo e ainda não determinado. Os contraditórios e os contrários *em ato* nunca podem estar juntos na mesma coisa; *em potência*, ao contrário, *podem*. Portanto (e é isso que Aristóteles diz na nossa passagem) as coisas que aqueles filósofos dizem, podem ser atribuídas ao *ser em potência*, isto é, ao indeterminado, mas não ao *ser em ato*.

[33] (**1007 b 29 – 1008 a 2**). *O raciocínio que constitui um selo da prova e sua estrutura*. — Muito bem resume esse raciocínio Schwegler (*Metaph*., III, p. 173):

"1) A tese do adversário é: *homem é não-homem*.

2) Daqui Aristóteles deduz: *homem é não-trirreme*. O adversário deve aceitar essa consequência, porque, mesmo que ele não quisesse admitir logo a ulterior consequência: *o homem é trirreme* (ἡ κατάφασις), todavia ele deve

3) conceder que a *negação de trirreme* (ἡ ἀπόφασις = o juízo: *o homem é não-trirreme*) pode ser predicada do homem ainda mais que a sua própria negação (μᾶλλον ἢ ἡ αὑτοῦ ἀπόφασις = o juízo: *o homem é não-homem*).

4) Ora, se esta última ocorre, também deve ocorrer a primeira; vale dizer: se é correto o juízo negativo *o homem é não-homem*, deve ser correto também o outro juízo negativo *o homem é não-trirreme*.

5) Desse juízo negativo deriva (com base nos pressupostos do adversário) imediatamente o juízo afirmativo: *o homem é trirreme*".

[34] (**1008 a 2-34**). *Quarta refutação do adversário do princípio de não contradição*. — Quem nega a validade do princípio de não contradição, será obrigado a negar também a validade do princípio do terceiro excluído, isto é, a negar que seja necessário ou afirmar ou negar. De fato, para quem nega o princípio de não contradição, as seguintes duas posições são verdadeiras ao mesmo tempo: 1) *o homem é homem* e (2) *o homem é não-homem*. Ora, dado que os contraditórios são verdadeiros ao mesmo tempo, também serão verdadeiras ao mesmo tempo as proposições contraditórias das duas enunciadas, isto é: (1) *o homem não é homem* e (2) *o homem não é não-homem*. E se fundirmos as duas primeiras numa única: *o homem é homem e não-homem*, também as duas últimas poderão ser fundidas numa única: *o homem não é homem e não é não homem*. Em suma: o adversário nem sequer poderá mais dizer que os contraditórios são verdadeiros ao mesmo tempo, *porque deverá negá-los logo depois de tê-los afirmado*. (Para as várias nuanças exegéticas cf. Alexandre, *In Metaph*., p. 292 ss. Hayduck;

Siriano, *In Metaph.*, p. 71, 13-22 Kroll; Tomás, *In Metaph.*, p. 176 b, §§ 640 s. Cathala-Spiazzi; Colle, *Métaph.*, III, pp. 90 s.).

[35] (**1008 a 34 – b 34**). *Quinta refutação do adversário do princípio de não contradição.* — Demonstra, com nova série de dilemas, que, negado o princípio de não contradição e, portanto, admitido que tudo se possa afirmar de tudo e também negar de tudo, *nenhuma coisa poderá mais se distinguir de outra e todos dirão, ao mesmo tempo, o verdadeiro e o falso.* Eis a série de dilemas instituída por Aristóteles. — (1) (*a*) Tudo que se afirma pode-se também negar, (*b*) ou não tudo, mas só algumas coisas. Se é verdade (*b*), então, pelo menos para as coisas excetuadas, vale o princípio de não contradição e a tese do adversário desaba. — (2) Se, ao invés, é verdade (*a*), então nascerá este ulterior dilema: (α) ou tudo o que se pode afirmar pode-se também negar e vice-versa, (β) ou tudo o que se pode afirmar pode-se também negar, mas não vice-versa, tudo o que se nega pode-se também afirmar. Se é verdade o ramo (β) do dilema, então haverá algo que certamente não é, e portanto haverá algo seguro. — (3) Se, ao invés, é verdade (α), então nascerá outro dilema ainda: (α^1) ou se dirá a verdade distinguindo afirmação e negação, (β^1) ou não as distinguindo. Se é verdade (β^1) é evidente que, não distinguindo afirmação e negação, não se dirá nada, não haverá nada e tudo será absolutamente indistinto. E se é verdade (α^1) permanecem os mesmos absurdos e, particularmente, todos dirão a verdade e todos dirão a falsidade, inclusive o adversário, o qual, antes, acabará por não poder dizer nada, porque tudo o que afirma deve, depois, negar e, ainda, deve ulteriormente negar a afirmação e a negação.

[36] (**1008 a 23-24**). Cf. 1006 b 17; 1007 a 6; 1007 b 20.

[37] (**1008 a 28-30**). Colle (*Metaph.*, III, p. 94): "(...) seguir-se-á que todos se enganam sempre, porque é possível (...) sempre negar o que outro afirma, e sempre afirmar o que outro nega (...) e o adversário reconhece que ele mesmo se engana, porque admite que se possa dizer também o contrário do que diz".

[38] (**1008 a 34 – b 2**). *Sexta refutação do adversário do princípio de não contradição.* — Esta prova, brevíssima, é na realidade uma pura e simples afirmação do princípio de não contradição: quando é verdadeira a afirmação, é necessariamente falsa a sua negação e vice-versa; portanto não pode ser verdade afirmar e negar, ao mesmo tempo, a mesma coisa. — Aristóteles reconhece, porém, que este não é um verdadeiro argumento, porque afirma justamente aquilo que deve ser demonstrado, e que o adversário contesta.

Por que, então, ele o enumera? Eis como Bonghi tenta explicar: "Segundo o Afrodísio, por se tratar de um argumento que se apresenta de início, para mostrar como essa doutrina com a qual combate se opõe às noções mais comuns como as do falso e do verdadeiro. Eu penso que Aristóteles nota aqui esse argumento confundindo-o com os outros, porque era um daqueles que se costumava usar nas escolas, e justamente para excluí-lo, como pouco consistente" (*Metaf.*, I, p. 271, nota 2).

[39] (1008 b 2-31). *Sétima refutação do adversário do princípio de não contradição.* — Reafirma pontos substancialmente já adquiridos. Não se pode admitir que esteja errado (1) quem distingue os contraditórios e considera verdadeiro um ou o outro e que esteja certo (2) quem considera que os contraditórios sejam verdadeiros ao mesmo tempo, pelas razões que se seguem. (*a*) Se é verdadeira a tese (2), não terá nenhum sentido dizer que as coisas têm esta ou aquela natureza. (*b*) Se a tese (2) não é verdadeira, mas em todo caso *mais verdadeira* que a tese (1), então as coisas deverão estar de *determinado* modo e, em todo caso, esta tese não admitirá o seu contrário. (*c*) Quem sustenta a tese (2) não deveria mais abrir a boca (porque deveria, logicamente, dizer e depois desdizer), não deveria pensar nem crer em nada e, então, tornar-se-ia como uma planta. (*d*) Os próprios defensores da tese (2) *na prática* a desmentem, comportando-se como se as coisas estivessem de modo bem preciso e determinado e, em particular, como se o melhor fosse bem distinto do pior. Em suma, a sua prática destrói a sua teoria.

[40] (1008 b 2-5). *Se os contraditórios fossem verdadeiros juntos, as coisas não poderiam ter a sua natureza.* — Esta passagem só pode ser entendida do modo como a traduzimos. Colle (*Métaph.*, III, p. 95) comenta: "... se quem possui a verdade é quem diz 'o fogo é quente e não é quente', como as coisas poderão ainda ter a sua natureza? De fato, correntemente se diz: 'esta é a natureza das coisas'. Que sentido isso poderia ter, se é verdade que o fogo é quente e não é quente, que a pedra é dura e não é dura, etc.?".

[41] (1008 b 5-7). De fato, é claro que quem nega o princípio de não contradição pretende estar mais na verdade do quem o afirma. Justamente sobre isso baseia-se a oportuna objeção de Aristóteles. Para a lição do texto cf. Ross, *Metaph.*, I, pp. 271 ss.

[42] (1008 b 7-12). *O negador do princípio de não contradição não pode falar e se reduz a um vegetal.* — Bonitz (*Comm.*, p. 198): "... si ex eorum sententia pariter omnes et falluntur et verum dicunt, omnis prorsus evanescit dicendi quidquam vel significandi facultas. Opinari aliquid ac simul

non opinari eos, quibus haec placent, nihil impedit, at nihil vere statuunt apud animum... Quod qui faciunt, nihil differeunt a plantis".

[43] (**1008 b 25-31**). *Os negadores do princípio de não contradição desmentem com os fatos as coisas que dizem.* — Na sua vida cotidiana, os negadores do princípio de não contradição comportam-se como se os contraditórios não pudessem de modo algum ser verdadeiros juntos e como se as coisas de modo algum pudessem equivaler e como se *melhor* e *pior* fossem bem distintos. — Tomás explica muito bem as linhas 25-31 (*In Metaph.*, p. 179 b, § 658 Cathala-Spiazzi): "*Excludit quamdam cavillationem.* Posset enim aliquis dicere quod homines quaedam desiderant tamquam bona, et alia fugiunt tamquam non bona, non quasi scientes veritatem, sed quasi opinantes, quod non idem sit bonum et non bonum, licet idem sit secundum rei veritatem. Sed si hoc est verum, quod homines non sunt scientes, sed opinantes, multo magis debent curare ut addiscant veritatem. Quod sic patet; quia infirmus magis curat de sanitate quam sanus. Ille autem, qui opinatur non verum, non disponitur salubriter ad veritatem in comparatione ad scientem: habet enim se ad scientem sicut infirmus ad sanitgatem. Defectus enim scientiae est opinio falsa, sicut aegritudo sanitatis. Et sic patet, quod homines debent curare de v eritate invenienda: quod non esset, si nihil esset verum determinate, sed simul aliquid verum et non verum".

[44] (**1008 b 31 – 1009 a 5**). *Oitava refutação do adversário do princípio de não contradição.* — Mesmo os que negam o princípio de não contradição devem admitir que existe o *mais* e o *menos*. Por exemplo: devem admitir que o 2 é *mais* par que o 3, e que quem confunde 4 com 5 erra *menos* do que quem confunde 4 com 1000. Portanto há quem erre *mais* e quem erre *menos* e, portanto, há quem esteja mais e quem esteja menos na verdade. Ora, estar mais na verdade significa estar mais próximo da verdade, e, portanto, *significa que existe uma verdade*, uma verdade absoluta. Se não se quiser admitir essa verdade absoluta, dever-se-á, em todo caso, admitir que algo é mais seguro e mais verídico do que outro: e isso basta para pôr em xeque os negadores do princípio de não contradição.

[45] (**1009 a 1-5**). *O quê implica admitir algo mais verídico.* — Schwegler, *Metaph*, III, p. 175, comenta: "Se eu digo: uma coisa é mais verdadeira do que outra, com isso pressuponho (...) uma verdade em si e por si, à qual o que é mais verídico mais se aproxima do que o que é menos verídico. Em todo caso, mesmo dado que não houvesse nenhuma verdade absoluta, restaria contudo a verdade relativa".

5. *Sumário e comentário a Γ 5*

[1] (**1009 a 6 – 1011 a 2**). Sumário. — *Prossegue a prova por via de refutação do princípio de não contradição, mas com referências mais explícitas aos pensadores individuais. E, em primeiro lugar, a Protágoras, cuja doutrina implica a afirmação de que os contraditórios podem ser verdadeiros juntos e, portanto, sustenta-se ou desmorona caso se sustente ou desmorone esta afirmação. — Ao refutar os negadores do princípio de não contradição, explica Aristóteles, deve ser feita uma nítida distinção: de fato, existem os que o negam por causa de efetivas dificuldades encontradas na investigação da realidade; ao contrário, outros o negam apenas com razões erísticas. Os primeiros são facilmente corrigíveis, porque às suas válidas razões pode-se contrapor outras razões mais válidas; com os segundos a discussão é mais difícil, porquanto eles não apresentam verdadeiras razões e, portanto, é preciso atacá-los no seu próprio plano. Seguem-se três grupos de argumentações. — (1) Um primeiro grupo de argumentações é dirigido contra os que se convenceram que os contrários podem existir juntos com base na observação de que, no âmbito dos sensíveis, os contrários derivam da mesma coisa. — (2) Um segundo grupo de argumentações é dirigido contra os que, sempre com base na observação das coisas sensíveis, acreditaram que podiam concluir que tudo o que aparece seja verdadeiro (não se trata, evidentemente, note-se, só dos seguidores de Protágoras, mas de todos os que, de algum modo, reduziram a inteligência ao sentido: entre estes Aristóteles indica, em ordem, Demócrito, Empédocles, Parmênides, Anaxágoras e o próprio Homero, bem como os seguidores de Heráclito e de Crátilo). — (3) Um terceiro grupo de argumentos é dirigido, mais especificamente, contra a doutrina protagoriana.* (Cf. uma pormenorizada exposição desses três pontos, *infra*, nas notas 6, 11 e 33).

[2] (**1009 a 6-16**). *Evocação da doutrina de Protágoras.* — A identidade da doutrina de Protágoras com a dos negadores do princípio de não contradição é demonstrada por Aristóteles de modo muito fino, em dois sentidos. (1) A tese de Protágoras exige que as opiniões, equivalendo-se todas, sejam todas verdadeiras e todas falsas, o que, ulteriormente, exige que os contraditórios sejam verdadeiros juntos, isto é, a negação do princípio de não contradição. (2) Ao contrário, se se nega a validade do princípio de não contradição e se se afirma que os contraditórios são verdadeiros juntos, chega-se à tese de Protágoras: de fato, terá razão seja quem negue seja quem afirme, justamente porque as coisas são contraditórias, e a verdade só poderá ser aquela que a cada um apareça.

[3] (1009 a 18). *As dificuldades aqui evocadas.* — Trata-se, como veremos logo abaixo, de dificuldades reais, *conexas com a natureza do sensível*, que, por certos aspectos, *pode parecer* contraditório; trata-se, particularmente, das contradições apresentadas pelo *devir*.

[4] (1009 a 20-22). *Evocação dos eristas.* — Os que querem discutir só por amor à discussão são, justamente, os "eristas". Aristóteles não se ocupará deles especificamente, mas dos que se debatem em dificuldades sérias.

[5] (1009 a 23-24). *Razões pelas quais Aristóteles aqui trata de modo análogo e indistinto os contrários e os contraditórios.* — Note-se que aqui, no curso do livro, Aristóteles põe juntos contrários e contraditórios, que, em outro lugar (Δ 10 e Ι) distingue rigorosamente. Bonghi esclareceu do seguinte modo as razões desse fato: "Embora os contraditórios sejam diferentes dos contrários, em toda esta seção são postos juntos, porque se pretende mostrar que a coexistência dos contraditórios não é só logicamente, mas realmente impossível, e que os contrários podem ser considerados, ao excluírem-se mutuamente, como dois contraditórios reais. De fato, essa exclusão recíproca, que é a característica essencial, antes, única dos contraditórios e é formulada no próprio princípio de não contradição, reencontra-se nos contrários, embora determinada de outro modo" (*Metaf.*, I, p. 276, nota 1).

[6] (1009 a 23-38). *Primeiro grupo de argumentações contra os adversários do princípio de não contradição.* — Eis, portanto, uma primeira dificuldade (cf. *supra* l. 18 e nota 3) que induziu alguns filósofos da natureza a negar o princípio de não contradição. (1) Constatamos por experiência que da mesma coisa em devir seguem-se *ambos os contrários*; (2) ora, é impossível que se gere o que não é; (3) portanto, deve-se concluir que, naquela coisa, *preexistiam ambos os contrários juntos*. (Como exemplos são citados Anaxágoras e Demócrito). — A dificuldade é brilhantemente superada por Aristóteles com dois argumentos. (*a*) O primeiro consiste numa exata resolução da aporia em função da doutrina da *potência e do ato* (ver nota 9); (*b*) o segundo argumento evoca a *substância suprassensível*, subtraída a toda forma de devir e de movimento e, portanto, absolutamente não-contraditória (ver nota 10).

[7] (1009 a 26-27), *Evocação do fr. 1 de Anaxágoras.* — (Cf. Diels-Kranz, II, p. 32); cf. A 8, 989 b 6 ss.; também Γ 4, 1007 b 25 s.

[8] (1009 a 27-30). *Evocação da teoria de Demócrito já discutida.* — Cf. A 4, 985 b ss.

[9] (**1009 a 30-36**). *Evocação fundamental aos diferentes significados de "ser" e "não-ser".* — Cf. um aceno a esta doutrina já em Γ 4, 1007 b 26-29. Eis a precisa resposta de Aristóteles. O *ser* entende-se de *dois modos* diferentes (e em toda a gama dos seus significados): (1) *como ser em ato* e (2) como *ser em potência*. Analogamente, também o *não-ser* pode-se entender (entre outros modos) nesses dois modos: (1) como *absoluto não-ser*, (2) ou como *não-ser-ainda-em-ato*, isto é, como *ser potencial*. Ora, do não-ser entendido no sentido de absoluto não-ser não pode derivar nada; ao invés, do não-ser como potência pode derivar alguma coisa: por exemplo, da semente que *não* é árvore, pode derivar uma árvore (porque a semente não é um absoluto não-ser, mas só um não-ser-em-ato, isto é, um ser em potência). Ademais (e isso é decisivo) a mesma coisa não pode *nunca* conter os contrários em ato, mas *só em potência*: por exemplo, o ferro pode se tornar quente ou frio, mas não é nunca em ato quente e frio; ou, para ficar no exemplo anterior, a semente *é* e *não é* árvore, é *em potência* árvore mas não em ato; e, quando for *em ato* árvore, não será mais semente. Cf. Alexandre, *In Metaf.*, p. 304, 13 ss. Hayduck; Schwegler, *Metaph.*, III, p. 176.

[10] (**1009 a 36-38**). *Evocação das realidades suprassensíveis.* — São as *realidades divinas*, completamente subtraídas a toda forma de devir, nas quais, portanto, os contrários não existem nem mesmo em potência (Alexandre, *In Metaf.*, p. 304, 29 ss. Hayduck). Evidentemente, Aristóteles quer dizer o seguinte: mesmo dado que o sensível apresente elementos em favor da vossa tese (mas não concedido, pelas razões apresentadas na nota 9), em todo caso permanece indevida a extensão que fazeis das vossas conclusões a *todo o ser*. De fato, o sensível é apenas uma parte do ser. Esse pensamento já foi encontrado outras vezes (cf. A 8 *passim*. Γ 3, 1005 a 34) e ao qual voltará abaixo, nesse mesmo capítulo, 1009 a 36-38 e em Γ 8, 1012 b 22-31.

[11] (**1009 a 38 – 1010 b 2**). *Segundo grupo de argumentações contra os adversários do princípio de não contradição.* — Os pensadores de que se fala aqui não são só os seguidores de Protágoras (Siriano, *In Metaf.*, p. 75, 21 s. Kroll), mas todos os que Aristóteles nomeará em seguida. O erro em que caíram esses filósofos, assim como o erro precedente (cf. nota 6) é devido a considerações baseadas sobre as coisas sensíveis, ou, melhor ainda, baseadas sobre o conhecimento das coisas sensíveis. — Exponhamos todo o complexo das argumentações, que se estende até a p. 1010 b 2. Eles dizem que tudo o que aparece a cada um é verdadeiro, pelas seguintes razões. (*a*) O conhecimento sensível é relativo: a mesma coisa parece amarga a uns e a outros doce, e não há nenhum critério que nos permita estabelecer

que uns estão na verdade e outros estão no erro. (*b*) Inclusive o mesmo indivíduo não tem sempre as mesmas impressões sensoriais da mesma coisa. (*c*) Enfim, a razão de fundo da tese está na identificação da inteligência com a sensação, que é uma alteração. — Aristóteles cita em seguida alguns exemplos de filósofos, e reafirma que *o fato de ter acreditado que só existia o sensível* e que, portanto, tudo estivesse sujeito à mudança, foi a fonte das dificuldades levantadas. Enfim, responde resolvendo a dificuldade como se segue. (*a*) O devir não é catastrófico como eles pretendem. (*b*) Quando uma coisa cresce ou diminui, não permanece idêntica segundo a quantidade, mas *permanece idêntica segundo a forma* (e nós conhecemos as coisas segundo a forma). (*c*) É indevido estender a todo o universo aquilo que, no máximo, só vale para a parte dele que está sujeita à geração e à corrupção. (*d*) *Existe uma realidade absolutamente imóvel e sobre a qual não é possível ter opiniões contraditórias.*

[12] (**1009 b 2-6**). Cf. Alexandre, *In Metaf.*, p. 305, 5-13 Hayduck.

[13] (**1009 b 7-11**). Afirmações que serão caríssimas a todos os céticos. (Cf. Sexto Empírico, *Hipot. pirron.*, I, 40 ss.).

[14] (**1009 b 11-12**). *Um pensamento de Demócrito que se tornou emblemático para os céticos.* — Cf. Sexto Empírico, *Contra os matem.*, VII, 135 (= frs. 9 e 10, Diels-Kranz, II, p. 139) e Diógenes Laércio, IX, 72 (= fr. 117, Diels-Kranz, II, p. 166; cf. *ibid.*, Cícero, *Acad. prior.*, II, 10, 32). Este último fr. 117, por exemplo, soa: "nada conhecemos segundo a verdade, porque a verdade está nas profundezas".

[15] (**1009 b 12-14**). *A razão pela qual os filósofos antigos identificaram a inteligência e a sensação.* — Bonitz (*Comm.*, p. 201) explica: "veteres philosophi, ait, idem esse censuerunt αἴσθησιν ac φρόνησιν: atqui φρόνησις, hoc enim tamquam notum ex aliis Aristotelis libris addendum est, veluti *Eth. N.* VI 3. 1139 b 16, in iis est animi virtutibus, quae exemtae ab errore unice verum cognoscant; αἴσθησις autem conficitur αλλοώσει (cf. de somniis 2. 459 b 4, de motu an. 7. 701 b 16. de an. II 5. 417 b 34 et Trendel. *ad h. l.*) h. e. mutatione et rerum perceptarum et sensus percipientis et utiusque vario concursu. Inde efficitur, ut qui αἴσθησιν idem esse censeant φρόνησιν, ii, quaecunque in hac rerum ac sensuum mutatione offeruntur species, eas omnes pro veris habeant".

[16] (**1009 b 18-19**). Empédocles, fr. 106 (Diels-Kranz, I, p. 350).

[17] (**1009 b 20-21**). Empédocles, fr. 108 (Diels-Kranz, I, p. 351).

[18] (**1009 b 22-25**). *Um difícil fragmento de Parmênides.* — Fr. 16 (Diels-Kranz, I, p. 244). A exegese desse fragmento dá lugar a problemas muito

complexos. Aristóteles o entende em chave subjetivista e relativista, mas o seu verdadeiro sentido não é exatamente esse. Traçamos um *status quaestionis* na nota *Il fr. 16 e la genesi dell'umano conoscere secondo Parmenides*, in Zeller-Reale, *La filos. d. Greci*, I, 3, pp. 279-286, e a ela remetemos o leitor que queria aprofundar o problema (*ibid.* História da crítica textual, história das interpretações e bibliografia); cf. também o comentário de Ruggiu em Reale-Ruggiu, op. cit., pp. 354-362.

[19] (**1009 b 25-28**). *Um testemunho problemático sobre Anaxágoras.* — Esta passagem é apresentada como testemunho 28 por Diels-Kranz (II, p. 13). Também aqui, entretanto, Aristóteles deforma o pensamento de Anaxágoras, que não é certamente um subjetivista: "ele acreditava na objetiva validez da ciência e, provavelmente, entendia com essa observação pouco mais que isso: que podemos encontrar bem ou mal no mundo de acordo com os pressupostos com os quais nos aproximemos dele" (Ross, *Metaph.*, I, p. 275).

[20] (**1009 b 29-31**). *Um problemático verso de Homero.* — Na *Ilíada*, XXIII 698, encontra-se este verso, mas referido a Heitor. Sobre a questão cf. F. A. Trendelenburg, *Aristotelis De Anima libri tres*², pp. 179 s. e Movia, *Aristotele, L'Anima*, p. 233.

[21] (**1009 b 38 – 1010 a 1**). Provérbio muito famoso na Grécia (Leutsch e Schneidewin, *Paroemiogr. Graec.*, II, 677).

[22] (**1010 a 3-4**). *Referência ao ser em potência.* — Cf. *supra*, 1009 a 32, e, também, 4, 1007 b 26-29 e relativas notas.

[23] (**1010 a 5-7**). *Epicarmo.* — Desse pensador ver os testemunhos e fragmentos em Diels-Kranz, I, pp. 190 ss. — Zeller escreve a propósito desta passagem: "O que Epicarmo escreveu sobre Xenófanes não se pode absolutamente extrair daqui de modo totalmente seguro: mas a conjectura mais natural é que a propósito de alguma visão desse filósofo ele se expressou aproximadamente desta forma: será verdade, mas não é verossímil" (Zeller-Mondolfo, *La filos. d. Greci*, I 2, p. 633, nota 1). Ulteriores notícias a respeito encontramos em Untersteiner, *Senofane*..., pp. 24-26 no comentário a A 15 (testemunho constituído justamente pela nossa passagem).

[24] (**1010 a 14**). Cf. Heráclito, fr. 91 (Diels-Kranz, I, p. 171).

[25] (**1010 a 14-15**). Sobre Crátilo, cf. nota a A, 6, 987 a 32.

[26] (**1010 a 15-22**). *Ser e devir.* — De modo incisivo Bonghi (*Metaf.*, I, p. 282, nota 2 e p. 283, nota 1) explica: "O devir não absorve toda a natureza do ser que advém. No ser que advém há sempre algo não advindo. O devir não explica o ser, mas é explicado por ele. É algo que vem depois do ser: o

supõe". — O *aquilo de quê*, evidentemente, é o substrato ou causa material; o *aquilo por obra do qual* é a causa eficiente. Sobre a impossibilidade do processo ao infinito na série das causas, cf. α̃ 2, *passim*. Para um comentário mais pormenorizado, cf. Alexandre, *In Metaf.*, p. 309, 7 ss. Hayduck; Colle, *Métaph.*, III, pp. 107 ss.

[27] (**1010 a 23-24**). *Significado de* ποιόν *nesse contexto.* — Note-se que aqui, por *qualidade* deve-se entender *forma*, como depois, logo abaixo, será especificado (cf. Δ 14).

[28] (**1010 a 24-25**). E a *forma*, como veremos em Z, é imutável.

[29] (**1010 a 28-32**). *O ser incorruptível a que Aristóteles refere-se aqui.* — Note-se que, aqui, Aristóteles ainda não está falando do *suprassensível*, mas das substâncias *sensíveis incorruptíveis*, vale dizer, *dos céus*. Do suprassensível se fala logo abaixo. Recorde-se que, para Aristóteles, entre sensível corruptível e suprassensível existe no meio justamente o *sensível incorruptível*, como veremos em Θ 8 e sobretudo em Λ 1.

[30] (**1010 a 33**). Cf. *supra*, 1009 a 36.

[31] (**1010 a 33-35**). Cf. Λ 6-9.

[32] (**1010 a 33 – b 1**). A *evocação do imóvel e uma reflexão complementar como apêndice.* — Os negadores do princípio de não contradição põem toda a realidade num contínuo movimento e mudança; na verdade, eles deveriam torná-la imóvel; porque se tudo já está em tudo, não existe um termo *ad quem* do devir. Exemplo: se uma coisa é quente e não quente ao mesmo tempo, não poderá nem aquecer-se nem esfriar-se; se é grande e não grande ao mesmo tempo, não poderá nem aumentar nem diminuir, etc. Portanto, tudo deveria ser imóvel!

[33] (**1010 b 1 – 1011 a 2**). *Terceiro grupo de argumentações contra os adversários do princípio de não contradição.* — Nesse terceiro grupo de argumentações Aristóteles tem em mira especialmente Protágoras e os seus seguidores. Contra a tese dos protagorianos de que tudo o que a cada um parece é verdadeiro, Aristóteles faz valer os seguintes argumentos. — (*a*) É verdade que a percepção sensível não erra relativamente ao objeto que lhe é próprio, mas não se pode identificar a *imaginação* com a *sensação* e atribuir a esta a mesma prerrogativa (cf. *infra*, nota 34). — (*b*) *Na prática* eles demonstram não acreditar nas dificuldades que pretendem levantar teoricamente: por exemplo, não há ninguém que creia que verdadeiras sejam as coisas tais como aparecem aos que estão dormindo e não aos que estão acordados, e ninguém toma os sonhos como realidade (cf. *infra*, nota 35). — (*c*) É óbvio que, em questão de doença e saúde, a opinião do médico, vale dizer, o que

parece ao médico, não tem o mesmo valor da opinião ou do que parece a qualquer outro (cf. *infra*, nota 37). — (*d*) Ademais, o testemunho de um sentido acerca do objeto que lhe é próprio não vale como o testemunho que ele pode dar do objeto que é próprio de outro sentido. Ora, nenhum dos sentidos diz, acerca dos objetos que lhes são próprios, que são assim e não-assim ao mesmo tempo; e um sentido não pode contradizer a si mesmo em tempos sucessivos, poderá, no máximo, enganar-se relativamente à coisa. Por exemplo, o vinho poderá parecer-me ora doce e sucessivamente amargo (ou porque se estragou ou porque o meu corpo mudou); todavia o *doce* permanece sempre aquilo que é, e não muda como doce, e qualquer coisa, quando é doce, deverá necessariamente ter aquela característica, e não poderá ser, ao mesmo tempo, de um modo e de outro (cf. *infra*, nota 38). — (*e*) A doutrina sobre a qual raciocinamos, porque reduz toda a realidade unicamente ao que é perceptível aos sentidos, implica que, se não existisse um sensiente, não poderia existir nada absolutamente. Ora, isso é absurdo, porque a sensação não é sensação de si mesma, mas é sensação de algo diferente que existe antes da própria sensação e independentemente dela (cf. *infra*, nota 41).

[34] (**1010 b 2-3**). A *percepção sensível e a imaginação*. — Alexandre (*In Metaf*., p. 311, 31-36 Hayduck) "O que [Aristóteles] diz é que a sensação não é em todos os casos verdadeira, mas só para os objetos que lhe são próprios: de fato não é falsa se é sensação do objeto próprio. Portanto se a sensação e a imaginação fossem a mesma coisa, seguir-se-ia que nem toda imaginação seria verdadeira, mas só a dos objetos que são próprios e peculiares a cada sensação. Ademais, diz que a imaginação não é a mesma coisa que a sensação; portanto a imaginação não é verdadeira do mesmo modo que a sensação".

[35] (**1010 b 3-11**). Trata-se, portanto, de pseudodificuldade, dado que *na prática* eles se comportam como se elas não existissem de fato, ou como se a sua solução fosse bem clara e inequívoca.

[36] (**1010 b 12**). Cf. Platão, *Teet*., 178 B ss.

[37] (**1010 b 11-14**). *Um redimensionamento do princípio protagoriano*. — Nesse caso, pelo menos, não é verdade *aquilo que a cada um parece*, mas só *aquilo que parece a uma determinada pessoa*, vale dizer, ao médico *que conhece as causas da enfermidade e da saúde*.

[38] (**1010 b 14-26**). *Ulterior redimensionamento do princípio protagoriano*. — Colle (*Métaph*., III, p. 113) esclarece bem esta passagem: "Se tudo o que parece é igualmente verdade, por que as mesmas percepções

sensíveis têm um valor desigual segundo o objeto? O que parece a cada sentido nós o acreditamos muito mais se se trata do seu objeto próprio e não de um objeto estranho, e, mesmo que se trate de um objeto próximo, a nossa confiança será menor caso não se trate do objeto que lhe é próprio em sentido absoluto. Assim, para julgar o sabor de uma fruta, prestaremos mais fé ao sentido do gosto que à vista, porque o sabor é o objeto próprio do sentido do gosto e, para a vista, é ao contrário um objeto estranho. E, sempre quanto ao sabor, prestaremos mais fé ao gosto do que ao odor, porque o sabor é apenas objeto próximo do odor, isto é, objeto próximo ou vizinho ao objeto que lhe é próprio, enquanto é objeto próprio do gosto em sentido absoluto".

[39] (1010 b 19-20). *De que modo o sentido não se contradiz.* — O sentido não pode nunca contradizer-se acerca da *natureza* da qualidade que assinala, por exemplo, acerca da natureza do doce ou do amargo o engano só pode ocorrer na referência daquela qualidade a certas coisas em vez de outras.

[40] (1010 b 24-26). *Pode variar a coisa que tem certas qualidades e aquele que a percebe, mas não a qualidade enquanto tal.* — Bonitz (*Comm.*, p. 207): "Vinum sane idem modo dulce potest esse modo amarum; sed ipsa dulcedinis natura eadem semper est, et vere semper ac constanter sensus praecipit, quale necessario id debeat esse, quod dulce videatur...".

[41] (1010 b 30 – 1022 a 2). *Último argumento do terceiro grupo.* — (Cf. *supra*, nota 33). Esse argumento é entendido por Bonghi (*Metaf.*, I, p. 289, nota): "Este argumento é extraído não da natureza do ente, nem da do objeto sensiente, mas da natureza do sensível enquanto tal (...). Se toda a essência do ente sensível consistisse unicamente no caráter de sensível, é claro que, faltando a condição da sua sensibilidade, que é uma natureza sensiente, na qual se faça viva e atual, faltaria totalmente o próprio ente sensível. Ao invés, se no ente sensível, além da sensibilidade, existe — e é a sua essência — aquele tanto de ser que lhe é o substrato, não faltaria o próprio ente ao faltar a natureza sensiente, mas só a sua sensibilidade. Ora, se se admite que o ente sensível tenha esse tanto de ser, como raiz que gemina fecundada por outra natureza, deveremos admitir: 1. Que não é verdadeira toda aparência. De fato, aquele substrato, sendo algo sólido por sua natureza, é bom para produzir legitimamente uma tal aparência e não tal outra. 2. Que não é verdade só o que aparece, já que aquele substrato não aparece, não é fenomenal e é verdadeiramente". Cf. Alexandre, *In Metaf.*, p. 315, 29 ss. Hayduck.

6. *Sumário e comentário a Γ 6*

[1] (**1011 a 3 – 1011 b 22**). Sumário. — *Prossegue a crítica das doutrinas dos seguidores de Protágoras. Dúvidas como as seguintes: "quem é capaz de julgar quem é sadio e não sadio?" ou, em geral, "quem é capaz de julgar sobre cada coisa?", são pseudodúvidas; elas nascem simplesmente do fato de não se aceitar que algumas coisas sejam verdadeiras* por evidência *e se pretender demonstrar tudo, inclusive aquilo que, sendo por si evidente, não é demonstrável. Os que são de boa fé poderão ser facilmente persuadidos disso. Isso não ocorre com os eristas. As argumentações a serem apresentadas contra uns e outros são as seguintes.* — (a) *Quem sustenta que tudo o que aparece é verdadeiro, deve eliminar qualquer coisa existente em si e por si e reduzir tudo ao relativo.* —(b) *Mas, mesmo concedido isso, a tese deles não se sustenta, porque o que aparece não aparece em geral, mas só* àquele a quem *aparece,* quando *e* enquanto *aparece e* no modo em que *aparece, e, tendo presente essas determinações, desaparecem todas as contradições que eles pretendem assinalar.* — (c) *Particularmente, contra os adversários eristas, diremos que eles fazem todas as coisas relativas às sensações e à opinião, não em geral,* mas de um determinado indivíduo. *Portanto, ou se admitirá que nada possa existir, sem que exista quem o sinta ou opine, o que é absurdo; ou existirá alguma coisa, mesmo que isso não seja sentido ou opinado, e, então, nem tudo será relativo à opinião.* — (d) *Ademais, todo relativo é tal em relação a um determinado correlativo seu. Ora, se é assim, o sujeito que pensa o homem não poderá mais ser homem, porque o homem seria o pensado e não o pensante. E, ademais, ter-se-á um ulterior absurdo, qual seja: dado que todas as espécies de coisas são relativas ao homem, por sua vez o homem deverá ser relativo a todas as espécies de coisas.*

[2] (**1011 a 8-9**). *Em que consiste o erro dos que pretendem demonstrar ilimitadamente.* — O erro consiste no fato de eles pretenderem que se dê razão inclusive do que é *evidente*. Trata-se, portanto, de dificuldades que se resolvem simplesmente *com base na evidência*.

[3] (**1011 a 13**). *O princípio, enquanto tal, é por si evidente, e, portanto, não postula nenhuma demonstração.* — Recorde-se, ademais, a doutrina aristotélica (*Anal. post.*, I 3, 72 b 5 ss.) segundo a qual a indemonstrabilidade dos princípios é necessária, justamente para que existam demonstrações: de fato, se se demonstrassem os princípios, dos princípios dever-se-ia subir a ulteriores princípios, e se iria ao infinito, o que significaria a pura eliminação de toda demonstração.

[4] (1011 a 16). *O difícil texto* ἐναντία γὰρ εἰπεῖν ἀξιοῦσιν, εὐθὺς ἐναντία λέγοντες. — Dele são possíveis várias traduções, que o leitor verá em Ross, *Metaph.*, I, pp. 280 s. Seguimos Colle (*Métaph.*, III, 11. 117 s.): "É impossível reduzi-los ao silêncio porque, mesmo que se os force a alguma contradição, nem por isso se os refuta, como eles exigem sê-lo. De fato, mal chegam a contradizer-se, reivindicam o direito de contradizer-se, porque é precisamente esta a sua tese fundamental: que a mesma coisa pode ser e não ser".

[5] (1011 a 17-20). *Primeira argumentação contra os relativistas que negam o princípio de não contradição.* — É uma primeira contradição em que caem os relativistas. "Qui principium contradictionis tollunt, ii ut sublata substantia omnia accidentium loco habenda sint efficiunt, cf. 4. 1007 a 20 sqq. Similiter qui, quaecunque cuique videntur, substantiam tollunt et omnia ad relationem detrudunt. Quare si non omnia sunt relativa, probari non potest quod Protagorei contendunt, verum esse quod cuique videatur" (Bonitz, *Comm.*, p. 208).

[6] (1011 a 21 – 1011 b 1). *Segunda argumentação contra os relativistas que negam o princípio de não contradição.* — Esse argumento, mais sutil e constringente que o precedente, pode ser brevemente resumido. Admitido, com o adversário, que tudo seja relativo, será preciso todavia determinar os exatos termos em que ocorre o aparecer: todo aparecer é um aparecer *a alguém*, num dado *tempo*, num *determinado lugar*, num dado *modo*. Ora, uma vez estabelecido isto, dar-se-á conta de que todas as pretensas contradições das percepções sensíveis desaparecem: o mesmo sentido, nas mesmas e idênticas condições, não fornece nunca testemunhos contraditórios.

[7] (1011 b 1-7). *Terceira argumentação contra os relativistas que negam o princípio de não contradição.* — Esta argumentação é precipuamente dirigida contra os disputadores eristas. Eles afirmam todas as coisas relativas à sensação e à opinião. Ora, Aristóteles institui o seguinte dilema: (1) ou se admite, em consequência das premissas, que nada foi, é ou poderá ser, se não existe, antes, um sujeito que sinta e opine; (2) ou se admite que alguma coisa foi, é ou será, mesmo sem ser sentida ou opinada. (1) A primeira tese Aristóteles a dá implicitamente como absurda (e, com efeito, é totalmente insustentável). (2) Resta, portanto, a segunda; mas, então, se alguma pode ter sido ou ser, agora e no futuro, sem ser sentida ou opinada, segue-se que nem tudo é relativo à opinião e que não se pode reduzir a verdade só ao que aparece a cada um.

[8] (1011 b 7-12). *Quarta argumentação contra os relativistas que negam o princípio de não contradição.* — Esta última argumentação contra os relativistas é estruturada do seguinte modo. Primeiro Aristóteles (ll. 7-9) põe o princípio que todo relativo só é tal com relação a um determinado correlativo: por exemplo, a mesma coisa pode ser metade e igual, mas só é metade relativamente a um dobro, e só é igual relativamente a outra igual. Sucessivamente, ele tira duas consequências absurdas (a primeira nas ll. 9-11 e a segunda nas ll. 11-12). — A primeira é exposta por Colle (*Métaph.*, III, p. 121) do seguinte modo: "Os nossos adversários sustentam que o ser do homem é constituído pela relação com o que pensa o homem; noutros termos, ele só é homem enquanto é pensado tal. Ser homem é essencialmente ser pensado homem. Disso se segue que ser homem não é pensar, porque, evidentemente, pensar é diferente de ser pensado. Por consequência, enquanto homem, o homem pode ser pensado mas não pode pensar. O que é manifestamente absurdo". — A segunda é a seguinte. Dado que todas as coisas são relativas ao sujeito pensante, este, por sua vez, deverá ser relativo às infinitas espécies de coisas diferentes. Ora, isso é contra o princípio pelo qual todo relativo tem um só correlativo. (Se em vez de πρὸς ἄπειρα ἔσται, se ler ἄπειρα ἔσται [com Schwegler, *Metaph.*, III, p. 182; Bonghi, *Metaf.*, I, p. 293], ter-se-á simplesmente a explicitação do que já está implícito na conclusão acima: o homem, em relação com as infinitas espécies de coisas, deverá *ser ele mesmo uma infinita espécie de coisas*).

[9] (1011 b 21-22). *Em que sentido os dois contrários de certo modo podem subsistir juntos.* — Ambos os contrários podem ser juntos *em potência*; ou um *em potência* e o outro *em ato*.

7. *Sumário e comentário a Γ 7*

[1] (1011 b 23 – 1012 a 28). Sumário. — *O capítulo é dedicado à defesa do* terceiro excluído, *estreitamente ligado ao princípio de não contradição:* entre os dois termos contraditórios não pode haver um termo médio. *Aristóteles fornece uma série de sete argumentos em defesa do princípio (cf. notas 2-8). Os que negaram o princípio, o fizeram ou porque vítimas de argumentações erísticas, ou porque pretenderam uma impossível demonstração de tudo. A todos pode-se responder (como já vimos a propósito da defesa do princípio de não contradição) constrangendo-os a dar um significado às palavras que usam. O capítulo se encerra com uma consideração histórica.*

Enquanto Heráclito, dizendo que todas as coisas são e não são, torna todas as coisas verdadeiras, *Anaxágoras, admitindo um termo médio entre os contraditórios (esta é a sua "mistura" originária de todas as homeomerias),* torna tudo falso *(de fato, quando tudo está misturado, da mistura não se pode predicar com verdade nada: não se pode dizer nem que é bom nem que é não bom etc.).*

[2] (**1011 b 25-29**). *Primeiro argumento em defesa do terceiro excluído.* — Eis como o expõe Tomás (*In Metaph.*, p. 200 b, § 721 Cathala-Spiazzi): "Et hoc manifestum est primo ex definitione veri vol, falsi: non enim aliud est magis falsum quam verum quam dicere esse quod est, aut esse quod non est. Et nihil aliud est magis verum quam dicere esse quod est, aut non esse quod non est. Patet igitur, quod quicumque dicit aliquid esse, aut dicit verum, aut dicit falsum: si dicit verum, oportet ita esse, quia verum est esse quod est. Si dicit falsum, oportet illud non esse, quia falsum nihil aliud est quam non esse quod est. Et similiter si dicit hoc non esse, si dicit falsum, oportet esse; si verum, oportet non esse; ergo de necessitate aut affirmativa aut negativa est vera. Sed ille, qui ponit medium inter contradictionem, non dicit quod necesse sit dicere de ente vel no esse, neque quod necesse sit de non ente. Et ita nec affirmans nec negans, de necessitate dicit verum vel falsum".

[3] (**1011 b 29 – 1012 a 1**). *Segundo argumento em defesa do terceiro excluído.* — É explicado com muita clareza por Bonitz (*Comm.*, pp. 212 s.): "Quaeritur quale sit illud μεταξύ τῆς ἀντιφάσεως, et per dilemma omnino non esse demonstratur. Illud medium, ait, quod inter contradicttoria esse volunt, aut *ex eodem genere* est petitum, quod fit in mediis inter contraria, veluti fuscum medium est inter nikgrum et album, aut *ex alio genere*, veluti si canis medius esse dicatur hominis et equi, quia nec homo est nec equus. Hoc si ponimus, eiusmodi medium, *genere diversum*, non mutari in alterum e contradictorie oppositis apparet: at manifestum est... omnem mutationem in iis cerni rebus, quae vel oppositae inter se sunt vel mediae inter oppositas. Sin autem ponunt illud medium esse *eiusdem generis*, esse igitur τὸ κυρίως μεταξύ (hoc enim dicit verbis εἰ ἔστι μεταξύ a 35), et hanc esse volunt rationem contradicionis, tale quidem medium per mutationem abiret in ea opposita, quorum est medium. At si medium inter album et non album, h. e. id quod nex album est nec non album, mutaretur in album, consequens inde esset, fieri aliquid album non ex non albo, quod notioni mutationis repugnat. Ergo quoniam neutro modo cogitari potest illud medium, omnino non esse statuendum est".

[4] (1012 a 2-5). *Terceiro argumento em defesa do terceiro excluído.* — Em geral, o pensamento só está na verdade ou na falsidade *afirmando* ou *negando*. Portanto, não é pensável um termo médio (cf. primeira e sétima argumentações). Asclépio (*In Metaph.*, p. 295, 3 s. Hayduck) comenta: "se nada mais é pensável além do ser e do não-ser, não pode haver um termo médio entre afirmação e negação".

[5] (1012 a 5-9). *Quarto argumento em defesa do terceiro excluído.* — Se se admite a existência de um termo médio entre os contraditórios, ele deverá ser admitido para todos. Mas então (*a*) deverá haver um intermediário entre verdadeiro e falso e, portanto, alguém poderá dizer algo que não é nem verdadeiro nem falso. Para dar o exemplo de Alexandre (*In Metaph.*, p. 331, 15 ss. Hayduck), haverá uma proposição intermediária entre a verdadeira "Dion caminha" e a falsa "Dion não caminha", e essa proposição deverá ser nem verdadeira nem falsa, o que é absurdo. Ademais (*b*) deverá haver um intermediário entre ser e não-ser e, portanto, deverá haver um tipo de *mudança substancial* intermediária entre geração e corrupção (isto é, um tipo de geração que seria não mais passagem do não-ser ao ser, mas do não-ser a esse intermediário; e assim um tipo de corrupção que seria não mais passagem do ser ao não-ser, mas desse intermediário ao não-ser), o que é impensável.

[6] (1012 a 9-12). *Quinto argumento em defesa do terceiro excluído.* — A existência do intermediário, pelas razões acima apresentadas (cf. arg. precedente, no início), deverá ser admitida mesmo naqueles gêneros de coisas em que, se a coisa não é de um modo, é necessariamente no seu contrário: por exemplo, nos números, que, se não são pares, são necessariamente ímpares. Ora, negado o princípio do terceiro excluído, deveriam existir números *nem pares nem ímpares*. Mas, segundo Aristóteles, isso é absurdo, justamente com base na definição de número, como pares e ímpares. "Nam (explica Tomás, *In Metaph.*, p. 201 b, § 728 Cathala-Spiazzi) par est quod potest dividi in aequalia. Impar vero quod non potest. Relinquitur ergo quod inter affirmationem et negationem non potest esse medium".

[7] (1012 a 12-15). *Sexto argumento em defesa do terceiro excluído.* — Ross (*Metaph.*, I, p. 286) assim o esclarece: posto que entre A e *não*-A exista um intermediário *B*, o qual não seja nem A nem *não*-A, então entre *B* e *não-B* haverá um intermediário C, o qual não será nem *B* nem *não-B*; ulteriormente entre C e *não-C dever-se-á admitir um intermediário* D, *etc., ao infinito.*

[8] (1012 a 15-17). *Sétimo argumento em defesa do terceiro excluído.* — Bonitz (*Comm.*, p. 215) escreve: "Hac argumentatione, significata potius

quam exposita, nihil aliud quam provocare videtur ad id quod cuivis est manifestum. Nimirum nim sit quidpiam, veluti color albus, si in quaestione ponitur, non aliter potest res decerni, nisi ut vel ponamus esse vel negemus, tertium non datur". Ver, ademais, Colle, *Métaph.*, III, p. 129.

[9] (1012 a 17-20). Estas argumentações críticas podem ser vistas em Alexandre, *In Metaph.*, p. 334, 22 ss. Hayduck (sobre o quê ver. Bonitz, *Comm.*, p. 215 e Ross, *Metaph.*, I, p. 287).

[10] (1012 a 21). *Possível referência a Antístenes.* — Ross (*Metaph.*, I, pp. 263, e trad. *Metaph. ad h. l.*) propõe esta interpretação, mas é pura conjectura.

[11] (1012 a 21-24). *Nexo entre nome e definição.* — Cf. *supra*, 4, 1006 a 18. Tomás (*In Metaph.*, p. 202 b, § 733 Cathala-Spiazzi): "Ostendit ex quo principio debeat procedi contra tales opiniones; et dicit quod ex definitione veri vel falsi vel aliquorum aliorum nominum, sicut ex supra dictis rationibus patet. Necesse est enim eis concedere definitiones rerum, si ponunt quod nomina aliquid significent. Nam ratio quam nomen significat est definitio rei. Si autem non concedunt omnia significare aliquid, tunc non differunt a plantis, sicut supra dictum est".

[12] (1012 a 24-28). *Diferenças entre a posição de Heráclito e a de Anaxágoras.* — Aos olhos de Aristóteles (*a*) Heráclito negou o princípio de não contradição, afirmando que as coisas *são e não são*; ao invés, (*b*) Anaxágoras negou o princípio do terceiro excluído, admitindo uma *originária mistura* que não era qualificável com nenhum dos contrários que a compunham. (*a*) A posição de Heráclito leva a estar na verdade seja quem afirma seja quem nega (justamente porque as coisas são e não são); (*b*) a posição de Anaxágoras faz com que ninguém esteja na verdade, porque nenhum dos contrários pode ser predicado verdadeiramente da mistura, sendo ela, como se disse, não qualificável nem com um nem com o outro dos contrários; cf. A 8, 989 b 6 ss.

8. *Sumário e comentário a Γ 8*

[1] (1012 a 29 – b 31). Sumário. — *Neste capítulo (que conclui o livro) são refutados dois tipos de teses extremistas, que implicam, igualmente, a negação do princípio de não contradição.* — (1) *Em primeiro lugar, são refutadas as teses dos que afirmam que "nada é verdadeiro" ou que "tudo é verdadeiro".* (a) *De fato, estas são redutíveis à tese de Heráclito e, por isso, como ela, são*

absurdas. (b) *Se fossem constrangidos a definir o que entendem por verdadeiro e falso, os defensores daquelas teses seriam logo postos em xeque.* (c) *Trata-se de teses que se autodestroem: se "tudo é verdadeiro", resultará verdadeira também que a tese oposta a esta e que a desmente; se "tudo é falso", será falsa essa mesma tese e não existirá nenhuma saída.* — (2) *Em segundo lugar* (a) *são refutadas as teses dos que afirmam que "tudo está em repouso", ou "tudo está em movimento". A tese segundo a qual "tudo está em repouso" é desmentida pelo fato de que quem a sustenta não existia em certo tempo e, portanto, adveio. A segunda tese, segundo a qual "tudo está em movimento", é desmentida pelo fato de que o próprio devir supõe causas que não advêm.* (b) *E é refutada, em conexão com esta, também a tese da alternância cíclica do "tudo está em repouso" e "tudo está em movimento", tese que exclui a existência de algo que seja eterno. A verdade, conclui Aristóteles, é esta: há algo que está perenemente em movimento, há algo que perenemente move e existe a causa primeira do movimento, que é perenemente imóvel.*

[2] (**1012 a 29-30**). *Uma lição que torna o texto mais claro.* — Tricot, inspirando-se numa sugestão feita por A. Diès com base em Alexandre, *In Metaph.*, 330, 20 Hayduck, traduz as linhas 1012 a 29 s. como se segue: "... on voit clairment que ne peuvent être vraies, *ni isolément, ni globalement*, les assertions...", e, portanto, lendo φανερὸν ὅτι καὶ [τὰ] μοναχῶς λεγόμενα καὶ κατὰ πάντων. Ross lê τά; Jaeger, como já Bekker, lê um τά inclusive diante de κατὰ πάντων. — Consideramos aceitável e esclarecedora a conjectura de Diès-Tricot. O raciocínio que Aristóteles está fazendo é este: assim como é errada a afirmação "tudo é verdadeiro e tudo é falso", analogamente resultam erradas as duas proposições separadas: "tudo é verdadeiro" e "tudo é falso". Cf. nas notas 5, 8 e 10 as argumentações que Aristóteles aduz, de modo analítico.

[3] (**1012 a 32-33**). Entenda-se: a diagonal é comensurável *com o lado do quadrado*. Cf. A 2, 983 a 16 ss.

[4] (**1012 a 35**). Como, justamente, afirma Heráclito, em consequência das suas afirmações de que todas as coisas *são e não são*. (Aristóteles amplia aqui o que disse acima, 1012 a 24-28).

[5] (**1012 a 32 – b 2**). *Primeira argumentação contra doutrinas gnosiológicas negadoras do princípio de não contradição.* — A proposição "tudo é verdadeiro e tudo é falso" diz a mesma coisa que dizem as duas proposições "tudo é verdadeiro" e "tudo é falso" consideradas separadamente. De fato, *a extensão totalizante* do verdadeiro absorve também o falso, confundindo-se com ele; e o mesmo se diga da *extensão totalizante* do falso, que vem

a absorver também o verdadeiro e a confundir-se com ele. — A última proposição (1012 b 1-2), que em grego soa ὥστ' μεἴπερ ἀδύνατα ἐκεῖνα, καὶ ταῦτα ἀδύνατον εἶναι, pode ser traduzida também de modo diferente, dada a ambiguidade de ἐκεῖνα. Bonghi traduzia (*ad h. l.*): "de maneira que se cada uma delas é impossível por si [isto é que "tudo é falso" e que "tudo é verdadeiro"], são também impossíveis reunidas"; Ross, analogamente, traduz: "so that since they are impossible [isto é, que "tudo é falso" e que "tudo é verdadeiro"], the double statement must be impossible too", e no comentário (*Metaph.*, I, p. 288) explicita: "So that if the statements taken separately are impossible, the combination of them is impossible too" (cf. Tomás, *In Metaph.*, p. 204, § 738 Cathala-Spiazzi, que explica neste sentido).

[6] (**1012 b 3-4**). *Por que parece prevalecer a tese de que "tudo é falso"*. — De todas as doutrinas examinadas, diz Aristóteles, a tese de que "tudo é falso" parece impor-se mais do que a outra de que "tudo é verdadeiro". Esta última tem, substancialmente, apenas os seguidores de Protágoras, mas com as consequências que vimos.

[7] (**1012 b 6**). Cf. 4, 1006 a 18 ss.

[8] (**1012 b 2-13**). *Segunda argumentação contra doutrinas gnosiológicas negadoras do princípio de não contradição*. — Esta argumentação é resumida por Bonitz (*Comm.*, p. 216) do seguinte modo: "iidem refelli praeterea possunt adhibitis *contradictionis* et *exclusi medii principiis*, b 2-13. Quod enim omnia simul vera esse contendunt, insunt profecto in illis omnibus, *quae contradictorie inter se opponantur* (...b 2), quae nonposse simul esse vera constat *ex principio contradicionis*; nec vero falsa simul esse omnia concedent, si eos perinde ac supra... 4. 1006 a 18 sqq., iusseris definire, quid verum dicant quid falsum, b 5-11, vel adhibueris principium exclusi medii b 11-13". — Note-se: aqui Aristóteles está empenhado em refutar as teses extremistas "tudo é verdadeiro" e "tudo é falso" consideradas *enquanto tais*; portanto não visa mais *diretamente* a demonstração por via de refutação do princípio de não contradição e do terceiro excluído, nesse momento já substancialmente adquiridos. Compreende-se, portanto, que ele, nessa nova prova, os utilize de modo declarado, apesar do que dizem outros intérpretes (cf. por exemplo, Colle, *Métaph.*, III, pp. 134 s.). Em suma: mais do que os pressupostos de fundo, Aristóteles tem em vista aqui alguns corolários.

[9] (**1012 b 13-18**). *Consequências que comporta a tese "tudo é falso"*. — Se *tudo* é falso, nada absolutamente pode ser verdadeiro, nem mesmo

a tese que diz "tudo é falso", caso contrário dar-se-ia que *nem tudo* é falso, devendo-se excetuar a própria tese.

[10] (1012 b 18-22). *Terceira argumentação contra doutrinas gnosiológicas negadoras do princípio de não contradição.* — Muito clara a explicação de Tomás (*In Metaph.*, p. 204 b, § 743 Cathala-Spiazzi): "Et quia posset aliquis dicere quod dicens omnia vera excipit aut aufert ab universalitate suam contrariam, et similiter, qui dicit omnia esse falsa excipit suam opinionem: ideo hanc responsionem excludit; et dicit, quod si ille qui dicit omnia esse vera, excipiat suam contrariam, dicens solam eam esse non veram, et dicens omnia esse falsa excipiat suam opinionem dicens quod ipsa sola non est falsa, nihilominus sequitur quod contingast eis "quaerere", idest repetere infinitas esse orationes veras contra ponentes omnia esse falsa, et infinitas falsas contra ponentes omnia vera esse. Si enim detur una opinio vera, sequetur infinitas esse veras. Et si detur una opinio falsa, sequetur infinitas esse falsas. Si enim haec positio vol opinio est vera: Socrates sedet, ergo et haec erit vera: Socratem sedere est verum. Et si illa est vera, ulterius haec erit vera, Socratem sedere esse verum est verum, et sic in infinitum. Semper enim qui dicit de oratione vera quod sit vera, verus est. Et qui dicit de oratione falsa quod sit vera, falsus est. Et hoc potest procedere in infinitum".

[11] (1012 b 22-31). *Discussão de teses metafísicas correspondentes às precedentes teses gnosiológicas.* — Aristóteles passa agora a discutir outras teses extremistas, *de índole não mais gnosiológica, mas metafísica*, vale dizer "tudo está em repouso" e "tudo está em movimento". A conexão dessas teses com as acima discutidas é evidente: a tese que diz que "tudo está em repouso" corresponde à que diz que "tudo é verdadeiro", enquanto a tese que diz que "tudo está em movimento" corresponde à que diz que "tudo é falso".

[12] (1012 b 26-29). *Inequívoco desmentido da tese dos Eleatas.* — Quem sustenta a tese da imobilidade de tudo (Parmênides e os Eleatas) *encontra na própria condição de homem que nasce e morre o mais nítido desmentido.*

[13] (1012 b 26-29). Cf. a nota 26 do capítulo 5, *supra* (1010 a 19 ss.).

[14] (1012 b 29-31). Cf. Λ 6-9.

SUMÁRIOS E COMENTÁRIO AO LIVRO Δ

(QUINTO)

Como dissemos no livro dedicado aos diferentes significados...

Cf. *Metafísica*, Ε 4, 1028 a 4; Ζ 1, 1028 a 10; Θ 1, 1046 a 4; 8, 1049 b 4; Ι 1, 1052 a 15; 4, 1055 b 7; 6, 1056 b 34.

1. *Sumário e comentário a Δ 1*

[1] (**1012 b 34 – 1013 a 23**). Sumário. — Princípio (ἀρχή) *tem os seguintes significados.* — (1) O início ou ponto do qual uma coisa começa: *por exemplo, o início de uma linha ou de uma estrada.* — (2) O melhor ponto de partida ou o mais favorável: *por exemplo, o ponto a partir do qual se aprende mais facilmente uma coisa.* — (3) A parte fundamental *de uma coisa ou da qual deriva a própria coisa, o coração ou o cérebro dos animais.* — (4) A causa eficiente ou motora *de uma coisa: por exemplo, o pai relativamente ao filho.* — (5) *Quem tem* poder de mover ou fazer mudar alguma coisa, *segundo o seu querer e sua decisão: por exemplo, quem detém os poderes ou as artes nas cidades.* — (6) Aquilo de que partimos para conhecer alguma coisa: *por exemplo, as premissas de uma demonstração. Princípios, ademais, são todas as* causas, *e portanto,* causa *terá tantos significados quantos tem* princípio. — *Comum a todos os significados de princípio é este: o fato ser fundamento ou razão ou condição primeira do* ser *ou do* gerar-se *ou do* conhecimento *de uma coisa. — Enfim, uma última distinção: alguns desses princípios são* internos, *outros são* externos *à coisa.*

[2] (**1012 b 34 – 1013 a 1**). *Primeiro significado de "princípio"*. — Trata-se, obviamente, dos *extremos*, que são ponto de partida e ponto de chegada a igual título, de acordo com o lugar do qual se parte. A estrada que vai de Atenas a Tebas tem seu início em Atenas; todavia em Tebas está o outro princípio da estrada, que é início para quem vai de Tebas a Atenas e, portanto, da estrada considerada na direção de Tebas a Atenas (cf. Asclépio, *In Metaph.*, p. 303, 33 s Hayduck).

[3] (**1013 a 1-4**). *Segundo significado de "princípio"*. — Trata-se do ponto que *subjetivamente* nos é mais propício para alcançar o melhor modo de fazer uma coisa. O exemplo aristotélico, de resto, é muito claro: para o sujeito que deve aprender uma ciência, o ponto do qual partir para melhor aprender a ciência não coincide necessariamente com o que é primeiro

na própria ciência. Asclépio (*In Metaph.*, p. 304, 3 ss. Hayduck) recorda, a respeito disso, a doutrina de Aristóteles, segundo a qual o que é *por natureza primeiro* não é assim *para nós* e, vice-versa, o que é primeiro *para nós*, não é primeiro *por natureza*. Aqui, portanto, fala-se do *primeiro para nós*. (Esta observação de Aristóteles é muito interessante do ponto de vista pedagógico e didático).

[4] (**1013 a 4**). *Terceiro significado de "princípio"*. — Aristóteles, com essa fórmula, costuma designar o *elemento*; aqui designa, ao contrário, *a parte primigênia de uma coisa*, da qual se desenvolvem todas as outras partes da própria coisa, como os exemplos claramente mostram (cf. Bonitz, *Comm.*, p. 218).

[5] (**1013 a 5**). Por exemplo Empédocles (cf. Diels-Kranz 31 A 84, I, p. 301, 15 s.), Demócrito (cf. Diels-Kranz 68 B 1, II, p. 131, 2), o próprio Aristóteles (cf. *Do sono*, 3, 456 a 5; *Da vida*, 3, 468 b 28; 469 a 4; 469 a 17; *Da resp.*, 8, 474 a 25 - b 3; 17, 478 b 33 - 479 a 1, etc.). Cf. Ross, *Metaph.*, I, p. 290.

[6] (**1013 a 6**). Por exemplo, Alcméon (cf. Diels-Kranz 24 A 8, I, p. 212, 16 s.), Hípon (Diels-Kranz 38 A 3, I, p. 385, 19) e Platão, *Tim.*, 44 D. Cf. Ross, *Metaph.*, I, p. 291.

[7] (**1013 a 7-10**). *Quarto significado de "princípio"*. — Trata-se, manifestamente, do princípio *movente ou eficiente*. O exemplo do litígio que deriva de uma ofensa, como se extrai de *Da ger. dos anim.*, I, 18, 724 a 28, é extraído de um carme de Epicarmo. Cf. Bonitz, *Comm.*, p. 218 e Ross, *Metaph.*, I, p. 291 e *ibid.*, as ulteriores indicações.

[8] (**1013 a 10-14**). *Quinto significado de "princípio"*. — Trata-se de um significado muito próximo do precedente; Bonitz diz até mesmo: "Hoc principium movens si est rationis particeps ex voluntate sua movet ea quae movet. Itaque cum quarta significatione principii coniugi debebat ea, quam distinctim quinto loco ponit..." (*Comm.*, pp. 218 s.). — Na realidade, Aristóteles o distinguiu, destacando *o caráter diferencial dado pelo querer ou pelo deliberar* (προαίρεσις) que lhe é próprio. Bonitz esclarece bem a razão pela qual as *artes* são associadas, neste significado, às magistraturas, às tiranias, etc.: "Ad hanc significationem principii et imperia referuntur regum et magistratuum, et artium administrationes; *utrobique enim ex voluntate et consilio alicuius moventur ea quae moventur*" (*Comm.*, p. 219). Sobre as artes arquitetônicas cf. Schwegler, *Metaph.*, III, pp. 187-189.

[9] (**1013 a 14-16**). *Sexto significado de "princípio"*. — Esse significado é totalmente diferente do segundo, enquanto indica o ponto de partida

objetivo para o conhecimento de uma coisa. As premissas das quais se parte para demonstrar o teorema, por exemplo, são *princípios* das conclusões, porque estas derivam justamente daquelas. Tomás (*In Metaph.*, p. 210 a § 759 Cathala-Spiazzi) explica do seguinte modo: "Ad similitudinem autem ordinis, qui in motibus exterioribus consideratur, attenditur etiam quidam ordo in rerum cognitione; et praecipue secundum quod intellectus noster quamdam similitudinem motus habet, discurrens de principiis in conclusiones. Et ideo alio modo dicitur principium, unde res primo inootescit; sicut dicimus principia demonstrationum 'esse suppositiones', idest dignitates et petitiones". (Que ὑποθέσεις aqui signifique *premissas*, não há dúvida: cf. Waitz, *Organon*, I, p. 428 e Bonitz, *Comm.*, p. 219).

[10] (**1013 a 16-17**). *Causa e princípio.* — São usados por Aristóteles, muito amiúde, como sinônimos; ao contrário, às vezes com significados diferentes. Eis o esclarecimento dado por Bonitz (*Comm.*, p. 219): "Quot sunt notiones principii, totidem etiam sunt genera causarum…, quoniam causa quaelibet eius rei, quae inde efficitur, quatenus efficitur, dici potest principium; nec vero vice versa quot causae, totidem principii nottationes; principium enim etiam ita usurpatur, ut causae notio non insit. Contra vero causa, licet rei inde effectae sit principium, quoniam ipsa pendere potest ex alia causa, latius patere potest quam principium, cf. τὰ ἐξ ἀρχῆς αἴτια ad A 3, 983 a 24. Ex hac notionum ratione utrumque explicatur, et quod saepissime αἴτιον et ἀρχή tamquam synonyma coniunguntur, veluti, A 2 982 b 9. 3. 983 a 29. b 4. 5. 986 b 33. 8. 989 b 23. 990 a 22 al., et quod interdum distinguuntur cf. Waitz, *Org.*, I, p. 458".

[11] (**1013 a 17-19**). Pode-se ver, a respeito disso, as observações de Bonghi, *Metaf.*, II, nota 5, pp. 13 ss.

[12] (**1013 a 19-20**). *Quais são os princípios "internos" e quais os "externos" à coisa.* — Imante à coisa é, por exemplo, o princípio no terceiro significado; externo à coisa é o princípio no quarto e no quinto significados. Mas Aristóteles, para ilustrar essa distinção, acrescenta ulteriores exemplos, sem uma ordem precisa. É fácil, em todo caso, estabelecer que *natureza* e *elemento* são princípios *imanentes* (natureza, aqui, provavelmente quer dizer *matéria*; cf. Alexandre, *In Metaph.*, p. 347, 11 s. Hayduck); *pensamento* e *querer* se remetem ao quinto significado e são *princípios motores externos*; a *substância* ou *forma* é *imanente* à coisa e o *fim* ou *princípio final* é interno ou externo, de acordo com o ponto de vista no qual nos situemos (cf. Alexandre, *In Metaph.*, p, 347, 15 ss. Hayduck, cujas observações relativas à forma não são totalmente exatas).

[13] (1013 a 22-23). *O bem e o belo coincidem com o fim.* — Para Aristóteles, portanto, *fim = bem = belo* (como para Platão).

[14] A *importância da problemática da* ἀρχή. — Inútil notar que o elenco dos seis significados não é completo; de fato, esses últimos exemplos, reunidos sem ordem, o demonstram *ad abundantiam* (Aristóteles, particularmente, não se deteve sobre o princípio entendido como *matéria*, como *forma* e como *fim*). — Aqui parece-nos necessário sublinhar, para concluir este capítulo, a grandíssima importância que têm em Aristóteles o termo e o conceito de ἀρχή. Para a história do termo recordar-se-á que o seu descobrimento é atribuído a Anaximandro, cf. Simplício, *Phys.*, 24, 13 Diels (= 12 A 9, I, p. 83, 4 s. Diels-Kranz), que extrai de Teofrasto, *Phys. opin.*, fr. 2 (Diels, *Doxographi Graeci*, fr. 2, p. 476, 4 s.). Sobre o uso do termo (e do conceito) nos Pré-socráticos ver Diels-Kranz, III, pp. 74 b - 77 a. Para o uso do termo em Platão cf. Ast, *Lex. Plat.*, I, pp. 283-285 e É. des Places, *Platon Lexique*, pp. 76-78, dos quais se extrai que é substancialmente exata a observação de Schwegler (*Metaph.*, III, pp. 186 s.) segundo a qual, na terminologia platônica dos diálogos, ou seja nos escritos, se lidos de modo tradicional (como autárquicos), o uso de ἀρχή no significado de *princípio ontológico fundamental* não tem um lugar significativo. À problemática dos "princípios" Platão deu um destaque essencial nas doutrinas não escritas e nas discussões da Academia, das quais Aristóteles participou ativamente. Para o aprofundamento do uso do termo e dos seus significados em Aristóteles, encontrar-se-á abundante material em Bonitz, *Index*, 111 a 28 - 113 b 26. Para o significado e o alcance da doutrina dos princípios nas doutrinas não escritas de Platão ver Reale, *Para uma nova interpretação de Platão* ([2]2004), pp. 157-166.

2. *Sumário e comentário a* Δ 2

[1] (**1013 a 24 – 1014 a 25**). Sumário. — Causa (αἴτιον) *pode significar*: (1) *a* matéria, (2) *a* forma, (3) o princípio do movimento e da mudança, (4) *o* fim *(respectivamente: causa material, formal, eficiente e final). Do mesmo objeto podem existir várias causas, e não acidentalmente, justamente porque elas têm diferentes significados. — Existem, ademais, causas recíprocas, que se condicionam umas às outras, mas sob diferentes aspectos, sempre porque as causas têm diferentes significados. A mesma coisa pode ser causa dos contrários: de um dos contrários com a sua presença, do outro com a sua*

ausência. — *Depois de ter reafirmado e exemplificado como todas as causas se reduzem aos quatro tipos acima distinguidos, Aristóteles procede a ulteriores distinções relativas aos* modos de ser dessas causas. (A) *Existem causas* anteriores *e causas* posteriores (*causas que são tais em geral e mediadamente, e causas que são tais em particular e imediatamente*); (B) *causas* próprias *e causas* acidentais; (C) *causas* em potência *e causas* em ato. (*As mesmas distinções valerão também para* os efeitos *dessas causas*). — (D) *Poder-se-ão, ademais, combinar causas próprias e causas acidentais.* — *O capítulo se conclui com um resumo dos vários modos de ser das causas.* (*Cf.* Fis., *II, 3, 194 b 230195 b 21, que coincide quase literalmente com o nosso capítulo, o que deu margem a variadas hipóteses, das quais aqui não é lugar para falar. Pensamos, com Ross,* Metaph., *I, p.* 292, *que provavelmente tenha sido o próprio Aristóteles a inserir a passagem em ambas as obras, e que isso não é de modo nenhum estranho, se tivermos presente o modo de composição das obras esotéricas do Estagirita*).

[2] (**1013 a 24-26**). *Primeiro significado de "causa".* — Cf., *supra*, a nota 4 a A, 3. Simplício, no comentário à passagem paralela da *Física* (*In Phys.*, p. 310, 13 ss. Diels), explica muito bem essa última proposição: "Não só a matéria próxima é causa da coisa produzida, mas também *os gêneros* dessa matéria. De fato, não só *este* bronze é causa da estátua, nem só *aquela* prata da taça, mas é causa também o bronze e a prata *em geral*; e, posto que esses dois metais derivam da água, é causa também a água; e ulteriormente, é causa o corpo". — Traduzimos com "a matéria de que são feitas as coisas" a típica fórmula aristotélica: ἐξ οὗ γίγνεταί τι ἐνυπάρχοντος.

[3] (**1013 a 27-28**). *Segundo significado de "causa".* — Trata-se da *causa formal*; cf. *supra*, nota 3 a A 3. Quanto à expressão "modelo" (παράδειγμα), Aristóteles não a usa aqui no sentido em que, segundo ele, a usava Platão (cf. A 9, 991 a 21, 27, 30, 31) referindo-a às Ideias transcendentes, mas para indicar a própria *forma imanente*. Talvez Aristóteles, como sugere Alexandre (*In Metaph.*, p. 349, 6 ss. Hayduck e *ap.* Simplício, *In Phys.*, p. 310, 25 ss. Diels), fale da forma como *modelo* (imanente), enquanto a natureza faz tudo o que faz *aspirando* justamente à forma. Portanto, está subentendida a comparação da natureza com o artífice, que constrói os objetos da sua arte, tendo justamente presente a forma como modelo. A nosso ver, além disso, o termo se explica muito bem, pensando na função *normativa* que é desempenhada pela forma.

[4] (**1013 a 28-29**). A *relação de oitava.* — A oitava é dada pela relação 2:1 e esta relação é, justamente, a forma "quae rationem chordarum in

hoc intervallo musico significat" (Bonitz, *Comm.*, p. 222); e, como esta relação é *numérica*, segue-se que o número pode ser dito *genericamente* causa da oitava.

[5] (**1013 a 29**). *As partes da forma e da definição entram na causa formal.* — Esta última afirmação é bem esclarecida por Tomás (*In Metaph.*, p. 212 a, § 764 Cathala-Spiazzi): "Et non solum tota definitio comparatur ad definitum ut forma, sed etiam partes definitionis, quae scilicet ponuntur in definitione in recto. Sicut enim animal gressibile bipes est forma hominis, ita animal, et gressibile, et bipes".

[6] (**1013 a 29-32**). *Terceiro significado de "causa"*. — Trata-se da *causa eficiente-motora*; cf. nota 5 a A 3. Quanto ao aceno ao "repouso" (ἠρέμησις), é exata a observação de Hamelin no comentário ao lugar paralelo da *Física*, II: "O ἠρέμησις consiste em pôr em repouso (ἠρεμία), isto é, o *ato de parar o movimento*. Cf. *Fis.*, VI, 7, 238 a 18, 21 e 8, no início. O mesmo princípio deve ser capaz de produzir e de parar o movimento. Cf. *Da alma*, I 3, 406 b 23" (Ar. *Phys.*, II, p. 91).

[7] (**1013 a 32 – b 3**). *Quarto significado de "causa"*. — Trata-se da causa *final*; cf. a nota 6 a A 3. Cf. *Anal. post.*, II, 11, 984 b 9 ss.

[8] (**1013 b 6-9**). *Como deve ser lido o exemplo.* — É óbvio que aqui, nesse exemplo, Aristóteles podia acrescentar também a causa *formal* e *final*. Note-se, ademais, que para Aristóteles, da mesma coisa não só *podem* existir, mas *necessariamente* existem as quatro causas acima descritas ou, pelo menos, mais de uma causa, como amplamente se viu no curso do livro A 3-6.

[9] (**1013 b 9-11**). *Em que sentido as causas são recíprocas.* — A existência de múltiplos tipos de causas explica também o fato de existirem *causas recíprocas*. Este ponto é claramente explicado por Tomás (*In Metaph.*, p. 213 b, § 775 Cathala-Spiazzi) do seguinte modo: "Sciendum est autem, quod cum sint quatuor causae superius positae, earum duae sibi invicem correspondent , et aliae duae similiter. Nam efficiens et finis sibi correspondent invicem, quia efficiens est principium motus, finis autem terminus. Et similiter materia et forma: nam forma dat esse, materia autem recipit. Est igitur efficiens causa finis, finis autem casuae efficientis. Efficiens est causa finis quantum ad esse quidem, quia movendo perducit efficiens ad hoc, quod sit finis. Finis autem est causa efficientis non quantum ad esse sed quantum ad rationem causalitatis. Nam efficiens est causam inquantum agit: non autem agir nisi causa finis. Unde ex fine habet suam causalitatem efficiens". Análoga a explicação para o outro par de causas.

[10] (1013 b 11-16). *Em que sentido a mesma causa pode ser causa de contrários.* — Portanto, como justamente sublinha Tomás (*In Metaph.*, p. 213 b, § 776 Cathala-Spiazzi), não *similiter*, mas *dissimiliter* a mesma coisa é causa dos contrários, justamente caso esteja *presente* (παρόν linha 12, παρουσία linha 14), ou *ausente* (ἀπόν, ἀπουσία linha 13).

[11] (1013 b 21). *O significado de* τούτων *nesse contexto.* — Aristóteles não fornece ulterior especificação; mas caso se queira dar um significado perfeitamente aceitável ao texto, não podemos nos referir aos exemplos que precedem imediatamente, que são só exemplos de causas materiais, mas ao que é dito nas linhas 14 s., naturalmente confiando só na lógica do sentido.

[12] (1013 b 21-22). *Referência à causa material.* — Ela foi ilustrada com os exemplos precedentes.

[13] (1013 b 22). *O significado de* τὸ ὅλον *nesse contexto.* — O "todo" não significa aqui o todo concreto como conjunto de partes, mas o todo ou totalidade *formal*, vale dizer, o que faz das partes um todo (cf. Alexandre, *In Metaph.*, p. 351, 27 ss. Hayduck; ὅλον = ὁλότης = τελειότης), isto é, como sinônimo de *forma*.

[14] (1013 b 22-23). *Significado de* ἡ σύνθεσις *nesse contexto.* — A *composição* como o *todo*, do qual se falou na nota precedente, deve ser entendido como sinônimo de *forma* do seguinte modo. As letras, digamos, constituem uma sílaba mediante a *composição*, a qual, *portanto*, deve ser entendida aqui como o *tomar forma* ou o *informar-se* da matéria. Cf. Alexandre, *In Metaph.*, p. 351, 29 ss. Hayduck e ainda Alexandre, *ap.* Simplício, *In Phys.*, p. 320, 1 ss. Diels.

[15] (1013 b 23-25). *Exemplos ilustrativos da causa eficiente.* — No comentário à passagem paralela da *Física*, Simplício explica bem que Aristóteles fornece exemplos para mostrar as diferentes nuanças da causa eficiente, como acima fez para a causa material e formal. "De fato, como causa eficiente, uma coisa é o *autor de uma decisão*, outra coisa é o *médico* e outra ainda a *semente*. O autor de uma decisão dá início à ação sem que ele mesmo ponha mãos à obra, o médico põe mãos à obra, a semente está, em certo sentido, a meio caminho entre a causa eficiente e a causa material, enquanto dá origem à coisa produzida mediante a transformação de si, enquanto a causa eficiente propriamente dita deve ser, como admite o próprio Alexandre, externa à coisa produzida" (*In Phys.*, p. 311, 5-11 Diels).

[16] (1013 b 26-28). *O desejável como bem real e como bem aparente.* — Hamelin (*Ar. Phys.*, II, p. 93), ao comentar a passagem paralela da *Física*,

evoca oportunamente o *Da alma*, III, 10, 433 a 27: "O que sempre move é o desejável, mas o desejável pode ser tanto o *bem* <real> como o bem aparente" (cf. Movia, *Aristotele, L'Anima*, p. 400). Ver também *Top.*, VI 8, 146 b 36 ss. Segundo Hamelin o bem real e o bem aparente seriam aqui mencionados como *duas variedades da causa final (op. cit., loc. cit.)*.

[17] (**1013 b 28-30**). *Os modos de ser das causas.* — Esses modos são bem explicados por Tomás (*In Metaph.*, p. 215 b, § 783 Cathala-Spiazzi): "Est autem distinctio causae per species et per modos. Nam distinctio per species est penes diversas rationes causandi; et ideo est quasi divisio per differentias essentiales species constituentes. Divisio autem per modos est penes diversas habitudines causae adx causatum. Et ideo est in his quae habent eandem rationem causandi, sicut per se et per accidens, remotum et propinquum. Unde est quasi per differentias accidentalis non diversificantes speciem".

[18] (**1013 b 30-34**). *Causa anterior e causa posterior.* — Esta distinção já foi, em parte, antecipada no início. Cf. notas 2 e 4. Bonitz (*Comm.*, p. 224); "... veletudinis causam effectricem propre dicimus medicum, minus proprie et remotius artificem, siquidem notio artificis genus est notionis medici, ut quidquid a medico confectum est, id artifici tribui possit".

[19] (**1013 b 34 – 1014 a 6**). *As causas em sentido acidental.* — O ser branco e o ser músico são verdadeiras *causas acidentais* da estátua, enquanto é verdadeiro acidente de quem faz a estátua o ser músico ou branco (e, portanto, é só *per accidens* que o músico e o branco fazem a estátua). Mas mesmo referido a Policleto, o que aqui nos diz Aristóteles pode muito bem ser explicado: de fato, que o escultor seja justamente Policleto em vez de qualquer outro, é *acidental*. Porém, não é acidental, nem no primeiro nem no outro destes sentidos, que o escultor (ou Policleto) seja *homem* e seja *animal*: existe, com efeito, uma relação bem diferente, por um lado, entre "escultor" e "ser branco ou músico" e ainda entre "escultor" e "ser Policleto" (em vez de outro), e, por outro lado, entre o "escultor" e "o ser homem" ou "ser animal", enquanto o escultor não pode não ser tal. Dever-se-á, portanto, entender, nesse último caso, a expressão causas acidentais no sentido lato de *causas indiretas*: indiretas em sentido ainda mais amplo do que se entende na precedente distinção (cf. nota precedente), isto é, no sentido de causas entre si *não essencialmente ligadas*. De fato, o homem não é escultor *enquanto homem*, nem muito menos o é enquanto *animal*. (Cf. a nota 6 a A 1).

[20] (**1014 a 7-10**). *Causas em potência e em ato.* — Esta é uma distinção que se aplica a *todos os precedentes significados e modos das causas*, porque

todos podem ser ou só *potencialmente* e virtualmente, ou *atualmente* e presentemente.

[21] (1014 a 11-12). *Evocação da causa eficiente.*

[22] (1014 a 12). *Evocação da causa material.* — Tanto com o exemplo precedente, como com este exemplo, Aristóteles quer ilustrar que o que se disse das causas no ponto (A) vale também *para os efeitos*.

[23] (1014 a 12-13). Cf. ponto (B), 1013 b 34 - 1014 a 6.

[24] (1014 a 13-15). *Combinação possível das causas em sentido próprio e em sentido acidental.* — Tomás (*In Metaph.*, p. 216 b, § 792 Cathala-Spiazzi): "Ulterius ponit *quartam* distinctionem causae, quae est in *simples* et in *compositum*; ut simples causa dicatur secundum quod accipitur causa statuae per se totum ut statuae factor, sive per accidens tantum, scilicet Polycletus. Composita autem secundum quod utrumque simul accipitur, ut dicatur causa statuae Polycletus statuae factor".

[25] (1014 a 16-17). Em *potência* e *em ato*; e, portanto, tornam-se doze.

[26] (1014 a 17-20). *Quadro sumário dos significados de causa.* Ross (*Metaph.*, I, p. 292) o apresenta do seguinte modo:

(1) a causa individual;
(2) o gênero da causa individual;
(3) a causa acidental;
(4) o gênero da causa acidental;
(5) a combinação de (1) e (3);
(6) a combinação de (2) e (4).

Cada uma destas, ulteriormente, pode existir ou (*a*) *em potência* ou (*b*) *em ato*. Naturalmente o quadro sumário poderia também ser escrito com doze itens especificando, primeiro, ao lado de cada uma das primeiras seis *em potência* e, depois, repetindo-as e especificando *em ato*.

[27] (1014 a 20-25). *Diferente nexo ontológico entre causa e causado em ato e em potência.* — Maurus (*Arist. op. omn.*, IV, p. 357 b) esclarece bem: "Notat Aristoteles, quod causae actu simul ponuntur et simul tolluntur cum effectibus. Si enim causa actu aedificat domum, domus actu aedificatur; si causa actu non aedificat, domus non aedificatur actu. E converso remota causa secundum potentiam non semper removetur effectus; ex. gr. potest tolli aedificator, quin tollatur domus, et potest tolli domus, quin tollatur aedificator". — Os termos αἰτία, αἴτιον, αἴτιος, já usados pelos Pré-socráticos em sentido metafísico (cf. Diels-Kranz, II, p. 27 a-b e p. 28 a), desempenham uma função de importância primordial também em Platão. Ler particularmente o *Fédon*, 96 A ss., onde já existe um tratamento

aprofundado da problemática das causas, desenvolvido em polêmica com os Pré-socráticos, que antecipa a problemática aristotélica. Para o uso platônico desses termos nos vários diálogos cf. Ast, *Lex. Plat.*, I, pp. 65-71; É. des Places, *Plat. Lexique*, I, pp. 23 ss.

3. *Sumário e comentário a Δ 3*

[1] (1014 a 26 – b 15). Sumário. — Elemento (στοιχεῖον) *significa, fundamentalmente,* (1) o constitutivo primeiro de que são feitas as coisas, *que é* imanente ou intrínseco *às próprias coisas, e que não é divisível em partes especificamente diferentes delas.* (*a*) *São elementos, neste sentido, as letras do alfabeto e o fogo, o ar etc., de que falam os filósofos naturalistas.* (*b*) *Em sentido semelhante a este fala-se de elementos das demonstrações geométricas ou das demonstrações em geral.* — (2) *Por extensão entende-se, depois, por elemento,* (a) *tudo o que é* pequeno, simples e indivisível *e que, como tal, pode servir para compor muitas coisas.* (b) *Com base nisso são entendidos (por alguns filósofos) como elementos* os universais supremos. — A *nota comum a todos os significados de elemento é* o ser constitutivo primeiro e intrínseco das coisas.

[2] (1014 a 26-34). *Significado e alcance do termo "elemento".* — Cf. também *Do céu*, III, 3-4; *Da ger. e da corr.*, II, 1, 329 a 5 ss. e os lugares indicados por Schwegler, *Metaph.*, III, p. 196 e Bonitz, *Comm.*, pp. 225 s. Ver também Bonitz, *Index Ar.*, 702 a 18 ss.; Diels, *Elementum*, pp. 23 ss. — Para bem entender o que Aristóteles nos diz aqui deve-se ter presente o seguinte. *Elemento* tem um significado de fundo muito próximo ao de *princípio* e de *causa*, enquanto exprime, justamente, algo que é *primeiro* e que é *fundamento* ou *condição* de outra coisa. Entende-se bem, portanto, que Aristóteles às vezes use στοιχεῖον como sinônimo tanto de ἀρχή como de αἴτιον (cf. A 3, 983 b 8 ss.; B 1, 995 b 27 s.; E 1, 1025 b 5; H 1, 1042 a 5; Λ 5, 1071 a 25, etc.). — A diferença entre elemento, de um lado, e causa e princípio, de outro, está no seguinte: o elemento é por definição e, portanto, sempre, *imanente ou interno* à coisa, enquanto a causa e princípio podem ser também *externos* à coisa, como vimos nos capítulos precedentes. Portanto, observa justamente Bonitz (*Comm.*, p. 226), em Λ 4, 1070 b 22-26, a forma, a privação e a matéria são ditas *elementos*, justamente porque são *imanentes* à coisa; ao invés, a causa motora não é chamada elemento porque ela é extrínseca à coisa. Sempre Bonitz (*loc. cit.*) nota como Aristóteles indique

com στοιχεῖον tanto os elementos *materiais* como, também, os *formais*; e isso é correto, enquanto tanto a matéria como a forma são constitutivos primeiros intrínsecos das coisas. Todavia, Aristóteles tende a designar com στοιχεῖον, prioritariamente os *constitutivos materiais e a matéria*: cf. Z 17, 1041 b 31 e A 3, 983 b 8-11. — Enfim, tenha-se ainda presente o seguinte pormenor. O fato de Aristóteles indicar, na maioria das vezes, com *elemento* o constitutivo *material*, não implica que στοιχεῖον e ὕλη tenham significados idênticos. A noção de *matéria* é mais ampla que a de *elemento*: a matéria diz sempre *potencialidade*, enquanto o elemento pode ser também em ato (cf. *Do céu*, III 3, 302 a 16). O *elemento* ĕ, portanto, uma matéria em parte já em ato: "Inde cognoscitur, qui fiat ut στοιχεῖον maxime propria ac peculiari vi de iis usurpetur corporibus, quae reliquis insunt omnibus, sed ipsa iam simplicissimis distincta formae differentiis, qualia sunt calidum, frigidum, humidum, siccum" (Bonitz, *Comm.*, p. 226). — Para o uso do termo nos Pré-socráticos cf. a indicação dos lugares em Diels-Kranz, III, p. 403 a-b; no que se refere a Platão cf. Ast, *Lex. Plat.*, III, p. 277; É. des Places, *Plat. Lexique*, II, p. 465. Só com Aristóteles o termo στοιχεῖον assume significado técnico bem definido, e o seu uso se torna frequentíssimo.

[3] (**1014 a 34-35**). *Em que sentido os elementos são indivisíveis.* — Os filósofos a que Aristóteles alude não são só Empédocles e os Atomistas, mas, como justamente destaca Schwegler (*Metaph.*, III, p. 197), em geral todos os primeiros filósofos naturalistas. Podemos resumir o que é dito aqui como esclarecimento do conceito de elemento do seguinte modo. O elemento é *quantitativamente* divisível, mas *qualitativamente* indivisível: podemos dividir a água ou a terra quantitativamente, mas as partes que delas obtemos continuam sempre qualitativamente iguais, isto é, respectivamente, água e terra, e justamente por isso água e terra são ditos elementos. Se, ao invés, dividimos a sílaba *BA*, obtemos *B* e *A*, que são *qualitativamente* diferentes; por isso a sílaba não é elemento; ulteriormente B e A não podem mais ser divididos em sons qualitativamente diferentes e, portanto, são elementos.

[4] (**1014 a 35 – b 3**). *Os silogismos primeiros.* — A interpretação desses *silogismos primeiros* é incerta. (1) Alexandre (*In Metaph.*, p. 356, 22 ss. Hayduck) considera que Aristóteles fale dos silogismos da *primeira figura* (e lê οἱ πρῶτοι τῶν τριῶν em vez de οἱ πρῶτοι ἐκ τῶν τριῶν). Assim também Asclépio, *In Metaph.*, p. 308, 2 Hayduck e, entre os modernos, Diels, *Elementum, loc. cit.*, Schwegler, *Metaph.*, III, p. 197; Bonghi, *Metaf.*, II, p. 26, nota 1, que comenta: "Ora, Aristóteles só considera como perfeitos e

autodemonstrativos por si os silogismos da primeira figura: e os chama aqui de *primeiros* e por isso de *elementos*, porque os das outras figuras devem se remeter ao da primeira para adquirir evidência e plena força demonstrativa". — (2) Bonitz (*Comm.*, p. 227) dá outra interpretação, que, por *silogismos primeiros* entende: "qui nihil continent amplius nisi quod ad concludendum requiratur, tres terminos quorum unus sit medius". E para a interpretação de πρῶτος nesse sentido remete a Waitz, *Organon, ad.* 44 b 6. Assim também Ross, *Metaph.*, I, p. 295; Tricot, *Métaph.*, I, p. 253, nota 2.

[5] (**1014 b 3-5**). *Os elementos e os tópicos.* Escreve Bonitz (*Comm.*, p. 227): "Huc fortasse referri potest, quod eas demonstrandi rationis, quas in promptu habere dialecticum oporteat ad quamlibet rem cum specie veritatis vel comprobandam vel refellendam, quas alio nomine τόπους appelat, easdem saepe στοιχεῖα nominat". — E se também aqui Aristóteles não pensava nisso, o que ele nos diz explica justamente por que os *tópicos* são ditos *elementos*. Cf. também Bonghi, *Metaf.*, II, p. 26, nota 2; Ross, *Metaph.*, I, p. 295.

[6] (**1014 b 3-6**). *As relações entre o sentido próprio e o sentido figurado de elemento.* — São bem explicados por Tomás (*In Metaph.*, p. 219 b, § 802 Cathala-Spiazzi): "Ostendit quomodo elementum dicatur transumptive; dicens, quod ex hac praemissa ratione et significatione elementi transtulerunt quidam hoc nomen elementum ad significandum aliquid, quod est unum, et parvum, et ad multa utile. Ex hoc enim quod elementum est indivisibile in diversas species, acceperunt quod sit unum, Ex eo vero quod est primum, quod sit simplex. Ex eo vero, quod ex elementis alia componuntur, acceperunt quod sit utile ad multa. Unde hanc rationem elementi constituerunt, ut elementum dicerent omne illud, quod est parvum in quantitate, et simplex, quasi ex aliis non compositum, et indivisibile in diversa".

[7] (**1014 b 6-8**). *Em que sentido os universais são considerados elementos.* — São, portanto, estas as três características segundo as quais os universais são considerados elementos: (1) *unidade* (ἕν), (2) *simplicidade e indivisibilidade* (ἁπλοῦν), (3) *presença em muitas coisas a guisa de componentes* (ἐν πολλοῖς ὑπάρχειν). Alexandre (*In Metaph.*, p. 355, 30 s. Hayduck), considera que τὰ μάλιστα καθόλου sejam τά ἀνωτάτω γένη, isto é, *os gêneros supremos*.

[8] (**1014 b 8**). *Evocação do Um do Platônicos.* — Estão presentes "Em todas ou na maioria delas", por exemplo, o *um*, que alguns filósofos, ou seja, os Platônicos, consideram justamente como gênero supremo (cf. Alexandre, *In Metaph.*, p. 355, 34 s. Hayduck; Bonitz, *Comm.*, p. 227). Cf. B 3, *passim*.

[9] (1014 b 8-9). *Evocação do um e do ponto.* — Pitagóricos e Platônicos consideravam o *um* constitutivo dos números, e o *ponto* constitutivo da linha, e, portanto, elementos no sentido do qual se fala aqui.

[10] (1014 b 9-10). *Indivisibilidade dos gêneros.* — Os gêneros são indivisíveis em ulteriores *gêneros* ou em *gêneros e diferenças*, porque são *simples* (e, por esse motivo, indefiníveis, justamente porque a definição implica sempre *gênero e diferença específica* ou, pelo menos, implica sempre uma multiplicidade ou complexidade de notas).

[11] (1014 b 10-11). Cf. a nota 7.

[12] (1014 b 12-14). Sobre a relação gênero-diferença cf. *Top.*, III 2, 122 b 15 e *Metaf.*, B 3, 998 b 14 ss.

[13] (1014 b 14-15). *As três características fundamentais do elemento.* — Todo elemento implica: (1) o fato ser *constitutivo*, isto é, o fato de ser algo do qual outra coisa deriva (diremos: o fato de ser condição ou fundamento); (2) o fato de ser algo *primeiro* ou *originário*; (3) o fato de ser *imanente, intrínseco, dentro* da coisa.

4. *Sumário e comentário a Δ 4*

[1] (1014 b 16 – 1015 a 19). Sumário. — Natureza (φύσις) *tem os seguintes significados.* — (1) A geração das coisas que crescem. — (2) O princípio interno *à coisa, do qual começa o crescimento.* — (3) O princípio de movimento *intrínseco às coisas e que lhes pertence em virtude da sua própria essência.* — (5) A substância ou essência *das coisas naturais.* — (6) *Em geral* toda substância. O *significado fundamental de* natureza *é o quinto, vale dizer*, a substância ou essência das coisas que têm em si mesmas e pela própria essência o princípio do movimento. *Todos os outros significados existem em função deste.* (O desenvolvimento do presente capítulo tem um paralelo na *Fis.*, II, 1, mais específico e aprofundado).

[2] (1014 b 16-17). *Primeiro significado de natureza-physis.* — A passagem é propriamente intraduzível, porque o raciocínio centra-se sobre a correspondência entre φύσις e φύεσθαι (= ter crescimento, nascer), cujo sentido não podemos conservar. Em todo caso, é claro que Aristóteles baseia-se "prioritariamente sobre o sentido etimológico primitivo de φύσις: *nascimento, geração, crescimento*..." (como diz Mansion, *Intr. à la Phys.*, p. 104[2], a propósito da passagem paralela da *Física*). Sobre a questão da derivação de φύσις de φύω cf. Ross, *Metaph.*, I, p. 296. — Parece-nos que esclarece bem esta questão o que

Hamelin, comentando a passagem paralela da *Fís.*, observa, remetendo-se ao comentário de Filopono: "Neste ... sentido φύσις é, por assim dizer, forjado de φύσανσις (Philop., 211,8). Diz-se de maneira análoga ὑγίανσις, θέρμανσις, ἅδρυνσις, λεύκανσις. Seria preciso poder dizer... *naturação*, por analogia com desnaturação, maturação, saturação etc." (*Arist. Phys. II*, p. 52). Portanto *natureza* no sentido de *naturação*. Ver os desenvolvimentos deste significado em *Fis.*, II 1, 193 b, 12-18 (e o relativo comentário de Hamelin, pp. 51 ss.; cf. também os concisos esclarecimentos de Mansion, *op. cit.*, pp. 104 s.).

[3] (**1014 b 17-18**). *Segundo significado de "natureza"*. — Alexandre (*In Metaph.*, p. 357, 13 ss. Hayduck) considera que se trate do *substrato material*, da *matéria prima* (linha 17). Mas a interpretação é certamente inexata, porque, da *natureza* no sentido de *matéria* fala-se nas linhas 26 ss. (quarto significado). Mas nem com Alexandre pode-se contornar o obstáculo dizendo que, na passagem que estamos comentando, Aristóteles fala da *matéria prima ou remota*, enquanto nas linhas 26 ss. fala da *matéria próxima* (*In Metaph.*, p. 358, 36 ss. Hayduck), porque isso não pode ser extraído do texto aristotélico (extrai-se apenas que nas linhas 26 ss. se fala de matéria próxima e nada mais). — Bonitz, ao invés, individuou bem o sentido deste significado de φύσις, pondo-o em relação com o que precede e com o que segue: "Rectius videtur discrimen cognosci posse, si primas tres significationes inter se comparaverimus; quae quum omnes pertineant ad res naturali vi nascentes, verisimillimum est, verbis ἐξ οὗ πρώτου φύεται ἐνυπάρχοντος illud significari principium materiale alicuius rei, quod immanet quidem rei nec tamen exemtum est a generandi mutatione, *veluti si semen platae dicatur* φύσις *esse*" (*Comm.*, p. 229). — Portanto, o princípio do qual se desenvolve o processo de crescimento das coisas, do qual fala aqui Aristóteles como de segundo significado de φύσις, é o de *semente*. Exegese aceita por Ross, *Metaph.*, I, p. 296, por Tricot, *Métaph.*, I, p. 254, nota 4, e por outros.

[4] (**1014 b 19-20**). *Terceiro significado de "natureza"*. — Traduzimos com a expressão "e que existe em cada um deles, justamente enquanto é ser natural" a extremamente concisa expressão originária ἐν αὐτῷ ᾗ αὐτὸ ὑπάρχει, onde a dificuldade está em traduzir ᾗ αὐτό. Ora, abaixo, em 1015 a 14 s. retoma-se uma expressão análoga... ἡ οὐσία ἡ τῶν ἐχόντων ἀρχὴν κινὴσεως ἐν αυτοῖς ᾗ αὐτά; e este ᾗ αὐτά, na passagem paralela da *Fis.*, II 1, 192 b 22, é explicitado assim: καθ' αὑτὸ καὶ μὴ κατὰ συμβεβηκός. — Portanto, é claro que Aristóteles fala daquele princípio de movimento que os seres naturais têm em si *essencialmente* e não *acidentalmente*, vale dizer, que têm em si estruturalmente, justamente *enquanto são seres naturais*, como

traduzimos. Cf. Alexandre, *In Metaph.*, p. 358, 5; Schwegler, *Metaph.*, III, pp. 199 s. — Mansion esclarece bem esta passagem, comentando o paralelo da *Física*: "Os seres naturais são bem conhecidos: são os animais e as suas partes, as plantas, os corpos elementares simples e todos os seres deste gênero. Ora, o que os distingue dos outros é que eles têm, em si mesmos um princípio de movimento e de repouso, precisamente enquanto merecem a denominação de seres naturais. Com efeito, os movimentos locais, o aumento e a diminuição, as alterações qualitativas que se lhes atribuem, são consideradas um fato que lhes diz respeito individualmente — animais, plantas, elementos —, enquanto pertencem a essas categorias de substâncias, que todos consideram naturais. Ao invés, quando estas se encontram em objetos produzidos pela arte e quando são chamados cama, veste, estátua, não se lhes reconhece mais *enquanto tais* nenhuma tendência interna para mudar; se, de fato, constata-se neles essa tendência, ela não é mais atribuída a eles enquanto produzidos pela arte, mas porque, sob a forma impressa do artista, capta-se a substância natural que subjaz: madeira, lã, pedra ou os elementos que entram na sua composição. A atribuição do princípio interno de mudança compete, portanto, formalmente e exclusivamente ao ser natural como tal. Aristóteles exprime isso com a seguinte definição de natureza: é um princípio e uma causa de movimento e de repouso para a coisa na qual reside imediatamente a título de atributo essencial e não acidental" (*Introd. à la Phys.*, pp. 97-98).

[5] (1014 b 20-26). *Explicitações relativas ao terceiro significado de "natureza"*. — Dado que, nos três significados acima distinguidos, para explicar φύσις, valeu-se do significado de φύεσθαι, Aristóteles sente agora a necessidade de explicar esse verbo. Infelizmente, como justamente nota Bonitz (*Comm.*, p. 228), o faz de modo pouco preciso, valendo-se de noções que o implicam (e, portanto, o pressupõem) como as de συμπεφυκέναι e προσπεφυκέναι (linha 21), e, além disso, de modo muito obscuro. Entre os comentadores, Maurus (*Arist. Op.*, IV, p. 359 a s.) parece-nos claro: "Ut haec intelligantur [isto é, os significados de φύσις acima distinguidos], explicandum est cum Aristotele, quid sit proprie nasci [assim é traduzido φύεσθαι] et quid sit nativitas. *Nativitas est origo, per quam vivens oritur ut suo principio conjunctum non solo contactu et propinquitate, sed quadam copulatione et quasi continuatione alque adnascentia* [esses dois termos traduzem, respectivamente, συμπεφυκέναι e προσπεφυκέναι], *ita ut in eo habeat aliquod incrementum.* — Patet inductione in omnibus, quae proprie dicuntur nasci. Herbae et plantae dicuntur nasci ex terra, quia originem

ducunt ex terra, ita ut maneant illi conjunctae, non mera propinquitate et contactu, sed quadam copulatione per radices et ita ut trahan alimentum ex terra et sic sumant aliquod incrementum. Proportionaliter animalia nascuntur ex utero et in utero matrum tanquam illi conjuncta et ut trahentia ex matre alimentum, per quod crescant. Similiter nattae et alia hujusmodi dicuntur nasci in corpore animalis, quia originem ducunt a corpore ut illi copulata per quasdam radices et ex corpore sumentia aliquod alimentum. E converso res inanimatae proprie non nascuntur, quia non oriuntur ex suo principio ut hoc pacto conjunctae per quasdam radices ad semendum incrementum, sed ut conjunctae solo tactu. Differt igitur adnascentia a simplici contactu; siquidem quae adnascuntur, ita ut fiant cum illo unum secundum quantitatem, licet non fiant unum secundum qualitatem et formam". — Entre os modernos intérpretes só Ross (*Metaph.*, I, pp. 296 s.) tenta dar uma explicação como se segue: "τὸ ἅπτεσθαι, τὸ συμπεφυκέναι, τὸ προσπεφυκέναι não são três modos diferentes de crescimento. τὸ ἅπτεσθαι, contato entre a coisa que cresce e o seu nutrimento, é a primeira condição, mas deve haver algo mais ou τὸ συμπεφυκέιναι, ou τὸ προσπεφυκέναι, ou a completa absorção do nutrimento, por parte do corpo vivente ou a conjunção parcial, mas sempre orgânica do embrião à mãe (a oposição entre os dois casos, todavia, não é bem delineada, porque mesmo no segundo caso deve haver uma absorção completa do nutrimento)". Portanto, Ross parece entender o δι' ἑτέρου (por obra *de outra coisa*) da linha 20 como *nutrimento*; mas isso é duvidoso. Ademais, essa exegese implica uma tradução diferente da que demos. Eis a tradução de Ross: "Those things are said to grow which derive increase from something else by contact and either by organic unity, or by organic adhesion as in the case of embryos".

[6] (**1014 b 26-28**). *Quarto significado de "natureza"*. — Este é o significado de φύσις como *matéria*. Cf. a passagem paralela de *Fis.*, II 1, 193 a 9 ss. (e os comentários relativos de Hamelin, *Arist. Phys.*, pp. 43 ss. e Mansion, *Intr. à la Phys.*, p. 101 s.). O argumento que Aristóteles desenvolve na *Fisica* se reduz essencialmente a este: se se destrói uma coisa, dela resta sempre a *matéria*. Se quebro um móvel, resta a sua madeira (matéria); se queimo a madeira, resta a cinza, isto é, a terra (matéria) e assim por diante. De modo que o que resta de cada coisa é a matéria e, portanto, a natureza de cada coisa parece ser a sua *matéria próxima*.

[7] (**1014 b 32**). *Significado de "matéria prima" nesse contexto*. — Entenda-se aqui "matéria prima" no sentido de "matéria próxima"; cf. abaixo, 1'015 a 9. Tomás (*In Metaph.*, p. 223 a, § 817 Cathala-Spiazzi)

traduz assim o sentido desta frase: "Unumquodque enim eorum fit *ex sua materia*, ea salvata".

[8] (1014 b 33). *Evocação dos filósofos naturalistas.*

[9] (10141 b 33). *Evocação de Heráclito e Hipaso.* — Cf. A 3, 984 a 7 e nota relativa.

[10] (1014 b 33). Cf. A 8, 988 b 30; 989 a 9 ss. e nota relativa.

[11] (1014 b 34). *Evocação de Anaxímenes e Diógenes.* — Cf. A 3, 984 a 5 e nota respectiva.

[12] (1014 b 34). *Evocação de Tales.* — Cf. A 3, 983 b 20 ss., e nota relativa.

[13] (1014 b 34). Cf. p. ex. A 7, 988 a 30 e A 8, 989 a 14 e notas relativas.

[14] (1014 b 35). *Evocação de Parmênides.* — Cf. A 3, 984 b 3 s.; A 5, 986 b 27-987 a 2 e notas relativas.

[15] (1014 b 35). *Evocação de Empédocles e todos os pluralistas.*

[16] (1014 b 35 – 1015 a 5). *Quinto significado de "natureza".* — Aqui οὐσία deve ser entendida no sentido de *substância formal*, vale dizer, *essência*, como especificam as linhas 4-5. Portanto, parece-nos inexata a exegese de Tricot, que escreve: "O termo οὐσία parece ter, l. 36, o sentido de composto originário de matéria e de forma, antes da sua diferenciação em matéria e forma, como indicado em 1015 a 6 ss." (*Métaph.*, I, p. 256, nota 1). Algo análogo diz também Carlini, *Metaf.*, p. 147, nota 2. — O sentido das linhas 1014 b 35 - 1015 a 5 é bem captado por Maurus (*Arist. op. omn.*, IV, p. 360 a): "... natura est etiam *forma*, quae dicitur substantia sive essentia rerum naturalium, quia per formam res naturales constituuntur in sua specie. Ideo Empedocles, qui censuit, formam mistorum consistere in compositione elementorum, consequenter dixit, quod non est alia natura mistorum quam ipsa mistio et permutatio elementorum, quae mistio ab homin ibus vocatur natura. Quod autem *forma* sit natura rerum naturalium, probatur; nam res naturales non dicuntur habere suam naturam, dum datur materia sine forma; ex. gr. materia ignibilis, dum non habet formam ignis, non dicitur habere naturam ignis; ergo natura non est sola materia, *sed etiam forma* est natura, ac ens naturale est compositum ex materia et forma; ex. gr. animalia et eorum partes, puta caro, ossa etc., sunt entia naturalia". — Portanto, o exemplo dos filósofos que põem a natureza na *composição* e na *mistura*, deve ser entendido como outra prova de que a natureza é *forma* e *essência*, justamente porque, para eles, composição e mistura são *a forma e a essência*. Cf. A 10, 993 a 15 ss. (Ver *Da alma*, I 4,

particularmente 408 a 18 ss., e ainda mais iluminador *Das part. dos an.*, I, 642 a 17-24). — O fragmento de Empédocles citado no nosso texto (= fr. 8, Diels-Kranz, I, p. 312, como também em *Da ger. e cor.*, I 4, 314 b 7; II 6, 333 b 14), segundo a maioria dos estudiosos, é entendido equivocadamente por Aristóteles. Para uma análise dele cf. Ross, *Metaph.*, I, pp. 297 s.

[17] (**1015 a 4-7**). *O composto de matéria e forma* (τὸ ἐξ ἀμφοτέρων τούτων, *l.* 6) *não tem uma significação diferente de* φύσις. — O nosso texto diz simplesmente que o composto é objeto ou realidade natural ou, mais exatamente, φύσει... ἐστίν, é por natureza. De resto, na passagem paralela de *Fís.*, II 1, 193 b 5 s. Aristóteles explica claramente: τὸ ἐκ τούτων φύσις μὲν οὐκ ἔστιν, φύσει δέ, οἷον ἄνθρωπος. E, no comentário à passagem, Hamelin (*Arist. Phys.*, p. 48) explica: "... quanto ao composto de matéria e forma, ninguém pensa nem pode pensar em chamá-lo de natureza: é uma coisa natural na qual a natureza está incluída (cf. Simplício, *In Phys.*, 277, 12 Diels)".

[18] (**1015 a 7-10**). *O significado de "matéria prima" neste contexto.* — Tenha-se presente, para bem entender este inciso, que em nenhum dos dois sentidos discutidos πρώτη ὕλη significa matéria *prima em sentido absoluto*. A matéria *prima em relação ao objeto* é a matéria *próxima* da qual propriamente é feito o objeto (o *bronze* da estátua, o *ouro* do anel); a matéria *prima em geral* é a que é prima *relativamente à matéria próxima da coisa* (se a matéria do que é fundível é água, então a "matéria prima em geral" da estátua, assim como a do anel e de tudo o que é feito de material fundível, é água). Cf. Alexandre, *In Metaph.*, p. 359, 25 ss. Hayduck; Ross, *Metaph.*, I, p. 298; Tricot, *Métaph.*, I, p. 256, nota 4.

[19] (**1015 a 10-11**). *Identificação da substância-forma com o fim* (τέλος). — Portanto, a natureza no sentido de *forma*, segundo Aristóteles, significa também *fim*. Este é um dos traços mais significativos da sua concepção da realidade em sentido global, ou seja, uma característica típica do "finalismo aristotélico" (dimensão estruturalmente teleológica da sua ontologia). Cf. W. Theiler, *Zur Geschichte der teleologischen Naturbetrachtung bis auf Aristoteles*, Berlim 1965², pp. 90 ss.

[20] (**1015 a 11-13**). *Sexto significado de "natureza"*. — O significado desta passagem só pode ser o que foi dado por Bonitz (*Comm.*, p. 230): "Quoniam autem formam ac substantiam rerum naturalium φύσις significat, inde idem *nomen etiam ad alias transfertur substantias, quae non sunt rerum naturalium*". — Mas quais são essas substâncias *quae non sunt rerum naturalium*? É difícil dizê-lo. Pode-se responder de três modos: (1) com

Maurus (*Arist. op. omn.*, IV, p. 360 b): "... quia natura... significat formam totius, quae dicitur etiam species et substantia rei et est finis nativitatis, per extensionem sive translationem omnis species et substantia *etiam rerum immobilium et ingenerabilium* dicitur natura". Nesse sentido, diz Maurus, falamos de *natura Dei*, mesmo que Deus seja imóvel e imutável; falamos de *angelorum natura*, mesmo que os anjos não nasçam nem morram. E, em geral, "immo quia substantia est essentia rerum substantialium, olmnis essentia etiam accidentium vocatur natura. Dicitur enim natura albedinis, natura motus, sumendo naturam in sensu amplissimo pro essentia etiam accidentalis". Analogamente Carlini (*Metaf.*, p. 148, nota 2), que pensa "nas substâncias puramente inteligíveis, privadas de matéria". — (2) Ou se pode entender os *objetos produzidos pela arte*, os quais, tendo também eles uma forma, *por analogia com as coisas naturais, podem ser chamados de naturezas*. Assim Tricot, *Métaph.*, I, p. 257, nota 2, o qual evoca Christ (*Studia in Arist. libros Metaph. coll.*, Berlim 1853) e a sua proposta de leitura da linha 12: ὅτι ἡ τῶν τέχνῃ γιγνομένων οὐσί φύσις τίς ἐστιν (= de fato a substância das coisas artificiais é também uma natureza). — (3) Poder-se-ia também entender as duas coisas; Aristóteles diria, portanto: todas as substâncias indistintamente, vale dizer, tudo o que *tem* ou *é* forma (tanto *artefacta como substâncias puramente formais*) tem título, *justamente em virtude da forma*, para ser chamado natureza. — Para a tradução da linha 12 seguimos a interpretação de Asclépio (*In Metaph.*, p. 312, 14 Hayduck): ἐπειδὴ ἡ οὐσία καὶ τὸ εἶδος φύσις τίς ἐστι e, portanto, fizemos a suposição de que o texto fosse: ὅτι καὶ ἡ οὐσία φύσις τίς ἐστι, e traduzimos οὐσία no significado de εἶδος.

[21] (**1015 a 14**). *Significado de οὐσία no nosso contexto.* — Aqui "substância" (οὐσία) entendida no sentido, já outras vezes sublinhado, de εἶδος, ou, como diz Alexandre, (*In Metaph.*, p. 360, 4 s. Hayduck) de ἔνυλον εἶδος.

[22] (**1015 a 15**). *Significado da expressão ᾗ αὐτά.* — Ver a nota 4, onde é aprofundado o sentido peculiar dessa expressão no nosso contexto.

[23] (**1015 a 13-17**). *Conclusões globais sobre o conceito de "natureza".* — Note-se que Aristóteles assume, nesse conceito de φύσις, tanto a tradição jônica como a platônica, realizando uma síntese superior. Dizendo que φύσις é, embora num nível inferior, também a *matéria*, Aristóteles se liga à tradição jônica; dizendo que φύσις é *forma*, inspira-se no idealismo platônico; e mostrando como todos os significados de φύσις estão em função deste, opera aquela mediação sintética das diferentes instâncias, que é típica do seu realismo. (Cf. também Mansion, *Intr. à la Phys.*, pp. 101-105). — No

que se refere ao uso do termo φύσις e o relativo conceito nos Pré-socráticos, cf. Diels-Kranz, III, p. 464 a ss. — Também é interessante notar como a φύσις no sentido de essência e de εἶδος já esteja, em parte, em Platão, naturalmente visto numa perspectiva particular. (Cf. Ast, *Lex. Plat.*, III, pp. 520 ss.; É. des Places, *Plat. Lexique*, II, p. 557 ss. (Ver particularmente as passagens enumeradas por este último, na p. 559, nas letras *a*, *b*, *c*).

[24] (**1015 a 17-19**). A melhor explicação é a de Alexandre (*In Metaph.*, p. 360, 11-13 Hayduck): "*em potência* como, por exemplo, a alma no sêmen; *em ato* como, por exemplo, quando já é animal". Inexato certamente Asclépio, *In Metaph.*, p. 312, 19 s. Hayduck e insatisfatório Tomás, *In Metaph.*, § 224 b Cathala-Spiazzi.

5. *Sumário e comentário a Δ 5*

[1] (**1015 a 20 – b 15**). Sumário. — Necessário (ἀναγκαῖον) *tem os seguintes significados.* — (1) Aquilo sem o quê o vivente não pode viver (*por exemplo a nutrição*), *ou aquilo sem o quê não pode existir nem se produzir o bem.* — (2) *Aquilo que* constringe *ou* faz violência, *opondo-se, por exemplo, aos impulsos ou às decisões.* — (3) *Aquilo que* não pode ser diferente do que é. — (4) A demonstração (*enquanto na demonstração as conclusões, postas determinadas premissas, não podem ser diferentes do que são*). — *Existem coisas necessárias que têm fora de si a causa da sua necessidade; existem outras que a têm em si mesmas (e são essas a causa pela qual também as outras são necessárias). Estas últimas coincidem com o que é simples, de modo que* simples *pode ser considerado o sentido fundamental de necessário, porque estruturalmente não pode ser diferente do que é. Portanto, se existem seres* eternos e imóveis, *neles não poderá haver nada que seja forçado e contra a sua natureza.*

[2] (**1015 a 20-26**). *Primeiro significado de "necessário".* — Traduzimos com "concurso", na l. 21, o termo grego συναίτιον (literalmente: concausa). Cf. *Da alma*, II 4, 416 a 14 e *Das part. dos an.*, I 1, 634 a 17. Trendelenburg, comentando a primeira passagem, explica que συναίτιον é "conditio potius, quam ultima causa..." e que, precisamente, é "... id quod causam adiuvat...". Portanto, conclui o estudioso, remetendo-se inclusive à passagem que estamos lendo: "... συναιτίον αἰτία τιω, sed non αἰτία ἁπλῶς" (*De an.*[2], pp. 291 s.). Tenha-se presente que respiração e nutrição não são causa *por si* da vida: a verdadeira causa da vida é a alma. Análogas observações valem também para o significado (*b*): não se fala da causa verdadeira do

bem ou de determinado bem, mas do *que é preciso para que ela se atualize ou se conserve*, etc.

[3](1015 a 26). *Segundo significado de "necessário"*. — Em grego: τὸ βίαιον καὶ ἡ βία. Bonghi traduz: "o violento e a violência". Um claro comentário desse significado é dado por Maurus (*Arist. op. omn.*, IV, p. 361 b): "... necessarium dicitur id, quod infert violentiam, atque ipsa violentia. violentia enim dicitur necessitas, et patiens violentiam dicitur necessari. Violentum porro describitur *id quod obstat atque impedit consecutionem naturalis inclinationis vel appetitus voluntarii*, ideoque id, quod patitur aliquid contra inclinationem naturalem vel appetitum voluntarium, dicitur necessitari et violentari. Ex allata descriptione violenti Aristoteles infert, quod violentum est aliquid triste et lamentabile, ut dixit Evenus. Ratio est, quia omnis necessitas cogens nos ad operandum contra voluntatem et inclinationem est causa tristitiae; sed violentia seu vis est talis necessitas, ideoque Sophocles dicit: *Etiam vis me cogit haec facere*: ergo etc. Idcirco necessitas videtur esse inevitabilis, cum sit contraria illi, quod fit secundum voluntatem et propositum ideoque evitabiliter".

[4](1015 a 29). *Eveno de Paro*. — É um sofista e poeta elegíaco contemporâneo de Sócrates. Eveno é citado algumas vezes também por Platão, *Apol.*, 20 B; *Fedro*, 267 A; *Fédon*, 60 D; 61 C. Cf. também Aristóteles, *Ret.*, I 11, 1370 a 9; *Et. Eud.*, II 7, 1223 a 29 ss. Ulteriores indicações em Schwegler, *Metaph.*, III, p. 203. O fragmento citado é o n. 8 Hiller.

[5](1015 a 30-31). Sófocles, *Electra*, v. 256.

[6](1015 a 33-35). *Terceiro significado de "necessário"*. — Aristóteles provavelmente pensa aqui nos *entes eternos e imóveis*; cf. E 2, 1026 b 28; Λ 7, 1072 b 10 s. Assim entende também Alexandre, (*In Metaph.*, p. 361, 6 ss. Hayduck); Asclépio (*In Metaph.*, p. 313, 2 Hayduck). Todavia não se pode excluir a exegese de Tomás (*In Metaph.*, p. 226 b, §§ 832-835 Cathala-Spiazzi), o qual pensa que aqui Aristóteles fala do que é *necessarium absolute* em oposição aos precedentes significados que se referem a coisas necessárias somente *secundum quid*. E, particularmente: "Differt... necessarium absolute ab aliis necessariis: quia necessitas absoluta competit rei secundum id quod est intimum et proximum ei; sive sit forma, sive materia, sive ipsa rei essentia; sicut dicimus animal necesse esse corruptibile, quia hoc consequitur eius materiam inquantum ex contrariis componitur. Dicimus etiam animal necessario esse sensibile, quia consequitur eius formam: et animal necessario esse substantiam animatum sensibilem, quia est eius essentia" (*loc. cit.*, § 833).

[7] (1015 b 6-9). *Quarto significado de "necessário".* — Cf. *Anal. prior.*, I 1, 24 b 18 ss.; *Anal. post.*, I 4, 73 a 21 ss. O inciso que pusemos entre travessões "em se tratando de uma verdadeira demonstração", tem claramente o escopo de excluir a demonstração dialética ou *ad hominem*. Portanto, Aristóteles pretende referir-se exclusivamente ao silogismo. A necessidade que aqui é ilustrada é a que podemos chamar de *lógica*. É óbvio em que sentido este significado se reduz ao precedente: trata-se da mesma necessidade ontológica que é *explicitada e reconhecida na demonstração.*

[8] (1015 b 11-14). *O "simples" como significado fundamental de "necessário".* — O simples (τὸ ἁπλοῦν) não pode ser diferente do que é, porque não tem matéria, portanto, não tem potência, e é ato ou forma.

[9] (1015 b 14-15). *Referência às substâncias suprassensíveis.* — Cf. Λ 6-8. Cf. particularmente Λ 7, 1072 b 10 s.

[10] *A propósito do conceito de necessidade.* — As passagens mais significativas nas quais Aristóteles trata do conceito de *necessário* e de *necessidade*, podem ser vistas em Waitz, *Organon*, II, pp. 358-360, além de Bonitz, *Index Arist.*, pp. 42 a ss. Para o conceito de necessidade nos Pré-socráticos, cf. Diels-Kranz, III, pp. 41 b s. No que concerne a Platão, cf. Ast, *Lex. Plat.*, I, pp. 139 ss.; É. des Places, *Plat. Lexique*, I, pp. 38 s.

6. *Sumário e comentário a Δ 6*

[1] (1015 b 16 – 1017 a 6). Sumário. — O um (ἕν) *pode ser entendido* (1) *em sentido* acidental, (2) *ou em sentido* essencial. *Cada um desses sentidos, depois, admite, no próprio âmbito, ulteriores distinções de significados.* — (1) *São unidades* acidentais *as seguintes:* (a) "Corisco" *e* "*músico*" *(isto é, a substância com um acidente)*; (b) "*músico*" e "*justo*" *(isto é, dois acidentes)*; (c) "Corisco *músico*" *e* "Corisco *justo*" *(isto é, uma substância junto com um acidente, relativamente à mesma substância considerada junto com outro acidente)*; (d) "Corisco *músico*" e "Corisco" *(isto é, a substância com um acidente relativamente à mesma substância)*; (e) "*homem*" e "*homem músico*" *(isto é, o mesmo caso de antes, considerado universalmente)*. — (2) As *coisas são* unidades essenciais *nos seguintes casos.* (a) *Quando são contínuas e, sobretudo, se são contínuas por natureza.* (b) *Quando há identidade de espécie do seu substrato.* (c) *Quando é idêntico o seu gênero.* (d) *Quando é idêntica a sua definição.* — (3) *A essência do um consiste em ser um* princípio numérico *ou* a medida primeira de um gênero. *Portanto,*

o um é diferente para os diferentes gêneros; todavia ele é sempre indivisível ou por quantidade ou por espécie. *O que é indivisível em todos os sentidos segundo a quantidade, chama-se* unidade; *o que é indivisível em todos os sentidos, mas tem uma posição, chama-se* ponto; *o que é divisível numa só dimensão, chama-se* linha; *enquanto o que é divisível em duas e em três dimensões, chama-se, respectivamente,* superfície *e* sólido. — *As coisas podem, ademais, constituir uma unidade ou quanto ao* número, *ou quanto à* espécie, *ou quanto ao* gênero, *ou quanto à* analogia. — Múltiplas (πολλά) *são ditas as coisas nos sentidos opostos àqueles nos quais se entende a unidade essencial, e precisamente:* (a) *ou porque* não são contínuas, (b) *ou porque a* sua matéria não é idêntica na espécie, (c) *ou porque* as suas definições não são idênticas.

[2] (**1015 b 16-36**). *Significados do um por acidente.* — Ross (*Metaph.*, I, p. 301) esclareceu muito bem esta passagem, esquematizando o seu conteúdo do seguinte modo: "Aristóteles entende por unidade acidental a unidade fundada sobre uma conjunção *de facto* e não sobre a natureza essencial do que constitui a unidade. Os vários tipos de unidade acidental mencionados são:

(*a*) o de substância e acidente (ll. 17, 22),
(*b*) o de acidente e coacidente (19, 21),
(*c*) o de substância + acidente e a mesma substância + outro acidente (20, 26),
(*d*) o de substância + acidente e substância (23-26),
(*e*) o de gênero + acidente e gênero (29).

Destas, o primeiro (*a*) é o principal, do qual os outros dependem".

[3] (**1015 b 36 – 1016 a 17**). *Primeiro significado da unidade* καθ' αὑτό. — Poder-se-ia também traduzir: *unidades essenciais*; em todo caso é nesse sentido que deve ser entendido o καθ' αὑτό. Cf. *infra*, notas 4-9.

[4] (**1016 a 2**). Bonitz (*Comm.*, p. 235): *linea inflexa*. Cf. *ibid.*, a documentação.

[5] (**1016 a 5-6**). *Unidade do movimento contínuo e indivisível.* — Cf. também I 1, 1052 a 20. Contínuo, diz Aristóteles, é aquilo cujo movimento é um e não pode ser diferente do que é: vale dizer, aquilo que é de tal modo que *as suas partes se movam todas ao mesmo tempo*, e no qual, portanto, não é possível que algumas partes se movam e outras permaneçam em repouso. Cf. Alexandre, *In Metaph.*, p. 364, 5 ss. Hayduck. Tomás (*In Metaph.*, pp. 231 a s., § 853 Cathala-Spiazzi) explica ulteriormente: "Ad hoc autem quod sit unus motus, oportet quod sit indivisibilis: et hoc dico secundum

tempus, ut ut videlicet simul dum moventur una pars continui, moveatur et alia. Non enim contingit in continuo quod una pars moveatur et alia quiescat, vel quod una quiescat et alia moveatur, ut sic motus diversarum partium coninui sint in diversis partibus temporis".

[6] (1016 a 11-12). *Exemplo que explica por que o movimento da perna pode ser um.* — Com efeito, é possível mover a tíbia mantendo parada a coxa.

[7] (1016 a 13-17). *Por que uma linha quebrada não é unidade em sentido absoluto.* — De fato, é possível que numa linha quebrada, uma parte se mova e a outra permaneça parada; pensemos numa linha quebrada que forme um ângulo: é possível que uma parte se mova em direção da outra diminuindo o ângulo, ou que se distancie ampliando o ângulo; e é também possível que ambas as partes se movam em sentidos opostos, sempre dilatando ou diminuindo o ângulo.

[8] (1016 a 15-16). *Uma explicação.* — Se fazemos uma reta girar em torno de um ponto, esse ponto permanece imóvel, mas o ponto não tem extensão. Ora, a explicação de Aristóteles "nenhuma de suas partes (da linha) *extensas*" tem, justamente, a finalidade de excluir o caso acima citado.

[9] (1016 a 17). *Conclusão.* — O um é contínuo, mas o contínuo é tal em diferentes graus: é contínuo em grau maior ou menor, segundo o seu movimento (cf. notas 5 e 7) seja em grau maior ou menor um e simultâneo. Portanto, uma coisa será uma em grau maior ou menor justamente em razão da unidade e simultaneidade do seu movimento.

[10] (1016 a 17-18). *Segundo significado da unidade essencial: unidade pelo substrato.* — Esse segundo modo da unidade por si é bem esclarecido por Tomás (*In Metaph.*, p. 232 a, § 859 Cathala-Spiazzi): "Dicit, quod secundo modo dicitur unum, non tantum ratione continuae quantitatis, sed ex eo quod subiectum totum est indifferens forma secundum speciem. Quaedam enim esse possunt continua quae tamen in subiecto sunt diversa secundum speciem; sicut si continuetur aurum argento, vel aliqua huiusmodi. Et tunc talia duo erunt unum si attendatur sola quantitas, non autem si attendatur natura subiecti. Si vero totum subiectum continuum sit unius formae secundum speciem, erit unum et secundum rationem quantitatis et secundum rationem naturae".

[11] (1016 a 18-19). *Unidade e percepção sensorial.* — O texto diz κατὰ τὴν αἴσθησιν = segundo a sensação ou percepção sensível. Tratando-se do substrato *sensível*, é evidente que o critério só pode consistir na *unidade ou identidade da percepção sensorial*: portanto, são *unidades* aquelas coisas que fornecem uma mesma percepção sensorial.

[12] (**1016 a 19-20**). *Matéria ou substrato próximo e matéria ou substrato remoto.* — O *substrato primeiro* (ὑποκείμενον πρῶτον) é a *matéria próxima*, enquanto o *substrato último* (ὑποκείμενον τελευταῖον) é a *matéria remota*. Note-se que, no nosso contexto, o substrato último não é a matéria última em sentido absoluto, mas *aquela à qual se pode reduzir certo número de coisas*, que também têm matéria próxima diferente, como esclarece o exemplo que imediatamente se segue. Cf. Δ 4, 1015 a 7 ss. e a relativa nota. Ver Alexandre, *In Metaph.*, p. 364, 32 ss. Hayduck; Bonitz, *Comm.*, pp. 235 s.

[13] (**1016 a 20-24**). *Relação entre a unidade e a matéria ou o substrato último.* — Eis como S. Maurus esclarece este ponto: "Addit Aristoteles, quod aliquando res sunt unum, quia primum et proximum subjectum constituitur per formam ejusdem speciei; aliquando sunt unum, quia subjectum remotum et ultimum constituitur per formam vini unius speciei. *Secundo modo* oleum, vinum et omnia humida sunt unum inter se, quia licet subjecta proxima, hoc est vinum, oleum etc., constituantur per formas specie diversas, tamen subjectum remotum omnium liquabilium est aqua vel aer juxta varias sententias, quae constituuntur per formam unius speciei" (*Arist. op. omn.*, IV, p. 365 a).

[14] (**1016 a 24-28**). *Terceiro significado da unidade essencial: unidade por gênero.* — A unidade do *gênero* constitui, portanto, o *terceiro* modo da *unidade por si*. Aristóteles aproxima o *gênero* da *matéria*, enquanto o gênero constitui o *substrato* relativamente às espécies nas quais se diferencia: relativamente às espécies, de fato, ele é *indeterminado*, assim como a matéria relativamente à forma, e nas espécies ele se diferencia e se atualiza, assim como a matéria nas várias formas. Todavia, não é convincente Ross (*Metaph.*, I, p. 302) ao querer fundir esse significado com o precedente: são significados análogos mas não idênticos; e é verdade, como diz Ross, que em ambos os casos trata-se da *unidade do substrato*, mas é igualmente verdade que no primeiro caso *substrato* tem um sentido totalmente diferente e o gênero *só pode ser chamado substrato por analogia*. Além do exemplo aristotélico, para esclarecer, vejamos outro: ouro, prata e ferro são unidade enquanto *metais*, e assim por diante.

[15] (**1016 a 28-32**). *Uma distinção feita por Aristóteles com base no modo comum de falar.* — Aristóteles faz aqui uma distinção que provoca perplexidade. Quando se trata de *espécies últimas* de um gênero, vale dizer, daquelas espécies que não incluem em si outras espécies, então diz-se que elas constituem uma unidade não relativamente ao gênero próximo,

mas relativamente ao gênero ulterior, isto é, ao gênero superior ao gênero próximo. — Esclareçamos o exemplo aristotélico. "Triângulo isósceles" e "triângulo equilátero" são *espécies últimas nos seus gêneros*; o seu "gênero próximo" é "triângulo em geral"; e o "gênero superior" é "figura plana". Ora, diz Aristóteles, não se diz que aqueles dois triângulos são um só triângulo (portanto, não se unificam no seu *gênero próximo*), mas diz-se que ambos são *uma figura* (portanto, unificam-se no *gênero superior*). Na *Fís*., IV 14, 224 a 6 ss., onde Aristóteles apresenta o mesmo exemplo, esse fato é justificado do seguinte modo: "diz-se idêntico a algo o que *não* difere dele por uma diferença própria, e não o que difere dele, como um triângulo difere de um triângulo por uma diferença própria: portanto, estes diferem como *triângulo*, mas não como *figura*, e enquanto figura estão na mesma e única divisão. De fato, a figura de certo tipo é círculo, a figura de outro tipo é triângulo; e, ulteriormente, o triângulo de certo tipo é equilátero, e o triângulo de outro tipo é escaleno. *Como figuras* eles são o mesmo objeto (de fato, são triângulos), mas *como triângulos* não são o mesmo". Em suma: algo não se diz um e idêntico relativamente àquilo de que difere por alguma diferença própria, mas relativamente àquilo de que não difere; os dois triângulos são *diferentes triângulos*, mas são igualmente *figuras*. Vejamos também o exemplo sugerido por Alexandre (*In Metaph.*, p. 365, 22 ss. Hayduck): "águia" e "falcão" são espécies últimas do gênero "pássaro", e este é o seu "gênero próximo"; "animal" é o "gênero superior" a pássaro. Ora, águia e falcão são uma *unidade* considerados como *animais*, não como pássaros, porque como pássaros são diferentes um do outro. Bonitz (*Comm.*, p. 236) diz que se trata de distinção puramente verbal, já que um e outro triângulos em questão são, justamente, triângulos e, portanto, podem ser ditos ἓν τρίγων. (A mesma coisa poderia ser dita do exemplo de Alexandre). Bonghi (*Metaf.*, II, p. 42, nota 1) a considera até mesmo "totalmente falsa". — Carlini (*Metaf.*, p. 152, nota 2) parece ter encontrado o modo mais simples de ler essa passagem: para não dever imputar a Aristóteles o fato de não conhecer as regras de lógica por ele ensinadas, não resta senão pensar essa distinção como referida *ao comum modo de falar*. — No que se refere à lição do texto, que é incerta (cf. Bonitz, *Comm.*, p. 236), talvez deva ser acolhida a de Jaeger: ... ὥσπερ <ὢν> ἡ ὕλη μία. ταῦτα δὲ ὁτὲ μὲν οὕτως ἓν λέγεται, ὁτὲ δὲ <ὅτι> τὸ ἄνω κτλ. Assim o traduzimos.

[16] (**1016 a 33**). *O significado do termo* λόγος *no nosso contexto*. — Alguns traduzem sem mais como *definição*, enquanto a noção que fornece a

essência de uma coisa é a definição. Tal tradução é correta, mas preferimos manter a tradução mais próxima ao texto. Um pouco forçada é a tradução de λόγος por *conceito*, proposta por Carlini [*ad. loc. l.*], e por ele mantida quase constantemente. Veremos, de fato, que λόγος tem tal gama de significados, que se torna indispensável, a cada vez, uma tradução diferente. Particularmente a tradução por *conceito* faz com que se perca de λόγος aquela complexidade (e também ambiguidade) e aquela implicação de diferentes nuanças que ele tem no contexto aristotélico.

[17] (1016 a 32-35). *Quarto significado da unidade essencial: unidade por definição.* — Se a noção que dá a essência de duas ou mais coisas é idêntica (mesmo que essas coisas sejam diferentes entre si por alguns aspectos acidentais), diz-se que elas são uma só coisa. O inciso que pusemos entre parênteses é claro: Aristóteles alude ao fato de que toda noção e definição é constituída pelo *gênero* e pela *diferença específica*, e, ademais, por uma pluralidade de notas. Todavia, não é a isso que se deve prestar atenção, mas a que, no caso sobre o qual estamos refletindo, a noção que oferece a essência de uma coisa *não é divisível* (não distinguível) da noção que oferece a essência da outra.

[18] (1016 a 35 – b 1). *Exemplos do quarto significado.* — Os exemplos apresentados são suficientemente claros: *crescer* e *diminuir* entram em *uma* mesma noção, porque se trata, em ambos os casos, de *movimento segundo a quantidade*. A superfície redonda, a retangular etc., ou as superfícies grandes e pequenas, entram todas numa mesma noção: justamente a de superfície, e sob este perfil são uma unidade. Ulteriores explicações podem ser vistas em Tomás, *In Metaph.*, p. 252 b, § 864 e S. Maurus, *Arist. op. omn.*, IV, pp. 365 a s.

[19] (1016 b 1-3). *A unidade substancial que é captada e a unidade da intelecção.* — Tomás (*In Metaph.*, pp. 233 a s., § 865 Cathala-Spiazzi) explica assim: "Dicit, quod 'omnimo' idest perfecte et maxime sunt unum, quorum intellectus intelligens quidditatem eorum est omnimo indivisibilis, sicut simplicia, quae non componuntur ex principiis materialibus et formalibus. Unde intellectus accipiens quidditatem eorum, non comprehendit ea, quasi componens definitionem eorum ex diversis principiis; sed magis per modum negationis, sicut punctus est, cuius pars non est: vel etiam per modum habitudinis ad composita, sicut si dicatur quod unitas est principium numeri. Et, quia talia habet intellectum indivisibilem in seipsis, ea autem quae sunt quocumque modo divisa, possunt intelligi separatim, ideo sequitur quod huiusmodi sunt inseparabilia, et secundum tempus,

et secundum locum, et secundum rationem. Et propter hoc sunt maxime unum; praecipue illud quod est indivisibile in genere substantiae. Nam quod est indivisibile in genere accidentis, etsi ipsum in se non sit compositum, est tamen alteri compositum, idest subiecto in quo est. Indivisibilis autem substantia, neque secundum se composita est, nec alteri componitur". — Tomás e outros com ele consideram isso como um novo significado de *unidade*; na realidade, ele se liga estreitamente ao precedente: cf. Bonitz, *Comm.*, p. 237.

[20] (**1016 b 3-6**). *Resumo do que foi anteriormente estabelecido.* — Cf., particularmente, o que é dito nos parágrafos correspondentes às letras (*b*), (*c*), (*a*).

[21] (**1016 b 6-8**). *Alguns significados derivados do uno.* — Esses vários *modos derivados*, segundo os quais as coisas são ditas *unidade*, respectivamente: (1) segundo as categorias da *ação*, (2) do *haver*, (3) da *paixão* e (4) da *relação*, são esclarecidos, com oportunos exemplos, por Tomás (*In Metaph.*, p. 235 a, § 868 Cathala-Spiazzi) do seguinte modo: "Plurima... sunt, quae dicuntur unum ex eo quod faciunt unum; sicut plures homines dicuntur unum, ex hoc *quod trahunt navam*. Et etiam dicuntur aliqua unum, ex eo quod unum patiuntur; sicut multi homines sunt unus populus, ex eo quod *ab uno rege reguntur*. Quaedam vero dicuntur unum ex eo quod habent aliquid unum, sicut multi *possessores unius agri* sunt unum *in dominio eius*. Quaedam etiam dicuntur unum ex hoc quod sunt aliquid unum; sicut multi homines albi dicuntur unum, quia quilibet eorum albus est". Cf. também os exemplos de Alexandre, *In Metaph.*, p. 367, 13 ss. Hayduck.

[22] (**1016 b 8-9**). *Referência a todos os modos da unidade essencial acima examinados.* — Por "espécie", no nosso contexto, dever-se-ia entender "gênero", diz Bonghi (*Metaf.*, II, p. 44, nota 2), e isso seria possível enquanto "Aristóteles usa tanto *espécie* como *gênero* para indicar qualquer universal intermediário entre o gênero supremo e a espécie ínfima. Esta última, que é uma com a noção, nunca é chamada *gênero*". Parece-nos, ademais, que o contexto exija que, por "espécie" (εἶδος), aqui se entenda tanto o gênero como a espécie, isto é, os modos dos quais Aristóteles falou nas letras (*b*) e (*c*). Assim, a unidade *por continuidade* corresponde ao que Aristóteles falou na letra (*a*), a unidade *por espécie* ao que falou nas letras (*b*) e (*c*), a unidade *pela noção* ao que falou na letra (*d*).

[23] (**1016 b 9-11**). Cf. nota precedente.

[24] (**1016 b 16**). Com a referência a εἰδότι... ἕν, tem-se a *unidade substancial*.

[25] (**1016 b 17-31**). *O problema da essência do um.* — Aristóteles, depois de ter distinguido os vários significados e os vários modos do *um*, passa agora a tratar do problema ulterior da *essência do um*. Justamente Bonitz (*Comm.*, pp. 237 s.) nota que a questão da essência do um já aparece nas linhas 1016 b 3 ss., onde Aristóteles diz que unidade é chamada "tudo o que é indivisível, justamente enquanto indivisível", onde *a essência do um é recolocada no ser indivisível*. E, indubitavelmente, daqui Aristóteles podia e devia partir para deduzir essas novas explicações. Em vez disso, ele se remete a uma nova ordem de pensamentos, o que complica um pouco a compreensão da concatenação das ideias. O sentido da definição da essência do um parece-nos bem esclarecido por Schwegler (*Metaph.*, III, p. 210): "O conceito de um, diz Aristóteles, é, para todas as coisas, *o ser princípio*, enquanto ele é, para todas as coisas, *medida*. O um como balança é medida dos pesos, o um como minuto é medida do movimento [e do tempo], o um como polegada é medida do comprimento. Com isso a unidade, para todas as coisas, é *medida e princípio* enquanto torna possível a redução de tudo ao número: ela é princípio e razão da possibilidade de reduzir cada coisa a ser um número, de pertencer ao número e de ser considerada sob o conceito e o ponto de vista numérico".

[26] (**1016 b 20-23**). *O um como princípio de conhecimento.* — A passagem do *princípio numérico* ao *princípio de conhecimento* aqui operada por Aristóteles, é manifestamente baseada sobre o conceito de *medida*: de fato, conhecer é, de algum modo, *medir* as coisas (cf. I 1, 1052 b 30 ss.; 1053 a 31 ss.). Que, depois, nos vários gêneros de coisas o um, isto é, a unidade de medida, seja diferente, é óbvio (cf. outros exemplos, além dos aduzidos por Aristóteles, na nota precedente).

[27] (**1016 b 23-31**). *Nexo estrutural entre unidade e indivisibilidade.* — O um-medida é, em todo caso, um *indivisível*, diz Aristóteles, quer segundo a *quantidade* quer segundo a *espécie*. Tudo o que ele acrescenta ulteriormente acerca da unidade, o ponto, a linha etc., tem provavelmente a finalidade de mostrar *os vários sentidos nos quais alguma coisa pode ser considerada indivisível segundo a quantidade*. Enquanto a indivisibilidade segundo a espécie (quando se trate, note-se bem, de espécies últimas de um gênero) é sempre absoluta, a indivisibilidade segundo a quantidade é, ao contrário, relativa. — Uma contribuição fundamental sobre esse conceito foi dada por H. Krämer em: *Dialettica e definizione del Bene in Platone*, Milão 1989 (1993^3), espec. pp. 56-62.

[28] (**1016 b 31 – 1017 a 2**). *Continuação do discurso sobre os vários significados do Um.* — Note-se que o discurso, a partir desse ponto, torna

a ligar-se com a problemática da primeira parte do capítulo, e constitui como um *apêndice* a 1016 b 17.

[29] (**1016 b 32-33**). *Unidade individual.* — Este significado *não* deve ser confundido com o que aparece na letra (*b*) (1016 a 17 ss.); aqui Aristóteles pretende falar dos *indivíduos.* (Cf. Bonitz, *Comm.*, p. 238, que remete a B 4, 999 b 33). Já Tomás (*In Metaph.*, p. 236 a, § 876 Cathala-Spiazzi) explicava corretamente: "Numero quidem sunt unum, quorum materia est una. Materia enim, secundum quod stat sub dimensionibus signatis, est principium individuationis formae. Et propter hoc ex materia habet singulare quod sit unum numero ab aliis divisum". Quase com as mesmas palavras Maurus, *Arist. op. omn.*, IV, p. 367 a.

[30] (**1016 b 33**). *Unidade categorial.* — Cf. *supra*, 1016 a 32 ss. e relativas notas.

[31] (**1016 b 33-34**). *Significado de "figura de categoria" nesse contexto.* — Cf. *supra*, 1016 a 24 ss. Porém, aqui Aristóteles, falando de *categorias*, complica a coisa. Bonitz (*Comm.*, p. 238 s.) pensa que, no nosso contexto, categoria deva ser entendida no sentido geral de *predicado* e que, portanto, Aristóteles, diga simplesmente isso: "genere una dicuntur ea, quibus idem tribuitur *praedicatum*". Ao contrário, já Alexandre (*In Metaph.*, p. 369, 13 Hayduck) pensava nas categorias em sentido estrito e do mesmo modo outros. (Cf. Tomás, *In Metaph.*, p. 236 a, § 878 Cathala-Spiazzi; S. Maurus, *Arist. op. omn.*, IV, p. 367 a, e outros). Nesse caso, Aristóteles pensaria na unidade de tudo o que é substância ou de tudo o que entra na categoria da *substância*, ou na unidade de tudo o que entra na categoria da *qualidade*, ou na unidade de tudo o que entra na categoria da *quantidade*, etc.

[32] (**1016 b 34-35**). *Nota sobre o conceito aristotélico de analogia* (αναλογία). — Nesse ponto é bom explicar, ainda que brevemente, o alcance o conceito aristotélico de analogia e os limites de aplicação do mesmo em filosofia primeira. F. A. Trendelenburg na *Geschichte der Kategorienlehre,* pp. 152 ss., deu as primeiras explicações exatas a respeito e dele extraímos o que se segue. Originariamente, a analogia tem um significado *quantitativo*. Ela exprime uma proporção e a sua essência consiste na identidade de relações (ἰσότης λόγων; cf. *Et. Nic.*, V 6, 1131 a 31); distingue-se em proporção aritmética e geométrica (cf. *Et. Nic.*, V 7, 1131 b 12; 1132 a 1). Mas (e isso é particularmente importante) para Aristóteles a proporção não ocorre só entre os números monádicos, que são expressão de mera quantidade, mas também entre número não monádicos,

entre as figuras e as coisas que exprimem *qualidade* (cf. *Et. Nic.*, V 6, 1131 a 29). Por exemplo, Aristóteles institui essa proporção analógica: como o rosto está para o corpo, assim o intelecto está para a alma (I 6, 1096 b 29). Ou: *isso é branco assim como isso é quente*, onde o "assim como" indica e relaciona entre si o *semelhante* na qualidade e *o igual* na quantidade (*Da ger. e cor.*, II 6, 333 a 26). Em Aristóteles existe, portanto, o conceito, embora não exista o nome, de *proporção qualitativa* (Trendelenberg, *Gesch. d. Kategorienlehre*, p. 153). — A *analogia* não implica, portanto, que os pares de termos entre os quais se institui a relação pertençam à mesma *espécie* e nem sequer ao mesmo *gênero* (como nos diz o texto que estamos comentando); antes, dado que no nosso texto entende-se por "gêneros" os *gêneros categoriais*, podemos dizer que a *analogia* pode se estender não só além dos gêneros propriamente ditos, mas até mesmo além dos gêneros categoriais. E, de fato, em *Metaf.*, N 6, 1093 b 19, Aristóteles diz que em toda categoria existe o *análogo* da outra. — Assim sendo, é claro que a *unidade de analogia constitua a extrema unidade*, que poderemos chamar de *transgenérica e transcategorial*. — Na metafísica a analogia desempenha um papel muito importante que, todavia, não é o que, por influxo da especulação escolástica, comumente se considera. Por exemplo: por analogia com os produtos da arte, diz expressamente Aristóteles, conhecemos a matéria das coisas naturais (*Fís.*, I 7, 191 a 8). E, particularmente, *por analogia* e *com a analogia* se resolve a questão a identidade ou diversidade dos princípios constitutivos das coisas (*Metaf.*, Λ 4, 1070 b 16 ss.). Por *analogia*, enfim, se captam e se determinam os conceitos de *potência* e de *ato* (*Metaf.*, Θ 6, 1048 a 36 ss.). Essas duas últimas passagens da *Metafísica* citadas serão analisadas profundamente em seguida; ao contrário, devemos aqui nos remeter à doutrina de Γ 2, já examinada, e nos perguntar se os *múltiplos significados do ser* constituam uma *unidade analógica* do tipo aqui indicado por Aristóteles. — Ora, note-se, a Escolástica falará de *analogia do ser*, mas não Aristóteles como já explicamos acima no comentário a Γ 2. De fato, a unidade do ser, cuja estrutura precisa vimos em Γ 2, mesmo sendo *trans-específica* e *trans-genérica* (e *trans-categorial*), não é implantada sobre uma *proporção* de quatro termos, coisa que constitui a essência da analogia aristotélica. O primeiro que se deu conta disso com toda clareza foi Brentano, que fez notar como, efetivamente, os vários significados do ser não são absolutamente relacionáveis entre si, de maneira a formular uma proporção de quatro termos. De fato, todos os significados do ser se medem estudando a relação que os liga à substância, que resulta o centro único de referência. Os vários significados do ser são τὰ πρὸς ἓν λεγόμενα, ou τὰ πρὸς μίαν ἀρχὴν λεγόμενα. Portanto, a unidade dos significados do ser não é uma unidade de analogia de proporção e, portanto, nem uma unidade de analogia, dado que Aristóteles faz consistir a analogia justamente na proporção. — Certamente se poderia, como faz Brentano, distinguir analogia e analogia e dar um nome especial à unidade aristotélica dos significados do ser, chamando-a *analogia por referência a um único termo*, e assim evitando que se confunda com a analogia de proporção. Porém Aristóteles *não* usou o termo analogia neste sentido, mas só no outro (cf. Brentano, *Von der mannigfachen...*, p. 88-98). — Sobre o problema da analogia o leitor poderá também ver: G. L. Muskens, *De vocis ἀναλογίας significatione ac usu apud* Aristotelem, Groningen 1943. — É desnecessário destacar que, se se leva o discurso do plano histórico ao plano teorético, o seu discurso sobre o ser pode muito bem ser chamado "analógico", enquanto o *ser* aristotélico não é um "homônimo" nem um sinônimo. Tenha-se, ademais, presente o fato de que os τὰ πρὸς ἓν λεγόμενα não esgotam os nexos entre os vários significados do ser, porque a eles devem ser acrescentados os τὰ τῷ ἐφεξῆς, como explicamos *supra*, notas 11 e 31 a Γ 2.

[33] (**1016 b 34-35**). *Intensidade por analogia.* — Por exemplo, a *intensidade* de uma *qualidade* (digamos: de uma cor) pode muito bem ser considerada em *relação analógica* com a *intensidade* de uma *ação* (por exemplo de uma força). De fato, pode-se muito bem dizer: a tonalidade dessa cor está para a cor, como a veemência dessa forma está para a força.

[34] (**1016 b 35 – 1017 a 3**). *Nexos entre modos anteriores e modos posteriores de unidade.* — Exemplifiquemos. Sócrates, que é um numericamente, o é também (e necessariamente) especificamente, vale dizer é *homem*. As coisas que são, ao invés, especificamente uma, como justamente *homem*, não são necessariamente uma *numericamente: homens* são *Sócrates* e *Platão*, etc. Ulteriormente, *homem*, que é unidade específica, é necessariamente também unidade genérica, isto é, *animal*; ao invés, *animal*, que é unidade genérica, compreende muitas espécies em si, e assim por diante.

[35] (**1017 a 4**). *Sentido oposto ao elucidado na p. 1015 b 36 ss.*

[36] (**1017 a 4-6**). *Sentido oposto ao elucidado na p. 1016 a 17 ss.*

[37] (**1017 a 6**). *Sentido oposto ao elucidado na p. 1016 a 32 ss.*

[38] (**1017 a 6**). É óbvio que Aristóteles podia também distinguir um significado oposto ao elucidado na p. 1016 a 24 ss., e falar de coisas que são múltiplas porque são de *gênero* diferente.

[39] *Breve nota sobre os precedentes históricos da problemática do um.* — Recordaremos, na conclusão deste capítulo, que a doutrina do *um* e da *unidade* desempenha um papel importante já na Escola Eleata, particularmente em Zenão e em Melisso. (Em Parmênides a temática do um é mais implícita que explícita). A Escola Megárica dá, depois, à doutrina do *um* um papel totalmente predominante. Mas sobretudo Platão põe a problemática do *um* (e das relações um-muitos) no centro as suas reflexões metafísicas, seja nas suas doutrinas protológicas não escritas, seja, por reflexo, também nos seus escritos, E também na Academia, como já sabemos pelo livro A, a doutrina do *Um* está no ápice das deduções metafísicas! — Na leitura de Γ 2, já vimos como Aristóteles dá novo rosto à doutrina do um, em função do seu realismo. O *Um*, assim como o ser, πολλαχῶς λέγεται: ele tem múltiplos significados convertíveis com o do *ser*. O presente capítulo de Δ deve, portanto, ser meditado e relido juntamente com Γ 2 e com I 1-2, que retomarão o tema com ulteriores aprofundamentos. Sobre a doutrina do um em Aristóteles cf.: L. Elders, *Aristotle's Theory of the One*, Assem 1961 (este é um comentário ao livro I, com boas observações, infelizmente comprometidas com excessiva preocupação de reconstruir presumíveis parábolas evolutivas do pensamento aristotélico hoje totalmente inaceitáveis. Ver o que dizemos, sobre esta temática, no *Ensaio introdutório*, pp. 251-266).

7. *Sumário e comentário a Δ 7*

[1] (**1017 a 7 – b 9**). Sumário. — Ser (ὄν) *entende-se, fundamentalmente, em quatro grupos de significados.* - (1) *Em primeiro lugar, em sentido* acidental. (a) *Dizendo, por exemplo, que o "justo é músico", exprimimos um ser acidental, na medida em que "justo" e "músico"* só são *enquanto se referem a outro, que é em sentido verdadeiro e próprio.* (b) *E, desse modo, exprimimos um ser acidental dizendo: "o homem é músico" na medida em que "músico" é, justamente, enquanto acidente de "homem", o qual constitui o que é propriamente.* (c) *Enfim, exprimimos um ser acidental dizendo "o músico é homem", enquanto o sujeito "músico" só exprime um acidente do que serve de predicado ("homem"), que constitui o que é propriamente.* — (2) *Em segundo lugar, o ser se entende* por si. *Estão incluídos nesse tipo de ser todos os significados do ser segundo* as figuras das categorias *(essência, quantidade, qualidade, relação, agir, padecer, onde e quando).* — (3) *Em terceiro lugar, o*

ser significa o ser verdadeiro *e o não-ser significa o* não-ser-verdadeiro, *isto é*, o falso. *Por exemplo, quando dizemos, "Sócrates é músico" entendendo*: é verdade *que Sócrates é músico.* — (4) *Enfim, o ser significa a* potência e o ato, *sendo que essa distinção se aplica a todas as precedentes.*

[2](1017 a 7-22). *O ser acidental.* — Do acidente e do ser acidental trataremos mais amplamente em Δ 20 e em E 2-3. Aqui dizemos só o que é preciso para entender o texto que estamos lendo. Segundo Aristóteles, o ser acidental é o ser que só é dito tal *em função de outro ser*. Portanto, ele implica estruturalmente uma relação com esse outro ser do qual deriva a sua subsistência: é uma relação *de natureza não essencial*. — Considerando os modos nos quais essa relação pode ocorrer, Aristóteles distingue três modos possíveis de ser acidental. — (*a*) Quando digo "o justo *é* músico" exprimo um *ser* que só é tal enquanto é em relação (não necessária) com outro, o qual, por sua vez, não é ser por si, mas deriva o seu ser da relação (também não necessária) com outro que é por si (por exemplo: o homem, ou, melhor ainda, Sócrates, Platão, etc.). Este é o caso que oferece, por assim dizer, o ser acidente de acidente, isto é, o ser na sua máxima extenuação. — (*b*) Quando, ao invés, digo "Sócrates *é* músico" ou "o homem *é* músico", exprimo um ser que é tal somente pela relação (não essencial, fortuita) que ele tem com outro ser, o qual é por si: noutros termos, exprimo uma maneira de ser não essencial e não necessária de outro ser. E este é o segundo modo de ser acidental. — (*c*) O terceiro modo é dado pelas próprias proposições que exprimem o segundo modo, porém tomadas ao inverso. Se digo "o músico *é* Sócrates" ou "o músico *é* homem", torno sujeito aquele ser que, na realidade, não é mais do que uma maneira de ser (não essencial e não necessária) daquilo que é predicado. Este caso só surge, propriamente, do nosso modo de falar, quando formulamos uma proposição que exprima uma atribuição (acidental) παρὰ φύσιν (cf. Alexandre, *In Metaph.*, p. 371, 7 Hayduck). — Brentano (*Von der mannigfachen Bedeutung*..., pp. 18-21) considera esses três modos totalmente exaustivos, mas há dúvida sobre isso. Aristóteles podia também fornecer o elenco de modos simétricos e correspondentes ao do uno por acidente (cf. Δ 6, 1015 b 16-34). Mas todos os modos de ὂν κατὰ συμβεβηκός se reduzem, de maneira mediada ou imediatamente, a um *ser que só é tal por uma relação* (não essencial e casual) com um ser que é por si.

[3](1017 a 22-30). *O ser por si segundo as figuras das categorias.* — Pode surpreender a afirmação de que o ser entendido segundo as diferentes figuras de categorias ofereça igual número de significados de *ser por si*. De

fato só a primeira categoria exprime a substância ou a essência e, portanto, o ser por si; portanto, poder-se-ia pensar que as outras, justamente enquanto exprimem algo diferente da substância e da essência, exprimem um ser não essencial e, portanto, acidental. Os exemplos logo em seguida aduzidos por Aristóteles poderiam confirmar essa impressão. Aristóteles teria assim caído numa gritante contradição? Tomás (*In Metaph.*, p. 237 a-b, § 885 Cathala-Spiazzi) tenta dissolver a contradição, supondo que Aristóteles, neste lugar, proceda a uma repartição não do ser como tal, mas só dos modos de *predicação do ser*; o que, a seu ver, explicaria como as categorias além da substância não são consideradas como ser acidental. Esta solução é seguramente inadequada. — E menos adequada ainda é a hipótese de Maier, que, em consideração dos exemplos apresentados por Aristóteles, pensa que a conexão do ser das categorias com o ser *por si* seja devida, mais do que a outras coisas, à distração ou descuido do próprio Aristóteles (*Syllogistik des Arist.*, II, 2, p. 238, nota 1). — Ross (*Metaph.*, I, p. 307) observa justamente que a tese de Maier é certamente infundada porque em E 2, 1026 a 34-36, Aristóteles volta a contrapor o ser das categorias ao ser acidental. Ross, por sua vez, propõe a seguinte explicação. Como o ser acidental foi ilustrado com algumas proposições, assim deve-se poder ilustrar também o ser por si. As proposições que podem ilustrar o ser por si deverão, naturalmente, ser proposições nas quais o ser exprime uma conexão *necessária*. Existem quatro tipos de proposições que para isso poderiam ser consideradas: (*a*) um primeiro no qual o predicado exprime a definição do sujeito, (*b*) um segundo no qual o predicado exprime o gênero do sujeito, (*c*) um terceiro no qual o predicado exprime a *diferença* específica do sujeito, (*d*) um quarto no qual o predicado exprime uma propriedade do sujeito. Ora, acrescenta Ross, de acordo com o nosso texto, o ser por si só pode ser expresso por proposições nas quais sujeito e predicado entram numa mesma categoria, já que se o sujeito e o predicado pertencem a duas categorias diferentes, a sua conexão não pode mais ser essencial e necessária. Sob esse aspecto, só as proposições da letra (*b*) podem satisfazer a essa condição: de fato, o predicado nas proposições do tipo (*d*) pode exprimir uma *qualidade* e assim também as do tipo (*c*) e, consequentemente, também as do tipo (*a*). Portanto, Aristóteles pensaria em proposições do tipo (*b*). Assim, quando nas ll. 22-24 diz que o ser *por si* se diz em tantos sentidos quantas são as categorias, dever-se-ia entender o seguinte. "Por exemplo, se examinamos as proposições [p. ex. A *é* B] nas quais o B que é afirmado ser A, é o gênero de A, encontraremos que o ser que aí é implicado tem diferentes significados, de acordo com a categoria à qual o sujeito e o predicado pertençam. 'O homem é um animal': 'é' toma o seu significado da categoria a que pertencem os termos que ele conecta. 'Branco é uma cor': 'é' aqui tem um significado diferente. Ora, se tomamos qualquer proposição desse tipo e levamos a pergunta 'que é tal coisa?' o mais longe possível na direção da generalidade, chegamos a algum dos dez supremos gêneros. 'O homem é um animal'. 'Um animal é algo vivente'. 'Algo vivente é uma *substância*'. 'Branco é uma cor'. 'A cor é uma *qualidade*'. Não podemos ir além. E 'que é uma *substância*'? Só podemos dizer que é um gênero do ente, e isso é tudo o que podemos dizer também da *qualidade*. Assim o ser essencial (ou por si) tem dez significados... últimos que correspondem aos dez significados últimos das coisas que são". (*op. cit, loc. cit.*). Essa exegese de Ross é, indubitavelmente, muito fina; infelizmente tem contra si o texto, particularmente os exemplos que Aristóteles aduz, como: "o homem é caminhante", "o homem é cortante". De fato, essas proposições têm sujeito e predicado pertencentes a duas diferentes categorias e, portanto, são de tipo totalmente diferente daquele que a exegese de Ross exigiria. Tampouco vale a justificação de Ross ao dizer que Aristóteles frequentemente aduz exemplos que, em vez de esclarecer, obscurecem o que pretende dizer: de fato, nesse caso os exemplos dizem exatamente o contrário do que Aristóteles pretenderia dizer. — Como explicar, então, o nosso texto? Em primeiro lugar devemos reconhecer que Ross tem razão ao sustentar que a tábua de categorias oferece a distinção dos significados *fundamentais* ou *por si* do ser. Mas a demonstração só pode ser obtida por meio de um exame do papel que as categorias desempenham na ontologia aristotélica. E dado que já fizemos este exame no *Ensaio introdutório* (pp. 72-75, particularmente p. 74), bastará aqui evocar alguns elementos. (1) Em primeiro lugar, as categorias se revelam como o fundamento de todos os outros significados, de modo que, se excluíssemos as categorias, excluiríamos também os outros significados de ser. Se não existissem as categorias, o pensamento não poderia pensar e, consequentemente, não existiria o ser como verdadeiro e como falso (cf. E 4, 1027 b 31 ss.); se não existissem as categorias e o ser categorial, não existiria o acidente e o ser acidental, o qual (assim como o ser como verdadeiro e como falso) se apoia sobre o ser das categorias (E 4, 1027 b 33 - 1028 a 2). Enfim, se não existissem as categorias e o ser categorial, não existiria o ser segundo a *potência* e segundo o *ato*, pois, como logo abaixo veremos neste capítulo (e como sabemos pela Introdução), o ser como potência e o ser como ato não são mais do que modos de ser dos outros significados do ser e, particularmente, das categorias. (2) Em segundo lugar, as categorias se revelam como o fundamento da distinção dos diferentes tipos de mudança. Ver *Met.*, K 9; *Fís.* III 1 e V 1-2. Os vários tipos de mudança, diz Aristóteles, são tantos quantas são as categorias do ser, ou melhor, unicamente no âmbito e segundo as categorias do ser. — É claro, portanto, que as categorias oferecem *a trama essencial dos significados do ser*, se a distinção delas é de modo a condicionar todas as ulteriores distinções dos significados e formas de ser e de mudança; portanto, explica-se bem a qualificação ὂν καθ' αὑτό. — Contudo, existe um fato que parece depor contra a nossa exegese: o fato de que em algumas ocasiões Aristóteles chama, implícita ou explicitamente, as categorias de *acidentes*. Por exemplo em *Anal. Post.*, A 22, 83 a 25, Aristóteles diz: ὅσα δὲ μὴ οὐσίαν σημαίνει... συμβεβηκότα, enquanto tudo o que não é ou que não exprime a substância, necessariamente é dito de um substrato. E, efetivamente, as categorias, além da substância, como se viu e se verá ulteriormente, *só são em função da substância* (cf. Z 1 e Λ 1). Mas se isso é verdade, também é verdade que existe um abismo entre o ser categorial e o ser acidental. Eis as razões. Tanto as categorias como os acidentes são ἐν ὑποκειμένῳ e são ditas καθ' ὑποκειμένου, mas de modos diferentes. O acidente ou o ser acidental pode inerir ou não inerir à coisa *indiferentemente*: cf. E 2-3, Δ 30; para dizer o mesmo com a concisa fórmula de *Tóp.*, I 5, 102 b 4, o acidente (e, portanto, o ser acidental) é aquilo que ἐνδέχεται μὴ ὑπάρχειν. Ora, é óbvio que das *categorias* (e do ser categorial) não se pode certamente dizer que se trate de algo que ἐνδέχεται μὴ ὑπάρχειν e tampouco se pode dizer o que em Δ 30, 1025 a 14 ss. e em E 2-3 leremos como peculiar do acidente: as categorias representam algo que é necessário à substância sensível. Vejamos um exemplo. Não é necessário e, portanto, é acidental que um homem tenha a qualidade A ou B ou C (que seja, por exemplo, branco, músico ou justo), no sentido de que, ao invés destas, poderia ter outras: D ou E, etc.; mas não é acidental que o homem tenha *qualidades*. O exemplo pode ser repetido para todas as categorias: é acidental que o homem tenha a medida ou o peso A ou B ou C, mas não é acidental que o homem tenha um peso e uma medida, isto é, uma *quantidade*, e assim por diante. Com isso, além da diferença, fica também esclarecida a relação entre categoria e acidente: o acidente não é, em última análise, mais do que a realização concreta e empírica das categorias e é como *a variável na constante da categoria*. — Enfim, se é verdadeira a nossa exegese, explicam-se (sem recorrer à hipótese das distrações ou incongruências por parte de Aristóteles) os exemplos das ll. 29 ss., que são aduzidos para ilustrar as categorias: "o homem é caminhante", isto é, está em ato de caminhar, "o homem é cortante", isto é, está em ato de cortar. Ross (*Metaph.*, I, p. 307) diz que essas são proposições puramente acidentais, nem mais nem menos do que as apresentadas por Aristóteles pouco acima, para ilustrar o ser acidental. Na realidade, as proposições que ilustram o acidente não podem ser diferentes das que ilustram as categorias, *justamente pelas razões estruturais apresentadas acima*, e é só o contexto que pode dizer como devem ser entendidas. Particularmente, quando digo: "o homem é branco", se com "branco" pretendo exprimir uma determinada qualidade que o homem *indiferentemente* tem ou não tem, então é claro que a proposição exprime um acidente e um ser acidental. Se, ao invés, com "branco" pretendo exemplificar não *uma* qualidade, mas *a* qualidade, então é claro que a proposição *exprime não mais um acidente mas uma categoria*. E, assim, os exemplos "homem *é* caminhante" e "homem *é* cortante", se os tomo como exemplos de ações que o homem pode ou não pode indiferentemente fazer, então é claro que exprimo acidentes; *mas se os tomo como exemplos de ações em geral, então exprimo a categoria do agir*, e neste sentido os entende Aristóteles na nossa passagem.

[4] (1017 a 30-35). *O ser como verdadeiro*. — Cf. também E 4, *passim*; Θ 10, *passim* e K 8, 1065 a 21-26. O presente texto, na verdade, não põe em jogo todos os elementos necessários para entender esse terceiro significado do ser. Remetemos, portanto, ao comentário de E 4. Aqui antecipamos apenas que se trata de um ser que poderemos denominar "lógico": de fato, o ser como *ser verdadeiro*, dirá Aristóteles em E 4 e em K 8, consiste apenas nas *operações da mente humana*, que, afirmando e negando, liga e separa (e, segundo esta ligação e separação responda ou não à divisão e conexão das coisas, a mente humana está ou não na verdade). Portanto, esse significado do *ser como verdadeiro* não tem nada a ver com o *verdadeiro* de que fala α̃ 1, 993 b 23 ss. No final de α̃ 1 fala-se do *verdadeiro e da verdade que pode ser convertida com o ser, e que indica, por assim dizer, a própria estabilidade do ser no ser* (cf. 993 b 30 s.: ... ὥσθ' ἕκαστον ὡς ἔχει τοῦ εἶναι, οὕτω καὶ τῆς ἀληθείας); aqui, ao contrário, fala-se *apenas do verdadeiro e daquele ser como verdadeiro* que brota do fato de a mente ser capaz de ligar e separar as coisas e que, portanto, é apenas um πάθος da mente, uma afecção τῆς διανοίας (E 4, 1027 b 34 s.), e portanto, veremos, não interessa primariamente e diretamente ao metafísico (E 4, *loc. cit.*).

[5] (1017 a 35 – b 8). *O ser como potência e ato.* — Sobre a *potência e ato* e sobre o ser como potência e ato discutiremos amplamente no comentário ao livro Θ, que é especificamente dedicado ao tratamento desses conceitos. Aqui notamos apenas como explicitamente, na linha 2, Aristóteles sublinha que ser em ato e ser em potência são *modos de ser de cada um dos precedentes significados.* Particularmente, dado o que explicamos na nota 3, tem um especial destaque *o ser em potência e ato segundo as diferentes categorias* (cf. K 9, 1065 b 5 ss.; Θ 3, 1047 a 20 ss.; Θ 10, 1051 a 34 - b 1). Sobre esses quatro significados do ser permanece exemplar, ainda hoje, o volume de Brentano, *Von der mannigfachen Bedeutung*..., que já citamos outras vezes. — Ver o *Ensaio introdutório*, pp. 67-85.

[6] (1017 b 8-9). Cf. Θ 7.

8. *Sumário e comentário a Δ 8*

[1] (1017 b 10-26). Sumário. Substância (οὐσία) *tem os seguintes significados.* — (1) *Os corpos celestes (ou elementos materiais como: fogo, terra, etc.), e, em geral, todos os corpos e as coisas que são compostos deles. E estes são ditos substância pelo seguinte:* eles não são nunca predicados de um substrato, mas, ao contrário, tudo é predicado deles. — (2) *Substância se diz também a* causa imanente *a esses corpos, e que é a razão de ser desses corpos: por exemplo a alma nos seres vivos.* — (3) *Segundo alguns filósofos (não, porém, para* Aristóteles*) substâncias são* os limites dos corpos *(ponto, linha, superfície), que seriam substâncias justamente porque delimitam e determinam os corpos, de modo que, excluídos aqueles, seriam excluídos também estes.* — (4) *Enfim, substância se diz a* essência das coisas. — *Resumindo, Aristóteles conclui que substância tem dois significados de fundo:* (a) *o substrato último, que é o que não é predicado de outro e* (b) a forma ou estrutura formal das coisas, à qual se remetem os significados (3) e (4). — O presente capítulo, relativamente ao que será dito nos livros ZHΛ, revela-se extremamente sintético e, antes, não desenvolve alguns elementos essenciais da problemática da substância. Remetemos, portanto, a análise completa da usiologia aristotélica ao comentário dos livros acima citados. Aqui nos limitamos só a poucas observações e à indicação das oportunas remissões.

[2] (1017 b 12). *Uma referência a todos os viventes.* — O texto diz ζῷα, que, talvez, seria oportuno traduzir por "seres vivos". Aristóteles pensa ou pelo menos se refere também às plantas: cf. Z 2, 1028 b 9.

[3] (1017 b 12-13). *Referência às realidades celestes.* — O texto diz δαιμόνια καὶ τὰ μόρια τούτων, que, como Alexandre (*In Metaph.*, p. 373, 8 Hayduck) explica, só podem ser *os astros* ou os corpos celestes e as suas partes (que, para Aristóteles são justamente seres divinos, enquanto eternos). Ver, de resto, as passagens paralelas de Z 2, 1028 b 9-13; H 1, 1042 a 9-11, nesse último texto a expressão que estamos comentando δαιμόνια καὶ τὰ μόρια τούτων é equivalente a ὁ οὐρανος καὶ τὰ μόρια οὐρανοῦ. Cf. ulteriores explicações em Schwegler, *Metaph.*, III, pp. 215 s. e em Bonitz, *Comm.*, p. 243.

[4] (1017 b 13-14). *Primeiro significado de substância.* — Note-se: esta é a *característica* ou o *título* com base no qual as coisas acima referidas são ditas substâncias (cf. também Z 3, 1029 a 8; 13, 1038 b 15); mas esta característica *não é exclusiva delas*. Recordamos, ainda, que um dos critérios hermenêuticos básicos, aptos para iluminar a complexíssima problemática da οὐσία é este: é preciso sempre tentar distinguir a *coisa* (ou o aspecto da coisa) que Aristóteles diz ser *substância*, da *característica* ou do *título* com base no qual ele a afirma justamente como substância. Tendo presente este critério, não causará surpresa e não será julgado inexplicável o fato de que essa mesma característica é reconhecida, não só aos elementos materiais e aos corpos, mas também à forma e ao conjunto de matéria e forma: cf. Z 3, 1029 a 1-3; H 1, 1042 a 26-31, como já explicamos no *Ensaio introdutório*, pp. 98 ss.

[5] (1017 b 14-16). *Segundo significado de substância.* — Cf. Z 17, *passim*; H 2, 1043 a 2; 1043 b 11 ss. Por *causa do ser* entenda-se: causa de ser as coisas o que são, causa da determinação formal e essencial das coisas. Correto está Bonitz (*Comm.*, p. 243): “Deinde substantia id dicitur, quod insit et contineatur in re sensibili causam continet ut illa talis sit qualis est”. (Cf. também Alexandre, *In Metaph.*, p. 373, 21 Hayduck).

[6] (1017 b 16). A *“alma nos animais” é um exemplo.* — Mas, evidentemente, a definição dada acima vale para *todas as formas* imanentes ao sensível. Alexandre (*In Metaph.*, p. 373, 23 Hayduck): ταῦτα δέ ἐστι τὰ φυσικὰ καὶ ἔνυλα εἴδη, de que a alma é exemplo típico.

[7] (1017 b 17-21). *Terceiro significado de substância (admitido pelos Platônicos).* — É claríssimo que aqui Aristóteles não fala por si, mas refere-se aos Platônicos e aos Pitagóricos (cf. p. ex., Platão, *Timeu*, 53 C ss.). Para Aristóteles números e entes matemáticos *não* são substâncias, como se verá, *passim*, nos livros M e N. Este significado é mencionado só para esclarecer (cf. ll. 19 e 20) que existe um grupo de filósofos (e particularmente numeroso e

respeitável), que, quando fala de *substância*, entende justamente esses entes matemáticos e geométricos. — Observe-se, particularmente, as ll. 17-18, nas quais são oferecidas as razões pelas quais esses entes são considerados substâncias: eles são aquelas partes que *determinam* os corpos, são *algo determinado*, e são *aquilo cuja exclusão exclui todo o resto* (... μόρια... ὁρίζοντά τε καὶ τόδε τι σημαίνοντα, ὧν ἀναιρουμένων ἀναιρεῖται τὸ ὅλον). Ora, se eles fossem efetivamente assim, seriam verdadeiramente substâncias, *porque são estas as características peculiares da substância*; mas Aristóteles contesta que os números e os limites dos corpos sejam assim e, portanto, que sejam substâncias: cf. M 2, 1077 a 31 - 1077 b 14.

[8] (**1017 b 21-22**). *Quarto significado de substância (significado fundamental)*. — Este será o significado principal de substância; sobre a *essência* (τὸ τί ἦν εἶναι) cf. Z 4. Veremos em Z, *passim*, que esse significado coincide fundamentalmente com o segundo. São justas as observações de Bonitz (*Comm.*, pp. 243 s.) a respeito disso: "Cohaerere hanc substantiae significationem cum duabus proximis, praecipue cum ea, qua substantiam esse dicit ὅ ἂν ᾖ αἴτιον κτλ., et per se apertum est, et eo confirmatur, quod animam, quam illic causam dicit esse animali ut tale sit quale est, eandem alibi τὸ τί ἦν εἶναι appellat, Z 10. 10935 b 15... Aliquod tamen discrimen in eo videtur inesse, quod altera subtantiae notio unice refertur ad formalem causam sensibilium rerum, haec autem quarta ad omnium rerum notionem substantialem...".

[9] (**1017 b 23-24**). Resume o *primeiro significado*.

[10] (**1017 b 24-26**). *O* τόδε τι *no significado de forma e de determinação formal*. — Resume os três últimos significados. Note-se que aqui Aristóteles explicitamente reduz o τόδε τι ao εἶδος. Contrariamente ao que comumente se considera, τόδε τι não significa de modo algum o *indivíduo empírico*, o "este aqui" como alguns traduzem; a expressão indica, ao invés, uma característica que pode ser aplicada *seja* ao indivíduo ou ao concreto determinado, *seja* à forma, e significa, precisamente, a *determinação essencial e formal*, e, consequentemente, também o *ser algo formalmente determinado*. Referido ao *indivíduo*, ele significará algo determinado, como uma matéria que tem o selo da forma, pela qual é plenamente determinada; referido à *forma*, ele significará algo determinado-*determinante* (cf. o que se observa na nota 4). Não se deve esquecer, ademais, que o τί frequentemente é usado para indicar a primeira categoria, vale dizer, a essência (ou forma), e que, portanto, erram os que dão destaque quase exclusivo ao τόδε; o destaque deve ser dado ao τί. Se não se têm presentes essas observações, será

justamente inexplicável o fato de que τόδε τι *seja às vezes dado como equivalente de* εἶδοω, *como na nossa passagem.* — No que concerne ao χωριστόν (separável) referido à forma, é claro que se deve entender sobretudo no sentido de χωριστὸν τῷ λόγῳ, vale dizer, *separável com ou pelo pensamento*: cf. H 1, 1042 a 29 ss. — Cf. *Ensaio introdutório*, pp. 98 ss., 100 ss.

9. *Sumário e comentário a Δ 9*

[1] (1017 b 27 – 1018 a 19). Sumário. — *O presente capítulo analisa os significados dos seguintes termos:* idênticos (ταύτα), diversos (ἕτερα), diferentes (διάφορα), semelhantes (ὅμοια) e dessemelhantes (ἀνόμοια). — Idênticas (ou as mesmas) *são ditas as coisas* (1) *ou* acidentalmente, *ou* (2) por si ou essencialmente. — (1) *São* acidentalmente idênticos *(ou os mesmos) ou dois acidentes de um mesmo objeto (por ex.* músico *e* branco, *que são acidentes do homem); ou o sujeito e um acidente seu e vice-versa, porque um é inerente ao outro (o homem é músico; o músico é homem); ou o conjunto de sujeito e acidente (homem-músico) relativamente a cada um dos dois termos tomados separadamente e vice-versa.* — (2) Idênticas ou as mesmas por si *são ditas aquelas coisas que têm* (a) *matéria especificamente una, ou* (b) *matéria numericamente una, ou* (c) *unidade de essência.* A identidade é, portanto, a unidade de ser de duas ou mais coisas, ou de uma coisa, considerada, porém, como duas ou mais coisas. — Diversas ou outras *são ditas as coisas em sentidos opostos àqueles pelos quais são ditas idênticas.* — Diferentes *se dizem, ao invés, as coisas que são diversas, mas* têm entre si alguma identidade *(ou identidade por* espécie, *ou por* gênero *ou por* analogia). *E diferentes se dizem também as coisas de* gênero diverso, *as coisas* contrárias *e as que têm* diversidade na essência. — Semelhantes *se dizem as coisas que têm todas as* afecções *idênticas, ou grande parte das afecções idênticas, ou idêntica qualidade, ou ainda, aquelas coisas que têm em comum todos ou a maior parte dos contrários segundo os quais as coisas se alteram.* — Dessemelhantes *são ditas as coisas em todos os sentidos opostos a estes.*

[2] (1017 b 27-33). *Significado de identidade em sentido acidental.* — É evidente que aqui Aristóteles, em grande parte, se remete ao esquema traçado no cap. 6 para a *unidade acidental* (1015 b 16 ss.). — Esclarecemos com um esquema os vários casos aqui chamados de identidade acidental.

(1) "branco" = "músico"; por exemplo, quando digo: *o homem é branco e é músico*, porque tanto "branco" como "músico" são acidentes de homem;

(2) "homem" = "músico"; por exemplo, quando digo: *o homem é músico*, porque o segundo é acidente do primeiro.

(3) "músico" = "homem"; por exemplo, quando digo: *o músico é homem*, que é a mesma proposição de cima, formulada παρὰ φύσιν.

(4) "homem-músico" = "homem"; por exemplo, quando digo: *aquele músico é homem*.

(5) "homem-músico" = "músico"; por exemplo, quando digo: *aquele homem músico é músico*.

(6) "homem" = "homem-músico"; por exemplo, quando digo: *aquele homem é homem músico*.

(7) "músico" = "homem-músico"; por exemplo, quando digo: *aquele músico é homem músico*.

Nos números 4-7 a identidade (acidental) surge, obviamente, de que se é possível predicar (acidentalmente) "músico" de "homem", também é possível predicar (acidentalmente) o composto "músico-homem" de cada um dos termos tomados separadamente, e vice-versa.

[3] (**1017 b 33 – 1018 a 4**). A *predicação acidental não é nunca universal*. — De fato, a predicação exclui exatamente a universal enquanto o que se predica universalmente das coisas pertence *por si* às coisas. Vale a pena ler um límpido comentário de Tomás (*In Metaph*., p. 244 b, § 910 Cathala-Spiazzi) a esta passagem: "Ex hoc autem concludit ulterius conclusionem, quod in omnibus praedictis modis praedicandi, in quibus idem per accidens praedicatur, non praedicatur aliquod nomen universaliter. Non enim est verum dicere, quod omnis homo sit idem musico. Quod sic patet. Ea enim sola de universalibus praedicantur universaliter, quae secundum se insunt eidem. Propter hoc enim modus praedicandi, qui est universaliter praedicari, convenit cum conditione subiecti, quod est universale, quia praedicatum secundum se de universalibus, sed ratione singularium. Et ideo de universalibus non praedicantur universaliter. Sed de singularibus praedicantur simpliciter, quia idem videtur esse subiecto Socrates et Socrates musicus; non tamen praedicantur de singulari universaliter, quia dxe nullo potest praedicari aliquid universaliter quod non est universale. Socrates autem non est universale: nam non est in multis. Et ideo non praedicatur universaliter aliquid de Socrate, ut dicatur, omnis Socrates sicut omnis homo. Igitur quae diximus sic dicuntur eadem, scilicet per accidens, ut dictum est". — Com "sem restrição" traduzimos ἁπλῶς, que, literalmente, deveria ser traduzido

por "simplesmente" (Tomás traduz com *simpliciter*). Sobre a exegese do termo, cf. Alexandre, *In Metaph.*, p. 377, 10 ss. Hayduck; Bonitz, *Comm.*, p. 245. Aristóteles quer dizer o seguinte: se em vez de um indivíduo, se pusesse como sujeito um termo universal *homem*, ou *animal*, músico não poderia mais ser predicado *sem operar uma restrição*: dever-se-ia dizer, por exemplo, *um* homem, ou *um* animal é músico. Ao contrário, quando se trata de indivíduos, por exemplo, Sócrates, a predicação do acidente ocorre sem que se opere uma restrição.

[4] (1018 a 6). Cf. Δ 6, 1016 a 17-24.

[5] (1018 a 6). Cf. Δ 6, 1016 b 32 ss.

[6] (1018 a 7). *Substância nesse contexto tem o significado de essência.* — Cf. Δ 6, 1916 a 32 ss., mas também 1015 b 36 ss.

[7] (1018 a 7-9). *Significados de "identidade" em sentido essencial.* — Como se vê, os significados de *idêntico* são distinguidos aqui por Aristóteles em função dos significados de *um*. Ao contrário, nos *Tópicos*, A 7, *passim*, Aristóteles oferece uma distinção diferente. As coisas são idênticas: (1) por *número*, (2) por *espécie*, (3) por *gênero*. (1) Por *número* são idênticas, por exemplo, as coisas que são designadas por essas duas palavras: "hábito" e "vestido" e em geral por todas as expressões que indicam a mesma coisa. (2) Por *espécie* são idênticas todas as coisas que, mesmo diferindo por certos aspectos acidentais, não diferem *por essência*: homem é idêntico a homem, cavalo a cavalo, etc. (3) Idênticas por *gênero* são todas as coisas que, mesmo sendo de espécies diferentes, entram no mesmo gênero: por exemplo homem e cavalo.

[8] (1018 a 9-11). *Significados de "diversidade"*. — Na verdade, essa distinção não corresponde aos sentidos de *idêntico* das ll. 5-9. Ross (*Metaph.*, I, p. 312) resolveu a dificuldade, reduzindo do seguinte modo as duas classificações:

ἡ ὕλη μία εἴδει	τὰ εἴδη πλείω,
ἡ ὕλη μία ἀριθμῷ	ἡ ὕλη πλείω,
ἡ οὐσία μία	ὁ λόγος τῆς οὐσίας πλείω

Em suma: a diversidade específica de matéria seria o equivalente da diversidade de espécie.

[9] (1018 a 12-13). *Significados de "diferença"*. — A *diferença* é, portanto, mais restrita ou menos extensa do que a *diversidade*, e supõe sempre entre as coisas uma identidade ainda que parcial:

(1) de *espécie*; por exemplo, "Sócrates" e "Platão" são idênticos *em espécie*, mas *diferentes* na estatura, idade, caráter, etc.;

(2) de *gênero*; por exemplo, "homem" e "cavalo" são idênticos *por gênero*, mas *diferentes pela espécie*;

(3) de *analogia*; por exemplo, a "vista" (relativamente ao corpo) e o "intelecto" (relativamente à alma) têm análoga função, mas são de *gênero diferente*.

[10] (**1018 a 13-15**). *Ulterior distinção dos significados de "diferente"*. — Bonitz (*Comm.*, pp. 245 s.), diz que esta ulterior distinção é perfeitamente inútil, e explica que as coisas cujo gênero é diverso (*a*) "referenda erunt ad unitatem analogiae", enquanto as coisas que têm diversidade na substância (*c*) seriam referíveis "ad unitatem generis" e, enfim, ele diz que os contrários (*b*) não são citados a respeito (cf. I, 4), já que não oferecem um significado de *diferença* compatível com os outros dois. Mas deve-se ver as justas observações de Ross, *Metaph.*, I, p. 313. Aristóteles não está tão preocupado, no livro Δ, em sistematizar os vários significados dos termos de maneira perfeita, mas sim em distingui-los e enumerá-los. A diversidade na substância (= essência), de que se fala na l. 14 s., só pode ser a *diferença específica*, cf. Ross, *loc. cit.*

[11] (**1018 a 15-16**). *Primeiro significado de "semelhança"*. — Alexandre (*In Metaph.*, p. 379, 25 ss. Hayduck) explica que assim são as coisas semelhantes entre si completamente κατὰ τὸ εἶδός τε καὶ τὴν μορφήν, vale dizer, segundo a *espécie* e a *forma*, e que com πάθη (afecções), aqui, só se pode entender aquelas. Como exemplos ele cita os Dioscuros, e também Zeto e Anfion, isto é, os gêmeos. Parece-nos, todavia, que a exegese deva ser corrigida: de fato, não é possível que Aristóteles com πάθη entenda εἶδος e μορφή, ou em todo *só* isso: ele quer, provavelmente, falar também de *todas as determinações categoriais*. E, com efeito, os gêmeos têm não só uma identidade de εἶδος ou de μορφή, mas também *todas ou a maior parte das afecções categoriais idênticas*: cor de cabelo, rosto, estatura, voz, etc.

[12] (**1018 a 16**). *Segundo significado de "semelhança"*. — Alexandre (*In Metaph.*, p. 379, 30 ss. Hayduck) dá esse exemplo: o Alemão relativamente ao Alemão, o Indiano relativamente ao Indiano, têm mais afecções idênticas do que diferentes. Ou, ainda, certos irmãos não gêmeos que se assemelham mais do que diferem.

[13] (**1018 a 16-17**). *Terceiro significado de "semelhança"*. — Alexandre, *In Metaph.*, p. 379, 33 ss. Hayduck) explica: "por exemplo as coisas quentes são semelhantes, justamente segundo esta sua qualidade, ainda que, por outros aspectos, sejam dessemelhantes".

[14] (1018 a 17-18). *Quarto significado de "semelhança"*. — Alexandre (*In Metaph.*, p. 379, 39 ss. Hayduck) fornece esse exemplo, ademais não muito convincente: o *vinho* pode se alterar pela *cor*, pelo *sabor* e pelo *odor*; quando, portanto, existam alguns vinhos que tenham todos estas qualidades segundo as quais se possam alterar, ou as principais, são ditos semelhantes. Tomás (*In Metaph.*, p. 247, § 920 Cathala-Spiazzi) exemplifica, ao invés, desse modo: "quando enim sunt plures contrarietates, secundum quas attenditur alteratio, illud, quod secundum plures illarum contrarietatum est alicui simile, dicitur magis proprie simile. Sciut allium, quod est calidum et siccum, dicitur magis proprie simile igni, quam saccharum, quod est calidum et humidum".

10. *Sumário e comentário a Δ 10*

[1] (1018 a 20 – b 8). Sumário. — *O capítulo examina os significados de* (A) opostos (ἀντικείμενα), (B) contrários (ἐναντία), (C) diversos de espécie (ἕτερα τῷ εἴδει). — (A) Opostos *se dizem:* (1) os *contraditórios*, (2) os *contrários*, (3) os *relativos*, (4) *posse e privação*, (5) *os extremos da geração e da corrupção*, (6) *os atributos que não podem se encontrar juntos num mesmo sujeito (que, contudo, pode acolhê-los separadamente)*. — (B) Contrários *se dizem:* (1) *os atributos de gênero diverso, que não podem se encontrar juntos no mesmo objeto*, (2) *os atributos que mais diferem, no âmbito do mesmo gênero*, (3) *os atributos que mais diferem, no âmbito do mesmo sujeito que os acolhe*, (4) *as coisas que mais diferem, no âmbito da mesma faculdade cognoscitiva*, (5) *as coisas que apresentam a máxima diferença ou absolutamente, ou segundo o gênero, ou segundo a espécie*. — *As coisas são ditas contrárias ou num destes sentidos, ou porque têm alguma relação com um destes sentidos.* — A *multiplicidade dos significados do ser e do um comporta uma respectiva multiplicidade de significados nas noções de idêntico, diverso e contrário (dado que estes derivam daqueles): particularmente, essas noções serão diferentes segundo as diferentes categorias.* — (C) Diversos por espécie *se dizem:* (1) *as coisas do mesmo gênero subordinadas umas às outras*, (2) as coisas do mesmo gênero que têm uma diferença, 3) *as coisas que têm uma contrariedade na sua essência*, (4) *os contrários*, (5) *as espécies últimas de um gênero*, (6) *os atributos de uma mesma substância que têm uma diferença*. — Idênticas por espécie *serão, ao invés, as coisas nos sentidos opostos a estes*.

[2] (1018 a 20-25). *Os significados de "opostos"*. — Deveremos nos ocupar amplamente dessas figuras de opostos no comentário ao livro *Iota*;

aqui, portanto, limitamo-nos ao estritamente necessário. Entretanto, a ligação entre as quatro primeiras figuras de opostos pode ser, com Tomás (*In Metaph.*, p. 248 a, § 922 Cathala-Spiazzi), compreendida do seguinte modo: "Aliquid enim contraponitur alteri vel opponitur aut ratione dependentiae, qua dependet ab ipso, et sic sunt opposita relative. Aqut ratione remotionis, quia scilicet unum removet alterum. Quod quidem contingit tripliciter. Aut enim totaliter removet nihil relinquens, et sic est negatio. Aut relinquit subiectum solum, et sic est privatio. Aut relinquit subiectum et genus, et sic est contrarium. Nam contraria non sunt solum in eodem subiecto, sed etiam in eodem genere". — Os dois últimos significados (5, 6) levantaram alguma perplexidade, dado que, constantemente, Aristóteles em outros lugares só se refere aos quatro primeiros. O seu sentido é claro: o (5) refere-se ao *ser* e ao *não-ser*, ou à *matéria* e à *forma* ou à *potência* e ao *ato*; o (6) refere-se a casos como estes: *branco* e *preto*, *movimento* e *repouso* não podem estar juntos no mesmo objeto, mesmo que o objeto possa, em momentos diferentes, ser branco ou ser preto, estar em movimento ou estar em repouso. Ora, diz Bonitz (*Comm.*, p. 247), esses dois significados não acrescentam, na realidade, nada de novo: o quinto é redutível ao primeiro e ao quarto, enquanto o sexto é redutível ao segundo ou ao quarto. Waitz (*Organon*, I, p. 308) tentou resolver assim a questão: "Quae ultimo loco nominavit non duo sunt oppositorum genera a quattuor generibus, quae antea commemoravit, diversa, *sed signa sunt vel notae, ex quibus cognosci possint quae sint opposita*"; Bonitz julga essa solução aguda, mas não justificada pelo texto e não válida, por exemplo, para os relativos. (Na verdade, devemos notar que a solução de Waitz já é nitidamente sustentada por Tomás, *In Metaph.*, p. 248, § 923 s. Cathala-Spiazzi: "... Ponit *duos modos, secundum quos potest cognosci, quod aliqua sunt opposita*..."). Bonitz pensa, portanto, explicar a discrepância entre a distinção do nosso texto de seis significados de *oposto* e a usual distinção, supondo uma tardia composição do livro Δ; solução, esta, totalmente aleatória. — A melhor explicação é a de Ross (*Metaph.*, I, p. 314): "Se temos presente que Aristóteles [em Δ] anota os usos de *oposto* na linguagem corrente, não encontraremos dificuldade numa divergência com a sua classificação científica".

[3] (**1018 a 25-27**). *Primeiro significado de "contrários"*. — Alexandre (*In Metaph.*, p. 381, 8 ss. Hayduck) exemplifica: "'animal pedestre' e 'animal alado', ou 'agir' e 'padecer'". Sempre segundo Alexandre seriam assim também a virtude e o vício. — Tomás (*In Metaph.*, p. 248 a, § 925 Cathala-Spiazzi) observa que esse primeiro é um significado impróprio: "proprie enim contraria

sunt quae sunt unius generis". Com efeito, Aristóteles diz que os contrários devem ser do mesmo gênero em *Cat.*, 6 a 17; *Anal. post.*, 73 b 21 e em muitos outros lugares. — Ross (*Metaph.*, I, p. 315) propõe a seguinte explicação, provavelmente exata: "A aparente contradição desaparece, se recordarmos que um *gênero* pode ser ele mesmo uma *espécie* de um gênero mais amplo. Por isso os contrários, justiça e injustiça, que pertencem aos gêneros contrários de virtude e vício, são incluídos no gênero mais amplo de ἕξιω; e o bem e o mal, que são gêneros contrários, estão incluídos no gênero da qualidade. É evidente que os contrários devem, em todo caso, estar na mesma categoria, embora não estejam incluídos em algum gênero mais restrito".

[4] (**1018 a 27-28**). *Segundo significado de "contrários"*. — Por exemplo: *branco e preto* (no gênero cor) ou *doce e amargo* (no gênero sabor) (Alexandre, *In Metaph.*, p. 381, 16 s Hayduck).

[5] (**1018 a 28-29**). *Terceiro significado de "contrários"*. — Por exemplo: *sadio e enfermo* no animal (Tomás, *In Metaph.*, p. 248 b, § 926 Cathala-Spiazzi).

[6] (**1018 a 29-30**). *Quarto significado de "contrários"*. — Um exemplo mais eficaz pode se referir à mesma *arte ou ciência*, como explicita a passagem paralela de I 4, 1055 a 31. Por exemplo a *acusação e a defesa* na arte da retórica, o *verdadeiro e o falso* na dialética (Alexandre, *In Metaph.*, p. 381, 28 Hayduck).

[7] (**1018 a 30**). *Primeiro exemplo do quinto significado de "contrários"*. — Por exemplo: "o *ser* e o *não-ser*, ou o *cheio* e o *vazio*" (Alexandre, *In Metaph.*, p. 382, 7 s. Hayduck; cf. também Asclépio, *In Metaph.*, p. 322, 17 Hayduck).

[8] (**1018 a 31**). *Segundo exemplo do quinto significado de "contrários"*. — Por exemplo, *racional e irracional* (= dotado de razão e não dotado de razão) no gênero animal; ou *dotado de pés e não dotado de pés*; ou *branco e preto* no gênero cor (Alexandre, *In Metaph.*, p. 382, 9 s. Hayduck). Analogamente Tomás (*In Metaph.*, p. 248 b, § 927 Cathala-Spiazzi): "... specificae differentiae, quae dividunt genus". Asclépio (*In Metaph.*, p. 322, 18 Hayduck) sugere: "animado e inanimado", portanto, pensa que Aristóteles aluda a uma diferença *de gênero* e não *no gênero*.

[9] (**1018 a 31**). *Terceiro exemplo do quinto significado de "contrários"*. — Por exemplo, no homem, o saber e o não saber ou o ser virtuoso ou vicioso (Alexandre, *In Metaph.*, p. 382, 10 s. Hayduck). Analogamente Tomás (*In Metaph.*, p. 248, § 927 Cathala-Spiazzi): "In eadem specie, sicut accidentalis differentiae contrariae per quae differunt individua eiusdem speciei".

Asclépio (*In Metaph.*, p. 322, 18 s. Hayduck), ao contrário, apresenta os exemplos oferecidos por Alexandre para ilustrar o caso precedente e, portanto, pensa que Aristóteles fale de diferença *de espécie* e não *na espécie*.

[10] (**1018 a 31-32**). *Primeiro caso de coisas contrárias.* — Por exemplo *fogo e neve*, porque possuem, um o calor, a outra o frio (Alexandre, *In Metaph.*, p. 382, 18 ss. Hayduck), ou *fogo* e *água*, pela mesma razão (Tomás, *In Metaph.*, p. 248 b, § 928 Cathala-Spiazzi).

[11] (**1018 a 32**). *Segundo caso de coisas contrárias.* — Alexandre (*In Metaph.*, p. 382, 21 ss. Hayduck) traz o exemplo de *racional e irracional*, enquanto capaz, um de receber ciência, o outro, ao invés, a ignorância. Tomás (*In Metaph.*, p. 248 b, § 928 Cathala-Spiazzi), ao invés, exemplifica: "sicut sanativum et aegrotativum".

[12] (**1018 a 33**). *Terceiro caso de coisas contrárias.* — Alexandre (*In Metaph.*, p. 382, 26 Hayduck) traz o seguinte exemplo: τὸ θερμαντικόν, que é contrário a τῷ ψυκτικῷ; e Tomás (*In Metaph.*, p. 248 b, § 928 Cathala-Spiazzi), de maneira totalmente semelhante: "ut calefactivum et infrigidativum".

[13] (**1018 a 33**). *Quarto caso de coisas contrárias.* — Por exemplo, *o que pode ser esquentado e o que pode ser esfriado* (Alexandre,, *In Metaph.*, p. 382, 27 Hayduck); "calefactibile et infrigidabile" (Tomás, *In Metaph.*, p. 248 b, § 928 Cathala-Spiazzi).

[14] (**1018 a 33-34**). *Quinto caso de coisas contrárias.* — Tomás (*In Metaph.*, p. 248 b, § 928 Cathala-Spiazzi): "Vel quia sunt contrariorum agentia et patientia in actu, sicut calefaciens et infrigidans, calefactum et infrigidatum", cf. também Alexandre, *In Metaph.*, p. 282, 28 s. Hayduck.

[15] (**1018 a 34**). *Sexto caso de coisas contrárias.* — Por exemplo, o *perder* o calor é contrário ao *perder* o frio; o *tornar-se* quente é contrário ao *tornar-se* frio (Alexandre, *In Metaph.*, p. 382, 30 s. Hayduck).

[16] (**1018 a 34-35**). *Sétimo caso de coisas contrárias.* — Por exemplo, *o que tem calor* e *o que pode ter calor mas não tem*, ou a *vista* e a *cegueira* (Alexandre, *In Metaph.*, p. 382, 32 s. Hayduck).

[17] (**1018 a 35-38**). Cf. Γ 2, 1003 b 33 - 1004 a 31.

[18] (**1018 a 38 – 1018 b 1**). *Primeiro significado de "diverso".* — Asclépio (*In Metaph.*, p. 322, 35 s. Hayduck) exemplifica: "animal alado", "animal terrestre", "animal aquático". Tomás (*In Metaph.*, p. 249 a, § 931 Cathala-Spiazzi), ao invés, explica: "sicut scientia et albedo sub qualitate".

[19] (**1018 b 2**). *Segundo significado de "diverso".* — Exemplo: *homem* e *cavalo* (Asclépio, *In Metaph.*, p. 323, 2 Hayduck); ou *bípede* e *quadrúpede* (Tomás, *In Metaph.*, p. 249 a, § 932 Cathala-Spiazzi).

[20] (1018 b 2-3). *Terceiro significado de "diverso"*. — Exemplo: *fogo* e *água*, enquanto, na sua essência, existe a seguinte contrariedade: a essência de um implica o quente e o seco, a do outro o frio e o úmido (Alexandre, *In Metaph.*, p. 383, 26 ss. Hayduck; cf. Asclépio, *In Metaph.*, p. 323 Hayduck). Ou *homem* e *asno*, enquanto o primeiro é por sua essência racional, o outro por sua essência irracional (Tomás, *In Metaph.*, p. 249 b, § 933 Cathala-Spiazzi).

[21] (1018 b 3-4). *Quarto significado de "diverso"*. — Cf. *supra*, 1018 a 25-31. Ross (*Metaph.*, I, pp. 315 s.) observa justamente que os contrários mencionados na p. 1018 a 31-35 são excluídos, porque são assim só em virtude de alguma relação com os contrários propriamente ditos. "Se, por exemplo, A e B têm qualidades contrárias a C e D, não se segue que A e B sejam diferentes por espécie".

[22] (1018 b 5). *Quinto significado de "diverso"*. — O termo que aqui Aristóteles usa é λόγος; entendendo as *definições* e, portanto, as *espécies*.

[23] (1018 b 6-7). *Sexto significado de "diverso"*. — Alexandre (*In Metaph.*, p. 384, 6 ss. Hayduck) dá uma exegese um tanto estranha: Aristóteles falaria daqueles *corpos* que têm na sua essência uma diferença, mas não uma contrariedade, como a *terra* e a *água* (e não o *fogo* e a *água*). De fato, a terra difere da *água* de modo diferente do *ar* (relativamente ao ar ela é contrária) e assim a água difere do ar de modo diferente do fogo (relativamente ao fogo é contrária). — Muito mais óbvia e convincente é a de Tomás (*In Metaph.*, p. 249 b, § 935 Cathala-Spiazzi): "Quintus modus est [sexto na nossa numeração], quando aliqua accidentia sunt in eodem subiecto, et tamen differunt ad invicem, eo quod impossibile est plura accidentia unius speciei in eodem subiecto esse". Substancialmente convergente com esta é a exegese de Ross (*Metaph.*, I, p. 316): "O sentido natural das palavras parece ser o seguinte: 'atributos que podem pertencer à mesma substância (em tempos diversos) e que têm uma diferença', como quente e frio estão na mesma substância ferro, e têm uma diferença".

11. *Sumário e comentário a Δ 11*

[1] (1018 b 9 – 1019 a 14). Sumário. — Anteriores (πρότερα) e posteriores (ὕστερα) *se dizem das coisas*, (1) conforme sejam ou não mais próximas de determinado princípio, *absolutamente ou relativamente. Nesse sentido, fala-se de coisas anteriores* (a) *relativamente ao espaço*, (b) *ao tempo*, (c) *ao*

movimento, (d) à potência, (e) à ordem. — (2) *Noutro sentido, anterior se entende* segundo o conhecimento, *e precisamente:* (a) *segundo a noção definidora (e, nesse sentido, os universais são anteriores aos particulares, o acidente é anterior ao conjunto da substância + acidente);* (b) *ou segundo a sensação (e, nesse sentido, os particulares são anteriores aos universais).* — (3) *Num terceiro sentido, são anteriores* as propriedades das coisas anteriores. — (4) *Enfim, anteriores são as coisas* segundo a natureza e a substância: *tais são aquelas coisas que condicionam as outras e podem existir independentemente dessas outras. — Tendo presente a distinção dos diversos significados do ser, dever-se-á dizer:* (a) *que o substrato e a substância são anteriores aos atributos, e* (b) *que algumas coisas são anteriores pela potência (a parte relativamente ao todo, a matéria relativamente à substância formada) e posteriores pelo ato. — O último significado é o mais importante, e está na base também dos outros.*

[2] (**1018 b 9-12**). *Primeiro grupo de significados de "anterior".* — Um bom comentário desse primeiro período, que também põe em evidência o nexo com os capítulos que precedem, é dado por Maurus (*Arist. op. omn.*, IV, p. 373 a-b), na trilha de Tomás (*In Metaph.*, pp. 250 a s., § 936 Cathala-Spiazzi): "Quia unum et multiplex important ordinem prioris ac posteriores, Aristoteles agit etiam de *priori* et *posteriori*; *ac primo* quidem explicat prius et posterius in genere; *secundo* descendit ad explicandos speciales modos prioris et posterioris. *Quoad primum:* prius dicitur, quod est propinquius alicui principio et alicui primo, quod supponitur dari in quocumque genere, sive illud sit principium et primum absolute ac simpliciter et ex natura sua, seu primum secundum quid ac respective, seu sit primum in loco sive in dignitate vel perfectione, sive quolibet alio modo. *Posterius* e converso dicitur, quod est remotius a primo".

[3] (**1018 b 12-14**). *Anterior pelo lugar.* — Por exemplo, podemos tomar como ponto de referência ou o centro da terra, ou a esfera externa das estrelas fixas (que são lugares naturalmente determinados); ou um ponto qualquer: por exemplo Atenas e, consequentemente, estabelecer o mais próximo e o mais longínquo. Sobre o anterior e posterior κατὰ τόπον, cf. *Fis.*, IV 11, 219 a 14 ss.

[4] (**1018 b 14-19**). *Anterior pelo tempo.* — Sobre a prioridade κατὰ χρόνον, cf. *Fis.*, IV 14, 223 a 4 ss. Sobre o fato de Aristóteles assumir o νῦν, vale dizer, o instante atual como ponto de referência para a medida da prioridade cronológica, Tomás (*In Metaph.*, p. 251 b, § 941 Cathala-Spiazzi) oferece um interessante esclarecimento: "Patet autem quod in hoc utimur

ipso nunc, ut principio et primo in tempore; quia per propinquitatem vel remotionem respectu eius, dicimus aliquid esse prius vel posterius. *Et hoc necessarium est dicere secundum ponentes aeternitatem temporis*. Non enim potest accipi hac positione facta, aliquod principium in tempore, nisi ab aliquo nunc, quod est medium praeteriti et futuri, ut ex utraque parte tempus in infinitum procedat". Cf. também Maurus, *Arist. op. omn.*, IV, p. 373 b.

[5] (1018 b 18-21). *Anterior por proximidade ao princípio movente*. — O princípio movente não é um princípio qualquer, mas um princípio natural (κατὰ φύσιν, Alexandre, *In Metaph.*, p. 385, 35 s. Hayduck). — Aristóteles, dizendo *também* isso (καὶ αὕτη), deixa entender que o νῦν (cf. nota precedente) do qual falou acima, é princípio verdadeiro e próprio (Alexandre, *loc. cit.*, 38 ss.). — O sentido preciso desse significado de anterior, é ilustrado pelo próprio exemplo de Aristóteles: a criança é anterior κατὰ κίνησιν ao homem, *porque é mais próximo do pai que o gerou*; e, vice-versa, o homem é κατὰ κίνησιν posterior à criança, porque mais distante do pai que o gerou.

[6] (1018 b 21-26). *Anterior pela potência*. — Maurus (*Arist. op. omn.*, IV, pp. 373 b s.) "... prius in *potentia* motiva, praesertim in moralibus est, quod escellit potentia et est fortius, ita ut ad ejus voluntatem et imperium moveantur cetera, et eo non movente non moveantur; ex. gr. rex est primus in regno, quia ad regis electionem moventur reliqua; qui vero propinquiores sunt regi in potentia movendi, sunt priores in tali potentia".

[7] (1018 b 26-29). *Anterior pela ordem*. — Como fica claro, na anterioridade *pela ordem* (κατὰ τάξιν), não é *a posição* de uma coisa relativamente àquela assumida como princípio que conta (nesse caso ter-se-ia simplesmente anterioridade segundo o lugar), mas o ser colocado *segundo uma certa relação* relativamente à coisa. — O texto só pode ser κατὰ τινα λόγον, como Jaeger (*Emendationem zur Arist. Metaph.*, in "Hermes", 52 [1917], p. 508) demonstrou (cf. também Ross, *Metaph.*, I, p. 317); e o *tipo* de *relação* pode, evidentemente, variar de caso para caso: no primeiro exemplo trata-se de uma relação de dependência de um primeiro, que de algum modo é anterior por potência; no segundo exemplo trata-se de uma relação baseada na quantidade dos sons.

[8] (1018 b 29-34). *Segundo grupo de significados de anterior*. — O anterior para o conhecimento (τῇ γνώσει) pode ter dois significados diametralmente opostos: se se considera o *conceito*, a *definição* e a *noção* da coisa, então é cognoscitivamente anterior o *universal*; ao invés, se se considera a *sensação*, então é cognoscitivamente anterior *o particular*. Portanto, são

anteriores para o conhecimento, segundo a ótica em que se situe, tanto o *universal* como o *particular*. Cf. *Fis.*, I 5, 189 a 5 s. — Veremos posteriormente que o universal é primeiro *por si e por natureza*, o particular é primeiro *para nós*. Cf. *Top.*, IV 4, 141 b 3 ss.; *Anal. post.* I 2, 71 b 33 ss.; *Fís.*, I 1, 184 a 16 ss.; *Metaph.*, ᾶ 1, 993 b 7 ss.; Z 3, 1029 b 3-12.

[9] (**1018 b 34-37**). *Estrutural limitação da anterioridade do acidente.* — O acidente pode ser sito anterior relativamente ao todo que o compreende, só no plano lógico-abstrato e não no plano ontológico e substancial: cf. M 2, 1077 b 2ss.

[10] (**1018 b 38 – 1019 a 1**). *Terceiro significado de anterior.* — A propósito da distinção desse novo significado, Bonitz observa que Aristóteles "eam non debebat cum reliquis in eodem collocare ordine; pendet enim a reliquis, quae suapte natura sunt priora, tamquam accidens a subiecto cui inhaeret. Lineam autem quod plano esse priorem sumit, unde rectitudinem priorem esse colligit laevitate, ad quaetam referendum est τοῦ προτέρου notionem". (*Comm.*, pp. 250 ss.). A observação, por si, é exata: todavia não se deve esquecer que Aristóteles, na distinção dos diferentes significados, em todo esse livro, leva em conta também as instâncias que não são só as da sistematização científica segundo os próprios princípios.

[11] (**1019 a 1-4**). *Quarto significado de anterior.* — Trata-se da anterioridade *ontológica e substancial* do condicionante relativamente ao condicionado, do fundante relativamente ao fundado.

[12] (**1019 a 4**). *Evocação de um conceito cardeal das doutrinas não escritas de Platão.* — No passado esta referência a Platão não se mostrava interpretável: nenhum intérprete soube dizer com precisão *onde* o filósofo pode ter dito isso. As propostas foram muitas, mas todas incertas. (1) Asclépio (*In Metaph.*, p. 324, 13 Hayduck) não diz nada, e até mesmo atribui a Aristóteles, com a acentuação de um φησίν (*loc. cit.*), tal interpretação. (2) Trendelenburg (*Platonis de Ideis Numeris doctrina*, etc., p. 81) pensa na doutrina dos números ideais que são caracterizados justamente pelo fato de serem uns anteriores e outros posteriores, como se verá no livro M. Assim também Schwegler (*Metaph.*, III, p. 221) e outros. (3) O. Apelt (*Beitr. zur Gesch. d. griech. Philos.*, pp. 227 ss.) indica como fonte o *Timeu*, 34 C, onde, ademais, há apenas a aplicação do princípio em questão. (4) Mutschmann na edição das *Divisiones Aristoteleae* (pp. XVII s.) pensa que se faça referência a um livro das platônicas *Divisões*. (5) Outros, enfim, pensam nas divisões operadas metodicamente no *Sofista* e no *Político*. Cf. Tricot (*Métaph.*, I, p. 282, nota 6). — Na realidade, não é possível dizer

nada de certo, se nos referimos apenas aos escritos, enquanto essa doutrina se mostra como um eixo de sustentação nas doutrinas não escritas, como explicamos no *Ensaio introdutório*, pp. 207 ss.

[13] (**1019 a 5-6**). *Anterioridade do substrato e da substância.* — O *substrato* (ὑποκείμενον) é anterior, porque é aquilo a que tudo se refere, enquanto ele não se refere a outro (cf. Δ 8, 1017 b 13 ss.; Z 3, 1028 b 36 ss.; *Fís.*, I 6, 189 a 31); consequentemente é anterior a *substância* (οὐσία), já que o *ser substrato é característica peculiar da substância* (cf. Δ 8, 1017 b 13 ss. e Z 3, 1029 a 1: μάλιστα... δοκεῖ εἶναι οὐσία τὸ ὑποκείνεμον). Cf. Schwegler, *Metaph.*, III, pp. 221 s. Pode-se também entender com Bonitz (*Comm.*, p. 251): "Itaque primum ubi categorias distinguimus, subiectum accidentibus (*Phys.*, I 6. 189 a 31), substantia reliquis categoriis est prior, Z 1, 1028 a 32"; cf. também Ross, *Metaph.*, I, p. 318.

[14] (**1019 a 6-11**). *Anterioridade segundo a potência e segundo o ato.* — Para a plena compreensão do que Aristóteles diz aqui, é preciso ler Z 10, M 8, 1084 b 2 ss. (sobre o todo e a parte) e Θ 8, *passim*, que ilustra de modo completo em todas as suas implicações a prioridade do ato sobre a potência.

[15] (**1019 a 11-12**). *O significado de* ταῦτα *nesse contexto.* — Alexandre (*In Metaph.*, p. 387, 36 ss. Hayduck) considera que Aristóteles pretende referir-se ao significado de anterior *segundo a potência e o ato*, o que é certamente errado. De fato *(a)* nem todos os significados de anterior podem ser reduzidos a este, *(b)* nem o anterior segundo a potência e o ato é um significado por si, mas é simplesmente uma distinção interna ao significado de anterior *segundo a natureza e a substância*. Tendo-se presente isso, desaparece toda dificuldade e não é necessário supor, com Schwegler (*Metaph.*, III, p. 223), que este parágrafo esteja fora de lugar e deva ser lido na linha 6.

[16] (**1019 a 12-14**). *Conclusões sobre o significado de anterior e posterior.* — Maurus (*Arist. op. omn.*, IV, p. 374 b) esclarece bem: "Concludit Aristoteles, quod omnes... dicti modi reduci possunt ad unum, secundum quem prius dicitur, *quod potest esse sine altero, non e converso*. Nam totum dicitur prius partibus secundum generationem, quia cum totum est generatum, partes non sunt actu, sed potentia; partes dicuntur priores secundum corruptionem, quia cum totum est corruptum, partes jam sunt actu, totum est in potentia; universaliora possunt esse sine minus universalibus, non e converso; substantia potest esse sine accidentibus, non e converso". Outras distinções e classificações dos significados de *anterior* podem ser vistas em *Categ.*, 12; *Fís.*, VIII 7, 260 b 18 ss.; 261 a 14; 9, 265 a 22; *Metaf.*, Z 1, 1028 a 32 ss.; Θ 8, 1049 b 11, etc. Cf. Bonghi, *Metaf.*, II, pp. 78-80;

Ross, *Metaph.*, I, p. 317. Pode-se ver, a respeito, também a nota de Robin, *La relation d'Antérieur à Postérieur dans la Philosophie d'Aristote...*, in *Th. plat.*, pp. 612-626. Ver também: Movia, *Arist.*, *L'Anima*, pp. 294 s.

12. *Sumário e comentário a Δ 12*

[1](**1019 a 15 – 1020 a 6**). Sumário. — Potência (δύναμις) *tem os seguintes significados.* (1) *Princípio de mudança e de movimento existente em algo diferente da coisa que é movida, ou na própria coisa enquanto outra;* (2) *princípio pelo qual a coisa é mudada ou movida por outra, ou por si enquanto outra (seja em geral, seja para melhor);* (3) *a capacidade de conduzir uma coisa a bom termo ou como se deveria;* (4) *a capacidade que a coisa tem de ser mudada (por outra ou por si mesma enquanto outra);* (5) *o estado em virtude do qual as coisas são imutáveis ou dificilmente mutáveis para pior.* — Potente (δυνατόν), *por consequência, tem os mesmos respectivos significados.* — Impotência (ἀδυναμία) é privação de potência, *vale dizer, do princípio que se ilustrou acima, em todos os seus significados. E é privação dele* (a) *em geral,* (b) *ou em coisa que, por sua natureza, deveria possuí-lo,* (c) *ou num tempo em que a coisa, por sua natureza, deveria possuí-lo.* — Impotente (αδύνατον) *tem dois diferentes grupos de significados.* (1) *Pode ter todos os sentidos correspondentes de impotência;* (2) *ou pode significar* impossível. Impossível *é aquilo cujo contrário é necessariamente verdadeiro. O contrário de impossível é* possível, *o qual pode assumir três significados:* (a) *aquilo cujo contrário não é necessariamente falso,* (b) *aquilo que é verdadeiro,* (c) *aquilo que pode ser verdadeiro.* — Por transferência *fala-se também de potência em geometria (as potências geométricas).* — *O significado principal de potência, ao qual todos se reduzem e sobre o qual se fundam, é o primeiro (ficam fora, evidentemente, o possível e o significado transferido).*

[2](**1019 a 15-18**). *Primeiro significado de potência: princípio de movimento ou mudança.* — O princípio de movimento ou mudança encontra-se geralmente em outra coisa, mas pode se encontrar na própria coisa. Por exemplo, o médico, quando está enfermo, pode cuidar e curar a si mesmo: nesse caso, porém, a ação de curar não vem da parte do enfermo enquanto tal, mas da parte do enfermo *enquanto é também outro do enfermo*, vale dizer, médico. Cf. *Fís.*, B 1, 192 b 23 ss. E, em geral, quando o princípio da mudança está na própria coisa que é mudada, *distingue-se e diferencia-se sempre (e estruturalmente) dela*, por algum aspecto.

[3] (1019 a 19-20). *Segundo significado de potência: princípio pelo qual uma coisa é movida ou mudada.* — É o mesmo significado, mas visto *no passivo.* Como ilustração podem ser tomados os mesmos exemplos de antes, mas ao inverso: potência, nesse sentido, existe num determinado material (tijolos, cal, etc.), que pode ser plasmado e se tornar construção por obra do construtor; ou no enfermo, que porventura seja médico, que pode ser curado por si próprio, não enquanto enfermo, mas enquanto médico. E, em geral, em todo tipo de matéria. *Veremos que o significado propriamente metafísico de potência se remete a este.* — Tricot (*Métaph.*, I, p. 284, nota 3) faz uma excelente observação a respeito disso: "A noção de potência passiva é de grande importância na filosofia de Aristóteles. Ela implica a seguinte ideia: que a pura matéria (*matéria prima*) não é mais que um limite abstrato, e que só existe a *matéria enformada*, já dotada de determinações positivas. A passividade não é, portanto, o estado de inércia e de indeterminação absoluta. O paciente é capaz de padecer, de responder, por uma espécie de conivência com os incitamentos e com os estímulos do agente. Para usar uma fórmula escolástica: *nihil potest recipi, nisi praeexistat in patiente ordinatio ad finem, et ideo recipitur actio agentis ad modum recipientis*".

[4] (1019 a 22-23). *Um inciso.* — Trata-se de um inciso que, embora esteja no lugar certo, deve ser lido entre parênteses. Certamente ele vale também para o primeiro significado e antecipa o quarto. Sobre o problema, cf. Bonitz, *Comm.*, p. 253.

[5] (1019 a 23-26). *Terceiro significado de potência: capacidade de produzir uma coisa do modo devido.* — Este significado não é mais que uma especificação ou uma acepção restritiva do primeiro: o primeiro refere-se à genérica capacidade de agir, este refere-se somente e *especificamente à boa capacidade de agir*.

[6] (1019 a 26). *Quarto significado de potência: capacidade de ser movido ou mudado do modo devido.* — Esse quarto significado não é mais que uma determinação do segundo, do mesmo modo em que o terceiro o é do primeiro.

[7] (1019 a 26-32). *Quinto significado de potência: capacidade de conservar-se e não se corromper.* — A propósito desse quinto significado Bonitz (*Comm.*, p. 253) escreve: "... non debebat tamquam novum proponere discrimem, sed continetur illud iam superiore notione, quum quidem ad ea sola potentiam referri dixit, quae in melius mutari possint". Na realidade, certa diferença existe entre este e o quarto significado: a capacidade de

mudar para melhor (4º significado) e a capacidade de se conservar e não se corromper (5º significado), se, em última análise, coincidem na *realidade da coisa*, não coincidem *na noção*. (Não se deve esquecer que Aristóteles, no livro Δ, em geral acolhe e discute também acepções dos vários termos, que, posteriormente, em sede de análise mais precisa, absorve em outros mais gerais e não mantém como autônomos).

[8] (**1019 a 33 – b 1**). *Primeiro significado de potente.* — Cf. o *primeiro* significado de potência (1019 a 15-18).

[9] (**1019 b 1-2**). *Segundo significado de potente.* — Cf. o *segundo* significado de potência (1019 a 20-22).

[10] (**1019 b 7**). Enquanto *privação* "non est simplex et nuda negatio" (Bonitz, *Comm.*, p. 254) e, portanto, conserva ainda algo de positivo. Cf., *Fís.*, II 1, 193 b 19 e Δ 22, abaixo.

[11] (**1019 b 2-10**). *Terceiro significado de potente: aquilo que tem a capacidade de mudar em todos os sentidos.* — Seguimos o texto como foi restaurado por Ross (*Metaph.*, I, *a. h. l. e ap. crit.*; cf. também p. 321). O sentido de todo o parêntese é claro: se e na medida em que se pode falar da privação como de um hábito ou de uma posse, pode-se falar em geral de potência também nos casos de mutação para pior.

[12] (**1019 b 10-11**). *Quarto significado de potente: o que possui a capacidade de se conservar e não se corromper.* — Cf. o *quinto* significado de potência (1019 a 26 ss.).

[13] (**1019 b 13-15**). *Quinto significado de potente.* — Cf. os significados *terceiro e quarto* de potência (1019 a 23-26).

[14] (**1019 b 15-19**). *Impotência como privação de potência.* — Bonghi (*Metaph.*, II, p. 85, nota 1) observa justamente que essas determinações referem-se à impotência "não enquanto tal, mas em geral, enquanto privação". E para a sua adequada compreensão, ver abaixo o capítulo vinte e dois.

[15] (**1019 b 19-21**). *Os significados de impotência correspondem aos de potência em negativo.* — S. Maurus (*Arist. op. omn.*, IV, p. 377 a): "Modi, quibus dicitur impotentia, correspondent modis, quibus dicitur potentia; et quia potentia alia est activa, alia passiva, ideo alia est impotentia aliqua ad agendum, alia ad patiendum; quia rursus potentia dicitur etiam ad bene, ideo impotentia alia est ad agendum bene, alia ad bene patiendum".

[16] (**1019 b 21-23**). *Distinção entre impotente e impossível.* — Como acima distinguiu potência e *potente*, também aqui Aristóteles distingue impotência e *impotente*. Bonghi (*Metaf.*, II, p. 83, nota 2) recorda justamente que se trata de *parônimos* (*Cat.*, 1, 1, a 12 ss.), isto é, nomes que

derivam de um mesmo nome e diferem na terminação e que, portanto, mantêm todos os sentidos. — No caso de δυνατόν e de ἀδύνατον existe, porém, uma complicação: além de *potente* e *impotente* (= *capaz, incapaz; que tem a faculdade de, que não tem a faculdade de*), os termos em questão podem significar *possível* e *impossível*. — Naturalmente, Aristóteles podia distinguir este significado também para δύναμις e ἀδυναμία, termos que também podem significar *possibilidade* e *impossibilidade*. — Alguns designam esse novo significado com a qualificação de "lógico"; mas na realidade a qualificação não é muito feliz, porque "possível", para Aristóteles, é tanto *lógico* quanto *metafísico*. Sobre a relação entre os dois grupos de significados, que aqui Aristóteles não tematiza, falaremos no comentário de Θ 3, onde se verá que o segundo é ou pode ser, de algum modo, o fundamento do primeiro.

[17] (1019 b 23-27). *Impossibilidade lógica e ontológica*. — Tomás (*In.*, p. 258 b, § 971 Cathala-Spiazzi): "... ponit alium modum, quo dicuntur aliqua impossibilia, non propter privationem alicuius potentiae, sed propter repugnantiam terminorum in propositionibus. Cum enim posse dicatur in ordine ad esse, sicut ens dicitur non solum quod est in rerum natura, sed secundum compositionem propositionis, prout est in ea verum vel falsum; ita possibile et impossibile dicitur non solum propter potentiam vel impotentiam rei: sed propter veritatem et falsitatem compositionis vel divisionis in propositionibus. Unde impossibile dicitur, cuius contrarium est verum de necessitate, ut diametrum quadrati esse commensurabilem eius lateri, est impossibile, quia hoc tale est falsum, cuius contrarium non solum est verum, sed etiam necessarium, quod quidem est non commensurabilem esse. Et propter hoc esse commensurabilem est falsum de necessitate, et hoc est impossibile". Como se vê, Tomás está deslocando a explicação para o plano lógico (Maurus, *Arist. op. omn.*, IV, p. 377 a, falará também de *impossibile logicum*). — Porém, tenha-se presente que se pode dizer que a proposição da comensurabilidade da diagonal é impossível, porque é falsa a composição na proposição; mas a composição na proposição é falsa, porque "diagonal" e "comensurabilidade com o lado" são ontologicamente, *in re*, incompatíveis. Portanto, a impossibilidade de que fala Aristóteles é tanto lógica quanto ontológica.

[18] (1019 b 27-30). *Primeiro significado de "possível": o que não é necessariamente falso*. — Este ponto é de interpretação delicada. Ross sustenta (*Metaph.*, I, p. 321) que existe uma confusão de conceitos: "Sendo o impossível aquele cujo oposto é necessariamente verdadeiro, devemos supor

que o possível seja aquele cujo oposto não é necessariamente verdadeiro, mas Aristóteles o define como aquele cujo oposto não é necessariamente falso. Mas na frase sucessiva ele volta vagamente à forma que esperaríamos aqui; ele descreve o possível como o que não é necessariamente falso, isto é, aquele cujo oposto não é necessariamente verdadeiro. Ambas as caracterizações são válidas para o possível; não seria possível mas impossível, se o seu oposto fosse necessariamente verdadeiro, e não possível mas necessário, se o seu oposto fosse necessariamente falso. De modo semelhante em *De int.*, 22 a 15-17 diz-se que τὸ μὴ ἀναγκαῖον εἶναι deriva de τὸ δυνατὸν εἶναι. A dificuldade seria superável até certo ponto se, como parece que Alexandre o fez (*In Metaph.*, p. 594, 19-21 Hayduck), devêssemos omitir τὸ diante de δυνατόν, na linha 28. Aristóteles, então, diria: 'o oposto deste (isto é, aquele cujo oposto não é necessariamente verdadeiro) é possível quando o oposto não é necessariamente falso'. Mas a dificuldade não é totalmente removida, porque nas linhas 29, 30 o fato de o oposto não ser necessariamente falso é tratado como se fosse a única condição de possibilidade, enquanto na linha 31 o fato de a própria proposição não ser necessariamente falsa é tratado como a única condição. Parece claro que Aristóteles faz alguma confusão". — Na realidade, *a confusão não existe*: existe, ao contrário, uma estrutural complexidade da própria noção de *possível*. Em todo caso, as definições "aquilo cujo contrário *não é necessariamente* verdadeiro" e "aquilo cujo contrário *não é necessariamente* falso" se equivalem; o seu ponto focal não está no *verdadeiro* ou no *falso*, mas no *não necessariamente*, que, como tal, se opõe ao *necessariamente*, inclusive como nota essencial no impossível. — Tendo-se presente isso, a dificuldade desaparece. E, com efeito, posso dizer que "é *impossível* que um homem esteja sentado, porque não é necessariamente falso que ele *não* esteja sentado (= porque o seu contrário não é necessariamente falso), mas porque não é necessariamente verdadeiro que ele *não* esteja sentado (= porque o seu contrário não é necessariamente verdadeiro).

[19] (**1019 b 32**). *Segundo significado de "possível": aquilo que é verdadeiro, mas não de tal modo que o seu contrário seja necessariamente falso (= verdadeiro contingente)*. — O texto diz: τὸ ἀληθὲς (εἶναι); Ross sugere entender (*Metaph.*, I, p. 321) ὃ εἶναι ἀληθές ἐστιν, εἶναι. A exegese de Ross é substancialmente a de Alexandre (*In Metaph.*, p. 394, 29 s. Hayduck): τὸ ἤδη ὑπάρχον, ὃ ἀληθές ἐστιν εἰπεῖν εἶναι; esse, com efeito, está a meio caminho entre o que nem é necessário que seja, nem é necessário que não seja. A isso, porém, se opõe o que diz Bonitz (*Comm.*, p. 256): "sed... frustra quaeras,

ubi Aristoteles τὸ ὑπάρχον simpliciter δυνατόν dixerit". — Preferimos seguir a via mais simples e traduzir literalmente; naturalmente "o que é verdadeiro" deve ser entendido do modo devido, vale dizer, do modo que o *contexto impõe*. Esse modo parece-nos ter sido bem captado por Maurus (*Arist. op. omn.*, p. 377 b): "*Secundo*, possibile est, *quod ita est verum, ut oppositum non sit falsum ex necessitate*; ex. gr. si Petrus sedet, possibile est ipsum sedere, quia ita verum est, quod sedet, ut non ex necessitate sit falsum, quod non sedet". Se se lê o *De interpret.*, 13, 23 a 7-11, ter-se-á uma confirmação disso. — Em substância, o verdadeiro de que fala Aristóteles aqui é o *verdadeiro contingente* (Sócrates *senta-se*, Sócrates *corre*, etc.), que não é verdadeiro de tal modo que o seu contrário seja estruturalmente falso. Assim entendido, não só o que diz Aristóteles não é incompreensível, como pretendem alguns (p. exemplo Bonghi, *Metaf.*, II, p. 87, em nota), *mas é até mesmo óbvio* (o possível, assim como o contingente, enquanto é o contingente, permanece tal mesmo quando é em ato, porque não muda a sua natureza metafísica).

[20] (**1019 b 32-33**). *Terceiro significado de "possível": o que pode ser verdadeiro no futuro.* — Entenda-se do seguinte modo: "*Tertio modo* dicitur possibile, quia licet non sit verum, tamen contingit *in proximo* verum esse" (Tomás, *In Metaph.*, p. 259 a, § 973 Cathala-Spiazzi). Se se admite que aqui Aristóteles se refira ao *futuro*, desaparecem as dificuldades levantadas pelos intérpretes, que consideram esse terceiro significado a pura repetição do primeiro. — E, para concluir, ilustraremos com um exemplo os três significados ou as nuanças dos significados aqui enumerados por Aristóteles. (*a*) Vejo Sócrates em pé e digo: "é possível que Sócrates esteja sentado", porque não é estruturalmente e necessariamente falso que Sócrates esteja sentado; (*b*) vejo Sócrates sentado e digo: "é possível que Sócrates esteja sentado", porque isso é verdade, mas não uma verdade tal que implique a estrutural e necessária falsidade do contrário; (*c*) Vejo Sócrates em pé e digo: "é possível que Sócrates esteja sentado", no sentido de que é verdade ou pode ser verdade que *em seguida, imediatamente*, se sente. (A diferença entre o primeiro e o último caso consiste simplesmente no fato de que o primeiro considera a coisa em si e por si *sem introduzir a componente temporal*, o último caso *introduz a componente temporal*).

[21] (**1019 b 33-34**). *Potências em sentido geométrico.* — Vale dizer, o quadrado, o cubo, etc. Cf. Θ 1, 1046 a 7 ss.

[22] (**1019 b 34-35**). Isto é, os significados examinados nas linhas 23 ss.

[23] (**1020 a 2-4**). Cf. os significados terceiro, quarto e quinto.

[24] (**1020 a 4-6**). *Aristóteles descuida aqui o mais importante significado de potência do ponto de vista metafísico.* — Inútil tentar dar uma razão do fato com aleatórias hipóteses genéticas. P. Gohlke, por exemplo (no volume *Die Entstehung der aristotelischen Prinzipienlehre*, p. 38), acredita poder sustentar que esse significado falta em Δ 12 porque Aristóteles, na época da composição de Δ, *não tinha ainda descoberto esse significado de* δύναμις, que se opõe a ἐνέργεια, ἐντελέχεια. Já demonstramos, no ensaio *La dottrina aristotelica della potenza dell'atto e dell'entelechia nella Metafisica*, p. 182 ss. agora reeditada em *Il conc. di filos. prima*[5] (1993), pp. 480 ss., que a tese genética de Gohlke não se sustenta. E tampouco se sustenta a análoga tese de Wundt (*Untersuchungen zur Metaphisik des Aristoteles*, pp. 79-82, baseada sobre os mesmos pressupostos; cf. o nosso ensaio citado, pp. 190 ss. = *Il conc. di filos. prima*[5] (1993), pp. 388 ss. — Provavelmente Aristóteles descuidou este significado, que será estudado no livro Θ, pelo fato de que ele implicava a explicação de numerosos conceitos que, aqui, em sede de esclarecimento propedêutico dos verdadeiros significados dos termos filosóficos, não podia ser feita. De resto, no livro Θ, Aristóteles retomará o discurso sobre a δύναμις exatamente no ponto em que o deixou aqui, para integrá-lo completamente (cf. 1046 a 2 ss.).

13. *Sumário e comentário a Δ 13*

[1] (**1020 a 7-342**). Sumário. — Quantidade (ποσόν) é o que é divisível em partes a ele internas, *sendo cada uma delas algo uno e determinado.* (1) A *quantidade pode ser* numerável, *e então é uma* pluralidade; *e uma pluralidade é o que é divisível em partes não contínuas.* (2) A *quantidade pode ser também* mensurável, *e então é uma* grandeza; *e a grandeza é o que é divisível em partes contínuas (em uma, duas ou três dimensões).* — *Ulteriormente, podemos distinguir* (A) *quantidade* por si *e* (B) *quantidade* por acidente. (A) *Entre as primeiras estão:* (a) *aquelas coisas cuja definição implica* essencialmente *a quantidade, como por exemplo a linha,* (b) *os atributos que são próprios dessas coisas, como o muito, o pouco, o longo, o fino e semelhantes.* (B) *entre as segundas estão* (a) *os acidentes daquelas coisas que são quantidade e que, portanto, são também* per accidens *quantidade;* (b) *o movimento e o tempo, enquanto é divisível (isto é, quantidade) aquilo de que são afecções.*

[2] (**1020 a 7-8**). *Definição de quantidade e suas características.* — O ponto mais delicado dessa definição está nas últimas palavras: Aristóteles

diz que é um *quanto* só o que é divisível em partes que sejam, cada uma, *algo uno e determinado*. Esse destaque, como já Alexandre notava, é feito (1) em vista de excluir que sejam *quanto*, por exemplo, os acidentes: de fato, podemos analisar e dividir também os acidentes do substrato no qual inerem, mas eles não são *algo uno e determinado* (*In Metaph.*, p. 395, 32 ss. Hayduck). — E também (2) em vista de excluir, como ainda observava Alexandre, que sejam *quantos* também as *espécies* nas quais pode se dividir o gênero: de fato, as espécies não estão contidas no gênero de modo a formar um todo, nem cada uma delas pode ser assimilada às partes do *quanto* (*In Metaph.*, p. 396, 8 ss. Hayduck). Desse mesmo modo explicam Trendelenburg, *Gesch. d. Kategorienlehre*, p. 79 s.; Bonitz, *Comm.*, p. 257; Ross, *Metaph.*, I, p. 323 e outros. — Tomás (*In Metaph.*, p. 260 b § 977 Cathala-Spiazzi) fornece análogas, mas diferentes explicações: Aristóteles especificaria que as partes devem ser *algo uno e determinado* (3) "ad removendam divisionem in partes essentiales, quae sunt *materia* et *forma*. Nam neutrum eorum aptum natum est esse unum aliquid per se". Assim também Maurus, *Arist. op. omn.*, IV, p. 378 b. — É duvidoso que a definição teria sido mais clara se, como (com Alexandre, *In Metaph.*, p. 395, 35 s. Hayduck) Bonitz acredita (*Comm.*, p. 257), Aristóteles tivesse ulteriormente explicado que essas partes nas quais se divide o *quanto*, são ainda *quantos* (isto é, ulteriormente divisíveis do modo definido). — Pensamos, enfim, que seja oportuno esclarecer também o significado do termo "imanentes" (ἐνυπάρχοντα). Explica Tomás (*In Metaph.*, p. 260 a, § 977, Cathala-Spiazzi) "*Quod quidem dicitur ad differentiam divisionis mistorum*. Nam corpus mistum resolvitur in elementa, quae non sunt actu in mixto, sed virtute tantum. *Unde non est ibi tantum divisio quantitatis*; sed oportet quod adsit aliqua alteratio, per quam mistum resolvitur in elementa". Maurus, retomando essa exegese, a completa do seguinte modo: "*Quantum* enim est divisibile in ea, quae insunt, ita ut per divisionem non alterentur, neque fiant sensibiliter altera; *mixtum* e converso est divisibile in elementa, ita ut per divisionem alterentur et fiant sensibiliter altera" (*Arist. op. omn.*, IV, p. 378 a).

[3] **(1020 a 10-11)**. *A pluralidade como o que pode ser dividido em partes não contínuas*. — Traduzimos pelo que *se pode* dividir o τὸ διαιρετὸν δυνάμει, seguindo a sugestão de Alexandre, *In Metaph.*, p. 396, 19 s. Hayduck: τὸ δὲ δυνάμει προσέθηκεν ἀντὶ τοῦ διαιρεῖσθαι δυνάμενον εἰς μὴ συνεχῆ. Como exemplo podemos pensar no *número* e nas suas *unidades*.

[4] **(1020 a 11)**. *A grandeza como o que se pode dividir em partes contínuas*. —As "partes contínuas" são as partes que, enquanto extensas, são

elas mesmas, ulteriormente, grandezas e, portanto, ulteriormente divisíveis do mesmo modo. Nas *Cat.*, 6, 4 b 20 ss., explica-se que a não continuidade ou a continuidade das partes é dada pelo fato de não ter ou pelo fato de ter um limite comum ou um confim.

[5] (**1020 a 13**). *O número como multiplicidade delimitada.* "De fato o número — comenta Alexandre, *In Metaph.*, p. 396, 25 Hayduck — é enumerável, e o que é enumerável é limitado".

[6] (**1020 a 15**). *As "quantidades por si"* (καθ' αὑτὰ ποσά). — São explicadas logo a seguir nas linhas 17-26.

[7] (**1020 a 15-17**). *As "quantidades por acidente"* (κατὰ συμβεβηκός). — São explicadas logo a seguir nas linhas 26-32.

[8] (**1020 a 17-19**). *Definição de quantidade por si.* — São *quantidades por si* aquelas em cuja definição necessariamente entra a quantidade como *gênero*: por exemplo a linha se define necessariamente como quantidade, e precisamente como *quantidade* contínua divisível segundo o comprimento; a superfície como *quantidade* contínua divisível segundo a largura, e assim por diante. Seguem exemplificações, sobre as quais cf. as notas seguintes (9-13).

[9] (**1020 a 10-20**). São *características do número* (Alexandre, *In Metaph.*, p. 397, 12 Hayduck).

[10] (**1020 a 21**). São *características da linha* (Alexandre, *In Metaph.*, p. 397, 12 s. Hayduck).

[11] (**1020 a 21**). São *características da superfície* (Alexandre, *In Metaph.*, p. 397, 13 Hayduck).

[12] (**1020 a 21-22**). São *características do sólido e dos corpos* (Alexandre, *In Metaph.*, p. 397, 14 Hayduck).

[13] (**1020 a 22**). *Em que sentido pesado e leve podem ser considerados quantidade e qualidade.* — Os comentadores observam que o *pesado* e o *leve*, no capítulo seguinte, 1020 b 10, são nomeados entre as *qualidades*. Alexandre (*In Metaph.*, p. 397, 22 ss. Hayduck) nota que eles podem ser considerados *quantidade* enquanto são *excesso e falta de peso*; ao invés, são *qualidade*, enquanto fazem com que as coisas que os possuem subam de baixo para cima ou desçam de cima para baixo. Ross (*Metaph.*, I, p. 325) observa que a explicação vale só até certo ponto: de fato, segundo Aristóteles, a terra pela sua natureza se move para baixo e o fogo para cima; portanto, o seu ser pesado ou leve é diferença de *qualidade*. Portanto, se um pedaço de *terra* é pesado e outro pedaço de *terra* leve, *essa* diferença de grau pode entrar na *quantidade*, mesmo que em sentido figurado (cf.

linha 25); ao invés, a diferença entre terra e fogo permanece como diferença de *qualidade*.

[14] (**1020 a 23-25**). *Grande e pequeno e mais e menos como afecções da quantidade.* — Nas *Categ.*, 6, 5 b 15 s. *grande e pequeno, mais ou menos* são considerados *relativos* (assim como também Alexandre, *In Metaph.*, p. 397, 32 ss. Hayduck). Bonitz (*Comm.*, p. 258) diz que as duas coisas *não* são conciliáveis, e assim muitos outros estudiosos com ele. — Parece-nos que se possa operar a conciliação, não tanto tendo presente a observação de Alexandre (*ibid.*, p. 397, 34), isto é, que também ἁπλῶς, em sentido absoluto e não só relativo, pode-se dizer que alguma coisa é grande; mas tendo presente o fato de que, para poder avaliar uma coisa como *grande ou pequena*, etc., é *necessário*, em primeiro lugar, entendê-la como quantidade; noutros termos: enquanto eu posso falar de coisa *grande ou pequena, etc.*, enquanto a considero como quantidade, e como tal a remeto a outra (também considerada como quantidade).

[15] (**1020 a 25-26**). *Grande e pequeno e mais e menos em sentido figurado.* — Fala-se, por exemplo, de uma grande dor, de uma grande enfermidade, de uma brancura maior ou menor (Alexandre, *In Metaph.*, p. 397, 37 ss. Hayduck).

[16] (**1020 a 26-28**). *Primeira exemplificação de quantidade por acidente.* — Por exemplo um homem músico ou, melhor ainda, um instrumento musical, pode ser dito *grande* (ou pequeno), justamente porque é assim (enquanto é um corpo) ou sujeito a quem compete o ser musical. Assim o branco pode ser dito grande, porque é grande um corpo ou uma superfície pintada de branco.

[17] (**1020 a 28-31**). *Segunda exemplificação de quantidade por acidente.* — Não está em causa a divisibilidade *do corpo* em movimento; é verdade que também o corpo é divisível e é um quanto e, portanto, também o seu movimento (enquanto é um acidente de um *quanto*) é um *quanto*: mas, nesse caso, teríamos o primeiro sentido acima distinguido, e o movimento seria um *quanto* assim como o branco e o músico (Alexandre, *In Metaph.*, p. 398, 15 ss. Hayduck). Aqui se fala, ao invés, da *superfície percorrida pelo móvel*; nesse sentido, o movimento é quantidade mensurável, *porque percorre um espaço ou quantidade mensurável*.

[18] (**1020 a 31-32**). *Terceira exemplificação de quantidade por acidente.* — Por sua vez, o tempo é uma quantidade, porque o tempo, segundo Aristóteles, é *afecção e medida do movimento* (em que sentido o seja, o veremos na nota a Λ 6, 1071 b 10). É óbvia a razão pela qual espaço e

tempo são agrupados num significado diferente do primeiro (*a*): a suas relação com a quantidade por si é muito mais estreita e íntima do que no primeiro caso. Poder-se-ia até mesmo perguntar por que Aristóteles não põe espaço e tempo no segundo grupo de quantidade *por si* (1020 a 19 ss.). Ross (*Metaph.*, I, p. 325) resolve bem o problema: o *movimento* ao longo de uma linha e o *tempo* de um movimento não têm com a linha a mesma relação que o *comprimento* tem com ela: o movimento *não* é atributo da linha "mas um evento do qual a linha é um elemento, e o tempo é outro elemento do movimento e só desse modo se remete à linha". Complete-se este capítulo com a leitura de *Categ.*, 6, *passim*; ver particularmente Trendelenburg, *Geschichte der Kategorienlehre*, pp. 79-89.

14. *Sumário e comentário a Δ 14*

[1] (**1020 a 33 – b 25**). Sumário. — Qualidade (ποιόν) tem os seguintes quatro significados. (1) *Em primeiro lugar, entende-se por qualidade a* diferença *da substância ou da essência de uma coisa*; (2) *em segundo lugar entende-se* o que pertence à essência do número *fora da quantidade*; (3) *por qualidades se entendem também* as afecções *das substâncias sujeitas à mudança, segundo as quais se diz justamente que as substâncias mudam*, (4) *enfim, se dizem qualidades também a* virtude e o vício, o bem e o mal. —*Aristóteles conclui dizendo que o primeiro significado é o principal e que, nele, pode-se incluir também o segundo, enquanto o quarto pode ser reconduzido ao terceiro, de modo que os quatro significados se reduzem substancialmente a dois.*

[2] (**1020 a 33 – b 2**). *Primeiro significado de qualidade.* — Trata-se da *diferença específica*, que determina o gênero próximo e que, consequentemente, oferece a *essência* da coisa. Os estudiosos notam, concordemente, a estranheza de tal afirmação, *dado que a diferença específica oferece a primeira categoria, isto é, a substância.* Com efeito, no capítulo das *Categorias* sobre a qualidade, não se enumera esse significado, que é atribuído à substância. Na verdade Aristóteles oscila, também em outras obras, ao atribuir a *diferença* ora à substância ora à qualidade (sobre este ponto ver o exaustivo tratamento de Trendelenburg, *Gesch. d. Kategorienlehre*, pp. 55 ss.), e esse é um dado incontestável. Trata-se, porém, de ver se essa oscilação tem ou não uma razão objetiva. — Entretanto, em que sentido se pode falar da *diferença* como uma qualidade é bem esclarecido por Asclépio (*In Metaph.*, p. 335, 1-4 Hayduck), por Tomás (*In Metaph.*, p. 262 a, § 987

Cathala-Spiazzi) e com cristalina clareza por Maurus (*Arist. op. omn.*, IV, p. 379 a-b): "*Primo*, qualitas dicitur differentia substantiae sive essentiae, hoc est differentia essentialis, quae idcirco dicitur praedicari in *quale quid*. In hoc sensu bipes vel rationale est qualitas hominis, quia interroganti: *homo quale animal est?* respondetur quod est animal bipes, vel quod est animal rationale; quadupes est qualitas equi, quia interroganti *quale animal est equus?* respondetur, quod est animal quadrupes; carere angulis est qualitas circuli, quia interroganti: *qualis figura est circulus?* respondetur, quod est figura carens angulis". Portanto, poderemos dizer que, *comumente falando*, entende-se como qualidade a *diferença de essência*; e sabemos que Δ leva em grande conta também o modo comum de falar. Ulteriormente, pode-se dizer com Tricot (*Métaph.*, I, p. 291, nota 2), que a definição aqui dada por Aristóteles da qualidade "ilumina a estreita solidariedade das noções de substância e de qualidade, que não podem ser separadas senão pela necessidade de análise. Na realidade, não existe nem substância sem qualidade, nem qualidade sem substância, e a diferença de uma substância é uma qualidade". — Das análises de Trendelenburg extrai-se um ulterior elemento esclarecedor: enquanto a categoria da quantidade é mais próxima da *matéria*, a *qualidade* é mais próxima da *forma* (*Gesch. d. Kategorienlehre*, pp. 78, 99-103, 104, 115 s.); de onde (concluiremos nós) a fácil relação da qualidade com a essência (= forma).

[3] (**1020 b 3-6**). *Em que sentido se fala de qualidade de certos números.* — São por exemplo *qualidade* dos números o ser quadrado ou o ser cúbico. São assim não os números que se podem geometricamente representar como uma linha (numa só dimensão, diz Aristóteles), mas os que são produtos de dois fatores α x B (ou também α x α) e que, portanto, podem ser geometricamente representados como superfícies, e os que são produtos de três fatores α x β x ψ (ou ainda α x α x α) e que, portanto, podem ser geometricamente representados como sólidos.

[4] (**1020 b 6-8**). *Segundo significado de qualidade.* — Diz bem Maurus (*Arist. op. omn.*, IV, p. 38o a), que aqui Aristóteles explica qual seja a *substância* ou *essência* do número e qual a sua *qualidade*: "*Substantia sive essentia* numeri est *ipsa eorum quantitas, quae semel profertur*; alia, quae pluries proferuntur, spectant ad *qualitatem*". Para ficar no exemplo de Aristóteles: a substância ou essência do seis está em ser uma vez seis, isto é, em ser *sic et simpliciter* seis; ao invés, o fato de ser o 6 = 2 x 3 ou 3 x 2 é redutível à *quantidade*, porque diz *qual* número seja o 6, vale dizer um número produzido por este e aquele fator. Com razão Tricot (*Métaph.*, I,

p. 292, nota 1) observa (com base na afirmação da linha 4) que a noção de *qualidade* do número intervém *só* para os números *compostos* ou resultantes do produto de dois ou três fatores, e que, consequentemente, são e podem ser chamados números planos, quadrados, cúbicos etc. Esta, justamente, e não outra, seria a sua qualidade. — Bonghi (*Metaf.*, II, p. 97, nota 2) propôs uma interpretação totalmente original deste segundo significado. Aristóteles falaria daquele *próprio*, do *inerente por si*, ou seja, da *característica própria e particular*. Mas se por qualidade se entende aqui o *próprio*, por que Aristóteles deu exemplo só de números? Ele pensa poder responder do seguinte modo: "Porque... o caráter do *próprio* aqui aparece evidentíssimo, não podendo não se ver imediatamente como a essência de cada número seja diferente das suas propriedades, e contudo, como estas se enraízem e se contenham naquela". Exegese improvável. — Tudo isso, a nosso ver, só se compreende bem pondo como pano de fundo as doutrinas platônicas.

[5] (1020 b 8-10). Cf. a nota 13 do capítulo precedente.

[6] (1020 b 10-12). *Terceiro significado de qualidade.* — Este é o sentido de *qualidade* mais usual em Aristóteles. Eis como é explicado nas *Categ.*, 8, 9 a 28 ss.: "Um terceiro gênero de qualidade é constituído pelas qualidades que afetam e pelas afecções (παθητικαὶ ποιότητες καὶ πάθη); são desse tipo por exemplo a doçura e o amargor e o azedume e todas as coisas do mesmo gênero e ainda o calor e o frio e a brancura e a negritude. Que estas sejam qualidades é claro, porque as coisas que as recebem se dizem qualificadas segundo elas (Aristóteles se refere, com isso, à definição ou, melhor, à caracterização dada no início do capítulo: qualidade é aquilo pelo quê algumas coisas se dizem ou são qualificadas). Por exemplo o mel por receber a doçura se diz doce e o corpo se diz branco por receber a brancura, e o mesmo para todas as outras. São ditas qualidades que afetam, não porque as coisas que recebem as qualidades sejam elas mesmas de certo modo afetadas, já que nem o mel se diz doce por ter sido afetado de certo modo nem qualquer outra dessas coisas; e igualmente o calor e o frio se dizem qualidades que afetam, não porque as coisas que os recebem sejam elas mesmas afetadas de certo modo, mas porque cada uma das mencionadas qualidades é produtora de afecções relativamente aos sentidos; e de fato a doçura produz uma certa afecção relativamente ao gosto e o calor relativamente ao tato e igualmente para as outras. Ao invés, a brancura e a negritude e as outras cores não se dizem qualidades que afetam do mesmo modo das anteriormente ditas, mas porque elas mesmas se geram de uma afecção. De fato, é claro que surgem da afecção muitas mudanças de cor, já

que, envergonhando-se, alguém ruboresce e, amedrontando-se, empalidece e assim por diante". Cf. também o que se segue até a p. 10 a 10. Quando um corpo se *altera*, muda, justamente, uma dessas qualidades: de doce se torna amargo, de quente frio (ou vice-versa), etc.

[7] (1020 b 12-13). *Quarto significado se qualidade.* — Essas qualidades de *virtude* e *vício* corresponderiam às precedentes "quoniam et ipsa in agendo, id est in movendo cernuntur" (Bonitz, *Comm.*, p. 259); assim também Ross, *Metaph.*, I, p. 326. Cf. *infra*, 1020 b 18 ss. — Aqui virtude e vício indicam não só valores e desvalores morais; mas características próprias de todas as coisas, na acepção tipicamente grega desses termos. Cf. *infra*, nota 5 a Δ 16.

[8] (1020 b 14-15). Cf. o *primeiro* significado acima distinguido (1020 a 33 - b 1): portanto, este é o significado paradigmático (cf. *supra*, nota 2).

[9] (1020 b 15-17). Cf. o *segundo* significado acima distinguido (1020 b 2-8).

[10] (1020 b 17-18). Cf. o *terceiro* significado acima distinguido (1020 b 8-12).

[11] (1020 b 18-19). Cf. o *quarto* significado acima distinguido (1020 b 12 s.).

[12] (1020 b 18-19). Complete-se o que foi dito neste capítulo com a leitura de *Categ.*, 8, *passim*; cf. Trendelenburg, *Gesch. d. Kategorienlehre*, p. 89-103.

15. *Sumário e comentário a Δ 15*

[1] (1020 b 26 – 1021 b 11). Sumário. — Relativas (πρός τι) *se dizem as coisas que estão entre si* (1) *como o que excede relativamente ao que é excedido,* (2) *como o agente relativamente ao paciente,* (3) *como o mensurável relativamente à medida.* (1) *As relações do primeiro tipo se chamam* relações numéricas *(Aristóteles enumera os seus vários tipos); nesse tipo de relações devem ser enumerados também* o igual, o semelhante e o idêntico. 2) O *segundo tipo de coisas relativas é dado pelas que estão entre si em relação de* potência *(ativa e passiva) e* ato *(das mesmas). (3) Enquanto os dois primeiros tipos de relações são assim porque a sua própria essência consiste numa referência a alguma coisa diferente,* o mesurável *(terceiro tipo de relativo) só é tal enquanto algo diferente está em relação com ele. Por exemplo, o pensável e o cognoscível (exemplos de mensuráveis) são tais porque existe um pensamento*

e um conhecimento deles, mas pensamento e conhecimento, por sua vez, não *são relativos àquilo de que são pensamento e conhecimento. O capítulo se encerra distinguindo em que sentido se fala de coisas* (A) *relativas* por si e (b) *relativas* por acidente.

[2] (**1020 b 26-28**). Este sentido é explicado abaixo, 1020 b 32-1021 a 14.

[3] (**1020 b 28-30**). Este sentido é explicado abaixo, 1021 a 14-26.

[4] (**1020 b 30-32**). Este sentido é explicado abaixo, 1021 a 26-1021 b 3.

[5] (**1020 b 32-33**). *Quadro esquemático dos vários tipos de relações no primeiro significado.* — São quatro tipos de relações, mais um quinto do qual Aristóteles falará nas linhas 1021 a 3 ss.

(1) indeterminadas ou gerais (ἁπλῶς) relativamente aos números (πρὸς αὑτούς [= ἀριθμούς]);

(2) indeterminadas ou gerais (ἁπλῶς) relativamente à unidade (πρὸς ἕν);

(3) determinadas (ὡρισμένως) relativamente aos números (πρὸς αὑτούς);

(4) determinadas (ὡρισμένως) relativamente à unidade (πρὸς ἕν);

(5) totalmente indeterminadas relativamente ao número (ὅλως ἀόριστον κατ' ἀριθμούς).

Os comentadores na sua maioria concordam em sustentar que ἁπλῶς, contraposto a ὡρισμένως, equivalha a ἀορίστως, isto é, *indeterminado* ou *geral*. Ross (*Metaph.*, I, p. 328) dá a explicação que nos parece mais razoável: "A distinção entre ἁπλῶς (ou κατ' ἀόριστον *scil.* ἀριθμόν) e ὡρισμένως (ou κατ' ἀριθμὸν ὡρισμένον) é a distinção entre um tipo geral de proporção, que exige para a sua expressão o uso de uma variável, e uma proporção definida que se pode exprimir em termos de números definidos. A distinção entre πρὸς αὑτούς e πρὸς ἕν é a distinção entre uma proporção que (excluídas as frações) exige para a sua expressão dois números diferentes de 1 e uma proporção da qual o 1 é um dos termos".

[6] (**1020 b 33-34**). *Exemplo.* — A relação expressa por 2:1 é uma relação do tipo (4), conforme o esquema da nota 5.

[7] (**1020 b 34 – 1021 a 1**). *Exemplo.* — A relação expressa por *n*:1 é uma relação do tipo (2), conforme o esquema da nota 5.

[8] (**1021 a 1-2**). *Exemplo.* — A relação 3:2 é uma relação do tipo (3), conforme o esquema da nota 5 (no que se refere ao exemplo numérico apresentado, note-se que 3 contém 2 mais a metade de 2, isto é, 1; e assim também para 6:4 etc.). Os termos gregos são τὸ ἡμιόλιον πρὸς τὸ ὑφημιόλιον.

[9] (1021 a 2-3). *Exemplo*. — A fórmula $n + 1: n$ exprime uma relação do tipo (1), conforme o esquema da nota 5. Os termos gregos são: τὸ δ' ἐπιμόριον πρὸς τὸ ὑπεπιμόριον, dos quais explicitamos mais o conceito do que o sentido literal. Todos os tradutores recorrem, de resto, a soluções mais ou menos felizes. Ross traduz: "that which is $\frac{n+1}{n}$ times something else is in an indefinite relation to that something..."; analogamente Gohlke (p. 172) traduz: "$(n + 1): n$ ist eine Zahlbeziehung von Zahlen untereinander ohne Wertangabe, so wie etc."; Tricot (p. 295) traduz com um termo que, praticamente, mantém a incógnita: "la relation du superpartiel au sous-superpartiel etc.". Mas, depois, em nota, dá explicações dificilmente conciliáveis (p. 294 s., nota 2). Errada parece-nos a de Carlini: "enquanto aquela [= a relação] entre uma quantidade, que contenha outra e esta outra menos um etc." (*ad. h. l.*). — Eis, em todo caso, a explicação dada por Ross (*Metaph*., I, p. 329): "A relação do ἐπιμόριον ao ὑπεπιμόριον ($1 + \frac{1}{n} : 1$, ou $n + 1: n$) é descrita como κατὰ ἀόριστον (*sc*. πρὸς ἀριθμόν, que deve ser entendido a partir da linha precedente), ὥσπερ τὸ πολλαπλάσιον πρὸς τὸ ἕν, isto é, ἁπλῶς πρὸς αὐτούς... A relação de dois números consecutivos diferentes de 1 é análoga à relação do πολλαπλάσιον a 1 enquanto este é κατ' ἀόριστον, isto é, implica uma variável n".

[10] (1021 a 3-8). A *indeterminação das relações*. — Quando se trata de relação indeterminada do tipo *excesso-falta*, então é completamente indeterminada e indeterminável por números: é uma relação do tipo (5), conforme o esquema da nota 5. Justamente observa Robin (*Th. plat*., p. 658): "Quando nos encontramos diante de grandezas incomensuráveis, então a indeterminação da relação é completa, e nenhum número poderia exprimi-la". — Era substancialmente esta a exegese de Tomás, p. 268 a, §§ 1020 s. Cathala-Spiazzi, resumida do seguinte modo por Maurus (*Arist. op. omn*., IV, p. 382 b): "... aliquae quantitates continuae habent proportionem, sed non numeralem. Omnes enim numeri habent aliquam mensuram communem, scilicet unitatem; *at non omnes quantiates continuae habent aliquam mensuram communem*, sed quaedam sunt incommensurabiles mensura communi, ut diameter et costa quadrati. Proportio igitur excedentis ad excessum seu continentis ad contentum non solum non desumitur a nmero determinato, sed neque desumitur a numero, cum possit esse non numeralis; siquidem diameter quadrati, cum sit major costa, habet ad costam proportionem excedentis ad excessum, quae tamen non est numeralis".

[11] (1021 a 14). Não no mesmo sentido, porque se referem a categorias diversas.

[12] (1021 a 15-27). *Segundo significado de relação.* — Trata-se da relação dinâmica que implica nexos estruturais entre ação e paixão, agente e paciente em todos os seus modos possíveis.

[13] (1021 a 20). *Uma remissão a um lugar incerto.* — Não é possível dizer com precisão onde Aristóteles o tenha dito. Eis as hipóteses sugeridas. (1) Schwegler (*Metaph.*, III, p. 231) pensa em obras escritas por Aristóteles sobre e contra os Pitagóricos; do mesmo modo, entre outros, também Ross, que, ademais, sugere também como possível o Περὶ ἰδεῶν (trad. *Metaph.*, *ad h. l.*, nota 1). — (2) Carlini (*Metaph.*, p. 173, nota 1) pensa que se remeta, além dos tratados sobre os Pitagóricos, a *Metafísica*, B 5, 1002 a 18 ss. (3) Tomás (*In Metaph.*, p. 682 b, § 1024 Cathala-Spiazzi) pensa na *Física*, II; Gohlke (*Metaph.*, *ad h. l.*) pensa na *Física*, V 2. (4) Bonitz (*Comm.*, p. 261) pensa, junto com outros, no livro Θ, e, precisamente, em Θ 9, 1051 a 30. — Também sobre o sentido que se deva dar ao *ato* que Aristóteles reconhece aos números, os pareceres estão divididos. Já Alexandre (*In Metaph.*, p. 405, 28 ss. Hayduck) propunha duas exegeses. (1) As relações numéricas têm ἐνέργειαι, atualidades, no sentido de serem pensadas e, portanto, *atuadas* pelo pensamento, o qual é justamente ἐνέργειαι, ato (e ato que não tem nada a ver com o movimento). Cf. Θ 9, 1051 a 30 s. Assim também Bonitz, *Comm.*, p. 261 e outros. — (2) A segunda interpretação proposta por Alexandre (*loc. cit.*, linhas 32 ss.) é a seguinte: os números, enquanto tais, não têm atividade, não agem e não padecem; todavia as coisas que agem e padecem, não agem ou padecem por acaso ou desmesuradamente, mas *segundo relações numéricas*. — (3) Outra ainda era a exegese de Tomás (*In Metaph.*, p. 268 b. § 1024 Cathala-Spiazzi), que pensa nas *operações de multiplicar, dividir e semelhantes* "ut etiam in aliis dictum est, scilicet in secundo *Physicorum*, ubi ostendit, quod mathematica abstrahunt a motu...". — (4) Análoga, porém mais definida, a hipótese de Schwegler (*Metaph.*, III, p. 230), que pensa na atualidade no âmbito dos números como "relações dos fatores ao produto, do número produtor ao número produzido". — (5) Outra ainda é a tese de Ross (*Metaph.*, I, p. 330): "O que Aristóteles pretende dizer é... que se pode afirmar que as relações numéricas são atualizadas, embora não se possa dizer que tenham atividade. Todos os gêneros de proporções estão latentes, por exemplo, no bloco de mármore; o escultor atualiza algumas e assim produz uma estátua na qual cada parte possui uma determinada proporção relativamente a todas as outras. Ou ainda, os elementos são suscetíveis de serem combinados numa multiplicidade de relações; na formação de qualquer particular composto

algumas dessas particulares relações se atualizam". A exclusão da atividade dos números *no sentido de movimento*, como sugerem Alexandre (*loc. cit.*, p. 405, 33 ss.) e Asclépio (*In Metaph.*, p. 337, 12 Hayduck) é certamente feita por Aristóteles pensando nos Pitagóricos, que reconheciam aquele tipo de atividade aos números. — Considero a primeira exegese de Alexandre a mais provável, e penso que a remissão seja a Θ 9. Daremos indicações mais precisas na leitura deste capítulo.

[14] (**1021 a 21-24**). *A relação não é necessariamente ligada ao presente.* — Portanto, não é necessário, nesses casos e em outros análogos, que exista uma relação *presente*; pode, inclusive, tratar-se de *relação passada* (cf. Ross, trad. *Metaph.*, nota 2, *ad h. l.*).

[15] (**1021 a 25-26**). *O termo grego ἀδύνατον.* — No nosso contexto também quer dizer *incapaz, impossível*, assim como "privação de potência" quer dizer privação de *capacidade*, de *possibilidade*.

[16] (**1021 a 26**). *Nexo entre invisível e impotência.* — Tenha-se presente que invisível é aquilo de que *não há visão*, e, portanto, o invisível é assim *em relação à não existência da visão* (privação da vista); a indivisibilidade é assim em relação à não existência da possibilidade e capacidade de dividi-lo, privação de possibilidade de dividir (cf. Alexandre, *In Metaph.*, p. 406, 13-20 Hayduck).

[17] (**1021 a 27 – b 3**). *Terceiro significado de relação.* — Da passagem podem ser dadas pelo menos duas exegeses. (1) A primeira é formulada de maneira paradigmática por Bonitz, *Comm.*, pp. 261 s.: "Distinguendum ab his [dos dois precedentes significados de relação] est si quid propterea in genere relativo ponitur, non quod ipsum referatur ad aliud, sed quia aliud refertur ad ipsum. Eiusmodi est τὸ μετρητόν, τὸ ἐπιστητόν, τὸ διανοητόν, τὸ αἰσθητόν, id genmus alia. Etenim τὸ διανοητόν in genere relativo ponitur, quia διάνοια ad ipsum refertur. Si vero διάνοιαν definire volueris, non dixeris eam referri ad τὸ διανοητόν (a 31: οὐκ ἔστι δ' ἡ διάνοια πρὸς τοῦτο οὗ ἐστὶ διάνοια, i.e. πρὸς τὸ διανοητόν) ita enim in circulo versareris et bis idem diceres, sed ad certam quandam rem. Item τὸ ὁρατόν relativum est, quia ad ipsum refertur ἡ ὄψις referri ad τὸ ὁρατόν, quamquam et hoc verum est, sed ad colorem vel simile quidpiam. Eadem reliquorum, quae enumerata sunt, τοῦ μετρητοῦ, τοῦ ἐπιστητοῦ, ratio; nimirum in hoc relationis genere non alterna et mutua intercedit inter duas relationis partes vicissitudo, ut utriusque partis natura per ipsam relationem definiatur, sed altera est substantia per se, altera unice in relatione suam habet naturam". — (2) A segunda é formulada de maneira paradigmática por Schwegler (*Metaph.*, III, p. 231):

"Aristóteles quer demonstrar, que μετρητόν, ἐπιστητόν, διανοητόν, etc. são um πρός τι, pelo fato de que de cada um deles (τὸ μέτρον, ἡ ἐπιστήμη, ἡ διάνοια) é predicado algo diferente (τῷ ἄλλο πρὸς αὐτὸ λέγεσθαι). Ele o demonstra do seguinte modo: o conceito de pensável significa que dele existe um pensamento (ὅτι ἐστὶν αὐτοῦ διάνοια): e, vice-versa, o pensamento se refere a um objeto pensável, não a algo (o sujeito) do qual é pensamento (= não ao pensante). Portanto, quando nos perguntamos: τίνος ἐστὶν ἡ διάνοια, não se pode responder: daquilo (sujeito) οὗ ἐστιν διάνοια, ou: τοῦ ἔχοντος τὴν διάνοιαν (porque com isso se diria duas vezes a mesma coisa), mas deve-se responder aduzindo o objeto que é pensado. Disso deriva que, como se disse acima, ἡ διάνοια πρὸς τὰ διανοητὰ λέγεται. Um exemplo igual é o de ὄψις. Também esta é ὄψις τινός, expressão com a qual não se entende aqui o ver de quem vê, a ação do sujeito que vê... mas o ver um objeto, a relação da vista com alguma coisa". — Pode interessar a ulterior discussão em Bonghi, *Metaf.*, II, pp. 107 s. em nota. A questão não pode ser discutida nos pormenores, tanto mais que a passagem que estamos lendo é perfeitamente compreensível tendo presente que a real preocupação de Aristóteles é apenas a seguinte: todas as formas de conhecimento são relativas ao ser e à realidade, e não vice-versa. Diz bem Ross: "No fundo do pensamento de Aristóteles, embora não satisfatoriamente expressa, está a convicção de que o conhecimento e a percepção são relativas à realidade de um modo em que a realidade não é relativa a eles (linhas 29, 30). Isto se mostra mais evidente em outro lugar, onde a argumentação tem um direcionamento menos lógico e mais metafísico, em Γ 1010 b 30; Θ 1051 b 6, I 1053 a 32, 1057 a 7" (*Metaph.*, I, p. 331).

[18] Sobre a *relação*, cf. também *Cat.*, 7, *passim*; Trendelenburg, *Gesch. d. Kategorienlehre*, pp. 117 ss.

16. *Sumário e comentário a Δ 16*

[1] (**1021 b 12 – 1022 a 3**). Sumário. — Perfeito *ou* completo (τέλειον) *é dito:* (1) *o que tem todas as partes que deve ter;* (2) *o que não é superado por outro na habilidade que lhe é própria e peculiar (no sentido, digamos, em que se fala de médico perfeito, flautista perfeito etc.);* (3) *o que possui ou conseguiu o fim que lhe convém.* — *As coisas se dizem* (A) *perfeitas* per se *em todos os sentidos acima distinguidos e* (B) *perfeitas* per accidens, *se têm alguma* relação *com coisas que são perfeitas nos precedentes significados.*

[2] (1021 b 12-14). *Primeiro significado de perfeito.* — Bonitz resume bem este significado (*Comm.*, p. 263): "Τέλειος primum ea res dicitur, cui nex deest nec insuper accedere potest ulla pars". Trata-se, propriamente, de um perfeito ou completo ou realizado *quantitativo* (κατὰ τὸ ποσόν, Alexandre, *In Metaph.*, p. 411, 18, Hayduck). Para concretizar o exemplo aristotélico podemos dizer: o dia é *perfeito* (perfeitamente *realizado*), quando não carece mais de nenhuma parte (Tomás, *In Metaph.*, p. 271 b, § 1034 Cathala-Spiazzi; Maurus, *Arist. op. omn.*, IV, p. 384 b), quando nenhuma parte deve ainda ser acrescentada. Assim se diz perfeito um homem, um cavalo ou uma estátua, quando não lhes falta nenhuma parte (Alexandre, *In Metaph.*, p. 410, 26-28).

[3] (1021 b 15-17). *Segundo significado de perfeito.* — Trata-se de perfeito, completo ou realizado *qualitativamente* (κατὰ τὸ ποιόν, Alexandre, *In Metaph.*, p. 411, 18 Hayduck). Ver abaixo, nota 5.

[4] (1021 b 17-20). *Segundo significado de perfeito em sentido figurado.* — Este sentido figurado se mede por analogia: bom ladrão, perfeito ladrão (nós dizemos: perfeito canalha), porque não carece de nada ou tem tudo o que deve ter para ser completamente tal.

[5] (1021 b 20-23). *Explicitações referentes ao segundo significado: em que sentido a virtude é perfeição em sentido geral.* — Para entender o que Aristóteles diz aqui bastará remeter-se ao final do livro I da *República* platônica. O cavalo, diz Platão, tem uma *função* que lhe é *peculiar*, vale dizer, uma função que outro animal não pode realizar. E o mesmo deve ser dito de todas as outras coisas: o olho tem a função de ver, o ouvido de ouvir etc. Ora, todas essas coisas podem exercitar a suas funções bem ou mal: tem-se *virtude* quando a exercitam *bem* e como devem; *defeito* ou *vício* quando a exercitam mal (352 D ss.). Nesse sentido, *virtude* é sempre perfeição da coisa, perfeito exercício ou perfeito desenvolvimento do que é peculiar à coisa (cf. também *Et. Nic.*, II 5, 1106 a 17). — O texto aristotélico que estamos lendo deve ser entendido justamente nesse sentido. *O fato de não carecer de nenhuma parte da natural grandeza* não deve, em todo caso, levar a equívoco: não é a completude ou perfeição da grandeza *enquanto tal* que aqui se considera (este era, com efeito, o primeiro significado de τέλειον), mas o fato de não carecer de alguma parte da natural grandeza *relativamente à específica virtude que é própria de cada coisa.*

[6] (1021 b 23-25). *Terceiro significado: perfeição entendida como alcance do fim.* — (1) Bonitz (*Comm.*, p. 263) dá uma interpretação diferente da que acolhemos e já sugerimos na tradução. Aristóteles diria que são perfeitas

as coisas que *tendem para um fim, mesmo que ainda não o tenham alcançado.* — (2) Ross (*Metaph.*, I, p. 332) objeta que todo o contexto implica que se entenda τὸ ἔχειν τὸ τέλος como o *ter alcançado* o fim. Já Tomás (*In Metaph.*, p. 272 a, § 1039 Cathala-Spiazzi) interpretava desse modo: "... illa dicuntur tertio modo perfecta 'quibus inest finis', idest *quae iam consecuta sunt suum finem*".

[7] (1021 b 25-30). *Acepção figurada do terceiro significado de perfeito.* — A mesma acepção figurada vimos no precedente significado (cf. nota 4). — Tenha-se presente, para bem compreender o que diz Aristóteles, que em grego τέλειον (perfeito, completo) deriva de τέλος (fim, escopo), e que toda a argumentação joga justamente com esse nexo linguístico, que fatalmente se perde na tradução.

[8] (1022 a 1). *Explicitações conexas com o terceiro significado de perfeito.* — Cf. as exemplificações nas notas 9-11.

[9] (1022 a 1-2). *Primeira exemplificação.* — A *educação* é perfeita porque produtora de virtude, e a *ginástica* o é por produzir bem-estar (Alexandre, *In Metaph.*, p. 412, 12 s. Hayduck); ou a *medicina* é perfeita porque produz a saúde perfeita (Tomás, *In Metaph.*, p. 272 b, § 1043 Cathala-Spiazzi).

[10] (1022 a 2). *Segunda exemplificação.* — Um homem se diz, por exemplo, perfeito cientista por *possuir* uma ciência de modo perfeito.

[11] (1022 a 2). *Terceira exemplificação.* — Uma cópia é perfeita se é imitação perfeita, ou seja, se é perfeitamente conforme ao original.

17. *Sumário e comentário a Δ 17*

[1] (1022 a 4-13). Sumário. — Limite (πέρας) se diz: (1) o termo extremo de *cada coisa,* (2) *a* forma *de uma grandeza ou do que tem grandeza,* (3) *o* fim *de cada coisa e o* ponto de chegada *do movimento e das ações,* (4) *a* substância *ou* essência *das coisas.* — Limite *tem tantos sentidos quanto os tem* princípio *e ainda mais: de fato, todo princípio pode ser dito limite, mas não vice-versa.*

[2] (1022 a 4-5). *Primeiro significado de limite.* — Bonitz explica; "significat terminum, quo quid includitur" (*Comm.*, p. 264). Termo *primeiro*, diz Aristóteles, para indicar τὸ κυρίως πέρας (Alexandre, *In Metaph.*, p. 412, 28 ss. Hayduck), isto é, limite, que é tal em sentido total e radical, como por exemplo a superfície relativamente aos corpos.

[3] (1022 a 5-6). *Segundo significado de limite.* — Aqui *forma* não deve ser entendida no sentido de essência, mas no sentido lato de *figura* (como adverte, justamente, Alexandre, *In Metaph.*, p. 413, 23 Hayduck: εἶδος μὲν τὸ σχῆμα). E *figura*, note-se, não só, digamos, das grandezas geométricas, mas, em geral (diz expressamente Aristóteles) de tudo o que tem grandeza, querendo com isso aludir (comenta Alexandre, *ibid.*, p. 413, 26 ss.) também aos *animais* "os quais não *são* simplesmente grandezas e corpos, mas *têm* corpo e grandeza". Se é assim, além dos animais, parece-nos que Aristóteles possa pensar também nas *plantas*: de fato, pode-se muito bem falar de forma ou figura das plantas. Bonitz (*Comm.*, p. 264) nota que esse significado dificilmente se diferencia do precedente.

[4] (1022 a 6-8). *Terceiro significado de limite.* — Este é o *escopo ou causa final.* É óbvio em que sentido o escopo seja *limite ou termo*: movimentos e ações tendem a ele, nele cessam e se esgotam. Nota oportunamente Alexandre (*In Metaph.*, p. 413, 32 s. Hayduck) que a morte não é *limite* ou *termo* no sentido que agora estamos ilustrando, porque as coisas que se geram, *não* se geram com o escopo da morte, mas (completando o raciocínio de Alexandre) diremos que as coisas que se geram geram-se com o escopo da vida e que, portanto, a vida e a atuação das várias formas de vida por parte dos vários seres pode ser tomada como πέρας no sentido que estamos comentando. — No que concerne à observação que pusemos entre parêntesis, são dadas duas exegeses diferentes. (1) A sustentada por Bonitz (*Comm.*, p. 264), que entende: "... interdum etiam id, unde orditur actio, πέρας dicitur, quoniam quod primum est in agendo, idem extremum fuit in deliberatione"; cf. Bonghi (*metaf.*, I, p. 114, nota 2): "... no ato volitivo o bem que se quer conseguir é o princípio movente e a causa final da ação" (cf. Alexandre, *In Metaph.*, p. 413, 35 ss.). (2) A proposta por Ross (*Metaph.*, I, p. 333). Aristóteles diria simplesmente, que, embora limite signifique, muito amiúde, *terminus ad quem*, às vezes significa também *terminus a quo*. Assim também Tricot, *Métaph.*, I, p. 301, nota 2.

[5] (1022 a 8-10). *Quarto significado de limite.* — A essência da coisa é *limite* do conhecimento porque, diz Alexandre (*In Metaph.*, p. 414, 11 ss. Hayduck), "quando a conhecemos, cessamos de buscar o que é a coisa" (analogamente Asclépio, *In Metaph.*, p. 342, 2 s. Hayduck). — Mais complexa a explicação de Tomás (*In Metaph.*, p. 274 a, § 1048 Cathala-Spiazzi): "Incipit enim cognitio rei ab aliquibus signis exterioribus quibus pervenitur ad cognoscendam rei definitionem; quo cum perventum fuerit, habetur perfecta congnitio de re. Vel dicitur terminus cognitionis definitio, quia infra ipsam

continentur ea, per quae scitur res. Si autem mutetur una differentia, vel addatur, vel subtrahatur, iam non erit eadem definitio". — Ross (*Metaph.*, I, p. 333) crê, ao invés, que a essência seja limite do nosso conhecimento enquanto ela é "o que dá 'forma' precisa ao nosso conhecimento da coisa". — Que a essência seja limite do conhecimento *porque* limite da coisa, é óbvio, dado que há absoluta correspondência, segundo Aristóteles, entre conhecimento e realidade. — (As relações entre πέρας e essência podem ser encontradas em Platão: cf. *Filebo*, 16 C ss. e nas doutrinas não escritas, além da especulação acadêmica).

[6] (**1022 a 10-13**). *Em que sentido "limite" pode ser dito do princípio.* — Provavelmente Aristóteles pretende aqui falar só dos significados estritamente filosóficos de princípio e não de todos os que foram distinguidos no cap. 1, para alguns dos quais a qualificação de *limite* não parece ser adequada.

18. *Sumário e comentário a Δ 18*

[1] (**1022 a 14-36**). Sumário. — Aquilo por quê (τὸ καθ' ὅ) *pode ter os seguintes significados:* (1) *a* forma *ou* essência *de cada coisa,* (2) o substrato *no qual um atributo se encontra ou se gera pela sua natureza, isto é, a matéria,* (3) *o* escopo *ou a* causa final, (4) *a* causa eficiente, (5) *a* posição. — *Também a expressão* o que é por si (τὸ καθ' αὑτό) *pode ter muitos significados, precisamente pode significar:* (1) *a* essência, (2) *as* notas *contidas na essência,* (3) *as* propriedades originárias *de uma coisa ou das partes dessa coisa,* (4) o que não tem outra causa *além de si mesmo,* (5) *o que* pertence a um só tipo de sujeito, *pela sua natureza.*

[2] (**1022 a 14**). *Impossibilidade de traduzir* καθ' *com uma expressão que cubra a relativa área semântica.* — Tenha-se presente que καθ' ὅ só pode ser traduzido aproximativamente por *aquilo por quê*, de onde o aparente caráter forçado de algumas distinções de significados (por exemplo, o segundo) e a inadequação da expressão portuguesa para traduzir a justa relação que liga os vários significados.

[3] (**1022 a 14-16**). *Primeiro significado: "aquilo por quê" no sentido de forma e essência.* — Para dar outro exemplo: a estátua é estátua pela forma, e a forma é, portanto, *aquilo por quê* a estátua é estátua; o homem é vivo e racional pela sua alma, e a alma (= forma) é *aquilo por quê* o homem é homem. Ross, *Metaph.*, I, p. 334 (seguido por Tricot, *Métaph.*, I, p. 301, nota 6) considera estranhamente platônico o exemplo dado por Aristóteles

no texto, a ponto de remeter a composição de Δ ao período de Assos. Mas, por outro lado, ver um exemplo análogo em Z 6, 1031 b 4 ss.

[4] (1022 a 16-17). *Segundo significado de "aquilo por quê"*. — Por exemplo, explica Alexandre (*In Metaph.*, p. 414, 37 ss. Hayduck), "diz-se que um corpo é colorido, *em virtude da superfície*, enquanto a superfície é aquele *quid* primeiro apto para acolher as cores". Assim também os outros comentadores, dentre os quais é particularmente claro Maurus (*Arist. op. omn.*, IV, p. 386 a): "Secundo dicitur *secundum quod* de primo subjecto, in quo aliquid primo aptum est fieri vel esse; ex. gr. paries dicitur esse albus secundum superficiem, quia superficies est primum sive immediatum subjectum, in quo inest albedo atque omnes colores".

[5] (1022 a 20-21). *Terceiro significado de "aquilo por quê", entendido no sentido da causa final*. — *Aquilo por quê* é usado, mesmo na linguagem comum, no sentido de frequente.

[6] (1022 a 21-22). *Quarto significado de "aquilo por quê", entendido no sentido da causa eficiente*. — É particularmente claro o exemplo de Alexandre (*In Metaph.*, p. 415, 20 ss. Hayduck): podemos perguntar pelo *aquilo por quê* explodiu a guerra de Troia, e o *aquilo por quê* entendido desse modo é, justamente, a *causa* que provocou o conflito (causa *eficiente* ou *motora*).

[7] (1022 a 22-24). *Quinto significado de "aquilo por quê"*. — Significado não ligado com os precedentes, e distinto por razões linguísticas. Devemos traduzir: *onde, por onde*. Cf. os exemplos de Alexandre, *In Metaph.*, p. 415, 22-33 Hayduck.

[8] (1022 a 25-27). *Primeiro significado de "por si"*. — Sobre esse significado cf. Z 4, 1029 b 13 ss. e relativo comentário.

[9] (1022 a 27-29). *Segundo significado de "por si"*. — "O que se encontra na essência" são, particularmente, o *gênero* e a *espécie*, isto é, os elementos da definição (que é expressão da essência). Cf. as passagens paralelas citadas por Bonitz, *Comm.*, p. 265.

[10] (1022 a 30-32). *Terceiro significado de "por si"*. — Esse significado corresponde ao segundo significado de "aquilo por quê", analisado anteriormente (cf. nota 4); cf. Z 4, 1029 b 16.

[11] (1022 a 32-35). *Quarto significado de "por si"*. — Na sua maioria, os intérpretes explicam esse significado do seguinte modo: um sujeito é *por si* o que dele se predica *imediatamente*, sem a mediação de outra causa (cf. Tomás, *In Metaph.*, p. 275 a, § 1056 Cathala-Spiazzi; Ross, *Metaph.*, I, p. 334). É difícil ver como este significado se distingue do primeiro.

[12] (1022 a 35-36). *Quinto significado de "por si".* — Indica os atributos específicos de um sujeito particular. Certamente é preciso ler nas linhas 35-36: διὰ τὸ κεχρωσμένον καθ' αὑτό (*i.e.* τῇ ἐπιφανείᾳ), que é uma variante felizmente mencionada por Alexandre, *In Metaph.*, p. 417, 2-3 s. Hayduck. (*Contra*, cf. Bonitz, *Comm.*, p. 266; Ross, *Metaph.*, I, pp. 334 s.). — Tem-se, portanto, uma nuança de significado que pode ser remetida ao terceiro.

19. *Sumário e comentário a Δ 19*

[1] (1022 b 1-3). Sumário. — Disposição (διάθεσις) *significa:* (a) *ordenação de partes* segundo o lugar, (b) *ordenação de partes* segundo a potência, (c) *ordenação de partes* segundo a forma. *Na disposição, como diz a própria palavra, está sempre implicada uma* posição *das partes.*

[2] (1022 b 1). *Primeiro significado de disposição.* — Por exemplo, quando se diz que o exército é *bem disposto*, enquanto a cavalaria está disposta num lugar oportuno e a infantaria em outro oportuno lugar (Alexandre, *In Metaph.*, p. 417, 7 ss. Hayduck).

[3] (1022 b 2). *Segundo significado de disposição.* — Tem-se uma "disposição segundo a potência" (κατὰ δύναμιν) por exemplo na disposição hierárquica das partes da alma, com base na sua natureza e na sua função: a alma sensitiva é hierarquicamente superior à vegetativa e a racional à sensitiva (cf. Alexandre, *In Metaph.*, p. 417, 10-12 Hayduck).

[4] (1022 b 2). *Terceiro significado de disposição.* — Dessa disposição "segundo a forma" (κατὰ εἶδος) foram dadas três exegeses diferentes. — (1) Asclépio (*In Metaph.*, p. 417, 13 ss. Hayduck) pensa na disposição das partes da *forma sensível*, por exemplo, de uma estátua. Análoga a exegese de Tomás (*In Metaph.*, p. 277 a, § 1060 Cathala-Spiazzi). Mas é bem difícil que Aristóteles pense nisso, que substancialmente remeteria ao primeiro significado (e, ademais, nesse caso, Aristóteles teria falado não de εἶδος mas de μορφή ou de σχῆμα). — (2) Bonitz (*Comm.*, p. 267) pensa que Aristóteles aluda ao ordenamento das partes *na constituição da definição* (gênero e diferença); cf. *Anal. post.*, II 13, 97 a 23. Analogamente Trendelenburg, *Gesch. d. Kategorienlehre*, p. 96. — (3) Ross (*Metaph.*, I, p. 335) especifica, ulteriormente, que se deve tratar de *coordenação ou subordinação das espécies num gênero.*

[5] (1022 b 2-3). *O significado de "posição" aqui aludido.* — A "posição" (θέσις) de que se fala aqui deve, evidentemente, ser entendida em sentido

metafísico nos casos (b) e (c) (Ross, *Metaph.*, I, p. 335); cf., ademais, Alexandre, *In Metaph.*, p. 417, 15 ss. Hayduck. — Sobre διάθεσις cf., ulteriormente, *Categ.*, 8, 8 b 27 ss.

20. *Sumário e comentário a Δ 20*

[1] (1022 b 4-14). Sumário. — Hábito, posse, estado (ἕξις) *significa*: (1) *a* atividade *do que possui e do que é possuído*; (2) *a* disposição *em virtude da qual uma coisa é bem ou mal disposta, seja por si seja em relação a outra*; (3) *o que é parte de uma disposição do tipo acima mencionado.*

[2] (1022 b 4). *Impossibilidade de traduzir o termo* ἕξις *com um termo que cubra a respectiva área semântica do termo original.* — É impossível traduzir o termo ἕξις apenas por *hábito* (ou *posse*), uma vez que ele implica também o significado de *disposição* ou *estado*, como logo veremos (cf. significados 2 e 3). Portanto, o leitor, na falta de um relativo termo português único que tenha a mesma polivalência, deve sempre ter presente o originário termo grego. Os latinos traduziam por *habitus*.

[3] (1022 b 4-10). *Primeiro significado de* ἕξις. — O texto diz: ἐνέργεια τις τοῦ ἔχοντος καὶ ἐχομένου, isto é, "ipsam significat *habendi actionem*" (Bonitz, *Comm.*, p. 267). Cf. Alexandre, *In Metaph.*, p. 417, 24 ss. Hayduck; Tomás, *In Metaph.*, p. 277 a, § 1062 Cathala-Spiazzi; Maurus, *Arist. op. omn.*, p. 387 a-b, que nos parece oportuno reportar: "*Primo*, habitus est aliquid medium inter habentem et habitum, quod est ipsa habitio. Sicut enim cum unum efficitur, aliud efficit, mediat effectio, sic cum unum habet, aliud habetur, mediat habitio vel activa, qua habens habet, vel passiva, qua habitum habetur; ex. gr. cum quis habet vestem ac vestis habetur, mediat habitus sive habitio vestis, per quam ille dicitur vestitus". O absurdo do processo ao infinito impede que se fale de hábito de um hábito, cuja ocorrência daria lugar àquele.

[4] (1022 b 10-11). *Segundo significado de* ἕξις. — Nas *Categ.*, 8, 8 b 27 ss. Aristóteles explica que a ἕξις é *estável*, enquanto a διάθεσις não é estável (de modo que toda ἕξις é uma διάθεσις, não, porém, vice-versa). Cf. nota seguinte.

[5] (1022 b 12). *O exemplo aduzido por Aristóteles.* — Ilustra o tipo de ἕξις entendida como disposição (boa) *relativamente a si* ou em *relação consigo*. Na linha precedente fala-se, porém, também de ἕξις entendida como disposição (boa ou má) *relativamente a outro*: tal é, por exemplo, a amizade (Asclépio, *In Metaph.*, p. 347, 11 Hayduck), ou a justiça (ou a injustiça),

que é, ao mesmo tempo, disposição boa *relativamente a si e aos outros* (cf. Alexandre, *In Metaph.*, p. 418, 8 s. Hayduck).

[6] (1022 b 14). *O significado de* ἀρετή *nesse contexto.* — Aqui "virtude" deve ser entendida no sentido geral de excelência ou bom funcionamento. Cf. *supra*, nota 5 a Δ 16.

[7] (1022 b 13-14). *Terceiro significado de* ἕξις. — Esse significado transfere simplesmente às partes o que o significado precedente afirmou do todo: por exemplo, o bom funcionamento do olho ou de outro órgão é uma boa disposição e, portanto, uma ἕξις de todo o organismo: de fato, é parte da saúde de todo o organismo.

21. *Sumário e comentário a Δ 21*

[1] (1022 b 15-21). Sumário. — Afecção (πάθος) *tem os seguintes significados:* (1) *uma* qualidade *segundo a qual uma coisa pode se alterar;* (2) *as* alterações *já em ato;* (3) *as alterações e as mudanças* danosas; (4) *as grandes* desventuras *e as grandes* dores.

[2] (1022 b 15-18). *Primeiro significado de afecção.* — Este é um significado que já vimos constituir um dos significados de *qualidade*: cf. *supra*, cap. 14, 1020 b 8-12 e relativo comentário. Como Trendelenburg (*Gesch. d. Kategorienlehre*, pp. 99 s.) notou justamente, Aristóteles define πάθος em função da *alteração*, e, quando depois deve definir a alteração (p. ex. *Fís.*, V 2, 226 a 26; *Metaf.*, N 1, 1088 a 32; Λ 2, 1069 b 12), o faz em função do πάθος; cf. também Bonitz, *Comm.*, p. 268. Na verdade, não se trata de círculo vicioso, porque estamos diante de conceitos últimos, não ulteriormente redutíveis.

[3] (1022 b 18-19). *Segundo significado de afecção.* — Significa "ipsam alterationem et mutationem" (Bonitz, *Comm.*, p. 268); por exemplo o *tornar-se branco*, o *tornar-se preto*, o *esfriar-se*, o *esquentar-se* (Alexandre, *In Metaph.*, p. 418, 25 Hayduck).

[4] (1022 b 19-20). *Terceiro significado de afecção.* — Trata-se do que produz dor seja no *corpo* seja na *alma* (Alexandre, *In Metaph.*, p. 418, 28 s. Hayduck).

[5] (1022 b 20-21). *Quarto significado de afecção.* — Por exemplo, a perda dos filhos ou da pátria (cf. Alexandre, *In Metaph.*, p. 418, 32 Hayduck). — Tenha-se presente que πάθος, muito amiúde, significa simplesmente *atributo* ou *propriedade*. Ver, como complemento do que dissemos, Bonitz, *Index Arist.*, pp. 555 b 60 - 557 b 19.

22. *Sumário e comentário a Δ 22*

[1] (1022 b 22 – 1023 a 7). Sumário. — *Tem-se* privação (στέρησις) *nos seguintes casos:* (1) *quando uma coisa não tem alguma das características que, pela natureza delas, poderia ter (mas que pela sua natureza não pode ter);* (2) *quando uma coisa não tem alguma característica que ela mesma ou o seu gênero deveriam, pela sua natureza, ter;* (3) *quando uma coisa não tem alguma característica num determinado tempo no qual pela sua natureza deveria ter;* (4) *quando se tem violenta subtração de alguma coisa;* (5) *nos casos em que se usa* o alfa privativo; (6) *quando há escassez de alguma coisa;* (7) *quando alguma coisa não é fácil de se fazer nem de se obter* ; (8) *quando há falta absoluta de uma coisa.*

[2] (1022 b 22-24). *Primeiro significado de privação.* — Para entender esse amplíssimo significado de στέρησις, é preciso ter presente o seguinte. Podemos dizer que algo pode, *por sua natureza*, possuir determinados atributos; e podemos também dizer que determinados atributos, *pela sua natureza*, podem ser possuídos por algo. Ora, não só dizemos que é privado de determinado atributo algo que, por sua natureza, pode ou deve tê-lo (este significado será examinado logo em seguida); mas dizemos, também, em sentido lato, que algo não tem determinado atributo, que em geral pela sua natureza é possível ter e que outras coisas têm, mas que exatamente aquilo que consideramos não é, por sua natureza, de tal modo que a tenha. — Comenta bem Tomás (*In Metaph.*, p. 278 b, § 1070 Cathala-Spiazzi): "Primus modus est, secundum quod aptitudo consideratur ex parte rei privatae non ex parte subiecti. Dicitur enim hoc modo privatio, quando ab aliquo non habetur id quod natum est haberi, licet hoc quod ipso caret non sit natum habere; sicut planta dicitur privari oculis, quia oculi nati sunt haberi, licet non a planta. In his vero, quae as nullo nata sunt haberi, non potest licet aliquid privari, sicut visu penetrante per corpora opaca".

[3] (1022 b 24-27). *Segundo significado de privação.* — Aqui a privação é considerada não mais, genericamente, segundo a atitude do atributo inerente a alguma coisa, mas segundo a *atitude do próprio sujeito* que possui determinado atributo. E são distintos dois sentidos: (*a*) uma coisa significa dizer o *homem X é cego* e (*b*) outra coisa é dizer *a topeira é cega*. (*a*) O homem, de fato, *por si* tem naturalmente a faculdade visiva, e quando é cego, consequentemente, é *por si* privado da visão. (*b*) A topeira, ao invés, por si *não* tem naturalmente a faculdade visiva e, portanto, não é por si cega ou privada da vista; é, contudo, relativamente *ao seu gênero*,

vale dizer, relativamente ao *animal* (o qual tem, em geral, a vista). "Multa enim sunt — exemplifica ulteriormente Tomás (*In Metaph.*, p. 278 b, § 1071 Cathala-Spiazzi) — a quibus aliquid non impeditur ratione generis, sed ratione differentiae; sicut homo non impeditur quin habeat alas ratione generis, sed ratione differentiae".

[4] (**1022 b 27-31**). *Terceiro significado de privação.* — Diz-se, portanto, que algo é *privado* de determinado atributo se, *no tempo e nas circunstâncias em que deveria tê-lo*, não o tem. É a consideração das *circunstâncias* que determina o novo significado. — Bonitz (*Comm.*, p. 269) as individuou muito bem: "homo videndi sensu dicitur privatus esse, quum ea aetate, qua omnimo facultas videndi exoritur (ὅτε) luce (ἐν ᾧ) oculis (κατ' ὅ) res visibiles (πρὸς ὅ) ex adverso sibi positas nec nimium distantes (ὡς) non videt". — Para exemplificar ulteriormente: não se diz cego um homem que não vê de noite, mas de dia (Alexandre, *In Metaph.*, p. 419, 19 s. Hayduck), e assim por diante.

[5] (**1022 b 31-32**). *Quarto significado de privação.* — Por exemplo, diz-se que um homem foi *privado* de suas propriedades se elas lhe foram tiradas por um tirano (Alexandre, *In Metaph.*, p. 419, 20 ss. Hayduck); ou que um homem foi *privado* da liberdade, se foi lançado na prisão, etc.

[6] (**1022 b 32 – 1023 a 7**). *Quinto grupo de privações referentes aos casos em que se utiliza o alfa privativo.* — Aristóteles passa agora a distinguir outros quatro significados, que se diferenciam dos primeiros, pelas seguintes razões: "Quia *privatio* est *negatio formae in subjecto apto*, adeoque importat duo, hoc est negationem et aptitudinem subjecti, ideo Aristoteles *primo* distinguit quatuor modos, quibus privatio dicitur *ex diversitate aptitudinis* [são os quatro significados examinados acima]; *secundo* distinguit... modos, quibus dicitur *ex diversitate negationis*" (S. Maurus, *Arist. op. omn.*, IV, p. 388 a-b, que extrai de Tomás, *In Metaph.*, p. 278 a-b, § 1070 Cathala-Spiazzi). Cf. notas 8-10.

[7] (**1022 b 32**). *As negações feitas com alfa privativo.* — Naturalmente, os exemplos dados em seguida não poderão ser traduzidos com os mesmos termos construídos com o *alfa privativo* de que se fala. As negações feitas com o *alfa privativo* (adverte Alexandre, *In Metaph.*, p. 419, 24 s. Hayduck) indicam στερητικαὶ ἀναιρέσεις (remoções privativas), enquanto as negações verdadeiras se indicam com οὔ (não).

[8] (**1022 b 33-34**). *Primeiro exemplo.* — Em grego ἄνισον. Pense-se o mesmo exemplo com a palavra *a*-simétrico (chama-se assimétrico o que pela sua natureza deveria ter simetria, e que, ao invés, não tem).

[9] (1022 b 34-35). *Segundo exemplo.* — Em grego ἀόρατον. Pense-se no mesmo exemplo com a palavra *a*-cromático.

[10] (1022 b 35-36). *Terceiro exemplo.* — São desprovidos de pés, por exemplo, os répteis (Alexandre, *In Metaph.*, p. 420, 2 Hayduck).

[11] (1022 b 36 – 1023 a 2). *Sexto significado de privação.* — É ainda um caso de *alfa privativo* ἀπύρηνον, mas bem diferente dos precedentes. Asclépio (*In Metaph.*, p. 348, 11 s. Hayduck) diz que, enquanto os exemplos de *alfa privativo* referem-se a *qualidades*, este se distingue porque se refere à *quantidade* (περὶ τοῦ ποσοῦ); cf. também a nota seguinte.

[12] (1023 a 1-2). Alexandre (*In Metaph.*, p. 420, 5 Hayduck) dá outro exemplo: ἀτράχηλοι, que significa sem pescoço, vale dizer, com o pescoço muito curto.

[13] (1023 a 2-4). *Sétimo significado de privação.* — Cf., neste sentido, *Anal. post.*, I 12, 77 b 25 s. onde se fala de ἀγεωμέτρητον como do que tem natureza geométrica medíocre; *Do céu*, I 11, 281 a 11 onde se fala de ἄφθαρτον como do que não é facilmente corruptível; outros exemplos em Bonitz, *Comm.*, p. 270.

[14] (1023 a 4-5). *Oitavo significado de privação.* — Este significado indica não uma falta total mas parcial. — "... Monoculus non dicitur caecus" dizem os comentadores latinos (Tomás, *In Metaph.*, p. 279 a, § 1078 Cathala-Spiazzi).

[15] (1023 a 5-7). *Um corolário de caráter ético.* — O sentido desse corolário é bem focalizado por Tomás (*In Metaph.*, p. 279 a, § 1079 Cathala-Spiazzi): "Ex hoc inducit quoddam corollarium, scilicet quod inter bonum et malum, iustum es iniustum, est aliquid medium. Non enim ex quocumque defectu bonitatis efficitur aliquis malus, sicut Stoici dicebant ponentes omnia peccata esse paria; sed quando multum a virtute recedit, et in contrarium habitum inducitur. Unde in secundo *Ethicorum* dicitur: ex eo quod homo recedit parum a medio virtutis, non vituperatur".

23. *Sumário e comentário a Δ 23*

[1] (1023 a 8-25). Sumário. — Haver [possuir, ter] (ἔχειν) *tem os seguintes significados*: (1) *ter ou conduzir como próprio*, (2) *o fato de ter, por parte do receptáculo, o que está no receptáculo*, (3) *o ato de ter do continente relativamente ao conteúdo*, (4) *ter algo de modo a impedi-lo de mover-se ou agir segundo a inclinação que lhe é própria.* — Ser em alguma coisa (τὸ ἔν τινι εἶναι) *tem significados correspondentes ao de ter.*

[2] (1023 a 8). *Impossibilidade de traduzir ἔχειν com um termo que cubra a mesma área semântica do original.* — É indispensável que o leitor tenha presente que a polivalência do verbo grego ἔχειν só parcialmente corresponde à polivalência do verbo *haver*; no quarto significado, por razões de clareza, explicitamos o sentido traduzindo *haver ou ter* (pondo só *haver* não teríamos o sentido adequado; pondo só *ter*, perder-se-ia a unidade com os outros significados).

[3] (1023 a 8). *O significado de ἄγειν.* — Também aqui é impossível traduzir o τὸ ἄγειν de modo que o sentido seja adequado em todos os exemplos. Bonitz (*Comm.*, p. 270) explica: "*movere aliquid et gerere ex suo arbitrio*". O sentido é, em todo caso, claro: cf. a nota seguinte.

[4] (1023 a 8-11). *Primeiro significado de ἔχειν.* — Tomás (*In Metaph.*, p. 279 a, § 1080 Cathala-Spiazzi) assim explica: "... habere aliquid [nesse primeiro significado] est *ducere* illud secundum suam naturam in rebus naturalibus, aut secundum suum impetum in rebus voluntariis. Et hoc modo febris dicitur habere hominem, quia homo traducitur a naturali dispositione in dispositionem febrilem. Et hoc modo habent tyranni civitates, quia secundum voluntatem et impetum tyrannorum res civitatum, quia vestimentum coaptatur induto ut accipiat figuram eius. Et ad hunc modum reducitur etiam habere, possessionem, quia homo re possessa utitur secundum suam voluntatem".

[5] (1023 a 11-13). *Segundo significado de ἔχειν.* — Bonitz sintetiza muito bem esse significado de ἔχειν (*Comm.*, p. 270): como "*recepisse in sese* tanquam formam aut tanquam accidens". Portanto o sujeito *tem em si* os acidentes, e a matéria (substrato) *tem em si* a forma (cf. também Alexandre, *In Metaph.*, p. 421, 3 Hayduck).

[6] (1023 a 13-17). *Terceiro significado de ἔχειν.* — Esta acepção de ἔχειν equivale a *continere, circumcludere* (Bonitz, *Comm.*, p. 270).

[7] (1023 a 19-20). Cf. Hesíodo, *Teog.*, v. 517.

[8] (1023 a 21). Cf. *Do céu*, II 1, 284 a 20-26. Asclépio (*In Metaph.*, p. 345, 12 Hayduck) pensa que se aluda a Anaxágoras.

[9] (1023 a 21-23). *Quarto significado de ἔχειν.* — Este significado equivale, portanto, a "*retinere*" (Bonitz, *Comm.*, p. 270), *sustentar, manter unido*. Bonitz diz (*ivi*, p. 271) que, se em lugar de exemplos Aristóteles tivesse dado uma explicação do significado em questão, deveria tê-lo reportado ao primeiro. Mas Tomás (*In Metaph.*, p. 279 b, § 1083 Cathala-Spiazzi) viu e notou a diferença: no primeiro caso é implicado o movimento e o *habens* é causa *motus violenti*; aqui, ao contrário, o *habens* é causa *quietis violentae* e impede um movimento natural.

[10] (1023 a 23-25). *Nexo entre* ἔχειν *e* ἔν τινι εἶναι. — A expressão *ser em alguma coisa* significa *estar em posse de, ser contido em*, e portanto cobre a área semântica coberta pelo termo ἔχειν. — Sobre ἔχειν cf. *Categ.*, cap. 15. Ver Trendelenburg, *Gesch. d. Kategorienlehre*, p. 141; para um confronto da tábua de significados do nosso capítulo com a de *Cat.*, 15, ver as indicações de Ross, *Metaph.*, I, p. 338.

24. *Sumário e comentário a Δ 24*

[1] (1023 a 26 – b 11). Sumário. — *A expressão* derivar de algo (τὸ ἔκ τινος εἶναι) *tem os seguintes significados:* (1) *o derivar do próprio substrato material (entendido tanto em* sentido *genérico como em* sentido *específico);* (2) *o derivar da causa eficiente ou princípio de movimento;* (3) *o derivar do conjunto de matéria e forma, assim como as partes derivam do todo;* (4) *o derivar da forma dos elementos formais que a constituem;* (5) *o derivar de uma parte das coisas acima indicadas;* (6) *o derivar de um evento de outro em sucessão temporal.*

[2] (1023 a 26-29). *Primeiro significado de "derivar de algo"*. — Cf. *supra*, 4, 1015 a 10 e relativa nota.

[3] (1023 a 29-31). *Segundo significado de "derivar de algo"*. — Cf. *supra*, 1, 1013 a 9 s.

[4] (1023 a 31-34). *Terceiro significado de "derivar de algo"*. — Tomás (*In Metaph.*, p. 283 a, § 1087 Cathala-Spiazzi) explica do seguinte modo este significado: "*Tertio* modo dicitur fieri ex aliquo, sicut simplex, 'ex compositio ex materia et forma'. Et hoc est in via resolutionis, sicut dicimus quod partes fiunt e toto, 'et versus ex *Iliade*', *idest ex toto tractatu Homeri de Troia; resolvitur enim Ilias* in versus, sicut totum in partes. Et similiter dicitur quod lapides fiunt ex domo. Ratio autem huius est, quia forma est finis in generatione. Perfectum enim dicitur quod habet finem, ut supra habitum est. Unde patet, quod perfectum est quod habet formam. Quando igitur ex toto perfecto fit resolutio partium, est motus quasi a forma ad materiam; sicut e converso, quando partes componuntur, est motus a materia in formam. Et ideo haec praepositio *Ex* quae principium designat, utrobique competit: et in via resolutionis, quia significat principium formale".

[5] (1023 a 35 – b 2). *Quarto significado de "derivar de algo"*. — É o significado de derivar de partes ou componentes de caráter não material mas formal. Trata-se dos *elementos inteligíveis* ou das *notas que constituem*

a essência e a definição da coisa: cf. Alexandre, *In Metaph.*, p. 423, 6 ss. Hayduck. Portanto, o homem de que se fala não é o homem concreto, mas o *homem entendido como essência*; e assim, as letras da sílaba sobre as quais se raciocina, não são as letras concretas, mas as letras consideradas na sua noção (como elemento que entra na constituição da noção de sílaba), e, como tais (isto é, como partes constitutivas), podem ser consideradas, analogicamente, matéria da forma. Para bem entender este ponto deve-se ler Z 10.

[6] (**1023 b 3-5**). *Quinto significado de "derivar de algo"*. — A *parte* do pai, da qual o filho deriva, é o esperma e aquilo de que o esperma tem origem; a *parte* da mãe da qual o filho deriva é a parte que acolhe o esperma e o mênstruo (Alexandre, *In Metaph.*, p. 423, 19-21 Hayduck); a terra da qual derivam as plantas não deve ser entendida como toda a terra, mas certa *porção* (μέρος) de terra (*ibid.*, p. 423, 13).

[7] (**1023 b 5-9**). *Sexto significado de "derivar de"*. — Indica o derivar algo de algo em sucessão temporal. — Para bem entender a distinção que Aristóteles faz aqui, tenha-se presente o seguinte: no primeiro caso, no qual se diz que *B* vem de A ou que A vem de *B*, existe, além da sucessão temporal, também a transmutação ou resolução de um termo no outro; no segundo caso, existe *unicamente* sucessão temporal.

[8] (**1023 b 10-11**). *Outras passagens de Aristóteles sobre o conceito discutido neste capítulo.* — Para outras classificações dos significados de ἔκ τινος, cf. ᾶ 2, 994 a 22 ss. (e relativas notas); H 4, 1044 a 23 ss.; N 5, 1092 a 23-35; *Da ger. dos anim.*, I 18, 724 a 20-30; cf. Ross, *Metaph.*, I, p. 339.

25. *Sumário e comentário a* Δ 25

[1] (**1023 b 12-25**). Sumário. — Parte (μέρος) *pode significar:* (1) *aquilo em que a* quantidade *pode ser dividida;* (2) *aquilo em que a* forma *pode ser dividida;* (3) *aquilo em que* o todo *pode ser dividido (quer se entenda por* todo *o conjunto de matéria e forma, quer se entenda o todo formal);* (4) *os* elementos *de que é constituída a definição.*

[2] (**1023 b 12-17**). *Primeiro significado de "parte"*. — Clara e direta a explicação de Maurus (*Arist. op. omn.*, IV, p. 391 a): "*Primo* dicitur pars, in quam aliquid dividitur secundum quantitatem, et hoc dupliciter: primo, *quomodocumque*; secundo *ita, ut mensuret*. Primo modo duo sunt pars trium, quia tria dividuntur in duo et unum. Secundo modo duo non sunt

pars trium, *quia non mesurant* tria; at duo sunt pars quatuor, sex et omnium numerorum parium, quia duo mensurant omnes numeros pares; nam duo bis sumpta faciunt quatuor, duo ter sumpta faciunt sex".

[3] (1023 b 17-19). *Segundo significado de "parte"*. — Explica Alexandre (*In Metaph.*, p. 424, 17 ss. Hayduck): se tomamos, por exemplo, o animal, não podemos considerá-lo como quantidade e como corpo e, como tal, dividi-lo em partes; obteríamos então partes quantitativas: cabeça, tronco etc. Ao contrário, podemos também considerar o animal *como gênero* (prescindindo, portanto, completamente da quantidade) e *como gênero* dividi-lo nas suas *diferenças*, vale dizer, nas suas *espécies* (cavalo, homem, etc.). Este é o sentido aqui considerado: assim, pode-se dizer que as espécies são *partes* do gênero (Cf., por ex., B 3, 999 a 4; K 1, 1059 b 36).

[4] (1023 b 19-22). *Terceiro significado de "parte"*. — É claro que aqui Aristóteles pensa no *todo* especialmente como *sínolo de matéria e forma*, que se divide, justamente, em partes formais e materiais. O fato de Aristóteles citar como *todo* a forma (para a forma no significado de *todo*, cf. *supra*, p. 1013 b 22), não deve nos levar a erro: ele *não* pensa aqui na divisão da forma *enquanto* tal nas suas partes (já considerada no precedente significado, e retomada também no seguinte), mas do *todo enquanto todo*. Antes, pode ter razão Carlini (*Metaf.*, p. 183, nota 5) ao dizer que a forma de que se fala deve ser entendida "como forma em que, todavia, não se prescinde da matéria".

[5] (1023 b 23-25). *Quarto significado de "parte"*. — Aristóteles se refere aqui às partes que constituem a forma e, portanto, a definição. Os "elementos contidos na noção" ou definição (τὰ ἐν τῷ λόγῳ) são o *gênero* e a *diferença específica*. — De fato, a definição, que oferece a essência ou forma ou espécie de uma coisa é constituída: (*a*) do gênero e (*b*) da diferença; nesse sentido, o gênero vem a ser *uma parte da definição da espécie*. Ao invés, se considerarmos o problema do ponto de vista do segundo significado acima distinto (linhas 17-19), então, *enquanto o gênero contém diversas espécies*, ele não é parte da espécie, mas ao contrário. Sobre o problema das *partes*, cf. Z 10-11, *passim* e relativo comentário.

26. *Sumário e comentário a Δ 26*

[1] (1023 b 26 – 1024 a 10). Sumário. — Inteiro *ou* todo (ὅλον) *significa:* (1) *o que não carece de nenhuma das partes que deve naturalmente ter para ser*

tal; (2) o que contém as coisas que contém, de tal modo que estas constituem uma unidade. (3) *No âmbito da quantidade tem-se um* conjunto, *quanto as partes da quantidade podem mudar de posição sem produzir diferença; tem-se um* inteiro *ou um* todo, *quanto as partes da quantidade não podem mudar de posição sem produzir diferença; enfim, podem ser chamados tanto um* conjunto *como um* todo *aquelas quantidades nas quais se podem verificar ambos os casos.*

[2] (**1023 b 26-27**). *Primeiro significado de inteiro, que é significado principal e determinado.* — Os comentadores latinos consideram esta definição do "inteiro" como o que não carece de nenhuma das partes, mais que a distinção de um primeiro significado, a definição e a *ratio* comum a todos os significados (Tomás, *In Metaph.*, p. 284 b, § 1098 Cathala-Spiazzi; Maurus, *Arist. op. omn.*, p. 391 b). — Mais propriamente, diremos que ela oferece o *significado principal.* — Justamente Tricot (*Métaph.*, I, p. 312, nota 2) sublinha (na sequência de Alexandre, *In Metaph.*, p. 425, 7 Hayduck e Asclépio, *In Metaph.*, p. 346, 12 Hayduck) que "à diferença do significado seguinte, trata aqui unicamente dos *seres naturais*. Portanto, é preciso destacar o φύσει, linha 25". O homem, por exemplo, é um todo quando não carece de nenhuma das partes (mãos, pés, etc.) que *pela natureza* deve ter (cf. o significado de τέλειον, *supra*, 16, 1021 b 12).

[3] (**1023 a 26-34**). *Segundo significado de inteiro como unidade de partes.* — É complicado o modo como Aristóteles se exprime, mas não o que quer dizer. Em poucas palavras e de maneira eficaz Maurus esclarece esse pensamento (*Arist. op. omn.*, IV, p. 391 b s.): "Totum dicitur dupliciter. *Primo* totum dicitur, quod ita continet omnes suas partes, ut possit de unaquaque seorsim praedicari tamquam idem cum illa, et hoc est totum universale; ex. gr. animal est totum universale continens hominem, equum, leonem, deum etc., ita ut singula sint ipsum totum. Nam et homo est animal, et equus est animal, et leo est animal (...) *Secundo* totum dicitur, quod ita continet omnes partes, ut non possit de illis praedicari seorsim, sed solum possit dici, quod est ex omnibus partibus, et hoc est totum integrale; ex. gr. homo est totum integrale constans ex anima et corpore, capite, pedibus etc., quia non potest dici, quod homo sit anima, vel quod homo sic caput, sed solum potest dici, quod homo est ex anima et corpore, capite, pedibus etc.".

[4] (**1023 b 34**). Cf. Z 13, 1039 a 4 e relativo comentário.

[5] (**1023 b 35-36**). *O inteiro por natureza e o inteiro por obra de arte.* — Cf. *supra*, 6, 1016 a 4. Por exemplo, um animal é um todo ou um inteiro com maior razão do que, por exemplo, um objeto de arte, que tem partes unificadas não naturalmente, mas artificialmente.

[6] (1024 a 1-3). *Terceiro significado de inteiro e distinção entre "um inteiro" e "um conjunto".* — Enquanto traduzimos ὅλον por *inteiro* ou *um todo*, traduzimos πᾶν (que ocorre neste ponto e é oposto a ὅλον) por *um conjunto*. — Bonghi (*Metaf.*, II, p. 135) traduz πᾶν por *tudo* e, com ele, Carlini (*Metaf.*, p. 184), mas certamente alterando o sentido que o original quer exprimir. — Inspiramo-nos na versão de Bonitz, que traduzia ὅλον por: *ein Ganzes*, e πᾶν por: *gesammt*. Cf. Gohlke (*Metaph.*, p. 182), que traduz ὅλον por: *ein Ganzes* e πᾶν por: *eine Summe*; Bassenge (*Metaph.*, p. 137) que traduz ὅλον por: *ein Ganzes* e πᾶν por: *Gesamtheit*; cf. também Tricot (*Métaph.*, I, p. 315) que traduz ὅλον por *un tout* e πᾶν por: *une somme*. — São "um conjunto", por exemplo, a água, como Aristóteles exemplifica abaixo, ou o ar e, em geral, todos os corpos (Alexandre, *In Metaph.*, p. 426, 5 s. Hayduck): é claro, com efeito, que, deslocando as posições das partes do ar, da água, etc., a mudança de posição dessas partes não produz qualquer diferença.

[7] (1024 a 3-5). *Exemplificações do que se diz "um inteiro" ou "um todo".* — Por exemplo, são um inteiro e um todo (καὶ ὅλα καὶ πάντα) o rosto, a mão, o corpo dos animais: mudando a posição dos dedos na mão, ou a posição dos olhos ou da boca o do nariz no rosto, ou a posição dos órgãos no corpo, produz-se uma diferença tal que, propriamente, mão, rosto e corpo não permanecem o que eram (Cf. Alexandre, *In Metaph.*, p. 426, 6 ss. Hayduck).

[8] (1024 a 5-10). *Exemplificação de coisas que são ao mesmo tempo "um conjunto" e "um inteiro" e de coisas que são só "um conjunto".* — O primeiro exemplo é claríssimo e deve apenas ser completado: a cera é πᾶν, *um conjunto* (e não um todo ou um inteiro), se é considerada na sua característica (*a*) de poder ter as próprias partes mudadas de posição permanecendo sempre cera; a cera é, ao contrário, um ὅλον, *um todo ou um inteiro*, se é considerada na sua outra característica (*b*): de fato, se desloco as partes de uma estatueta de cera, então produzo diferenças. O mesmo se diga do vestido que, considerado na sua característica (*a*), é πᾶν, na segunda característica (*b*) é ὅλον. — Água e número só têm a característica que corresponde àquela acima indicada como (*a*) e não a correspondente a (*b*), por isso se dizem propriamente "um conjunto", e só impropriamente podem ser ditos "um inteiro", ou seja, só em sentido metafórico.

27. *Sumário e comentário a Δ 27*

[1] (1024 a 11-28). Sumário. — *O presente capítulo não distingue os diversos significados de* mutilado (κολοβόν), *mas analisa as notas gerais do conceito*

de mutilado, ou melhor, as condições e os requisitos que devem ocorrer para que algo seja mutilado. E eis aqui os requisitos. (a) *A coisa deve ser, antes de tudo, uma* quantidade *de modo a constituir* um todo ou um inteiro (*portanto, as coisas que não são um todo, mas* um conjunto, *com base na distinção do capítulo precedente, não podem ser mutiladas*); (b) *deve ser* contínua; (c) *deve ser* privada de uma parte não essencial, *não de qualquer lugar* mas só das extremidades *e* não capaz de reproduzir-se (*quando se trata de seres vivos*).

[2] (**1024 a 11-12**). *Condições básicas de algo para poder se tornar mutilado.* — Note-se que o destaque deve ser posto totalmente, como já tentamos fazer com a tradução, sobre o caráter de ὅλον (um todo, um inteiro) que deve ter a quantidade em questão (cf. Ross, *Metaph.*, I, p. 341), não, obviamente, sobre o ser *divisível* (característica que é de todas as qualidades indistintamente).

[3] (**1024 a 17-18**). Entenda-se: como o 5 resulta de 2 + 3.

[4] (**1024 a 12-20**). *Requisitos essenciais ligados com a condição básica que torna possível o mutilado.* — Aristóteles, depois de ter explicado a primeira condição exigida para que algo seja mutilado (o fato de ser um todo, um inteiro), explicita alguns requisitos ligados a ela. (*a*) A parte que é tirada da coisa não pode ser igual, mas deve ser menor do que a parte restante. (*b*) A parte que é tirada de algo não deve tirar dele a sua essência. Esses dois requisitos coincidem substancialmente; tirar uma parte igual à que resta significa romper ou destruir algo, fazê-lo perder a sua natureza: se uma taça é trincada ou se perde um pedacinho, permanece uma taça e pode ainda ser usada para beber; se é rompida ao meio, torna-se um caco. (*c*) As coisas que constam de partes dessemelhantes nem sempre são mutiladas quando se lhes tira uma parte. Por exemplo, um escudo é feito de partes dessemelhantes, e não é mutilado se tiro dele os cravos de ouro que o ornamentam e tampouco uma de suas membranas. (*d*) Enfim, não se deve tratar de coisas que no capítulo precedente foram consideradas *um conjunto* (1024 a 2 ss.): esta última explicação substancialmente reafirma a condição essencial, vale dizer, o ser um ὅλον, já que todas as coisas nas quais a disposição das partes não produz diferença não são um ὅλον mas um πᾶν.

[5] (**1024 a 21**). *Ulterior condição exigida do mutilado, estreitamente ligada à primeira.* — As coisas para serem "mutiladas" devem ser "contínuas", vale dizer, *um todo* no sentido explicado no capítulo precedente, p. 1023 b 32-34 (Ross, *Metaph.*, I, p. 342).

[6] (**1024 a 22-28**). *Quais são as partes cuja perda faz com que o todo ou o inteiro se torne mutilado.* — (*a*) Não podem ser as partes principais, porque

então a coisa se destruiria (cf. as análogas observações feitas acima, 1024 a 15); (*b*) não podem ser partes que se encontram em qualquer lugar, porque, encontrando-se em determinado lugar, poderiam ser essenciais (o fundo da taça, o coração dos animais, e então se recairia no caso precedente); ou, encontrando-se em determinados lugares, poderiam ser partes totalmente irrelevantes; (*c*) tratando-se de animais, não devem partes que se reproduzem (ver nota seguinte).

[7] (1024 a 28). *Porque os calvos não são mutilados*. Bonitz (*Comm*., p. 274) explica: "... nimirum quia crines, etiamsi omnes vel decisi sint vel effluxerint, renasci tamen suapte natura possunt".

28. *Sumário e comentário a* Δ 28

[1] (1024 a 29 – b 16). Sumário. — Gênero (γένος) *pode ter os seguintes significados:* (1) *a geração contínua de seres da mesma espécie;* (2) *a estirpe dos descendentes de um único tronco;* (3) *o substrato das diferenças;* (4) *o constitutivo primeiro das noções ou definições (que constam, justamente, de gênero mais diferença específica). — Dizem-se* diferentes por gênero (a) *as coisas cujo substrato próximo é diferente, que não são redutíveis a algo comum,* e (b) *as coisas que pertencem a diferentes categorias.*

[2] (1024 a 29-31). *Primeiro significado de gênero.* — Sentido não filosófico de γένος, utilizado também na nossa língua (é claro que, filosoficamente, seria preciso dizer a *espécie* humana e não o *gênero* humano): comumente dizemos: a *raça humana*.

[3] (1024 a 32-34). *Segundo significado de gênero.* — Diremos, propriamente: a *estirpe*; portanto, diremos *estirpe dos Helenos, estirpe dos Jônicos, etc.*

[4] (1024 a 35). Da *matéria*, aqui, significa: da *fêmea*, como logo depois é explicado. Segundo Aristóteles, de fato, o macho é causa *eficiente-motora*, enquanto a fêmea (o mênstruo feminino) é causa *material*. Cf. H 4, 1044 a 34 ss.; *Da ger. anim*., II 1, 732 a 9.

[5] (1024 a 36 – b 4). *Terceiro significado e gênero.* — Na mesma linha de Alexandre (*In Metaph*., p. 428, 29 Hayduck), Bonitz (*Comm*., p. 274 s.) e Ross (*Metaph*., I, p. 343) consideram que esse significado é o mesmo do qual logo se falará, só que de modo diferente. — Na verdade, existe uma diferença que justifica a distinção de dois significados diferentes. Diz bem Maurus (*Arist. op. omn*., IV, p. 393 b) que aqui se trata do *genus physicum*, enquanto em seguida se tratará do *genum logicum*. Nós dizemos que aqui se trata do γένος

logicamente considerado. — Parece-nos que mais do que aos exemplos geométricos, para compreender esse significado é preciso prestar atenção na conclusão: superfície e sólido são tomados *só* como exemplos e esclarecimentos do que é *substrato* (τὸ ὑποκείμενον) relativamente às *diferenças* (διαφοραί). É claro que Aristóteles pensa no *substrato material* em contraposição com suas *diferenciações formais*, tanto é verdade que, ao resumir em seguida, falará explicitamente de ὕλη. Ver as ulteriores explicações na nota 9.

[6] (1024 b 4-6). *Quarto significado de gênero.* — Maurus (*Arist. op. omn.*, IV, p. 394 a): "*Quarto*, genus dicitur id, quod primo ponitur in definitione et praedicatur in quid, et differentiae sunt ejus qualitates, eo pacto, quo in definitione hominis primo ponitur animal, et differentiae rationalis et irracionalis praedicantur de animali ut eius qualitates substantiales, et hoc est *genus logicum*...".

[7] (1024 b 6-7). Cf. *supra*, 1024 a 29-31.

[8] (1024 b 7-8). Cf. *supra*, 1024 a 31-36.

[9] (1024 b 8-9). *Em que sentido gênero significa matéria.* — Aqui Aristóteles evoca, juntos, o *terceiro* e *quarto* significados (1024 a 36 - b 4 e 1024 b 4-6), de onde a perplexidade de alguns estudiosos, de que falamos na nota 5. Note-se, porém, que a unidade que resume os dois significados é *só* unidade *analógica* (para falar como o próprio Aristóteles): de fato, uma coisa é o *substrato-matéria* diferenciado pela forma, outra coisa é a *noção-gênero* diferenciada pela espécie; o primeiro é algo real, a segunda só é ideal. Em todo caso, o substrato indiferenciado está para a forma diferenciante assim como o gênero lógico indiferenciado está para a espécie diferenciante e, por essa analogia de proporção pode-se dizer que o *substrato é matéria da forma* e que o *gênero é matéria da espécie.* (O gênero é dito matéria também em Δ 24, 1023 b 2; Z 7, 1033 a 1 ss.; 12, 1038 a 5 s.; I 8, 1058 a 23 s.).

[10] (1024 b 10-12). *Primeiro significado de diversidade por gênero.* — Clara é a exegese dada por Tomás (*In Metaph.*, pp. 288 a-b, §§ 1124 s. Cathala-Spiazzi): "*Primo* igitur modo dicuntur aliqua genere diversa, quia eorum primum subiectum est diversum. Sicut primum subiectum colorum est superficies, primum autem subiectum saporum est humor. Unde quantum ad genus subiectum, sapor et color sunt diversa genere. Oportet autem quod duo diversa subiecta, talia sint, quorum unum non resolvatur in alterum. Solidum enim quadammodo resolvitur in superficies. Unde figurae solidi, et figurae superficiales non sunt diversorum generum. Et iterum oportet quod ambo non resolvantur in aliquod idem. Sicut species et materia sunt diversa genere, si secundum suam essentiam consideretur,

quod nihil est commune utrique. Et similiter corpora caelestia et inferiora sunt diversa genere, inquantum non habent matriam communem".

[11] (1024 b 12-16). *Segundo significado de diversidade por gênero.* — Trata-se da diversidade de *gênero supremo* (enquanto a precedente, dentro de certos limites, pode ser qualificada de diversidade de *gênero subalterno*). De fato, sabemos, a partir de Δ 7, que as categorias são *figuras do ser* irredutíveis e que, acima delas, não existe mais nenhuma unidade senão a de mera analogia (cf. Δ 6). Portanto, uma *cor* e um *sabor* são (*a*) diversos por gênero segundo o precedente significado (porque os seus substratos, respectivamente, a superfície e o líquido, são irredutíveis), mas (*b*) são situáveis na *mesma categoria da qualidade* e, portanto, não são diversos por gênero nesse sentido. Ao invés, uma *cor* e uma *ação* ou um *tempo* são diversos por gênero, justamente no sentido da diversidade do *gênero categorial*. Alexandre (*In Metaph.*, p. 430, 36-38 Hayduck) faz uma interessantíssima observação: *matéria e forma*, que Aristóteles traz como exemplos para ilustrar o precedente significado, *não* são, efetivamente, diversos por gênero categorial, porque a matéria e a forma entram no gênero-categoria da *substância* (de fato, sabemos e confirmaremos ao ler o livro Z que a matéria, embora em sentido limitado, é substância, coisa que Ross parece não ter compreendido; cf. *Metaph.*, I, p. 343).

[12] (1024 a 13-14). Cf. *supra*, 7, 1017 a 24.

29. *Sumário e comentário a Δ 29*

[1] (1024 b 17 – 1025 a 13). Sumário. — Falso (ψεῦδος) *pode ter os seguintes significados:* (1) *Pode indicar uma coisa* falsa. *E uma coisa é falsa:* (a) *porque não é unida ou não é possível uni-la; ou* (b) *porque não se mostra como efetivamente é ou porque é ilusória.* (2) *Pode indicar* uma noção ou um enunciado falso (*tal é a noção ou o enunciado que afirma coisas que não são, ou que são referidos a coisas diversas daquelas às quais deveriam ser referidas*). (3) *Pode indicar, enfim, um* homem que gosta de dizer o falso *ou que induz os outros a dizer o falso.*

[2] (1024 b 17-26). *O falso no sentido de "coisa falsa".* — Note-se: a expressão *coisa falsa* (πρᾶγμα ψεῦδος), distinta de λόγος ψεῦδος, do qual se fala no segundo significado logo abaixo, pode à primeira vista, desconcertar. Todavia, se tivermos presente que, em Δ, Aristóteles dá certo peso inclusive às concepções *correntes da linguagem comum* dos vários termos (Ross,

Metaph., I, p. 345), o fato de falar de πρᾶγμα ψεῦδος não é inexplicável, apesar das afirmações que leremos em E 4, 1027 b 25 ss. Em todo caso, todo o raciocínio feito aqui por Aristóteles só é compreensível *se contém uma referência subentendida ao juízo*. Que Sócrates *esteja sentado é coisa falsa* (se ele na realidade está de pé), só se eu *assim julgo* (enquanto ele está de pé); que a *diagonal seja comensurável* é *coisa falsa*, se eu *assim julgo*, contra a efetiva realidade da coisa. Ainda: a pintura que me dá a ilusão de perspectiva é *coisa falsa*, só se eu *julgo real* o que é pura representação pictórica, e, enfim, é *coisa falsa* o sonho, só se eu o *julgo real*. Ademais, tenha-se presente que também na nossa linguagem comum usamos a expressão "coisa falsa", por ex.: *ouro falso, joia falsa*, etc.

[3] (1024 b 26). *Sobre o significado de λόγος nesse contexto*. — Mantivemos a tradução "noção", com a qual, em muitos casos, traduzimos o termo λόγος. O leitor, contudo, tenha presente que no atual contexto, algumas vezes λόγος assume os seguintes significados: *enunciado, afirmação, definição, juízo*, mas sempre de modo ambíguo (cf. Ross, *Metaph.*, I, pp. 345 s.).

[4] (1024 b 26-28). *O falso no sentido de definição e noção falsa*. — A ambiguidade da qual falávamos na nota precedente pesa aqui de tal modo que se corre o risco de equivocar-se na interpretação do texto, caso não se tenha bem presente as componentes postas em jogo. Certos comentadores, por exemplo, consideram que aqui Aristóteles distingue dois tipos de *definições* (λόγοι) *falsas*: (*a*) a noção ou definição falsa "*secundum se*" ou "*falsa absolute*" e (*b*) a definição *verdadeira em si*, mas falsa "*prout attribuitur alteri quam proprio definito*". A primeira (*a*) seria absolutamente falsa, porque define algo contraditório, por ex. *animale inanimatum*, e, como tal, *non postest convenire ulli enti*; a segunda (*b*) é, ao invés, falsa enquanto não é definição daquilo a que é atribuída (cf. Tomás, *In Metaph.*, p. 289 b, § 1130 Cathala-Spiazzi e Maurus, *Arist. op. omn.*, IV, p. 395 a). — Na realidade, Aristóteles parece ter em mente *só a noção falsa no segundo sentido*, e a segunda parte da proposição que estamos lendo não é mais que a explicação da primeira, como indica o "por isso" (διό). (De resto, é bem difícil que Aristóteles pense em algo falso como, por exemplo, *animale inanimatum*, que é algo contraditório e, portanto, impensável e, por isso, não é nem sequer um λόγος). — Que significa, então, que a noção falsa é *de coisas que não são*? O exemplo de Aristóteles dá elementos suficientes para compreender. Se eu defino o *triângulo como o lugar dos pontos equidistantes de um ponto dito centro*, então eu enuncio uma definição que, enquanto falsa, é de *coisa que não é*, no sentido de que *não é assim como a*

digo. Se, em vez do triângulo, digo círculo, então a definição ou noção ou enunciado torna-se verdadeiro, porque, então, é *de coisa que é assim como a digo*. — Note-se, depois, a seguinte nuança: Aristóteles diz que, enquanto falsa, ᾗ ψευδής, a noção é de coisas que não são e não que, enquanto de *coisas que não são*, é falsa; é óbvio, de fato, que podem existir também noções verdadeiras *das coisas que não são enquanto tais*; por ex., se digo o *não ser não é*). A ambiguidade do raciocínio está no fato de Aristóteles, com λόγος, exprimir aqui ao mesmo tempo, *definição e juízo*. De fato, enquanto enuncio a mera definição de círculo *não* erro nunca e não tenho nunca uma *noção falsa*; e, quando refiro uma noção a uma coisa diferente daquela da qual ela é noção, então formulo, justamente, um juízo, e este é falso, e só ele (o leitor poderá ver ulterior discussão em Ross, *Metaph*., pp. 345-346). Esse ambíguo modo de se exprimir, em todo caso, é devido ao fato de Aristóteles estar pensando em Antístenes, com quem se prepara para polemizar. Cf. Antístenes, fr. 57 A, p. 40 Decleva Caizzi = *Socratis et Socraticorum*..., V A 152, vol. II, pp. 195 s. Giannantoni.

[5] (**1024 b 29-32**). *Algumas explicações sobre as proposições e sobre a sua falsidade*. — Aristóteles distingue três proposições, para poder refutar Antístenes:

(a) de cada coisa, num sentido, existe só uma noção: a da sua essência (o seu discurso definidor);

(b) de cada coisa, noutro sentido, podem existir diversas noções, dado que, além da predicação essencial, existe também a predicação acidental, e a noção de Sócrates é a mesma de Sócrates músico, sendo idênticos Sócrates e Sócrates músico;

(c) a noção falsa é, como tal, noção de nada (no sentido de que não há nada que seja como essa noção diz que é). (No que concerne a este ponto (c) tenha-se presente o que foi dito na nota precedente a respeito do sentido a ser dado à afirmação de que a noção falsa é noção de coisas que não são).

[6] (**1024 b 32-34**). *Refutação de Antístenes*. — Vale dizer, *só* aquela que, na nota precedente, distinguimos com a proposição (a) e *não* aquela que distinguimos com a proposição (b). Alexandre, *In Metaph*., p. 434, 25 ss. Hayduck, dá uma acurada exegese dessa passagem. Tanto a passagem de Aristóteles como a de Alexandre são consideradas e estudadas como fragmentos de Antístenes. Para comodidade do leitor apresentamos a exegese da passagem de Alexandre dada por um dos editores dos fragmentos de Antístenes, F. Decleva Caizzi: "Aristóteles declara que o *logos* que enuncia a

essência é um só para cada coisa, e nesse sentido *logos* falso é *logos* de nada; todavia, dado que dizemos de certo modo a mesma coisa quando a enunciamos com os atributos, como 'Sócrates" e "Sócrates *músico*', *Antístenes foi tolamente levado a crer que esse segundo tipo de logos*, isto é, o atributivo, fosse tão necessário quanto o que Aristóteles chamava de essencial (ὁ τοῦ τί ἦν εἶναι): como o primeiro, se não capta a essência, não indica nada (ou no máximo uma coisa totalmente diferente), assim para Antístenes o segundo, se não é verdadeiro em todas as suas partes, não é absolutamente *logos*. O erro de Antístenes, declara justamente Alexandre, nasce de que o *logos* falso não é o *logos* de nada em sentido absoluto, isto é, não enuncia a coisa na simplicidade da sua essência: consiste, portanto, em pôr no mesmo plano o *logos* da essência e o da coisa com os atributos. Substancialmente Antístenes admitia que se podia dizer seja 'Sócrates', seja 'Sócrates músico'; mas considerava que tudo o que faz parte do *logos* de uma coisa, além do seu nome portador da essência, esteja no mesmo plano e de tal modo que, se um só atributo é falso, todo o *logos* perde o poder de enunciar a coisa. Se disséssemos 'Sócrates negro', para Antístenes não enunciaríamos absolutamente nada; ao contrário, para Aristóteles, enunciaríamos Sócrates com um predicado não verdadeiro, isto é, um *logos* falso, embora ele reconheça que Sócrates negro, enquanto tal, não existe. A expressão 'Sócrates *músico*' ou também 'Sócrates é *músico*', se a consideramos verdadeira, deve ser entendida (por Antístenes) ... como a descrição dos atributos próprios de Sócrates que se identifica com o λόγος ὁ τὸ τί ἦν εἶναι ἢ ἔστι δηλῶν... — *Na base da teoria de Antístenes, portanto, está a não distinção entre predicação essencial e predicação acidental...*" (*Antistene*, in "Studi Urbinati", 1964, pp. 33 s.).

[7] (**1024 b 33-34**). *A tese de Antístenes de que é impossível haver contradição.* — Cf. *Top.*, I 11, 104 b 20. A doutrina a que Aristóteles alude é a seguinte. Duas pessoas falam, digamos, da mesma coisa X. Em nenhum caso podem se contradizer, porque, se pensam e enunciam a mesma noção, então concordam; se, ao invés, um dos dois tem de X uma noção falsa, ele, na verdade, fala de Y; e se tanto um como o outro têm de X uma noção falsa, então um fala de Y e outro de Z e nenhum dos dois de X. Em todo caso, não se contradizem.

[8] (**1024 b 34**). *A tese de Antístenes de que é impossível dizer o falso.* — Eis como em Proclo (*In Plat. Crat.*, 37 Pasquali = Antisth., fr. 49, p. 42 Decleva Caizzi = V A 155, vol. II, p. 198 Giannantoni[2]) soa o argumento: "Antístenes dizia que não se pode contradizer: todo *logos*, diz ele, expõe a verdade; *de fato, quem diz algo diz o que é, quem diz o que é, diz a verdade*".

[9] (1024 b 34 – 1025 a 1). *A raiz do erro da tese de Antístenes.* — Agora é óbvio o que quer dizer Aristóteles, especialmente recordando o que lemos acima na passagem de Decleva Caizzi: Antístenes confunde predicação *essencial* e predicação *não essencial* (cf. também *Refut. Sof.*, 5, 166 b 28-36); ele as põe no mesmo plano, de onde a refutação que sofre e os erros nos quais incorre. Note-se: 8 é, indubitavelmente, a essência de 8; mas 8 é também um número duplo, isto é, 2 vezes 4, etc.; cf. notas 6 e 7.

[10] (**1015 a 1-4**). *Primeiro significado de homem falso.* — Trata-se, como é claro, daquele que diz o falso *pelo falso* (cf. *Et. Nic.*, IV 13, 1127 b 16); não, por exemplo, para justificar-se, para ganhar, etc., mas justamente por amor ao falso.

[11] (**1025 a 4-6**). *Segundo significado de homem falso.* — Trata-se daquele tipo de homem que tenta fazer crer aos outros que são verdadeiras coisas que são falsas, infundindo o falso nos outros. (Para as coisas que produzem imagens falsas, cf. *supra*, linha 1024 b 23).

[12] (**1025 a 6**). Refere-se ao *Hípias menor* de Platão.

[13] (**1025 a 6-9**). *Primeira tese do "Hípias menor" de Platão e sua refutação.* — Cf. *Hip. menor*, 365 C - 369 C. Trata-se da célebre tese desenvolvida por Platão no citado diálogo, segundo a qual só quem *sabe* é *capaz* de mentir: se alguém não sabe e não conhece uma coisa, *não pode mentir sobre aquela coisa* (de onde a conclusão paradoxal que só um homem verdadeiro, isto é, que sabe a verdade, pode ser falso, e que, portanto, falso e verdadeiro são a mesma pessoa). Ao que Aristóteles objeta que mentiroso e falso não é quem é *capaz* de mentir e *pode* mentir, mas quem *decide e se propõe* a mentir (cf. *Et. Nic.*, IV 13, 1127 b 14): o que conta não é, portanto, *o conhecimento*, mas a *vontade*.

[14] (**1025 a 9-13**). *Segunda tese do "Hípias menor" de Platão e sua refutação.* — Cf. *Hip. menor*, 373 C - 376 C. Trata-se de outra célebre tese propositadamente paradoxal desenvolvida por Platão, isto é, que *quem erra voluntariamente é melhor do que quem erra involuntariamente* (porque o primeiro tem ciência e o segundo não). Na realidade, diz Aristóteles, o raciocínio esconde um erro: quem *coxeia voluntariamente* é melhor do que *quem não coxeia voluntariamente* só se por "coxear voluntariamente" se entenda (*a*) "imitar quem coxeia" e não (*b*) "tornar-se e ser voluntariamente coxo"; no primeiro caso (*a*) pode-se logo recomeçar a caminhar bem, no outro (*b*) fica-se coxo. Ora, no primeiro caso (*a*), não se pode, propriamente, nem sequer falar em ser coxo; no segundo caso (*b*), é óbvio que quem "voluntariamente se fizesse coxo" seria pior e não melhor do que quem é coxo involuntariamente. E o mesmo vale para as ações morais. É desnecessário

recordar ao leitor que as duas teses platônicas, no contexto do diálogo platônico, têm um valor fortemente irônico-maiêutico e, portanto, assumem uma função dialética que Aristóteles desconhece completamente.

30. *Sumário e comentário a* Δ 30

[1] (1025 a 14-34). Sumário. — *Distingue-se dois significados radicalmente diferentes de* acidente (συμβέβηκος). (1) *Num primeiro sentido, acidente é o que pode pertencer e pode ser afirmado de algo, mas* não sempre *e nem mesmo* na maioria das vezes. *Portanto, do acidente não existe uma causa determinada, mas apenas fortuita.* (2) *Num segundo sentido, acidentes são os atributos de algo, que não entram na sua essência, mas lhe pertencem* por si *(por exemplo, algumas propriedades das figuras geométricas, as quais, mesmo não entrando na essência e na definição das mesmas, pertencem necessariamente a essas figuras).*

[2] (1025 a 14-21). *Primeiro significado de* συμβέβηκος. — Remetemos a E 2, onde Aristóteles desenvolve mais amplamente essa doutrina. Destacamos, em todo caso, já aqui, que estas são as notas essenciais e definidoras do acidente: o fato de ser *nem sempre e nem na maioria das vezes*; acidente, noutros termos, é o que é *apenas às vezes*, é o *mero fortuito*.

[3] (1025 a 21-24). *Características distintivas do acidente.* — Tricot diz (*Métaph.*, I, p. 322, nota 1) que este é o *critério do acidente*, vale dizer, o critério com base no qual pode-se reconhecer e distinguir os atributos acidentais dos outros atributos. Esclareçamos o critério. Existem atributos, diz Aristóteles, que pertencem a determinadas coisas ou eventos ligados a outros eventos, porque dependentes da própria natureza dessas coisas e desses eventos; existem outros que são limitados a determinados lugares ou tempos, mas intimamente ligados a eles (necessariamente ou na maioria das vezes): a determinados tempos são ligados, por exemplo, o surgimento e o ocaso dos astros; a determinados lugares são ligados, por exemplo, chuvas abundantes ou invernos suaves, etc. Pois bem, os acidentes são atributos ou eventos que ocorrem *fora dessas regras*: atributos ou eventos que não são conexos intimamente nem à natureza das coisas, nem a determinados tempos e lugares. Eis em que sentido o acidente é o *fortuito* e o *casual*.

[4] (1025 a 24-25). A *causa do acidente.* — Existe, obviamente, uma causa do acidente (caso contrário o acidente não poderia existir); todavia, trata-se de uma causa indeterminada e indeterminável. As razões serão analisadas em E 2-3 com precisão por Aristóteles, e, portanto, remetemos o leitor a esses capítulos e às relativas notas.

[5] (1025 a 25-30). *Em que sentido o acidente não é produzido por si mas por outro.* — Tomás (*In Metaph.*, p. 291 b, § 1141 Cathala-Spiazzi) explica, com relação ao exemplo que Aristóteles está desenvolvendo: "Unde patet, quod hoc est per accidens, et causari potest ex diversis causis; sed tamen quod iste navigans ad hunc locum perveniat non est 'inquantum ipsum', idest inquantum erat navigans, cum intenderet ad alium locum navigare; sed hoc contingit 'inquantum alterum', idest secundum aliquam aliam causam extraneam".

[6] (1025 a 30-32). *Segundo significado de* συμβέβηκος. — Este significado de συμβέβηκος diferencia-se radicalmente do primeiro. O fato de *ter a soma dos ângulos igual a dois retos* (que é dado como exemplo de acidente nesse segundo sentido) é propriedade que não entra na definição de triângulo, *mas é propriedade estruturalmente conexa com a própria essência do triângulo*: posta a primeira, necessariamente *deriva* dela a segunda (a propriedade sobre a qual raciocinamos vale, com efeito, para todos os triângulos, sempre e necessariamente). O mesmo vale para as outras propriedades do triângulo e das outras figuras geométricas, que são chamadas de acidente nesse segundo sentido. — Portanto, entendidos no primeiro sentido, os συμβεβηκότα indicam afecções e eventos que não têm um laço *nem* necessário *nem* constante com a coisa ou com a ação com as quais são conexos: entendidos nesse segundo sentido, ao contrário, indicam propriedades que têm ou podem ter laços necessários ou constantes com as coisas das quais são συμβεβηκότα. Os dois significados distanciam-se um do outro até chegar a se opor. Logo em seguida Aristóteles dirá que, no segundo sentido, os συμβεβηκότα podem ser *eternos*. — Por que, então, Aristóteles qualificou esses segundos como συμβεβηκότα? Bonitz (*Comm.*, p. 278) deu excelente explicação: "Qui factum sit, ut συμβεβηκός ad hanc significationem priori fere contrariam transferretur, apparet conferenti *An. pr.*, I. 1. 24 a 18: συλλογισμὸς δέ ἐστι λόγος ἐν λόγος ἐν ᾧ τεθέντων τινῶν ἕτερόν τι τῶν κειμένων συμβαίνει ἐξ ἀνάγκης τῷ ταῦτα εἶναι κτλ... Nimirum *seposita fortuit notione v.* συμβαίνειν *omnimo eventum significat*, ideoque transfertur ad ea, quae *concludentibus eveniunt ex propositionibus positis; ea autem necessario eveniunt*".

[7] (1025 a 32-33). *Equivalência das expressões* συμβεβηκότα ἀΐδια, συμβεβηκότα ἐξ ἀνάγκης, συμβεβηκότα καθ' αὑτό. — Eternos (ἀΐδια) e, portanto, necessários, pela razão vista na nota precedente. Ademais, Aristóteles indica (como na linha 31) esse segundo sentido de συμβεβηκός com a qualificação *por si* (καθ' αὑτὸ); cf. os exemplos em Bonitz, *Comm.*, pp. 278 s.

[8] (1025 a 33-34). Cf. *Anal. post.*, I 7, 75 a 18 ss.; 10, 76 b 11 ss.

SUMÁRIOS E COMENTÁRIO AO LIVRO E

(SEXTO)

(...) Se não existisse outra substância além das que constituem a natureza, a física seria a ciência primeira; se, ao contrário, existe uma substância imóvel, a ciência desta será anterior e será filosofia primeira.

Metafísica, E 1, 1026 a 27-30.

1. *Sumário e comentário a* E *1*

[1] (**1025 b 3 – 1026 a 32**). Sumário. — *O capítulo desenvolve três pontos fundamentais: — (1) a diferença entre a filosofia primeira e as outras ciências em geral, (2) a diferença entre a filosofia primeira e as outras ciências teoréticas, (3) a universalidade da filosofia primeira. (1) Como todas as outras ciências, a filosofia primeira indaga causas e princípios. Mas, enquanto aquelas tratam de causas e princípios* válidos somente para determinado setor do ser, *esta trata das causas e princípios* válidos para todo ser. *Ademais, as outras ciências assumem por via empírica, ou por via de postulados,* a essência do seu objeto, *enquanto a filosofia primeira fornece (como se verá a partir do livro Z) uma precisa determinação da essência e da substância. Enfim, as outras ciências não se ocupam da* existência real *ou não do seu objeto (vale dizer, do lugar que o seu objeto ocupa no âmbito do ser), mas contentam-se com assumir a sua existência. — (2) O segundo ponto é amplamente desenvolvido. Aristóteles se remete à distinção entre ciências* práticas, poiéticas e teoréticas. *Em seguida estabelece que três são as ciências teoréticas:* a física, *que se ocupa de entes existentes separadamente e por si e que têm matéria e movimento;* a matemática, *que se ocupa de entes não existentes separadamente e por si, mas imóveis; a terceira e a mais elevada das ciências teoréticas é a que se ocupa dos entes separados e também imóveis (portanto, não materiais e não sensíveis): esta é a* teologia *(filosofia primeira). — (3) O terceiro ponto é tratado de modo muito concentrado (o desenvolveremos no comentário). Aristóteles nota como a última caracterização da filosofia primeira poderia estar em contraste com a que foi dada no primeiro ponto: segundo aquela caracterização a filosofia primeira revela-se* universal, *segundo a última, ao contrário, parece ser ciência de uma* realidade particular *(o suprassensível e imóvel). Na verdade, diz Aristóteles, não existe contradição: a filosofia primeira é universal, e é assim justamente porque se ocupa da substância suprassensível, que é substância*

primeira (princípio universal, ou seja, princípio de tudo); por isso ela é filosofia primeira, e, enquanto primeira, universal. Portanto, a ela compete a investigação de todo o ser e das propriedades que convêm ao ser.

[2] (1025 b 3-4). Cf. *supra*, Γ 1, *passim*.

[3] (1025 b 4-10). *Primeira diferença entre a metafísica e as outras ciências.* — Análoga argumentação, com a finalidade de estabelecer a diferença entre a filosofia primeira e as outras ciências, já lemos em Γ 1. Deve-se reler essa argumentação neste momento, com as relativas notas de comentário.

[4] (1025 b 11-12). *As ciências que assumem o seu objeto da experiência e as ciências que o assumem por via de hipóteses.* — Extraem a essência do seu objeto imediatamente da experiência as várias ciências empíricas; a assumem por via de hipóteses as ciências matemáticas.

[5] (1025 b 10-16). *Segunda diferença entre a metafísica e as outras ciências: a filosofia primeira não assume o seu objeto nem por via de experiência nem por via de hipóteses, mas por outros métodos.* — Esta é uma ulterior argumentação que visa mostrar outra diferença entre a filosofia primeira e as outras ciências. Na maioria das vezes ela não é corretamente entendida. Com efeito, sabemos por B 2, 997 a 31, que não existe demonstração da essência e da substância. Aqui, porém, Aristóteles não reafirma, como muitos pensam, aquele conceito, mas pretende dizer outra coisa. Schwegler (*Metaph.*, IV, p. 6), melhor do que todos, individuou o objetivo dessa passagem: "Na verdade, do conceito de ὁρισμός de determinada coisa não existe, em geral, nenhuma ἀπόδειξις; todavia, na nossa passagem não se discorre sobre isso, mas sobre o seguinte: que o conceito de οὐσία como tal... não pode ser cientificamente derivado, se nos situamos na via da experimentação e da dedução, que é própria das outras ciências. Para poder responder cientificamente à pergunta '*que é* a οὐσία?', 'que é o τί ἐστι?', para fornecer uma ἀπόδειξις οὐσίας, deve-se seguir uma via diferente de pesquisa (ἄλλος τρόπος τῆς δηλώσεως): precisamente aquela que Aristóteles seguiu no livro sétimo...".

[6] (1025 b 16-18). *Terceira diferença entre a filosofia primeira e as outras ciências.* — As ciências particulares assumem sem mais a *existência do seu objeto*, sem dicuti-la criticamente; a filosofia primeira, ao contrário, põe e resolve também esse problema específico. Exemplifiquemos: a matemática assume sem mais a existência do próprio objeto, mas não se pergunta se e como existe esse objeto; a filosofia primeira, como veremos, segue um procedimento totalmente diferente. — Note-se que, nesse como em outros contextos, os termos essência (τί ἐστι) e existência (εἰ ἔστι) não têm os

significados que terão na filosofia medieval, em cujo âmbito esses conceitos se medem em função do conceito de criação, adquirindo, consequentemente, uma nova espessura ontológica e, portanto, valências totalmente diferentes. Sobre essa questão voltaremos no comentário a Z. Cf. Owens, *Doctr. of Being*..., pp. 169 ss. e relativas referências.

[7] **(1025 b 18 – 1026 a 23)**. *Quadro epistemológico das várias ciências tendo a metafísica no vértice.* — Desse ponto até 1026 a 23 é desenvolvido o segundo tema do capítulo, vale dizer, a ilustração do lugar que a filosofia primeira ocupa relativamente às outras ciências e, particularmente, com relação às ciências teoréticas. Eis uma ilustração da distinção das ciências proposta por Aristóteles:

As ciências se dividem em
1. ciências práticas
2. ciências poiéticas
3. ciências teoréticas: e estas, por sua vez, se dividem em:
    1. matemáticas
    2. física
    3. teologia ou filosofia primeira

As ciências *práticas* e as *poiéticas* referem-se às ações: as primeiras, precisamente, às ações que têm o seu início e o seu fim no próprio sujeito que age (por exemplo as ações morais); as segundas referem-se, ao contrário, às ações que produzem algo fora do sujeito (por exemplo todas as ações conexas com as várias artes). Tanto nas ciências práticas como nas poiéticas existe, portanto, um princípio do movimento, que deve estar no sujeito agente, que age e produz em virtude desse princípio.

[8] **(1025 b 18-26)**. A *física não é uma ciência prática nem uma ciência poiética, mas uma ciência teorética.* — Pelo fato de a física estudar o ser ou a substância que tem em si o *princípio do movimento ou do repouso*, alguns poderiam erroneamente crer que ela seria uma ciência prática ou poiética, dado que essas implicam, justamente, um princípio de movimento. Mas, na verdade (e justamente este é o ponto para o qual o Estagirita quer chamar a atenção) existe entre a física e as ciências prático-poiéticas uma diferença radical: naquela, o princípio de movimento está no *objeto*, nestas está no próprio *sujeito*. — Particularmente clara a explicação de Tomás (*In Metaph.*, p. 296 b, §§ 1153 s. Cathala-Spiazzi): "Quod autem scientia naturalis non sit

factiva, patet; quia principium scientiarum factivarum est in faciente, non in facto, quod est artificium; sed principium motus rerum naturalium est in ipsis rebus naturalibus. Hoc autem principium rerum artificialium, quod est faciente, est primo intellectus, qui primo artem adinvenit; et secundo ars, quae est habitus intellectus; et tertio aliqua potentia exequens, sicut potentia motiva, per quam artifex exequitur conceptionem artis. Unde patet, quod scientia naturalis non est factiva. Et per eandem rationem patet quod non est activa. Nam principium activarum scientiarum est in agente, non in ipsis actionibus, sive moribus. Hoc autem principium 'est prohaeresis', idest electio. Idem enim est agibile et eligibile. Sic ergo potest, quod naturalis scientia non sit activa neque factiva". — A física, portanto, é um gênero de *ciência teorética*.

[9] (**1025 b 26-28**). *Em que sentido a física ocupa-se da forma.* — Aristóteles sublinha aqui duas coisas. (1) A física trata das substâncias sensíveis, portanto, que têm necessariamente matéria, mas as considera *prioritariamente no seu aspecto formal*. (2) A *forma* das substâncias físicas, portanto, a *forma* que é objeto de estudo da física, não existe *separada*, nem é *separável* da matéria (a forma subsistente separadamente da matéria, como veremos abaixo, constitui o objeto específico da filosofia primeira). — Para a ilustração desse ponto pode-se ler *Fís.*, II 2, 194 a 12 ss. e o comentário de O. Hamelin dessa passagem (*Aristote, Physique II*, Paris 1931[2], pp. 67-82). Cf. também *Da alma*, I 1, 403 a 29 ss. e o relativo comentário de F. A. Trendelenburg (*Arist. De Anim.*[2], pp. 172 ss.) e de Movia (*Arist., L'Anima*, pp. 226 s.). Cf. também abaixo o comentário de Z 11, 1037 a 10 ss.

[10] (**1025 b 28 – 1026 a 5**). *A forma de que se ocupa a física é sempre a forma que só existe em união com a matéria.* — O "nariz achatado" (exemplo caro a Aristóteles) dá o paradigma das formas que não podem existir nem ser pensadas sem matéria: nariz achatado não exprime apenas uma forma (o côncavo), mas uma forma (côncava) de um nariz (matéria), e, portanto, uma forma que não pode ser nem ser pensada sem a relativa matéria. Os outros exemplos dados por Aristóteles são em si mesmos claríssimos.

[11] (**1026 a 5-6**). *Em que sentido e em que medida é tarefa do físico ocupar-se da alma.* — É evidente que Aristóteles alude à alma vegetativa e sensitiva, que só existem unidas aos organismos, ou em função dos mesmos. Sobre o problema cf. *Da alma*, I 1, 403 a 16 ss. e o já citado comentário de Trendelenburg (cf. nota 9); *Das part. anim.*, I 1, 641 a 21 ss. O νοῦς, vale dizer, a alma racional, sai da esfera do físico, porque é uma *forma* que pode existir também *independentemente e separadamente do corpo*.

[12] (1026 a 9-10). *Porque se deve ler* μὴ χωριστά em vez de ᾗ χωριστά. — Em lugar do ᾗ χωριστά aceito por muitos, lemos μὴ χωριστά como é proposto por Schwegler (*Metaph*., IV, p. 14 s.). Esta lição é manifestamente exigida pelo texto, o que quer que diga Ross (*Metaph*., II, p. 355), que se esforça de todos os modos para manter o texto tradicional. Mantendo ᾗ a tradução soaria: "Entretanto, é evidente que alguns ramos da matemática consideram os seus objetos como imóveis e *como* separados". Naturalmente poder-se-ia explicar a lição ᾗ afirmando que aqui Aristóteles faria concessões aos Platônicos e, portanto, poder-se-ia pensar numa incerteza sua sobre essa questão; mas, então, o que vem a seguir perde muito da sua eficácia, além da sua lógica. Sobre a não separação *ontológica* dos objetos matemáticos ver os livros M-N, *passim*, especialmente M 3.

[13] (1026 a 14). *Uma correção do texto aceita por todos.* — Os códices dão ἀχώριστα, que é, porém, quase certamente errado. Schwegler (*Metaph*., IV, p. 16), dessa vez aprovado pela maioria dos estudiosos, propôs corrigir com χωριστά, e efetivamente a correção se impõe. Ver também Ross, *Metaph*., II, p. 355. Cf. nota seguinte.

[14] (1026 a 13-16). *Os objetos das ciências teoréticas e as suas diferenças ontológicas.* — Eis, em síntese, as características que diferenciam os objetos de investigação próprios das três ciências teoréticas:

1) o objeto da física é dado pelas realidades separadas (χωριστά) e *móveis* (*não imóveis* = οὐκ ἀκίνητα);

2) o objeto da matemática é dado pelas realidades não separadas (οὐ χωριστά) e *imóveis* (ἀκίνητα);

3) o objeto da teologia (= filosofia primeira ou metafísica) é dado pelas realidades *separadas* (χωριστά) e *imóveis* (ἀκίνητα).

Note-se: para bem compreender essas características que diferenciam os objetos das três ciências teoréticas é essencial esclarecer, pelo menos brevemente, os significados dos termos χωριστόν (= separado, separável). Aristóteles, como teremos modo de ver no curso dos livros seguintes, entende χωριστόν em três diferentes significados fundamentais: (1) no sentido de "separado" dos sensíveis e da matéria (nós diremos = *transcendente*), (2) no sentido de "existente por si", ou "capaz de subsistir por sua própria conta, sem precisar de inerir em outro" e (3) no sentido de "separável logicamente com o pensamento". — Ora, não se compreende o nosso contexto se não se tem presente que o Estagirita, falando dos objetos da física, usa χωριστόν no segundo dos significados acima distinguidos; falando dos objetos da teologia usa χωριστόν no primeiro significado e, enfim, falando dos objetos da matemática, chama-os χωριστά no segundo sentido, mas com muitas ambiguidades (em polêmica com os Platônicos, que os consideravam entes existentes em si, e fora dos sensíveis). — Sobre o problema do *chorismós* em Aristóteles ver: É. de Strycker, *La notion aristotélicienne de séparation dans son application aux Idées de Platon*, in AA.VV., *Autour d'Aristote*, cit., pp. 119-139 (este servirá como ótima introdução à questão). — Sobre essa distinção das ciências e sobre o pano de fundo teorético de caráter fortemente platônico, é fundamental o livro de Ph. Merlan, do qual preparamos a edição italiana: *Dal Platonismo al Neoplatonismo*, 1990, espec. pp. 119-152; cf. também o que dizemos sobre esse problema no nosso *Ensaio introdutório*, pp. 239-243.

[15] (**1026 a 16-18**). *Ulterior argumentação a favor da superioridade da filosofia primeira sobre as outras ciências teoréticas*. — Esta passagem é fortemente abreviada, mas é clara no seu objetivo. Aristóteles quer reafirmar *a absoluta superioridade e prioridade* da filosofia primeira e do seu objeto. Já nas linhas 1026 a 10 s. o Estagirita tinha falado do caráter de *eternidade* do objeto da filosofia primeira, e, aqui, ulteriormente, o explicita e o funda, raciocinando do seguinte modo. — (1) É necessário que todas as causas sejam *eternas* (se não fossem assim, deveriam existir ulteriores causas dessas coisas, e assim ao infinito; cf. a décima aporia). — (2) Particularmente, é necessário que sejam *eternas* essas realidades separadas e imóveis objeto da filosofia primeira, já que são eternos os seres dos quais elas são causas. Essa segunda proposição se explica claramente tendo presente o seguinte: (*a*) Aristóteles considera evidente *que as realidades separadas e imóveis sejam causas* ou pertençam à ordem das causas (veremos em que sentido em Λ 6-8). (*b*) Que essas realidades imóveis e separadas *sejam causas dos movimentos dos céus*: tais são, com efeito, os "seres divinos que vemos" de que fala o nosso texto (sobre isso ver ainda Λ 8). (*c*) Que os *céus sejam "divinos", isto é, eternos* (tese sobre a qual Aristóteles se deterá especialmente em Λ 8, dando-lhe razão). — Sobre a exegese dessa passagem ver o penetrante ensaio de A. Mansion, *L'object de la science philosophique suprême d'après Aristote, Mátaphysique*, E, 1, in AA.VV., *Mélanges de philosophie grecque offerts à Mgr. Diès*, Paris 1956, pp. 151-165, particularmente pp. 161 ss.

[16] (**1026 a 21-23**). Cf. A 2, 983 a 4-11.

[17] (**1026 a 23-32**). *O terceiro núcleo temático de* E 1: *a filosofia é universal porque se ocupa do princípio primeiro de todas as coisas*. — O problema que aqui Aristóteles põe e resolve foi por muitos anos objeto de vivas discussões por causa das dificuldades levantadas por Jaeger (das quais muitos ainda

não foram capazes de libertar-se). O estudioso alemão considera que toda a passagem (até o final do capítulo) seja um acréscimo ou nota marginal, feita por Aristóteles para conciliar sua primitiva concepção platônica da metafísica como teologia, e a sua nova concepção da metafísica como ciência universal do ser enquanto ser. Ora, diz Jaeger, "A nota marginal não elimina a contradição, pelo contrário, torna-a ainda mais evidente. Na tentativa de unificar as duas definições, que ele realiza com o seu acréscimo, Aristóteles entende por ciência universal a ciência do objeto 'primeiro', que é princípio em sentido mais compreensivo do que o são as espécies do ser que a ele se seguem. Mas em Γ 1 e no início de E universal significa o que em geral não se refere a um ser determinado, isto é, a uma seção particular do ser. Ora, que os moventes imateriais, os quais dirigem os movimentos da estrelas, não sejam nem um ὄν τι nem uma φύσις τις μία τοῦ ὄντος, não é tese que possa ser sustentada por Aristóteles, e ele efetivamente não a sustenta. Poderia nascer a suspeita de que a ἀπορία, junto com a λύσις, que apresenta de modo muito evidente o aspecto da recapitulação sumária, pudesse não pertencer a Aristóteles, se ela não se encontrasse também na redação de K 8 e não correspondesse ao dado da contradição que subsiste aqui. Não resta senão admitir que o filósofo não pôde resolver a aporia, e que de todo modo ela se lhe apresentou só depois que tinha já fundido as duas redações" (*Aristotele*, pp. 293 s.). — Na verdade, a exegese de Jaeger é quase inteiramente "construída". A pretensa contradição apontada não existe no texto aristotélico (se não se lê o texto com precisos preconceitos apriorísticos, mas colocando-se na justa ótica histórico-filosófica). Jaeger e os seus seguidores se equivocaram sobretudo quanto ao significado aristotélico de ὂν ᾗ ὄν, carregando-do de valências que não possui. Vimos, no comentário de Γ, que a aristotélica ciência do ser enquanto ser configura-se, por razões estruturais, fundamentalmente como usiologia (teoria da οὐσία, que oferece o significado central do ser, relativamente ao qual se oferecem todos os outros significados do ser); vimos também que a filosofia se divide em "primeira" e "segunda filosofia", dado que existe uma *substância primeira* (suprassensível, imóvel) e uma *substância sensível* ou segunda. Ademais, em Γ 2, 1004 a 2-9, para esclarecer a relação subsistente entre filosofia primeira e filosofia segunda, Aristóteles apresenta a mesma comparação das ciências matemáticas, lida na passagem de E 1 que estamos comentando. A ciência *matemática universal* (ou matemática primeira, como diz em Γ 2) é *universal*, porque tem como objeto de investigação os números, as suas leis e relações fundamentais; ora, estes são *fundamento e condição de todas as outras ciências matemáticas*, o que significa que estas, mesmo na diversidade dos seus objetos, só se constituem baseando-se nos números e no cálculo numérico. — A "*universalidade*" *atribuída à filosofia primeira, no contexto da ontologia aristotélica, tem um preciso sognificado. Se não existisse nenhuma substância além das sensíveis, a física seria a primeira de todas as ciências, isto é, seria a ciência mais "universal", porque os princípios por ela investigados seriam os princípios de todo o ser, de toda a realidade. Se, ao contrário, existe uma substância imóvel, eterna e separada dos sensíveis, a ciência que tem por objeto de investigação esta substância será superior às outras ciências e será "primeira" porque, justamente, investiga a "substância primeira" e, enquanto "primeira", será também universal: de fato, a substância primeira é princípio de todas as coisas, de todo o ser e, nesse sentido, é universal e, consequentemente, é universal também a ciência que a investiga.* — Em suma o equívoco no qual caem Jaeger e os que o seguem, deslocando o discurso inclusive para o plano teorético, está em querer entender *universal* no sentido *lógico* de κοινόν, enquanto Aristóteles, aqui, o entende no sentido de *princípio primeiro que explica todas as coisas, todos os seres*: portanto, quando Aristóteles diz que a filosofia primeira é *universal enquanto primeira*, fala coerentemente e, no âmbito do seu sistema, licitamente. — Ulteriores explicitações o leitor encontrará em: *Il conc. di filos. prima*[5] (1993), pp. 151 ss. e na nota 31, *ibid.*, pp. 151-154, onde encontrará também algumas das mais significativas soluções propostas pelos intérpretes. Ver também o que ulteriormente explicitamos no volume *Para uma nova interpretação de Platão*, [2]2004, pp. 178-180.

[18] (**1026 a 27-32**). *O motivo pelo qual a metafísica se ocupa necessariamente da temática teológica.* — Ross escreve: "Estudando o gênero primário do ser a metafísica estuda o ser como tal. A verdadeira natureza do ser é mostrada não no que pode existir só como elemento num todo concreto, nem no que é fragilizado pela potencialidade e pela mudança, mas só no que é substancial e invariável". (*Aristotle*, Londres 1923, trad. ital., Bari 1946, p. 233; cf. também *Metaph.*, I, Introd. pp. LXXVIII s., e pp. 351 s.). Observação substancialmente justa, mas que exige algumas oportunas explicitações e integrações. — (1) Em Γ 2 Aristóteles mostrou com muita clareza que, mesmo tendo múltiplos significados, o ser constitui uma unidade e, portanto, pertence a uma única ciência, enquanto todos os significados do ser são τὰ πρὸς ἓν λεγόμενα, ou, noutros termos, são estruturalmente ligados a um princípio único, ou seja, à substância, da qual deriva a sua "carga" de ser. Assim sendo, é claro que o filósofo resolverá o

problema do ser estudando, fundamentalmente, aquele princípio único do qual todos os outros significados do ser extraem a sua subsistência, vale dizer, a substância (οὐσία). Já tivemos ocasião, outras vezes, de ver que, por esta razão, a ontologia aristotélica é, *in primis et ante omnia*, uma *usiologia*. — (2) Agora vejamos um problema ulterior: *existe unidade, e qual, entre os diversos gêneros de substância?* Obviamente, as diversas substâncias não podem constituir uma unidade no sentido dos πρὸς ἓν λεγόμενα: tais são, por assim dizer, só os significados "horizontais" do ser, vale dizer, todos os significados não substanciais do ser, relativamente à substância. Todavia Aristóteles fala de outro tipo de unidade, justamente no livro Γ, que se presta a resolver o nosso problema. Em Γ 2, 1005 a 10 s. lemos: "... algumas coisas são ditas 'ser' ou 'um' *por referência a um único termo* (πρὸς ἕν); outras, ao invés, *porque são consecutivas umas às outras* (τῷ ἐφεξῆς)". É justamente este o ulterior tipo de unidade que ocorre no nosso caso. A unidade *consecutiva* (τῷ ἐφεξῆς) tem lugar quando ocorre uma série de termos na qual um é anterior ao outro em escala hierárquica, de modo que o posterior dependa do anterior e todos do primeiro. Ora, por causa dessa dependência, todos os termos que formam a série entram, de certo modo, no âmbito da mesma ciência que tem por objeto o primeiro termo da série. Cf. Colle, *Métaph.*, III, p. 63; Tricot, *Métaph.*, I, p. 190, nota 4 e *Il conc. di filos. prima*[5] (1993), *passim*. — Ora, as substâncias formam, indiscutivelmente, uma série hierárquica, da qual a substância divina (imóvel, transcendente e eterna) constitui o primeiro termo (e Aristóteles a chama justamente de substância *primeira*), as substâncias celestes constituem um termo sucessivo e as substâncias sensíveis e corruptíveis o último termo. Ora, dado justamente o caráter de causa e princípio supremo próprio da substância primeira (primeiro termo da série), é óbvio que a ciência que estuda esta substância primeira conhece também as substâncias posteriores que dela dependem, pelo menos sob o perfil metafísico, vale dizer, enquanto são substâncias e seres. — Pode-se ver este princípio aplicado também em Γ 3, 1005 a 33 - b 1, sobre o quê cf. Colle, *Métaphl., III, p. 65*; Tricot, *Métaph., I*, p. 193, nota 1; *Il conc. di filos. prima*[5] (1993), pp. 114-121. — Em suma: os significados "horizontais" são e são unidade πρὸς ἕν, vale dizer, em referência à substância; as substâncias, ao contrário, que oferecem os significados que poderemos chamar de "verticais" do ser (ser *físico*, ser *celeste*, ser *suprafísico*), são e são unidades *consecutivas*, τῷ ἐφεξῆς. E dado que só conhecendo a *substância* pode-se conhecer todos os outros significados (horizontais), porque todos se referem a ela e por ela todos são condicionados, assim, analogamente, só conhecendo a *substância primeira* se conhecerá a fundo as outras substâncias, porque dela dependem e por ela são condicionadas. E, com isso, tem-se a mais bela prova do como e do por quê a ontologia aristotélica se estrutura, fundamentalmente, como uma *usiologia* e, ulteriormente, como ela se centra na *teologia*. Cf. *Il conc. di filos. prima*[5] (1993), pp. 118 ss. e 149 ss.; *Ensaio introdutório, passim*.

2. *Sumário e comentário a* E 2

[1] (**1026 a 33 – 1027 a 28**). Sumário. — *Estabelecido definitivamente que o estudo do ser é tarefa da filosofia primeira,* Aristóteles *aborda agora a consideração do ser, referindo-se à distinção (já feita em* Δ 7*)* dos quatro significados fundamentais: (1) *ser* acidental, (2) *ser como* verdadeiro, (3) *ser como* categoria, (4) *ser como* ato e potência. — *Em primeiro lugar, ele trata sistematicamente do* ser acidental. *O Estagirita está convendido de que o ser acidental não pode constituir o objeto específico e próprio da metafísica, pelas seguintes razões:* (A) *é um ser fragilíssimo,* (B) *dele não existe propriamente ciência.* — (A) *O acidente é um ser só quanto ao nome, e é algo próximo ao não-ser: de fato, as coisas naturais, que são seres substanciais, geram-se e corrompem-se, enquanto do acidente não existe um processo de geração e corrupção. E qual é a natureza e a causa do acidente?* Aristóteles *determina uma e outra do seguinte modo. Os seres se distinguem*: (a) *em seres que são* sempre e necessariamente *e* (b) *seres que são* na maioria das vezes; *ora, o fato de existirem seres que são na maioria das vezes, implica que existam* (c) *também seres que são* só às vezes (*caso contrário todos os seres seriam necessariamente*): *portanto*, acidente é o que é nem sempre nem na maioria das vezes, mas só às vezes. A *causa do acidente é a* matéria, *que, enquanto ser potencial e indeterminado, dá lugar à possibilidade de que algo seja de modo diferente do que é sempre e na maioria das vezes.* — (B) *Por que não existe ciência do acidente? Porque, diz* Aristóteles, *a ciência refere-se ao que é* sempre ou na maioria das vezes, *enquanto o acidente, como vimos, é justamente um ser que não é nem sempre nem na maioria das vezes.*

[2] (**1026 a 33**). Esse "geral", que traduz o termo grego ἁπλῶς, deve ser entendido como sinônimo de ἀδιορίστως, cf. Bonitz, Comm., p., 286.

[3] (**1026 a 34**). Essa remissão (expressa por Aristóteles com a fórmula ὧν ἓν μὲν κτλ. refere-se a Δ 7, *passim*.

[4] (**1026 a 34 – b 2**). *A tábua dos significados de ser.* — Sobre esta quadripartição ver, sobretudo, F. Brentano, *Von der mannigfachen Bedeutung*..., o qual, pela primeira vez, destacou a importância e o sentido da mesma, e esse volume se impõe ainda hoje como um ponto de referência irrenunciável. Para uma fundação da mesma quadripartição cf. o nosso ensaio *L'impossibilità di intendere univocamente l'essere e la "tavola" dei significati di esso secondo Aristotele*, agora reeditado em *Il conc. di filos. prima*[5] (1993), pp. 407-446. Intressante teoreticamente, mas historicamente discutível, P. Aubenque, *Le problème de l'être*..., cf. sobretudo pp. 134 ss. Ver o que dizemos no *Ensaio introdutório*. pp. 67-85.

[5] (**1026 b 6-10**). *As ciências poiéticas e o acidente.* — Este é um exemplo aduzido para ilustrar a afirmação de que nenhuma das *ciências poiéticas* produz o acidente. Ross dá uma excelente exegese dela (*Metaph.*, I, p. 358): "O construtor, de fato, faz uma casa que tem esses atributos, mas não a faz *enquanto* construtor. A sua tarefa é fazer uma casa que seja um eficiente 'abrigo para os seres vivos e as suas coisas' (H 1043 a 16). Essa casa pode incidentalmente ser *agradável* ou *saudável* para alguns habitantes e não para outros, mas isso não é o que <o construtor> se propõe; a casa não é isso *enquanto* casa. Ademais, ela será *diferente* de qualquer outra casa do universo; mas isso não *enquanto* casa, porque poder-se-ia dizer o mesmo de qualquer outra coisa".

[6] (**1026 b 10-12**). *As ciências teoréticas e o acidente.* — Esse exemplo, ao contrário, é aduzido para ilustrar a afirmação de que nenhuma das *ciências teoréticas* ocupa-se do acidente. Ele pode ser entendido de dois modos. — (1) Ps. Alexandre (*In Metaph.*, p. 448, 26 ss. Hayduck) considera que se deve entender, com o primeiro triângulo, um *triângulo sensível* (de madeira, de bronze etc.) e, com o segundo triângulo, um *triângulo matemático*. O exemplo, então, quereria dizer o seguinte: o geômetra não se ocupa da questão se este ou aquele triângulo sensível e o triângulo geométrico, cuja propriedade é ter os ângulos iguais a 2 retos, são diferentes, porque, justamente, é acidental que o triângulo seja realizado em madeira, em bronze, etc. (de fato, não *enquanto triângulo* realiza-se naquelas matérias). Bonghi, que, entre outros, segue essa exegese, traduz: "nem se um triângulo *qualquer* seja diferente do triângulo com dois retos" onde o "qualquer" explicita o sentido pretendido por Alexandre — (2) Bonitz (*Comm.*, p. 287), Schwegler (*Metaph.*, IV, p. 21), Ross (*Metaph.*, I, p. 358) puseram em evidência uma segunda possibilidade de interpretação. O primeiro triângulo significaria o *triângulo considerado em geral em si e por si*, vale dizer, simplesmente

como figura retilínea tendo três lados e três ângulos; ao invés, o triângulo considerado como tendo a soma dos ângulos igual a dois retos, significaria *o triângulo considerado junto com uma propriedade sua*. — Tenha-se presente que, em Δ 30, 1025 a 30 ss., Aristóteles considera o fato de ter a soma dos ângulos igual a dois retos não a essência, mas um συμβεβηκὸς καθ' αὑτό do triângulo (cf. também *Das part. dos an.*, I 3, 643 a 30). Todavia, o acidente, do qual Aristóteles pretende falar aqui, não é esse "ter ângulos iguais a dois retos" (como observou Ross, *loc. cit.*, dirimindo as dificuldades levantadas por Schwegler, *loc. cit.*, pp. 21 s.), mas a *igualdade ou não igualdade do triângulo em geral e do triângulo considerado com a acima citada propriedade*: é justamente disso que o geômetra não se ocupa, assim como o construtor de casas não se ocupa do problema se a casa que constrói é diferente de todas as outras coisas que não são casas (cf. nota precedente). Cf. também Tricot, *Métaph.*, I, p. 336, nota 2. Tratar-se-ia, explica Ross (*Metaph.*, I, p. 358 s.) de uma questão sofística análoga à das linhas 15-21. Se se respondesse que o "triângulo em geral" e o "triângulo que tem a soma dos ângulos igual a dois retos" não são iguais, o sofista objetaria que isso não é verdade porque *todos* os triângulos têm ângulos iguais a dois retos. E se se respondesse que são iguais, justamente porque a "triângulo" pode-se sempre substituir "triângulo que tem os ângulos iguais a dois restos", nesse caso o sofista objetaria que assim se vai ao infinito, porque, então, também na última expressão poder-se-á operar a mesma substituição e teremos "triângulo que tem ângulos iguais a dois retos, tendo ângulos iguais a dois retos", e assim por diante, ao infinito. — Parece-nos, todavia, que também essa segunda exegese não satisfaz totalmente. Carlini (*Metaf.*, p. 198, em nota) sublinhava, a nosso ver com razão, que essa segunda "é mais fiel à letra do texto, a primeira é mais conforme ao pensamento desenvolvido no parágrafo".

[7] (**1026 b 12-14**). *Em que sentido o acidente é quase só um nome.* — Essa existência de modo *quase puramente nominal* do acidente é explicada de vários modos. — (1) Ps. Alexandre (*In Metaph.*, p. 449, 1 ss. Hayduck) entende do seguinte modo: se o acidente fosse algo dotado de real consistência, e se fosse, digamos, como o fogo que queima tudo o que nele cai, então também a casa seria agradável ou desconfortável a todos os habitantes indistintamente, o que não ocorre e, consequentemente, o acidente não é algo real (πρᾶγμα), mas apenas um nome. — (2) Totalmente diferente é a exegese de Tomás (*In Metaph.*, p. 301 b, § 1176 Cathala-Spiazzi): "... ens autem secundum accidens est ens quasi solo nomine, inquantum unum de alio praedicatur. Sic enim unumquodque est ens inquantum unum est. Ex

duobus autem, quorum unum accidit alteri, non fit unum nisi secundum nomen; prout scilicet unum de altero praedicatur, ut cum musicum dicitur esse album, aut e converso. Non autem ita, quod aliqua res una constituatur ex albedine et musico", cf. também os §§ 1177 s. — (3) Ross (*Metaph.*, I, p. 359), enfim, diz que nessas palavras não há nenhum sentido preciso a ser buscado. Aristóteles pensaria nas questões sofísticas do seguinte tipo: se "o músico é branco" (cf. linha 17); portanto, trata-se de questões que, como tais, exigem uma *explicação puramente verbal*, que explique os termos.

[8] **(1026 b 14-15)**. Cf. Platão, *Sof.*, 254 A.

[9] **(1026 b 16-17)**. *Músico e gramático são diferentes ou iguais?* — Este sofisma é explicado pelo Ps. Alexandre (*In Metaph.*, p. 449, 11-27 Hayduck): "[Os Sofistas], de fato, perguntam: '*gramático* e *músico* são o mesmo ou não?' — Se dizemos que não, respondem dizendo: 'Sócrates é *gramático*, e Sócrates *gramático* é o mesmo que Sócrates; mas Sócrates é também *músico*, e Sócrates *músico* é o mesmo que Sócrates. Se é assim, *músico* é o mesmo que *gramático*. Então, é falso que o *músico* não seja o mesmo que o *gramático* e, portanto, são iguais. E ainda: se o *músico* é diferente do *gramático*, então Sócrates *gramático* será diferente de Sócrates *músico*; *então Sócrates será diferente de si mesmo*...". — Se, ao contrário, dizendo que são a mesma coisa, [os Sofistas] respondem que se *gramático* é o mesmo que *músico*, então onde existe um gramático deve existir também um músico... Mas Aristarco é gramático, mas não é músico. Então músico não é o mesmo que gramático". — Trata-se, como se vê, de uma das muitas armadilhas dos Sofistas, pelas quais, quer se responda num sentido, quer no oposto, se é refutado: Ps. Alexandre, (*ibid.*, p. 449, 20-23 Hayduck) sublinha, justamente, que o paralogismo funda-se no fato que "Sócrates músico" e "Sócrates gramático" são e não são o mesmo: precisamente são o mesmo *quanto ao sujeito* (τῷ ὑποκειμένῳ), mas são diferentes *quanto à noção* (τῷ λόγῳ).

[10] **(1026 b 17-18)**. *Corisco músico e Corisco são diferentes ou são iguais?* — Segundo Bonitz (*Comm.*, p. 287), esse sofisma se reduz ao precedente. Ross, ao contrário, remetendo-o às *Ref. Sof.*, 13, 173 a 34, o interpreta do seguinte modo (cf. *Metaph.*, I, p. 359). Se "Corisco músico" e "Corisco" são a mesma coisa, deverá sempre ser possível substituir a "Corisco" a expressão "Corisco músico"; portanto, teremos "Corisco músico músico"; e depois teremos "Corisco músico músico músico músico" e assim ao infinito. — Poderíamos, talvez, completar a hipótese de Ross dizendo que, provavelmente, também esse sofisma devia ser construído, assim como o precedente, de modo que se o interlocutor respondesse que "Corisco músico" e

"músico" são a mesma coisa, teria como resposta o que Ross nos afirmou; e se respondesse que *não* são a mesma coisa, teria como resposta que, então, Corisco é diferente de si mesmo, ou outro absurdo desse gênero.

[11] (**1026 b 18-20**). *Um músico que é gramático ou um gramático que é músico foi gerado enquanto tal ou não?* — Os comentadores fornecem diferentes reconstruções desse terceiro sofisma. O próprio Ps. Alexandre (*In Metaph.*, p. 449, 27 ss. Hayduck) fornece mais de uma. — (1) Eis a primeira (*ibid.*, linhas 27-38), que é a mais interessante: "... enquanto todos estão de acordo sobre o fato de que tudo o que é, ou é *eterno* ou é *gerado*, os Sofistas, ao invés, tentam destruir essa convicção mediante um raciocínio, mostrando que algumas coisas que são, não são *nem eternas nem geradas*". Um dos exemplos dos quais se valem para demonstrar a sua tese seria justamente este do *músico que é gramático*, de que nos fala Aristóteles. De fato, (*a*) nem o músico é desde sempre gramático, (*b*) e nem foi gerado; ora, como ocorre que um músico seja gramático, então está provado que algo é, sem ser nem eterno nem gerado. (*a*) Que o músico seja *sempre* gramático é manifestamente impossível: às vezes é e às vezes não é. (*b*) Que ele se torne por um processo de geração é impossível pelas seguintes razões: "Se se gerasse, o gramático se geraria do músico como da matéria, assim como a estátua do bronze; mas o músico não é matéria do gramático. Ou se geraria do músico como do seu contrário, assim como o preto do branco; mas o gramático não é o contrário do músico... Portanto, o músico não pode se tornar gramático por via de geração. Daí extraem, então, que *nem* tudo o que é, ou é gerado ou é eterno". A exegese de Bonitz segue fundamentalmente essa linha, que apresenta o paralelo de *Top.*, I 11, 104 b 24; "(θέσις ἐστὶ) περὶ ὧν λόγον ἔχομεν ἐναντίον ταῖς δόξαις, οἷον ὅτι οὐ πᾶν τὸ ὂν ἤτοι γενόμενόν ἐστιν ἢ ἀΐδιον, καθάπερ οἱ σοφισταί φασιν, μουσικὸν γὰρ ὄντα γραμματικὸν εἶναι οὔτε γενόμενον οὔτε ἀΐδιον ὄντα. Quaerunt sophistae, num quaecunque sunt aut aeterna sint aut aliquando facta (b 18)..., quod quum facile quivis affirmet, ipsi non esse omnia aut aeterna aut facta musicus, postea factus est grammaticus; atqui nex musicus factus est grammaticus, quoniam id quidem ad nullum generationis genus potest referri, neque semper fuit; ergo τὸ μουσικὸν ὄντα γραμματικὸν εἶναι consequitur ut sit οὔτε γενόμενον οὔτε ἀΐδιον" (*Comm.*, pp. 287 s.). Cf. também Schwegler, *Metaph.*, IV, pp. 22 s.; Bonghi, *Metaf.*, II, p. 181. O *sofisma*, como notam esses últimos estudiosos, *está em tomar como predicados não acidentais os que, ao contrário, são apenas predicados acidentais*. De fato, não é o músico como tal que é gramático, mas o músico

como homem: "músico e gramático são, ambos, acidentes (συμβεβηκός) do sujeito (ὑποκείμενον, ou οὐσία) homem, e 'gramático' não pode ser atribuído a 'músico' como ao seu ὑποκείμενον ou à sua οὐσία" (Schwegler, *loc. cit.*, p. 23). — (2) Ross (*Metaph.*, I, p. 359) propõe a seguinte exegese: "Os Sofistas parece terem contraposto à concepção natural de que o que é e não foi sempre deve ter-se gerado, a seguinte *reductio ad absurdum*:

Se um homem, sendo músico, tornou-se gramático, então, sendo músico, ele é gramático.

E, se é assim, sendo gramático ele é músico.

Mas ele, sendo gramático, não foi sempre músico.

Se o que é e não foi sempre deve ter-se gerado, então sendo gramático tornou-se músico. Isto é, ele deve ter sido gramático antes de ser músico e músico antes de ser gramático. O que é absurdo". Assim também Tricot, *Métaph.*, I, p. 337, nota 1, *in fine*. Naturalmente, se se segue esta interpretação, é preciso traduzir de modo diferente. Tricot traduz assim: "si tout ce qui est et n'est pas éternel a été engendré, avec cette conclusion que si, étant musicien, on est devenu grammairien, étant grammairien aussi on est devenu musicien".

[12] (**1026 b 21-22**). *O ser do acidente é próximo ao não-ser.* — Ross (*Metaph.*, I, p. 360) explica essa afirmação do seguinte modo: se A é acidentalmente B, a conexão é tão remota que dificilmente pode-se dizer que A *é* B, se se entende *é* no significado verdadeiro e próprio do ser. Portanto aquele *é* é de tal modo fraco a ponto de ser próximo ao *não-ser*.

[13] (**1026 b 22-24**). *Confirmação da tese de que o ser do acidente é próximo ao não-ser.* — Tudo o que, nesse mundo, tem uma existência real e substancial, segundo Aristóteles, está sujeito a um processo de geração e de corrupção; o fato de o acidente não passar por esse processo prova que ele não tem existência substancial. Ver o análogo raciocínio de Schwegler, *Metaph.*, IV, pp. 23 s.

[14] (**1026 b 28-29**). Para essa remissão (que Aristóteles exprime com o termo λεγομένης) ver Δ 5, 1015 a 26-35.

[15] (**1026 b 29-33**). *Ser em sentido acidental é o que não é nem sempre nem na maioria das vezes (mas só às vezes).* — Cf. também *Top.*, II 6, 112 b 1 s.; *Anal. post.*, I 30, *passim*; *Fís.*, II 5, 196 b 10 ss.; 8, 199 a 1; *Do céu*, II 12, 283 a 32 ss.; *Da ger. e corr.*, II 11, 337 b 2 ss., etc. — Note-se: justamente porque além do *ser que é sempre* existe o *ser que é na maioria das vezes*, existe também o *ser acidental*. De fato, o "na maioria das vezes" não coincide com o "sempre", *só porque admite uma margem*, para usar um termo

aristotélico, *de contingência*. É justamente essa margem de contingência o espaço do acidente. Noutros termos: o "na maioria das vezes" só existe enquanto existe algo que *só é "às vezes"*; excluído este, seria excluído também aquele. Nesse sentido, como Aristóteles diz logo abaixo, o acidente tem a sua "necessidade".

[16] (1027 a 3-5). *Exemplificação da causalidade do acidente*. — O cozinheiro pode curar alguém, mas não em sentido "absoluto" (ἁπλῶς), ou seja, *enquanto cozinheiro*. Em suma: é acidente tudo o que é de algum modo ligado a alguma coisa, mas não em função da essência dessa coisa, e, portanto, casualmente e fortuitamente.

[17] (1027 a 5-8). *Por que do efeito acidental também a causa é acidental*. — Comentamos esse ponto com Tomás (*In Metaph.*, p. 303 a, § 1185 Cathala-Spiazzi). Partindo do exemplo do cozinheiro, último dado por Aristóteles, escreve o Aquinate: "... Quamvis autem cocus faciat pulmentum delectabile, tamen hoc fit per accidens salubre. Cocus quidem facit modo quodam solubre secundum quid; sed simpliciter non facit, *quia ars operatur per intentionem. Unde quod est praeter intentionem artis, non fit ab arte per se loquendo*. Et ideo ens per accidens, quod est praeter intentionem artis, non fit ab arte. Aliorum enim entium, quae sunt per se, sunt quandoque aliquae *potentiae factivae determinatae; sed entium per accidens nulla ars neque potentia determinata est factiva*. Eorum enim quae sunt aut fiunt secundum accidens, oportet esse causam secundum accidens, et non determinatam. Effectus enim et causa proportionantur adinvicem; et ideo effectus per accidens habet causam per accidens, sicut effectus per se causam per se".

[18] (1027 a 8-10). Cf. nota 15.

[19] (1027 a 13-15). *Por que a matéria é causa do acidente*. — De fato a matéria é potência de ambos os contrários e, como tal, não é absolutamente predeterminada a ser um mais do que o outro; aqui, portanto, está a raiz aquela margem de "contingência", da qual brota o acidente.

[20] (1027 a 15). Deve-se subentender: "para demonstrar que verdadeiramente existe o acidente".

[21] (1027 a 16-17). Cf. nota 15.

[22] (1027 a 17-19). Aristóteles remete aqui, obviamente, a Λ 6-8.

[23] (1027 a 20-26). *Por que não existe ciência do acidente*. — Noutros termos: se o acidente entrasse em leis determinadas, então cessaria de ser acidente; e, enquanto ele é, justamente, evento casual e fortuito, fora de qualquer possibilidade de determinação, foge inteiramente às condições necessárias para que algo seja cognoscível.

[24] (1027 a 26-28). *Sobre o problema da incognoscibilidade do acidente.* — Sobre o problema da incognoscibilidade do acidente do qual, ademais, Aristóteles nos forneceu precisas determinações conceituais, cf. as justas observações de F. Brentano, *Von der mannigfachen Bedeutung*..., p. 18 e o nosso volume: *Il conc. di filos. prima*[5] (1993), pp. 159 s.

3. *Sumário e comentário a* E 3

[1] (1027 a 29 – b 16). Sumário. — A *existência do acidente implica, necessariamente, a existência de causas acidentais, vale dizer, de causas diferentes das que dão lugar ao que é sempre ou na maioria das vezes.* Aristóteles *ilustra isso com exemplos referentes tanto a eventos passados quanto a eventos futuros, e mostra como, subindo na cadeia das causas e efeitos, chega-se, em determinado momento,* a certo evento, *do qual parte a cadeia dos eventos sucessivos, o qual é causa deles, mas de tal modo que não tenha uma* determinada e precisa razão de ser e esteja fora de qualquer necessidade e regra, sendo, portanto, fortuito. *É esse tipo de evento, justamente, a causa do acidente. Se, depois, a causa do acidente deve entrar na ordem das causas formais, ou finais, ou eficientes, é problema que* Aristóteles *não investiga aqui, porque, para resolvê-lo, seria preciso um aprofundado e específico exame à parte.*

[2] (1027 a 29-32). *Como devem ser entendidas as causas dos acidentes.* — No capítulo precedente (cf. nota 13), já vimos que o ser acidental aparece e desaparece sem que dele haja um processo de geração e de corrupção. Por consequência lógica, é evidente que do ser acidental existirão causas de natureza diferente das causas do ser não acidental, do contrário não poderia existir o próprio acidente. Portanto, como existe o ser acidental, também deverão existir *causas acidentais*. E como o ser acidental aparece e desaparece sem que dele haja um processo de geração e corrupção, isso deve ocorrer também com as *causas acidentais*. Portanto, *as causas acidentais deverão ser de tal modo que apareçam e desapareçam imediatamente fora de qualquer regra, de qualquer esquema e de toda determinação.* — Bonghi explica muito bem: "Todo processo de atos ligados uns com os outros na qualidade de causa e efeito é necessário: por isso, se não existissem esses atos, que aparecem e desaparecem num processo sem que a razão do seu aparecer e desaparecer esteja num ato precedente, não existiriam efeitos casuais, ou só existiriam efeitos necessários. Portanto, para que existam efeitos casuais, é preciso que as causas que os produzem sejam, operem, faltem na

ausência de semelhante processo, porém não se gerem nem se corrompam (coisas que requerem uma série de atos ligados entre si e dirigidos à geração ou à corrupção), mas surjam e cessem num instante e independentemente dos atos precedentes, sucessivos e contemporâneos, no meio dos quais se introduz a sua obra" (*Metaf.*, II, p. 186, nota 3).

[3] (**1027 a 32 – b 14**). *Ilustração do exemplo dado por Aristóteles para explicar as causas acidentais.* — Esclareçamos o exemplo situando-o no mundo moderno. Que o homem deva morrer, como Aristóteles diz logo abaixo (1027 b 8 ss.), depende de causas necessárias (a presença nele de contrários). Todavia, se deva morrer (*a*) de morte natural, ou (*b*) de morte violenta, é uma alternativa na qual se inserem também *causas acidentais*, e não só necessárias. Vejamos como. O Sr. X morrerá de morte natural se não sair de casa; ao invés, morrerá de morte violenta (digamos: atropelado por um automóvel enquanto atravessa a rua) se sair de casa. E sairá ou não de casa se tiver ou não sede (digamos: sairá ou não sairá para ir comprar uma bebida). Ulteriormente, terá sede ou não terá sede dependendo de se tiver ou não ingerido uma comida salgada e picante. Eis-nos, portanto, *no evento do qual partirá uma ou outra série de sucessivos eventos.* — Pois bem: de que *depende*, qual é a *causa* desse evento? Aristóteles diz: esse evento é, justamente, aquele *acidental* do qual se falava, *não depende de nenhuma razão precisa e não tem uma causa determinada: ele ocorre ou não ocorre fora de qualquer regra precisa.* Se o Sr. X comer a comida picante e salgada, então porá em movimento aquela concatenação de eventos que o levarão a morrer de morte violenta. Tudo o que se seguir ao ter ingerido a comida, seguir-se-á necessariamente, *mas o comer ou não daquela comida é evento que não tem nenhuma necessidade* (porque depende exclusivamente da *escolha* feita, *ad libitum*, por quem comeu). Esse evento, que é causa dos sucessivos, permanece desvinculado de qualquer necessidade, vale dizer, *contingente*: mesmo depois de o Sr. X ter comido aquela comida e de ter acontecido tudo o que daí se segue, isto é, mesmo depois de ter se tornado um evento passado. E, com efeito, Aristóteles retoma logo em seguida o exemplo referindo-se ao passado. É claro que não é pelo fato de o Sr. X *já ter efetivamente ingerido* o alimento que o evento muda de natureza: torna-se simplesmente um *evento acidental passado.* — Bonghi acrescenta esse outro exemplo que pode servir de ulterior esclarecimento: "... passando dos fatos naturais aos ativos, para viver é preciso comer e para comer é preciso ter alguma coisa; ora, não tendo, poderás dedicar-te a procurar o que te falta ou pelo trabalho ou pelo roubo. Na simples necessidade de comer para viver

não está dado o modo no qual a tua liberdade deverá decidir-se a buscar o alimento; se estivesse, não haveria nada de casual, e da necessidade de comer, já existente desde o início da vida, seria determinada toda a série dos atos que farás para te sustentares" (*Metaf.*, II, p. 187, em nota).

[4] (**1027 b 14-16**). A *matéria é causa necessária mas não suficiente para explicar o acidente.* — Acima, em 2, 1027 a 13-15, Aristóteles disse que a *matéria* é princípio e causa do acidente e do ser acidental. Como se explica, então, o problema que aqui é novamente levantado? A resposta não é difícil, quando se tem presente o seguinte. A *matéria* é condição *necessária* mas não *suficiente* dos eventos acidentais: ela constitui, de fato, a pura potencialidade dos opostos, e é causa da indeterminação das coisas. Portanto, é preciso que *advenha uma causa ulterior*, que promova a passagem ao ato de uma possibilidade em vez de outra. Obviamente, essa ulterior causa não pode ser, pela razões vistas, outra causa de tipo *material*; não pode ser uma causa de tipo *formal*, que é sempre e unicamente razão de determinação e necessidade (e por isso Aristóteles nem sequer a nomeia). Restam, então, a causa *final* e a *eficiente*. A primeira deverá ulteriormente ser excluída já que, como veremos, o *fim* é sempre estritamente ligado à forma. Portanto, não resta senão a *causa eficiente*: é esta que, junto com a matéria, dá lugar aos eventos acidentais. — Cf. também Ps. Alexandre, *In Metaph.*, p. 456, 24 s. Hayduck; Asclépio, *In Metaph.*, p. 373, 24-26 Hayduck. De resto, é o próprio Aristóteles que na *Física*, II 6, 198 a 2 s., diz claramente que a causa dos eventos fortuitos, isto é, do acaso e da sorte, entra no âmbito das causas eficientes (ἐν τοῖς ὅθεν ἡ ἀρχὴ τῆς κινήσεως). — Para um aprofundamento dos problemas conexos às questões levantadas em E 2-3 cf. H. Weiss, *Kausalität und Zufall in der Philosophie des Aristoteles*, Basileia 1942 (Darmstadt 1967[2]); A. Mansion, *Introduction à la physique aristotélicienne*, Lovaina 1945[2], caps. VIII e IX.

4. *Sumário e comentário a* E 4

[1] (**1027 b 17 – 1028 a 6**). Sumário. — *Depois de ter falado do* ser acidental, *Aristóteles passa agora ao tratamento do* ser como verdadeiro *e do* não-ser como falso. *Estes consistem nas operações de conexão e de divisão próprias do pensamento. O verdadeiro está em conectar as coisas conexas (ou em dividir as coisas divididas) e o falso está em dividir as coisas não divididas (ou em unir as coisas não unidas). Ora, dado que essas operações estão na*

mente e não nas coisas, o ser como verdadeiro e como falso se reduz a um ens rationis, a uma afecção da mente. *Portanto, conclui Aristóteles, seja o ser acidental, seja o ser como verdadeiro e falso deverão ser deixados de lado pelo metafísico: o primeiro porque, sendo indeterminado, só tem causas indeterminadas; o segundo, ao invés, porque se reduz a um ser puramente mental. O metafísico deverá buscar sobretudo as causas do ser enquanto ser (forma que aqui, portanto, só pode significar a substância, como em* Γ 1). *É exatamente isso que Aristóteles fará a partir do próximo livro.*

[2] (1027 b 20-23). *Nexos entre o verdadeiro, a separação e a conjunção.* — Essas últimas afirmações são bem esclarecidas por Tomás (*In Metaph.*, p. 309 b - 310 a, §§ 1225 s. Cathala-Spiazzi): "Et quia praedictum ens et non ens, scilicet verum et falsum, consistit in compositione et divisione, ideo similiter consistit circa partitionem contradictionis. Unaquaeque enim contradictionum partiuntur sibi invicem verum et falsum; ita quod altera pars est vera, et altera pars est falsa. Cum enim contradictio ex affirmatione et negatione constituatur, utraque autem harum ex praedicato sit et subiecto, praedicatum et subiectum dupliciter se possunt habere. Aut enim sunt coniuncta in rerum natura, sicut homo et animal; aut sunt disiuncta, ut homo et asinus. Si ergo formantur duae contradictiones: una ex terminis coniunctis, ut, homo est animal, homo non est animal, alia ex terminis disiunctis, ut, homo est asinus, homo non est asinus, utramque contradictionem inter se condividunt verum et falsum; ita quod verum pro parte sua 'habet affirmationem in compositio' idest in terminis coniunctis, et 'negationem in disiuncto', idest in terminis disiunctis. Hae enim duae sunt verae, homo est animal et homo non est asinus. Sed falsum pro sua parte habet 'contradictionem partitionis' idest contradictoria eorum, quae cedunt in partem veri. Habet enim falsum pro sua parte negationem in coniuncto, et affirmationem in disiuncto. Hae enim duae sunt falsae, homo non est animal, et homo est asinus".

[3] (1027 b 23-25). Aristóteles se ocupará da questão e a resolverá adequadamente em Z 12.

[4] (1027 b 25-27). *Aspecto lógico e noológico do verdadeiro e do falso.* — Esse é o aspecto do ser como verdadeiro e falso que não interessa ao metafísico. (Recorde-se, ademais, que, para Aristóteles, pode-se também falar de um verdadeiro ou de um falso *ontológico*, isto é, *nas coisas*: cf. ᾶ 1, no final e Δ 29; aqui, porém, fala apenas do lógico-noológico).

[5] (1027 b 27-28). Cf. Θ 10, 1051 b 17 ss.

[6] (1027 b 28-29). Em Θ 10, *passim*.

[7] (1027 b 29 – 1028 a 4). *Redução do ser como verdadeiro a uma atividade da mente humana.* — Portanto, como muito justamente observou Brentano (*Von der mannigfachen Bedeutung*..., p. 39), desse tipo de ser que se funda sobre as operações da mente humana, ocupar-se-á a *lógica*. Cf. também *Il conc. di filos. prima*[5] (1993), p. 162 e nota 42.

[8] (1028 a 1-2). Isto é, a substância e as categorias.

[9] (1028 a 2). *Interpretação da expressão* οὐκ ἔξω δηλοῦσιν οὖσάν τινα φύσιν τοῦ ὄντος. — Particularmente delicada de traduzir é a expressão ἔξω. Natorp (in "Archiv für Gesch. der Philos.", 1 (1988), p. 192) a entendia referida às categorias: "*fora* ou *à parte das categorias*", vale dizer à parte daquele λοιπὸν γένος, de que fala Aristóteles na linha precedente. Ross (*Metaph.*, I, p. 366), mesmo considerando a interpretação possível, observa que, nesse caso, deveria existir um ἔξω τούτου; por sua vez, ele propõe entendê-lo no sentido de *objetivo* (e remete a *Da alma*, 417 b 20 e Platão, *Teet.* 198 C 2). Na passagem paralela em K 8, 1065 a 24 Aristóteles diz... περὶ δὲ τὸ ἔξω ὂν καὶ χωριστόν, e, certamente, na nossa passagem, Aristóteles não quer dizer outra coisa. Na tradução explicitamos o que Aristóteles condensa num só termo.

[10] (1028 a 2-4). *"Ser enquanto ser" e "substância"*. — Note-se: causas e princípios do *ser enquanto ser* é expressão que só pode significar as causas e os princípios da *substância*. E o livro Z, com efeito, procederá ao exame da substância e das causas e princípios da substância. Objetar-se-á que, dos quatro significados distinguidos no início de E 2, só dois foram excluídos e, portanto, restam os significados do ser como *categoria* e como *ato e potência*. Isso é verdade, mas o ponto sobre o qual deve ser fixada a atenção é o seguinte: *o tratamento desses significados estará centrado inteiramente sobre o tratamento da substância*. Com efeito, ato e potência, no seu sentido metafísico, reduzir-se-ão a matéria e forma, isto é, aos dois princípios essenciais da substância, e as categorias reduzir-se-ão a modos de ser da própria substância. Em suma, mais uma vez nos encontramos diante de um redimensionamento essencialmente usiológico da ontologia aristotélica: fato este que, por não ter sido bem entendido, especialmente pelos modernos intérpretes, foi fonte de quase todos os equívocos e mal-entendidos.

[11] (1028 a 4-6). *Uma ligação com o livro seguinte.* — Sobre o problema suscitado por essas últimas linhas, que alguns consideram um tardio acréscimo, feito para ligar E com Z, ver a nota 67 do nosso volume *Il conc. di filos. prima*[5] (1993), pp. 163 s.

SUMÁRIOS E COMENTÁRIO AO LIVRO Z

(SÉTIMO)

E na verdade, o que desde os tempos antigos, assim como agora e sempre, constitui o eterno objeto de pesquisa e o eterno problema: que é o ser, equivale a este: que é a substância. (...) — Portanto é preciso examinar... se existe alguma substância separada das sensíveis, por quê existe e de que modo existe, ou se, além das sensíveis, não existe nenhuma substância. Mas procederemos a esse exame depois de ter dito, em resumo, que é a substância em geral.

Metafísica, Z 1, 1028 b 2-4; 2, 1028 b 28-32

1. *Sumário e comentário a Z 1*

[1] (**1028 a 10 – b 7**). Sumário. — *Depois de ter distinguido (em* E 2*) os quatro significados do ser e depois de ter explicado as razões pelas quais o ser* acidental *e o ser como* verdadeiro *devem ser deixados de lado, enquanto se apoiam inteiramente nos significados do ser como categoria e, portanto, os pressupõem (*E 4*), Aristóteles enfrenta, neste livro, justamente o grupo central dos significados do ser. — Já nesse primeiro capítulo ele explica como, por sua vez, no âmbito das próprias categorias,* só uma resulta ser verdadeiramente fundamental e primeira: a substância. *De fato, o ser de todas as outras categorias pressupõem, como condição, o ser da primeira, isto é,* o ser substancial, *enquanto nenhuma das categorias pode subsistir separada da essência. A substância tem uma prioridade sobre as outras categorias em todos os sentidos, vale dizer, prioridade no tempo, na noção ou definição e no conhecimento. Assim sendo (todos os significados do ser pressupõem e se fundam sobre o ser das categorias; estas, por sua vez, pressupõem e se fundam sobre a primeira, isto é, sobre a substância), é evidente que* o problema do ser *se reduz ao* problema da substância: saberemos o que é o ser quando soubermos o que é a substância. — *Eis, portanto, a questão de fundo a ser resolvida e da qual se ocupará justamente o presente livro:* que é o ser como substância *(um problema central da metafísica aristotélica).*

[2] (**1028 a 10-12**). Cf. Δ 7, passim (cf. também E 2-4).

[3] (**1028 a 12-13**). A*s razões pelas quais Aristóteles evoca aqui dentre os múltiplos significados do ser só os das categorias.* — Note-se: a muitos estudiosos escapa a razão pela qual Aristóteles, dos múltiplos significados do ser, menciona só as categorias e não os outros. Entretanto, tudo fica claro se aceitarmos que o conteúdo do livro Z *deva* ser lido efetivamente no lugar em que se encontra, vale dizer, *depois* de E. De fato, em E 2-4 Aristóteles esclareceu *definitivamente* que dois grupos de significados ("ser acidental" e "ser como verdadeiro") devem ser deixados de lado, pelas razões vistas.

Assim, resta justamente o grupo dos significados do ser *como categorias*, do qual é chegado o momento de falar. — Restariam também os significados do ser como *potência* e como *ato*; e também esses Aristóteles discutirá particularmente, *depois* de ter falado do ser categorial e da substância (no livro Θ), seguindo, portanto, um plano evidente. (A respeito das duas expressões com as quais é indicada a substância, vale dizer, τί ἐστι = essência e τόδε τι = algo determinado, falaremos diversas vezes, além do que já explicamos no *Ensaio introdutório*, pp. 98-106).

[4] (**1028 a 16**). Quando queremos indicar a *qualidade* de algo, não dizemos que ele é (por exemplo) "de três cubos" (nem damos outras indicações do mesmo tipo), porque *de três cubos* indica a *quantidade*.

[5] (**1028 a 16**). Para indicar a *qualidade* de algo não dizemos tampouco, por exemplo, um "homem", porque *homem* indica a *substância* e a essência, não a qualidade.

[6] (**1028 a 18-20**). Veremos em Z 4, 1030 a 32 ss. as razões disso.

[7] (**1028 a 20-31**). *O ser de todas as categorias depende do ser da primeira.* Bonitz (*Comm.*, pp. 295 s.) capta bem o sentido de toda essa passagem: "Ita per exempla significatis diversis categoriis omnium primam substantiam esse eo comprobat, quod reliquae omnes eam requirant eique quase inhaereant, cf. 13. 1038 b 26. Θ 1, 1045 b 27, N 1. 1088 b 4. Propterea licet in universali entis notione etiam qualitas contineatur, tamen dubitaverit quispiam, utrum qualitas vel affectio, si per se et absolute enuncietur τὸ καθῆσθαί τὸ ὑγιαίνειν, ens aliquod significet necne, sed entis dignitatem ibi potius cerni putabimus, ubi simul cum qualitate definitum quodpiam subjectum, cui illa inhaereat, significatur, veluti quum dicimus τὸ καθήμενον, τὸ ὑγιαῖνον. Nimirum ἐν τῇ κατεγορίᾳ τῇ τοιαύτῃ, h. e. si hunc in modum quidpiam enunciatur, ἐμφαίνεται ἡ οὐσία i. e. φαίνεται ἐνυπάρχουσα ἡ οὐσία, cf. a 35... Itaque quum reliqua omnia per substantiam in numerum entium adsciscantur, praecipuo ac primario sensu ens, ut quod non praedicetur de alio subiecto eiusque determinationem quandam significet, οὐ τὶ ὄν, sed de quo praedicentur reliqua, est substantia".

[8] (**1028 a 33-34**). *Em que sentido o "ser separado", que é característica ontológica da essência, exprime também a característica da "prioridade no tempo".* — Os comentadores consideram que seja justamente esta a razão pela qual a substância é dita primeira *no tempo* (χρόνῳ), mas a explicam de diferentes modos. — (1) Ps. Alexandre (*In Metaph.*, p. 461, 1-9 Hayduck) explica do seguinte modo. A substância é anterior no tempo às outras categorias na medida em que estas se configuram como atributos que ela *recebe*

sucessivamente no tempo: alguns atributos estão nela hoje, outros estavam ontem, outros estarão amanhã (por exemplo, como uma ânfora é anterior *no tempo* ao vinho, que, sucessivamente, acolhe, assim a substância é anterior aos outros acidentes, que, progressivamente, acolhe). Ademais, faltando os atributos, não falta a substância; vice-versa, se falta a substância, faltam também os atributos (linhas 9-11). — (2) Tomás, ao invés, dá a seguinte explicação: nenhum outro predicamento é separável da substância e só a substância é separável, enquanto não existe nenhum acidente sem a substância, enquanto "aliqua substantia invenitur sine accidente. Et sic patet, quod non quandocumque est substantia, est accidens, sed e contrario: et propter hoc substantia est prior tempore" (*In Metaph.*, p. 317 b, § 1257 Cathala-Spiazzi). Tomás pensa, evidentemente, nas *substâncias divinas* (cf. Maurus, *Arist. Op. Omn.*, IV, p. 107 b). — (3) Bonitz destacou, e justamente, que o ser *separável* ou *separado* é característica que define não a prioridade cronológica "sed ipsam essentiae dignitatem distinguit"; cf. *Fis.*, I 2, 185 a 31. Em suma: trata-se de uma característica que, por si, define a prioridade φύσει. — Todavia, pode-se dizer sempre com Bonitz (*Comm.*, p. 296): "Sed quoniam in generatione sine quo aliud esse nequit, id tempore prius esse solet, facile temporis nomen etiam ad distinguendam essentiae dignitatem deflectitur". Assim também Schwegler, *Metaph.*, IV, p. 38.

[9] (**1028 a 34-36**). *Em que sentido a "prioridade na definição" distingue-se da "prioridade no conhecimento" da substância.* — A prioridade na *noção* ou *definição* (λόγῳ), embora não seja sempre distinta da prioridade no *conhecimento* (γνώσει), aqui certamente é distinguida (sobre isso cf. Ross, *Metaph.*, II, p. 161). Como bem notou Trendelenburg (*Gesch. d. Kategorienlehre*, p., 74), a prioridade λόγῳ indica o aspecto *objetivo* (e, portanto, ontológico), enquanto a prioridade γνώσει indica mais o aspecto por assim dizer *subjetivo* do nosso conhecimento (e, portanto, gnosiológico). Aristóteles indica aqui com πρῶτον λόγῳ aquilo que, em outro lugar, indica com πρῶτον οὐσίᾳ; essa expressão não podia ser usada no nosso texto porque o sujeito de que fala é, justamente, a própria οὐσία (e, portanto, surgiria uma notável confusão). "O que habitualmente é designado com a expressão ἡ οὐσία ἡ κατὰ τὸν λόγον, por exemplo, quando se diz que κατὰ τὸ εἶδος καὶ τὴν οὐσίαν τὴν κατὰ τὸν λόγον o ângulo reto (entendido como medida e como um todo) é anterior relativamente ao ângulo agudo: eis o que na passagem que estamos comentando é indicado com λόγῳ πρῶτον. É nesse sentido que o *ato*, sobre cujo conceito é a *potência* determinada, é *anterior* à potência (πρότερον τῇ οὐσίᾳ... Θ 8, p. 1050 b 3).

E é nesse mesmo sentido que a matéria e o devir são anteriores no tempo, enquanto *no conceito e na essência* é anterior a forma de cada coisa. *De part. anim.*, II, 1, p. 646, a 35: τῷ μὲν οὖν χρόνῳ προτέραν τὴν ὕλην ἀναγκαῖον εἶναι καὶ τὴν γένεσιν, τῷ λόγῳ δὲ τὴν οὐσίαν καὶ τὴν ἑκάστου μορφήν. Os tijolos, as pedras da construção, como é esclarecido na passagem, são *primeiros no tempo* relativamente à casa; mas *no conceito* é primeira a casa, já que aqueles são determinados por esta, como meios ao fim. O conceito de construção contém o conceito da casa, enquanto o conceito da casa, considerado em si, ainda não contém o conceito de construção. E assim as outras categorias dependentes da substância implicam a substância; ao contrário, o conceito de substância não contém *em si imediatamente* aquelas". — Esta é, sem dúvida, a exegese mais fina e mais profunda que foi dada da nossa passagem. (Cf., ao contrário, a exegese do Ps. Alexandre, *In Metaph.*, p. 461, 11-19 Hayduck e a de Tomás, *In Metaph.*, p. 317 b, § 1258 Cathala-Spiazzi).

[10] (**1028 a 36 – b 2**). *Que significa a "prioridade no conhecimento" que é própria da substância.* — Dado que, para Aristóteles, o nosso conhecimento depende totalmente da própria realidade, então é claro, com base no que foi dito na nota precedente, que a prioridade τῷ λόγῳ (no sentido visto) comporta, consequentemente, a prioridade τῇ γνώσει. — Ótima a exegese de Tomás (*In Metaph.*, p. 317 b, § 1259 Cathala-Spiazzi). "Quod etiam sit prior ordine cognitionis, patet. Illud enim est primum secundum cognitionem, quod est magis notum et magis manifestat rem. Res autem unaquaeque magis noscitur, quando scitur eius substantia, quam quando scitur eius quantitas aut qualitas. Tunc enim putamus nos maxime scire singula, quando noscitur quid est homo aut ignis, magis quam quando cognoscimus quale est aut quantum, aut ibi, aut secundum aliquod aliud praedicamentum. Quare etiam de ipsis, quae sunt in praedicamentis accidentium, tunc scimus singula, quando de unoquoque scimus quid est. Sicut quando scimus quis est ipsum quale, scimus qualitatem, et quando scimus quid est ipsum quantum, scimus quantitatem. Sicut enim alia praedicamenta non habent esse nisi per hoc quod insunt substantiae, ita non habent cognosci nisi inquantum participant aliquid de modo cognitionis substantiae, quae est cognoscere quid est". Cf. *infra*, 4, 1030 a 17-27.

[11] (**1028 b 4-5**). *Referência aos Jônicos e aos Eleatas.*

[12] (**1028 b 5**). *Referência a Empédocles e aos Pitagóricos.*

[13] (**1028 b 5-6**). *Referência a Anaxágoras e aos Atomistas.* — Cf. Alexandre, *In Metaph.*, p. 461, 33 Hayduck. Os Platônicos poderiam ser

postos tanto entre os que sustentam o número *finito* como entre os que sustentam o número infinito: cf. Λ 8, 1073 a 18-22.

[14] (1028 b 6-7). *Uma cifra emblemática da metafísica aristotélica: a ontologia é, fundamentalmente, uma usiologia.* — Tenha-se bem presente essa conclusão, muito amiúde esquecida pelos estudiosos modernos. A ontologia aristotélica configura-se, como outras vezes dissemos e mostramos e é definitivamente confirmado pela boca do próprio Estagirita, *in primis et ante omnia* como uma *usiologia*. Portanto, *não é nem uma ontologia geral em sentido moderno, nem uma mera fenomenologia dos significados do ser*. Cf. o comentário a Γ 1-2. O significado do ser é dado em sentido primário e essencial pela substância e só pela *substância*: todo o resto é apenas ser-pela-substância. Para quem não tenha bem presente isso, escapa radicalmente o sentido da ontologia aristotélica na sua dimensão histórico-filosófica. Como vimos amplamente no *Ensaio introdutório*, pp. 83 ss. e 87-109, além do que vimos em *Il conc. di filos. prima*[5] (1993), *passim*, essa especificação exprime uma das estruturas de sustentação de toda a *Metafísica* de Aristóteles, cuja eliminação implicaria na derrocada de toda a ontologia aristotélica.

2. *Sumário e comentário a Z 2*

[1] (1028 b 8-32). Sumário. — *Depois de ter explicado a centralidade e a primazia do ser da substância relativamente ao ser das categorias, e de ter mostrado que a ontologia deve, fundamentalmente, ser uma usiologia, Aristóteles explicita, ulteriormente, qual é o problema de fundo da usiologia:* que substâncias existem? — (1) *Comumente se considera que a prerrogativa de ser substância refira-se aos* corpos *e ao que de algum modo é redutível aos corpos (por exemplo: os animais, as plantas, os elementos físicos originários, o céu e todas as suas partes).* — (2) *Alguns filósofos consideram que são substâncias* os limites dos corpos, *isto é, aquilo que determina os próprios corpos (superfícies, linhas, pontos).* — (3) *Outros filósofos consideram que a prerrogativa de ser substância se refira, mais do que às coisas sensíveis, aos* entes eternos e suprassensíveis *(como dizem, por exemplo, Platão, Espeusipo, Xenócrates, mesmo não concordando entre si na determinação do número e da natureza dessas substâncias).* — *Eis, portanto, o problema que se impõe: quem tem razão dentre esses filósofos?* Existem ou não substâncias além das sensíveis? Existem substâncias completamente separadas das sensíveis, ou só existem substâncias sensíveis? — *Antes de resolver este problema, e*

justamente para poder resolvê-lo de modo adequado, é preciso resolver outro: que é a substância em geral. *E esta será, justamente, a tarefa do presente livro.* — (Sobre a distinção dos dois problemas cf. *Ensaio introdutório*, pp. 93-95 e, abaixo a nota 12).

[2] (1028 b 14). *As outras substâncias.* — Essas "outras" (ἄλλα) substâncias são as não sensíveis, suprassensíveis.

[3] (1028 b 14-15). *Posição do problema relativo a quê substâncias existem.* — Seguimos o texto de Ross (*Metaph.*, II, p. 162), com base no qual Aristóteles analisa essas cinco possibilidades. Substâncias são:

(1) só as nomeadas,

(2) aquelas e outras,

(3) só algumas das nomeadas,

(4) algumas das nomeadas e algumas outras,

(5) só algumas outras.

[4] (1028 b 16-18). *Uma evocação dos Pitagóricos.* — Trata-se, como já Asclépio (*In Metaph.*, p. 379, 3 Hayduck) observava, dos Pitagóricos. Os estudiosos modernos concordam, na maioria, com Asclépio. Em Diels-Kranz a passagem é acolhida na seção dedicada à doutrina dos Pitagóricos anônimos (fr. 23, I, p. 457, 1 ss.). Cf. Timpanaro Cardini, *Pitagorici*, III, p. 144 s. e relativo comentário. Cf. B 4, 1001 b 25; 5, 1002 a 4.

[5] (1028 b 18-19). *Uma evocação dos filósofos naturalistas.* Ps. Alexandre (*In Metaph.*, p. 462, 29 s. Hayduck) cita Hípon, o ateu (Ἵππων ὁ ἄθεος), que negava a existência de qualquer coisa além do sensível (sobre Hípon, cf. A 3, 984 a 3 e relativa nota). Mas é óbvio que Aristóteles pensa nos filósofos jônicos e naturalistas em geral, como prova A 8. Antes, Timpanaro Cardini, comentando a passagem (*Pitagorici*, III, p. 145, em nota), escreve: "... considero que, no pensamento de Aristóteles, embora não expresso explicitamente, os Pitagóricos são compreendidos entre os que não admitem outra realidade separada da realidade sensível". Parece-nos que A 8, 989 b 29 ss. poderia ser uma explícita confirmação disso.

[6] (1028 b 19). Seguimos Ross, *Metaph.*, II, p. 162 s.

[7] (1028 b 19-21). Cf. A 6, 987 b 14 ss.

[8] (1028 b 21-24). *Espeusipo.* — Cf. o índice das passagens da *Metafísica* consideradas como testemunhos do seu pensamento em apêndice ao *Ensaio introdutório*. Os fragmentos de Espeusipo foram primeiro recolhidos por P. Lang, *De Speusippi accademici scritis, accedunt fragmenta*, Bon 1911 (Frankfurt 1964[2]); e agora por M. Isnardi Parente, *Speusippo, Frammenti. Edizione, traduzione e commento*, Nápoles 1980; e por L. Tarán, *Speusippus*

of Athens. A Critical Study with a Collection of the Related Texts and Commentary, Leiden 1981.

[9] (1028 b 24-27). *Xenócrates e os seus seguidores.* — Assim nos diz Asclépio (*In Metaph.*, p. 379, 17 ss. Hayduck); cf., de resto, M 1, 1076 a 20; cf. também M 6, 1080 b 22; 9, 1086 a 5; N 3, 1090 b 28, 31. Os fragmentos de Xenócrates foram recolhidos por R. Heinze, *Xenokrates, Darstellung der Lehre und Sammlung der Fragmente*, Leipzig 1892 (Hildesheim 1965[2]); e agora por M. Isnardi Parente, *Senocrate-Ermodoro, Frammenti, Edizione, traduzione e commento*, Nápoles 1982.

[10] (1028 b 27-29). *O problema da substância transcendente.* — À primeira vista o texto parece distinguir dois problemas: (*a*) se existem substâncias παρὰ τὰς αἰσθητάς e (*b*) se existe uma χωριστὴ οὐσία. — Ross (*Metaph.*, II, p. 163) considera que o problema (*a*) significa o seguinte: se existe, por exemplo, a *forma* das coisas sensíveis, e que o problema (*b*) indica a questão da existência da pura forma substancial (transcendente ao sensível). Mas é difícil que assim seja, dado que em M e em N παρά indica o mesmo conceito de χωριστόν, e, na nossa passagem, παρά aparece na formulação de ambas as questões. Provavelmente Aristóteles repete duas vezes a pergunta simplesmente para reafirmá-la e reforçá-la, mesmo na expressão.

[11] (1028 b 31). *O termo* ὑποτυπωσαμένοις. — Para o significado desse termo cf. Trendelenburg, *Elem. Log. Arist.*, p. 49; Schwegler, *Metaph.*, IV, pp. 42 s.; Bonitz, *Index Arist.*, p. 779 a 24 ss.

[12] (1028 b 29-32). *Conclusões sobre o capítulo* 2. — Note-se com quanta precisão e clareza Aristóteles distingue os dois problemas da usiologia: (1) *que substâncias existem* (existem só substâncias sensíveis ou *também* suprassensíveis?) (2) *Que é, em geral, a substância?* — (1) O primeiro problema é tipicamente *teológico*, e é o problema que aparece do começo ao fim dos quatorze livros da *Metafísica*. Tenha-se presente que *ele será enfrentado e resolvido só nos últimos livros: positivamente em* Λ, e em polêmica com a solução dos Platônicos e dos Pitagóricos em M e N. — (2) O segundo problema pode ser estudado e aprofundado *antes mesmo de se enfrentar o primeiro, e justamente para melhor resolvê-lo.* — Naturalmente, Aristóteles estudará esse problema no único modo possível, se não se quiser pressupor uma solução do primeiro. Noutros termos: existem algumas substâncias de cuja existência ninguém duvida; estas são as substâncias sensíveis. Pois bem, vejamos por enquanto *que é em geral a substância, baseando-nos prioritariamente nesses tipos de substâncias, as sensíveis, não*

contestadas por ninguém: eis por que o tratamento geral da substância, que vem em seguida, será *prioritariamente* centrado sobre as substâncias sensíveis (cf. as explícitas afirmações de Aristóteles abaixo, 3, 1029 a 33 s.). — Com isso fica também explicada a razão das *contínuas remissões*, que progressivamente encontraremos, *à questão da substância suprassensível*, em função da qual é desenvolvida a pesquisa de Z. Recordamos que a Jaeger e a muitos outros estudiosos (tanto no passado como agora, não obstante a queda do paradigma histórico-genético) escaparam inteiramente as razões *estruturais* de tais remissões: ele ignorou inteiramente esse capítulo de Z, com grave prejuízo de sua tese. — Sobre isso discutimos amplamente em *Il conc. di filos. prima*[5] (1993), pp. 182-188 e a essa páginas, para não nos repetir, remetemos o leitor. Ver também o *Ensaio introdutório*, pp. 43-48; 93-95; 111 ss.

3. *Sumário e comentário a Z 3*

[1] (1028 b 33 – 1029 b 12). Sumário. — *"Substância" é usada em pelo menos quatro diferentes significados*: (1) essência, (2) universal, (3) gênero e (4) substrato. — *Dado que substrato é o que não se refere a outro mas ao qual tudo é referido, ele* parece ser substância mais do que qualquer outra coisa; *por ele, portanto, deverá começar o tratamento da questão. — Porém, embora a título diverso, não uma mas pelo menos três coisas diferentes podem ser consideradas* substrato: (a) *a matéria*, (b) *a forma*, (c) *o composto de matéria e forma; e a forma é primeira e é mais ser do que a matéria e, portanto, mais do que o composto. — Que a substância seja* substrato, *vale dizer*, o que não pode referir-se a outro mas ao qual tudo se refere, *é certo; todavia, a substância não pode ser caracterizada* só *desse modo. Daí resultaria, com efeito, que a substância só é ou é prevalentemente a matéria, já que, se se tiram todas as determinações categoriais das coisas, resta apenas a matéria (todas as categorias referem-se à substância e, por sua vez, a substância, entendida como essência ou forma, é inerente e refere-se à matéria).* Ao contrário, *a substância deve ter, ademais, as seguintes caracterizações ulteriores: deve* ser separável *e deve ser* algo determinado. A *matéria tem as características acima indicadas*, mas não tem essas duas últimas: portanto, a forma e o composto têm mais títulos para serem substância. — *É preciso, portanto, passar ao exame destes; mas o composto de matéria e forma é algo posterior e, ademais, conhecido e manifesto a todos, enquanto as maiores dificuldades*

estão na interpretação da forma *ou* essência. *É para esta que se dirigirá o exame sucessivo.* — *Dado que todos concordam em sustentar que algumas das coisas sensíveis são substâncias, deve-se partir delas. De resto, pertence à própria ordem das coisas que, ao aprender, se parta do que é* menos cognoscível por natureza e mais cognoscível para nós (*= o sensível) em direção do que é* mais cognoscível por natureza *e* menos cognoscível para nós (*= o que não é sensível*).

[2] (1028 b 33-36). *Uma quadripartição de caráter metódico dos significados da substância, feita para traçar o quadro da discussão.* — Tenha-se presente essa quadripartição dos significados da substância:

(1) essência = τὸ τί ἦν εἶναι,
(2) universal = καθόλου,
(3) gênero = γένος
(4) substrato = ὑποκείμενον.

Essa quadripartição não é a que apresenta o pensamento próprio de Aristóteles. Como já Waitz tinha notado (*Organon*, comm. *Ad* 2 a 5) e Schwegler reafirmou (*Metaph.*, IV, p. 42), na nossa passagem deve ser sublinhado o δοκεῖ (οὐσία δοκεῖ εἶναι κτλ. l. 35), que indica, de modo bastante eloquente, que Aristóteles apresenta uma *opinião dos outros*, e não a sua. A doutrina aristotélica, que logo em seguida será ilustrada, e que será aprofundada ao longo do livro Z, é que *substâncias* (embora a título diverso) podem ser consideradas:

(1) a *matéria* ou substrato *material*,
(2) a *forma* ou *essência*,
(3) o *composto de matéria e forma*;
(4) o universal não é em nenhum sentido substância.

Esse é, com efeito, o plano que agora o Estagirita seguirá e, portanto, a estrutura de todo o desenvolvimento: em Z 3 (vale dizer, no presente capítulo) tratará da *matéria*; de Z 4 em diante tratará da *essência* e da *forma*; tratando da forma, em diversas ocasiões, Aristóteles falará também do *composto de matéria e forma*; enfim, em Z 13-16 refutará a opinião de quem considera que o *universal* (e, portanto, também o *gênero*, que é um *universal*) seja substância. (Cf. o início de Z 13 onde, explicitamente, Aristóteles evoca essa distinção, mostrando claramente que se serve dela também como referência ao desenvolvimento de Z).

[3] (1028 b 36 – 1029 a 3). *Por que e em que sentido podem ser qualificados como "substrato" tanto a matéria como o composto e também a forma.*

— Passagem importantíssima e de delicada interpretação. Que Aristóteles qualifique como "substrato" além (1) da *matéria* e (2) do *composto*, também (3) a *forma*, pareceu tão estranho, que um estudioso como Bonitz (*Comm.*, p. 302) pensou num *lapsus calami* do próprio Aristóteles; mas esta é uma tese inaceitável, porque a mesma afirmação volta em H 1, 1042 a 28. Na realidade, a afirmação aristotélica, interpretada no contexto da discussão no qual se insere, é perfeitamente inteligível. — (1) A *matéria* (ὕλη) é substrato relativamente à forma: nesse sentido a forma refere-se e inere à matéria, enquanto *a determina e a estrutura formalmente*, e nesse sentido pode-se dizer que *a própria forma refere-se à matéria*, enquanto a matéria não se refere a mais nada: *é o substrato último*. — (2) É também fácil de compreender em que sentido o sínolo é *substrato*. Todas as determinações categoriais e acidentais, como já vimos, *não* têm uma subsistência própria e *são* apenas enquanto *inerentes a outro e predicados de outro*. Nesse sentido, o sínolo, que é o concreto ser substancial, é *aquilo a que as determinações categoriais e acidentais são inerentes e aquilo de que elas são predicadas*; nesse sentido, ele serve de ὑποκείμενον, subjacente a elas. (Sócrates, por exemplo, como concreto sínolo, serve de "substrato" às diversas afecções que dele se predicam, como: músico, branco, sentado, e assim por diante). — (3) Enfim, também a *forma* pode ter a função de substrato *com relação às propriedades que são relativas justamente a cada tipo de forma*. Um excelente exemplo nos é oferecido pelo próprio Aristóteles em Δ 18, 1022 a 32, falando da alma (que é *forma*) como *substrato* da vida (que é, justamente, propriedade essencial da alma). Outro exemplo claríssimo, que ilustra outro aspecto no qual a forma é substrato, é dado em *Categorias*, 5, onde se diz que a forma ou a espécie é *substrato* do gênero; com efeito, o gênero se predica da espécie e não vice-versa: diz-se, por exemplo, que é próprio da essência ou da espécie homem ser *animal* (enquanto não se diz o contrário, isto é, não se diz que é próprio do animal ser homem, porque só alguns animais são homens). Em suma: *relativamente a tudo o que da forma se pode predicar, a forma serve de "substrato"*. — É evidente a ligação de "analogia" subsistente entre os três significados agora examinados: de analogia, note-se, justamente no sentido de proporcionalidade, que conhecemos por Δ 6. A matéria está (como substrato) para a forma, assim como o sínolo está (como substrato) para as suas afecções. Analogamente, pode-se também dizer: o sínolo está (como substrato) para as suas afecções, assim como a forma está (como substrato) para as suas propriedades e para aquilo que dela é predicável. O significado de substrato como forma é raro em

Aristóteles, enquanto são frequentíssimos os outros dois, particularmente o primeiro. — Cf. *Ensaio introdutório*, pp. 63-85.

[4] (**1029 a 3-7**). A *prioridade ontológica da forma*. — As razões pelas quais a forma é anterior e *mais ser*, seja relativamente à matéria, seja ao composto, são explicadas com precisão por Tomás (*In Metaph.*, p. 321 b, §§ 1278 s. Cathala-Spiazzi): "Dicit ergo... 'quod species', idest forma, prior est materia. Materia enim est ens in *potentia*, et species est *actus eius*. Actus autem naturaliter prior est potentia. Et simpliciter loquendo prior tempore, quia non movetur potentia ad actum nisi per ens actu; licet in uno et eodem quod quandoque est in potentia, quandoque in actu, potentia tempore praecedat actum. Unde patet, quod forma est prior quam materia, *et etiam est magis ens quam ipsa, quia propier quod unumquodque et illud magis. Materia autem non fit ens actu nisi per formam*. Unde oportet quod forma sit magis ens quam materia. — Et ex hoc ulterius sequitur, quod *eadem ratione* forma sit prior composito ex utrisque, inquantum est in composito aliquid de materia. Et ita participat aliquid de eo quod est posterius secundum naturam, scilicet de materia. Et iterum patet, quod materia et forma sunt principia compositi. Principia autem alicuius sunt eo priora. Et ita, si forma est prior materia, erit prior composito". (Para a lição de τοῦ ἐξ ἀμφοῖν, em vez de τὸ ἐξ ἀμφοῖν, cf. Asclépio, *In Metaph.*, p. 380, 10 ss. Hayduck; Christ, *app. crit. ad. h. l.*; Ross, *Metaph.*, II, p. 165; lição aceita também por Jaeger, *Metaph.*, p. 131.).

[5] (**1029 a 9**). Para a correta interpretação dessa afirmação, ver abaixo a nota 10.

[6] (**1029 a 20-21**). Vale dizer: alguma outra das *categorias* (Alexandre, *In Metaph.*, p. 464, 24 s. Hayduck).

[7] (**1029 a 22**). *O ser da matéria e suas características*. — Ross explica: "O ser da matéria é diferente do ser de qualquer uma das outras categorias, porque, enquanto a matéria não é predicada de nada, a substância é predicada da matéria e as outras categorias são predicadas da substância". — Mas isso não basta: isso (que o próprio Aristóteles destaca nas linhas seguintes) evidencia simplesmente *o fato* de que o ser da matéria é diferente do ser das outras categorias, mas não diz o porquê do fato. O ser da matéria é diferente *porque é ser potencial e, por isso, só é capaz de receber determinações* (e, portanto, não referível a outro, porque não pode determinar ou qualificar outro, justamente enquanto ser potencial). — Sobre o conceito de matéria em Aristóteles continua essencial o livro de H. Happ, *Hyle. Studien zur aristotelischen Materie-Begriff*, Berlim 1971.

[8] (1029 a 23-24). Entende-se bem o que diz Aristóteles tomando a *substância*, na primeira vez, no sentido de indivíduo concreto, esta segunda vez, ao contrário, no sentido de *forma*: de fato, a forma refere-se à matéria.

[9] (1029 a 24-26). *A matéria não é negação e privação.* — Bonitz (*Comm.*, p. 302) explica do seguinte modo: "Materiae, quum quaelibet categoria possit praedicando coniungi, nulla ex omnibus categoriis potest inesse. Nihilo vero magis negationis categoriarum, veluti τὸ μὴ ὄν, τὸ ἄποιον, τὸ ἄποσον, ei possunt *per se* inesse, sed per accidens, ὑπάρξουσιν κατὰ συμβεβηκός. Etenim ἄποιος materia dici potest, quatenus definietur per qualitatem; ἄποσος quatenus definietur per quantitatem; quaelibet igitur negatio non per se, sed alius cuiusdam rei adhibita ratione tribuetur materiae". Cf. Λ 2. 1069 b 18". — Talvez tenha razão Tomás (*In Metaph.*, p. 323 b, § 1290 Cathala-Spiazzi) ao dizer que "Hoc autem dicit Philosophus ad removendam opinionem Platonis, *qui non distinguebat inter privationem et materiam*...".

[10] (1029 a 26-30). *Em que sentido deve ser entendida a afirmação de que a matéria não é substância.* — Não interpretaria corretamente o pensamento aristotélico quem entendesse a afirmação de que a matéria *não é substância* em sentido *totalmente exclusivo*. O Estagirita, com efeito, não quer dizer que o substrato no sentido de matéria não tem *nenhum título* para ser considerado, de algum modo, substância, mas, propriamente falando, ele pretende dizer que o substrato material não pode *sozinho* ser considerado substância e, muito menos, *maximamente* substância. Mesmo tendo isso como certo, *é preciso reconhecer que ao substrato material compete pelo menos uma das características próprias da substância: o fato de não ser predicado de outro e ser sujeito de todas as outras predicações*; esse é o título com base no qual alguns filósofos reduziram a substância à matéria. Porém, trata-se apenas de *um aspecto* da substância e Aristóteles o reconhece perfeitamente, ao mesmo tempo que delimita o seu alcance, pondo em evidência como a substância deve ter, além deste, *também ulteriores características*. — Assim esclarecido o sentido da proposição acima referida, não soará de maneira alguma estranha a afirmação de H 1, 1042 a 32: "Que, *substância* seja também a *matéria é evidente*": a matéria tem título para ser considerada substância, justamente como substrato e nos limites dele. H 1 continua: "em todas as mudanças entre opostos há algo que lhes serve de *substrato*". Analogamente em Λ 2 a matéria é considerada a dita substância, sob o mesmo aspecto de *substrato subjacente às mudanças*. — A passagem que lemos põe em destaque duas ulteriores características distintivas da substância:

(*a*) o ser *separável* (χωριστόν) e (*b*) o ser *algo determinado* (τόδε τι). A matéria não tem nenhuma dessas duas características. De fato, (*a*) não pode existir *separadamente* da forma, isto é, *sem* a forma; (*b*) e é justamente o oposto de algo determinado, porque é um *ser potencial*, portanto, *indeterminado* (e só pode ser um τόδε τι *em potência, virtualmente*; cf. H 1, 1042 a 28). — Essas duas características, ao invés, são possuídas pela *forma* e pelo *composto*. Portanto, a forma e o composto têm *tanto a característica de ser substrato* (cf. *supra*, 1029 a 2 s.), que a matéria também tem, *como essas duas características ulteriores que a matéria não tem*: eis em que sentido forma e composto são substâncias *com mais razão* do que a matéria. Cf. *Ensaio introdutório*, pp. 100-101.

[11] (**1029 a 30-32**). *O composto de matéria e forma.* — Aristóteles falará disso, repetidas vezes, nos capítulos seguintes, dado que a forma ou essência, que começará a estudar logo em seguida (a partir de Z 4), é a forma das coisas sensíveis (ou seja, aquele tipo de forma que *só subsiste concretamente em união com a matéria*). Portanto, a referência ao "composto" será contínua. É desnecessário recordar ao leitor que a *communis opinio* permanece ainda de vários modos condicionada pela concepção (errônea do ponto de vista hermenêutico) de que substância por excelência é, para Aristóteles, justamente o composto (o sínolo).

[12] (**1029 a 33-34**). Sobre o sentido dessa afirmação, cf. a nota final do capítulo precedente.

[13] (**1029 b 3-12**). *Uma passagem emblemática que nos chegou fora de lugar.* — Toda a passagem que vai desse ponto até o final do capítulo, como por primeiro Bonitz se deu conta (cf. *Comm.*, p. 303), era lida fora de lugar, isto é, depois das linhas 1029 b 1-3 (capítulo seguinte), enquanto não pode ser lida senão onde a lemos agora. — Como é sabido, Jaeger sustentou que ela não devia pertencer à redação original de Z, e que devia constituir um acréscimo posterior feito por Aristóteles, quando fundiu na mesma coleção os livros Z-Θ (escritos originalmente para outra finalidade, ou seja, com a intenção de ilustrar as enteléquias imanentes e refutar o idealismo platônico). Na realidade, a tese não se sustenta, porque já Z 2, como vimos, prevê estruturalmente uma consideração do suprassensível. Mas já discutimos esse problema em *Il conc. di filos. prima*[5] (1993), pp. 185 ss., mostrando todas as razões que depõem contra a tese genética de Jaeger. Aqui apenas recordamos que, justamente fazendo uso do método genético proposto por Jaeger, Gohlke invertia as conclusões de Jaeger: o fato de estar fora de lugar não implica que a passagem seja um acréscimo posterior, mas

que os capítulos 4-6 são uma inserção posterior (*Die Entstehung d. arist. Prinzipienlehre*, pp. 26 ss.). Mas também a tese de Gohlke tem bases muito frágeis; cf. *Il conc. di filos. prima*[5] (1993), p. 186 e nota 46. — Trata-se de uma passagem que exprime um traço emblemático do conceito aristotélico de metafísica; cf. *Ensaio introdutório*, pp. 31-33.

[14](1029 b 1-12). *De que modo o homem adquire o saber*. — Ross (*Metaph*., II, p. 166) explica: "Originariamente, por causa de algum defeito em nós, o que é *bom em si* pode não ser *bom para nós*; mas nós (começando com uma escolha das coisas que *são* boas para nós) devemos evoluir com a educação até que isso não aconteça mais. Assim também o que é *inteligível em si*, originariamente não é inteligível *para nós*; mas devemos exercitar as nossas mentes até que seja inteligível para nós, começando por aprender o que já é inteligível *para nós*". Ross remete a *Et. Nicom*., V 2, 1129 b 5. — Além da passagem de Ross, é útil ler uma passagem de Tomás (*In Metaph*., p. 324 b, § 1302 Cathala-Spiazzi): 'Nobis enim quorum cognitio a sensu incipit, sunt notiora quae sensui propinquiora. Secundum autem naturam sunt notiora, quae ex sui natura sunt magis cognoscibilia. Et haec sunt quae sunt magis entia, et magis actualia. Quae quidem sunt remota a sensu". — Essas observações de Aristóteles *inserem-se perfeitamente no plano do livro*, como já dissemos na nota final de Z 2.

4. *Sumário e comentário a Z 4*

[1](**1029 b 1-2, 13 – 1030 b 13**). Sumário. — *Aristóteles começa agora a tratar da* essência (τὸ τί ἦν εἶναι) no plano puramente racional (λογικῶς). *Para explicar o que é a essência ele se vale:* (1) *do conceito de* por si *e* (2) *do conceito de* definição. — *Essência é o que algo é* por si *em sentido estrito: portanto, é a coisa não só espoliada das suas acidentalidades, mas, também, dos atributos que lhe são* peculiares, *mas não entram na definição da coisa. Só existe essência da categoria da substância; daqui surge o problema: e das outras categorias, dos compostos segundo as outras categorias, existe definição e essência? De fato, eles não são coisas* por si. — *Aristóteles responde ao problema com uma complexa série de aprofundamentos, chegando às seguintes conclusões:* (a) Essência, *em sentido verdadeiro e próprio, só existe daquilo que é por si* stricto sensu, *ou seja, daquilo cuja noção é*, stricto sensu *definição: são assim as* espécies últimas *do gênero, isto é*, as diferenças últimas *do gênero.* (b) *Em* sentido derivado, *pode-se falar de definição e, portanto, de*

essência, também para as outras categorias (ou para os compostos segundo as outras categorias), porque elas não são um não-por-si *em sentido pleno; elas participam do ser, senão de modo unívoco, pelo menos não de modo puramente equívoco, e são, em certo sentido, também uma* unidade. (c) *Em todo caso, está excluído que exista definição e essência das coisas que são designadas com um só nome, mas que à unidade do nome não corresponda uma unidade nem no primeiro nem no segundo sentido acima indicados. — (Pode-se dizer com Schwegler,* Metaph. *IV, p. 45, que o pensamento de fundo do capítulo pode ser expresso da seguinte maneira:* o critério *da substancialidade é a* definibilidade: *algo é essência* na medida em que é definível).

[2] (**1029 b 1**). Aristóteles refere-se ao início do capítulo precedente.

[3] (**1029 b 13**) *Investigação feita na base de puros raciocínios*. — O texto diz λογικῶς, que é termo dificílimo de traduzir com um termo que cubra a mesma área semântica do original. — Após uma consistente resenha de passagens, Schwegler (*Metaph*., IV, pp. 50 s.) explica do seguinte modo. Λογικόν é o que é ἐκ λόγων, tudo o que se deduz de puros conceitos *ex abstracto*, em oposição à investigação empírica dos fenômenos e às considerações extraídas diretamente da realidade: esse procedimento é chamado φυσικῶς σκοπεῖν. Enquanto λογικῶς σκοπεῖν baseia-se em considerações gerais e não corresponde ao concreto de maneira precisa e exaustiva, muito amiúde em Aristóteles tem significado pejorativo e, em todo caso, implica uma limitada validade. Quando as considerações gerais das quais parte o λογικῶς σκοπεῖν podem ser as convicções comuns do bom-senso, então λογικῶς significa διαλεκτικῶς. Quando, ao invés, Aristóteles quer sublinhar a total separação da realidade característica do λογικῶς σκοπεῖν, então λογικῶς significa κενῶς, isto é, o raciocínio vazio. — Remetemos o leitor que queira examinar algumas passagens aristotélicas significativas, a Schwegler, *Metaph*., IV, pp. 48-50; Robin, *Th. plat*., pp. 25 s., nota 22; Ross, *Metaph*., II, p. 168. — Este último estudioso, baseando-se no fato de que, mais adiante, a investigação real é contraposta à investigação *verbal* (1030 a 28), pensa que, na nossa passagem, λογικῶς indique justamente considerações de caráter *linguístico e verbal* (já na tradução da *Metaph*., ele traduzia do seguinte modo a nossa passagem: “And first let us make some *linguistic* remarks about it”). Mas o termo, no nosso contexto, contém certamente algo mais: indica a investigação racional-abstrata, como demonstra a passagem que logo leremos. — Mais adiante, do capítulo 7 ao capítulo 9, Aristóteles fará uma investigação também φυσικῶς; cf. *infra*, nota 17.

[4] (1029 b 13-16). *Primeira definição da essência* (τὸ τί ἦν εἶναι). — A primeira caracterização da *essência* (τὸ τί ἦν εἶναι) é fornecida por Aristóteles em função da noção de *per se* (καθ' αὑτό), e é esclarecida com um exemplo. A essência do homem é o que o homem é considerado *per se*, vale dizer, prescindindo dos atributos que acidentalmente podem lhe competir: por exemplo, o homem *não é per se* músico nem tampouco branco. Portanto, a essência de uma coisa é o *per se* da coisa, isto é, a própria coisa desprovida das suas acidentalidades (poderíamos dizer: a essência é a *perseidade* da coisa). — A expressão τὸ τί ἦν εἶναι, que os latinos traduziram por *quod quid erat esse*, não pode ser traduzir literalmente. Alguns estudiosos italianos (C. Diano, *Arist. Metafisica, libro XII*, Bari 1949; Idem, *Il concetto di storia nella filosofia dei Greci*, in *Grande Antologia filosofica*, Milão 1955, II, pp. 248-404; O. Longo, *Aristotele, De caelo*, Florença 1962 e outros discípulos de Diano) pretendem traduzi-la por "che cos'era essere", ou "essere che cos'era", mas isso em prejuízo da clareza (a presumível aderência filológica da tradução leva a perder quase completamente o conceito indicado pela expressão, como já dissemos). — Como esse capítulo (e o resto do livro) demonstra, τὸ τί ἦν significa a *quididade* da coisa, a *forma* da coisa (*hoc per quod aliquid habet esse quid*, para falar como Tomás) e, portanto, a melhor tradução dessa complexa expressão só pode ser "essência" (Bonitz traduz por "das *Wesenwas*"). — O imperfeito ἦν da fórmula quer exprimir a *prioridade de natureza* (portanto, a prioridade ontológica e não simplesmente cronológica) que a essência ou forma tem relativamente ao composto.

[5] (1029 b 16-18). *Diferença entre o conceito de essência e o de "per se"*. — Depois de ter dito que essência é o que a coisa é *per se*, Aristóteles aprofunda essa afirmação mostrando o alcance do seu entendimento. *O conceito de "essência" não coincide inteiramente com o de per se*: o segundo é mais amplo (mais extenso) do que o primeiro, enquanto inclui também alguns aspectos da coisa que, mesmo não sendo acidentais, *não* são passíveis de inclusão no conceito de essência. — Remetemo-nos a Δ 18, onde Aristóteles já esclareceu os vários sentidos de *per se*. (1) *Per se* se diz, em primeiro lugar, da essência de cada coisa. (2) Em segundo lugar, se diz de tudo o que constitui a essência, ou seja, de todas as notas que entram na definição de essência: por exemplo, animal se diz *per se* do homem, porque é uma nota que entra na essência e na definição do homem. (3) Em terceiro lugar, *per se* se diz de algumas características que pertencem originariamente à coisa ou a partes dela, mesmo sem entrar na essência e na definição da própria

coisa: por exemplo, a superfície pode ser dita *per se* branca, mas o branco não entra nem na essência nem na definição de superfície; assim o par e o ímpar são propriedades *per se* do número, mas não entram na essência de número, ou ainda, muitas propriedades das diferentes figuras geométricas são inerentes a elas *per se*, mas não entram na essência e na definição delas. — Ora, é justamente esse terceiro significado do *per se* que poderia induzir a erro; e é por isso que Aristóteles trata explicitamente da sua irredutibilidade à essência. A superfície é *per se* branca, mas a essência da superfície *não* é a essência do branco: de fato, podemos perfeitamente definir a superfície *sem o branco* (embora não possamos o contrário). — Em conclusão, diremos que a essência (τὸ τί ἦν εἶναι) é *o que a coisa é, considerada per se* em sentido estrito; vale dizer, (*a*) não só separada de todos os seus acidentes, mas (*b*) também considerada prescindindo daquelas propriedades específicas que ela possui, isto é, daquelas características que, mesmo sendo peculiares à coisa, não entram na sua definição.

[6] (1029 b 18-22). *Um erro a ser cuidadosamente evitado se quisermos alcançar a essência da coisa.* — (1) Para superar a dificuldade acima referida (isto é, que não se pode definir a *superfície* com o *branco*, porque a essência de superfície *não* é a essência de branco), alguém poderia querer definir a essência de superfície com ambos os termos, dizendo que a essência de superfície consiste em *ser superfície branca*. Pois bem, isso não é, absolutamente, definir, porque se pressupõe inteiramente o que se pretende definir, pondo na definição (*superfície branca*) justamente o termo a ser definido (*superfície*). — (2) Como consequência das razões que tornam impossível definir a essência de *superfície* com a essência de *superfície branca*, Aristóteles explica que tampouco é lícito definir a *essência de superfície branca* com a *essência de superfície lisa* (talvez em subentendida polêmica com Demócrito; cf. Ross, *Metaph.*, II, p. 168, que indica *De sensu*, 442 b 11; Theoph., *De sensu*, 13). De fato, dado que o termo definido *não* deve entrar na definição, quem diz que *superfície branca* é igual a *superfície lisa*, não define superfície, mas simplesmente diz que *branco* equivale a *liso*. Explica justamente Bonitz (*Comm.*, p. 305): "horum enim alterum pro altero in definitione posuit".

[7] (1029 b 22-23). *Composto de sujeito substancial e atributo categorial.* — Os "compostos" (σύνθετα) aos quais aqui se refere, *não* são, como logo ficará claro, os compostos de *matéria* e *forma*, mas os compostos de *substância + uma afecção categorial*: e, nesse caso, a substância serve de substrato ao atributo categorial. O exemplo dado em seguida por Aristóteles de

"homem-branco" é, obviamente, um composto de *substância* + *qualidade*. Note-se que esse exemplo não tem nada a ver com o dado acima de *superfície branca*, porque o "branco" é *atributo per se* da superfície, enquanto é *atributo acidental* e não *per se* do homem; portanto, aqui estamos num plano totalmente diferente. Ver, para o significado de toda essa passagem no contexto do raciocínio desenvolvido por Aristóteles, as notas 10 e 11.

[8] (1029 b 25). *Significado de movimento nesse contexto.* — Aqui κίνησις (movimento) não exprime uma categoria em si; aqui está referida a "agir" e "padecer", como bem notaram os estudiosos (cf. Trendelenburg, *Gesch. d. Kategorienlehre*, p. 135; Schwegler, *Metaph.*, IV, p. 53; Ross, *Metaph.*, II, p. 169).

[9] (1029 b 25-29). *Os compostos de que se fala aqui não são um "per se".* — A designação com um termo único "veste" do composto "homem-branco", tem a finalidade de eliminar a objeção de quem, eventualmente, quisesse truncar a questão dizendo que homem-branco *não* é um *nome*, mas um discurso, e que existem definições de *nomes* e não de *discursos*; cf. Ps. Alexandre, *In Metaph.*, p. 469, 26 ss. Hayduck. Ou ainda, como diz Tomás, (*In Metaph.*, p. 328 a, § 1317 Cathala-Spiazzi): "Et quia fortis aliquis posset dicere quod albus homo *sunt duae res et non una*, ideo subiungit, quod hoc ipsum quod dico albus homo, habeat unum nomen quod causa exempli sit vestis. Et tunc quaestio erit de isto uno, scilicet de *veste*, utrum habeat quod quid est, ut possimus dicere quid est vestem esse? Tunc enim, sicut hoc nomen *homo* significat aliquid compositum, scilicet hominem album. Et ita sicut homo habet definitionem, ita vestis poterit habere definitionem...". — Aristóteles, depois de ter reduzido homem-branco à *unidade* de nome ("veste" ou "vestimenta"), pergunta qual seria a sua *essência*; e responde que *não* existe essência dele, porque, mesmo reduzido à unidade de nome, homem-branco *não* é um *per se*, ao contrário, homem-branco ou ser-homem-branco é algo que *ocorre* ao homem, portanto, é um *por outro* (cf. Ps. Alexandre, *In Metaph.*, p. 469, 30 ss. Hayduck; inexato parece-nos aqui Ross, *Metaph.*, II, p. 169).

[10] (1029 b 29 – 1030 a 2). *Os compostos de que se fala tampouco são um não-por-si em sentido estrito.* — Esta passagem é de difícil e controvertida interpretação. A nosso ver, Schwegler (*Metaph.*, IV, p. 54) esclareceu-a melhor do que todos. Na passagem precedente, Aristóteles disse que homem-branco não é um ser *por si*, é um οὐ καθ' αὑτὸ λεγόμενον. Na presente passagem ele delimita essa afirmação ou, pelo menos, atenua o seu alcance, raciocinando do seguinte modo. Tem-se o *não-por-si* (οὐ καθ' αὑτὸ) nos seguinte dois casos: (*a*) quando, devendo definir uma coisa, eu

a indico *por acréscimo ou por união a outra coisa* (ἐκ προσθέσεως, portanto οὐ καθ' αὑτὸ; e tem-se esse "acréscimo" se, por exemplo, para definir o *branco*, eu digo que é homem branco); (*b*) ou quando, devendo definir uma coisa, eu *omito* algo que, ao invés, compete à própria coisa (portanto, *não digo o que pertence por si à coisa*; isso ocorreria se, por exemplo, dado que "veste" significasse *homem branco*, eu a definisse simplesmente como *de cor branca*, omitindo *homem*). — Ora, *se comparamos com esses dois casos de não-por-si* (οὐ καθ' αὑτὸ), o composto "homem-branco" (ou, melhor, "veste" = "homem-branco") vemos que ele *não* se enquadra em nenhum dos dois. Então é claro que homem-branco *não* é um *não-por-si*, ou não o é naqueles dois sentidos examinados. — Estamos, portanto, diante de um dilema: (1) de um lado, parece impossível considerar os compostos como *por si* e, portanto, atribuir-lhes uma *essência*; (2) por outro lado, ao contrário, parece possível fazer isso. — Aristóteles resolverá logo em seguida, dentro desse mesmo capítulo, a questão, mostrando o seguinte: (*a*) em *sentido primeiro ou absoluto* só existe definição e essência das substâncias e não dos compostos sobre os quais refletimos; ao contrário, (*b*) em *sentido lato e secundário* pode-se falar de definição e de essência também deles.

[11] (**1030 a 2-7**). *Só da substância existe definição em sentido verdadeiro e próprio.* — Eis a *tese principal* (Schwegler, *Metaph.*, IV, p. 55): existe *definição* (ὁρισμός) e, portanto, *essência* (τὸ τί ἦν εἶναι) só das coisas que são *algo determinado* (τόδε τι), isto é, são *substância* (οὐσία). Ao contrário do σύνθετον (no sentido usado nesse capítulo), vale dizer, do que implica união extrínseca de alguma coisa com outra (homem-branco), não existe nem definição nem essência. (Ver, ademais, como a tese é delimitada e completada abaixo, p. 1030 a 17 ss.).

[12] (**1030 a 6-7**). *Nexo estrutural entre essência e definição.* — Eis uma excelente observação de Bonitz (*Comm.*, pp. 308 s.) a respeito dessa afirmação. "Ὁρισμός et τὸ τί ἦν εἶναι ita inter se cohaerent, ut saepissime alterum per alterum Aristoteles explicet. Sicuti enim hoc loco, ubi agitur de cognoscendo τῷ τηε [= τὶ ἦν εἶναι], hoc definit adhibita τοῦ ὁρισμοῦ notione: τὸ τί ἦν εἶναί ἐστιν ὅσων ὁ λόγος ἐστὶν ὁρισμός, ita alibi ad describendum ὁρισμόν adsciscit τὸ τί ἦν εἶναι, cf. *Top.* I 5. 101 b 39: ἔστι δ' ὅρος μὲν λόγος ὁ τὸ τί ἦν εἶναι σημαίνων. 4. 101 b 21. 8, 103 b 10. VI 1. 139 a 33. 4. 141 b 23. VII 3. 153 a 15. 5. 154 a 31. *An. Post.* II 3, 90 b 16: ὁ ὁρισμὸς οὐσίας τις γνωρισμός". — Esse fato aqui assinalado por Bonitz, a nosso ver, é muito indicativo: em sede lógica, Aristóteles devendo definir a definição, remete-se à essência; aqui, em sede metafísica, devendo definir

a essência, remete-se à definição. *Não é um círculo, mas um destaque de estrutura*: a definição é a noção que dá a essência; a essência é aquilo cuja noção é definição. Trata-se de dois correlativos conceitos especulativos últimos, não passíveis de serem referidos a outros e, portanto, passíveis de semantização apenas no confronto direto entre eles.

[13] (**1030 a 7-14**). A *definição é expressão do que é originário e primário*. — Depois de ter dito que só existe *essência* daquilo de que existe *definição*, Aristóteles explica agora o que é e o que não é *definição*. — Para bem compreender a passagem que estamos lendo é preciso, em primeiro lugar, medir com exatidão os termos e os conceitos que Aristóteles emprega: — (1) λόγος, (2) ὅρος ou ὁρισμός, (3) ὄνομα. — (1) O termo λόγος tem aqui, como amiúde, o sentido de *noção* ou de *discurso explicativo*. — (2) Ele se distingue de ὅρος, ὁρισμός, que significa *definição* (em sentido técnico), enquanto toda definição é um λόγος (uma noção ou discurso definidor), mas não vice-versa; de fato, existem *noções* ou *discursos explicativos* (λόγοι) que *não* são *definições* (por exemplo, "Sócrates é um homem branco" é um λόγος, mas não é uma definição). — (3) Enfim, ὄνομα, *nome, é uma indicação ou um signo simples e unitário* que pode exprimir um λόγος, uma noção, ou ainda um discurso mais amplo; um *nome* pode exprimir um λόγος, mas não qualquer λόγος é um ὄνομα (por exemplo, "homem branco" é um λόγος, mas não um ὄνομα; acima, como vimos, Aristóteles propôs entender com um único ὄνομα "veste" o λόγος homem-branco; *Ilíada* é um ὄνομα que indica uma quantidade de λόγοι); a *unidade do nome* pode ser arbitrária e, em todo caso, não implica a *unidade da coisa designada*. (Ulteriores indicações podem ser vistas em Bonitz, *Comm.*, p. 309). — Agora é claro o que diz a nossa passagem. Definição (ὅρος, ὁρισμός) não é uma *noção* qualquer ou *qualquer* discurso explicativo (λόγος), mesmo que este ou aquela sejam designados (ou possam ser designados) com um *único nome* (ὄνομα), caso contrário todo o poema da *Ilíada* (que é indicado, justamente, com um só *nome*) seria uma definição. Para que exista definição é necessário que o λόγος ofereça e exprima *algo que é originário ou primeiro* (πρῶτόν τι). E *primeiro* é só aquilo que não implica referência de alguma coisa a outro (como homem-branco onde, justamente, existe algo, ou seja, "o branco", referido a outro, ou seja, "homem"). Portanto, *primeiro* só poderá ser *a espécie última de um gênero*, vale dizer, a espécie que oferece uma das *diferenças últimas* (τὰ γένους εἴδη). — A seguinte passagem de Bonitz (*Comm.*, p. 308) parece captar perfeitamente o pensamento de Aristóteles: 'Cuius enim rei esse velimus τί ἦν εἶναι, eam oportere esse τόδε τι a 3, 4 et πρῶτον a 10, h. e. oportere esse rem definitam, unam, et unam

quidem primario sensu et suapte natura, nec vero proptera unam, quod vel afectio vel accidens ei inhaereat (κατὰ πάθος, ὡς συμβεβηκός, a 14) vel aliud quid praedicati loco ei tribuatur (τῷ ἄλλο κατ' ἄλλου λέγεσθαι a 4, 10) vel cum aliquo coniuncta sit (κατὰ μετοχήν a 13). Haec vero omnia, quae vel excluduntur vel requituntur, si cuius rei τὸ τί ἦν εἶναι velimus esse, unice simul cadunt in τὰ γένους εἴδη a 12, h. e. in eas res, quae a natura a genere ad species descendente sine ulla vel accidentis vel fortuiti admistione definitae sunt. *Hae sunt re vera* οὐσίαι, harum natura (ὅπερ τόδε τι a 3, 5...) τὸ τί ἦν εἶναι definit, et unice τοῦ τεη descriptio et explicatio, non cuiuslibet rei circumscriptio, sua ac propria vi ὁρισμός vocatur". — Ver Z 12.

[14] (1030 a 16-17). *A definição do que não é primeiro*. — Nesse caso não haverá definição em sentido absoluto e primário, mas haverá, como logo Aristóteles mostra, em sentido *secundário e derivado*; cf. nota seguinte.

[15] (1030 a 17-27). *Existe definição (além da substância) também das outras categorias, mas só em sentido secundário e derivado*. — O raciocínio dirige-se agora para a conclusão com uma reflexão que visa demonstrar como, em sentido *derivado e secundário*, existe *definição e essência* também do que não é substância (vale dizer, do que não é *espécie última de um gênero*), mas entra nas *outras categorias* (e, portanto, exprime um composto com as outras categorias; cf. *supra*, p. 1029 b 22 s. ἐπεὶ δ' ἔστι καὶ κατὰ τὰς ἄλλας κατηγορίας σύνθετα; cf. também nota 11). — Esta concepção não comporta nenhuma retificação dos princípios expostos acima, justamente enquanto o Estagirita tem o cuidado de reafirmar *que existe essência e definição também das outras categorias* (das coisas que implicam as outras categorias), *mas não em sentido absoluto, mas em sentido secundário, derivado, mediado*.

[16] (1030 a 26-27). *A "qualidade" e as outras categorias*. — Ver *infra*, a nota 18.

[17] (1030 a 27-28). *O discurso* λογικῶς *sobre a substância não termina aqui e o discurso* φυσικῶς *só começa em* Z 7. — Ross (*Metaph.*, II, p. 171) parece afirmar que a partir daqui Aristóteles empreende, depois de ter esgotado o raciocínio λογικῶς da p. 1029 b 13 (cf. nota 13), o raciocínio *baseado nos fatos* (não só πῶς δεῖ λέγει, mas também πῶς ἔχει). Mais explicitamente Tricot (*Métaph.*, I, p. 365, nota 2): "A argumentação dialética terminou. Depois de ter distinguido as diferentes nuanças do termo τί ἦν εἶναι, Aristóteles procede agora a raciocinar φυσικῶς". — Ao contrário, Rolfes (*Metaph.*, II, p. 206, nota 16) escreve que a *logische Erörterung* vai até o final de Z. — Na verdade Aristóteles parece referir-se não ao que disse na p. 1029 b 13, mas ao λέγεται de 1030 a 18 (e, de fato, nas nove linhas

seguintes e que acabamos de ler, ele explica como e em que sentido *se diz* e se *entende* o τί ἐστι) e ao λογικῶς da linha 25 (cf. Schwegler, *Metaph.*, IV, p. 60). — A nosso ver o tratamento φυσικῶς terá lugar, não aqui, onde o discurso se mantém fundamentalmente no mesmo plano do precedente, mas só em Z 7-9 (capítulos que muitos só conseguem explicar como uma inserção e que, ao invés, do modo como propomos lê-los, tornam-se claríssimos). Mas falaremos sobre isso em outro lugar.

[18] (**1030 a 29-32**). *Em que sentido pode-se falar de essência também das outras categorias além da substância.* — Todo o discurso de Aristóteles, que à primeira leitura pode parecer muito difícil e intrincado, se esclarece notavelmente tendo presente a ligação que, no texto originário, existe entre as expressões ἔστι (é), τί ἐστι (que é) e τί ἦν εἶναι (essência). — Como o *é* (τὸ ἔστι) pertence a todas as categorias (à primeira de modo originário, às outras de modo derivado), então tem sentido perguntar *que é* (τί ἐστι) cada categoria. De fato, tem sentido perguntar não só *que é* a substância, mas também, *que é* a quantidade, a qualidade, etc. Assim, se em sentido absoluto só da primeira categoria existe um τὸ τί ἐστι, em sentido dialético pode-se falar de um τὸ τί ἐστι também das outras. Antes, diz Aristóteles, não só *pode-se falar*, mas *é efetivamente assim.* — Essência (τὸ τί ἦν εἶναι) existe da primeira categoria em sentido *absoluto*, secundariamente e de maneira derivada também das outras: o que ἔστι tem um τί ἐστι e, portanto, um τί ἦν (εἶναι). Só que, no caso da substância, será τὸ τί ἐστι e τὸ τί ἦν εἶναι imediatamente e *simpliciter*, ao invés, no caso das outras categorias, só mediadamente, e dever-se-á sempre acrescentar a categoria que está em questão (essência *da qualidade*, essência *da quantidade* etc.). Ver a razão na nota 20. — Ao traduzir esse texto mantivemos rigorosamente por τὸ τί ἐστιν "que é" e por τὸ τί ἦν εἶναι "essência" (enquanto em outras passagens, muitas vezes, também τὸ τί ἐστιν traduzimos por "essência"). A diferença entre as duas expressões está no seguinte: a primeira (τὸ τί ἐστιν) é *mais ampla*, a segunda (τὸ τί ἦν εἶναι) *mais restrita*: tudo o que é τὸ τί ἦν εἶναι é um τί ἐστιν, não vice-versa. Todavia, muito amiúde, Aristóteles usa τὸ τί ἐστιν no sentido restrito de τὸ τί ἦν εἶναι. Sobre este problema, cf. o excelente *Excursus I* de Schwegler, *Metaph.*, IV, pp. 369-379. — Note-se que Aristóteles aqui fala das categorias singularmente, enquanto acima, em 1029 b 22 ss., ele tinha levantado o problema a respeito dos *compostos* segundo as várias categorias. Mas, evidentemente, dado que nenhuma categoria, exceto a substância, subsiste senão em união ou composição com a substância, o que se conclui aqui vale também para o problema que se põe lá. Ver a nota seguinte, *in fine*.

[19] (1030 a 32 – b 3). *A essência da substância e a essência das outras categorias têm significados diferentes mas não equívocos.* — A passagem pode ser entendida como explicação do *porquê* não só se fala, mas é justo e tem fundamento falar de essência também das outras categorias. Por quê, portanto? — Aristóteles responde evocando a sua doutrina da unidade dos significados do ser. O ser das categorias não se diz nem em sentido puramente *equívoco* nem em sentido *unívoco*, mas, como sabemos por Γ 3, se diz por referência *ad unum*. E como todos os significados do ser medem-se em referência à substância, assim também o ser das categorias. Se o ser de todas as categorias tivesse um idêntico significado (unívoco), então poder-se-ia também falar de *essência* em sentido primário para todas elas; se o ἔστι ou o εἶναι das várias categorias fosse tal só em sentido equívoco, não haveria nem sequer a possibilidade de um discurso unitário acerca da sua essência; tratando-se, ao contrário, de um πολλαχῶς λεγόμενον que tem a unidade πρὸς ἕν (πρὸς τὴν οὐσίαν), então existe a possibilidade de falar de τί ἐστι e de τί ἦν εἶναι *em sentidos diferentes, mas não puramente equívocos.* — Note-se, de resto, o seguinte. Os vários significados do *ser das outras categorias* remetem ao *ser da substância* (são πρὸς τὴν οὐσίαν), o mesmo ocorre com os significados do τί ἐστι e do τί ἦν εἶναι das outras categorias. Para compreender *que é* o ποιόν, isto é, a *essência* da *qualidade*, devo necessariamente referir-me à substância (qualidade é uma certa afecção *da substância*); para compreender *que é* o ποσόν, isto é, a essência do *quanto*, devo referir-me à substância (quantidade é uma certa determinação *da substância*), e assim por diante.

[20] (1030 b 4-13). *Nexo estrutural entre unidade e definição.* — Nesta passagem Aristóteles retoma os resultados da discussão do capítulo, acrescentando uma nota conclusiva de grande importância. A definição existe apenas *quando o definido é* ἕν τι, isto é, *uma unidade*. Ver o que dissemos a respeito da unidade como característica definidora da substância (e, portanto, da definição) no *Ensaio introdutório*, pp. 98 ss. — Para compreender a fundo o raciocínio feito aqui é bom reler Γ 2, 1003 b 22 s., onde Aristóteles explicou a relatividade do ser com o um e as suas razões. Portanto, dado que o *ser* tem tantos significados quantas são as categorias, outros tantos terá o *um* e, com base no princípio acima estabelecido, *em igual número de sentidos será possível a definição*. E esta é uma razão ulterior que explica por que não só se fala, mas é também justo e tem fundamento falar de essência e definição também das outras categorias. Por exemplo, do homem-branco; cf. notas 7, 18 e 19, *in fine*.

5. *Sumário e comentário a Z 5*

[1] (**1030 b 14 – 1031 a 14**). Sumário. — *O presente capítulo é um apêndice do precedente: ele levanta dois problemas relativos à possibilidade ou não de a* definição *(e, portanto, de uma essência) do que não é simples, mas implica a composição de um atributo que pertence* por si *a um sujeito (por exemplo, como o côncavo é atributo que pertence* por si *ao nariz achatado, ou o macho é atributo que pertence* por si *ao animal).* — (1) *Como é possível que exista definição dessas coisas, dado que a definição desses atributos implica sempre a* adjunção da coisa de que são atributos? *(Não posso explicar o achatado sem a adjunção de nariz; nem o macho sem a adjunção de animal).* A *resposta ao problema é a seguinte: dessas coisas ou não existe definição (e, portanto, essência)* em sentido verdadeiro e próprio, *ou existe, mas* em sentido secundário, derivado e impróprio. — (2) *O segundo problema é o seguinte: se nariz achatado é igual a nariz côncavo, achatado será igual a côncavo, o que é absurdo; e, se não é assim, dado que não se pode falar de achatado sem nariz (porque achatado é concavidade de um nariz), então, ou não será possível dizer nariz achatado, ou se repetirá duas vezes a mesma coisa, já que, sendo* achatado *igual a* nariz côncavo, *a expressão* nariz achatado *será igual a* nariz nariz côncavo. *Mais uma vez resulta, portanto, que dessas coisas não pode haver definição e essência (se delas existisse essência, haveria um regresso ao infinito, cf. nota 8). — Em conclusão: só das substâncias há* definição (*e* essência)*; das outras categorias ou não há definição (e essência), ou há do modo como se disse acima dos atributos* por si, *isto é,* por adjunção *(por exemplo, não se pode definir o ímpar sem o número, nem a fêmea sem o animal). O mesmo se diga quando se consideram os dois termos juntos, como número-ímpar.* Portanto: *definição e essência existem em sentido fundamental, ou seja, primário e absoluto, só das substâncias; em sentido secundário e derivado existem também das categorias e dos atributos* por si *(dos compostos sujeito + categoria, sujeito + atributo por si).*

[2] (**1030 b 16**). *"Da adjunção"* (ἐκ προσθέσεως). — Entenda-se: adjunção de um predicado a um sujeito.

[3] (**1030 b 16-18**). *Significado do exemplo dado aqui*. Bonitz (*Comm.*, p. 313) explica: "i. e. forma in materia"; mas aqui Aristóteles não pensa nos compostos de forma e matéria, como provam os exemplos do macho, do par e do ímpar, dados em seguida, e são postos no mesmo plano de achatado. Portanto, aqui se fala simplesmente dos *atributos que inerem por si à coisa da qual são atributos*.

[4](1030 b 26). *As coisas de que Aristóteles fala aqui* (τούτων). — São as que são atributos por si de um objeto.

[5](1030 b 27-28). Cf. *supra*, 1030 a 17 – b 13, e relativo comentário. (Pode-se ver, sobre este problema, Ross, *Metaph.*, II, p. 173).

[6](**1030 b 29 – 1031 a 1**). *O problema: nariz achatado e nariz côncavo são a mesma coisa.* — Aqui Aristóteles, na posição e desenvolvimento do problema, institui quase um dilema, que se pode formular do seguinte modo.

(1) Se nariz *achatado* = nariz *côncavo*,
Então: *achatado* = *côncavo*.

Mas isso é absurdo, porque as noções de "achatado" e de "côncavo" são diferentes, achatado só pode ser um nariz, enquanto côncavas podem ser também muitas outras coisas.

(2) Se não se quer cair no absurdo assinalado, para não ter de admitir que não se possa absolutamente falar de *nariz achatado*, não resta senão a seguinte possibilidade: dizendo *nariz achatado* comete-se uma tautologia, isto é, diz-se duas vezes a mesma coisa:
de fato, se achatado = nariz côncavo
nariz achatado = nariz nariz côncavo.

Portanto, dessas coisas *não* existe essência; se existisse, iríamos ao infinito. E não só: nariz achatado = nariz nariz achatado, mas, com base no que se estabeleceu na nota precedente, sempre será possível substituir "nariz achatado" por "achatado" e, portanto, da expressão "nariz nariz achatado" chega-se a essa outra: "nariz nariz nariz achatado", e substituindo ainda "achatado" por "nariz achatado", ter-se-á a seguinte expressão "nariz nariz nariz nariz achatado", e assim por diante, ao infinito. Cf., sobre este problema, *Refut. Sofísticas*, 13, 173 a 33 ss.; 31, 182 a 4. (Ver Bonitz, *Comm.*, pp. 314 s.; Ross, *Metaph.*, II, p. 174). — Note-se que aqui Aristóteles comete senão um erro, pelo menos uma indevida substituição: na expressão "nariz achatado" existe tautologia; mas uma vez esclarecido que, sendo "achatado" = "nariz côncavo", "nariz achatado" = "nariz nariz côncavo": pois bem, então não existe mais o perigo de um processo ao infinito. Enquanto na linha 33 Aristóteles diz corretamente que "nariz achatado" é igual a "nariz nariz côncavo", na linha 35 ele, em lugar de "nariz nariz côncavo", parte da expressão "nariz nariz achatado", que, formalmente, não é de modo algum o exato equivalente de "nariz nariz côncavo". Uma vez operada a sub-reptícia substituição de "côncavo" por "achatado" (o termo explicador pelo termo a explicar), o processo ao infinito segue da maneira acima esclarecida.

[7] (**1031 a 2**). *Em que sentido se fala de definição de outras categorias além da substância.* — Cf. Z 4, 1029 b 22 ss.; 1030 a 17 ss.

[8] (**1031 a 3**). *Em que sentido se fala de "qualidade" nesse contexto.* — Os códices dão ποιοῦ (cf. também Asclépio, *In Metaph.*, p. 391, 15 Hayduck). Da paráfrase do Ps. Alexandre (*In Metaph.*, p. 478, 28 Hayduck) poder-se-ia extrair (mas só até certo ponto) ποσοῦ. Bonitz (*Comm.*, p. 315) pensa que, talvez, seria preciso ler ἀρτίου; Goebel pensa em πολλοῦ; Ross dá o texto como incerto, enquanto Jaeger suprime καὶ ποιοῦ. A nosso ver, o texto está no lugar certo e apenas é pouco ordenado: o ποιοῦ é exemplificado, logo abaixo, pela *fêmea*, que é *qualidade* do animal.

[9] (**1031 a 2-4**). *Definibilidade como característica exclusiva da substância.* — Ross resume muito bem da seguinte maneira: "Aristóteles conclui agora que só a substância é definível. Se existe uma não substância X, existe sempre um sujeito Y pressuposto por ela, e só pode ser definido como XY, isto é ἐκ προσθέσεως", por adjunção ao sujeito (*Metaph.*, II, p. 174).

[10] (**1031 a 5-7**). *Que exigiria uma definição rigorosa das coisas aqui discutidas.* — Por exemplo, podemos definir *ímpar* como o que não é divisível em duas partes iguais. Fazendo assim, omitimos o sujeito ao qual ímpar é inerente; portanto, a definição dada pode nos levar a engano e fazer-nos acreditar que ímpar seja definível sem a *adjunção* de outro (isto é, do sujeito ao qual ímpar é inerente, cf. nota 11). Mas isso *só* ocorre porque não formulamos sempre *rigorosamente* as definições. Se formuladas de modo preciso, as definições das coisas desse gênero não deveriam nunca omitir a adjunção do sujeito (p. ex. ímpar = aquele *número* que etc.). Cf. Ps. Alexandre, *In Metaph.*, p. 479, 13 s. Hayduck.

[11] (**1031 a 8-10**). Cf. *supra*, 1030 a 17 – b 13.

[12] (**1031 a 10**). *"Num sentido"* (ὡδὶ μέν). — Alude-se ao sentido primário e absoluto (πρώτως καὶ ἁπλῶς, 1030 a 22, b 5).

[13] (**1031 a 11**). *"Noutro sentido"* (ὡδὶ δέ). —Alude-se ao sentido derivado e secundário (ἑπομένως, 1030 a 22; οὐ πρώτως, 1030 b 7).

6. *Sumário e comentário a Z 6*

[1] (**1031 a 15 – 1032 a 11**). Sumário. — *Uma vez caracterizada a essência do modo como vimos, Aristóteles passa a estudar as* relações entre a essência e a coisa individual. *O problema é este: essência e coisa individual constituem uma única realidade ou duas realidades diferentes (como as platônicas Formas*

relativamente às coisas)? A resposta dada pelo Estagirita, embora buscada com argumentações muito complexas, revela-se clara. (A) *No que concerne às coisas que são por acidente, essência e coisa* não *coincidem.* (B) *Ao contrário, no que concerne às coisas que são* por si, *a essência e a coisa coincidem.* — *A demonstração da identidade ou coincidência da essência e das coisas que são por si se desdobra em seis provas sucessivas (cf. a exposição nas notas* 9-12, 15 *e* 16*), que partem da hipótese das Ideias platônicas e a invertem dialeticamente, de maneira muito sutil.* — *A instância que se afirma do início ao fim do capítulo é a seguinte: à separação das Ideias deve-se substituir a* imanência da forma ou essência às próprias coisas: *forma e coisa, essência e coisa devem ser um só.*

[2] (**1031 a 15-18**). *O problema da identidade da coisa individual com a sua essência e as suas raízes.* — Tenha-se presente a excelente observação de Bonitz (*Comm.*, p. 315) na introdução desse capítulo: "Quae capite quarto de τῷ τηε [= τὸ τί ἦν εἶναι] disputavit, ea satis prope accedere videntur ad Platonicam de ideia doctrinam. Etenim et Plato substantiam rerum non in sensibili earum materia sed in notione formam rerum constituente inesse censuit, et Aristoteles in τῷ τηε, quae et ipsa est cogitabilis rei forma, naturam ac substantiam rei potissimum cerni vult. Sed quum in his consentiant, duo tamen intercedunt eaque haud exigua discrimina inter ideas Platonicas et τὰ τηε Aristotelis: alterum, quod ideae summa apectant rerum genera, τὰ τηε vero ipsarum rerum singularum formam constituunt, infra in quaestionem venit; alterum, quod ideae disiunctae sunt ab iis rebus quarum constituant naturam (cf. A 6. 987 b 8), τὰ τηε vero in his ipsis insunt, nunc exponere suscipit".

[3] (**1031 a 23**). *Uma alusão incerta.* — O texto diz: ὥς φασιν, e pode ser interpretado de dois modos diferentes. (1) Pode-se pensar que Aristóteles aluda à opinião comum do vulgo (Bonitz, *Comm.*, p. 316); (2) ou pode-se pensar que Aristóteles aluda aos Sofistas. Cf. Asclépio, *In Metaph.*, p. 392, 16 Hayduck; Schwegler, *Metaph.*, IV, p. 68.

[4] (**1031 a 19-24**). A *identificação das coisas ditas por acidente com a sua essência é impossível.* — De fato, essa identificação leva a absurdas consequências. Por exemplo, se digo que *homem branco* = *essência de homem branco*, incorro num absurdo. Com efeito, para chegar àquela identificação, devo pôr, como alguns dizem:

homem = *homem branco;*

ora, dado que *homem* = *essência de homem;*

segue-se que *essência de homem* = *essência de homem branco.*

Ora, se essa conclusão é manifestamente absurda, também é absurda a identificação acima citada, que tem o mesmo fundamento. Cf. a nota seguinte.

[5] (1031 a 24-25). A *razão ou o fundamento pelo qual a identificação das coisas que têm um acidente com a sua essência é impossível.* — Infelizmente o texto é de extrema concisão e, por consequência, muito obscuro: οὐ γὰρ ὡσαύτως τὰ ἄκρα γίγνεται ταὐτά. Bonitz (*Comm.*, p. 316) explica: "h. e. non eodem modo neque eadem vi ac potestate termini syllogismi alter cum altero idem esse ponuntur". Explicamos com Bonitz. Se dizemos que *homem branco* é igual a *essência de homem branco*, recorremos ao seguinte silogismo:

homem	é igual a	*essência de homem,*
mas, *homem*	é igual a	*homem branco,*
portanto, *homem branco*	é igual a	*essência de homem branco.*

Posto que, nessa argumentação, os termos da premissa maior são idênticos κατ' οὐσίαν (isto é, o predicado refere-se ao sujeito essencialmente), enquanto os termos da premissa menor são idênticos κατὰ πάθος (o predicado refere-se ao sujeito *por acidente*); e dado que *não da mesma maneira* (οὐκ ὡσαύτως) nas duas premissas, o predicado refere-se ao sujeito (uma vez *essencialmente* e outra vez *acidentalmente*), a conclusão extraída não é lícita. (Para outras exegeses cf. Ps. Alexandre, *In Metaph.*, p. 480, 21 ss. Hayduck; Schwegler, *Metaph.*, II, pp. 68 s.; Ross, *Metaph.*, II, p. 176, que se põe na mesma linha de Bonitz, mas desenvolve ulteriormente os silogismos, e também Tricot, *Métaph.*, I, p. 371, nota 1).

[6] (1031 a 25-27). *Impossibilidade de identificar os predicados que se referem acidentalmente ao mesmo sujeito.* — Excluído que o que é *por acidente* possa ser idêntico com a sua *essência*, pelas razões vistas, alguém poderia objetar, justamente explorando as razões aduzidas contra a precedente identificação, que parece seguir-se pelo menos a *identidade dos predicados que se referem acidentalmente ao mesmo sujeito*, com base no seguinte raciocínio:

homem	é igual a	*homem branco*
homem	é igual a	*homem músico*
portanto *branco*	é igual a	*músico*
(melhor: *essência de branco*	é igual a	*essência de músico*)

De fato, aqui, nas duas premissas, os predicados referem-se *por acidente* ao sujeito, portanto, ὡσαύτως e não, como acima, οὐκ ὡσαύτως. — Mas é óbvio o sofisma incluído no raciocínio, e é óbvio o absurdo da conclusão.

Por isso Aristóteles não gasta ulteriormente palavras para refutá-la (Bonitz, *Comm.*, p. 317). — Cf. Ross, *Metaph.*, II, p. 177, que desenvolve ulteriormente o raciocínio.

[7] (**1031 a 28 – 1032 a 4**). *A demonstração da identidade entre coisa individual e essência, no âmbito das coisas que não são por acidente, mas por si.* — A demonstração dessa tese articula-se em seis provas sucessivas 1031 a 28 – b 3; 1031 b 3-10; 1031 b 11-18; 1031 b 18-28; 1031 b 28 – 1032 a 2. A demonstração é perseguida por Aristóteles de modo predominantemente *dialético*, partindo das posições dos Platônicos, justamente para invertê-las e extrair uma confirmação mais evidente da própria tese. O jogo dialético tem muita coisa subentendida, que, à primeira leitura, escapa, mas é essencial para a compreensão do conjunto. Exporemos, portanto, cada uma das provas, explicitando paulatinamente esses subentendidos. Cf. notas 9-16.

[8] (**1031 a 30-31**). *Referências a Platão.* — Aristóteles usa aqui o plural, mas parece que pensa particularmente em Platão.

[9] (**1031 a 28 – b 3**). *Primeiro argumento a favor da identidade da coisa individual com a sua essência.* — Levantemos a hipótese de que existam realidades *por si*, como as Ideias dos Platônicos, isto é, substâncias originárias (ou seja, substâncias tais que não haja nenhuma substância antes delas e acima delas). Ora, se fossem diferentes o Bem e a essência do Bem, o Animal e a essência do Animal, o Ser e a essência do Ser (entenda-se: a Ideia do Bem e a essência da Ideia do Bem, e do mesmo modo para os outros exemplos), daí seguir-se-ia que, além das Ideias, deveriam existir outras Ideias, outras substâncias e outras naturezas, ou seja, *as essências das Ideias*, uma vez que a essência é substância. E estas seriam substâncias com maior título do que as Ideias, porque seriam *anteriores*. Mas os Platônicos rejeitam precisamente isso, afirmando que as Ideias, por definição, não admitem substâncias anteriores a elas; portanto, *até mesmo os Platônicos admitem que o que é por si* (assim são as Ideias para eles) *tem em si mesmo a própria essência, coincide com a própria essência.* — Note-se que aqui o argumento *ad hominem* não consiste em demonstrar o absurdo da Ideia platônica, mas em tomar as Ideias como exemplos de *seres por si*, e em demonstrar como os próprios filósofos que introduziram as Ideias admitem, pelo menos para elas, a coincidência de individualidade e essência. — Naturalmente, como Ps. Alexandre, *In Metaph.*, p. 481, 8 ss. Hayduck, sugere, pode-se concluir a partir daí que *o que vale no mundo das Ideias, deve valer também neste mundo*, e que, portanto, assim como coincidem a essência da Ideia e a Ideia, também coincidem aqui a essência da coisa e a coisa, por exemplo o animal

e a sua essência. Mas Aristóteles, por enquanto, não tira essa consequência. Ele fará um giro mais amplo, que, de maneira mais clara, levará à inversão da própria hipótese das Ideias.

[10] (1031 b 3-10). *Segundo argumento a favor da identidade da coisa individual com a sua essência.* — Aristóteles prossegue, sempre raciocinando com base na hipótese da existência das Ideias como seres em si e por si. Se substância individual e essência fossem separadas uma da outra (ἀπολελυμέναι ἀλλήλων), isto é, se ao Bem em si não pertencesse a *essência* do Bem e se, vice-versa, à essência do Bem não pertencesse o *ser-Bem*, derivariam duas consequências absurdas: (*a*) de um lado, não seria possível haver *ciência* das substâncias individuais; (*b*) de outro lado, as essências não seriam mais *seres*. — (*a*) Não seria possível ciência das realidades individuais, porque só se obtém a ciência de uma coisa quando se conhece a sua *essência*; mas se *uma coisa* é a essência e *outra coisa* é a realidade individual, então, conhecendo a essência *não* se conhece a realidade individual. Conhecendo, por exemplo, a essência do Bem, não se conhece o Bem em si, e assim por diante. — (b) As essências não seriam mais "seres" ou "realidades". Se, de fato, admitirmos que a essência é diferente da coisa, então isso deve valer em todos os casos: daí deriva que a essência do Bem *não* é Bem, e também, a essência do Ser não é Ser, e a essência do Um não é Um. Ora, se a própria essência do Ser *não* é Ser, tampouco poderão ser "ser", com maior razão, todas as outras essências. — As mesmas observações feitas para o precedente argumento valem inteiramente também para este segundo (cf. a nota precedente, *in fine*).

[11] (1031 b 11-18). *Terceiro argumento a favor da identidade da coisa individual com a sua essência.* — A partir daqui começa o distanciamento da hipótese das Ideias. — Aquilo a que não pertence a essência do Bem, *não* é Bem. Com efeito, como observa Robin (*Th. plat.* p. 53), "se a essência separa-se da coisa, tudo o que determina a coisa e constitui a sua definição, desaparece imediatamente: o Bem em si, privado da essência do Bem, deixa de ser Bem". — Fica, então, claro que o Bem, para ser tal, deve constituir, necessariamente, *uma única realidade com a sua essência*, do mesmo modo o Belo e a essência do Belo, e assim para todas as coisas que não implicam referência a outra coisa, mas constituem realidades por si e primeiras. — *E isso é válido*, explica Aristóteles, *quer as Ideias existam quer não*. De fato, segundo o Estagirita, realidades por si são já as substâncias sensíveis; portanto, também para estas valerá o raciocínio feito: elas se identificam com a sua essência. Mais ainda, explica Aristóteles, as

conclusões tiradas *são ainda mais válidas caso não existam as Ideias*. De fato, se as Ideias são como afirmam os seus defensores, é preciso negar que o *substrato*, ou seja, *as coisas sensíveis* das quais se predicam as Ideias, sejam substâncias, e é preciso atribuir a substancialidade exclusivamente às Ideias. Mas, se não se nega a substancialidade às coisas sensíveis, dado que as Ideias são afirmadas e predicadas delas, daí resulta que as Ideias existem καθ' ὑποκειμένου: portanto, elas seriam, justamente ao contrário do que sustentam os seus defensores, por participação no substrato. — Dito de outro modo: não é possível afirmar, ao mesmo tempo, a substancialidade das coisas sensíveis e *também* a substancialidade das Ideias, sob pena de incorrer na contradição acima indicada. Para eliminar a contradição seria preciso negar completamente a substancialidade às coisas sensíveis em favor das Ideias. Mas isso, para Aristóteles, é absolutamente inadmissível; antes, *é verdade justamente o contrário*. É neste sentido que Aristóteles diz que a conclusão tirada é ainda mais válida caso não existam as Ideias. Cf. Robin, *Th. plat.*, p. 56 e nota 60.

[12] (**1031 b 18-28**). *Quarto argumento a favor da identidade da coisa individual com a sua essência.* — Passagem dificílima de ser entendida e traduzida, sobretudo nas linhas 21 s.: ... ὥστε καὶ κατὰ τὴν ἔκθεσιν ἀνάγκη ἕν τι εἶναι ἄμφω. Toda a dificuldade centra-se na interpretação do termo ἔκθεσιν. São possíveis as seguintes exegeses. — (1) Ps. Alexandre (*In Metaph.*, p. 484, 10 s. Hayduck) entende ἔκθεσις no sentido de ἐπαγωγή, vale dizer, de indução. Assim interpretava na sua tradução, Bonitz (*Metaph.*, p. 137) e assim, entre outros, Tricot (*Métaph.*, I, p. 375) e Carlini (*Metaph.*, pp. 224 s.). Eis como este último traduzia a nossa passagem: "Desses raciocínios, portanto, deriva que toda coisa individual e a sua pura essência coincidem, e não por acidente. Acrescenta que conhecer uma coisa é conhecer a pura essência, de modo que também *por via indutiva* resulta que essência e existência são, necessariamente, uma só coisa". — Na verdade, a solução de Alexandre é uma cômoda escapatória. De fato, o próprio Bonitz, no comentário sucessivo, teve de reconhecer o seguinte: "Alexander p. 451, 12 [= 484, 10 Hayduck] ἔκθεσιν idem esse vult atque ἐπαγωγήν, sed neque alibi apud Aristotelem, quantum memini, hac notione ἔκθεσις legitur, neque vero inductione ad hanc rem demonstrandam Ar. usus est". (p. 318). — (2) Ao contrário, Schwegler (*Metaph.*, II, p. 116) traduz do seguinte modo: "... so dass der gegebenen Entwicklung zufolge...", e, no comentário (*Metaph.*, IV, p. 71), justifica a tradução dizendo que ἔκθεσις pode, justamente, ter o sentido comum de "Darstellung", "Auseinandersetzung". Mas o próprio Schwegler

está pouco convencido da sua tradução, a ponto de, sempre no comentário (*loc. cit.*), propor duas outras alternativas: a que logo em seguida mencionaremos, e a que acolhemos na nossa tradução e da qual falaremos na conclusão da nota. — (3) Ainda, ἔκθεσις, explica Waitz (*Organon*, comm. *ad.* 179 a 3) "est aliquod ita ponere, ut seorsim consideretur", distinguir universal de particular. Então a nossa passagem, diz Schwegler, poderia significar: "... de modo que ambas, essência e coisa individual, são necessariamente uma só coisa, *ainda que se distingam logicamente* essência e ser". Essa é também a exegese de Bonitz, que, depois de ter citado a mesma passagem de Waitz, assim como *Metaph.* B 6, 1003 a 10 e M 9, 1086 b 10, escreve: "Quod istis locis de universalibus notionibus dicitur, id hoc loco transferri videtur ad rem aliquam et eius τηε: si quis seorsim ponere susceperit rem et eius τηε (κατὰ τὴν ἔκθεσιν), is intelliget, ut possit omnino esse scientia, utcumque potius idem debere esse". — (4) Ross (*Metaph.*, II, p. 179) retoma a exegese de Alexandre, mas dando-lhe uma coloração diferente: a prova κατὰ τὴν ἔκθεσιν significaria "proof by means of instances"; Aristóteles diria: pensa o que quiser, e verás que conhecer uma coisa significa conhecer a sua essência. Assim também Tricot, no comentário (*Métaph.*, p. 376, em nota) e Gohlke na tradução: "... so dass beides, *wenn man nur irgendein Beispiel nimmt*, immer zusammenfallen muss". — (5) Entretanto, no contexto da doutrina platônica das Ideias, ἔκθεσις, como vimos em A 9, 992 b 10, tem o significado técnico de *separar o universal do particular fazendo dele uma realidade em si*. Ora, dado que, aqui em Z 6, em parte o que está em causa é a doutrina das Ideias, é muito difícil que ἔκθεσις, nesse contexto, não queira exprimir o mesmo que exprime em A 9, 992 b 10, ou seja, que não tenha aquele significado que é conatural com a doutrina em causa (cf. *supra*, nota à passagem de A 9). — Portanto, a exegese menos forçada parece ser a que já foi vista como possível por Schwegler (*loc. cit.*). A nossa passagem significa, portanto: mesmo *situando-nos do ponto de vista da separação platônica das Ideias e dos sensíveis* (κατὰ τὴν ἔκθεσιν), resulta que a essência e a coisa da qual é essência coincidem. Foi exatamente isso (entre outras coisas) que Aristóteles fez nas provas precedentes. — A argumentação, no seu conjunto, serve de resumo das argumentações precedentes (linhas 18-20), e dá uma prova ulterior (linhas 20-22) da tese em questão, isolando e evidenciando um conceito já expresso na segunda prova, 1031 b 6 s.: ἐπιστήμη τε γὰρ ἑκάστου ἔστιν ὅταν τὸ τί ἦ ἐκείνῳ εἶναι γνῶμεν; o nosso texto diz, com efeito, quase a mesma coisa: ... καὶ ὅτι τὸ ἐπιστασθαι ἕκαστον τοῦτό ἐστι, τὸ τὶ ἦν εἶναι ἐπίστασθαι. E isso é de tal modo verdade que, diz Aristóteles, até mesmo admitindo o ponto de vista platônico (κατὰ τὴν ἔκθεσιν), consegue (como se viu) a identidade de essência e daquilo de que é essência. — E que aqui, mais do que dar novas provas, Aristóteles esteja resumindo substancialmente alguns pensamentos já expressos, é provado também pelo fato de que logo em seguida são mencionadas as coisas ditas por acidente e as conclusões que foram tiradas a respeito delas.

[13] (**1031 b 24-25**). *Significado do acidente nesse contexto.* — O acidente pode, portanto, significar (1) o sujeito que possui a afecção, digamos, do branco e (2) a afecção do branco. Para dar o exemplo do Ps. Alexandre (*In Metaph.*, p. 484, 14 s. Hayduck), o acidente *músico* pode significar (1) Sócrates que possui esta afecção, ou (2) a afecção presente na alma de Sócrates.

[14] (**1031 b 27-28**). Cf. *supra*, 1031 a 19-28.

[15] (**1031 b 28 – 1032 a 2**). *Quinto argumento a favor da identidade da coisa individual com a sua essência.* — O absurdo da separação da essência e da coisa mostra-se evidente também se à essência se dá um nome diferente da coisa. Por exemplo: chamemos a essência de cavalo com um nome diferente, como "cavalinidade". Ora, se a cavalinidade é diferente do cavalo, deverá existir uma *essência da cavalinidade*, à qual deverá ser dado (pela mesma razão pela qual se deu um nome à primeira essência) outro nome. Se, portanto, essência e coisa são duas realidades diferentes, também *a essência e a essência da essência* deverão ser. — Poder-se-ia objetar: a coisa e a essência são duas realidades diferentes, mas não a essência e a essência da essência. A isso Aristóteles responde: se é assim, o que impede, então, que *coincidam imediatamente a coisa e a sua essência*? Antes, não só a coisa e a essência coincidem, mas também a noção ou a definição da essência é idêntica à noção ou definição da coisa correspondente, como se viu nos argumentos precedentes (cf. sobretudo no segundo).

[16] (**1032 a 2-4**). *Sexto argumento a favor da identidade da coisa individual com a sua essência.* — Esta última prova explicita um elemento já presente implicitamente na anterior. Se a essência e a coisa são diferentes, também deverão ser diferentes a essência e a essência da essência, e, do mesmo modo, deverão ser diferentes a essência e a essência da essência da essência, e assim ao infinito. — É exata a exegese de Robin (*Th. plat.* p. 55, nota 58): "Aristóteles parece querer indicar que toda essência, separada da coisa, deve ser ela mesma uma coisa, e que deverá haver, então, uma essência dessa essência, e assim por diante; por exemplo, uma essência do Um, depois uma essência da essência do Um, e depois uma essência desta

última etc.". — Traduzimos: ὥστε καὶ ἐπ' ἐκείνων ὁ αὐτὸς ἔσται λόγος por "de modo que, ulteriormente, dever-se-ia repetir o mesmo raciocínio para a essência do Um, e *assim por diante*", desdobrando o ἐπ' ἐκείνων, porque, traduzido literalmente, a expressão não corresponderia ao sentido que pretende oferecer. Eis como traduz Ross: "for we shall have (1) the essence of one, and (2) the one, so that to terms *of the former kind* the same argument will be applicable".

[17] (**1032 a 6-7**). *Objeções sofísticas e resposta às mesmas.* — As objeções às quais Aristóteles alude aqui são, provavelmente, aquelas das quais dá um exemplo o Ps. Alexandre (*In Metaph.*, p. 485, 36 ss. Hayduck): "Sócrates e a essência de Sócrates são a mesma coisa ou não? Se são diferentes, dado que o ser de Sócrates *é* a essência de Sócrates e a própria natureza de Sócrates, Sócrates será diferente de si mesmo. Se são a mesma coisa, e Sócrates é também branco, também a essência de Sócrates e a essência de Sócrates branco serão a mesma coisa, isto é, serão a mesma coisa a substância e o acidente, o que é absurdo". — Essas objeções se resolvem com a acurada distinção entre os seres *por si* e os *por acidente*. Sócrates e Sócrates branco *não* são a mesma coisa *por si* mas são a mesma coisa só *por acidente*; ao contrário, Sócrates e a essência de Sócrates são a mesma coisa *por si*. E com isso cai, evidentemente, o sofisma sobre o qual se apoia a objeção.

[18] (**1032 a 9-10**). Seguimos Asclépio, *In Metaph.*, p. 396, 28 ss. Hayduck; cf. também Bonitz, *Metaph.* (trad.), p. 138.

7. *Sumário e comentário a Z 7*

[1] (**1032 a 12 – 1033 a 23**). Sumário. — *Depois de tratar da essência com base em raciocínios puros (λογικῶς), Aristóteles nos próximos dois capítulos* põe-se do ponto de vista físico-ontológico, estudando o papel desempenhado pela essência na geração e no devir das coisas. — *Particularmente, o presente capítulo tem a finalidade de ilustrar os diferentes tipos de geração e fornecer elementos sobre os quais se desenvolverá a discussão dos próximos dois capítulos. Existem três tipos de geração:* (1) *a natural,* (2) *a operada pela arte e* (3) *a que se deve ao acaso. Todas implicam três condições fundamentais:* (a) *alguma coisa* da qual *derivam,* (b) *alguma coisa* por obra da qual *derivam, isto é, um agente,* (c) alguma coisa *para a qual tendem.* — (1) *São naturais as gerações nas quais, seja aquilo de que as coisas derivam, seja o agente, seja o resultado do processo são seres naturais* (aquilo de que *é a*

matéria, o agente é uma realidade natural que tem a mesma forma do ser gerado, enquanto aquilo que é produzido *é uma das substâncias naturais, como: homens, animais, plantas).* — (2) *As gerações operadas pela arte chamam-se* produções. *São produzidas pela arte as coisas cuja forma ou essência preexiste no pensamento do artífice. Os processos de produção implicam dois momentos:* (a) *pensamento e* (b) *ação. Por exemplo, o processo de cura, operado pela arte do médico, implica:* (a) *um momento de pensamento que consiste em determinar quais são as condições a realizar para fazer voltar a saúde ao doente, e quais são os meios necessários para isso;* (b) *a realização ou atuação do meio que leva ao restabelecimento das condições da saúde.* — (3) *Nas produções espontâneas, o princípio do qual elas partem é o mesmo do qual partiria o artífice. Por exemplo: na cura pela arte, o médico produziria por uma fricção um aquecimento do corpo do qual dependeria todo o sucessivo processo; na cura espontânea, em lugar da fricção, haverá algo análogo: em vez de uma fricção operada intencionalmente, haverá uma parte do calor existente no corpo ou que se produz no corpo, que porá em ação o processo, sem a intervenção do artífice. — Em todo processo de produção é necessária uma* matéria *preexistente, que é condição do devir e é, ela mesma, aquilo que advém. A matéria* não dá, porém, o próprio nome à coisa gerada *(o nome da coisa, como veremos, depende e deriva da forma ou essência); no máximo, a coisa pode ser qualificada só com um adjetivo derivado do nome da matéria (por exemplo, uma estátua de madeira será chamada* lígnea, *uma de bronze,* brônzea, *etc.), e isso porque a matéria deve se transformar (deve assumir uma forma) e não pode permanecer tal como é para constituir a coisa. (cf. nota seguinte).*

[2] *Sobre a função e o significado dos capítulos 7-8-9.* — Alguns estudiosos pensam que o presente capítulo, junto com 8 e 9, constituem uma peça à parte, e, em todo caso, devem ser uma inserção posterior (mesmo que atribuída ao próprio Aristóteles). Já Natorp (*Thema und Disposition der arist. Metaph.*, in "Philosophische Monatschefte", 24 [1888], pp. 37-65, 540-574) considerava que o livro Z tenha nascido da fusão de dois tratados: o primeiro tratado teria sido constituído pelos cap. 1-6, 10-14 (mais uma parte do cap. 16); o segundo tratado teria sido constituído pelos cap. 17, 7-9, 15 e 16 (o cap. 17 constituiria a transição do primeiro ao segundo tratado). — Ross (*Metaph.*, II, p. 181) rejeita a tese de Natorp no seu conjunto, mas mantém como válida pelo menos a hipótese de que os capítulos Z 7-9 tenham sido um tratado separado. — Ulteriores complicações surgiram dos estudos baseados no método genético. Oggioni, por exemplo, reafirma a

ideia de que Z 7-9 são estranhos ao lugar que ocupam, dado que Z 10 continua imediatamente Z 4-6. Z 7-9 teriam sido redigidos com a finalidade de completar o que é tratado em Z, com a discussão do problema do devir; esses apontamentos não teriam sido posteriormente desenvolvidos nem literariamente elaborados, e teriam sido inseridos tal como estavam pelo próprio Aristóteles, quando ele retomou o tratamento geral sobre a substância (constituído de Z H M 1-9) num conjunto mais amplo (A B Γ E Z H Θ 1-9 M 1-9), implicando também o tratamento do devir e da potência e do ato (*La Metaf.*, pp. 303 ss.). — Ao contrário, Gohlke (*Entstehung d. arist. Prinzipienlehre*, pp. 25-37) considera Z 7-9 (junto com Z 3 e 12) como pertencentes ao núcleo primitivo de Z. — Muitos estudiosos demonstram incertezas a respeito disso. — Na realidade, trata-se apenas de hipóteses inconsistentes, que complicam as coisas sem razão. — Z 7-9, com efeito, não são mais do que o tratamento φυσικῶς, em vista de integrar o que Z 4-6 tinha tratado λογικῶς (Z 15, 1039 b 26 s. de resto, refere-se a esses capítulos). Cf. *supra*, notas 3 e 17 ao capítulo Z 4.

[3] (**1032 a 13-14**). *Significado de* ὑπό τινος. — O "por algo" (ὑπό τινος) significa, nesse contexto, a *causa eficiente ou motora*.

[4] (**1032 a 14**). *Significado de* ἐκ τινος. — O "de algo" (ἐκ τινος) significa, nesse contexto, a *matéria ou causa material* (ὕλη ἐξ ἧς).

[5] (**1032 a 14**). *O* τὸ τί *nesse contexto*. — Normalmente o *algo* (τὸ τί) é *a substância* ou a essência; no nosso contexto Aristóteles refere-se a *todas as categorias segundo as quais existe mudança*; o significado é, portanto, o seguinte: o que advém, torna-se ou uma *substância determinada*, ou uma *qualidade determinada*, ou uma *quantidade determinada*, ou ocorre em *determinado lugar*.

[6] (**1032 a 14-15**). *Significado de mudança, movimento e geração*. — Segundo alguns comentadores (p. ex. Ross, *Metaph.*, II, p. 182), aqui Aristóteles seria inexato, dado que em outro lugar diz que a mudança existe não segundo *todas as categorias*, mas só segundo a *substância*, a *qualidade*, a *quantidade* e o *onde*. Mas basta entender a expressão καθ' ἑκάστην κατηγορίαν no sentido "segundo cada uma das categorias (*i.e.* logo em seguida nomeadas)": com efeito, segue-se a menção das quatro categorias acima indicadas. — Sobre a doutrina aristotélica da mudança e do movimento falaremos no comentário a K 9 e 11. Aqui antecipamos apenas algumas noções úteis para entender os capítulos que estamos lendo. — Para Aristóteles μεταβολή indica a *mudança*, isto é, o *devir* em geral e compreende a γένεσις ou *geração* e a κίνησις ou *movimento*. A *geração* é a mudança

segundo a substância, enquanto o *movimento* é a mudança segundo as outras três categorias (ulteriormente Aristóteles chama o movimento segundo a qualidade de *alteração*, o movimento segundo a quantidade de *aumento e diminuição*, o movimento segundo o lugar de *translação*). — Tenha-se presente que Aristóteles não se mantém rigorosamente fixo nessa terminologia: às vezes chama κίνησις todos os tipos de mudança, inclusive a γένησις (*Fís.*, VIII 7, 261 a 27 ss.) ou, vice-versa, chama γένησις todas as mudanças (*Da ger. e corr.*, I 2, 315 a 26-29).

[7] (**1032 a 18-19**). Aristóteles pensa, em geral, em todos os seres que são organismos vivos.

[8] (**1032 a 20-23**). *Nexo estrutural entre geração e matéria.* — Tomás (*In Metaph.*, p. 343 a, § 1388 Cathala-Spiazzi): "Probat quod unum trium, scilicet *principium ex quo*, inveniatur in omni generatione; ... dicens, quod omnia quae fiunt vel secundum naturam vel secundum artem, habent materiam ex qua fiunt. Omne enim quod generatur vel per artem vel per naturam, est possibile esse et non esse. Cum enim generatio sit de non esse in esse mutatio, oportet id quod generatur quandoque quidem esse, quandoque non esse: quod non esset nisi esset possibile esse et non esse. Hoc autem quod est in unoquoque in potentia ad esse, et ad privationes per quas habent non esse, ut ex supra habitis patet. Relinquitur ergo, quod in omni generatione oportet esse materiam".

[9] (**1032 a 22**). Ver Δ 4, 1014 b 26-35 e relativo comentário.

[10] (**1032 a 22-23**). O texto diz καθ' ὅ (καὶ καθ' ὃ φύσις), sobre o quê cf. Δ 18 e comentário; cf. também, para esse sentido de natureza, Δ 4, 1014 b 35ss.

[11] (**1032 a 24-25**). *Em que sentido também a causa eficiente é "natureza"*. — Também a causa eficiente, isto é, o gerador, é *natureza*, no sentido de que tem a mesma *natureza* ou *forma* da coisa gerada. Gerador e gerado são sempre idênticos pela *forma*; a forma do primeiro é a mesma forma do segundo (obviamente em dois indivíduos distintos). O exemplo que Aristóteles traz aqui, que sempre é um *homem* que gera um *homem*, é muito frequente; cf. 8, 1033 b 32; Λ 3, 1070 a 8; 1070 a 27 s., etc.

[12] (**1032 a 26-27**). *Geração e produção.* — Bonitz (*Comm.*, p. 321): "artificiosum generationis genus apte significat nomine ποίησις, siquidem ποιεῖν operis faciendi habet notionem".

[13] (**1032 a 27-28**). *De que dependem as produções em sentido verdadeiro e próprio.* — Assim também em E 1, 1025 b 22. Muito clara a explicação de Bonitz (*Comm.*, p. 282): "Etenim quoniam a *cognitione* suspensa est

ἡ ποίησις, qui cognitionis et princeps est et finis νοῦς, idem pro principio est habendus poëticarum disciplinarum; ex cognoscendo autem si habitus quidam recte operandi exsistit, ἕξις μετὰ λόγου ποιητική *Eth. N.* VI 4, is habitus τέχνη nuncupatur; denique quia artifici, utrum faciat quidpiam necne, liberum est arbitrium, in *facultate*, δυνάμει, ad contraria pariter apta positum est operandi principium".

[14] (**1032 a 28-29**). *Conexões e diferenças entre produção espontânea e produção casual.* — Como se vê, aqui Aristóteles põe os dois processos de geração ἀπὸ ταὐτομάτου e ἀπὸ τύχης no mesmo plano, sem sublinhar a diferença entre eles. O primeiro, recorda justamente Ross (*Metaph.*, II, p. 182), compreende em si também o segundo (cf. *Fis.*, II 6, 197 a 36). — A diferença entre o primeiro e o segundo é a seguinte. Tudo o que ocorre ἀπὸ τύχης, ocorre também ἀπὸ ταὐτομάτου, mas não vice-versa. Precisamente: o acaso ou a fortuna (τύχη) tem lugar no âmbito das ações humanas e a ele se restringe, enquanto o τὸ ταὐτόματον tem lugar nos eventos naturais em geral.

[15] (**1032 a 30-32**). *As coisas que se geram com semente e sem semente.* — Assim ocorre, por exemplo, na geração dos peixes ou dos insetos (cf. *Hist. Anim.*, VII 15, 569 a 11; *Da ger. anim.*, II 1, 732 b 12); cf. outras passagens em Ross, *Metaph.*, II, p. 183.

[16] (**1032 a 32**). Cf. abaixo 1032 b 23-30; 1034 a 9-21; b 4-7.

[17] (**1032 a 32 – b 1**). *A característica distintiva dos processos de produção por obra da arte.* — Tenha-se presente que Aristóteles pode dizer isso na medida em que *não tem o conceito especulativo de criação*: não só não tem o de criação *ex nihilo*, nem tampouco o de *semicriacionismo* platônico; para Aristóteles não existe um artífice da *natureza* e dos *processos naturais*, nem no sentido do Demiurgo platônico (que Aristóteles não considera seriamente). Aprofundaremos o problema na leitura de Λ 7-9. — Cf. *Para uma nova interpr. de Plat.*, (1997), pp. 391 ss., 397 ss., 521 ss.

[18] (**1032 b 1-2**). *A substância primeira é a forma ou essência.* — Chamamos a atenção para esta afirmação, que, muito amiúde, é esquecida. Os manuais introduziram uma incorreta convicção da qual muitos estudiosos não conseguem se libertar (como já destacamos outras vezes, mas convém reafirmar aqui): que a *substância primeira* (πρώτη οὐσία), para Aristóteles, seja o indivíduo empírico, com base na afirmação de *Categ.*, 5. Mas na *Metafísica*, como já vimos e teremos outras ocasiões de confirmar, Aristóteles chama "*substância primeira*" *a forma enquanto é condição primeira e causa primeira do ser das coisas*. O indivíduo é substância só

enquanto é constituído e determinado pela forma. Aqui, a equivalência entre "forma", "essência" e "substância primeira", incluída nessa definição é paradigmática: εἶδος = τὸ τί ἦν εἶναι = πρώτη οὐσία. Cf. também 1032 b 14 e, *infra*, nota 21. Ver também o que dizemos no *Ensaio introdutório*, pp. 100-106.

[19] (1032 b 2-4). A *forma é substância primeira em todos os casos.* — Portanto, a privação tem a própria essência no seu *contrário positivo* (cf. Trendelenburg, *Gesch. d. Kategorienlehre*, p. 108, as passagens *ibid.*, nota 2), enquanto ela é, justamente, *ausência ou falta desse contrário positivo*: nesse sentido e nesses limites, pode-se dizer que a *forma* dos contrários é a própria forma, presente ou ausente. Aristóteles diz isso para confirmar que a *forma é a substância primeira em todos os casos*, e que, portanto, também as produções artificiais pertencentes ao gênero negativo, dependem da forma.

[20] (1032 b 4-6). *Exemplificação da tese de que a forma é a substância primeira em todos os casos.* — Por exemplo, é sempre o εἶδος-saúde que produz, não só a *cura*, mas também a *enfermidade*: respectivamente, com a sua presença no primeiro caso, com a sua ausência no segundo; de fato, o médico, que tem na sua mente o εἶδος-saúde, pode provocar tanto a cura como a enfermidade, favorecendo no corpo do paciente as condições seja da presença seja da ausência dele. — Tomás (*In Metaph.*, p. 345 a, § 1407 Cathala-Spiazzi) esclarece bem a passagem: "Patet ergo, quod sicut in naturalibus ex homine generatur homo, ita in artificialibus accidit quodammodo ex sanitate fieri sanitatem, et ex domo domum; scilicet ex ea quae est sine materia in anima existens, illa quae habet materiam. Ars enim medicinalis, quae est principium sanationis, nihil est aliud quam species sanitatis, quae est in anima; et ars aedificativa est species domus in anima. Et ista species sive substantia sine materia, est quam dixit supra quod quid erat esse rei artificiatae". Note-se que aqui a forma é vista no papel de *causa eficiente* (melhor: *eficiente-formal*).

[21] (1032 b 14). *Substância imaterial e essência.* — Cf. nota 18. Dessa afirmação, com base no que Aristóteles disse acima, 1032 b 2-4, deriva que, portanto, πρώτη οὐσία = οὐσία ἄνευ ὕλης ou ainda: εἶδος = τὸ τί ἦν εἶναι = οὐσία ἄνευ ὕλης.

[22] (1032 b 15-17). Cf. imediatamente acima, 1032 b 6-9 e 9-10, onde Aristóteles de fato já explicou esses dois momentos.

[23] (1032 b 21-25). A *causa eficiente nos processos de produção.* — Portanto, em ambos os processos de produção (seja o devido à arte, seja

o espontâneo) o ponto de partida é o mesmo. No caso da cura, por exemplo, é um aquecimento; ora (*a*) no caso da produção pela arte, o aquecimento é produzido pelo médico que efetua uma fricção, (*b*) no caso da cura espontânea, o aquecimento ocorre sem ser produzido de modo intencional, mas por alguma causa acidental.

[24] (1032 b 25-30). *Como ocorrem os processos de produção espontânea.* — A seguinte passagem de Tomás traz notável clareza (*In Metaph.*, pp. 345 b s., § 1411 Cathala-Spiazzi): "Manifestat *quomodo fiunt generationes casuales*: et dicit, quod quando sanatio fit a casu, tunc principium sanitatis fit ab hoc, quod est principium faciendi sanitatem secundum artem. Sed hoc est intelligendum de principio factionis, quod est ultimum in intelligendo, et primum in exequendo. Sicut in medicando principium sanitatis aliquando forsan fit a calefactione. Et hinc etiam incipit sanatio, quando aliquis a casu sanatur, quia calorem aliquis excitat confricatione praeter intentionem confricantis. Calor itaque in corpore excitatus per fricationem vel medicationem, aut est pars sanitatis, quase intrans substantiam sanitatis, sicut cum ipsa alteratio calefactionis ad sanitatem sufficit; aut sequitur ad calorem aliquid quod est pars sanitatis, sicut cum per calorem fit sanitas per hoc quod calor dissolvit aliquos humores compactos, quorum dissolutio est iam constituens sanitatem. Aut etiam hoc potest esse per plura media; sicut cum calor consumit humores superfluos impedientes aliquos meatus in corpore; quibus consumptis fit debitus motus spirituum ad aliquas determinatas partes corporis: et hoc ultimum est iam faciens sanitatem. 'Et quod est ita', scilicet quod est proximum sanitatis factivum 'est aliqua pars sanitatis', idest intrans in constitutionem sanitatis. Et similiter est in aliis artificialibus. Nam partes domus sunt lapides, quorum compositio iam est aliquid domus". — Continua, entretanto, obscura a evocação do exemplo da casa e das pedras. Ross notou bem (*Metaph.*, II, pp. 184 s.) que o exemplo *está fora de lugar*. Apresentando o exemplo da casa, implicitamente Aristóteles leva a discussão a outro plano. (*a*) Antes estava falando da *causa eficiente*, que na cura pela arte é dada por obra do médico que suscita calor por uma fricção, enquanto na cura espontânea é o próprio calor que é provocado no corpo por alguma causa não intencional. (*b*) Em seguida, ele diz que o calor deve ser *parte constitutiva* (do modo e nos limites vistos) da saúde, em vista de tirar as conclusões que logo se seguirão: que sempre, em todo processo de geração e produção, algo deve *preexistir*, para que o processo possa ocorrer. (*c*) Ora, o exemplo da casa e dos tijolos comporta a seguinte mudança: os tijolos são parte da casa

e preexistem à casa; *mas preexistem não como causa eficiente, mas como causa material*. Ao contrário, o calor do corpo preexiste não só como causa material, mas *também* como *causa eficiente*. O calor que está no corpo pode curar o corpo mesmo sem a intervenção do médico, porque tem em si *a capacidade de desencadear um processo de cura*; os tijolos, ao invés, só podem gerar a casa se o construtor intervier, e nunca poderiam dar lugar à geração espontânea de uma casa. (*d*) Aristóteles deveria, portanto, trazer um exemplo de outra coisa na qual o princípio material tenha também possibilidade de ser, de algum modo, causa eficiente, tendo em si a capacidade de movimento. — Em todo caso, esclarecido tudo isso, ficam ainda por esclarecer as razões do brusco salto que se notará nas reflexões que encerram o capítulo. E resta, ao mesmo tempo, esclarecido o pensamento que Aristóteles pretende fixar: as vias que seguem os processos de geração, em todas as sus formas, são totalmente análogas, e totalmente análogas são também as condições que os tornam possíveis.

[25] (**1032 b 30-31**). Cf. nota precedente, *in fine*.

[26] (**1032 b 31 – 1033 a 5**). A *matéria é também parte da definição da coisa se considerada especificamente como coisa material*. — Vimos, duas notas acima, como Aristóteles passou da questão da causa eficiente à da causa material. Agora, depois de ter reafirmado que a causa material *preexiste* à coisa que se gera e é parte constitutiva da coisa, Aristóteles põe o problema se *esta "parte" é também "parte" da noção ou definição da coisa*. (Esse imprevisto surgimento da questão da *definição* não deve surpreender, dado que, como vimos, é tema dominante nos capítulos precedentes, assim como será, em grande parte, também nos seguintes). — A resposta (por agora) é dada de modo simples: devendo explicar *quê é* um círculo-de-bronze, devo dizer (*a*) seja que é bronze, seja (*b*) que é figura (gênero próximo) de um determinado tipo (diferença específica). Portanto, na noção de círculo-de-bronze (enquanto aquilo de que se trata é, justamente, círculo, *de bronze*) está contida também a matéria (para a compreensão da passagem será conveniente reportar-se, não ao Ps. Alexandre, *In Metaph.*, p. 492, 19 ss. Hayduck, nem a Bonitz, *Comm.*, p. 324, mas a Ross, *Metaph.*, II, pp. 185 ss.). — Portanto, a matéria mostrou-se como (*a*) condição do processo de geração, (*b*) preexistente à coisa gerada, (*c*) parte constitutiva da própria coisa gerada, (*d*) parte incluída na noção da coisa (considerada enquanto coisa material); pois bem, surge daqui o problema que logo abaixo Aristóteles considera: *qual é a relação entre a matéria e o nome da coisa feita daquela matéria*? Cf. nota seguinte.

[27] (1033 a 6-7). *O significado do termo ἐκείνινον.* — O texto diz: οὐκ ἐκεῖνο ἀλλ' ἐκείνινον = *non illud sed illiusmodi*. Infelizmente, ἐκείνινον só é traduzível em português por meio de uma perífrase. Levando em conta as especificações que Aristóteles oferece em seguida, a perífrase mais adequada parece ser a que propusemos: *ou seja, como adjetivo extraído do correspondente substantivo*; ἐκείνινον será, com efeito, exemplificado com ξύλινον = *lígneo*, λίθινον = *marmóreo* etc. Cf. Θ 7, 1049 a 19 e 21.

[28] (1033 a 7). *Como deve ser entendido o δέ nessa passagem.* — No texto há um δέ (ὁ δὲ ἄνθρωπος etc.), que pode induzir a erro: ele não deve ser entendido em sentido adversativo (como muitos fazem: por ex. Tricot, que traduz: "Au contraire l'homme etc.", e outros). De fato (1) não existe um μέν, ao qual o δέ se contraponha. Sobretudo (2) não existe contraposição entre (*a*) o caso dos ἔνια do qual um exemplo é a estátua, e (*b*) o caso do homem, porque em ambos os casos Aristóteles diz que a coisa οὐ λέγεται ἐκεῖνο ἐξ οὗ (cf. linhas 6 e 8); a diferença está unicamente no fato de que no caso (*a*) a coisa pode ser dita ἐκείνινον. (3) O que Aristóteles demonstrará abaixo será justamente a analogia dos casos (*a*) e (*b*). — Cf., de resto, Ps. Alexandre, *In Metaph.*, p. 492, 33 e p. 493, 20 Hayduck.

[29] (1033 a 8-23). *Por que o nome das coisas não deriva da matéria da qual são constituídas.* — Toda essa passagem, assim como a que segue até o final do capítulo, tem por finalidade mostrar como e por que a matéria, que se revelou como aquilo de que derivam as coisas que se geram (cf. nota precedente), *não dá o nome às coisas*. O *derivar de* alguma coisa, explica Aristóteles, pode ser entendido em dois modos: (1) derivar da privação e (2) derivar do substrato. — (1) (*a*) Predominantemente entende-se no primeiro sentido, como quando se diz, por exemplo, que alguém *de enfermo* (privação) se torna sadio. Ora, quando o *provir de* se entende no sentido de provir *da privação*, esta não dá e não pode dar o nome à coisa que dela deriva, porque o processo tende, justamente, à eliminação dessa privação e à aquisição da forma oposta; e, quando o processo se conclui, a privação desaparece completamente. É por esse motivo que o enfermo, tornado são, não poderá mais, de modo algum, ser designado com o nome da privação da qual partiu o processo de cura (isto é, com o nome da enfermidade), porque a saúde eliminou completamente a enfermidade. (*b*) Todavia, existem muitos casos em que a privação ou não tem um nome ou não é determinada e definida. E assim são quase todos os casos das produções artísticas; dizemos, por exemplo, do bronze vem a estátua, dos tijolos a casa; mas, na realidade, não tanto do bronze, quanto da *privação da figura*

da estátua que está no bronze, vem a estátua, e da privação da forma que se encontra nos tijolos vem a casa (só que essas privações *não* têm nome, ou não são determinadas e, portanto, não se as capta). Ora, como no caso (*a*) do processo de cura, quem é curado não pode mais ser designado com o nome da privação pelas razões vistas, assim também, nesses casos, analogamente, não se pode designar a coisa com o nome daquilo de que provém. — Poder-se-ia objetar: tudo isso é verdade se se entende o *derivar de* no sentido (1), isto é, no sentido da privação. Mas e se entendermos o *derivar de* no sentido (2), isto é, derivar do substrato ou matéria? Pois bem, mesmo nesse caso, diz Aristóteles, o objeto produzido *não* pode ser denominado com o nome da matéria da qual deriva. Com efeito, a forma que, no processo de produção, é assumida pela matéria, *traz certas modificações, que o nome da matéria não pode mais legitimamente designar a coisa*. Eis por que, no máximo, o nome da matéria pode aparecer *só como adjetivo para qualificar o objeto, e não como substantivo para designar a natureza*: a coisa que deriva da madeira se dirá "lígnea" e não "madeira", a que deriva do mármore se dirá "marmórea" e não "mármore", etc. Concluindo: nem no sentido (1) nem no sentido (2) o *nome* que designa aquilo de que uma coisa deriva ou se produz pode designar a coisa que dela é derivada ou produzida. No caso (1) não pode de modo algum e no caso (2) só pode sob a forma de adjetivo, que não designa a essência, mas uma característica da coisa. Ademais, no caso (2) fala-se de derivar da matéria, em vez de derivar da privação, porque a privação é obscura e não tem nome. A verdadeira razão, porém, está no fato de que a aquisição da forma no caso (1) faz desaparecer a privação e no caso (2) muda a matéria. — As linhas 1033 a 17-22 conclusivas do discurso são bem comentadas por Bonitz (*Comm.*, p. 325): "Quod autem ex aere et lateribus tamquam ex materia statuam domumque fieri dixit, id ipsum ait in dubitationem vocari posse si acrius attenderis...; aes enim, quatenus est hoc ipsum aes, nullam subit mutationem ut inde statua fiat; materiae autem, quae proprie ac simpliciter (ἁπλῶς a 21) hoc nomine appelletur, hoc est peculiare, ut per mutationem quandam ipsa formam in se recipiat, διὰ τὸ δεῖν μεταβάλλοντος γίγνεσθαι ἐξ οὗ a 21".

8. *Sumário e comentário a Z 8*

[1] (**1033 a 24 – 1034 a 8**). Sumário. — O *capítulo precedente ilustrou as várias formas de devir e as suas condições gerais. O presente capítulo*

enfrenta particularmente o problema da relação entre a forma ou essência e o devir. A *forma ou essência é* condição *da geração e do devir*, mas ela mesma é ingênita e não sujeita ao devir. *Mais ainda, poder-se-ia dizer: é condição do gerar-se e do devir das coisas, justamente enquanto é ingênita e não sujeita ao devir. De fato, ninguém produz a forma, assim como ninguém produz a matéria ou substrato; o que se gera e se produz é, ao contrário, o* sínolo de forma e matéria; *e gera-se e se produz, justamente, pela união de forma e matéria. Se também a forma fosse gerada, por sua vez ela deveria, como qualquer coisa, gerar-se de uma ulterior união de matéria e forma, e o mesmo deveria ocorrer, novamente, também para essa ulterior forma, e assim ir-se-ia ao infinito. — Nesse ponto, Aristóteles preocupa-se em diferenciar-se dos Platônicos, evidentemente temendo que a afirmação do* caráter ingênito da forma *possa provocar equívocos. Ele explica que a admissão do caráter ingênito da forma* não *implica a afirmação de Formas ou Ideias separadas à maneira dos Platônicos. De fato,* (a) *se as Formas são separadas (e portanto, de modo a já serem por si mesmas algo determinado) não se poderá explicar como elas podem constituir o concreto ser determinado.* (b) *As Ideias ou formas platônicas são, na realidade, só um conceito (universal) a indicar de que espécie ou natureza é uma coisa, e a forma do sensível só existe em união com a matéria.* As *Ideias nem explicam o devir nem a constituição das coisas, nem são substâncias.* (c) *Não é a Ideia, mas o gerador (a causa eficiente), que produz o gerado. De fato, a Ideia-paradigma não serve: basta a causa eficiente para explicar a realização da forma na matéria. O que daí resulta é o concreto composto ou o todo de matéria e forma. Os diferentes indivíduos (da mesma espécie) são diversos pela matéria, mas idênticos pela forma.*

[2] (**1033 a 25-27**). Cf. Z 7, 1032 a 17; 1033 a 13-16.

[3] (**1033 a 29**). *Qual é a "esfera" que não se produz.* — Evidentemente, a *essência* ou *forma* de esfera (ps. Alexandre, *In Metaph.*, p. 495, 2 Hayduck).

[4] (**1033 a 31-32**). *Significado da expressão* ἐκ τοῦ ὅλως ὑποκειμένου. — Pode-se entender: (*a*) extrair de um substrato em geral, ou seja, de um substrato indeterminado, ou (*b*) extrair de um substrato que é tal em sentido verdadeiro e próprio, isto é, que já possui uma determinação como substrato. — Dado o contexto (cf. 1033 b 1 ss.), é preferível a segunda interpretação, que já expressamos na tradução; cf. de resto, Ps. Alexandre, *In Metaph.*, p. 495, 9 Hayduck; Ross, *Metaph.*, II, p. 187; Tricot, *Métaph.*, I, p. 387, nota 5.

[5] (**1033 a 34**). "Em outro" (ἐν ἄλλῳ), ou seja, no substrato material, constituído pelo bronze.

[6] (1033 b 1). *Significado da expressão* τοῦτο γὰρ ὑπέκειτο. — Essa expressão pode ser entendida: (*a*) como traduzimos, ou (*b*) "isso já existia", vale dizer: isso *preexistia*. Mas parece-nos muito mais provável a tradução (*a*). Cf. Bonitz, *Metaph.*, p. 141: "denn dies war vorausgesetzt"; Ross, *Metaph.*, trad. *a. h. l.*: "for this was assumed"; Tricot, *Métaph.*, I, p. 387: "car cette autre chose nous l'avons posée" e *ibid.*, nota 17: "ὑποκεῖσθαι significa *sumptum esse tamquam fundamentum*". Aristóteles pensa no que estabeleceu na linha 25.

[7] (1033 b 3-5). *Significado da expressão* εἰ καὶ τοῦτο ποιεῖ αὐτό κτλ. — É bem difícil que τοῦτο se refira ao substrato da linha 1033 a 31, como pretende Ross, *Metaph.*, II, p. 188 e, com ele, Tricot, *Métaph.*, I, p. 387, nota 8. O contexto exige que se entenda a *forma*. (Na linha 5 οὐδέ deve ser eliminado, como faz Jaeger). Cf. 1033 b 16 s., de onde se extrai claramente o que dissemos. Cf. nota precedente.

[8] (1033 b 4). *Se a forma fosse produzida, deveria sê-lo de uma matéria e de uma forma ulteriores.* — Leiamos uma clara passagem de Bonitz (*Comm.*, p. 326) que explica isso e o que se segue no texto: "(...) si formae statueremus et ipsius esse generationem (...), ad hanc generationem iterum requireretur materia et forma...; altera formae pars, nimirum genus cui subiecta est notio, (...) habenda esset pro materia sive pro eo in quo exsistat quod quis efficit (...), alterum pro forma quae in materia insit, (...) et ex utroque forma ita evaderet, ut res sensibilis, veluti aenea statua, ex materia et forma est composita. At ita generationes in infinitum abirent, (...) et ad quamlibet rem generandam infinitas res antea fieri oporteret, quod est manifesto absurdum".

[9] (1033 b 7). *Coincidência da forma com a essência.* — Recorde-se que *forma* (εἶδος) e *essência* (τὸ τί ἦν εἶναι) são sinônimos. Como em Z 4-6 Aristóteles usou o termo *essência*, enquanto no nosso capítulo (como nos precedentes e seguintes) ele fala predominantemente de *forma*, a nossa passagem se explica perfeitamente como um esclarecimento: tenha-se presente que *tudo o que se disse da forma vale para a essência* (justamente porque forma = essência).

[10] (1033 b 8-16). Aristóteles reafirma e esclarece o que, substancialmente, já falou acima; cf. nota 8.

[11] (1033 b 17). *A difícil e complexa questão do caráter ingênito da forma e a sua solução.* — Podemos nos perguntar o que significa uma afirmação como esta que lemos aqui: τὸ ὡς εἶδος ἢ οὐσία λεγόμενον οὐ γίγνεται. Sendo *ingênita*, segundo Aristóteles, a forma é *eterna*? (1) Alguns estudiosos interpretam assim (cf., por exemplo, Zeller, *Philos. der Griechen*, II, 2,

p. 314). (2) Outros, ao contrário, sustentam que essa é uma interpretação radicalmente equivocada da doutrina de Aristóteles: o Estagirita quereria apenas dizer que a forma não deriva, por sua vez, da união de forma e matéria, como o sínolo (cf., por exemplo, Rolfes, *Arist.*, *Metaph.*, p. 209, nota 31). — Na realidade, *trata-se de uma das mais delicadas questões da usiologia aristotélica*, e a sua solução é bastante complexa (tanto mais que até mesmo Aristóteles demonstra certa oscilação). — (*a*) É inquestionável que em *alguns casos* a forma seja eterna. Em Λ, veremos, o primeiro Movente e os outros 55 Moventes das esferas celestes, assim como a alma racional do homem são *eternos*. Mas em H 3, 1043 b 14-16, Aristóteles (como observa Ross em *Metaph.*, II, p. 188) fala claramente de casos de formas que são *eternas* e de outras que não são. — (*b*) Mas no presente texto fala-se da *forma sensível*, e é essa que pode suscitar equívocos e perplexidade. Que significa, para Aristóteles, afirmar que não existe geração da *forma dos sensíveis*? Schwegler (*Metaph.*, IV, pp. 82 s.) comenta do seguinte modo. A forma não possui nenhum devir (não tem geração nem corrupção), mas *é* ou *não é* instantaneamente ou atemporalmente (cf. Z 15, 1039 b 20-27; H 5, 1044 b 21 ss.). O princípio ou a possibilidade da mudança só é dado pela matéria e pelo que tem matéria; portanto, só a coisa individual é sujeita à mudança. Todavia, enquanto a coisa individual (por exemplo, a esfera de bronze), gera-se ou se corrompe, obviamente também a sua forma aparece ou desaparece. Ora, Aristóteles não quer que se chame *devir* esse tipo de passagem do não-ser ao ser ou esse imediato aparecimento da forma. Só existe devir quando existe um processo *de-para*. Por isso ele diz em H 3 e 5, que a forma se corrompe sem processo de corrupção e se produz sem processo de geração, e que *é* e *não é* sem processo de mudança. — A nosso ver, isso não esgota o que Aristóteles quer dizer quando fala da *caráter ingênito da forma*. É verdade que a forma nas *coisas sensíveis aparece* (quando as coisas se geram) e *desaparece* (quando elas se corrompem) sem que ela mesma se gere ou se corrompa; *mas é igualmente verdade que o seu aparecer não é nem um absoluto aparecimento, nem o seu desaparecer um absoluto desaparecimento. Portanto, ela permanece, em certo sentido, antes e depois do corromper-se da coisa de que é forma. A forma é antes da coisa como condição da coisa* (e a forma da coisa só se gera *por acidente*), *e é depois da coisa, porque a corrupção da coisa não implica a corrupção da sua condição* (a não ser *por acidente*). *A forma, portanto, permanece como condição estrutural.* — Ora, olhando bem, é sobre esta segunda ordem de considerações que se funda a posição dos intérpretes de que falamos em

(1); enquanto a posição expressa em (2) funda-se sobre considerações semelhantes às desenvolvidas por Schwegler. — A nosso ver, são verdadeiras as duas, segundo o ponto de vista em que se situe, isto é, *situando-se do ponto de vista estritamente empírico ou do ponto de vista estritamente metafísico.* — Se, depois, temos presente que o próprio Aristóteles oscila entre os dois pontos de vista, podemos nos dar conta da complexidade do problema em todas as suas dimensões. E Aristóteles oscila sobretudo quando, parecendo-lhe ter concedido demais ao ponto de vista dos Platônicos, logo em seguida quer diferenciar-se, tentando restabelecer as distâncias entre o seu e o outro ponto de vista: nesses casos, obviamente, Aristóteles situa-se naquele plano que é mais apto a assinalar as distâncias. E veremos, logo em seguida, um significativo exemplo do que dissemos. — Queremos concluir esta nota com uma interessante consideração de Ross (*Metaph.*, II, p. 188): "É preciso fazer uma distinção entre as formas, cuja aquisição por parte da matéria constitui o devir ou a mudança (isto é, entre as formas das coisas sensíveis). Onde aquilo que é produzido é uma nova substância, a sua forma deve ser *preexistente em outro indivíduo*; onde aquilo que é produzido é só uma substância com uma nova *qualidade*, ou *quantidade* etc., então não é preciso que a qualidade, ou quantidade etc. sejam preexistentes; podem ser existentes só em potência (1034 b 18). ἄνθρωπος ἄνθρωπον γεννᾷ, mas não existe um princípio correspondente λευκὸν λευκὸν γεννᾷ. *Isto é, no primeiro caso a forma é eterna*, no segundo origina-se instantaneamente; advém num instante em uma mudança que, por sua vez, exigiu tempo". Ora, tenha-se presente que este último caso refere-se às *categorias* não substanciais, e que, o que conta e o que nos interessa na discussão da *essência*, é o primeiro. Assim, o que disse Ross concorda perfeitamente com o que dissemos acima, e é uma confirmação daquilo sob outro aspecto; cf. nota 16.

[12] (**1033 b 20-21**). *Evocação das Ideias platônicas e sua refutação.* — Entenda-se: uma Ideia ou Forma *separada* de esfera, uma Ideia ou Forma *separada* de casa, isto é, em geral, um mundo de Ideias. É óbvio que, como se disse na nota precedente, Aristóteles põe-se agora a polemizar com os Platônicos, em vista de diferenciar a própria forma, acima reconhecida como *ingênita*, das Formas platônicas, que são eternas. Cf. notas 13, 15 e 16.

[13] (**1033 b 21**). *Primeiro argumento contra as Ideias ou Formas dos Platônicos.* — É evidente, afirma Aristóteles, que o que se disse não leva a admitir Formas separadas. Pelo contrário, *se as Formas existissem separadas, não poderiam nunca produzir um ser concreto determinado*: por exemplo, uma determinada esfera ou uma determinada casa. A precisa demonstração

disso não é fornecida, mas pode ser facilmente subentendida. Já em Z 6, 1031 b 15-18, Aristóteles demonstrou que admitir a substancialidade das Ideias implica a negação da substancialidade das coisas sensíveis (cf. Tricot, *Metaph.*, I, p. 390, em nota); e em Z 13, ademais, ele voltará ao mesmo tema, demonstrando que de duas substâncias em ato não pode derivar outra substância, pois nesse caso a substância se tornaria um "amontoado" ou aglomerado de substâncias (Cf. Bonitz, *Comm.*, p. 327).

[14] (**1033 b 21-22**). *As Ideias ou Formas dos Platônicos não são um* τόδε τι, *enquanto as formas, como as entende Aristóteles o são.* — O texto diz: ἀλλὰ τὸ τοιόνδε σημαίνει, τόδε δὲ καὶ ὡρισμένον οὐκ ἔστιν, onde o sujeito é claramente a Forma considerada παρὰ τὰ αἰσθητά, isto é, a Ideia dos Platônicos. — Esse texto, mais do que os outros, presta-se a gerar equívocos. Diremos até mesmo que é um daqueles textos paradigmáticos nos quais Aristóteles, no esforço de diferenciar-se dos Platônicos, faz afirmações e usa expressões que, de certo modo, levam o leitor até mesmo além do seu pensamento. Aqui e nas linhas seguintes o leitor poderia ser induzido a crer (e muitos, com efeito, acreditaram) que a negação do caráter de τόδε τι (isto é, do fato de *ser algo determinado*) ao Εἶδος platônico, implique que o mesmo εἶδος aristotélico (enquanto introduzido em substituição ao Εἶδος platônicos) seja um puro τοιόνδε (isto é, um mero *quale quid*, um mero *abstrato* indicando *qual é*, ou melhor, *de que natureza* ou *espécie* é a coisa). — Mas, se fosse assim, Aristóteles desmentiria tudo o que veio dizendo. Já em Δ 5, e, depois, em Z 4 e, mais adiante, em muitos pontos, veremos reafirmado que o εἶδος, a forma, é um τόδε τι; e em Z 3 já lemos (e o veremos reafirmado em Z 14 e em H 3) que o εἶδος, a *forma, tem mais ser relativamente à matéria do que o próprio composto*; veremos, em H, *passim*, e na segunda parte de Θ, que o εἶδος é *ato e o que dá ato*. Pois bem, tudo isso exclui de modo absoluto que o εἶδος possa ser um mero τοιόνδε. — A passagem, a nosso ver, deve ser referida *exclusivamente às Ideias*, isto é, ao Εἶδος ou Forma dos Platônicos. E que assim deva ser entendido, o provam (*a*) as razões acima aduzidas, (*b*) o fato de que toda essa segunda parte do capítulo fala não do εἶδος aristotélico, mas do Εἶδος separado dos platônicos, (*c*) o fato de que, na última parte de Z (e isso é particularmente indicativo), a Ideia platônica será vista justamente como um *universal* (isto é, um τοιόνδε). Para o sentido de toda a argumentação que se segue, cf. a nota 15. Releia-se o capítulo quinto do *Ensaio introdutório*, pp. 102-106.

[15] (**1033 b 21-29**). *Segundo argumento contra as Ideias ou Formas dos Platônicos.* — A primeira argumentação excluiu que as Formas possam

ser separadas (como querem os Platônicos), porque, se assim fosse, não poderiam produzir outras substâncias particulares. Portanto, as Ideias ou Formas (as dos Platônicos!), prossegue esta *segunda argumentação*, não são um τόδε τι, mas apenas um τοιόνδε (um *universal*). A forma sensível só pode ter efetiva existência em união com a matéria num sínolo concreto. Daí as duas conclusões tiradas por Aristóteles (enumeramos na ordem inversa da que ele as apresenta, para maior clareza): (*a*) as Ideias, se são um τοιόνδε e não um τόδε τι, *não são nem sequer substâncias* (Aristóteles voltará sobre isso em Z 13-16); (*b*) se são separadas dos indivíduos, isto é, se subsistem separadas deles, não podem de modo nenhum servir para a geração e para a constituição dos próprios indivíduos (pensamento já amplamente examinado em A 9).

[16](**1033 b 29 - 1034 a 5**). *Terceiro argumento contra as Ideias ou Formas dos Platônicos.* — Temos aqui uma nova investida polêmica *contra a causalidade do* εἶδος *(platônico)*. A Forma, entendida como paradigma transcendente (como já se viu na argumentação de A 9), não serve para explicar a geração das coisas: a causa do produzir-se da forma na matéria é o gerador (causa eficiente). — Note-se, porém, como a argumentação é capciosa: ela põe em relevo a *causa eficiente*, calando-se e pressupondo o papel da *causa formal*. É claro que é o *pai* que gera o filho, e não a *forma* homem; mas é igualmente claro que, nesse processo, a forma homem, isto é, a causa formal, também tem um papel ontológico fundamental. E se o *homem* gera outro *homem*, isto é, gera um *homem* e não outro tipo de ser, ele o faz não enquanto mera causa *eficiente*, mas enquanto *tem em si a forma* (homem), transmitida ao gerar o filho. — Eis que aparece, então, o papel da causa *formal* como totalmente emergente: o que não só é reconhecido, mas reafirmado vigorosamente por Aristóteles, tão logo deixa de polemizar com os Platônicos. — De resto, a mesma forma poderia ser corretamente entendida como παράδειγμα, no sentido de *condição normativa* da coisa; e o próprio Aristóteles em Δ 2, 1013 a 27 deixa escapar o uso desse termo, justamente para designar o seu εἶδος (cf. nota 3 a Δ 2). — Como se vê, *a polêmica com os Platônicos obscurece mais do que esclarece o que Aristóteles quer dizer* (como, lendo ao livros M e N, veremos de maneira até mesmo microscópica): é evidente que se requer *também* uma causa eficiente para explicar a geração das coisas, mas, como o próprio Aristóteles atribui um papel (ademais proeminente) à causa *formal*, o verdadeiro confronto deveria ocorrer entre esta e a Ideia dos Platônicos (isto é, entre o εἶδος aristotélico e o Εἶδος platônico), enquanto, na realidade houve um deslocamento da

questão para o plano da causa eficiente. — (No que se refere à questão da geração do mulo, que é uma argumentação parentética, eis uma clara exegese de Tomás, *In Metaph.*, 350 a, §§ 1432 s. Cathala-Spiazzi: "... Homo enim generat hominem, similiter equus equum, et unaquaeque res naturalis aliam similem in specie sibi: nisi accidat aliquid praeter naturam, sicut est cum equus generat mulum. Et dicitur ista generatio praeter naturam, quia est praeter intentionem naturae particularis. — Virtus enim formativa, quae est in spermate maris, naturaliter est ordinata ut producat omnimo simile ei, a quo sperma est decisum; sed de secundaria intentione est, quod quando perfecta similitudo induci non potest, inducatur qualiscumque potest similis. Et, quia in generatione muli sperma equi non potest inducere speciem equi in materia, propter hoc quod non est proportionata ad suscipiendum speciem equi, *inducit speciem propinquam*. Unde etiam in generatione muli est aliquo modo generans simile generato. Est enim aliquod proximum genus, quod non est nominatum, commune equo et asino. Et sub illo genere continetur etiam mulus. Unde, secundum illud genus potest dici quod simile generat simile. Ut si verbi gratia dicamus quod illud proximum genus sit iumentum, poterimus dicere, quod licet equus non generet equum, sed mulum, iumentum tamen generat iumentum"). — Ver o que dissemos no *Ensaio introdutório*, capítulos oitavo e nono, *passim*.

[17] (**1034 a 7**). Cf. Z 10, 1035 b 27-31.

[18] (**1034 a 8**). Cf. a nota final do capítulo nono.

9. *Sumário e comentário a Z 9*

[1] (**1034 a 9 – b 19**). Sumário. — *Depois de ter ilustrado, no capítulo precedente, o caráter ingênito da forma, Aristóteles passa a demonstrar, no presente capítulo,* o papel totalmente predominante que ela desempenha em todos os processos do devir: (1) *seja nas produções artísticas (e nas correspondentes produções espontâneas)*, (2) *seja nas gerações (e nas correspondentes gerações espontâneas).* — (1) *Algumas coisas só podem ser produzidas pela arte (por exemplo, uma casa), outras, ao contrário, também espontaneamente (por exemplo a saúde).* A *razão disso está no fato de que as primeiras têm uma matéria que não é capaz de se mover ou não é capaz de se mover de determinado modo, senão mediante a intervenção do artífice; ao contrário, as segundas têm uma matéria capaz de se mover mesmo sem a intervenção do artífice: a saúde, por exemplo, pode se produzir também*

espontaneamente, porque no corpo enfermo há calor, e do calor parte o processo de cura, sendo o próprio calor (mediada ou imediatamente) parte da saúde. Em todo caso (e este é o ponto ao qual Aristóteles *queria chegar), todas as coisas produzidas pela arte,* derivam de outras que têm o mesmo nome e forma *(assim como ocorre nas coisas produzidas pela natureza): a casa deriva da* forma da casa *presente na mente do artífice, a saúde deriva da* forma da saúde *presente na mente do médico, e assim por diante (e nesse caso, a realização da forma na coisa deriva da forma na mente do artífice); ou, a coisa deriva de outra preexistente que tem ou é parte constitutiva da essência da coisa produzida; por exemplo, no caso em que a saúde é produzida pelo calor existente no corpo (e nesse caso, permanece verdade o que se disse, porque o calor é, justamente, mediada ou imediatamente, ligado à natureza ou essência da saúde).* A *conclusão, portanto, é a seguinte:* como o silogismo, *também a* geração e a produção das coisas fundam-se sobre a essência *(cf. nota 11).* — (2) *Também os processos de geração natural ocorrem* (como *já sabemos) de modo totalmente semelhante às produções da arte: todo ser deriva de outro* que tem o mesmo nome (e a mesma forma): *o homem gera o homem, etc.* As *gerações espontâneas ocorrem (assim como as produções espontâneas) quando a matéria pode mover-se, mesmo sem a intervenção do gerador; e mesmo para elas vale o princípio estabelecido. —* Aristóteles *conclui mostrando que, não só a forma não se gera, mas também todas as coisas que são* primeiras *não se geram, como por exemplo* as categorias. A *diferença entre forma ou substância e as outras categorias é esta: na geração da substância* deve sempre preexistir outra substância já em ato, *ao contrário, isso não é necessário para as outras categorias: basta que elas* preexistam em potência.

[2] (**1034 a 10-13**). A *matéria que torna possível a geração espontânea é aquela capaz de mover-se por si de determinado modo.* — Nota, justamente, Ross (*Metaph.*, II, p. 190) que o que aqui diz Aristóteles, explica-se muito bem se temos presente que a matéria capaz de mover-se por si é *uma matéria que já possui certa qualidade* e, portanto, *já é parcialmente determinada.*

[3] (**1034 a 16-18**). *Exemplos de matérias capazes de mover-se por si, mas não do modo necessário para a geração espontânea.* — Por exemplo, comenta o Ps. Alexandre (*In Metaph.*, p. 498, 16 ss. Hayduck), as pedras podem se mover espontaneamente de cima para baixo (isto é, cair), mas não podem de modo nenhum mover-se para construir uma casa, a não ser com a intervenção do construtor; e assim o fogo pode mover-se espontaneamente de baixo para cima, mas não de modo a fundir o bronze a não ser com a intervenção do artífice. (É provável que, como diz Christ, in *ap. crit. ad h.*

l., καὶ τὸ πῦρ deva ser lido na linha precedente, depois de οἷον οἱ λίθοι; é menos provável que deva ser excluído como glosa marginal, como outros pensam, por exemplo Jaeger, *Metaph.*, *ap. crit.*, p. 144).

[4] (1034 a 18). Por exemplo, a casa.

[5] (1034 a 19). Por exemplo, a saúde.

[6] (1034 a 19-21). A *produção espontânea da saúde.* — Esse tipo de produção espontânea pode, portanto, ocorrer por obra de agentes (que operam *praeter intentionem*), eles mesmos movidos (*a*) ou por agentes externos ao corpo (entenda-se, sempre agentes operando *praeter intentionem*), ou (*b*) por um movimento que se gera de uma parte (preexistente) da coisa produzida (por exemplo do calor presente no corpo enfermo, calor que é parte da saúde; cf. 7, 1032 b 26 – 1033 a 1). Seguimos a lição de Ross e Jaeger. Cf., para as outras leituras e exegeses, Schwegler, *Metaph.*, IV, pp. 87 s. e Bonitz, *Comm.*, pp. 328 s.

[7] (1034 a 21-25). *Todas as coisas são produzidas de outras que têm o mesmo nome e, portanto, a mesma forma.* — Sobre a lição desta passagem, foram principalmente Bonitz (*Comm.*, p. 329) e Ross (*Metaph.*, II, pp. 191 s.) que lançaram luz, enquanto não são convincentes as novas propostas de Jaeger (*Metaph.*, p. 145 e ap. crit.). — Aristóteles diz o seguinte. Todas as coisas produzidas pela arte (πάντα, linha 22; ou, mais precisamente, todas as coisas produzidas pela arte e as correlativas que se produzem espontaneamente), assim como as coisas que se geram pela natureza (cf. 1033 b 29 ss.), *são produzidas por outras que têm o mesmo nome* (o texto diz ἐξ ὁμωνύνου. Sobre a correta interpretação do texto ver Bonitz, *Comm.*, p. 330). E, precisamente, são produzidas num dos seguintes modos. (*a*) Ou são produzidas por uma *parte* da coisa que tem o mesmo nome: por exemplo a casa é produzida pela *forma* de casa presente na mente do artífice, a saúde é produzida pela *forma* de saúde presente na mente do médico. (Esse modo de se exprimir de Aristóteles é explicado por Bonitz, *Comm.*, p. 329, do seguinte modo: "Aedificium enim materiale fit ex aedificio immateriali, ab artifice cogitato. *Haec aedificii notio pars potest dici ardificii*, quoniam sensibile aedificium ex materia et forma coaluit et ea quidem pars ὁμώνυμος"). (*b*) Ou são produzidas por *algo que contém parte delas*: por exemplo, a saúde pelo calor, que é o que contém parte da saúde: cf. 1032 b 26.

[8] (1034 a 25). Por exemplo: "veluti si domus facta est noxia cuipiam vel salubris" Bonitz, *Comm.*, p. 329. Cf. E 2, 1026 b 6.

[9] (1034 a 25-26). A *propósito da tradução da frase* τὸ γὰρ αἴτιον τοῦ ποιεῖν πρῶτον καθ' αὑτὸ μέρος. — A tradução mais natural parece ser a

que demos (cf. também Bonitz, *Metaph.*, p. 144). — Schwegler (*Metaph.*, II, p. 122) traduz: "denn die erste wesentliche Ursache des Wirkens ist Bestandtheil"; e Gohlke (*Metaph.*, p. 223): "Denn der Ausgangspunkt der Tätigkeit ist der erste na sich vorhandene Bestandteil". Ross propõe uma versão muito particular: "for the cause of the thing's producing the product directly *per se* is a part of the product". Aristóteles diria que (explica Ross no comentário, II, p. 192) o que ele disse nas linhas 21-25 sobre as produções, aplica-se *unicamente* às produções que não são puramente acidentais: "Aquilo em virtude de que A produz B *per se* é parte de B", cf. também Tricot, *Métaph.*, I, p. 396.

[10] **(1034 a 31)**. Substância (οὐσία), no sentido de *essência* (τί ἐστι), como logo Aristóteles explicita na linha seguinte.

[11] **(1034 a 30-32)**. — *Prioridade ontológica da forma na geração e na produção de todas as coisas.* — Portanto, a essência é reconhecida como o ἀρχή, o fundamento último das gerações e das produções, quer se trate das operadas pela arte, quer se trate das espontâneas. — À primeira vista causa surpresa a comparação com o silogismo. O silogismo, de fato, partindo da *essência* deduz as propriedades peculiares da coisa. Diremos, então, que a geração e a produção são um processo de *dedução* de um particular a partir de um universal, como o silogismo? Schwegler (*Metaph.*, IV, p. 89) comenta: "O silogismo é a dedução de um particular a partir de um universal, é a subsunção do particular no universal (...); assim o produto natural individual é uma autoindividuação do gênero: portanto, ambos, o produto lógico e o produto natural, são produtos de um universal sinônimo". Evidentemente não é esse o pensamento exato de Aristóteles (o qual, nesse caso, seria mais platônico do que os Platônicos e, antes, idealista em sentido moderno; Schwegler inspira-se aqui justamente na concepção hegeliana do silogismo). — Talvez também a exegese de Tricot vá além do correto (*Métaph.*, I, p. 397, nota 1): "Aristóteles desenvolve (aqui e no início do cap. 9) uma teoria analítica da causalidade, que é 'une des pièces maitresses' no seu sistema. A operação causal é, para ele como para Platão, uma relação puramente analítica, análoga à relação que, no silogismo, une uma conclusão às premissas. Num caso como no outro, encontramo-nos em presença de um desenvolvimento lógico da essência, de um movimento dedutivo do pensamento explicativo. Somos assim levados a identificar *causa* e *razão*, ou, se preferimos, *causa* e *termo médio*, e a reduzir toda a investigação de ordem científica à descoberta da mediação; a operação causal aparece como um equivalente concreto da operação silogística". — Mas,

por verdadeiras e inegáveis que sejam algumas observações desses estudiosos, na expressão ὥσπερ ἐν τοῖς συλλογισμοῖς, parece mais simples ver a indicação de uma *comparação*, de uma *analogia*, de uma *correspondência* formal mais que substancial: assim como a essência é causa e princípio *cognoscendi* no silogismo, é também causa e princípio (fundamentais) *generandi* e *essendi*. Mas com isso não se diz que o processo ontológico da geração se reduza ao processo lógico da dedução. — Em todo caso, a afirmação é importante porque demonstra *o absoluto predomínio da forma ou essência (ou causa formal), segundo Aristóteles, também na explicação do ser e do devir das coisas.*

[12] (1034 b 4-6). Cf. *Da ger. anim.*, III 11, 762 a 9 ss. (geram-se desse modo os insetos, certos peixes e plantas).

[13] (1034 b 6-7). *Analogia entre a geração natural e as produções artificiais.* — Com efeito, seja no caso das gerações e das produções que seguem as vias normais, seja no caso das gerações e produções espontâneas verifica-se o seguinte: *do modo e pelas razões vistas, a forma ou essência desempenha um papel totalmente predominante.*

[14] (1034 b 7-10). *Substâncias e categorias não se geram.* — Bonitz (*Comm.*, p. 331) assim resume este parágrafo que vai até o final do capítulo: "Non modo ut substantiae exsistant, verum etiam reliquae ut fiant categoriae... formam antea existere oportet, hoc uno discrimine, quod in substantia generanda substantia eiusdem generis actu existens requiritur, quae illam efficiat, in reliquis categoriis eadem categoria non actu, sed potentia exsistens"; evidentemente, nesse caso, servirá de princípio ativo a *substância.*

[15] *Conclusões sobre os cap.* 7-8-9. A conquista de Z 7-9, onde a forma ou essência foi estudada em relação com o devir, pode ser enucleada nos seguintes pontos: — (1) A forma ou essência é uma *condição* do devir ou da geração e produção das coisas. — (2) A forma é uma condição que implica, ela mesma, a *ausência de devir, o caráter ingênito e a incorruptibilidade* (se ela se gerasse, abrir-se-ia um processo ao infinito). — (3) Mostra-se difícil a compreensão exata do significado do *caráter ingênito da forma*. (*a*) Considerando o indivíduo empírico, é claro que nele a forma aparece e desaparece instantaneamente sem processo: mas o caráter ingênito e a incorruptibilidade da forma *não querem dizer apenas aprocessualidade do seu aparecimento ou desaparecimento* (como pensam alguns): Aristóteles fala explicitamente de *preexistência* (προϋπάρχειν) da forma em 1034 b 12 s. (*b*) Mas de que tipo de *preexistência* se trata? *Como* e onde preexiste a forma?

Trata-se de uma preexistência não *além das coisas*, nem separada das coisas à maneira dos Platônicos, mas de uma preexistência em sentido estrutural, do tipo da preexistência que a *condição* tem com relação ao *condicionado*. A imutabilidade da forma ou essência é a imutabilidade da *condição*, e o seu caráter incondicionado é, justamente, o da condição. E *onde* preexiste a forma? Evidentemente, não preexiste num mundo supraceleste, mas *preexiste, em ato, no gerador, e, em potência, na matéria*. — (4) Pode-se falar de "eternidade" da forma, mas distinguindo bem o tipo de eternidade das formas das substâncias suprassensíveis (que não são tratadas aqui, posto que se fala das substâncias sensíveis e das formas das substâncias sensíveis) do tipo de *eternidade que pode ser próprio de uma condição, tal como é a forma, no sentido explicado acima e pelas razões que vimos acima*. — (5) Enfim, a forma ou essência foi declarada por Aristóteles (em Z 9) *princípio totalmente prioritário na geração das coisas, como no silogismo, diz ele, com expressão extremamente forte*. — Em conclusão, se certamente as coisas sensíveis não se *reduzem* à sua forma ou essência, dado que são constituídas também de matéria, todavia a forma tem uma nítida prioridade; e se é requerida também uma causa eficiente para que o devir ocorra, esta causa continua ligada estruturalmente à forma: o agente e o gerador têm sempre, de algum modo, a *mesma forma do gerado*. Ver o que dissemos no *Ensaio introdutório*, pp. 100-106.

10. *Sumário e comentário a Z 10*

[1] (**1034 b 20 – 1036 a 25**). Sumário. — *O capítulo põe e resolve dois problemas.* (1) *O primeiro é o seguinte: a noção das partes de uma coisa deve ou não entrar na noção do todo? Ou, dito de outro modo, a noção do todo inclui ou não também a noção das partes?* (2) *O segundo, estreitamente ligado ao precedente, pode ser formulado assim: o todo é anterior às partes, ou as partes são anteriores ao todo?* — (1) *O termo "parte", diz* Aristóteles, *tem múltiplos significados. Da questão em causa devem ser excluídas todas as acepções do termo que se referem à* quantidade *ou a outras categorias, e devem ser consideradas somente as que estão em relação com a substância. Ora, "substância" podem ser a* matéria, a forma e o composto *de matéria e forma. E seja a matéria, seja a forma ou o composto têm "partes". Quais dessas "partes" entram na noção do "todo"? — Eis a resposta do Estagirita:* (a) *Quando o "todo" é expressamente entendido como* composto, *então,*

necessariamente, na noção do "todo" deve entrar também a "parte" material, porque a matéria é "parte" do composto. (Por exemplo, na noção de nariz achatdao está necessariamente incluída, além da forma, isto é, curva, também a "parte" material, isto é, carne e nariz, e as partes materiais estão incluídas também na noção de estátua de bronze). (b) *Ao contrário, quando o "todo" a que se refere é a* forma, *então na noção do todo só entram as partes da forma e* não *também as partes materiais. E em geral,* nós designamos um objeto referindo-nos à forma e ao seu aspecto formal e não à matéria. — *Todavia, a solução (a) não deve induzir a erro. De fato, depois da solução do segundo problema (do qual falaremos logo a seguir),* Aristóteles *volta ao primeiro (1035 b 31 — 1036 a 12), explicando (e isso é essencial) que* definição em sentido verdadeiro e próprio só existe da forma e, portanto, na noção definidora devem entrar só as partes formais. *Quando, ao contrário, se trata do composto concreto e individual (por exemplo,* este *círculo,* este *homem), então dele* não *existe propriamente nenhuma definição, mas apenas intuição e percepção sensível. — Enfim, a matéria* não *é, por si, cognoscível, nem por via de definição nem por via de percepção (e esta é a razão pela qual o composto é, por assim dizer, cognoscível só pela metade).* — (2) *Também se adquire a solução do segundo problema distinguindo com precisão se se trata* (a) *de partes da forma, ou* (b) *de partes da matéria, ou* (c) *de partes do composto.* (a) *Se se trata de partes da forma, então as partes da forma são, ou todas ou algumas,* anteriores *ao todo. (Se tomarmos, por exemplo, as partes da alma, que é substância formal e essência do ser vivente, devemos dizer que todas ou algumas são anteriores ao animal, entendido como composto de forma e matéria em geral, e também entendido como indivíduo).* (b) Se *se trata das partes materiais, isto é, das partes em que se divide o composto, então estas são* posteriores *ao todo.* (c) *Se se considera o sínolo ou o composto enquanto tal, por exemplo o corpo animado, é preciso dizer que as partes desse composto são, num sentido, anteriores, enquanto elementos de que consta o composto; noutro sentido, ao contrário, não o são, porque não podem existir separadamente do composto (por exemplo, o dedo só é tal na mão e a mão só é tal no corpo). Certas partes do corpo, enfim, não são nem anteriores nem posteriores, mas* simultâneas: assim são as partes indispensáveis à vida, como o coração e o cérebro. — *Depois de uma retomada do primeiro problema, de que já falamos, o capítulo se encerra com uma nova retomada do segundo problema, com uma ulterior ilustração pormenorizada da sua solução e com todas as distinções que ela comporta.* — A *conexão dos problemas desse capítulo com o que precede é clara:* os *capítulos* Z 4-6 *trataram* do conceito de essência e das relações entre essência e a coisa individual; *os capítulos Z 7-9 trataram das relações entre* a essência ou forma e o devir; Z 10 *(e o capítulo seguinte, o qual, como veremos, liga-se também com Z 12) trata de problemas que esclarecem* quais são as partes constitutivas da essência e quais não são, *e isso com o objetivo de fixar a noção de essência ou forma em todos os seus aspectos e em todas as suas implicações, de modo sempre mais preciso e completo.*

[2] (**1034 b 20**). *O termo* λόγος. — No texto aparece λόγος, sobre cuja polivalência já falamos muitas vezes. Trata-se de um termo que em grego cobre uma área semântica impossível de ser coberta por qualquer termo em português (ou das línguas modernas). Aqui poder-se-ia traduzir também por *discurso explicativo*, mas um estudo atento do uso de λόγος em Z induziu-nos a traduzir, via de regra, por *noção*. Ross traduz, como já recordamos, com *the formula*), mas não renunciando a substituir, quando necessário (para evitar obscuridades e equívocos), o outro termo, se o contexto o exigir taxativamente.

[3] (**1034 b 20-28**). *O primeiro problema a que se dedica o capítulo.* — Será resolvido em 1034 b 32 – 1035 b 3 e em 1035 b 31 – 1036 a 12.

[4] (**1034 b 28-32**). *Segundo problema a que se dedica o capítulo.* — Será resolvido em 1035 b 3-31 e em 1036 a 13-25,

[5] (**1034 b 32-33**). Cf. Δ 25, 1023 b 15. Por exemplo 3 é parte de 9 como sua raiz (Ps. Alexandre, *In Metaph.*, p. 503, 5 Hayduck).

[6] (**1034 b 33-34**). E assim, também, deixar-se-ão todas as questões da "parte" relativas a outras categorias, para se concentrar *só* sobre a substância, dado que a *essência* (que constitui a questão sobre a qual gira toda a problemática desses capítulos) é dada pela *categoria da substância*.

[7] (**1035 a 1-4**). A *distinção dos significados de substância como critério para resolver o problema em questão.* — Note-se que essa distinção está na base da solução do problema (1), que Aristóteles começa a tratar. Substância significa: (*a*) *matéria*, (*b*) *forma*, (*c*) *sínolo*. Assim sendo, de acordo com o sentido em que se entenda substância, as partes materiais serão ou não serão partes da noção. — Note-se particularmente o seguinte. Uma coisa não é nunca considerada *só* como matéria e, portanto, o significado (*a*) é deixado de lado nessa discussão (de resto, sabemos por Z 3 que a matéria é substância *só em sentido debilíssimo*, e, logo adiante, nesse mesmo capítulo, Aristóteles dirá que ela é *por si* incognoscível). — É, portanto, a distinção dos significados de substância como *forma* e como *sínolo* que dão a base para a solução do problema. É claro que, (*b*), se tomarmos em consideração só a *forma* e se considerarmos a coisa só como *forma*, a sua definição deverá

incluir *só* as partes formais; (*c*) se, ao contrário, considerarmos o *sínolo* enquanto tal, então é claro que a sua noção deverá incluir necessariamente também as partes materiais, porque o sínolo não existe sem a matéria (o sínolo é união estrutural de forma e matéria). Mas veremos mais adiante as reservas que pesam sobre este último; de resto, Aristóteles explica logo em seguida *o absoluto privilégio que tem a forma na designação onomástica da coisa*; cf. nota seguinte.

[8] **(1035 a 4-9)**. *Na definição de uma coisa não deve ser incluída a sua matéria.* — Bonitz (C., p. 333) comenta: "(...) ex forma res quaelibet nuncupatur, et forma definienda est, si definire voluerimus quid sit aliqua res (cf. *Fis.* II 1. 193 b 1...) (...) materia quae per se nec cogitari nec dici definirive potest, cf. 1036 a 8, non admiscenda est ei definitioni, quae ipsam rei essentiam exprimat". Já conhecemos o problema por Z 7, 1033 a 5 ss. e pelo comentário a essa passagem.

[9] **(1035 a 9-14)**. *Na definição só entram os elementos formais e não os elementos conexos com a matéria inteligível dos entes matemáticos e geométricos.* — Tenha-se presente que, para Aristóteles, as *partes* em que as figuras geométricas podem ser divididas, *não* fazem parte da forma, e, de fato, *não* entram na definição da essência. Por exemplo, o círculo é *o lugar dos pontos equidistantes de um ponto dito centro*: pois bem, nessa definição não entram absolutamente os setores circulares, as cordas do círculo, etc., que são "partes" nas quais se divide o círculo. Para Aristóteles, essas são *matéria* do círculo: evidentemente, *matéria inteligível* (cf. adiante, nota 24) e, portanto, mais próxima, como tal, da forma do círculo, do que o bronze e a madeira. Ao contrário, as letras (por exemplo *B* e *A*) da sílaba (por exemplo *BA*), entram na noção de sílaba, porque *não* são matéria da sílaba, mas constitutivos ou elementos formais dela: de fato, não haveria a sílaba como tal se não existissem as letras.

[10] **(1035 a 14-17)**. *Em que sentido as letras de uma sílaba são partes formais de uma sílaba e em que sentido são materiais.* — Distinção muito fina. Ela tem a finalidade de eliminar um equívoco, que poderia ser provocado pelo exemplo da sílaba. Acima, diz Aristóteles, pretendeu-se falar *não* de letra *materialiter*, mas só *formaliter*. É claro, com efeito, que as letras aqui escritas *B* e *A*, e com esta tinta, ou essas mesmas letras pronunciadas *hic et nunc*, são materiais. Mas não é nesse sentido material que acima foram consideradas, quando se disse que elas são partes formais da sílaba; elas foram consideradas só segundo o aspecto *essencial* pelo qual cada uma é aquele determinado som *formaliter* diferente de todos os outros sons.

[11] (**1035 a 20**). Substância, no sentido de *essência* ou *forma*.

[12] (**1035 a 21**). *Três significados de "sínolo"*. — Tenha-se presente que *sínolo* pode ter três significados: (1) *o concreto composto individual de matéria e forma* (que é o sentido mais frequente), (2) *o composto, considerado em sentido universal, de matéria e forma* (cf. 1035 b 29 s.) e (3) *o composto de forma e matéria inteligível* (cf. 1036 a 3). Com efeito, Sócrates é um sínolo concreto de forma individual (a alma de Sócrates) e de concreta matéria *próxima*, isto é, daquelas determinadas carnes, ossos (sentido 1); o *homem* (em geral) é sínolo (em geral) de forma (alma) e matéria (carne e ossos em geral); enfim, um determinado círculo *pensado*, não é só o lugar dos pontos equidistantes de um ponto dito "centro" em geral, mas é aquela noção individuada de maneira imaginativa, diz Aristóteles, numa "matéria inteligível" (sobre isso ver as notas 22 e 24). Ora (e isso é o que deve ser levado em conta aqui) o que Aristóteles diz no texto que estamos lendo *vale para todos os três tipos de sínolo* (cf. Ross, *Metaph.*, II, p. 197).

[13] (**1035 b 1-3**). *Círculos particulares inteligíveis e círculos particulares sensíveis*. — A passagem pode ser interpretada de dois modos. (1) Dado que os segmentos do círculo são a "matéria inteligível" (sobre isso ver a nota 24) do círculo, esses *círculos particulares* deveriam ser os círculos particulares *inteligíveis*. (2) O contexto, ao invés, exigiria outra interpretação. Acima, de fato, fala-se de Cálias, que se resume nas suas carnes e ossos, e fala-se de esfera que se resume no seu *bronze*; portanto, o círculo particular de que se fala deveria estar no mesmo plano, e, portanto, deveria tratar-se *do círculo feito de matéria concreta*, ou seja, dos *concretos círculos de bronze, madeira, etc.* — Em todo caso, o texto tem sentido nos dois casos. O *círculo em sentido absoluto* é a pura essência de círculo (consiste em ser o lugar dos pontos equidistantes de um ponto dito centro), enquanto os *círculos particulares* podem ser (1) os resultantes dessa forma em união com a "matéria inteligível", ou (2) os resultantes dessa forma em união com o bronze, a madeira, etc.

[14] (**1035 b 3-4**). *O problema que será novamente discutido: são anteriores as partes ou o todo?* — Ter-se-á o esclarecimento ao tratar e resolver uma questão ulterior: a questão das partes e da relação de anterioridade e posteridade entre as partes e o todo.

[15] (**1035 b 14**). *A expressão* ἢ πάντα ἢ ἔνια. — Bonitz (C., p. 335) explica: "potest enim in complexu notionis inesse una vel altera nota, quae ambitu ipsam notionem non superet sed aequet".

[16] (**1035 b 14**). *Sobre a definição de alma*. — Cf. Trendelenburg, *De an.*, pp. 125[2] ss. e Movia, *Arist., L'Anima*, pp. 58-61, 277 ss., 284 ss.

[17] (1035 b 16-18). *As funções das partes do animal não podem ter lugar sem a sensação e, portanto, sem a alma.* — *De part. anim.*, I 5, 645 b 14-20. A alma (diz bem Tricot, *Métaph.*, I, p. 405, nota 3) está em cada parte do animal, assim como a forma da estátua está em todas as partes da estátua.

[18] (1035 b 22-23). Considerado como composto concreto e empírico.

[19] (1035 b 22-25). *Em que sentido as partes são anteriores relativamente ao concreto sínolo e em que sentido não o são.* — Relativamente ao concreto e empírico composto, as partes materiais são anteriores, pelo fato de o comporem; não são, ao contrário, anteriores pelo fato de não poderem existir separadamente do composto e por si: um dedo, cortado da mão, para Aristóteles, é apenas matéria (água, terra, fogo, etc.) e não mais um dedo. (Sobre este ponto pode-se ver as passagens recolhidas por Schwegler, *Metaph.*, IV, p. 99).

[20] (1035 b 25-27). *São simultâneas aquelas partes materiais que são suporte imediato da forma.* — Cf. Δ 1, 1013 a 5 s. É claro o que Aristóteles quer dizer: se corto de um homem um braço ou uma perna, o homem pode ainda continuar a viver e, assim, em geral, se os animais perdem certas partes do corpo, podem continuar vivendo; ao contrário, existem *certas partes* que, mesmo não sendo anteriores, são tais que, separadas, comportam a morte do vivente, como o coração e o cérebro. Enquanto tais, não são anteriores (só a alma é anterior), mas também não são posteriores, pelas razões vistas. Aristóteles as define como *simultâneas* e as considera o *imediato suporte* da forma.

[21] (1035 b 27-31). *O problema das relações de anterioridade e posteridade das partes relativamente ao sínolo e ao sínolo universal.* — Tomás (*In Metaph.*, p. 363 a, § 1490 Cathala-Spiazzi) "Sciendum tamen, quod hoc compositum, quod est animal vel homo, potest dupliciter sumi: vel sicut universale, vel sicut singulare. Sicut universale quidem, sicut homo et animal. Sicut singulare, ut Socrates et Callias. Et ideo dicit, quod homo, et equus et quae ita sunt in singularibus, sed universaliter dicta, sicut homo et equus 'non sunt substantia', idest non sunt solum forma, sed sunt simul totum quoddam compositum ex determinata materia et determinata forma; non quidem ut singulariter, sed universaliter. Homo enim dicit aliquid compositum ex anima et corpore, non autem ex hac anima et hoc corpore. Sed singulare dicit aliquid compositum 'ex ultima materia', idest materia individuali. Est enim Socrates aliquid compositum ex hac anima et hoc corpore. Et similiter est in aliis singularibus". — É clara a razão desta explicação. Aristóteles explicou acima quais são as relações de anterioridade

e posteridade das partes com relação ao todo, *relativamente às substâncias individuais ou aos compostos concretos*. Agora ele pergunta: e quando, em vez de concretos indivíduos (do concreto homem ou do concreto cavalo), fala-se do *homem em geral* e do *cavalo em geral*? Pois bem, diz a nossa passagem, *homem em geral* e *cavalo em geral*, tomados como noções universais, *não* são, obviamente, substâncias concretas, nem são a *forma* ou a *essência* das substâncias concretas, mas são *sínolo universal de forma (considerada no universal) e matéria (também considerada no universal)*, enquanto o indivíduo concreto é sínolo concreto desta forma e desta matéria particular. Portanto, as conclusões tiradas acerca das relações de anterioridade e posteridade das partes relativamente ao todo a propósito do concreto sínolo, valem também para o sínolo considerado no universal. — Sobre os significados de sínolo, cf. *supra*, nota 12. Para um aprofundamento do problema da *individualização*, implicitamente suscitado pelas linhas 30 s., cf. além do que já foi visto no cap. 8, 1034 a 5-8, também as seguintes passagens: Λ 5, 1071 a 27-29 e Λ 8, 1074 a 33-35. — Ver as conclusões últimas sobre este problema, *infra*, 1036 a 13-25.

[22] **(1036 a 3-4)**. *Os círculos inteligíveis (distintos da essência do círculo e dos círculos sensíveis) e a sua relação com os platônicos entes matemáticos intermediários*. — Aristóteles distingue três coisas. (1) A essência pura de círculo dada pela definição (o círculo é o lugar dos pontos equidistantes de um ponto dito centro). (2) Os círculos matemáticos, dados pela individualização dessa essência no plano puramente inteligível, vale dizer, em função da matéria inteligível (cf. abaixo nota 24). Tais são, por exemplo, os vários círculos supostos pelas várias proposições geométricas, que se distinguem seja da essência pura do círculo, seja dos círculos sensíveis. Por exemplo: quando digo que dois círculos de raios iguais são iguais, é óbvio que estes *dois* círculos pensados (no nível do raciocínio geométrico) como iguais não são nem a essência do círculo nem círculos de bronze ou de madeira, mas *círculos inteligíveis determinados*. (3) Os círculos realizados com várias matérias: bronze, madeira, etc... — É claro que os "círculos inteligíveis" de que se fala em (2) são o correspondente (considerado na ótica aristotélica) dos que Platão chama de "entes intermediários" (μεταξύ). A diferença estaria apenas em que, enquanto Platão os pensava como *entes em si separados*, Aristóteles os pensa como separáveis *unicamente pelo pensamento* (cf. M 2-3, *passim*). — Mas todos terão notado a impressionante semelhança das duas concepções, que a áspera polêmica de A 9 estava longe de deixar entrever. (Mas já notamos que o verdadeiro pensamento de Aristóteles não se capta

nunca quando polemiza com os Platônicos e com Platão, porque, em tais casos, a preocupação de diferenciar-se deles o leva sempre a não ser objetivo consigo mesmo, e tampouco com o adversário). — Ver o que dissemos no *Ensaio introdutório*, pp. 199-203; 218 ss.; 239 ss.

[23] (**1036 a 5-8**). *Do particular não existe definição nem ciência, mas apenas intuição e percepção (a definição e a ciência só existem do universal).* — Esta é uma célebre doutrina aristotélica, que será retomada e apropriada pela especulação medieval. — Aqui, com *intuição* (νόησις), Aristóteles não entende tanto a pura atividade intelectiva em geral, mas a específica atividade com a qual captamos os objetos matemáticos (cf. Schwegler, *Metaph.*, IV, p. 101; Tomás, *In Metaph.*, p. 363 b, § 1494 Cathala-Spiazzi, pensa que aqui se trata da *fantasia*); com *percepção* (αἴσθησις) entende a *apreensão sensível*. Ora, é claro que com a primeira captamos os círculos inteligíveis, com a segunda os sensíveis. E é igualmente claro que só quando são *atuais*, intuição e percepção nos fazem captar esses círculos, e que, quando não temos mais a *atual* intuição e percepção deles, não podemos mais saber se existem ou não, e portanto não os podemos mais conhecer enquanto *indivíduos*, mas só na sua noção universal. "Cognoscuntur enim hi circuli sensibiles, etiam quando non actu videntur, inquantum sunt circuli, non inquantum sunt hi circuli" (Tomás, *ibid.*, § 1495).

[24] (**1036 a 9-12**). *O conceito de "matéria inteligível" que Aristóteles retoma das doutrinas não escritas de Platão.* — Essa doutrina de "matéria inteligível" aparece outras vezes na *Metafísica*; cf. Z 11, 1037 a 4 s.; H 6, 1045 a 34 e 36; cf. também K 1, 1059 b 14-21 (note-se em particular a expressão das linhas 15-16: περὶ τῆς τῶν μαθηματικῶν ὕλης) Por agora limitamo-nos a esclarecer o sentido que ὕλη νοητή tem no livro. Aristóteles parece entender, com *matéria inteligível*, matéria dos objetos matemáticos (cf. o problema suscitado na acima citada passagem de K e a passagem apresentada). — Muito clara a explicação de Mansion (*Introd. à la Physique*[2], pp. 156 s.), que convém ler. Depois de ter esclarecido o significado geral e mais amplo da expressão (de que falaremos ao ler H), Mansion escreve: "Mas em outras passagens a matéria inteligível se remete exclusivamente aos entes matemáticos e desempenha um papel totalmente semelhante ao da matéria sensível nos objetos físicos: *a uma e à outra Aristóteles atribui uma função individualizadora*. A matéria sensível dá uma existência individual e incomunicável às essências abstratas; do mesmo modo os termos matemáticos se individualizam numa matéria inteligível e assim dão lugar a distinções puramente individuais entre seres da mesma espécie, que têm

a mesma definição: o exemplo clássico dos círculos físicos e dos círculos matemáticos serve também aqui para ilustrar essa concepção. O círculo, considerado como ente natural, adquire uma individualidade completa quando está realizado nesta madeira concreta, ou neste bronze tangível, e, esta é a matéria sensível. Mas, mesmo sem ser projetado na realidade fenomênica, um círculo, conhecido como simples unidade matemática, distingue-se de outro círculo que tenha o mesmo raio assim como um indivíduo se distingue de outro, e *é a matéria inteligível que permite essa multiplicação da mesma essência em diversos sujeitos. Ora, essa matéria só pode ser o espaço geométrico*; a parte que tem a imaginação na constituição desse espaço é suficiente, com efeito, para dar às figuras que nele se situam uma individualidade análoga à que os sentidos nos levam a atribuir aos entes sensíveis (...). Todavia esse espaço não depende unicamente da imaginação; é antes uma abstração do mesmo modo que as unidades geométricas que nele se situam, e portanto, merece a denominação de matéria inteligível, sendo o inteligível tomado no sentido estrito em que designa o objeto matemático". — Esta página de Mansion é muito fina, mas deve ser integrada no contexto das precisas raízes históricas dessa doutrina. Com efeito, sobre a matéria inteligível não se pode chegar à clareza adequada, se não se a situa no pano de fundo das doutrinas não escritas de Platão, particularmente em relação com a questão dos "entes intermediários", como já dissemos, e a complexa questão da Díade, que é princípio material em vários níveis, não só no nível sensível. — Cf. Happ, *Hyle*..., pp. 581-615 e Reale, *Para uma nova interpretação de Platão* ([2]2004), pp. 463-471.

[25] *Conclusão sumária sobre o primeiro problema discutido em 1034 b 32 – 1035 b 3 e em 1035 b 31 – 1036 a 12.* — Resumamos a solução do *primeiro problema* tratado no nosso capítulo (cf. *supra*, nota 3), que é aqui selada de maneira definitiva. Substância pode ser (1) a forma, (2) o sínolo, (3) a matéria. — (1) Ora, as partes que entram na noção, que dá a definição e a essência da coisa, são *só* as partes da forma. — (2) É claro, porém, que, se em vez de nos referirmos à essência da coisa, referimo-nos ao *sínolo* de forma e matéria, entrarão em causa *também* as partes materiais; todavia, do sínolo e do indivíduo *não* existe, propriamente, definição: o sínolo concreto capta-se intuitivamente ou perceptivamente e a definição só pode ser do universal. — (3) No que concerne a matéria, diz Aristóteles, ela é *por si incognoscível*; por isso o problema que discutimos não é posto com relação à matéria considerada por si.

[26] (**1036 a 12-13**). Cf. *supra* 1034 b 28-32 e 1035 b 3-31.

[27] (1036 a 14-25). *Conclusões sumárias sobre o segundo problema discutido em 1035 b 3-31 e 1036 a 13-25.* — Para responder a este problema (se o todo é anterior às partes ou se as partes são anteriores ao todo) é indispensável *distinguir e precisar* em que sentido se pretende falar de todo (e de parte). Precisamente, o todo pode ser entendido: (1) como um todo empírico e individual, ou (2) como um todo puramente *formal* e essencial. — Pois bem, entendido (1) no primeiro sentido, o todo é posterior às partes: por exemplo, o *ângulo reto material e particular* (seja o de bronze, seja o inteligível) é posterior (*a*) seja às partes da forma, seja (*b*) às partes materiais (sejam sensíveis, sejam inteligíveis). — Entendido (2) no segundo sentido, o todo é posterior só às partes formais, e é anterior às partes materiais: por exemplo o ângulo reto imaterial é posterior às partes formais, mas é anterior ao ângulo reto particular e às partes deste. Ver Bonitz, *Comm.*, pp. 337 s. e Ross, *Metaph.*, II, p. 200.

[28] (1036 a 25). Cf. *supra*, 1035 b 20 ss.

11. *Sumário e comentário a Z 11*

[1] (**1036 a 26 – 1037 b 7**). Sumário — *Tudo o que se disse no capítulo precedente levanta o seguinte problema:* quais são as partes da forma? *Como podem ser reconhecidas e determinadas? Nos casos em que vemos uma forma em composição com diversos tipos de matéria (por exemplo, no caso do círculo, que se apresenta em composição com a madeira, com o bronze, etc.) é fácil compreender* quais *são as partes da forma* e quais *são as partes da matéria.* Ao *contrário, nos casos em que* não *vemos a forma realizar-se em substratos diversos, é difícil estabelecer quais são as partes da forma e quais as da matéria. Contudo é claro que, se víssemos apenas os círculos de bronze, nem por isso o bronze seria parte da forma do círculo. Mas nós vemos a forma do homem realizar-se só em carne e ossos. Pois bem,* estas são partes da forma ou não? — *Para responder Aristóteles procede do seguinte modo: ele examina as soluções erradas por excesso dos Pitagóricos e dos Platônicos, que levam ao extremo limite a tentativa de prescindir da matéria, mostra os seus absurdos e, consequentemente, qual deve ser o modo correto de entender as coisas. — A resposta ao problema não é dada de maneira totalmente linear, porque a evocação polêmica dos Pitagóricos e dos Platônicos leva Aristóteles, antes mesmo de responder à questão, a precisar que, nas coisas sensíveis, não se pode prescindir da matéria, e que as formas sensíveis só são*

formas subsistentes numa matéria. Portanto, as coisas sensíveis não podem ser concebidas sem matéria: o homem e o animal não podem ser concebidos sem movimento e, portanto, sem órgãos corporais. O caso do homem não é, portanto, análogo ao do círculo de bronze: *o homem não pode ser sem o corpo, enquanto o círculo pode ser sem o bronze ou a madeira. — Essas explicações não devem, contudo, levar a erro:* Aristóteles, *de fato, no final diz que (dado como certo tudo o que se explicou anteriormente) o homem no seu aspecto* formal *é* alma, *no seu aspecto* material *é* corpo *e no seu conjunto é* sínolo de matéria e forma. *O mesmo se deve dizer se considerarmos, em vez do homem em geral, o homem individual:* a substância primeira ou forma *de Sócrates é a sua* alma, *a sua* matéria *é o seu* corpo *(vale dizer, as suas carnes e ossos), e Sócrates, como tal, é* aquela alma naquele corpo. — *O capítulo evoca em seguida explicitamente o objetivo a que se dirige toda essa investigação sobre as substâncias sensíveis (que são, por si, objeto da física): o objetivo, como já observamos, é* preparar a base para a ulterior investigação da substância suprassensível. — *Depois de uma breve tematização do problema que será objeto de estudo logo em seguida (em Z 12), o capítulo se encerra com uma síntese dos resultados adquiridos.*

[2] (**1036 a 26-31**). *Alcance do problema: quais são as partes que entram na forma de uma coisa?* — A estreitíssima ligação dessa questão com as precedentes é óbvia: se não sabemos estabelecer *quais* são as partes *formais* de uma coisa e quais não são, é claro que não poderemos *definir* a coisa, porque na definição da coisa entram as partes da forma e *só* as partes da forma.

[3] (**1036 a 31 – b 7**). *Por que é difícil resolver o problema posto acima?* — O sentido da dificuldade é bem captado por Tomás (*In Metaph.*, p. 367 b s., §§ 1504-1506 Cathala-Spiazzi): "Sed quaedam sunt, quorum species non inveniuntur fieri in diversis materiis secundum speciem, sed semper in eisdem. Sicut species hominis, quantum ad hoc quod visibiliter apparet, non invenitur nisi in carnibus et ossibus. Nihil tamen prohibet, ut etiam ista, quae non videntur a propria materia separata, similiter se habeant ad suas materias sicut illa quae esse possunt in diversis materiis, et ab unaquaque earum separari. Si enim poneremus quod non viderentur sensibiliter aliqui circuli nisi ex aere, nihilominus tamen sic esset pars speciei circuli aes. Et licet tunc non separaretur circulus actu ab aere, separaretur tamen mente, quia species circuli, licet difficile sit mente auferre et separare abinvicem quae actu non separantur. Non enim est hoc nisi illorum qui per intellectum supra sensibilia elevari possunt. Et similiter si hominis species semper apparet in carnibus et ossibus et talibus partibus, oportet quaerere, utrum istae

partes sint speciei humanae 'et rationis', idest definitionis hominis, aut non sunt partes speciei, sed solum materia speciei, sicut aes circuli. Sed quia talis species non fit in aliis partibus materialibus quam in istis, ideo de facili non possumus separare hominem per intellectum a carnibus et ossibus. Videtur enim eadem ratio esse hic et in circulo, si omnes circuli essent aerei".

[4] (1036 b 8). *Evocação dos Pitagóricos.* — Esses filósofos aos quais aqui se refere devem ser identificados com os Pitagóricos (Ps. Alexandre, *In Metaph.*, p. 512, 23 s. Hayduck). A passagem é acolhida por Diels-Kranz (58 B 25, I, p. 457), como testemunho da doutrina pitagórica. Cf. a nota seguinte.

[5] (**1036 b 7-13**). *O erro por excesso dos Pitagóricos que reduzem tudo (a própria matéria) ao número.* — O sentido da passagem é o seguinte. É difícil, em certos casos (como se viu para o homem), estabelecer quais são as partes da forma e quais as da matéria, vale dizer, até que ponto se estende a forma e até que ponto a matéria. Ora, os Pitagóricos acreditaram resolver a dificuldade, levando ao extremo limite a abstração da matéria, considerando matéria os próprios caracteres geométricos das figuras, e reduzindo tudo, inclusive as figuras geométricas, a número. Eles consideravam que, por exemplo, o quadrado *não* podia ser definido como figura que tem quatro lados iguais etc., porque esses lados etc. não seriam mais que *matéria do quadrado*, e que o quadrado devia ser definido só em função de um número. E do mesmo modo a linha, como *quantidade estendida em comprimento*, seria matéria; a essência da linha seria, ao invés, o número dois. Cf. Ps. Alexandre, *In Metaph.*, p. 512, 36 ss. Hayduck. — No que se refere à doutrina aqui mencionada, do ponto de vista histórico, deve-se observar com Timpanaro Cardini (*Pitagorici*, III, p. 147), o seguinte: "Nessa tese, parcialmente heterodoxa relativamente à doutrina pitagórica dos princípios pelos quais os entes geométricos são a expressão numérica da realidade espacial e são uma mesma coisa com os números (...), deve ser vista a opinião de um grupo de Pitagóricos mais rigoristas, que só nos números reconheciam os primeiros princípios, enquanto todo elemento espacial era matéria, ὕλη".

[6] (**1036 b 13-14**). Refere-se, obviamente, à instância de alguns Platônicos não identificáveis individualmente. Cf. a nota seguinte.

[7] (**1036 b 13-17**). *Posições assumidas por alguns Platônicos na redução dos elementos materiais a elementos formais.* — Analogamente aos Pitagóricos, os Platônicos levaram às consequências extremas a abstração (separação) da matéria. E como os Pitagóricos reduziram a linha ao número dois, assim fizeram analogamente (no novo plano metafísico) os Platônicos. E, precisamente: (*a*) alguns disseram que a *díade* (o dois) é a linha em

si; (*b*) outros disseram que a *díade*, mais que a linha em si, é a Forma ou Ideia de linha. Estes segundos consideraram necessária essa ulterior explicação, enquanto a identidade entre Forma e aquilo de que a forma é forma só existe em certos casos e não em outros: por exemplo, na díade há identidade de forma e aquilo de que a forma é forma, enquanto na linha, estando contida a extensão, não há mais a identidade acima mencionada, e impõe-se, portanto, distinguir a *forma da linha* (díade) da *própria linha*. (Cf. Ross, *Metaph.*, II, p. 203).

[8] (**1036 b 17-20**). *Críticas dirigidas contra os Platônicos.* — Contra a posição dos Platônicos, Aristóteles move as duas seguintes objeções. (1) Afirmando o que se disse acima, os Platônicos caem numa contradição análoga àquela em que caem os Pitagóricos (da qual Aristóteles falou em A 5, 987 a 27): eles põem uma única e mesma *forma* como princípio de muitas coisas que, ao contrário, são manifestamente diferentes entre si; de fato, a díade deveria ser forma (segundo as suas afirmações) *seja* dos números que são o dobro *seja* das linhas (e de outras coisas ainda), sendo que é evidente que o dobro *não* é a linha. — (2) Nessa via, poder-se-ia levar o discurso ao limite e, como os Platônicos põem uma única Forma como princípio formal de muitas coisas diferentes entre si, poder-se-ia pôr uma única Forma para todas as formas, isto é, absorver todas as formas numa suprema Forma, e assim negar dignidade de forma a todas, menos a essa suprema; mas isso comportaria a redução de todas as coisas à unidade, o que é manifestamente absurdo.

[9] (**1036 b 21-22**). Cf. Z 10, 1034 b 32. Aristóteles refere-se à distinção entre as partes *materiais* e as *formais*.

[10] (**1036 b 25**). *Sócrates, o Jovem.* — É um discípulo de Sócrates, contemporâneo de Teeteto. O próprio Platão o cita várias vezes: *Teet.*, 147 D; *Sof.*, 218 B; *Polit.*, 257 C. Certamente inexata a opinião de Tomás (*In Metaph.*, p. 368 a, § 1518 Cathala-Spiazzi) que pensa ser Sócrates, o Jovem o próprio Platão. (Hipótese que já o Ps. Alexandre, *In Metaph.*, p. 514, 4 Hayduck avançava, mas como pouco provável). — Ver sobre ele: F. Lasserre, *De Léodamas de Thasos à Philippe d'Oponte. Témoignages et fragments. Édition, traduction et commentaire*, Nápoles, 1987, pp. 67-73; 279-286; 503-510.

[11] (**1036 b 22-30**). *Evocação da necessidade de partes materiais nas coisas sensíveis.* — Note-se que aqui o raciocínio fica um pouco desviado do objetivo proposto no início do capítulo, por causa da polêmica contra os Platônicos. De fato Aristóteles, em vez de resolver a questão: *quais são*

as partes da forma, agora se preocupa com estabelecer esse outro ponto: que *não se pode prescindir da matéria*, nas coisas naturais, enquanto elas são, em geral, uma união estrutural de forma e matéria. (O homem, por exemplo, não é uma *forma* sem matéria e, do mesmo modo, o triângulo ou o quadrado não são puras formas, definíveis sem os lados). — O leitor que não tenha presente o desvio de que falamos corre o risco de perder o fio do discurso; de fato, é verdade que o homem é uma forma em determinada matéria, e é verdade que não se pode concebê-lo (enquanto é animal) sem movimento e, portanto, sem órgãos corporais: mas (e este é o ponto que não se deve perder de vista) isso não tira que os órgãos corporais e o corpo do homem *não* sejam parte da forma e que *forma seja só a alma e as partes formais da alma.* Mas, terminada a polêmica, o próprio Aristóteles dirá isso, *infra*, nas linhas 1037 a 5 ss.

[12] (**1036 b 30-32**). *Explicações sobre as partes materiais.* — Essa última explicação foi compreendida muito bem por Ross (*Metaph.*, II, p. 203). Aristóteles disse que não se pode pensar o homem, que é também animal, sem movimento e, portanto, sem órgãos corporais. Agora, em contrapartida, ele sublinha que, por sua vez, os órgãos corporais são tais não em qualquer condição, mas só se são vivos, isto é, animados. O fio lógico seguido por Aristóteles parece ser, portanto, o seguinte: "não devemos esquecer a matéria; mas não devemos, do mesmo modo, esquecer a forma, isto é, a alma, ou seja, a vitalidade". Cf. *supra*, 10, 1035 b 24.

[13] (**1037 a 4**). Cf. *supra*, 10, 1035 a 30 – b 3.

[14] (**1036 b 32 – 1037 a 5**). *Na definição dos entes geométricos não só não entram partes da matéria sensível, mas também da inteligível.* — Esse parágrafo, segundo o Ps. Alexandre, (*In Metaph.*, p. 515, 8ss. Hayduck), seguiria a 1034 b 24 – 1035 a 17 e teria sido separado por Eudemo. Também para Bonitz (*Comm.*, p. 341) estaria fora de lugar e, naturalmente, para Jaeger (*Metaph.*, p. 152, *ap. crit.*). Na verdade, existe ligação dessa passagem com o que precede, e isso já foi bem individuado por Tomás (*In Metaph.*, p. 368 b, § 1520 Cathala-Spiazzi); também Ross (*Metaph.*, II, p. 203) considera a passagem no lugar exato e apresenta argumentos idênticos ao de Tomás. — Aristóteles explicou acima que é errado dizer, como dizia Sócrates, o Jovem, que o homem está no seu corpo assim como o círculo está no bronze. De fato, enquanto os órgãos corporais são essenciais para o homem como animal, o bronze ou qualquer matéria sensível na qual o círculo se realiza é acidental e não essencial para o círculo enquanto tal. Agora, referindo-se obviamente ao que disse sobre as partes materiais do círculo, pergunta-se: é

verdade que as partes da matéria sensível não entram na definição de círculo (pelas razões vistas), mas qual o motivo pelo qual na definição de círculo não devem entrar também *as partes não sensíveis como os semicírculos*? Estas, com efeito, são partes *não materiais* e, portanto, para elas não pode valer o que se disse para as outras. O nexo com o que precede é assim bem esclarecido e plausível. Já conhecemos a resposta ao problema: não existe só a matéria sensível, mas também a *matéria inteligível*; ora, os semicírculos são "partes" não da matéria sensível, mas da matéria inteligível, e, enquanto tais (ou seja, enquanto matéria, ainda que inteligível), não entram na pura essência do círculo e na definição do mesmo.

[15] (**1037 a 5-10**). A *substância primeira do homem é a alma, o corpo é a matéria, o conjunto é o sínolo*. — Eis, finalmente, uma precisa resposta à dificuldade levantada, *supra*, 1036 b 3 ss. O homem não pode ser concebido sem órgãos corporais, isto é, sem corpo. Não obstante isso, o corpo não é parte formal do homem. (*a*) A *forma* ou *substância primeira* do homem é a alma; (*b*) o corpo é matéria do homem; (*c*) o homem e o animal no seu conjunto são *sínolo* de forma e matéria (alma e corpo). Naturalmente, isso vale tanto se o discurso é mantido no plano universal, quanto se ele é aplicado aos particulares. Se falo do homem em geral, então (*a*) a substância primeira é a alma (em geral); (*b*) a matéria é o corpo (em geral), (*c*) o homem no conjunto é o sínolo de alma e corpo (em geral); se falo do indivíduo empírico, como por exemplo Sócrates, então (*a*) a substância primeira é *esta alma particular*, (*b*) a matéria é *este corpo particular* (essas carnes e esses ossos); (*c*) o indivíduo Sócrates no seu conjunto é *esta alma neste corpo particular* (cf. Ps. Alexandre, *In Metaph.*, p. 516, 2 ss. Hayduck). — Note-se como nessa afirmação de que a alma é substância primeira do homem Aristóteles recebe no seu realismo (e de modo estrutural) o idealismo platônico.

[16] (**1037 a 10-11**). *Evocação da matéria inteligível*. — Aristóteles refere-se aqui sobretudo às concepções dos Platônicos. Pense-se, particularmente, numa matéria, como aquela da qual os Platônicos deduzem as Ideias e os Números ideais, e os Entes matemáticos "intermediários", vale dizer, a díade de grande e pequeno inteligível (a ὕλη do suprassensível). — Cf. *supra*, Z 10, 1036 a 9-10 e nota 24 a essa passagem.

[17] (**1037 a 10-13**). Cf. os livros Λ, M e N.

[18] (**1037 a 10-17**). *Evocação da componente teológica em vista da qual agora se está tratando da substância sensível*. — Jaeger considera que esta passagem seja um acréscimo feito por Aristóteles com o intuito de fazer concordar Z (que com H e Θ constituía, diz ele, um tratado independente)

com o tratamento do suprassensível de Λ, quando ele reuniu os seus escritos metafísicos (*Aristotele*, p. 267, nota 1). Mas, veja-se como os motivos por ele aduzidos são carentes de fundamento em *Il conc. di filos. prima*[5] (1993), pp. 182-188. — *Recorde-se que Z 2 prevê estruturalmente um tratamento do suprassensível e afirma já com toda clareza o que diz nessa passagem* (e Z não é considerado um acréscimo posterior por Jaeger). O próprio Jaeger parece ter revisto isso na sua edição crítica. — A base teológica da problemática usiológica na *Metafísica* de Aristóteles é estrutural.

[19] (1037 a 17-20). Cf. o capítulo seguinte, *passim* (cf. também H 6).

[20] (1037 a 21 – b 7). *Conclusões sumárias.* — Daqui até o final, Aristóteles traça uma síntese dos resultados adquiridos, particularmente em Z 4-6, 10-11 (capítulos nos quais a discussão é conduzida prioritariamente λογικῶς, enquanto Z 7-9 não são evocados aqui, porque, como vimos, neles a discussão procede φυσικῶς).

[21] (1037 a 21-22). Cf. Z 4.

[22] (1037 a 22-23). Cf. Z 10-11.

[23] (1037 b 2-3). *Uma glosa marginal.* — Nesse ponto, na maioria das edições, se lê οἷον καμπυλότης καὶ καμπυλότητι εἶναι, εἰ πρώτη ἐστίν, que o Ps. Alexandre não parafraseia; Jaeger justamente exclui essas palavras, dando essa finíssima explicação: "est glossa lectoris *Categoriarum* memoris (3 b 11 ss.), ubi non τὸ εἶδος sed τὸ σύνολον prima οὐσία vocatur". Efetivamente, são desnecessárias e devem ser excluídas.

12. *Sumário e comentário a Z 12*

[1] (1037 b 8 – 1038 a 35). Sumário. — *Este é o último dos capítulos dedicados à problemática conexa ao estudo da essência. A questão que ele trata é fundamental:* como e por que o que está contido numa definição constitui uma unidade? *Posto, por exemplo, que "homem" se defina como "animal bípede", como e por que "animal" e "bípede" são uma unidade e não uma dualidade? — O problema se revela em toda a sua importância quando se leva em conta o fato de a* unidade *ser caráter distintivo da substância e da essência, da qual a definição deve ser a expressão.* Excluído *que a unidade dos termos da definição seja uma unidade por acidente e por participação,* Aristóteles, *para resolver a questão, concentra-se no processo de definição por via de divisão e procede do seguinte modo. —* (1) *Os termos contidos na definição fornecem o* gênero *primeiro e as* diferenças *(as várias características que podem estar nele*

contidas e que são sucessivas ao gênero primeiro devem ser consideradas gênero, de modo que não reste senão gênero e diferença). — (2) *O gênero e as diferenças são uma* unidade *e não uma dualidade,* porque o gênero não existe fora das diferenças, *mas só existe como matéria das diferenças e, portanto, é contido e quase absorvido nas diferenças.* — (3) *Quando exista a possibilidade de dividir ulteriormente a diferença em diferença das diferenças, proceder-se-á até obter a* diferença última: *esta é, propriamente, a substância, a essência e a definição da coisa.* E como o gênero está contido e absorvido nas diferenças, assim as diferenças anteriores estão contidas e absorvidas nas posteriores e todas na última. *Desse modo,* a unidade *da definição se explica perfeitamente.*

[2] (1037 b 8-9). Cf. *Anal. Post.*, II cap. 3-10 e 13. Cf. também, *infra*, H 6.

[3] (1037 b 9-10). Cf., particularmente, *Anal. Post.*, II 6, 92 a 29.

[4] (1037 b 10-14). *A questão da unidade como característica da substância.* — O problema é fundamental, na medida em que a *unidade*, como se viu em parte, e como voltaremos a ver em seguida, é uma *característica essencial* da substância. Cf. *infra*, nota 8 e *Ensaio introdutório*, pp. 98 ss.

[5] (1037 b 14-18). *Exemplificação da unidade acidental fora de lugar nesse contexto.* — Aqui Aristóteles dá o exemplo de unidade acidental de "*homem branco*". Pois bem, o *homem* e o *branco* formam uma unidade, quando branco é atributo de homem, isto é, quando pertence ao homem como uma afecção. O exemplo é dado para mostrar que a *unidade* dos termos que entram na definição *não é desse tipo.*

[6] (1037 b 18-21). *Gênero e diferença não constituem uma unidade por participação.* — Pode-se entender essa argumentação (*a*) como nova relativamente à precedente: enquanto aquela exclui que a unidade dos termos da definição seja unidade *acidental*, esta exclui que seja unidade *por participação* (cf. Bonitz, *Comm.*, p. 343); ou pode-se também entender (*b*) como continuação da precedente (Ross, *Metaph.*, II, p. 207), interpretando as linhas 14-18 como descrição da unidade κατὰ μετοχὴν καὶ πάθος e as linhas 18-21 como demonstração de que a unidade da definição *não* é desse tipo. Eis como Ross (*loc. cit.*, pp. 206 s.) a resume: "O argumento das linhas 14-21 pode ser assim explicado. Uma unidade κατὰ μέθεξιν é uma unidade que pode existir entre A e B e entre A e não B, mas não entre os dois ao mesmo tempo; mas a relação do gênero A à diferença B é uma relação de A com B e com não B ao mesmo tempo. Por isso o gênero e a diferença não formam uma unidade κατὰ μέθεξιν".

[7] (1037 b 21-24). *Ulterior argumentação a favor da tese de que gênero e diferença não constituem uma unidade por participação.* — Dado (não

concedido) que se admitisse que o gênero participa das diferenças, ficaria ainda sem explicação como existe unidade em todos os casos em que são empregadas *muitas* diferenças como, por exemplo, quando digo que o homem é "animal" (gênero) que "tem pés", que é um "bípede" "sem asas" (diferenças). Certamente não se poderia responder que essas diferenças constituem todas uma unidade com o gênero *por estarem todas presentes no gênero*; se assim fosse, seriam uma unidade não só estas, mas *todas* as diferenças que existem no gênero, o que é absurdo (cf. Bonitz, *Comm.*, p. 343).

[8] (1037 b 24-27). *A unidade da definição depende da unidade estrutural da substância.* — Notemos essas explicações, que são da máxima importância. As partes da definição *devem necessariamente* constituir uma unidade. Por que? Porque a definição exprime a substância, e *a unidade é uma característica essencial da substância*. De fato, o que não é unidade é mero agregado e, como tal, não pode ser substância.

[9] (1037 b 27-32). *Tudo o que está presente na definição entra no gênero e na diferença específica.* — O pensamento que Aristóteles desenvolve nas linhas 27-32 é este: tudo o que se pode incluir na definição e segue o gênero, deve ser considerado gênero, exceto a diferença última. Assim, na definição só existe *gênero + diferença*, enquanto tudo o que está no meio deve ser considerado um gênero. — As linhas 30-31 são muito difíceis de traduzir. O original soa: τὰ δ' ἄλλα γένη ἐστὶ τό τε πρῶτον καὶ μετὰ τούτου αἱ συλλαμβανόμεναι διαφοραί. Ps. Alexandre (*In Metaph.*, p. 520, 10 s. Hayduck) indica a correta linha de tradução: τὰ δ' ἄλλα é sujeito e exprime tudo o que segue ao primeiro gênero, γένη é *predicado* (τὰ δ' ἄλλα τὰ τῷ ζῴῳ ἐχόμενα... γένη εἰσίν). Assim também Schwegler, que, no comentário (*Metaph.*, IV, p. 112), corrige a tradução anteriormente proposta por ele; Schwegler explica, em seguida, que τό τε πρῶτον κτλ. deve ser entendido como aposto de τὰ ἄλλα. (A maioria das traduções parecem-nos, nesse ponto, inexatas e oscilantes). — Note-se a evocação ao tipo de procedimento diairético da dialética platônica. Cf. a nota seguinte.

[10] (1038 a 5-9). *Por que gênero e espécie constituem estruturalmente uma unidade.* — Aristóteles demonstrou que tudo o que está contido numa definição se reduz a *gênero + espécie*. Agora ele explica as razões pelas quais *gênero* e *diferença* não constituem uma *dualidade* (duas coisas), *mas uma estrutural unidade. O gênero não existe "fora" das diferenças*, mas só *com* e *nas* suas diferenças, ou, no máximo, o gênero pode existir como *matéria* das suas espécies, portanto, *não independentemente e separadamente* das espécies. Bonitz (*Comm.*, p. 344) escreve: "Iam vero, quae est potissima Aristotelicae

philosophiae a Platonica discrepantia, genus non est praeter suas ipsius species..., vel si statuitur esse, tamquam materia esse statuendum est". — O exemplo é muito claro e interessante: a *voz* está para os sons individuais do alfabeto (as letras do alfabeto) como o *gênero* para as *diferenças*; ora, é evidente que não existe *voz* que não seja voz *determinada segundo os sons individuais*. E é igualmente evidente, consequentemente, que a voz (como gênero) só existe como "matéria" da qual os sons individuais são diferenças, e que não pode existir senão nessas diferenças, e de modo algum separada delas. Sobre o gênero como matéria cf. Δ 28, 1024 b 8.

[11] (**1038 a 9-25**). *A diferença última absorve em si o gênero e as diferenças intermediárias.* — Aristóteles disse que a definição é dada substancialmente pelas diferenças, que absorvem (contêm) em si, estruturalmente, o gênero. Agora ele, nas linhas 9-25, demonstra (explicando um conceito já implícito em 1037 b 30 ss.) que, quando existem diferenças de diferenças, é preciso prosseguir na divisão dessas diferenças das diferenças (procedendo, evidentemente, de modo correto e apropriado), *até alcançar a diferença última*, vale dizer, a diferença não mais divisível em diferenças. *E a substância e a definição da coisa será dada justamente por essa diferença última.* — Essa diferença última inclui as precedentes e, portanto, aquelas não devem ser mencionadas, porque caso se as mencione, repete-se duas vezes a mesma coisa (cai-se numa tautologia), como eloquentemente demonstra o exemplo dado por Aristóteles. — Concluindo: o gênero é absorvido nas suas diferenças, e as diferenças são absorvidas na última diferença: as razões da *unidade* da definição e do definido ficam assim perfeitamente explicadas.

[12] (**1038 a 30-34**). *Por que é possível uma transposição dos termos que constituem uma definição.* — Pusemos entre parêntesis essa argumentação para não deixar que se perca o fio do discurso. A argumentação, com efeito, só tem a finalidade de justificar a liceidade da transposição da sucessão dos termos na definição, para demonstrar a inutilidade do acréscimo de outras diferenças à última. A transposição, diz Aristóteles, é lícita, *porque* na substância não existe uma ordem e, portanto, uma sucessão de termos que a definição deveria refletir. Cf. Bonitz, *Comm.*, p. 346.

13. *Sumário e comentário a Z 13*

[1] (**1038 b 1 – 1039 a 23**). Sumário. — *Aristóteles falou-nos até aqui de três significados de substância*; (1) *substrato*, (2) *essência* e (3) *composto.*

Do primeiro ele falou exaustivamente em Z 3; do segundo falou em Z 4-11; ao terceiro acenou diversas vezes (e em Z 3 ele disse que é um significado por si manifesto). Resta agora ver se o universal é substância, *como pretendem os Platônicos. — Com o presente capítulo começa a sistemática demonstração da tese de que o* universal não é substância. — *Como, para Aristóteles, as Ideias dos Platônicos são universais, é claro que a demonstração da tese se configurará como crítica à teoria das Ideias. — Particularmente, no capítulo que estamos começando a ler, são aduzidas oito provas (que exporemos e analisaremos nas notas), de valor e eficácia desiguais, que chegam quase todas à seguinte conclusão: se se admite que os universais são substância, cai-se em dificuldades insuperáveis e em clamorosos absurdos e, portanto, não se pode pensar que os universais sejam substância. — Paralelamente às argumentações* ad hominem, *Aristóteles esclarecerá progressivamente (e isso é o mais importante) que* o universal não é substância, porque privado daquelas características que vimos serem distintivas da substância. O *universal não é o que é próprio de cada coisa como a essência, mas é comum; não é o que não se predica de outro, mas, ao contrário, ele se predica sempre de outro; não é algo determinado, mas um* quale quid; *enfim, não tem subsistência separada. — Em linhas gerais o capítulo pode ser resumido e intitulado assim: o universal não é substância, a substância não pode ser composta de substâncias. O que é exato, mas sobretudo se se tem presente que a segunda proposição é desenvolvida só para demonstrar a primeira.* — Cf. notas 8-12 e 14-16 para a exposição analítica das oito provas contra a possibilidade de que o universal seja substância.

[2] (1038 b 2-3). Cf. *supra*, cap. 3, no início.

[3] (1038 b 4). Cap. 4-6 e 10-12 (bem como φυσικῶς, cap. 7-9).

[4] (1038 b 4). Sobre a *essência* (τὸ τί ἦν εἶναι) cf. cap. 3.

[5] (1038 b 5-6). Sobre o *substrato* (ὑποκείμενον) cf. 3, 1029 a 2 ss.

[6] (1038 b 7). Esses "alguns" são, obviamente, os Platônicos. Cf. M e N, *passim*.

[7] (1038 b 9). Lemos πρώτη em vez de πρῶτον, com Bekker, Bonitz e Schwegler.

[8] (1038 b 9-14). *Primeiro argumento contra a tese dos Platônicos que afirma os universais como substâncias.* — Aristóteles observa o seguinte. A substância primeira constitui a essência que é *própria de cada coisa* e não pertence a outro; ao contrário, o universal representa algo *comum*, algo apto a ser predicado de muitas coisas. Se o universal é assim, *de que coisa será* substância? As possíveis soluções são: (*a*) de todas as coisas, (*b*) de nenhuma,

(*c*) de uma só. Todas as três são absurdas. (*a*) A primeira é absurda porque foi dito justamente que a essência é o que é próprio de cada coisa e, portanto, não pode pertencer também a outras; (*b*) a segunda constitui um *monstrum* e, como tal, é descartada sem discussão; (*c*) a terceira é absurda porque, se o universal é substância de *uma só* coisa, necessariamente todas as outras coisas das quais ele se predica deveriam reduzir-se àquela única, porque tudo aquilo cuja substância é única e cuja essência e uma, é uma coisa única.

[9] (**1038 b 14-16**). *Segundo argumento contra a tese dos Platônicos que afirma os universais como substâncias.* — Já foi visto (Δ 8, 1017 b 14 s.; 23 ss.; Z 3, *passim*) que a substância é *o que não se predica de outro sujeito*, mas é ela mesma o sujeito ou substrato do qual todo o resto se predica. Ao invés, o universal se predica sempre de outro sujeito: portanto, o universal carece justamente desse caráter fundamental distintivo da substância e, portanto, não pode ser substância.

[10] (**1038 b 16-23**). *Terceiro argumento contra a tese dos Platônicos que afirma os universais como substâncias.* — O texto é dificílimo de se interpretar, porque subentende justamente o pensamento de fundo; é lógico, portanto, que os estudiosos se tenham dividido a respeito dele. A nosso ver a exegese mais plausível foi dada por Robin (*Th. plat.*, pp. 47-49 e notas). Os Platônicos poderiam dizer: concedamos que o universal não possa ser substância no sentido de essência; todavia resta a possibilidade de que ele seja um *elemento contido na própria essência*, assim como, por exemplo, o *animal* está contido no *homem* e no *cavalo*. Mas também isso é absurdo. (*a*) De fato, desse universal deverá haver definição e, portanto, essência e, assim (segundo a hipótese), deverão existir ulteriores elementos-substâncias dessa essência, e ter-se-á assim um amontoado de substâncias. (*b*) O absurdo não se elimina ao notar que não existe definição de todas as partes contidas na substância (e, portanto, não de todas existe essência e, também, elementos-substância dessa essência). Continuaria sempre verdade que o universal, entendido desse modo, é substância de alguma coisa: o animal, precisamente, será substância da espécie homem e esta, por sua vez, será substância do homem individual. E ter-se-á sempre *o absurdo de uma pluralidade de substâncias contidas numa única substância*. — Nessa linha situa-se o próprio Ps. Alexandre, *In Metaph.*, p. 524, 17-34 Hayduck. (Cf., ao contrário, a exegese de Schwegler, *Metaph.*, IV, p. 115; Bonitz, *Comm.*, pp. 347 s.; Ross, *Metaph.*, II, p. 210; ver, enfim, o interessante confronto entre a exegese de Robin e de Bonitz-Ross em Tricot, *Métaph.*, I, pp. 425 s.).

[11] (1038 b 23-29). *Quarto argumento contra a tese dos Platônicos que afirma os universais como substâncias.* — Parece-nos que também essa argumentação foi bem explicada por Robin (*Th. plat.*, p. 49). "Para evitar esses absurdos (isto é, os que foram apontados acima), dir-se-á, então, que os elementos de que é composta a substância, não são substâncias, mas qualidades? Nova impossibilidade: de fato, a qualidade e a modalidade seriam desse modo anteriores à substância; ora, isso não pode ser nem na ordem lógica, nem na ordem do tempo e da geração. De fato, seria preciso que elas fossem separadas e independentes de todo sujeito, o que é inadmissível". Até aqui vai a explícita argumentação de Aristóteles. Robin comenta ulteriormente (*loc. cit.*) que essa hipótese implicaria na redução da substância a uma simples *reunião* de atributos e implicaria na perda de toda verdadeira quididade.

[12] (1038 b 29-30). *Quinto argumento contra a tese dos Platônicos que afirma os universais como substâncias.* — Aristóteles, uma vez excluído com os argumentos precedentes que os elementos universais de que são compostas as substâncias sejam não substâncias, volta a destacar novos absurdos em que caem os Platônicos. Se o animal é substância, então, dado que animal está presente em Sócrates e dado que Sócrates é uma substância, em Sócrates existiriam *duas* substâncias, e nesse caso teríamos o absurdo de uma substância constituída por duas substâncias. — Cf. Ps. Alexandre, *In Metaph.*, p. 525, 15 s. Ross, por sua vez, traduz: "Further, Socrates will contain a substance present in a substance, so that this will be the substance of two things" e interpreta a aporia desse modo: na substância Sócrates haverá a substância animal, e Animal será substância de duas coisas, isto é, de Sócrates e da classe dos animais (*Metaph.*, II, p. 211; assim também Tricot, *Métaph.*, I, p. 427, nota 2). Mas essa exegese não convence. Ao contrário, essa aporia não é mais que a retomada do pensamento de fundo da terceira argumentação, *mostrando no particular (Sócrates) o que lá foi demonstrado em geral*.

[13] (1038 b 30-31). *Substância entendida como forma.* — Tenha-se presente que aqui Aristóteles não pretende falar de *homem* como indivíduo e, em geral, dos indivíduos, mas da essência ou εἶδος ou τὸ τί ἦν εἶναι de homem e das outras essências ou formas como esta (cf. as observações de Bonitz, *Comm.*, p. 348; Robin, *Th. plat.*, p. 609, nota 1; Ross, *Metaph.*, II, p. 211). Ross recorda justamente que nas linhas 16-30 não é combatida a substancialidade do homem, mas do *animal*, isto é, não da essência, mas do gênero.

[14] (**1038 b 30-34**). *Sexto argumento contra a tese dos Platônicos que afirma os universais como substâncias.* — Esta argumentação não necessita um comentário particular, porque reafirma, com precisão e clareza, o que Aristóteles disse no capítulo precedente, destacando a unidade estrutural da substância e dos elementos que formam a sua definição.

[15] (**1038 b 34 – 1039 a 3**). *Sétimo argumento contra a tese dos Platônicos que afirma os universais como substâncias.* — Sobre o argumento do "terceiro homem" cf. A 9, 990 b 17. Note-se particularmente o seguinte: nenhum dos universais é substância, porque o que se predica universalmente *não* é um τόδε τι, mas um mero τοιόνδε, vale dizer, um *quale quid* ou um *abstrato* que indica a natureza ou espécie da coisa. Assim, o universal não possui mais uma das características fundamentais da substância, isto é, o fato de ser um τόδε τι. — Cf. *Ensaio introdutório*, pp. 102-106.

[16] (**1039 a 3-8**). *Oitavo argumento contra a tese dos Platônicos que afirma os universais como substâncias.* — Uma das características distintivas da substância é a de ser *ato* ou *enteléquia*. Ora, se, como querem os Platônicos, admite-se que os universais entrem na constituição da espécie e dos indivíduos e que sejam substâncias, ter-se-á a seguinte consequência absurda: que uma *substância possa resultar de outras substâncias presentes nela em ato*. Mas, na verdade, duas realidades em ato não constituem nunca uma unidade perfeita; para poder constituir uma unidade perfeita deveriam ser em potência (ou pelo menos uma delas deveria ser em potência), e não ambas em ato, porque o ato distingue e separa. — Concluindo: se a substância é uma unidade em sentido verdadeiro e próprio, não poderá ser constituída por outras substâncias nela presentes em ato, de modo que a teoria dos Platônicos mostra-se manifestamente falsa.

[17] (**1039 a 9-11**). *Impossibilidade de formar de duas substâncias uma só e de uma extrair duas.* — Cf. *Do céu*, III 4, 303 a 5 ss.; *Da ger. e corr.*, I 8, 325 a 34-36. É óbvio que Aristóteles, assim dizendo, pretende validar o que ele pensa e, precisamente: como Demócrito disse ser impossível que de dois átomos se forme um, também eu digo ser impossível que de duas substâncias *em ato* se forme uma. E como Demócrito disse ser impossível que de um átomo se formem dois, justamente porque o átomo é indivisível, assim também para mim a substância como tal não pode ser dividida e produzir uma substância em ato. Cf. Ps. Alexandre, *In Metaph.*, p. 526, 13 ss. Hayduck.

[18] (**1039 a 11-14**). *O número não é um conjunto de unidades em ato.* — Cf. M 8, 1084 b 20 ss. O pensamento expresso aqui é uma óbvia evocação

feita por associação: também o número, para poder ser verdadeiramente tal, não pode ser composição *de unidades em ato*, mas as várias unidades de que consta devem ser só *em potência*. O 2, por exemplo, ou é *um* número, ou, se é *um* número, deve conter as duas unidades em potência e não em ato, e o mesmo se diga para os outros números. Que o número seja composição de unidades era a originária opinião dos Gregos.

[19] (**1039 a 14-19**). *Problema conclusivo*. — "Definitio enim" explica Bonitz (*Comm.*, p. 349) "constat ex partibus, et adsciscendae quidem in definitionem eae sunt partes, quae ipsius sunt formae ac substantiae partes, cap. 10, 11".

[20] (**1039 a 19**). Aristóteles remete ao que disse acima, cap. 4, *passim* e 5, 1031 a 11 ss.

[21] (**1039 a 22-23**). *Em que sentido a substância é definível?* — Aristóteles refere-se aqui ao que dirá em Z 15 e H 6. A maioria dos estudiosos é do parecer que Aristóteles não soube resolver essa aporia de maneira totalmente exaustiva. Ver a solução que propomos no *Ensaio introdutório*, pp. 102-106.

14. *Sumário e comentário a Z 14*

[1] (**1039 a 24 – b 19**). Sumário. — *O capítulo prossegue na demonstração da tese de que* o universal não pode ser substância, *mostrando ulteriores absurdos em que cai a doutrina das Ideias (tenha-se presente que as Ideias dos Platônicos são, para Aristóteles, universais-substâncias). — Particularmente, são aqui examinados os absurdos que se seguem da admissão das Ideias como substâncias separadas e como resultados da composição de gênero e diferenças. Como exemplo é tomada a Ideia de Animal (gênero) e formulado o seguinte problema. Homem e Cavalo (espécies) devem derivar do animal (e da diferença); portanto, Animal deverá estar presente tanto no Homem como no Cavalo. Mas como estará presente?* (a) *Como numericamente um, ou* (b) *como numericamente diferente? É claro que, devendo o Homem e o Cavalo necessariamente conter o Animal, deverá ser verdadeira ou a primeira ou segunda tese. Aristóteles demonstra que, na verdade, no contexto do sistema dos Platônicos, não se sustenta nem a primeira nem a segunda tese. — Pôr em xeque as duas teses comporta, evidentemente, pôr em xeque o pressuposto que está na base delas: justamente a tese do gênero (= universal) entendido como Ideia, isto é, substância. E não só é contraditória a admissão do gênero-*

Ideia, mas também a admissão da espécie-Ideia. Assim, deve-se rejeitar em geral a doutrina das Ideias.

[2] (1039 a 24). *Referência aos dois capítulos precedentes.* — Aristóteles refere-se aos argumentos desenvolvidos nos cap. 12 e 13, vale dizer, que a definição se compõe de gênero e diferença, que o universal não é substância e que a substância não pode ser um composto de substâncias.

[3] (1039 a 24-26). *Evocação da teoria platônica dos princípios.* — Recorde-se que os Platônicos faziam derivar as Ideias ou Formas de princípios ulteriores (como vimos em A 6), que Aristóteles aqui denomina, usando uma linguagem sua, mas em certa medida historicamente equivocada, *gênero e diferença.*

[4] (1039 a 26-28). *O dilema em que se encontra quando se admite o animal como Ideia em sentido platônico.* — O problema é o seguinte: se o Animal é uma Ideia e se ele se encontra, como efetivamente se encontra, *tanto* no homem *como* no cavalo, então é difícil ver *como* possa encontrar-se tanto num como no outro. De fato, pode-se dar duas soluções: (*a*) o Animal está *tanto* no homem *como* no cavalo, permanecendo *numericamente um*; ou (*b*) o animal está *tanto* no homem *como* no cavalo, *não* permanecendo numericamente um, mas tornando-se numericamente diverso. Ora, quer se acolha a tese (*a*) quer se acolha a tese (*b*), cai-se no absurdo, o que prova o absurdo dos pressupostos dos quais se partiu (a existência de Ideias, isto é, que o Animal seja uma Ideia no sentido dos Platônicos). — Depois de uma argumentação parenética, Aristóteles examinará pormenorizadamente os dois braços desse dilema, mostrando em que sentido levam ao absurdo.

[5] (1039 a 28-30). *Um esclarecimento relativo à questão posta.* — A questão posta *só* pode se referir à unidade numérica, porque não há dúvida de que o Animal permanece, pelo menos conceitualmente, enquanto tal, ou seja, essencialmente (= pela definição), idêntico *tanto* no homem *como* no cavalo. De fato, a definição do animal que está no cavalo e do animal que está no homem (e em qualquer tipo de exemplar) é idêntica (cf. Schwegler, *Metaph.*, IV, p. 118).

[6] (1039 a 30-33). *Para os Platônicos o Animal (gênero) vem a ser substância como a espécie dos animais individuais.* — A argumentação das linhas 30-33 deve ser lida entre parêntesis para melhor evidenciar o fio lógico do discurso geral. A discussão do dilema proposto começa logo em seguida. Porém, não se deve supor, como Schwegler (*Metaph.*, IV, p. 119), que o argumento pertença ao capítulo precedente, mesmo que seja verdade que ele retorna sobre conceitos desenvolvidos ali: esses retornos são muito frequentes em Aristóteles. — Se se admite uma Forma ou Ideia de homem,

isto é (como querem os Platônicos), como algo determinado e existente separadamente, em si e por si; então, por consequência lógica, também aquilo de que ela é composta, por exemplo "animal" e "bípede", deverá ser Ideia, isto é, algo determinado, uma realidade subsistente à parte, portanto, uma *substância*. Particularmente (e é isso que nos interessa), o *animal* deverá ser algo determinado, uma realidade, isto é, uma substância. Aristóteles, em suma, reafirma que, no contexto do pensamento dos Platônicos, necessariamente o *Animal* é substância em si e por si (e não só o Homem, o Cavalo, etc.); e isso deve ser considerado para a compreensão das argumentações que se seguem. Ps. Alexandre (*In Metaph.*, p. 527, 30 ss. Hayduck), crê que a conclusão a ser extraída é essa: portanto, uma substância será formada de substâncias em ato, e existirão Ideias anteriores às Ideias. Mas não pode ser este o objetivo de Aristóteles. O Estagirita quis, a nosso ver, simplesmente reafirmar um elemento já conhecido, mas essencial para a justa compreensão do que se segue: isto é, o *Animal* é, na hipótese dos Platônicos, uma *substância*, assim como são substâncias o homem e o cavalo.

[7] (**1039 a 33 – b 2**). *O primeiro braço do dilema acima posto.* — Suponhamos que seja verdadeiro o primeiro braço do dilema (cf. *supra*, nota 4) e que o Animal presente no homem e no cavalo seja numericamente um, isto é, um da mesma maneira em que é um o indivíduo. Eis os absurdos que se seguem. Homem e cavalo são dois entes separados; portanto se o Animal está presente no homem e no cavalo, obviamente não poderá ser ou permanecer um numericamente; e se não poderá permanecer um numericamente, separar-se-á nos entes que são separados: mas isso equivale a dizer (dada a hipótese) que se separa de si mesmo!

[8] (**1039 b 2-6**). *Ulterior dificuldade que se segue, sempre dado como verdadeiro o primeiro braço do dilema.* — Suposto que o Animal seja numericamente um, a partir do momento em que ele participa do *bípede* e do *quadrúpede*, segue-se que ele participa dos contrários. Mas isso é absurdo, porque a hipótese exige que o Animal seja um como é um o indivíduo, e o indivíduo não pode participar, ao mesmo tempo, dos dois atributos contrários, sob pena de contradição. Para fugir à contradição, seria preciso não admitir que exista relação de participação entre Animal e bípede e quadrúpede. Mas, que relação poderá então haver? Falaremos de "justaposição", "contato", "mistura"? Todas são hipóteses absurdas. Concluindo, o braço (*a*) do dilema deve ser descartado, porque leva ao absurdo.

[9] (**1039 b 7-9**). *Primeiro argumento sobre o segundo braço do dilema acima posto.* — Aristóteles examina agora o segundo braço (cf. *supra*, nota 4)

do dilema (isto é, que o animal seja numericamente diverso nas diversas espécies) e mostra que também este é contraditório. Este é um primeiro argumento que mostra um primeiro absurdo nele implicado. — Como existem inumeráveis espécies de animal (note-se a expressão "por assim dizer", que indica como o próprio Aristóteles esteja consciente de forçar um pouco a mão: as espécies do animal não são, propriamente, ἄπειρα: a tradução *inumeráveis*, em vez de *infinitos*, redimensiona as coisas), daí segue-se que deveriam existir inumeráveis entes (= as inumeráveis espécies de animais) *que têm a mesma substância* (isto é, o animal, porque as várias espécies de animais são *essencialmente* animal e não acidentalmente). Mas isso é absurdo porque (diz bem Ross, *Metaph.*, II, p. 212) as coisas cuja substância é uma não podem ser inumeráveis (cf. 1038 b 14).

[10] (1039 b 9-11). *Segundo argumento sobre o segundo braço do dilema acima proposto.* — Ulterior absurdo em que cai a tese que constitui o braço (*b*) do dilema. Suposto que o Animal seja diverso no homem e no cavalo, segue-se que, dado que não existem só essas duas espécies de animais, mas existem muitas, o próprio animal deverá ser uma *multiplicidade*. Noutros termos: o Animal em si, que é uma substância, dispersar-se-á numa multiplicidade de substâncias: tantas quantas forem as espécies de animal, dado que este é substância daquelas. A argumentação que pusemos entre parêntesis tem o objetivo de demonstrar que o animal é e não pode não ser substância das espécies animais (no contexto da doutrina dos Platônicos), dado que estas *participam* essencialmente do animal. Eis como a resume Robin (*Th. plat.*, p. 45, nota 44): "Mesmo supondo (...) que cada uma dessas espécies fosse algo diferente de Animal, então esse algo seria a substância e o gênero de cada uma. Teria mudado o exemplo, mas o argumento permaneceria o mesmo".

[11] (1039 b 11-14). *Terceiro argumento sobre o segundo braço do dilema acima posto.* — Outro absurdo. A argumentação parece-nos bem expressa por Schwegler (*Metaph.*, IV, p. 120): "O homem é *animal bípede*: consequentemente, o homem em si é constituído pela Ideia de Animal e pela Ideia de Bípede: a sua substância é, portanto, uma Ideia (ou mais de uma Ideia). No Homem-em-si, portanto, a Ideia de Animal é ao mesmo tempo substância. Mas se o Animal em si ... é Ideia e substância, segue-se que é o mesmo e idêntico Animal em si que constitui as espécies individuais de animais (homem em si, cavalo em si, etc.)". E isso é contra a hipótese que se está discutindo, segundo a qual o animal é diverso nas diversas espécies. Totalmente diferente é a exegese de Bonitz, *Comm.*, p. 351 e de Ross, *Metaph.*, II, p. 213 (o qual considera essa argumentação como parte integrante da precedente).

[12] (1039 b 14-16). *Quarto argumento sobre o segundo braço do dilema acima posto.* — Eis como Robin (*Th. plat.*, p. 46) resume este argumento: "... dado que o homem em si, o cavalo em si, etc. derivam, como é dito, da unidade substancial do animal, qual é, por sua vez, a substância una da qual derivam esses animais em si que estão no homem e no cavalo, etc.? E como é que, sendo múltiplos, eles podem derivar dela? De outra parte, se se considera inútil essa unidade superior, como é que o Animal, que está em cada uma das espécies, poderá ser ainda uma verdadeira substância e um Animal-em-si, se não se o liga com uma Ideia superior do Animal?". Portanto, prova-se novamente o absurdo do braço (*b*) do dilema.

[13] (1039 b 16-19). *Caráter aporético das relações entre as Ideias platônicas e as coisas e conclusão geral da temática tratada no capítulo.* — Todas as dificuldades discutidas até este ponto referiam-se às relações entre gênero (Animal) e espécie (Homem, cavalo, etc.), entendidos como Ideias e substâncias. Ora, diz Aristóteles, essas mesmas dificuldades, e outras ainda mais graves, apresentar-se-iam se nós examinássemos *as relações entre as Formas ou Ideias e as coisas sensíveis.* — O raciocínio que é feito aqui pode ser entendido do seguinte modo: se essas relações entre Ideias e coisas sensíveis levam a absurdos análogos aos examinados, e a outros absurdos ainda mais graves (absurdos que Aristóteles não examina aqui), então não se pode admitir Ideias de coisas sensíveis. — Ou pode-se entender (como o Ps. Alexandre, *In Metaph.*, p. 529, 21 ss. Hayduck): se a admissão de um Animal-em-si leva aos absurdos que vimos, é claro que o mesmo acontecerá não só com os gêneros (como, justamente, o Animal-em-si), mas também com as espécies como Homem-em-si, e em geral assim será para todas as Ideias-espécies. Portanto, não se poderá admitir a existência de Ideias, como queriam os Platônicos. — Todo o pensamento do capítulo pode assim, brevemente, ser sistematizado: *a*) a substantificação do universal operada pelos Platônicos torna impossível a compreensão da constituição e das relações das Ideias, (*b*) torna impossível a compreensão das relações entre Ideias e coisas; tudo isso prova, portanto, que o universal *não* pode ser substância.

15. *Sumário e comentário a Z 15*

[1] (1039 b 20 – 1040 b 4). Sumário. — *Este capítulo trata do caráter indefinível do indivíduo sob dois aspectos.* — (1) *Em primeiro lugar, trata do caráter indefinível e do caráter indemonstrável do indivíduo como*

sínolo empírico. Ele é indefinível e indemonstrável enquanto é constituído de matéria, que é passível de ser e não-ser. — (2) *Em segundo lugar, trata da Ideia dos Platônicos, que, segundo Aristóteles, é também uma realidade individual. Nesse caso, evidentemente, o caráter indefinível* não *depende da matéria (porque as Ideias não têm matéria), mas de que cada Ideia deveria ser uma realidade única e, portanto, não exprimível nem com termos únicos cunhados* ex novo *(que seriam incompreensíveis), nem com termos comuns (que valeriam também para outras realidades).* — *Remetemos às notas a exposição das várias argumentações aduzidas por Aristóteles a respeito disso, e perguntamo-nos a respeito da conexão do presente capítulo com o que precede. Podemos dar duas interpretações.* — (a) *A primeira (que é a mais comum) é a dos que consideram que aqui Aristóteles prossiga, substancialmente, a crítica à doutrina das Ideias, mostrando como justamente aquilo que os Platônicos introduziram como objeto de demonstração e ciência (as Ideias) é, olhando bem, indefinível e indemonstrável. Mas essa exegese é um pouco forçada e, sobretudo, é uma exegese que não dá conta de que, antes do caráter indefinível das Ideias, Aristóteles fala do caráter indefinível e indemonstrável do sínolo e do indivíduo empírico.* — (b) *A segunda interpretação foi dada por Bonitz* (Comm., *p.* 352) *e merece ser lida atentamente e meditada: "Haec quaestio quomodo cohaereat cum consilio universae huius disputationis. Quamquam Ar. non significat, non difficile tamen est cognoscere. Quaerit enim in hoc libro* τί ἐστιν ἡ οὐσίαm *c. 1, 2, ac semota primum materia, c. 3, substantiae dignitatem tribuendum docet* τῷ τί ἦ εἶναι *eamque rem variis modis pertractat, c. 4-12. Tum ad ea convertitur, quae cum aliqua veritatis specie dignitatem substantiae sibi vidicare videantur; itaque primum universalia non esse substantias demonstrat, c. 13, 14, deinde nex res singulas, c. 15, nec partes rerum singularum sensibilium, c. 16 init., substantiarum loco habendas esse comprobat, denique ne summis quidem* τοῦ ὄντος *et* τοῦ ἑνός *notionibus essentiam tribuendam docet, c. 16 extr. Ita ubi negativis rationibus ea confirmavit quae de substantia antea exposuit, ad ipsam quaestionem redit, c. 17, et aliunde exorsus denuo quid sit substantia ostendit. Hoc autem capite non id ipsum demonstrat, res singulas non esse substantias, sed rerum singularum non esse definitionem neque scientiam; nimirum quum substantiae vel unice vel potissimum esse definitionem demonstratum sit c. 4, hoc si comprobat, illud simul est comprobatum".* — *A nosso ver essa é a interpretação menos inadequada. As objeções movidas contra ela por* Ross (Metaph., II, *p.* 214) *não atingem o alvo. Particularmente não se sustenta a objeção (que à primeira vista faz mais efeito) de que a tese segundo a qual o indivíduo não é substância não é aristotélica. Na verdade é tese aristotélica e, particularmente, é tese do livro* Z: o indivíduo do ponto de vista empírico é substância, mas do ponto de vista metafísico é substância a forma e a causa formal que determina os elementos materiais. *É justamente essa tese que Aristóteles, como selo do livro, reafirmará no capítulo final* (Z 17).

[2] (1039 b 20). *Significado de λόγος nesse contexto.* — O texto traz λόγος, que obviamente não deve ser traduzido aqui nem por noção, nem por definição, nem por *the formula* (como faz Ross, trad. *Metaph.*, *ad h. l.*): com efeito, aqui é usado como sinônimo de εἶδος.

[3] (1039 b 23-27). Cf. *supra*, Z 8, *passim*.

[4] (1039 b 27-31). Cf. *supra*, Z 10, 1036 a 2-9.

[5] (1039 b 27 – 1040 a 7). *Dos entes particulares empíricos não existe definição nem demonstração.* — S. Maurus (*Arist. op. omn.*, IV, p. 443) resume claramente as razões do caráter indemonstrável e indefinível dos particulares: "Ratio est, quia tum demonstratio tum definitio, quae est principium demonstrationis, sunt necessariorum; sed singularia, utpote habentia materiam, non sunt necessaria, sed aliquando sunt, aliquando non sunt: ergo singularium non est definitio neque demonstratio neque scientia, sed mera opinio, quae est eorum, quae aliquando sunt, aliquando non sunt. — Confirmatur, quia scientia est assensus nunquam potens deficere vel falsificari ex defectu objecti; assensus vero, qui potest ex defectu objecti de-ficere vel falsificari, non est scientia, sed mera opinio; sed assensus objecti, quod aliquando est, aliquando non est, potest deficere vel falsificari ex defectu objecti: ergo assensus objecti, quod aliquando est, aliquando non est, non est scientia neque definitio. Ideo cum aliquis conatur definire, debet advertere, quod non definit singulare, cum eo ablato remaneat eadem definitio". — Ver, ademais: *Anal. Prim.*, II 21, 67 a 36 ss.; *Anal. Post.*, I 6, 74 b 32 ss.; 8, 75 b 24 ss.; *Top.*, V 3, 131 b 21 ss. — Recorde-se a δόξα platônica, que é muito próxima da *opinião* aqui definida: cf. *Rep.*, V 477 ss.; VI 506 ss.; *Banq.*, 202 A; *Teet.*, 190 ss.; cf. *Anal. post.*, I 33, 88 b 30 ss.

[6] (1040 a 7-14). *Também as Ideias platônicas, enquanto substâncias indivisíveis, são indefiníveis.* — Não só o indivíduo empírico é indefinível, mas também as Ideias, que são igualmente *realidades indivisíveis* segundo os Platônicos (seria melhor dizer segundo a interpretação que Aristóteles dá das Ideias dos Platônicos). Mas, note-se, há uma diferença. O indivíduo empírico é indefinível, como vimos, sobretudo por causa da *matéria* que ele contém estruturalmente. A ideia não tem matéria como os indivíduos empíricos, mas é igualmente indefinível *em razão da própria individualidade*:

e a individualidade é indefinível porque as definições são necessariamente constituídas de *palavras*, e as *palavras* são sempre passíveis de referência a *várias coisas*, isto é, *superindividuais*.

[7] (**1040 a 14-27**). *Impossibilidade de sair das dificuldades postas acima.* — O comentário mais claro e mais persuasivo dessa passagem foi feito por Robin (*Th. plat.*, pp. 38 s., § 25): "Poder-se-ia pretender (...) que os diversos caracteres e os diversos nomes, que são empregados para definir o individual, possam muito bem, tomados cada um por si, atribuir-se a várias coisas, e que, todavia, o conjunto constituído por esses caracteres convenha apenas a uma única coisa. Mas isso é impossível, responde Aristóteles, e por duas razões. A primeira é que o próprio composto é um atributo geral. Consideremos, por exemplo, no homem, o conjunto animal-bípede, que constitui a sua natureza: dizemos que, contrariamente à hipótese, animal-bípede se afirmará desses dois sujeitos, de animal e de bípede. E é necessário que seja assim, mesmo no caso em que animal e bípede fossem seres eternos; esses, no mínimo, são anteriores ao composto, enquanto são partes dele, e sabemos de resto que eles são, segundo os Platônicos, seres separados, porque homem, isto é, animal-bípede, é ele mesmo um ser separado. Ademais, isso é verdade de ambas as coisas, do gênero assim como da diferença; de fato, ou não são separados nem um nem o outro; mas os Platônicos pretendem que o gênero seja separado da espécie; ou são separados um e outro. Mas se animal e bípede são, cada um, um sujeito distinto, daí segue-se que, no homem, por um lado o animal e, por outro lado, o bípede são animal-bípede; consequentemente, o composto se afirma em comum de um e de outro desses dois sujeitos justapostos: ele é, portanto, ao mesmo título que os seus elementos, um atributo comum ou geral. O composto não tem, portanto, mais direito do que os componentes a possuir a existência separada e individual. Antes, tem menos direito, porque tem menos perfeição: não é, por acaso, posterior a eles na ordem da essência, dado que a eliminação de animal e de bípede comportaria a eliminação de animal-bípede, mas não o contrário? Quanto à segunda razão para rejeitar essa hipótese, Aristóteles a deduz da necessidade de repetir, a propósito dos próprios elementos, uma argumentação idêntica à que ele apresentou a respeito dos compostos. Toda Ideia, diz ele, é um composto de Ideias; os elementos, sendo mais simples, têm mais direito a ser Ideias. Mas se esses elementos, enquanto Ideias, são, também eles, compostos de Ideias, será preciso estender também a eles, e assim ao infinito, a prova que foi dada relativamente a todo composto em relação aos caracteres que o constituem;

dever-se-á dizer que também eles se afirmam de várias coisas, precisamente porque são compostos. Suponhamos que seja diferente e que essas Ideias elementares não se afirmem de várias coisas: como poderão, então, ser conhecidas? Nessa hipótese, de fato, será preciso admitir que pode existir uma Ideia que se atribui a uma única coisa, que não existe em outra além de existir nela mesma. Mas isso é impossível do ponto de vista deles, porque segundo eles, toda Ideia é participável. Ora, uma Ideia daquele tipo não seria participável, no sentido de que não teria componentes dos quais ela poderia ser afirmada, como estabelecemos para a Ideia de animal-bípede. Não sendo neste sentido, não o seria em nenhum outro. E se, por outro lado, ela pudesse ser participada mediante os seus componentes, isso não seria suficiente, se é verdade que toda Ideia é necessariamente um composto de Ideias elementares. Estamos diante de contradições insuperáveis".

[8] (**1040 a 27**). Cf. *supra*, linha 17.

[9] (**1040 a 27 – b 2**). *Ao fornecer uma definição de uma realidade que é única, erra-se sempre*. — De fato, (*a*) se se incluem características acidentais, erra-se porque essas não devem entrar na definição, (*b*) se se introduzem características não acidentais erra-se da mesma maneira, porque essas características não podem nunca ser de modo que também possam ser predicadas de outro.

[10] (**1040 b 2-4**). *Conclusão sobre o caráter indefinível das Ideias dos Platônicos*. — De modo sintético diz muito bem Schwegler (*Metaph.*, IV, p. 125), "(...) o fato de os Platônicos não definirem as suas Ideias é uma prova de que as Ideias não são definíveis".

16. *Sumário e comentário a Z 16*

[1] (**1040 b 5 – 1041 a 5**). Sumário. — *O capítulo, seguindo o fio lógico que começa no precedente, continua indicando* as coisas que não podem ser consideradas substâncias. — (1) *Em primeiro lugar, não são substâncias as partes dos animais (que, contudo, são comumente consideradas assim): as partes do organismo animal não são mais que potências e, portanto, são partes materiais*. — (2) *Não são substâncias nem o Ser nem o Um dos Acadêmicos, porque ser e um são comuns a todas as coisas, enquanto a substância é própria daquilo de que é substância*. — (3) *Os Platônicos, ao porem as suas Formas ou Ideias como substâncias separadas, erraram em parte, mas em parte acertaram. Particularmente aqui Aristóteles reconhece a validez da instância*

do suprassensível, presente na doutrina das Ideias. Só que essa instância, segundo o Estagirita, é comprometida pelos Platônicos no momento em que é afirmada, porque as Ideias, em última análise, não são mais do que coisas sensíveis elevadas ao plano do "em si". Existem certamente substâncias suprassensíveis, mas não *são as que querem os Platônicos.*

[2] (1040 b 6). *Potências nesse contexto.* —"Potências" (δυνάμεις) são entendidas aqui no sentido técnico do termo, isto é, opostas a *ato*. São, como logo Aristóteles diz, *matérias* e partes *materiais*.

[3] (1040 b 5-8). *O critério com que Aristóteles mede a não substancialidade das partes dos animais: o fato de não poderem ser separáveis ou separadas.* — Recorde-se que o χωριστόν é, justamente, uma das características distintivas da substância. Com efeito, a mão deixa de ser mão se separada do corpo; nem o olho é olho se separado do rosto, etc. Em suma: a impossibilidade de serem separadas é prova de que as partes do corpo não são por si substâncias, mas só *partes materiais* (nesse sentido potenciais ou potências) do corpo. — Cf. *Ensaio introdutório*, pp. 98 ss.

[4] (1040 b 8-10). *O critério com o qual Aristóteles mede a não substancialidade dos elementos físicos: o fato de não terem uma unidade estrutural.* — Portanto, tampouco são substâncias os elementos físicos, contrariamente à opinião dos filósofos materialistas. Por que? Aqui Aristóteles estabelece a sua não substancialidade *com o critério da unidade*, que, como vimos, é um dos critérios distintivos da substância. Os elementos não têm por si unidade ou têm, no máximo, uma unidade extrínseca de um *monte* ou *multidão* de coisas (pense-se no monte de areia ou de terra) e por esse motivo *não* são substâncias.

[5] (1040 b 10-14). Cf. *Da alma*, I 5, 411 b 19 ss., II 2, 413 b 16 ss. etc. Cf. Ross, *Metaph.*, II, p. 219.

[6] (1040 b 10-16). *A própria potencialidade das partes dos animais depende da unidade estrutural.* — Tomás (*In Metaph.*, p. 391 a, § 1634-1636 Cathala-Spiazzi) fornece um comentário muito claro da passagem e convém lê-lo: "Quamvis enim omnes partes sint in potentia, tamen maxime poterit aliquis opinari partes animatorum et partes animae esse propinquas, ut fiant actu et potentia, idest ut sint in potentia propinqua actui. Et hoc ideo, quia corpora animata sunt corpora organica habentia partes distinctas secundum formam; unde maxime sunt propinqua ad hoc quod sint actu. Et hoc ideo quia habent principium motus ab aliquo determinato, cum una pars moveat aliam. Sicut patet in iunturis, in quibus videtur esse principium motus alterius partium coniunctarum, cum contingat unam moveri,

alia quiescente, ut dicitur in libro *de motibus Animalium*. Et propter hoc etiam, quia non solum partes corporis sunt in potentia propinqua actui, sed etiam partes animae, ideo quaedam animalia post divisionem vivunt, sicut animalia anulosa. Quod ex hoc contingit, quia in toto animali erat una anima in actu, plures autem in potentia. Facta autem divisione, fiunt plures animae in actu. Quod contingit propter imperfectionem talium animalium, quae requirunt modicam diversitatem in partibus, eo quod habent animam imperfectae virtutis, non valentem diversa operari, ad quae sit necessaria organorum multitudo. Sed tamen quamvis istae partes animae et animatorum sint propinquae actui, nihilominus sunt omnia in potentia, quando totum fuerit unum et continuum per naturam. Non autem si fiat unum per violentiam; sicut si ligentur partes unius animalis cum partibus alterius; aut per complantationem, sicut accidit in plantis. Ante enim quam surculus insertus uniatur platae, est in actu; postea vero est in potentia. 'Tale namque', scilicet unum esse per violentiam aut per complantationem 'est orbatio', idest aliquid laesivum naturae, et contra naturam existens".

[7] **(1040 b 16)**. Cf. Γ 2, *passim*.

[8] **(1040 B 18-19)**. Cf. B 4, décima primeira aporia.

[9] **(1040 b 16-19)**. *Por que o Ser e o Um não podem ser substância das coisas*. — Vale dizer, o elemento *no universal*, o princípio *no universal*. Aristóteles diz o seguinte. O "Um" e o "ser" *não* são substância das coisas do mesmo modo em que o *ser elemento* ou o *ser princípio* não são substância do fogo. Cada coisa é *uma* e *ser*, assim como o fogo é *elemento* e *princípio*; mas a substância de cada uma não consiste em *ser* e no fato de ser *uma*, mas em ser *algo que é precípuo e peculiar à própria coisa*, assim como a substância do fogo não consiste em ser *elemento*, mas em ser *quente* e *seco*. Cf. I 1, 1052 b 11 ss.

[10] **(1040 b 23-24)**. Cf. Z 13, 1038 b 9 ss.

[11] **(1040 b 25-27)**. *Ulterior demonstração da tese de que o Um não pode ser substância*. — Tomás (*In Metaph.*, p. 391 b, § 1641 Cathala-Spiazzi): "Dicit quod hoc ipsum quod est unum, non potest apud multa simul inveniri. Hoc enim est contra rationem unius, si tamen ponatur aliquod unum per se existens ut substantia. Sed illud quod est commune, est simul apud multa. Hoc enim est ratio communis, ut de multis praedicetur, et in multis existat. Patet igitur quod unum quod est comune, non potest esse sic unum quase uma susbstantia".

[12] **(1040 b 27-34)**. *Caráter aporético da teoria das Ideias*. — Cf. os paralelos de *Et. Nic.*, I 4, 1096 a 34 ss.; *Et. Eud.*, I 8, 1218 a 10. Maurus

(*Arist. op. omn.* IV, p. 446 a-b) assim resume: "Rejecta sententia Platonis circa substantias separatas explicat Aristoteles, in quo Plato recte dixerit et in quo erraverit et unde desumpserit occasionem errandi. *Recte dicit* in quantum asseruit ideas eo ipso, quod sit substantiae, per se subsistere; substantia enim debet esse ens per se subsistens et separabile; at *erravit* in quantum dixit, substantias per se subsistentes et separatas a singularibus esse universales et esse quid unum in multis. *Causa errandi* fuit, quia ex una parte per sensum non cognoscebat alias substantias materiales dari debent etiam immateriales; ergo quia non potuit cogitare nisi hominem, equum et alia materialia, posuit praeter hominem materialem alium hominem immaterialem et praeter equum materialem equum immaterialem, qui conveniat cum materialibus in omnibus praedicatis per se ac solum differat in hoc, quod non habet materiam nec ullum praedicatum per accidens conveniens ratione materiae". (O que segue em Maurus é inexato, assim como em Tomás, *In Metaph.*, p. 392 b, § 1646 Cathala-Spiazzi; ver a nota seguinte).

[13] (**1040 b 34 – 1041 a 3**). *O fato de não poder existir Ideias platônicas não implica que não existam substâncias suprassensíveis, porque sem elas não se explica o sensível.* — O pensamento de Aristóteles pode ser resumido do seguinte modo. Mesmo que nunca tivéssemos visto os astros, que são substâncias sensíveis eternas, eles seriam o que são, isto é, *substâncias sensíveis eternas diferentes das sensíveis corruptíveis*. Essas substâncias existiriam porque do contrário não se poderia explicar o sensível. — *Do mesmo modo, diz ele, é claro que existem substâncias suprassensíveis eternas mesmo que não as vejamos*. E devem existir, como Aristóteles dirá, porque sem elas não se explicam as que vemos. Mas elas não devem certamente ser inconsistentes e contraditórias duplicações do sensível como, na interpretação de Aristóteles, são as Ideias e os entes inteligíveis de Platão. Cf. Schwegler, *Metaph.*, p. 129; Ross, *Metaph.*, II, p. 220.

[14] (**1041 a 3-5**). Cf. cap. 13-16.

17. *Sumário e comentário de a Z 17*

[1] (**1041 a 6 – b 33**). Sumário. — *Depois de ter esclarecido, nos últimos capítulos, o que* não é e o que não pode ser *substância, Aristóteles, na conclusão, volta a explicar, e dessa vez definitivamente, o que é a substância.* Ao *traçar essas conclusões, ele retoma os cânones próprios da pesquisa aitiológica,*

ou seja, a pesquisa do porquê e das causas *das coisas.* — *Quando perguntamos* o porquê *de alguma coisa, e perguntamos corretamente, nós perguntamos por que algo compete ou se refere a algo diverso, ou por que uma determinada matéria ou determinadas partes materiais constituem uma determinada coisa. Ora, a resposta última e exaustiva a essa questão é justamente a que dá a substância da coisa, vale dizer, a forma ou causa formal em virtude da qual as coisas têm o seu ser. E essa causa é bem distinta da matéria e dos elementos materiais. Se tomamos o exemplo da sílaba* BA, *é claro que a substância de* BA *não é a mera soma de* B + A, *mas é algo* diverso, *que, acrescentando-se a* B e a A, *as reúne e as constitui em sílaba. E assim a substância carne não é mera soma de elementos materiais, por exemplo de fogo e terra; mas é aquele* quid *que unifica aqueles elementos constituindo-os em carne.* — *Que esse* quid *não possa ser, por sua vez, matéria ou elemento material, demonstra-se do seguinte modo:* (a) *Se fosse um elemento material, restaria a explicar como e por que ele, unindo-se à terra e ao fogo, constitui a carne.* (b) *Pior ainda, se fosse um composto de elementos: a mesma dificuldade se reapresentaria multiplicada. Portanto esse* quid *não é elemento, mas é princípio (não é matéria, mas forma) e é o princípio que estrutura formalmente a matéria. E justamente isso é a substância, no seu significado mais profundo.*

[2] (**1041 a 6-7**). *Retomada da problemática aitiológica para concluir a respeito da questão da substância.* — Essa retomada final tem a finalidade de selar a solução do problema da substância. Com efeito, como veremos, o que Aristóteles diz aqui representa o que de mais preciso e exato ele soube dizer a respeito da οὐσία. O diferente ponto de partida do qual ele examina novamente a questão é o da pesquisa aitiológica, que no livro Z, com exceção dos capítulos 7-9, não era o ponto de vista dominante.

[3] (**1041 a 7-9**). *Novo destaque do problema teológico, que está presente em todo o livro.* — Note-se: assim como no início (Z 2) Aristóteles explicou que a pesquisa sobre a substância (sobre o que é a substância) em geral tinha função de preparação para o problema ulterior sobre *quê substâncias* existem (se só as sensíveis ou também outras além das sensíveis), igualmente conclui reafirmando o mesmo conceito, de modo verdadeiramente emblemático.

[4] (**1041 a 9-10**). Cf. nota 2.

[5] (**1041 a 11-27**). *Que significa pôr-se o problema do por quê das coisas.* — Essa passagem é mais complexa na expressão do que na substância. O sentido dessa passagem foi bem destacado por Ross (*Metaph.*, II, p. 222), ao qual nos remetemos com alguns retoques. O *objeto da demonstração é*

o seguinte: buscar o *por quê* das coisas quer dizer estabelecer a razão pela qual algo compete a algo. E a demonstração é feita do seguinte modo. Perguntar, por exemplo, *por que* o homem músico é homem músico pode querer dizer duas coisas: ou (1) por que o homem é músico (isto é, porque músico compete a homem, ou por que homem é essa outra coisa, vale dizer, músico), ou (2) simplesmente por que alguma coisa é ela mesma (como, por exemplo, por que homem é homem, ou por que músico é músico). Ora, pôr e entender o problema desse segundo modo quer dizer, na realidade, não perguntar e não pesquisar nada. De fato, a existência da coisa deve ser previamente conhecida para que possamos pôr o problema; e, posto daquele modo, o problema só pode ter uma resposta genérica; por exemplo, pode-se responder: (*a*) porque cada coisa é ela mesma, ou (*b*) porque cada coisa não pode ser separada de si mesma. Ao contrário, tem sentido pôr o problema do primeiro modo, isto é, perguntar por que algo compete a algo diverso, ou por que isso é aquilo. É justamente pondo o problema desse modo que nos situamos no caminho da busca da *causa* e da substância.

[6] (**1041 a 28**). *Um acréscimo ao texto em forma de glosa.* — O texto tem também: τοῦτο δ' ἐστὶ τὸ ἦν εἶναι, ὡς εἰπεῖν λογικῶς, que é certamente um acréscimo (e mal feito), como já Alexandre (*In Metaph.*, p. 540, 38 s. Hayduck) supunha; cf. também Christ e Jaeger. Ross (*Metaph.*, II p. 223) pretende justificá-la; mas só a partir da linha b 6 ss. fala-se da essência e se resolve o problema.

[7] (**1041 a 30-32**). *Explicações sobre o problema do por quê das coisas.* — Às vezes, diz Aristóteles, à pergunta *por que isso compete àquilo*, isto é, à pergunta pela *causa*, responde-se aduzindo o fim e o escopo da coisa, às vezes se aduz a causa motora. Esta última se aduz sobretudo quando se trata de explicar o devir e o movimento das coisas, o fim ou o escopo quando se deve explicar o ser das coisas e não só o movimento.

[8] (**1041 a 32 – 1042 b 4**). *Ulterior observação de esclarecimento sobre o problema do por quê das coisas.* — Quando se pergunta o *por quê* das coisas que *manifestamente* implicam referência de algo a algo (por serem, por exemplo, afecções ou propriedades de algo), nesse caso é claro o que se busca (por exemplo, quando pergunto: por que a lua tem eclipse?). Mas a questão torna-se difícil quando se refere àqueles entes que não são afecções de outro e, portanto, não implicam imediata referência de algo a algo. Por exemplo, quando perguntamos: que é o homem? Pois bem, diz Aristóteles, nesse caso a pergunta poderá se desenvolver do seguinte modo: por que o homem é isto e aquilo? E assim, o que buscamos nesse caso? Buscamos

a causa pela qual carne e ossos são homem, e essa causa é a substância do homem. Portanto, Aristóteles está dando uma primeira resposta a ser aprofundada em seguida. A substância é aquilo que faz da matéria uma determinada coisa, e esta é a forma.

[9] (1041 b 4-9). Ver nota precedente.

[10] (1041 b 9-11). *Pode-se pôr o problema do por quê só para as realidades compostas e não para as simples.* — É claro que, dados os termos em que o problema foi posto, só as substâncias compostas de matéria e forma podem ser investigadas do modo acima exposto. Quando, ao contrário, se trata de formas puras, privadas de matéria, então, para elas deverá valer um tipo diferente de investigação (serão captadas por pura intuição; cf. Θ 10, 1951 b 17 ss.; *Da alma*, III 6, 430 a 26; b 26 ss.). Cf. Ross, *Metaph.*, II, p. 225.

[11] (1041 b 11-19). *Um pensamento cardeal da usiologia aristotélica.* — Eis aqui um dos pensamentos centrais da usiologia aristotélica: as coisas *não são um agregado e uma mera soma de partes ou elementos materiais, mas implicam alguma outra coisa.* Justamente essa outra coisa é a substância das coisas.

[12] (1041 b 19-28). A *substância é a causa primeira do ser e, portanto, ela não é os elementos mas a estrutura formal que os liga.* — Schwegler (Cf. *Metaph.* IV, p. 134) dá a seguinte exegese do texto: "A carne não é só terra e fogo (um agregado mecânico de terra e fogo), mas alguma outra coisa ao lado e além dessas duas (ἕτερόν τι). Que é esse outro? O que é que faz ser carne a terra e o fogo? Que só deve acrescentar à terra e ao fogo para que se tornem carne? Poder-se-ia dizer que esse X buscado é, por sua vez, assim como o fogo e a terra, um elemento material (στοιχεῖον ἢ ἐκ στοιχείων). Mas com essa resposta se reapresenta mais uma vez o mesmo problema e a mesma dificuldade de antes (πάλιν ὁ αὐτὸς λόγος). Se a carne é terra + fogo + um X-matéria, então se reapresenta o problema do que é que faz ser carne esses três elementos. Então deve-se admitir uma ulterior X-matéria (ἔτι ἄλλο), que se deve acrescentar às três mencionadas, para que se tornem carne, e assim ao infinito. A dificuldade torna-se ainda maior se aquele X-matéria, por sua vez, é composta de dois elementos: de fato, nesse caso, ela consistiria não de um, mas de mais elementos (...) e, portanto, dever-se-ia repetir também para ela o mesmo problema que se põe para a carne. O X buscado é, portanto, *algo que não é elemento material*: ele é a οὐσία da carne. Οὐσία é, precisamente, para todas as coisas, a causa primeira (αἴτιον πρῶτον) do seu ser, a sua quididade própria". — Cf. também Bonitz (*Comm.*, p. 360): "... substantia rei non in elementis, ex quibus componitur,

sed in forma, qua definiuntur elementa, cernitur". — Ponha-se particular atenção na afirmação de que a substância é *causa primeira do ser*, que é uma cifra verdadeiramente emblemática da ontologia aristotélica. Cf. o *Ensaio introdutório*, cap. 5.

[13] (**1041 b 28-33**). A *substância como natureza no sentido de princípio formal.* — Claro o comentário de Tomás (*In Metaph.*, p. 399 b, § 1680 Cathala-Spiazzi): "Dicit ergo, quod quia quaedam rerum non sunt substantiae, sicut praecipue patet in artificialibus, sed quaecumque sunt 'secundum naturam', quantum ad esse, 'et per naturam constituae', quantum ad fieri, sunt verae substantiae; manifestabitur quod haec natura quam quaesivimus est substantia 'in quibusdam', scilicet in naturalibus, et non in omnibus. Quae etiam natura non est elementum sed principium formale. Elementum vero dicitur id in quo aliquid dividitur 'inexistens', idest intrinsecum, sicut in materiam, puta elementa syllabae BA sunt A, B. Unde cum praedictum principium non sit materiale, sed formale, non erit elementum. Et sic simul patet, et quale principium est substantia; et quod neque est elementum, neque ex elementis: in quo solvitur dubitatio praemissa". — Sobre *natureza-forma*, cf. Δ 4. Sobre a diferença entre elemento e princípio, cf. Δ 1 e 3.

SUMÁRIOS E COMENTÁRIO AO LIVRO H

(OITAVO)

E agora devemos examinar as substâncias que são admitidas por todos. E essas são as substâncias sensíveis.

Metafísica, H 1, 1042 a 24-25.

1. *Sumário e comentário a* H *1*

[1] (1042 a 3 – b 8). Sumário. — *Em primeiro lugar, o capítulo resume em grandes linhas os resultados do livro Z; em seguida começa um novo exame do problema da substância, em vista de extrair dele as últimas conclusões e explicações, começando pelas substâncias admitidas por todos, vale dizer, pelas sensíveis e, particularmente, pela matéria.* — A matéria *(como se viu em Z 3)* tem título para ser considerada substância enquanto é substrato. *(E substrato, recorda Aristóteles, pode significar tanto a matéria, como a forma ou o sínolo, ainda que a título diverso). Precisamente: a matéria é substrato (e, portanto, substância), enquanto é a* condição que torna possível todas as mudanças. *Não poderia haver mudança local se não existisse algo (um substrato) que ora está num lugar ora está em outro; não poderia haver aumento e diminuição se não existisse algo (um substrato) que ora aumenta ora diminui; e não poderia haver alteração se não existisse algo (um substrato) que, sucessivamente, recebe afecções opostas (algo que, digamos, de sadio torne-se enfermo); e um substrato, enfim, exige-se também para os processos de geração e corrupção. — O capítulo se conclui com uma observação a respeito da relação subsistente entre essas formas de mudança: a geração e a corrupção implicam, necessariamente, também as outras três formas de mudança, não, porém, vice-versa.*

[2] (1042 a 8-9). Isto é, as diferentes espécies de fogo, água, ar e terra; cf. *Meteor.*, 339 a 28.

[3] (1042 a 7-12). Cf. Z 2, *passim*.

[4] (1042 a 13-16). Cf. Z 3 (e 13 ss.).

[5] (1042 a 17-18). Cf. Z 4-6, 12, 15.

[6] (1042 a 18-21). Cf. Z 10 e 11.

[7] (1042 a 21-22). Cf. Z 13, 14, 16.

[8] (1042 a 22-24). Cf. livros M e N.

[9] (1042 a 24-26). *Nexos entre substância e matéria.* — Assim como em Z 3, também em H, Aristóteles começa pelo exame do significado de substância como *matéria*. Para a interpretação remetemos ao que dissemos no comentário de Z 3. De maneira nova aqui Aristóteles acrescenta uma argumentação, essencial, que completa o seu pensamento: a matéria é *conditio sine qua non* do devir: cf. abaixo, nota 15. — Cf. *Ensaio introdutório*, p. 99.

[10] (1042 a 27-28). *Relações entre matéria, substrato e* τόδε τι. — A matéria *não* é um τόδε τι (esta é prerrogativa só da forma e do sínolo), *ou o é só em potência*. Dizer que a matéria é um τόδε τι *em potência* significa o seguinte: que *a matéria é em potência a forma*, ou, o que é o mesmo, *potência para assumir a forma ou tornar-se um sínolo*, ou seja, *algo determinado* (τόδε τι em ato).

[11] (1042 a 28-29). *Relações entre forma, substrato,* τόδε τι *e separabilidade.* — Já evidenciamos as razões pelas quais a *forma* é "substrato" e τόδε τι, não só no *Ensaio introdutório*, pp. 98-106, mas também no comentário a Z 3. Enfim, que a forma seja *separável com o pensamento ou do pensamento ou pelo pensamento* (τῷ λόγῳ χωριστόν) é evidente: a forma das coisas sensíveis (e é dessas que se fala aqui) não existe, em si e por si, *à parte e separada* ἁπλῶς da matéria, mas só existe *na* matéria: todavia ela é a regra da matéria, a estrutura da matéria e, como tal, *distinta e distinguível* dela.

[12] (1042 a 29-30). Cf. Z 8.

[13] (1042 a 29-31). *Relações entre composto, substrato e separabilidade.* — Já falamos diversas vezes do composto como *substrato*: ela é substrato relativamente a todas as afecções próprias, categoriais ou acidentais. Que ele seja *separado em sentido verdadeiro e próprio*, significa que não o é *só relativamente ao pensamento, mas o é em si e por si*: ele subsiste, sem ser inerente ou apoiar-se em outro.

[14] (1042 a 31). *Existência de formas que são separadas em si e por si.* — Cf. a nota 11. As formas das coisas sensíveis são separadas ou separáveis *só pelo pensamento*; há, porém, formas que existem separadas em sentido verdadeiro e próprio (seja no sentido de existirem em si e por si, seja no sentido de serem separadas das coisas sensíveis e materiais) e essas são Deus (o primeiro Movente), os moventes das esferas, e também o intelecto humano (Cf. Ps. Alexandre, *In Metaph.*, p. 546, 3-10 Hayduck). — Perfeito o comentário de Ross (*Metaph.*, II, p. 227): "a única forma que é χωριστὸν ἁπλῶς é νοῦς. Cf. Λ 7, 9; *Da alma*, 413 b 24; 429 b 5; 430 a 22. A razão existe em deus, nos espíritos das esferas e no homem". — Note-se: mesmo quando

programaticamente Aristóteles trata das substâncias sensíveis e materiais, não renuncia nunca a apresentar alguns destaques, como este que acabamos de ler, que *reafirmam a existência de substâncias suprassensíveis*: isto prova quão pouco fundada é a tese de todos os que negam a dimensão teológica como dimensão determinante do horizonte da metafísica aristotélica.

[15] (**1042 a 32-34**). *Em que sentido a matéria é dita substância.* — Eis a argumentação que esclarece, como complemento do que foi dito em Z 3, a razão pela qual a matéria tem uma substancialidade: se tirássemos a matéria, não seria mais possível nenhuma forma de mudança. Cf. também Λ 2, 1069 b 6 ss.; *Fís.*, I 7; *Da ger. et corr.*, I 1-5. Nas linhas seguintes são distinguidos quatro tipos de matéria, e isso é lógico: de fato "... quoniam materia nihil est aliud, nisi formae alicuius vel mutationis recipiendae facultas, quae sunt mutationum genera, eadam distinguuntur genera materiae..." (Bonitz, *Comm.*, p. 363). E, precisamente, teremos, segundo a ordem das mudanças que se seguem:

(1) ὕλη τοπική (1042 b 6), ὕλη κατὰ τόπον κινητή (1044 b 7) = matéria que é sujeito do movimento local.

(2) ὕλη κατ' αὔξησιν κινητή (1042 a 35) = matéria que é sujeito do aumento e da diminuição.

(3) ὕλη κατ'ἀλλοίωσιν κινητή (1042 a 36) = matéria que é sujeito da alteração.

(4) ὕλη γεννητὴ καὶ φθαρτή (1042 b 6) = matéria que é sujeito da geração e da corrupção.

(Cf. Bonitz, *loc. cit.*; Ross, *Metaph.*, II, p. 200 e passagens reportadas por eles). A argumentação é bem exposta por Tomás (*In Metaph.*, p. 404 a, § 1688 Cathala-Spiazzi): "Dicit, quod necesse est in substantiis sensibilibus ponere materiam quase substantiam et subiectum. In omni enim mutatione oportet esse subiectum commune terminis mutationis in contrariis mutationibus; sicut in mutatione secundum locum est aliquod commune subiectum, quod nunc est hic, et iterum alibi. Et in augmento est aliquod subiectum commune, quod nunc habet tantam quantitatem, et iterum minorem, quantum ad decrementum, et maiorem quantum ad augmentum. Et in alteratione est aliquod subiectum, quod nunc est sanum, et nunc infirmum. Cum igitur sit quaesam mutatio secundum substantiam, scilicet generatio et corruptio: oportet esse aliquod commune subiectum, quod subiicitur contrariis mutationibus secundum generationem et corruptionem; et hoc positis terminis, qui sunt forma et privatio; ita scilicet quod quandoque sit actu per formam, et quandoque sit subiectum privationis illius formae".

[16] (1042 a 34 – b 8). *Algumas observações essenciais sobre os quatro tipos de mudança.* — Sobre o tábua das mudanças, cf. K 9, nota 3. A mudança κατ'οὐσίαν implica necessariamente também as outras mudanças: de fato, quando uma substância se corrompe, (*a*) cessam de existir também as suas qualidades, e, portanto, ocorre a *alteração*, (*b*) modifica-se também a sua quantidade, isto é, ocorre uma *mudança quantitativa*, e (*c*) verifica-se, paralelamente, uma *mudança local*. Vice-versa, a mudança qualitativa *não* implica necessariamente nem geração nem corrupção de uma substância (uma coisa pode ser embelezada, mas não por isso é gerada; ou pode se tornar feia sem por isso corromper-se). E, analogamente, uma coisa pode crescer ou diminuir prescindindo do processo de geração ou corrupção como, por exemplo, quando algo aumenta ou diminui de peso ou de estatura. Enfim, algo pode deslocar-se de lugar sem que isso implique a sua geração ou corrupção. Antes, Aristóteles chama a atenção para o fato de existirem realidades que têm uma matéria *susceptível exclusivamente de mudança local*. Estas são as *realidades celestes* (os astros, as estrelas e as esferas celestes), que, justamente, são só localmente (circularmente) mutáveis, e são imunes não só à geração e à corrupção, mas também não são afetadas pela alteração qualitativa nem pelo aumento nem pela diminuição. — Resumindo e completando o que Aristóteles aqui esclarece, podemos dizer que dos quatro tipos de mudança: (1) geração e corrupção, (2) alteração, (3) aumento e diminuição, (4) mudança local ou translação, o primeiro (1) implica os outros três, o último (4) não implica necessariamente nenhum dos outros, o segundo (2) e o terceiro (3) implicam o quarto (4), enquanto, alterando-se, ou aumentando ou diminuindo, a coisa é submetida (ou pode ser submetida) também a mudanças, embora pequenas, de lugar.

[17] (1042 b 7-8). *Geração absoluta e não absoluta.* — A geração absoluta (verdadeira e própria) é *a geração da substância ou segundo a substância*, enquanto a geração não absoluta é a que ocorre segundo as afecções da coisa (portanto, coincide com os outros três tipos de mudança). Cf. as indicações da nota precedente. A remissão não é só à *Física*, V 1, mas também a *Da ger. e corr.*, I 2, 317 a 17 ss. (cf. Migliori, *Aristotele, La gener...*, pp. 27-31).

2. *Sumário e comentário a* H 2

[1] (**1042 b 9 – 1043 a 28**). Sumário. — *Depois de ter falado da matéria das coisas sensíveis, que é substância só* em potência, *Aristóteles* passa agora

a falar da forma, ou seja, do ato delas. A *forma ou ato das coisas sensíveis (Aristóteles fala aqui das coisas que não são substâncias em sentido verdadeiro e próprio, ou seja, que não são substâncias naturais) é dado pelas "diferenças", que não são só três (como pretendia Demócrito), mas muito mais numerosas. — O Estagirita passa, em seguida, a enumerar e ilustrar algumas dessas diferenças, sem por isso pretender fornecer uma sistematização das mesmas. Ora, como a substância (no sentido de forma) é causa do ser das coisas, assim essas diferenças, sendo causas do ser daquelas coisas que elas determinam, se não devem ser consideradas como substância (forma) em sentido verdadeiro e próprio, pelo menos como o correlativo analógico da substância (forma).* Portanto, as diferenças são o correlativo da forma e do ato. — *E também nas definições, as diferenças ocupam o lugar da forma ou essência na definição das substâncias naturais. Em geral, portanto, as coisas sensíveis constam de matéria e de forma (e diversas são as matérias das diversas formas ou diferenças e vice-versa). Portanto, as coisas sensíveis podem ser caracterizadas tanto pela sua* matéria *(e nesse caso dir-se-á que elas são em potência), como pelas suas* diferenças formais *(e nesse caso dir-se-á o que elas são em ato), como, ainda,* reunindo forma e matéria *(e nesse caso exprimir-se-á a coisa como composto). Desse último tipo, explica* Aristóteles, *eram as definições dadas por* Arquita. — *O capítulo termina reafirmando o tríplice modo de ser da substância sensível: por um lado ela é* matéria, *por outro* forma e, *por outro, ainda,* composto de matéria e forma.

[2] (1042 b 9-11). *Novidade aqui apresentada por* Aristóteles *no que se refere à substância entendida como forma e ato.* — Depois da substância entendida como *matéria*, que é substância somente *em potência* (note-se o destaque verdadeiramente essencial e definitivo: *dizer que a matéria é substância* δυνάμει, *resolve toda dificuldade e todo possível equívoco*), Aristóteles examina a substância entendida como *forma*, antes, como aqui se diz, como ἐντελέχεια, como *ato*. — Observando bem, a novidade de H relativamente a Z está, justamente, em projetar os problemas da usiologia em termos dinâmicos de *potência e ato*. — Logo abaixo Aristóteles passa, repentinamente, a falar das *diferenças* (διαφοραί) (linhas 11 ss.). O nexo lógico subentendido é o seguinte. De que é constituída a *forma* e a *atualidade* das coisas? É constituída pelas *diferenças*, que são o que fazem as coisas serem o que são. E quais e quantas são as diferenças? Para responder ao problema, Aristóteles remete-se a Demócrito, que dizia que as diferenças eram só três fundamentais e derivava delas todas as outras. Aristóteles não admite essa tese e veremos as suas razões.

[3] (1042 b 14). *O ῥυσμός de Demócrito entendido como forma.* — O termo de Demócrito que Aristóteles traduz com *figura* ou *forma* (σχῆμα) é ῥυσμός. Convém aprofundar, com V. E. Alfieri, o sentido desse termo, que alguns se recusam até mesmo a traduzir. "É estranho que, para indicar a forma, em vez de σχῆμα ou μορφή, Demócrito usasse um termo conexo com a ideia de movimento (ῥυσμός, como o correspondente ῥυθμός, deriva de ῥέω e designa originariamente o fluxo regular das ondas de um curso de água), todavia pode-se observar, contra os erros aos quais costuma induzir a demasiado estreita interpretação etimológica de um vocábulo, que o vocábulo designava qualquer movimento regular, tanto o da dança como o de soldados em marcha e, portanto, também a medida ou cadência (por exemplo, da dança, do passo de um cavalo, de uma marcha), e depois significava forma ou configuração de objetos móveis ou parados (um batalhão, um calçamento, as letras do alfabeto), e também passou a significar proporção, justa medida e até mesmo estado de ânimo". E depois de ter recordado o fr. 67 a (Diehl) de Arquíloco, no qual ῥυσμός significa os altos e baixos da vida, como lei que dá certa forma à vida, bem como Heródoto (V, 58), que aplica o termo à conformação das letras do alfabeto, Alfieri conclui, com von Fritz (*Philosophie und sprachlicher Ausdruck bei Demokrit, Plato und Aristoteles*, Nova Iorque 1938, Darmstadt^2 1963, p. 25), que, assim como Demócrito tinha chamado com expressão metafórica o elemento στοιχεῖον (στοιχεῖα são as letras do alfabeto; cf. *Metafísica*, A 5), "por analogia ou por sugestão desse termo [Demócrito] escolheu também para a 'forma' um vocábulo de evidência intuitiva. Já existiam os termos abstratos μορφή e εἶδος, e este último se encontra até mesmo em Homero; mas Demócrito, ou talvez Leucipo, preferiu aquele vocábulo menos comum". Ademais, note-se, essa "forma" democritiana deve ser entendida "como forma geométrica, quantitativa e não qualitativa: forma que, pela própria natureza do átomo, isto é, pelo seu caráter imperceptível, é a seu modo algo inteligível...". E, justamente porque forma em sentido quantitativo, ῥυσμός deve ser traduzido por "'medida' ou por outro vocábulo que traduza a ideia da forma como forma geométrica e, portanto, essencialmente como dimensão" (*Atomos Idea*, pp. 66-68). — Deve-se também recordar que Jaeger traduz ῥυσμός por "demora", "ponto fixo" de parada, a determinar o fluxo do "tempo". — Escolhemos *proporção*, entendendo o termo no sentido acima explicado por Alfieri. — Enfim, pode-se pensar que os Atomistas escolheram o termo ῥυσμός porque nele deviam sentir "a ressonância da originária ideia de movimento, mas com o sentido de 'adaptabilidade', 'capacidade de agregação', ou seja, aquela bem determinada

atitude de associar-se com outros átomos, que se faz em função da forma, conforme ele seja em forma de gancho, curvo, áspero, etc." (*ibid.*, p. 69).

[4] (**1042 b 14**). A τροπή *de Demócrito entendida como posição.* — O texto diz: ... τροπῇ, ὅ ἐστι θέσις. Ora, τροπή é um vocábulo que não foi cunhado por Demócrito, mas foi usado por ele em sentido novo. Este, diz bem Alfieri, "destaca o movimento que se opera por si (valor médio), e é de formação análoga a βολή, ῥοπή etc., todos com significado de movimento; por isso o vocábulo tem uma força que falta em θέσις, como falta em geral a todos os termos em -σις e em -μα, que são de origem mais tardia, e designam o voltar-se em certa direção, sentido que não teria o simples θέσις. Em suma, τροπή exprime essa ideia, que o átomo não possui uma posição absoluta num espaço absoluto. E, dado que o átomo move-se eternamente e espontaneamente (...), é claro que também a sua posição não é concebida de modo estático, como se se tratasse unicamente da posição de um átomo num agregado corpóreo sólido, mas da geral visão espacial, que implica o movimento. Por isso o vocábulo que nós, seguindo Aristóteles, que o traduz por θέσις, traduzimos usualmente por 'posição', deve ser traduzido por 'direção'" (*Atomos Idea*, p. 70).

[5] (**1042 b 14-15**). A διαθιγή *de Demócrito entendida como* τάξις. — O texto diz: διαθιγῇ, ὅ ἐστι τάξις. Portanto, o que Aristóteles entende com τάξις, Demócrito entendia com διαθιγή. Este é um vocábulo provavelmente criado por Demócrito (ou por Leucipo), "portanto, neologismo do qual von Fritz oportunamente destacou o valor médio, análogo ao de τροπή. Em διαθιγή não existe a ideia de contato estático, mas existe, como é evidente pelo uso do prefixo δια-, que dá à expressão uma força particular, a ideia de pôr-se em contato com algo pelo fato de mover-se através dele: portanto, representação intuitiva de um processo de movimento (...). Em suma, διαθιγή é não só o modo pelo qual um átomo se encontra disposto em relação a outros em um agregado, mas também, em geral, a sua respectiva disposição espacial em relação aos átomos que lhe são mais ou menos próximos" (Alfieri, *Atomos Idea*, pp. 69 s.).

[6] (**1042 b 15**). *As diferenças não são só três, como pretendia Demócrito.* — Aristóteles, aqui, critica Demócrito por ter indicado só uma parte das *diferenças*; porém não pretende traçar uma "tábua" das *diferenças*. Ele se propõe, agora, mostrar simplesmente que existem bem mais do que *três* diferenças, enumerando algumas delas: σύνθεσις, μῖξις, κρᾶσις, θέσις, etc.

[7] (**1042 b 15-17**). A *"composição" por mistura como exemplo de diferença não redutível às reconhecidas por Demócrito.* — Bonitz, *Comm.*, p. 364

explica: "Videtur h. l. eadem vi usurpasse v. σύνθεσις et κρᾶσις, quae alibi diserte distinguit, cf. de gen. et corr. I 10. 328 a 8". A *composição* ou *mistura* de água e mel é a εἰδοποιός, isto é, *constitutivo formal* de água-com-mel. Ora, explica Ps. Alexandre (*In Metaph.*, p. 548, 11 ss. Hayduck), a composição é uma diferença não redutível a nenhuma das três de Demócrito, e, portanto, é uma diferença ulterior e diversa.

[8] (1042 b 17). A *"liga" como exemplo de uma ulterior diferença.* — O εἶδος do feixe consiste na *liga* (Ps. Alexandre, *In Metaph.*, p. 548, 17 s. Hayduck), que é outra diferença. Tomás (*In Metaph.*, p. 406 b, § 1693 Cathala-Spiazzi) dá também o exemplo da "ligatura capitis mulieris".

[9] (1042 b 17-18). A *"colagem" como terceiro novo exemplo de diferença.* — Todas essas coisas, comenta Ps. Alexandre (*In Metaph.*, p. 548, 18 Hayduck), εἰδοποιεῖται κολλῇ.

[10] (1042 b 18). A *"juntura" como quarto novo exemplo de diferença.* — Pode-se traduzir também: pelo cravo ou a encravadura.

[11] (1042 b 18-19). *Diferenças que operam juntas.* — Aristóteles evoca aqui os casos em que resultam ser juntas em ato mais de uma das diferenças descritas: por exemplo: os nossos livros que são ligados, colados juntos, etc...

[12] (1042 b 19-20). *Evocação das diferenças de "posição".* — O εἶδος da soleira e da arquitrave está unicamente na θέσις: se, de fato, deslocássemos a peça de mármore que serve de soleira e a puséssemos no alto em lugar da arquitrave, tornar-se-ia arquitrave; e, vice-versa, se puséssemos a peça da arquitrave em lugar da soleira, tornar-se-ia soleira (cf. Ps. Alexandre, *In Metaph.*, p. 548, 21 ss. Hayduck).

[13] (1042 b 20-21). *Diferença pelo tempo.* — A ceia ou jantar, por exemplo, não diferem pela comida que se come nem pelo modo em que se come, mas pelo *tempo* em que se come.

[14] (1042 b 21). *Diferença pelo lugar.* — Os ventos, de acordo com o lugar de onde sopram, mudam de nome. Tomás (*In Metaph.*, p. 406 b, § 1693 Cathala-Spiazzi): "Alia differunt loco, ut 'spiritus', idest venti, quorum Aquilo e septentrione fiat, Favorinus ab occidente, Auster a meridie, Subsolanus ab oriente". Cf. Aristóteles, *Meteor.*, II 4.

[15] (1042 b 25). *Relações entre essência e diferenças.* — O texto diz τὸ ἔστι, *o é*: deve-se entender, sem dúvida, como pretende o Ps. Alexandre (*In Metaph.*, p. 548, 35 s. Hayduck), (...)τὸ ἔστιν ἤτοι τὸ εἶναι ἑκάστῳ καὶ εἶδος (...); vale portanto o *ser que é próprio* de cada coisa, a *essência ou forma de cada coisa*. A essência das coisas de que estamos falando depende das "diferenças" das quais se falou acima.

[16] (**1042 b 25-31**). *Conclusão sobre a correspondência entre essência e diferenças.* — Tomás (*In Metaph.*, p. 406 b, § 1694 Cathala-Spiazzi) assim parafraseia: "Dicit ergo..., quod quia praedictae differentiae sunt constitutivae rerum de quibus supra dictum est, manifestum quod ipsum esse praedictarum rerum toties dicitur quot sunt differentiae. Differentia enim complet definitionem significantem esse rei. Limen enim est huiusmodi, 'quia ita ponitur'. Et ipsum sic poni est 'esse' opsius, idest propria eius ratio. Et similiter esse crystalli, est ipsum taliter inspissari. Et ex omnibus praedictis differt esse quarumdam rerum: hoc quidem in eo quod commiscentur; alia quidem in eo quod complectuntur, et alia aliis differentiis utuntur, sicut manus et pes, et aliae huiusmodi partes, quae habent proprias differentias secundum quod ordinantur ad determinatas operationes".

[17] (**1042 b 31-36**). *Possibilidade de reduzir a alguns gêneros supremos as várias diferenças.* — Depois de ter enumerado muitas "diferenças", aqui Aristóteles põe-se o problema da sua *redução* aos gêneros supremos que as contêm; por exemplo, aos gêneros *excesso-falta* podem-se reduzir todas as diferenças do tipo "mais e menos", "denso e ralo" e semelhantes, enquanto aos gêneros *reto-curvo* podem-se reduzir todas as diferenças dadas pela "figura", pela "lisura", pela "rugosidade", etc. Aristóteles acena para essas reduções, mas não as completa, nem as sistematiza, assim como deixou aberta a "tábua" das diferenças. É óbvio que esses gêneros contendo as várias diferenças serão os verdadeiros princípios do ser (da essência ou forma), que é próprio das coisas sobre as quais estamos discorrendo.

[18] (**1042 b 36 – 1043 a 1**). *Enquanto a presença das diferenças é causa do ser das coisas, a sua ausência ou a sua retirada é causa do não-ser daquelas coisas.* — Existem coisas cujo *ser* é dado pela mistura (por exemplo o hidromel); portanto o seu *não-ser* é a condição oposta, vale dizer, o não ser misturadas (se a água não é misturada com o mel *não existe* o hidromel). Provavelmente a frase pretende ser a exemplificação de um pensamento geral, que se pode subentender facilmente: a presença daqueles gêneros de diferenças das quais se falou é causa do *ser* das várias coisas, onde a ausência delas é causa do *não-ser* das coisas, como acima indicamos.

[19] (**1043 a 2-4**). *Por que as diferenças não são substâncias.* — Não são *substâncias*, porque trata-se de "diferenças" redutíveis a outras categorias (*qualidade, quantidade*, etc.). — Jaeger, com boas razões, parece-nos, exclui o ὅτι.

[20] (**1043 a 4-5**). *Por que as diferenças são o correlativo analógico da substância.* — As "diferenças" de que se falou, mesmo não sendo propriamente

substâncias, são o seu *correlativo analógico*, enquanto determinam o ser e o εἶδος que é próprio de cada coisa.

[21] (1043 a 6). *Identificação de ato e substância.* — "O próprio ato" (αὐτὴ ἡ ἐνέργεια) é a forma substancial.

[22] (1043 a 6-7). Isto é, nas definições das coisas que não são verdadeiramente e propriamente substâncias (cesta, livro, feixe, soleira, etc.).

[23] (1043 a 7). *Por que as diferenças são o correlativo analógico do ato.* — Também nas coisas que não são verdadeiras substâncias, as diferenças são aquilo que mais corresponde ao *ato*, porque são aquilo que faz com que a coisa seja aquilo que é e não outra (tenha aquele determinado ser e não outro), isto é, são o correlativo do εἶδος e, portanto, do *ato*.

[24] (1043 a 8-9). *Definição e fim.* — Para definir exatamente uma casa, por exemplo, devemos dizer também o *fim* e o escopo a que serve: a casa serve para abrigar os homens e as suas coisas. (Cf. Bonitz, *Comm.*, p. 366; cf. também as interessantes observações de Schwegler, *Metaph.*, IV, p. 140).

[25] (1043 a 12-13). *Ato e forma são diversos por diferentes matérias, porque só certas matérias podem assumir certas formas.* — Ps. Alexandre (*In Metaph.*, p. 550, 20 ss. Hayduck) exemplifica: matéria do gelo é a água e não o trigo; matéria do monte de trigo é o trigo e não a água; matéria da casa são as pedras e a madeira e não a água e o mel, que são, ao invés, matéria do hidromel.

[26] (1043 a 13). Por exemplo, no caso da água-com-mel (cf. *supra*, 1042 b 16 s.).

[27] (1043 a 13-14). Cf. *supra*, 1042 b 17 ss.

[28] (1043 a 18-19). Portanto, exprimem seja o seu aspecto *potencial* seja o *atual*.

[29] (1043 a 21-26). *Evocação de uma doutrina do pitagórico Arquita.* — Os fragmentos de Arquita estão em Diels-Kranz, N. 47 (I, pp. 421-439); Timpanaro Cardini, *Pitagorici*, II, pp. 275-385. — Só conhecemos a doutrina da definição de Arquita por essa passagem aristotélica. Dele escreve Timpanaro Cardini: "o fato de Aristóteles citar expressamente Arquita para sustentar a sua teoria da definição é uma prova de que Arquita elaborou uma doutrina a respeito; e não é de admirar que como cientista sentisse a exigência de definir os objetos sobre os quais ele refletia. Estamos, de resto, na época de Sócrates e dos Sofistas" (*op. cit.*, p. 345). — Naturalmente, Aristóteles traduz o pensamento de Arquita na própria linguagem (de modo mais pesado).

3. *Sumário e comentário a* H 3

[1] (1043 a 29 – 1044 a 14). Sumário. — O *capítulo* prossegue no exame da substância entendida como forma e ato, *e divide-se praticamente em três momentos.* — (1) *Em primeiro lugar,* Aristóteles *explica que nem sempre é claro se o nome indica* o composto *ou a* forma: *"casa", de fato, pode significar seja a concreta casa seja a forma de casa; "linha" pode significar seja a díade em comprimento seja a díade como tal; "animal" pode significar seja o composto de alma e corpo, seja a alma.* Ora, *os dois significados referem-se, na verdade, a uma mesma realidade, embora de modos diferentes.* — *A questão do duplo significado não comporta dificuldade à pesquisa sobre a substância, porque é claro e fora de discussão que* essência e forma coincidem, *ou seja, a essência e a coisa entendida como forma coincidem: essência da alma e alma coincidem.* — *Ao contrário, essência de homem e homem* (a) *coincidem, se por homem se entende a alma; mas* (b) *não coincidem, se por homem se entende o composto.* — (2) *Em segundo lugar, é atacada e refutada a doutrina dos que reduzem a substância e a definição da substância* a mera soma de elementos materiais. *Contra essa tese* Aristóteles *faz valer a instância, já outras vezes reafirmada, de que a substância não pode ser reduzida aos elementos, nem à sua soma empírica; a substância é* o princípio formal *que une os elementos materiais. Em conexão com a doutrina que reduz a substância à soma de elementos, são evocados* Antístenes *e os seus seguidores, os quais, mesmo na sua rudez, suscitam dificuldades que teriam validade se fosse verdadeira a doutrina acima evocada.* — *Nas linhas* 14-23, Aristóteles *parece, aparentemente, inserir uma digressão, mas na realidade trata-se de uma explicação.* O *fato de ter afirmado que a substância não é elemento ou elementos, mas um princípio formal, que é diferente daqueles, leva o* Estagirita *a aproximar-se muito dos* Platônicos, *de onde a necessária explicação por parte de* Aristóteles *das diferenças entre o próprio ponto de vista e o dos* Platônicos. — (3) *A terceira questão discutida refere-se às analogias entre substância e número.* A *substância pode assimilar-se ao número, desde que, contudo, não se considere o número (como erroneamente fazem alguns* Platônicos*) um amontoado de unidades (em ato).* (a) *Tanto o número quanto a definição são divisíveis em constitutivos não ulteriormente divisíveis.* (b) *Tanto o número quanto a definição cessam de ser o que são, se acrescentamos ou tiramos até mesmo um único constitutivo.* (c) *Tanto o número quanto a substância são uma unidade, enquanto são um determinado* ato *e uma* determinada natureza. (d) *Tanto o número quanto a substância não admitem o "mais" e o "menos".*

[2] (1043 a 29-31). Ver o problema que já foi discutido em Z 7, 1033 a 5 ss.; 10, 1035 a 7-9.

[3] (1043 a 33-34). Cf. Z 11, 1036 b 13 ss. A díade *em comprimento* seria a matéria, sendo que a díade enquanto tal é a forma: cf. Ps. Alexandre (*In Metaph.*, p. 551, 13-17 Hayduck).

[4] (1043 a 34-37). Isto é, enquanto são πρὸς ἓν λεγόμενα; sobre isso cf. Γ 2, no início e no relativo comentário. — Para a alma como substância do corpo, cf. Z 10, 1035 b 15.

[5] (1043 a 37 – b 2). *Na pesquisa sobre a substância o nome refere-se à essência e à forma.* — Bonitz (*Comm.*, p. 367) esclarece essa afirmação do seguinte modo: "Haec ambiguitas quum aliis in quaestionibus probe sit animadvertenda, ad quaeredam tamen rei substantiam propterea nihil valet, quia, sive concretae rei sive ipsius formae substantiam quaesiveris, notio certe substantialis in forma et actu rei cernitur". Ps. Alexandre (*In Metaph.*, p. 551, 30 s. Hayduck) explica, depois, que as questões nas quais tem relevância a ambiguidade de palavras são as de índole dialética.

[6] (1043 b 2). Cf. Z 6, *passim*.

[7] (1043 b 3-4). *Quando homem e essência de homem coincidem e quando não.* — Noutros termos: (*a*) se por "homem" entendemos "alma", então a essência de homem (que é a alma) e o homem (que, justamente, entendemos hipoteticamente no sentido de alma) coincidem; (*b*) se, ao invés, por "homem" entendemos o *sínolo* concreto de *alma* e *corpo*, então a essência do homem (que é a alma) e o homem (que é alma + corpo) não coincidem. Cf. também Ps. Alexandre, *In Metaph.*, p. 551, 35 ss. Hayduck.

[8] (1043 b 4-6). *A forma não é redutível aos elementos materiais.* — Aristóteles evoca aqui em nova ótica uma doutrina já expressa em Z 17. Portanto, a nossa passagem não é mera repetição da paralela Z 17: ela deve ser entendida no contexto da polêmica contra os pensadores que se movem no mesmo plano de Antístenes e dos seus seguidores, dos quais Aristóteles falará explicitamente a partir da linha 24. Se tivermos presente o contexto dessa polêmica, compreenderemos também a linguagem, à primeira vista muito estranha, aqui utilizada por Aristóteles. Em Z 17 Aristóteles disse que a sílaba *BA* não é a mera soma de *B* + A. Aqui ele diz: a sílaba não é dada pelas *letras + a sua soma* (ἡ συλλαβὴ οὐκ ἔστιν ἐν στοιχείων καὶ συνθέσεως). — Schwegler (*Metaph.*, IV, p. 143) fala de "gezwungener und unverständlicher Ausdruck" e pensa que, substancialmente, equivalha à afirmação de Z 17, e que Aristóteles afirma apenas que a sílaba *não é só* A + *B*. Ao contrário, a expressão assume uma precisa função e um preciso

significado quando se tem presente o objetivo polêmico do qual falamos. Devia existir pensadores (muito próximos aos seguidores de Antístenes ou dos quais se aproximavam os seguidores de Antítenes) “que, para definir a substância, operavam uma espécie de decomposição do que lhes parecia estar nela contida, reduzindo a um conjunto de elementos equivalentes, e como tais, observa Aristóteles, reduzidos ao papel indiferenciado de matéria” (F. Decleva-Caizzi, *Antistene*, in “Studi Urbinati”, 1964, p. 51). Portanto, para esses pensadores a síntese de A e *B* estaria no mesmo plano das letras *A* e *B*, portanto, seria ela mesma elemento. Eis porque Aristóteles exprime-se do modo como vimos, e diz que a sílaba não é *as letras + a síntese*: porque pensa nesses pensadores e quer refutá-los. E assim a casa não é *tijolos + composição*. Evidentemente, Aristóteles teria dito, se tivesse falado em seu nome: a casa não é a mera soma de tijolos, ou seja, não é *tijolo + tijolo*, etc.; ao contrário, diz: não é *tijolos + composição*, justamente referindo-se à doutrina dos pensadores acima mencionados, aos quais quer refutar.

[9] (**1043 b 6-10**). *Ulterior explicação da tese segundo a qual a forma não é redutível a elementos materiais.* — Os filósofos nos quais Aristóteles está pensando (cf. nota precedente), aos quais nomeará expressamente logo adiante (1043 b 24 ss.), falam do modo como falam, reduzem tudo a elementos materiais, e fazem daquilo que é *forma* uma parte material. Mas isso não é possível porque a *mistura* e a *composição* (dos elementos), consideradas justamente enquanto *mistura* e *composição*, são *princípios formais*, e como princípios formais *não* podem derivar nem ser constituídos pelos elementos dos quais são, respectivamente, a mistura e a composição. Em suma: a posição dos acima citados filósofos reduz aquilo que é *princípio formal* (1043 b 12 ss.) a mero elemento material, e nisso consiste o erro deles!

[10] (**1043 b 10-11**). *Como se explica uma insólita expressão de Aristóteles.* — Também aqui notar-se-á o quanto, à primeira leitura, é estranho esse modo de se exprimir. — Ross (*Metaph.*, II, pp. 231 s.) nota, justamente, que muito amiúde Aristóteles considera o gênero como matéria, *mas nunca considera a diferença como matéria*. Ele diz expressamente: “Não é aristotélico considerar o gênero e a diferença como se eles existissem um ao lado do outro como elementos materiais que exigiriam uma terceira coisa que os unisse. Cf. Z 12 e H 6”. E (depois de ter recordado a opinião de Dittenberger, que, para resolver a dificuldade, propunha excluir οὐδὲ... δίπουν e considerar ὁμοίως... ἐκείνης como parentético) explica a nossa passagem do seguinte modo: “*Homem* não é ζῷον + δίπουν, mas ζῷον δίπουν (Z, 1037 b 12-14). Descrever o *homem* como ζῷον + δίπουν significa considerar estes como os

materiais dos quais ele é constituído, e *se* estes são puros materiais, *então* deve existir algo diferente que não é nem um elemento nem um composto de elementos, mas é substância (...)". — Exegese correta, mas que, a nosso ver, *só se compreende plenamente quando se relaciona com o que explicamos nas duas notas precedentes*. Evidentemente certos filósofos definiam *homem = animal + bípede*, justamente como definiam *sílaba = letras + união*, e casa = *tijolos + união*. O erro é sempre o mesmo.

[11] (**1043 b 12-13**). *Os que se limitam aos elementos das coisas indicam só a matéria.* — A passagem foi entendida de dois modos opostos (1) pelos antigos e (2) pelos intérpretes modernos. — (1) Certamente equivocados estão os antigos, mas é preciso explicar o por quê. O texto diz ὃ ἐξαιροῦντες τὴν ὕλην λέγουσιν. Ps. Alexandre (*In Metaph.*, p. 553, 7 ss. Hayduck) pensa que ἐξαιροῦντες rege τὴν ὕλην e que, portanto, Aristóteles pensa nos que prescindem da matéria, isto é, nos Platônicos. Assim também Tomás (*In Metaph.*, p. 441 a, § 1714 Cathala-Spiazzi): "(...) sed erit tantum forma, ut dicunt Platonici, qui auferunt materiam a definitionibus". — (2) Mas os Platônicos não são, absolutamente, chamados em causa; antes, Aristóteles não está falando dos que prescindem da matéria, mas, ao contrário, dos que *prescindem da forma*. — O nosso texto foi perfeitamente compreendido por Schwegler, que escreve que se seguimos Alexandre, falta a ὃ λέγουσιν o predicado: portanto dever-se-á entender ὕλην como objeto de λέγουσιν e dever-se-á entender ὃ como objeto de ἐξαιροῦντες. Cf. também Bonitz (*Comm.*, p. 368): "Hanc diversam ab elementis formam si dempserimus et abstraxerimus, ipsa materia rei relinquitur, ὃ (int. τὸ παρὰ τὰ στοιχεῖα ὄν) ἐξαιροῦντες τὴν ὕλην λέγουσιν". — É óbvio que a exegese correta só pode ser esta. "Estes" (os filósofos dos quais se falou nas notas 8-10), definindo as coisas como as definem, as reduzem à soma dos elementos materiais e, portanto, *prescindem justamente da forma e da substância*, e, assim, *dizem* (λέγουσιν) somente a *matéria* das coisas (os elementos são, justamente, só os constitutivos *materiais* das coisas).

[12] (**1043 b 13-14**). *Os que não captam o princípio formal que unifica os elementos não captam a substância das coisas.* — É evidente que se deve ler τὴν οὐσίαν οὐ λέγοιεν. E tem razão Ross (*Metaph.*, II, p. 232) ao dizer que a omissão de οὐ no *Laurentianus* e em Alexandre é devida a um equívoco na interpretação da linha 12 (cf. nota 11). Eis, portanto, o raciocínio: (1) O princípio (formal) unificante dos elementos é causa do ser. (2) Mas este é a substância. (3) Portanto, omitindo esse princípio, eles dizem *só* a matéria das coisas e não *podem dizer* a substância das coisas (que é princípio formal).

[13] (1043 b 14-16). Cf. Z 8, 1033 b 5-6 e relativo comentário.

[14] (1043 b 16-18). Cf. Z 8.

[15] (1043 b 18-21). Cf. Z 8, 1033 b 10 ss.

[16] (1043 b 21-22). Cf. H 2, 1043 a 4 s.

[17] (1043 b 14-23). *Algumas observações parentéticas feitas por Aristóteles para distinguir a própria doutrina da substância da doutrina dos Platônicos.* — As linhas 14-23 devem ser lidas entre parêntesis, porque, como nota Ross (*Metaph.*, II, p. 232), são uma digressão. Todavia, existe uma razão para a digressão, que não parece ter sido bem compreendida. Aristóteles polemizou com os filósofos materialistas, que reduzem as definições das coisas aos elementos materiais, e mostrou, contra eles, que deve haver, necessariamente, algo *além* dos elementos, e que justamente isto é a substância. A conclusão, naturalmente, o aproxima dos Platônicos; daí o parêntesis, que tem a finalidade de advertir que, não por ter dito o que disse a sua posição deve ser confundida com a dos Platônicos: de fato, esse *quid* que é a substância, *não é separado* (como acreditam os Platônicos) *ou não o é na maioria dos casos*. É, portanto, óbvio que, depois do parêntesis, Aristóteles prossegue a polêmica interrompida.

[18] (1043 b 23-25). *Em que sentido pode-se dizer que algumas dificuldades levantadas pelos seguidores de Antístenes têm certa pertinência.* — O texto diz: ἔχει τινὰ καιτόν. Bonitz: "idem fere arbitror significare atque εὔλογόν τι ἔχει, vel λόγον τινὰ ἔχει" (*Comm.*, p. 369). Aubenque traduz de maneira eficaz: "ne manque pas d'à-propos" (*Le problème de l'être...*, p. 91). A maioria dos intérpretes segue essa linha. — Schwegler (*Metaph.*, IV, p. 144) considera que a expressão tenha sentido irônico; mas não parece que essa exegese se sustente. — Então, em que sentido a aporia dos seguidores de Antístenes ἔχει τινὰ καιρόν? — Tomás (*In Metaph.*, p. 411 b, § 1720 Cathala-Spiazzi), que pensava (cf. nota 11) que acima Aristóteles tinha falado *só* dos Platônicos, considera que a validade da teoria de Antístenes está, justamente, na instância antiplatônica que lhe é própria. Mas vimos que os Platônicos estão em causa *só* nas linhas 14-23 e que, antes, fala-se dos filósofos próximos dos discípulos de Antístenes, portanto, de filósofos materialistas. Por isso o pensamento expresso por Aristóteles deve ser o seguinte: *se nos situamos no plano daqueles filósofos, que reduzem as definições à soma dos elementos materiais ou pelo menos equivalentes à matéria, então, nesse plano e com base nesses pressupostos, a aporia de Antístenes tem certa razão de ser.*

[19] (1043 b 25-32). *Um famoso fragmento de Antístenes.* — Célebre passagem que constitui um dos fragmentos de Antístenes (fr. 44 A Decleva

Caizzi = V 5, 155 Giannantoni). A doutrina de Antístenes acerca da definição parece ter sido a seguinte. — (1) As substâncias simples *não* são definíveis, mas são *nomeáveis*, isto é, exprimíveis com um nome; e não são definíveis porque a definição não é mais do que uma série de nomes, um *longior verborum ambitus* (Ritter-Preller). — (2) Ademais (e isso se deduz das linhas 26 s.) "ainda que não se possa dizer o quê uma coisa é, porque não se faz senão substituir ao nome uma série de termos que apenas o repetem, é possível dizer *como* uma coisa é" (p. ex. que a prata é *como* o estanho), mediante uma comparação analógica. — (3) Das substâncias compostas é, ao contrário, possível uma definição, que, nesse caso, consiste na *enunciação dos elementos* que as compõem; os quais são, contudo, se tomados individualmente, indefiníveis (linhas 30 s.). — É claro, portanto, que a aporia dos seguidores de Antístenes ἔχει τινὰ καιρόν, não é mais do que o que vimos na nota precedente: *se* dizemos que a definição é *mera soma de elementos* (como dizem os filósofos dos quais se fala nas linhas 5-14), *então* tem certo fundamento afirmar a indefinibilidade etc., sustentada pelos seguidores de Antístenes. — Correta é a observação de Ross, *Metaph.*, II, p. 233, segundo a qual na linha 29 (onde se fala do "composto seja sensível, *seja inteligível*) o acréscimo "seja inteligível" só pode ser um acréscimo aristotélico, que devia ser estranho ao *sensualista* Antístenes. É claro, depois, que por "compostos inteligíveis" Aristóteles pensa nos entes matemáticos, que têm forma e matéria inteligível, como vimos em Z 10. Por esse motivo pusemos a proposição entre parêntesis.

[20] (**1043 b 34**). *Referência aos Pitagóricos e aos Platônicos.* — Cf. M 6-7.

[21] (**1043 b 32-34**). *Posição da questão da analogia subsistente entre substância e número.* — A ligação com o que precede (segundo Ps. Alexandre, *In Metaph.*, p. 554, 36-555, 4 Hayduck) seria a seguinte. Aristóteles disse que a forma é substância por excelência, e que substância significa em última análise forma. Ora, entre *forma* e *número* existem semelhanças: a ponto de Pitagóricos e Platônicos reduzirem as formas e as substâncias aos números. Por isso o Estagirita propõe-se demonstrar até que ponto existe semelhança entre a forma ou substância e o número, e onde cessa essa semelhança, particularmente se (como fazem alguns filósofos acima mencionados) se entende (erroneamente) os números como complexo de unidades (*i.e.*: cada uma delas em ato).

[22] (**1043 b 34-36**). *Primeira semelhança entre substância e número.* — O número é divisível em partes (unidades) não ulteriormente divisíveis; assim também a definição (ou essência ou substância) é divisível em partes não

ulteriormente divisíveis: gênero e diferença. (Sobre a impossibilidade de que na definição exista uma série infinita de termos cf. ᾶ 2).

[23] (1043 b 36 – 1044 a 2). *Segunda semelhança entre definição e números.* — Esta é bem enfocada por Maurus, *Arist. op. omn.*, IV, p. 457 a (na mesma linha de Tomás, *In Metaph.*, p. 412 a, §§ 1723 s. Cathala-Spiazzi): "numeri quacunque additione vel subtractione etiam minima mutant speciem. Minima enim additio vel subtractio est, per quam ternario additur vel demitur unitas; sed addendo ternario verbi gratia unitatem mutat speciem et evadit quaternarium: ergo etc. Proportionaliter essentiae ac definitiones quacumque additione vel subtractione mutant speciem. Si enim viventi addas differentiam sensitivi, fit animal; si auferas a vivente differentiam sensitivi, fit planta. Ratio est, quia sicut ultima unitas dat speciem numero, sic ultima differentia dat speciem definitio".

[24] (1044 a 2-9). *Terceira semelhança entre definição e números.* — Mais uma vez é Maurus quem parafraseia eficazmente (*Arist. op. omn.*, IV, p. 457 a): "sicut numerus constans ex pluribus unitatibus adhuc est unum per se et non per aliud, ex. gr. Ternarius constans ex tribus unitatibus est unum per se et non per aliud; sic definitio et essentia constans ex pluribus partibus est unum per se et non per aliud. Ratio est, quia sicut in numero datur forma et actus, quo sit unum, ex. gr. in ternario datur ipse actus ternarii; sic in definitione et essentia datur ultima differentia et ultimus actus, quo definitio et essentia ultimo constituitur una. Qui non advertunt, quod in numero, puta in ternario, datur ipsa forma et actus ternarii, quo ternarius est unus, non possunt explicare quo pacto ternarius non sit mera congeries trium unitatum, et quid sit, quod tribus unitatibus det unitatem; et similiter qui non advertunt, quod in definitione et essentia datur ultima differentia et ultimus actus, quo constituitur una, non possunt explicare, quo pacto essentia non sit mera congeries plurium praedicatorum, et quid sit, quod pluribus praedicatis det unitatem. At licet et numeri et essentiae sint unum, non tamen sunt unum sicut indivisibile, ex. gr. sicut unitas aut punctum, sed sicut totum constans ex partibus et constitutum per actum unum".

[25] (1044 a 9-11). *Quarta semelhança entre definição e números.* — O número não é suscetível do *mais ou do menos*, não pode ser mais ou menos, sem deixar de ser aquele número que é. E assim também a *substância formal*. Aristóteles diz, porém, que o mais e o menos só existem no sínolo, isto é, na substância sensível. — Esta última afirmação é de difícil interpretação, porque, em *Categ.*, 5, 3 b 33 ss., Aristóteles não parece admitir nem isso.

Contudo, são possíveis as seguintes exegeses. (*a*) Ps. Alexandre (*In Metaph.*, p. 555, 28-31 Hayduck) pensa que Aristóteles pretende dizer que nenhuma substância formal é mais ou menos substância relativamente a outra substância formal, mas que, no máximo, é mais substância relativamente à substância sensível. (Mas esta é a menos provável dentre as possíveis interpretações, porque Aristóteles não fala da substância considerada em relação a outras substâncias). — (*b*) Tomás (*In Metaph.*, p. 412 b, § 1727 Cathala-Spiazzi): "... magis et minus contingit ex hoc quod materia perfectius vel minus perfecte formam participat". — (*c*) Maurus (*Arist. op. omn.*, IV, p. 457 b) explica: "essentia, quae dicitur ut forma, non suscipit magis ac minus, licet subjectum dicatur magis aut minus *participare de aliqua essentia accidentali*; ex. gr. subjectum potest esse magis aut minus calidum; at calor, qui dicitur ut forma, non est magis aut minus calor". — (*d*) Robin (*Th. plat.*, p. 329, nota 283, 12) entende, embora com alguma dúvida: "A substância formal não comporta nem mais nem menos, senão quando ela está unida à matéria sensível, a qual *pode aumentar ou diminuir*".

4. *Sumário e comentário a* H 4

[1] (**1044 a 15 – b 20**). Sumário. — *Depois de ter esclarecido como devem ser entendidos a forma e o ato das coisas sensíveis, Aristóteles volta, no presente capítulo, a falar da matéria, trazendo uma série de explicações.* A matéria prima *de todas as coisas sensíveis é idêntica, enquanto é diferente a* matéria *próxima, própria das coisas individuais. Ademais, segundo o ponto de vista a partir do qual se considere, a mesma coisa pode derivar de diferentes matérias (imediatamente deriva de certas matérias, mediadamente de outras). Além disso, é preciso ter presente que, em certos casos, coisas diferentes implicam necessariamente matérias diferentes; enfim, ainda em certos casos, de diferentes matérias podem derivar as mesmas coisas (e nesse caso deve ser idêntica a causa motora-formal). Quando determinamos as* causas *de uma coisa, dado que são quatro, devemos determinar todas as quatro; e devemos determinar as causas próximas das coisas e não as remotas. Quando se trata dos entes sensíveis eternos (os céus, os astros), deve-se ter presente que desses não existe matéria no sentido usual, mas que o seu substrato é uma substância. Aristóteles exemplifica analisando os fenômenos do eclipse e do sono. Também nesses casos, obviamente, as causas que dão a explicação decisiva são as causas próximas.*

[2] (**1044 a 15-16**). *Os elementos originários.* — Aristóteles refere-se aqui aos quatro elementos: água, ar, terra e fogo (Ps. Alexandre, *In Metaph.*, p. 556, 8 Hayduck).

[3] (**1044 a 17-18**). *Matéria prima e matéria próxima.* — O texto diz exatamente ὕλη οἰκεία, isto é, matéria *peculiar* à coisa. — A tese é, portanto, a seguinte: a matéria prima é idêntica para todas as coisas materiais, ao contrário, a matéria próxima ou própria para cada uma das diferentes coisas é diferente para as diferentes coisas. O exemplo que logo se segue tem a finalidade de esclarecer concretamente essa tese.

[4] (**1044 a 18-25**). *Explicações sobre os elementos materiais.* — Eis a clara explicação de Maurus (*Arist. op. omn.*, IV, p. 458 a): "Addit quod ejusdem etiam possunt esse plures materiae subordinatae, altera propinquior, altera remotior; ex. gr. si pinguia fiunt ex dulcibus, et pituita fit ex pinguibus, pinguia sunt materia propinquior pituitae, dulcia sunt materia remota. Addit rursus, quod non solum aliquid dicitur fieri ex altero tamquam ex principio materiali in via compositionis, sed etiam principium materiale dicitur fieri ex aliquo, quod in illud resolvitur. Ex. gr. cum bilis resolvitur in elementa, elementa dicuntur fieri ex bile in via resolutionis. Cum vero accidit, ut duo invicem comparentur ita, ut unum possit fieri ex altero in via compositionis, quod potest ex illo vicissim fieri in via resolutionis, possunt esse sibi invicem materia, alterum compositionis, alterum resolutionis. In hoc sensu elementa sunt materia, ex qua fiunt mixta in via compositionis; mixta sunt materia, ex qua fiunt elementa in via resolutionis".

[5] (**1044 a 25-27**). *Como da mesma matéria derivam coisas diferentes.* — Aqui Aristóteles apela para as causas eficientes ou motoras. — Mas note-se: até certo ponto trata-se de *diversas* causas motoras. Mais propriamente, trata-se de *formas diversas*. Mas Aristóteles, como já vimos em Z 7-9, considera a forma que está na mente do artífice também como causa eficiente e como causa formal, e daqui deriva uma indiscutível ambiguidade, que permite a Aristóteles falar justamente como fala neste texto.

[6] (**1044 a 25-32**). *Relações da matéria com coisas diferentes e iguais.* — (1) Em alguns casos, coisas diferentes podem derivar da mesma matéria: e, nesses casos, impõe-se uma diferente causa eficiente (-formal). — (2) Noutros casos, coisas diferentes exigem necessariamente matérias diferentes: e não basta, nesses casos, que seja diferente a causa eficiente (-formal). — (3) Noutros casos ainda, pode-se fazer a mesma coisa com materiais diferentes: e, nesses casos, deve ser idêntica a causa eficiente (-formal).

[7] (**1044 a 33**). Em *quatro* sentidos, como vimos, *passim*, no livro A.

[8] (1044 a 34-35). *Interpretação da menstruação.* — Aristóteles considerava que o sangue da menstruação constituía o correlativo feminino do sêmen masculino, e que era a *matéria próxima* da qual se gera o animal. Cf. *Da ger. anim.*, I 19, 726 a 28 ss.; 727 b 31 s.

[9] (1044 a 35). Cf. Δ 28, 1024 a 31-36. Cf. *Da ger. anim.*, I 20, 729 a 28 ss.

[10] (1044 a 36 – b 1). Para a identificação da causa *formal* e *final* ver as passagens recolhidas por Zeller, *Die Philos. d. Griechen*, II 2, p. 328 s. (nota 1).

[11] (1044 b 1-3). *A matéria a ser indicada na explicação das coisas é a matéria próxima.* — Tomás (*In Metaph.*, p. 415 a, § 1738 Cathala-Spiazzi): "Ostendit quod non solum oportet assignare omnes causas, *sed oportet etiam dicere causas proximas*, ut incipiendo a causis primis perveniamus ad causas proximas. Per causas enim primas habetur cognitio de re aliqua solum in universali et imperfecte. Per causas autem proximas habetur cognitio rei et perfecta. Sicut si quis quaerat causam materialem hominis, non debet assignari pro causa, ignis aut terra quae sunt materia communis omnium generabilium et corruptibilium; sed debet assignari propria materia, ut et caro, et os, et huiusmodi".

[12] (1044 b 6). *As substâncias físicas, ou seja, sensíveis, mas eternas.* — São os astros, as esferas celestes e as estrelas.

[13] (1044 b 7-8). Cf. H 1, 1042 a 32 – b 8; Θ 8, 1050 b 20 ss.

[14] (1044 b 8-9). *Referência a realidades não substanciais.* — Cf. Z 13, 1038 b 5. Aristóteles fala agora de fenômenos acidentais; estes são sempre inerentes a uma substância e, portanto, o seu "substrato" ou "sujeito" não é simplesmente uma matéria (mas uma matéria já enformada).

[15] (1044 b 9-20). *Problemas conexos à explicação das coisas de alguns fenômenos particulares.* — Muito clara a explicação de Maurus (*Arist. op. omn.*, IV, p. 459 a-b): "... non eodem modo assignanda est materia et aliae causae in substantiis seu formis substantialibus, ac in accidentibus seu formis accidentalibus. Ratio est, quia subjectum seu materia substantiae est actu per formam substantialem, antquam recipiat accidentia. Cum igitur quaeruntur causae accidentium assignanda est materia, quae ante receptionem accidentium sit ens actu; ex. gr. si quaerantur causae eclipsis, non fiunt propter finem, sed ex necessitate materiae; causa movens ac corrumpens lumen in luna est terra interposita; forma est quidditas eclipsis, quae non satis potest intelligi, nisi exprimatur causa movens. Describendo igitur eclipsim per omnes causas dicendum, quod eclipsis est *privatio luminis in luna propter interpositionem terrae inter solum et lunem.* Proportionaliter si quaerantur causae amni, dicendum, quod materia seu subjectum remotum est animal; subjectum proximum est aliqua pars praecipua animalis,

puta cor vel cerebrum, de qua non est manifestum; forma est immobilitas quaedam, quam patitur animal in tali parte; causa efficiens sunt vapores obturantes meatus; finis est raparatio spirituum; et ex omnibus dictis causis formari potest definitio somni, qua definiatur *immobilitas et quies ab operationibus sensitivis in animali ex vaporibus obturantibus meatus cerebri ad finem reparandi spiritus*. Idem dic de ceteris accidentibus". — Ross observa, a propósito do que diz Aristóteles na linha 12, que o eclipse não tem, talvez, uma *causa final*, e que a teleologia de Aristóteles "é de fato incompleta" (*Metaph.*, II, p. 235). A observação é interessantíssima, sobretudo se levarmos em conta que Teofrasto, justamente a partir de uma sistemática observação daquelas coisas que não têm causa final (e negando, também, que a tenham muitas daquelas sobre as quais Aristóteles não tem dúvida), abrirá uma brecha de incalculável alcance no sistema aristotélico. Cf. o último capítulo da sua *Metafísica*, *passim*; cf. o que escrevemos a respeito disso em *Teofrasto*.... particularmente nas pp. 156 ss.

5. *Sumário e comentário a* H 5

[1] (**1044 b 21 – 1045 a 6**). Sumário. — *Prosseguindo a ordem dos pensamentos começada no capítulo precedente, Aristóteles explica algumas questões concernentes à matéria das coisas. E, em primeiro lugar, ele diz que daquelas coisas que aparecem e desaparecem sem processo de geração e corrupção* não *existe matéria. Assim os pontos, as formas substanciais e categoriais não têm matéria. — Ulteriormente ele põe o problema da relação na qual se encontra a matéria relativamente aos contrários e responde que a matéria é potência do contrário positivo segundo a posse da forma, enquanto é potência do contrário negativo segundo a privação da forma. — Enfim, o Estagirita põe e resolve o seguinte problema: por que o vinho não é em potência o vinagre e o animal não é em potência cadáver? Porque vinagre e cadáver derivam do vinho e do animal não por via de geração, mas por via de corrupção, não diretamente, mas indiretamente (mais do que do vinho, o vinagre deriva da matéria do vinho e o cadáver, mais do que do animal, deriva da matéria do animal). O contrário negativo, ademais, é sucessivo e segue o positivo, e o processo que leva de um ao outro não é reversível, e é preciso que o contrário negativo se dissolva na matéria prima para que se possa formar novamente o contrário positivo.*

[2] (**1044 b 22**). Os Pitagóricos e os Platônicos dizem que existe; cf. ao contrário, o que diz Aristóteles em N 3, 1090 b 5 ss.

[3] (1044 b 22). Cf. B 5, 1002 a 32 ss., Z 8, etc.

[4] (1044 b 24-26). *Em que sentido os contrários derivam um do outro de modo diverso.* — De fato se (*a*) por "contrários" entende-se o *homem branco* e o *homem negro*, então, quando um homem de branco se torna negro ou vice-versa, pode-se dizer, nesse sentido, que um contrário deriva do outro mediante um processo de geração. — (*b*) Ao invés, se por "contrários" entende-se *negro* e *branco* enquanto tais, então é claro que não se pode dizer, nesse caso, que um deriva do outro, enquanto um *não* se torna o outro, mas um *sucede* o outro, e vice-versa.

[5] (1044 b 21-29). *Não existe matéria de todas as coisas das quais não existe processo de geração e de corrupção.* — O sentido de toda a passagem 1044 b 21-29 é bem compreendido se nos referirmos à ordem de pensamentos com os quais se conclui o capítulo precedente. Aristóteles disse antes: (*a*) que das substâncias *sensíveis eternas* (celestes) não existe uma matéria igual à das outras substâncias sensíveis e (*b*) que dos fenômenos acidentais não existe verdadeira e própria matéria, porque o seu "substrato" é uma substância. Agora ele acrescenta que de todas as coisas das quais não existe processo verdadeiro e próprio de geração e corrupção, não existe matéria e, precisamente, não existe matéria (*a*) dos pontos, (*b*) das formas, (*c*) das determinações categoriais (qualidades, etc.). Tomás interpreta bem (*In Metaph.*, p. 416 b, § 1747 Cathala-Spiazzi): "Patet ergo ex praedictis, quod non cuiuslibet rei est materia, sed illorum quae per se generantur et transmutantur in invicem. Illa vero, quae quandoque sunt et quandoque non sunt sine hoc quod transmutentur per se, *ita se habent quod eorum materia non est ex qua sint; sed habent subiectum, in quo sunt, pro materia*".

[6] (1044 b 29-34). *Como situa-se a matéria relativamente aos contrário? Ela é igualmente potência de ambos ou não?* — Eis a resposta do problema na excelente paráfrase de Maurus (*Arist. op. omn.*, IV, p. 460 a-b): "Respondet, quod non eodem modo subjectum et materia se habent ad utrunque contrariorum; ex. gr. animal non eodem modo se habet ad sanitatem et aegritudinem, nec aqua eodem modo se habet ad vinum et acetum. *Ratio est, quia materia prius respicit habitum quam privationem*; sed unum contrariorum se habet ut habitus, alterum ut privatio: ergo subjectum seu materia prius et principaliter respicit unum contrarium quam aliud: ex. gr. animal *primo et principaliter et in via generationis ac naturae* est in potentia ad sanitatem, *secundario et in via corruptionis* ad aegritudinem; aqua *primo et principaliter et in via generationis* est in potentia ut convertatur in vinum, *secundario et minus principaliter et in via corruptionis* est in potentia ut convertatur in acetum".

[7] (1044 b 34-36). *Como é que do vinho deriva o vinagre e o vinho não é matéria nem potência do vinagre? E como é que do animal deriva o cadáver e o animal não é matéria nem potência do cadáver?* — Este novo problema deriva do precedente. Eis a solução que Aristóteles fornece logo em seguida. (*a*) Não o vinho, mas *a matéria do vinho* é matéria e potência do vinagre; e assim, não o animal, mas a *matéria do animal* é matéria e potência do cadáver. (*b*) De fato, não basta que algo derive de algo para que um seja matéria do outro: é preciso que derive por *via de geração* (e, portanto, por si) e não por *via de corrupção* (e, portanto, *per accidens*). Mas o vinagre deriva do vinho por corrupção, e também por corrupção o cadáver deriva do animal, isto é, *per accidens*. (Note-se que aqui, κατὰ συμβεβηκός, quer dizer não *casualmente*, mas, como observa Schwegler, *Metaph.*, IV, p. 150, *mediadamente*).

[8] (1044 b 36 – 1045 a 6). *Algumas observações conexas com a solução do segundo problema.* — (Cf. nota precedente). O vinagre vem do vinho e o cadáver do animal como a noite do dia, vale dizer, *segundo uma precisa ordem de sucessão*. Portanto, não é possível que se volte do vinagre ao vinho e do cadáver ao animal, a não ser depois que o vinagre e o cadáver se tenham dissolvido nos elementos materiais originários, dos quais retomará, depois, o sucessivo processo. O vinagre deverá, primeiro, dissolver-se em água, para que esta possa formar novamente o vinho; e o cadáver deverá, primeiro, dissolver-se em terra, etc., para que possa recomeçar o sucessivo processo que levará ao animal.

6. *Sumário e comentário a* H 6

[1] (1045 a 7 – b 23). Sumário. — *O presente capítulo conclui a pesquisa sobre a substância sensível, propondo novamente o problema (já discutido em Z 12)* da razão da unidade da definição e da substância. A *resposta dada por* Z 13 *era a seguinte: a definição é uma unidade, porque as suas "partes" reduzem-se ao* gênero *e à* diferença *específica e o gênero só existe na diferença (ou como matéria da diferença).* A *solução que no novo capítulo* Aristóteles *dá ao problema* vale-se dos conceitos de potência e ato *e, portanto, é também mais precisa. As partes da substância são uma unidade perfeita, porque uma é matéria e potência e a outra é forma e ato, e, desse modo, constituem uma unidade indivisível. O mesmo diga-se das partes da definição: o gênero é matéria e potência e a diferença é forma e ato e, desse modo, são uma unidade*

indivisível. Aristóteles acrescenta, ademais, que a causa que faz passar a coisa da potência ao ato é a causa eficiente, *além da qual não é necessário mais nada: a matéria e a potência* pela sua natureza *tendem à forma e ao ato, enquanto a forma e o ato* pela sua natureza *tendem a enformar e atualizar a matéria e a potência. Para todas aquelas coisas que não têm matéria, nem sensível nem inteligível, o problema nem sequer se põe, porque elas são* imediatamente *unidade.*

[2] (**1045 a 7**). Cf. Z 12; H 3, 1044 a 2-6.

[3] (**1045 a 8**). *O modo pelo qual será resolvido o problema da unidade posto aqui.* — Ross (*Metaph.*, II, p. 238) observa que, de fato, o capítulo falará só da definição e *não* dos números; todavia é fácil ver que a solução projetada para a substância e a definição *vale também para os números.*

[4] (**1045 a 16**). Aristóteles refere-se aqui aos Platônicos.

[5] (**1045 a 8-20**). *Reposição do problema da unidade da definição.* — Em todas as coisas cuja unidade não é um puro amontoado ou acervo de partes, o todo ou inteiro é algo a mais do que as partes individuais e, portanto, há uma *causa da unidade*. E essa causa em algumas coisas é o contato, noutras a viscosidade etc. Ora, é claro que a definição é constituída de *partes formando uma unidade*. De onde deriva essa unidade? Qual é a sua causa? Obviamente, nenhuma das causas do tipo das acima mencionadas está mais em questão. A definição é uma, *porque é um o definido*. E por que é um o definido? Porque o homem, que é *animal bípede*, é *um* e não *dois* (animal *e* bípede?) — Neste ponto Aristóteles chama em causa os Platônicos por duas razões. (*a*) Em primeiro lugar, para exasperar o problema. De fato, se põe-se que Animal e Bípede são substâncias por si, não se poderão juntar absolutamente numa unidade (duas substâncias em ato nunca podem formar uma unidade) (*b*) Em segundo lugar, chama em causa os Platônicos para excluir, consequentemente, que com base na filosofia deles se possa adquirir a solução do problema. De fato, sobre aquela base o problema se exaspera ao seu limite e nada mais. Cf. o que Aristóteles diz explicitamente logo em seguida.

[6] (**1045 a 20-25**). *Como se chega à solução do problema posto acima.* — A solução do problema posto acima conquista-se refutando a doutrina das Ideias e com base nos conceitos de *matéria* e *forma, potência* e *ato*. — Um dos elementos da definição (animal) é *matéria e potência, o outro* (bípede) *é forma e ato*. Diz bem Carlini que aqui, mais do que em Z 12, o pensamento de Aristóteles é levado a um ponto mais claro e mais decisivo pelo conceito de ato: "Aqui o dualismo é superado: matéria e forma não são entendidas, e não existem, uma sem relação à outra" (*Metaf.*, p. 275, nota 2).

[7] (1045 a 25-29). *Confirmação da solução acima indicada.* — Schwegler (*Metaph.*, IV, p. 152) assim explica: "Dado que a definição de 'veste' fosse 'esfera de bronze', ninguém duvidaria que esta definição seria uma unidade (ἕν). Uma esfera de bronze, embora constituída de duas determinações é, todavia (...) uma unidade, porque uma das duas determinações exprime a matéria, a outra a forma: e matéria e forma constituem, como é sabido, uma unidade no *sínolo*. Pois bem: assim também ocorre no caso de animal bípede: *o animal* (gênero) é matéria, o *bípede* (diferença específica) é forma. Com essa interpretação o problema do por quê as duas coisas são uma unidade resolve-se completamente".

[8] (1045 a 30-33). *O que faz passar da potência ao ato?* — Passagem muito difícil de entender, sobretudo na linha 33. Bonitz (*Comm.*, p. 375) deu a exegese mais persuasiva: "Etenim in rebus singulis et concretis, quae fieri possunt et interire, a 31, ut *coeat* cum materia forma, *non alia quaerenda est causa nisi causa motrix* παρὰ τὸ ποιῆσαν a 31, b 22 (cf. *Phys.*, III 2. 202 a 7...); *unitas* ipsa materiae et formae ne eget quidem ulla explicatione. ἀλλὰ τοῦτ'ἦν τὸ τί ἦν εἶναι ἑκατέρῳ (int. τῇ ὕλῃ καὶ τῇ μορθῇ) a 33, i.e. materiae sive potentiae natura in eo cernitur, ut ad formam et actum transeat, formae vicissim et actus ea est natura, ut materiam definiat vel potentiam compeat". — A causa que faz passar a potência ao ato é a causa eficiente, e, além desta, não existe outra causa senão a essência que é própria da matéria e a que é própria da forma: a matéria *por sua essência* tende à forma, enquanto a forma *por sua essência* estrutura, determina e atualiza a matéria.

[9] (1045 a 33-35). *Evocação da distinção entre matéria sensível e matéria inteligível.* — Cf. nota 7. Note-se que aqui, "matéria inteligível", além da matéria dos objetos matemáticos (cf. Z 10, 1036 a 9), indica o gênero (o gênero é matéria [inteligível], a diferença é forma), mesmo se o exemplo é ainda de índole matemática (figura plana é matéria inteligível do círculo, *forma* é o ser aquela figura que é dada pela sequência dos pontos, etc.).

[10] (1045 a 36 – b 7). *As categorias não têm uma ulterior causa da sua unidade, mas são imediatamente unidade.* — O pensamento aqui desenvolvido por Aristóteles é o seguinte. (*a*) O que não é composto de matéria e forma e o que não tem matéria é *imediatamente* (εὐθύς) uma unidade e, portanto, para esse tipo de coisa o problema de qual seja a causa da sua unidade *não se põe*. Assim são *as categorias* (substância, qualidade, quantidade, etc.). — (*b*) Note-se: estas não só não têm matéria sensível, mas não têm nem sequer matéria *inteligível*. Por que? Porque estas não têm um

gênero que as inclua, enquanto são as mais elevadas formas do ser, acima das quais não há nada de comum, e a "matéria inteligível" das definições é, justamente, o gênero. — (*c*) Pode-se objetar: mas acima das categorias não existe, talvez, o *ser* e o *um* (as categorias são, de fato, todas "ser" e "unidade")? Resposta: "ser" e "um" *não* são gêneros (como já foi dito em B 3 e em Γ 2) e é por isso que eles entram na definição das categorias (1045 b 2 s.). — (*d*) Consequentemente, é errada a doutrina dos Platônicos, que pretenderia resolver o problema falando de *participação* no Ser e no Um, porque (1) como se disse, as categorias são *imediatamente* ὄν τι e ἕν τι, e porque (2) não é verdade que o ser e o um existam separadamente de cada uma das categorias (para a compreensão desse último ponto é indispensável ter presente a doutrina do ser exposta em Γ 2, *passim*; cf. também B 3, 998 b 20; releia-se particularmente o comentário de Γ 2). — Note-se, ademais, que a própria solução vale também, não só para as categorias, *para as substâncias privadas de matéria*, isto é, para as substâncias separadas (cf. Tomás, *In Metaph.*, p. 420 b, § 1762 Cathala-Spiazzi), mesmo que aqui Aristóteles não pense imediatamente nelas.

[11] (**1045 b 7-9**). Cf. A 6, 987 b 9 ss. Trata-se, obviamente, dos Platônicos.

[12] (**1045 b 9-11**). *Licofronte*. — É um Sofista discípulo de Górgias e é mencionado por Aristóteles também em outro lugar; cf. *Ref. Sof.*, 15, 174 b 32: *Fís.*, I 2, 185 b 28; *Pol.*, III 9, 1280 b 10 s. Ver os seus fragmentos em Diels-Kranz, n. 83, II, pp. 307 s. e (com tradução e comentário) em Untersteiner, *Sofisti. Test. e framm.*, II, pp. 150-155. — O texto diz: συνουσία, traduzido diferentemente: *coexistentia* (Moerbecke, Tomás), *consubstantialitas* (Tomás), *copula* (Bessarione), *connubio* (Bonghi), *associação* (Carlini), *Beisein* (Schwegler), *Beiwohnen* (Gohlke), *Zusammensein* (Bassenge) e semelhantes. Preferimos traduzir por "comunhão", junto com Ross (cf. loc. cit.), Tricot (*Métaph.*, II, p. 477) e Untersteiner (*Sofisti*, II, p. 151).

[13] (**1045 b 11-12**). Filósofos não seguramente identificáveis.

[14] (**1045 b 12-16**). *Posição assumida por Aristóteles*. — Aristóteles refuta as precedentes opiniões, mostrando como essas doutrinas da unidade revelam-se absurdas, tão logo se passe do caso da alma e do corpo a todos os outros casos. Logo em seguida ele mostrará a causa do erro deles e reafirmará a própria doutrina.

[15] (**1045 b 16-23**). *A unidade própria da potência e do ato*. — Eis como Tomás (*In Metaph.*, p. 421 b, § 1767 Cathala-Spiazzi) parafraseia

a passagem: “Assignat causas erroris praedictorum; dicens, quod causa quare talia posuerunt, est, quia inquirebant quid faciens unum potentiam et actum, et inquirebant differentias eorum, quase oportet eas colligari per aliquod unum medium, sicut ea quae sunt diversa secundum actum. Sed sicut dictum est, ultima materia, quae scilicet est appropriata ad formam, et ipsa forma, sunt idem. Aliud enim eorum est sicut potentia, aliud sicut actus. Unde simile est quaerere quae est causa alicuius rei, et quae est causa quod illa res sit una; quia unumquodque inquantum est, unum est, et potentia et actus quodammodo unum sunt. Quod enim est in potentia, fit in actu. Et sic non oportet ea uniri per aliquod vinculum, sicut ea quae sunt penitus diversa. Unde nulla causa est faciens unum ea quae sunt composita ex materia et forma, nisi quod movet potentiam in actum. Sed illa quae non habent materiam simpliciter, per seipsa sunt aliquid unum, sicut aliquid existens”.

SUMÁRIOS E COMENTÁRIO AO LIVRO Θ

(NONO)

Dado que o ser é entendido no significado de essência, ou de qualidade, ou de quantidade e, noutro sentido, o ser é entendido segundo a potência e o ato e segundo a atividade, também devemos tratar da potência e do ato.

Metafísica, Θ 1, 1045 b 32-35.

1. *Sumário e comentário a Θ 1*

[1] (1045 b 27 – 1046 a 35). Sumário. — *Depois de tratar do ser, entendido como substância, Aristóteles passa ao exame do ser entendido como* potência e ato. *Em primeiro lugar, ele estudará a potência* em relação ao movimento; *mais adiante (a partir do cap. 6) estudará também o significado de potência em relação à* substância. — *Ao tratar do primeiro ponto, o* Estagirita *se remete com muita fidelidade a* Δ 12. — *Eis os vários significados da potência* (δύναμις) *entendida no primeiro sentido.* Em *primeiro lugar, ela significa o princípio de movimento ou mudança ativa que está em outro ou na coisa enquanto outra; em segundo lugar, o princípio de movimento ou mudança passiva que existe em outra ou na coisa* enquanto outra; *em terceiro lugar, a propriedade pela qual um ente é capaz de não mudar para pior ou ser destruído por obra de outro ente ou de si enquanto outro; enfim, tanto a capacidade de agir ou de padecer em geral, quanto a capacidade de agir ou de sofrer de maneira conveniente. — Potência ativa e potência passiva, de certo ponto de vista, são a mesma coisa: de fato, um ser é dotado de potência, tanto se ele mesmo tem capacidade de fazer padecer um outro ente, como se tem capacidade de padecer por obra de outro.* Consideradas *em relação ao objeto no qual residem, elas são diferentes; a potência passiva está no paciente: este padece de um ou de outro agente, enquanto tem em si um princípio, ou seja, a matéria, que torna isso possível; a potência ativa, ao contrário, está no agente; o quente está no calorífero, a arte de construir está no construtor etc. Por isso, se no mesmo ente os dois aspectos não são distintos, ele não pode padecer nada por obra de si mesmo. — O capítulo se conclui com um resumo dos significados* de impotência e impotente. *Impotência significa* privação de potência: *a toda potência corresponde, para o mesmo objeto e segundo a mesma relação, uma impotência.* Ademais, *dado que se fala de privação em diversos sentidos (tem-se privação naquilo que não tem uma determinada qualidade que por natureza deveria ter, ou quando deveria por natureza já*

possuí-la e ainda não a possui totalmente ou de certo modo, e, enfim, quando a violência tirou de determinados entes algumas propriedades que deveriam ter), então a impotência assumirá igual número de sentidos.

[2] (1045 b 27-29). Cf. livros ZH.

[3] (1045 b 29-32). Cf. Γ 2 e Z 1.

[4] (1045 b 35 – 1046 a 2). Cf. Θ 1-5.

[5] (1045 b 35 – 1046 a 4). *Algumas observações preliminares sobre os diferentes significados de potência.* — Cf. Θ 6-10. Note-se como aqui (a partir de 1045 b 35 até 1046 a 4), Aristóteles distingue claramente dois significados ou, melhor, dois grupos de significados de *potência*. Antecipando alguns elementos que aprofundaremos progressivamente, esclarecemos preliminarmente a questão. (1) O primeiro grupo de significados de potência refere-se ao movimento: potência é *princípio de movimento* (seja este movimento ativo, movimento passivo, movimento para o melhor, etc.). (2) O segundo significado oferece a acepção mais propriamente metafísica de potência, aquela que mais nos interessa em sede de filosofia primeira: potência é *a matéria das coisas*. — Também o conceito de *ato* (ἐνέργεια) é duplo. (1) Em primeiro lugar, ato é *movimento* (todo movimento, com efeito, é dito ato e atividade); (2) em segundo lugar, significa *substância e forma*. — Estreitamente ligado ao conceito de ato é o de *enteléqueia* (ἐντελέχεια), que, malgrado o que se lê em mal informados estudiosos, no contexto da *Metafísica* é sinônimo de *ato* (ἐνέργεια) como veremos. Tanto no primeiro como no segundo significados, *ato e potência* têm uma grandíssima importância na construção e na estrutura teorética da filosofia aristotélica, particularmente da metafísica, como já destacamos no *Ensaio introdutório*, pp. 75 ss., 108 ss., 111 ss. de modo que se justifica perfeitamente que se dedique todo um livro ao tratamento exclusivo desses conceitos. — A respeito disso a crítica destacou complexos problemas, dos quais convém apresentar os extremos. Os dois grupos de significados, dizem alguns estudiosos, não podem ser reduzidos à unidade. Ademais, no livro Δ (cap. 12) Aristóteles ocupa-se unicamente do primeiro significado e não só descuida do significado metafísico, mas nem sequer faz um aceno ao conceito correlativo de ato. Ao contrário, no presente livro, *ao velho significado se sobrepõe um novo (justamente o metafísico), sem que se tente uma mediação entre os dois*. Com base nesses dados e em outros conexos com eles, esses estudiosos acreditaram que só se poderia explicar as coisas supondo uma "evolução" e uma mudança de pensamento do Estagirita com relação ao tema, e considerando o primeiro dos significados de potência (o relativo ao movimento) como a

descoberta originária e mais antiga e como descoberta tardia e secundária o significado de potência como matéria. Assim Gohlke (*Die Entstehung d. arist. Prinzipienlehre, passim*) e Wundt (*Unters. z. Metaph. d. Aristóteles, passim*). — Expusemos e criticamos, ponto por ponto, essas teses no ensaio: *La dottrina aristotelica della potenza, dell'atto e dell'entelechia*..., pp. 182-194, agora reeditado em *Il conc. di filos. prima*[5] (1993), pp. 380-392, e a ele remetemos. Aqui afirmamos apenas que a tese *não* se sustenta. Eis, em síntese, as motivações que apresento. Se as duas noções de potência não podem ser reduzidas uma à outra, no entanto é verdade (e veremos isso no comentário) que têm profundas raízes comuns. Tampouco é difícil ver sobre o quê se funda a distinção do significado *metafísico* de potência do seu significado *cinético*. A concepção metafísica funda-se e gira em torno da primeira categoria (a substância), enquanto a concepção cinética da potência funda-se sobre as outras categorias (sobre as categorias segundo as quais ocorre o movimento): é *justamente a distinção radical* (que vimos nos primeiros capítulos de Z) *da primeira categoria relativamente às outras, que comporta uma consequente distinção radical dos dois significados de potência* (e de ato). A unificação das duas concepções, segundo o próprio Aristóteles, ocorre mediante a *analogia* (como se verá em Θ 6, 1048 b 6-9). E isso resolve do modo mais significativo os problemas acima apresentados.

[6] (**1046 a 4-6**). Em Δ 12.

[7] (**1046 a 7-9**). Cf. Δ 12, 1019 b 33.

[8] (**1046 a 9-19**). Cf. Δ 12, 1019 a 15-32 2 e relativo comentário.

[9] (**1046 a 19-21**). *Caráter unitário da potência do fazer e do padecer.* — Tomás (*In Metaph.*, p. 425 b, § 1781 Cathala-Spiazzi) explica: "... Una quidem est (*scil*: potentia faciendi et patiendi), si consideretur ordo unius ad aliam; una enim dicitur per respectum ad alteram. Potest enim dici aliquid habens potentiam patiendi, quia ipsum habet per se potentiam ut patiatur, vel eo quod habet potentiam ut aliud patiatur ab ipso. Et hoc secundo modo potentia activam est idem cum passiva: ex eo enim quod aliquid habet potentiam activam, habet potentiam ut patiatur aliud ab ipso". Cf. também Ross, *Metaph.*, II, p. 241.

[10] (**1046 a 23-24**). *Uma observação muito importante.* — Como se pode compreender já a partir dessa observação, o significado *passivo* de potência tem desdobramentos que levam diretamente ao segundo significado de potência, que é justamente o de *matéria*.

[11] (**1046 a 28-29**). *Nas coisas que constituem uma unidade natural não pode haver distinção entre parte paciente e parte agente.* — Por consequência,

ela só pode ter um dos dois princípios e, por isso, só poderá padecer por obra de outro (ou agir sobre outros).

[12] (1046 a 29-31). Cf. Δ 12, 1019 b 15 ss.

[13] (1046 a 31-35). Cf. Δ 22.

2. *Sumário e comentário a Θ 2*

[1] (1046 a 36 – b 28). Sumário. — *Aristóteles continua o tratamento da* δύναμις, *introduzindo a distinção entre* potências irracionais (δυνάμεις ἄλογοι) e potências racionais (δυνάμεις μετὰ λόγου). *Os princípios do movimento e da mudança, nos sentidos acima expostos, podem ser encontrados tanto nos seres inanimados como nos seres animados, ou ainda na alma, tanto nas partes não racionais da alma como nas suas partes racionais. Consequentemente , os princípios que estão na alma racional são potências racionais, enquanto, justamente, acompanhados de razão; todos os outros, ao contrário, são potências não racionais. — Com base nessa especificação, todas as* artes *e todas* as ciências poiéticas *são* potências racionais: *de fato, elas são princípios de mudança em outro ou na coisa enquanto outra e dependem da alma racional. A característica que diferencia os dois tipos de potência consiste nisso: as irracionais são capazes de produzir só um dos contrários, enquanto cada uma das potências racionais é capaz de produzir os dois contrários (por exemplo, o quente só tem potência para aquecer e não também para produzir o efeito contrário, e o frio só em potência para esfriar e não para o contrário; ao invés, a medicina, que é potência racional é, ao mesmo tempo, ciência da saúde e da doença, e pode produzir as duas). — Um ulterior esclarecimento (que, por si liga-se melhor às distinções do capítulo primeiro) é feito na conclusão do capítulo, entre potência de agir e de padecer* em geral *e a potência de agir e de padecer* de modo conveniente; *a primeira segue sempre e necessariamente a segunda, e não vice-versa: quem age convenientemente, por isso mesmo, necessariamente, age em geral; enquanto que quem age em geral, nem por isso, necessariamente, age de modo conveniente.*

[2] (1046 a 36-37). *"Estes princípios".* — São os princípios do movimento (ativo ou passivo) em outro ou em si mesmo enquanto outro.

[3] (1046 b 1-4). *Potências próprias dos seres inanimados e dos seres animados, potências irracionais e racionais.* — (1) São potências próprias dos seres inanimados, por exemplo, a que tem o fogo de queimar, a que tem a madeira de ser queimada, a que tem a pedra de cair ou o ar de subir etc. — (2) São

potências próprias do seres animados e da alma (*a*) aquelas próprias (α) da alma vegetativa e (β) da alma sensitiva e (*b*) aquelas próprias da alma *racional*. — As primeiras (1, 2 *a*, α, β) são *potências irracionais*; só as últimas (2 *b*) são *potências racionais*, porque fundadas sobre a razão ou, em todo caso, acompanhadas da razão. E dado que todas as artes e ciências poiéticas são princípios de movimento em outro ou na coisa enquanto outra, e fundam-se sobre a razão ou são acompanhadas da razão, segue-se que elas são, justamente, *potências racionais*. — Como bem se vê, o conceito de potência (cinética) é extensíssimo, enquanto envolve qualquer tipo de movimento, da esfera dos seres inanimados à dos seres animados e à esfera da racionalidade.

[4] (**1046 b 7-8**). *A ciência é o discurso sobre a essência das coisas*. — O texto diz: λόγος ἐστὶν ἐπιστήμη. Naturalmente o termo λόγος também neste caso, como já vimos outras vezes em casos paralelos, só pode ser traduzido de modo aproximativo, e todos os intérpretes se mostram perplexos. Schwegler (*Metaph.*, II, p. 150) traduz: "... die Wissendschaft *Begriff* ist...", mas parece carregar o termo *Begriff* (aqui e *passim*) de um significado demasiado moderno (e assim na maioria dos tradutores alemães e, entre os italianos, Carlini, que traduz λόγος com *concetto*, *Metafisica*, p. 282); Ross traduzia: "... science is a rational *formula*", enquanto no comentário (II, p. 242) traduz: "knowledge is a rational *account*"; Tricot (*Métaph.*, II, p. 486) traduz: "la science est la *raison* des choses". — O significado, em todo caso, é claro: a ciência consiste na *noção que dá a essência da coisa*.

[5] (**1046 b 4-24**). *A ciência refere-se a ambos os contrários, mas sobretudo ao positivo*. — Maurus parafraseia essa passagem com clareza (*Arist. op. omn.*, IV, p. 466 a): "Potentiae rationales in hoc differunt ab irrationalibus, quod potentiae irrationales sunt unius tantum ex contrariis, at potentiae rationales sunt potentiae utriusque contrarii; ex. gr. ignis per calorem, qui est potentia activa ignis, potest solum calefacere, non autem frigifacere, nisi forte per accidens; e converso medicus per Medicinam quae est potentia rationalis, non solum potest causare sanitatem in aegroto, sed etiam potest causare aegritudinem in sano. — Causa huius differentiae est, quis ratio [=λόγος que traduzimos por noção; cf. nota precedente] est manifestativa contrariorum; nam per unum contrariorum cognoscitur aliud, et per formam cognoscitur privatio; sed omnes artes ac scientiae practicae et universim omnes potentiae rationales sund quaedam rationes: ergo omnes artes ac scientiae practicae sunt manifestativae contrariorum ac praesertim formae et privationis, quae sunt prima contraria; sed potentia operatur assimilando effectum sibi; ergo sicut potentiae rationales sunt similitudines

intentionales utriusque contrarii, sic possunt causare utrumque contrarium; ex. gr. sicut ars medicandi est similitudo intentionalis sanitatis atque aegritudinis, sic potest causare sanitatem atque aegritidinem. Sicut vero licet ratio sit similitudo privationis et formae, non tamen aeque primo est similitudo privationis ac formae, sed primo est similitudo formae, quam cognoscit primo et per se, secundario et quase per accidens est similitudo privationis, quam cognoscit per formam; sic licet potentiae rationales sint effectivae contrariorum, non tamen aeque primo sunt effectivae illorum, sed sunt primo effectivae illius contrarii, quod se habet ut forma, secundario et quasi per accidens sunt effectivae alterius contrarii quod se habet ut provatio; ex. gr. medicina primo est effectiva sanitatis, secundario et quasi per accidens est effectivae aegritudinis". — Que a ciência se refira a ambos os contrários, já sabemos por B 2, 996 a 20 e Z 7, 1032 b 2 ss. Pode-se ver as numerosas passagens em que Aristóteles reafirma essa sua doutrina em Schwegler, *Metaph.*, III, p. 119 e IV, p. 159.

[6] (**1046 b 24-28**). Essas últimas observações, como já dissemos no sumário, reportam-se às considerações do capítulo precedente; cf. 1046 a 17 ss.

3. *Sumário e comentário a Θ 3*

[1] (**1046 b 29 – 1047 b 2**). Sumário. — *Este capítulo constitui uma prova crítica do* caráter imprescindível da distinção entre potência e ato, *buscada mediante a refutação polêmica da doutrina dos Megáricos, que negam essa distinção. Os Megáricos dizem que há potência quando há ato e, portanto, identificam potência e ato: por exemplo, segundo eles, só tem* potência *para construir quem está construindo* em ato, *e não outros. Mas eis os absurdos nos quais incorre a doutrina megárica.* (a) *Se a potência não se distingue do ato,* ninguém poderá possuir qualquer arte *a não ser que se encontre atualmente a exercê-la (o construtor, quando para de construir, mesmo momentaneamente, perderia a sua arte, e assim por diante).* (b) Nenhum sensível *(quente, frio, doce, amargo)* poderá existir *senão enquanto* sentido em ato. (c) *Não se poderá dizer que* possui sensibilidade senão quem sente em ato *(quem deixa, mesmo momentaneamente, de ver, torna-se cego).* (d) O que não é atualmente, seria impossível, *e impossível seria todo movimento e toda forma de devir (quem está em pé não poderia sentar-se, quem sentado, não poderia levantar-se, e assim por diante). — Os absurdos nos quais incorre a*

tese que nega a distinção da potência e do ato são a melhor confirmação da necessidade da distinção. Existe, portanto, não só o que é em ato, mas também o que é em potência. E em potência *se diz aquilo cuja passagem ao ato não implica nenhuma impossibilidade. — Encerra o capítulo a caracterização do primeiro significado de* ato. *A palavra* ato, *que implica estreita relação com* enteléquia, *significa, em primeiro lugar,* movimento. *A palavra tem também outro significado, mas o de movimento é primeiro, enquanto ato implica atividade, isto é, movimento.* (*E é por isso que* as coisas que não são *podem ser qualificadas de muitos modos, por exemplo, como pensáveis, desejáveis, etc., mas não podem ser ditas em movimento, justamente porque o movimento implica* existência atual).

[2] (**1046 b 29**). *Evocações de doutrinas dos Megáricos.* — Sobre a Escola Megárica foram recentemente feitas coletâneas completas, sistematizações críticas e traduções dos testemunhos: K. Döring, *Die Megariker. Kommentierte Sammlung der Testimonien*, Amsterdam 1972; L. Montoneri, *I Megarici: Studio storico-critico e traduzione delle testimonianze*, Catania 1984; G. Giannantoni, *Socraticorum Reliquiae*, Roma-Nápoles 1983, vol. I, II A-S, pp. 35-143; agora reeditados em G. Giannantoni, *Socratis et Socraticorum Reliquiae*, Nápoles 1990, vol. I, pp. 375-483. — Sobre a doutrina da potência-possibilidade da Escola Megárica não temos precisas informações (além desta passagem de Aristóteles), a não ser relativamente a Diodoro Crono (que é um contemporâneo de Aristóteles), autor do célebre argumento "dominador", sobre o qual cf. M. Mignucci, *L'argomento dominatore e la teoria dell'implicazione in Diodoro Crono*, in "Vichiana", 3 (1960), pp. 3-28 e, *ibid.*, a literatura sobre o assunto. — Dado que é mal conhecida a história das doutrinas da Escola Megárica, não se pode estabelecer com exatidão se e até que ponto Aristóteles tenha amadurecido a própria doutrina da potência-ato meditando e criticando as doutrinas megáricas, nem se pode dizer que tenha sido impossível uma polêmica Diodoro-Aristóteles. — Com tanta incerteza, resta apenas tentar entender o nosso capítulo por si, sem levantar hipóteses históricas inverificáveis. Ao contrário, é essencial, além de muito interessante, notar o particular procedimento aqui adotado por Aristóteles. O caráter imprescindível da distinção entre "potência" e "ato" não é "demonstrada" (de fato, é por si *evidente* e, como tal, indemonstrável), mas é *mostrada* polemicamente, por via de refutação da tese dos adversários negadores da distinção. É o típico procedimento do *elenchos*.

[3] (**1046 b 33 – 1047 a 4**). *Primeira argumentação contra os Megáricos.* — Aristóteles remete-se, em primeiro lugar, às potências racionais e,

particularmente, às artes. É evidente que (*a*) entre quem está exercitando em ato uma arte (p. ex. o construtor que constrói) e (*b*) quem não possui essa arte (porque não sabe absolutamente construir), existe (*c*) uma via intermediária, vale dizer, aquele que possui essa arte, mas *no momento* não a está exercitando, porque, digamos, está ocupado em outra atividade (o construtor que está dormindo ou repousando). — Ora, os Megáricos, identificando a *potência* com o *ato*, negam essa *via intermediária*. Eis os absurdos em que caem. Todos estamos de acordo sobre o fato de que, para possuir uma arte, é preciso tê-la aprendido num determinado momento; e que, uma vez adquirida, não se pode *não possuí-la mais*, a não ser por tê-la esquecido (ou por doença, ou por não a ter exercitado por tempo suficiente etc.). — Ora, se fosse verdadeira a tese dos Megáricos, seria preciso concluir do seguinte modo. Quem cessa, mesmo momentaneamente, de exercitar uma arte (por exemplo o construtor quando repousa), *perde aquela arte* (e isso é necessário, se se nega aquela via intermediária, da qual acima falamos, em que consiste a potência). — De outra parte, os Megáricos devem admitir que o construtor pode recomeçar a construir depois de ter repousado; mas se se nega a existência da potência, o "recomeçar" a construir só pode significar "readquirir" *ex novo* a arte; de modo que o construtor perde e readquire muitas vezes a sua arte (e isso se deve repetir, em geral, para todas as artes). A contradição em que cai a tese dos Megáricos é evidente.

[4](**1047 a 4-7**). *Segunda argumentação contra os Megáricos*. — Agora Aristóteles refere-se às potências próprias das coisas inanimadas, particularmente às sensíveis, como o frio, o quente, o doce, o amargo e semelhantes. Se fosse verdadeira a tese dos Megáricos, seguir-se-ia que nada poderia ser quente, frio, doce, amargo, etc., a não ser *no ato de produzir* as respectivas sensações num sujeito, enquanto, justamente, não poderia haver *potência* (de produzir sensações) a não ser no *ato* (de produzi-las). — Raciocinando assim, os Megáricos caem na posição de Protágoras: de fato, se, tirando a sensação, tira-se *eo ipso* também o sensível, *a sensação torna-se a medida do ser das coisas sensíveis*, ou seja, o ser das coisas sensíveis dissolve-se na sensação. Se essa conclusão é absurda, absurda é a premissa da qual parte. Portanto, é evidente que não se pode dissolver o *sensível* no *sentido*, ou seja, a *potência* no *ato*. Os sensíveis, tais como, frio, quente, doce, amargo, permanecem tais *mesmo se não são atualmente sentidos*; isto é, continuam como princípios *capazes* de mover os sentidos, mesmo que *atualmente* não os movam. Sobre Protágoras, cf. Γ 5-6.

[5] (1047 a 7-10). *Terceira argumentação contra os Megáricos.* — Trata-se de um raciocínio completamente semelhante ao primeiro, com a diferença de que aqui se refere às *potências irracionais.* É evidente que entre (*a*) quem está vendo ou ouvindo e (*b*) quem não tem vista e ouvido, porque é cego e surdo, existe (*c*) a via intermediária representada por quem tem vista mas não está olhando, porque tem os olhos fechados, ou tem ouvido mas não está ouvindo, porque tem as orelhas tapadas. — Ora os Megáricos, identificando a potência com o ato, negam justamente essa terceira possibilidade, caindo nos seguintes absurdos. Quem cessa, mesmo momentaneamente, de ver ou de ouvir, deverá tornar-se cego ou surdo; e quando reabrir os olhos e recomeçar a ver ou destapar as orelhas e recomeçar a ouvir, *adquirirá ex novo a vista e a audição.* E, dado que nós muitas vezes ao dia cessamos e retomamos a ver e a ouvir, muitas vezes ao dia nos tornamos cegos e surdos e readquirimos a vista e a audição. O absurdo é evidente.

[6] (1047 a 10-17). *Quarta argumentação contra os Megáricos.* — Tomás (*In Metaph.*, p. 432 a , § 1802 Cathala-Spiazzi) assim expõe: "Impossibile est agere quod caret potentia. Si igitur aliquis non habet potentiam nisi quando agit, sequetur quod quando aliquis non agit, impossibile sit ipsum agere. Sed quicumque dicit aliquid esse aut futurum esse quod impossibile est fieri, mentitur. Et hoc patet ex ipsa significatione huius nominis, *impossibile.* Nam impossibile dicitur falsum quod non potest contingere. Sequitur igitur quod id quod non est, nullo modo possit fieri. Et ita ista potentia tollet motum et generationem; quia stans semper stabit, et sedens semper sedebit. Si enim aliquis sedet, nunquam postea stabit; quia dum non stat, non habet potentiam standi. Et ita non possibile est eum stare, et per consequens impossibile eum surgere. Et similiter quod non est album, impossibile erit esse album. Et ita non poterit dealbari. Et similiter in omnibus aliis". — Note-se como Tomás transporta a argumentação para o plano do *possível-impossível,* como, de resto, fazem quase todos. De nossa parte, consideramos mais correto entendê-la ficando no plano do *potente-impotente*: δυνατόν = *o que tem potência,* ἀδύνατον = *o que não tem potência,* pelas razões apresentadas na nota 7. É certo que, aqui, ἀδύνατον é termo polívoco, e parece que inclui, ao mesmo tempo, a *impotência* e a *impossiblidade*; mas é igualmente certo que, traduzindo ἀδύνατον por *impossível* (coisa em si correta), perde-se (pelo menos neste contexto) muito mais do que se perde traduzindo por *impotente,* porque o *impossível* pode levar a pensar prioritariamente na impossibilidade lógica, isto é, no contraditório (cf. Δ 12, 1019 b 21 ss.), sendo que aqui está em

questão o *impossível-impotente ontológico e real* (e, consequentemente, também o lógico).

[7] (1047 a 24-29). *A propósito da definição de potência de uma coisa como não impossibilidade de passar ao ato daquilo de que se diz que é em potência.* — Aqui tivemos de traduzir ἀδύνατον por *impossível*, já que, caso contrário, não se poderia dar sentido à frase; mas logo esclareceremos como se o deve entender. Ponha-se particular atenção ao original: ἔστι δὲ δυνατὸν τοῦτο ᾧ ἐὰν ὑπάρξῃ ἡ ἐνέργεια οὗ λέγεται ἔχειν τὴν δύναμιν, οὐθὲν ἀδύνατον: algo é *em potência*, se o traduzir-se em ato daquilo que se diz *ser ele em potência, não implica nenhuma impossibilidade*. — Além da evocação ao conceito de ἐνέργεια, que ainda não foi esclarecido, a definição como tal mostra-se insatisfatória; ela explica o δυνατόν apoiando-se sobre o conceito de ἀδύνατον. Perguntamo-nos então: Aristóteles usa verdadeiramente (como parece) do definido justamente ao instituir a definição? Estamos aqui num círculo vicioso? — Bonitz (*Comm.*, p. 387) escreve a esse propósito: "Ceterum apparet in circulo versari quam hic proponit τοῦ δυνατοῦ definitionem, quum quidem τὸ δυνατόν describit per negativae notionis negationem, quum brevius dicat: δυνατόν ἐστι τοῦτο, ὃ ενεργείᾳ εἶναι οὐκ ἔστιν ἀδύνατον". Bonitz, porém, delimita logo em seguida, essas afirmações, interpretando ἀδύνατον do seguinte modo: "Quod quidem vitium definiende licet aliquanto minuatur, si τὸ δυνατόν, quod definit, de qualitate quadam rei inhaerente, τὸ ἀδύνατον, quod ad definiendum adsciscit, de interna cogitandi repugnantia intellexerimus (*logische Unmöglichkeit*, cf. Waitz, *Organon*, I, p. 376), tamen inde nondum omnem dirimi difficultatem, quam proponenda hac notione et in principio collocanda Ar. subiit, videbimus ad 6. 1048 a 30 sqq.". Ainda mais decisivamente nesse sentido lançou-se Brentano (*Von der Mannigfachen Bedeutung...*, p. 42), que considera ser o ἀδύνατον o *das Widersprechende*, o contraditório. Com Brentano concordam muitos estudiosos. — Ross (*Metaph.*, II, p. 245) pensa poder evitar a dificuldade, entendendo a passagem sobre a qual raciocinamos não como uma *definição*, mas só como um *critério prático* a ser aplicado nos casos duvidosos: "Considerada como definição de δυνατόν, esta afirmação seria evidentemente circular e por isso inútil. Mas ela não pretende ser uma definição. Limita-se somente a dizer que antes de sustentar que algo é possível, dever-se-ia acertar que nenhuma das suas consequências é impossível. *Este é um critério para a determinação da possibilidade nos casos duvidosos*". Cf. também Tricot, *Métaph.*, II, p. 492, nota 1. — A nosso ver, (*a*) a proposta de Ross não resolve nada, dado

que, mesmo se entendida como *critério* e não como *definição*, permanecem as mesmas dificuldades, apenas deslocadas para um diferente nível. (*b*) Não é possível entender o ἀδύνατον (como pretendem Bonitz, Brentano e outros) como o *contraditório* ou a *impossibilidade lógica*: os exemplos que logo se seguem (linhas 26-31) parecem excluir que Aristóteles pense nisso, ou, pelo menos, só nisso: ele fala, com efeito, de impossibilidade a *sentar-se, de mover-se, de estar parado, de ser, de tornar-se*, portanto, de possibilidades reais (sobre a possibilidade lógica tal como é concebida por Aristóteles cf. Δ 12, 1019 b 21 ss.). (*c*) A definição move-se em círculo; todavia esse fato é devido a razões intrínsecas bem precisas: a tautologia, na definição da δύναμις e do δυνάμει ὄν ou do δυνατόν, *é inevitável*; mais adiante o próprio Aristóteles explicitará a questão: *potência e ato são conceitos que não podem dissolver-se em outros elementos mais originários, sendo eles mesmos originários; portanto instituem-se imediatamente, e quando se os define, não se pode evitar o idem per idem*. Este é um ponto-chave a ser mantido bem presente para bem compreender os conceitos fundamentais da metafísica aristotélica aqui tratados. Mas disso falaremos no comentário a Θ 6.

[8] **(1047 a 30-31)**. *A propósito da identidade e da diferença entre ἐνέργεια e ἐντελέχεια*. — Esta e Θ 8, 1050 a 21-23 são as únicas passagens da *Metafísica*, que, de algum modo, parecem dar certa base para distinguir os significados de "ato" (ἐνέργεια) e ἐντελέχεια. Mas esta é uma base puramente fictícia. A ἐνέργεια, se diz, significa propriamente *ato* enquanto a ἐντελέχεια significa o *estado* que brota do ato; ou ainda: a ἐνέργεια significa a *atividade* que conduz da potência à essência perfeitamente realizada, a ἐντελέχεια significa a *perfeição do ato*, ou seja, *o próprio ato perfeitamente realizado*. — Trendelenburg, *Aristóteles De Anim*., p. 243, escreve: "... Si vocabulorum rationem et conditionem consulueris, ἐνέργεια magis ipsum rei actum, ἐντελέχεια statum ex actu exortum significat: ἐνέργεια in ipsa adhuc actione versatur, ἐντελέχεια contra ex actione in statu quodam acquievit, ut ἐντελέχεια aliquanto ulterius processerit, quam ἐνέργεια. Ita actio differt ab eo, quod agendo effeceris". Eis o que escreve Bonitz: "Quod quidem vocabulum ἐνεργείας quum ab Aristotele cum altero ἐντελεχείας nomine plerumque ita coniungatur et commisceatur, ut idem utrumque videatur significare, voluisse certe Aristotelem discrimen aliquod inter utrumque constituere, id quod vel ex diversitate vocabulorum consentaneum est, ex hoc maxime loco apparet, quod dicit: ἡ ἐνέργεια, ἡ πρὸς ἐντελέχειαν συντιθεμένη (nisi forte rectius cum Alexandro scribitur συντεθειμάνη). Cf. 8. 1050 a 23: ἡ ἐνέργεια-συντείνει πρὸς ἐντελέχειαν. Nimirum ἐντελέχεια,

ut descendit ab adiectivo ἐντελεχής i.e. plenus, perfectus, perfectionem rei significat; ἐνέργεια vero, derivatum a v. ἐνεργεῖν, eam actionem et mutationem qua quid ex mera possibilitate ad plenam perducitur essentiam. Quare ἐνέργειαν suum et peculiarem locum habere dicit ubi agitur de mutatione et motu, eandemque dicit pertinere et tendere, συντείνειν, συντεθεῖσθαι, ad ἐντελέχειαν, perfectum rei statum qui inde conficiatur" (*Comm.*, pp. 387 s.). — Na verdade (1) Aristóteles, com exceção de duas passagens de Θ, usa indiferentemente ἐνέργεια e ἐντελέχεια como sinônimos, sem nenhuma distinção. (2) Ademais, em Θ 9 parece inverter exatamente a distinção que se poderia extrair de Θ 3 e Θ 8; naquele capítulo, com efeito, retomando, como veremos, alguns conceitos desenvolvidos em *Fís.*, III, define o movimento e o qualifica como "ato incompleto" (ἐνέργεια ἀτελής). Ora, segundo as definições que se pretende extrair de Θ 3 e 8, o movimento enquanto tal deveria ser chamado exclusivamente ἐνέργεια, não ἐντελέχεια, sendo esta ἐνέργεια τελεία, ou ato perfeitamente atuado. Ao contrário, K 9 não só usa tanto ἐνέργεια quanto ἐντελέχεια para exprimir o movimento, mas usa justamente ἐντελέχεια com uma insistência particular (cf. K 9, 1065 b 15, 21, 22, 25, 27, 33, 35; 1066 a 27, 29). Enfim, em toda a segunda parte de Θ 6, Aristóteles insiste na oportunidade de chamar *atos* ou *atividades* só aquelas ações que *têm em si o próprio fim* e são, portanto, *perfeitas*, e propõe chamar *movimento* aquelas que têm *fora de si o próprio fim*. Em suma: é vão pretender encontrar alguma *estável* distinção, na *Metafísica*, de significados entre ἐνέργεια e ἐντελέχεια. — Um aprofundamento da questão e um elenco completo das passagens nas quais os dois termos são usados na *Metafísica*, o leitor encontrará no nosso ensaio *La dottrina aristotelica della potenza, dell'atto e dell'entelechia*..., pp. 145-207, com o elenco das passagens nas pp. 196-204 = *Il conc. di filos. prima*[5] (1993), pp. 341-405, o elenco das passagens nas pp. 394-402.

4. *Sumário e comentário a Θ 4*

[1] **(1047 b 3-30)**. Sumário. — *É errado dizer que uma coisa* não é em potência senão quando já é em ato (ὅταν δὲ μὴ ἐνεργῇ οὐ δύνασθαι), *mas é igualmente errado afirmar que* uma coisa é em potência, mas nunca se realizará (δυνατὸν μὲν τοδί, οὐκ ἔσται δέ). *De fato, afirmar que uma coisa é possível* (δυνατόν) *ou que tem potência, mas que nunca se realizará*, significa negar e eliminar o impossível (ἀδύνατον): *este é, justamente, o que nunca se*

realizará. Por exemplo, dizer que a comensurabilidade da diagonal com o lado é δυνατόν, *mas que nunca se realizará (porque nada impede que uma coisa, que pode ser ou se tornar, não seja agora ou em seguida), significa cair no erro assinalado: quem raciocina assim chega, justamente,* a negar todo caso de impossibilidade. *Com efeito, foi estabelecido que, para ser lícito admitir que seja ou venha a ser uma coisa que não é, mas que é possível* (δυνατόν), *esta não deve encerrar em si nada de impossível* (ἀδύνατον), *enquanto a comensurabilidade da diagonal com o lado encerra algo impossível.* A possibilidade real *de uma coisa e a sua* atualização ou realização *resultam, portanto,* inseparáveis: *dada uma, dá-se, ao mesmo tempo, também a outra.*

[2] (1047 b 3-4). Sobre o texto originário cf.; Bonitz, *Comm.*, p. 389; Ross, *Metaph.*, II, p. 247 e Tricot, *Métaph.*, II, p. 493, nota 2. Na tradução explicitamos o conceito implícito. Lemos ᾗ em vez de ἣ.

[3] (1047 b 5). *O termo* ἀδύνατα. — Ver, a respeito, a nota 7 ao capítulo precedente, e a nota seguinte.

[4] (1047 b 9-14). *O potencial, o possível e o impossível.* — Também aqui, assim como no capítulo precedente, o ἀδύνατον sobre o qual se discute não é o impossível lógico, isto é, o puro contraditório, mas é *o que não tem capacidade de realizar-se.* Com efeito, Aristóteles observa explicitamente: "falso e impossível não são a mesma coisa"; dizer, por exemplo, que "está em pé" um homem que, ao contrário, está sentado, é falso, mas não é impossível. A afirmação da comensurabilidade da diagonal (note-se) é falsa e também impossível; mas é falsa porque impossível e não vice-versa. — Noutros termos: dizer que é o que é impossível é sempre falso; vice-versa, as afirmações falsas não são, porque falsas, impossíveis; existem afirmações que, de fato, são falsas, mas podem ser possíveis: por isso ψεῦδος e ἀδύνατον não coincidem. Em suma: ἀδύνατον é *o que intrinsecamente não possui a capacidade de ser ou de realizar-se,* δύνατον é o que *intrinsecamente possui a capacidade de ser ou realizar-se*: assim fica perfeitamente esclarecida a contradição ínsita na proposição: δυνατὸν μὲν τοδί, οὐκ ἔσται δέ.

[5] (1047 b 14-30). *O possível implica necessariamente a sua realização de direito, ainda que não de fato.* — Com A deve-se entender aqui a real possibilidade, com *B* a atuação ou realização da mesma; ora, o raciocínio visa, justamente, mostrar a intrínseca relação entre a primeira e a segunda, e o absurdo que deriva da afirmação da realidade e possibilidade da primeira e não, junto com ela, também da segunda, e vice-versa; este é, justamente, o absurdo da proposição δυνατὸν μὲν τοδί (A), οὐκ ἔσται δέ (*B*). — Carlini compreendeu bem o sentido dessa argumentação e o esclareceu melhor do

que todos os outros comentadores: "O raciocínio visa, portanto, afirmar a necessidade de que a potência, sendo real, passe (ou tenha a efetiva capacidade de passar) ao ato: realize-se em algum momento, pois não apresenta nenhuma dificuldade, real e lógica, interna. A meu ver, assim se deve entender o que se segue, no qual a relação entre A e *B* não deveria ser pensada como relação entre duas realidades, mas como relação entre dois conceitos e momentos do processo (potência e ato) da mesma realidade (in *Anal. pr.*, I. 15. 34 a, 5, onde se encontra o mesmo raciocínio, a relação é entre premissa e consequência no silogismo hipotético). Não se deve esquecer, com efeito, que aqui Aristóteles polemiza contra a afirmação megárica δυνατὸν μὲν τοδί, οὐκ ἔσται δέ: que é inaceitável, diz Aristóteles, porque dado que A e *B* sejam dois conceitos dos quais um exige o outro, não se pode afirmar a possibilidade ou realidade de um sem afirmar a possibilidade ou realidade do outro. A passagem da potência ao ato é, portanto, logicamente necessária, e também realmente necessária, dada a concepção determinística universal de Aristóteles para o qual todo processo, sendo de algum modo desde sempre iniciado, deve chegar ao seu cumprimento; mas, dado que a questão é aqui realística também em sentido empírico, a passagem ou cumprimento pode não ser determinado no *quando* e no *como*" (*Metafisica*, p. 286, nota 1). — Essas últimas afirmações são, porém, inexatas e devem ser corrigidas: o possível, para Aristóteles, pode "de fato" não se realizar absolutamente, sem que os raciocínios acima expressos, relativos à estrutura e ao estatuto do δυνατόν, sejam minimamente abalados. — Resumindo as conclusões a que o Estagirita chega em Θ 4, diremos: o *ser possível inclui a sua realização; não de fato, mas de direito*: que não se realize algo que é δυνατόν é, *de fato*, vale dizer, do ponto de vista empírico, possível, mas *de direito*, em si e por si, não é possível.

5. *Sumário e comentário a* Θ 5

[1] (1047 b 31 – 1048 a 24). Sumário. — *As potências se distinguem em* congênitas *e* adquiridas: *congênitas são as que se possuem naturalmente, como, por exemplo, as potências dos sentidos; adquiridas são as potências racionais, isto é, as artes e as ciências poiéticas, que se adquirem com o hábito, com o ensinamento, com o raciocínio. As potências adquiridas, para serem possuídas, exigem um precedente exercício da atividade; as potências congênitas e as potências passivas, ao contrário, não têm necessidade dele.*

— *O capítulo desenvolve ainda dois conceitos importantes: a determinação de toda potência* e *a* diversidade das potências racionais relativamente às irracionais, no que se refere à sua atualização. *Toda potência é sempre potência de algo determinado, num certo tempo, de certo modo e com todas as outras condições que devem fazer parte da definição.* Assim *sendo, quando, nas potências irracionais, agente e paciente se encontram segundo a sua potência,* necessariamente *um age e outro padece.* Ao *contrário, nas potências racionais,* tal necessidade não ocorre; *as potências irracionais, com efeito, são capazes de produzir apenas um dos contrários, enquanto as potências racionais são capazes de produzir os dois contrários: se, portanto, valesse também para elas a necessidade acima indicada, ambos os contrários deveriam, ao mesmo tempo, ser produzidos, o que é absurdo.* — *No caso das potências racionais, deve haver outro princípio que decida a atualização de um dos dois contrários:* e este é o desejo ou a escolha racional. *Dados o desejo e a escolha racional, que decidem a atualização de um dos contrários, permanece também nesses casos, uma certa necessidade, mas apenas mediada.* — *A lei da "determinação" de toda potência vale não só para as potências irracionais, mas também, e no mesmo alcance, para as potências racionais. O agente só tem potência se o paciente está presente, e nas condições em que deve estar. Por essas razões, não se pode, ao mesmo tempo, querer ou desejar duas coisas diversas e opostas, porque não existe potência desse tipo; poder-se-á fazer apenas aquilo de que se tem potência e do modo como se a tem. Este capítulo liga-se diretamente ao segundo (os dois precedentes são como um parêntesis).*

[2] (**1047 b 31-35**). *Potências congênitas e potências adquiridas.* — Tomás (*In Metaph.*, p. 434 a, § 1815 Cathala-Spiazzi) dá uma clara explicação: "Dicit ergo..., quod cum potentiarum quaedam, sint inditae his quorum sunt, sicut sensus animalibus. Quaedam vero per consuetudinem acquirantur, sicut ars tibicinandi et aliae huiusmodi artes operativae; quaedam vero acquirantur per doctrinam sive disciplinam sicut medicina et aliae huiusmodi artes: dictarum potentiarum quaecumque per consuetudinem et rationem nobis insunt, necesse est primum agere et praeexercitari in eorum actibus antequam acquirantur; sicut tibicinando, aliquis fit tibicinator; et considerando medicinalia, aliquis fit medicus. Sed aliae potentiae, quae non acquiruntur per consuetudinem, sed insunt a natura et sunt in patiendo, sicut patet de potentiis sensitivis, non procedant a suis actibus. Non enim aliquis vivendo acquirit sensum visus; sed ex eo quod potentiam visivam habet, fit actu videns". Cf., para ulteriores aprofundamentos, Ross, *Metaph.*, II, p. 249.

[3] (1047 a 35 – 1048 a 2). *O conceito de potência e as determinações que estruturalmente implica.* — Tenha-se presente a seguinte observação, extremamente importante para focalizar nitidamente o conceito aristotélico de potência, que não é (como muitos creem) um conceito vazio e vago, mas um conceito que implica uma série de determinações e particularizações. Em especial aqui Aristóteles diz que a potência é (*a*) sempre potência de *algo determinado* (τί), vale dizer, potência de um *ato bem determinado*; (*b*) num *tempo* determinado (ποτέ), no sentido de que não em qualquer momento algo é em potência outra coisa, mas *só em determinados momentos*; (*c*) num *modo determinado* (πως), no sentido de que algo é em potência outra coisa não de qualquer modo, mas só de um modo definido; (*d*) em *circunstâncias determinadas*. Exemplifiquemos: o fogo tem a potência de queimar (e junto com ela de iluminar e de aquecer); não, porém, em qualquer momento e condição, mas só quando esteja próximo do objeto e o objeto seja de modo a receber a ação do fogo, e todas as circunstâncias sejam favoráveis ao caso. E assim por diante.

[4] (1048 a 2-8). *A necessidade da atuação nas devidas circunstâncias está ligada só às potências irracionais.* — As potências, como vimos em Θ 2, podem ser (1) *irracionais* (tanto em seres inanimados como em seres animados), ou (2) *racionais* (e tais são só as potências presentes na alma racional do homem ou, em todo caso, necessariamente conexas com ela). — Note-se que, manifestamente, Aristóteles considera as potências *congênitas*, das quais falou acima, como *irracionais*, e as potências *adquiridas*, seja mediante o exercício seja mediante a aprendizagem doutrinal, como potências *racionais*. — Ora, a diferença de comportamento das primeiras relativamente às segundas está no seguinte: (1) quando agentes e pacientes de potências irracionais se encontram, *necessariamente* uns agem e outros padecem; (2) ao contrário, no caso das potências racionais, essa *necessidade* não ocorre. — Note-se que o acento (como bem observa Schwegler, *Metaph.*, IV, p. 169) é posto justamente sobre essa necessidade.

[5] (1048 a 8-10). Esta é a razão que explica o diferente comportamento das potências racionais relativamente às irracionais (cf. a nota precedente).

[6] (1048 a 11). A expressão ὄρεξις ἢ προαίρεσις. Sobre esta expressão ver Trendelenburg, *De Anim.*[2], pp. 151 ss., 442. Cf. *Et. Nic.*, Z 2, 1139 a 18 ss.; *Do mov. anim.*, 6, 700 b 35 ss.

[7] (1048 a 21-24). Repita-se, também para este caso, o que foi dito na nota 3.

6. *Sumário e comentário a Θ 6*

[1] (**1048 a 25 – b 36**). Sumário. — *Esgotado o tratamento da potência considerada em relação ao movimento, Aristóteles* passa ao tratamento do ato e da potência do ponto de vista metafísico (*já parcialmente antecipado nos capítulos 3 e 4*). *O ato é a própria existência da coisa, porém, não a existência potencial como Hermes num pedaço de madeira ou o segmento de reta na reta, etc., mas a existência atual da coisa. — Como se vê, o ato (assim como a potência) só pode ser definido pressupondo-o. Como todos os conceitos originários, ele pode ser captado indutivamente e compreendido intuitivamente mediante analogias sugeridas por exemplos particulares.* Em potência *é um Hermes num pedaço de madeira, um segmento de reta na reta, um pensador que, em certo momento, não está especulando, etc.*; em ato *é o Hermes esculpido, o segmento da reta já dividida, o pensador que está especulando, etc. Os diversos significados de ato e de potência, explica* Aristóteles, *não são redutíveis a um único, mas não são puramente equívocos: são* análogos (*cf. nota* 5). — *Potência e ato, quando são referidos ao* infinito *e ao vazio e a coisas semelhantes, assumem um significado diferente do usual. Com efeito, do infinito não existe uma realização ou atualização, como existe para as outras coisas: a atualização só existe, como tal, para o pensamento. — Encerra o capítulo uma série de especificações sobre a diferença subsistente entre os diversos* movimentos *e as diversas* ações. *Aristóteles distingue o movimento e as ações segundo* (a) *não tenham em si o fim, ou* (b) *o tenham. Os primeiros são movimentos ou ações incompletos; os segundos são movimentos ou ações completos, e só esses merecem a qualificação de* atividade.

[2] (**1048 a 27-30**). *O significado de potência em relação à substância.* — Dado que (1) o primeiro dos significados de *potência* é dito πρὸς τὴν κίνησιν (relativo ao movimento), poderemos indicar (2) o segundo como πρὸς τὴν οὐσίαν (mesmo que Aristóteles não utilize expressamente esta nomenclatura), enquanto este segundo significado consistirá na "matéria" das substâncias sensíveis. — Assim, analogamente, (1) o primeiro dos significados de *ato* consiste no *movimento*, (2) o segundo, ao invés, consiste na *forma* ou *substância formal* das coisas. — É clara a razão pela qual Aristóteles diz ter tratado dos primeiros significados de potência e de ato só em função dos segundos: de fato, os primeiros têm mais interesse *físico*, os segundos mais *metafísico*. O ato no segundo significado, como veremos, será aplicável também aos entes imóveis (Deus, as substâncias moventes das esferas celestes), isto é, às substâncias para as quais se dirige toda a pesquisa metafísica.

[3] (**1048 a 30-37**). A *semantização recíproca dos conceitos de potência e ato.* — Ato e potência são conceitos que conhecemos com *procedimento intuitivo-*

indutivo: devemos "vê-los" imediatamente nos particulares; *a justificação da sua validade é dada pela sua própria evidência*: trata-se, noutros termos, de um "ver" que as coisas são assim e não de outro modo. — Há mais, porém: ἐνέργεια e δύναμις não podem ser caracterizadas quando tomadas individualmente, mas só na sua recíproca relação; não é possível captar o significado do primeiro conceito a não ser captando, junto, também o significado do segundo: um condiciona a compreensão do outro e vice-versa. Viu-se, acima, como ao definir δυνατόν, Aristóteles apela para ἐνέργεια; aqui, em Θ 6, ao definir ἐνέργεια, apela para δύναμις e diz: ἔστι δὴ ἐνέργεια τὸ ὑπάρχειν τὸ πρᾶγμα μὴ οὕτως ὥσπερ λέγομεν δυνάμει, *o ato é o existir de algo, não porém no sentido em que dizemos ser em potência*. — Seria inútil insistir sobre o caráter tautológico da definição, pelas razões examinas na nota 7 do terceiro capítulo: *mais do que de definição, trata-se de uma caracterização que adquire sentido em função dos exemplos que a sustentam*. Dizemos que subsiste em potência um Hermes na madeira, a metade da linha numa linha inteira, um pensador que não está, num dado momento, especulando; enquanto, em ato, subsiste o Hermes esculpido, a linha realmente dividida, o pensador que está especulando. Ainda: o ato está para a potência como o construir para o saber construir, o estar desperto para o dormir, o olhar para o ter os olhos fechados, o objeto extraído da matéria para a matéria bruta. — Note-se que aqui Aristóteles mistura e não distingue os dois significados de ato e potência, mas os distingue no período seguinte.

[4] (**1048 a 37**). A *captação por intuição mediante analogia de alguns conceitos*. — Foi notado que συνορᾶν (que traduzimos com a expressão: *compreender intuitivamente*) é um termo com o qual Platão, no *Fedro* (265 D), designa a intuição da Ideia, e alguém pensou, por consequência, num "retorno" ao procedimento platônico por parte de Aristóteles. Assim, por exemplo, M. Wundt (*Inters. z. Metaph. d. Aristóteles*, p. 94), escreve que Aristóteles, quando deve, como aqui, captar os conceitos últimos, só pode valer-se do procedimento de Platão. E assim também Oggioni: "O conceito e a realidade do ato são, no pensamento de Aristóteles, algo originário e imediatamente pensado (1048 a 30 – 1048 b 6). Nisso Aristóteles repete fielmente o limite dogmático do pensamento antigo, limite expresso, da maneira mais eficaz, na concepção platônica de que o ser é para a razão o 'imediato' objeto de uma intuição, isto é, que a representação do ser é, no homem, algo inato, eternamente presente na alma, ela mesma originária e eterna pela sua essência..." (*La Metafisica*, cit., p. 321). — Na realidade, συνορᾶν deve ser entendido em relação a ἐπαγωγή, da qual se fala imediatamente antes (na linha 36), isto é, *no significado específico da indução*

aristotélica e, em todo caso, num sentido não discordante dela, mesmo que seja inquestionável a recepção de instâncias tipicamente platônicas.

[5] (1048 b 6-9). *Significados analógicos do conceito de ato.* — Passagem muito importante, porque Aristóteles, ao mesmo tempo em que distingue os diferentes significados de ato e potência, diz qual é a relação de unidade que os liga (a relação de *analogia*!). Falamos de *ato* não em sentido unívoco, nem equívoco, mas análogo. — Os termos da analogia são: o *ato no sentido de movimento* está para a *potência do movimento*, assim como o *ato como substância formal ou forma* está para a *potencialidade da matéria*. Vice-versa: a *potência* como *princípio de movimento* está para o movimento em ato, assim como a *potencialidade da matéria* está para a *atualidade da substância e da forma*. E a analogia aqui evocada é a de proporção, da qual falamos no comentário a Δ 6. — Fica claro, ademais, que o significado de potência como matéria e de ato como forma vale para a *primeira categoria* (a substância) e só para ela; o outro significado de potência e ato conexo ao movimento vale não só para a primeira, mas *para todas as categorias às quais são conexos o movimento e a mudança*. Esclarece-se, além disso, definitivamente, que o significado relativo à substância é o que interessa a Aristóteles, já que, pelo aprofundamento desse significado, *ele poderá conquistar uma última e essencial dimensão da própria substância.*

[6] (1048 b 9-17). *Infinito e vazio são só em potência e algumas implicações dessa tese.* — O comentário de Tomás a esta passagem parece-nos ainda merecedor de meditação (*In Metaph.*, p. 438 a-b, §§ 1830 s. Cathala-Spiazzi): "Ponit *aliam diversitatem* actus; dicens, quod infinitum, et inane sive vacuum, et quaecumque huiusmodi sunt, aliter dicuntur esse in potentia et actu, quam multa alia entia. Utputa videns, et vadens, et visibile. Huiusmodi enim convenit aliquando simpliciter esse vel in potentia tantum, vel in actu tantum; sicut visibile in actu tantum, quando videtur, et in potentia tantum, quando potest videri et non videtur. — Sed infinitum non ita dicitur in potentia, ut quandoque sit separatum in actu tantum. Sed actus et potentia distinguuntur ratione et cognitione in infinito. Puta in infinito secundum divisionem dicitur esse actus cum potentia simul, eo quod nunquam deficit potentia dividendi: quando enim dividitur in actu, adhuc est ulterius divisibile in potentia. Nunquam autem separatur actus a potentia, ut scilicet quandoque sit totum divisum in actu, et non sit ulterius divisibile in potentia. Et similiter est considerandum in vacuo. Possibile enim est locum evacuari ab hoc corpore, non ut sit totum vacuum: remanet enim plenus alio corpore. Et sic semper in vacuo remanet potentia coniuncta actui. Et

idem est in motu, et tempore, et huiusmodi aliis, quae non habent esse perfectum". — Vale a pena ler também uma página de F. A. Trendelenburg, de exemplar clareza e inteligência: "Quomodo infinitum re vera et actu esse dici possit, magna est quaestio. Est enim infinitum, si verum consulis, δύναμις sine εντελέχειᾳ, aliquid quod fieri posse cogitatur, nunquam vero ad veritatis exitum perducitur, quod mente percipitur, nusquam vero conspicitur; quod enim conspicitur, necessario finitum est. In quam sententiam in metaphysicis Θ 6, 1048 b 14. Leguntur: τὸ δ' ἄπειρον οὐχ οὕτω δυνάμει ἐστὶν ὡς ἐνεργείᾳ ἐσόμενον χωριστόν, ἀλλὰ γνώσει. Difficultates quidem insunt in physicorum loco una plures; haec autem summa est sententia. Rem sive divides sive augebis addendo, infiniti notio exsistet; at sola cogitatione; δύναμις enim ad ἐντελέχειαν non perducitur. Si dividendo infinitum gignas, res infiniti est materia, sin autem addendo, infiniti materia non adest, sed cogitatione adstruitur. Itaque si dividas, infinitum re vera δυνάμει subest; si addas, minus. Si ad infinitum ἐντελέχειαν transferre volueris, nunquam adest totum, sed tantum partes eius, ut infinitum tanquam totum sola cogitatione praecipere possis. Ita ad diem vel pugnam ἐντελέχεια adhibetur. Nunquam re vera est dies, totus et integer, adsunt eius partes, momenta, ex quibus consistit; haec mente comprehensa diem neque ἐντελεχείᾳ esse negamus. Nec secus pugna. Universa eius imago solis mentis oculis proponitur; ipsa pugna non nisi fugaci momentorum vicissitudine adest. Sic etiam infinitum partibus adest et viget; totum vero sola mente colligitur et quasi praecluditur'"(*De anim.*[2], p. 253). — Cf. também Ross, *Metaph.*, II, p. 252, Tricot, *Métaph.*, II, p. 500, nota 2. — Interessantes aprofundamentos encontram-se em Bonitz, *Comm.*, II, p. 395, nota, e em Carlini, *Metafisica*, p. 291, nota 1. Bonitz considera que existe uma contradição entre a doutrina de Θ 4, para a qual δύναμις, se é tal, deve ter intrínseca e efetiva capacidade de atuar-se, e a afirmação de que o infinito é só δυνάμει e não pode atuar-se (*loc. cit.*). Carlini vê emergir nessa contradição uma profunda verdade: o início da suspeita de que "a verdadeira infinidade é só do pensamento". — Nesta sede não é possível discutir ulteriormente a questão, que nos desviaria do tema; notamos apenas que a solução da aporia é dada pelo próprio Bonitz, onde diz: "Ergo ἐνέργεια infiniti cernitur in ipsa δυνάμει τοῦ ἀει τέμνεσθαι"; e notemos como Carlini vai além do espírito do aristotelismo.

[7] (**1048 b 18-35**). *Distinção entre movimento e atividade.* — Esta parte final do capítulo (linhas 18-35) não aparece em certos manuscritos, não é traduzida por G. Di Moerbeke nem por Bessarione, não é comentada pelo Ps. Alexandre (exceto num códice, reportado por Hayduck na p. 581 em

nota) nem por Tomás. Quase todos os estudiosos estão de acordo acerca da autenticidade da doutrina aí contida.

[8] (1048 b 18-35). *Diferença entre movimento e atividade.* — Aristóteles distingue: (1) movimentos e ações que têm *o fim fora de si*, como por exemplo o emagrecer que tem por fim a magreza, o aprender que tem por fim o saber, o caminhar que tem por fim a chegada a algum lugar, etc.; (2) movimentos e ações que têm *o próprio fim em si*, como o viver bem, o ser feliz. (1) No primeiro caso, estando o escopo fora da ação, esta está em relação com aquele como meio a fim e, portanto, não é ação perfeita ou completa. (2) No segundo caso, ao invés, sendo a própria ação o escopo, tem-se uma ação completa e perfeita. (1) No primeiro caso, diz Aristóteles, dever-se-á propriamente falar de *movimento* e não de *atividade*; (2) no segundo, ao contrário, dever-se-á falar de *atividade*, dada a intrínseca perfeição e a imanência do fim (compreende-se, em função de tal distinção, que na *Et. Nic.*, VII 14, 1154 b 27, Aristóteles possa falar de ἐνέργεια ἀκινησίας, isto é, de *atividade sem movimento*, própria do primeiro Movente). A respeito disso deve-se ver as interessantes observações de Tricot, *Métaph.*, II, pp. 501 s., nota 1.

7. *Sumário e comentário a Θ 7*

[1] (1048 b 37 – 1049 b 3). Sumário. — *Este capítulo põe e resolve* (1) *em primeiro lugar o problema de* quando *uma coisa é outra em potência.* (a) *Na esfera da arte, pode-se dizer que uma coisa é em potência quando* (α) o artista queira agir e (β) não se interponham obstáculos externos. (b) *Ao contrário, no que se refere às coisas que têm em si o princípio da geração, a sua atualização depende da sua própria natureza e, portanto, são em potência para se tornar algo diferente, simplesmente quando nada as impeça a partir de fora.* A *terra não é o homem em potência, mas o é só quando se tenha tornado esperma, e este tenha sido depositado na mulher: quando estiver nessa condição, em virtude do seu princípio próprio, estará em potência para se tornar homem.* — (2) *Quando dizemos que algo é* feito de outra coisa, *esta é sempre a* potência *daquele: o armário é feito de madeira e a madeira é em potência o armário; a madeira é feita de terra e a terra é em potência a madeira, etc. Quando se alcançar o termo primeiro, que não é feito de outro, este será a matéria (e, portanto, a potência) prima e originária.* — (3) *Enfim, Aristóteles recorda que o* substrato ou sujeito *tem dois sentidos.* (a) *Significa a substância relativamente aos seus acidentes e* (b) *significa a matéria relativamente à forma. No primeiro caso* (a) *a potência e o indeterminado não são o*

substrato, mas os seus atributos; ao contrário, no segundo caso (b) *a potência e o indeterminado são o substrato. Por isso, como no caso* (b) *o objeto não é denominado com o substantivo que indica o substrato, mas só com o adjetivo derivado dele, no caso* (a) *o objeto não é denominado com o substantivo que indica as afecções, mas só com o adjetivo dele derivado (cf. nota 10).*

[2] (**1049 a 1-3**). *Quando o esperma é em potência homem.* — Cf. abaixo as linhas 14 ss., onde Aristóteles explica que o sêmen é em potência o homem *só* quando tenha sido posto na fêmea (e nas condições oportunas).

[3] (**1049 a 3-4**). Cf. Z 7, 1032 b 21 s.

[4] (**1049 a 4-5**). *O que é em potência para ser curado.* — Por exemplo, será em potência para ser curado só o organismo que tem em si aquelas condições que permitem desenvolver a quantidade de calor necessária para reproduzir aquele equilíbrio orgânico em que consiste a saúde? Ver a nota seguinte.

[5] (**1049 a 5-12**). *Em que condições são em potência as coisas que são produzidas pela arte.* — Aristóteles responde ao problema proposto, distinguindo as coisas que não são produzidas pela arte (das quais se ocupa no período que estamos lendo) e as coisas naturais (das quais falará logo em seguida). Particularmente feliz é a paráfrase de Maurus (*Arist. op. omn.*, IV, p. 472 a), que transcrevemos: "Proposita ratione dubitandi respondet Aristoteles ad quaestionem, quod cum aliquid ita se habet, ut nisi extrinsecum impediat, unica actione, nulla alia praevia praeparatione vel mutatione, possit pro libito a mente vel arte, aut statim ab alio principio extrinseco vel etiam a principio intrinseco [isto, porém, no caso das realidades naturais] reduci in actum, tum est simpliciter in proxima potentia ad talem actum; e converso, cum antequam reducatur in actu, praecedere debet aliqua mutatio vel praeparatio, tum non est simpliciter in potentia ad actum. Ex. gr. corpus non semper est potentia sanum respectu naturae vel artis vel casus, sed tum solum, cum potest immediate sanari; cum vero multae debent praecedere praeparationes, adhuc non est potentia sanum; similiter materia est potentia domus, cum statim ab agente, absque alia praeparatione per quam illi quidquam addatur vel dematur, potest recipere formam domus; cum vero debet prius praeparari, coquendo lateres etc., adhuc non est potentia domus; arbores etiam in silvis adhuc non sunt potentia navis aut arca, nec terra est potentia domus, cum debeat prius mutari in lateres".

[6] (**1049 a 13-18**). *Em que condições são potências as coisas naturais.* — Aristóteles considera agora o caso das realidades naturais, Leiamos ainda o comentário de Maurus (*Arist. op. omn.*, IV, p. 472 b): "Idem proportionaliter dicendum de aliis, sive habeant principium transmutationis et perfectionis

extra, ut artificialia, sive habeant tale principium intra, ut naturalia. Ex. gr. semen, quod habet intrinsecum principium, ut transmutetur in plantam, non semper est proxime potentia planta. Cum enim adhuc non est perfectum et maturum, adeoque praerequiruntur aliquae praeparationes, non est potentia planta; at cum jam est perfectum et maturum adeoque per suam intrinsecam virtutem potest proxime, transmutari in plantam, tum jam est potentia planta. Similiter terra non est potentia statua, quia antequam ab artifice transmutetur in statuam, debet ab alio principio, puta a natura sive causa naturali, transmutari in aes; cum autem fuerit transmutata in aes et proxime disposita, ut formetur in statuam, tunc est potentia statua". Cf. também *supra*, nota 2.

[7] (**1049 a 19**). *As coisas se denominam com substantivo que deriva do ato enquanto da potência só pode derivar o adjetivo que as qualifica.* — O texto diz ἐκείνινον, que não pode ser traduzido literalmente, como já vimos em Z 7, 1033 a 7: os exemplos que seguem, em todo caso, esclarecem bem o significado do termo. O armário *não* é madeira (ξύλον), mas *lígneo*, isto é, *feito de madeira* (ξύλινον); a madeira não é *terra* (γῆ), mas é *feita de terra* (γήϊνον). Já sabemos, pelo livro Z, a razão do fato assinalado: *os compostos de matéria e forma não se denominam nunca com o substantivo que indica a matéria, mas só se qualificam com o adjetivo que indica a matéria de que são constituídos, já que as coisas tiram as suas denominações da forma, que é o que as faz ser o que são.* Ora, aqui se diz exatamente a mesma coisa: a potência é matéria e, portanto, o que a coisa é em potência (ou a potencialidade da coisa) *não* dá nome à coisa, *a não ser indiretamente como adjetivo qualificativo: a coisa se denomina diretamente pelo seu ato*, isto é, pela sua forma.

[8] (**1049 a 18-27**). *Em que sentido e de que maneira matéria e potência se identificam.* — O pensamento aristotélico é claro: pode-se dizer que uma coisa é *em potência* outra somente se aquela coisa é a sua condição próxima e imediata. Assim sendo, podemos nos perguntar: dado que a potência exprime a matéria, então devemos dizer que os dois conceitos de identificam perfeitamente, ou não? A resposta dada por alguns estudiosos é a seguinte. Trendelenburg (*Gesch. d. Kategorienlehre*, p. 159, nota 2) escreveu: "É verdade que a *matéria* é δύναμις, contudo não se pode inverter a proposição, como frequentemente se faz, como se a δύναμις fosse só matéria". — A esta observação geral de Trendelenburg, acrescentamos outra (referente mais especificamente ao capítulo que estamos lendo) de Bonitz: "Materiae et potentiae notiones, ut pariter ex generatione et mutatione explicanda suam repetunt originem (cf. *Phys.* I 6), ita saepissime apud Aristotelem coniunguntur et altera ad alteram refertur, cf. Z 7. 1032 a 21. H 1. 1042 a

27. 2. 1042 b 10. Θ 8. 1050 b 27... Intercedit tamen, si acrius attenderis, discrimen inter materiam et potentiam. Ὕλη enim nominatur quidpiam, quatenus nondum est determinatum per formam, sive per certam quandam sive omnino per ullam; δύναμις vero rei dicitur, quatenus res ex ea fieri potest omnesque fiendi conditiones iam suppetunt. Id discrimen quum alibi saepe negligere possimus, hoc loco probe tenendum est ubi quaeritur, quando aliquid dicatur δυνάμει esse, sive quae tandem proprie ac summo iure appelletur, prima et ab hac certa re remotissima, utpote quae nulla dum forma circumscripta sit et definita, praecipue hoc nomen sibi vindicat; reliquae vero materiae eatenus tantum hoc nomine appellantur, quaetenus quum aliquam habeant formam, eam tamen nondum sunt nactae, ad quam definientur. Potentiam vero quum quaerit quae potissimum nuncupetur sive quando quid recte dicatur δυνάμει esse, diligentissime id Ar. spectat, ut proximam, τὴν προσεχεστάτην, omnibus notis definiat. Tum enim, ait, recte quidpiam dicitur δυνάμει esse, quum omnes suppetunt exsistentiae conditiones sive in ipsa re sive extra eam positae" (*Comm.*, p. 398). — Ross (*Metaph.*, II, p. 255) contesta a validade dessa distinção, sustentado que não parece ser esta a intenção de Aristóteles, dado que ele, também para a matéria, insiste na necessidade de chegar à matéria próxima (H 4, 1044 b 1), e que *matéria* e *potência* são frequentemente unidas sem que exista indícios dessa distinção (p. ex. 1049 a 23, 1050 a 15, 1050 b 27; Λ 1071 a 10; N 1088 b 1, 1092 a 3). Mas as objeções de Ross *não* são decisivas: o simples fato de Aristóteles distinguir uma *matéria remota* (ou prima) e uma *matéria próxima*, e o fato de não fazer o mesmo (e nem poder fazer) para a potência confirma a validade da distinção de Tredelenburg e de Bonitz, que, se não é totalmente explícita, é certamente implícita nas teses que lemos.

[9] (**1049 a 28**). A *lição exata*. — Aqui se deve, muito provavelmente, ler καθ' οὗ e não κατόλου, como O. Apelt sugeriu, e Ross demonstrou definitivamente (*Metaph.*, II, p. 257).

[10] (**1049 a 27 – b 1**). *Os dois significados de substrato e os nexos dos dois significados com a potência e com o ato.* — Aristóteles distingue o duplo significado de καθ' οὗ ou ὑποκείμενον, que lhe foi sugerida, evidentemente, pelo tema da ὕλη, que é, justamente, *substrato*, καθ' οὗ, ὑποκείμενον. Substrato, como vimos, tem significado fundamentalmente diverso, segundo seja ou não um τόδε τι. — (1) Quando o que se predica de um substrato são *afecções* (πάθη), então substrato é uma substância (um τόδε τι); por exemplo: branco, músico, caminha só podem ser predicados de uma substância (do homem, precisamente); relativamente aos predicados que exprimem *afecções*

o homem serve de substrato ou sujeito. — (2) Ao invés, quando o que é predicado é a essência ou a determinação formal (εἶδος καὶ τόδε τι), então o *substrato ou sujeito* é a matéria ou a substância materialmente considerada. — (1) Ao definir o objeto, no primeiro caso, *não* se dirá: o homem é a brancura ou a música, mas: é branco, é músico: as afecções, noutros termos, não dão *o quê (ou essência) de uma coisa, mas as determinações acidentais.* — (2) *Analogamente, no segundo caso, não se dirá nunca (como já notamos acima) a mesa é madeira, mas de madeira: o substrato material não dá o quê* uma coisa é, mas aquilo de que ela é feita. Isso ocorre, explica Aristóteles, porque tanto as afecções quanto a matéria são indeterminadas (as afecções se determinam na concreta atribuição a um determinado sujeito, e a matéria se determina mediante a atuação da forma). — Desta observação pode-se extrair uma segunda, que interessa mais de perto à nossa questão: (1) no primeiro sentido, o *substrato ou sujeito* é a substância, isto é, o ato, e as afecções são o indeterminado (ἀόριστον), portanto, potência; (2) no segundo significado, ao invés, o *substrato ou sujeito* é a matéria, portanto, é ela o indeterminado e a potência, enquanto o que dele se predica é forma e ato. (Para a identificação de ἀόριστον e δυνάμει, cf., Γ 4, 1007 b 26-29; 5, 1010 a 3 s.).

8. *Sumário e comentário a Θ 8*

[1] **(1049 b 4 – 1051 a 3)**. Sumário. — *Este capítulo, que é o cume de* Θ, é uma demonstração minuciosa do que se pode chamar de teorema da prioridade do ato sobre a potência. — *O ato é anterior à potência em todos os três sentidos em que uma coisa pode ser anterior a outra*: (1) *pela* noção, (2) *pelo* tempo e (3) *pela* substância. — (1) *Pela noção, o ato é anterior enquanto só podemos saber de quê algo é potência quando sabemos o ato ao qual ele tende.* — (2) *Quanto à anterioridade pelo tempo, deve-se distinguir.* (a) *Se se considera* o indivíduo particular, *então, nele a potência é anterior ao ato, porque antes de ser plenamente em ato o indivíduo foi embrião, vale dizer, em potência.* (b) *Ao contrário, se se considera* a espécie do indivíduo *e a série dos indivíduos, o ato é anterior, enquanto é sempre um indivíduo* já em ato *que gera outro indivíduo.* — (3) *Enfim, o ato é anterior à potência quanto à substância e ao ser. Para provar este ponto Aristóteles vale-se de dois grupos de argumentos.* (A) *O primeiro grupo tende a demonstrar que o ato (enquanto é forma) é regra, princípio e condição da potência (que é matéria).* (B) *O segundo grupo tende, ao contrário, a demonstrar que o ato, sendo o modo de ser próprio dos entes eternos e incorruptíveis, é anterior à potência, que é, ao invés, o modo de ser dos entes corruptíveis, justamente na medida em*

que o incorruptível é anterior ao corruptível. (Exporemos e aprofundaremos amplamente as provas individuais nas notas de comentário).

[2] (1049 b 4). Cf. Δ 11.

[3] (1049 b 8-10). Cf. Δ 4, 1014 b 18 ss.

[4] (1049 b 10-11). Cf. *infra*, linhas 12-17.

[5] (1049 b 11). Cf. *infra*, 1050 a 4 – b 34.

[6] (1049 b 11-12). Cf. *infra*, 1049 b 17 – 1050 a 3.

[7] (1049 b 12-13). Cf. *infra*, 1, 1046 a 10.

[8] (1049 b 12-17). *Primeira argumentação sobre a anterioridade do ato pela noção.* — O ato é anterior também *pela noção* (τῷ λόγῳ), enquanto não se pode conhecer e definir a potência *senão conhecendo o ato do qual ela é potência.* Portanto, a noção de ato precede, na medida em que condiciona, a noção de potência. Cf. Bonitz, *Comm.*, p. 401: "Notione et cognitione actus prior est potentia, quia definiri non potest potentia nisi adhibito ad definiendum eo actu, ad quem possit progredi".

[9] (1049 b 27-28). Cf. Z 7-9.

[10] (1049 b 17-29). *Argumentação sobre a anterioridade do ato pelo tempo.* — O ato é anterior *pelo tempo* (τῷ χρόνῳ). Aqui, na verdade, é preciso distinguir. (1) Enquanto tudo o que se gera e advém necessita de uma causa eficiente *já em ato*, então é óbvio que essa causa em ato deve preceder o causado e, portanto, o ato é anterior *pelo tempo* à potência. (2) Mas é igualmente claro que a prioridade do ato, nesse sentido, subsiste só relativamente à espécie e à série dos indivíduos e não simplesmente em relação ao indivíduo particular. Com efeito, o indivíduo, numericamente considerado, *antes* é em potência e *depois* é em ato. O que conta e o que decide não é, porém, esse segundo modo de ver o problema, porque é verdade que, se no indivíduo vem primeiro a potência e depois o ato, todavia *a passagem da potência ao ato não ocorreria se não existissem outros indivíduos já em ato* (ou, pelo menos, outras coisas já em ato) que os fizessem passar da potência ao ato. E, portanto, retorna-se ao primeiro ponto de vista.

[11] (1049 b 17 – 1050 a 3). *Segunda argumentação a favor da anterioridade do ato pelo tempo.* — Leiamos esta argumentação na reconstrução de Maurus (*Arist. op. omn.*, IV, p. 474 b): "... etiam in eodem numero, quod aliquando est potentia, aliquando actu, actus praecedunt illas potentias, quae non possunt acquiri nisi per actus, cujusmodi potentiae sunt scientiae et artes habituales; at aliqua potentia imperfecta accepta a natura praecedit actus. Probatur; nam non potest quis evadere aedificator nisi aedificando, nec potest evadere citharizando; ergo actus praecedunt habitus, qui sunt potentiae

actibus acquisitae. Adhuc tamen ut quis exerceat actus aedificandi et citharizandi ad artes acquirendas, debet praehabere aliquam potentiam insitam a natura ad tales actus exercendos, per quam axercendo actus imperfectos adquirat habitus, quibus possit deinde exercere actus perfectos. Hinc vero solvitur argumetum sophistarum, qui ex eo, quod scientiae et artes acquirantur per actus, inferebant scientias et artes non esse necessarias, siquidem actus earum possunt exerceri sine ipsis. Dicendum enim, quod sicut quod movetur, jam est aliqualiter motum, ut dictum est in Physicis, ita qui discit, jam aliqualiter scit. Habet enim scientiam imperfectam insitam natura, per quam exercendo aliquos actus imperfectos acquirit scientiam perfectam, per quam deinde potest facile et prompte exercere actus perfectos, Patet igitur, actum esse priorem potentia prioritate *temporis* et *generationis*". A remissão é à *Física*, VI 6, 236 b 32 ss.; cf. Ross, *Metaph.*, II, pp. 261 s.

[12] **(1050 a 4 – b 34)**. *A questão da anterioridade do ato pela substância e estrutura das argumentações com que é discutida.* — Este é o ponto mais exigente: Aristóteles o demonstrará com uma *dupla série* de argumentações: (A) a primeira, que vai até 1050 b 6, contém três provas: (*a*) linhas a 5-7, (*b*) linhas 7-14, (*c*) linhas 15 – b 6; (*B*) a segunda contém três provas: (*a*) linhas 1050 b 6-18, (*b*) linhas 18-19, (*c*) linhas 20-34. — (A) O primeiro grupo de provas funda-se sobre algumas observações relativas à estrutura do devir e da substância sensível, em vista de demonstrar que o ato é anterior à potência τῇ οὐσίᾳ, *porque o ato coincide com a forma e com o fim*, enquanto a potência coincide com a matéria, e a *forma e o fim são anteriores* τῇ οὐσίᾳ *à matéria*. — (*B*) O segundo grupo de provas é extraído do confronto entre a estrutura das substâncias corruptíveis e a das substâncias eternas. O *ato* é o modo de ser dos entes incorruptíveis, enquanto a potência é o modo de ser só das coisas corruptíveis; ora, os primeiros são anteriores aos segundos, enquanto são condições destes e, portanto, o ato, que é modo de ser dos primeiros, é anterior à potência, que é modo de ser dos segundos.

[13] **(1050 a 5-7)**. *Primeira argumentação da primeira série de provas da anterioridade do ato pela substância.* — O que é último pelo devir (τῇ γενέσει) é, ao contrário, primeiro no que se refere à forma e à substância (τῷ εἴδει καὶ τῇ οὐσίᾳ); o adulto é anterior à criança e o homem é anterior ao esperma: o primeiro já tem atuada a forma (εἶδος), o outro ainda não. Ora, *o ato coincide, justamente, com a forma ou a substância das coisas*, por isso ele é anterior *pela substância*.

[14] **(1050 a 7-14)**. *Segunda argumentação da primeira série de provas da anterioridade do ato pela substância.* — Tudo o que advém tem um fim

ao qual tende (τέλος); ora o fim é princípio (ἀρχή) do próprio devir e é ato (τέλος δ' ἡ ἐνέργεια), e é graças a ele que se põe a potência (καὶ τούτο χάριν ἡ δύναμις λαμβάνεται). Portanto, *fim = princípio = ato = condição do devir e da potência*; por isso o ato é anterior à potência, como a condição (ἀρχή) relativamente ao condicionado. — Apresentamos a exegese de Bonitz (*Comm.*, p. 403): "Quidquid fit, τέλος quoddam habet quo tendat, quod quidem τέλος, vol insitum naturae in generationibus naturalibus (cf. Z 9. 1034 a 33) vel conceptum ab artifice in generationibus artificiosis (cf. Z 7. 1032 b 6 sqq.), ipsum est fiendi *principium* (ἅπαν τὸ γιγνόμενον βαδίζει ἐπ' ἀρχὴν καὶ τέλος b 7, ἀρχή et τέλος ita inter se coniuncta sunt, ut alterum per alterum explicetur, de qua vi part. καὶ cf. ad. Z 12. 1038 a 7)". Os exemplos que se seguem como prova da afirmação são por si claros.

[15] (**1050 15 – b 6**). *Terceira argumentação da primeira série de provas da anterioridade do ato pela substância.* — Ademais, a matéria é em potência, enquanto tende para a forma, e, quando é em ato, ela é na sua forma (ἐν τῷ εἴδει). Na forma, portanto, encontra-se, para usar um termo moderno, a "regra" da matéria: consequentemente, *segundo a equação forma = ato e matéria = potência, no ato deve estar a regra da potência e, nesse sentido, o ato é "anterior"*. (Cf. Schwegler, *Metaph.*, IV, p. 179, que nota, justamente, que aqui Aristóteles não faz mais do que provar aquilo que, na precedente argumentação, prova mediante o conceito de *fim*).

[16] (**1050 a 16-19**). *A anterioridade do ato sobre a potência vale em todos os modos.* — Que a potência seja só em função do ato (e, portanto, que o ato seja anterior à potência), não vale só para as coisas que são feitas de matéria e forma e cujo fim é a forma, mas vale também para as coisas cujo fim é o movimento e o exercício. Os dois exemplos apresentados são bastante claros. O mestre considera que alcançou o seu escopo quando levou o discípulo a exercitar *em ato* a ciência que lhe ensinava: e, portanto, é claro que o escopo é o ato (que, portanto, tem prioridade substancial sobre a potência, de acordo com as razões vistas). O mesmo ocorre para as faculdades naturais: o fim da natureza não consiste em produzir seres simplesmente *capazes* de determinadas atividades (por exemplo, capacidade de *ver*, *sentir* etc.), mas em produzir seres que *exercitam em ato* essas faculdades: o fim, em suma, é *o exercício dessas faculdades, não a sua mera potência*. Reconfirma-se, portanto, a conclusão enunciada acima.

[17] (**1050 a 19-21**). *Uma referência não totalmente clara.* — Ps. Alexandre (*In Metaph.*, p. 588, 19 ss. Hayduck) diz que Pausone tinha esculpido um Hermes em mármore, de tal modo que não se percebia se a figura era em relevo ou

escavada no mármore. Pausone, na verdade, era um pintor e, provavelmente, devia tratar-se de uma pintura, que apresentava um jogo de perspectiva de modo a fazer parecer o Hermes representado tanto em relevo quanto escavado. Sobre Pausone cf. as referências bibliográficas em Ross, *Metaph.*, II, pp. 263 s.

[18] (**1050 a 21-23**). *Nexos entre ἐνέργεια e ἔργον.* — Ver a nota final ao capítulo 3. Com *operação* traduzimos ἔργον; que não se podia traduzir com *obra*, porque se perderia o sentido dinâmico que tem no contexto. Aristóteles quer demonstrar como ἐνέργεια deriva de ἔργον (e dado que ἔργον = τέλος, então ἐνέργεια = ἐντελέχεια).

[19] (**1050 a 23 – b 3**). *Algumas explicitações.* — Explica Tomás (*In Metaph.*, pp. 447 b – 448 a, §§ 1862-1865 Cathala-Spiazzi): "*Manifestat quoddam quod poterat esse dubium* circa praedicta. Quia enim dixerat, quod opus est finis, posset aliquis credere, quod hoc esset verum in omnibus. Sed ipse hoc removet, dicens, quod quarumdam activarum potentiarum ultimus finis est solus usus potentiae, et non aliquid operatum per actionem potentiae; sicut ultimus finis potentiae visivae est visio, et praeter eam non fit a potentia visiva aliquod opus operatum. In quibusdam vero potentiis activis fit aliquod opus praeter actionem, ut ab arte aedificativa fit domus praeter ipsam aedificationem. — Tamen haec differentia non facit quod in aliquibus harum potentiarum minus sit actus finis potentiae, et in aliquibus magis; quia ipsa actio est in facto, ut aedificatio in eo quod aedificatur. Et aedificatio simul fit et habet esse cum domo. Unde, si domus aut aedificatum sit finis, non excluditur quin actus sit finis potentiae. — Talis autem differentia inter praedictas potentias est consideranda, quod quando praeter actum ipsum potentiae, qui est actio, sit aliquod operatum, actio talium potentiarum est in facto, et actus facti, ut aedificatio in aedificatio, et contextio in contexto, et universaliter motus in moto. Et hoc ideo, quia quando per actionem potentiae constituitur aliquod operatum, illa actio perficit operatum, et non operantem. Unde est in operato sicut actio et perfectio eius, non autem in operante. —; sed, quando non est aliquod opus operatum praeter actionem potentiae, tunc actio existit in agente et ut perfectio eius, et non transit in aliquid exterius perficiendum; sicut visio est in vidente ut perfectio eius, et speculatio in speculante, et vita in anima, ut per vitam intelligamus opera vitae. Unde manifestum est, quod etiam felicitas in tali operatione consistit, quae est in operante, non quae transit in rem exteriorem, cum felicitas sit bonum felicis, et perfectio eius. Est enim aliqua vita felicis, scilicet vita perfecta eius. Unde sicut vita est in vivente, ita felicitas in felice. Et sic patet quod felicitas non consistit nec

in aedificando, nec in aliqua huiusmodi actione, quae in exterius transeat, sed in intelligendo et volendo".

[20] (1050 b 6-34). *Segundo grupo de argumentos a favor da prioridade do ato sobre a potência pela substância* (τῇ οὐσίᾳ). — Cf. nota 12, onde indicamos a articulação dessas provas e as notas 21, 22 e 24 nas quais fornecemos a sua exposição.

[21] (1050 b 6-18). *Primeira argumentação do segundo grupo de provas da anterioridade do ato sobre a potência pela substância.* — O que é eterno é, pela substância (τῇ οὐσίᾳ), anterior ao que é corruptível. Nada do que é eterno subsiste em potência; a potência, de fato, é sempre potência de ambos os contrários: o que tem potência de ser pode, contudo, ser e não ser. O que pode não ser é corruptível: ou em sentido absoluto ou relativamente àquele aspecto pelo qual pode não ser (por exemplo o lugar, a quantidade, a qualidade); algo é corruptível em sentido absoluto quando a sua substância é corruptível. Ora, nenhum dos entes incorruptíveis *pela substância* (isto é, absolutamente incorruptíveis) pode ser em potência para ser e para não ser, embora possa ser *em potência para alguma coisa* (κατά τι): por exemplo para o lugar, como os corpos celestes. Portanto, os entes incorruptíveis não são em potência mas em ato. Disso se conclui que, na medida em que as coisas incorruptíveis são pela substância anteriores às corruptíveis, na mesma medida o *ato* (que é o seu modo de ser) é anterior à *potência* (que é o modo de ser das sensíveis).

[22] (1050 b 18-19). *Segunda argumentação do segundo grupo de provas da anterioridade do ato sobre a potência pela substância.* — Aristóteles apresenta o mesmo raciocínio desse ponto de vista. As coisas necessárias (τὰ ἐξ ἀνάγκης) não existem em potência, *porque não podem não ser*. Ora, os seres primeiros (τὰ πρῶτα), que são os entes incorruptíveis, são seres que existem necessariamente (se eles não existissem, de fato, tampouco existiria todo o resto que deles depende); por isso não podem existir em potência. Portanto conclui-se, mais uma vez, que o ato é anterior à potência; cf. Ross, *Metaph.*, II, p. 265.

[23] (1050 b 23-24). *Uma alusão a Empédocles.* — Essa é a indicação sugerida por Ps. Alexandre (*In Metaph.*, p. 592, 31 Hayduck, confirmada por *Do céu*, II 1, 284 a 24.

[24] (1050 b 20-34). *Terceira argumentação do segundo grupo de provas da anterioridade do ato sobre a potência pela substância.* — Ademais, se subsiste um movimento eterno, o dos corpos celestes, também ele não pode ser em potência: o κινούμενον ἀΐδιον não pode ser movido em potência, a não ser

que se o entenda em potência relativamente às *posições* que ele periodicamente atinge: portanto, não absolutamente, mas *relativamente*. Para esse movimento pode-se admitir uma matéria, mas não a das substâncias corruptíveis. Por isso o sol, os astros e o céu estão sempre em atividade e não se deve temer que parem, porque a sua operação não se interrompe: de fato, o movimento circular dos céus, enquanto é em potência *não pela substância mas só segundo o lugar*, não inclui a potência de ambos os contrários, como acontece nas coisas corruptíveis. *Só a potência dos contrários torna fatigante a continuidade do movimento*. A "fadiga" é, portanto, devida a que a própria substância das coisas corruptíveis é *matéria e potência* (dos contrários), e não ato, como é o caso das coisas incorruptíveis. Também por essa via, portanto, confirma-se a prioridade do ato sobre a potência (τῇ οὐσίᾳ).

[25] (**1050 b 34 – 1051 a 2**). *Argumentação colateral contra os Platônicos*. — Para compreender esta argumentação, repentinamente dirigida contra os Platônicos, deve-se ter presente o seguinte. As *Ideias*, vimos na última parte de Z, *segundo Aristóteles são meros universais, e o universal não é ato, mas potência*; portanto as Ideias configuram-se como *potência*. (Aqui Aristóteles situa-se no seu ponto de vista e, desse ponto de vista, *nega* que as Ideias sejam *substância e ato*!). Assim sendo, é claro que, comparada com a *Ideia de ciência*, a concreta e atual *ciência do sapiente* é muito superior, porque atual, real, verdadeira, e, por isso, é mais ciência do que a assim chamada ciência-em-si (a Ideia de ciência). Analogamente, comparada com a Ideia de movimento, é mais verdadeiro e real, porque atual, o movimento concreto e, portanto, mais nobre do que (o presumido) movimento-em-si (ou Ideia de movimento).

9. *Sumário e comentário a Θ 9*

[1] (**1051 a 4-33**). Sumário. — *Este capítulo completa o tratamento sobre a potência e o ato* com algumas reflexões sobre as relações desses conceitos com o bem e o mal e sobre a relação do ato com as operações e com o objetos matemáticos. *Nas coisas boas, o ato é melhor do que a potência; de fato, a potência é sempre dos dois contrários: o que tem potência para a saúde tem também potência para a doença. Ora, em potência os contrários podem estar juntos, mas não em ato: um homem não pode estar, em ato, ao mesmo tempo saudável e doente, em repouso e em movimento, e assim por diante. Por isso o ato que realiza o positivo ou o bom dos contrários é melhor do que a potência do mesmo, enquanto esta é potência, ao mesmo tempo, também do contrário. Quando se trata, ao invés, do mal, o seu ato é pior do que a potência, justamente*

porque a potência é também do contrário. Mas o mal existe por natureza só posteriormente à potência (ὕστερον γὰρ τῇ φύσει τὸ κακὸν τῆς δινάμεως): ele não existe como algo em si em ato, fora das coisas sensíveis; e nos entes primordiais e eternos, que são puro ato, não existe mal, nem carência, nem corrupção: essas coisas só são possíveis nas realidades que têm potência. — Também nas realidades matemáticas o ato é anterior à potência. Os teoremas geométricos, de fato, se demonstram com a atividade (ἐνεργείᾳ): com oportunas divisões e operações, que os tornam evidentes em ato. Por isso as proposições geométricas provam-se reportando a potência delas ao ato. A razão disso está no fato de que o entender é ato, por isso conhece as coisas quem as produz em ato. Mais uma vez, portanto, é evidente a prioridade do ato sobre a potência.

[2] **(1051 a 4-17)**. *Relações do bem e do mal com o ato e com a potência.* — Muito clara a explicação de Bonitz (*Comm.*, p. 406): "Potentia ad utrumque e duobus contrariis pariter est idonea, veluti potentia sanitatis eadem est potentia morbi; actua vero alterum utrum e contrariis continet excluso altero, ideoque necessario aut bonus est aut malus (ὥστ' ἀνάγκη τούτων — int. τῶν ἐναντίον — θάτερον εἶναι τἀγαθόν a 13, ait Ar., quasi contraria qaelibet discrimini boni et mali ita liceat subiicere, ut alterum necessario sit bonum, alterum malum). Ergo bonae rei actus, ut qui integrum bonum contineat, melior est quam potentia, malae rei actus, ut qui integrum malum habeat, deterior potentia, quoniam ea mixtum etiamtum et coniunctum habet bonum cum malo".

[3] **(1051 a 17-21)**. *O mal não existe fora das coisas em si e por si, mas só nas coisas e não nas eternas.* —Passagem muito obscura na sua extrema concisão. Tomás (*In Metaph.*, p. 453 a, §§ 1886 c. Cathala-Spiazzi): "Concludit ex dictis quod ipsum malum non est quaedam natura praeter res alias, quae secundum naturam sunt bonae. Nam ipsum malum secundum naturam est posterius quam potentia, quia est peius et magis elongatum a perfectione naturae. Unde, cum potentia non possit esse alia praeter res, multo minus ipsum malum... Inducit aliam conclusionem. Si enim malum est peius potentia, potentia autem non invenitur in rebus sempiternis, ut supra ostensum est, non erit in eis aliquod malum, neque peccatum, neque alia corruptio. Nam corruptio quoddam malum est". — É possível que aqui Aristóteles esteja polemizando contra os Pitagóricos, que consideravam bem e mal como princípios (cf. A 5, 986 a 26); mas é mais provável que tenha em vista Platão e os Platônicos (cf. *Rep.*, 402 C, 476 A; *Tim.*, 176 E; *Leis*, 896 E, 898 C; N 4, 1091 b 30-35, além das doutrinas não escritas que punham na Díade o princípio do mal).

[4](1051 a 22). *Sobre o termo* διαγράμματα. — Sobre esse termo original cf. B 3, 998 a 25. Os intérpretes discordam quanto à sua tradução: Schwegler (*Metaph.*, II, p. 151) traduz por: "die matematischen Figuren"; Bonitz traduz: "geometriche Figuren" (trad. *Metaph.*, p. 193), enquanto no *Comm.* (p. 407) traduz por: "propositionum mathematicarum demonstrationes". Ross traduz por: "geometrical constructions" (trad. *Metaph.*, II, p. 519 e nota 2.

[5]**(1051 a 21-23).** *O ato é anterior à potência também nas coisas matemáticas.* — Ross (*Metaph.*, II, p. 268) considera que toda essa parte do capítulo (linhas 21-23) esteja fora de lugar e que deva ser lida logo depois do primeiro argumento em favor da prioridade do ato sobre a potência (1049 b 17 – 1050 a 3). Na verdade, a passagem pode ser lida aqui onde se encontra, e pode ser entendida como um apêndice dirigido simplesmente a demonstrar que *também nas coisas matemáticas*, assim como em todas as outras, *é verdade que o ato é anterior à potência*.

[6]**(1951 a 24-26).** *Operação demonstrativa de um teorema* (Euclides, I, 32). — Eis a figura e a *operação* demonstrativa (cf. Ross, *Metaph.*, II, pp. 260 s.).

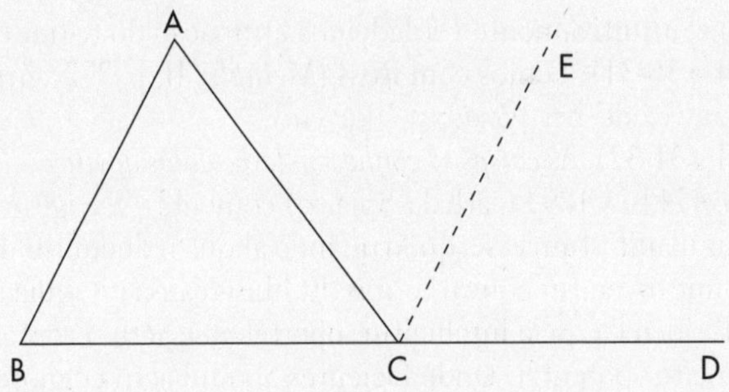

Seja o triângulo ABC. Trace-se a paralela CE a AB. Resultará CÂB = AĈE e AB̂C = EĈD (com base em Euclides, I, 29). Consequentemente tem-se: BĈA + CÂB + AB̂C = BĈA + AĈE + EĈD = BĈA + ACD = 2 retas (Euclides, I, 13). Aqui o *ato ou a atividade* está em traçar a linha (CE) que dá atualmente, isto é, intuitivamente ou visivelmente como verdadeira a afirmação do teorema.

[7]**(1051 a 27-29).** *Operação demonstrativa de outro teorema* (Euclides, III, 317). — Eis a figura e a *operação* demonstrativa.

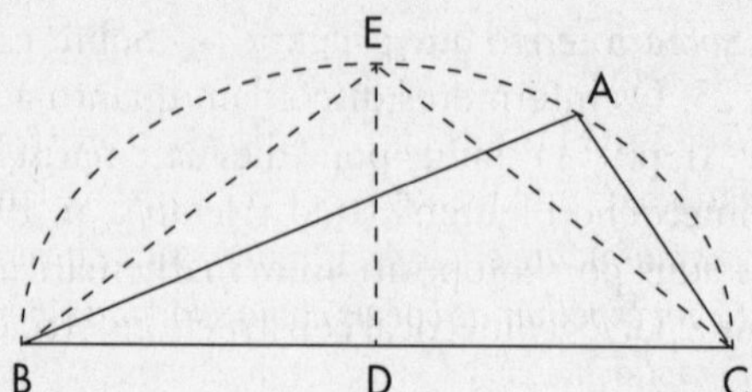

Seja um semicírculo. Do ponto D, que está no centro de BC, elevamos a perpendicular DE. Teremos então: DE = DB (são dois raios e, portanto, iguais) e DÊB = DB̂E (são ângulos base do triângulo retângulo BDE); ademais, DE = DC (são dois raios e, portanto, iguais) e DÊC = DĈE (são ângulos base do triângulo EDC). Então DÊB + DÊC = DB̂E + DĈE, ou BÊC = CB̂E + BĈE. Mas BÊC é um ângulo reto. Ora BÂC = BÊC (cf. Euclides, III, 21); portanto, BAC é um ângulo reto. Cf. *Anal. pr.* , A 24, 41 b 17 e *Anal. post.*, B 11, 94 a 28. (O comentário mais aprofundado dessa passagem aristotélica encontra-se em Ross, *Metaph.*, II, p. 271). Também aqui, como acima, *o ato ou atividade* está em traçar a figura e em tornar visível, isto é, intuitivamente verdadeira a afirmação do teorema.

[8] **(1051 a 30-31)**. Lemos com Ross (*Metaph.*, II, p. 272): ὅτι ἡ νόησις ἐνέργεια (em vez de: ὅτι νόησις ἡ ἐνέργεια).

[9] **(1051 a 31-32)**. *As coisas se conhecem levando-as ao ato*. — Tomás (*In Metaph.*, p. 454 b, § 1894 Cathala-Spiazzi) comenta: "Sic igitur concludit Philosophus manifestum esse, quod quando aliqua reducuntur de potentia in actum, tunc invenitur eorum veritas. Et huius causa est, quia intellectus actus est. Et ideo ea quae intelligitur, oportet esse actu. Propter quod, ex actu cognoscitur potentia. Unde facientes aliquid actu cognoscunt, sicut patet in praedictis descriptionibus".

[10] **(1051 a 32-33)**. *Uma observação parentética conclusiva*. — Estas últimas linhas, que pusemos entre parêntesis (como fazem Ross e Jaeger), têm claramente o escopo de advertir o leitor de que o que foi dito acerca da anterioridade do ato sobre a potência nas coisas matemáticas, vale (como já vimos a propósito da anterioridade do ato sobre a potência *pelo tempo*) só se se considera o problema *não* relativamente ao individual e ao particular; desse ponto de vista, com efeito, a potência *precede* o ato: "a potencialidade da construção geométrica pressupõe a atividade da razão, mas *precede* a atualidade da construção" (Ross, *Metaph.*, II, p. 273).

10. *Sumário e comentário a* Θ *10*

[1](**1051 a 34 – 1052 a 11**). Sumário. — *Este último capítulo retorna ao problema* do verdadeiro e do falso e do ser como verdadeiro e falso (*que Aristóteles já tratou parcialmente em* E 4). *Quando se diz a verdade e quando o falso?* A *verdade está em espelhar as coisas como são: não é por pensarmos as coisas de determinado modo que elas são assim, mas, ao contrário, se as coisas são de determinado modo e nós as pensamos assim, então estamos na verdade. Aristóteles distingue depois, particularmente, dois casos bem diferentes entre si.* — (1) *Em primeiro lugar, o das* coisas compostas. (a) *Existem certas coisas que são sempre unidas e não podem ser separadas, assim como existem certas coisas que são sempre separadas e não podem ser unidas;* (b) *existem, depois, outras coisas que podem ser unidas ou separadas.* (a) *O ser, no que concerne ao primeiro tipo de coisas, está em ser unidas e o não-ser em ser separadas. Pois bem, nesses casos, relativamente às coisas que são sempre unidas ou sempre separadas, a mesma proposição será sempre verdadeira ou sempre falsa, conforme diga que são unidas as coisas unidas ou separadas as separadas, ou unidas as coisas separadas ou separadas as coisas unidas.* (b) *Relativamente às coisas que podem ser às vezes unidas e às vezes separadas, a mesma proposição, às vezes poderá ser verdadeira e às vezes falsa.* — (2) *Em segundo lugar,* Aristóteles *discute o caso dos* entes não compostos. *Para esses entes o ser não consiste em ser compostos (porque, justamente, são simples) e assim a verdade não consiste em unir ou em separar, mas consiste em simplesmente* intuí-los e enunciá-los. *O erro e a falso, relativamente a esses entes, não é possível: pode-se apenas não conhecê-los, o que consiste em não captá-los. Esses entes são* puro ato e não são em potência, *porque, se não fosse assim, gerar-se-iam e corromper-se-iam e não seriam mais simples.* — *Encerram o capítulo algumas explicitações e explicações relativas tanto às coisas compostas como às coisas simples.* (*Para a conexão do capítulo com o que precede, cf. a nota final*).

[2](**1051 b 1-2**). *Uma proposição a ser excluída.* — O texto da vulgata soa: τὸ δὲ κυριώτατα ὂν ἀληθές, κτλ., onde κυριώτατα ou é errado e deve ser excluído, ou está fora de lugar (e deve ser lido depois de 34 τὸ μὲν…), como quer Ross (*Metaph.*, II, pp. 274 s.). Jaeger supõe, de maneira conjectural, que depois de κυριώτατα poderia haver uma proposição desse teor <ἡ οὐσία, λείπεται δὲ ἐπισκοπεῖν τὸ ὂν> ἀληθές κτλ. Preferimos excluir a expressão como faz Ross.

[3](**1051 a 34 – b 2**). Sobre a tábua dos significados do ser cf. Δ 7 e E 2, no início.

[4] (1051 b 2-9). *Quando se tem o verdadeiro e quando o falso.* — Tomás (*In Metaph.*, p. 456 a, §§ 1896-1898 Cathala-Spiazzi) aprofunda bem esta passagem (de cujas doutrinas, como é sabido, ele se apropria, cf. p. ex. *Summa theol.*, I, q. XVI, art. 1): "Primo *manifestat propositum*, dicens, quod 'hoc', scilicet esse verum vel falsum in rebus, nihil est aliud quam componi et dividi. Unde qui putat dividi quod est divisum in tebus, verus est in sua opinione; ut qui putat hominem non esse asinum: et similiter qui putat componi quod est compositum in rebus, ut qui putat hominem esse animal. Ille autem mentitur in opinando qui e contrario habet res aliter in sua opinione, quam res sint in sua natura: ut qui putat hominem asinum, aut non esse animal: quia quando aliquid est aut non est, tunc dicitur verum vel falsum. — Quod sic considerandum est. Non enim ideo tu es albus, quia non vere existimamus te esse album; sed e converso, ideo existimamus te album, quia tu es albus. Unde manifestum est, quod dispositio rei est causa veritatis in opinione et oratione. — Hoc autem addit ad manifetandum quod supra dixerat, quod verum et falsum est in rebus componi et dividi. Oportet enim veritatem et falsitatem, quae est in oratione vel opinione, reduci ad dispositionem rei sicut ad causam. Cum autem intellectus compositionem format, accipit duo, quorum unum se habet ut formale respectu alterius: unde accipit id ut in alio existens, propter quod praedicata tenentur formaliter. Et ideo, si talis operatio intellectus ad rem debeat reduci sicut ad causam, oporte quod in compositis substantiis ipsa compositio formae ad materiam, aut eius quod se habet per modum formae et materiae, vel etiam compositio accidentis ad subiectum, respondeat quase fundamentum et causa veritatis, compositioni, quam intellectus interius format et exprimit voce. Sicut cum dico, Socrates est homo, veritas huius enunciationis causatur ex compositione formae humanae ad materiam individualem, per quam Socrates est hic homo: et cum dico, homo est albus, causa veritatis est compositio albedinis ad subiectum: et similiter est in aliis. Et idem patet in divisione".

[5] (1051 b 9-10). *Coisas estruturalmente unidas.* — Por exemplo: não existe alma racional (humana) sem alma sensitiva e por isso a primeira está sempre unida à segunda (cf. Tomás, *In Metaph.*, p. 456 b, § 1899 Cathala-Spiazzi), ou, ainda, não existe fêmea ou macho que não sejam animais; não há nenhum capaz de rir que não seja homem etc.

[6] (1051 b 10). *Coisas estruturalmente separadas.* — Por exemplo *preto* e *branco*, ou *asno* e *homem*, *círculo* e *quadrado*, e em geral os contrários e os contraditórios.

[7] (1051 b 10-11). *Coisas às vezes unidas e as vezes separadas.* — Por exemplo *homem* e *branco*, ou *homem* e *sábio*, ou *cavalo* e *corre* etc.

[8] (1051 b 11-17). *Juízo verdadeiro e juízo falso.* — Dado que o ser das coisas compostas está na composição e o não-ser na separação, e, consequentemente, o verdadeiro e o falso estão no juízo que une ou separa (sujeito e predicado), é claro o seguinte. No caso (*a*) o juízo que une as coisas que são *sempre* unidas é *sempre verdadeiro* (ex. a fêmea é um animal) e o juízo que separa essas coisas é sempre falso (ex. a fêmea não é animal). No caso (*b*) o juízo que separa as coisas que são *sempre* separadas é *sempre verdadeiro* (ex. o preto não é branco, o círculo não é quadrado) e o juízo que une essas mesmas coisas é *sempre falso* (ex. o preto é branco, o círculo é quadrado). No caso (*c*) os mesmos juízos tanto afirmativos como negativos podem ser tanto verdadeiros como falsos segundo os momentos (p. ex.: será às vezes verdadeiro que o homem é branco, que o cavalo corre etc., e às vezes não).

[9] (1051 b 17). *Significado de ἀσύνθετα.* — Sobre esses ἀσύνθετα, Ross (*Metaph.*, II, p. 275 s.) parece ter dado a interpretação mais precisa. Não parece possível entender por ἀσύνθετα senão aquilo que em *Da alma*, Γ 6, 430 b 14-20, Aristóteles chama de τὸ τῷ εἴδει ἀδιαίρετον. Aristóteles, em suma, pensaria *em todos aqueles termos simples*: "homem", "planta", "madeira", "branco" etc., que depois o juízo une. Naturalmente, diz Ross, o que se pode dizer desses termos, pode-se dizer também "das *substâncias incompostas*, isto é, das coisas que são privadas de qualquer mistura de potencialidade e, por isso, são eternas, que são *puras formas*, as essências (linhas 26-31), isto é, Deus e as inteligências que movem as esferas".

[10] (1051 b 17-28). *Por que verdadeiro e falso são diversos no caso das coisas compostas e no das coisas incompostas.* — De modo totalmente diverso, portanto, se configuram o verdadeiro e o falso relativamente às coisas incompostas. Nisso não há nada de estranho, *porque o próprio ser das coisas incompostas é diferente do ser das coisas compostas*. Nas coisas compostas, o ser consiste na composição, não assim o ser nas coisas simples. Consequentemente, se a verdade, relativamente às coisas compostas, consiste em juntar de modo correspondente à realidade sujeito e predicado relativamente às coisas simples, onde não há composição, a verdade consistirá em outra coisa. Em que coisa? Na simples *captação* e *expressão* imediata desses objetos simples por parte do sujeito. Portanto, a verdade, relativamente às coisas simples, consiste simplesmente em captá-las e exprimi-las. E a falsidade? A falsidade, em certo sentido, relativamente às

coisas simples, não ocorre; em lugar da falsidade existe o puro não-saber, ignorar. É óbvio, com efeito, que o não captar e o ignorar *não* são um *errar*. — A afirmação da linha 26, segundo a qual não pode haver engano sobre a natureza de uma coisa simples a não ser *per accidens*, é dificílima de interpretar. As explicações dadas são, substancialmente, duas. — (1) A primeira é do Ps. Alexandre (*In Metaph.*, p. 600, 16 s. Hayduck) e é retomada por Bonitz (*Comm.*, p. 411): "... hae res aut sciuntur aut ignoratur, error in iis locum non habet, ἀλλ' ἢ κατὰ συμβεβηκός b 26, i. e. nisi forte per abusum quedam vocabuli ipsam ignorantiam dixeris errorem". — (2) A outra é de Tomás, *In Metaph.*, p. 457 b, §§ 1907-1909 Cathala-Spiazzi (com a qual, substancialmente, converge a de Ross, *Metaph.*, II, pp. 277 s.). Maurus (*Arist. op. omn.*, p. 480 b) assim a resume: "Sicut igitur, ut dictum est in III *De Anima*..., per cognitionem cognoscentem *quid res sit* non potest errari per se, sed solum per accidens; sic per cognitionem simplicium non potest errari per se, *sed solum per accidens*. Ratio est, quia cognitio cognoscens *quid sit res* per se non componit aliquid cum re, sed pure attingit ac penetrat rem; ergo si attingit *quid sit res*, non est falsa, sed vera; si non attingit, ignorat quid sit res, non fallitur; ergo si fallitur, fallitur solum per accidens, in quantum *quid est unius rei applicat alteri rei*, ut si dicatur equum esse animal rationale; ergo falsitas non est in cognitione *quid est, sed in applicatione et compositione, qua quid est* seu definitio non est falsa per se, sed solum per accidens ratione compositionis, quae non est definitio".

[11] (**1051 b 29**). *As substâncias não compostas são as formas*. — Cf. Z 8, 1033 b 17.

[12] (**1051 b 28-33**). *As coisas incompostas são em ato e delas não é possível o erro mas só o conhecimento verdadeiro ou a ignorância*. — Nessa argumentação opera-se a ligação com o tema geral do livro. De fato, Aristóteles, prova (*a*) em primeiro lugar, *que as coisas incompostas das quais falou são em ato e não em potência*: com efeito, se fossem às vezes em ato e às vezes não, gerar-se-iam e corromper-se-iam; mas as coisas simples não se podem gerar e corromper, porque, caso contrário, não seriam simples. (*b*) No que concerne a essas coisas que são *ato*, não é possível *errar*, mas só ignorá-las. *O ser em ato é, portanto, mais verdadeiro que o ser em potência*. Tomás (*In Metaph.*, p. 458 a, § 1912 Cathala-Spiazzi) escreve: "Et ideo, quia circa actum maxime consistit verum, quaecumque sunt talia, quae sunt solum in actu, et sunt id quod vere aliquid est, quia sunt quidditates et formae, circa ea non convenit decipi, aut esse falsum. Sed oportet ut intelligantur, vel penitus non intelligantur si mente non attingantur".

[13] (1051 b 33 – 1052 a 4). *Conclusões.* — Aristóteles resume aqui os resultados acima adquiridos. Entende-se bem a última observação: a ignorância significa ter a faculdade de pensar, mas não pensar aquela determinada coisa que se ignora; portanto, o ignorante corresponde àquele que tem a vista mas não vê, momentaneamente, determinadas coisas.

[14] (1952 a 4-7). *Um corolário: impossibilidade do erro, relativamente ao quando, para as coisas eternas.* — O sentido é bem captado por Maurus (*Arist. op. omn.*, IV, p. 481 b): "Ex dictis Aristoteles infert corollarium. Circa simplicia cognita ut immobilia non potest dari error *quoad quando*, ex. gr. si quis putet, proprietates convenientes rebus mathematicis convenire illis immutabiliter, non potest errare existimando, quod aliquando conveniat, aliquando non conveniat, sed potest solum errare existimando, quod simpliciter conveniant vel non conveniant; ex. gr. potest errare existimando, quod triangulum non habeat tres angulos aequales duobus rectis; at non potest errare existimando, quod aliquando habeat, aliquando non habeat tres angulos aequales duobus rectis. Rursus non potest errare putando, quod aliquid sit, aliud non sit, ex. gr. putando, quod aliquod triangulum habeat tres angulos aequales duobus rectis, aliud non habeat, si tamen quis putet, proprietates mathematicas universaliter convenire vel non convenire".

[15] *Sobre o significado do capítulo 10.* — Este capítulo suscitou vivas discussões, porque alguns pensaram que se interrompia o tratamento da potência e do ato. — Schwegler (*Metaph.*, IV, p. 186) considera, por exemplo, que ele esteja fora de lugar. Teria sido colocado pelo "organizador" da *Metafísica* e não por Aristóteles. A respeito disso, porém, Bonitz observa justamente: "Eandem entis distinctionem, quam ab initio huius capitis instituit, persequitur Δ 7. 1017 a 22 sqq. Cf. ad h. l. Iam postquam ex iis entisgeneribus, quae pro diversitate categoriarum distinguuntur, summum ac primum explicuit, substantiam dico (Z, H), itemque deinde de discrimine actus et potentiae, disseruit (Θ 1-9), iam consentaneum est teritam entis significationem, τὸ ὂν τὸ ὡς ἀληθές, proponi ad inquirendum; quod quidem ὂν ὡς ἀληθές quamquam ostendit non singularem quandam significare entis naturam ac proptera in hac disputatione omitendum (cf. E 4. 1028 a 2: οὐκ ἔξω δηλοῦσιν οὖσάν τινα φύσιν τοῦ ὄντος. διὸ ταῦτα μὲν ἀφείσθω), tamen propterea ninc videtur in quaestionem trahere, quia progressus in superioribus (Θ 8) ad simplices eas et aeternas substantias, quae sunt ἐνέργειαι ἄνευ δυνάμεως, iam quomodo in his aliter atque in compositis rebus veritas cernatur explicandum sibi putat, cf. E 4. 1027 b 28. Proptera non assentior Schweglero, qui hoc caput exterminari iubet e *Metaphysicis*" (*Comm.*,

p. 409). — Jaeger aderiu em parte à tese de Schwegler, sustentando, contudo, que não o *Anordner*, mas o próprio Aristóteles acrescentou o capítulo (cf. *Studien*, cit., pp. 49-53). No *Aristoteles*, depois, Jaeger retomou a tese, ligando-a com a sua interpretação geral da *Metafísica*. Θ 10 remontaria à época da inserção do grupo Z-Θ na coletânea metafísica. O livro E tem uma remissão a Θ 10, mas também essa remissão seria um acréscimo posterior, feito quando Θ 10 foi acrescentado no final do livro. "A investigação sobre a intuição intelectual e a espécie metafísica da ἀλήθεια é, assim, posta convenientemente por Aristóteles no final da doutrina do ato e no início da teoria da realidade do suprassensível, que é a que imediatamente se segue. Mesmo nesse acréscimo, que deve ter sido igualmente feito no momento da inserção dos livros Z-Θ, mostra-se, portanto, claríssima a tentativa de constituir uma uniforme progressão do ser até a teoria da entidade imaterial e de dar desse modo um caráter unitário ao complexo, edificado pelo concurso de elementos díspares. Esta é, justamente, a tendência da última elaboração" (*Aristoteles*, p. 275). Ross é indeciso entre a tese de Schwegler e a de Bonitz (*Metaph.*, II, p. 274). — A nosso ver, a tese de Bonitz é a única convincente. Θ 10 prossegue, de um lado, a elucidação dos significados do ser e, de outro, liga-se a Θ 8, onde se fala das substâncias simples que são ato puro, sem potencialidade. A tese de Jaeger, depois, está descartada, porque não se pode de modo algum provar que a quádrupla distinção dos significados do ser seja uma *descoberta tardia* de Aristóteles. Sobre isso ver *Il conc. di filos. Prima*[5] (1992), pp. 131-140; 142-150. — Com isso, tirar-se a base para entender Θ 10 como acréscimo tardio devido à *evolução de pensamento*, e, particularmente, devido ao "plano último" com base no qual teria sido conduzida a presumível "última elaboração". Em suma, Θ 10 pode ser explicado tanto sem a hipótese de um acréscimo (indevido) por parte de um editor, como sem a hipótese genética, tal como vimos.

SUMÁRIOS E COMENTÁRIO AO LIVRO I

(DÉCIMO)

A essência do Um consiste em ser indivisível, à guisa de algo determinado e particular, separável ou pelo lugar ou pela forma ou pelo pensamento; ou consiste em ser um inteiro e indivisível. Mas consiste sobretudo em ser medida, primeiro em cada gênero e, principalmente, no gênero da quantidade: de fato, do gênero da quantidade o um foi estendido a todos os outros gêneros.

Metafísica, I 1, 1052 b 16-20.

1. *Sumário e comentário a I 1*

[1] (**1052 a 15 – 1053 b 8**). Sumário. — *O capítulo articula-se em três partes:* (A) *em primeiro lugar distinguem-se* os significados do um, (B) *em segundo lugar, é determinada a* essência da unidade, (C) *enfim, é investigado o* conceito de medida, *evocado para definir a essência da unidade.* — (A) *O um tem quatro significados:* (1) *o* contínuo, (2) *o que é* um todo, (3) *a* unidade específica, (4) *a* unidade numérica. *Aristóteles analisa um a um estes significados, repetindo em parte o que disse em* Δ 6. — (B) *Contudo, esses quatro significados não devem ser confundidos com* a essência da unidade: *eles são modos da unidade, mas não essência da unidade. A essência da unidade consiste em* ser indivisível a guisa de algo determinado e particular, *separável pelo lugar, pela forma e pelo pensamento, ou em ser* medida primeira *em cada gênero de coisa e, sobretudo, na quantidade.* — (C) *Tendo introduzido o conceito de* medida *para definir a essência do um, Aristóteles o esclarece em todo o resto do capítulo.* (a) *A medida assim se define: ela é aquilo pelo que conhecemos a quantidade; mas a quantidade se conhece mediante o número, e o número mediante o um; o um é, portanto, a medida da quantidade.* (b) *Por transferência chama-se, depois, medida, aquele termo primeiro pelo qual se conhece cada gênero de coisas (comprimento, largura, peso, velocidade).* (c) *Medida perfeita é aquela da qual não é possível tirar ou acrescentar algo sem que isso seja imediatamente perceptível. A medida mais perfeita de todas é a do número, isto é, o um.* (d) *Da mesma coisa pode-se, às vezes, dar diferentes unidades de medida (por exemplo as duas dieses para a música, os vários sons do alfabeto para as palavras, etc.).* (e) *A medida é sempre do mesmo gênero do medido; mas não se deve crer que por isso a medida dos números seja número: a medida do número é o um, porque o número não é mais do que uma multiplicidade de unidades.* (f) *E, dado que conhecemos as coisas pela ciência e pela sensação, diz-se, embora impropriamente, que ciência e sensação são medidas das coisas; ao contrário, é verdade justamente o*

oposto: ciência e sensação não medem, mas são medidas pelas coisas. *Conclui o capítulo um resumo dos resultados adquiridos.*

[2] A *conexão da problemática do um com as temáticas do ser tratadas até aqui.* — A conexão do problema do *um* (e dos conceitos que se reduzem à unidade) com o que precede é clara. Recorde-se, com efeito, que em Γ 2, Aristóteles disse explicitamente que o filósofo, tratando do ser, deve também tratar do um (que é conversível com o ser). E tenha-se em mente a ordem resultante da própria sucessão dos livros. E (2-4) estuda o ser *per accidens* e o ser *tamquam verum*; Z estuda o ser categorial (sobretudo o da substância); Θ estuda o ser *em potência e em ato*, e I, esgotado o tratamento do ser, estuda o conceito que é mais próximo ao de ser, isto é, o conceito do *um*, justamente segundo o plano de Γ. E justamente para determinar a sua *ontologia* relativamente à *henologia* platônica, um específico tratamento de Aristóteles sobre o Um era indispensável. Esclarecemos quais são os nexos estruturais entre *henologia* e *ontologia* no *Ensaio introdutório*, pp. 251-266, particularmente 257 ss.

[3] **(1052 a 15-16)**. Cf. Δ 6, *passim*.

[4] **(1052 a 18)**. Lemos πρώτως com Sylburg, Bonitz, Jaeger, em vez de πρώτων.

[5] **(1052 a 18-19)**. Sobre os significados do *um por acidente* (aqui não discutidos), cf. Δ 6, 1015 b 16-34.

[6] **(1052 a 19-20)**. *Primeiro significado do um.* — O um é o que é contínuo: *(a) em geral*, mas *(b)* sobretudo o que é contínuo *por natureza*. Com o sentido *(a)* Aristóteles indica, obviamente, tudo o que é um por obra da arte (móveis, casas, vestimentas, etc.), enquanto que com o sentido *(b)* indica plantas, animais etc.

[7] **(1052 a 20-21)**. *O critério pelo qual se reconhece e se determina que uma coisa é contínua ou mais ou menos contínua é a indivisibilidade e simplicidade do movimento.* — Com base nesse critério (segundo o Ps. Alexandre, *In Metaph.*, p. 603, 12 ss. Hayduck), mais do que qualquer outra coisa revela-se contínuo e, portanto, um, o *céu das estrelas fixas*, que tem o movimento mais indivisível e mais simples. De fato, o movimento dos animais não é o mais indivisível nem o mais simples: eles podem parar, e podem mover-se sem mover (ou movendo só relativamente) algum membro, ou vice-versa; ao contrário o céu se move, contemporaneamente em todas as suas partes, de modo perfeitamente uniforme e sem nunca parar.

[8] **(1052 a 22)**. *Segundo significado do um.* — Um significa o que é *inteiro* ou *um todo* (ὅλον) nos precisos significados desses termos. Sobre o inteiro (τὸ ὅλον) ver também Δ 26; cf. *infra*, notas 9-11.

[9] (1052 a 22-25). *Dois significados de um inteiro.* — Também aqui, como acima para o contínuo, distinguem-se dois modos nos quais uma coisa pode ser *um inteiro* (ὅλον) e ter *uma forma*: *(a)* por *arte* ou por *constrição* e *(b)* por *natureza*. Tomás (*In Metaph.*, p. 462 a, § 1926 Cathala-Spiazzi) explica: "Et quia aliquid est *totum* per naturam, aliquid vero per artem, addidit, quod 'maxime est unum', siquidem est unum per naturam, et non per violentiam. Sicut per violentiam ad aliquod totum constituendum coniunguntur quaecumque uniuntur aut visco aut aliqua tali coniunctione. Sed id quod est coniunctum per naturam est magis unum, quia scilicet est sibiipsi causa quod sit continuum, quia per suam naturam est tale".

[10] (1052 a 25-26). *O critério pelo qual se reconhece e determina-se que algo é um inteiro ou todo é a unidade e a indivisibilidade do seu movimento no espaço e no tempo.* — É um critério totalmente análogo ao que já se viu acima para o *contínuo* (cf. nota 7). Expliquemos: (*a*) se alguma coisa, movendo-se em qualquer direção, comporta o movimento de todas as suas partes, ela tem unidade de movimento no espaço. (*b*) Tem, ao contrário, unidade de movimento no tempo se, *quando* se move uma parte, movem-se, contemporaneamente, também as outras.

[11] (1052 a 26-27). *Unidade das esferas celestes.* — Cf. *Fís.*, VIII 7-9. Assim como se viu acima (cf. nota 7), por esse critério revelam-se um em sentido primeiro as esferas celestes e, mais do que todas, a esfera das fixas. — (L. Elders, no seu comentário ao livro Iota, *Aristotle's Theory of the One*, p. 62, extrapola ao considerar que ὅλον indique essencialmente, se não exclusivamente, o primeiro céu. Mas, na realidade, o primeiro céu é evocado só como *um* exemplo, se quisermos eminente, mas sempre como exemplo).

[12] (1052 a 30). *O significado de* νόησις *nesse contexto.* — Esse termo deve ser entendido aqui em sentido lato de *intuição* seja inteligível seja sensível, já que, logo em seguida, ela é referida não só ao εἶδος, mas também ao indivíduo, vale dizer, ao particular sensível. Portanto, erra Elders, ao insistir no caráter platônico não só do vocábulo, mas também do seu sentido, no nosso contexto; e também são aleatórias todas as suas ilações de caráter histórico-genético (*Ar. Th. of the One*, pp. 64 s.).

[13] (1052 a 29-31). *Terceiro e quarto significados do um.* — São aqui indicados dois novos significados. É "um" aquilo *cuja intelecção é única e indivisível*: mas uma e indivisível pode ser a intelecção (*a*) do que é indivisível *por espécie*, ou (*b*) do que é indivisível *por número*. Eis, portanto, os dois novos significados: (3) o que é um *por espécie*, e (4) o que é *um por número*. Ver as duas notas subsequentes.

[14] (1052 a 31-32). *Unidades individuais.* — Por exemplo Sócrates e Platão, este cão, este outro, etc.

[15] (1052 a 32-33). *Unidade específicas ou formais.* — Por exemplo *homem, cão, planta.* — É claro que, desse ponto de vista, Sócrates e Platão (e todos os homens individuais) são *uma unidade* e não uma multiplicidade, enquanto todos são *homem* e não outra coisa (e o mesmo diga-se para os cães, as plantas, etc.). No que concerne a esses dois tipos de unidade, ver a nona aporia, B 4, 999 b 24 ss. (Elders, *Ar. Th. of the One*, p. 67, considera, mas sem fundamento, que aqui, mais do que na *forma*, Aristóteles pense nos elementos nos quais se divide e se distingue a essência).

[16] (1052 a 33-34). *Qual é a causa da unidade das substâncias.* — Pelo livro Z sabemos que é, justamente, o εἶδος, a *forma.* O pensamento aqui expresso por Aristóteles é, portanto, o seguinte: entre a unidade numérica ou individual e a unidade específica ou formal, é anterior e superior a última, *porque a forma é causa de unidade nas substâncias, e o que é causa de unidade é um em sentido primário.* Inexatos parecem-nos, sobre este ponto, Tomás (*In Metaph.*, p. 462 b, § 1931 Cathala-Spiazzi) e Maurus (*Arist. op. omn.*, IV, p. 483); cf., ao contrário, Ps. Alexandre, *In Metaph.*, p. 604, 23 Hayduck.

[17] (1052 a 34-36). *Nexo entre unidade específica e unidade do universal.* — Aristóteles resume aqui os resultados do que disse no início do capítulo. Há, contudo, um ponto obscuro: o que antes tinha chamado de *unidade formal* ou *específica* aqui é designado como *unidade do universal.* Sabemos, pelo livro Z, que o εἶδος, em sentido metafísico, *não* é universal: de fato, universais são os gêneros (ou as Formas ou Ideias platônicas). — Ross (*Metaph.*, II, p. 282) considera que Aristóteles tenha incorrido em certa confusão. A nosso ver, pode-se dar a seguinte explicação: Aristóteles passou repentinamente do significado de εἶδος como *forma* individuante ao significado de εἶδος como *espécie*, que, como tal, é predicável *de pluribus*, e, nesse sentido, embora não exatamente, é qualificável como universal. Ver o que dissemos no *Ensaio introdutório*, pp. 102-103.

[19] (1052 b 1-7). *Reflexões sobre os nexos entre os significados do um e a essência do um.* — Esta última frase "enquanto aqueles significados só virtualmente são a essência do um" traduz, explicitando os conceitos incluídos nas secas palavras da linha 7 do texto τῇ δυνάμει δ' ἐκεῖνα, que se referem resumidamente ao que foi dito nas linhas 1-7. — Parece-nos que Schwegler, utilizando o Ps. Alexandre (*In Metaph.*, pp. 604, 32 – 605, 25) oferece a solução mais plausível: "Os modos ou espécies acima enumerados

do um, o *contínuo*, o *todo* etc., são apenas δυνάμει ἕν [= o um em potência; ou, como traduzimos, *virtualmente*] (assim como o homem é δυνάμει ζῷον, o número três é δυνάμει três unidades), e não ἐνεργείᾳ ἕν, não o próprio um (ὁ λόγος τοῦ ἑνός, τὸ ἑνὶ εἶναι) [= a essência do um], mas o um é predicado deles. Eles situam-se, em certo sentido, no meio entre a essência do um (ἑνὶ εἶναι) e as unidades individuais concretas. Mais próximo ao conceito do um do que aqueles quatro modos (μᾶλλον ἐγγὺς τῷ ὀνόματι) [diremos melhor: ao significado preciso do *termo um*] é a definição [que dá a essência do um]"(*Metaph.*, IV, p. 190). — Também a exegese de Bonitz é interessante (*Comm.*, p. 416): "Quibus verbis quod addit: τῇ δινάμει δ' ἐκεῖνα, pron. ἐκεῖνα non potest alio referri nisi ad quatuor illos modos antea enumeratos unitaris, vocabulum δυνάμεως autem paullum deflexisse Ar., videtur a propria et genuina significatione, ut hoc dicat: continuum vel totum vel reliqua (ἐκεῖνα) *possunt* pro praedicato habere unitatis notionem, illud aliud vero, quod ad unitatis notionem propius accedit, *necessario* secum coniunctam habet unitatis notionem neque aliter potest cogitari nisi ut unum". Não convincente Ross, *Metaph.*, II, p. 282. — Pensamos que convém omitir o τούτων da linha 4, como conjectura Bonitz.

[20] (**1052 b 10-11**). *Uma evocação ao princípio de Anaximandro.* — Aristóteles refere-se certamente ao ἄπειρον de Anaximandro, isto é, ao suposto elemento privado de qualquer determinação que o filósofo punha como ἀρχή: cf. Schwegler, *Metaph.*, IV, p. 190; Bonitz, *Comm.*, p. 416: Ross, *Me*, II, p. 283 (não convincente a exegese de Tomás, que, traduzindo ἄπειρον por *infinitum*, pensa nos Pitagóricos; *In Metaph.*, p. 463 b, § 1935 Cathala-Spiazzi).

[21] (**1052 b 1-18**). *A essência do um consiste em ser indivisível em todos os modos.* — Toda essa passagem é explicada de modo muito claro por Maurus (*Arist. op. omn.*, IV, pp. 483 b s.): "... explicatis quatuor modis unius advertit Aristoteles aliud esse, quod aliquid dicatur et sit unum, aliud esse, quod sit ipsum *esse unum*; sicut aliud est, quod aliquid sit album, aliud, quod sit ipsum *esse album*; Socrates enim est albus, sed non est ipsum *esse album*, sed aliud est esse Socratem, aliud *esse album*. Proportionaliter continuum est unum, sed non est ipsum *esse unum*; si enim continuum esset ipsum *esse unum*, solum continuum esset unum, sicut quia animal rationale est ipsum *esse hominis*, solum animal rationale est homo. Quaecumque igitur sunt unum aliquo ex modis unius jam explicatis, vere sunt unum; at *esse unum* non est ullum ex his, sed est aliquid magis universale et continens in potentia omnia, quae quomodolibet sunt unum; sicut et homo et equus

est animal, sed *esse animal* non est homo nec equus, sed est aliquid magis universale continens potestative omnes species animalis, et sicut tum terra tum ignis et fortasse etiam infinitum vel aliquid tale, ut dicebant Pythagoricis [mas cf. a nota precedente] sunt elementum; at *esse elementum* non est terra neque ignis neque infinitum, sed est aliquid magis universale, continens potestative omnia elementa, et quod quia de singulis elementis dicitur, ideo illa dicuntur elementa. Ex. gr. elementum est id, *ex quo primo inexistente aliquid fit, indivisibili specie in aliam speciem*; et quia igni convenit esse quid indivisibile specie in aliam speciem, ex quo primo inexistente fiunt corpora inferiora, ideo ignis est elementum; idemque dic de causa et aliis hujusmodi. Proportionaliter *esse unum* est esse indivisibile vel loco vel specie vel intellectione vel alio modo indivisibilitatem; quia vero quae aliquo modo sunt indivisibilia, sunt unum, quae magis sunt indivisibilia, sunt magis unum".

[22] **(1052 b 18-24)**. *O um como medida primeira*. — A essência do um, afirmou Aristóteles acima, consiste em *ser indivisível*. Agora ele acrescenta: e especialmente em *ser medida primeira* (τῷ μέτρῳ εἶναι πρώτῳ) em cada gênero de coisa, especialmente na quantidade. Isso fica claro se se tem presente que, para Aristóteles, a medida é indivisível por excelência, como logo em seguida leremos. — Por que Aristóteles dedica tanta atenção ao conceito de medida? Elders (*Ar. Th. of the One*, pp. 71 s.) tem certamente razão ao indicar como causa disso o fato de a "medida" ter um lugar particular em Platão e em toda a especulação precedente (cf. Heráclito, B 94; Diógenes de Apolônia, B 3, etc.) e, podemos acrescentar, no pensamento grego em geral. A passagem, no seu conjunto, é bem aprofundada por Tomás (*In Metaph.*, p. 465, § 138 Cathala-Spiazzi): "Dicit ergo..., quod cum ratio unius sit indivisibile esse; id autem quod est aliquo modo indivisibile in quolibet genere sit mesura; maxime dicetur in hoc quod est esse primam mensuram cuiuslibet generis. Et hoc maxime proprie dicitur in quantitate, et inde derivatur ad alia genera ratio mensurae. Mensura autem nihil aliud est quam id quo quantitas rei cognoscitur. Quantitas vero rei cognoscitur per unum aut numerum. Per unum quidem, sicut cum dicimus, unum stadium, vel unum pedem. Per numerum autem, sicut dicimus tria stadia, vel tres pedes. Ulterius autem omnis numerus cognoscitur per unum, eo quod unitas aliquoties sumpta quemlibet numerum reddit. Unde relinquitur quod omnis quantitas cognoscatur per unum. Addit autem 'inquantum quantitas', ut hoc referatur ad mensuram quantitatis. Nam proprietates et alia accidentia quantitatis alio modo cognoscuntur". — Mas essa definição adquire hoje um novo relevo em referência às doutrinas não escritas de

Platão, que definia o *Bem* como *Um*, e o *Um* como *Medida suprema*. Ver a documentação em Krämer, *Dialettica e definizione del Bene...*, *passim*, e, particularmente pp. 57-62 e o nosso volume *Para uma nova interpretação de Platão...*, *passim*.

[23] (**1052 b 27-31**). *Conceito de medida por transferência*. — Aristóteles quer dizer, nesse período entre parêntesis, que com "peso" ele pretende referir-se seja ao leve seja ao pesado: com efeito, têm "peso" as coisas leves e as pesadas. Assim ele entende por "velocidade" seja a do movimento lento seja a do movimento rápido: qualquer movimento tem, com efeito, "velocidade".

[24] (**1052 b 31-36**). *Conceito de medida perfeita*. — Antes Aristóteles falou da *medida* em geral; agora ele (linhas 31 – 1053 a 7) diz o que é *medida perfeita*, e *unidade de medida*. Medida perfeita é *aquela à qual não se pode tirar ou acrescentar nada, sem que se perceba isso imediatamente*. É esse critério que nos inspira para escolher as várias unidades de medida no âmbito dos vários gêneros de coisas (sólidos, líquidos, pesos, etc.).

[25] (**1052 b 36 – 1053 a 4**). *O número é a medida mais perfeita*. — De fato a unidade que está na base do número é indivisível em todos os sentidos. Por isso toma-se justamente essa medida como modelo. Com efeito, quanto maior é a medida, diz Aristóteles, tanto mais facilmente nos escapa se algo é acrescentado ou tirado dela. Vejamos alguns exemplos com nossas medidas. Se tirarmos um copo de vinho de um barril de vinho, isso nos escapará, ou, pelo menos, nos escapará mais do que se o tirarmos de dez litros e, de maneira ainda mais notável se o tirarmos de um litro. Assim, analogamente, se tirarmos algo da distância de um quilômetro, não se notará, enquanto será notado se tirarmos algo de um metro e, de maneira ainda mais evidente, se tirarmos um pouco de um centímetro.

[26] (**1053 a 7-8**). *O conhecimento da quantidade de algo se obtém mediante a unidade de medida*. — De fato, para conhecer a quantidade de algo aplica-se essa unidade de medida à coisa, estabelecendo quantas vezes nela está contida. E isso vale em todos os casos, como provam os exemplos que se seguem.

[27] (**1053 a 8-12**). Cf. *Do céu*, II 4, 287 a 23 ss.

[28] (**1053 a 12-13**). Cf. Δ 6, 1016 b 22.

[29] (**1053 a 13**). O texto diz: καὶ ἐν φωνῇ στοιχεῖον: trata-se dos vários sons do alfabeto.

[30] (**1053 a 13-14**). *O Um não é um* κοινόν. — O Um não é um gênero subsistente em si, como pretendiam os Platônicos.

[31] (**1053 a 14**). Isto é, *em sentido analógico*.

[32] (**1053 a 14-15**). *Para conhecer algumas coisas exige-se, em certos casos, várias medidas.* — Aristóteles explica agora que o que foi estabelecido (o fato de ser a unidade, em cada gênero, algo uno e indivisível) não tira que, para medir algumas coisas, sejam necessárias várias medidas, como demonstram os exemplos que se seguem; cf. *infra*, notas 33-35.

[33] (**1053 a 15-16**). *Os dois díeses.* — Bonitz (*Comm.*, p. 418) explica: "Mensura ipsa suapte natura unum quidpiam est et individuum, sed non est necesse eiusdem generis rerum unam modo esse mensuram. Veluti musicam artem qui subtilius inquisiverunt, quoniam hemitonii duo sunt genera, λεῖμμα e ἀποτομή (...). etiam διέσεως, quae est dimidia pars hemitonii, duo distinguunt genera et duas inde inveniunt intervallorum mensuras, quamquam illud quidem intervali discrimen non tam audiendi acie quam computandis intervallorum rationibus arithmeticis reperetur". — Cf., ademais, as objeções de Ross, *Metaph.*, p. 283, o qual pensa que Aristóteles se refira à doutrina de Aristóxeno.

[34] (**1053 a 17**). *As várias letras do alfabeto constitutivas das palavras.* — Aristóteles aqui, quase certamente, não pensa nas sílabas breves e nas sílabas longas (como consideram Tomás, *In Metaph.*, p. 466 b, § 1951 Cathala-Spiazzi; Maurus, *Arist. op. omn.*, IV, p. 468 a; e, com reserva, Bonitz, *Comm.*, p. 418), mas *pensa nos sons que constituem o alfabeto* (cf. Ps. Alexandre, *In Metaph.*, p. 609, 30 s. Hayduck; Ross, *Metaph.*, II, p. 283).

[35] (**1053 a 17-18**). *As duas medidas da diagonal.* — Passagem muito obscura, da qual foram dadas discordantes exegeses. — (1) Ps. Alexandre (*In Metaph.*, p. 610, 4 ss. Hayduck) explica: algo, por exemplo, pode ser medido pela medida *ideal* da polegada, ou por essa polegada *concreta*. Mas o texto não sugere de modo algum essa interpretação. — (2) Tomás (*In Metaph.*, p. 466 b, § 1951 Cathala-Spiazzi) explica: "Similiter etiam est diameter circuli vel quadrati, et etiam latus quadrati: et quaelibet magnitudo mensuratur duobus: non enim invenitur quantitas ignota nisi per duas quantitates notas". — (3) Outra ainda é a exegese de Bonitz (*Comm.*, p. 418): "Denique quod lineam diagonalem et latus quadrati et τὰ μεγέθη πάντα, i. e. nisi fallor plana omnia, duabus mensuris mensurari dicit, hoc videtur significare, et rationem quae diagonale inter et latus intercedit, i. e. duiuslibet planae magnitudinem non definiri una linea mensurata, sed duabus mensuratis et mensurae numeris inter se multiplicatis". — (4) Ross (*Metaph.*, II, p. 283) (*a*) pensa que καὶ ἡ πλευρά possa ser glosa de um copista, e entende assim: a diagonal é medida por duas medidas, isto é, consiste em duas partes: uma igual ao lado e uma parte que representa

o quanto ela excede relativamente ao lado; sendo estas partes incomensuráveis, são ditas mensuráveis por duas unidades diferentes (cf. Δ 1021 a 3). (*b*) No que concerne a μεγέθη πάντα ele contesta a exatidão da exegese de Bonitz, sustentando que Aristóteles devia pensar em *todas as grandezas espaciais* e devia querer dizer, em geral, simplesmente que em todos os tipos de grandezas espaciais pode-se encontrar incomensurabilidades análogas (à da diagonal relativamente ao lado). — (5) Pode-se ver também as soluções de Heath (in *Mathematics in Aristotle*. Oxford 1949, p. 218). — (6) Um tanto fantasiosa é a de Elders (*Ar. Th. of the One*, pp. 76 s.). — A nosso ver a solução de Bonitz é a menos insatisfatória.

[36] **(1053 a 20)**. Pode-se entender "forma" (εἶδος) literalmente, ou, talvez, também *forma* no sentido de *qualidade*: cf. Elders, *Ar. Th. of the One*, p. 77.

[37] **(1053 a 23)**. Lemos θετέον com Ross, *Metaph.*, II, p. 283 (que retoma uma conjectura de Foster).

[38] **(1053 a 18-24)**. Aristóteles resume os resultados da precedente discussão.

[39] **(1053 a 24-30)**. *Em que sentido medida e medido são do mesmo gênero*. — Aristóteles reafirma aqui a necessidade de que a *medida* e o *medido* sejam do mesmo gênero, e resolve uma dificuldade que pode surgir a respeito disso. A medida dos comprimentos é um comprimento, dos sons um som, e assim por diante; devemos, então, dizer que a medida dos números é um número? Não, responde Aristóteles, isso seria um erro, *porque, na realidade, o número é um conjunto de unidades* e a medida de um *conjunto de unidades é a unidade*. (Dizer que medida do número é um número, equivaleria a dizer que medida de um conjunto de unidades é um conjunto de unidades, o que obviamente é falso).

[40] **(1053 a 31-35)**. *Em que sentido diz-se que ciência e sensação são medida das coisas*. — Dado que com a ciência e com a sensação conhecemos as coisas, por esse motivo dizemos que ciência e sensação são *medida* das coisas. Mas Aristóteles logo se apressa em acrescentar: *não dizemos isso propriamente, porque a verdade é o contrário*. A verdadeira medida é dada pelas coisas inteligíveis e pelas coisas sensíveis, as quais condicionam e regulam (portanto, medem) a ciência e o sentir: cf. Γ 5, 1010 b 30 ss.; Δ 15, 1021 a 29; Θ 10, 1051 b 6 ss. — Explica bem Maurus (*Arist. op. omn.*, IV, pp. 486 b s.): "Explicat jam Aristoteles, quo pacto ratio mensurae et mensurabilis transferatur ad alia genera propter quamdam analogiam cum quantitate. Quia ergo mensura proprie est, per quam cognoscitur quantitas

rei, ideo quidam dixerunt, scientiam et sensum esse mensurans rerum, quia per sensum et scientiam cognoscimus res. Non tamen eodem modo per scientiam et sensum cognoscimus res, ac per cognitionem cognoscimus quantitatem rei. Per mensuram enim cognoscimus rem sicut per principium rei ac proinde cognitionis de re; at per cognitionem cognoscimus rem sicut per formam aut habitum aut potentiam cognoscitivam. Hinc est, ut secundum veritatem cognitio et sensatio potius mensuretur a rebus quam mensuret res. Quod enim potius principiatur quam principiet et causatur quam causet, potius mensuratur quam mensuret; sed scientia et sensatio potius causantur ab objectis quam causent objecta; non enim ideo objectum cognoscitur esse tale, quia cognitio est talis de illo, sed e converso ideo objectum cognoscitur esse tale, quia vere est tale; ergo scientia et sensatio potius mensurantur a rebus quam mensurent res". — O exemplo ilustrativo dado por Aristóteles, que Bonitz julga infeliz (*Comm.*, p. 420), na realidade diz o seguinte: não se creia, pelo fato de alguém aplicar à nossa altura, por exemplo, três vezes a medida do cubo, que, por isso, ele nos *dê e nos imponha* ter a altura de três cubos; ao contrário, somos nós que, *sendo altos nessa medida*, impomos e fazemos, justamente por isso, com que o cubo seja aplicado três vezes.

[41] (**1053 a 35 – b 3**). *Uma evocação a Protágoras.* — Sobre essa passagem, ver o que escreve Untersteiner, *La dottrina di Protagora e um nuovo texto dossografico*, in "Riv. di filologia class.", N.S. 22-23 (1943-1944), pp. 46 e Idem, *Sofisti, Test. e framm.*, vol. I, pp. 40 s., cf. também as indicações dadas aí, em nota a 13 b.

2. *Sumário e comentário a* I 2

[1] (**1053 b 9 – 1054 a 19**). Sumário. — *Depois de nos ter falado do um, de modo prioritariamente conexo com a quantidade e a medida, Aristóteles enfrenta agora a questão de um ponto de vista mais exigente. Os Pitagóricos e os Platônicos fizeram do Um a* substância das coisas, *enquanto os* Naturalistas *disseram que a substância das coisas é outra realidade e que o um* se predica dessa outra realidade. Ao *problema (já tratado na undécima aporia de* B), *Aristóteles responde confutando a tese pitagorico-platônica com os seguintes argumentos.* — (1) O um, *assim como o* ser, *é um* universal; *ora, nenhum universal pode ser substância e, portanto, o um não pode ser substância das coisas.* — (2) *O ser, em todas as categorias, é ser de determinadas coisas*

(e as coisas não se reduzem a ser ser, *mas a* ser determinadas coisas). *Isso também vale para o um: o um, em cada uma das categorias, é sempre* uma determinada coisa: *uma determinada qualidade, uma determinada quantidade e, portanto, também uma determinada substância.* Portanto, *o um não é nem pode ser* por si substância, *mas só e sempre um atributo de* uma determinada substância (*um homem, um cavalo, etc.*) *ou um determinado atributo categorial de uma determinada substância. — Para falar em termos modernos: o um não é uma realidade em si e por si e transcendente, mas é um* transcendental. — *O capítulo se encerra com a evocação de algumas argumentações (já apresentadas em* Γ 2) *que visam provar a conversibilidade do ser e do um.*

[2] (**1053 b 10**). *Nexo do livro* I *com os livros* B *e* Z. — Cf. B 4, 1001 a 4 – b 25. Note-se: Aristóteles retoma explicitamente um problema de B, e o resolve em função da doutrina estabelecida em Z (citado nas linhas 17 s.). É claro, portanto, que BZI estão ligados entre si intrinsecamente, e não só extrinsecamente, como pretendem muitos estudiosos. Sobre o problema, cf. *Il conc. di filos. prima*[5] (1993), pp. 208 ss.

[3] (**1053 b 9-10**). *O problema do estatuto ontológico do um.* — Eis como Tomás (*In Metaph.*, p. 469 a, § 1961 Cathala-Spiazzi) explica essas palavras e como esclarece o nexo entre o primeiro e o segundo capítulo: "Postquam ostendit Philosophus, quomodo unum sit in quantitate primum secundum quamlibet rationem mensurae, et exinde ad alia genera derivetur, nunc determinat de uno qualiter se habeat ad substantiam; utrum scilicet unum sit ipsa substantia rei...". — Elders (*Arist. th. of the One*, p. 80) explica, ulteriormente, que o um, tal como foi tratado no capítulo precedente, é o que os escolásticos poderiam chamar "unum non transcendentale", isto é, o um que interessa mais ao lógico do que ao metafísico; neste capítulo, Aristóteles apresentará o um em sentido transcendental, o um metafísico.

[4] (**1053 b 15**). *Evocação de Empédocles.*

[5] (**1053 b 16**). *Evocação de Anaxímenes e de Diógenes de Apolônia.*

[6] (**1053 b 16**). *Alusão a Anaximandro.* — Trata-se certamente de Anaximandro (e não de Melisso, como pensa Tomás, *In Metaph.*, p. 470 a, § 1962 Cathala-Spiazzi). Para entender o problema levantado aqui, releia-se a undécima aporia, com o relativo comentário (B 4, 1001 a 4 – b 25).

[7] (**1053 b 16-18**). *Remissão a* Z 13. — Todos os comentadores estão de acordo que Aristóteles remeta a Z 13; sobre o significado da citação desse livro, ao lado de B, cf. a nota 2 e *Il conc. di filos. prima*[5] (1993), pp. 208 ss. onde aprofundamos o problema.

[8] (1053 b 18-19). Cf. Γ 2, *passim*, e comentário; ver também o nosso ensaio: *L'impossibilità di intendere univocamente l'essere...*, cit., *passim* = *Il conc. di filos. prima*[5] (1993), pp. 407-446.

[9] (**1053 b 16-24**). *Primeira argumentação contra os Pitagóricos e contra os Platônicos.* — À questão proposta Aristóteles responde dizendo que os Pitagóricos e os Platônicos erram e, aparentemente, dá razão aos Naturalistas; mas, na realidade, trata-se de uma solução média que leva em conta duas instâncias opostas. A *primeira argumentação* contra os Pitagóricos e os Platônicos é a seguinte: nenhum universal é substância; mas o um, assim como o ser, é um universal (antes, universal supremo); portanto, o um (como o ser) não é substância (linhas 16-21). Nas linhas 21-24 Aristóteles repete, de fato, a argumentação dizendo que nenhum *gênero* (e dizer gênero é dizer *universal*) é substância; ora, o um e o ser são universais *ainda mais extensos* do que os próprios gêneros; portanto, *a fortiori* não são substâncias. (A razão pela qual o um e o ser não são gêneros foi vista em B 3, 998 b 22 ss.).

[10] (**1053 b 24-28**). *Segunda argumentação contra os Pitagóricos e os Platônicos.* — Tomás (*In Metaph.*, p. 470 b, § 1967 Cathala-Spiazzi) assim a expõe: "... oportet quod unum similiter se habeat in omnibus generibus, quia ens et unum aequaliter de omnibus generibus praedicantur. In omnibus autem generibus quaeritur aliquid quod est unum, quase ipsa unitas non sit ipsa natura quae dicitur una; sicut patet in qualitatibus et quantitatibus. Unde manifestum est, quod in omnibus generibus non est sufficiens dicere. Quod hoc ipsum quod est unum, sit natura ipsius quod unum dicitur; sed oportet quaerere quid est quod est unum, et ens". — Tudo o que se segue tem o escopo de esclarecer isso com exemplos. Cf. os quatro exemplos dados por Aristóteles, *infra*, notas 11-14 e conclusões na nota 15.

[11] (**1053 b 28-34**). *Primeiro exemplo.* — Digamos que as coisas sejam todas *qualidade*, por exemplo, *cores*. Pois bem, se assim fosse, as coisas seriam indubitavelmente um *certo número*. Mas, nesse caso: (*a*) seriam não um certo número *simpliciter*, mas um *certo número de cores*, e (*b*) consequentemente, o *um* seria não o um *simpliciter*, mas *uma cor determinada* (o branco, que é a primeira das cores). — Com isso fica evidente o erro dos Pitagóricos e dos Platônicos: (*a*) a realidade não é um número, mas um número de *determinadas coisas* e, por consequência, (*b*) a realidade do um é sempre a realidade de *uma determinada coisa* e não vice-versa.

[12] (**1053 b 34 – 1054 a 1**). *Segundo exemplo.* — Para este vale exatamente a explicação dada para o primeiro (cf. nota precedente).

[13] (1054 a 1-2). *Terceiro exemplo.* — Ver, também para este terceiro exemplo, a explicação dada para o primeiro (nota 11). Particularmente, tenha-se presente: o um seria, diz Aristóteles, uma *vogal*, enquanto as vogais são "anteriores" às consoantes, porque elas não podem produzir sons articulados e, portanto, não podem produzir palavras sem aquelas.

[14] (1954 a 3-4). *Quarto exemplo.* — O triângulo é a mais simples e a mais elementar das figuras planas; por isso Aristóteles o considera como princípio das outras figuras. Cf. Platão, *Tim.*, 53 C ss. Ver, ademais, Heath, *Mathem. in Arist.*, p. 277; Elders, *Ar. Th. of the One*, pp. 84 s.

[15] (1054 a 4-13). *Conclusão da segunda argumentação contra os Pitagóricos e os Platônicos.* — Esta conclusão da argumentação (cf. nota 10) é bem focalizada por Tomás (*In Metaph.*, p. 471 a, § 1972 Cathala-Spiazzi): "Si igitur ita est quod in omnibus aliis generibus, scilicet passionibus et qualitatibus et quantitatibus, et in motu, inveniatur numerus et unum, et numerus et unum non sunt substantia eorum de quibus dicuntur, sed numerus dicitur de quibusdam substantiis; et similiter unum requirat aliquod subiectum quod dicatur unum; necesse est quod similiter se habeat in substantiis, quia ens et unum similiter praedicantur de omnibus. Manifestum est igitur quod in quolibet genere est aliqua natura, de qua dicitur unum; non tamen ita quod ipsum unum sit ipsa natura; sed quia dicitur de ea". — Em suma: o um não é substância (das coisas), mas é um *atributo* (ainda que fundamental) da substância; *cada* substância é uma, e uma em sumo grau será a suprema substância; em todo caso *um* é sempre (atributo de) uma determinada substância e não em si e por si substância. É desnecessário sublinhar (e já o mostramos na nota 10) que a solução adotada por Aristóteles não é a dos Naturalistas, embora, a partir do modo como ele apresentou o problema, pareça alinhar-se com eles. Os Naturalistas (particularmente os que ele cita) não tinham, absolutamente, posto este problema; o problema foi formulado pelos Platônicos (e pelos Eleatas, pelo menos em parte); e a resposta que Aristóteles lhe dá, longe de ser um "retorno" aos Naturalistas é, como quase sempre, uma resposta que *faz a mediação*, bastante fecunda, entre as instâncias opostas.

[16] (1054 a 13-19). *Conversibilidade do ser e do um.* — Nesse último período Aristóteles demonstra, muito sucintamente, o fundamento do qual se valeu nas provas precedentes, vale dizer, que o *ser* e o *um* são conversíveis. Esse princípio já foi demonstrado por Aristóteles em Γ 2, *passim*, e aqui, na verdade, ele apenas retoma o que já disse. Eis os três argumentos que são evocados. (*a*) O ser é conexo com todas as categorias, mas não se

esgota em nenhuma delas; e assim também o um. (*b*) Dizer "homem" é o mesmo que dizer "*é* homem"; e assim, dizer homem é o mesmo que dizer "*um* homem". Assim, teremos: "homem" = "*é* homem" = "*um* homem"; portanto, *ser* = *um*. (*c*) Cada coisa é uma, na medida em que é ser. Cf. Γ 2, 1003 b 22 ss.; Z 4, 1030 b 10 ss. — Ver, a respeito disso, o que dissemos no *Ensaio introdutório*, pp. 251-266.

3. *Sumário e comentário a* I 3.

[1] (**1054 a 20 – 1055 a 2**). Sumário. — *Nos primeiros dois capítulos Aristóteles examinou o* um por si mesmo; *agora ele o considera* em relação ao múltiplo *e examina as noções fundamentais que se reduzem ao um e ao múltiplo. O um se opõe ao múltiplo em muitos sentidos; num desses sentidos o um se opõe ao múltiplo assim como o* indivisível *se opõe ao* divisível. *Essa oposição não é de contraditoriedade, nem de relação, nem de privação, mas de* contrariedade. — *Ao um se ligam as noções de* idêntico, semelhante *e* igual. *Idêntico pode significar* (1) *o idêntico em número,* (2) *o idêntico tanto na forma ou definição e no número,* (3) *ou idêntico só na forma ou definição.* — Semelhantes *se dizem* (1) *as coisas que têm uma diferença na sua substância individual, mas têm a mesma forma,* (2) *as coisas que têm a mesma afecção no mesmo grau,* (3) *as coisas que têm a mesma afecção, embora em graus diferentes,* (4) *as coisas que têm mais atributos iguais do que diferentes.* — Diverso e dessemelhante *(que são noções ligadas ao múltiplo) têm também uma multiplicidade de significados.* Diverso *é* (1) *o oposto do idêntico (de modo que cada coisa relativamente a cada coisa ou é diversa ou é idêntica);* (2) diverso *se diz, ademais, do que não é idêntico tanto por número como por forma; e* (3) *enfim, diverso assume um terceiro significado no âmbito das matemáticas.* — *Aristóteles esclarece, portanto, que* diversidade e diferença *não significam a mesma coisa. Uma coisa pode ser* diversa *de outra por qualquer razão; ao contrário, diz-se* diferente de *outra coisa só se difere por algo* determinado relativamente a ela *(e, portanto, só se existe entre as duas coisas algo de idêntico pelo qual diferem).* As coisas *podem diferir ou por gênero ou por espécie.*

[2] (**1054 a 23-24**). *Os quatro modos de oposição.* — São eles: (1) *contradição,* (2) *contrariedade,* (3) *relação,* (4) *privação*; cf. Δ 10, 1018 a 20 ss.; *Categ.*, 10, 11 b 17 ss.

[3] (**1054 a 23-26**). *O um se opõe ao múltiplo por contrariedade.* — Para o texto cf. Bonitz, *Comm.*, p. 424 e Jaeger, *Metaph.*, p. 200 e *ap. crit.*, de

quem seguimos as propostas. Pode-se ver, *contra*, as objeções (mas não decisivas) de Ross, *Metaph.*, II, p. 287 e Elders, Ar. *Th. of the One.*, p. 95. — O raciocínio aqui desenvolvido por Aristóteles é o seguinte. (*a*) O um e os muitos são entre si opostos em muitos sentidos. (*b*) Um desses sentidos em que se opõem é o de *indivisível ou indiviso* e *divisível e* dividido. (*c*) E esse sentido de *um-muitos* = *indivisível* (ou *indiviso*)-*divisível* (ou *dividido*) é, precisamente, uma oposição por *contraditoriedade*. As linhas 24-26 são uma sucinta prova da tese (*c*). — Aprofundemo-la brevemente. Os tipos de possível oposição são só os indicados na nota 2. Ora, desses o (1) deve ser excluído, porque os muitos (no sentido de divisível ou dividido) não são o *contraditório puro* do um (não são o puro *não-um*); o (3) deve ser excluído, porque o um não implica necessariamente os muitos, nem vice-versa (como o mais e o menos, o maior e o menor etc.); o (4) deve ser excluído, porque os muitos (e o divisível e o dividido) não são simples privação de unidade (e de indivisibilidade); portanto, só resta o (2), isto é, a *contrariedade*. (Se aceitarmos o texto transmitido, aceito por Ross, *Metaph.*, II, p. 287, então o sentido será diferente; cf. *ibid.* e Tomás, *In Metaph.*, p. 475 a ss., §§ 1984 ss. Cathala-Spiazzi, e Maurus, *Arist. op. omn.*, IV, p. 490 a.

[4] (**1054 a 26-29**). *O um e o indivisível são em si e por si anteriores ao múltiplo, embora conheçamos primeiro o múltiplo.* — Aristóteles adverte que o um e o indivisível, enquanto são mais simples, *quoad se* são anteriores e mais conhecíveis; mas *quoad nos*, já que partimos dos sentidos que captam primeiro o múltiplo, o divisível e o dividido, resultam ser mais conhecíveis e anteriores justamente o múltiplo, o divisível e o dividido. Por isso, portanto, *nós* conhecemos e esclarecemos o um e o indivisível em função dos seus contrários, embora *em si* e *por natureza* estes sejam mais conhecíveis e anteriores. Cf. Z 4, 1029 b 4 ss.

[5] (**1054 a 30**). *Citação da "Divisão dos contrários"*. — Cf. Γ 2, 1004 a 2.

[6] (**1054 a 33 – b 3**). *Três significados de "idêntico"*. — Aristóteles examina agora a primeira forma do *um*, vale dizer, o idêntico (ταὐτόν). Sobre a tábua dos significados do idêntico, cf. Δ 9, 1018 a 5 ss.; *Top.*, I 7, 103 a 6 ss.; V 4, 133 b 15 ss. — Os três significados que Aristóteles distingue aqui são os seguintes. (1) Idêntico é o que é *um por número* (i. é: por número, mas não pela noção ou pela forma): trata-se, como diz o Ps. Alexandre (*In Metaph.*, p. 615, 23 ss. Hayduck), da unidade acidental: "De fato, às vezes dizemos que o *músico* é idêntico (ταὐτόν) ao *branco*, pelo fato de Sócrates, em quem eles são, ser um e idêntico por número". Cf. Schwegler, *Metaph.*, IV, pp. 193 s. Ótimas também as observações de

Bonitz (*Comm.*, p. 425): "Primi generis exemplum non attulit, sed quum numeri unitatem unice requirat, et opposito proximo genere notionis et substantiae unitatem tacite excludat, Alexander dubium non est quin *vere accidentalem identitatis vim intellexerit*... Atque hoc identitatis genus quum a propria et plena identitatis vi aliquantum recedat, adiecto adverbio ἐνίοτε [= as vezes] id videtur significasse". Sobre a unidade acidental, cf. Δ 9, 1017 b 27 ss. — (2) Idêntico é o que é *um tanto pela forma como pelo número* (no sentido de *matéria*; cf. Ps. Alexandre, *In Metaph.*, p. 615, 26 s. Hayduck); o exemplo dado por Aristóteles é suficientemente esclarecedor: tu és *igual* a ti mesmo, Sócrates é *igual* a Sócrates, Platão é *igual* a Platão, etc. Trata-se, em suma, da absoluta identidade (A =A). — (3) Idênticas, enfim, são as coisas que, embora numericamente múltiplas, *têm uma única essência*; exemplo: dois ou mais quadriláteros de lados iguais são idênticos, etc. (Que, na linha 1054 b 1 s., πρώτη οὐσία signifique *essência* não há dúvida, se confrontamos com Z 7, 1032 b 1 s.). A última asserção é assim esclarecida por Tomás (*In Metaph.*, p. 477 a, § 2005 Cathala-Spiazzi): "Et aequalitas in eis [nos acima citados quadriláteros] est quase unitas *secundum rationem speciei*".

[7] (**1054 b 3-13**). *Quatro significados do termo "semelhante"*. — Aqui Aristóteles distingue quatro significados de *semelhante* (ὅμοια). — (1) *Semelhantes* se dizem, em primeiro lugar, as coisas cuja forma é a mesma, mas cuja concreta individuação difere: por exemplo, um determinado quadrado maior é *semelhante* (e não *idêntico*) a um determinado quadrado menor, justamente porque ambos são quadrados, mas são diferentes pela sua realidade individual (um é maior e o outro é menor). Mais claro ainda é o exemplo do Ps. Alexandre (*In Metaph.*, p. 616, 3 ss. Hayduck): Sócrates e Platão como homens (como forma ou espécie) são idênticos, mas como concretos indivíduos são diferentes e, por isso, não são absolutamente idênticos mas semelhantes (*a* οὐσία συγκειμένη da linha 5 deve, portanto, ser entendida no sentido de σύνθετον = *concretam existentiam*, cf. Bonitz, *Comm.*, p. 425. — Outra lição é οὐσία ὑποκειμένη, mas é duvidosa; para o sentido que daí resultaria cf. Tomás, *In Metaph.*, p. 477 a, § 2006 Cathala-Spiazzi. — (2) Em segundo lugar, dizem-se *semelhantes* as coisas que *têm uma idêntica afecção (ou qualidade)*, no mesmo grau. Note-se que na linha 8 Aristóteles usa εἶδος de modo totalmente impróprio, para dizer uma *qualidade ou afecção da mesma espécie*, como abaixo é explicitado (nas linhas 9 ss.); portanto, traduzimos neste sentido (Bonitz, *Comm.*, p. 426: "In altero genere, b 7-9, quamquam iterum τὸ αυτὸ εἶδος requirit, alio tamen

et inferiore quidem sensu accipi τὸ εἶδος apparet ex verbis adiectis b 8: ἐν οἷς τὸ μᾶλλον καὶ ἧττον. Inde enim colligimus non id intelligi εἶδος, quod ipsum est οὐσία rei, siquidem οὐσία non recipit τὸ μᾶλλον καὶ ἧττον, cf. *Cat.* 5. *3 b* 33, *sed qualitatem aliquam*, ποιόν τι sive πάθος: qualitas enim, quum eadem maneat, crescendi tamen et decrescendi est capax"). — (3) Em terceiro lugar, as coisas se dizem *semelhantes*, ainda que tenham a mesma afecção não no mesmo grau, mas em graus diferentes: por exemplo, uma coisa perfeitamente branca se diz semelhante a outra que é menos perfeitamente e intensamente branca. — (4) Enfim, em sentido lato, se dizem *semelhantes* as coisas que têm características (essenciais ou extrínsecas) semelhantes, em número maior do que as dessemelhantes. — Traduzimos por *características exteriores*, isto é, extrínsecas, a expressão τὰ πρόχειρα = *ea quae in promptu apparent* (Tomás, *In Metaph.*, p. 477 b, § 2012 Cathala-Spiazzi). — Na linha 13 é preciso necessariamente (*a*) ou ler ᾗ λευκόν, em vez de ᾗ χρυσῷ, com Ross (*Metaph.*, II, p. 287 s.; cf. análoga correção já proposta por Schwegler, *Metaph.*, IV, p. 194), ou (*b*) com Jaeger (*Metaph.*, p. 201) acrescentar <ᾗ λευκόν> e ler: <ᾗ λευκόν>, ἣ χρυσῷ πῦρ κτλ. — Cf. também Δ 9, 1018 a 15-18.

[8] (**1054 b 14**). *Tratamento dos significados de "diverso"*. — Aristóteles elucidará só os significados de *diverso* (ἕτερον) e não os de *dessemelhante* (ἀνόμοιον), provavelmente "quia facile apparet qualiter modi eius accipiantur per oppositum ad modos similis" (Tomás, *In Metaph.*, p. 477 b, § 2014 Cathala-Spiazzi).

[9] (**1054 b 14-22**). *Três significados de "diverso"*. — Aristóteles distingue aqui três significados de *diverso*. Na verdade, porém, como alguns estudiosos notam (Bonitz, *Comm.*, p. 427; Ross, *Metaph.*, II, p. 288), o primeiro significado é mais uma caracterização geral do *diverso*, da qual as outras duas representam a especificação. — (1) O primeiro sentido é assim esclarecido por Maurus (*Arist. op. omn.*, IV, p. 491 a-b): "... sicut *idem* dicitur omne, quod est *ipsum*, ita *diversum* dicitur omne, quod est *aliud*; et quia omnia vel sunt ipsum vel aliud, ideo omnia vel sunt idem vel sunt diversum". (2) Em segundo lugar é diverso o que não tem tanto uma única matéria como uma única forma (cf. acima, 10954 a 35, o correlativo sentido de idêntico), mas só a mesma forma, como Sócrates e Platão, tu e o teu amigo. — (3) O terceiro modo não é explicado. Bonitz (*Comm.*, p. 427) pensa que devemos nos remeter aos exemplos lidos nas linhas 35 – b 3 ss. e ao sentido que aqueles exemplos ilustram ali e, portanto, que Aristóteles pensa nas coisas "quorum diversa sit notio primae substantiae". As últimas afirmações de

Aristóteles são bem esclarecidas por Tomás (*In Metaph.*, p. 477 b, § 2015 Cathala-Spiazzi): "Et quia dixerat quod omne ad omne est idem aut diversum, ne quis crederet hoc esse verum, tam in entibus quam in non entibus, removet hoc dicens: Diversum aut idem dicitur omne ad omne in his quae dicuntur unum et ens, non autem in non entibus. Idem enim et diversum non opponuntur ut contradictoria, quorum alterum necesse est verum esse de quolibet ente aut non ente; sed opponuntur ut contraria, quae non verificantur nisi de ente. Et ideo diversum non dicitur de non entibus. Sed non idem, quod contradictorie opponitur eidem, dicitur etiam de non entibus. Sed in omnibus entibus dicitur idem aut diversum. Omne enim quod est ens et unum in se, comparatum alteri, aut est unum ei, et sic est idem; aut non unum in se, comparatum alteri, aut est unum ei, et sic est idem; aut non unum, aptum natum esse unum, et sic est diversum. Sic igitur diversum et idem opponuntur". No mesmo sentido (contra o Ps. Alexandre) se exprime Bonitz, *Comm*, p. 427.

[10] (**1054 b 22-31**). A "*diversidade*". — O presente parágrafo serve de apêndice ao que precede. Primeiro Aristóteles determinou os múltiplos significados de *diverso*; agora ele explicita que (1) *diverso* (e *diversidade*) não têm o mesmo sentido de (2) *diferente* (e *diferença*). O conceito de *diversidade* é mais extenso que o de diferença: (1) *diversas* são todas as coisas que não são *idênticas*, (2) *diferentes* são, ao invés, só as coisas que são diversas *por algo bem preciso e determinado*. Aristóteles explica também, que a diferença pode ocorrer ou (*a*) pelo gênero ou (*b*) pela espécie, onde a diversidade ocorre por qualquer motivo. — Bonitz (*Comm.*, pp. 427 ss.) comenta a passagem com uma página exemplar, que merece ser lida [tenha-se presente que ele traduz ἑτερότης por *alteritas* o que nós traduzimos por *diferença*)]: "Ab alteritate distinguitur diversitas, ἡ διαφορά. Alteritas enim eam significat rationem, quae inter singula quaeque entia obtinet, quaecunque non sunt eadem, πᾶν γὰρ ἢ ἕτερον ἢ ταὐτό ὅ τι ἂν ᾖ ὄν, b 24. Ubi vero diversitatem alicui rei volumus assignare, et certum quidpiam afferendum est a quo sit diversum, τινὸς διάφορον, et certum quidpiam quo differat, τινί διάφορον. Inde concludit: ὥστε ἀνάγκη ταὐτό τι εἶναι ᾧ διαφέρουσιν b 26. His verbis quum dicit: ᾧ διαφέρουσιν, non eam ipsam notam significari, qua distinguitur altera res a diversa altera re, manifestum est, siquidem non eandem in utraque re sed alteram in altera utra re cerni oportet, ut diversae possint dici. Immo licet non ipsis verbis satis perspicue significetur, tamen e contextu ratiocinationis intelligitur, illud ταὐτό τι ᾧ διαφέρουσιν eandem significare praedicatinem,

cui ea, quibus res inter se diversae differunt, subiiciuntur. Ait enim: iluud idem, quod ad diversitatem necessario requiritur, aut genus est aut species; diversae enim res aut genere sunt aut specie diversae. Atque ex his verbis apparet, non in iis ipsis, quae specie diversae sunt, genus dici ταὐτὸ ᾧ διαφέρουσι, sed in iis ipsis, quae generis diversitate diversae sunt; item speciem dici illud idem quo differant iis ipsis in rebus quae speciei diversitate diversae sunt. Nimirum iis in rebus, quae genere diversae sunt, aetenus genus est ταὐτό τι ᾧ διαφέρουσιν, quatenus non haec ab illa genere, illa ab hac specie distinguitur, sed utrique simul ac pariter genus est causa diversitatis: item iis in rebus, quae specie diversae sunt, species ita est idem illud quo differant, ut non haec ab illa specie illa ab hac sive genere sive materia seiungatur, sed altera pariter ab altera speciei diversitate seiungatur".

[11] (**1054 b 31 - 1055 a 2**). *Um período de leitura e interpretação incertas.* — Este último período é de interpretação muito contrastada. Na linha 32 preanuncia-se o tema da *contrariedade*, que será tratado no capítulo seguinte. Mas o que se segue nas linhas 33 ss., referido-se à contrariedade, contradiz o que Aristóteles dirá no capítulo 4. — Para resolver a dificuldade Bonitz (*Comm.*, p. 429) pensa que a linha 32 não seja mais que uma anotação marginal de um leitor atento, relativa ao início do capítulo seguinte, depois transcrita erroneamente no lugar em que agora a lemos. — Se se exclui a linha 32, então permanece a dificuldade do ταῦτα da linha 34, dado pela vulgata. Bonitz (*ibid.*) propõe ler do seguinte modo (na linha do Ps. Alexandre): πάντα γὰρ τὰ [cf. Ps. Alexandre, *In Metaph.*, p. 618, 17 Hayduck] διαφέροντα φαίνεται καὶ ταὐτά [cf. Ps. Alexandre, p. 618, 18] οὐ (vel καὸ οὐ) μόνον ἕτερα ὄντα κτλ. — Ross (*Metaph.*, II, p. 288 s.) objeta que não se pode ler πάντα γὰρ τὰ διαφέροντα... καὶ ταὐτά κτλ., porque as coisas que pertencem às diferentes categorias não são de modo algum ταὐτά, e, portanto, é preciso manter a linha 32 e ler ταῦτα, referindo este termo a τὰ ἐναντία. — Mas, contra a leitura e a interpretação de Ross, resta (1) a contradição, da qual falamos, que resultaria com a doutrina do capítulo seguinte, e (2) resta a possibilidade de justificar o ταὐτά, entendendo o texto como quer Bonitz, na passagem apresentada na nota 10. — *Contra*, além de Ross, *loc. cit.*, cf. Elders, Ar. *Th. os the One*, pp. 107 ss. Nós aceitamos a leitura de Bonitz. — Ver também a posição assumida por Jaeger, p. 202.

[12] (**1055 a 2**). Em Δ 9; 10, 1018 a 38 ss.; 28, 1024 b 9-16. Elders pensa numa citação da obra *Divisão dos contrários* (Ar. *Th. of the One*, p. 111.).

4. *Sumário e comentário a* I 4

[1] (1055 a 3 – b 29). Sumário. — *Do tratamento da diferença, com que se conclui o capítulo precedente, passa-se no presente ao* tratamento da contrariedade, *que é a* diferença máxima. *Aristóteles aprofunda essa determinação da contrariedade, mediante os seguintes corolários.* (a) *A diferença máxima é diferença perfeita ou completa. Justamente porque* (b) *a diferença perfeita só pode ocorrer entre* dois termos: *portanto, os contrários são só dois ou, noutros termos, a um contrário se opõe só um contrário. — Explicado isto, Aristóteles mostra como as várias definições dos contrários, que ele enumera em quatro (talvez sejam as normalmente aceitas na Academia, ou também na Escola aristotélica), pressupõem essencialmente aquela acima ilustrada. — A última parte do capítulo estuda as relações subsistentes entre a contrariedade e as outras formas de opostos, em vista de caracterizar a própria contrariedade de modo perfeito.* A contrariedade *não coincide com a* contradição: *esta última não admite intermediários, enquanto aquela admite. A contrariedade primeira coincide, ao invés, com a* privação *perfeita ou completa. Toda a parte restante do capítulo restringe-se ao exame da relação entre contrariedade e privação. A tese de Aristóteles é a seguinte: a contrariedade é sempre privação, mas não vice-versa: só uma certa privação (ou a privação perfeita) é contrariedade. A tese primeira é demonstrada por via de puro raciocínio, depois é confirmada indutivamente, por via de exemplos.*

[2] (**1055 a** 7). As *coisas "incompatíveis"*. — Aristóteles fala aqui de ἀσύμβλητα (sobre o termo e o seu significado cf. nota 6 a M 6), no sentido de coisas que não têm nada de comum entre si (cf. Ps. Alexandre, *In Metaph.*, p. 619, 1 s. Hayduck).

[3] (**1055 a 8-10**). *Demonstração da tese de que a diferença máxima é contrariedade.* — As coisas podem diferir entre si em grau menor ou maior; assim sendo, deve haver uma diferença *máxima*; essa diferença máxima é a *contrariedade*. Segue uma demonstração dessas afirmações por via de indução. Ela é bem parafraseada por Maurus, ampliando-a com a explicitação dos subentendidos (*Arist. op. omn.*, IV, p. 492 b): "Probatur inductione; *primo* enim constat inductione, quod omnia contraria differunt; ergo contrarietas est quaedam differentia. *Secundo*, constat etiam inductione, quod quae ita differunt genere, ut non possint invicem transmutari, non dicuntur contraria; ex. gr. quia colores et scientiae ita differunt genere, ut non possit subjectum ex colorato fieri sciens vel ex sciente coloratum, ideo color et scientia non sunt contraria; idemque dic de coloribus et sonis etc.;

ergo contrarietas debet esse differentia eorum, quae ita conveniunt genere, ut sint invicem transmutabilia. *Tertio*, quae ita conveniunt genere, ut sint invicem transmutabilia, si non maxime differant, non dicuntur contraria, sed media; ex. gr. rubedo et viriditas licet conveniant in ratione coloris, quia tamen non maxime inter se differunt, non dicuntur colores contrarii, sed medii; e converso quae in talibus generibus maxime differunt, dicuntur contraria; ex. gr. in genere coloris albedo et nigredo dicuntur contraria; in genere saporis dulcedo et amarities; in genere soni sonus acutus et gravis; in genere loci sursum et deorsum seu centrum et circumferentia; ergo contraria sunt, quae maxime differunt in eodem genere transmutabilium invicem. *Quarto* demum constat inductione, quod in generibus, in quibus aliqua magis, aliqua minus distant, dantur etiam aliqua duo maxime distantia, quae sunt ultima, ex quibus et ad quae fiunt transmutationes; ex. gr. in genere coloris datur albedo et nigredo, quae maxime inter se distant et sunt ultimi termini, ex quibus et ad quos possunt fieri transmutationes; idem dic de locis, in quibus datur sursum et deorsum seu centrum et concumferentia maxime distantes, quae loca sunt ultimi termini ascensus et descensus; idemque valet de sapore etc.; ergo contrarietas est maxima differentia eorum, quae ita sunt in eodem genere, ut sint invicem transmutabilia".

[4] (**1055 a 10-17**). *Primeiro corolário: a contrariedade como diferença perfeita.* — Aristóteles, a guisa de corolário, demonstra agora que a *diferença máxima* é também *diferença perfeita* (ἡ τελεία διαφορά), e que, portanto, *a contrariedade é a diferença perfeita.* De fato, máximo é aquilo que não se pode superar, ou seja, aquilo além do qual não se pode encontrar outro; mas isso é o perfeito, enquanto é perfeito justamente aquilo além do qual não se pode encontrar nada, vale dizer, aquilo que alcançou o fim ou termo extremo. Portanto, se *máximo = perfeito, diferença máxima = diferença perfeita.*

[5] (**1055 a 17-19**). Cf. abaixo, linhas 24-33.

[6] (**1055 a 19-23**). *Segundo corolário: de um contrário existe só um contrário.* — Aristóteles deduz um segundo corolário: *da mesma coisa só pode haver um contrário*; isto é, os contrários são pares. Ele fornece duas provas disso. (1) Os contrários são como os termos extremos de uma distância; ora (*a*) não pode haver termos mais extremos do que os extremos, (*b*) os termos extremos de uma mesma distância não podem ser mais de dois (assim como os pontos extremos de uma linha só podem ser dois). (2) A contrariedade é uma diferença; ora toda diferença e, portanto, também a diferença perfeita, é entre *dois* termos: portanto, os contrários só podem ser

dois, ou seja, de um contrário só pode haver um contrário. — Na linha 22 consideramos (com Ross, *Metaph.*, II, p. 291) ὅλως κτλ., como dependente de φανερόν da linha 19.

[7] (1055 a 23-33). *Quatro definições de contrariedade e a sua redução à definição de contrariedade como diferença máxima.* — A relação dessa passagem com o que precede é bem focalizada por Elders, *Ar. Th. of the One*, p. 118: "na precedente parte do capítulo *Aristóteles*, formulou a própria doutrina da contrariedade como a maior e mais completa diferença. Agora ele examina as outras definições de contrariedade para mostrar que são verdadeiras, isto é, que elas contêm a mesma concepção da sua definição. As outras definições provavelmente são fórmulas em uso na Academia e no seu próprio círculo". — Eis as quatro definições de *contrários* que são discutidas:

(a) τὰ πλεῖστον διαφέροντα (linha 24) = as coisas que diferem em grau máximo;

(b) τὰ ἐν ταὐτῷ γένει πλεῖστον διαφέροντα (linhas 27 s.) = as coisas que diferem em máximo grau do âmbito do mesmo gênero;

(c) τὰ ἐν τῷ αὐτῷ δεκτινῷ πλεῖστον διαφέροντα (linhas 29 s.) = as coisas que diferem em máximo grau no mesmo substrato que as acolhe;

(d) τὰ ὑπὸ τὴν αὐτὴν δύναμιν πλεῖστον διαφέροντα (linha 31) = as coisas que diferem em máximo grau no âmbito da mesma faculdade cognoscitiva.

Ora, todas essas definições implicam ou reduzem-se àquela dada acima por Aristóteles, isto é, que a *contrariedade é a máxima diferença*. — (*a*) As coisas que diferem em máximo grau, ou seja, a diferença máxima, implicam a *diferença perfeita*. — A demonstração das linhas 25-27 é muito obscura. A tentativa mais feliz de esclarecimento é (parece-nos) a de Bonitz, *Comm.*, p. 432: "... difficultas... explicandi in primis exsistit verbis b 25: τῶν τε γένει διαφερόντων οὐκ ἔστιν ἐξωτέρω λαβεῖν καὶ τῶν εἴδει, propterea quod de iis quae genere differant mentio omnino non est h. l. iniicienda, ubi agitur de contrarietate, ad quam generis requiri identitatem saepe monuimus. Quam difficultatem quum nec negare nec expedire plane possim, haud scio na deminuere certe videar, si particulas τε — καὶ ita acceperim, ut comparationem potius quam simplicem, coniunctionem significant, hunc in modum: sicuti ultra ea, quae genere diversa sunt, omnimo cogitari nihil potest quod extra sit positum, ita ad ea, quae specie diversa sunt, nihil licet referri, quod extra idem genus positum sit, siquem universa huius diversitatis series intra idem genus continetur neque ad ea, quae extra hoc genus sunt, ullam habet rationem. Iam ita circumclusa per generis identitatem diversitatis serie, invenitur in ea maxima quaedam diversitas et eam dicimus contrarietatem". Ver também a tentativa de Ross, *Metaph.*, II, p. 291. — (*b*) A segunda definição fica esclarecida, com as explicações que Aristóteles deu para ilustrar a redução da primeira: a diferença máxima no âmbito de um mesmo gênero é a *diferença perfeita*. — (*c*) Também a definição dos contrários como as coisas que maximamente diferem no mesmo substrato, reduz-se à definição em questão, enquanto a diferença que ocorre entre as coisas que maximamente diferem no mesmo substrato que as acolhe, como por exemplo entre branco e preto, quente e frio, imobilidade e movimento, etc., *é diferença perfeita*. — (*d*) Enfim, a última definição dos contrários reduz-se igualmente à definição sobre a qual raciocinamos, do seguinte modo: "Quarta definitio est, quod contraria sunt, quae plurimum differunt 'sub eadem potentia' [na tradução explicitamos: *sob a mesma faculdade cognoscitiva*], idest arte vel scientia. Nam scientia est potentia rationalis, ut in nono [cf. cap. 2] dictum est. Et haec etiam definitio ex praedictis verificatur; quia una scientia est circa unum genus. Cum igitur contraria sint in eodem genere, oportet quod sint sub eadem potentia sive scientia. Et quia contrarietas est perfecta differentia in eodem genere, oportet quod contraria plurimum differant eorum quae sunt sub eadem scientia" (Tomás, *In Metaph.*, p. 481 b, § 2035 Cathala-Spiazzi). Cf. Δ 10. 1018 a 25-35.

[8] (**1055 b 6-7**). Cf. Δ 22 (ver a nota seguinte).

[9] (**1055 a 35 – b 29**). *Relações entre contrariedade e as outras formas de oposição*. — Esta segunda parte do capítulo (até o final) é bem compreendida quando se tem presente o seu escopo, que é bastante manifesto. Aristóteles, depois de ter mostrado em que consiste a contrariedade, *procede agora a uma comparação desta com as outras formas de oposição, em vista de esclarecer ainda melhor a sua natureza*. Em primeiro lugar, ele estabelece que a contrariedade primeira coincide com a *posse e a privação perfeita* e que todos os contrários supõem de algum modo esta primeira. Em segundo lugar, Aristóteles evoca novamente as quatro formas de oposição: (1) contradição, (2) privação, (3) contrariedade e (4) relação, para estabelecer quais são as relações que a contrariedade tem com as outras três formas. Dado que a *contradição* é a primeira e mais simples forma de oposição, Aristóteles passa ao exame das relações que ela tem com a *contrariedade*. A oposição de contradição e a de contrariedade *não* coincidem, porque a contradição

não admite termos intermediários, enquanto a contrariedade sim (cf. I 7). As relações entre *contradição* e *relação* não são explicitadas de maneira temática. Ao contrário, são aprofundadas as relações entre *contradição* e *privação*. — Essas relações são bem esclarecidas no comentário de Tomás (*In Metaph.*, p. 483 b, §§ 2043-2048 Cathala-Spiazzi): 'Ostendit qualiter se habeat privatio ad contradictionem, manifestans qualiter conveniant et qualiter differant. Dicit ergo, quod privatio est quaedam contradictio. Dicitur enim privatio *uno modo*, quando aliquid non habet quod nullo modo natum este habere; ut si diceremus quod lapis non habet visum. Alio modo dicitur aliquid privari, si non habeat quod natum est habere; sicut animal si non habet visum. Et hoc dupliciter: uno modo qualitercumque non habeat. Alio modo si non habeat cum aliqua determinatione, puta in tempore determinato, aut aliquo modo determinato; quia privatio multipliciter dicitur, sicut supra habitum est in quinto [= Δ 22] et in nono [= Θ 1]. Ex his ergo patet quod privatio est quaedam contradictio. Et quidem, quod sit contradictio patet ex hoc, quod aliquid dicitur privatum ex hoc quod non habet. Sed quod non sit contradictio absoluta, sed contradictio quaedam, patet ex hoc quod contradictio de sui ratione non requirit neque aptitudinem, neque etiam existentiam alicuius subiecti. Verificatur enim de ente et de non ente quocumque. Dicimus enim quod animal non videt, et lignum non videt, et quod non ens non videt. Sed privatio de necessitate requirit aliquod subiectum, et quandoque etiam requirit aptitudinem in subiecto: quod enim est omnino non ens non dicitur privatum. Et ideo dicit quod privatio aut est in determinata potentia, scilicet cum aptitudine ad habitum, aut saltem 'concepta cum susceptivo', idest cum subiecto, licet non habente aptitudinem ad habitum. Sicut si dicamus vocem invisibilem, aut lapidem rem mortuam. Et ideo contradictio non potest habere medium: sed privatio aliquo modo medium habet. Necesse est enim omne aut aequale sut non aequale esse, sive sit ens sive non ens. Sed non necesse est dici de omni, quod sit aequale aut inaequale; sed solum hoc necesse est in susceptivo aequalitatis. Sic igitur oppositio contradictionis omnino est immediata: oppositio vero privationis est immediata in determianto susceptivo; non autem est immediata simpliciter. Ex quo patet quod contrarietas, quae nata est habere medium, propinquior est privationi quam contradictioni. Nondum tamen habetur, quod privatio sit contrarietas".

[10] (**1055 b 11-17**). A *diferença subsistente entre contrariedade e privação*. — Toda contrariedade é uma privação mas não vice-versa: nem toda privação é contrariedade. Aristóteles demonstra isso valendo-se do conceito

de mutação. Bonitz (*Comm.*, pp. 433 s.) resume do seguinte modo: "Etenim quaelibet mutatio inter ἕξιν et στέρησιν ita vertitur, ut ab altera transeat ad alteram, contraria autem non quodlibet denotant mutationis principium nem quemlibet exitum, sed extrema modo intervalli puncta (...) b 16. Ergo quaelibet contrarietas sub notionem privationis cadit, non quaelibet privatio eadem et contrarietas est, sed unice *perfecta privatio*".

[11] (**1055 b 20-21**). Cf., *supra*, linhas 4-6.

[12] (**1055 b 25**). Lemos ὅτι em vez de ἔτι, com Bonitz, *Comm.*, p. 434; cf. Ps. Alexandre, *In Metaph.*, p. 624, 12-17 Hayduck.

5. *Sumário e comentário a* I 5

[1] (**1055 b 30 – 1056 b 2**). Sumário. — *Um corolário, deduzido no precedente capítulo, estabelecia que a um contrário opõe-se* só um contrário. *Ora, se é assim, como pode* o igual *ser oposto ao* grande e ao pequeno *e como pode* o um *ser oposto aos* muitos? *Deixando a solução do problema* do um-muitos *para* o *capítulo seguinte, Aristóteles desenvolve e resolve* o *da* oposição do igual relativamente ao maior e menor. *Entretanto, não há dúvida de que se trata de* opostos, *porque nós usamos a interrogação disjuntiva só quando de trata de opostos e, no caso do igual, maior e menor, usamos justamente a interrogação disjuntiva (de fato, perguntamos: "é igual* ou *maior* ou *menor?").* — *Não se trata, porém, de opostos* contrários *pelos seguintes motivos:* (a) o *igual não pode ser contrário* só do *grande* ou só do *pequeno*; (b) *tampouco pode ser contrário de ambos, com base no corolário evocado no início; enfim,* (c) *sendo o igual intermediário entre o grande e o pequeno, ocorreria o absurdo de uma contrariedade intermediária.* — *O igual é, segundo o Estagirita, privação ou* negação privativa *do grande e do pequeno. Aristóteles aprofunda essa afirmação, explicando como deve ser entendida, e conclui respondendo a uma eventual objeção possível.*

[2] (**1055 b 30-32**). *Posição do problema.* — Os termos do problema são claros. (*a*) De um lado, Aristóteles evoca o corolário estabelecido no capítulo precedente (1055 a 19 ss.), segundo o qual a um contrário só se *opõe* um contrário. (*b*) De outro lado, ao *um* se opõem os *muitos* (que são, justamente, mais de um) e ao *igual* se opõem o *grande* e o *pequeno*. Como resolver a dificuldade? Trata-se de opostos contrários? Ou não são opostos em outro sentido? (Evidentemente, se são opostos em outro sentido, será possível resolver a dificuldade).

[3] (1055 b 30 – 1056 a 6). *Especificação do problema posto: em que sentido o igual se opõe ao grande e ao pequeno.* — Todo esse período deve ser lido num bloco e de modo unitário, considerando como reflexão entre parêntesis as linhas 1055 b 34 – 1056 a 3, se quisermos captar o seu sentido. Aristóteles quer dizer o seguinte: quando usamos uma *interrogação disjuntiva* (πότερον... ἤ... = *utrum... an...*), encontramo-nos sempre diante de *oposições* (oposições efetivas ou, em todo caso, diante de termos que tratamos como opostos); ora (linhas 1056 a 3 ss.), no caso do igual, do *grande* e do *pequeno* usamos justamente a interrogação disjuntiva (de fato, perguntamos: se uma coisa é igual *ou* maior *ou* menor); portanto, certamente *estamos diante de opostos*. Sobre isso não há dúvida. O problema que se põe é, então, o seguinte: *de que tipo de opostos se trata?* São *opostos* no sentido de *contrários* ou não? (A passagem seguinte resolverá logo o problema: não se trata de contrários). — No que se refere às elucidações entre parêntesis, elas se mostram claras, quando se tem presente que o seu escopo é o de ilustrar como as perguntas disjuntivas do tipo: "é homem ou é branco?", "veio Sócrates ou Cleonte?", etc. são redutíveis a *oposições* ἐξ ὑποτέσεως, isto é, a oposições *de fato*, se não de direito. Por exemplo, se eu sei que não poderiam vir à minha casa, para trazer determinada coisa, senão Sócrates ou Cleonte, e se, chegando em casa, encontro aquela coisa, então a pergunta disjuntiva "veio Sócrates ou Cleonte?" explica-se perfeitamente: ou veio um ou veio outro, porque não podia ser outra pessoa que me trouxesse aquela coisa a não ser uma daquelas duas. Ou, ainda, a pergunta pode querer dizer: veio só um dos dois ou vieram os dois juntos? (Nesse caso, fica sempre clara a oposição: ou veio um dos dois ou vieram os dois, porque outros indivíduos não podiam ser).

[4] (1055 a 6-15). A *oposição do igual relativamente ao grande e ao pequeno não é uma contrariedade.* — Nesta passagem Aristóteles demonstra que o *igual* e o *grande* e o *pequeno* não são *contrários*, apresentando três provas. — (1) Dado que cada contrário tem só um contrário, segue-se que o igual deveria ser contrário ou *só* do grande ou *só* do pequeno; mas ambas as hipóteses são absurdas, porque não há nenhum motivo pelo qual o contrário do igual seja o grande antes que o pequeno, ou vice-versa. — (2) Dir-se-á, então, que o *igual* é contrário ao *desigual*? Pois bem, embora desigual seja *só uma* palavra, resta, em todo caso, que ela significa *grande* e *pequeno* e, portanto, resta que *igual* tem mais de um contrário (sem contar, depois, que se acabaria por dar razão aos Platônicos, que consideram o desigual como uma díade), o que é absurdo. — (3) O igual é um termo *intermediário*

entre grande e pequeno; mas nenhum contrário pode ser intermediário; portanto, o igual não pode ser um contrário. Concluindo: o tipo de *oposição* subsistente entre igual e grande e pequeno *não pode ser uma contrariedade*. Trata-se agora de estabelecer de que tipo de oposição se trata.

[5] (**1056 a 15-22**). *O igual é negação privativa de grande e pequeno*. — Aristóteles resolve aqui o problema. No caso da oposição do *igual* e do *grande* e *pequeno* não estamos diante de uma contrariedade nem de uma contradição, mas de uma *privação*, ou, melhor ainda, diante de uma *negação privativa*. O igual é, portanto, negação privativa do grande e do pequeno. — Eis como Tomás (*In Metaph*., p. 489 a, §§ 2069 s. Cathala-Spiazzi) explica: "Ostendit determinate, quo genere opponatur aequale magno et parvo, dicens, quod haec particula non, quae includitur in ratione aequalis, cum dicimus aequale esse quod nec est maius neque menus, non est negatio simpliciter, sed ex necessitate est privatio. Negatio enim absolute, de quolibet dicitur cui non inest sua opposita affirmatio. Quod non accidit in proposito. Non enim esse dicimus aequale omne id quod non est esse maius aut minus. Haec est igitur ratio aequalis, quod aequale est quod nec magnum nec parvum est, aptum tamen natum est esse aut magnum aut parvum, sicut aliae privationes definiuntur Et ita manifestum est quod aequale opponitur ambobus, scilicet magno et parvo, ut negatio privativa".

[6] (**1056 a 22-30**). *O igual como termo intermediário entre grande e pequeno*. — O igual, sendo aquilo que, por natureza, pode ser grande e pequeno, mas não é nem grande nem pequeno, é *intermediário* entre grande e pequeno. Ora, diz Aristóteles, existem outros casos de *intermediários*, que, contudo, diferentemente do igual, *não têm um nome que os designe*, ou não têm um nome único. Por exemplo, o que não é nem bom nem mau opõe-se igualmente ao bom e ao mau e é intermediário entre o bom e o mau, *mas não tem um nome*. Por que? A razão é dupla: (*a*) bom e mau têm *múltiplos significados* (não se dizem em sentido unívoco) e (*b*) os sujeitos que os podem receber são diversos e não um único. O caso do intermediário entre branco e preto representa um caso a meio caminho entre os dois examinados: ele tem ou pode ter um nome, mas esse nome não é único: intermediário entre branco e preto são, com efeito, o cinza, o pálido e semelhantes. — Estas explicações são feitas com vistas a esclarecer alguns elementos aptos a resolver uma dificuldade que é enfrentada logo em seguida, no último período do capítulo.

[7] (**1056 a 30 – b 2**). *Intermediário é só aquilo de que se pode negar dois extremos contrários no mesmo gênero*. — Eis a dificuldade que alguns

levantam ou que poderiam levantar, e a solução de Aristóteles. Se o igual é o que não é nem grande nem pequeno e é, portanto, médio, e também o nem bom nem mau é médio entre bom e mau, só que não tem nome; pois bem, se é assim, então poder-se-á afirmar o mesmo para qualquer coisa, e dever-se-á admitir a existência de um médio entre qualquer coisa, que não seja *nem* uma *nem* outra (por exemplo, um médio entre pé e mão que não seja nem pé nem mão, assim como o igual não é nem grande nem pequeno, e o médio entre bom e mau não é nem bom nem mau). Mas isso é absurdo, responde Aristóteles, pelo seguinte: "(...) medium non est id, de quo potest utrumque extremum quomodocumque negari, sed est id, de quo possunt ita negari *duo contraria maxime differentia ac distantia in eodem genere*, ut sit ajusdem generis cum illis ac de utroque participet; sed non omnia, de quibus possunt negari nasus et calceus, habent has conditiones: ergo non omnia, de quibus possunt negari nasus et calceus, sunt media inter nasum et calceum" (Maurus, *Arist. op. omn.*, IV, p. 498 a). — Cf., *infra*, I 7, *passim*.

6. *Sumário e comentário a* I 6

[1] (**1056 b 3 – 1057 a 17**). Sumário. — *No capítulo precedente Aristóteles perguntou-se que tipo de oposição subsiste entre igual, maior e menor e entre o um e os muitos, e resolveu o primeiro desses dois problemas. Agora ele enfrenta e resolve o segundo. A oposição um-muitos não pode ser uma oposição absoluta e unívoca, porque, se assim fosse, teríamos consequências absurdas (cf. nota 4). — Conquista-se a resposta à questão levantada distinguindo os diversos significados do termo* muitos. Muitas *se dizem as coisas em dois sentidos:* (a) *se constituem uma multiplicidade que excede absolutamente ou relativamente e* (b) *se constitui um número. — O um contrapõe-se aos muitos* não *no primeiro, mas no segundo sentido. Aristóteles explica, ulteriormente, que essa oposição é* oposição de relatividade. *O um e os muitos são, portanto, relativos, e, precisamente, são relativos não por si, mas como a medida é relativa ao mensurável e a ciência é relativa ao que é sabível: o um, de fato, é medida e o número (= os muitos) é medido.*

[2] (**1056 b 3-4**). Cf. I 5, 1055 b 30 s. e nota 2 ao capítulo precedente.

[3] (**1056 b 4**). *O significado de* ἁπλῶς. — Esse termo que (com os outros) traduzimos *em sentido absoluto*, deve ser entendido, nesse contexto, do seguinte modo: se os muitos se opõem ao *um num só sentido (absolutamente) e não em múltiplos sentidos*, etc.

[4] (1056 b 4-14). *Dificuldades que se levantam ao afirmar uma oposição absoluta entre o um e os muitos.* — Eis os absurdos em que se cai quando se põe entre o um e os muitos uma oposição absoluta e unívoca. — (*a*) Se se admite que os *muitos* se opõem (em sentido absoluto) ao *um*, e se, por outro lado, os *muitos* se opõem também aos *poucos*, seguir-se-á, consequentemente, que o *um* deverá ser *poucos*, o que é absurdo. — (*b*) Esta consequência absurda pode ser demonstrada também com o seguinte raciocínio. O *dois* é *muitos*, dado que o duplo (e, portanto, o *dois*) é um *múltiplo* (é duas vezes um). Ora, como o múltiplo opõe-se ao pouco e o dois (= múltiplo) só se opõe ao um (já que não existe nada, senão o um, que seja pouco menos do que o dois), segue-se que o um deverá ser pouco. — (*c*) O terceiro argumento mostra que o *um*, de maneira absurda, virá a ser um múltiplo, admitida a hipótese de que o um e os muitos se apõem ἁπλῶς, e que, junto com isso, ter-se-á a consequência já deduzida de que o um é *pouco*. — Eis o argumento na exposição de Bonitz (*Comm.*, p. 438): "Denique sicuti in longitudine longum ac breve sibi opponuntur, ita in multitudine multa et pauca; iam vero quidquid vel longum est vel breve sub universalem cadit longitudinis sive linearis extensionis notionem, ac perinde quidquid vel multum est vel paucum est, idem etiam multitudo erit". — Bonitz, porém, não inclui na exposição as linhas 11 s., considerando-as como um duvidoso acréscimo posterior que se insere no curso da argumentação. Na realidade, como bem notou Ross (*Metaph.*, II, p. 295), a proposição das linhas 11 s. tem a finalidade de confirmar a premissa "se na multiplicidade existe o *muito* e o pouco", e a confirma sublinhando que, com exceção do caso dos fluídos (= contínuo facilmente delimitável), o *muito* é também *muitos* (e vice-versa), onde o plural *muitos* torna claramente manifesto que está em questão a multiplicidade ou pluralidade. A solução dessas dificuldades virá imediatamente.

[5] (1056 b 14-16). *Diferenças entre "muito" e "muitos".* — Eis uma primeira explicação esclarecedora da dificuldade levantada. Tudo o que é dito *muitos*, pode ser dito também *muito*; mas, vice-versa, *nem* tudo o que é dito *muito* pode ser dito *muitos*, como, por exemplo, o que é contínuo e não constituído por partes discretas (cf. Bonitz, *Comm.*, p. 439).

[6] (1056 b 16-32). *O um e os muitos têm uma relação de oposição.* — Na distinção dos sentidos de "muitos" (como multiplicidade que excede e como pluralidade numérica), que Aristóteles agora estabelece, está o princípio que resolve definitivamente as dificuldades levantadas acima. — Leiamos a exegese de Tomás à passagem que se segue (*In Metaph.*,

p. 491 b s., §§ 2081-2083 Cathala-Spiazzi): "Manifestat... qualiter multa opponantur paucis; dicens, quod multa dicuntur *dupliciter*. *Uno* enim *modo* significant pluralitatem excedentem, vel simpliciter, vel per respectum ad aliquid. Simpliciter quidem, sicut dicimus aliqua esse multa, eo quod excedunt pluralitatem, quae solet communiter in rebus sui generis reperiri, ut si dicamus multam pluviam, quando ultra communem cursum pluit. Per respectum autem ad aliquid, ut si dicamus decem homines multos in comparatione ad tres. Et similiter paucum dicitur 'pluralitas habens defectum', idest deficiens a pluralitate excedente. *Alio modo* dicitur multum..., sicut numerus dicitur quaedam multitudo. Et sic multum opponitur tantum uni, non autem pauco. Nam multa secundum hanc significationem sunt quasi plurale eius quod dicitur unum; ut ita dicamus unum et multa, ac si diceremus unum et una pluraliter, sicut dicimus album et alba, et sicut mensurata dicuntur ad mensurabile. Nam multa mensurantur per unum, ut infra dicetur. Et secundum hanc significationem, a multis dicuntur multiplicia. Manifestum est enim quod secundum quemlibet numerum dicitur aliquid multipliciter; sicut a binario, duplum, et ternario triplum, et sic de aliis. Unusquisque enim numerus est multa hoc modo, quia refertum ad unum, et quia quodlibet mensurabile est unum. Et hoc, secundum quod multa opponuntur uni, non autem secundum quod opponuntur pauco. Unde et ipsa duo quae sunt numerus quidam, sunt multa secundum quod multa opponuntur uni. Sed secundum quod multa significant pluralitatem excedentem, duo non sunt multa, sed sunt pauca. Nihil enim est paucius duobus, quia unum non est paucum, ut supra probatum est. Paucitas enim est pluralitas habens defectum. Prima vero pluralitas habens defectum est dualitas. Unde dualitas est prima paucitas". — Eis também o excelente comentário de Ross (*Metaph.*, II, p. 296), que, depois da passagem de Tomás, mostrar-se-á ainda mais claro: "Aristóteles começa aqui a discussão das dificuldades expostas nas linhas 5-14. O ponto vital na sua solução das dificuldades é a distinção (linhas 16-20) entre os dois sentidos de 'muitos': o sentido de 'pluralidade superior', no qual se opõe a 'poucos', e o sentido de 'número', no qual se opõe a 'um', e não enquanto seu contrário, mas enquanto seu correlativo. Assim (1) a primeira dificuldade (linhas 5, 6) desaparece. Porquanto *muitos* se oponha a *um* e a *poucos*, daí não se segue que um seja poucos, pois é em sentidos diversos que muitos se opõe a um e a poucos. (2) A segunda dificuldade (linhas 6-10) desaparece. Não podemos dizer 'dois é muitos e, por isso, um é poucos', porque dois não é muitos no sentido de que muitos se opõe a poucos (isto é, no sentido de que existe uma pluralidade que é menor e que pode ser chamada poucos), mas só no sentido de que muitos se opõe a um. (3) A terceira dificuldade (linhas 10-14) desaparece. Pois uma das premissas da argumentação, isto é, que um é poucos, foi agora demonstrada como não verdadeira".

[7] **(1056 b 28-32)**. *Uma crítica parentética a Anaxágoras.* — Aristóteles parece querer dizer o seguinte. Na célebre proposição de Anaxágoras segundo a qual todas as coisas estavam juntas *infinitas por multiplicidade e pequenez*, existem dois erros interligados: (1) a oposição da *pequenez* à *multiplicidade* e (2) a afirmação da *infinitude* das coisas. — (1) O primeiro erro é evidente, depois do que se disse, já que a *multiplicidade* e o muito se opõem à *escassez* e ao *pouco* (e não ao pequeno). — (2) Mas se Anaxágoras tivesse afirmado assim, corretamente, então teria resultado evidente que as coisas também não podem ser infinitas em *escassez*, isto é, *em pequenez de número*: de fato, o pouco em sentido absoluto, como diz explicitamente logo depois, é o 2. — Cf. A. A. Bowman, in "Classical Review", 30 (1916), pp. 42-44, aceito por Ross, *Metaph.*, II, pp. 296-297, por Cherniss, *Arist. Criticism of presocr. Philos.*, p. 346. Ver, ademais, D. Lanza, *Anassagora, testimon. e framm.*, Florença 1966, pp. 114 s. *ad* A 60.

[8] **(1056 b 35)**. Cf. Δ 15, 1021 a 26 ss.

[9] **(1056 b 32 – 1057 a 1)**. *O um e os muitos são relativos como a medida e o mensurável, a ciência e o sabível.* — Maurus (*Arist. op. omn.*, IV, p. 500 a): "... procedit Aristoteles ad explicandum, qualis sit oppositio unius et multorum. Unum et multa absolute sumpta, in quantum significant plura una, opponuntur relative, sed ita, ut non utrumque dicatur ad alterurm secundum se et mutuo, ut explicatum est lib. V, cap. XV, ubi dictum est, quod ex relativis aliqua dicuntur mutuo, aliqua non muto, sed ita ut eorum unum dicatur ad alterum non secundum se, sed quia alterum dicitur ab allud, eo pacto, quo scibile dicitur ad scientiam, non secundum se, sed scientia dicitur ab scibile; ideo unum et multa dicuntur relative relatione non mutua; siquidem unum et multa, eo quod multa mensurantur uno et dicuntur ad unum".

[10] **(1057 a 1-7)**. *Explicações sobre a afirmação de que o um tem relação com os muitos como medida e medido.* — Ainda Maurus (*Arist. op. omn.*, IV, p. 500 a) esclarece bem essa passagem: "Quia unum est mensura omnis numeri, est quid minus omni numero etiam binario, ideoque est quid minimum. Licet vero unum sit minus, non sequitur, quod sit paucum, quia ad paucum non sufficit, ut sit aliquid minus numero, sed requiritur, ut sit numerus minor numero; unum autem ita est omni numero, ut non sit numerus. Multitudo

igitur est quasi genus numeri, quia numerus est multitudo mensurabilis uno. Multitudo absolute dicta opponitur uni, non quidem oppositione contraria, sed relativa mensurae ad mensurabile, sequidem multitudo mensuratur uno. Et quia quae opponuntur ut mensura et mensuratum ita se habent, ut sint connexa non mutuo, eo pacto, quo scientia et scibili, scibile potest esse sine scientia; ideo multitudo et unum sunt connexa non mutuo. Licet enim multitudo et numerus non possint esse sine uno, unum si sit omnino indivisibile, potest esse sine multitudine et numero".

[11] (**1057 a 7-12**). *Explicações sobre a afirmação de que o um tem relação com ao muitos como a ciência ao sabível.* — Acima, Aristóteles disse que o um é em relação aos muitos, assim como a medida ao medido e a *ciência* ao sabível. Agora ele explica que a comparação não é perfeita. O um é a medida dos muitos, mas a ciência *não* é a medida do sabível. Para o realismo aristotélico, de fato, é verdade o contrário: não a ciência é medida do sabível, mas o sabível (= o inteligível, isto é, a realidade sabível) é medida da ciência. *De fato, não o sabível depende da ciência, mas a ciência do sabível*: se tira-se a ciência, resta o sabível, se tira-se o sabível tira-se *eo ipso* também a ciência. — Inúteis e pouco plausíveis, a nosso ver, as correções que Ross (*Metaph.*, II, pp. 297 s.) propõe como possíveis (mas não retoma no texto) nas linhas 9-12. O texto se explica de modo suficiente tal como é.

[12] (**1057 a 15**). Cf. *supra*, 1056 b 16 ss.

7. *Sumário e comentário a* I 7

[1] (**1057 a 18 – b 34**). Sumário. *Um conceito estreitamente conexo com os até agora tratados é o de* médio *ou* intermediário, *que, neste capítulo, Aristóteles aprofunda e desenvolve. A respeito disso são explicados três pontos.* (1) *Cada um dos intermediários pertence ao mesmo gênero das coisas das quais é intermediário;* (2) *os intermediários são intermediários entre* determinados *opostos, isto é, entre* contrários; (3) *os intermediários são, ademais, compostos de contrários.* — (1) *Os intermediários pertencem ao mesmo gênero dos contrários, porque estes são termos pelos quais necessariamente deve passar a coisa que se muda de um contrário ao outro, porque não é possível uma passagem de um gênero ao outro, se não por acidente.* — (2) *Os intermediários são os intermediários entre opostos, porque a mudança só tem lugar* entre opostos, *e, precisamente, entre aquele* particular tipo de opostos que é dado pelos contrários *(a contradição e a relação* não *admitem intermediários).* — (3) *Enfim,*

os intermediários são compostos dos contrários dos quais são intermediários. A demonstração deste ponto é muito complexa. Aristóteles parece proceder por três etapas. (a) *Em primeiro lugar ele demonstra que as espécies contrárias de um gênero pressupõem diferenças contrárias que as constituem.* (b) *Em segundo lugar ele demonstra que as espécies intermediárias são compostas de diferenças intermediárias em união com o gênero.* (c) *Enfim, demonstra que as diferenças intermediárias e, portanto, as espécies intermediárias, só podem ser compostas pelas diferenças contrárias.*

[2] **(1057 a 19-30)**. *Primeira tese: os intermediários pertencem ao mesmo gênero das coisas das quais são intermediários.* — (*a*) Os intermediários são aqueles termos pelos quais antes deve necessariamente passar o que muda de um oposto ao outro: por exemplo, passando dos sons graves aos agudos da lira, devo primeiro passar pelos intermediários; e uma coisa que de preta se torna branca deve antes passar pelas cores intermediárias. (*b*) Mas as mutações em questão só podem ocorrer no âmbito de um mesmo gênero e nunca de um gênero ao outro (a não ser *per accidens*). (*c*) Portanto, aqueles termos pelos quais passa o processo de mudança *antes* de chegar ao termo oposto, vale dizer, os termos intermediários, são necessariamente do mesmo gênero das coisas das quais são intermediárias.

[3] **(1057 a 30 – b 1)**. *Segunda tese: os intermediários são intermediários entre contrários.* — O raciocínio é simples. (*a*) Os intermediários só são intermediários entre determinados opostos, porque a mudança só ocorre de um oposto ao outro. (*b*) Mas entre que tipo de opostos? Certamente não entre os contraditórios, porque estes estruturalmente não admitem intermediários, porque um é a negação do outro. E tampouco entre os relativos (que não sejam relativos contrários: cf. 1956 b 35), dado que estes não pertencem ao mesmo gênero. (*c*) Os intermediários, ao invés, ocorrem entre os *contrários* (como, por exemplo, entre o branco e o preto existe o cinza). Aristóteles poderia acrescentar que existe um médio entre os opostos privativos: cf. 4, 1055 b 9.

[4] **(1057 b 2-32)**. *Terceira tese: os intermediários são compostos dos contrários dos quais são intermediários.* — Esta é a questão que parece ser a mais interessante aos olhos de Aristóteles. Infelizmente a demonstração não é clara, e as suas linhas de força não são bem desenhadas. Infelizmente o pseudo Alexandre não comenta nem este nem os restantes capítulos de I, e os comentadores modernos muito se ressentem disso. Tomás parece dar a exegese mais clara, por isso consideramos oportuno apresentá-la inteiramente abaixo. Como já dissemos no sumário, Aristóteles parece proceder

por três etapas. (*a*) Na primeira (linhas 4-12) ele parece preocupado em demonstrar que as espécies contrárias pressupõem diferenças contrárias que as constituem (cf. nota 6); (*b*) na segunda (linhas 12-19) ele parece preocupado em demonstrar, ulteriormente, que as espécies intermediárias, por sua vez, pressupõem diferenças intermediárias que as constituem em união com o gênero (cf. nota 7); (*c*) enfim, ele demonstra (linhas 19-32) que todas as diferenças intermediárias e, portanto, as espécies intermediárias, são necessariamente compostas pelas diferenças contrárias (cf. nota 8). E com isso a tese em questão fica demonstrada.

[5] (1057 b 4). A *questão que é posta*. — Aqui Aristóteles põe um dilema, mas depois não o desenvolve sistematicamente, limitando-se a desenvolver o primeiro membro. Bonitz (*Comm.*, p. 444) observa justamente: "Alterum dilematis membrum: εἰ δὲ ἔσται γένος, non explicuit; neque illud desideratur, quoniam per totam argumentationem natura eorum contrariorum, quorum est genus, refertur ad ea contraria, utpote priora, quorum non est genus". Ao contrário, Ross (*Metaph.*, II, p. 298) parece querer ver o segundo membro nas linhas 20 ss., mas a sua exposição não é convincente. Elders (*Ar. Th. of the One*, p. 156) propõe até mesmo mudar o sentido do dilema traduzindo assim: "contraries must belong to a genus or they are no contraries"; mas, se o sentido está em harmonia com a doutrina desenvolvida no capítulo, não pode ser extraído da letra. A nosso ver, o que diz Bonitz e o sentido que daí extrai Tomás (cf. nota seguinte) satisfazem.

[6] (**1057 b 4-12**). *Primeiro momento da demonstração da terceira tese.* — Tomás (*In Metaph.*, p. 496 b, §§ 2105 s. Cathala-Spiazzi) comenta: 'Primo ostendit quod contrariae species habent priora contraria ex quibus constituuntur. Quod sic probat. Oportet enim quod contrariorum, aut sit aliquod genus, aut nullum. Si autem nullum genus esset contrariorum, non haberent medium; quia medium non est nisi eorum quae sunt unius generis, ut ex dictis patet. Sed si contrariorum, quorum ponitur medium, sit aliquod genus prius ipsis contrariis, necesse est etiam quod sint differentiae contrariae priores speciebus contrariis, quae faciant et constituant species contrarias ex ipso genere uno. Species enim ex genere et differentiis constituuntur. — Et hoc manifestat per exemplum. Sicut si album et nigrum sint contrariae species, et habeant unum genus quod est color, necesse est quod habeant aliqua differentias constitutivas; ita quod album sit color disgregativus visus, nigrum vero color congregativus. Et sic hae differentiae congregativum et disgregativum sunt priores albo et nigro. Unde, cum utrobique sit contrarietas, manifestum est quod contraria sunt seinvicem

priora. Contrariae enim differentiae sunt priores contrariis speciebus. Et sunt etiam magis contrariae, quia sunt causae contrarietatis ipsis speciebus". — Traduzimos com *dilatante* o termo διακριτικόν e com *constringente* o termo συγκριτικόν, que Tomás, com Moerbecke, traduz por *disgregativum* e *congregativum*; Schwegler (*Metaph.*, IV, p. 202) traduz por *differenzirend* e *indifferenzirend* e, na tradução, por *trennende* e *verbindene Farbe*; Bonitz traduz (*Metaph.*, p. 213) com: das *Trennende* und das *Verbindende*; Ross (*ad. h. l.*) traduz por: *piercing*... and *compressing*; Tricot traduz com: *dissociante* e *comprimante*; Gohlke (*Metaph., p. 310) traduz: verdeutlichend* e *verwischend*; Bassenge traduz (*Metaph.*, p. 239): *entflechtend* e *verflechtend* e, enfim, Elders com: *compressing* e *dilating*. — Na maioria, os estudiosos veem a fonte dessa doutrina em Platão, *Tim.*, 67 D-E. Sobre isso ver: Elders, *Note on the 'compressing' and 'dilating' factors in the system of Plato*, in Ar. *Th. of the One*, pp. 163 s.

[7] (**1057 b 12-19**). *Segundo momento da demonstração da terceira tese.* Tomás (*In Metaph.*, p. 497 a, § 2108 Cathala-Spiazzi) explica: 'Ostendit quod etiam *mediae species habent priora media*, ex quibus constituuntur; dicens, quod cum media sint species eiusdem generis, et omnes species ex genere et differentia constituantur, necesse est quod media constituantur ex genere et diffetentiis. Sicut quicumque colores sunt medii inter album et nigrum, oportet hos definiri ex genere, quod est color, et ex quibusdam differentiis. Et hae differentiae, ex quibus constituuntur medii colores, non possunt esse 'immediate prima contraria', scilicet differentiae contrarie quae constituebant contrarias species albi et nigri. Aliter oportet quod quilibet color medius esset albus aut niger. Nam color congregativus est niger, et disgregativus est albus. Oportet igitur quod differentiae constitutivae contrariarum specierum Et quia, sicut se habent species ad species, ita se habent differentiae ad differentias; oportet quod sicut medii colores sunt species mediae inter species contrarias, ita differentiae constitutivae earum sint mediae inter differentias contrarias quae dicuntur prima contraria".

[8] (**1057 b 19-32**). *Terceiro momento da demonstração da terceira tese.* — Tomás (*In Metaph.*, p. 497 a-b, §§ 2109-2110 Cathala-Spiazzi) propõe a seguinte exegese: 'Ostendit, quod *mediae differentiae ex differentiis contrariis componuntur*; dicens, quod differentiae primae contrarie sunt disgregativum visus et congregativum. Unde istae differentiae sunt illud primum, ex quo componimus omnes species generis. Sed, si aliqua contraria non essent in eodem genere, quaerendum restaret ex quo eorum media constituerentur. Sed in his quae sunt in eodem genere, non est

difficile hac accipere; quia necesse est omnia quae sunt in eodem genere 'aut esse incomposita', idest simplicia, aut componi 'ex incompositis', idest simplicibus, quae sunt in genere illo. Contraria enim sunt incomposita ex invicem; quia nec album componitur ex nigro, neque nigrum ex albo, neque congregativum ex disgregativo, neque converso. Quare oportet quod contraria sint principia, quia simplicia in quolibet genere sunt principia. Sed de mediis oportet dicere, quod aut omnia componantur 'ex simplicibus', idest ex contrariis, aut nullum; quia eadem ratio videtur de omnibus. Sed non potest dici, quod nullum; quia aliquod est medium quod componiur ex contrariis: ex quo contingit quod transmutatio primo pervenit ad media quam ad extrema. Hoc autem sic apparet: quia illud in quod primo pervenit transmutatio, est magis et minus respectu utriusque extremorum. Prius enim aliquid fit minus album et minus nigrum, quam totaliter album et totaliter nigrum: et hoc ipsum quod est minus album, quam album simpliciter, et minus nigrum quem nigrum simpliciter. Est etiam magis accedens ad album quam nigrum simpliciter; et magis accedens ad nigrum quam album simpliciter. Et sic patet, quod illud in quod primo venit transmutatio, est magis et minus respectu utriusque extremorum. Et propter hoc oportet quod sit medium contrariorum. Et sic sequitur quod omnia media sint composita ex contrariis. Nam idem medium quod est magis et minus respectu utriusque extremorum, oportet esse compositum ex extremis simplicibus, respectu quorum dicitur magis et minus. Et quia non sunt aliqua extrema priora contrariis in eodem genere, relinquitur quod duae differentiae contrariae constitutivae mediorum sint compositae ex contrariis differentiis. Et ita media erunt ex contrariis. Quod patet, quia 'omnia inferiora', idest omnes species generis, tam contraria quam media, sunt ex primis contrariis, scilicet differentiis".

8. *Sumário e comentário a* I 8

[1] (**1057 b 35 – 1058 a 28**). Sumário. — *Aristóteles passa agora a tratar da* diversidade de espécies, *mostrando quais são as suas notas características.* — (a) *O que é diverso de qualquer outra coisa* por espécie, *deve ser diverso dele* em algo que é comum aos dois. *Esse algo que é comum aos dois e que se diferencia em um e no outro é o* gênero. *A diversidade de espécie é, portanto, uma diversidade no âmbito do próprio gênero, e que diferencia o próprio gênero.* — (b) *Essa diversidade deverá ser uma* contrariedade. *De*

fato, toda divisão se faz por opostos, e os opostos que são no mesmo gênero são contrários, porque a contrariedade (como vimos no capítulo quarto) é uma diferença perfeita e a diferença de espécie é sempre diferença de alguma coisa relativamente a alguma coisa em algo *que é idêntico entre as duas e envolve as duas, isto é, no mesmo gênero.* — (c) *O ser diverso por espécie, além de ser no mesmo gênero e ter uma contrariedade, implica também o ser* indivisível, *já que existem contrariedades também nas espécies intermediárias, as quais não são indivisíveis.* — (d) *Enfim, Aristóteles tira alguns corolários e conclui que as espécies de um gênero não podem ser nem idênticas nem diversas relativamente ao gênero, e tampouco relativamente a outras espécies de outro gênero: dessas últimas diferirão pelo gênero.*

[2] (**1057 b 37 – 1058 a 1**). Cf. Z 12, *passim*; cf. também *infra*, 9, 1058 a 37.

[3] (**1058 a 1-2**). Cf. Δ 28, 1024 b 8.

[4] (**1058 a 2-8**). *Primeira tese: a diversidade de espécies supõe a identidade de gênero.* — Isso significa que a diversidade de espécies só ocorre no âmbito do mesmo gênero. O raciocínio pode ser traduzido esquematicamente do seguinte modo. Para que A seja diverso *por espécie* de *B*, deve haver alguma coisa X que seja comum a A e a *B* e isso será o gênero. Antes, A e *B* não só devem pertencer a X, mas devem ser aquilo em que o gênero X essencialmente se diferencia, ou seja, aquilo que faz ser diverso o gênero X (AX, *B*X).

[5] (**1058 a 9-11**). Cf. *supra*, capítulo quarto.

[6] (**1058 a 11**). Cf. *supra*, 1055 a 16.

[7] (**1058 a 8-16**). *Segunda tese: a diversidade de espécies deve ser uma contrariedade.* — O nervo do argumento está em mostrar como a divisão do gênero só pode ocorrer por diferenças *opostas* e, por outro lado, os contrários são os únicos *contrários* que entram no mesmo gênero. Esta argumentação é, na verdade, mais sugerida do que aprofundada. — As implicações da argumentação são bem explicitadas, na linha de Tomás (*In Metaph.*, p. 419 a ss., §§ 2120 Cathala-Spiazzi), por Maurus (*Arist. op. omn.*, IV, pp. 503 a s.) numa página que merece ser lida: "... ex eo quod differentia constitutiva speciei per se diversificet genus, infert Aristoteles, quod differentia constitutiva speciei seu differentia specifica est quaedam contrarietas. Probat *primo inductione*. Probatio autem desumpta ex inductione, quam solum Aristoteles innuit, potest sic explicari. Divisio generis in species semper ac necessario fit per differentias oppositas; sed non potest fieri per differentias oppositas solum contradictorie vel privative vel relative:

ergo divisio generis in species sempre ac necessario fit per differentias oppositas contrarie. Major probatur et inductione universalissima omnium generum, et ratione, quia non opposita possunt simul inesse eidem subjecto; sed differentiae specificae non possunt simul convenire eidem subjecto. Aliquod eo ipso non constituerent species per se diversas; ex. gr. differentia rationalis et hinnibilis non possunt convenire eidem animali, alioquin animal rationale non esset per se diversum ab hinnibili, neque homo esset per se diversus ab equo, cum posset idem esse simul animal rationale et hinnibile, homo et equus: ergo differentiae specificae debet esse oppositae. Confirmatur, quia eo ipso, quod divisio generis fiat per differentias non oppositas, sed potentes eidem convenire, est divisio vitiosa, ideoque male animal dividitur in rationale et bipes, quia potest idem animal esse simul rationale et bipes; ergo divisio generis in species fieri debet per differentias oppositas. Probatur jam minor, quod divisio generis non possit fieri per differentias oppositas pure contradictorie vel privative vel relative, ideoque debeat fieri per differentias contrarias. Divisio enim generis in specis est divisio in opposita ejusdem generis; sed opposita pure contradictorie pure differunt ut affirmatio et negatio nec conveniunt in genere; opposita etiam pure privative opponuntur sicut affirmatio et nagatio in subjecto, absque eo quod negatio conveniat in genere cum affirmatione, eo pacto, quo caecitas non conveniat in genere cum visione; opposita relative relatione non mutua, ut scientia et scibile, differunt genere; opposita relatione mutua quodammodo sunt contraria, ut dictum est supra: ergo divisio generis in species necessario fit per differentias oppositas contrarie, atque ideo differentia specifica includit quamdam contrarietatem. *Secundo* probatur idem *ratione*, quia si quae requiruntur et sufficiunt ad contrarietatem, requirerentur etiam ad differentiam specificam, differentia specifica esset quaedam contrarietas. Probatur minor, quia ad contrarietatem duo requiruntur et sufficiunt: *primo*, ut sint in eodem genere; dictum est enim, quod contrarietas est differentia convenientium in aliquo communi, quod est genus, ideoque ominia contraria sunt, in eadem coordinatione praedicamentali, exceptis fortasse iis, quae genere differunt, cujusmodi sunt corruptibile et incorruptibile, de quibus agetur capite ultimo. *Secundum*, quod requiritur ad contrarietatem, est, ut quae genere conveniunt, perfecte differant ab invicem, ideoque propter perfectam et maximam differentiam non possint esse simul; sed differentiae specificae et conveniunt in genere communi et perfecte differunt, ideoque non possunt convenire eidem subjecto: ergo differentiae specificae includunt quamdam contrarietatem".

[8] (1058 a 17-18). Cf. 1057 b 35; 1058 a 8.

[9] (1058 a 18). Cf. 1058 a 8-16.

[10] (1058 a 18). *Significado de ἄτομα nesse contexto.* — Aqui Aristóteles provavelmente pensa nas *infimae species, species specialissime*, não ulteriormente divisíveis: ἄτομα, portanto, equivaleria a ἄτομα εἴδη, sem que, contudo, se possa excluir que Aristóteles pense também nos *indivíduos*. Diversos por espécie são seja o cavalo relativamente ao homem (considerado como espécie ínfima), seja aquele determinado cavalo e Sócrates. Elders (*Ar. Th. of the One*, pp. 17 s.) pretende referir ἄτομα só aos indivíduos.

[11] (1058 a 18-19). *Significado de ἄτομα nesse contexto.* — Aqui ἄτομα significa, indubitavelmente, os indivíduos, dado que não podem existir *espécies* idênticas por espécie.

[12] (1058 a 19-21). *Terceira tese: a diversidade por espécie implica a indivisibilidade.* — Além de (*a*) pertencer ao mesmo gênero e (*b*) ser contrárias, as coisas diversas por espécie devem (*c*) também ser *indivisíveis*. De fato, se dividimos um gênero nas suas espécies, antes de chegar às espécies indivisíveis e aos indivíduos, passamos pelas divisões intermediárias, que também têm contrariedades, mas estas são excluídas porque ulteriormente divisíveis, e aquilo a que se refere esse nosso raciocínio são só os ἄτομα (espécies ínfimas e indivisíveis).

[13] (1058 a 24-25). Cf. Δ 28, 1024 a 32 ss.

[14] (1058 a 21-28). *Corolários conexos com a tese precedente.* — (1) Nenhuma *espécie* de um gênero pode ser nem idêntica nem diversa relativamente ao *gênero*; de fato, o gênero é matéria das espécies, e a matéria se conhece mediante a negação da forma, ou seja, da diferença e, portanto, entre gênero e espécie não ocorre nem identidade nem diversidade (cf. Bonitz, *Comm.*, p. 447). — (2) Ademais, nenhuma espécie pode ser nem idêntica nem diversa relativamente a outras espécies pertencentes ao mesmo gênero; entre essas espécies, de fato, ocorre uma diferença de *gênero*, enquanto a diferença específica ocorrerá somente, como sabemos, entre espécies do mesmo gênero (porque a diferença de espécie é uma contrariedade, e a contrariedade só ocorre no âmbito do mesmo gênero). — (Na linha 21 τὸ καλούμενον γένος não pode corretamente significar, como pensa Schwegler (*Metaph.*, IV, p. 205), o ἕν e o ὄν, porque nesse caso toda a passagem não teria sentido, καλούμενον sublinha simplesmente o sentido técnico de γένος. Portanto, são inúteis também as suposições de Bonitz, *Comm.*, pp. 447 s. e de Elders, *Ar. Th. of the One*, p. 176).

9. *Sumário e comentário a* I 9

[1] (1058 a 29 – b 25). Sumário. — *Demonstrado, no precedente capítulo, que toda diferença específica é uma contrariedade, Aristóteles se pergunta agora* por que não é verdade o contrário, isto é, por que nem toda contrariedade gera diferença específica. *Por exemplo: a diversidade entre macho e fêmea é uma contrariedade, ademais essencial, e macho e fêmea pertencem ao gênero animal; pois bem, se é assim, por que homem e mulher não são diversos por espécie? Ou, noutros termos, por que algumas contrariedades como "ter pés" e "ter asas" tornam as coisas que as possuem diversas por espécie, enquanto outras não as tornam diversas por espécie? A resposta é clara: as contrariedades* que se referem à forma *produzem diferenças de espécie, enquanto as contrariedades que* se referem só ao composto material e à matéria, *não produzem diferenças de espécie. O problema posto acima fica, assim, perfeitamente resolvido: macho e fêmea são afecções próprias do animal, que não se referem à forma, mas só à matéria e ao corpo do animal, e, portanto, não produzem diferença de espécie.*

[2] (1058 a 29-34). *Posição do seguinte problema: por que a contrariedade de macho e fêmea não comporta diversidade de espécie.* — Eis o raciocínio: (*a*) a contrariedade num gênero constitui, como vimos, a diferença de espécie; (*b*) ora, macho e fêmea constituem uma contrariedade e uma diferença essencial e não só acidental no animal; (*c*) por que, portanto, macho e fêmea, homem e mulher não são diferentes por espécie?

[3] (**1058 a 34-37**). *Posição do mesmo problema de modo mais amplo.* — Aristóteles repropõe o mesmo problema do seguinte modo: existem contrariedades que fazem as coisas ser diversas por espécie (p. ex. "ter pés" e "ter asas"), enquanto existem outras (p. ex. "branco" e "preto") que não produzem diversidade de espécie. *Por que* isso? — Tenha-se presente, em vista da correta interpretação da doutrina do capítulo, que Aristóteles (como Ross, *Metaph.*, II, p. 303 notou muito bem) distingue: (1) atributos que são *próprios* do gênero (οἰκεῖα πάθη τοῦ γένους; cf. 1058 a 37, b 22), isto é, atributos que pertencem por si ao gênero (a 32) e são peculiares ao gênero e (2) atributos que não são peculiares do gênero (a 37) e que são, portanto, acidentais, como *branco* e *preto*. Note-se, porém, que os primeiros (1) são claramente distintos em duas classes diversas: (*a*) os que pertencem à definição e à forma, como as *diferenças* "tendo pés" ou "tendo asas", (*b*) os que pertencem (essencialmente) ao composto e que são produzidos pela forma em união com dois ou mais tipos diversos de matéria. Só os atributos do

primeiro tipo (*a*), isto é, pertencentes à forma, podem constituir diferença de espécie, como veremos.

[4] (**1058 a 37 – b 2**). *Solução do problema: produzem diversidade de espécie só as contrariedades que se referem à pura forma.* — Eis a solução do problema, fornecida com toda clareza (cf. nota precedente): "Propositis rationibus dubitandi ad quaestionem Aristoteles respondet, quod differentiae, quibus res ut propriis passionibus differunt per se ratione formae, a qua desumitur species et ratio seu difinitio rei, sunt specificae, differentiae vero, quibus differunt ratione materiae, a qua non desumitur species et definitio, sed sola individuatio ac designabilitas rei, sunt pure numericae. Ratio est, quia genus comparatur ad differentiam sicut materia ad formam; ergo genus dividitur et constituitur in specie per differentias desumptas a forma, per differentias vero desumptas a materia non constituitur in specie, sed solum in designabilitate, ac dividitur mere individualiter" (Maurus, *Arist. op. omn.*, IV, p. 505 b).

[5] (**1058 b 3-5**). Isto é, nem se a homem-branco déssemos um nome próprio e a homem-preto outro nome próprio.

[6] (**1058 b 10-11**). Sobre a questão da individuação aqui implicitamente levantada, cf. as indicações dadas em Z 10-11 e em Λ 8.

[7] (**1058 b 12-15**). Cf. nota 4, *supra*.

[8] (**1058 b 15-21**). *A diversidade de matéria não comporta nunca diversidade de espécie.* — Tomás (*In Metaph.*, p. 502 b, § 2133 Cathala-Spiazzi) comenta "... si quaeratur, utrum materia faciat diversa specie aliquo modo, videtur quod faciat, quia hic equus ab hoc homine est diversus specie, et tamen manifestum est quod ratio utriusque est cum materia individuali. Et sic videtur quod materia aliqualiter faciat differre specie. Sed tamen manifestum est, quod hoc non contingit propter diversitatem materiae, sed quia contrarietas est ex parte formae, quia homo albus et equus niger differunt specie. Sed hoc non est propter album et nigrum, quia si ambo essent albi, adhuc specie differrent. Sic igitur apparet quod contrarietas quae est parte ipsius formae, facit differre specie; non autem illa quae est ex parte materiae".

[9] (**1058 b 21-23**). *Macho e fêmea não tornam o animal diverso por espécie, assim como não o tornam o branco e o preto.* — Pode-se objetar: branco e preto são afecções acidentais do animal, o que não ocorre com macho e fêmea, que aqui, como acima, são afirmadas como afecções *próprias*, isto é, peculiares do animal. — Mas eis a resposta. Se é verdade que macho e fêmea são afecções próprias do animal, todavia elas não se referem à *forma*, mas *ao corpo e à matéria* e, por isso, não produzem diferença de espécie, já

que, como vimos, só as contrariedades que pertencem à forma produzem diferença de espécie.

10. *Sumário e comentário a I 10*

[1] (1058 b 26 – 1059 a 14). Sumário. — *O presente capítulo (cuja conexão temática com os precedentes é inegável) trata* do problema da diversidade por gênero corruptível e do incorruptível *e utiliza, depois, as conclusões adquiridas para uma refutação da doutrina das Ideias. Poder-se-ia pensar que entre corruptível e incorruptível não exista diversidade de espécie do mesmo modo que (como se viu no precedente capítulo) não existe diversidade de espécie entre o que é branco e o que é preto. Mas (responde Aristóteles) branco e preto são predicados contrários que pertencem às coisas só acidentalmente, enquanto corruptível e incorruptível pertencem* necessariamente *e, portanto,* essencialmente *às coisas, são ou a própria substância das coisas ou, em todo caso, na substância das coisas. Portanto, aquilo pelo quê e em virtude do quê as coisas são corruptíveis é* oposto *àquilo pelo quê são, ao invés, corruptíveis: entre um e o outro deverá haver diversidade de gênero (cf. nota 5). — À luz dessas conclusões, a doutrina das Ideias revela-se absurda. Segundo essa doutrina deveria existir tanto um homem incorruptível (a Ideia de homem) como um homem corruptível (os vários indivíduos), e tanto um como o outro* idênticos por espécie; *ao contrário, o corruptível e o incorruptível não só são diversos por espécie, mas também por gênero.*

[2] (1058 b 26-29). *Uma incerteza que emerge do uso do termo gênero nesse contexto.* — Com base nas premissas (linha 24) esperaríamos ler *por espécie* e não *por gênero*, e, ao invés, o texto dá γένει. Para resolver a dificuldade foram percorridas três vias. — (1) Bonitz (*Comm.*, p. 449) corrige γένει com εἴδει. O mesmo se repete na linha 1059 a 10 e, também aqui, Bonitz propõe a mesma correção. A solução de Bonitz é agora retomada e defendida por Elders (*Ar. Th. of the One*, p. 188). — (2) Ross (*Metaph.*, II, p. 305) rejeita a correção de Bonitz e propõe entender εἶδος e γένος em sentido não técnico (segundo um uso bastante frequente em Aristóteles), e, ademais, propõe traduzir o primeiro termo por *form* e o segundo por *kind*. Por outro lado, em 1059 a 14, Aristóteles usa γένος e εἶδος em sentido seguramente técnico. Para se safar da confusão, Ross pensa, então, que as linhas 10-14 não foram compostas com o resto do capítulo, mas que são posteriores: Aristóteles teria utilizado uma velha passagem sua (escrita no tempo em que não usava aqueles termos em sentido técnico) com vistas

à polêmica antiplatônica, acrescentando as últimas linhas com aquela distinção técnica dos termos γένος e εἶδος, que faltava na velha passagem (cf. também Carlini, *Metaf.*, p. 333, nota 1, e Jaeger, *Metaph.*, p. 212 *ap. crít.*). — Mas esta solução, além de improvável pelas complicações que supõe, é também insustentável porque (como nota Elders, *loc. cit.*) o termo ἕτερον é certamente usado em sentido técnico, e, se aquele termo é usado em sentido técnico, não se vê por que não devam ser usados em sentido técnico também γένος e εἶδος. — (3) Tomás (*In Metaph.*, p. 504 a, § 2137 Cathala-Spiazzi) tenta explicar a afirmação, aprofundando-a do seguinte modo: "... corruptibile et incorruptibile sunt contraria. Quod probat ex hoc, quod impotentia opposita determinatae potentiae est quaedam privatio, ut in nono habitum est. Privatio autem est principium contrarietatis. Unde sequitur, quod impotentia sit contrarium potentiae. Corruptibile autem et incorruptibile opponuntur secundum potentiam et impotentiam. Sed diversimode. Nam si accipiatur potentia communiter, secundum quod se habet ad posse agere vel pati quodcumque, sit corruptibile secundum potentiam dicetur, incorruptibile secundum impotentiam. Si autem dicatur potentia secundum quod non est posse aliquid deterius, sic e converso, incorruptibile dicetur secundum potentiam, corruptibile vero secundum impotentiam. Cum autem ex his videretur concludendum quod corruptibile et incorruptibile differunt specie, concludit quod sunt diversa genera. Et hoc ideo, quia sicut forma et actus pertinent ad speciem, ita materia et potentia pertinent ad genus. Unde sicut contrarietas quae est secundum formas et actus, facit differentiam secundum speciem, ita contrarietas quae est secundum potentiam, facit generis diversitatem". Assim também Maurus, *Arist. op. omn.*, IV, p. 507 a. Ver, abaixo, a nota 5.

[3] (**1058 b 32-33**). *O homem no universal.* — Equivale, aqui, a homem *potencialmente* considerado, em oposição a homem concreto, em ato. E *potencialmente* o homem pode ser *tanto* branco *como* preto, não, porém, em *ato*. Em ato, só pode ser branco e preto em momento sucessivos.

[4] (**1058 b 35 – 1059 a 7**). *Branco e preto são contrários acidentais, enquanto corruptível e incorruptível são contrários substanciais.* — Aristóteles explica aqui de modo muito claro a razão pela qual o caso dos atributos *branco* e *preto* não tem nada a ver com os atributos *corruptível* e *incorruptível*: os primeiros são apenas acidentes da coisa na qual inerem, os segundos pertencem necessariamente à coisa e são, portanto, a própria substância da coisa na qual inerem ou, em todo caso, são propriedades inerentes à substância da coisa. Portanto, é evidente que, pelo motivo dado, enquanto

as mesmas coisas podem ser brancas e também pretas, não poderão ser corruptíveis e incorruptíveis: as coisas corruptíveis serão estruturalmente diversas das incorruptíveis.

[5] (**1059 a 7-10**). *As razões pelas quais as coisas corruptíveis e as incorruptíveis são contrárias por gênero.* — Aqui Aristóteles põe-nos em contato com o núcleo da questão da qual falou na nota 2 para resolvê-la. Perguntemo-nos, antes de tudo, que é *aquilo pelo quê* e *em virtude do quê* uma coisa é corruptível e outra incorruptível. (1) Corruptíveis são só as coisas sensíveis sublunares; ora, nestas, a *matéria* (que é potência de todos os contrários) é causa da corruptibilidade. (2) Incorruptíveis são, ao invés, todas as substâncias celestes; e estas são incorruptíveis, porque têm *outra matéria*, que é em potência só πόθεν ποῖ, vale dizer, capazes de mover-se só de um ponto a outro; é, portanto, uma matéria *totalmente diversa* daquela das coisas sensíveis e corruptíveis. (3) Existem, depois, o primeiro Movente e as outras Inteligências moventes das esferas celestes, que são incorruptíveis porque *não têm absolutamente matéria* e são pura forma ou essência. — Ora, é evidente que a diversidade entre (1) (2) e (3) não pode ser *só* de espécie, já que a diversidade de espécie postula a identidade de gênero (cf. acima 8, 1058 a 26) e (1) (2) e (3) não são, absolutamente, unificados por um γένος. Portanto, a sua diversidade só pode ser diversidade de *gênero*; de resto, no cap. 3, 1054 b 26 s., lemos que diferem por gênero aquelas coisas que não têm em comum a *matéria* (ὕλη) e que não admitem passagem de uma à outra (γένεσις εἰς ἄλληλα); ora é exatamente este o nosso caso. As coisas sensíveis corruptíveis (1) têm matéria totalmente diferente das (2) sensíveis eternas, enquanto (3) as suprassensíveis não têm matéria; ademais, entre (1) (2) e (3) não é de maneira alguma possível γένεσις εἰς ἄλληλα.

[6] (**1059 a 10-14**). *Argumento contra as Ideias platônicas apresentado por Aristóteles como corolário.* — A teoria das Ideias supõe a existência (*a*) de um homem corruptível (o homem empírico individual) e (*b*) de um homem incorruptível (justamente a Ideia). E note-se: esses dois homens são, com base na doutrina, não só de nomes idênticos, mas *especificamente idênticos* (de fato, o primeiro é o que é em virtude do segundo). Ora, isso é absurdo: de fato, o corruptível e o incorruptível, longe de poderem ser especificamente idênticos, não só são diferentes por espécie, mas também por gênero. — A retomada da crítica contra os Platônicos (como ocorre em todos os casos análogos a este) explica-se justamente pelo fato de, acima, Aristóteles *ter admitido a existência de substâncias suprassensíveis*. Mas essas substâncias são outras, como veremos no livro Λ.

SUMÁRIOS E COMENTÁRIO AO LIVRO K

(DÉCIMO PRIMEIRO)

Existe, portanto, outra ciência, diferente seja da física seja da matemática, que estuda o ser enquanto separado e imóvel, dado que verdadeiramente exista uma substância desse tipo, ou seja, uma substância separada e imóvel, como tentaremos demonstrar. E se entre os seres existe uma realidade desse gênero, nela consistirá também o divino e também o Princípio primeiro e supremo.

Metafísica, K 7, 1064 a 33 – b 1.

1. *Sumário e comentário a* K *1*

[1] (**1059 a 18 – 1060 a 2**). Sumário. — *O capítulo evoca, primeiro, brevemente, a tese do livro* A: *a sapiência versa em torno das causas e dos princípios. Em seguida explicita, sucintamente, as "aporias" do libro* B, *da primeira à sétima (cf. notas 3, 5, 6, 7, 10, 19, 21). Entre a quarta e a quinta insere-se um problema, que em* B *estava incorporado à discussão dialética da primeira aporia: se a sapiência pode se ocupar ou não da causa final; enquanto entre a quinta e a sexta insere-se a questão se à sapiência cabe a investigação também da matéria dos entes matemáticos, que falta em* B *(cf. nota 15). — O leitor tenha presente o fato (descuidado por todos) de que as aporias já resolvidas nos livros precedentes são reevocadas quase só por acenos, enquanto as que ainda estão por resolver são retomadas amplamente, como por exemplo a quinta, sobre a substância suprassensível. Veremos as razões disso nas notas que se seguem, particularmente nas notas 9 a 12 do presente capítulo e nas notas 6 e 24 do capítulo seguinte.*

[2] (**1059 a 18-20**). *Uma breve evocação do livro* A. — Não deve surpreender a brevidade da evocação, porque, em última análise, o livro A não é mais que a demonstração do conceito aqui evocado (ademais, A contém a distinção das *quatro* causas e a sua prova histórica). Que a evocação se refira a A, admitem-no muitos estudiosos: cf. Schwegler, *Metaph.*, IV, p. 210; Ross, *Metaph.*, II, p. 307; Tricot, *Métaph.*, II, p. 579, nota 1. A hipótese de H. von Arnim, de que aqui Aristóteles esteja citando um escrito anterior a A, *mas que tinha o mesmo conteúdo de* A (cf. "Wiener Studien", 46 [1928], pp. 13 s.) não tem base sólida: cf. Reale, *Il conc. di filos. prima*[5] (1993), p. 217, nota 8.

[3] (**1059 a 20-23**). *Evocação da primeira aporia de* B. — Aporia enunciada em B 1, 995 b 5 s., retomada e desenvolvida em B 2, 996 a 18 – b 26. Cf. a exposição e o comentário nas notas 1-15 a B 2.

[4] (**1059 a 23-24**). *Pensamento a ser entendido.* — Obviamente é preciso subentender: *ciência dos princípios da substância* e, portanto, é preciso ler a

frase "*o estudo dos princípios da substância* e dos princípios da demonstração etc."; cf. B 1, 995 b 7 ss.

[5] (**1059 a 23-26**). *Evocação da segunda aporia de* B. — Aporia enunciada em B 1, 995 b 6-10, retomada e desenvolvida em B 2, 996 b 26 – 997 a 15. Cf. a exposição e o comentário nas notas 16-21 a B 2. Para a correspondência entre a redação de K e a de B desta aporia, cf. Ross, *Metaph.*, II, p. 308 e Reale, *Il conc. di filos. prima*[5] (1993), p. 218.

[6] (**1059 a 26-29**). *Evocação da terceira aporia de* B. — Aporia enunciada em B 1, 995 b 10-13, retomada e discutida em B 2, 997 a 15-25. Cf. a exposição e comentário nas notas 22-28 a B 2. Para a correspondência entre as duas redações de K e de B, cf. *Il conc. di filos. prima*[5] (1993), p. 219.

[7] (**1059 a 29-34**). Aporia enunciada em B 1, 995 b 18-27, retomada e discutida em B 2, 997 a 25-34. Cf. a exposição e comentário nas notas 29-31 a B 2. Para a correspondência entre as duas redações de K e de B, cf. *Il conc. di filos. prima*[5] (1993), p. 219.

[8] (**1059 a 34**). *Evocação de Fís. II* 3. — Naturalmente, Aristóteles fala das quatro causas (e, aludindo a elas, refere-se à *Física* e também a *Metafísica*, A 3, 983 a 33; A 4, 985 a 12; A 10, 993 a 11).

[9] (**1059 a 34-38**). *Problema conexo com a primeira aporia e sua solução.* — Contrariamente ao que alguns pensam (por ex. H. von Arnim, *Aristoteles' Metaph. K und B*, in "Wiener Studien", 47 [1929], p. 33), não se trata de uma *nova* aporia *faltante em* B (como, ao contrário, reconhecem Ross, *Metaph.*, II, p. 308 e Tricot, *Métaph.*, II, p. 580, nota 3), mas de um problema que se liga com a primeira aporia (em cujo contexto de discussão dialética, de fato, está incluído: cf. B 2, 996 a 21 – b 1). — O problema, em síntese, como bem o resume o ps. Alexandre (*In Metaph.*, p. 635, 30 ss. Hayduck), é este: "se a sapiência verte sobre as realidade imóveis, e se nas realidades imóveis não existe o fim, então a sapiência não verte sobre o fim e sobre a causa final". — Acreditamos ter individuado a razão pela qual, aqui em K, este problema é apresentado separadamente, com grande destaque, já no volume *Il conc. di filos. prima*[5] (1993), p. 220; ela seria, a nosso ver, a seguinte. Se K deve preparar Λ, dando um panorama do que precede, e evocando o que é preciso para elevar-se às últimas posições, então *é claro que a questão foi sublinhada, para que ficasse bem em destaque*, enquanto ela levanta uma dificuldade de fundo, que justamente Λ deve resolver, e que diz respeito à relação Deus-mundo. E, com efeito, a solução que dá Λ parece justamente ligar-se à nossa passagem. Eis a solução: "Que, depois, o fim se encontre entre os seres imóveis, o demonstra a distinção de seus

significados: fim significa algo em vista do qual e o próprio propósito de algo; no segundo desses significados o fim pode se encontrar entre os seres imóveis, no primeiro não. Portanto o primeiro movente move como o que é amado...". (Λ 7, 1072 b 1 ss.).

[10] (**1059 a 38 – b 14**). Sumário. — *Exposição da nova formulação da quinta aporia.* — *Aporia enunciada em* B 1, 995 *b 13-18 e discutida em* B 2, 997 *a* 34 – 998 *a 19. Dado que* Aristóteles *a reformula e a discute novamente com alguma variação, convém expô-la novamente, tal como está redigida.* O *problema, ainda melhor formulado do que em* B, *é o seguinte:* a sapiência tem como objeto as substâncias sensíveis ou as substâncias não sensíveis? — [Tese] *Ora, se a sapiência tem como objeto de investigação outras substâncias além das sensíveis, estas só poderão ser as platônicas Ideias ou Formas e os Entes matemáticos. Mas é manifesto que as Ideias ou Formas platônicas não existem. E, mesmo dado (mas não concedido) que existissem, restaria sempre a seguinte dificuldade insuperável: é absurdo admitir (como fazem os Platônicos) a existência de entes matemáticos "intermediários" entre os objetos (matemáticos) sensíveis e as Ideias ou Formas dos mesmos, a guisa de um "terceiro gênero" de realidade (por exemplo um número "intermediário" entre os números sensíveis e os Números-ideias), e, ao contrário, não admitir, como exigiria a lógica do sistema, também um "terceiro homem" intermediário entre o homem sensível e a Ideia de homem, um "terceiro cavalo" intermediário entre o sensível e o ideal, e assim por diante.* — [Antítese] *Ao contrário, se não existissem entes matemáticos, como dizem os Platônicos, não se vê quais podem ser os objetos da matemática: não certamente os objetos sensíveis, que não têm aquelas características estruturalmente exigidas pelas ciências matemáticas. Em todo caso, conclui Aristóteles, a sapiência (metafísica) não pode ter por objeto os entes matemáticos, porque esses entes* não têm existência separada, não são substâncias separadas, *enquanto o objeto próprio da sapiência é dado pelas substâncias separadas. E tanto menos a sapiência poderá ter como objeto as coisas sensíveis, que são todas corruptíveis, porque o objeto da sapiência é incorruptível e eterno.*

[11] (**1059 b 8**). *Significado do "terceiro homem" nesse contexto.* — Como já esclarecemos na exposição da aporia (cf. nota 10), o "terceiro homem" não tem, aqui, o significado técnico, que vimos e examinamos em A 9, 990 b 17 (cf. também Z 13, 1039 a 2 s.), mas indica, simplesmente, o *intermediário* entre o sensível e a Ideia, correspondendo ao pretenso *intermediário matemático* (cf. Jaeger, *Studien zur Entstehungsgesch. d. Metaph.*, pp. 73 s.; Schwegler, *Metaph.*, IV, p. 210; Ross, *Metaph.*, II, p. 309).

[12] *Diferença entre a redação da quinta aporia de* B *e de* K. — No que concerne às diferentes formulações dessa aporia na redação de B e na de K, Jaeger fez as seguintes observações. Aqui existe uma rigidez, existe um *aut-aut* entre sensível-suprassensível que é mais nuançado em B: portanto K é mais platônico e mais antigo (Jaeger, *Aristotele*, pp. 282 s.). Quem nos seguiu na leitura de B notará o caráter capcioso do argumento: todas as aporias são formuladas em termos de *aut-aut*, justamente por causa da *estrutura antinômica* segundo a qual são apresentadas. Ao contrário, a verdade é que aqui em K, a quinta aporia é reformulada com mais precisão, de maneira mais incisiva e aguda, enquanto quase todas as outras são reassumidas (com evidente disparidade de tratamento) apressadamente. Por que? A resposta, a nosso ver, é só uma: trata-se, justamente, do problema que Aristóteles se prepara para afrontar e resolver no livro seguinte. Sobre toda essa questão, cf. Reale, *Il conc. di filos. prima*[5] (1993), pp. 223 s. e 231-235.

[13] (**1059 b 16-18**). *Evocação do conceito de matéria inteligível.* — Portanto, a física ocupa-se de uma matéria que é, justamente, a das coisas em movimento, enquanto os objetos matemáticos são *móveis* (Ps. Alexandre, *In. Metaph.*, p. 636, 30 Hayduck); portanto, os objetos matemáticos têm um tipo totalmente diferente de matéria, que não tem nada a ver com o objeto da física.

[14] (**1059 b 18-20**). *Evocação da lógica.* — Aqui Aristóteles cita a *analítica* (cf. *Anal. prior.* e *Anal. post.*); e a analítica se esgota no estudo da demonstração e dos procedimentos lógicos do pensamento.

[15] (**1059 b 14-21**). *O problema da matéria dos entes matemáticos, faltante no livro* B. — Note-se, como bem sublinha Ross, *Metaph.*, II, p. 309, que este problema não deve ser confundido com outro: *qual é a ciência dos objetos matemáticos* (que é, naturalmente, a matemática); de fato, o nosso problema é qual é *a matéria* (ὕλη) *dos objetos matemáticos*, por isso não há contradição com o que se lê na linha 12, onde Aristóteles exclui que a filosofia primeira se ocupe dos *objetos* matemáticos. Trata-se, evidentemente, da ὕλη νοητή, da qual se falou em Z 10, 1036 a 9 ss. — A razão pela qual o problema está presente em K e não em B é uma questão que, em todo caso, não pode ser resolvida com hipóteses genéticas: Jaeger (*Studien zur Entstehungsgesch. d. Metaph.*, pp. 74 s.) considera que a questão nasceu em terreno puramente platônico e que por isso tenha sido excluída de B, que seria, segundo ele, posterior a K. Ao contrário, Gohlke (*Entstehung der arist. Prinzipienlehre*, p. 14 e p. 30) considera que o conceito de ὕλη νοητή é uma descoberta tardia, que ainda não tinha ocorrido na época de

B e, portanto, inserida em K, que teria sido escrito, segundo o estudioso, depois de B. — Como se vê, um argumento tem o mesmo valor do outro, antes, o de Jaeger é ainda menos provável, porque a doutrina sobre a qual raciocina está presente em Z, que para o estudioso é um livro relativamente tardio. — Da nossa parte, pensamos que o problema não está presente em B, dado que mal se prestava para formular uma aporia com estrutura antinômica, e que, aqui, em todo caso, está presente como *apêndice à precedente aporia*, como esclarecimento do fato de que se o metafísico não se ocupa dos *objetos* matemáticos (como se disse na linha 20), todavia, nem por isso não deverá se ocupar da *matéria* desses objetos matemáticos, dadas as razões expostas.

[16] (**1059 b 23**). *O significado de* ὑπό τινων *e de* στοιχεῖα. — Os filósofos aos quais se faz alusão são os Naturalistas (Bonitz, *Comm.*, p. 454). — Os elementos aos quais se refere são: água, ar, etc.

[17] (**1059 b 23-24**). *Evocação do problema de fundo.* — O problema é o de saber se a ciência que se está buscando deve se ocupar dos elementos físicos dos quais se ocuparam os filósofos naturalistas, e não antes (conceito subentendido) das substâncias suprassensíveis, τῶν χωριστῶν. (Cf. Ps. Alexandre, *In Metaph.*, p. 637, 11 Hayduck).

[18] (**1059 b 26**). *Significado da expressão* τῶν ἐσχάτων. — Esta expressão deve ser entendida no sentido de τῶν καθ' ἕκαστα (Bonitz, *Comm.*, p. 454), *particularium* (Tomás, *In Metaph.*, p. 511 b, § 2166 Cathala-Spiazzi).

[19] (**1059 b 21-27**). *Evocação da sexta aporia de* B. — Aporia enunciada em B 1, 995 b 27-29, retomada e discutida em B 3, 998 a 20 – b 14. Cf. exposição e comentário nas notas 1-14 a B 3.

[20] (**1059 b 35**). *O significado de* τὰ ἔσχατα *no nosso contexto.* — Aqui, obviamente, esse termo não significa mais, como na linha 26 (cf. nota 18), os indivíduos particulares, mas τὰ εἰδικώτατα εἴδη (Ps. Alexandre, *In Metaph.*, p. 638, 4 Hayduck), isto é, as *infimae species*, as *species specialissimae*, como emerge claramente do que segue.

[21] (**1059 b 27 – 1060 a 1**). *Evocação da sétima aporia de* B. — Aporia enunciada em B 1, 995 b 29-31, retomada e discutida em B 3, 998 b 14 – 999 a 23. Cf. exposição e comentário nas notas 15-22 a B 3. — O conceito desenvolvido nessas duas últimas aporias corresponde totalmente ao paralelo de B. Observe-se apenas que as linhas 27-34 poderiam ser consideradas em conexão com a sexta aporia e que se poderia fazer começar a sétima a partir de ἔτι δ' εἰ κτλ., ou seja, a partir da linha 34, como fizemos em *Il conc. di filos. prima*[5] (1993), pp. 225 s., na sequência de Ps. Alexandre (*In Metaph.*,

p. 637, 32 ss. Hayduck); com isso ter-se-ia uma concatenação diferente, relativamente a B, das argumentações, todavia perfeitamente convergente nos resultados. Aqui preferimos destacar as argumentações de modo a evidenciar ainda melhor o paralelo com as desenvolvidas no livro B.

2. *Sumário e comentário a* K 2

[1] (**1060 a 3 – b 30**). Sumário. — *O capítulo prossegue na sistemática retomada das restantes aporias, sem, contudo, manter a ordem em que foram discutidas no livro* B (cf. notas 2, 6, 7, 10, 17, 21, 23). *Particular destaque é dado à* oitava *aporia, que põe novamente a questão da existência do suprassensível.* (cf. nota 6).

[2] (**1060 a 3-27**). *Evocação da oitava aporia de* B. — Aporia enunciada em B 1, 995 b 31-36, retomada e discutida em B 4, 999 a 24 – b 24. Ver a sua exposição e o comentário nas notas 1-13 a B 4.

[3] (**1060 a 6-7**). Já foi dito acima, 1, 1059 b 31-38.

[4] (**1060 a 22-23**). *Significado da "forma corruptível" nesse contexto.* — Trata-se, obviamente, do ἔνυλον εἶδος (Ps. Alexandre, *In Metaph.*, p. 639, 12 s. Hayduck). A Natorp, que considerava a afirmação contrária à doutrina aristotélica, já tinha oportunamente respondido Jaeger (*Studien zur Entstehungsgesch. d. Metaph.*, pp. 76 s.). De resto, Ross (*Metaph.*, II, p. 311) documenta esse pensamento aristotélico de modo perfeito: "Aristóteles crê que um ἔνυλον εἶδος (como a alma de um animal, ou de um homem considerado na sua parte irracional) seja φθαρτόν, ainda que naturalmente seja φθαρτὸν ἄνευ τοῦ φθείρεσθαι". (Cf. Z 15, 1039 b 20 ss.; H 3, 1043 b 15; H 5, 1044 b 21 s.; 3, 1070 a 15 ss.; e ainda Λ 3, 1070 a 24-26).

[5] (**1060 a 25**). Sobre a expressão ὑπὸ τῶν χαριεστάτων, cf. Schwegler, *Metaph.*, IV, p. 211.

[6] (**1060 a 3-27**). *O particular relevo dado à oitava aporia nesse livro.* — Para um confronto da estrutura dessa aporia com a correlativa redação de B, cf. Ross, *Metaph.*, II, p. 311 e Reale, *Il conc. di filos. prima*[5] (1993), p. 228. — O espírito que informa as duas redações é idêntico, como idêntica é a exigência que ambas fazem valer, além da particular forma aporética na qual põem e desenvolvem o problema: *o devir e a ordem sensível do mundo não se explicam a não ser admitindo o eterno e o imóvel.* — Note-se, depois, que essa aporia ocupa, sozinha, mais de um terço de K 2, enquanto na restante parte do capítulo, são novamente propostas seis aporias, isto é,

todas as restantes, menos a décima quarta. — *Mais uma vez é aqui clara uma precisa intenção e um preciso desígnio de Aristóteles.* A oitava aporia é uma reformulação do problema da quinta aporia, que é o *problema por excelência* da metafísica, e que vimos ser proposto novamente em todos os livros e ainda não resolvido. É evidente que agora Aristóteles o proponha de novo tão amplamente, diferenciando-o nitidamente dos outros problemas (muitos dos quais já resolvidos), porque *quer preparar o livro seguinte*, no qual o resolve. Cf. a nota 12 ao capítulo precedente.

[7] **(1060 a 27-36)**. *Evocação da décima aporia de* B. — Aporia enunciada em B 1, 996 a 2-4, retomada e desenvolvida em B 4, 1000 a 5 – 1001 a 3. Ver a sua exposição e comentário nas notas 17-31 a B 4. (Note-se como aqui é sistematicamente omitida a parte histórica, com as relativas citações e como a questão é reduzida ao seu núcleo essencial).

[8] **(1060 b 4)**. A *expressão* πάντα τὰ ὄντα. — Significa aqui todas as formas do ser, todos os significados do ser.

[9] **(1060 b 5)**. *Uma problemática afirmação sobre o um.* — Na verdade esperaríamos que Aristóteles dissesse que o *um* se predica de *todas as coisas*, assim como o ser (cf. Γ 2, *passim), e não só de algumas* (κατ' ἐνίων) como diz aqui. — Ps. Alexandre (*In Metaph.*, p. 640, 2-6 Hayduck) pensa que da predicação do *um* deva ser excluído o número (que é uma pluralidade de unidades) e o múltiplo. Análoga exegese de Tomás (*In Metaph.*, p. 515 a, § 2183 Cathala-Spiazzi): "Quaedam vero sunt, quae in *multitudine* consistunt: de quibus vere manifestum est qualiter praedicetur unum". Ross (*Metaph.*, II, p. 311) pensa que ἐνίων seja usado "by way of caution".

[10] **(1060 a 36 – b 6)**. *Evocação da décima primeira aporia de* B. — Aporia enumerada em B 1, 996 a 4-9, retomada e discutida em B 4, 1001 a 4 – b 25. Cf. exposição e comentário nas notas 32-41 a B 4.

[11] **(1060 b 6-7)**. *Os filósofos do Um.* — São os Pitagóricos (cf. A 5, 987 a 18) e Platão e os Platônicos (cf. A 6, 987 b 21; 9, 992 a 8 s.). Robin (*Th. plat.*, p. 270) pensa que poderia tratar-se também de Espeusipo (hipótese não excluída por Tricot, *Métaph.*, II, p. 587, notas 1 e 2). Cf. a nota seguinte.

[12] **(1060 b 8)**. *Como se pode interpretar o* πρῶτον *nesse contexto.* — O texto diz: τὸ ἀριθμὸν γεννῶσι πρῶτον: frase que pode ser entendida de dois modos diversos, segundo o valor que se dê a πρῶτον. — (*a*) Pode-se entender πρῶτον como advérbio, isto é: fazem derivar do um e da matéria *em primeiro lugar* o número (*sucessivamente*, os entes geométricos); cf. Ps. Alexandre, *In Metaph.*, p. 640, 7 Hayduck; Ross, *Metaph.*, II, p. 311. — (*b*) Ou pode-se entender πρῶτον como adjetivo, concordando-o com τὸν ἀριθμόν e, então,

falar-se-á de *números ideais*, derivados, justamente, do um e da díade: cf. Trendelenburg, *Platonis de ideis et numeris...*, p. 78; Schwegler, *Metaph.*, IV, p. 211; Robin, *Th. plat.*, p. 270, nota 1; Tricot, *Métaph.*, II, p. 587, nota 2. (Robin e Tricot, que acolhem a segunda exegese, notam que, entendendo a passagem no primeiro modo, poder-se-ia ver uma alusão a Espeusipo: cf. Z 2, 1028 b 21 ss.).

[13] (**1060 b 10-11**). A *dificuldade de pensar o número como unidade*. — Cf. A 6, do qual resulta serem os números constituídos do um e da matéria (inteligível). Ora, diz Aristóteles, o que deriva do um e da matéria, é *um*, porque o um, tendo função de forma, sintetiza *unitariamente* a matéria (= multiplicidade). Mas como podem o dois e o três etc. serem *um*?

[14] (**1060 b 13**). As "*superfícies primeiras*". — As superfícies de que se fala aqui são as *superfícies ideais*.

[15] (**1060 b 16-17**). Cf. B 5, 1002 a 19 ss.

[16] (**1060 b 18-19**). Cf. B 5, 1002 a 28 ss.

[17] (**1060 b 6-19**). *Retomada da décima segunda aporia de* B. — Aporia apresentada em B 1, 996 a 12-15, retomada e discutida em B 5, 1001 b 26 – 1002 b 11. Ver a sua exposição e o comentário nas notas 1-11 a B 5.

[18] (**1060 b 21**). Cf. Z, *passim*, e particularmente o cap. 13.

[19] (**1060 b 22**). Aqui o "separado" (χωριστόν) deve ser entendido no sentido de *por si* subsistente.

[20] (**1060 b 21**). Entenda-se: os "princípios" universais.

[21] (**1060 b 19-23**). *Retomada da décima quinta aporia de* B. — Aporia enunciada em B 1, 996 a 9-10, retomada e desenvolvida em B 6, 1003 a 5-17; ver a sua exposição e o comentário nas notas 12-17 de B 6.

[22] (**1060 b 23-28**). A *razão pela qual o problema aqui exposto corresponde à décima terceira aporia de* B. — A maioria dos estudiosos vê aqui nada mais que a retomada do problema discutido acima, p. 1060 a 3-27. — Mas, olhando bem, notar-se-á que essa retomada corresponde à paralela retomada do problema da quinta e da oitava aporias, que se encontram também em B 6, como *décima terceira aporia*. Em K retornam, de fato, as mesmas três retomadas de B: K 1, 1058 a 38 ss. retoma a quinta, K 2, 1060 a 3-27 retoma a oitava (que é uma variação da quinta) e K 2, 1060 b 23-28, que estamos lendo (ulterior variação sobre o tema das outras duas), corresponde à terceira retomada do tema (décima terceira aporia) em B 6, 1002 b 12-32 (cf. exposição e comentário nas notas 1-8 de B 6). — Parece-nos que Bonitz (*Comm.*, p. 456), embora com incertezas, deu-se conta disso: de fato, depois de ter dito, a propósito da passagem que estamos lendo:

'Haec ut sunt disputata non video quid magnopoere differant a septima [= oitava na nossa numeração] huius libri quaestione, a 3-27, praeterquam quod illic eadem et uberius et diligentius exponuntur", acrescenta (e é isso que conta): "Sed fortasse simile quidpiam voluit Ar., quale in ampliore disputatione explicuit B XIII. 1002 b 12-32". — Cf. Reale, *Il conc. di filos. prima*[5] (1993), p. 230 s.

[23] (**1060 b 28-30**). *Retomada da nona aporia de* B. — Aporia enunciada em 1, 996 a 1-2, retomada e discutida em B 4, 999 b 24 – 1000 a 4. Ver a sua exposição e o comentário nas notas 14-16 a B 4.

[24] *Breves observações conclusivas sobre* K *1-2*. — Para os problemas genéticos suscitados pela comparação da redação das aporias de K 1-2 e de B, remetemos ao nosso volume *Il conc. di filos. prima*[5] (1993), pp. 215-235. Aqui nos limitamos a evocar só um fato saliente, já notado acima: enquanto as aporias já resolvidas nos livros precedentes são apenas evocadas, ao contrário, a *quinta* e a *oitava* (que do ponto de vista teorético substancialmente coincidem) são propostas e discutidas novamente: ora, o livro que se segue a K tem como objeto principal justamente a solução dessas aporias. (Tenha-se presente, ademais, que sem ter lido B, muitas das aporias evocadas em K 1-2 não seriam completamente inteligíveis, e que esses dois capítulos apresentam claramente as características de *evocação sumária* e não, como se pretendeu, de *esboço*). Ulteriores explicações nas pp. 231-235 do nosso citado volume.

3. *Sumário e comentário a* K 3

[1] (**1060 b 31 – 1061 b 17**). Sumário. — *O presente capítulo resume as doutrinas expostas em* Γ *1-2*. — (1) *Em primeiro lugar, é resumida a doutrina da* multiplicidade dos significados do ser *e é reafirmado o peculiar tipo de nexo que liga os múltiplos significados e que faz com que o ser não seja puro homônimo, mas constitua certa unidade, e seja objeto de uma única ciência*. — (2) *Em segundo lugar, dado que a uma mesma ciência compete o estudo dos contrários, é reafirmado que à ciência que estuda o ser competirá também o estudo de todas as contrariedades, as quais são reportáveis às supremas contrariedades do ser (um, muitos, igual-desigual, etc.)*. — (3) *Enfim, é posta novamente em questão a estrutural diferença subsistente entre metafísica, de um lado, e matemática, física, dialética e sofística de outro: a metafísica estuda o ser* enquanto ser, *a matemática estuda o ser só sob o perfil da* quantidade

e do contínuo, a física estuda o ser enquanto em movimento *e a dialética e a sofística estudam* os acidentes *do ser e* não *o ser enquanto ser*.

[2] (**1060 b 31-32**). Cf. Γ 2, *passim*, e notas relativas.

[3] (**1060 b 32-33**). Não só, como alguns pensam (Tricot, *Métaph*., II, p. 588, nota 7), nos significados das *categorias*, mas em todos os outros, dos quais Aristóteles falou diversas vezes. Cf. a passagem paralela de Γ 2, 1003 b 5 ss.

[4] (**1060 b 36 – 1061 a 7**). Cf. os mesmos exemplos dados em Γ 2, 1003 a 34 – b 3.

[5] (**1061 a 7-10**). *Identificação de "ser enquanto ser" e "substância"*. — Cf. Γ 2, 1003 b 3-15 e relativas notas. Note-se particularmente: aqui, de maneira inequívoca (linha 8), Aristóteles identifica o "ser enquanto ser" (ὂν ᾗ ὄν) com a *substância*: de fato, pode-se falar de *afecções, disposições, propriedades e movimentos* (!) do *ser enquanto ser* (τοῦ ὄντος ᾗ ὄν), *só se* por ὂν ᾗ ὄν entende-se a substância, e não o ente abstrato e generalíssimo, que certamente pode ter "movimentos" (κίνησις)! Quem nos seguiu no comentário a Γ 1-2, não necessita ulteriores explicações: a fórmula "ser enquanto ser" (ὂν ᾗ ὄν) é, pelo menos, *trivalente*; significa *todo ser*, ou a *substância* (como aqui), ou até mesmo *Deus*, como veremos abaixo. Cf. *Il conc. di filos. prima*[5] (1993), pp. 445 s.

[6] (**1061 a 11-15**). *As diferenças e a contrariedade entram no ser*. — Esse "algo uno e comum" (ἕν τι καὶ κοινόν) é a *substância* ou o ser *substancial*. O raciocínio que se segue é muito simples: como todos os significados do ser remetem-se a um significado principal (tal como foi visto), assim todas as contrariedades remetem-se a um par de contrariedades fundamentais, que são as do ser.

[7] (**1061 a 15**). Ver Γ 2, 1004 a 2 e nota.

[8] (**1061 a 11-18**). Cf. Γ 2, 1003 b 22 ss.

[9] (**1061 a 20-28**). *O estudo dos contrários e o dos intermediários pertence a uma mesma ciência*. — Aristóteles levantou aqui uma dúvida e a resolveu logo em seguida. Os contrários, que são objeto da mesma ciência, são um *a privação* do outro? Daqui a dúvida: e quando entre dois contrários existe um termo médio? Será também esse termo médio objeto da mesma ciência ou não? Por exemplo, entre o justo e o injusto existe um termo médio; ora justo e injusto, segundo o princípio acima enunciado, pertencem à mesma ciência; e o termo médio? Aristóteles responde que justo e injusto entram na mesma ciência, porque o injusto não é mais que a *privação* de justo; mas também o termo médio entre justo e injusto pode

de certo modo ser considerado uma privação do justo, no sentido de que *não é total privação*, mas só *relativa e parcial privação* do justo, e, portanto, sempre uma "privação".

[10] (**1061 a 33-34**). Vale dizer: linhas, superfícies, sólidos.

[11] (**1061 b 3-6**). Cf. Γ 1, *passim*. É óbvio que aqui, *filosofia* equivale a *filosofia primeira*. (Cf. Bonitz, *Comm*., p. 458; Ross, *Metaph*., II, p. 313 s.).

[12] (**1061 b 6-7**). Cf. E 1, 1025 b 18 ss.

[13] (**1061 b 7-10**). Cf. Γ 2, 1004 b 1-26. O ser em si e enquanto ser significa aqui a *substância*: cf. Γ 2, 1004 b 8.

[14] (**1061 b 12**). Vale dizer a substância (οὐσία); cf. 1061 a 11 e *supra* nota 6.

[15] (**1061 b 15-16**). Este é o problema que foi posto *supra*, 1, 1059 a 20-23.

4. *Sumário e comentário a* K 4

[1] (**1061 b 17-33**). Sumário. — *O presente capítulo retoma a tese sustentada em* Γ 3. À filosofia primeira compete também *o estudo dos princípios lógicos fundamentais (os axiomas), porque, embora o matemático sirva-se deles, todavia o faz de* maneira particular. *De fato, a matemática estuda os objetos enquanto dotados de características particulares e, consequentemente, usa os princípios lógicos fundamentais de maneira particular; o filósofo, ao invés, desenvolve a sua investigação em geral sobre o ser e sobre as coisas consideradas sob perfil geral do ser e, consequentemente, compete-lhe o estudo dos princípios que valem para todo o ser. E como a matemática não se ocupa dos axiomas, assim, por análogas razões, também não se ocupa deles a física, que limita a sua investigação ao ser em movimento. Matemática e física são apenas* partes da *filosofia*.

[2] (**1061 b 18**). A *expressão* τοῖς κοινοῖς. — Bonitz (*Comm*., p. 458), explica a expressão explicitando-a assim: "i. e. τοῖς κοινοῖς ἀξιώμασι". Cf. B 2, 996 b 28; 997 a 11.

[3] (**1061 b 18**). *Significado do termo* ἰδίως. — Aqui ἰδίως significa da maneira que é *própria* e peculiar *ao seu objeto*, pelos seus *escopos específicos*: cf. Γ 3, 1005 a 25.

[4] (**1061 b 23-24**). Vale dizer: como linhas, superfícies, sólidos.

[5] (**1061 b 17-27**). *Em que sentido o matemático ocupa-se dos axiomas de modo particular e não geral*. — Parece-nos que o pensamento de Aristóteles,

expresso aqui de modo particularmente conciso, tenha sido adequadamente desenvolvido por Tomás (*In Metaph.*, p. 522 a-b, § 2207 s. Cathala-Spiazzi): "Dicti ergo quod mathematicus utitur 'principiis communibus proprie', idest secundum quod appropriantur suae materiae. Oportet autem quod ad primam philosophiam pertineat considerare principia huiusmodi secundum suam communitatem. Sic enim accepta sunt principia sui ipsorum secundum quod sunt alicui materiae particulari appropriata. Et hoc quod dixerat manifestat per exemplum. Nam hoc principium 'si ab aequalibus aequalia demas, quae reliquuntur aequale et inaequale. Sed mathematica assumunt huiusmodi principia ad propriam considerationem circa aliquam partem quanti, quae est materia sibi conveniens. Non est enim aliqua mathematica scientia, quae consideret ea quae sunt huius vel illius quantitatis, sicut arithmetica ea quae sunt numeri, et geometrica ea quae sunt magnitudinis. Unde arithmeticus accipit praeictum principium, secundum quod pertinet ad numeros tantum; geometra autem secundum quod pertinet ad lineas vel ad angulos. Non autem considerat geometra hoc principium circa entia inquantum sunt entia; sed circa ens in quantum est continuum, vel secundum unam dimensionem ut linea, vel secundum duas ut superficies, vel secundum tres ut corpus. Sed philosophia prima non intendit de partibus entis inquantum aliquid accidit unicuique eorum; sed cum speculatur unumquodque communium talium, speculatur circa ens in quantum est ens".

[6] (1061 b 27-32). *Tampouco a física ocupa-se dos axiomas, a não ser de modo particular.* — Evidentemente, o pensamento principal deve ser bem evidenciado. A passagem deve ser lida e entendida tendo presente a tese que é objeto de demonstração de todo o capítulo. Assim como as ciências matemáticas *não* se ocupam e *não* podem se ocupar dos axiomas ou princípios lógicos fundamentias, pelas razões vistas, assim também a física, por análogas razões, não poderá se ocupar dos princípios lógicos fundamentais; de fato, ela estuda os princípios e as propriedades do ser *enquanto em movimento*, e não *enquanto ser*, e, portanto, não tem título para falar de princípios universais.

[7] (1061 b 32-33). *O significado de σοφία nesse contexto.* — "Sapiência" deve ser entendida em sentido geral (cf. Ross, *Metaph.*, II, p. 315). — Ao contrário, Tomás (*In Metaph.*, p. 523 a, § 2209 Cathala-Spiazzi) assim interpreta: "Et ideo naturalem scientiam et mathematicam oportet partes esse primae philosophiae, sicut particularis scientia pars dicitur esse universalis".

5. *Sumário e comentário a* K 5

[1] (**1061 b 34 – 1062 b 11**). Sumário. — *O presente capítulo resume o conteúdo de* Γ *4, além de algumas partes de* Γ *3 e 8. É enunciado o princípio de não contradição e é explicado como dele só existe demonstração* ad hominem, *vale dizer, uma refutação de quem o nega. Sucessivamente, são aduzidos os primeiros argumentos dialéticos, já desenvolvidos em* Γ, *cujas correspondências indicaremos progressivamente nas notas.*

[2] (**1062 a 1-2**). Como, por exemplo, *branco* e *preto* etc. — Cf. Γ 3, 1005 b 8-34.

[3] (**1062 a 2-5**). Cf. Γ 4, 1006 a 5-18; cf. nota 10 a Γ 4.

[4] (**1062 a 5-9**). *Os critérios para discutir com os negadores do princípio de não contradição.* — Tomás (*In Metaph.*, p. 525 b, § 2214 Cathala-Spiazzi) o explica de modo claro como se segue: "... ponit modum disputandi contra hunc errorem; dicens, quod ille, qui contra ponentem contradictorias propositiones esse veras, vult ostendere quod sit falsum, *debet sumere aliquid tale quod idem sit huic principio* — scilicet non contingere idem esse et non esse, secundum idem tempus — sed *non videatur idem.* Si enim videretur idem, non concederetur ab adversario. Si autem non esset idem, non posset concludere propositum, quia huiusmodi principium non potest ex notionibus ostendi. Et ideo hoc solum modo potest sumi demonstratio contra dicentem, quod contradictoria verificantur de eodem; ut scilicet illud quod sumitur sit idem conclusioni, sed non videatur idem".

[5] (**1062 a 17**). *Referência ao ser.* — A palavra (τοὔνομα), que indica a palavra "ser" (τὸ εἶναι); cf. Bonitz, *Comm.*, p. 460, contra quem não é decisivo o que objeta Ross, *Metaph.*, II, p. 316. Aqui se está, de fato, discorrendo sobre a *palavra ser*, que deve necessariamente ser usada por quem quer falar. Cf. Γ 4, 1006 a 28-31 e nota 15 a Γ 4.

[6] (**1062 a 5-19**). *Primeira argumentação contra os negadores do princípio de não contradição.* — Este argumento corresponde perfeitamente ao correlativo do livro Γ. As linhas 5-19 correspondem a Γ 4, 1006 a 18 – 1007 a 20.

[7] (**1062 a 19-23**). *Segunda argumentação contra os negadores do princípio de não contradição.* — Cf. Γ 4, 1006 b 28-34, mas aqui o argumento é apresentado de modo um pouco diferente. Mais que a Alexandre (*In Metaph.*, p. 650, 10 ss. Hayduck) será conveniente remeter-se a Tomás (*In Metaph.*, p. 526 a, § 2218 Cathala-Spiazzi), cujo comentário parece-nos mais claro: "Si nomem significet aliquid, et hoc quod significatur per

nomen verificatur de eodem de quo primo praedicatur nomen, necesse est hoc inesse ei, de quo praedicatur nomen, dum proposito vera fuit. Manifestum est enim quod haec conditionalis est vera — si Socrates est homo, Socrates est homo. — Omnis autem conditionalis vera est necessaria. Unde necesse est, quod si consequens sit verum quod antecedens sit verum; quoniam concluditur quod necesse est quamlibet propositionem esse veram dum vera est. Sed quod est aliquando non contingit tunc non esse, quia necesse esse et non contingens non esse aequipollent. Ergo dum haec est vera — Socrates est homo — non contingit hanc esse veram — Socrates non est homo. — Et sic patet quod non contingit oppositas affirmationes et nagationes simul verificari de eodem".

[8] (**1062 a 25-27**). É mais pertinente dizer (e não há quem não possa admitir isso) que o *homem é não-cavalo* (ou não é cavalo) do que o homem é não-homem (ou não é homem). Cf. Ps. Alexandre, *In Metaph.*, p. 650, 35 s. Hayduck.

[9] (**1062 a 23-30**). *Terceira argumentação contra os negadores do princípio de não contradição.* — Cf. Γ 4, 1007 b 18 – 1008 a 2 e as notas relativas contidas na exposição e comentário da passagem paralela.

[10] (**1062 a 31-35**). Cf. Γ 3, 1005 b 23-26.

[11] (**1062 a 36 – b 7**). *Quarta argumentação contra os negadores do princípio de não contradição.* — Cf. Γ 4, 1008 a 4-7. Capta bem, de forma escolástica, o raciocínio Maurus (*Arist. op. omn.*, IV, p. 518): "... ex his [isto é, com base nos argumentos acima lidos] facile possumus redarguere ipsum Heraclitum, ostendendo ex iis quae dicit falsitatem dicti. Dicit enim, contradictoria verificari; sed ex hoc ipso sequitur, contradictoria non verificari: ergo ex dicto Heracliti sequitur oppositum eius, quod dixit, ieoque contradictoria non verificantur. Probatur minor; sicut enim huic propositioni incomplexae Petrus *sedet* contradicit haec Petrus *non sedet*, sic huic Petrus *sedet et non sedet* seu *verum est Petrum sedere ac non sedere*, contradicit haec *non Petrus sedet et non sedet* seu *non est verum Petrum sedere et non sedere*; ergo si contraditoria verificantur, contradictoria non verificantur, adeoque positio Heracliti destruit se ipsam".

[12] (**1062 b 7-9**). Cf. Γ 8, 1012 b 13-18.

[13] (**1062 b 7-11**). *Quinta argumentação contra os negadores do princípio de não contradição.* — (*a*) Se quem diz "nada é verdadeiro" entende essa proposição como verdadeira em sentido absoluto, isto é, sem restrição nem exceção, então a *autodestrói*, porque, se nenhuma proposição é verdadeira, também não pode ser a proposição em questão. (*b*) Se, ao invés, quem diz

"nada é verdadeiro" pretende *excetuar* esta sua proposição, então, também a destrói, porque, se esta é verdadeira, não poderá mais ser verdadeiro que *nada* é verdadeiro.

6. *Sumário e comentário a* K 6

[1] **(1062 b 12 – 1063 b 35)**. Sumário. — *O capítulo prossegue a defesa sistemática do princípio de não contradição contra as doutrinas que o negam, já começada no precedente capítulo. Os argumentos aqui apresentados são, em síntese, os que já foram lidos em* Γ 5-8. — São descuidadas as referências históricas de Γ 5, 1009 a 38 – 1010 a 22, e os argumentos de Γ 5, 1010 b 26 – 1011 a 2 e 1011 a 17 – 1-11 b 12. — Daremos progressivamente referências das passagens paralelas nas notas.

[2] **(1062 b 12-24)**. Cf. Γ 5, 1009 a 6-16 e 22-30. — Aos primeiros pensadores Aristóteles responderá com o argumento que logo se segue (linhas 24-33); aos outros responderá com uma série de argumentações que vão até a linha 1063 b 7, algumas das quais são também válidas contra os primeiros.

[3] **(1062 b 31)**. Cf. *Fís*. I 7-9; cf. *Da ger. e corr*., I 3, 317 b 14 – 319 b 5 (sobre isso cf. Migliori, *Arist. La gener. e corr*., pp. 59-64 e notas).

[4] **(1062 b 24-33)**. *Primeira argumentação contra os físicos*. — Cf. Γ 5, 1009 a 30-36 e notas *ibid*. — No que concerne a linha 26 seguimos a lição de Jaeger, que melhora ulteriormente a de Ross. — O sentido do argumento é claríssimo. De um lado, está o princípio: (*a*) nada deriva do que não é; de outro, está a constatação (*b*) que o branco deriva do não branco; então, para concordar o fato (*b*) com o princípio (*a*), parece não haver senão a seguinte saída: afirmar que o não branco, do qual o branco deriva, seja *também* branco, isto é, que os contrários existam juntos. Não admitir isso significaria, no dizer dos Naturalistas, destruir o princípio ou, em todo caso, ir contra o princípio. — Aristóteles resolve brilhantemente a aporia com a teoria da potência e do ato ou, melhor, do *ser em potência* e do *ser em ato*: o *não branco* do qual o branco deriva é branco, mas *não em ato*, e sim *em potência*. (As coisas derivam, portanto, do não ser no significado de potência, que não é não-ser absoluto, mas *não-ser-em-ato*). Os contrários, portanto, estão juntos, mas unicamente em potência (ou em potência um e em ato o outro).

[5] **(1062 b 33-34)**. *Opiniões e fantasias*. — O texto diz δόξαι καὶ φαντασίαις: sobre a sua diferença cf. Waitz, *Organon*, I, p. 444 e Trende-

lenburg, *De anim.*², pp. 372 s. A fantasia ou imaginação depende prioritariamente "do nosso *fingendi arbitrio*", isto é, é mais subjetiva, enquanto a δόξα é mais objetiva.

[6] (**1062 b 33 – 1063 a 10**). *Segunda argumentação contra os físicos eristas.* — Cf. as passagens paralelas de Γ 5, 1010 b 1-26 e Γ 6, 1011 a 31-34 e relativas notas de comentário. Cf. o último exemplo de *Do sono*, 3, 461 b 30 ss. Comparando com a ilusão do sono, Aristóteles escreve: "se, inadvertidamente, pressionamos o dedo sobre o globo ocular, então *um* único objeto não só se mostrará como *dois*, mas fará surgir também a opinião de que existam verdadeiramente dois objetos, enquanto, se nos dermos conta disso, continuará havendo a dupla imagem do objeto, mas não a correlativa opinião". (Cf. também *Probl.*, 958 a 24, citado por Ross, *Metaph.*, II, p. 319).

[7] (**1063 a 10-17**). *Terceira argumentação contra os físicos.* — Cf. a passagem paralela de Γ 5, 1010 a 25-32. — Note-se que aqui Aristóteles não está falando das substâncias suprassensíveis, mas das substâncias que ele denomina *sensíveis eternas*, isto é, os céus, as esferas celestes e os astros (cf. Ps. Alexandre, *In Metaph.*, p. 655, 8 Hayduck), que são, justamente, não só incorruptíveis, mas também imutáveis, exceto κατὰ τόπον (estão sujeitas só ao movimento circular). Ora, segundo *Aristóteles*, este é um *dado de fato ou de experiência, que basta constatar.* Nestas substâncias, portanto, mais do que nas do mundo sublunar, deve-se pensar para julgar corretamente.

[8] (**1063 a 17-21**). *Quarta argumentação contra os físicos.* Cf. Γ 5, 1010 a 35 – b 1. O sentido da passagem (sobre a qual se pode ver as discussões de Bonitz, *Comm.*, p. 462; Ross, *Metaph.*, II, p. 319; Tricot, *Métaph.*, II, p. 601, nota 2), é mais simples do que parece à primeira vista: o móvel não pode estar no termo *a quo* e, ao mesmo tempo, no termo *ad quem*; portanto, *só* em tempos sucessivos pode-se afirmar do móvel esses atributos contrários, senão o móvel não poderia mover-se. Parece-nos que Maurus (*Arist. op. omn.*, IV, p. 520 b) esclarece bastante bem: "... etiam per adversarios datur motus et datur sujectum quod movetur; semper vero quod movetur, movetur ex aliquo termino *a quo* ad aliquem terminum *ad quem*; sed necesse est, ut quod movetur, dum movetur, adhuc saltem secundum partem sit in termino *ad quem*, non posset ad illum moveri: ergo necesse est, ut de mobili verificetur haec affirmatio determinata, quod *adhuc est in termino a quo*, et haec determinata negatio, quod *adhuc non est in termino ad quem*, adeoque quod non verificentur contradictoria, quod simul est in termino ad quem et non est in termino ad quem; alioquin non posset moveri ad terminum ad quem neque posset mutari, cum semper esset sub utroque contradictori". — Schwegler (*Metaph.*, IV, p. 217),

pegando o núcleo da questão, escreve: "A teoria do adversário, diz Aristóteles, elimina todo devir (κίνησις). O devir é passagem do contrário ao contrário (p. ex. do sono ao estado de vigília, etc.). Ora, se, como diz o adversário, os contrários são uma só e mesma coisa, não resta mais nenhum lugar para o devir. Tudo já é tudo, quem dorme já é também quem está desperto, a criança já é homem etc. No lugar do devir entra o absoluto repouso".

[9] (**1063 a 22-24**). *Um inciso a esclarecer.* — Eis a razão pela qual, segundo Aristóteles, não é verdade que as coisas mudem *continuamente* segundo a quantidade. Na *Fís.* VIII 3, 253 b 13 ss. se lê: "... nem o crescer nem o diminuir podem ser contínuos, mas existe um *estado médio* no qual se detêm". — Mas na argumentação Aristóteles baseia-se sobre outras motivações; cf. nota 11, *infra*.

[10] (**1063 a 23**). *O significado de ποιόν nesse contexto.* — Perde-se o sentido do raciocínio se não se tem presente que aqui o termo *qualidade* (ποιόν) é usado como sinônimo de εἶδος, essência, substância (cf. linha 27), como já vimos em Δ 14, 1020 b 2 ss.

[11] (**1063 a 22-28**). *Quinta argumentação contra os físicos.* — O raciocínio é muito fino e, em poucas palavras, é o seguinte: admitamos (por hipótese) que as coisas *mudem continuamente segundo a quantidade*, como querem certos pensadores; pois bem, isso não tira que as coisas que são em contínua mudança quantitativa permaneçam idênticas na *qualidade*, isto é, na sua *essência* ou *forma*. Por exemplo, admitamos que tudo cresça, como, por exemplo, os animais e as plantas; todavia, embora cresçam segundo a quantidade, animais e plantas *mantêm* a sua essência ou forma. Portanto, mesmo admitido que as coisas possam ser as mesmas segundo a quantidade (supostamente indeterminada), deverão sempre, pelas razões vistas, ser *não-contraditórias* segundo a forma, *que é determinada e permanente.* — Ver a passagem paralela em Γ 5, 1010 a 22-25, com as relativas notas.

[12] (**1063 a 28-35**). *Sexta argumentação: o que os negadores do princípio de não contradição fazem desmente o que dizem.* — Ver a passagem paralela em Γ 5, 1008 b 12-27. Em poucas palavras, o que esses negadores do princípio de não contradição *fazem na sua vida cotidiana* é contra o que *afirmam na teoria*; ou, melhor, o que eles fazem mostra que eles não creem verdadeiramente no que dizem (Ps. Alexandre, *In Metaph.*, p. 656, 17 Hayduck).

[13] (**1063 b 5**). Na linha 1063 a 35.

[14] (**1063 a 35 – b 7**). *Sétimo argumento contra os físicos.* — Ver a passagem paralela em Γ 5, 1009 a 38 – b 33. Em síntese, o raciocínio é o seguinte. Quem sustenta que as coisas não nos parecem nunca idênticas

e que, portanto, são contraditórias, deverá admitir: (*a*) ou que nós estamos sempre em mudança, ou (*b*) que nós não mudamos nunca. Seja no primeiro, seja no segundo caso a sua tese não se sustenta. De fato, (*a*) se nós mudamos sempre, não é estranho que as coisas sejam, *para nós*, sempre diversas; disso *não deriva*, porém, *de modo algum, que com a nossa mudança, mudem também as coisas, mas deriva apenas que a nossa mudança comporta impressões mudadas*. (*b*) Se, ao invés, nós não mudamos, então é imediatamente dado algo permanente e não contraditório.

[15] (**1063 b 7-15**). *Oitava argumentação: contra os que discutem em abstrato.* — Cf. *supra*, 1062 b 20 – 1063 b 7 para os argumentos mencionados e Γ 5, 1009 a 16-22 e 6, 1011 a 3-16 para os paralelos.

[16] (**1063 b 15-19**). *Conclusões das argumentações*. Cf. Γ 6, 1011 b 17-22.

[17] (**1063 b 19**). *Um subentendido.* — Se não se explicita a frase que indicamos entre parênteses agudos não se compreende bem o texto.

[18] (**1063 b 19-24**). *O princípio do "terceiro excluído"*. Cf. Γ 7, 1011 b 23 – 1012 a 24. Não só não é possível predicar de um objeto dois atributos contrários ao mesmo tempo, mas também não é possível predicar só um desses contrários junto com um atributo intermediário a eles. Não só não posso dizer: A *é branco* e *preto*. Mas também não posso dizer A *é branco* e *nem branco nem preto* (cinza). De fato, na expressão que indica o intermediário "*nem branco nem preto*" existe a negação do branco "nem branco...", pelo que, predicando de A o branco e o médio (cinza), predica-se de A *branco e não-branco*.

[19] (**1063 b 24**). Cf. *supra*, 5, 1062 a 31 – b 2.

[20] (**1063 b 24-35**). *Conclusões sobre o princípio de não contradição.* — Cf. Γ 7-8, 1012 a 24 – 1012 b 18, com as relativas notas de comentário. — Para o problema da identidade da conexão entre K 3-6 e o livro Γ e para a demonstração da falta de fundamento da tese genética sustentada, no caso, por Jaeger (que, contra os textos, pretende ver aqui, em K 5-6, uma demonstração do princípio de não contradição *mais ontológica* do que em Γ, e, portanto, em K mais platonismo do que em Γ), remetemos aos documentos que apresentamos e às sinopses que fizemos em: *Il conc. di filos. prima*[5] (1993), pp. 238-241.

7. *Sumário e comentário a* K 7

[1] (**1063 b 36 – 1064 b 14**). Sumário. — *Os capítulos sétimo e oitavo resumem o livro* E. *Particularmente, o presente capítulo resume* E 1, *com muita*

fidelidade. Em primeiro lugar, é estabelecida a diferença entre a metafísica e as outras ciências. Em seguida, é demonstrada a tese de que a física é ciência teorética. Depois, são explicadas as relações entre as ciências teoréticas: teologia (ou metafísica), matemática e física. Por fim, como em E 1, *é proposta e resolvida a aporia se a metafísica é ciência universal ou não.*

[2] (**1063 b 36 – 1064 a 10**). Cf. E 1, 1025 b 3-18 e o relativo comentário.

[3] (**1064 a 10-28**). Cf. E 1, 1025 b 18 – 1026 a 6 e o relativo comentário.

[4] (**1064 a 28-29**). *A questão da identificação do ser enquanto ser com o ser suprassensível.* — Essa afirmação provocou muitas discussões e, até mesmo, a supressão de K. É claro que aqui Aristóteles identifica o *ser enquanto ser* com o *ser separado* (o ser teológico), e isso foi julgado não aristotélico. — Ver, por exemplo, A. Mansion, *Philosophie première, philosophie seconde et métaphysique chez Aristote*, in "Revue philos. de Louvain", 56 (1958), pp. 165-221; P. Aubenque, *Le problème de l'être chez Aristote*, pp. 39 ss. — Outros, ao invés, pensam na identificação ὄν ᾗ ὄν = ὄν χωριστόν com cânones estruturais; cf., por ex. Muskens, *De ente qua ens Metaphysicae Aristoteleae objecto*, in 'Mnemosyne", 13 (1974), pp. 130-140; Ph. Merlan, *Metaphysik: Name und Gegenstand*, in "The Journal of Hellenic Studies", 77 (1957), pp. 87-92; Idem, *Ὂν ᾗ ὄν und πρώτη οὐσία*, in "Philosophische Rundschau", 7 (1959), pp. 148-155. — Já dissemos, no *Ensaio introdutório*, pp. 63-85, no comentário a Γ 2, e em: *L'impossibilità di intendere univocamente l'essere..., passim*, agora reeditado em *Il conc. di filos. prima*[5] (1993), pp. 407-446, como deve ser entendido o fato, só aparentemente estranho, e o reafirmamos aqui. Dado que o ser implica múltiplos significados (é um πολλαχῶς λεγόμενον), o que de comum existe nos seus diversos significados não pode ser uma *espécie* (εἶδος) e nem um *gênero* (γένος), por isso a fórmula "ser enquanto ser" (ὄν ᾗ ὄν) não poderá exprimir nem uma espécie nem um gênero. — Portanto, a fórmula "ser enquanto ser" (ὄν ᾗ ὄν) não pode exprimir um abstrato conceito universal comum (κοινόν), e não poderá exprimir senão a própria multiplicidade dos significados e a relação que formalmente os liga. "Ser enquanto ser" é substância e tudo o que de modo múltiplo refere-se à substância. Em suma, a fórmula não pode não evocar imediatamente, quando entendida no seu sentido mais amplo, uma multiplicidade. Por isso uma reflexão sobre o "ser enquanto ser" (ὄν ᾗ ὄν) só pode configurar-se como uma reflexão sobre a multiplicidade dos sentidos do ser (ὄν) e em torno das suas relações. — Ora, a clara tomada de consciência do princípio sobre o qual refletimos parece-nos, também, explicar suficientemente um fato considerado anômalo: que Aristóteles não

mantenha fixo o sentido do "ser enquanto ser" (ὄν ᾗ ὄν). De fato, se às vezes a fórmula parece designar todo o ser, outras vezes parece restringir-se à designação da substância, e, até mesmo (aqui na nossa passagem) é usada também para designar a substância transcendente divina. — *Evidentemente, isso depende da particular perspectiva na qual, a cada vez, o Estagirita põe o problema: às vezes, tendo presentes os vários significados com as suas convergentes relações com a substância, às vezes tendo presente, ao contrário, mais o "centro do ser" e dos seus significados, às vezes, enfim, olhando, no âmbito da categoria da substância, para aquela que mais do que as outras é substância e que, portanto, mais do que todas é ser.*

[5] **(1064 a 36)**. Evidentemente em Λ 6-7.

[6] **(1064 a 36 – b 1)**. Cf. E 1, 1026 a 6-18 e notas.

[7] **(1064 b 1-6)**. Cf. E 1, 1026 a 18-23.

[8] **(1064 b 1-14)**. Cf. E 1, 1026 a 23-32 e relativo comentário. Sobre as relações entre essa redação e a paralela de E 1, discutimos amplamente em *Il conc. di filos. prima*[5] (1993), pp. 242 ss., ao qual remetemos a leitor, sendo aqui impossível, por razões de espaço, reproduzir as argumentações na sua complexidade.

8. *Sumário e comentário a* K 8

[1] **(1064 b 15 – 1065 b 4)**. Sumário. — *Este capítulo prossegue o resumo de* E, *oferecendo em síntese os capítulos 2-4. São estudados o ser* no sentido de acidente *e o ser* como verdadeiro e falso, *e são postos de lado, um e outro, enquanto não oferecem o objeto de investigação verdadeiro e próprio da metafísica. De fato, o primeiro tem causas só indeterminadas e indetermináveis e, justamente por isso, não pode ser objeto de ciência; o segundo, ao invés, se dissolve nas operações da mente humana. Nem um nem outro oferecem um ser objetivo e por si subsistente; só o ser por si subsistente, para* Aristóteles, *é objeto verdadeiro e próprio da metafísica. — Completam o capítulo algumas observações sobre o conceito de* acaso, *extraídas da* Física, *obviamente para integrar o conceito de ser acidental.*

[2] **(1064 b 29-30)**. Cf. E 2, 1026 b 14 s.

[3] **(1064 b 30 – 1065 a 6)**. Cf. 2, 1026 b 24 ss.

[4] **(1065 a 6-21)**. Cf. E 3.

[5] **(1065 a 21-26)**. Cf, E 4.

[6] **(1065 a 27 – b 4)**. *Relações entre "acaso" e "ser acidental"*. — Maurus (*Arist. op. omn.*, IV, p. 527 a) comenta: "... quia Aristoteles egit de ente per

accidens, *fortuna* autem est causa per accidens, epilogat ea, quae de fortuna dixit libro II Physicorum, atque explicat, quid sit fortuna; circa quae versetur; quo pacto sit incerta; et qualiter dicatur bona vel mala". Dado que Maurus esclarece bem o resto do texto, convém reproduzi-lo como comentário: "Ut explicet, quid sit fortuna, *praemittit primo*, quod tum quae fiunt a natura, tum quae fiunt ab intellectu, fiunt propter finem. *Praemittit secundo*, quod sicut ens dicitur per se et per accidens, ita effectus dicuntur fieri vel propter se vel propter accidens. Effectus per se sunt, qui fiunt ex intentione causae; effectus per accidens sunt, qui sequuntur praeter intentionem. Hinc colligitur, quid sit fortuna: est enim causa per accidens in iis, quae secundum electionem, alicujus gratia fiunt; exempli gratia cum quis fodiens terram invenit thesaurum, dicitur fortuna esse causa talis inventionis, quia fodiens invenit per accidens et praeter intentionem. Ex allata definitione fortunae *infertur primo*, quod circa eadem versatur fortuna et intellectus. Ratio est, quia ex dictis ea solum agunt ex fortuna, quae agunt ex electione; sed ea solum, quae habent intellectum, agunt ex electione: ergo ea solum agunt ex fortuna, quae agunt ex intellectu. *Infertur secundo*, cur fortuna sit incerta cognitioni humanae. Ratio est, quia fortuna est causa per accidens; sed causae per accidens sunt infinitae, infinitum autem ut infinitum est ignotum: ergo fortuna est ignota et hominibus incerta. *Infertur tertio*, cur fortuna videatur non esse causa simpliciter nec simpliciter causare; sed fortuna est causa per accidens: ergo etc. *Infertur quarto*, quo pacto fortuna dicatur bona vel mala. Bona fortuna dicitur, cum per accidens nobis evenit aliquid boni; mala fortuna dicitur, cum per accidens nobis evenit aliquid mali. Prosperitas fortunae, a qua quis dicitur fortunatus, est, cum illi per accidens evenit magnum bonum; infortunium, a quo dicitur quis infortunatus est, cum per accidens evenit magunum malum. *Infertur quinto*, fortunam non esse primam causam mundi. Ratio est, quia sicut ens per se est prius ente per accidens, sic causa per se est prior causa per accidens; sed fortuna et casus sunt causae per accidens: ergo non possunt esse primae causae mundi et coeli, sed datur aliqua causa prior. Sed haec fusius explicata sunt lib. II Physic.".

Eis as correspondências: 1065 a 26-30 = *Fís*., II 5, 196 b 21-25; 1065 a 30-35 = *Fís*., II 5, 197 a 5-14; 1065 a 35 – b 1 = *Fís*., II 5, 197 a 25-27; 1065 b 2-4 = *Fís*., II 6, 198 a 5-13.

[7] Para as relações de K 8 com os capítulos paralelos de E 2-4, remetemos à discussão já feita por nós em: *Il conc. di filos. prima*[5] (1993), pp. 244-250, que, dada a sua complexidade, não podemos repetir aqui.

9. *Sumário e comentário a* K 9

[1] **(1065 b 5 – 1066 a 34)**. Sumário. — *Este capítulo é dedicado à determinação conceitual do movimento, mediante as noções de potência e ato. O ser é ou em potência ou em ato ou, junto, em potência e em ato, e isso se verifica segundo todas as categorias. — O movimento não existe por si fora das coisas; e, dado que não existe nada fora ou acima das categorias, o movimento deverá ser nas categorias. Ora, em nenhuma das categorias ocorre a potência e o ato, e o movimento é, justamente, a* atuação do que é em potência enquanto é em potência *segundo cada uma das categorias. — Aristóteles ilustra, em seguida, e aprofunda essa definição. Particularmente, ele sublinha isso: tanto o ato como a potência do movimento não são ato e potência da coisa considerada* enquanto si mesma *(ou seja, na sua essência específica), mas considerada enquanto* potencial *e* móvel. — *Ele passa, depois, para extrair uma confirmação disso, a uma evocação das definições de movimento dadas por outros filósofos. Os Pitagóricos e os Platônicos definiram o movimento como* alteridade, desigualdade, não-ser; *mas, nem é necessário que essas coisas se movam, nem estes são termos aos quais tende o movimento. Como o movimento é algo* incompleto e indeterminado, *aqueles filósofos identificaram com termos extraídos da série negativa da sua tábua de contrários, que são termos indeterminados e privativos. Na realidade, só é verdade que o movimento é algo* incompleto: *não é pura potência, não é puro ato, mas está no meio; é* ato incompleto. — *O capítulo termina reafirmando que o movimento não existe por si, e mostrando que, em certo sentido, isto é, de fato senão conceitualmente, a atividade do movente em ato e do que é posto em ato coincidem.*

O capítulo é constituído de extratos da *Física*, Γ 1-3, e precisamente: 1065 b 5-7 = *Fís.*, III 1, 200 b 26-28; 1065 b 7-20 = *Fís.*, III 1, 200 b 32m – 201 a 19; 1065 b 20-21 = *Fís.*, III 1, 201 b 6-7; 1065 b 21 – 1066 a 26 = *Fís.*, III 1-2, 201 a 27 – 202 a 3; 1066 a 26-34 = *Fís.*, III 3, 202[a] 13-21.

[2] *Algumas observações sobre os capítulos* K 9-12. — Em geral os comentadores renunciam a explicar o nexo dos capítulos 9-12 (que não são extratos de livros da *Metafísica*, mas, como dissemos, da *Física*), e, muitos pensam que o compilador desses *excerpta* não seja nem sequer Aristóteles. Discutimos isso em *Il conc. di filos. prima*[5] (1993), pp. 252 ss., chegando às conclusões que apresentamos. O leitor deverá, entretanto, remeter-se ao volume acima citado para ver a motivação geral e o quadro de conjunto no qual se situam esses resultados. — E 2 dá a quadripartição dos significados do ser. Eles são depois estudados individualmente: os menos importantes,

ou seja, o ser como acidente e o ser como verdade, em E 2-4; os mais importantes, ou seja, o ser como substância e categoria e o ser como potência e ato, nos livros imediatamente sucessivos, isto é, respectivamente, em Z H e Θ. Ora, K 8 reproduz E 2-4, e, como esses capítulos, elucida o ser como acidente e o ser como verdadeiro (e os exclui da investigação propriamente metafísica); restam assim dois significados fundamentais do ser: o ser como substância e categoria e o ser como potência e ato. K 9-12 parecem ter o escopo de continuar o exame dos sentidos do ser, ilustrando o ser como potência e ato (ὂν δυνάμει καὶ ἐνεργείᾳ), *sobretudo entendido como movimento e enteléquia*. O ser como substância e categoria encontrará completa ilustração em Λ. — K 8 começa com a afirmação de que o ser tem muitos significados, e procede a ilustrar um primeiro significado: o ser como acidente (ὂν κατὰ συμβεβηκός) (1064 b 15-17). K 8, mais adiante, examina outros dos significados do ser, o ὂν ὡς ἀληθές, 1065 a 21 ss. (são estes os dois significados examinados no paralelo E 2-4); enfim K 8 acena, mais de uma vez, ao ὂν καθ' αὑτό (1065 a 7, 29, b 2). — K 9 começa com a afirmação seguinte: ἔστι δὲ μὲν ἐνεργείᾳ μόνον τὸ δὲ δυνάμει καὶ ἐνεργείᾳ, τὸ μὲν <τόδε τι> ὂν τὸ δὲ ποσὸν τὸ δὲ τῶν λοιπῶν (1065 b 5-7). Como se vê, parece que K 9 quer prosseguir o esclarecimento dos significados do ser, *ilustrando justamente o ser como potência e como ato* (ὂν δυνάμει καὶ ἐνεργείᾳ). Esta ilustração, porém, é feita essencialmente em conexão com o movimento e a mudança. — O próprio K 10, que trata do infinito, analisa esse conceito *em função dos conceitos de potência e ato*, e conclui que o infinito não é nunca em ato (cf. 1066 a 35 – b 21). A sua presença em K pode se explicar como preparação para as conclusões de Λ 7 (1073 a 5-11), segundo as quais o Movente imóvel não é substância -infinita, porque em ato, enquanto o infinito só é em potência. — Enfim, parece-nos poder explicar o fato de terem sido utilizados trechos da *Física*, mais do que da *Metafísica*, Z H Θ, pelo fato de os conceitos de Z H retornarem em Λ 1-5 e a doutrina metafísica da potência e do ato nos outros capítulos de Λ. Assim, em K 9-12, Aristóteles preferiu extrair da *Física*, ilustrando *o ser como potência e ato na sua aplicação ao movimento*, e em K 10 particularmente, *quis tratar um problema cuja solução é pressuposta em* Λ, e que, portanto, era oportuno tratar preliminarmente.

[3] **(1065 b 5-16)**. *Definição do movimento como atuação do que é em potência enquanto tal.* — O fio lógico da raciocínio é o seguinte. (1) Em primeiro lugar, Aristóteles estabelece (como já sabemos por Θ) que o ser pode *ser em potência* ou *em ato*, ou junto em potência e ato, e que isso

vale para a substância e para todas as categorias. (2) Em segundo lugar, ele estabelece que não existe movimento fora das coisas, mas só nas coisas; e, dado que acima das categorias não existe nada, necessariamente o movimento deve ocorrer segundo as categorias do ser. (3) Desenvolvendo analiticamente a tese (1), Aristóteles explica como cada uma das categorias existe em potência e em ato: a substância tem privação e forma, a qualidade tem preto e branco, a quantidade incompleto e completo e o lugar o baixo e o alto; o movimento, portanto, deverá necessariamente ocorrer segundo essas quatro categorias. (4) Das explicações feitas acima, Aristóteles extrai enfim os elementos para a definição do movimento: dado que potência e ato ocorrem em cada uma das quatro categorias acima mencionadas, movimento será a *atuação do que é em potência enquanto tal*, em cada uma das categorias. — Os aprofundamentos dos vários pontos não são possíveis nesta sede. Explicamos apenas (e sobre isso insistirá K 12) que, segundo Aristóteles, das oito categorias (tantas são as que ele enumera na *Metafísica* e na *Física*), na realidade, só quatro (as quatro acima mencionadas) envolvem a mudança e o movimento. De fato, segundo (*a*) a *relação* não se pode ser em movimento, porque basta que um dos dois termos em relação mude, para que o outro, mesmo sem se ter movido, mude o significado relacional. (*b*) O *agir* e (*c*) o *padecer*, obviamente, já são movimentos, e não é possível que exista um movimento de um movimento. (*d*) Enfim, o *quando* ou o *tempo* (veremos em Λ 6) é estruturalmente ligado ao movimento. Portanto, a mudança e o movimento existem (1) segundo a substância, (2) a qualidade, (3) a quantidade e (4) o onde. *Mudança* (μεταβολή) é termo genérico que vale para todas as quatro categorias; ao invés, movimento (κίνησις) se restringe às três últimas. (1) A mudança segundo a substância é a *geração e a corrupção* (γένεσις καὶ φθορά), (2) a mudança ou movimento segundo a qualidade é a *alteração* (ἀλλοίωσις), (3) a mudança ou movimento segundo a quantidade é o *aumento e diminuição* (αὔξησις καὶ φθίσις), enquanto (4) o movimento segundo o onde é a *translação* (φορά). Cf. o que foi dito em Z 7, H 1 e Λ 2.

As *mudanças* se distinguem em:
- *geração e corrupção* (1)
- *movimento*
  - *alteração* (2)
  - *aumento e diminuição* (3)
  - *translação* (4)

A terminologia, ademais, não é sempre rigorosíssima e Aristóteles denomina, às vezes, *movimento* também a geração e a corrupção. No que se refere aos elementos essenciais da definição do movimento, cf. Trendelenburg, *Gesch. d. Kategorienlehre*, pp. 136 s., 160 s. e, para um aprofundamento ulterior da específica definição de movimento, cf. Brentano, *Von der mannigfachen Bedeutung*..., pp. 52 ss.

[4] (**1065 b 16 – 1066 a 7**). *Explicitações sobre a definição de movimento.* — Toda essa ampla passagem tem a finalidade de esclarecer a definição dada de movimento, nas suas partes. Maurus, utilizando Tomás (*In Metaph.*, pp. 544b ss., §§ 2295 ss. Cathala-Spiazzi), a comenta com grande clareza na página que transcrevemos: "... definit Aristoteles motum dicens, quod est *actus entis in potentia, prout est in potentia*. In hac definitione tres particulae sunt explicandae. (1) *Prima particula* est *actus*, quae significat genus motus. Secunda et tertia explicant subjectum motus, quod est ens in potentia in quantum hujusmodi, et per ordinem ad subjectum explicant differentiam motus. Subjectum igitur motus est ens in potentia, ac motus est actus talis entis; ex. gr. subjectum aedificationis est aedificabile, aedificatio vero est actus, quo aedificabile aedificatur; subjectum calefactionis est calefactibile, calefactio vero est actus, quo calefactibile calefit, etc. Unumquodque igitur tunc movetur, cum ens in potentia habet talem actum et neque ante neque post; ex. gr. calefactibile tunc solum movetur, cum habet actum calefactionis; ante vero, quam habeat actum calefactionis, non movetur amplius, sed jam est motum. Jam quando per motum mobile reducitur in actum, tum ponitur in actu secundum potentiam ad motum, remanet in potentia ad terminum; ex. gr. quod calefit actu, adhuc est calidum potentia. (2) Additur in definitione *secunda particula*, quod subjectum motus est ens in potentia in quantum hujusmodi. Non enim ratione sunt idem quod est in potentia ac ipsa potentia; ex. gr. non est idem ratione *esse aes ac esse potentia statuam*. Si enim esset secundum rationem *id quod est in potentia* ac *esse in potentia*, sequeretur, quod idem esset ratione *posse sanari* ac *posse aegrotare*. Patet; nam idem subjectum potest sanari et potest aegrotare, sive tale subjectum sint humores, sive sit sanguis vel aliquid aliud; ergo si tam *posse sanari* quam *posse aegrotare* sunt idem ratione cum subjecto, sunt etiam idem ratione inter se, atque adeo sanari et aegrotare sunt idem: est enim impossibile, ut quae sunt idem ratione, dicantur in ordine ad diversas rationes. Cum igitur in mobili aliud ratione sit *subjectum, quod potest moveri*, aliud *posse moveri*, eo pacto, quo aliud ratione est color, qui potest videri, aliud esse visibile seu posse videri, motus

est actus subjecti, non solum secundum se praecise, sed in quantum potest moveri; ex. gr. aedificatio est actus subjecti aedificabilis, in quantum est aedificabile, adeoque motus est actus entis in potentia, prout est in potentia. (3) *Tertia particula*, explicans genus motus est, ut sit actus. Quod motus sit actus, patet. Illud enim, quo existente mobile movetur actu, ita ut neque moveatur actu antequam existat, neque post cum non amplius existit, procul dubio est actus; sed mobile movetur existente motu, ac nec ante neque post: ergo motus est actus. Ut explicetur, cujus potentiae actus sit motus, supponendum est, quod unumquodque in quantum est in potentia, habet actum correspondentem; ex. gr. aedificabile sum sit ens in potentia, dicitur per ordinem ad actum correspondentem. Jam aedificabile dicitur aedificabile per ordinem ad duplicem actum, hoc est et per ordinem ad formam, quae est terminus aedificationis, et per ordinem ad ipsam aedificationem. Forma non est actus aedificabilis, in quantum est aedificabile; cum enim aedificabile jam habet formam domus, non est amplius aedificabile; sed ipsa aedificatio est actus aedificabilis, in quantum est aedificabile, ideoque motus non est forma domus, sed est ipsa aedificatio; et universim motus est actus mobilis, in quantum est mobile, et per hoc differt ab aliis actibus, qui non sunt actus mobilis, in quantum est mobile: ergo jam habetur definitio motus per genus et differentiam: genus enim est, ut sit quidam actus; differentia est, ut sit actus entis in potentia, in quantum est tale, ita ut subjectum motus, in quantum habet motum, sit in potentia ad terminum ulteriorem" (*Arist. op. omn.*, IV, pp. 528 b – 529 a).

[5] (**1066 a 7-9**). *Verificação da definição de movimento.* — A questão que Aristóteles agora introduz (com a discussão que segue até a linha 26) serve de comprovação da boa qualidade da definição de movimento que foi dada. Não é possível situar o movimento em outro gênero de realidade, e o que os outros filósofos disseram a respeito é inadequado.

[6] (**1066 a 9-11**). *Evocação de doutrinas de Platão.* — Cf. Platão, *Sof.*, 256 D; *Tim.*, 57 E ss.; faz-se particular referência às doutrinas não escritas. Ver o testemunho de Eudemo apresentado por Simplício (*In Phys.*, p. 430, 14 – 431, 16 Diels), e também o de Dercílides, também apresentado por Simplício (*ibid.*, p. 248, 5-16). Sobre isso ver o que dissemos em: *Para uma nova interpretação de Platão* ([2]2004), pp. 320 ss., onde apresentamos inclusive os textos e as traduções dessas passagens.

[7] (**1066 a 13-17**). *As séries de contrários.* — Ver as duas séries positivas e negativas de contrários pitagóricos em A 5, 986 a 22. Cf. Simplício, *In Phys.*, pp. 428, 15 ss., particularmente 429, 9 ss. Diels.

[8] (1066 a 17-26). *Em que sentido o movimento é um ato incompleto.* — Que o movimento pareça ser algo indeterminado decorre de que o movimento tende a realizar um termo, que, uma vez alcançado, cessa enquanto tal. E o termo ao qual tende é como o *determinado*, vale dizer, aquilo de que ele é privado. Não é nem em potência nem em ato mas tende ao ato e, portanto, como diz Aristóteles, é "ato incompleto". — Como complemento dessa explicação pode-se ler esta passagem de G. M. Leblond, *Logique et méthode chez Aristote*, Paris 1939, pp. 442 s.: "Pode-se... considerar o movimento segundo dois aspectos: em primeiro lugar... enquanto ele advém e tende à perfeição. Mas pode-se também considerá-lo enquanto já é algo em si mesmo, algo incompleto, algo não completamente determinado, ἀτελές, ἀόριστον. No primeiro caso, considera-se o movimento na medida em que será completo, no segundo, toma-se-o como é, incompleto e, contudo, algo real. Ele oferece então o paradoxo da indeterminação, ἀόριστον, realizada, da potência estática existente em ato: ele é a perfeição da potência enquanto potência". Cf. também Tricot, *Métaph.*, II, p. 616, nota.

[9] (1066 a 26-34). *Em que sentido movente em ato e movido em ato coincidem.* — Aristóteles distingue: (1) o *motor em potência* (= τὸ κινητικόν) e (2) *o motor em ato ou movente* (= τὸ κινοῦν); e, assim, analogamente, ele distingue (3) o *movido em potência* (= τὸ κινητόν) e (4) o *movido em ato* (= τὸ κινούμενον). Ora, sabemos (cf. o início do capítulo, 1065 b 7) que o movimento não existe por si fora das coisas e, portanto, é sempre um modo de ser de outro, movido ou movente. Mas o movido, por ser em ato, pressupõe a ação do motor em ato, já que é, justamente, a atividade em ato do motor que atualiza o movido. Portanto, de fato, o ato do *motor em ato* (2) coincide com o ato do *movido em ato* (4), embora conceitualmente sejam, de maneira estrutural, distintos e diversos.

10. *Sumário e comentário a* K *10*

[1] (1066 a 35 – 1067 a 37). Sumário. — *O capítulo trata da impossibilidade da existência do infinito como realidade em ato.* (1) *Em primeiro lugar, Aristóteles enumera os vários modos em que se entende o infinito.* (2) *Em segundo lugar, ele demonstra a impossibilidade da existência de um infinito em ato além dos sensíveis, aduzindo como prova quatro elementos.* (3) *Em terceiro lugar, ele examina, para exclui-la, também a hipótese de que o infinito exista nas coisas sensíveis, aduzindo como prova cinco argumentações.*

(4) *Enfim, Aristóteles conclui, explicando as relações existentes entre o infinito na grandeza, no movimento e no tempo.*

Como o precedente, também esse capítulo é extraído da *Física*, III 4-7, precisamente de: 1066 a 35 – b 7 = *Fís.*, III 4-5, 204 a 3-14; 1066 b 7-8 = *Fís.*, III 5, 204 a 17-19; 1066 b 8-11 = *Fís.*, III 5, 204 a 14-17; 1066 b 11-21 = *Fís.*, III 5, 204 a 20-32; 1066 b 21-26 = *Fís.*, III 5, 204 a 34 – b 8; 1066 b 26-36 = *Fís.*, III 5, 204 b 10-24; 1066 b 36 – 1067 a 7 = *Fís.*, III 5, 204 b 32 – 205 a 7; 1067 a 7-20 = *Fís.*, III 5, 205 a 10-25; 1067 a 20-23 = *Fís.*, III 5, 205 a 29-32; 1067 a 23-33 = *Fís.*, III 5, 205 b 24 – 206 a 7; 1067 a 33-37 = *Fís.*, III 5, 207 b 21-25. Para o significados desses extratos ver a nota 2 do capítulo precedente.

[2] (**1066 a 35-36**). *Primeiro modo em que se diz "infinito"*. — Tomás (*In Metaph.*, p. 550 a, § 2315 Cathala-Spiazzi) comenta: "... primus [= o primeiro dos modos em que se entende o infinito] est secundum quod infinitum sive intransibile dicitur quod non potest transiri mensurando, eo quod non est natum secundum suum genus pertransiri, sicut dicimus punctum, aut unitatem, aut aliquid quod non est quantum et mensurabile, esse infinitum seu intransibile; per quem modum vox dicitur invisibilis, quia non est de genere visibilium". — Cf. Simplício, *In Phys.*, p. 470, 5-9 Diels.

[3] (**1066 a 36-37**). *Segundo modo em que se diz "infinito"*. — Por exemplo, a quantidade que pode ser percorrida sem limite (cf. Simplício, *In Phys.*, p. 470, 16 ss. Diels).

[4] (**1066 a 37**). *Terceiro modo em que se diz "infinito"*. — Pela sua grandeza ou pela sua constituição, como o labirinto (Simplício, *In Phys.*, p. 470, 23 ss. Diels), ou a profundidade do mar ou do céu.

[5] (**1066 a 37 – b 1**). *Quarto modo em que se diz "infinito"*. — Por exemplo o círculo, entendido não segundo a grandeza, mas segundo a forma; cf. Simplício, *In Phys.*, p. 470, 32-35 Diels.

[6] (**1066 b 1**). *Quinto modo em que se diz "infinito"*. — Por exemplo, no caso do número: a qualquer número *n* é sempre possível acrescentar uma unidade e, depois, outra, sem limite (Simplício, *In Phys.*, p. 470, 36 ss. Diels).

[7] (**1066 b 1**). *Sexto modo em que se diz "infinito"*. — Por exemplo, uma grandeza ou um contínuo é divisível ao infinito (Simplício, *In Phys.*, p. 471, 2 s. Diels)

[8] (**1066 b 1**). *Sétimo modo em que se diz "infinito"*. — Por exemplo, o tempo, que é infinito προσθέσει, enquanto número, e também é infinito ἀφαιρέσει, enquanto é um contínuo: cf. Simplício, *In Phys.*, p. 471, 5-9 Diels.

Tomás, *In Metaph.*, p. 550 b, § 2321 Cathala-Spiazzi, escreve: "... sicut tempus dicitur infinitum et divisione, quia continuum est, et appositione, quia numerus est. Et similiter etiam in motu infinitum est".

[9] (**1066 b 1 – 1067 a 37**). Nas linhas 1066 b 1-2 deve-se ler com Jaeger (*Metaph.*, p. 234) χωριστὸν μὲν δὴ <τῶν αἰσθητῶν>. Aqui, provavelmente, Aristóteles tem em mira os Pitagóricos e Platônicos, cf. *Fís.*, III 4, 203 a 4. — Nas linhas 1-21 ele demonstrará, com quatro argumentos, que o infinito não é uma realidade separada dos sensíveis, enquanto nas linhas 1066 b 22 – 1067 a 37, com outra série de argumentos, demonstrará que ele não é também uma realidade imanente às coisas sensíveis.

[10] (**1066 b 2-7**). *Primeiro argumento contra a possibilidade de o infinito existir em si separado.* — Se o infinito é algo existente em si, só pode ser substância; mas se é substância não pode ser divisível, porque só a quantidade é divisível (isto é, não uma substância, mas a afecção de uma substância); portanto, se o infinito fosse substância, poderia, no máximo, ser infinito no sentido em que a voz é invisível; o que, contudo, não está em questão, porque o que está em questão é o significado de infinito como não percorrível.

[11] (**1066 b 7-8**). *Segundo argumento contra a possibilidade de o infinito existir em si e por si.* — Um infinito em si só poderia existir se existissem números e grandezas *em si*, já que ele é atributo daqueles. Mas, como sabemos, números e grandezas em si e por si não existem (cf. A9); portanto, tampouco o infinito poderá existir em si e por si.

[12] (**1066 b 8-11**). *Terceiro argumento: porque o infinito não tem uma realidade em si e por si, não pode ser elemento dos seres.* — Esta prova desloca o eixo das argumentações. Se o infinito não é uma realidade por si, mas é uma afecção ou acidente de um substrato, então não poderá ser *enquanto infinito* elemento dos seres, como queriam os Pitagóricos e os Platônicos (assim como o invisível, que é acidente da voz, não é um elemento da linguagem); elemento, no máximo, será aquele substrato do qual o infinito é acidente, mas não o infinito.

[13] (**1066 b 11-21**). *Quarto argumento contra a possibilidade de o infinito ser uma realidade separada em ato.* — Contra o infinito entendido como realidade separada, Aristóteles faz o seguinte raciocínio, bem exposto por Tomás (*In Metaph.*, p. 551 a, § 2315 s. Cathala-Spiazzi): "Si autem infinitum sit substantia, et non praedicetur de aliquo subiecto, etiam manifestum est quod non potest esse actu infinitum. Aut enim est divisibile, aut indivisibile. Si autem est divisibile, et infinitum hoc ipsum quod est infinitum

est substantia, oportet quod quaelibet pars eius accepta sit infinita, quia idem est infinito esse et infinitum, si 'infinitum est substantia', id est si infinitum praedicat propriam rationem eius quod est infinitum. Unde, sicut quaelibet pars aquae est aqua, et quaelibet pars aëris est aëris, ita quaelibet pars infiniti est infinita, si infinitum est substantia divisibilis. Quare oportet dicere, quod aut sit indivisibile infinitum, aut sit divisibile in multa infinita. Sed hoc est impossibile, quod multa infinita constituant unum infinitum: quia infinitum non est maius infinito: omne autem totum maius est sua parte. Relinquitur igitur, quod infinitum sit indivisibile. Sed impossibile est quod id quod est indivisibile sit actu infinitum, quia infinitum oportet esse quantum. Relinquitur igitur quod non sit substantia, sed accidens. Sed si est accidens, non est principium ipsum infinitum, sed illud cui accidit, ut dictum est, sive sit aër, ut quidam naturales posuerunt, sive sit par, ut posuerunt Pythagorici. Relinquitur igitur quod infinitum non possit esse substantia simul et principium entium. Et ultimo concludit quod haec inquisitio est universalis excedens naturalium considerationem". — A evocação do ar é, obviamente, uma alusão a Anaxímenes e a Diógenes de Apolônia.

[14] (**1066 b 21-22**). *Segundo grupo de argumentações em vista de demonstrar que o infinito não existe não só em si e por si, mas tampouco nos sensíveis.* — Cf. *supra*, nota 9, onde indicamos a direção geral seguida por Aristóteles no seu raciocínio.

[15] (**1066 b 22-24**). *Primeira argumentação: contra a existência do infinito nas coisas.* — Todo corpo é delimitado por superfície; mas nenhum corpo que seja delimitado por superfície pode ser infinito; por isso nenhum corpo pode ser infinito, seja este sensível, seja inteligível, isto é, geométrico.

[16] (**1066 b 24-26**). *Segunda argumentação: contra a impossibilidade da existência do infinito como número.* — Assim a expõe Maurus (*Arist. op. omn.*, IV, p. 532 b): "... omnis numerus et omne habens numerum est numerabile; nullum infinitum est numerabile, siquidem infinitum est impertransibile numerando; numerabile vero est pertransibile numerando: ergo nullus numerus est infinitus".

[17] (**1066 b 26**). Aristóteles usa o termo φυσικῶς, para dizer o seguinte: entenda-se não simplesmente em geral e λογικῶς, mas em sentido real e objetivo.

[18] (**1066 b 26 – 1067 a 7**). *Terceira argumentação: contra a existência do infinito nos corpos e nos elementos físicos.* — Esta argumentação é instituída de forma dilemática. Se é um corpo, o infinito deveria ser (1) ou *simples* (2)

ou *composto*. — (1) Infinito não pode ser um corpo *composto*. (*a*) De fato, se os componentes são *limitados em número* (e os elementos que compõem um corpo só podem ser limitados), limitado deve ser também o corpo que deles é composto. (*b*) Nem pode ser *infinito* (em quantidade) *um dos elementos*, porque, nesse caso, esse componente com a sua infinita potência anulará o próprio contrário e todos os outros e, assim, o corpo infinito não será mais composto. (*c*) Nem, enfim, é possível que *cada componente seja infinito*, porque, se assim fosse, cada um deveria ser sem limites em todas as direções; mas infinito em todas as direções só poderia ser um deles, pois para os outros não haveria espaço. — (2) O infinito será, então, um corpo *único e simples?* Essa hipótese também não é possível. (*a*) De fato, não é possível que exista um *infinito*, além dos quatro elementos, como quer, por exemplo, Anaximandro, já que os elementos últimos são aqueles nos quais se dissolvem as coisas, e esses elementos são quatro e não existe outro além deles. (*b*) Não é possível que seja infinito um desses quatro, como por exemplo o fogo, porque é impossível que tudo se dissolva nele (mesmo prescindindo do fato de ele ser ou não infinito), como quer, por exemplo, Heráclito. (*c*) Enfim, não é possível que seja infinito um elemento além dos quatro elementos (do tipo de algo intermediário entre o fogo e o ar, admitido por alguns físicos, como Ideo de Imera), porque tudo se transforma passando de um contrário ao outro, e esse infinito não poderia ser o contrário dos quatro elementos.

[19] (**1066 a 7-23**). *Quarta argumentação: o infinito não é concebível na dimensão do físico*. — Eis a argumentação na lúcida exposição de Maurus (*Arist. op. omn.*, IV, p. 533 a s.): "Septima [sétima na numeração mauriana] ratio pariter physica et ex propriis desumitur ex ratione loci et locati, pro qua Aristoteles duo praemittit. *Primum* est: omne corpus sensibile est in loco. *Secundum* est: idem est locus naturalis totius ac partis; ex. gr. si locus totius terrae est deorsum, etiam locus omnium partium terrae est deorsum, ideoque ad eumdem locum movetur naturaliter et tota terra et omnes partes terrae. His positis corpus vel est homogeneum vel heterogeneum; quidquid dicatur, repugnat, ut sit infinitum: ergo etc. Probatur *prima pars* minoris; si enim sit homogeneum, sequitur, quod vel totum et omnes partes semper movebuntur vel semper quiescent; locus enim naturalis corporis infiniti est infinitibus; ergo si totum corpus, dum est in loco infinito, est in loco naturali, omnes partes erunt in loco naturali, et sic nullus dabitur motus totius aut partium; si vero totum non est in loco naturali, movebuntur et omnes partes et totum. Si totum est heterogeneum, ut animal, *primo*,

universum non erit continuum, sed contiguum; *secundo*, vel partes specie diversae sunt finitae numero vel infinitae; si *finitae*, cum non possint esse infinitae in mole; eo quod infinitum occupet totum spatium, aliquae erunt finitae in mole; ergo infinitae propter excessum virtutis corrumpent finitas. Si partes specie diversae sunt *infinitae* numero, ergo etiam dantur infinitae species locorum, cum unumquodque in specie debeat habere suum locum in specie. Rursus elementa non possunt esse infinita in specie; sequeretur enim, quod mixtum esset incognoscibile, cum infinita specie diversa cognosci non possint distincte ab intellectu finito". Cf. também Ross, *Metaph.*, II, p. 333.

[20] (1067 a 29). *As seis espécies de lugar.* — Cf. *Fís.*, 5, 205 b 32. Eis quais são as seis espécies de lugar: (1) *alto* e (2) *baixo*; (3) *adiante* e (4) *atrás*; (5) *direita* e (6) *esquerda* (ἄνω-κάτω, ἔμπροσθεν-ὄπιθεν, δεξιὸν-ἀριστερόν).

[21] (1067 a 23-33). *Quinta argumentação: a corporeidade e o lugar excluem o infinito.* — Esta prova é constituída por três motivações estreitamente ligadas e centradas na relação entre *lugar e corpo* (infinito). (*a*) Todo corpo é ou pesado ou leve. Mas o corpo infinito não poderia ser nem pesado nem leve. Para ser pesado deveria mover-se, ou em parte ou por inteiro, na direção de um centro, e para ser leve, na direção contrária. Mas no infinito não é possível distinguir nem um centro nem uma extremidade, nem um alto nem um baixo. (*b*) Ademais, existem seis espécies de lugar (cf. nota 20); ora, num corpo infinito não se podem distinguir essas espécies de lugar (porque ele não tem extremos nem limites); portanto, um corpo infinito não poderá ser num lugar. (*c*) Enfim, não pode existir um *lugar* infinito e, portanto, tampouco um corpo infinito. De fato, ser num lugar significa ser num *onde*, e o onde é sempre uma das seis espécies de lugar e, portanto, um limite. Assim, a condição para poder ser num lugar é, necessariamente, o não ser infinito.

[22] (1067 a 33-37). *Argumentação final: diferença entre o infinito segundo a grandeza e o infinito segundo o movimento e o tempo.* — Tomás (*In Metaph.*, p. 554 a s., § 2354 Cathala-Spiazzi) comenta: "Ostendit quomodo infinitum in potentia in diversis inveniatur; et dicit quod invenitur in magnitudine et motu et tempore; et non univoce praedicatur de eis, sed per prius et posterius. Et semper quod est in eis posterius, dicitur infinitum, secundum quod id quod est prius est infinitum, sicut motus secundum magnitudinem, in quam aliquid movetur localiter, aut augetur, aut alteratur. Et tempus dicitur infinitum secundum motum: quod sic intelligendum est. Infinitum enim divisione, attribuitur continuo, quod

primo attribuitur magnitudini, ex qua motus habet continuitatem. Quod manifestum est in motu locali; quia partes in motu locali accipiuntur secundum partes magnitidinis. Et similiter manifestum est in motu augmenti; quia secundum additionem magnitudinis, augmentum attenditur. Sed in alteratione non est ita manisfestum. Sed tamen etiam ibi aliquater verum est; quia qualitas secundum quam fit alteratio, per accidens dividitur ad divisionem magnitudinis. Et iterum intensio et remissio qualitatis attenditur secundum quod subiectum in magnitudine existens, aliquo modo vel perfectiori vel minus perfecto participat qualitatem. Ad continuitatem autem motus, est et tempus continuum. Nam tempus secundum se, cum sit numerus, non habet continuitatem, sed solum in subiecto. Sicut decem mensurae panni continuae sunt, eo quod pannus quoddam continuum est. Eodem igitur ordine oportet quod infinitum de istis tribus dicatur sicut et continuum".

11. *Sumário e comentário a* K *11*

[1] (**1067 b 1 – 1068 a** 7). Sumário. — *Depois de ter explicado os sentidos em que se diz que uma coisa muda e move-se, assim como as condições gerais da mudança, Aristóteles demonstra, com uma cerrada argumentação, que são possíveis três tipos de* mudança, *dos quais só um é propriamente* movimento. *A passagem do não-ser ao ser é* geração, *a passagem do ser ao não-ser é* corrupção. *Nem uma nem outra são movimento, porque em nenhum sentido pode-se dizer que o não ser se mova.* Movimento *é, ao invés, uma passagem do ser ao ser (e, precisamente, de contrário a contrário). — No capítulo sucessivo Aristóteles explicará que esse movimento pode ocorrer segundo* três diversas formas, ou seja, segundo três categorias *e só segundo as três.*

O capítulo é um extrato da *Física*, V 1; precisamente: 1067 b 1-9 = *Fís*., V 1, 224 a 21 – b 1; 1067 b 9-12 = *Fís*., V 1, 224 b 11-16; 1067 b 12-14 = *Fís*., V 1, 224 b 28-30; 1067 b 14 – 1068 b 7 = *Fís*., V 1, 225 a 3 – b 5.

[2] (**1067 b 1-2**). *Mudança por acidente.* — Esclarece bem Tomás (*In Metaph*., p. 556 b, § 2355 Cathala-Spiazzi): "*Uno modo* permutatur aliquid per accidens tantum, quando scilicet aliquid dicitur permutari ex quo illud in quo est, permutatur: sive sit in eo ut accidens in subiecto, sicut musicum dicimus ambulare, sive sit forma substatialis in materia ut anima in moto corpore, sive quaecumque pars moto toto, sive etiam contentum moto continente, ut nauta mota navi".

[3] (1067 b 4). *Às vezes diz-se que uma coisa muda porque muda uma parte sua.* — Por exemplo, diz-se que um organismo se cura, porque se cura uma parte sua. Assim, analogamente, dizemos que um instrumento se quebrou, porque quebrou-se uma parte sua, etc.

[4] (1067 b 4-6). *O móvel por si.* — Tem-se "sicut se aliquod totum moveatur secundum totum, ut si lapis deorsum feratur" (Tomás, *In Metaph.*, p. 556 b, § 2357 Cathala-Spiazzi).

[5] (1067 b 5-6). *Movente por acidente.* — Por exemplo, move por acidente o músico que edifica ou que cura um enfermo. O músico pode ser acidente, respectivamente, de um arquiteto que edifica ou de um médico que cura, e nesse sentido o músico move por acidente.

[6] (1067 b 6). *Movente segundo uma parte.* — Por exemplo, diz-se que um homem bate, quando a sua mão bate.

[7] (1067 b 6). *Movente por si.* — Por exemplo, "sicut ignis calefacit, et medicus sanat" (Tomás, *In Metaph.*, p. 557 a, § 2360 Cathala-Spiazzi).

[8] (1067 b 6-12). *As cinco condições postuladas pelo movimento.* — Aristóteles especifica, agora, que o movimento postula as seguintes condições: (1) movente próximo, (2) a coisa que é movida, (3) o tempo, (4) aquilo de que provém e (5) aquilo a que tende o movimento. O *movente* é condição necessária para que o movimento se atue, caso contrário a coisa seria móvel só em potência. O *tempo* também é condição necessária, porque o movimento ocorre no tempo e é, portanto, estruturalmente ligado ao tempo. Os termos *ex quo* e *ad quem* são os dois contrários ou extremos nos quais ocorre o movimento. Ora, diz Aristóteles, esses termos (4) e (5) *são imóveis*. Na geração e corrupção esses termos são a *forma* e a *privação*; na alteração são as *afecções qualitativas*, no aumento e diminuição são as *afecções quantitativas* e na translação é o *lugar*. — Em movimento é, portanto, o objeto movido, e não os termos do movimento: "termini ad quem motus, sunt immota ex. gr. cum quis calefit, movetur ad calorem; calor vero non movetur; cum discit, movetur ad scientiam, scientia vero ipsa non movetur. Rursus terminus *ad quem* motus est alius a motu; ex. gr. non calor, sed calefactio est motus ad calorem" (Maurus, *Arist. op. omn.*, IV, p. 534 b s.).

[9] (1067 b 12-14). *Em que âmbito unicamente pode ocorrer o movimento não acidental.* — O movimento não acidental só ocorre entre os contrários e entre os graus intermediários entre eles: p. ex., entre frio e quente ou graus intermediários, entre preto e branco etc., ou entre contraditórios: entre branco e não-branco, quente e não-quente; ou entre ser e não-ser (corrupção), não ser e ser (geração).

[10] (**1067 b 14 – 1068 a 7**). *Relações e diferenças entre mudança e movimento.* — A passagem demonstra, com raciocínio bem articulado, que só existem três tipos de *mudança*, dos quais só um é propriamente *movimento*. Eis o esquema do raciocínio. O que muda pode passar:

(*a*) de um sujeito a outro sujeito (p. ex. de A a *B*),
(*b*) de um não-sujeito a outro não-sujeito (p. ex. de *não*-A a *não-B*),
(*c*) de um sujeito a um não-sujeito (p. ex., de A *a não*-A),
(*d*) de um não-sujeito a um sujeito (p. ex. de *não*-A a A).

O caso (*b*) deve ser logo excluído, porque *não*-A e *não-B* não são termos de uma oposição, por isso, não se tratando nem de contrários nem de contraditórios, não podem ser extremos de alguma mudança. Os casos (*c*) e (*d*) são, respectivamente, processos de *corrupção* e de *geração*, enquanto mudança do ser ao não-ser e do não-ser ao ser. Ora, *corrupção* e *geração* não são *movimento*. Por que? Porque do não-ser, em nenhum dos seus significados, é possível movimento ou repouso. Ademais, não é pensável que ele esteja num lugar. Enfim, resulta que a corrupção não é movimento, também do fato de que ao movimento é contrário ou um movimento que procede em sentido oposto ou o repouso, enquanto a corrupção é contrária à geração. Resta, portanto, que seja movimento, uma vez excluídos os casos (*b*) (*c*) e (*d*), só o caso (*a*), vale dizer, *a mudança de um sujeito a outro sujeito*, e particularmente, *de um contrário ao outro contrário, de um termo privativo ao seu oposto.*

12. *Sumário e comentário a* K 12

[1] (**1068 a 8 – 1069 a 14**). Sumário. — *O capítulo, em primeiro lugar, enumera as categorias em sete e enuncia a tese de que só segundo três dessas existe movimento. Em segundo lugar, fornece a demonstração da tese, provando analiticamente que o movimento não existe, nem segundo a* substância *(segundo a substância existe geração e corrupção, não movimento), nem segundo a* relação *(senão* per accidens*), nem, enfim, segundo o* agir *e o* padecer *(o agir e o padecer já são movimento e não pode haver movimento de movimento, senão* per accidens*). Demonstrada a tese de fundo, Aristóteles passa a definir alguns termos.*

Também o presente capítulo é extraído de *Física*, V 1-3; precisamente: 1068 a 8 – b 15 = *Fís.*, V 1-2, 225 b 5 – 226 a 16; 1068 b 15-20 = *Fís.*, V 2, 226 a 23-29; 1068 b 20-25 = *Fís.*, V 2, 226 b 10-16; 1068 b 26-30 = *Fís.*, V 3, 226 b 21-25; 1068 b 30 – 1069 a 14 = *Fís.*, V 3, 226 b 32 – 227 a 31.

[2] (1068 a 8-10). *Omissão da categoria do* ποτέ. — Note-se que no elenco das categorias dado aqui, falta o *quando* ou *tempo*. Ademais, na p. 1067 b 9 ele é dado como uma das condições do movimento. Ver, em todo caso, o que observa Ross, *Metaph.*, II, pp. 339 s.

[3] (1068 a 10-11). *Não existe movimento segundo a substância.* — Cf. *Categ.*, 5, 3 b 24. Tomás (*In Metaph.*, p. 560 a, § 2378 Cathala-Spiazzi) esclarece do seguinte modo: "Ostendit ergo primo, quod secundum substantiam non potest esse motus, quia motus est mutatio de subiecto in subiectum. Duo ergo subiecta inter quae est motus, sunt contraria aut media. Cum igitur sobstantiae nihil sit contrarium, relinquitur quod secundum substantiam non possit esse motus, sed generatio et corruptio tantum, quorum termini sunt opposit secundum contradictionem, et non secundum contrarietatem, ut supra dictum est".

[4] (1068 a 11-13). *Não existe movimento segundo a relação.* — Cf. *supra*, nota 2 ao capítulo 9. Cf. *Fís.*, V 2, 225 b 12; *Metaf.*, N 1, 1088 a 34 s. Por exemplo, se A e *B* são um destro e o outro esquerdo (relativos à posição), pode ocorrer que, se *B* muda (porque, digamos, é deslocado para além de A), A, mesmo permanecendo parado e não mudando, passe de destro a esquerdo. Ou pode ocorrer que, sendo A = *B*, se *B* cresce, A se torne menor, mesmo permanecendo por si sem mudança. Trata-se, obviamente, de mudanças só acidentais. Cf. Simplício, *In Phys.*, p. 834, 22 ss. Diels.

[5] (1068 a 13 – b 15). *Não existe movimento do movimento, nem geração da geração, nem mudança da mudança.* — Essa tese (linhas 13-16) será demonstrada com quatro argumentos: (*a*) linhas 16-33, (*b*) linhas 33 – 1068 b 6, (*c*) linhas 6-10, (*d*) linhas 10-15.

[6] (1068 a 16-33). *Primeira demonstração da tese* (cf. nota 5). — Dado que existisse mudança de mudança ou movimento de movimento, isso poderia se configurar ou (α) no sentido de mudança da mudança de um sujeito (isto é, de uma mudança que servisse como de sujeito), ou (β) no sentido da *mudança da mudança* de um sujeito, isto é, de um sujeito que mudasse de uma mudança a outra mudança. O caso (α) é impossível: de fato, se uma mudança pudesse servir de sujeito de uma mudança, então dar-se-ia o caso de uma mudança que se aquece ou se resfria ou que muda de lugar, o que é obviamente absurdo. O caso (β) também é impossível, pelas seguintes razões. Suponhamos o caso do sujeito A que muda, por exemplo passando da saúde para a enfermidade, isto é, que adoeça. Ora, se existisse mudança dessa mudança (isto é, do adoecer), dado que a mudança não pode ocorrer entre contrários, então aquele sujeito A que *adoece*, deveria,

ao mesmo tempo, *curar-se* (a primeira mudança vai da saúde à doença, a segunda só pode ir na direção do contrário oposto, isto é, da enfermidade à saúde). O que é, obviamente, absurdo. (Mudança de mudança só pode ocorrer *per accidens*, por exemplo, pode-se passar do recordar ao esquecer ou vice-versa, mas só no sentido de que existe um sujeito X que passa do saber à ignorância ou vice-versa). As linhas 24-26 são um simples parêntesis com o escopo de estender também à geração a tese em questão.

[7] **(1068 a 33 – b 6)**. *Segunda demonstração da tese* (cf. nota 5). — Ei-la na eficaz exposição de Tomás (*In Metaph.*, p. 562 a, §§ 2392 s. Cathala-Spiazzi): "Si permutatio sit permutationis, sicut terminus termini, vel generatio generationis, necesse erit quod ad permutationem non perveniatur nisi per aliam permutationem, sicut ad qualitatem non pervenitur nisi per alterationem praecedentem: et sic ad illam mutationem praecedentem non pervenitur, nisi per aliquam priorem mutationem: et ita procedeter in infinitum. Quod esse non potest: quia si ponantur infinitae permutationes hoc modo ordinatae, quod una inducat ad aliam, necesse est priorem esse si posterior sit. Ponamus enim quod generationis simpliciter, quae est generatio substantiae, sit quaedam generatio. Si ergo generatio simpliciter fiat quandoque et iterum ipsum fieri generationis simpliciter aliquando fiebat, sequetur, quod nondum erat quod fit ipsa generatio generationis. Si itaque et haec generatio aliquando fiebat, cum non sit abire in infinitum, et in infinitis non sit accipere primum, non erit deveniri ad primum fieri. Si autem prius non est, neque posterius, ut supra dictum est: quare sequetur quod 'non sit habitum', idest, id quod consequenter est. Et inde sequitur, quod nihil possit fieri neque moveri neque mutari: quod est impossibile. Non igitur possibile est quod mutationis sit mutatio"

[8] **(1068 b 6-10)**. *Terceira demonstração da tese* (cf. nota 5). — Eis a exegese de Ross (*Metaph.*, II, p. 343): "De acordo com o princípio agora posto, o que se gera deve também corromper-se, a pergunta é *quando*? Não ocorre no momento em que se gera o gerar-se (devemos interpretar εὐθὺς γιγνόμενον como oposto a ὅταν γένηται, de modo que, depois dele, deve-se entender, ou ler, um outro γιγνόμενον), nem depois de ter-se gerado (ὕστερον γένηται γιγνόμενον). De fato, o que perece deve existir; e, o γιγνόμενον não existe em nenhum desses momentos; num desses há apenas um γιγνόμενον γιγνόμενον, no outro um γεγονός. Segue-se daí, então, que ele perece quando se tornou, e é γιγνόμενον; isto é, corrompe-se enquanto se gera, o que é absurdo".

[9] **(1068 b 10-15)**. *Quarta demonstração da tese* (cf. nota 5). — Pode-se simplesmente resumir dizendo que, se existisse uma geração da geração,

então deveriam ocorrer. por essa geração da geração, as condições gerais exigidas por todo processo de mutação: uma *matéria*, um *terminus a quo* e um *terminus ad quem*; mas não se vê como essas condições possam dar-se pela geração da geração em questão.

[10] **(1068 b 15-20)**. *Conclusões gerais.* — As categorias são (1) *substância*, (2) *qualidade*, (3) *lugar*, (4) *ação*, (5) *paixão*, (6) *relação* e (7) *quantidade*; excluído que de (1), (4), (5) e (6) exista movimento, resto que só existe movimento de (2), (3) e (7). — A observação entre parêntesis diz que por "qualidade" deve-se entender não a *diferença* substancial (que, às vezes, Aristóteles chama qualidade), mas a *afecção qualitativa* (branco, preto, etc.).

[11] **(1068 b 23-25)**. Sobre o ser em repouso e imóvel (ἠρεμεῖν, ἠρεμία) pode-se ver as finas observações de Simplício, *In Phys*., pp. 866, 1 – 867, 5 Diels.

[12] **(1068 b 25-26)**. *Em que sentido as coisas se dizem "juntas segundo o lugar"*. — "Dicit ergo primo, quod simul secundum locum dicuntur quaecumque sunt in 'uno loco primo', idest proprio. Si enim aliqua sunt in uno loco communi, non propter hoc dicuntur esse simul: sic enim omnia quae continentur caeli ambitu, dicerentur esse simul" (Tomás, *In Metaph*., p. 563 a, § 2404 Cathala-Spiazzi). — Cf. *Fís*., Δ 2, 209 a 33 ss.

[13] **(1068 b 31 – 1069 a 12)**. *Consecutivo, contíguo e contínuo.* — Sobre esses conceitos, cf. *Fís*., V 3, 226 b 18 ss. e Ross, *Metaph*., II, p. 344 e Idem, *Fís*., p. 626.

[14] **(1069 a 12-14)**. *Diferença entre ponto e unidade.* — "punctus et unitas non sunt idem, ut Platonici posuerunt, dicentes quod punctum est unitas habens positionem. Et quod non sint idem, patet ex *duobus*. *Primo* quidem, quia secundum puncta est contactus, non autem secundum unitates, sed consequenter se habent adinvicem. *Secundo*, quia inter duo puncta semper est aliquid medium, ut probatur in sexto Physicorum. Sed inter duas unitates necesse non est aliquid esse medium" (Tomás, In Metaph., p. 564 b, § 2415 Cathala-Spiazzi).

SUMÁRIOS E COMENTÁRIO AO LIVRO Λ

(DÉCIMO SEGUNDO)

... O primeiro movente move como o que é amado, enquanto as outras coisas movem sendo movidas.

Metafísica, Λ 7, 1072 b 3-4.

L'Amor che muove il sole e l'altre stelle.

Dante, *Paradiso*, XXXII 147.

Desse Princípio (...) dependem o céu e a natureza.

Metafísica, Λ 7, 1072 b 13-14.

... Da quel punto / Depende il cielo e tutta la natura.

Dante, *Paradiso*, XXVIII 41-42.

1. *Sumário e comentário a Λ 1*

[1] (**1069 a 18 – b 2**). Sumário. — *A investigação metafísica é pesquisa das causas e dos princípios da substância; as substâncias são, de fato,* o ser fundamental *e, por isso,* só delas *é possível uma busca das causas e dos princípios. Que a substância seja* o ser principal *resulta*: (a) *de que qualquer que seja o modo como se considere a totalidade do real (como um todo ou segundo a série das categorias), a substância revela-se sempre como o que é primeiro;* (b) *de que, a rigor, tudo o que não é substância só é dito "ser" de maneira mediada e em referência à substância;* (c) *de a substância ter uma existência independente e por si;* (d) *de que mesmo os antigos filósofos reconheceram efetivamente essa prioridade da substância. — Não existe um único tipo de substância, mas existem* três *gêneros distintos:* (a) *a substância* sensível corruptível *(animais, plantas, etc.)*; (b) *a substância* sensível incorruptível *(os céus)*; (c) *a substância* suprassensível, imóvel, eterna *(não admitida por todos, ou entendida diferentemente pelos que a admitem). — O estudo desses três gêneros de substâncias entra no âmbito de ciências diversas: as duas primeiras são de competência da* física *(física e astronomia), a terceira da* metafísica. — *Aristóteles estudará a substância sensível nos cap. 2-5 e a suprassensível nos cap. 6-10.*

[2] (**1069 a 18-19**). *O teorema da prioridade da substância.* — Ver o que dissemos no comentário a Γ 1-2 e a Z 1. O que vem logo em seguida tem o evidente escopo de justificar a tese segundo a qual o *objeto de investigação metafísica é a substância.* De fato, diz Aristóteles, em qualquer sentido que se a considere, a substância é "primeira". O teorema da prioridade da substância é demonstrado, com argumentos ainda mais fortes, nos já citados capítulos de Γ 2 e de Z 1. — Reafirma-se, portanto, claramente, a dimensão usiológica do discurso metafísico.

[3] (**1069 a 19-20**). *Primeiro momento do primeiro argumento sobre a prioridade da substância.* — Se se considera a totalidade das coisas (τὸ πᾶν) *como*

um todo ou um inteiro (ὡς ὅλον τι), a substância é a primeira parte (ἡ οὐσία πρῶτον μέρος). Que entende Aristóteles com a expressão "como um todo *ou um inteiro*"? Da interpretação desta expressão depende a interpretação de todo o argumento. As exegeses propostas são pelo menos três. — (1) Ps. Alexandre (*In Metaph.*, p. 669, 3 ss. Hayduck) entende a expressão como se significasse "a totalidade da substância sensível junto com os acidentes, entendida como uma unidade". E, *ibid.*, linhas 12 ss. ele explica: Sócrates é uma substância, mas é também branco, músico, filósofo, etc. Ora, se considerarmos o conjunto de Sócrates e dos seus atributos, é claro que a substância é "parte" desse conjunto unitário, assim como é "parte" cada um dos atributos. Pois bem, nesse conjunto unitário, a "parte primeira" é indubitavelmente a substância. E isso ocorre, mesmo se considerarmos toda a substância sensível no seu conjunto. — (2) Bonitz (*Comm.*, p. 469) propõe, ao invés, a seguinte exegese. Se o universo é considerado como um todo, constituído de *forma* e *matéria*, então a substância (no sentido de *forma*) é a parte constitutiva principal. A forma é, de fato, "anterior" e "mais ser" relativamente à matéria (cf. Z 3, 1029 a 6). Eis a argumentação do estudioso: "... obscurius haec dicta ut recte interpretemur, reputandum est, voc. ὅλον Ar. fere significare id, quod per certam formam definitum ac consummatum est (cf. I 1. 1052 a 22... Δ 6. 1016 b 12... M 2. 1077 a 28. 8. 1084 b 30), adeo ut vel ipsam per se formam eodem nomine designet (cf. ad H 6. 1045 a 10, ubi opponitur σωρός, et ad Δ 25. 1023 b 20). Illam si tenemus vocabuli vim, hoc videtur Ar. dicere: si universitatem rerum cogitamus esse quase totum aliquod corpus, definita per formam materia, substantia, nimirum ἡ κατὰ τὸν λόγον οὐσία cf. ad A 6. 987 b 21), sive forma, prima esse pars putanda est. Etenim τὸ εἶδος πρότερον τῆς ὕλης καὶ μᾶλλον ὄν, Z 3. 1029 a 6; forma autem et materia quod partes (πρῶτον μέρος a 20), dicuntur esse rei difinitae et concretae, cf. Δ 25 1.1". — (3) Outra exegese ainda é a de Temístio, *In Metaph.*, p. 1, 7 ss. Landauer; Tomás, *In Metaph.*, p. 567 a, § 2417 Cathala-Spiazzi e Maurus, *Arist. op. omn.*, IV, p. 541 b. Este último, por exemplo, escreve: "... sicut enim fundamentum est prior pars, cui innituntur aliae partes domus, et cor est prima pars, a qua dependent aliae partes animalis, sic substantia est primum ens, in quo fundantur et a quo dependent omnia alia entia...". — As exegeses (1) e (2) são as mais prováveis; a exegese de Ross, *Metaph.*, II, p. 349, carece de originalidade e não apresenta uma alternativa válida.

[4] **(1069 a 20-21)**. *Segundo momento do primeiro argumento sobre a prioridade da substância.* — Se, em vez de considerar o real e as suas categorias

como totalidade e unidade, o considerarmos segundo a *série das determinações categoriais*, também desse ponto de vista a substância é um *primum*, seguido pela qualidade, a quantidade e as outras categorias. — Mas em que sentido pode-se falar das categorias do ser consideradas como *série* (τῷ ἐφεξῆς)? A nosso ver, aqui Aristóteles pensa na *série das categorias vistas no seu grau de ser*. E, vistas segundo o seu grau de ser, as categorias supõem estruturalmente a substância como "primeira", já que, como sabemos por Γ 2 e por Z 1 e 4, o ser das outras categorias (além de ser diverso em cada uma delas) só é *em virtude do ser da substância*. — Diz justamente Temístio (*In Metaph.*, p. 1, 20-23 Landauer) a respeito da relação das outras categorias com a substância: "cetera autem esse dicimus, propterea quod substantiae insunt, eius namque aut quantitates sunt aut qualitates aut motus aut similia ac entitatem participant, quia ad substantiam referuntur".

[5] (**1069 a 21-24**). *Segundo argumento sobre a prioridade da substância*. — Falando em sentido rigoroso, as categorias que não são substância, não são *seres*, pelo fato de não possuírem *o ser como algo próprio*. De fato, como vimos, o ser de todas as categorias além da substância *só* é ser por referência ao ser da substância. Por exemplo, a qualidade não é "ser" senão na e pela substância: se se tirasse o ser da substância, tirar-se-ia *eo ipso* o ser da qualidade. O mesmo diga-se para todas as outras categorias, que não são senão determinações ou movimentos (ações e paixões) da substância. — (Deve-se reler a passagem de Temístio apresentada na nota precedente, *In Metaph.*, p. 1, 20-23 Landauer). — Os dois exemplos dados por Aristóteles, ou seja, "não-reto" e "não-branco", são muito fortes e a nosso ver se ressentem, de algum modo, do conceito do não-ser como "diverso", tal como o entende Platão no *Sofista*. Tomás (*In Metaph.*, p. 568 a, § 2420 Cathala-Spiazzi) os esclarece do seguinte modo: "Nec est mirum [= as categorias] dicuntur entia, cum non sint simpliciter entia, quia etiam privationes et negationes dicuntur quodammodo entia, sicut non album et non rectum. Dicimus enim quod non album est; non quia non album esse habeat, sed quia subiectum aliquod est albedine privatum. — Hoc igitur commune est inter accidentia et privationes quia de utrisque dicitur ens ratione subiecti. Sed in hoc differunt, quia subiectum secundum accidentia habet esse aliquale, secundum vero privationes non habet esse aliquale, sed est deficiens ab esse".

[6] (**1069 a 24**). *Terceiro argumento sobre a prioridade da substância*. — Ps. Alexandre (*In Metaph.*, p. 669, 39 - 670, 3 Hayduck) comenta: "ademais, diz [Aristóteles], nenhuma das outras categorias pode se separar da substância,

mas cada uma tem nela o ser e dela precisa para ser. Ora, aquilo na ausência do qual as outras coisas não podem ser, e que pode ser na ausência das outras, é anterior às outras".

[7] (1069 a 25-30). *Quarto argumento sobre a prioridade da substância.* — Também os antigos pensadores (Naturalistas), não menos que os modernos (Platônicos), demonstram, com o testemunho da sua especulação, a prioridade da substância. E a demonstram, mesmo nas suas radicais divergências. De fato, os primeiros consideraram como substância os corpos físicos elementares; os segundos, ao invés, consideram como substância os universais (as Ideias). Uns e outros, em todo caso, mostram *de fato considerar a substância como anterior a tudo.*

[8] (1069 a 30). *Os três gêneros de substância* (οὐσίαι δὲ τρεῖς). — Até aqui Aristóteles demonstrou que a metafísica deve ser *ciência da substância*, porque a substância tem prioridade sobre tudo. Agora ele passa a distinguir os tipos ou gêneros existentes de substâncias, e atribui a investigação específica de cada um dos diversos gêneros de substâncias a diversas ciências. Os gêneros da substância são três: dois *físicos* e um *suprassensível*; dos dois primeiros ocupam-se especificamente dois ramos da *física*, do terceiro se ocupará especificamente a *metafísica*. Eis um esquema:

As substâncias são de três gêneros	gêneros de substâncias sensíveis	(1) sensíveis corruptíveis
		(2) sensíveis eternas
	(3) gênero de substâncias suprassensíveis	

Sobre a relação entre usiologia e teologia nesse livro, ver, contra as conclusões de Jaeger e de alguns dos seus seguidores, o que explicitamos em: *Il conc. di filos. prima*[5] (1993), pp. 261-267. A relação que liga os três gêneros de substâncias é o da *estrutura hierárquica*: eles são, portanto, unitários enquanto são τὰ τῷ ἐφεξῆς, como mais de uma vez destacamos.

[9] (1069 a 30-31). Substâncias sensíveis eternas são os céus, as estrelas, os planetas.

[10] (1069 a 31-32). E, em geral, todos os seres do mundo sublunar.

[11] (1069 a 33-34). Ou seja, suprassensível.

[12] (1069 a 34). *Referência a Platão e aos Platônicos ortodoxos.* — Os dois tipos de substâncias suprassensíveis são: a esfera das Ideias e a esfera dos Entes matemáticos.

[13] (1069 a 35). *Referência a Xenócrates.* — Cf. fr. 34, p. 171 Heinze = fr. 106, p. 93 Isnardi Parente.

[14] (1069 a 36). *Referência a Espeusipo.* — Cf. fr. 42 a, p. 72 Lang = fr. 73, p. 96 Isnardi Parente = F. 31m p. 446 Tarán.

[15] (1069 a 36 – b 1). Ver o que Aristóteles apresentou em E 1 e K 7.

[16] (1069 b 1-2). Cf. ainda E 1 e K 7. — O capítulo, na divisão tradicional, conclui-se com o período que lemos como primeiro do capítulo seguinte (linhas 3-7), ao qual se liga, obviamente, pelo conteúdo.

2. *Sumário e comentário a Λ 2*

[1] (1069 b 3-34). Sumário. — *Característica peculiar da substância sensível é estar sujeita à* mudança. A *mudança ocorre sempre entre* contrários *e supõe, como condição, a subsistência de algo que sirva de* substrato, *passando de um contrário ao outro: este substrato é a* matéria. *As mudanças podem ser de* quatro tipos (a) *segundo a* substância *(geração e corrupção)*, (b) *segundo a* qualidade *(alteração)*, (c) *segundo a* quantidade *(aumento e diminuição)*, (d) *segundo o* lugar *(translação); esses quatro tipos de mudança ocorrem, portanto, entre os contrários próprios de cada uma das acima mencionadas categorias. A matéria, que é o que muda passando de um contrário ao outro, é* em potência *ambos os contrários, e é justamente por isso que ela pode mudar. O que muda, portanto, passa da* potência ao ato, *segundo cada categoria (da substância em potência à substância em ato, do branco em potência ao branco em ato, etc.).* — *Assim pode-se dizer que todas as coisas derivam do* não-ser, *porque a potência é o* não-ser-em-ato. — *Os conceitos de matéria e potência teriam sido entrevistos, de algum modo, também por alguns antigos filósofos* (Anaxágoras, Empédocles, Anaximandro e Demócrito*)*. — *A matéria é, portanto, uma condição* sine qua non *do devir. Se fosse excluída a matéria, seria excluído o próprio devir. Entretanto, a matéria é diversa para os diferentes tipos de mudança. Os corpos celestes, que só têm a mudança de translação, têm uma matéria capaz dessa mudança e imune às outras. Se é verdade que a geração ocorre a partir da* potência, *também é verdade que* não a partir de qualquer potência *ocorre a geração. Coisas diversas geram-se de matéria e de potências diversas.* — *Em conclusão: três são os princípios da mudança: os dois contrários e a matéria; particularmente, para a geração e a corrupção (ou seja, para a mudança segundo a substância) os três princípios são: a* forma, *a* privação *da forma e a* matéria.

[2] (1069 b 3-4). *A mudança ocorre sempre entre opostos.* — A mudança ocorre, por exemplo, do enfermo ao sadio, do branco ao preto, do grande ao pequeno e assim por diante; ou entre *graus intermediários*: por exemplo, do indisposto (que é o grau intermediário entre o enfermo e o sadio) ao sadio; do cinza (que é o grau intermediário entre o branco e o preto) ao preto, e assim por diante.

[3] (1069 b 4-7). *Explicação da afirmação feita acima.* — Aristóteles distingue cuidadosamente a oposição genérica da *oposição de contrariedade*. A oposição genérica pode ser instituída entre qualquer par de termos pertencentes a gêneros opostos: por exemplo, voz e não-grande e voz e não-branco, etc. A *oposição de contrariedade*, exigida para que haja mudança, é *só a que ocorre entre contrários do mesmo gênero*; por exemplo: branco e preto (que pertencem ao gênero e à categoria da qualidade), grande e pequeno (que pertencem ao gênero e à categoria da quantidade), etc. — Tomás (*In Metaph.*, p. 570 b, § 2428 Cathala-Spiazzi) comenta: "... Non autem est jutatio ex quibuscumque oppositis: fit enim album ex non albo, non tamen ex quolibet non-albo: nam vox est non album; sed corpus non fit album ex voce, sed ex non albo, quod est nigrum vel medium. Et ideo dicit quod mutatio fit ex opposito, quod est contrarium. Nec est instantia de substantia in qua fit mutatio, cum tamen substantiae nihil sit contrarium; quia in substantia est privatio quae quodammodo computatur inter contraria, ut in decimo ostensum est".

[4] (1069 b 6-7). *Não mudam os contrários enquanto tais.* — Quando, por exemplo, tem-se uma mudança de branco para preto, *não se tem uma mudança dos contrários enquanto tais*: não é o branco que se torna preto, mas é o *objeto* ou o *substrato* que muda, passando de um contrário ao outro. É Sócrates, para dar um exemplo, que de ignorante torna-se sábio, e não, obviamente, a própria ignorância que se torna sabedoria.

[5] (1069 b 7-9). *O terceiro termo necessário na mudança além dos contrários.* — Na mudança, cada um dos contrários desaparece para dar lugar ao outro: quando uma cosia torna-se branca, desaparece o preto, e quando torna-se preta, desaparece o branco. O que serve de substrato no processo de mudança não desaparece, e este é, justamente, o *terceiro termo* além dos contrários, ou seja, a *matéria*. Cf. H 1.

[6] (1069 b 9-14). *Os quatro tipos de mudança existentes.* — (1) A *geração* e a *corrupção* só ocorrem para as substâncias, e são dadas sobretudo pelo nascimento e o perecimento dos seres vivos; aqui, os opostos entre os quais ocorre a mudança são: a *forma* ou *essência* e a sua *privação*. — (2)

A *alteração* é o movimento que ocorre *segundo a categoria da qualidade* e entre os pares de contrários que ela inclui: por exemplo, quando uma coisa de *doce* se torna *amarga* ou vice-versa, de *bela* se torna *feia* ou vice-versa, etc. — (3) O *aumento* e a *diminuição* são movimentos opostos que ocorrem segundo *a categoria da quantidade* e entre contrários que ela contém; por exemplo, quando uma coisa de *pequena* se torna *grande* ou vice-versa, de curta se torna longa ou vice-versa, de leve se torna pesada ou vice-versa, etc. — (4) A *translação* é o movimento que ocorre segundo *a categoria do onde e do espaço*, e os opostos são dados pelos *pontos extremos* entre os quais ocorre o movimento. Segundo as restantes categorias *não* ocorre nenhuma mudança e nenhum movimento, pelas razões já vistas em K 12. Cf. Z 7; H 1, K 9 e nota 3.

[7] (1069 b 14-15). *A matéria é em potência ambos os contrários.* — Aristóteles considera a matéria como capacidade de assumir um ou outro dos contrários enquanto é *capacidade de assumir tanto a forma quanto a privação*, tanto o contrário positivo quanto o negativo.

[8] (1069 b 15). *Os dois modos do ser.* — Os dois modos do ser de que se fala aqui são: o ser *em ato* e o ser *em potência*.

[9] (1069 b 15-20). *Em que sentido cada coisa advém passando da potência ao ato.* — A potência é *ser* e, em certo sentido, é também *não-ser*: é *não-ser em ato*. Note-se, porém, que o não-ser da potência só *relativamente* é *não-ser* (relativamente ao ato) e *não absolutamente*. Do não-ser absoluto nada pode derivar.

[10] (1069 b 20-24). *Problemas levantados pela interpretação dessa passagem.* — Trata-se de um texto controvertido por causa da sua concisão e da possibilidade de receber diferentes pontuações. Ver, a propósito, a ampla discussão de Ross, *Metaph.*, II, p. 351 s. — (1) Em particular, que aqui o *um* de Anaxágoras não signifique, como em A 8, 989 b 17, o Nous, mas o princípio material, agora é admitido por quase todos: o princípio material anaxagoriano é dito μῖγμα em *Fís.*, I 4, 187 a 23; *Met.*, Δ 7, 1012 a 28. O μῖγμα é dito ἕν em *De sensu*, 447 b 10; cf. *Fís.*, I 4, 187 a 21 (Ross, *loc. cit.*; ver também D. Lanza, *Anassagora, test. e framm.*, pp. 115 s.). — (2) A mistura de Empédocles é a mistura indiferenciada dos quatro elementos na *Esfera*; cf. Ps. Alexandre, *In Metaph.*, p. 673, 17 Hayduck; cf. A 4, 985 a 23-29 e B 4, 1000 a 26 ss. — (3) Que Aristóteles, depois, indique com μῖγμα também o ἄπειρον de Anaximandro (que aqui é citado pela primeira vez nominalmente), também está fora de discussão (o leitor poderá ver a documentação em A. Maddalena, *Ionici, test. e framm.*, pp. 82-89). — (4) No

que se refere, enfim, a Demócrito, não parece ter muito sentido pôr na sua boca o que se segue. Muito melhor é adotar a pontuação defendida por Ross, *loc. cit.* O confronto direto é entre ὁμοῦ πάντα, de um lado, e ἦν ὁμοῦ πάντα δυνάμει, ἐνεργείᾳ δ'οὔ, de outro, enquanto o que se refere a Empédocles, Anaximandro e Demócrito é uma reflexão parentética.

[11](1069 b 24-25). *Os dois diferentes tipos de matéria sensível.* — Segundo estejam ou não sujeitas à geração e à corrupção, as coisas têm um gênero diferente de matéria. As coisas que são sujeitas à corrupção e à geração têm uma matéria sujeita a esta e a todos os tipos de mudança (os quatro elementos). As substâncias sensíveis mas não corruptíveis (os Céus) têm, ao contrário, uma matéria capaz *só de movimento local* (éter). — Note-se que, segundo Aristóteles, a geração e a corrupção implicam todas as outras mudanças ou movimentos: se uma coisa se corrompe, necessariamente também se altera, muda a quantidade e implica, de algum modo, mudança espacial. Assim, mas de maneira subordinada, as coisas sujeitas à alteração e ao crescimento e à diminuição estão sujeitas também aos outros tipos de mudança. *O movimento local, tomado exclusivamente, não implica os outros.* Essa doutrina é muito importante e permite a Aristóteles afirmar a *incorruptibilidade*, a *inalterabilidade* e a *imutabilidade, segundo a quantidade*, dos Céus, mesmo atribuindo a eles movimento local circular (cf. H 1 e Θ 8).

[12](1069 b 25-26). *A matéria dos corpos celestes.* — Cf. H 1, 1042 a 32 - b 6. Tomás (*In Metaph.*, p. 571 b, § 2436 Cathala-Spiazzi): "... corpora caelestiae, quae sunt sempiterna et ingenerabilia, sed mobilia secundum locum, habent quidem materiam, sed non quae est subiectum generationis, aut quae sit in potentia ad formam et privationem, sed quae est in potentia ad *terminos motus localis qui sunt incipit motus, et quo motus intendit*".

[13](1069 b 26-28). *Os três significados de não-ser e o não-ser do qual deriva a geração.* — Retoma uma questão, já acima substancialmente resolvida (cf. nota 9). Os três modos de *não-ser* são: (1) o *não-ser como potência*, (2) o *não-ser segundo as categorias*, (3) o *não-ser como falso*. Este último significado do não-ser refere-se só ao nosso pensamento e não interessa à geração e à corrupção. O *não-ser no segundo significado é o não-ser absoluto* (ou seja, negação daqueles modos de ser que possuem todos os outros): não-substância, não-qualidade, não-quantidade, etc.: mas *do não-ser absoluto não se tem nenhuma geração* (cf. N 2, 1089 a 26-28; K 11, 1067 b 25 ss.).

[14](1069 b 28-29). *De que tipo de potência surge a geração.* — Dizer que a geração ocorre do não-ser no sentido de *potência* não significa, contudo, dizer que de qualquer potência possa derivar qualquer coisa. *Coisas*

diversas geram-se de potências diversas; de uma semente, por exemplo, não deriva qualquer planta, mas só aquela determinada planta que estava em potência na semente. E, dado que *a potência coincide com a matéria*, dizer que coisas diversas derivam de potências diversas, significa dizer que *coisas diversas derivam de matérias diversas*. Pode-se objetar: mas não deriva tudo de uma *matéria prima*? Aristóteles responde: sim, porém não *imediatamente*, mas só *mediante sucessivas transformações*. — Tomás esclarece muito bem este ponto: "Unumquodque enim generabilium habet materiam determinatam ex qua fit, quia formam oportet esse proportionatam materiae. Licet enim materia prima sit in potentia ad omnes formas, tamen quodam ordine suscipit eas. Per prius enim est in potentia ad formas elementares, et eis mediantibus secundum diversas proportiones commixtionum est in potentia ad diversas formas: unde non potest ex quolibet immediate fieri quodlibet, nisi forte per resolutionem in primam materiam" (*In Metaph.*, pp. 571 b s., § 2438 Cathala-Spiazzi).

[15] (**1069 b 29-32**). *Algumas observações feitas com base numa crítica a Anaxágoras*. — De acordo com o princípio acima definido (cf. nota precedente), não é exato dizer, com Anaxágoras, que as coisas derivam todas de uma originária *confusão* (o conjunto confuso de todas as homeomerias); se assim fosse, não se poderia explicar como seriam derivadas, da mesma confusão, não *uma* só mas *múltiplas* coisas; tanto mais que Anaxágoras, além de uma *matéria única*, admite *um intelecto único* (o *Nous*). De uma matéria única e de um Intelecto único só pode derivar, em ato, algo único. — Com essa observação crítica, ademais de duvidosa adequação (ou pelo menos um tanto ambígua), Aristóteles quer apenas confirmar de novo, criticamente, a doutrina exposta imediatamente antes: *as coisas não diferem só pela forma, mas também pela matéria; coisas diversas derivam de matérias diversas*. Ou também, como comenta Bonitz (*Comm.*, p. 474): "Forma enim ubi una eademque est, diversitas est e materia, 8. 1074 a 33. Z. 8. 1034 a 7".

3. *Sumário e comentário a Λ 3*

[1] (**1069 b 35 – 1070 a 30**). Sumário. — *Enquanto o precedente capítulo trata da matéria, o presente trata também da forma e do seu modo de ser, bem como do sínolo, com especial referência à doutrina do livro* Z. *Como princípio da mudança, a matéria* não advém, *no sentido de que* não se gera nem se corrompe. *E também a* forma, *que é* princípio fundamental *do devir*, não se

gera nem se corrompe. *Outro princípio, necessário para que haja mudança, é o que efetua a própria mudança, ou seja,* o princípio motor ou causa eficiente. A *causa eficiente de toda substância é sempre outra substância que tem o mesmo nome e a mesma* natureza. *Isso vale seja para as substâncias e a geração* natural *(o homem gera o homem, o cavalo gera o cavalo, etc.) seja para* os artefacta *e para as produções artísticas (a casa material deriva da forma de casa, e esta é, em última análise, estreitamente ligada à arte de construir a casa). As causas das outras duas formas de geração (a* espontânea *e a* casual*) ocorrem unicamente pela "privação" ou "falta" das primeiras. Dado que as coisas sensíveis são* matéria, forma, conjunto de matéria e forma, *"substância" será, ao mesmo tempo, matéria, forma e conjunto de matéria e forma (entenda-se: a diferente título). — Admitir que a* forma é substância *não significa, porém, afirmar que esta é* separada das coisas, e que subsiste em si e por si. *Certamente a substância não subsiste separada das coisas no âmbito de todos os* artefacta *(não existe uma forma de casa, separada da casa concreta, e assim por diante). No máximo, poder-se-ia supor a subsistência separada das* formas das substâncias naturais; *mas também esta tese não se sustenta. Fora das coisas, subsiste* não *a forma ou causa formal, mas* só *a causa eficiente. Separada, depois da corrupção do corpo, continua a subsistir só a* alma; mas, *por isso não é necessário admitir a existência de Formas separadas de todas as coisas, como os* Platônicos.

[2] **(1069 b 25 – 1070 a 4)**. *O caráter ingênito da matéria e da forma.* — Esta tese é demonstrada, particularmente, no capítulo oitavo do livro Z. A argumentação que prova esta afirmação é aqui apenas acenada e, evidentemente, suposta como conhecida. Ela pode ser resumida do seguinte modo. Tudo se gera derivando de uma matéria e de uma forma (assim como de um princípio que serve de causa eficiente-motora); ora, se também a matéria e a forma se gerassem, deveriam necessariamente derivar, cada uma, de ulteriores matéria e forma. Estas, depois, seriam submetidas ao mesmo processo e, desse modo, ir-se-ia ao infinito. Mas o processo ao infinito, neste caso, é inadmissível porque contraditório (o processo ao infinito não tem nenhum *termo extremo*, enquanto o processo de geração, que estamos explicando, tem um extremo nas próprias coisas que queremos explicar); portanto, é preciso admitir o *caráter ingênito da matéria e da forma*. — Objetar-se-á: mas a matéria não deriva, de algum modo, sempre de algo anterior? Por exemplo: a madeira desta mesa deriva do tronco informe, este da terra, e assim por diante. Respondemos: aqui Aristóteles fala não da *matéria próxima* particular, nem de *formas compostas*, mas da *matéria última*

e das *formas últimas* (τὰ ἔσχατα). (Cf. Alexandre, *In Metaph.*, p. 675, 5 ss. Hayduck; não convincentes são as objeções de Ross, *Metaph.*, II, p. 354; cf. também Tricot, *Métaph.*, II, p. 648, n. 2). — A mesma conclusão pode ser novamente confirmada com este outro raciocínio. Matéria e forma são "princípios últimos" do devir; ora, se os próprios princípios do devir estivessem sujeitos ao devir, se os próprios princípios da geração se gerassem, existiriam princípios de princípios ao infinito. Mas isso significaria *negar a existência de princípios*; num processo ao infinito não existem princípios, e, se não existem princípios, tampouco pode existir um ponto de chegada qualquer; o que significaria a anulação da realidade, cuja existência, ao contrário, é evidente. Eis por que Aristóteles proclama que a matéria e a forma, o princípio material e o princípio formal, não estão sujeitos ao devir.

[3] (1070 a 4-9). *Uma série de observações relativas aos diferentes aspectos e às diferentes características da forma.* — Em primeiro lugar, no presente parágrafo, Aristóteles evoca um ponto já tratado em Z 7-9, e que será reafirmado também no quarto capítulo do presente livro. O *ente do qual uma coisa deriva tem o mesmo nome (é sinônimo) relativamente à coisa*. Aqui Aristóteles fala do ente (substância) do qual uma coisa deriva, entendido como *causa eficiente*, e quer dizer o seguinte: *a causa eficiente é sempre um ente que tem a substância ou forma idêntica à coisa produzida.* — Isso vale para as substâncias naturais (um homem só pode ser gerado por outro ente que tenha essa essência ou forma, ou seja, por outro homem; e o mesmo deve-se dizer para os outros animais e para as plantas); mas isso vale também para os produtos artificiais: a "casa" material, observando bem, é produzido não por um homem *enquanto tal*, mas por um homem *enquanto construtor de casas*, ou seja, enquanto possuído, na sua mente, pela *essência ou forma da casa*. Consequentemente, falando de maneira rigorosa, é a casa (a forma de casa) presente na mente do construtor, que, mediante a construção, produz a casa material. O mesmo se dirá para todos os outros casos: é a saúde (como forma existente na mente do médico) que produz a saúde e a cura do enfermo, e assim por diante.

[4] (1070 a 8). *A propósito da frase* ἄνθρωπος ἄνθρωπον γεννᾷ — É possível que esta frase deva ser deslocada ou eliminada como acréscimo de um copista, como alguns pensam. Mas, lida entre parêntesis, talvez possa ser mantida aqui, sobretudo tendo presente o que Aristóteles disse acima, nas linhas 4-5, ou seja, que toda substância gera-se "de outra que tem o mesmo nome": é óbvio que lida logo depois dessa afirmação, na linha 5, a nossa frase seria mais funcional.

[5] (1070 a 6-9). *Quais são os vários modos possíveis de geração.* — O aceno feito na frase precedente ao duplo tipo de geração das substâncias naturais e das outras coisas é agora esclarecido no período que se segue com a distinção sistemática, embora bastante sumária, de todos os possíveis tipos de geração, que, segundo o Estagirita, se resumem nos seguintes quatro:

As substâncias e as coisas se geram:

(1) *por natureza* (φύσει)
(2) *por arte* (τέχνῃ)
(3) *espontaneamente* (τῷ αὐτομάτῳ)
(4) *casualmente* (τύχῃ)

A *geração natural* (1) difere da *produção artificial* (2) por estas razões: a natureza possui em si mesma e *imediatamente* o princípio da geração, a arte, ao contrário, tem em outro o princípio da produção e implica sempre *mediação* de outro termo. A natureza considerada, por exemplo, no homem ou nos animais, tem em si mesma e *imediatamente* o princípio da geração de outros homens e de outros animais; o mesmo não ocorre no processo de construção de uma casa ou na cura de um enfermo, etc.: nesses casos, de fato, o princípio da produção *não está no material* (que se tornará casa), *nem no enfermo* (que deverá ser curado) *mas no construtor e no médico*, portanto, *em outro*; por isso a arte implica, necessariamente, *mediação*. — Os outros dois tipos de geração: a *espontânea* (3) e a *casual* (4), ocorrem, respectivamente, na geração na qual *não agem as causas naturais normais* (por exemplo, na geração dos insetos, considerada por Aristóteles como espontânea), e na formação de coisas ou de objetos que pode ocorrer *sem a intervenção das causas que normalmente intervêm nas produções da arte* (por exemplo, se um pedaço de mármore, rolando morro abaixo, assume uma fora que, normalmente, só a arte é capaz de produzir). Ora, as causas dessas duas formas de geração não são senão a *falta* ou a *privação* das causas que normalmente e de maneira regular intervêm para produzir os outros dois tipos de geração (cf. Bonitz, *Comm.*, p. 475). — Perguntar-se-á, então, se também as coisas que derivam da geração espontânea e dos processo casuais derivam de entes que têm a mesma essência e forma (cf. nota precedente). Evidentemente não. Mas são como a exceção que confirma a regra (cf. Ross, *Metaph.*, II, p. 355). — Eis como explica Tomás (*In Metaph.*, p. 574 a, § 2445 Cathala-Spiazzi): "Nam 'reliquae causae', scilicet fortuna et casus, sunt quasi defectus et privationes naturae et artis. Nam fortuna est intellectus agens praeter intentionem, et casus natura agens praeter intentionem. Unde ea quae fiunt a fortuna et casu, non assimilantur suis agenibus, cum fortuna et casus non sunt causae per se, sed per accidens: et ideo quodammodo animalia, quae generantur ex putrefactione, videntur fieri casu, inquantum non fiunt ex sibi similibus secundum speciem. Neque etiam habent causam determinatam agentem in istis inferioribus, sed solum causam agentem superiorem".

[6] (**1070 a 9**). *Os três significados da substância* (οὐσίαι δὲ τρεῖς). — Aristóteles falará agora não dos três *gêneros* de substâncias, como no capítulo primeiro, mas dos três *significados* ou dos três modos de ser da substância, isto é, como logo especificará: da *matéria*, da *forma* e do *sínolo* (significados amplamente tratados em Z H, sobre os quais, cf. o que dissemos no *Ensaio introdutório*, capítulo quinto, *passim*, particularmente pp. 111-122).

[7] (**1070 a 9-11**). *O significado de substância como matéria e como algo determinado na aparência.* — A frase-chave do texto diz: τόδε τι οὖσα τῷ φαίνεσθαι. A interpretação tradicional é o do Ps. Alexandre (*In Metaph.*, p. 676, 9 ss. Hayduck) seguido por Bonitz (*Comm.*, pp. 476 ss.): "materia non re vera, sed *imaginationi* tantum est τόδε τι". — A interpretação que acolhemos na tradução é, ao contrário, sugerida por Ross, *Metaph.*, II, p. 354, na sequência de uma indicação feita por Averróes extraída do autêntico comentário de Alexandre; cf., ademais, também Tomás (*In Metaph.*, p. 574 b, § 2446 Cathala-Spiazzi): "Materia, quantum ad id quod *apparet*, videtur esse substantia et hoc aliquid". Tricot também aceita a proposta de Ross, na segunda edição da *Métaph.*, II, p. 650, nota 2. — Em H 1, 1042 a 28 lemos (e é isso que Aristóteles quer dizer em última análise) que a matéria é τόδε τι somente δυνάμει. — Esse primeiro significado de substância, como sabemos por Z 3, é o significado mais débil e menos próprio. Cf. o comentário a Z 3 e o *Ensaio introdutório*, pp. 99 s.

[8] (**1070 a 11-12**). *O significado da substância como forma.* — Aqui, em vez do costumeiro termo "forma" ou "essência", Aristóteles usa "natureza" (φύσις) em sentido absolutamente idêntico. — Esse termo, note-se, manteve também na nossa língua uma multiplicidade de significados, entre os quais também o de essência, como, por exemplo, quando se pergunta: qual é a *natureza* de tal coisa? qual é a *natureza* dessa comida? — Cf., de resto, Δ 5, 1015 a 5; Z 7, 1032 a 24; *Fís.*, II 1, 193 a 30: ἡ φύσις... ἄλλον δὲ τρόπον ἡ μορφὴ καὶ τὸ εἶδος τὸ κατὰ τὸν λόγον; *As part. dos anim.*, I 1, 640 b 28: ἡ... κατὰ τὴν μορφὴν φύσις κτλ.; *ibid.*, I 1, 642 a 17: ἀρχὴ γὰρ ἡ φύσις μᾶλλον τῆς ὕλης. — A "forma" ou "essência" ou "natureza" das

coisas é, contrariamente à matéria, "algo determinado" (τόδε τι) porque, diz bem Bonitz, a matéria é determinada pela forma: "Eadem forma appelatur τόδε τι, quoniam per formam materia, ut certum quidpiam sit, definitur" (*Comm.*, p. 477). A forma constitui, ademais, o *estado* (ἕξις) ao qual a geração *tende como a um fim* (εἰς ἥν).

[9] (1070 a 12-13). *O significado de substância como sínolo.* — Recordamos que a convicção, difundida principalmente pela manualística (mas não só por ela), segundo a qual seria este o significado fundamental de οὐσία, é totalmente inexata a injustificável com base na *Metafísica*. Demonstramos isso mais de uma vez, especialmente no comentário de Z H. Cf. também o *Ensaio introdutório*, pp. 100 ss.

[10] (1070 a 13). *O* τόδε τι *como forma.* — No nosso texto τόδε τι tem o sentido, muito frequente, de *determinação formal ou forma*. Também esta é a tese não aceita pela *communis opinio*. Como explicamos no *Ensaio introdutório* (pp. 98-108) e muitas vezes reafirmamos, o τόδε τι do ponto de vista metafísico *no sentido mais forte* é o εἶδος e, *consequentemente*, também o sínolo.

[11] (1070 a 13-14). *A afirmação de que a forma é substância não implica a admissão da existência das Ideias platônicas.* — Admitir *que a forma seja substância* não significa, porém, afirmar que existam εἴδη, como querem Platão e seus seguidores. Estes, com efeito, afirmam que as formas das coisas são *separadas das próprias coisas e existentes em si e por si*. Esta tese é absurda segundo Aristóteles: de fato, como pensar que exista uma *forma* de casa *separada em si e por si*, diferente desta casa concreta? É claro que a forma de casa *só* existe na casa concreta, como informando ou estruturando a matéria de determinado modo.

[12] (1070 a 14-15). *Em que sentido pode-se dizer que a forma existe separada das coisas sensíveis.* — Se por forma de casa entende-se a arte de construir, ou seja, a *forma que está na mente do artífice e que se identifica com a operação que ele desenvolve para traduzi-la em realidade*, então pode-se dizer que subsiste separada relativamente à casa concreta. Nesse caso, porém, entendem-se os termos em sentido totalmente diferente do sentido pretendido pelos Platônicos, e esse sentido permanece radicalmente fora do âmbito do pensamento deles.

[13] (1070 a 15-17). *Das formas não existe geração e corrupção.* — Tomas (*In Metaph.*, p. 574 b, § 2448 Cathala-Spiazzi): "... harum formarum artificialium prout sunt in mente artificis, nec est generatio nec corruptio. Domus enim, quae est sine materia in anima, et sanitas, et omnia huiusmodi, alio

modo incipiunt esse et desinunt quam per corruptionem et generationem; *scilicet per disciplinam, aut per inventionem*" — Ps. Alexandre (*In Metaph.*, 677, 4 ss. Hayduck) explica que essas espécies aparecem e desaparecem do mesmo modo que os *pontos*, portanto, não com um processo temporal, mas instantaneamente (ἐν τῷ νῦν). — Cf. Z 8, 1033 b 5 ss. e as relativas notas de comentário.

[14] (**1070 a 17-19**). A *questão das Ideias das coisas naturais e dos "artefacta"*. — Aqui Aristóteles parece dizer que Platão não admitia Ideias de *artefacta*, mas só Ideias de realidades naturais. Mas, independentemente do fato de nos diálogos Platão admitir explicitamente Ideias de *artefacta* (como bem sabemos), resta também um importante fato destacado por Ross (*Metaph.*, II, p. 356): em Alexandre, *apud* Averróes, a doutrina era referida, mais do que a Platão, aos Platônicos (οἱ τὰ εἴδη τιθέμενοι); e esse texto deve ter sido conhecido também por Temístio (*In Metaph.*, p. 8, 13 Landauer): "idcirco *ponentes formas* etc.". — Sobre a questão das Ideias de *artefacta* ver o que dissemos em *Para uma nova interpretação de Platão* (^{2}2004), pp. 399 ss. com a relativa documentação. Cf. ademais, *Metafísica*, A 9, 991 b 1-9; B 4, 999 a 32 - b 1; 999 b 17-20 e *Ensaio introdutório*, pp. 223 ss.

[15] (**1070 a 17-20**). A *propósito das formas de coisas naturais*. — Para a exegese de toda a passagem seguimos a Bonitz (*Comm.*, pp. 477 s.), cujo comentário transcrevemos: "Quare [de acordo com a impossibilidade de admitir Ideias de *artefacta*] si omnino ideae esse censendae sunt (...), recte Plato [ou os Platônicos, cf. nota precedente] naturalium rerum finibus eas circumscripsit (cf. ad A 9. 991 b 3), εἴπερ ἐστὶν εἴδη ἄλλα τούτων, οἷον πῦρ, σάρξ, κεφαλή a 19, i.e. siquidem omnino ideae statuendae sunt diversae ab his, quae aperte materiae loco habenda sunt, qualia sunt ignis caro caput. Haec enim omnia pro materia habenda sunt, et ea quidem substantia, quae optimo iure id nomen sibi vindicat..., subiectam sibi habet ultimam i.e. proximam rei definitae, materiam, cf. Z 10. 1035 b 30".

[16] (**1070 a 21-24**). *Nas coisas sensíveis a forma não existe independentemente da matéria*. — Esta é a argumentação decisiva contra a tese da subsistência separada das formas. As causas motoras ou eficientes precedem, quanto ao tempo (e quanto ao ser) o que elas movem e o que produzem (um pai existe antes do filho, etc.); não assim a causa formal (ou seja, a forma), a qual *subsiste só em união com a coisa da qual é forma*: a foram da estátua só subsiste na estátua, a da esfera só na esfera. Se é assim, conclui Aristóteles, é evidente que a forma não tem uma subsistência em si e separada da coisa de que é forma.

[17] (1070 a 24-26). A *alma racional do homem subsiste também independentemente do corpo.* — O problema da subsistência por si e separada da forma tem certa ligação com o da subsistência por si ou da *imortalidade da alma* (a alma, de fato, é forma do corpo). Ora, negar a existência separada das formas implica também a negação da permanência da alma depois da morte do corpo? Aristóteles responde que não, e afirma que os dois problemas são bem distintos, e que a solução de um não condiciona a solução do outro. *Que a alma seja imortal, isto é, que continue a ser, por si, mesmo depois da morte do corpo, é certo*; não, porém, toda a alma (ou seja, não a alma vegetativa e a alma sensitiva), mas a alma racional. — Aqui Aristóteles não fornece nenhuma demonstração dessa tese, porque é problema a ser tratado em sede de psicologia. É claro, todavia, que a afirmação é de enorme importância metafísica, porque desmente as interpretações da mortalidade da alma.

[18] (1070 a 26-30). A *existência das Ideias não é necessária.* — Com efeito, (1) certamente não existem Ideias separadas de *artefacta*; (2) no máximo, seria mais provável que existissem Ideias de entes naturais, mas também isso é excluído: é o homem concreto que gera outro homem, não a Ideia de homem. (3) Isso não exclui, porém, que exista a alma (εἶδος do corpo) e que perdure depois da morte do corpo; mas, por outro lado, não pelo fato de a forma-alma ser separável do corpo segue-se, como consequência, que devam ser também assim as outras formas.

4. *Sumário e comentário a Λ 4*

[1] (1070 a 31 – b 35). Sumário. — *Os princípios das diversas coisas são,* (1) *em certo sentido,* diversos, *e,* (2) *noutro sentido,* os mesmos. (1) Os princípios das diversas coisas são diversos *pelos seguintes motivos.* (a) *As diversas categorias não podem derivar de superiores princípios comuns porque, além das categorias, não subsiste nada de comum: uma categoria não pode ser elemento ou princípio de outra.* (b) *Ademais, porque os elementos são diversos do que deles deriva, e, porque as coisas que devemos explicar ou são substância ou qualidade ou alguma das outras categorias, é evidente que os princípios não podem ser as próprias categorias.* (c) *Enfim, não é possível, com os Platônicos, fazer do* Ser *e do* Um *os elementos de todas as coisas, porque todas as coisas são entes e são unidade, enquanto os elementos são diversos do que deles deriva.* — (2) *Por outro lado, os princípios das* diferentes *coisas*

são os mesmos *pelos seguintes motivos. Se*, concretamente, *os princípios das coisas diversas são diversos, são os mesmos* por analogia. *Com efeito, todas as coisas têm uma* forma, *uma* privação *e uma* matéria; *concretamente diversas nos diferentes entes, mas* idênticas se consideradas conceitualmente e por analogia. — *Porque as* causas *e os* princípios *das coisas podem ser* intrínsecos *ou* extrínsecos *às próprias coisas ("elementos" são as causas e os princípios intrínsecos, isto é:* a matéria, a forma e a privação; *externa é, ao invés, a* causa eficiente ou princípio motor); *pois bem, como para os* elementos, *assim também para a causa e o princípio eficiente deve-se dizer: que eles são* concretamente *diversos para as diversas coisas, mas que* analogicamente *podem ser considerados idênticos para todas as coisas.* — As *quatro causas (forma, privação, matéria, princípio eficiente) podem ser reduzidas a três, se levarmos em conta o fato de a causa eficiente ter sempre* a mesma forma da coisa produzida *(o homem gera o homem; a forma da casa produz a casa real).* A *causa formal, todavia, não absorve (e isso é óbvio) a causa eficiente.* — *Além das causas recordadas existe, também, uma causa* universal no sentido mais elevado: *o ser absolutamente primeiro que move todas as coisas (Deus).*

[2]*O problema discutido em Λ 4-5: diversidade e igualdade das causas das diversas coisas.* — Examinados os conceitos de causa material, formal e motora, bem como as suas principais implicações, Aristóteles põe agora o complexo problema do seu *modo de ser*: as causas e os princípios são *particulares*, portanto, diversos para as diversas coisas, ou são *universais*, portanto idênticos para todas as coisas? A discussão da questão ocupa todo este capítulo e também o seguinte. A solução que Aristóteles fornece constitui um dos pontos cardeais do seu "realismo" e a sua específica diferença do Platonismo, mas também do Naturalismo, porque tenta alcançar a mediação sintética de duas visões opostas.

[3](**1070 a 31-33**). *Antecipação da solução do problema posto.* — Eis a solução antecipada: em certo sentido, ou seja, *em concreto* e *em particular*, os princípios são *diversos* para as coisas diversas; noutro sentido, ou seja, *no universal* e *por analogia*, são *idênticos* para todas as coisas. Seria errado afirmar só o primeiro ponto de vista como exclusivamente válido, mas não menos errado seria afirmar como exclusivamente válido só o segundo. Aristóteles deverá agora demonstrar essas duas afirmações, dando o seu preciso sentido e o seu justo valor.

[4](**1070 a 33 – b 4**). *Primeiro argumento em favor da tese de que os princípios não são idênticos para as diferentes coisas, mas diversos.* — De fato, se as causas e os princípios fossem os mesmos e idênticos para todas

as coisas, *seriam os mesmos também para todas as categorias*; das mesmas causas, em outros termos, derivariam tanto a substância como as relações e todas as outras categorias. Mas, quais poderiam ser esses princípios? Fora das próprias categorias, não existe nenhum *elemento comum*: com efeito, as categorias são os supremos gêneros do ser. Restaria, então, esta única possibilidade: que as categorias sejam uma elemento da outra; tese absurda, porque nem a substância pode ser elemento das relações ou de outra categoria (o que deriva da substância é substância); nem, ao contrário, a relação ou outra categoria pode ser elemento da substância (a substância só pode derivar de outra substância). Cf. Tomás, *In Metaph.*, pp. 578 a s., §§ 2458-2460 Cathala-Spiazzi; Bonitz, *Comm.*, p. 479.

[5] (**1070 b 4-6**). *Segundo argumento em favor da tese de que os princípios não são idênticos para as diferentes coisas.* — Os elementos, pela sua natureza, são diferentes das coisas que deles derivam (o amarelo e o azul são diferentes do verde). Ora, se fossem comuns os elementos de todas as categorias, com base no princípio estabelecido, eles *deveriam ser diferentes daquilo que produzem*, portanto, nenhum dos elementos poderia ser substância, nem relação, nem outra categoria. Assim confirma-se que não podem ser comuns os elementos de todas as coisas. Cf. Bonitz, *Comm.*, pp. 479 s.

[6] (**1070 b 7-10**). *Terceiro argumento em favor da tese de que os princípios não são idênticos para as coisas diferentes.* — É exposto de maneira extremamente concisa e, para ser entendido, deve ser completado do seguinte modo. Os Platônicos atribuíam ao *Ser* e ao *Um* os princípios supremos das coisas; não poderiam ser justamente estes os "elementos comuns" superiores às próprias categorias e dos quais derivam as categorias e todas as coisas? Mas, diz Aristóteles, também esta é uma tese que não se sustenta. De fato, como vimos, os elementos são diferentes daquilo de que são elementos; se, então, o *Ser* e o *Um* fossem elementos de todas as coisas, nenhuma coisa seria nem *uma* nem *ser*. Ao contrário, o *Um* e o *Ser* convêm *a* e predicam-se *de* cada um dos compostos (toda categoria e toda coisa, de fato, *é* e é *uma*). Se, ao invés, fosse verdadeira a tese dos Platônicos, nenhuma *das* categorias (nem a substância, nem a relação, nem as outras) seria *ser* (nem seria *unidade*), mas é necessário que sejam. Daí confirma-se que não podem ser idênticos, como pensam os Platônicos, os elementos de todas as coisas. (Cf. Schwegler, *Metaph.*, IV, p. 245; Bonitz, *Comm.*, p. 480; Robin, *Th. plat.*, p. 520, nota 464; Ross, *Metaph.*, II, pp. 359 s., com as várias nuanças de exegeses propostas).

[7] (1070 b 10-11). *Segunda tese: os elementos das coisas são os mesmos analogicamente.* — Esta é, como dissemos anteriormente, uma das teses cardeais do "realismo" metafísico de Aristóteles e uma cifra verdadeiramente emblemática do seu pensamento: todas as coisas têm uma *matéria*, uma *forma* e uma *privação*; e estas são diferentes para coisas diferentes, mas são *analogicamente as mesmas*. A demonstração é dada nas linhas 11-21.

[8] (1070 b 11-16). *Exemplos ilustrativos da tese de fundo do caráter analógico dos princípios.* — A *identidade analógica* dos princípios é mostrada com exemplos, tendo como objetivo mostrar e tornar *intuitivamente evidente* que todas as coisas sensíveis têm uma *forma*, uma *privação* e uma *matéria*: portanto, *todas têm os mesmos princípios*. Note-se que aqui o quente e o frio são tomados por Aristóteles como "exemplos" de forma e de privação das coisas sensíveis, a *título de pura hipótese* e só em vista do esclarecimento do pensamento que ele está desenvolvendo. O seu texto diz, com efeito, οἷον ἴσως, expressão que indica muito bem o caráter meramente hipotético do exemplo: ἴσως exprime, no nosso contexto, uma *dúvida*. — Tomás comenta magistralmente: "Dicit autem, forsan, quia calidum non est forma substantialis corporum sensibilium, neque frigidum est privatio, sed ambo sunt qualitates. Utitur tamen eis tamquam forma et privatione in genere substantiae ad maiorem manifestationem" (*In Metaph.*, p. 579 b, § 2465 Cathala-Spiazzi). — Substâncias, acrescenta Aristóteles, são tanto a forma-privação como a matéria (isto é, os princípios) e o que deriva dos princípios (ou seja, o composto). Essa doutrina foi examinada no capítulo precedente. Provavelmente essa referência tem o objetivo de evitar uma confusão que os exemplos, deliberadamente simples, poderiam produzir; quente e frio são qualidades, mas, sublinha Aristóteles, note-se que na realidade forma e matéria são substância, assim como é substância o que delas deriva.

[9] (1070 b 16-21). *Outros exemplos para ilustrar a tese da identidade analógica dos princípios.* — Branco seria a *forma*, preto a *privação*, a superfície a *matéria*: desses princípios derivariam as cores; luz seria a *forma*, preto seria a *privação*, ar seria a *matéria*: desses princípios derivariam o dia e a noite. A analogia implica, portanto, *identidade* e *diversidade*; precisamente: *identidade de relação, e diversidade dos termos individuais*. O *quente* comporta-se, relativamente às coisas sensíveis, assim como o *branco* relativamente às cores, e assim como a *luz* relativamente ao dia e à noite (todos esses termos servem de *forma*); o *frio* está para os corpos sensíveis como o *preto* está para as cores e como as *trevas* para o dia e para a noite (esses três termos servem de *privação*); *aquilo em que inerem* o quente e o frio, a *superfície*

e o *ar* servem, da mesma maneira, de *substrato* relativamente à forma e à privação que lhes são relativas e constituem o *princípio material*.

[10] (1070 b 22-26). *Explicações sobre os termos e sobre os conceitos de "causas", "princípios" e "elementos"*. — Até este ponto Aristóteles falou das "causas intrínsecas" ou "imanentes" das coisas (forma, privação e matéria estão *nas coisas*); a partir deste parágrafo, ele introduz uma nova causa: *a que vem de fora*, ou seja, que é *extrínseca* relativamente à coisa de que é causa: esta é a *causa eficiente ou motora*. É evidente que o pai, causa eficiente do filho, está fora e não no filho, assim como o artífice relativamente aos produtos da arte, e assim por diante. — Aristóteles assim distinguiu *três princípios imanentes* e *um externo*; os três primeiros, enquanto imanentes, serão chamados *elementos*; o quarto não. O pai *não* é um elemento do filho, nem o artífice é elemento da coisa que ele produz. — Concluindo: "causa" é termo que indica tanto os princípios imanentes como o princípio externo; "elemento" é termo que indica só os princípios imanentes.

As causas podem ser *Princípios*
- *imanentes ou elementos*
  - forma (1)
  - privação (2)
  - matéria (3)
  - *Princípio*
- *externo* = causa eficiente (4)

Portanto, três são os elementos; quatro as causas e os princípios.

[11] (1070 b 26-29). *Também a causa motora deve ser entendida em sentido analógico*. — O teorema acima estabelecido vale para todas as outras causas, também para a causa motora: de fato, a causa motora próxima é idêntica analogicamente, mas concretamente diversa para as diversas coisas. Comenta Bonitz: "Ea causa motrix, perinde atque elementa, et diversa est diversis in rebus (cf. ἰατρική, οἰκοδομική b 28, 29) et, si communem modo naturam et indolem causae spectamus, eadem omnibus in rebus" (*Comm.*, pp. 481 s.).

[12] (1070 b 30-34). *Conexão da causa eficiente com a causa formal*. — Aristóteles procede agora a uma delicada redução da qual, em parte, já falamos mais de uma vez. A causa *eficiente-motora* para as substâncias naturais *é sempre outro indivíduo que tem a mesma essência ou forma*; para os *artefacta* é a forma enquanto está na mente do artífice (a forma da casa, em certo sentido, é a própria arte de construir a casa e a forma da saúde e a própria arte médica). Nesse sentido, a causa eficiente se "reduz" à formal,

portanto as *quatro* causas reduzem-se a *três*. — Tenha-se presente, porém, que *a redução* pode se operar *só sob certo aspecto*: é claro que a causa eficiente de um homem é outro homem, e que o gerado tem a mesma forma do gerador; mas, ao mesmo tempo, é claro que são *dois indivíduos distintos*, e que a forma dos *artefacta* só coincide com a arte que os produz baseando-se numa consideração estática. — Ter-se-á notado uma divergência entre esta "tábua" das quatro causas e aquela amplamente discutida e fundada no primeiro livro. A diferença é, todavia, mais aparente do que real. A "clássica" tábua aristotélica das causas compreende as seguintes quatro: (1) *material*, (2) *formal*, (3) *eficiente*, (4) *final*. Ora, as três primeiras aparecem também na do nosso capítulo; falta, ao invés, a *final*, e existe, em acréscimo, a *privação*. Mas a dificuldade resolve-se muito facilmente: a privação não é mais do que uma duplicação da forma (é, com efeito, *privação da forma*) e reduz-se a ela; a causa final, por sua vez, para Aristóteles, não é senão a própria forma considerada como termo do processo do devir. Portanto, não existe nenhuma dificuldade em fazer concordar os dois textos.

[13] (1070 b 34-35). *Alusão ao Movente imóvel.* — Além das causas agora examinadas existe a suprema das causas, que, propriamente, não é redutível a nenhuma destas, e é Deus ou Movente imóvel. Aristóteles falará amplamente dessa causa a partir do capítulo sexto. É evidente que também essa causa é especificamente e numericamente idêntica para todas as coisas. Analogicamente idêntica (como veremos) é a relação que ela tem com as coisas individuais.

5. *Sumário e comentário a Λ 5*

[1] (1070 b 36 – 1071 b 2). Sumário. — *Prossegue a demonstração da tese da identidade analógica dos princípios. Os princípios são os mesmos para todas as coisas, também no seguinte sentido: tudo o que não é substância só existe na substância ou em referência a ela*, de modo que as causas da substância são, eo ipso, também causas de todo o resto. *Princípios de todas as coisas são, ainda,* o ato *e a* potência, *e, também estes*, analogicamente. *O ato e a potência são diversos segundo se encontrem nas diversas coisas e são, também, diversos, segundo se considerem sob diversos aspectos as mesmas coisas. — É possível reduzir as causas acima distintas à potência e ao ato: ao ato se reduzem a* forma *e a* privação; *à potência a* matéria. *As causas eficientes são, em certo sentido,* ato, *enquanto, sob outro aspecto, são* potências:

"potências" não *no sentido de que a matéria é potência, mas no sentido de* "princípio de movimento em outro", *ou seja, no sentido de* forças capazes de agir. — *Causas eficientes da geração são, além das próximas (o pai relativamente ao filho), a remota* do sol *e* do círculo oblíquo *(e estas são potência no sentido acima indicado). — Fica claro, com base nos pontos estabelecidos, que* não *existem "causas universais", como as sustentadas pelos Platônicos: as causas universais só podem ser causas das* coisas no universal; *mas coisas "no universal" não existem.* — *Resumindo: as causas* são as mesmas para todas as coisas (a) *em sentido* analógico *(algumas vezes, além de analogicamente,* genericamente, *e também, quando as coisas são da mesma espécie, especificamente)*; (b) *no sentido de que as causas das substâncias são causas de tudo, porque, excluída a substância, tudo é excluído*; (c) *enfim, no sentido de que é idêntico para todas as coisas* o *Princípio primeiro absoluto, que é causa de tudo.* As *causas são, ao invés,* diversas *para as coisas diversas se as considerarmos* em particular *e* em concreto: *por exemplo, esta tua forma, esta tua matéria, esta tua causa eficiente.*

[2] **(1070 b 36 – 1071 a 2)**. *A característica do ser separado e subsistente por si própria da substância.* — Bonitz (*Comm.*, p. 483) explica: "Substantiae, ait. Ar., separatim ac per se exsistunt, cf. Z 1; reliqua omnia veluti affectiones, motus al., quoniam, ut sint omnimo, inhaerere oportet substantiae alicui, substantiam apparet causam esse et principium reliquorum, cf. K 1. 1060 a 1: ἀρχὴ γὰρ τὸ συναναιροῦν. Inde quod potest, substantiarum causas quas antea explicuit, easdem accidentium causas esse, quamquam non significat Ar., tamen eum cogitasse probabile videbitur conferenti 1071 a 35". — Tenha-se bem presente que χωριστά aqui não tem nada a ver com a separação da transcendência, mas indica a capacidade de subsistir por si, independentemente de outro. Cf. *Ensaio introdutório*, p. 100.

[3] **(1071 a 2-3)**. *Uma enigmática frase incidental.* — Talvez Aristóteles queira dizer o seguinte: as causas das substâncias são causas de tudo. Particularmente: dos *vivos* e de todos os aspectos dos vivos são causa a alma e o corpo; dos homens como seres vivos racionais e das suas ações são causas o intelecto e a vontade (ou seja, a alma) e o corpo. — Mais complexa é a interpretação de Tomás, que vale a pena apresentar: "Ostendit ulterius, quod etiam in genere substantiae est divenire in aliqua prima. Nam prima principia in genere substantiarum sunt substantiae viventes animatae, sedundum opinionem Aristotelis ponentis caelestia corpora animata. Et sic prima principia in genere substantiae ut materia et forma, erunt anima et corpus, vel etiam corpus et intellectus vel desiderium, nam anima corporis

caelestis, si sit animatum, non habet alias partes animae nisi intellectum et appetitum. Aliae enim partes ordinantur ad conservationem corporum generabilium et corruptibilium. Intellectus etiam et desiderium habet rationem causae moventis". (*In Metaph.*, p. 580, § 2476 Cathala-Spiazzi).

[4] (1071 a 2-7). *Potência e ato são idênticos analogicamente, mas concretamente diferentes nas diferentes coisas.* — No precedente capítulo Aristóteles demonstrou que as causas são as mesmas para todas as coisas *por analogia*; agora ele demonstra que o mesmo vale também para a *potência* e para o *ato*. *Potência e ato são princípios e, portanto, valem em geral para todas as coisas, mas em concreto são diferentes nas diferentes coisas.* De fato, é claro que é diferente a potência de coisas diferentes, assim como é diferente o ato de coisas diferentes: a potência dos animais é o sêmen, a potência da casa são os tijolos e o material de construção, a desta mesa é a madeira; assim o ato do homem é a sua alma, o da casa é a forma de casa, o da mesa a forma de mesa. Não só, mas nas mesmas coisas, diferentes são a potência e o ato, segundo o ponto de vista a partir do qual se considere a coisa: esta carne é *ato* relativamente à terra da qual deriva, mas é *potência* relativamente ao homem.

[5] (1071 a 7-11). Ver os livros H e Θ, *passim*.

[6] (1071 a 11-17). *Características diferenciais próprias do ser em potência e do ser em ato.* — Passagem muito difícil e que apresenta muitas possibilidades de interpretação. Aristóteles prossegue na distinção dos diferentes modos em que se pode olhar as coisas e as suas causas como *potência* e como *ato*. Acima explicou-nos como causa material, causa formal e o conjunto de matéria e forma reduzem-se, respectivamente, a primeira à potência e os outros dois ao ato. Agora Aristóteles aplica a discriminação de potência e ato às causas eficientes. Para fazer isso ele distingue: (1) a causa eficiente próxima, que difere do seu efeito pela matéria (por exemplo, o pai e o filho) e (2) a causa eficiente remota, que difere também pela forma do efeito (o sol que se move segundo o *círculo oblíquo*, relativamente a todas as coisas que, com esse movimento, faz nascer e perecer). — Ora, perguntamo-nos: essas duas causas eficientes são *potência* ou são *ato*? Aristóteles subentende a resposta, considerando-a implícita na própria distinção dos dois tipos de causa. A quê pretende aludir? Se nos atemos ao significado de potência e de ato acima estudado, então as causas motoras devem ser qualificadas como *ato*: uma substância *só* pode produzir ou mover outra (ou seja, fazer passar da potência ao ato) *se ela mesma já é ato*. — Mas, talvez, Aristóteles remeta aqui (como quer Ross, *Metaph.*, II, pp. 362 ss.) a outro conceito de "potência", diferente daquele a que se refere no precedente parágrafo.

No livro Θ, como vimos, o filósofo distingue *dois* diferentes significados de "potência": (1) potência no sentido de "princípio de movimento em outro"(ἀρχὴ κινήσεως ἐν ἄλλῳ), ou seja, no sentido de *força* e de *capacidade* e (2) potência no significado acima examinado de *possibilidade da matéria de assumir a forma*. Ora, segundo essa distinção, as causas eficientes, enquanto princípio de movimento (ἀρχὴ κινήσεως), deverão ser qualificadas como "potência", evidentemente no primeiro dos dois significados, enquanto são forças e capacidades de produzir.

[7] (1071 a 20). A *fórmula* τὰ καθόλου — Indica os princípios dos Platônicos.

[8] (1071 a 17-24). *Os princípios das coisas particulares só podem ser particulares.* — O sentido do presente parágrafo é o seguinte. As causas em geral ou no universal são causas das coisas consideradas em geral ou no universal. Porém a realidade não é feita de coisas em geral, mas de coisas particulares: não, por exemplo, de homens em geral, mas de homens particulares (tu, este teu amigo, etc.). Portanto, as causas que explicam essas realidades particulares concretas não são gerais mas particulares: a tua causa eficiente é o teu pai, a tua causa material é o teu corpo, etc. — Aristóteles está agora repetindo resumidamente o que disse acima. Aqui reafirma o aspecto pelo qual as causas são *particulares e diversas*. Nos parágrafos restantes voltará a afirmar também o outro aspecto da *universalidade e identidade analógica das causas*.

[9] (1071 a 24-25). Cf. capítulo precedente.

[10] (1071 a 25-29). *Em que sentido as causas são diferentes e em que sentido são idênticas.* — Das coisas que são *especificamente iguais*, as causas serão, necessariamente, *especificamente iguais*. Por exemplo, as causas de todos os homens (os homens são entre si especificamente iguais) são a mesma matéria, a mesma forma, a mesma causa eficiente; mas a tua matéria, porquanto seja igual à minha especificamente, é *numericamente* diversa; assim a tua causa eficiente e a minha são um homem, mas a tua e a minha causa eficiente são *dois indivíduos distintos*. Esta é uma explicação que completa o que foi dito no capítulo precedente. — Resumindo: (1) as causas das coisas *diversas pelo gênero* são só *analogicamente as mesmas*; (2) as causas de coisas *iguais pelo gênero* são, além de analogicamente, *também genericamente as mesmas* (as causas do homem e do animal não racional são genericamente iguais); (3) as causas de *coisas iguais pela espécie* serão *especificamente iguais e distintas só numericamente*. A igualdade analógica não implica igualdade genérica nem específica, a igualdade genérica implica a analógica, a específica implica uma e outra.

[11] (1071 a 29-36). *Em que sentido as causas são iguais para todas as coisas.* — Ulteriores conclusões sumárias. As conclusões indicadas anteriormente (cf. nota precedente) devem agora ser integradas nesse último sentido: (1) das substâncias as causas são iguais *analogicamente*, como já vimos; (2) dado que tudo o que não é substância remete-se à substância a guisa de afecção, acidente e movimento da substância, daí deriva que as substâncias são causa de tudo o que existe; (3) enfim, existe também o *supremo princípio* que, enquanto ato puro, *é causa de tudo* e esta causa é também *a mais universal de todas as causas*. Portanto, nesses três sentidos pode-se e deve-se dizer que as causas *são as mesmas para todas as coisas.*

[12] (1071 a 36 – b 1). *Explicações sobre a diversidade das causas.* — Passagem difícil de entender. Aristóteles parece aludir à diversidade das causas consideradas como *causas determinadíssimas de um determinado indivíduo*. Por exemplo: estes *determinados* contrários *desta determinada coisa* (esta determinada forma e esta determinada privação), em oposição aos contrários são incluídos no mesmo gênero (branco e preto, quente e frio), ou aos contrários que são incluídos num conceito analógico (forma e privação); cf. Ross, *Metaph.*, II, p. 367; Tricot, *Métaph.*, II, p. 664, n. 1. O sentido geral seria, então, o seguinte: as causas são diversas, se consideradas seja como *particulares oposições constituintes das coisas individuais*, seja como *particular matéria das coisas particulares*.

6. *Sumário e comentário a Λ 6*

[1] (1071 b 3 – 1072 a 18). Sumário. — *Examinadas as substâncias sensíveis nas suas causas, princípios e elementos, resta a demonstrar que existe também a substância suprassensível e resta a definir qual seja a sua natureza e se é uma ou mais de uma.* As *substâncias têm prioridade sobre todos os outros modos de ser; se, portanto, todas elas fossem corruptíveis, não existiria nada incorruptível.* Mas o tempo e o movimento *são certamente incorruptíveis. Para explicar a existência do movimento incorruptível, portanto, eterno e contínuo, impõe-se a existência de um* Princípio movente. Esse *Princípio, para produzir um movimento eterno, deve ser* eterno, e, *para produzir um movimento contínuo, deve ser* sempre em ato. A própria essência do Primeiro movente será, portanto, ato puro, eterno, isento de matéria e de potência. — *Contra essas conclusões parece depor a observação de que, nas coisas, é* primeira a potência e não o ato, *enquanto o raciocínio feito acima* postula

o ato como anterior à potência. A *afirmação da prioridade da potência nas coisas, se é verdadeira quando se considera cada coisa individualmente, torna-se falsa quando generalizada e posta como princípio: alguma coisa é* antes *em potência e* depois *passa ao ato; mas, para poder passar ao ato*, pressupõe causas já em ato como condição necessária. A *matéria e a potência* não se movem a si próprias e pressupõem necessariamente o princípio motor em ato. — *Erram, portanto, os Teólogos e os Naturalistas ao afirmarem que tudo derivava da noite e do caos (que são potência): a noite e o caos não se teriam movido sem uma causa já em ato. Por boas razões, ao contrário, Leucipo e Platão admitiram um movimento eterno (que é ato); mas, depois, não souberam justificá-lo. Da anterioridade do ato deram-se conta, em certo sentido, também Anaxágoras e Empédocles (Anaxágoras admitindo o Nous, e Empédocles admitindo as forças da Amizade e da Discórdia). — Portanto, a noite e o caos não existiram infinitamente, mas se o ato é antes da potência,* existiram sempre as mesmas coisas. *No mundo sempre houve geração e corrupção, e todas as coisas sempre ocorreram com a mesma constância. — Como se explica tudo isso? Causa da* constância *das coisas do mundo é* algo que age sempre do mesmo modo *(e este é o primeiro céu); causa das* gerações e corrupções *enquanto tais é algo que age de modo sempre diferente, e este é o sol que, movendo-se segundo um círculo oblíquo, aproxima-se e distancia-se periodicamente da terra. Enfim, círculo oblíquo e primeiro céu explicam* a geração e a corrupção e a regularidade delas.

[2] (1071 b 3). Recorde-se que com o imperfeito ἦσαν Aristóteles refere-se ao que já disse. Cf. 1, 1069 a 30.

[3] (1071 b 5). *Uma cifra emblemática da metafísica aristotélica.* — Note-se a fórmula que exprime perfeitamente a valência usiológica da ontologia de Aristóteles: αἱ οὐσίαι πρῶται τῶν ὄντων. Sobre a prioridade da substância, cf. Γ 1, Ζ 1 e Λ 1.

[4] (1071 b 6). *Implicações da tese da prioridade da substância.* — Como a substância é anterior a todos os outros modos de ser, enquanto é condição deles, é evidente que, se a substância fosse corruptível, necessariamente deveria ser corruptível todo o resto, porque tudo depende dela (é impossível que seja corruptível a condição e incorruptível o condicionado).

[5] (1071 b 6-7). *Eternidade do movimento.* — Isso que aqui é simplesmente afirmado, é demonstrado na *Física*, VIII 1-3. As complexas argumentações aduzidas por Aristóteles para demonstrar essa tese são variações do seguinte raciocínio. Do movimento não pode haver geração: de fato, não é possível encontrar um começo absolutamente primeiro do movimento; é

possível demonstrar a existência de um movimento anterior relativamente a qualquer movimento que se suponha como primeiro. Analogamente, não é possível pensar uma destruição do movimento. Relativamente a qualquer movimento suposto último, é possível demonstrar um movimento ulterior. Com base na mentalidade aristotélica, é claro que a geração do movimento é absurdo e impensável: o processo da geração é movimento, de modo que o processo da geração do movimento exigiria um movimento antes do movimento. A contradição é evidente. O mesmo vale para a corrupção. O movimento é, portanto, eterno. — É claro que todo o raciocínio desaba quando situado numa perspectiva criacionista; perspectiva que nem Aristóteles, nem a posterior filosofia grega conquistou, com a muito parcial exceção de Platão e seu "semicriacionismo", ilustrado por nós, com base em todos os documentos à nossa disposição, em: *Para uma nova interpretação de Platão*..., Quarta parte, *passim*.

[6] **(1071 b 6-9)**. *Eternidade do tempo*. — O mesmo argumento, mais elaborado, encontra-se na *Física*, VIII 1, 251 b 10-28; mesmo exposto brevemente, como na nossa passagem, é claríssimo. A geração do tempo significaria um começo do tempo; ora, anteriormente a esse começo, é possível pensar um "antes"; o mesmo deve-se dizer para a corrupção, que seria o fim do tempo: pois bem, posteriormente a esse fim do tempo seria possível pensar um "depois". Ora, como poderia haver um "antes" do tempo e um "depois" do tempo, *se não existisse o próprio tempo*? Portanto, o tempo não pode ter tido início, nem poderá ter fim. Todavia, é evidente que esse raciocínio, assim como o examinado na nota precedente, não vale uma vez que se tenha conquistado o teorema da criação; "antes" do tempo não existe absolutamente tempo e, rigorosamente falando, não existe absolutamente "antes" (entendido no sentido temporal).

[7] **(1071 b 9-10)**. *Nexos estruturais entre tempo e movimento*. — Não é que Aristóteles identifique sem mais *tempo* e *movimento*, como a primeira dessas afirmações poderia levar a supor. A questão do tempo é tratada especialmente na *Física*, IV 10-14. Particularmente, o capítulo 11 fornece os esclarecimentos necessários para entender essa passagem da *Metafísica*. O tempo não é o movimento, mas não existe e não é perceptível sem o movimento. Se é assim, o tempo deve ser um *aspecto* ou um *elemento* conexo com o movimento. O movimento, enquanto implica sempre grandeza e espaço, implica também ponto de partida e ponto de chegada, um "atrás" e um "em frente", um "anterior" e um "posterior"; mas a mesma relação de anterior e posterior também está no tempo (e isso é necessário, dadas as relações

entre tempo e movimento de que falamos). Ora, a relação anterior-posterior está no movimento (e é observando o movimento que o reconhecemos também no tempo), mas (e este é o ponto fundamental para compreender a argumentação aristotélica) *quanto à essência* é diferente do movimento, *não é movimento*. Essa relação de antes e depois, como tal, é definidora do tempo. Nesse sentido, compreende-se a definição de Aristóteles: "o tempo é número do movimento segundo o antes e o depois" (*Fís.*, IV, 219 b 1s.; 220 a 25). "Número" em sentido analógico: de fato, enquanto "o número permite-nos distinguir o mais e o menos", o tempo permite-nos distinguir o "mais e o menos do movimento". "Número", explica ainda Aristóteles, no sentido de *numerável ou numerado*; o tempo é, portanto, o aspecto do movimento pelo qual ele pode ser numerado ou numerável, medido ou mensurável (219 b 6 ss.). Nesse sentido o tempo é *afecção do movimento*.

[8] (**1071 b 10-11**). *Eternidade do movimento circular.* — O movimento, para ser eterno, deve ser contínuo, mas contínuo só é o movimento espacial, e, deste, não o retilíneo (que manifestamente não pode ser infinito), mas *só o circular* (cf. *Fis.*, IV 7-9). Note-se: a afirmação de que o movimento, assim como o tempo, é eterno, *implica a existência de uma ou mais substâncias eternamente movidas*: o movimento não existe, de fato, segundo Aristóteles, fora das coisas, mas só nas coisas (K 9), ou seja, nas substâncias movidas. *Ora, se existem substâncias eternamente movidas, deverá necessariamente existir também um princípio que mova eternamente.*

[9] (**1971 b 12**). *Uma passagem concisa.* — Aristóteles, nesse trecho, passa imediatamente do *movimento eterno ao movente eterno*; mas deve-se ter presente a "passagem", aqui subentendida (cf. nota precedente), que torna mais claro o raciocínio. Sobre este ponto insiste particularmente K. Oehler, *Der Beweis für den unbewegten Beweger bei Aristotes*, in "Philologus", 99 (1951), pp. 129-159.

[10] (**1071 b 12-22**). *Demonstração da existência de uma substância eterna e ato puro.* — Três são os pontos que Aristóteles demonstra nesse parágrafo: o movimento eterno, do qual falou, postula uma substância movemte, e uma substância movente que seja (1) *sempre em ato*, (2) *pela sua própria essência em ato* e (3) *imaterial*. Os três pontos são bem esclarecidos pelo comentário de Tomás (*In Metaph.*, pp. 583 b, §§ 2492-2495 Cathala-Spiazzi): "Ostendit *cuiusmodi substantiam necesse est esse sempiternam*; et circa hoc tria facit. (1) *Primo*, quod ad sempiternitatem motus sustinendam, necesse est ponere substantiam sempiternam semper moventem vel agentem; dicens, quod cum necesse sit, si motus est sempiternus, quod sit substantia

motiva et effectiva sempiterna, ulterius oportet quod sit movens et agens *in actu semper*; quia si esset 'motiva aut effectiva', idest potens movere et effiere Motum, et non agens in actu, sequeretur quod non esset motus in actu. Non enim est necessarium, si habeat potentiam movendi, quod moveat in actu: contingit enim id quod habet potentiam agendi non agere; et ita motus non erit sempiternus. Ad hoc igitur, quod motus sit sempiternus, necesse est ponere aliquam substantiam sempiternam moventem et agentem in actu. (2) *Secundo*... Ostendit ulterius, quod oportet ad sempiternitatem motus, quod non solum sit aliqua substantia sempiterna movens et agens, sed etiam quod *eius substantia sit actus*. Dicit ergo, quod neque est sufficiens ad sempiternitatem motus, si substantia sempiterna agat, sed tamen secundum suam substantiam sit in potentia; sicut si ponamus prima principia esse ignem aut aquam secundum positionem antiquorum naturalium: non enim poterit esse motus sempiternus. Si enim sit tale movens, in cuius substantia admiscetur potentia, contingit id non esse. Quia quod est in potentia contingit non esse. Et per consequens continget quod motus non sit, et sic motus non erit ex necessitate, et sempiternus. Relinquitur ergo, quod oportet esse aliquod primum principium motus tale cuius substantia non sit in potentia, sed sit actus tantum. (3) *Tertio*... Concludit ulterius, quod amplius ex praedictis sequitur, quod huiusmodi substantias, quae sunt principia motus sempiterni, oportet esse sine materia. Nam materia est in potentia...". — Para um aprofundamento dessas temáticas cf., *Ensaio introdutório*, pp. 111-122 e C. Natali, *Cosmo e divinità. La struttura logica della teologia aristotelica*, L'Aquila 1974, *passim*; E. Berti, *Aristotele: dalla dialettica alla filosofia prima*, Pádua 1977, pp. 348-363; 420-451.

[11] (**1071 b 15**). *Referência a Platão e aos Platônicos em geral.*

[12] (**1071 b 15-16**). De fato, por definição, são imóveis e são princípio de estabilidade e não de mudança, e, comenta o Ps. Alexandre (*In Metaph.*, p. 688, 40 s. Hayduck), "não pode haver movimento se não existe um princípio agente e movente".

[13] (**1071 b 16-17**). *As realidades inteligíveis que os Platônicos admitem além das Ideias.* — São os Números e os Objetos matemáticos em geral (cf. A 6, *passim*).

[14] (**1071 b 21**). *Referência à existência de uma pluralidade de substâncias eternas.* — Note-se o plural: ταύτας... οὐσίας: Aristóteles pensa, evidentemente, nos Moventes das várias esferas; cf. Λ 8, *passim*. Cf. Bonitz, *Comm.*, p. 489; Ross, *Metaph.*, II, p. 369, escreve: "Até aqui Aristóteles falou da necessidade de um movente imóvel do universo. Ele acena agora antecipadamente aos

moventes imóveis das múltiplas esferas celestes, para os quais cf. 1074 a 15". — Se assim é, a tese subversiva de Jaeger (acolhida indiscriminadamente por muitos estudiosos), segundo a qual, quando Aristóteles escrevia Λ 6 *não* admitia ainda a multiplicidade de moventes (tese que teria sido formulada muito tarde e fixada em Λ 8, e que seria muito posterior a todo o livro Λ), não se sustenta de modo algum. Mas falaremos disso mais adiante, no comentário a Λ 8. — Cf. também o plural ἐν τοῖς ἀκινήτοις em 7, 1072 b 1-2.

[15] (1071 b 22-26). *Se a potência fosse anterior ao ato as coisas poderiam não existir.* — As conclusões alcançadas comportam a absoluta *prioridade do ato sobre a potência*. Mas, se não fosse assim? Com efeito, de certo ponto de vista parece que o ato não é anterior à potência, mas, ao contrário, que a potência é anterior ao ato. De fato, tudo o que é em ato, foi antes em potência, enquanto o que é em potência parece não dever necessariamente ser em ato: portanto, *a prioridade parece ser da potência.* Ora, pode-se responder: é verdade que todas as coisas sensíveis, que são em ato, foram primeiro em potência, *mas só num sentido particular* (cf. nota 22); de fato, passaram da potência ao ato *porque já havia anteriormente algo em ato* (cada um de nós, por exemplo, passou da potência ao ato, porque já havia o pai *em ato*; e o mesmo vale, analogicamente, para todos os outros casos), portanto, em última análise, *o ato é primeiro*. Aristóteles vai desenvolver esse argumento mais adiante. Aqui, ele limita-se a observar o seguinte: *se a potência fosse anterior, a existência dos seres não estaria garantida: o que é e potência, de fato, pode ser, mas também pode não ser.*

[16] (1071 b 26-27). *Os Teólogos evocados.* — Cf. Orfeu, fr. 12 (Diels-Kranz, I, pp. 10 s.); Museu, fr. 14 (Diels-Kranz, I, p. 25); Epimênides, fr. 5 (Diels-Kranz, I, p. 33); Acusilau, frs. 1 e 3 (Diels-Kranz, I, p. 53); Hesíodo, *Teog.*, vv. 116 ss.; *Os trab. e os dias*, 17.

[17] (1071 b 27-28). *Os Físicos evocados.* — Aristóteles pensa sobretudo em Anaxágoras (fr. 1, Diels-Kranz, II, p. 52); mas no cap. 2, 1069 b 20-23, Aristóteles atribui, de algum modo, esta visão a Anaximandro, Empédocles e Demócrito; ver *loc. cit.* e relativa nota.

[18] (1071 b 28-31). *Nos Teólogos e nos Físicos falta o que explica a passagem da potência ao ato.* — A passagem é claríssima: a posição dos "Teólogos" e dos "Físicos" é inteiramente condicionada pela dificuldade acima ilustrada. Tanto a "noite", como a originária "mistura" são assimiláveis à "potência", enquanto *indeterminadas*. Portanto, faltaria justamente aquele princípio *capaz de fazer passar da potência ao ato*, justamente porque o que é material e potencial *não* pode se mover a si mesmo. Em suma, a

contraditoriedade dessas posições, em linguagem aristotélica, consistiria em afirmar a prioridade da potência sobre o ato.

[19] (**1071 b 31-32**). *A atividade eterna admitida por Leucipo.* — Cf. *Do céu*, III 2, 300 b 8 (= 67 A 16, Diels-Kranz, II, p. 76, 5 ss.). Também a passagem que lemos é recolhida como testemunho 18 em Diels-Kranz, II, p. 76, 14 s.

[20] (**1071 b 32**). *O movimento eterno admitido por Platão.* — Ver: *Timeu*, 30 A, e sobretudo 52-53 B, e a interpretação que damos em *Para uma nova interpretação de Platão* ([2]2004), pp. 461-463, 465.

[21] (**1071 b 37 – 1072 a 3**). *Referência a uma doutrina platônica.* — Aristóteles refere-se não à doutrina da matéria dotada de movimento caótico, como acima (cf. nota precedente), mas à doutrina da alma como automotora e doadora de movimentos, da qual Platão fala no *Fedro*, 245 C - 246 A, e em *Leis*, 894 C - 896 E.

[22] (**1071 b 31 – 1072 a 3**). *Discussão sobre as razões pelas quais alguns admitiram o movimento eterno.* — O fio do raciocínio é bem destacado por Tomás (*In Metaph.*, p. 586, §§ 2504 s. Cathala-Spiazzi): "Ostendit *quomodo huic rationi quidam physici consenserunt*. Dicit ergo, quod propter hanc rationem *quidam philosophi* posuerunt semper actum existentem, scilicet Leucippus socius Democriti, et Plato. Dixerunt enim motum semper fuisse etiam ante mundum. Secundum quidem Leucippum in atomis per se mobilibus, ex quibus ponebat mundum constitui. Secundum Platonem vero in elementis, quae dicebat ante constitutionem mundi mota fuisse motibus inordinatis, sed postea a Deo fuisse ea reducta ad ordinem. Sic igitur quantum ad hoc videntur bene dixisse, quod poseurunt semper fuisse motum. Sed in hoc defecerunt, quia non dixerunt quis motus semper fuerit, nec causam motus assignaverunt, nec simpliciter narrando, nec suae positionis causam assignando, cum tamen 'nihil moveatur ut contingit', idest sine aliqua causa certa. Sed semper oportet aliquid existere, quod est causa motus. Sicut nunc videmus, quod quedam moventur hoc modo a natura, aut a violentia, aut ab intellectu, aut aliqua alia causa. Deinde debuerunt etiam assignare, qualis sit prima causa motus, utrum natura, sive violentia, sice intellectus; multum enim differt quodcumque horum ponatur causa motus. Sed nec Plato potest excusari, propter hoc, quod posuit principium motus esse aliquid movens seipsum, quod dicebat esse animam; sed anima secundum ipsum non fuit ante constitutionem mundi, sed fuit post illam inordinationem motus. Fuit enim facta simul cum caelo, quod ponebat animatum. Et sic anima non poterit esse principium illius motus inordinati".

[23] (1072 a 3-4). *A potência só pode ser anterior em sentido particular, enquanto em geral só o ato pode ser anterior.* — Que a potência seja anterior ao ato é verdade num único sentido, e muito restrito, isto é, só limitadamente aos entes individuais considerados enquanto tais e na limitada perspectiva do tempo (τῷ χρόνῳ). Sócrates e qualquer indivíduo, considerado como indivíduo, é no tempo antes em potência e depois em ato. Por outro lado, passa ao ato enquanto *preexiste* outro indivíduo *já em ato*. Portanto, mesmo na perspectiva temporal, tão logo saímos da limitada consideração do indivíduo e, antes, justamente para explicá-la, o ato é anterior. Em todos os outros sentidos o ato é sempre anterior (τῷ λόγῳ e τῇ οὐσίᾳ). Vimos amplamente esta doutrina em Θ 8. — Os estudiosos pensam que é incerto o lugar ao qual Aristóteles remete. (1) Bonitz (*Comm.*, p. 492) pensa que Aristóteles remete às linhas 1071 b 22-26, e assim outros. (2) Gohlke (*Metaph.*, p. 365) pensa que se remete ao capítulo quinto desse livro. (3) Schwegler (*Metaph.*, IV, p. 254) pensa que Aristóteles remete a Θ 8. — A nosso ver, a última é a interpretação correta, dado que só em Θ 8 fala-se do problema de modo aprofundado.

[24] (1072 a 3-7). *Os filósofos que admitiram a prioridade do ato.* — É claro que nenhum desses filósofos descobriu o conceito de *ato* do modo como Aristóteles o interpreta segundo as próprias categorias. O sentido, contudo, é claro: todos os que, além do elemento ou dos elementos materiais (que são puramente potenciais) admitiram um princípio movente ativo, reconheceram com isso a necessidade de que o *ato* (o princípio movente, justamente, é ato) seja anterior à potência.

[25] (1072 a 7-9). *Uma das consequências mais importantes do teorema da prioridade do ato sobre a potência.* — *Caos* e *noite* não existiram por um tempo infinito anteriormente ao mundo atual, *justamente porque são potência*. Antes, dado que o ato é *antes* da potência, *o mundo deve ter sido sempre em ato como é agora*, ou (no máximo) deve ter sido sempre como é agora em ciclos alternados, como querem alguns filósofos como Empédocles (*Do céu*, I 10, 279 b 14; *Fís.*, VIII 1, 250 b 26), segundo o qual em ciclos alternados o mundo volta a dissolver-se nos elementos originários e depois formar-se novamente. Este segundo ponto de vista não é aceito por Aristóteles e, aqui, ele o apresenta como hipótese, sem contudo admiti-lo.

[26] (1072 a 10). *Um termo provavelmente a ser excluído.* — É provável, como suspeita Schwegler (*Metaph.*, IV, p. 255), que esse segundo περιόδῳ seja uma glosa, ou um erro derivado do περιόδῳ da linha 8. Apesar do que sustenta Ross (*Metaph.*, II, p. 371), o texto é muito mais claro quando se exclui esse segundo περιόδῳ, dado que Aristóteles fala agora das suas posições.

[27] (1072 a 9-10). *Necessidade da esfera das estrelas fixas.* — Se, portanto, a realidade natural e física é sempre a mesma, com base no princípio de anterioridade do ato sobre a potência, deve-se admitir a existência de uma realidade que aja sempre do mesmo modo e seja sempre em ato. E essa realidade é dada, segundo Aristóteles, pela esfera das estrelas fixas, que gira com um movimento uniforme e, portanto, age sempre do mesmo modo sobre o universo (ver a nota seguinte).

[28] (1072 a 10-12). *Necessidade da existência do círculo oblíquo.* — Como explicar a geração e a corrupção? Com o princípio acima admitido (cf. nota precedente) só se explica a contínua geração, mas não a corrupção, ou, em todo caso, não se explicam dois processos opostos. Daí a necessidade de admitir outro princípio que aja de modo sempre diverso: é o "círculo oblíquo" que, transportando o sol de modo a afastar-se e aproximar-se periodicamente da terra, causa a geração e a corrupção. Como Aristóteles aqui é extremamente lacônico, para maior esclarecimento deve-se ler o texto de *A ger. e a corrup.*, II 10, 336 a 23 ss.

[29] (1072 a 12-17). *Ação sinérgica da esfera das estrelas fixas e do círculo oblíquo.* — Esse "outro", em virtude do qual o sol cumpre o seu movimento diário ou é o mesmo céu das estrelas fixas, ou outro princípio. A segunda hipótese deve ser rejeitada, porque se assim fosse esse outro princípio deveria ser ulteriormente explicado em função do primeiro, e isso seria um círculo vicioso. Impõe-se, portanto, o primeiro: a partir dele o sol repete o seu movimento diário (cf. Ross, *Metaph.*, II p. 371 s.; Tricot, *Métaph.*, II, p. 671, nota). — O céu das estrelas fixas é causa da *permanência* e da *constância* das coisas; o movimento do sol segundo o "círculo oblíquo" é causa da *diversidade*, ou seja, da geração e corrupção enquanto tais; o primeiro e o segundo, de maneira conjunta, são causa da *constante diversidade* ou da *constante dinâmica* das coisas, como dissemos acima.

[30] (1072 a 18). *Tirada polêmica contra os Platônicos.* — Qual a necessidade de introduzir as Ideias e os Entes matemáticos? Evidentemente, pretende dizer Aristóteles, nenhuma, porque não explicam as coisas das quais se falou.

7. *Sumário e comentário a Λ 7*

[1] (1072 a 19 – 1073 a 13). Sumário. — *O primeiro céu, que gira com movimento contínuo e eterno, não pode mover-se a si próprio, porque o que*

está em movimento é movido por outro; é necessário, portanto, um Princípio primeiro que mova permanecendo imóvel. *Mas como pode esse Princípio mover* sem mover-se? *Ele move* como objeto de desejo e de amor, *ou seja, como fim. Enquanto é absolutamente imóvel, Ele não pode ser de algum modo diferente do que é, portanto,* é necessário. — *Céu e Natureza dependem desse Princípio. E Ele é vida, e vida excelente e perfeita. Ele é pensamento e, enquanto perfeito, pensa só o que é perfeito. Mas Ele mesmo é o perfeito; portanto, Ele pensa a si mesmo: e assim, a própria inteligência toma o lugar do inteligível, pois Nele inteligência e inteligível coincidem.* A sua vida é, portanto, essa atividade de pensamento e, *nisso está a máxima felicidade. E isso é Deus. — Deus é ainda suma beleza e sumo bem. — Erradamente, por isso, os Pitagóricos e Espeusipo negam que beleza e bem encontrem-se no princípio, pelo fato de que essas qualidades pareceriam estar só nas coisas que derivam dos princípios e não nos próprios princípios. Mas essa conclusão provém de uma inexata compreensão das coisas: os princípios das substâncias são, eles mesmos, substâncias em ato, portanto, contêm aquelas mesmas perfeições das substâncias que produzem. Deus, ademais, não pode ter grandeza, é sem partes e indivisível, é impassível e inalterável. — Este é o capítulo que contém o que de mais comprometido, mais profundo e mais decisivo Aristóteles pensou e escreveu sobre Deus e o Princípio supremo de todas as coisas. Ele constitui também o texto que exerceu a mais ampla influência sobre todo o pensamento ocidental, "que", escreve com razão Tricot, "dele tirou, por intermédio das doutrinas e dos teólogos medievais, os principais elementos da sua concepção do mundo e da divindade, e as bases da sua construção metafísica"* (*Métaph.*, II, p. 672, nota 2).

[2] (**1071 a 18-20**). Cf. *supra*, 1071 b 27.

[3] (**1072 a 20**). Cf. *supra*, 1069 b 21 ss., 1071 b 28.

[4] (**1072 a 20**). Cf. *supra*, 1069 b 19.

[5] (**1072 a 20-21**). Cf. *supra*, 1071 b 22 ss.

[6] (**1072 a 21-22**). *A eternidade do movimento dos céus é atestada pela própria experiência.* — Esse movimento circular e contínuo é evidente também como dado fatual ou de experiência, enquanto "vemos" e "constatamos", como diz Aristóteles, que os corpos celestes e o céu movem-se de maneira constante e circular em torno da terra. Naturalmente, não se fala da experiência do homem individual, mas de todos os homens e da sua história.

[7] (**1072 a 23**). A *esfera das estrelas fixas.* — Cf. o que Aristóteles diz em *Do céu*, II 6, 288 a 15.

[8] (**1072 a 21-26**). *O primeiro móvel postula o Movente imóvel.* — Esse raciocínio conclui tudo o que foi dito na segunda parte do capítulo

precedente. (1) Vimos que as coisas desse mundo são constantes no seu gerar-se e corromper-se; (2) vimos que a causa da mudança e da geração e corrupção é o movimento do sol segundo o círculo oblíquo; (3) vimos, ademais, que a causa da constância e da identidade é o movimento uniforme, constante e eterno do primeiro móvel, ou seja o movimento da esfera das estrelas fixas. (4) Ora, conclui Aristóteles, o céu ou a esfera das estrelas fixas ou primeiro móvel não pode ser o princípio supremo e o *primum* absoluto: de fato, enquanto está em movimento é movido por outro. O primeiro móvel postula, portanto, *um primeiro movente,* que move sem ser movido e que é substância eterna e em ato. — A concisão das passagens supõe já conhecida a demonstração do princípio: *tudo o que está em movimento é movido por outro,* provado em *Fís.*, VIII 5. A passagem é bem aprofundada por Tomás (*In Metaph.*, p. 588 b; § 2517 s. Cathala-Spiazzi): "Concludit ex praedictis *perpetuitatem motoris immobilis*. Cum enim omne quod movetur, ab alio moveatur, ut in physicis probatum est; si caelum est perpetuum, et motus est perpetuus, necesse est aliquod esse movens perpetuum. Sed quia in ordine mobilium et moventium inveniuntur tria, quorum ultimum est quod movetur tantum, supremum autem est movens quod non movetur, medium autem est quod movetur et movet; necesse est, quod ponatur aliquod sempiternum movens quod non movetur. Probatum est enim in octavo Physicorum, quod cum non sit abire in infinitum in moventibus et motis, oportet devenire in aliquod primum movens immobile: quia et si deveniatur in aliquod movens seipsum, iterum ex hoc oportet devenire in aliquod movens immobilie, ut ibi probatum est. Si autem primum movens est sempiternum et non motum, oportet quod non sit ens in potentia; quia quod est ens in potentia natum est moveri; sed quod sit substantia per se existens, et quod eius substantia sit actus. Et hoc est quod supra concluserat. Sed necesse fuit movere dubitationem quae erat apud antiquos, ut ea soluta ostenderetur expressius, quo ordine necesse est pervenire ad primus ens, cuius substantia est actus".

[9] (**1072 a 26-27**). *O modo como o primeiro Movente move permanecendo imóvel.* — Os moventes físicos, exercendo a sua função motora, não podem deixar de mover também a si próprios: estão sempre *de algum modo* implicados no próprio movimento que produzem, no sentido de que este sempre repercute sobre eles. Até mesmo a alma, citada no livro VIII da *Física*, como exemplo mais perfeito de movente imóvel natural, não está isenta de sofrer a repercussão da qual falamos: de fato, a alma move o corpo e este, movendo-se, leva consigo a alma que nele subsiste, de modo

que se não *absolutamente*, pelo menos *relativamente* ela é movida. Ora, a causalidade do Primeiro movente é de natureza completamente diferente da exercida pelos agentes físicos e pela alma. Ele move permanecendo *absolutamente* e, também, *relativamente* imóvel, sem que o movimento que ele produz repercuta sobre si mesmo de algum modo. — *Como isso é possível e como pensar essa "causalidade"*? Há algo na ordem dos objetos conhecidos que possa mover sem ser movido, e que, desse modo possa nos fornecer os termos para a compreensão do tipo de causalidade divina? Aristóteles responde brilhantemente ao problema do seguinte modo. O objeto do desejo, ou seja, o bem, e o objeto do pensamento, ou seja, o inteligível, são, precisamente, exemplos de moventes não movidos: o bem não sofre repercussão alguma pelo fato de ser *desejável e desejado*, e igualmente o inteligível, pelo fato de ser objeto *passível de pensamento e pensado* (cf., por exemplo, também *Da alma*, III 10, 433 b 15 ss.). — A causalidade do Primeiro movente pode e deve ser concebida desse modo. Os raciocínios que se seguem demonstrarão esse ponto.

[10] (1072 a 27 – b 1). *O que é supremamente desejável coincide com o que é sumamente inteligível*. — Aristóteles demonstra essa afirmação do seguinte modo. Em primeiro lugar ele distingue o objeto do desejo ou do apetite sensível (τὸ ἐπιθυμητόν) do objeto do desejo racional ou da vontade racional (τὸ ὀρεκτόν, τὸ βουλητόν): o primeiro é constituído do que *parece* belo aos sentidos, o segundo, ao contrário, do que *é objetivamente* belo, e esse só é reconhecido como tal pela razão. O objeto supremo da vontade racional, ou seja, o belo e o bom objetivo é, portanto, também *objeto de razão e de inteligência*. Com isso, a tese é demonstrada, mas só pela metade: o que é supremamente desejável (desejável pelo desejo racional) é inteligível; importa, portanto, ver se é verdade também o contrário: que o inteligível é belo e bom e que o supremamente inteligível é sumamente bom. Aristóteles mostra, então, que o inteligível identifica-se com toda a série dos positivos (cf. nota 12) e que, sobretudo, a substância é positiva e, mais do que todas as outras substâncias, *a substância que é imaterial, simples e ato puro*. Mas também o belo (= o que é objetivamente desejável) entra nessa série dos positivos, antes, até mesmo *coincide com ela*. Além disso, o que é primeiro na série, é o ótimo ou o que é equivalente a ele. Daqui resulta claramente que o inteligível coincide com o belo e o bom (= bem é o que é por si desejável), e que o supremamente inteligível (= a substância imaterial e ato puro) coincide com o que é sumamente belo e bom, ou seja, supremamente desejável. Ulteriores aprofundamentos em Bonitz, *Comm.*, pp. 496 s.

[11] (1072 a 27-29). *Prioridade do belo sobre o desejo dele.* — Não é o desejo que produz o belo, mas, ao contrário, é o belo que produz o desejo; o belo é o *prius* ontológico, o desejo é o *posterius* psicológico.

[12] (1072 a 31). A *série positiva.* — O texto diz ἑτέρα συστοιχία, sem especificar ulteriormente. É claro, porém, o pensamento ao qual se refere. Em A 5, 986 a 23 ss.; Γ 2, 1004 b 27 (cf. também Θ 9, 1046 b 11) Aristóteles diz que as coisas podem ser distinguidas em duas séries: uma é a positiva (ἑτέρα συστοιχία) ou do *ser*, a outra a do *não-ser* ou da *privação* e da *negação*. Tudo o que pertence à primeira séria é por si inteligível; o que não ocorre com o que pertence à outra séria, porque esta segunda *supõe a primeira, e configura-se como privação e negação da primeira*. Por exemplo, a substância é por si inteligível, enquanto a não-substânia é cognoscível só de maneira mediada, isto é, mediante a negação da substância. A saúde é por si cognoscível, a enfermidade, que pertence à série negativa, só mediante a saúde, e assim por diante.

[13] (1072 a 32). A *substância simples e em ato puro.* — É, evidentemente, a do Movente Imóvel (e dos Moventes das várias esferas).

[14] (1072 a 32-34). *Diferença entre unidade e simplicidade.* — O significado dessa observação é diferentemente entendido pelos diferentes intérpretes. (1) Ps. Alexandre (*In Metaph.*, p. 695, 10 ss. Hayduck) considera que a explicação é feita em vista da doutrina da multiplicidade dos moventes, que Aristóteles apresentará no capítulo seguinte. Se a substância primeira é simples, e se *simples* e *um* fossem a mesma coisa, é óbvio que a substância imaterial só poderia ser *uma só*. Se, ao invés, *simples* e *um* não são a mesma coisa, será possível que exista não uma só, mas um certo número de substâncias simples. Assim entende também Bonitz, *Comm.*, pp. 498 s. — (2) Outros intérpretes pensam, ao contrário, que se trata de uma tirada polêmica contra Platão e os Platônicos, que punham justamente o Um como princípio, feita por Aristóteles com a finalidade de distinguir bem a própria posição da dos Platônicos. A passagem significaria, portanto: note-se que, falando da substância simples, não pretendo falar do Um dos Platônicos, porque, justamente, o simples e o um são duas coisas diferentes. Assim, por exemplo, entende Tomás (*In Metaph.*, p. 591 b, § 2525 Cathala-Spiazzi): "Et ne videatur incidere in opinionem Platonis, qui posuit primum principium rerum ipsum unum intelligibile, ostendit consequenter differentiam inter unum et simples: et dicit, quod unum et simplex non idem significant, sed unum significat mensuram, ut in decimo ostensum est; simples autem significat dispositionem, secundum quam aliquid aliqualiter se habet, quia

videlicet non est ex pluribus constitutum". Cf. também Rolfes, *Metaph.*, II, nota 44, p. 183. — (3) Outros a consideram um aprofundamento que visa sublinhar uma característica da *natureza* do Movente imóvel. O Movente móvel é imaterial: *simples* quer dizer justamente sem parte e, portanto, imaterial. É isso que a Aristóteles importa precisar; Deus é também *um* numericamente, mas disso ele falará adiante. Cf. Schwegler, *Metaph.*, IV, p. 261. — (4) Ross (*Metaph.*, II, p. 376) considera, enfim, que Aristóteles pretende simplesmente esclarecer o significado de *simples*, sem ter em mente um ulterior objetivo. Esta última exegese é a menos válida. Todas as outras são sustentáveis, particularmente a (1).

[15] **(1072 a 34 – b 1)**. Cf. *supra*, nota 10, onde apresentamos o esquema do raciocínio que começa na linha 1072 a 27.

[16] **(1072 b 2)**. *Significado da expressão* ἡ διαίρεσις δηλοῖ. — Ps. Alexandre (*In Metaph.*, p. 695, 26) vê aqui uma citação do Περὶ τἀγαθοῦ e assim também Bonitz, *Comm.*, p. 499 e Schwegler, *Metaph.*, IV, p. 262 (esses últimos parecem, contudo, confundir Περὶ τἀγαθοῦ e Περὶ φιλοσοφίας). Na verdade, o próprio Aristóteles em *Fís.*, II 2, 194 a 35 s. escreve: διχῶς γὰρ τὸ οὗ ἕνεκα. εἴρηται δ᾽ ἐν τοῖς περὶ φιλοσοφίας, portanto, poderia remeter também aqui ao *De philos.* (cf. Untersteiner, *Aristotele, Della filosofia*, p. 282). — Ademais, ἡ διαίρεσις poderia simplesmente significar, como quer Ross (*Metaph.*, II, p. 377) "a bem conhecida distinção", isto é, a distinção dos significados de fim, corrente na escola.

[17] **(1072 b 2-3)**. *Interpretação de uma difícil expressão que indica a causa final.* — O texto da vulgata é, neste ponto, totalmente incompreensível: ἔστι γὰρ τινὶ τὸ οὗ ἕνεκα, ὧν τὸ μὲν ἔστι τὸ δὲ οὐκ ἔστι. Foi corrigido de dois modos: (1) Schwegler (*Metaph.*, IV, p. 262) conjectura um διττόν, em vez de τινί. Assim também Bonitz (*Comm.*, p. 499): "... vulgatam scripturam, quae explicari nullo modo potest, emendavit Schweglerus hunc in modum: ἔστι γὰρ διττὸν τὸ οὗ ἕνεκα, ὧν τὸ μὲν ἔστι τὸ δὲ οὐκ ἔστι. Adhibitis antea locis Ar. [*De An.*, II 2, 415 b 2, b 20; *De gen. anim.*, II 6, 742 a 22 ss.] et ea distinctione, quae vv. τὸ μὲν - τὸ δὲ continetur, adeo confirmatur haec coniectura, ut ea quin sit vera non dibitem". A tradução deveria, então, soar assim: "Que, depois, o fim se encontre entre os seres imóveis o demonstra a distinção [i.é. dos seus significados, ou a distinção já feita no *De Philos.*]: o fim, de fato, entende-se em dois sentidos: num desses o fim pode <encontrar-se nos entes imóveis>, no outro, ao invés, não pode". — (2) Ao contrário, Christ acrescenta depois de ἕνεκα um καί e τινός: o καί pode-se extrair de Alexandre *apud* Averróes, e o τινός de A^b

(*Laurent.* 87): tem-se assim a lição acolhida por Ross e por Jaeger: ἔστι γὰρ τινὶ τὸ οὗ ἕνεκα <καὶ> τινός, que também dá um bom sentido (e, ademais, é confirmado por *Da alma*, 415 b 2), mas a sua tradução é dificílima: Ross, por exemplo, normalmente muito comedido, é constrangido a traduzir com vinte e uma palavras as oito obtidas com a correção acima indicada: "For the final causa is (*a*) some being for whose good an action is done, and (*b*) something at which the action aims", enquanto Tricot (*Métaph.*, II, p. 678) traduz: "La cause finale, en effet, est l'être pour qui elle est une fin, et c'est aussi le but lui-même". Embora declarando a nossa simpatia pela primeira leitura, acolhemos no texto a segunda, porque hoje em dia é aceita por todos. (Ver também as observações de Movia, *Aristotele, L'Anima*, pp. 298-300, notas 3 e 4). O sentido, em todo caso, permanece sempre o mesmo. Ver a nota seguinte.

[18] **(1072 b 2-4)**. *O fim encontra-se entre as realidades imóveis como aquilo em vista do quê ocorre o movimento.* — Eis a explicação de Ross (*Metaph.*, II, p. 376): "Poder-se-ia pensar que (cf. B 996 a 22, K 1059 a 35) a concepção teleológica implícita em chamar substância imaterial (Deus) de πρῶτον ὀρεκτόν seja incompatível com a natureza imutável, eterna, da substância imaterial (a 25). Aristóteles por isso passa a destacar que τὸ οὗ ἕνεκα, objeto da ação que tem um fim, pode, num sentido expresso por estas palavras, encontrar-se no reino das entidades eternas, imutáveis. Isto é, quando falamos do οὗ ἕνεκα de uma coisa, podemos entender (1) que a coisa é boa τινί, para qualquer ser consciente ou (2) que é boa τινός (ἕνεκα), por força de algum fim. Este último existe na esfera dos imutáveis (ἔστι = ἔστιν ἐν τοῖς ἀκινήτοις), enquanto o primeiro não, porque o fato de alcançar o bem implica mudança naquilo que o alcança". — Mais claro parece ser Berti (*La filos. del primo Aristóteles*, pp. 355 s.): "É claro... que pode ser chamado fim tanto aquele [ou aquilo] em benefício do qual ocorre a mudança, como aquilo em vista do que a mudança ocorre. Em *Metafísica* XII essa distinção é introduzida para explicar como o fim possa ter uma realidade imutável: ele só pode ser assim se entendido como aquilo em vista do quê ocorre a mudança; se, com efeito, fosse entendido no outro sentido, seria mutável, dado que aquele [ou aquilo] em benefício do qual ocorre a mudança, muda justamente enquanto adquire o benefício". Por exemplo, *fim* do médico é tanto o enfermo que deve ser levado à cura (e, portanto, a mudar), quanto a saúde em si, como *terminus ad quem* do processo de cura, que como tal é imóvel. Note-se, porém, que Aristóteles nunca esclareceu os dois sentidos adequadamente, e que, consequentemente, os intérpretes

têm exegeses discordantes. — Para um aprofundamento do problema, cf. Ps. Alexandre, *In Metaph.*, p. 695, 23 ss. Hayduck; Temístio, *In De Anima*, p. 50, 11 ss. Landauer; Tomás, *In Metaph.*, p. 591 b, § 2528 Cathala-Spiazzi; Maurus, *Arist. op. omn.*, IV, p. 555 a; Schwegler, *Metaph.*, IV, pp. 262 ss.; Bonitz, *Comm.*, p. 499; Untersteiner, *Aristotele, Della filos.*, p. 285 e as indicações dadas ali.

[19] (1072 b 3). *O sujeito subentendido no texto.* — No texto o sujeito, que expressamos na tradução, não é explícito (κινεῖ δ' ὡς ἐρώμενον). Por isso deve-se notar, com Schwegler (*Metaph.*, IV, p. 263), que o sujeito não pode ser τὸ οὗ ἕνεκα, mas é τὸ πρῶτον κινοῦν, ou, se quisermos, o primeiro movente enquanto fim.

[20] (1072 b 3). *Deus move como o amado move o amante.* — Essa é uma das afirmações de Aristóteles que se tornou *clássica* e, verdadeiramente, celebérrima: κινεῖ δὴ ὡς ἐρώμενον, que dá a solução definitiva ao problema aqui discutido. Deus move do mesmo modo que o amado, ou seja, o objeto do amor move, isto é, atraindo para si o amante. A respeito disso escreve Ross (*Aristotele*, p. 269 trad. it.): "Existiram muitas controvérsias a respeito da questão se Deus é para Aristóteles só a causa final, ou também a eficiente da mudança. A resposta é que Deus é a causa eficiente por força de ser causa final, mas de nenhum outro modo". E, com efeito, só quando se tenha conquistado o conceito de criação, Deus ou o Absoluto pode ser entendido em sentido específico como causa eficiente. — Platão, com o conceito do Demiurgo, avançou muito mais do que Aristóteles sobre esse ponto; ver a demonstração que fornecemos no nosso volume *Para uma nova interpretação* (1997), pp. 519-526 e toda a quarta parte da obra.

[21] (1072 b 4-10). A *absoluta imutabilidade do primeiro Movente.* — Definida a natureza da causalidade do Primeiro movente, Aristóteles deduz, mais uma vez, a absoluta imobilidade do mesmo, e reafirma as diferenças subsistentes entre o Primeiro movente e o Primeiro móvel. Tudo o que se move refere-se à contingência, enquanto o movimento torna diferente do que se é. Ora, o primeiro movimento é o de translação e o primeiro móvel só se move segundo esse tipo de movimento, sendo isento de todos os outros, que são próprios só das coisas sublunares. Assim sendo, o primeiro móvel *só* pode ser diferente do que é *quanto ao espaço e não também quanto à substância, à qualidade e à quantidade* (não se gera nem se corrompe, não cresce nem diminui, não se altera). Mas o Primeiro movente, que é ato puro, e não se move nem por translação, *não poderá, absolutamente, ser diferente do que é.* Ele é um ser absolutamente imutável.

[22] (1072 b 10-11). *Em que sentido o Princípio primeiro existe como bem.* — Se o primeiro movente, como vimos, não pode ser sujeito nem sequer àquele mínimo de mudança que é o movimento de translação circular (que é o movimento mais perfeito e que implica o mínimo de potencialidade, isto é, só a potência local) e, portanto, é absolutamente imutável, então Ele é também *necessário*. E enquanto *necessário*, Ele existe *como bem* (καλῶς, linha 11, é explicado por Δ 5, 1015 b 14: existe como bem, porque nada contrário à sua natureza pode lhe ocorrer; cf. Ross, *Metaph.*, II, p. 378), e é princípio justamente nesse sentido, isto é, *como bem*.

[23] (1072 b 11-13). *Os três significados de necessário.* — Sobre os vários significados de *necessário*, cf. Δ 5, *passim*. Ps. Alexandre (*In Metaph.*, p. 696, 28-30 Hayduck) considera que o Movente imóvel é necessário no segundo (*b*) dos sentidos recordados. Mas a partir da linha 8 extrai-se claramente que é o terceiro sentido que está em questão (*c*). Ross nota, depois, que, com base em Δ 5, 1015 a 24, o segundo sentido está totalmente fora de questão.

[24] (1072 b 13-14). *Uma retomada poética desse conceito em Dante.* — Cf. Dante, *Paraíso*, XXVIII 41 s. "Daquele ponto / Depende o céu e toda a natureza". Tomás (*In Metaph.*, p. 592 b, § 2534 Cathala-Spiazzi): "Ex hoc igitur principio, quod est primum movens sicut finis, dependet caelum, et quantum ad perpetuitatem substantiae suae, et quantum ad perpetuitatem sui motus; et per consequens dependet a tali principio tota natura, eo quod omnia naturalia dependent a caelo, et a tali motu eius".

[25] (1072 b 14-30). *Um lugar que se tornou clássico em que Aristóteles descreve Deus.* — Segue agora a descrição da essência do Movente imóvel "quase em tom de hino"(Schwegler, *Metaph.*, IV, p. 265). É um dos raríssimos pontos em que Aristóteles parece comover-se, pelo menos nos textos das suas lições, que são os únicos que nos chegaram.

[26] (1072 b 15). *Deus é sempre no mesmo estado e na mesma condição.* — Deus é sempre igual a si porque é absolutamente privado de potencialidade; portanto, nele não são possíveis passagens de um estado a outro e vice-versa. Esta última é, o contrário, a condição em que se encontra o homem: um contínuo ato de pensar não seria possível para nós, justamente porque a potencialidade nos é intrínseca.

[27] (1072 b 15-16). *O prazer da vida divina.* — "De fato (explica o Ps. Alexandre, *In Metaph.*, p. 697, 4 ss. Hayduck), o ato dele não é senão pensar a si mesmo". Eis uma excelente página de Bonitz (*Comm.*, pp. 500 s.) que explica bem as implicações desse raciocínio: "Summum principium

movens hucusque Ar. demonstravit substantiam esse per se intelligibilem; iam descripturus quae sit eius actio et vita, statim ab initio, b 20, ponit intelligibilem substantiam ipsam esse intellectum, id quod deinde per ipsam argumentationem confirmatur. Etenim ut sensus, ex Aristotelis sententia, quum est actu, recipiens in se rerum sensibilium formas idem est atque ipsae res sensibiles abstracta earum materia (cf. *de an*. II 12. 424 a 18, 25. III 2. 425 b 25), vel ut ars ipsa est artificium segregatum a materia (cf. ad Z 9. 1034 a 24), ita intellectus recipiens in se τὸ τί ἦν εἶναι rerum, quum est actu, ipse fit id quod est intelligibile, ac vicissim id quod intelligibile per se est ipse est intellectus actu exsistens (cf. *de an*. III 4. 429 b 30 sqq.). Huius intellectus ut describat quae sit vita ac beatitudo (διαγωγή b 14...), summam quae homini aliquamdiu contingere potest beatitudinem pro exemplo adhibet. Et contemplativae quidem vitae, quippe quae finem in se ipsa contineat neque extra se positum habeat, absolutam inesse et consummatam beatitudinem, notum est Ar. placitum, cf. ad A 2. 982 b 28 sqq. Ea beatitudine nos quidem raro tantum, ubi quasi sublati sumus ad divinam naturam (cf. *Eth. N*. X 7. 1127 b 27), possumus frui, quoniam humanus intellectus potentiae abnoxius non potest perpetuo esse in actu. Summus autem intellectus perpetuo in eadem est beatitudine; is enim, ut antea est demonstratum, ἐνέργεια est, ipsque haec ἐνέργεια eius necessario coniunctam secum habet voluptatem (ἡδονὴ ἡ ἐνέργεια b 16, cf. *Eth. N*. VII 15. 1154 b 25), quia voluptas nihil est aliud nisi actionis consummatio et perfectio, cf. *Eth. N*., VII 13. 1153 a 14...".

[28] (**1072 b 17-18**). *Prazer e atividade*. — Vigília, sensação e conhecimento são agradabilíssimos porque são *atividades* e o prazer consiste sempre na atividade. Esperança e lembranças, por sua vez, são prazerosos porque *se referem* à vigília, sensação e conhecimento.

[29] (**1072 b 18-24**). *Deus como atividade autocontemplativa e coincidência de inteligência e inteligível*. — O Movente imóvel *é essencialmente pensamento*, e dado que Ele é o supremo Pensamento, pensa o que há de mais excelente. Mas o que há de mais excelente é Ele mesmo, portanto, *Deus pensa a si mesmo*. O inteligível ou o objeto da divina inteligência será, portanto, a própria Inteligência, pois *a Inteligência e o Inteligível coincidem em Deus*. De fato, o divino, na inteligência, não consiste na capacidade de captar o objeto, mas *na posse atual do objeto*; o inteligível é ato, e, como tal, é anterior à inteligência; essa, de fato, só se atualiza na posse do inteligível. Por isso é impossível que o objeto da inteligência divina seja diferente de si mesma. Consequentemente, Deus é, e necessariamente, *atividade auto-*

contemplativa (= atividade contemplativa da suprema perfeição), e nisso consiste a suprema felicidade.

[30] (1072 b 26). *Deus é vida.* — Note-se: Deus tem vida em sentido forte, no sentido de que é por essência vida (καὶ ζωὴ δέ γε ὑπάρχει): a sua *vida eterna* é a sua *própria atividade de pensamento.* Ser, Pensamento de pensamento e Vida suprema em Deus (no Princípio primeiro e supremo) coincidem. — Este conceito é um dos vértices da *Metafísica* de Aristóteles.

[31] (172 b 27-30). *Deus é vida ótima e eterna.* — Tomás (*In Metaph.*, p. 594 b, § 2544 Cathala-Spiazzi) explica: "... quia dixerat quod Deo competit consideratio, ostendit quomodo se habeat ad eam. Et dicit quod Deus est ipsa vita. Quod sic probat: 'Actus intellectus', idest intelligere, vita quaedam est, et est perfectissimum quod est in vita. Nam actus, secundum quod ostensum est, perfectior est potentia. Unde intellectus in actu perfectius vivit quam intellectus in potentia, sicut vigilans quam dormiens. Sed illud primum, scilicet Deus, est ipse actus. Intellectus enim eius est ipsum suum intelligere. Alioquin compareretur ad ipsum ut potentia ad actum. Ostensum autem est supra, quod eius substantia est actus. Unde relinquitur quod ipsa Dei substantia sit vita, et actus eius sit vita ipsius optima et sempiterna, quae est secundum se subsistens. Et inde est quod in fama hominum dicitur quod Deus est animal sempiternum et optimum. Vita enim apud nos in solis animalibus apparet manifeste. Inde est ergo quod dicitur animal, quia vita competit ei. Quare manifestum est ex praemissis, quod vita et duratio continua et sempiterna inest Deo, quia Deus hoc ipsum est quod est vita sempiterna; non quod aliud sit ipse, et vita eius".

[32] (1072 b 30-34). *Referência aos Pitagóricos.* — Quanto à referência aos Pitagóricos, deve-se observar o seguinte. Ao comentar este testemunho Timpanaro Cardini (*Pitagorici*, III, pp. 94 s.) escreve: "a conexão dessa passagem com o que precede (...) não deve ser entendida no sentido de que os Pitagóricos e Espeusipo concebessem a divindade como sujeita a passar da imperfeição à perfeição, mas só limitada à questão se princípio e perfeição coincidem. Segundo Aristóteles, Pitagóricos e Espeusipo o negavam, mas provavelmente por motivos diferentes; o motivo aqui aduzido, no qual aparece a distinção aristotélica de causa formal-motora e causa final, parece dever ser atribuído só a Espeusipo; os Pitagóricos mais provavelmente terão feito referência ao processo cosmo-genético pelo que era mais razoável pôr a perfeição, isto é, a completude, não no princípio, mas no fim. Em todo caso, não há suficiente motivo para considerar, como pensa Frank, *Sog. Pyth.*, p. 243, que para os Pitagóricos trate-se de uma falsa

atribuição; que entre eles, pelo menos nos do círculo de Filolau, existisse a ideia da gradual perfectibilidade que culminava na dezena, fica claro a partir de *Theol. Arith.*, p. 82, 10 ss. (cf. Philol. A 13, [*Pitagorici*] fasc. II, p. 126), onde também encontramos a conexão com Espeusipo". (Cf. também N 4, 1091 a 33 ss.; 5, 1092 a 11).

[33] (1072 b 34 – 1073 a 3). *Referência a Espeusipo.* — Cf. fr. 34 a, p. 68 Lang = fr. 53, p. 89 Isnardi Parente = F 42 a, pp. 148 s. Tarán. — Bonitz (*Comm.*, p. 503) explica: "Et Speusippus quidem quomodo dicatur bonitatem non summo principio tribuisse, sed eam ὑστερογενῆ posuisse, cognosci potest coll. Z 2. 1028 b 21: Σπεύσιππος δὲ καὶ πλείους οὐσίας ἀπὸ τοῦ ἑνὸς ἀρξάμενος, καὶ ἀρχὰς ἑκάστης οὐσίας ἄλλην μὲν ἀριθμῶν, ἄλλην δὲ μεγετῶν, ἔπειτα ψυχῆς. Haec enim diversa rerum genera Speusippus putandus est non prorsus seiuncta inter se posuisse, sed profecto perfectiora ex simplicioribus et imperfectis repetiit, veluti geometrias magnitudines ex arithmeticis sim., unde prope necessario eo est deductus, ut postremo demum ideoque perfectissimo in genere rerum bonitati suum assignaret locum".

[34] (**1072 b 34 – 1073 a 3**). *O teorema da prioridade do ato sobre a potência e suas implicações.* — Qualquer que seja a dimensão propriamente histórica das doutrinas dos Pitagóricos e de Espeusipo às quais Aristóteles se refere, é claro o que ele teoreticamente pretende dizer: é um erro negar aos princípios beleza e perfeição, e atribuir essas características às coisas que derivam deles. A planta e o animal desenvolvidos, dizem os filósofos acima citados, são *mais belos e mais perfeitos do que o sêmen* (= princípio) do qual derivam e, analogicamente, o homem desenvolvido é mais belo do que o princípio do qual deriva. Mas isso provém de um erro da interpretação do que é princípio. O verdadeiro princípio, de fato, não é o sêmen ou o germe, mas aquele ser, já em ato, do qual esse sêmen ou germe deriva. Desse determinado homem é princípio não o esperma, mas o outro homem do qual o esperma deriva. — O popular dilema: se veio primeiro o ovo ou a galinha, aqui é perfeitamente resolvido; primeiro veio a galinha, da qual este ovo deriva. — O fundamento de todo esse raciocínio é o *teorema da prioridade do ato sobre a potência*. O *prius* deve sempre ser o que é *ato* ou o que *tem mais ato*. — Alguns estudiosos acreditaram poder concluir destas afirmações, que Aristóteles devia possuir o conceito de criação. Como, de fato, teria nascido o "primeiro homem" perfeitamente em ato senão por criação? (cf., por exemplo, Rolfes, *Metaph.*, II, p. 105, nota 55). A resposta é simples: o homem em sentido absoluto *jamais começou a ser*: sempre foi como sempre foram todas as outras coisas. A convicção da eternidade do mundo e das coisas do mundo (apesar da sua

geração e da sua produção) certamente constituiu um dos principais obstáculos para alcançar o conceito de criação por parte de Aristóteles. — Ver a diferente posição de Platão, que sobre este ponto, como outras vezes já destacamos, é muito mais avançada, como demonstramos em *Para uma nova interpretação de Platão* ([2]2004), pp. 521-526, e os vários documentos sobre o *status* ontológico e sobre a função do Demiurgo, que apresentamos nas pp. 373-530. — Esse modo de ver aqui sustentado por Aristóteles é o que há de mais oposto ao moderno *evolucionismo* e *darwinismo*. De fato, o fixismo ontológico das espécies, para Aristóteles, é absoluto.

[35] (**1073 a 3-11**). *Últimas explicações sobre as características da divindade.* — Deus (1) *não tem grandeza*, (2) *não tem partes*, (3) *não é divisível*. De fato, a grandeza ou é infinita ou é finita. Mas uma grandeza infinita não existe, porque, segundo Aristóteles, o infinito em ato não existe. Por isso Deus não pode ser grandeza infinita. Mas Deus tampouco pode ser grandeza finita, porque move por um tempo infinito, e nenhuma grandeza finita pode mover por um tempo infinito. — (2) *Deus não tem partes*, porque as partes implicam grandeza e extensão. Deus não tem grandeza nem extensão. (3) *Deus não é divisível*, pela mesma razão: é divisível, de fato, só o que tem grandeza, extensão e partes. (Os conceitos expressos brevemente aqui, são amplamente discutidos e provados em *Fís.*, VIII 10, *passim*).

[36] (**1073 a 11-12**). *As características de impassibilidade e inalterabilidade de Deus.* — Deus é *impassível* e *inalterável* pela mesma razão pela qual é imóvel. As paixões e as alterações de qualquer gênero implicam movimento ou segundo a substância ou segundo a quantidade; mas Deus não está sujeito a nenhum tipo de movimento; nem mesmo o local, que é primeiro, como vimos acima. Os outros movimentos (segundo a substância, a qualidade e a quantidade) são *posteriores* ao local, e quem é isento dele é *a fortiori* isento daqueles.

8. *Sumário e comentário a Λ 8*

[1] (**1073 a 14 – 1074 b 14**). Sumário. — *Existe uma única substância suprassensível ou existem outras? Os filósofos, a esse problema, não dão nenhuma resposta, ou deram algumas muito imprecisas. Será preciso analisar a questão profundamente. Existe, (como se viu), um primeiro móvel (céu das estrelas fixas, cujo movimento produz a sucessão de dia e noite), e ele é movido pelo Primeiro movente. Mas, além do movimento do céu das estrelas fixas, existem os*

movimentos dos planetas, que também são eternos; esses movimentos postulam substâncias suprassensíveis e eternas que os movam. — Quantas são essas substâncias? Tantas quantos os movimentos. E quantos os movimentos? Uma única esfera basta para mover as estrelas fixas; contudo para os planetas não só não bastam tantas esferas quantos são os planetas, mas, para explicar algumas "irregularidades" e certas "mudanças de posição" que neles se encontram, deve-se supor diversas esferas para cada um, cujos movimentos, combinando-se, dão lugar à resultante que "observamos". — Quantas são, então, para cada um deles as esferas necessárias para explicar o movimento? Eudoxo considerou necessárias três esferas para a Lua, três para o Sol, e quatro para cada um dos outros planetas, portanto, no total, vinte e seis esferas. Calipo considerou necessário aumentar de mais duas as esferas da Lua e do Sol, de mais uma as de Marte, Vênus e Mercúrio, chegando assim ao total de trinta e três esferas. — Mas, às esferas de Calipo, (diz Aristóteles), deve-se acrescentar toda uma série com movimento contrário, para neutralizar o influxo dos movimentos de um planeta sobre os movimentos do seguinte; a Lua, como último planeta, não exige nenhuma, Saturno e Júpiter exigem três e todos os outros planetas exigem quatro: no total as esferas aumentam de vinte e duas e atingem assim o número de cinquenta e cinco (as trinta e três de Calipo e as vinte e duas de Aristóteles com movimento contrário). — Se são cinquenta e cinco as esferas, serão cinquenta e cinco as substâncias suprassensíveis moventes, nem mais nem menos, porque não podem subsistir outros movimentos celestes, além destes que são ordenados ao movimento dos astros, nem podem subsistir substâncias suprassensíveis que (sendo perfeição e, por isso, exercendo atração a modo de fim) não produzem movimento. — A multiplicidade dos movimentos e dos moventes não exclui a unidade do Céu. De fato, uno e único é Deus (as substâncias moventes não são deuses iguais ao primeiro Deus): único, portanto, o Céu que dele depende. Que os céus sejam eternos e que eles dependam de algo divino os homens compreenderam desde os tempos mais antigos e, como uma relíquia, transmitiram aos pósteros em forma de mito. Contudo, por trás do mito permanece a perene validez do seu sentido de fundo.

[2] *Algumas observações essenciais sobre* Λ 8. — Esse capítulo (cuja autenticidade no passado foi posta em questão por alguns) constitui como que o pomo de discórdia da *Metafísica*. Foi sobretudo Jaeger quem levantou uma série de dificuldades (na realidade, como veremos, inconsistentes), a partir das quais ele acreditou dever concluir que o capítulo não foi escrito junto com o resto do livro Λ (considerado por ele muito antigo), mas que remonta ao último período da vida de Aristóteles, e que foi inserido aqui

por algum editor. Assim Λ 8 romperia a linha de pensamento de Λ e, porque inspirado em pensamentos totalmente diferentes, sobretudo com a doutrina dos cinquenta e cinco moventes, suscitaria insuperáveis contradições com a doutrina do Movente imóvel único sustentada no resto do livro. — Os argumentos aduzidos por Jaeger (acolhidos por muitos estudiosos) são numerosos. — (1) Em primeiro lugar, existe diversidade de estilo entre Λ e Λ 8: Λ é escrito em estilo fragmentário, Λ 8 seria, ao contrário, refinado. — (2) Diversa seria a concepção da metafísica e do seu método em Λ e em Λ 8 (em Λ Aristóteles contentar-se-ia com o *provável*, e não consideraria mais a metafísica baseada no necessário). — (3) Λ 8 interromperia o discurso entre Λ 7 e Λ 9. — (4) A doutrina de Λ 8 é retomada e criticada por Teofrasto, na sua *Metafísica*, o que prova a sua formulação tardia. — (5) Expondo a teoria de Calipo, Aristóteles usa o imperfeito ἐτίθετο (1073 b 33), sinal de que Calipo já havia morrido e, portanto, de que Aristóteles não escrevia antes de 330-325. — (6) Haveria, enfim, um trecho em Λ 8 (1074 a 31-38) que interromperia o nexo gramatical com o que precede e voltaria à teoria do movente único: pois bem (diz Jaeger), esta passagem é uma nota de Aristóteles feita talvez para reafirmar a unidade do universo e inserida no lugar onde a lemos pelos editores. — Discutimos amplamente essas perspectivas de Jaeger no nosso volume *Teofrasto...*, pp. 105-133 = *Il conc. di filos. prima*[5] (1993), pp. 296-317, e, dada a complexidade das argumentações que não podem ser reproduzidas aqui, remetemos o leitor àquelas páginas. As nossas conclusões são as seguintes. — (1) O argumento do estilo não tem nenhum fundamento: pense-se no fato de que a inovação de Calipo é resumida em sete linhas (e seria justamente aquela reforma que, com as discussões levantadas no Perípato, teria levado à inovação da teologia aristotélica!). O estilo de Λ 8 é seco e nervoso como no resto do livro; cf. *Teofrasto...*, pp. 112-115 = *Il conc. di filos. prima*[5] (1993), pp. 301-303. — (2) De Λ 8, 1073 b 3-8 extrai-se claramente que o objeto da filosofia primeira é a substânia eterna suprassensível, como no resto do livro. Em Λ 8, 1073 a 23 – 1073 b 3-8 é reafirmado, pelo menos quatro vezes, o caráter *necessário* da argumentação metafísica enquanto o provável é referido somente aos raciocínios astronômicos: fr. Λ 8, 1073 b 10-13; 1074 a 23-25, e, consequentemente, explica-se 1074 a 14-17; cf. *Teofrasto...*, pp. 116-119 = *Il conc. di filos. prima*[5] (1993), pp. 304-308. — (3) Λ 8 não interrompe o discurso, mas prossegue imediatamente de Λ 7 a Λ 9; cf. a nota 2 do capítulo seguinte; cf. *Teofrasto...*, pp. 120-121 = *Il conc. di filos. prima*[5] (1993), pp. 308 s. — (4) Teofrasto retoma não só Λ 8, mas cita Λ 1 e Λ 7 e mostra que lê o livro Λ da mesma maneira que nós o lemos; cf. *Teofrasto...*, pp. 127-133 = *Il conc. di filos. prima*[5] (1993), pp. 313-317. — (5) As deduções jaegerianas, baseadas sobre o imperfeito usado por Aristóteles ao referir-se a Calipo, são muito prováveis; mas ao cair os outros argumentos, e com as confirmações dos argumentos apontados nos números precedentes, eles devem ser estendidos a todo o livro; cf. *Teofrasto...*, pp. 107-112 = *Il conc. di filos. prima*[5] (1993), pp. 296-300. — (6) O trecho Λ 8, 1074 a 31-38 não se explica quando se parte só dos pressupostos de Jaeger; cf. *Teofrasto...*, pp. 121-127 = *Il conc. di filos. prima*[5] (1993), pp. 309-313. Será oportuno ler também os primeiros capítulos da *Metafísica* de Teofrasto (pp. 165-174 da nossa tradução), muito iluminadores.

[3] (**1073 a 23-25**). *Em que sentido o Princípio primeiro é imóvel também* κατὰ συμβεβηκός. — Ele não tem nem sequer aqueles movimentos acidentais, que, por exemplo, tem a alma (*Da alma*, I 4, 408 a 30-34), quando, por exemplo, o corpo do qual ela é forma se move.

[4] (**1073 a 25**). *O movimento primeiro*. — É o movimento do primeiro céu ou esfera das esferas fixas.

[5] (**1073 a 31-32**). Cf. *Fís.*, VI 8-9; *Do céu*, II 2, B, 3-8.

[6] (**1073 a 26-34**). *Os motivos pelos quais Aristóteles introduziu uma multiplicidade de moventes*. — Eis as razões que levaram Aristóteles a admitir a multiplicidade dos moventes. — (1) Vemos que existe um *movimento uniforme, circular e eterno* (o movimento do céu das estrelas fixas); esse movimento, como vimos, só se explica admitindo a existência de um Princípio primeiro, imóvel e eterno que o produza; ademais, o movimento do primeiro céu é *único* e *único* será também o Movente. — (2) Mas (este é o ponto decisivo para compreender a questão sobre a qual raciocinamos), *nós vemos que existem, além do movimento do primeiro céu, outros movimentos de translação eternos*, que são os *movimentos circulares dos planetas*. Ora, com base no princípio estabelecido de que qualquer coisa movida é movida necessariamente por algo imóvel, Aristóteles deve explicar todos esses movimentos introduzindo tantos moventes quantos são os movimentos. Além disso, como os movimentos dos planetas são eternos, os moventes que os produzem serão, além de imóveis, eternos.

[7] (**1073 a 34 – b 1**). *Os Moventes são substâncias suprassensíveis eternas*. — Demonstrada a existência de múltiplos moventes imóveis eternos, Aristóteles prova agora que esses moventes só podem ser substâncias. Os astros são por si substâncias, precisamente (como já dissemos) são *substâncias sensíveis eternas* (*sensíveis* porque são vistos, *eternas* porque feitas

de éter incorruptível) e são movidos de maneira circular. Ora, em geral, o movente é sempre anterior relativamente ao que é movido, portanto, os moventes dos astros são anteriores relativamente aos astros; e ainda, o que é anterior a uma substância é necessariamente uma substância. Portanto, *existem tantas substâncias quantas são necessárias para explicar os movimentos dos astros*. Essas substâncias serão *eternas*, porque o movimento que produzem é eterno; *imóveis*, porque o imóvel é o princípio primeiro do movimento, com base na doutrina acima estabelecida; *sem grandeza*, porque movem por um tempo infinito e nenhuma grandeza é infinita, e além disso, nenhuma grandeza finita tem força infinita.

[8] (1073 b 1-3). *Estrutura hierárquica própria das substâncias suprassensíveis*. — Estabelece-se aqui também o princípio do ordenamento hierárquico dessas substâncias. Os planetas têm uma *determinada ordem*: são dispostos entre a terra e o primeiro céu, um acima do outro. A *ordem das substâncias moventes deve, portanto, ser a mesma das substâncias que elas movem (ou seja, das esferas celestes)*, e, evidentemente, também a sua dignidade deve ser maior ou menor segundo o grau que ocupam nessa ordem. Sobre a unidade da estrutura hierárquica das substâncias motoras, ver o *Ensaio introdutório*, pp. 117-120.

[9] (1073 b 3-5). *Critério com o qual Aristóteles estabelece o número das substâncias suprassensíveis*. — Até aqui Aristóteles demonstrou que existem numerosas substâncias suprassensíveis, mas ainda não demonstrou quantas são exatamente. Agora ele explica o critério pelo qual se resolverá esta questão. Qual a ciência que estuda o movimento dos astros? A astronomia. A astronomia, portanto, deverá dizer quantos movimentos ou esferas celestes existem, e, com base no princípio metafísico que foi estabelecido acima, concluir-se-á, consequentemente, que *as substâncias sobre as quais raciocinamos são tantas quantos são os movimentos*.

[10] (1073 b 5-8). Cf. a respeito disso, o que notamos em *Il conc. di filos. prima*[5] (1993), p. 260 e 303 ss.

[11] (1073 b 8-10). *Por que se impõem diversas esferas para explicar o movimento dos planetas*. — Para a compreensão deste ponto tenha-se presente o seguinte. Aristóteles e os antigos consideravam que os astros e os céus moviam-se segundo movimentos circulares perfeitos. Ora, vemos as estrelas fixas moverem-se com um movimento circular perfeito e regularíssimo; não assim os planetas, os quais, nos seus movimentos, não mantinham sempre idêntica posição relativamente às outras estrelas. Esse fato foi sucessivamente explicado com base no movimento elíptico dos corpos celestes; sem

esse conceito, para poder manter o princípio da circularidade perfeita dos movimentos celestes, não podendo explicar o movimento dos astros só com o movimento circular, os astrônomos gregos da era clássica *supuseram que, para cada astro, existiam diversas esferas, cujos movimentos, combinados entre si, deveriam explicar o movimento dos astros que constatamos*.

[12] (**1073 b 11-12**). *Referência da expressão* ἐννοίας χάριν *aos problemas astronômicos.* — Esta expressão implica probabilidade mais que necessidade. Ela é expressamente referida só às concepções astronômicas *e não às concepções metafísicas*, como demonstramos em *Teofrasto...*, pp. 116 ss., agora em *Il conc. di filos. prima*[5] (1993), pp. 304-308.

[13] (**1073 b 17-32**). *Eudoxo de Cnido.* — Viveu na primeira metade do séc. IV a.C. e foi discípulo de Arquita e de Platão. A ele deve-se (entre outras coisas) a primeira tentativa sistemática e precisa (para a qual certamente contribuíram, de vários modos, as sugestões das doutrinas dos seus mestres) do sistema de movimento das diversas esferas para explicar o movimento (aparentemente irregular) dos planetas. Sobre o sistema astronômico de Eudoxo cf. o denso comentário de Ross, *Metaph.*, II, pp. 385 ss. A fonte à qual nos referimos para reconstruir o sistema de Eudoxo é o comentário de Simplício ao *De caelo* (pp. 448, 18-23; 493, 4 - 506, 18 Heiberg), que extraiu do peripatético Socígenes, o qual, por sua vez, deve ter-se remetido à informada *História da astronomia* de Eudemo. — Consideramos inoportuno entrar nos particulares técnicos, que comportariam longuíssimos esclarecimentos sobre toda uma série de problemas astronômicos, com poucas vantagens para a compreensão do objetivo da passagem aristotélica aqui comentada, que não é de caráter propriamente astronômico, mas metafísico, ou seja, tende a estabelecer o número das substâncias suprassensíveis. Portanto, limitar-nos-emos ao núcleo filosófico do texto, pondo entre parêntesis a digressão astronômica. O leitor que queira entrar nos particulares técnicos da astronomia antiga deve começar por ler Ross e as monografias específicas por ele indicadas. — Eudoxo, portanto, na sua sistematização, introduziu 27 esferas. Para explicar o movimento das esferas fixas, basta uma, porque elas têm um movimento perfeitamente regular: estão fixadas na primeira esfera (a que constitui a extremidade do universo), que as transporta no seu giro. Para explicar os movimentos dos sete planetas, ao invés, seriam necessárias 26: 3 para a Lua, 3 para o Sol, 4 para Mercúrio, 4 para Venus, 4 para Marte, 4 para Júpiter e 4 para Saturno. Das combinações dos movimentos dos vários grupos de esferas derivaria, como resultado, o movimento do planeta que nós vemos.

[14] (**1073 b 32-38**). *Calipo de Cítio.* — Foi discípulo de Eudoxo. O seu *floruit* é posto em torno a 330. Simplício (*In De Caelo*, p. 493, 5-8 Heiberg) diz que as correções que ele trouxe ao sistema de Eudoxo nasceram de discussões feitas com Aristóteles. — O fato de Aristóteles usar, com relação a ele, um tempo passado, como se disse (cf. *supra*, nota 2), indica que essas páginas são posteriores à morte de Calipo e remontam à última produção de Aristóteles. Mas o argumento de Jaeger, se vale, deve valer para todo o livro Λ! — Calipo considera que deve corrigir a doutrina do mestre levando de 3 para 5 as esferas de Vênus e de Marte; para Saturno e para Júpiter manteve as 4 esferas de cada um. Calipo levou assim o total das esferas de 26 para 33 (34 se incluirmos também a esfera das estrelas fixas).

[15] (**1073 b 38 – 1074 a 12**). *As modificações introduzidas por Aristóteles na tese de Calipo.* — Aristóteles, por sua vez, aceitou a perspectiva de Calipo, mas trouxe uma ulterior e importante correção, aumentando ainda o número das esferas. Ele pensou que seria necessário um certo número de esferas *movendo-se em sentido contrário às outras*, e intercaladas com as outras, *de modo a neutralizar*, por assim dizer, *o influxo das esferas de cada um dos planetas sobre as esferas do planeta situado logo abaixo* (o movimento resultante das esferas de Saturno influiria sobre o movimento das esferas de Júpiter, o movimento deste, por sua vez, sobre o do planeta que está logo abaixo, e assim por diante) *e de modo a restabelecer e manter continuamente o equilíbrio e a harmonia perfeita*. Essas esferas que se movem em sentido contrário seriam *tantas quantas as que se movem em sentido normal para cada planeta, menos uma para cada grupo, exceção feita para as esferas da Lua, cujo influxo não precisa ser neutralizado por tratar-se do último grupo de esferas do último dos planetas*. Assim, às 33 esferas de Calipo, devem ser acrescentadas 22, e

Planetas	número de esferas segundo Eudoxo	número de esferas segundo Calipo	número de esferas segundo Aristóteles
Saturno	4	(+ 0) 4	(+ 3) 7
Júpiter	4	(+ 0) 4	(+ 3) 7
Marte	4	(+ 1) 5	(+ 4) 9
Vênus	4	(+ 1) 5	(+ 4) 9
Mercúrio	4	(+ 1) 5	(+ 4) 9
Sol	3	(+ 2) 5	(+ 4) 9
Lua	3	(+ 2) 5	(+ 0) 5
Total	26	(+ 7) 33	(+ 22) 55

alcança-se desse modo o número de 55. Eis o quadro comparativo que resume o número e a divisão das esferas segundo Eudoxo, Calipo e Aristóteles.

[16](1074 a 12-14). *Uma possível variação na contagem das esferas.* — Aristóteles, provavelmente, ao destacar essa possível diminuição do número das esferas, sublinha o seguinte raciocínio. As esferas, segundo os nossos cálculos, são 55. Alguém poderia negar a necessidade de acrescentar as 2 esferas ao Sol e as 2 à Lua propostas por Calipo e, consequentemente, também as 4 com o movimento contrário acrescentadas por Aristóteles ao Sol. Nesse caso, às 5 esferas deveriam ser subtraídas 2 + 2 + 4, ou seja, 8, e 55 – 8 = 47. Para outras interpretações cf. Ps. Alexandre, *In Metaph.*, pp. 705, 5 – 706, 15 Hayduck (o qual propunha três diferentes soluções); Schwegler, *Metaph.*, IV, p. 279; Bonitz, *Comm.*, p. 510; Ross, *Metaph.*, II, p. 393 s.; Tricot, *Métaph.*, II, p. 693, nota 4.

[17](1074 a 14-17). *Conclusões do raciocínio.* — Eis, finalmente, as conclusões de caráter metafísico, em vista das quais Aristóteles introduziu a digressão astronômica: se 55 são as esferas, de igual número serão as substâncias motoras. — Note-se que aqui, na linha 16, o termo εὔλογου refere-se ao *número exato* das substâncias imóveis ou inteligências moventes a ser admitido. É *necessário* admitir para cada esfera em movimento uma substância movente, e, portanto, é *necessário* que essas substâncias moventes sejam tantas quantos são os movimentos, mas porque o número estabelecido (com base em raciocínios astronômicos) dos movimentos é razoável, mas não indiscutível, consequentemente será razoável também a admissão do número exato das substâncias imóveis. O que *não põe absolutamente em questão a necessidade do raciocínio metafísico* sobre o princípio de base, que é o seguinte: toda esfera em movimento exige *necessariamente* um movente, e portanto, *necessariamente* tantos são os moventes quantos são os movimentos (razoável permanece a conclusão sobre o *número* dos movimentos e, portanto, também o consequente cálculo exato dos moventes, pelo menos na medida em que depende do cálculo astronômico: mas "razoável", e não absolutamente "necessário", é só o que depende justamente dos raciocínios astronômicos).

[18](1074 a 17-31). *Só existem os movimentos celestes necessários a mover os astros.* — Aristóteles reafirma, fornecendo uma prova ulterior, a tese segundo a qual é *necessário* que as substâncias moventes sejam tantas quantos são os movimentos, e que, portanto, é razoável admitir o número de movimentos acima indicado. — As substâncias suprassensíveis, que são, cada uma, *bem* e *perfeição*, são, por isso mesmo, *fins*. Cada uma produz, consequentemente (analogamente ao Primeiro movente), um movimento diferente. Ora, todos esses movimentos são ordenados ao movimento dos

astros, e, como vimos, existem tantos quantos são necessários para explicar o movimento dos astros, nem mais, nem menos. De igual número, portanto, *necessariamente*, são as substâncias suprassensíveis moventes. — Poder-se-ia objetar: não podem existir outras translações, além daquelas ordenadas aos movimentos dos astros, tendo como fim a si próprias, ou ainda, não poderiam existir outros movimentos? A objeção carece de fundamento; de fato (1) nenhum movimento tem por fim a si mesmo e tende sempre a mover alguma coisa; (2) se um movimento fosse ordenado a produzir outro movimento, então este deveria, por sua vez, mover um corpo (de fato, um procedimento ao infinito de movimento que produz movimento, que produz outro movimento, e assim por diante, é absurdo). (3) Portanto, os movimentos celestes só podem ter como fim o movimento dos astros.

[19] (**1074 a 31-38**). *Unicidade do Deus supremo e unicidade do Universo.* — Estabelecido o número de substâncias suprassensíveis, Aristóteles (para evitar equívocos que poderiam surgir da afirmação da pluralidade dessas substâncias, bem como dos movimentos celestes), reafirma *a unidade de Deus* e a *unicidade do céu e do universo.* — Eis o raciocínio. O céu é movido, na sua totalidade, pelo Movente primeiro e absoluto (Deus); ora, se existissem mais céus e não um só, deveriam existir outros tantos Moventes primeiros absolutos (outros tantos Deuses supremos). Mas isso é absurdo. De fato, esses Moventes primeiros absolutos deveriam ser todos *idênticos por essência*, mas *diversos em número* (não um, mas muitos). Ora, só podem existir coisas idênticas por essência e distintas em número quando existe matéria (a matéria é o princípio da multiplicidade). Mas Deus, como vimos, é *ato puro, forma e essência pura sem qualquer matéria*. Portanto, *Deus só pode ser único*. Se, portanto, Deus é único, também o céu é necessariamente único. — Objeção: como conciliar as afirmações que Aristóteles faz aqui, com a proclamada multiplicidade das substâncias suprassensíveis? Se estas são 55, como distinguem-se uma da outra? Não é difícil responder: (1) todas distinguem-se de Deus porque são *inferiores* a Ele; (2) entre elas, ulteriormente, as substâncias distinguem-se porque são, por sua vez, *subordinadas uma à outra, inferiores uma à outra segundo a ordem de sucessão das esferas*; (3) as substâncias suprassensíveis são, portanto, não só *numericamente distintas umas das outras*, mas também *especificamente distintas* (cada uma constitui uma forma ou essência única e distintas das outras, não havendo nenhuma matéria que as possa diferenciar). — Para um aprofundamento desse ponto ver o ensaio de Ph. Merlan, *Aristotle's unmoved Movers*, in "Traditio", IV (1946), pp. 1-30 e a nota de Festugière, *Les premiers moteurs d'Aristote*,

in "Revue philos. de la France et de l'Etranger", 139 (1949), pp. 66-71; cf. também o nosso *Teofrasto*..., pp. 123-126 e nota 41 = *Il conc. di filos. prima*[5] (1993), pp. 310-313 e nota 214, onde damos outras indicações. — Aqui é preciso ter bem presente aquela estrutura hierárquica da realidade que Aristóteles recebeu amplamente de Platão, como evidenciamos no *Ensaio introdutório*, pp. 246-250. — Na linha 35 acolhemos a proposta feita por Jaeger no aparato crítico (p. 258): "δὲ εἷς Aristoteli abiudicat Christ: fort. Σωκράτης δὲ <καὶ Καλλίας οὐχ> εἷς scil. ἀριθμῷ; cf. 32-33".

[20] (**1074 b 3**). *Os significados de* οὗτοι. — Não é totalmente claro a que se refira este οὗτοι. (1) Alguns pensam que Aristóteles refere-se aos corpos celestes (cf. Schwegler, *Metaph.*, IV, pp. 282 s.; Bonitz, *Comm.*, p. 513; Ross, *Metaph.*, II, p. 395). (2) Outros pensam que Aristóteles refere-se às *esferas celestes* (Ps. Alexandre, *In Metaph.*, p. 709, 28 Hayduck). (3) Outros, enfim, consideram que estão em causa as *Inteligências moventes* dos céus (cf. Mansion in "Revue néoscol. de philos.", 1938, p. 442 e Tricot na segunda edição da *Métaph.*, II, p. 698, nota 3). — Consideramos a primeira exegese como a mais provável e óbvia. Ulteriores aprofundamentos em *Teofrasto*..., pp. 126 s. = *Il conc. di filos. prima*[5] (1993), p. 313.

[21] (**1074 b 10-13**). *Processo cíclico da história do mundo e do cosmo.* — Para bem compreender esta passagem, é preciso ter bem presente o fr. 8 Ross (= 13 Rose) do *De philos*. Segundo Aristóteles, em intervalos regulares, ocorrem cataclismos que destróem quase toda a humanidade. Os poucos sobreviventes, tendo perdido no cataclismo quase todos os frutos da civilização, recomeçam lentamente a reconstrução da mesma. Ver o citado fr. 8 do *De philos*. (= Synes., *Calvit. Enc.*, 22, 85 c; Philop., *In Nicom. Isagog.*, I 1) e o amplo comentário em Untersteiner, *Aristotele, Della filos.*, pp. 119-132. Cf. também *Do céu*, I 3, 270 b 19; *Meteor.*, I 1, 339 b 25; etc. — Já Platão no *Timeu* (21 D – 25 D) exprime essa convicção. — A ideia central aqui expressa por Aristóteles é a seguinte. A convicção popular que considera os astros deuses tem um profundo núcleo de verdade e é como uma relíquia daquela verdade última, como uma divina inspiração, que, mesmo atravessando os periódicos cataclismos, não se destrói. Os acréscimos e as variações míticas àquele núcleo de verdade compõem a religião, de onde o antropomorfismo e até mesmo a zoolatria (por exemplo dos Egípcios). Em todo caso, aquele núcleo de verdade não pode ser desconhecido e Aristóteles o cita aqui como selo (muito sugestivo) das próprias convicções.

[22] *Algumas observações conclusivas sobre* Λ 6-8. — Tracemos agora as conclusões de conjunto, que brotam das teses afirmadas por Aristóteles

neste e nos precedentes capítulos. — (1) Deus ou Movente imóvel primeiro e absoluto é um e único. — (2) Por ser único, o céu e o universo que dele dependem também são únicos. — (3) Deus move *diretamente* o primeiro céu (das estrelas fixas), mas *de maneira mediada* também todo o mundo: tanto o céu como a natureza (cf. cap. 6 "desse Princípio dependem o céu e a natureza"). — (4) Com base nos seus pressupostos, na falta do conceito de criação, e considerando que Deus não se ocupa do mundo, absorvido em pensar a si mesmo, Aristóteles só poderia explicar o complexo sistema dos movimentos das 55 esferas (supostas por ele para explicar os movimentos dos corpos celestes), introduzindo um igual número de substâncias moventes. De fato: (*a*) uma explicação puramente mecânica não concordaria com o seu finalismo, e estaria em flagrante contradição com a explicação do movimento do primeiro céu a partir do primeiro movente; (*b*) uma explicação que deduzisse os movimentos de todas as esferas da causação operada pelo Primeiro movente seria impossível, porque, dada a uniformidade e a identidade dela, não seria possível explicar a diversidade (e também a multiplicidade) daqueles. Não lhe restava, portanto, senão a via que seguiu: se são 55 as esferas, serão 55 as substâncias moventes, *que movem de maneira análoga ao Primeiro movente.* — (5) As 55 substâncias moventes são *inferiores* a Deus e também *hierarquicamente inferiores umas às outras*, segundo a ordem das esferas que movem. — (6) Daqui surge uma série de problemas, que Aristóteles deixou sem solução, e que nem sequer levantou. (A) *Qual é a precisa relação entre as 55 substâncias suprassensíveis e Deus?* (*a*) É certo que elas pensam Deus (se o homem pensa Deus, *a fortiori* o pensarão essas substâncias); por outro lado, é claro que, não sendo elas o ótimo absoluto, como todas as outras coisas (porém de modo mais perfeito) tenderão a adequar-se a Ele. (*b*) Mas, por sua vez, Deus pensa essas substâncias? Se Deus conhece, como vimos, os princípios das coisas, evidentemente conhece também essas substâncias. *Mas qual é a relação efetiva que deve subsistir entre ele e elas, se todos os movimentos são ordenados de maneira harmônica e perfeita?* Este problema não encontra resposta no que escreveu Aristóteles. Com base no que Aristóteles disse, o problema não tem resposta. (B) *Qual é a precisa relação (a) entre Deus e o primeiro móvel e (b) entre cada uma das substâncias moventes e a própria esfera?* Aristóteles diz que elas movem como "fins", sendo bens e perfeições, *mas como podem as esferas sentir essa perfeição e ser solicitadas por ela*? No *De caelo* (p. 292 a 18 ss. e 292 b 1) Aristóteles atribui aos planetas também *uma alma*; assim, se todas as esferas fossem animadas, seria explicada, pelo menos parcialmente, a sua capacidade de compreender e de serem atraídas pela perfeição. Portanto, além do Primeiro motor e das 55 substâncias motoras, seria preciso admitir *uma alma para o primeiro céu e 55 almas para as outras 55 esferas*. Ver o que dissemos a respeito disso no *Ensaio introdutório*, pp. 249 ss.

9. *Sumário e comentário a Λ 9*

[1] **(1074 b 15 – 1075 a 10)**. Sumário. — *Foi dito que Deus e a sua vida são inteligência e pensamento. Mas, a respeito disso surgem dificuldades e problemas.* (a) *Que pensa a inteligência divina?* (b) *Qual é a natureza do pensar divino?* (c) *Como pode pensar a si mesmo?* (d) *É simples ou complexo o objeto do pensar divino?* — (a) *É evidente que, se Deus é pensamento, não pode pensar nada, pois nesse caso seria como alguém que dorme. Ademais, é evidente que o Intelecto divino não pode depender de coisa superior, porque, nesse caso, não seria a substância mais excelente. O intelecto só pensa o que é de mais divino, e isso só é o que não muda; toda mudança é para o pior, e esse movimento implicaria também, em certo sentido, um movimento em Deus, enquanto Deus é absolutamente imóvel.* — (b) *A natureza do pensar divino é ato puro com exclusão de qualquer forma de potencialidade: se não fosse assim, a continuidade do pensar implicaria uma fadiga, o que é absurdo em Deus. Ademais, se não fosse assim, o inteligível, que faz a inteligência passar ao ato, seria mais digno de honra do que a própria inteligência, e esta não seria o que existe de mais excelente.* — (c) *A inteligência divina, sendo o que há de mais excelente, só pode pensar a si própria: ela é pensamento de pensamento. A coincidência entre pensar e pensado, em Deus, é possível porque tudo o que não tem matéria admite a coincidência na noção, e Deus é absolutamente imaterial. A inteligência divina é, portanto, uma coincidência com o objeto do seu pensar.* — (d) *O objeto do pensamento divino é simples; a sua imaterialidade implica, necessariamente, a sua simplicidade. Por outro lado, a própria inteligência humana alcança o seu optimum não no conhecimento discursivo das partes, mas no conhecimento compreensivo do todo, e na intuição da unidade das coisas; a fortiori, o mesmo deve valer de Deus. A inteligência divina pensa a si mesma na sua simplicidade e unidade por toda a eternidade e nisso está o seu bem.*

[2] *A ligação de Λ 9 com os precedentes capítulos.* — Note-se: este capítulo, segundo alguns, como já dissemos, ligar-se-ia *imediatamente* ao sétimo, de

modo que o capítulo oitavo inserir-se-ia entre o sétimo e o nono como um corpo estranho. Mas quem sustenta essa tese não percebeu o exato esquema da segunda parte do livro, que se mostra, num exame isento de paixões, do seguinte modo. Os capítulos Λ 6 e 7 demonstram, respectivamente, a existência e a natureza do Movente imóvel; Λ 8 demonstra a multiplicidade dos moventes, já preanunciada de algum modo, em Λ 6; Λ 9 volta a Λ 7, mas só para resolver algumas dificuldades teoréticas. "Quanto a inteligência surgem algumas *dificuldades*...": assim começa explicitamente o capítulo. Λ 10, depois de uma breve solução do problema do modo de ser do bem (existência transcendente e imanente ao mesmo tempo), resolve algumas dificuldades de índole *histórica ou histórico-teorética*: "Não se deve ignorar todos *os absurdos e contrasensos em que caem os que pensam diferente de nós*". — Portanto, o plano da segunda parte do livro segue um desenho bastante claro e lógico, para quem conhece os métodos do Estagirita. De fato, (*a*) demonstra-se a existência de um princípio primeiro, movente imóvel: Λ 6; (*b*) determina-se a sua natureza como pensamento de pensamento, vida ótima e eterna, ato puto, etc.: Λ 7; (*c*) demonstra-se que devem necessariamente existir outras substâncias suprassensíveis e tenta-se determinar quantas são: Λ 8; (*d*) passa-se, enfim, a resolver algumas dificuldades teoréticas relativas ao pensamento divino: Λ 9; e a resolver algumas dificuldades históricas (as opiniões erradas dos precedentes filósofos) relativas aos princípios primeiros: Λ 10. — As dificuldades de Λ 9 são puramente teoréticas, porque, tratando-se do *pensamento de pensamento*, evidentemente, não existiam opiniões de precedentes pensadores a respeito a serem refutadas (dado que nenhum, antes de Aristóteles, tinha chegado a esse conceito); ao contrário, as dificuldades de Λ 10, relativas em geral aos supremos princípios, a respeito dos quais também outros filósofos tinham especulado, são, justamente por essa razão, discutidas com base histórica. O ordenamento da segunda metade do livro fica, desse modo, satisfatoriamente explicado.

[3] (**1074 b 16**). *Significado da expressão* τῶν φαινομένων θειότατον — Bonitz esclarece perfeitamente o modo como deve ser entendida a expressão (*Comm.*, p. 515). As coisas divinas que a nós (aos nossos sentidos) "se manifestam" são os *corpos celestes* (já vimos esse conceito expresso no final do precedente capítulo). Ora, diz Aristóteles, a inteligência *divina é muito mais divina do que os corpos celestes* que se manifestam a nós.

[4] (**1074 b 17**). *Os problemas discutidos em* Λ 8 (τινάς κυσχοδίας). — Tricot distingue as dificuldades discutidas nesse capítulo nas seguintes seis: (1) A Inteligência não pensa nada? (linhas 17-18); (2) pensa algo

diferente de si? (linhas 18-21, 28-33); (3) que pensa? (linhas 21-27, 33-35); (4) como pode pensar a si mesma? (linhas 35 e 36, 38 - a 5); (5) a sua excelência é devida ao pensar ou ao objeto pensado? (linha 37); (6) o seu objeto de pensamento é composto? (linha 1075 a 5 *ad finem*) (cf. *Métaph.*, II, p. 699 nota). Mais simplesmente, ao nosso ver, esses problemas podem ser reduzidos aos seguintes três: (1) *que pensa a Inteligência?* (2) *qual é a natureza do pensar divino e de que modo a Inteligência pode pensar a si mesma?* (3) *é simples ou não o objeto do pensamento divino?*

[5] **(1074 b 17-18)**. *Impossibilidade de que a Inteligência divina não pense.* — É evidente o absurdo que derivaria da afirmação de que o intelecto divino não pensa: se assim fosse, ele estaria como adormecido e, assim, esvair-se-ia a sua majestade divina.

[6] **(1074 b 18-21)**. *Por que a Inteligência não pode depender de outro.* — Se o intelecto divino dependesse de algo superior, como, por exemplo, o intelecto passivo humano depende do ativo, ele não seria *essencialmente pensamento em ato*, mas só *potência para pensar*. Assim, o intelecto não seria a substância mais excelente, mas outra da qual ele depende.

[7] **(1074 b 21-27)**. *Primeiro momento da solução do primeiro problema: que pensa a Inteligência?* — Resposta: enquanto o intelecto é o que há de mais divino, *pensa o que há de mais divino, e o que há de mais divino é o que não muda.* Se o intelecto pensasse o que muda, ele também mudaria com o seu objeto, e se mudasse seria sempre para pior (de fato, não poderia mudar para melhor dado que não existe "o melhor" além d'Ele). Ademais, o movimento que a suposta mudança do objeto do pensamento divino implica não seria compatível com a absoluta imobilidade de Deus.

[8] **(1074 b 28-29)**. *Primeiro momento da solução do segundo problema: qual é o modo de pensar da Inteligência divina?* — Resposta: *deve ser um modo de pensar que por essência seja ato*, porque, se não fosse assim, a continuidade do pensar constituiria uma fadiga (todas as coisas que implicam potência, para passar ao ato e para manter-se constantemente nele exigem fadiga), o que é absurdo em Deus.

[9] **(1074 b 29-33)**. *É melhor não ver do que ver certas* coisas. — É preciso ter presente esta afirmação em vista da solução do problema da "onisciência" do Deus de Aristóteles (cf. *Ensaio introdutório*, pp. 120-122 e 229-232; ver também a nota 15, abaixo).

[10] **(1074 b 32-35)**. *Segundo momento da solução do segundo problema: qual é o modo de pensar da Inteligência divina?*— Resposta: *é um modo de pensar essencialmente em ato porque, se não fosse assim o inteligível*, isto

é, o objeto do seu pensamento, *seria melhor*, enquanto o modo de pensar passaria ao ato em virtude do inteligível e então, não a inteligência, mas o inteligível seria o que há de mais divino e excelente.

[11] (1074 b 33-35). *Momento definitivo da solução do primeiro problema: que pensa a Inteligência?* — Resposta: a Inteligência pensa a si mesma, portanto é inteligência de inteligência ou pensamento de pensamento: é pensamento *pensante* de si mesmo (νόησις νοήσεως).

[12] (1074 b 35 – 1075 a 5). *Por que a Inteligência divina pode ter a si mesma como objeto.* — Contra a solução agora alcançada, Aristóteles levanta e resolve a seguinte dificuldade, que constitui o terceiro problema por nós acima enumerado: parece que a ciência, a opinião e a sensação têm fundamentalmente outra coisa por objeto, e a si mesmas só secundariamente; como pode, então, a Inteligência divina ter a si mesma por objeto? Resposta. O pensamento e o objeto do pensamento não coincidem *só* para as coisas que têm matéria: para as coisas que são privadas de matéria a coincidência é possível, como as próprias ciências teoréticas. Portanto, *a Inteligência, enquanto imaterial, pode perfeitamente ter a si mesma por objeto, ou seja, ser uma única e mesma coisa com o objeto do seu pensar.*

[13] (1075 a 5-10). *Solução do terceiro problema: por que o objeto da Inteligência divina é simples?* — Aristóteles responde do seguinte modo. *O objeto da Inteligência é simples e não* composto, pelas seguintes três razões: (1) Se fosse composto, a inteligência divina, indo de uma parte a outra do objeto do seu pensamento, mudaria; mas isso é incompatível com a sua imobilidade; (2) Enquanto imaterial, o objeto da Inteligência divina não pode ter partes (só o que tem matéria tem partes); (3) Como a própria inteligência humana, que por si é prioritariamente discursiva, alcança o seu *optimum* não nesta ou naquela parte, mas na intuição unitária do todo, o mesmo vale *a fortiori* para Deus, que por toda a eternidade contempla a *essência unitária* de si mesmo.

[14] (1075 a 8). *Uma interessante leitura.* — Em vez de ἢ ὅ γε τῶν συνθέτων lemos, com Diano, μὴ ὅ γε κτλ. (*Metaf.*, *livro XII*, Bari 1948-1949, p. 18).

[15] *Conclusões sobre* Λ 9. — Procuremos agora tirar as conclusões sobre tudo o que Aristóteles disse a respeito do pensamento divino. *O Deus aristotélico, enquanto pensamento de si mesmo, conhece só a si mesmo ou também algo além de si?* Malgrado a tentativa feita por alguns estudiosos de atribuir ao Deus aristotélico a onisciência, devemos responder que não. Deus não conhece o que implica mudança, contingência e particularidade

empírica. Deus, como vimos, não pode pensar as coisas vis; de fato "é melhor não ver do que ver certas coisas" e Deus pensa e contempla só o que é melhor ver e pensar (cf. nota 9). — Deus se satisfaz pela contemplação de si, porque Nele se resume o ótimo. Observe-se, todavia, que por isso não se deve passar ao extremo oposto, e negar ao Deus aristotélico qualquer conhecimento do mundo, como se Deus não soubesse absolutamente que existe um mundo. De fato, vimos que o primeiro livro da *Metafísica* atribui explicitamente a Deus o conhecimento das causas supremas das coisas; portanto Ele conhecerá o mundo, senão na sua particularidade, pelo menos nas suas causas e nos seus princípios. Por outro lado, se Deus conhece a si mesmo, deverá necessariamente saber que é o fim supremo a que tendem todas as coisas. Antes, no livro três da *Metafísica*, Aristóteles chega mesmo a criticar Empédocles porque atribui a Deus só o conhecimento de si mesmo (4, 1000 b 3 ss.). Em todo caso, permanece fora de questão o fato de que, para Aristóteles, os indivíduos não são, como tais, nem objeto de conhecimento, nem objeto de cuidado e de amor por parte de Deus. De fato, pode no máximo conhecer a espécie, o εἶδος, que é perene, justamente enquanto *permanece*, mas não a coisa individual, empírica e contingente. Só os filósofos medievais, que repensaram Aristóteles à luz do Cristianismo, tentarão preencher esses vazios.

10. *Sumário e comentário a Λ 10*

[1] (**1075 a 11 – 1076 a 4**). Sumário. — *O presente capítulo, com o qual o livro se conclui, contém duas partes, que desenvolvem duas ordens diversas de pensamentos.* — (1) *Na primeira Aristóteles explica de que modo o bem e o ótimo subsistem e de que modo o todo constitui uma unidade orgânica profunda. Precisamente: o bem e o ótimo existem seja como ordem imanente às coisas, seja como Princípio transcendente (assim como o bem do exército consiste, ao mesmo tempo, na ordem e no comandante). A ordem do universo é comparável à ordem de uma casa: em medida diferente e em diferentes níveis os componentes individuais contribuem para a ordem e para o bem de tudo.* — (2) *Na segunda parte (a mais ampla) são apresentados múltiplas observações crítico-polêmicas relativas às dificuldades nas quais caem os pensadores precedentes, seja os Naturalistas, seja os mais refinados, como os Platônicos.* (a) *Um primeiro grupo de dificuldades é dirigido contra a pretensão de pôr os contrários como princípios das coisas.* (b) *Um segundo grupo de dificuldades*

é dirigido propriamente contra os Platônicos. Dado o caráter rapsódico do procedimento e a concisão da argumentação, remetemos às notas de comentário a exposição de cada argumento. O capítulo (partindo da última argumentação, dirigida contra Espeusipo, que pretendia pôr como independentes um do outro os vários planos da realidade) se conclui reafirmando a necessidade de que o princípio supremo seja único, pondo como selo um conhecido verso de Homero: "o governo de muitos não é bom: um só seja o comandante".

[2] **(1075 a 11-15)**. *Os modos em que se pode entender o bem e o ótimo.* — O bem e o ótimo podem ser concebidos de três modos: (1) como algo subsistente *separadamente* do mundo, em si e por si; (2) como algo imanente às próprias coisas ou como a ordem do próprio mundo; (3) como algo transcendente e imanente, ou seja, *nos dois modos anteriores combinados entre si.* A solução de Aristóteles é a terceira. O bem de um exército, por exemplo, é a ordem intrínseca mas também o general que o guia. — Todavia, entre os dois modos de ser do bem, é preciso operar uma precisa distinção: o primeiro é subordinado e dependente do segundo. De fato, a ordem do exército depende do general, e não vice-versa. Portanto, diremos que *subsiste um bem imanente como ordem das coisas justamente porque existe um bem transcendente, que é Princípio primeiro ordenador.*

[3] **(1075 a 16-23)**. *A ordem das coisas e o seu fundamento.* — Aristóteles explica aqui de que modo deve ser concebida a ordem do universo: não se trata de uma ordem que exclui a multiplicidade e a diversidade. A comparação com a ordem da casa e da família é muito significativa. Na casa, os homens livres, que constituem o nível mais elevado, agem constantemente em função de fins precisos; os escravos, ao contrário, e os animais, contribuem muito menos para o bem comum, e o seu agir é, na maioria das vezes, determinado pelo acaso. Assim também no universo: as coisas mais elevadas contribuem mais para o bem comum. Os céus movem-se com grande regularidade; ao contrário, no âmbito do mundo sublunar existe o acaso, embora também nele existam leis bem precisas (cf. Rolfes, *Metaph.*, II, p. 187, n. 64). O todo é, assim, perfeitamente coordenado e harmonizado; as diferentes coisas, mesmo na sua diversidade de natureza, constituem a mais bela unidade.

[4] **(1075 a 23-25)**. *Um texto problemático.* — Essas linhas são dificílimas de interpretar, talvez porque o texto não esteja completo. Esta nos parece, contudo, a única tradução que dê um sentido em conformidade com o que precede, destacando justamente a dinâmica da diferença e da unidade. Cf., ademais, Ross, *Metaph.*, II, p. 402 e Tricot, *Métaph.*, II, p. 707 e nota 3.

[5] (1075 a 25 – 1076 a 4). *Segundo grupo de problemas.* — Aqui começa a parte crítico-polêmica do capítulo, que se estenderá até o final.

[6] (1075 a 28-29). *Por que não se pode fazer derivar todas as coisas dos contrários.* — Não é exato dizer (a) que todas as coisas derivam de contrários, porque as suprassensíveis certamente não derivam de contrários; (b) Tampouco é exato dizer que tudo o que é gerado deriva *de contrários*, porque é necessário, como em seguida se explica, também *o substrato ou matéria*, além dos contrários. Cf. a nota seguinte. — Ver o que dissemos no *Ensaio introdutório*, pp. 195-199.

[7] (1075 a 29-32). *Os contrários pressupõem um* substrato. — Até mesmo das coisas nas quais existem contrários, esses filósofos não sabem dar uma explicação adequada. Com efeito, os contrários não agem um sobre o outro. Os contrários e a sua ação só se explicam se se admite um terceiro termo, ou seja, um substrato no qual inerem. Por exemplo: não é o branco que se torna preto, mas é um *determinado* substrato que passa de branco a preto; não é a enfermidade que se torna saúde, mas *o homem enfermo* que se torna sadio. Portanto, os contrários supõem o *substrato* ou a *matéria* (ver o cap. 2).

[8] (1075 a 32-33). *Referência aos Platônicos em geral.* — Como prova decisiva Ross remete justamente às seguintes passagens: N 1, 1087 b 5; 2, 1088 b 32; 1089 b 6; 1091 b 32.

[9] (1075 a 33). *Referência a Espeusipo.* — Cf. fr. 35 d, p. 70 Lang = fr. 66, p. 92 Isnardi Parente = F. 46 a, p. 151 Tarán.

[10] (1075 a 33-34). *Como se sai da dificuldade na qual se debatem os Platônicos.* — A dificuldade se resolve pondo a matéria *não* como um dos contrários, mas como *substrato* dos contrários. — Mas é evidente que, mesmo com essa correção estrutural, a solução proposta por Aristóteles não é mais que uma variação da teoria dos princípios opostos, como é comprovado pela estrutura hilemórfica. Aristóteles consegue safar-se da dificuldade, porque aqui dá ao termo "contrários" um significado diferente daquele que lhe davam os Platônicos, que poderiam objetar: nós entendemos por "contrários", forma e matéria, e portanto, damos aos "contrários" um sentido diferente daquele que sustentas. — Cf. *Ensaio introdutório*, pp. 195-199.

[11] (1075 a 34). A *matéria, considerada em si, não é contrária a* nada. — Em sentido restrito e técnico, para Aristóteles, matéria e forma *não* são um par de contrários: contrários são *forma* e a *privação da forma*. Mas, ver a nota precedente.

[12] (**1075 a 34-36**). *Consequências que derivam da admissão de que o princípio antitético ao Um seja fonte de mal*.— Dado que para os Platônicos todas as coisas (exceto o Um) participam do Princípio material (a Díade e aquilo que a ela corresponde), e dado que este coincide com o princípio do mal, segue-se necessariamente que todas as coisas participam também do mal. Mas isso não é verdade "quia in corporibus caelestibus et natura substantiarum separatarum non inveniuntur corruptio et malum" (Tomás, *In Metaph.*, p. 614 a, § 2643 Cathala-Spiazzi).

[13] (**1075 a 36-37**). *Referência aos Pitagóricos e a Espeusipo*. — Fr. 35 d, p. 70 Lang = fr. 66, p. 92 Isnardi Parente = F. 46 a, pp. 345 s. Tarán. Cf. Λ 7, 1072 b 31 ss.; N 4, 1091 a 34 ss. Cf. ademais Robin, *Th. plat.*, p. 558, nota 513, 2.

[14] (**1075 a 38 – b 1**). *O Bem como causa final*. — É correto, portanto, dizer que o bem é princípio, mas é preciso explicar em que sentido ele é princípio e causa. Obviamente, aqui Aristóteles julga com base na doutrina das quatro causas, e com base nessa doutrina, como sabemos, ele identifica o bem com a causa final.

[15] (**1075 b 1-3**). *Referência ao materialismo de Empédocles*. — Ross (*Metaph.*, II, p. 402) evoca o fragmento 17, 18-20 como prova do fato de que Empédocles concebia materialmente a Amizade e a Discórdia (καὶ φιλότης ἐν τοῖσιν ἴση μῆκός τε πλάτος τε) e recorda, oportunamente, que a noção de força incorpórea, nos tempos de Empédocles, ainda não existia.

[16] (**1075 b 3-6**). *Empédocles julgado em função da aitiologia de Aristóteles* — A contradição de que se fala aqui só subsiste quando se aplica a Empédocles a doutrina das quatro causas (que, recordemos, ele não tinha absolutamente distinguido).

[17] (**1075 b 6-7**). *Por que não pode existir inimizade entre as coisas incorruptíveis*. — Segundo Aristóteles, entre as coisas eternas e incorruptíveis não há lugar para o mal (cf. Θ 9, 1051 a 19). Ora, a inimizade é mal; como tal não pode ser incorruptível e eterna, mas deve ser corruptível, contrariamente ao que sustenta Empédocles.

[18] (**1075 b 8-10**). *Primeira crítica dirigida a Anaxágoras*. — Este filósofo fez do bem um princípio motor: o *intelecto* (que é, justamente, o *bem*), de fato produz movimento. Ora, o movimento move em vista de um *fim*; mas, sendo o princípio motor diferente do fim, o intelecto e o bem seriam diferentes do fim, o que é absurdo. A não ser que se identifique, acrescenta Aristóteles, a causa eficiente com a causa final, como se fez acima: a arte médica e a saúde, em certo sentido, coincidem. O que é dito aqui ficaria

mais claro se Aristóteles desse o exemplo do próprio Movente imóvel, *que é causa eficiente justamente enquanto fim e causa final.*

[19] (1075 b 10-11). *Segunda crítica dirigida a Anaxágoras.* — Não se vê bem a razão pela qual Aristóteles move esta segunda reprovação a Anaxágoras. Escreve justamente Bonitz "Quid enim? nonne pariter et eodem quidem iure νοῦς ἀμιγής, quem posuit Anaxagoras, ab omni contrarietate et oppositione immunis sit, ac primus motor apud Aristotelem?" (*Comm.*, p. 522).

[20] (1075 b 11-13). *Os predecessores de Aristóteles não extraem adequadas consequências das suas doutrinas dos contrários.* — A não ser que alguém os ajude a explicitar e a ordenar o que dizem confusamente (ἐάν μὴ ῥυθμίσῃ).

[21] (1075 b 13-14). *A propósito da diferença entre as coisas corruptíveis e as incorruptíveis.* — É claro que se as coisas derivam dos mesmos princípios, devem ser ou todas igualmente corruptíveis, ou todas igualmente incorruptíveis, e não algumas incorruptíveis e outras não. — Aristóteles evita essa dificuldade do seguinte modo. As realidades *suprassensíveis* não têm matéria e, por isso, são puras formas incorruptíveis. Os céus ou realidades sensíveis eternas têm matéria diferente das corruptíveis (o éter), e suscetível só de movimento local. As coisas sensíveis corruptíveis são tais, porque a sua matéria é suscetível de todos os tipos de mudança; cf. B 4, 1000 a 5 - 1001 a 3, onde o problema é amplamente discutido.

[22] (1075 b 14-15). *Referência a Hesíodo e seguidores.* — Ver. Ps. Alexandre, *In Metaph.*, p. 719, 6 s. Hayduck; cf. 7, 1072 a 20.

[23] (1075 b 15-16). *Referência a Parmênides e aos Eleatas.* — Cf. A 5, 986 b 10 ss.

[24] (1075 b 16-17). Como fez, ao contrário, Aristóteles nos capítulos 7 e 8.

[25] (1075 b 17-18). *O princípio que se impõe além dos contrários.* — Os que admitem a existência de dois princípios contrários entre si devem, também, admitir um terceiro princípio superior, ou seja, *o princípio motor* (cf. cap. 4, 1070 b 22 ss.).

[26] (1075 b 18-20). *O princípio necessário além das Ideias.* — O mesmo diga-se dos que admitem a existência de Ideias. É preciso admitir, além das Ideias, uma causa eficiente ou um princípio, que faça as coisas participar nas Ideias, ou seja, que seja mediadora entre a matéria e a forma (cf. A 9, 991 b 3 ss.).

[27] (1075 b 20-21). *Uma referência problemática.* — Ps. Alexandre, *In Metaph.*, p. 719, 22 Hayduck pensa nos Teólogos; mas Aristóteles pensa talvez, segundo Ross (*Metaph.*, II, p. 404) em Platão, *Rep.*, V 477 s.

[28] (1075 b 21-24). *Por que não existe algo contrário à suprema ciência.* — Bonitz (*Comm.*, pp. 523 s.): "Quoniam scientia, quae actu est, idem est ac scibile quod est actu, qui summum principium non exemerunt e contrarietate, ii facere non possunt quin etiam summae philosophiae contrarium aliquid esse statuant. Alia Aristotelis est ratio; huic enim contrarietas repetenda videtur ex materia, quae potentia est ad utrunque e contrarii pariter apta; summum igitur principium, quoniam a materia est immune, idem immune est a contrarietate".

[29] (1075 b 24-27). *Uma cifra emblemática do pensamento aristotélico.* — Bela frase, que na sua concisão resume o fundamento de todo o pensamento metafísico de Aristóteles. Se existisse só o sensível, *não existiria um primeiro princípio, porque tudo seria igualmente princípio,* e uma coisa derivaria da outra ao infinito (como ocorre na doutrina dos antigos Teólogos e dos Naturalistas). Não existiria nem sequer uma *ordem*: de fato, vimos no início deste capítulo que *a ordem imanente às coisas exige um princípio transcendente às coisas, do qual ela é efeito* (a ordem do exército exige o general). Não existiria nem sequer a *geração*: de fato, esta depende (cf. caps. 6-7) *de uma ordem precisa* dos movimentos dos céus, que, por sua vez, depende do primeiro princípio. Não existiriam movimentos celestes porque, como diz Aristóteles, o movimento dos céus depende das substâncias suprassensíveis e, na sua totalidade, do Primeiro movente absoluto. Portanto, sem o suprassensível não se explica o sensível. Consequentemente, *quem elimina o suprassensível, exclui qualquer possibilidade de dar razão do sensível.* Porém, o suprassensível não é o mundo das Ideias dos Platônicos: o que se segue pretende, justamente, reafirmar este conceito.

[30] (1075 b 27-28). *As Ideias e os números não são causa de nada.* — Dir-se-á: os Platônicos respondem à exigência apresentada na precedente observação, admitindo as Ideias e os Números ideais, que são, justamente, *substâncias suprassensíveis.* Mas, objeta, Aristóteles, as Ideias não explicam absolutamente o sensível: de fato, não são causa de nada, menos ainda do movimento.

[31] (1075 b 28-29). *Outra contradição da doutrina das Ideias e dos Números.* — Tanto as Ideias quanto os Números, que são imateriais, são *não-extensos*, mas de Ideias e Números deveriam derivar o *corpo extenso e a grandeza*. Evidentemente, porém, é absurdo derivar extensão e grandeza do que não tem extensão nem grandeza.

[32] (1075 b 29-30). *Motivos pelos quais o número não pode ser causa.* — Porque não pode servir de causa eficiente e formal, e porque da causa eficiente e formal não derivam, em qualquer caso, extensão e grandeza.

[33] (**1075 b 30-32**). *Por que os contrários não podem ser princípios.* — Se pusermos os contrários como princípios (por exemplo: *Igual e Desigual, Bem e Mal*, etc.), não teremos uma causa adequada; de fato, os contrários implicam matéria e a matéria implica potencialidade, e esta é sempre potencialidade de ser e de não ser. Portanto, o que implica potencialidade pode também não ser, ou, pelo menos, se é, o seu ato segue a sua potência (assim ocorre, como vimos, com todas as coisas sensíveis), e, desse modo, não poderão existir movimentos e substâncias eternas.

[34] (**1075 b 33-34**). *Referência à solução aristotélica do problema discutido.* — Mas, diz Aristóteles, dado que existem movimentos e substâncias eternas, é preciso corrigir a doutrina dos princípios no sentido visto no cap. 6, 1071 b 12 ss. É preciso pôr um *Princípio que, por sua natureza, seja ato puro absolutamente privado de matéria e potencialidade.*

[35] (**1075 b 34**). A *questão da causa da unidade dos números.* — Os números, de fato, são formados por uma multiplicidade de unidades e, então, como é que, por exemplo, o cinco, que é constituído por cinco unidades, *é uma certa unidade e não um mero agregado?*

[36] (**1075 b 34-37**). *Como Aristóteles resolve o problema da unidade.* A solução de Aristóteles é a seguinte: *alma e corpo, matéria e forma* são estruturalmente uma unidade, *porque a forma não subsiste por si, separadamente da matéria.* Se se pode aduzir uma "causa" da sua unidade, esta não pode ser a causa eficiente, que faz passar a matéria da potência ao ato.

[37] (**1075 b 37 – 1076 a 13**). *Referência a Espeusipo.* — Cf. Z 2, 1028 b 21 e N 3, 1090 b 19. Ver fr. 33, p. 68 Lang = fr. 53, p. 88 Isnardi Parente = F. 30, p. 143 Tarán.

[38] (**1076 a 4**). Homero, *Ilíada*, II 204.

SUMÁRIOS E COMENTÁRIO AO LIVRO M

(DÉCIMO TERCEIRO)

Como a nossa pesquisa indaga se além das substâncias sensíveis existe ou não uma substância imóvel e eterna, e, se existe, qual é a sua natureza, devemos em primeiro lugar examinar o que os outros filósofos disseram a respeito. E devemos fazer isso com os seguintes objetivos: para que, se eles erraram em algo, não repitamos os mesmos erros, e, de nossa parte, não tenhamos de lamentar se alguma afirmação doutrinal se revelar comum a nós e a eles; devemos nos alegrar por raciocinar, sobre certos pontos, melhor do que os predecessores, enquanto, sobre outros pontos, devemos nos alegrar por não raciocinar pior.

Metafísica, M 1, 1076 a 10-16.

(...) Para os filósofos de hoje, as matemáticas se tornaram filosofia, mesmo que eles proclamem que é preciso ocupar-se delas só em função de outras coisas.

Metafísica, A 9, 992 a 32 – b 1.

1. *Sumário e comentário a* M *1*

[1] (1076 a 8-37). Sumário. — *O presente capítulo enfoca, em primeiro lugar, o tema a ser desenvolvido ao longo do livro e traça, em segundo lugar, um preciso plano para a condução da discussão. O tema é o seguinte: trata-se de ver (porque o problema de fundo da metafísica consiste em saber se existem outras substâncias além das sensíveis e quais são elas) o que os outros filósofos disseram a respeito das substâncias não-sensíveis. E isso é necessário para não repetir os erros cometidos por eles, e para ver se eles disseram alguma coisa aceitável e que se possa compartilhar. O plano do desenvolvimento será o seguinte. Fundamentalmente, além das coisas sensíveis, os filósofos admitiram:* (A) *Entes matemáticos e* (B) *Ideias. Portanto, será necessário:* (I) *examinar os* Entes matemáticos *como esses,* (II) *examinar as* Ideias *como essas e, enfim* (III) *examinar a fundo o problema se esses Entes matemáticos e essas Ideias são ou não* princípios dos seres. — *O capítulo se conclui (1076 a 32-37) dando início ao sistemático tratamento do problema (I), que será desenvolvido a partir do capítulo seguinte, e que, portanto, deve ser lido junto com este.*

[2] (1076 a 9). Cf. *Fís.*, I.

[3] (1076 a 9-10). *Uma remissão incerta.* — Ps. Alexandre (*In Metaph.*, p. 722, 15 Hayduck) pensa que esta segunda remissão refira-se ainda à *Fís.*, livro II; assim também Bonitz (*Comm.*, p. 526 s.) e, num primeiro momento, Jaeger (*Studien zur Entstehungsgesch. d. Aristoteles*, p. 97). Mas essa exegese é certamente incorreta, porque, como já Schwegler (*Metaph.*, IV, p. 297) notava, a partícula adversativa δὲ indica claramente não se tratar da mesma *Fís.*, citada imediatamente antes. O próprio Schwegler propunha duas hipóteses: que Aristóteles (*a*) remete a *Metafísica*, Z H, ou (*b*) ao *Do céu*. — A primeira das duas hipóteses de Schwegler é a mais aceita; além de referir-se a Z H, pode referir-se também a Θ. O próprio Jaeger (cf. *Metaph.*, p. 262, *ap. crít.* e remissões *ibid.*) pensa assim; cf. também Ross, *Metaph.*, II, p. 408. (Ver, de resto, H 2, no início).

[4] (1076 a 12). *O significado de* πρῶτον *nesse contexto.* — Ps. Alexandre (*In Metaph.*, p. 722, 22-25 Hayduck) o interpreta no sentido de "com particular cuidado", e talvez com razão. Tal interpretação descartaria muitas inúteis discussões de caráter genético.

[5] (1076 a 12-13). Confronte-se Z 2, *passim*.

[6] (1076 a 19-20). *Referência a Platão e a seus seguidores fiéis.*

[7] (1076 a 20-21). *Referência a Xenócrates.* — Cf. fr. 34, p. 171, 15 Heinze = fr. 107, p. 93 Isnardi Parente.

[8] (1076 a 21-22). *Referência a Espeusipo.* — Cf. Z 2, 1028 b 21-24; Λ 10, 1075 b 37 – 1076 a 3; N 3, 1090 b 13-20; cf. fr. 42 b, p. 72 Lang = fr. 74, p. 96 Isnardi Parente = F 32, p. 144 Tarán. (Naturalmente poder-se-ia pensar que Aristóteles aluda também à posição dos Pitagóricos; mas isso deve ser excluído, porque o problema de fundo em questão neste livro refere-se à subsistência ou não de realidades suprassensíveis; problema próprio dos Platônicos).

[9] (1076 a 22-26). *Primeiro grande problema a discutir.* — Esse problema será tratado nos capítulos 2-3, *passim*.

[10] (1076 a 26-29). *Segundo grande problema a discutir.* — Esse problema será tratado nos capítulos 4-5, *passim*. (Para a interpretação dessa expressão "na medida em que a investigação o exige", ὅσον νόμου χάριν, ver a nota seguinte, *in fine*).

[11] (1076 a 28-29). *A propósito da expressão* ἐξωτερικων λόγον, *no mínimo controvertida.* — Este não é o lugar para voltar a discutir a questão, nem para traçar um *status quaestionis*, que o leitor pode encontrar alhures. (Ver as ricas indicações dadas por Schwegler, *Metaph.*, II, pp. 408 ss.; e, sobretudo, A. Iannone, *I logoi essoterici di Aristotele*, in "Atti dell'Istituto Veneto di Scienze, Lettere ed Arti", Classe di scienze morali e lettere, 113 [1954-1955], pp. 249-279, com rico material aí indicado). — No passado acolhemos os resultados das pesquisas de Iannone, mas em seguida nos demos conta de que não se sustentam e que não foram aceitos pelos estudiosos. Mas, porque a tese de Iannone afasta-se da *communis opinio*, isto é, que com λόγοι ἐξωτερικοί Aristóteles indique os seus *escritos publicados* (os assim chamados *exotéricos*, em contraste com os *esotéricos* ou acroamáticos, que eram os escritos não publicados, vale dizer, os textos das lições do Perípato), convém recordá-la, transcrevendo uma página essencial que resume a tese do Autor. "O adjetivo ἐξωτερικός deriva diretamente de ἔξω (fora) e corresponde ao latino *exterior* ou ainda *externus*. Neste preciso sentido é aplicado aos membros dos animais em oposição ao tronco (... A. G. 786 a, 26), aos

bens do corpo em oposição aos bens da alma (... *Pol.* H, 1, 1323 b, 25), ao domínio estrangeiro em contraste com a soberania nacional (... *Pol.* B, 7, 1072 b, 19), aos atos externos em confronto com os pensamentos (... *Pol.* H, 3, 1325 b, 22), e enfim à pesquisa demasiado longínqua relativamente ao objeto em discussão (... *Pol.* A, 5, 1254 a, 34). Ora, até prova em contrário, não se vê nenhuma razão pela qual o mesmo adjetivo adjunto a λόγος deva assumir uma acepção diferente e sibilina e não manter o seu significado etimológico... Atribuindo por isso o sentido literal e etimológico ao adjetivo ἐξωτερικός, temos que os λόγοι ἐξωτερικοί são discursos que, pelo conteúdo, não pertencem propriamente ao núcleo da questão, mas são... raciocínios *externos* e, portanto, *preliminares, com caráter de proêmio.* O próprio Cícero [que é responsável pela opinião divulgada: cf. *De fin.*, V, 5; *Ad Att.*, IV, 16] deve ter entendido desse modo quando, respondendo a uma proposta de Ático, escreveu: 'itaque cogitabam, quoniam in singulis libris utor *proemiis, ut Aristotelis in iis, quos* ἐξωτερικούς *vocat*, aliquid efficere, ut non sine causa istum appellarem... (*Epist. ad Att.*, XV, 4, 16, 2)'" (*Op. cit.*, pp. 254 ss.). A que remete, então, a nossa passagem? Iannone não tem dúvida: "o livro M reclama exatamente o livro A da *Metafísica*, que é a *preliminar, o proêmio* de todo o tratamento filosófico" (p. 258). — Em direção totalmente oposta A. Bos no seu livro *Teologia cosmica e metacosmica. Per una nuova interpretazione dei dialoghi perduti di Aristotele*, Milão 1991 (ed. orig., Leiden 1989), pp. 210-266; cf. o que dissemos na nossa *Introdução* a este livro, *ibid.*, pp. 21 ss. (Aqui, na tradução, voltamos à interpretação tradicional). — Traduzimos com "na medida em que a investigação o exige" a expressão ὅσον νόμου χάριν (cf. Ross., *Metaph.*, II, p. 408), cujo significado é, como também Iannone sublinha, "por amor de completude metódica". Aristóteles pretenderia "justificar-se pela repetição literal que se prolonga por dois capítulos inteiros e que, contudo, é exigida pela clareza e organicidade do tratamento..." (*op. cit.*, p. 257).

[12] (**1076 a 29-32**). *Terceiro problema a tratar.* — Esse problema é tratado, segundo muitos intérpretes, nos capítulos 6-9. Veremos, contudo, que nesses capítulos Aristóteles não enfrenta o problema e desvia-se para outras questões. Na realidade, o livro N responde melhor ao problema.

[13] (**1076 a 32-37**). *Questões relativas ao primeiro problema sobre os Entes matemáticos que serão desenvolvidas nos capítulos* 2-3. — Esta passagem deve ser lida como introdução aos capítulos 2-3, pois traça o plano que será realizado por eles. Aristóteles enfrenta o primeiro dos problemas postos acima: o problema dos *objetos matemáticos.* Se eles existem, deverão existir:

ou (1) nas coisas sensíveis, ou (2) separados delas, ou (3) de outro modo. A primeira tese será examinada logo em seguida, no capítulo 2, 1076 a 38 b 11; a segunda no capítulo 2, 1076 b 11 - 1077 b 16, e a terceira (que é a posição de Aristóteles) no capítulo 3, *passim*. — As linhas 32 ss. são consideradas expressões do pensamento de Espeusipo (como acima as linhas 19 ss.); cf. fr. 42 b, p. 73 Lang = fr. 74, p. 96 Isnardi Parente = F 32, p. 144 Tarán.

2. *Sumário e comentário a* M 2

[1] (**1076 a 38 – 1077 b 17**). Sumário. — *Já nas últimas linhas do capítulo precedente (1076 a 32-37) foi posto o primeiro dos grandes problemas do livro relativo aos objetos matemáticos. E, a respeito deles, Aristóteles explica que existem apenas essas três possibilidades:* (1) *ou existem como entes diferentes dos sensíveis, mas imanentes aos sensíveis,* (2) *ou existem como entes separados,* (3) *ou existem de outro modo. O presente capítulo examina e refuta as duas primeiras possibilidades.* — (1) *É impossível que os objetos matemáticos sejam entes diferentes das coisas sensíveis e, ao mesmo tempo, imanentes a elas. De fato, isso é contraditório, tanto pelas razões já vistas em* B *(998 a 7-19), como porque, se fosse assim, os corpos sensíveis, contendo em si as entidades matemáticas indivisíveis, deveriam ser também eles indivisíveis, o que é contra a evidência.* — (2) *Mas também é impossível que os Entes matemáticos subsistam em si e separados das coisas sensíveis. Como prova disso, Aristóteles apresenta uma intensa série de nove argumentações (que exporemos analiticamente nas notas 9-22).* — (3) *Refutadas as duas primeiras possibilidades, resta apenas a terceira, vale dizer, a possibilidades de que os objetos matemáticos não existam como realidades em si, mas só como entes abstratos. Esta é a tese própria de Aristóteles, que será examinada no terceiro capítulo.*

[2] (**1076 a 38-39**). *Referência a certos Platônicos.* — Tenha-se presente que essa doutrina *não* é a dos Pitagóricos: a remissão que logo abaixo Aristóteles faz ao livro das aporias, onde já discutiu essa posição, resolve qualquer dúvida. Estão em causa os filósofos Platônicos: ou Pitagóricos platonizantes (como diz Robin, *La théorie plat.*, pp. 649 ss.) ou Platônicos pitagorizantes (como diz Ross, *Metaph.*, II, p. 412): em todo caso, filósofos que platonicamente distinguiam os objetos matemáticos como naturezas ontologicamente diferentes das coisas sensíveis, ainda que imanentes a elas. Annas chama essa doutrina de "platonismo parcial"; *Interpr. dei libri M N...*, pp. 152 s.

[3] (1076 a 39 b 1). Cf. B 2, 998 a 7-19; cf. as notas relativas *ad hoc*.

[4] (1076 b 1). *Primeira argumentação contra a tese de que os Entes matemáticos são diferentes dos sensíveis, mas imanentes a eles*. — Esta argumentação foi desenvolvida em B 2, 998 a 13 ss. Cf. as relativas notas.

[5] (1076 b 2). *O significado do termo* δύναμις *nesse contexto*. — O texto diz δυνάμεις καὶ φύσεις, termos dificílimos de interpretar por causa da sua polivalência. Particularmente δύναμις pode gerar equívocos. Aqui, note-se, não quer dizer *potência* no sentido aristotélico. Bonitz (*Comm.*, p. 528) interpreta muito bem: "... licet nomem δυνάμεις aliquam faciat dubitationem, nec tamen graviorem quam in reliquis interpretandi rationibus, *ideas* intelligendas arbitror". Cf. também Ross, *Metaph.*, II, p. 412.

[6] (1076 b 1-3). *Segunda argumentação contra a tese dos platônicos Entes matemáticos imanentes*. — Cf. B 2, 998 a 11-13, onde o pensamento é explícito: não se pode admitir: (*a*) Objetos matemáticos *diferentes* dos sensíveis (para dar razão das ciências matemáticas, que têm as características próprias dos sensíveis) mas *imanentes* a eles e nem (*b*) Ideias como realidades diferentes das realidades sensíveis e *não* imanentes a elas. De fato, a identidade de natureza entre Objetos matemáticos e Ideias (ambos são realidades não-sensíveis) exige que, se os primeiros são imanentes às coisas sensíveis, necessariamente o sejam também as segundas.

[7] (1076 b 4-11). *Terceira argumentação contra a tese dos platônicos Entes matemáticos imanentes*. — Aristóteles destaca uma contradição análoga à primeira na doutrina que está sendo discutida. Se os Entes matemáticos são de *natureza diferente* dos sensíveis, mas *imanentes* a eles, segue-se que os corpos sensíveis deveriam ser indivisíveis, o que é absurdo. Por que? Isso porque, se pusermos os Entes matemáticos como imanentes aos sensíveis (como realidades atuais e diferentes das sensíveis), a divisão dos corpos sensíveis deveria necessariamente comportar também a divisão dos Entes matemáticos neles contidos; mas os Entes matemáticos, segundo a hipótese, são *indivisíveis*, de modo que, para sustentar a tese da sua diferença e imanência relativamente aos sensíveis, deve-se concluir que são indivisíveis também os corpos sensíveis, o que vai *contra toda evidência*. — A propósito dessas argumentações aduzidas contra os "Platônicos parciais", Annas justamente conclui o seguinte: "As presentes argumentações pretendem convencer os defensores do platonismo parcial de que, fora do platonismo pleno, não existe nenhuma posição lógica para quem aceite que a matemática não descreve diretamente o mundo, admitido que se pretenda explicar a natureza da verdade matemática em virtude da natureza dos seus objetos.

No capítulo 3 Aristóteles tentará diferenciar a matemática em virtude do seu método, e não em virtude do seu objeto de estudo"; *Interpr. dei libri M N...*, (1992), pp. 156 s.

[8] (**1076 b 11-12**). *A tese da transcendência dos Entes matemáticos.* — Esta é a segunda das alternativas projetadas acima, na linha 1076 a 34. Trata-se da opinião de Platão e dos Platônicos, particularmente de Espeusipo (cf. nota 13 a Λ 10). Contra ela Aristóteles oferecerá agora uma série de *nove argumentações*, que ocupam todo o resto do capítulo: (a) 1076 b 12-36; (b) 1076 b 36-39; (c) 1076 b 39 – 1077 a 9; (d) 1077 a 9-14; (e) 1077 a 14-20; (f) 1077 a 20-24; (g) 1077 a 24-31; (h) 1077 a 31-36. Ver as exposições desses argumentos nas notas 9, 10, 12, 13, 15, 17, 18, 19, 20.

[9] (**1076 b 12-36**). *Primeiro argumento contra a existência de Entes matemáticos separados.* — Eis a trama desse complexo raciocínio. Admitamos, por hipótese, que os Entes matemáticos sejam separados dos sensíveis e consideremos, por exemplo, o *sólido matemático*. Ora, é evidente que, se existem *sólidos matemáticos* separados dos sensíveis, (1) deverão existir também outras superfícies, outras linhas e outros pontos separados dos sensíveis. (2) E se é assim, eis o que se segue. Dado que o sólido é composto de superfícies, linhas, pontos matemáticos; e dado que, por outro lado, o que não é composto é anterior ao composto, segue-se que deverão existir *outras superfícies, outras linhas, e outros pontos, anteriores ao composto matemático, subsistentes em si e por si.* (Noutros termos: além das superfícies, linhas e pontos que constituem o sólido matemático, deverá haver outros que não existem *junto* com o sólido matemático, mas em si e por si, na pureza da sua essência). (3) Mas, essas *superfícies em si* (diferentes das que constituem o sólido matemático) serão constituídas, por sua vez, de linhas e, portanto (sempre em virtude do princípio de que o não composto é anterior ao composto), deverão existir *outras linhas ainda anteriores* às que constituem essas linhas anteriores às linhas que constituem a superfície em si. (4) E, por último (sempre em virtude do princípio acima afirmado), dever-se-á admitir também pontos anteriores às linhas que constituem as superfícies em si. (5) E ainda (sempre em virtude do princípio acima afirmado), dever-se-á admitir pontos anteriores aos últimos de que se falou (isto é, anteriores aos pontos constitutivos das linhas, que são anteriores às linhas constitutivas das superfícies em si). E relativamente a esses últimos pontos, não existirão outros pontos anteriores. — Daqui surgem claramente duas dificuldades insuperáveis. (*a*) A primeira e mais óbvia está no absurdo desse *acúmulo* de realidades. Robin (*Th. plat.*, p. 220) traçou o quadro sinóptico

ilustrativo desse acúmulo de realidades, que pode ser visto também em Tricot (*Métaph.*, II, p. 721, nota). Nós o reproduzimos de outro modo, para melhor aderir ao texto aristotélico. Distintos dos sensíveis existiriam:

sólidos	superfícies	linhas	pontos	sensíveis
(1) sólidos	(1) superfícies	(1) linhas	(1) pontos	matemáticos
	(2) superfícies	(2) linhas	(2) pontos	do sólido matemático
	(3) superfícies	(3) linhas	(3) pontos	subsistentes em si, anteriores aos do sólido matemático
		(4) linhas	(4) pontos	anteriores às linhas das superfícies em si
			(5) pontos	anteriores aos pontos das linhas anteriores às linhas das superfícies em si

(b) A segunda dificuldade segue imediatamente a precedente: quais dessas realidades serão objeto das *ciências matemáticas*? Não as superfícies, linhas e pontos do sólido matemático, porque a ciência versa sempre sobre o que é mais simples. E, então, note-se o absurdo: justamente a hipótese dos Entes matemáticos, introduzidos pelos Platônicos para dar um objeto adequado às ciências matemáticas, as quais, segundo eles, não podem referir-se aos sensíveis, na realidade desloca a dificuldade para um plano ulterior e a agrava. Ver as interessantes observações a respeito feitas por Annas, *Interpr. dei libri M N...* (1992), pp. 156-159.

[10] (**1076 b 36-39**). *Segundo argumento contra a existência de Entes matemáticos separados*. — Para compreender a argumentação deve-se ter presente que o *ponto* distingue-se da *unidade*, enquanto o ponto é quantitativamente indivisível, mas tem uma *posição*, e a unidade não tem posição (Δ 6, 1016 b 30). Portanto, *a unidade é mais simples e por isso anterior ao ponto*. Portanto, com base na lógica do raciocínio precedente, deve-se admitir: (*a*) pelo menos *cinco* tipos de unidades anteriores aos cinco tipos de pontos acima descritos. E depois (*b*) tantas unidades anteriores e correspondentes a cada um dos indivíduos sensíveis (recorde-se que o indivíduo sensível é o que é numericamente um; mas, justamente enquanto sensível, postula uma unidade anterior a ele e mais simples). E ainda (*c*) tantas unidades

anteriores e correspondentes a cada uma das Ideias (por uma razão análoga). E assim, nos encontraremos diante de um acúmulo infinito e absurdo de tipos de unidade. — Na linha 39 parece-nos esclarecedora a inserção de ἄπειρα, proposta por Jaeger.

[11] **(1076 b 39 – 1077 a 1)**. Cf. B 2, 997 b 12-34.

[12] **(1076 b 39 – 1077 a 9)**. *Terceiro argumento contra a existência de Entes matemáticos separados.* — Eis a trama e o significado da nova objeção. (1) Se, com Platão e os Platônicos, admite-se a existência de Entes matemáticos suprassensíveis (e intermediários entre os sensíveis e as Ideias) então, por consequência lógica, deve-se admitir também os outros gêneros de Entes matemáticos (suprassensíveis intermediários) correspondentes às ciências matemáticas: correspondentes à astronomia, à ótica e à harmônica matemática (não admitidas pelos Platônicos). (2) Mas não é possível que existam entes separados como objetos da astronomia: se assim fosse, deveriam existir um céu e partes do céu *imóveis* (porque os Entes matemáticos são imóveis), o que é absurdo, porque um céu imóvel é uma contradição nos termos. (3) E tampouco é possível que existam *entes intermediários separados* como objetos da *ótica* e da *harmônica* matemática: esses entes deveriam ser certas *visões* e certos *sons* intermediários, além dos sensíveis, vale dizer, *sensíveis suprassensíveis*, o que é manifestamente absurdo. (4) Enfim, se se admitisse a hipótese acima anunciada, seguir-se-ia também a necessidade de admitir sensações *tácteis, sabores, cores intermediárias* (se existissem *visões* e *sons* intermediários, não se vê como e por que não existiriam intermediários também para os outros sentidos). E se fossem admitidas sensações intermediárias, dever-se-ia admitir também animais e sensientes intermediários.

[13] **(1077 a 9-14)**. *Quarto argumento contra a existência de Entes matemáticos separados.* — Eis uma boa explicação fornecida pelo Ps. Alexandre (*In Metaph.*, p. 729, 21-34 Hayduck): "[Aristóteles] diz que, porque certas demonstrações são feitas pelos matemáticos mediante proposições universais e mediante certos axiomas (por exemplo mediante o seguinte axioma: se de quantidades iguais subtraem-se quantidades iguais os restos são iguais; e também mediante esse outro: se quatro termos estão entre si em relação de proporção, o produto dos termos extremos é igual do produto dos termos médios; e mediante muitos outros semelhantes), é necessário que, sendo os sólidos e os números separados, seja também separado o que é expresso por esses axiomas: precisamente <é necessário> que existam certas coisas separadas e em si, isto é, justamente realidades correlativas a esses axiomas,

e que não são nem linhas, nem superfícies, nem tempos, nem qualquer outra coisa <desse gênero>. De fato, cada uma dessas <realidades correspondentes aos axiomas>, deve ser algo mais universal do que as linhas, as superfícies, os tempos, os sólidos e todas as outras coisas <desse gênero>. Portanto, deverá existir uma realidade intermediária entre a grandeza em si e cada uma das grandezas matemáticas, também ela separada e em si, mas de modo a não ser nem linha, nem tempo, nem sólido nem qualquer outra coisa <do gênero>: o que pode ser claro aos que sustentam essas coisas, mas para nós é absurdo". Então, os Platônicos deveriam admitir não só três tipos de realidade, isto é, (1) realidades sensíveis, (2) realidades intermediárias (= matemáticas) e (3) realidades ideais, mas também (4) esse quarto tipo de realidade correspondente aos axiomas gerais. Mas, se é impossível, conclui o Ps. Alexandre (*ibid.*, p. 730, 13-16), "que exista uma substância que não seja nem tempo, nem superfície, nem qualquer outra coisa <do gênero>, é, portanto, também impossível que existam realidades matemáticas por si: de fato, se elas existissem, existiriam também aquelas, e se, ao invés, não existem aquelas, tampouco existem estas". — Resumindo: a lógica do sistema dos Platônicos, que leva a admitir a existência de objetos matemáticos separados, levaria a admitir a existência de realidades correspondentes aos "axiomas", as quais, de maneira absurda, deveriam ser realidades matemáticas, sem, contudo, ter as características das realidades matemáticas; mas se isso é absurdo, e se, ademais, é consequência daquela lógica, é claro que nela está o erro. Portanto, como não é necessário admitir realidades em si correspondentes àqueles axiomas gerais, assim também não é necessário admitir a existência de objetos matemáticos em si.

[14] (**1077 a 14**). Vale dizer, como realidades subsistentes *em si e por si* e *separadas*.

[15] (**1077 a 14-20**). *Quinto argumento contra a existência de Entes matemáticos separados.* — A doutrina dos Platônicos, que admite Entes matemáticos separados em si, é contrária não só à verdade, mas a uma verdade admitida por todos os sábios (cf. Ps. Alexandre, *In Metaph.*, p. 730, 19 Hayduck). Essa verdade é que o que é imperfeito (e mais elementar) é (*a*) anterior, mas só quanto à *geração* (e quanto ao tempo); mas é (*b*) posterior quanto à natureza, à substância e ao ser (cf. também Θ 8, 1050 a 4; *As part. dos anim.*, II 1, 646 a 25 ss.; *Do céu*, I 2, 269 a 19). Apliquemos essa verdade à doutrina platônica em discussão e vejamos o que decorre. Os Entes matemáticos, segundo os Platônicos, enquanto são separados por si e suprassensíveis, são *anteriores* aos sensíveis. Mas os Entes matemáticos são

inanimados, enquanto as realidades sensíveis podem ser animadas. Ora, o que é inanimado é ou pode ser (*a*) *quanto à geração* anterior relativamente ao animado, mas (*b*) *quanto à natureza e à substância é posterior*, porque é menos perfeito. Consequentemente, os Entes matemáticos, que são inanimados, poderão ser (*a*) quanto à geração anteriores aos sensíveis, mas (*b*) quanto à natureza e à substância deverão ser posteriores. Desse modo, a tese dos Platônicos fica invertida. (Cf. Ps. Alexandre, *In Metaph.*, p. 730, 19 – 731, 1 Hayduck).

[16] (1077 a 20). *Uma possível variante.* — Poder-se-ia também ler, em vez de τίνι καὶ πότ'ἔσται, que é a lição da vulgata, τίνι καί πότ"ἔσται, como propõe Bonitz (*Comm.*, p. 532): "quia *causa* quaeritur, non *tempus* unitatis…"; mas cf. as objeções movidas por Ross, *Metaph.*, II, p. 414.

[17] (1077 a 20-24). *Sexto argumento contra a existência de Entes matemáticos separados.* — Essa argumentação é considerada, pelo Ps. Alexandre, *In Metaph.*, p. 731, 2 e 10 Hayduck; Siriano, *In Metaph.*, p. 92, 12 Kroll; Bonitz, *Comm.*, p. 532, como um parêntesis entre a precedente e a seguinte. Na realidade ela tem uma precisa razão de ser e Tricot (*Métaph.*, p. 724, nota 3) tem razão em afirmar que ela é, na realidade, uma das mais pertinentes objeções, e que encontra seu lugar naturalmente entre as outras dificuldades. O nexo com a precedente argumentação é claro: a evocação do animado e do inanimado traz à mente de Aristóteles, entre outras coisas, que a alma é causa de unidade e, portanto, o problema da unidade. — Eis a argumentação. Os corpos sensíveis são *unidade* (*a*) ou em virtude da alma (que é a sua *forma*) ou (*b*) em virtude de uma parte da alma (por exemplo, a alma vegetativa nas plantas, que é apenas uma "parte" da alma), ou ainda (*c*) em virtude de algum princípio que pode, de maneira verossímil, ter essa função (isto é, em virtude da *forma*, que é o correspondente analógico da alma). Onde falta esse princípio, as coisas deixam de ser unidade e se dispersam na multiplicidade. "Ora (comenta bem Robin, *Th. plat.*, p. 224) é justamente este o caso das grandezas matemáticas; elas são por sua essência divisíveis, enquanto são *quantidades*. Portanto, é impossível que elas possuam a unidade, ou que a conservem, e tampouco se vê, admitindo que elas possuam uma unidade, como é possível dar conta dela". — Ver as interessantes observações sobre esses argumentos em Annas, *Interpr. dei libri M N…* (1992), pp. 163-164.

[18] (1077 a 24-31). *Sétimo argumento contra a existência de Entes matemáticos separados.* — O raciocínio feito aqui por Aristóteles é um tanto pesado, porque sobrepõe a dimensão física sobre a metafísica e a geométrica. Os Platônicos fazem derivar por geração do ponto a linha, desta a

superfície e desta o corpo. Mas o que é *posterior* na ordem da geração, é ontologicamente (ou seja, pela substância) *anterior*. Consequentemente, contra as convicções dos Platônicos, não deveriam ser *anteriores* ponto e linha, mas o corpo; tanto mais que o corpo é mais perfeito, porque pode se tornar animado, enquanto a superfície ou uma linha (e menos ainda um ponto) não podem (e portanto, *a fortiori*, é impossível que sejam ontologicamente anteriores). — A "confusão" que Aristóteles faz aqui (por razões polêmicas) é ressaltada por Annas: "O presente argumento, como o das linhas 14-20, confunde os objetos físicos com os sólidos matemáticos. E isso emerge fortemente na evocação ao fato de que os corpos, mas não as linhas, etc., podem se tornar animados [...] O próprio Aristóteles, em outro lugar (1002 a 28 - b 25) reconhece que o termo geração, a propósito dos objetos matemáticos, tem um sentido diferente relativamente ao que tem em relação aos objetos físicos"; *Interpr. dei libri M N...* (1992), p. 165. — Ross escreve que as linhas 24-26 "evidentemente referem-se a Espeusipo fr. 4, 44-47 (Lang)" [leia-se: 54-57; a indicação contém um erro de imprensa] (*Metaph.*, II, p. 414). Ver agora o fr. no n. 122, pp. 113 ss. Isnardi Parente = F 28, pp. 140 ss. Tarán. A nosso ver, a referência é muito genérica e nem um pouco evidente.

[19] (**1077 a 31-36**). *Oitavo argumento contra a existência de Entes matemáticos separados.* — Não só as superfícies e as linhas não podem ser animadas (cf. o argumento precedente, *in fine*), mas *não são nem sequer substâncias* (e *a fortiori*), enquanto o corpo pode ser considerado, em certo sentido, substância, porque tem uma completude própria (tem as três dimensões) (cf. também *Do céu*, I 1, 268 a 23). De fato, se superfícies e linhas fossem substâncias, deveriam ser ou (*a*) substâncias no sentido de *forma*, assim como a alma é forma dos corpos, ou (*b*) substâncias no sentido de *matéria* dos corpos. Ora, não é possível que as superfícies e as linhas sejam (*a*) forma assim como a alma é forma do corpo, "porque não se vê que as linhas e as superfícies sejam de algum modo princípio de vida" (Robin, *Th. plat.*, p. 223). E tampouco é possível que elas sejam (*b*) substância material, porque não vemos nada que tenha como *matéria* somente linhas e superfícies. Conclusão: as linhas e as superfícies não são substâncias.

[20] (**1077 a 36 – b 11**). *Nono argumento contra a existência de Entes matemáticos separados.* — Este último argumento pretende arrancar pela raiz o próprio fundamento da doutrina dos Platônicos. O núcleo da crítica de Aristóteles é o seguinte: é verdade que superfícies, linhas e pontos são anteriores *quanto à noção*, mas disso não se pode concluir que,

portanto, sejam anteriores também *quanto à substância*, como sustentam os Platônicos. — Eis as razões aduzidas por Aristóteles. Algo é (*a*) anterior pela definição e pela noção a outra coisa, se faz parte da noção dessa outra coisa; ao contrário, (*b*) alguma coisa é anterior a outra pela substância se tem maior realidade do que ela (e, portanto, se condiciona aquela outra). Ora, é evidente que (*a*) não implica (*b*). De fato, a noção de "branco" é anterior à noção de "homem branco", porque faz parte da constituição desta última; mas é anterior *só* pela noção e *não também* pela substância, porque "branco" não tem mais realidade do que "homem branco" e porque "branco" não pode existir separadamente, mas só no composto homem-branco. Consequentemente, caem os raciocínios dos Platônicos, que supõem que a prioridade (*a*) comporte a prioridade (*b*), contra a verdade. — Como corolário conclusivo dessa nona argumentação, Aristóteles explica o seguinte. No que concerne à ordem da substância *não se pode dizer como regra*: (*a*) nem que o que é resultado de abstração seja *anterior*, (*b*) nem que o que é resultado de adjunção ou composição seja *posterior*. Por exemplo, (*a*) as coisas resultantes da abstração, como a qualidade (por exemplo, "branco"), abstraídas da coisa de que são qualidade, na ordem da substância, não são anteriores à coisa, porque só existem na coisa. (*b*) E tampouco, vice-versa, o que é resultado de adjunção, como por exemplo, "homem branco", que é obtido justamente mediante a adjunção de "homem" a "branco", é *pela substância* posterior, porque "branco" não existe independentemente e separadamente de "homem branco". (É evidente que, assim entendida, a passagem não necessita, na linha 11, da correção τῷ λευκῷ em lugar de τοῦ λευκοῦ, como pretendem Ps. Alexandre, *In Metaph.*, p. 733, 33 s. Hayduck e Bonitz, *Comm.*, p. 533. Ver também as justas observações movidas por Ross, *Metaph.*, II, p. 415, contra essa correção. — As expressões que traduzimos com "abstração" e "adjunção" são ἀφαίρεσις e πρόσθεσις. Tenha-se bem presente o fato de que "abstração" não significa aqui o que entendem os modernos. O significado de ἀφαίρεσις é "subtração", "espoliação".

[21] (**1077 b 15**). Cf. 1076 a 38 – b 11.

[22] (**1077 b 16**). Do modo como se verá no capítulo seguinte.

3. *Sumário e comentário a* M 3

[1] (**1077 b 17 – 1078 b 6**). Sumário. — *Se os objetos matemáticos não existem da maneira pretendida pelos Platônicos, pelas razões examinadas no*

capítulo precedente, de que maneira existirão? Eis a solução de Aristóteles. Os Entes matemáticos são entes abstraídos *do sensível. Podemos, de fato, considerar as coisas sensíveis prescindindo de algumas características e aspectos, de maneira distinta de outras. Por exemplo, podemos considerar as coisas sensíveis só enquanto móveis, prescindindo de outras características. Assim procede o físico. Mas podemos considerar as coisas sensíveis também prescindindo do movimento e do seu caráter sensível, e olhá-las só como corpos a três, a duas ou a uma dimensão, e até mesmo como unidades indivisíveis. Assim procede o matemático. Portanto os objetos matemáticos não têm uma existência em si e separada dos sensíveis. Não por isso são algo irreal, um não ser. De fato, eles existem nas coisas sensíveis* em potência, *e a reflexão matemática os separa, no ato em que considera as coisas somente como grandezas ou números, isto é, como meras quantidades. Portanto, os objetos matemáticos não têm uma existência "separada" em si e por si, mas só por força de abstração. — Concluem o capítulo algumas considerações sobre a relação que têm o bem e o belo com as matemáticas. Alguns filósofos reprovaram as matemáticas por não considerarem o bem e o belo. Mas as matemáticas só aparentemente não falam deles, porque, na realidade, tratam das que são as supremas formas e condições do belo, vale dizer,* da ordem, da simetria *e do* definido, *e portanto, tratam implicitamente também do belo.*

[2] (**1077 b 17-34**). *O estatuto ontológico dos Entes matemáticos separados segundo Aristóteles.* — Aristóteles exprime aqui, de maneira definitiva, a solução do problema do modo de existência dos objetos matemáticos. Eles não são mais do que entes "abstraídos" (entendendo esse termo no sentido originário e não moderno, como já dissemos), e só têm *realidade* nas coisas sensíveis das quais os abstraímos. Expliquemos o preciso sentido dessa doutrina aristotélica. As coisas sensíveis têm múltiplas propriedades e determinações. Mas podemos considerá-las só sob determinados aspectos, levando em conta apenas algumas propriedades e prescindindo de outras. (*a*) Assim, por exemplo, podemos considerar as coisas sensíveis só enquanto têm a característica de estar *em movimento*, prescindindo de todo o resto; mas não por isso é necessário que exista um movimento como realidade separada: basta a nossa faculdade de considerar aquela característica das coisas sensíveis prescindindo de todas as outras. (*b*) Analogamente, seguindo o mesmo procedimento, podemos prescindir também do movimento e considerar as coisas sensíveis *só como corpos* a três dimensões. (*c*) E ainda podemos considerar as coisas só segundo duas dimensões, isto é, como superfície, prescindindo do resto. (*d*) Ulteriormente podemos considerá-las

só como comprimento, (*e*) e depois só como pontos (isto é, unidades indivisíveis, que, contudo, têm posição no espaço), e enfim, (*f*) como puras unidades (isto é, como entes indivisíveis sem posição no espaço, portanto como unidades numéricas). — Portanto, é claro que os objetos da geometria e da matemática existem nas realidades sensíveis e existem, atualmente, só como determinações e como aspectos delas; por isso não existem de modo algum como realidades separadas em si e por si, como querem os Platônicos, mas existem de maneira *não separada* como propriedades nas coisas sensíveis, separadas e isoladas no pensamento pelos geômetras e pelos matemáticos. — Sobre esse capítulo 3 do livro M são importantes as páginas de Annas, *Interpr. dei libri M N* ... (1992), pp. 131-148 e 167-173.

[3] (**1077 b 34 – 1078 a 5**). *O geômetra estuda os seres físicos mas não "enquanto físicos"*. — Aristóteles sustenta a tese de que o geômetra não considera realidades separadas das sensíveis, subsistentes em si ou por si, mas considera as realidades sensíveis, não porém *enquanto* sensíveis. Todo o capítulo gira em torno desse "enquanto" (ᾗ), que volta muitas vezes (b 19, 22, 23, 28, 29, 30, 1078 a 1, 3, 6, 7, 8, 9, 15, 24 e 26). — Eis a interpretação de J. Annas desse conceito e do modo como Aristóteles o usa, numa página que merece ser transcrita porque, até mesmo para quem não compartilha a interpretação ou a compartilha parcialmente, constitui um ponto de referência: "Diz-se que o matemático estuda os objetos físicos, mas não *enquanto* ou *como* (ᾗ, *qua*) físicos. De onde procede essa afirmação? Alguns usos evidentes da locução 'enquanto' sugerem que Aristóteles tem em mente o estudo de uma certa parte ou de certo aspecto do objeto estudado, a despeito de outra parte ou de outro aspecto seu. Porém, a locução 'enquanto' pode ser entendida de outro modo, isto é, pode indicar que subsiste uma diferença de aproximação a um mesmo objeto de estudo. Por exemplo, a proposição 'Eu o aprecio enquanto amigo, não enquanto médico', não significa que eu aprecie só algumas partes ou alguns aspectos dessa pessoa, mas não outras partes ou outros aspectos seus; significa, antes, que tenho atitudes diferentes, enquanto estou em relações diferentes com essa pessoa. Não é muito claro em que sentido devemos interpretar aqui a locução 'enquanto'. As palavras de Aristóteles sugerem interpretá-la em ambos os sentidos. O geômetra estuda um objeto físico, mas só alguns aspectos deste, por exemplo, a sua forma. Por outro lado, quando Aristóteles fala da ciência no seu conjunto, as suas palavras sugerem que o que distingue a matemática dos outros tipos de estudo, como a física, é uma diferença de aproximação ao seu objeto comum de estudo. — A analogia de Aristóteles com o estudo dos

objetos em movimento sugere a primeira ideia: estudar os objetos físicos em movimento quer dizer simplesmente estudar um aspecto dos objetos físicos, e não quer dizer estudar algo completamente diferente dos objetos físicos, existente acima ou além deles. O exemplo dos teoremas da matemática geral e dos teoremas de uma área específica, ao contrário, implica o mesmo objeto de estudo, mas com diferentes aproximações a ele. Esta ideia explica de maneira menos clara o 'estudar o que é físico mas não enquanto físico', relativamente à noção de 'estudar só alguns aspectos dos objetos físicos'. Sabemos que a matemática e a física diferem na aproximação ao mesmo objeto, e as palavras de Aristóteles aqui não explicam o que seja esta diferença. A analogia extraída da matemática considerada em si mesma não é tão convincente como uma analogia relativa às diferentes aproximações, da matemática e da física, ao mesmo objeto. Fora de M 3 (...), o desenvolvimento da teoria da 'abstração' como doutrina psicológica dá suporte à ideia de que Aristóteles, predominantemente, concebe o 'estudar o que é físico mas não enquanto físico' como 'estudar certos aspectos dos objetos físicos', isto é, forma, grandeza, possibilidade de serem contados, etc. — A segunda linha de explicação seguida por Aristóteles é que o matemático estuda o objeto sobre o qual se aplica, ignorando o que é meramente acidental relativamente a ele, enquanto estudado do ponto de vista matemático. O médico, quando cura um homem, ocupa-se da sua saúde e não da sua cor; de modo semelhante, o geômetra estuda só a extensão, a forma, etc. de homem, não a sua cor ou a sua saúde. As propriedades não-quantitativas de um homem são irrelevantes para o estudo do matemático, e portanto são meramente acidentais para o seu objeto de estudo. Não obstante isso, permanece verdade que o que ele estuda é um homem, e não algo distinto de um homem. É, portanto, implícito que os procedimentos fundamentais do platonismo não são absolutamente necessários; o objeto de estudo da matemática não é distinto dos objetos físicos, que já nos são familiares"; *Interpr. dei libri* M N... (1992), pp. 168-169.

[4] (1078 a 5-6). *Explicações sobre uma frase lacônica do texto.* — Entenda-se: inere nelas *enquanto dependente da sua qualidade* e não da sua própria natureza. Bonitz (*Comm.*, p. 534) explica: "Separari autem cogitatione licet haec doctrinarum obiecta et tamquam separata poni ab iis quibus inhaerent substratis, *quia multa de illis necessario praedicantur..., quae non substratorum ex natura, sed unice ex natura qualitatum iis inhaerentium repetenda sint...*". — O texto, extremamente lacônico, é dificilmente traduzível: πολλὰ δὲ συμβέβηκε καθ' αὑτὰ τοῖς πράγμασιν ᾗ ἕκαστον ὑπάρχει

τῶν τοιούτων. Schwegler (*Metaph.*, II, p. 266) tenta desenvolvê-lo do seguinte modo: "Viele Bestimmungen solcher Art kommen in wesentlicher Weise den Dingen zu, je nach den verschiedenen Gesichtspunkten, unter die jedes Ding fält"; mas isso não esclarece nada. Ross (*Metaph.*, *a. h. l.*) o traduz do seguinte modo: "Many properties attach to things in virtue of their own nature as possessed of each such character"; enquanto Gohlke (*Metaph.*, p. 388) o desenvolve assim: "Vieles kommt sogar na sich den Dingen zu, sofern sie dieses Bestimmte sind". Carlini (*Metafisica*, p. 418) parece estar completamente enganado: "Le cose hanno per sé stesse molte proprietà, in quanto loro appartiene l'una o l'altra di esse [? !]". Na nossa tradução aproximamo-nos de Tricot (*Métaph.*, II, p. 730) que, de resto, se inspira em Bonitz: "Il y a dans les choses un grand nombre d'attributs essentiels, qui ne leur appartiennent qu'en tant que chacun des attibuts de cette sorte réside en elles"; e em nota explica: "et ne se rattachent pas au substrat lui-même, mais aux qualités essentielles". Para o significado geral dessa afirmação cf. a nota seguinte.

[5] (**1078 a 5-9**). *Existem atributos distinguíveis das coisas a que pertencem, mesmo sem existir separadamente delas.* — O pensamento desenvolvido por Aristóteles é o seguinte. Existem propriedades que competem por si aos Entes matemáticos e que são, justamente, objeto de demonstração das ciências matemáticas; mas, *não por isso é necessário afirmar os objetos matemáticos separadas*. De fato, existem atributos que competem às coisas, não enquanto propriedades ligadas à própria essência das coisas, mas enquanto ligadas a alguma das qualidades das coisas, e que, portanto, podem ser consideradas distintamente das coisas nas quais inerem, mesmo que não existam separadamente delas. Portanto, existem certas coisas que não podem ser separadas de outras e que, todavia, têm propriedades e características que lhes são peculiares. Por exemplo, o *macho* e a *fêmea* não existem separadamente do animal; contudo há propriedades que competem ao animal só enquanto fêmea (à fêmea), e outras que competem ao animal só enquanto macho (ao macho). Analogamente, as dimensões dos corpos e das determinações matemáticas não são separadas dos corpos; contudo têm propriedades que lhes são peculiares, e dessas ocupam-se as ciências matemáticas (cf. Ps. Alexandre, *In Metaph.*, p. 737, 3 ss. Hayduck).

[6] (**1078 a 9-13**). *A exatidão de uma ciência depende da simplicidade e anterioridade do seu objeto.* — Aristóteles explica aqui as razões pelas quais algumas ciências matemáticas são mais *exatas* do que outras. Uma ciência é tanto mais exata, quanto mais o seu objeto é *simples e anterior*. Portanto,

a matemática será mais exata do que a geometria, porque o objeto da matemática é mais simples, na medida em que abstrai da grandeza espacial, enquanto o objeto da geometria é mais complexo, pois inclui a grandeza espacial. As ciências matemáticas são mais exatas do que as físicas, porque o seu objeto é mais simples, na medida em que prescindem do movimento enquanto o objeto das ciências físicas incluem o movimento. Por sua vez, é possível determinar o grau de exatidão das ciências físicas individuais, com base na prioridade e simplicidade do movimento que elas têm por objeto: e, baseado nesse critério, é mais exata a astronomia, porque tem por objeto o movimento que é primeiro, uniforme e simplíssimo (que é o movimento circular dos céus).

[7] (**1078 a 14-17**). A *mesma explicação dada para a aritmética e para a geometria, vale para a harmônica, a ótica e a mecânica.* — Essas ciências consideram as coisas sensíveis, mas não enquanto sensíveis. A *harmônica* considera os sons, mas não enquanto sons, antes *enquanto números*, e a eles aplica as leis da aritmética. A *ótica* considera, para dizer com Maurus (*Arist. op. omn.*, IV, p. 577 a) "lineas visuales, non tamen... ut visuales, sed ut lineas, applicando principia ac demonstrationes geometricas de lineis *ut sic* lineis visualibus". Analogamente se comporta também a *mecânica*. (Cf. Ps. Alexandre, *In Metaph.*, p. 738, ss. Hayduck).

[8] (**1078 a 17-31**). *Por que os objetos matemáticos podem ser tratados como separados das coisas sensíveis mesmo que não o sejam ontologicamente.* — Eis a linha de raciocínio. Os objetos das ciências matemáticas *não existem separados e por si*; todavia, o matemático não erra quando, para melhor proceder nas demonstrações, os considera *como se fossem separados*. E não erra, do mesmo modo que não erra o geômetra quando traça uma linha e supõe que sua medida seja um pé, para proceder a uma determinada demonstração, mesmo que, efetivamente, a linha não tenha um pé. Por isso, o método de separar com a abstração (aqui e em todo o cap. 3 Aristóteles não usa o termo ἀφαίρεσις, mas de modo inequívoco apresenta o conceito que exprime com esse termo) o que não é separado é um método correto, que permite estudar de maneira mais ágil o objeto, dando-lhe destaque e evidência. — Segue-se o exemplo do homem, bem interpretado por Schwegler (*Metaph.*, IV, p. 306): "Quando, por exemplo, o aritmético põe o homem como unidade numérica e assim o trata, e o geômetra o trata como corpo sólido e a ele aplica as propriedades do corpo sólido, isso é certamente uma abstração, porque o homem enquanto homem, o homem em ato, não é uma unidade numérica nem um corpo sólido...: mas potencialmente é ambas as coisas,

e o matemático abstrai, prescindindo do resto e fixando exclusivamente o que é quantidade, que, contudo, está presente potencialmente". — Em conclusão, os matemáticos e os geômetras raciocinam corretamente. Os seus objetos existem verdadeiramente nas coisas, mas *em potência* (o texto diz ὑλικῶς = do modo como existe a matéria, isto é, justamente, δυνάμει); o matemático os atualiza justamente com o processo de isolamento, ou seja, de separação e abstração no seu intelecto.

[9] (1078 a 31-34). *Provável referência a Aristipo.* — Cf. B 2, 996 a 32, onde Aristipo é explicitamente citado como defensor de análoga posição (cf. nota *a. h. l.*). Ps. Alexandre (*In Metaph.*, p. 739, 22 ss. Hayduck) atribui a Aristipo esse argumento: "se todas as coisas, diz Aristipo, são feitas em função do bem e do belo, e se, de outro lado, as matemáticas não visam nem o bem nem o belo, as matemáticas não são". Em todo caso, a maioria dos intérpretes entende a nossa passagem como uma reprovação dirigida a Aristipo e seguidores, por ter negado que as matemáticas falem do bem e do belo (cf. Ross, *Metaph.*, II, p. 418). (A passagem é apresentada como fragmento de Aristipo na coletânea de G. Giannantoni, *Socratis et Socraticorum Reliquiae*, Nápoles 1990, IV a 171, vol. II, p. 72). — Ao contrário, Robin (*Th. plat.*, p. 367, em nota) sustentava que o sentido da passagem seria outro: Aristóteles reprovaria a esses filósofos o fato de terem sustentado a proposição acima referida "sem fazer entre o Bem e o Belo a distinção cuja necessidade Aristóteles acaba de indicar". Mas esta exegese é pouco convincente. — Note-se, depois, que a distinção entre καλόν e ἀγαθόν só aparece nessa passagem, enquanto os dois termos são normalmente usados como sinônimos. Note-se, ademais, que aqui ἀγαθόν é usado em sentido restritivo: de fato, é limitado só às ações, enquanto, em *Et. Nicom.*, I 4, 1096 a 23, diz-se claramente que ele se estende a todas as categorias. Pode, em todo caso, resolver a dificuldade a observação de Ross (*Metaph.*, II, p. 418): "... se καλόν e ἀγαθόν são, amiúde, usados como sinônimos, καλόν aplica-se primeiramente à beleza física e ἀγαθόν ao bem moral; ou, em todo caso, para fins de argumentação, Aristóteles quer admitir essa restrição do significado de ἀγαθόν".

[10] (**1078 a 34 – b 5**). *Sobre o belo.* — Cf. *Et. Nicom.*, I 7, 1218 a 21 s.; *Poét.*, 7, 1450 b 36 s.; *Pol.*, VII 4, 1326 a 33; *Tóp.*, III 1, 116 b 21 s. Cf. Bonitz, *Index*, p. 360 b. Cf. o que dissemos a respeito em *Para uma nova interpr. de Platão* (1997), pp. 368-371.

[11] (**1078 b 5-6**). *Uma remissão problemática.* — Aristóteles não parece ter mantido a promessa que faz aqui (cf., ademais, Λ 7, 8 e 10, bem como 4).

4. *Sumário e comentário a* M 4

[1] (1078 b 6 – 1079 b 11). Sumário. — *Esgotada a primeira das grandes questões postas no capítulo primeiro, Aristóteles passa à segunda, relativa às Ideias consideradas em si. E, em primeiro lugar, é reconstruída a gênese da doutrina das Ideias (que já conhecemos por* A 6*). As Ideias teriam sido introduzidas para poder superar as dificuldades levantadas pelas doutrinas heraclitianas e para poder salvar a possibilidade do conhecimento. É verdade que as coisas sensíveis mudam e fluem continuamente, mas não são elas objeto da ciência; o objeto da ciência só pode ser imutável; por isso é necessário admitir entes como as Ideias. As Ideias, ademais, teriam sido introduzidas, segundo Aristóteles, sob a influência do método socrático da definição. Platão teria transformado em ente separado o conceito lógico socrático, de modo que as Ideias não seriam mais que a entificação e substancialização dos conceitos e das definições. Explicado isso, Aristóteles repete uma série de argumentações críticas contra as Ideias, que já lemos em* A 9*. Nova é, ao invés, a que encerra o capítulo (ver a sua exposição na nota* 20*).*

[2] (1978 b 7-8). Cf. capítulos 2 e 3.

[3] (1078 b 8-9). Cf. 2, 1077 a 17-20; 1077 a 24 – b 11.

[4] (1078 b 9). *A questão da existência de Ideias em si e por si.* — É a segunda das questões postas no primeiro capítulo: cf. 1076 a 26 ss.

[5] (1078 b 9-11). Isto é, sem conectá-la (por agora) com a ulterior questão se as Ideias se reduzem aos Números.

[6] (1078 b 11-12). Platão.

[7] (1078 b 12-15). Cf. A 6, 987 a 32 ss.

[8] (1078 b 15-17). Cf. A 6, 987 a 29 – 987 b 1.

[9] (1078 b 19-21). *Uma passagem paralela a esta.* — Cf. também *Das part. dos anim.*, A 1, 642 a 24 ss. (= 68 a 36, Diels-Kranz, II, p. 93, 12 ss.), que pode servir de comentário a essa passagem: "A razão pela qual os pensadores precedentes não chegaram a esse método [= *o método científico de Aristóteles*] está no fato de que eles não tinham ideia da essência e do modo de definir a substância; o primeiro que dele se aproximou foi Demócrito, não porque considerasse que esse método fosse necessário na ciência da natureza, mas porque tratou desse mesmo assunto; esse método, depois, teve notável incremento no tempo de Sócrates, porém foram deixadas de lado as pesquisas a respeito da natureza e os filósofos voltaram-se para a virtude, porque útil para a vida e para a política" (trad. V. E. Alfieri, *Gli Atomisti*, p. 78).

[10] (1078 b 21-23). Para o comentário desse ponto cf. A 5, 985 b 23 ss. e notas.

[11] (1078 b 25). A *questão das origens e do desenvolvimento da dialética.* — A dialética foi inventada, segundo Aristóteles, por Zenão de Eleia (cf. a nota 11 a A 6). — A nossa passagem, portanto, quer dizer o seguinte: a dialética *já tinha sido inventada, mas ainda não era muito forte a ponto de* etc. Comenta bem Schwegler (*Metaph.*, IV, p. 308) esse ponto: "Impõe-se... certa habilidade e amadurecimento do espírito, uma διαλεκτικὴ ἰσχύς, para poder dirigir a pesquisa sobre os contrários, sem ter posto na base uma definição. Nos tempos de Sócrates o pensamento dialético não tinha ainda evoluído a ponto de ser capaz disso. Só mais tarde (com Platão, e em parte com os Megáricos) o espírito metódico-científico se fortaleceu a ponto de alcançar essa possibilidade".

[12] (1078 b 23-30). A *interpretação aristotélica de Sócrates.* — São, verdadeiramente, estes os resultados da filosofia de Sócrates? São dotados de credibilidade, *historicamente*, esses juízos de Aristóteles? Digamos logo que não, pelo menos na forma em que nos são apresentados. Certamente Sócrates não pôde falar de ἐπακτικοὶ λόγοι nem de καθόλου ὁρίζεσθαι no sentido técnico querido por Aristóteles, pela simples razão de que essas "descobertas" pressupõem as "descobertas" lógico-metafísicas aristotélicas. Do exame das citações aristotélicas da doutrina de Sócrates, que são ao todo umas quarenta (recolhidas e comentadas por M. Th. Deman, *Le témoignage d'Aristote sur Socrate*, Paris 1942), revela-se claramente que não podemos fundar-nos sobre elas mais do que podemos nos fundar sobre a citação das doutrinas dos Pré-socráticos e de Platão: como sempre, Aristóteles vê o pensador citado em função das próprias categorias teoréticas, como esclarecemos no *Ensaio introdutório.* — Particularmente, no caso sobre o qual discorremos, Aristóteles vê Sócrates à luz (*a*) de uma já adquirida distinção entre plano lógico e plano ontológico e (*b*) de uma doutrina lógica bastante elaborada. Mas (*a*) a distinção do plano lógico do plano ontológico só começa na especulação de Platão (a partir da *República*) e amadurece plenamente só com o Estagirita; o mesmo diga-se para (*b*) a doutrina da indução, do silogismo, da definição universal. Portanto, Aristóteles atribui a Sócrates o que *historicamente* Sócrates certamente ainda *não* podia dizer. Antes, fazendo de Sócrates o autor dessas doutrinas, Aristóteles inevitavelmente chega a falsificar também a posição *histórica* de Platão, o qual, segundo ele, não teria feito mais do que ontologizar o universal lógico. Ao invés, tanto Sócrates como o primeiro Platão movem-se num plano ainda

indistinto, no qual não está ainda conquistada a distinção do lógico do ontológico e que, portanto, não se pode medir com o padrão dessa distinção: Sócrates não pode ser o autor dessas descobertas, mas só pode ser o iniciador daquela pesquisa ou daquele particular enfoque da pesquisa que levará àquelas descobertas.

[13] (1078 b 30-34). *Algumas explicações sobre o Sócrates histórico.* — Convém ler, nesse ponto, como complemento do que dissemos na nota precedente e no comentário ao livro A, uma exemplar página de Jaeger, que contém um juízo sobre Sócrates historicamente equilibrado, que redimensiona de modo pertinente as afirmações feitas aqui por Aristóteles. (*Paideia*, trad. port. De Artur M. Parreira, São Paulo 1995, pp. 614 s.): "A pergunta socrática *o que é o bom?*, *o que é o justo?*, não implicava de modo nenhum o conhecimento teórico do que eram logicamente os conceitos universais. Portanto, quanto Aristóteles diz que Sócrates ainda não chega a hipostasiar, como algo distinto da realidade sensível, os conceitos universais que investigava (o que Platão faz), essa afirmação não se deve interpretar no sentido de que Sócrates já teria chegado à teoria aristotélica do universal e de que Platão cometeu mais tarde o erro inconcebível de duplicar de certo modo estes conceitos gerais, já antes conhecidos por Sócrates na sua natureza abstrata, e de colocar ao lado do conceito do justo uma ideia do justo existente em si mesma. É exato que as ideias platônicas, na medida em que Platão entende por elas um mundo de entidades existente em si mesmo e distinto do mundo dos fenômenos sensíveis, representam para Aristóteles uma duplicação inútil do mundo sensível. Ele é supérfluo para Aristóteles, pois este já atingiu a natureza abstrata do conceito universal. Mas isto leva-nos com tanto maior segurança à conclusão de que Platão ainda não tinha ido tão longe, ao criar a teoria das ideias ou das formas, e Sócrates muito menos. Foi Platão o primeiro cujo gênio lógico se colocou o problema do caráter daquilo a que tendiam as investigações de Sócrates acerca do bom, do justo, etc. Para ele, o caminho dialético para o bom, o justo e o belo, que Sócrates se esforçava por percorrer, era o caminho do verdadeiro conhecimento. Se por esta via Sócrates conseguia remontar acima do mutável até o estável, acima da diversidade até a unidade, é porque esta unidade e esta estabilidade eram, segundo a maneira como Platão concebia a essência destes fenômenos, o verdadeiro Ser".

[14] (1978 b 34 – 1079 b 9). A *reprodução do livro* A *nas páginas seguintes*. — Toda a parte do capítulo que se segue até a linha 1079 b 3, reproduz A 9, 990 a 34 – 991 a 8, com pequenas diferenças, das quais deve-se destacar a

mudança do uso da primeira pessoa do plural, que é substituída pela terceira (fato bem conhecido pelos leitores de Jaeger, que daí tirou o argumento para sustentar a posterioridade de M relativamente a A, e acreditou poder interpretar o uso da primeira pessoa em A como significando a permanente adesão de Aristóteles ao platonismo, e da terceira pessoa em M como índice do afastamento de Aristóteles dos Platônicos. Sobre o problema ver, porém, além do que dissemos no *Ensaio introdutório*, pp. 123 ss., 151 ss., também Annas, *Interpr. dei libri M N*... (1992), p. 125.

[15] (**1078 b 34 – 1079 a 4**). Cf. A 9, 990 a 34 – b 8 e, *ibid.*, nota 2.

[16] (**1079 a 4-11**). Cf. A 9, 990 b 8-15 e, *ibid.*, nota 3.

[17] (**1079 a 11-13**). Cf. A 9, 990 b 15-17 e, *ibid.*, nota 4.

[18] (**1079 a 13-19**). Cf. A 9, 990 b 17-22 e, *ibid.*, nota 5.

[19] (**1079 a 19 – b 3**). Cf. A 9, 990 b 22 – 991 a 8 e, *ibid.*, nota 6.

[20] (**1079 b 3-11**). *Argumentação contra a teoria das Ideias que falta em* A 9. — Sobre essa cf. Ps. Alexandre, *In Metaph.*, p. 742, 3 ss. Hayduck; Siriano, *In Metaph.*, p. 115, 5 ss. Kroll; Bonitz, *Comm.*, pp. 538 ss. Ela projeta a hipótese de uma via intermediária entre a suposição (*a*) que a Ideia seja συνώνυμον relativamente aos particulares e a suposição (*b*) *que a Ideia seja* ὁμώνυμον relativamente aos particulares (cf. a precedente argumentação); vale dizer, projeta a possibilidade (*c*) que a Ideia tenha as mesmas notas definidoras relativamente à coisa da qual é Ideia, mas com um acréscimo que especifica a característica pela qual é Ideia (isto é, a característica de ser *o verdadeiro ser*). Aristóteles demonstra que também essa hipótese é absurda e que não se sustenta de modo algum. — Examinemos as diferentes partes da argumentação. — (1) Poder-se-ia dizer, para não cair nem na tese da homonímia entre as Ideias e as coisas nem na tese oposta da sinonímia, que todas as notas da definição da coisa convêm também à definição da Ideia, exceto um acréscimo, que visa qualificar esta última como tal: por exemplo as notas definidoras do círculo sensível convêm também à Ideia de círculo e são, portanto, as mesmas, exceto uma nota que tem em vista qualificar esta última e diferenciá-la do primeiro. — (2) *Qual é essa nota? Qual é esse acréscimo, apto a qualificar a Ideia?* A resposta está na linha 6, mas pode-se formular de modo diferente conforme se adote (*a*) a lição tradicional, ou (*b*) a inteligente correção de Shorey ("Classical Philol.", 30, 1925, pp. 271-273), acolhida também por Ross na segunda edição do texto (o comentário permaneceu conforme a antiga leitura; *Metaph.*, II, p. 243) e por Jaeger. (*a*) A lição tradicional é esta: τὸ δ' οὗ ἐστὶ προστεθήσεται, a ser entendido, como explica Ps. Alexandre: τὸ δ' οὗ ἐστι... τουτέστι παράδειγμα ὂν τῶν

αἰσθητῶν (linhas 10 s.). O sentido é, então, o seguinte: o que há a mais na Ideia é que ela é, justamente, *Ideia de algo*, isto é, *modelo* (no nosso caso modelo dos círculos sensíveis). (*b*) A correção de Shorey é esta: τὸ δ' ὃ ἔστι (e, com efeito, confronte-se 1086 b 27) προστεθήσεται. O caráter distintivo consistiria, então, em ser a Ideia "o que verdadeiramente é", "o verdadeiro e autêntico ser". Em suma, é o equivalente de αὐτό, atributo que qualifica por excelência a Ideia (cf. 1040 b 33 s.). É claro que a argumentação no seu conjunto não muda, mas compreende-se melhor com a lição (*b*). — (3) Estabelecido qual é o acréscimo que qualifica a Ideia, surge, porém, imediatamente a dificuldade: *a qual das notas da definição ele se acrescentará? A uma só ou a todas as notas juntas?* (Para ficar no exemplo do círculo: a qual das notas definidoras do círculo o acrescentaremos? Ao "centro"? ao "lugar dos pontos"? à "superfície"? ou não devemos acrescentá-lo a todas as notas tomadas no seu conjunto?). — (4) A dificuldade é insuperável porque todos os elementos da Ideia são Ideia (por exemplo, na Ideia de homem, são Ideias seja o Animal seja o Bípede) e, portanto, essa nota acrescentada como distintivo da Ideia deverá ser essa mesma Ideia: uma Ideia presente em todas as Ideias a guisa de *gênero* (assim como na Ideia do círculo a Ideia de superfície está presente a guisa de gênero). Cf. também as observações de Cherniss, *Arist. Criticism of Plato*, pp. 308 ss. e nota 211. (Note-se, depois, que não é necessário suprimir o τι diante de ὥσπερ na linha 10, como faz Christ, e com ele Robin, *Th. plat.*, p. 68, final da nota 73[2], e outros. Muito melhor é ler, com Jaeger, ἔτι δῆλον ὅτι ἀνάγκη αὐτὸ εἶναι τι... <καὶ> φύσιν τινὰ κτλ.). — Naturalmente os estudiosos levantaram o problema da razão pela qual esse argumento falta no livro A. As soluções foram opostas: (*a*) há quem considere M uma redação anterior a A e, portanto, considere essa argumentação ausente em A como capciosa; (*b*) ao contrário, com Jaeger, muitos pensam que essa argumentação seja uma prova da posterioridade de M relativamente a A. — Mas note-se um curioso elemento: *na linha 1079 b 4 retorna o uso da primeira pessoa do plural como em* A (θήσομεν). Como se explica? A. Iannone dá a seguinte explicação. O livro A, capítulo 9, contém um elenco de argumentos formulados por Aristóteles *que se põe do ponto de vista dos membros da Academia, e usa a primeira pessoa do plural com valor didático e associativo, para tornar mais viva a exposição*. Em M não usa mais a primeira pessoa do plural, porque, sendo já conhecidos os argumentos pelo livro A (que ele repete só para que o desenvolvimento seja completo: ὅσον νόμου χάριν, 1076 a 27 s.), pode tranquilamente prescindir do plural didático e dramático. Iannone observa justamente o seguinte: "Em suma,

Aristóteles não usa aqui a primeira pessoa do plural porque considera os argumentos platônicos já exaustivamente refutados. E isso é confirmado pelo fato não advertido por Jaeger nem pelos outros que aquele único argumento novo [o que estamos comentando] é proposto — e não por acaso — justamente com a primeira pessoa do plural (θήσομεν), como ocorreu no livro A". (*I logoi essoterici*..., p. 261). — Ver também a interpretação fornecida por Annas, *Interpr. dei libri M N*... (1992), pp. 182 s.

5. *Sumário e comentário a* M 5

[1] (1079 b 12 – 1080 a 11). — *Prossegue e conclui-se nesse capítulo a nova exposição das argumentações contra a doutrina das Ideias, retomada sem mudanças de A 9. Para o comentário de cada uma dessas e para a interpretação de conjunto remetemos a A 9. Tenha-se presente, ao reler essas páginas, a observação já outras vezes feita: é possível, mesmo sem recorrer a complicadas, e apenas hipotéticas, teorias genéticas, justificar a repetição em função da exigência de completude metódica requerida pela sistematicidade, com a qual Aristóteles procede deliberadamente neste livro.* (Cf. o capítulo primeiro)

[2] (1079 b 12-23). Cf. A 9, 991 a 8-19 e, *ibid.*, nota 7.

[3] (1079 b 23-35). Cf. A 9, 991 a 19 – 991 b 1 e, *ibid.*, nota 8.

[4] (1079 b 35 – 1080 a 8). Cf. A 9, 991 b 1-9 e, *ibid.*, nota 9.

6. *Sumário e comentário a* M 6

[1] (1080 a 12 – b 36). Sumário. — *Com o presente capítulo deveria começar a discussão do terceiro dos problemas postos no capítulo primeiro e, precisamente, o tratamento dos números considerados como* substância *e* causas primeiras dos seres. *Na realidade, em vez de afrontar essa questão, Aristóteles antes traça* a priori *um esquema das várias possibilidades que podem ocorrer quando se admite a tese dos números como substâncias ideais; portanto, dá uma correta fisionomia da mesma, indicando as várias posições assumidas pelos vários pensadores (Platônicos e Pitagóricos) defensores da tese em questão. — Tanto o esquema quanto a identificação dos pensadores aos quais Aristóteles alude são objeto de contrastadas interpretações: só poderemos falar deles adequadamente nas notas de comentário. — Deve-se observar que o nosso capítulo serve de introdução geral e de definição dos termos de um problema, cuja perspectiva, como já destacamos acima, não é a que esperaríamos*

segundo o plano traçado em M 1, e a discussão do problema segundo essa perspectiva prosseguirá aproximadamente até o final do capítulo 9.

[2] (**1080 a 12-14**). *Evocação do último problema de fundo.* — É o terceiro dos problemas propostos em M 1, 1076 a 29-32, e também o mais complexo: de fato, trata-se de saber se os números podem ser os princípios das coisas, como pretendiam os Platônicos, ou não. Como já dissemos, nas páginas seguintes esse problema não é afrontado diretamente de modo preciso. A resposta encontra-se no livro N, mais do que nos capítulos restantes de M, cuja problemática revela-se mais ligada aos dois primeiros problemas do que ao terceiro.

[3] (**1080 a 15-37**). *Formulação do problema dos números segundo novo ângulo: as várias implicações e articulações possíveis da tese dos Entes matemáticos separados.* — A distinção que agora Aristóteles começa a traçar pretende oferecer um quadro de todas as possibilidades que, admitida a hipótese em questão, podem ocorrer. Trata-se de um quadro que ele estabelece *a priori*, antes ainda de levar em consideração as efetivas posições *históricas*, e em vista de melhor avaliá-las. — Infelizmente o quadro revela-se irregular e as divisões não são claramente demarcadas, de modo que das linhas 17-37 os estudiosos extraíram diferentes esquemas. Schwegler (*Metaph.*, IV, pp. 311 s.) extraiu, seguindo o Ps. Alexandre, as seguintes três possibilidades:

(1) Linhas 17-23. Hipótese da diferença *específica* de cada um dos números relativamente ao outro, subdividida em duas ulteriores hipóteses:

(*a*) hipótese da diferença específica ou originária das próprias unidades (não só os números 2, 3, 4, etc. são especificamente diferentes entre si, mas as próprias unidades são imediatamente e originariamente diferentes especificamente entre si e, portanto, não podem ser combináveis e adicionáveis);

(*b*) hipótese da diferença não específica mas só de sucessão das unidades (as unidades são nesse caso combináveis ou adicionáveis entre si).

(2) Linhas 23-35. Hipótese da existência seja de unidades não adicionáveis seja de unidades adicionáveis (seriam, por exemplo, adicionáveis as unidades no interior da Díade entre si ou as no interior da Tríade entre si, mas não as unidades da Díade com as da Tríade etc.).

(3) Linhas 35-37. Hipótese que combina as precedentes do seguinte modo: uma parte dos números (p. ex. o Três, o Quatro, o Cinco)

não seria combinável e adicionável; outra parte seria adicionável (p. ex. o Sete, o Oito, o Nove); uma terceira parte (p. ex. o Vinte, o Trinta) seria do tipo examinado na hipótese (2).

Robin (*Th. plat.*, pp. 272 s., nota 258) propõe, ao invés, esta outra divisão: Aristóteles distinguiria dois tipos de números separados:

(1) Números ideais especificamente diferentes entre si (linhas 17 s.) com a ulterior subdivisão em duas possibilidades:

(A) que eles sejam constituídos de unidades não adicionáveis (linha 18);

(B) ou que eles sejam constituídos de unidades adicionáveis só no interior dos números individuais e não adicionáveis com unidades pertencentes a outros números (linhas 23 s.).

(2) Números do tipo dos números matemáticos e simplesmente consecutivos e não hierarquicamente ordenados (linha 20 e linha 30).

(3) As linhas 35-37 conteriam um resumo do que precede. Mas essa divisão de Robin não se adequa bem ao texto: primeiro, Aristóteles apresentaria a hipótese (1) nas linhas 17-18, e uma subdivisão desta (1 A) nas linhas 18-20, depois apresentaria a hipótese (2) nas linhas 20-23, e em seguida uma subdivisão que pode ser reduzida à primeira hipótese (1 B) nas linhas 23-30; depois, novamente, nas linhas 30-38, voltaria à hipótese (2), em seguida nas linhas 33-35 à hipótese (2 A B); para concluir, por último, nas linhas 35-37, com o resumo. Isso não é de modo algum provável.

Ross (*Metaph.*, II, p. 246) reconstrói uma divisão, que reflete melhor do que as outras o texto. Ao ἤτοι da linha 17 não se contrapõe nem o ἤ da linha 20, nem o ἤ da linha 35 (e, com efeito, gramaticalmente só pode ser assim: ἤτοι εἶναι τὸ μέν [i.é. τῶν ἀριθμῶν]... linha 17 — ἢ τὸν μὲν εἶναι τῶν ἀριθμῶν... linha 35: em ambos os casos fala-se dos números, ao invés, o ἤ da linha 20 e da linha 23 introduzem disjuntivas que se referem às *unidades* e não aos números em geral). Portanto, teríamos duas hipóteses, a primeira das quais subdividida em três, introduzida pelos ἤ: linha 18, linha 20, linha 23, do seguinte modo:

(1) A hipótese dos números não adicionáveis (especificamente diversos), linha 17; hipótese que pode ulteriormente implicar:

(*a*) a hipótese que sejam não adicionáveis as próprias unidades, linha 18;

(*b*) a hipótese que as unidades sejam adicionáveis, linha 20;

(*c*) a hipótese que as unidades dos números individuais sejam adicionáveis, enquanto as unidades pertencentes a números diversos sejam não adicionáveis, linha 23.

(2) A hipótese que existam todos os três tipos de números (1 *a*) (1 *b*) e (1 *c*), linha 35.

Ross adverte, depois, que Aristóteles podia distinguir também estas possibilidade: (1 *a*) e (1 *b*); (1 *a*) e (1 *c*), ou (1 *b*) e (1 *c*); e, ademais, que nas linhas 21 e 36 Aristóteles parece confundir (1 *b*), isto é, a hipótese de números não combináveis constituídos de unidades combináveis, com a hipótese de números combináveis constituídos (consequentemente) de unidades combináveis (isto é, Aristóteles parece confundir o número ideal com o número matemático). Note-se, enfim, que a classificação dada por Aristóteles refere-se mais à questão geral dos números ideais do que a específica, que, de acordo com o plano de M 1, agora deveria ser resolvida.

Julia Annas propõe a seguinte exegese, que apresentamos nas suas próprias palavras (*Interpr. dei libri MN*... [1992], pp. 188 s.): "1080 a 15-37: com base no texto transmitido, esse período longo e gramaticalmente caótico produz uma classificação que, no seu interior, é incoerente, e que, ademais, não é capaz de responder à discussão desenvolvida efetivamente em seguida por Aristóteles. Segundo a interpretação tradicional, Aristóteles apresenta uma divisão dos números em três classes:

"1. Números em série ordenada, cada um especificamente deferente do outro, ou (a) porque cada unidade é também ela especificamente diferente das outras, e não combinável com nenhuma das outras, ou (b) porque todas as unidades são combináveis, ou (c) porque as unidades são combináveis no interior de um número, mas não combináveis com as unidades presentes em outros números.

"2. Números matemáticos.

"3. "Aquele nomeado por último".

"Essa classificação confunde. Já foi dito (1080 a 21-23) que (1), (b), coincide com o número matemático, portanto (2) parece idêntico a (1), (b); mas isso não é possível, pois, de cada número matemático existem exemplos infinitamente numerosos enquanto em todas as variantes de (1) cada número é diferente na sua espécie. Ademais, não é claro como (2) e (3) possam ser uma alternativa a (1), se foram no início apresentados como variantes no interior de (1). Ademais, o que Aristóteles está discutindo não é uma variedade de opções relativas aos números, mas uma variedade de opções relativas à unidade.

"Todas essas dificuldades são superadas eliminando o "ἤ" na linha 18, na suposição de que seja um erro de um copista, compreensivelmente confundido pelo longo e tortuoso período. (...) E o que Aristóteles diz resulta, agora, suficientemente claro. A sua primeira classificação das teorias platônicas do número é a seguinte:

"1. (17-20). Cada número é um membro de uma série ordenada, especificamente diferente dos outros, e assim é cada unidade, portanto nenhuma unidade é combinável com nenhuma outra.

"2. (20-23). As unidades sucedem-se uma depois da outra, e qualquer unidade é combinável com qualquer outra, como no número matemático, no qual nenhuma unidade difere de nenhuma outra.

"3. (23-35). Cada número é único no seu gênero e não-combinável com nenhum outro, e as unidades de qualquer número são combináveis com as unidades presentes naquele número, mas não são combináveis com as unidades presentes em todos os outros números.

"4. (35-37). Todos os três tipos de número acima mencionados são possíveis.

"Essa classificação agora corresponde ao que Aristóteles prova. Ele não se ocupa de (4), mas não é necessário que o faça, pois prova que nem (1), nem (2), nem (3) são possíveis; e demonstra, para cada caso, que a concepção de unidade implicada por ele é incoerente com a relativa concepção de número.

"No caso (1), diz-se que os números são numa série ordenada, e são especificamente diferentes um do outro. No caso (3), diz-se que procedem numa série ordenada, mas não são produzidos por adição; ademais, o 2 é chamado 'o primeiro dois', e 'o dois em si'. É razoável supor que no caso (1), e no caso (3), temos o mesmo conceito, ou seja, o de número-Forma. Isso emergirá com evidência dos argumentos efetivamente movidos por Aristóteles, e do uso que eles fazem da noção de 'combinabilidade'".

[4] **(1080 a 15-18)**. *Concepção hierárquica*. — Entendam-se "primeiro" e "segundo" não só no sentido de sucessão, mas também e sobretudo no sentido de *qualificação hierárquica*. As palavras que se seguem imediatamente esclarecem perfeitamente que Aristóteles está falando de números diversos τῷ εἴδει, por forma, e, portanto, "primeiro" e "segundo" só podem indicar uma ordem qualitativa.

[5] **(1080 a 18)**. *Significado de* εὐθύς. — Pode-se também traduzir com "originariamente", "fundamentalmente".

[6] (**1080 a 19**). *O significado do termo* ἀσύμβλητος. — Enquanto esse termo é aqui referido à unidade, deve ser entendido no sentido de *incapaz de entrar em relação aritmética*, e ἀσύμβλητα são, portanto, as unidades incapazes de serem somadas, subtraídas, multiplicadas e divididas (Ross, *Metaph.*, II, p. 427). Pode-se traduzir por *inassociable* (Ross, *Metaph.*, trad. *a. h. l.*); *incomparable* (Ross, *Metaph.*, II, p. 427); *nichtzusammenzählbar* (Schwegler, *Metaph.*, IV, p. 231); *inconsociabilis* (Bonitz, *Comm.*, p. 542); *unvereinbar* (Gohlke, *Metaph.*, p. 395); *inadditionnable* (Tricot, *Métaph.*, II, p. 742; id. Carlini, *Metaf.*, p. 426). Dado que Aristóteles pretende quase certamente referir-se a todas as operações, não encontramos termo melhor do que *não combinável* (*i.é*: segundo todas as operações).

[7] (**1080 a 20**). *Significado da expressão* ᾗ εὐθὺς ἐφεξῆς. — Faz-se a hipótese de unidades não mais hierarquicamente diversas (ἕτερον τῷ εἴδει), mas diversas só na série, isto é, *na consecução, na sucessão*, ficando portanto τῷ εἴδει idênticas.

[8] (**1080 a 35-36**). Cf. linhas 15-20.

[9] (**1080 a 36**). Cf. linhas 20-23.

[10] (**1080 a 36-37**). Cf. linhas 23-25.

[11] (**1080 a 37**). Quer consideremos esses números como combináveis, quer os consideremos como não combináveis (Ps. Alexandre, *In Metaph.*, p. 744, 26 s. Hayduck).

[12] (**1080 b 1-2**). No cap. 2, 1076 a 38 – b 11. — Entenda-se: não ao modo dos Platônicos pitagorizantes ou Pitagóricos platonizantes, os quais consideravam que os números eram *entidades ideais*, embora imanentes aos sensíveis.

[13] (**1080 b 2-3**). Vale dizer, no modo como os entendem os Pitagóricos (cf. A 5).

[14] (**1080 b 7**). Vale dizer, o "ilimitado" (ἄπειρον) dos Pitagóricos e sobretudo a "Díade de grande e pequeno" dos Platônicos.

[15] (**1080 b 12-14**). *Referência a Platão (e aos seguidores fiéis).* — Cf. Ps. Alexandre, *In Metaph.*, p. 745, 22, 31 Hayduck; Siriano, *In Metaph.*, p. 122, 11 ss. Kroll; ver A 6, 987 b 14-18. Sobre a diferença entre esses dois tipos de números ver o que dizemos em: *Para uma nova interpr. de Platão* (1997), pp. 167-180,

[16] (**1080 b 14-16**). *Uma referência a Espeusipo.* — Ps. Alexandre (*In Metaph.*, p. 745, 32 Hayduck) dá o nome de Xenócrates, mas isso não é exato; o autor a que se alude aqui é Espeusipo (cf. Schwegler, *Metaph.*, IV, p. 313; Ross, *Metaph.*, II, p. 428); Lang considera a nossa passagem como

fr. de Espeusipo (fr. 42 c, p. 73). Ver acima, 1076 a 19 ss. A passagem está agora incluída na coletânea dos fragmentos de Espeusipo de Isnardi Parente, fr. 75, p. 96 (cf. também o comentário pp. 308 ss.) e na de Tarán, F 33, p. 144 (cf. o comentário pp. 308 ss.).

[17] (1080 b 16-21). *Crítica ao modo pelo qual os Pitagóricos construíam o universo com os números.* — Esta passagem é apresentada como test. 9 dos Pitagóricos anônimos em Diels-Kranz, I, p. 453, 39 ss. Ver o comentário dela em Timpanaro Cardini, *Pitagorici*, III, pp. 90 ss. Interessante é a hipótese de F. M. Cornford, *Mysticism and science in the pythagorean tradition* (in "Classical Quarterly", 16, 1922, pp. 137-150; 17, 1923, pp. 1-12, particularmente a p. 8 desse último número da revista), apresentada e tida como provável por Ross (*Metaph.*, II, p. 428), segundo a qual tratar-se-ia não da doutrina do pitagorismo místico, mas de um sistema científico de atomismo numérico desenvolvido no século V, precursor do atomismo. — Tenha-se, depois, presente que o ἀριθμὸς μοναδικός é o *número aritmético* (cf. 1083 b 16), vale dizer, o número abstrato, e é, obviamente, não extenso. Ora, os Pitagóricos, diz Aristóteles, constróem o universo com os números, assumindo as unidades não como puras unidades abstratas, mas como *extensas*. Mas (e essa é a aporia indicada nas linhas entre parêntesis) os Pitagóricos não são capazes de explicar como da unidade deriva a extensão. A passagem foi muito discutida, e muitos concluíram que a aporia nasce sobretudo da aplicação de perspectivas aristotélicas ao sistema pitagórico. Ross (*Metaph.*, II, p. 429), por exemplo, sublinha, com razão, que no tempo dos Pitagóricos não existia o conceito de realidade *não* corpórea e que, portanto, as unidades eram inevitavelmente pensadas como corpóreas e, portanto, *extensas*. (Cf. Reale, *História da filosofia antiga*, I, p. 83-84).

[18] (1080 b 21-22). Evidentemente um Platônico, mas que não podemos mais identificar.

[19] (1080 b 22-23). *Provável referência a Xenócrates.* — Cf. Schwegler, *Metaph.*, IV, p. 315; Robin, *Th. plat.*, p. 247, nota 258; Ross, *Metaph.*, II, p. 429. R. Heinze acolhe a nossa passagem entre os fragmentos de Xenócrates (fr. 34, p. 171, 16 s.) e também Isnardi Parente, fr. 108 (cf. comentário, pp. 339 s.).

[20] (1080 b 24-25). *Referência a Platão.* — Todos os estudiosos concordam sobre essa exegese. Essa distinção é uma consequência da distinção entre Ideias e entes matemáticos.

[21] (1080 b 25-28). *Referência a Espeusipo.* — Lang acolhe a passagem entre os fragmentos de Espeusipo, fr. 42 c (p. 73, 6 ss.) = fr. 75, p. 96 Isnardi Parente = F 33, p. 144 Tarán.

[22] (1080 b 28-30). *Referência a Xenócrates.* — R. Heinze enumera a nossa passagem como fr. 37, p. 172, 24 ss. = fr. 118, p. 97 Isnardi Parente.

[23] (1080 b 30-33). Cf. nota 17.

[24] (1080 b 33-36). *Provável referência a Xenócrates.* — Cf. 1083 b 2 s., como sugere Ross, *Metaph.*, II, p. 430; cf. *infra*, nota 9 ao cap. 8.

7. *Sumário e comentário a* M 7

[1] (**1080 b 37 – 1082 b 37**). Sumário. — *Depois do quadro sistemático traçado no capítulo precedente, Aristóteles passa agora ao exame analítico das possibilidades individuais. Particularmente, são examinadas:* (a) *a hipótese segundo a qual todas as unidades são combináveis entre si, e* (b) *a hipótese segundo a qual todas as unidades não são combináveis entre si e* (c) *a hipótese segundo a qual as unidades internas aos números individuais são combináveis entre si, mas não combináveis com as unidades pertencentes a números diferentes.* — *Aristóteles demonstra que nenhuma dessas hipóteses se sustenta, porque todas chocam-se com múltiplas contradições. Particularmente, ele aduz* um único *argumento contra a primeira hipótese,* quatro *contra a segunda,* oito *contra a terceira. Dada a natureza extremamente técnica desses argumentos, e o modo conciso em que são redigidos, devemos remeter a exposição e a interpretação às notas de comentário.*

[2] (**1080 b 37**). Cf. *supra*, 6, 1080 a 20-23. No esquema do capítulo precedente esta perspectiva é enumerada como segunda possibilidade no âmbito da primeira hipótese (1 b).

[3] (**1080 b 37 – 1081 a 1**). Cf. *supra*, 6, 1080 a 18-19. No esquema do capítulo precedente esta perspectiva é enumerada como primeira possibilidade no âmbito da primeira hipótese (1 a).

[4] (**1081 a 1-5**). Cf. *supra*, 6, 1080 a 23-35. No esquema do capítulo precedente esta perspectiva era enumerada como terceira possibilidade no âmbito da primeira hipótese (1 c).

[5] (**1081 a 8-17**). *Uma discutível posição assumida por Aristóteles diante de Platão.* — O “drible” que Aristóteles aplica aqui em Platão depende inteiramente de uma indevida *interpretação* das Ideias platônicas e do seu nexo com os números; sobre isso ver o nosso volume *Para uma nova interpretação de Platão* ([2]2004), pp. 167-174.

[6] (**1081 a 14-15**). A *questão da fórmula “díade indefinida”.* — Deve-se prestar atenção a essa expressão “díade indefinida” (ἀόριστος δυάς), que

aparece aqui. Os estudiosos questionaram seriamente se remonta ou não a Platão a concepção do princípio material como *díade de grande e pequeno*, assim como essa precisa expressão. Mas, na realidade, os próprios escritos de Platão (*pelo menos por alusão*) confirmam a credibilidade desse testemunho, como já dissemos no *Ensaio introdutório*, pp. 190-194. É também interessante Robin, *Th. plat.*, pp. 635-654. — A atitude hipercrítica de Cherniss, *Aristotle's criticism of Plato*, pp. 166 ss., não se sustenta mais, como a maioria dos estudiosos reconhece. — Ver, particularmente, as reconstruções de Stenzel, *Zahl u. Gestalt*, de Krämer, *Arete bei Plat. u. Arist.*, de Gaiser, *Platons ungeschriebene Lehre*, de Happ, *Hyle*..., e de Reale, *Para uma nova interpretação de Platão, passim*.

[7] (**1081 a 15-17**). *Crítica da hipótese da possibilidade de combinação de todas as unidades.* — Cf. *supra*, 1080 b 37. — A hipótese é reduzida ao absurdo do seguinte modo. (1) Se as unidades são combináveis, são *indiferenciadas*; e se são assim, só podem gerar o número matemático (e não outro número); mas as Ideias não podem ser números (matemáticos). (2) E se as Ideias não são números, *não* podem existir. — (1) O *primeiro ponto* é demonstrado do seguinte modo. Porque é diferente a Ideia das diferentes coisas, deveria ser diferente o número no qual consistiria a Ideia das diferentes coisas: por exemplo, o três deveria ser a Ideia de homem, o quatro a Ideia de outra coisa e assim por diante. Ademais, porque cada Ideia é única (única a Ideia de homem, única a Ideia de animal, etc.), único deveria ser aquele número no qual consistiria cada Ideia. Por exemplo, único deveria ser o três, se três é a Ideia de homem, único o quatro etc. Ao contrário, se admitirmos a hipótese da possibilidade de combinação e indiferenciação das unidades, existem inumeráveis 3, inumeráveis 4 etc. Que todos os 3 sejam a Ideia de homem é absurdo, porque vimos que a Ideia de cada coisa é sempre única: e que um só dos muitos 3, diferentemente de todos os outros, seja a Ideia de homem, é igualmente absurdo, porque nenhum 3, na hipótese em questão, pode ter algum título que o diferencie de todos os outros (cf. Ps. Alexandre, *In Metaph.*, p. 748, 4-15 Hayduck). — (2) O *segundo ponto* é provado como se segue. Se as Ideias não são números, não poderão nem sequer existir. As Ideias não podem derivar, segundo os Platônicos, senão dos *princípios* dos quais derivam os números (o Um e a Díade indefinida); mas se não são números, não podem nem sequer derivar daqueles princípios, nem se vê outros princípios dos quais possam derivar. Não se pode eliminar a dificuldade fazendo derivar as Ideias daqueles princípios, porém *anteriormente* ou *posteriormente* ao número: nesse caso deveria ser diferente

a unidade. Se, portanto, as Ideias não são Números, não se vê como possam existir. — Não parece fiel ao texto a exegese do Ps. Alexandre, *In Metaph.*, p. 748, 30 s. Hayduck, que assim interpreta a impossibilidade de que as Ideias sejam anteriores ou posteriores: "se, por exemplo, a tríade em si é o homem em si, como é possível dizer que o homem em si é anterior ou posterior à tríade em si?". De fato, Aristóteles não está examinando a hipótese de que a Ideia seja número, mas justamente a hipótese oposta; ademais, discute-se de números que, de acordo com a hipótese, não podem ser ideais, mas só matemáticos e, portanto, não se pode falar de αὐτοτριας, como faz o Ps. Alexandre. Exata é a sugestão de Ross, *Metaph.*, II, p. 435.

[8] **(1081 a 17 – b 33)**. *Hipótese da impossibilidade de combinação de todas as unidades.* — Aristóteles passa agora à discussão da segunda hipótese (cf. *supra*, 1081 a 1), formulando contra ela quatro argumentos: (1) 1081 a 17-29; (2) 1081 a 29 – b 10; (3) 1081 b 10-26; (4) 1081 b 27-33 (cf. *infra*, as notas 11, 13, 14 e 15). — Ross (*Metaph.*, II, p, 435) diz que, se considerarmos o fato de que essa hipótese *não* tem defensores (no dizer do próprio Aristóteles, 1080 b 8 s., 1081 a 35 s.), o espaço que ele dedica a ela "é desproporcional". Mas, na verdade não é assim. O espaço seria desproporcional se Aristóteles pretendesse fazer uma resenha *histórica*; ao invés, nesse contexto, de maneira programática, ele pretende ensaiar *teoreticamente* todas as várias possibilidades existentes, admitida a tese dos números como substâncias ideais. O fato de tais possibilidades terem tido ou não defensores (assim como a precisa correspondência das várias possibilidades distinguidas em abstrato com as efetivas posições *históricas*) interessa muito menos a Aristóteles. — Também Annas observa o seguinte: "Com cada possibilidade, ele [Aristóteles] refere-se a discussões informais, que nunca chegaram ao nível de uma teoria plenamente desenvolvida. Em todo caso, a crítica a essa posição é necessária para toda a parte de M que estamos analisando"; *Interpret. dei libri* M N... (1992), p. 194. — Mais uma vez confirma-se a impossibilidade de reconstruir com base nesse livro as precisas posições "históricas" dos pensadores paulatinamente citados, e particularmente de Platão, a cuja autoridade serão atribuídas também algumas consequências teoréticas que ele não extraiu, mas que, segundo Aristóteles, deveria ter extraído. — E, assim, o procedimento seguido no presente capítulo parece paradigmático: Aristóteles não parte de um exame preliminar do pensamento dos vários filósofos para extrair dele, sucessivamente, eventuais conclusões sistemáticas; mas, ao contrário, parte de um esquema que formula ou deduz a priori, para depois fazer corresponder a ele,

de várias maneiras, diversas posições históricas: e compreende-se, portanto, como e por que se trate, amiúde, de correspondência pelo menos em parte impostas, mais do que efetivas. — Insistimos sobre isso para justificar a atitude que assumiremos no comentário: tentaremos fazer compreender o pensamento de Aristóteles, limitando ao mínimo a investigação sobre as "correspondências históricas" entre o que Aristóteles diz e o que o Autor que ele critica deveria ter dito. De fato, o que conta, num comentário à *Metafísica*, não são tanto aquelas correspondências, quanto as *deduções* teoréticas que Aristóteles extrai delas, bem como as razões que as motivam. Tanto mais que o exame e a verificação sistemática das "correspondências históricas" comportariam uma amplidão de pesquisas que nesta sede estaria totalmente fora de lugar e, também, seria decepcionante.

[9] (**1081 a 24**). *Alusão a Platão.*

[10] (**1081 a 25**). Lemos ἐπει εἰ como sugere Ross (*Metaph.*, II, p. 435), e com ele Jaeger (*Metaph.*, p. 276), em vez de ἔπειτα εἰ: cf. a nota seguinte.

[11] (**1081 a 17-29**). *Primeira argumentação contra a tese da impossibilidade de combinação de todas as unidades.* — Divide-se em dois momentos. (1) Em primeiro lugar, demonstra que a tese da *impossibilidade de combinação* de todas as unidades destrói o número matemático. De fato, todas as operações matemáticas supõem necessariamente as unidades como *indiferenciadas*, caso contrário elas não podem ocorrer. A tese da impossibilidade de combinação das unidades supõe, ao invés, o número como *diferenciado*, isto é, um número não susceptível de operações matemáticas e, portanto, não matemático. (2) Em segundo lugar, demonstra que a própria tese não torna possível nem sequer o número ideal. — Aqui o texto é de interpretação dificílima. Ele é mais complicado do que esclarecido pelo Ps. Alexandre (*In Metaph.*, pp. 748-750 Hayduck), assim como por Siriano (*In Metaph.*, pp. 126-127 Kroll). Também não se mostra muito convincente Robin (*Th. plat.*, pp. 334-337, nota 285), seguido por Tricot (*Métaph.*, II, pp. 748 s., nota 2). Seria preciso, para entendê-lo melhor, remeter-se a Bonitz (*Comm.*, pp. 547 s.) e a Ross (*Metaph.*, II, p. 435). Bonitz compreendeu bem que Aristóteles junta duas argumentações (linhas 23-25 e linhas 25-29) e que só a última é decisiva, enquanto a primeira (linhas 23-25) deve ser entendida como um parêntesis. Certamente a Bonitz fazia dificuldades o ἔπειτα da linha 25, como observa Robin (*loc. cit.*); mas a correção em ἐπεί de Ross resolve todas as dificuldades (cf. nota precedente). — Eis, então, o argumento. Se admitirmos que as unidades sejam *não combináveis*, então não é possível que da *díade indefinida* e do Um derivem *primeiro* a Díade ideal, *depois* a

Tríade, *depois* a Tétrada e assim por diante, como pretendiam os Platônicos. Por que? Porque (deixemos momentaneamente o parêntesis), se as unidades são *não combináveis*, necessariamente são uma anterior à outra (cf. 1080 a 17 ss.); então as duas mônadas que constituem a díade são uma anterior à outra, e, portanto, a primeira é anterior também à díade, que dela é constituída. (Ou, dito de outro modo, a Díade, sendo composta de uma unidade anterior e de uma unidade posterior, será posterior a uma e anterior à outra). Portanto, não existirá *primeiro* a Díade, *depois* a Tríade etc.; mas, primeiro a primeira unidade da Díade, depois a Díade, depois a outra unidade da Díade: depois virá não a Tríade, mas a primeira unidade da Tríade etc., contrariamente ao que dizem os Platônicos. — As linhas 23-25 não podem ser entendidas, sem complicar demais as coisas, senão como propõe Bonitz (*Comm.*, p. 548): "... priore autem parte [linhas 23-25] quasi per parenthesin monet, Platonicos certe numeros non esse ex eo quod descripsit genere, sed singulos quosque consociabiles inter se habere unitates".

[12] (**1081 a 35 – b 1**). Eis a mais explícita confirmação, pela boca do próprio Aristóteles, do que dissemos *supra*, nota 8.

[13] (**1081 a 29 – b 10**). *Segunda argumentação contra a tese da impossibilidade de combinação de todas as unidades.* — (1) A hipótese da impossibilidade de combinação das unidades implica, como vimos, que uma seja hierarquicamente *primeira*, a outra seja *segunda*, e assim por diante. Mas os Platônicos admitem também um Um-em-si princípio supremo, do qual, junto com a Díade indefinida, tudo deriva; portanto a primeira unidade será segunda depois do Um-em-si; a segunda unidade será terceira depois do Um-em-si etc. Daqui brota o seguinte absurdo: haverá uma *segunda* unidade antes da *Díade*, uma *terceira* unidade antes da *Tríade*, etc.; de fato, a *primeira* unidade já é *segunda* depois do Um-em-si (e o Um-em-si + a primeira unidade já são dois), e a *segunda* unidade da Díade já é *terceira* (o Um-em-si + a primeira unidade da Díade + a segunda unidade da Díade são, justamente, *três*), etc. (o que é absurdo, justamente porque isso implica que se possa falar de uma *segunda* unidade antes ainda de que exista o *dois*, de uma *terceira* unidade antes de que exista o *três*, et.). — (2) Aristóteles destaca, depois, que os Platônicos, na verdade, não sustentam explicitamente a tese em discussão (cf. nota precedente), mas que, todavia, ela é consequência lógica das afirmações deles: se pusermos um "primeiro" um, deve-se depois admitir também um "segundo" e um "terceiro"; e, se pusermos uma "primeira" díade, deve-se depois admitir também uma "segunda", uma "terceira" etc. Mas (e nisso está a inconsequência deles) eles

admitem um "primeiro" um e não admitem um segundo e um terceiro, etc., e, assim, admitem uma "primeira" díade e não admitem uma segunda e uma terceira etc. — As linhas 6-8 são uma reflexão entre parêntesis, que visa relembrar, antes mesmo de deduzir a nova contradição examinada, que, como já sabemos pelas linhas 21-29 (precedente argumentação), as teses (*a*) que depois do Um existe *primeiro* uma unidade e depois uma segunda unidade e (*b*) que depois do Um existe *primeiro* a díade, se excluem mutuamente. Diferentes é a reconstrução de Robin, que se pode ler em *Th. plat.*, pp. 335-339 e relativas notas, compartilhada substancialmente por Tricot, *Métaph.*, II, pp. 750, notas 1-2 e p. 751, notas 1-3. — Ver as interessantes propostas de Annas, *Interpret. dei libri M N...* (1992), pp. 196-198.

[14] (**1081 b 10-26**). *Terceira argumentação contra a tese da impossibilidade de combinação de todas as unidades.* — Aristóteles critica a hipótese da impossibilidade de combinação das unidades com um novo argumento dirigido contra o particular processo de dedução dos números dos primeiros princípios (Um e Díade indefinida) seguido pelos Platônicos. — (*a*) A esse processo de dedução Aristóteles opõe o processo sugerido pela própria evidência. Obtém-se toda a série numérica *somando* uma unidade: somando uma unidade a outra obtém-se a díade; somando uma unidade à díade obtém-se a tríade; somando uma unidade à tríade obtém-se a tétrada, e assim por diante. Sendo assim, a díade deverá ser parte da tríade e a tríade parte da tétrada e assim por diante. Mas (conclusão implícita, bem explicitada pelo Ps. Alexandre, *In Metaph.*, p. 753, 7 ss. Hayduck) isso destrói a própria hipótese dos números ideais dos Platônicos, porque cada um dos números ideais é único, "e nenhum deles pode ser *parte* de outro número: nem a díade em si parte da tríade em si etc.". — (*b*) Tentemos, contudo, admitir o processo de dedução dos números querido pelos Platônicos. Nesse caso, a Tétrada deveria derivar da união da primeira Díade com a Díade indefinida. Mas eis as consequências de surgem daí. (α) As duas Díades da Tétrada serão diferentes da Díade em si e, assim, deverão existir três díades ideais e não uma; mas isso é contrário à doutrina dos números ideais. (β) Se rejeitarmos esta consequência, então devemos forçosamente admitir que a díade deve fazer parte da Tétrada, e assim volta-se à tese (*a*): a Tétrada será gerada pela *soma* de uma díade a outra, e a própria díade será gerada pela *soma* de uma unidade ao Um em si. E, portanto, resultará que os princípios dos quais derivam os números não são o Um e a Díade indefinida, como pretendem os Platônicos. — Para o conceito de díade δυοποιός, cf. nota 12 a A 6.

[15] (1081 b 27-33). *Quarta e última argumentação contra a tese da impossibilidade de combinação de todas as unidades.* — Eis a excelente exposição de Robin (*Th. Plat.*, p. 342): "Nos números que seguem a Díade ou a Tríade-em-si, não se encontram outras díades e outras tríades? Não existem na Dezena dois grupos de cinco? Outras dezenas não poderão ser formadas com os cinco que estão compreendidos em todos os números inferiores a dez e maiores que cinco? Se não se admite isso, rejeita-se uma verdade não controvertida, e contudo eles sustentam, contrariamente a essa evidência, que só existe uma única Díade, uma única Tríade, só um Cinco, só uma Dezena. Ao contrário, se o admitirmos, como essas outras díades, tríades etc., que são especificamente idênticas à Díade-em-si ou à Tríade-em-si poderão ser formadas de unidades anteriores e posteriores, e, por consequência, especificamente distintas? E esta é a própria negação do número ideal" e dos seus presumíveis princípios ou elementos dos quais, segundo os Platônicos, deveriam derivar. — Annas funde a terceira e a quarta argumentação, considerando-as uma só e a explica do seguinte modo: "Este argumento não é muito claro, e a sua pertinência ao problema das unidades diferenciadas é obscurecida por uma longa digressão, na qual se critica o método platônico para deduzir os números-Forma. Ross considera a seção da linha 27 em diante como uma parte autônoma do argumento, mas é difícil compreender o que se supõe que ela demonstre. O curso do argumento parece ser o seguinte: se as unidades são diferenciadas, então os números não podem ser números-Forma. Os números são contados por progressivo acréscimo de unidade (esta é apresentada como uma verdade fundamental do bom-senso comum). Mas se é assim, cada número será simplesmente diverso da sua unidade (ou do seu um) a mais; o 2 será 'parte' do 3, enquanto contém duas das unidades (ou dois um) que são necessários para fazer 3, e assim por diante. Mas então os números não podem ser distintos, únicos, e não combináveis entre si (cf. 1082 b 34-37). A isso os Platônicos respondem dizendo que os números-Forma não são produzidos por progressivo acréscimo de unidade; são produzidos por duplicação, a partir do um e do dois indefinido. Aristóteles bloqueia essa manobra, observando que, mesmo nesse caso, ao Platônicos serão obrigados a distinguir os dois e os três; de forma que o modo peculiar no qual os números-Forma são gerados não pode salvar a sua natureza única e não-combinável. Não é correto dizer que o 4 se produz por duplicação a partir do dois indefinido, e que, portanto, é obtido graças a um processo totalmente distinto do que produz o 3 e o 5. Segundo a explicação dada pelos próprios Platônicos, o 4

é produzido pelo dois indefinido a partir do 2; portanto, a menos que, na realidade, ele não contenha o dois indefinido (o que é, obviamente, absurdo), deve consistir de dois 2. O mesmo caso é mais claro a propósito do 2: este, se não é chamado a conter os princípios originários — que seria um absurdo —, deve conter dois 1. Portanto, a natureza especial e bizarra da produção dos números não salva os Platônicos da necessidade de afirmar que os números são constituídos por outros números; portanto, eles dispõem ainda de muitos dois e de muitos três diferentes e distintos. E como estes não são números matemáticos, devem ser números-Forma e, assim, devem ser constituídos de unidades diferenciadas. Mas os Platônicos não apresentam nenhuma explicação lógica deste fato"; *Interpr. dei libri M N...* (1992, pp. 198 s.

[16] (**1081 b 33-37**). *Hipótese da parcial possibilidade de combinação das unidades.* — Aristóteles passa agora ao exame da terceira hipótese: que as unidades no interior dos números individuais sejam combináveis entre si, mas não com as unidades de números diferentes: cf. *supra*, 6, 1080 a 23-35 e 7, 1081 a 1-5. Contra esta hipótese move uma série de oito argumentos neste capítulo, mais uma nota no capítulo seguinte (1083 a 1-7), que examinaremos nas notas seguintes: (1) 1082 a 1-15; (2) 1082 a 15-20; (3) 1082 a 20-26; (4) 1082 a 26 – b 1; (5) 1082 b 1-11; (6) 1082 b 11-19; (7) 1082 b 19-23; (8) 1082 b 23-37. Annas funde numa só a (2) e a (3), *Interpr. dei libri M N...* (1992), p. 220.

[17] (**1082 a 1-15**). *Primeira argumentação contra a tese da possibilidade parcial de combinação das unidades.* — Aristóteles destaca que na dezena ideal estão contidas dez unidades e dois cinco ideais. Mas esses cinco, enquanto ideais, diferem entre si, assim como as unidades ideais que os constituem também diferem entre si. Se não diferissem entre si, as unidades não poderiam constituir dois *diferentes cinco*. Mas admitir que as dez unidades da dezena são diferentes entre si, comporta, como consequência, admitir que elas podem formar não só dois cinco, mas muitos mais (Annas observa que existiriam pelo menos 225 modos de combinar em 5 as dez unidades diferentes na dezena). Mas então, também a dezena será não uma só, mas muitas (as que se obtêm da soma de dois dos vários cinco). O que é absurdo, porque a dezena ideal deveria ser única. — O que os Platônicos dizem da tétrada confirma o que se disse acima. De fato, a tétrada ideal para os Platônicos não resulta de quatro unidades, mas de duas díades especiais. De fato, eles dizem expressamente que a díade não é composta de duas díades normais, mas da díade indefinida que, recebendo a díade definida,

produz duas díades, tendo função duplicadora do que recebe. Como se vê, é desmentida a tese da possibilidade de combinação das unidades também no interior dos números individuais. Cf. o que observa Annas, *Interpr. dei libri MN*... (1992), pp. 199 s. — Cf. também Ps. Alexandre, *In Metaph.*, pp. 754, 24 – 756, 39 Hayduck, Schwegler, *Metaph.*, IV, pp. 319-321; Bonitz, *Comm.*, p. 550; Robin, *Th. plat.*, pp. 343 ss., nota 290; Ross, *Metaph.*, II, pp. 437 s. — No que concerne a díade δυοποιός, cf. as remissões da nota 14.

[18] (**1082 a 15-20**). *Segunda argumentação contra a tese da possibilidade parcial de combinação das unidades.* — Aristóteles levanta uma sólida dificuldade: a díade, a tríade etc. são constituídas, respectivamente, de *duas*, *três* unidades etc. Por outro lado, os Platônicos pretendem que a díade, a tríade etc., sejam realidades distintas e independentes (παρά) das suas unidades. Haverá, talvez, uma relação de *participação*? Mas isso é evidentemente *absurdo*. De fato, deveria tratar-se ou (*a*) de participação *acidental* ou (*b*) de participação *essencial*: mas ambos os casos são impossíveis. — Vejamos por que. (*a*) No primeiro caso a *díade* deveria "participar" da sua unidade e ser distinta dela, como "homem-branco" participa de "homem" e de "branco", e é distinto deles; a díade deveria participar das suas unidades como um sujeito composto de substância + acidente participa da própria substância e do próprio acidente. (Provavelmente Aristóteles queria dizer mais simplesmente: no caso da participação acidental a relação entre díade e unidade seria a mesma que entre "homem-branco" e "homem" e "branco"; isto é, uma entidade deveria ser substância, a outra acidente desta, e o resultado um composto por participação acidental). Mas isso é obviamente absurdo, porque as unidades não estão de modo algum em relação entre si e com a díade dessa maneira. (*b*) No segundo caso as duas unidades da díade deveriam ter, entre si, a mesma relação que têm o *gênero* e a *diferença específica* (uma deveria ser gênero, a outra diferença), e a díade deveria ter com as duas unidades a mesma relação que tem "homem" com o seu gênero "animal" e com a sua diferença "bípede". Mas essa relação é obviamente impensável, porque as duas unidades da díade não são diferenciadas, segundo a própria hipótese. (Cf. sobre a diferença Z 12, 1037 b 13-21). — Na linha 17 talvez seria melhor ler θατέρου θάτερον e não θατέρου θατέρου, como querem Christ (*a. h. l.*) e Ross (*Metaph.*, II, p. 438). Ver a respeito disso: Robin, *Th. plat.*, pp. 345 s e nota 292m 1 e as justas observações de Tricot, *Métaph.*, II, pp. 756 s., nota 1. — Annas funde esta argumentação com a seguinte e considera em bloco as linhas 15-26; cf. *Interpr. dei libri M N*... (1992), p. 200.

[19] (1082 a 20-26). *Terceira argumentação contra a tese da possibilidade parcial de combinação das unidades.* — Excluído que a unificação das duas mônadas na díade ocorra por participação, seja acidental seja essencial, (1) Aristóteles se pergunta se pode ocorrer da maneira como se unificam certas realidades empíricas: (*a*) por *contato* (como, por exemplo, dois pedaços de madeira aproximados), (*b*) por *mistura* (como, por exemplo, o hidromel), (*c*) por *posição* (como, por exemplo, as telhas de um teto). Nenhum desses modos pode se aplicar ao nosso caso, enquanto as unidades são entes ideais e incorpóreos (cf. Ps. Alexandre, *In Metaph.*, p. 757, 17 ss. Hayduck) e todos esses modos de unificação pressupõem a corporeidade. — (2) Aristóteles acrescenta ainda esta observação. Como dois homens postos juntos não constituem um casal, como realidade una e diversa dos indivíduos tomados isoladamente, assim ocorre também com a díade e as suas unidades: a díade não é uma realidade em si, diversa das duas unidades, mas não é mais do que o conjunto das duas unidades. E, explica ainda Aristóteles, não valeria objetar o seguinte: dois homens são algo *divisível*, enquanto as unidades são *indivisíveis*; de fato, também os *pontos* são indivisíveis e, contudo, dois pontos não constituem uma díade como realidade distinta dos pontos individuais. Portanto, a indivisibilidade não muda nada e o problema em questão fica sem resolver.

[20] (1082 a 26 – b 1). *Quarta argumentação contra a tese da possibilidade parcial de combinação das unidades.* — Nessa nova argumentação, Aristóteles destaca os três seguintes absurdos que se seguem, admita a tese em discussão. — (1) Em primeiro lugar, ele faz notar que os Platônicos devem forçosamente admitir díades anteriores e díades posteriores (e assim para todo número): de fato, mesmo admitindo que as duas díades contidas na tétrada sejam simultâneas, nem por isso elas deixariam de ser anteriores àquelas contidas no oito, já que, como a primeira díade gera as duas díades da tétrada, assim essas geram as duas tétradas contidas no oito. E isso é *contra* a doutrina dos números ideais, segundo a qual não poderia haver díades anteriores e díades posteriores (tríades anteriores e posteriores, etc.), porque todo número ideal, enquanto tal, é único. — (2) Com uma passagem repentina (fundada mais psicologicamente do que logicamente) Aristóteles infere que, sendo Ideia a primeira Díade, devem ser Ideias também todas as outras Díades, e assim, analogamente, todas as unidades com compõem as díades e todos os outros números, e, portanto, todas as Ideias serão compostas de Ideias (por exemplo, a Ideia de tétrada será composta de duas Ideias de díade e de quatro Ideias de unidade).

— (3) Por último, Aristóteles passa à consideração das coisas sensíveis, consideradas como cópias das Ideias, extraindo esse ulterior absurdo. Se as Ideias são compostas de Ideias, também as coisas sensíveis, posto que são cópias das Ideias, deverão ser compostas da mesma maneira. Ora se o Dois é, digamos, a ideia de homem, o Três Ideia de cavalo, o Quatro Ideia de boi, então, havendo o Nove (que é = Dois + Três + Quatro) deverá também haver um animal composto de Homem, Cavalo e Boi; e dado que toda Ideia é modelo de seres sensíveis desse mundo, deverá haver, nesse mundo, um animal composto de animais daquele modo. (Cf. Ps. Alexandre, *In Metaph.*, p. 758, 32 ss. Hayduck; Robin, *Th. plat.*, p. 354, nota 296, 6). Ver as interessantes críticas que Annas faz a esses argumentos em *Interpr. dei libri M N...* (1992), pp. 220 s.

[21] (**1082 b 1-11**). *Quinta argumentação contra a tese da possibilidade parcial de combinação das unidades.* — O *núcleo* desta argumentação (de algum modo conexa com a segunda e com a nona) é bem individuado por Annas: "Aristóteles pretende demonstrar que a diferença entre os números não pode ser uma diferença nas unidades, e tenta fazê-lo demonstrando que a identidade de número comporta a identidade das unidades do número"; *Interpr. dei libri M N...* (1992), p. 201. O mesmo vale para as díades contidas na dezena.

[22] (**1082 a 11-19**). *Sexta argumentação contra a tese da possibilidade parcial de combinação das unidades.* — Que seja absurda a tese que sustenta serem diversas as unidades pertencentes a números diversos demonstra-se também do seguinte modo. Se uma unidade somada a outra unidade faz dois, então uma unidade da díade somada a uma unidade da tríade deverá fazer dois. Mas note-se em que absurdos caem os Platônicos. A díade assim obtida deverá ser constituída de unidades *diferentes* (porque extraídas de números diferentes). E será esta anterior ou posterior à tríade? De fato, há uma unidade anterior e uma simultânea à tríade. Os Platônicos, na verdade, responderiam negando que se possa somar uma unidade da díade com uma da tríade. Mas note-se a situação ridícula em que se encontrariam: todos dizemos que um somado a um faz dois, mesmo que, digamos, se trate de coisas diversas, como um homem e um cavalo (são *dois* animais), uma pêra e uma maçã (são *dois* frutos); eles, ao invés, dizem que não só essas coisas somadas não fazem dois, mas que nem sequer duas *unidades* (unidades são tanto as da díade como as da tríade) somadas fazem dois. Para outra exegese, cf. Tricot, *Métaph.*, II, p. 759, nota 2. Ver também Annas, *Interpr. dei libri M N...* (1992), p. 202.

[23] (1082 b 19-23). *Sétima argumentação contra a tese da possibilidade parcial de combinação das unidades.* — Aristóteles compara o Três e o Dois e raciocina assim. (*a*) A Tríade é maior que a Díade: de fato, dizer que a Tríade *não* é maior que a Díade é simplesmente absurdo. (*b*) Mas se a Tríade é maior que a Díade, é claro que na Tríade está contido um número igual à Díade e, portanto, não diferente da Díade. Entretanto, isso não seria possível se, como pretendem os Platônicos, os números são especificamente e substancialmente diferentes entre si. A contradição é evidente.

[24] (1082 b 23-37). *Oitava argumentação contra a tese da possibilidade parcial de combinação das unidades.* — Dessa difícil argumentação Annas (que a enumera como sétima, porque une as que distinguimos como quarta e quinta numa única argumentação; cf. *supra*, nota 20) fornece uma aguda exegese: "Este argumento é introduzido pelo seguinte 'título': as Formas não podem ser números. Todavia, do desenvolvimento da argumentação fica claro que não é isso que se prova. O argumento concerne só ao modo pelo qual, segundo Platão, os números devem ser Formas, para ser coerente com uma teoria da unidade. Não é de modo algum um argumento sobre a impossibilidade das Formas serem números, pois apresenta um motivo pelo qual os Platônicos *têm razão* em dizer que o são; de fato, eles insistem na característica que os números têm de serem diversos no próprio gênero. Talvez o argumento só tenha o 'título' errado. Seguramente, no texto há alguma coisa de errado, porque Alexandre lê um texto que não possuímos; todavia, o argumento, tal como se apresenta, não é incompleto. — Aristóteles destaca que as unidades não combináveis são um requisito necessário, se os números devem ser Formas, e portanto únicos. Se as unidades são todas idênticas, existirão muitos 2, muitos 3, e assim por diante, mesmo que um dos pontos essenciais da teoria dos números-Forma fosse o de preservar a unicidade de cada número. Portanto, ironicamente, Aristóteles louva Platão pela coerência que ele demonstra atendo-se às consequências da própria teoria; mas faz notar que essas consequências são, evidentemente, falsas. Platão deve negar que nós contamos por meio de uma única operação repetida, se é que se pode negar um fato tão fundamental. Mas admitir isso significa eliminar a geração dos números a partir do um e do dois indefinido. Na realidade, não é claro se, segundo Platão, esse tipo de geração tinha alguma coisa a ver com o modo como *contamos*. Aristóteles move-se num terreno mais seguro quando critica os Platônicos por terem fabricado os números-Forma com a finalidade de dar razão da nossa capacidade de contar, pois, segundo eles, acrescentar um, e obter um número diferente, são

dois processos diferentes. Aristóteles tem seguramente razão em desprezar essa doutrina: somos capazes de dar uma explicação inteligível de como podemos fazer a mesma coisa de duas maneiras diferentes, ou segundo descrições diferentes, sem nos referirmos a um objeto distinto para cada uma das diferentes descrições"; *Interpr. dei libri* M N... (1992), p. 203.

8. *Sumário e comentário a* M 8

[1] (1083 a 1 – 1085 a 2). Sumário. — *Depois de uma nova argumentação, que se soma às oito do precedente capítulo dirigidas contra a tese (c) da possibilidade de combinação das unidades só no interior dos números dos quais elas são unidades, Aristóteles demonstra que não são melhores as teses de alguns Platônicos reformadores, como Espeusipo (que considera dever eliminar as Ideias e pôr como princípios só os números) e Xenócrates (que fundiu número matemático e número ideal). Os Pitagóricos, depois, se eliminam as dificuldades derivadas do fato de pôr os números como separados, caem em outras dificuldades que lhes são próprias. — O capítulo aborda em seguida outras três questões.* (1) *Como os números podem derivar do princípio material posto pelos Platônicos.* (2) *Se os números ideais são infinitos ou finitos (e demonstra que, de maneira contraditória, não se sustenta nem uma nem a outra tese, respectivamente com dois e seis argumentos).* (3) *Enfim, é explicitada e discutida a questão da natureza e da anterioridade do Um. Para a exposição pormenorizada dos vários argumentos ver as notas de comentário.*

[2] (1083 a 1-17). *Nona argumentação contra a tese da possibilidade parcial de combinação das unidades.* — Os Platônicos falam de *diferença* das unidades (i.é. das unidades contidas nos diferentes números). Pois bem, de que diferença se trata? Deveria tratar-se (*a*) de uma diferença de *quantidade* ou (*b*) de uma diferença de *qualidade*. (*a*) Ora o número *dois* e o três diferem pela *quantidade*. Mas as unidades não podem certamente diferir pela *quantidade*, caso contrário dois números constituídos por um mesmo número de quantidades deveriam ser diversos quantitativamente. — Note-se: aqui Aristóteles parece esquecer a hipótese: de fato as unidades dos números iguais são iguais; talvez ele pretenda falar, por exemplo, da Tríade em si e das suas unidades e da tríade contida, digamos, no seis e nas suas unidades. — Dir-se-á que as primeiras unidades são maiores e as últimas menores? Ou vice-versa? É evidente o absurdo de tudo isso. (*b*) Mas as unidades também não podem diferir pela *qualidade* (cf. Δ 14, 1020 b 3:

por "qualidade" dos números, recordemos, Aristóteles entende atributos como "compostos", "planos" = produzidos por dois fatores, "sólidos" = produzidos por três fatores). Enfim, não se vê de onde as unidades poderiam derivar a suposta diferença qualitativa: não podem derivá-la do Um (porque o um não tem diferenças) nem da Díade indefinida (que é causa de *multiplicidade* e, portanto, de *quantidade* e não de *qualidade*). (c) Se as unidades diferem de um terceiro modo, os Platônicos deveriam dizê-lo e, assim, deveriam explicar a razão pela qual é necessário que essa suposta diferença deva existir, ou pelo menos deveriam dizer de que *diferença* se trata. Mas eles não o fazem.

[3] (**1083 a 20-24**). *Provável referência a Espeusipo e seguidores.* — Não se trata, como pensa Ps. Alexandre (*In Metaph.*, p. 766, 6 Hayduck), de "alguns Pitagóricos", mas, como foi estabelecido pela moderna crítica, de Espeusipo e de seus seguidores. Cf. por exemplo Robin, *Th. plat.*, pp. 217, nota 222; 437; 438, nota 349; Ross, *Metaph.*, II, p. 441. A passagem lida é apresentada como fr. 42 d, p. 73 Lang = fr. 76 Isnardi Parente = F 34 Tarán. — Portanto, Espeusipo diferencia-se por três aspectos dos outros Platônicos até agora visados: (1) elimina as Ideias, (2) elimina os Números ideais, (3) põe como realidades primeiras os números e os objetos matemáticos. — Ver as observações de Isnardi Parente, *Speusippo*..., pp. 310 s. e Tarán, *Speusippus*..., pp. 311 ss.

[4] (**1083 a 32**). *Uma alusão entre parêntesis a Platão.* — Ross (*Metaph.*, II, p. 441) considera que essa alusão explícita a Platão demonstre que toda a discussão de 1080 b 37 – 1083 a 17 refira-se mais a Platão do que aos seguidores. Mas o enfoque teorético da discussão de Aristóteles não justifica essa tese.

[5] (**1083 a 31-35**). *A crítica movida por Aristóteles a Espeusipo e a seus seguidores.* — (*a*) É absurdo pôr um primeiro Um como princípio anterior a todas as unidades, e não, também, uma primeira Díade, uma primeira Tríade, etc.: de fato, os argumentos que valem para o Um podem ser estendidos também aos outros números. (*b*) Uma vez eliminados os Números ideais e as Ideias, e admitidos só os *números matemáticos*, não tem mais sentido pôr o Um como princípio: de fato, esse Um deveria ser *diferente* das outras unidades; mas se só existem os números matemáticos não pode existir nenhuma *diferença* entre o Um e as outras unidades. (*c*) E se o Um deve ser Princípio, deve ser *diferente* das outras unidades e, então, deve-se retornar à doutrina platônica dos Números ideais. Em suma: o sistema de Espeusipo só se explica pressupondo justamente a existência daqueles

números ideais que ele acreditava ter eliminado. — Cf. Tarán, *Speusippus...*, pp. 313 ss.

[6] (1083 a 35-36). Cf. 7, 1080 b 37 – 1083 a 17.

[7] (1083 b 1). *Variação da problemática.* — Como se vê, Aristóteles persegue agora a questão se os números são entidades ideais separadas e não a questão que tinha proposto em M 1 e 6: se os números são *princípios* das coisas. As duas questões são afins, mas não são idênticas.

[8] (1083 b 1-3). *Referência à posição de Xenócrates.* — Cf. Robin, *Th. plat.* Cf. *supra*, p. 1080 b 21. Ver o fr. 34, p. 171 Heinze = 109 Isnardi Parente, p. 93 (e pp. 340 s. o comentário).

[9] (1083 b 1-8). *A posição de Xenócrates considerada como a mais criticável.* — Enquanto Espeusipo acreditava poder eliminar as Ideias e os números ideais, mantendo só os números matemáticos (com as consequências apontadas acima: cf. nota 5), Xenócrates acreditava poder operar uma fusão dos números matemáticos e dos números ideais numa única realidade (matemático-ideal). Portanto, Xenócrates abre o flanco a todas as objeções examinadas acima. (*a*) Ele, com a sua doutrina, elimina de fato o número matemático; com efeito, fundindo-o com o número ideal, ele o faz perder justamente as peculiaridades matemáticas. (*b*) Incorre em todas as dificuldades nas quais cai a doutrina dos números ideais (cf. capítulo precedente). Por isso Aristóteles considera a perspectiva de Xenócrates como a pior.

[10] (1083 b 8-11). *A mais favorável posição dos Pitagóricos.* — Não admitindo o número separado, diz Timpanaro Cardini (*Pitagorici*, III, p. 93), "os Pitagóricos evitam a dificuldade de conceber a essência das coisas separada das próprias coisas"; assim já Ross (*Metaph.*, II, p. 441); na verdade Aristóteles não parece tanto pensar nessas dificuldades gerais quanto nas outras específicas das quais falou.

[11] (1083 b 11-19). *Incompatibilidade da indivisibilidade da unidade com a grandeza das coisas e suas consequências.* — Excelente é o comentário de Timpanaro Cardini (*Pitagorici*, III, pp. 93 s.): "para compreender o raciocínio..., é preciso ter presente que para Aristóteles μέγεθος é só grandeza sensível, e como tal é sempre divisível; portanto admitir grandezas indivisíveis é um absurdo; por outro lado, a unidade em si, como ente matemático, não tem grandeza, é um indivisível; e o número matemático (abstrato) consta de unidades que não são extensas; como, portanto, as coisas reais, que são grandezas, isto é, têm extensão, podem consistir de números, que são formados de unidades não extensas? — Respondendo ao argumento de

B 9 [= M 6, 1080 b 16ss] Aristóteles põe em evidência o absurdo de uma concepção já superada: grandeza e indivisibilidade são termos incompatíveis entre si, porque a grandeza é das coisas, enquanto a indivisibilidade é da unidade, e portanto, do número matemático, enquanto é formado de unidades; portanto, as coisas não podem ser formadas de números". Cf. *supra*, nota 17 ao capítulo 6.

[12] (**1083 b 19-21**). Referência ao que Aristóteles disse em 1080 a 15 – b 36 (e desenvolveu a refutação em 1080 b 37 – 1083 b 19)

[13] (**1083 b 19-23**). *Conclusão.* — Pode-se entender esse "separado" no sentido específico de *transcendente*; mas aqui é provavelmente entendido no sentido lato de χωριστὸν, isto é, como indicando uma entidade em si, vale dizer *substancial* (e, portanto, podendo também ser referida ao número dos Pitagóricos). Entende bem Bonitz (*Comm.*, p. 555) essas conclusões: "Refutatis singulis modis omnibus, secundum quos numeri vel possunt pro substantiis poni vel re vera posti sunt, Ar. concludit, *non posse esse eam numeri naturam, ut per se et absolute tamquam rerum principium ponatur*".

[14] (**1083 b 23 – 1085 a 2**). *As três questões que serão discutidas até o final do capítulo.* — Aristóteles começa uma nova série de argumentações dirigidas contra as perspectivas dos Platônicos e dos Pitagóricos considerados em bloco, sem distinção. (1) A primeira questão, concernente ao modo pelo qual os números deveriam derivar do princípio material segundo os Platônicos, é discutida nas linhas 1083 b 23-36. (2) A segunda questão refere-se à impossibilidade de entender o número dos Platônicos nem como finito nem como infinito, e é discutida nas linhas 1083 b 36 – 1084 b 2. (3) A terceira questão, que trata da natureza e da anterioridade do um segundo as concepções dos Platônicos, é discutida da linha 1084 b 2 até o final do capítulo (e o início do capítulo seguinte). — Annas considera que essa seção não concorda com a precedente e que os argumentos encontram-se num estado rude, dando a impressão de serem apontamentos. Em todo caso, os argumentos que leremos adaptam-se a M, porque prosseguem na crítica das concepções dos Platônicos. Particularmente, Annas observa que muitos desses argumentos "são misteriosos, porque dirigem-se contra objetivos específicos, que são doutrinas perdidas para nós"; *Interpr. dei libri M N...* (1992), p. 206.

[15] (**1083 a 23-25**). *O modo ambíguo em que Aristóteles entende a díade dos Platônicos.* — Notar-se-á nessa argumentação a sistemática distorção do conceito da díade de grande-e-pequeno dos Platônicos. Aristóteles a trata, de fato, como se incluísse *dois* princípios: "grande" e "pequeno", enquanto

não se trata absolutamente de *dois* mas de um único princípio. Diz muito claramente Bonitz (*Comm.*, p. 556): "Plato quod materiale numerorum idealium principium esse dixerat τὸ μέγα καὶ μικρόν non duo significare voluerat principia diversa et seiuncta inter se, sed unam eandemque *potentiam*, quae et augendo et diminuendo in infinitum idonea esset". Cf. as ulteriores observações de Ross (*Metaph.*, II, p. 446). — Mas a esse modo de proceder de Aristóteles já estamos habituados; e conhecemos as suas razões. Ver o que dissemos em *Para uma nova interpr. de Platão* (1997), pp. 162-165 e 463-471.

[16] (**1083 a 23-36**). *A questão relativa ao modo pelo qual os números derivam dos princípios e a impossibilidade de aceitação da tese sustentada pelos Platônicos.* — Este primeiro argumento concerne principalmente aos Platônicos e o seu procedimento de derivação dos números do princípio material (díade de grande-e-pequeno), e, talvez, também aos Pitagóricos, ou pelo menos ao que de pitagórico existe na doutrina dos Platônicos. Aristóteles raciocina do seguinte modo. Se as unidades derivam de um processo de "igualização" do grande-e-pequeno por obra do Um, de duas uma: (1) ou cada unidade deriva *tanto* do grande *como* do pequeno, (2) ou uma unidade deriva do grande e uma do pequeno. — (2) Se é verdade esta última hipótese, então eis as consequências absurdas que dela derivam. (*a*) As unidades não derivarão *todas* de todos os elementos (umas derivarão do Um e do grande, as outras do Um e do pequeno). (*b*) Assim sendo, as unidades *não* poderão ser iguais e indiferenciadas, mas serão *diferenciadas*, e até mesmo opostas: umas serão grandes, as outras pequenas, já que derivam, respectivamente, do grande e do pequeno (cf. Ps. Alexandre, *In Metaph.*, p. 768, 1 ss. Hayduck). (*c*) Ficará sem explicação de onde deriva a terceira unidade da tríade (que no texto é chamada de "ímpar"): uma derivará do grande, a outra do pequeno, e a terceira? — (Para compreender essa objeção é preciso remeter-se ao Ps. Alexandre, *In Metaph.*, p. 768, 6 ss. Hayduck. No três e, em geral, em todos os números ímpares, existe uma unidade "média" entre os dois grupos de unidades pares (no três medeia entre 1 e 1, no 5 entre 2 e 2, no 7 entre 3 e 3 etc.) provenientes um do grande e outro do pequeno. De onde deriva essa unidade? Sobre as relações dessa doutrina com a pitagórica cf. as interessantes observações de Robin, *La théorie platon.*, pp. 666 ss.). — (1) Se, ao invés, é verdadeira primeira hipótese, ocorrerão as seguintes dificuldades. (*a*) Se cada uma das duas unidades, que compõem a Dualidade ideal (o Dois ideal), derivam igualmente *tanto* do grande *como* do pequeno igualizadas pelo Um, então como poderá a Dualidade, que é

uma entidade única, resultar *tanto* do grande *como* do pequeno? Em todo caso, como poderá a Díade ideal ser distinta de cada uma das unidades, dado que também essas resultam do Um e da díade de grande e pequeno (que, como logo em seguida se diz, tem a função duplicadora)? (Cf. Ross, *Metaph.*, II, p. 446). (*b*) Ademais, a unidade é anterior à Dualidade (enquanto, se tirarmos a primeira, tira-se também a segunda), e é, portanto, Ideia de uma Ideia (porque é condição da Dualidade, que é Ideia) e, assim, deveria ser gerada antes da Dualidade. Mas não se vê de quê a unidade possa derivar: não da Díade indefinida, que tem função duplicadora e que, portanto, não pode gerar a unidade. E se faltar a unidade, tampouco será possível a Dualidade, que supõe a unidade (cf. Robin, *Th. plat.*, p. 376). — Esta é das argumentações mais capciosas e tediosas do livro.

[17] (**1083 b 36 – 1084 a 1**). A *questão se os números ideais são finitos ou infinitos e articulação da sua discussão.* — Começa aqui (e prossegue até a linha 1084 b 2) um novo ciclo de argumentações relativas ao segundo tema: os números concebidos como substâncias em si são (*a*) infinitos, ou (*b*) finitos? Aristóteles demonstra ser insustentável tanto a tese (*a*) como a tese (*b*) e que, no contexto das doutrinas em questão, não há espaço para uma terceira possibilidade. — Note-se: na dificuldade caem os filósofos em questão, *porque concebem o número justamente como substância e realidade por si*; para Aristóteles, ao invés, que concebe o número como entidade potencial e abstrata, a dificuldade não existe. — Excelente a observação de Bonitz (*Comm.*, pp. 556 s.): "Si quis numeros cogitando tantum confici ideoque sola potentia non actu exsistere censet, non est cur de eorum multitudine ac fine laboret; ipsa enim potentia infinitatem necessario secum habet coniunctam. Qui autem numeros tamquam substantias absolutae ac per exsistentes ponunt, ii non possunt recusare, quominus quaeratur, infinitosne velint esse numeros an certo quodam modo finitos". — A tese (a) 1084 a 2-10 é refutada com *dois* argumentos: (α) 1084 a 2-7 e (β) 1084 a 7-10; a tese (b) 1084 a 10 – 1084 b 2 é refutada com seis argumentos: (α) 1084 a 12-17, (β) 1084 a 18-21, (γ) 1084 a 21-25, (δ) 1084 a 25-27, (ϵ) 1084 a 27-29, (ζ) 1084 a 29 – b 2. Ver a exposição dos conceitos-base segundo esse esquema na nota seguinte.

[18] (**1084 a 2 – b 2**). *Esquema da articulação da discussão da questão posta.* — Traçamos o esquema de toda a argumentação (até a linha b 2). A hipótese (*a*) que o número seja infinito é absurda pelas seguintes duas razões. (α) Não existem senão números *pares* ou números *ímpares*; mas o número infinito não é nem *par* nem *ímpar* e, portanto, não pode existir

(cf. nota 19). (β) Como todos os números são (segundo as doutrinas em discussão) Ideia de alguma coisa, se existisse um número infinito, ele deveria ser Ideia de alguma coisa, o que é obviamente impossível, porque não existem *coisas infinitas* (cf. nota 20). — A hipótese (*b*) que o número seja finito e chegue só à *dezena*, como querem esses filósofos, encontra os seguintes absurdos. (α) Logo faltarão as Ideias com as quais se deverão explicar as coisas, justamente porque limitadas aos números da dezena, enquanto as coisas são bem mais numerosas (só as espécies dos animais supera o número 10) (cf. nota 24). (β) Dado que existem infinitas tríades, se a Tríade é a ideia de homem, existirão infinitas Ideias de homens (cf. nota 25). (γ) Porque o número menor é parte do maior e, por exemplo, 2 é parte de 4, se 2 fosse a Ideia de homem e 4 a Ideia de cavalo, o homem deveria ser parte do cavalo (cf. nota 26). (δ) É absurdo admitir a ideia do 10 e não a do 11 e dos outros números (cf. nota 27). (ε) Porque existem coisas que se geram e são sem que delas existam correlativas Ideias, das duas uma: ou existirão Ideias (e, portanto, números) para essas, ou, se não se quer admitir Ideias (e, portanto, números) para essas, não se deverá admiti-las também para todas as outras coisas (cf. nota 28). (ζ) Não se vê por que a geração dos números deva parar na dezena (cf. nota 28).

[19] (**1084 a 2-7**). *Primeiro argumento contra a possibilidade de que o número seja infinito.* — Os Platônicos não podem admitir a existência de números infinitos, porque um número infinito não existe, enquanto todo número ou é par ou é ímpar e um número que não seja nem par nem ímpar não pode ser pensado (e um número infinito deveria ser, justamente, nem par nem ímpar). — Eis como Bonitz (*Comm.*, p. 557) explica a demonstração que Aristóteles aqui apresenta para provar que um número não pode ser senão par ou ímpar: "Ut omnes numeros vel pares vel impares evadere demonstret, tria distinguit generationis genera. Si unitas incidit in numerum parem, i.e. si unitas *additur* numero pari, exsistit numerus impar, a 6; sin dyas incidit in numerum parem, i. e. si dyade *multiplicatur* numerus par, exsistit ὁ ἀφ' ἑνὸς διπλασιαζόμενος. Ex ipsis his vocabulis intelligitur, non quemlibet in numerum parem incidere Ar. voluisse dyadem, sed in eiusmodi numeros pares, cuius simplices factores omnes sint numeri binarii; cf Alex. p. 748, 7-15 [= p. 769, 26-35 Hayduck]. Denique si dyade multiplicatur numerus impar, reliqui exsistunt numeri pares, οἱ ἀρτιοπέρισσοι quos vocat Alex. l. l.; quo quidem nomine, ut plena sit partitio et omnes complectatur numeros, non ii solum sunt intelligendi numeri, equi semel divisi per dyadem ad numerum imparem rediguntur, sed omnes quicunque in simplices factores distincti

praeter numerum binarium etiam imparem numerum continent (h. e. non modo 6 = 2.3, 10 = 2.5, sed etiam 12 = 2.2.3, 20 = 2.2.5)". — Mais clara é a exegese de Ross (*Metaph.*, II, p. 447): (1) *Por adição* (ὡδὶ μέν) do 1 com o número par, produz-se o número ímpar. (2) *Por multiplicação* (ὡδὶ δέ) de 2 por 1 produz-se o dois e, ulteriormente, multiplicando por dois, produzem-se as potências de 2. (3) *Por multiplicação* de um número par com um número ímpar, produzem-se os outros números ímpares. (Na linha 6, depois de ἐμπιπτούσης deve ser subentendido εἰς τὸ ἕν [onde Bonitz pensava, ao invés, εἰς τὸ ἄρτιον]; e depois de ὡδὶ δὲ τῶν περιττῶν da linha 6 s. seria preciso subentender, ao invés, εἰς τὸν ἄρτιον). Portanto, ter-se-ia: (*a*) Somando-se o 1 aos pares, geram os ímpares: 2 + 1 = 3; 4 + 1 = 5; 6 + 1 = 7; 8 + 1 = 9. (*b*) Multiplicando-se a díade com o 1 (e depois com os pares, a partir de dois) geram-se o 2 e os produzidos pelo 2: 1 x 2 = 2; 2 x 2 = 4; 4 x 2 = 8. (*c*) Multiplicando-se os números pares com os números ímpares, geram-se os outros pares: 3 x 2 = 6; 5 x 2 = 10. (Traduzimos πίπτειν, ἐμπίπτειν, com *operar*; literalmente significa *incidir* [Bonitz], *cair sobre*). — Sobre o problema ver Robin, *Th. plat.*, pp. 282; 446 ss.; 460; Ross, *Metaph.*, I, p. LIX s. (o qual, entre outras coisas, nota oportunamente que é praticamente certo que a concepção aqui considerada não é própria de Platão); Ross-Forbes, *Theophr. Metaph.*, pp. 50 ss., onde é discutida uma nova interessante interpretação da gênese dos números de E. A. Taylor (*Forms and Numbers*, in "Mind", 35, 1926, pp. 419-440 e 36, 1927, pp. 12-33). Ver as ulteriores reflexões de Annas, *Interpr. dei libri M N...* (1992), pp. 209 s.

[20] (**1084 a 7-10**). *Segundo argumento contra a possibilidade de que o número seja infinito.* — Se existisse um número infinito, existiria uma Ideia infinita e, portanto, porque todo Número-Ideia é Ideia de alguma coisa, deveria existir alguma coisa (sensível ou não sensível) atualmente infinita, o que não é possível. — Na linha 10 lemos τάττουσι γ' (em vez de τάττουσι δ' κτλ.) com Schwegler (*Metaph.*, IV, p. 327), e Ross (*Metaph.*, II, pp. 447 s.).

[21] (**1084 a 10 – b 2**). Cf. o esquema do raciocínio articulado em seis argumentos na nota 18.

[22] (**1084 a 13-14**). A *questão da redução dos números ideais à dezena.* — Segundo *Fís.*, III 8, 206 b 30 dever-se-ia pensar em Platão "et multi Platonici" (Bonitz, *Comm.*, p. 557); Ross (*Metaph.*, II, p. 448) pensa também em Espeusipo. (Para a concepção pitagórica da dezena, na qual os Platônicos certamente se inspiraram, cf. Filolau, A 13 e B 11; ver Timpanaro Cardini, *Pitagorici*, II, pp. 127 ss.; 216 ss.). — A respeito do sentido da redução dos

números ideais de Platão à dezena ver o que dizemos em *Para uma nova interpr. de Platão* (1997), pp. 167 s.

[23] (**1084 a 16**). *Significado da expressão* τῶν ἐν τούτοις ἀριθμῶν. — Talvez poder-se-ia entender, como quer Ross (*Metaph.*, II, p. 448), em duplo sentido: algum dos números contido (1) nos números que vão de 1 a 10 ou (2) nos números contidos nos números que vão de 1 a 10; caso contrário fica sem explicação o ἀλλ' ὅμως da linha 17, que pressupõe certamente uma disponibilidade de números bem superior aos que vão de 1 a 10. Se a tríade é o homem, o cavalo poderia ser não só (1) um dos números da dezena, por exemplo o 2, mas também (2) a díade contida no 4 ou no 6 etc.

[24] (**1084 a 12-17**). *Primeiro argumento contra a possibilidade de que o número seja finito.* — O sentido desse argumento específico é muito claro: se admitirmos a série dos números como limitada ao 10, não haverá Ideias suficientes para poder explicar as coisas. As Ideias, de fato, reduzem-se a números, e se os números ideais reduzem-se à dezena, também as Ideias reduzem-se à dezena. Mas para dar só o exemplo das espécies dos animais existentes, deve-se dizer que as Ideias (as espécies) de animais ultrapassam de muito a dezena.

[25] (**1084 a 18-21**). *Segundo argumento contra a possibilidade de que o número seja finito.* — Desse argumento foram fornecidas pelo menos três diferentes exegeses. (1) Ps. Alexandre (*In Metaph.*, p. 770, 30-36 Hayduck) considera que as "tríades" em questão sejam as contidas nos outros números ideais (cf. também Bonitz, *Comm.*, p. 558): por exemplo as duas contidas no seis, as três contidas no nove (bem como as contidas no 4, 5, 7 etc.). — (2) Robin, *Th. plat.*, p. 351, nota 7, recusa essa exegese porque, nota de maneira aguda, se assim fosse, não se explicariam as conclusões extraídas por Aristóteles: que os homens seriam *infinitos*. Por que? Porque nos 10 números ideais não estão contidas senão 14 tríades. É preciso, portanto, supor, conclui ele, que Aristóteles considere impossível admitir *só* o número ideal, e que a proposição em questão deva ser entendida assim: "as outras tríades [não ideais] serão homens, porque elas são semelhantes à Tríade ideal, que é o homem em si". — (3) Ross (*Metaph.*, II, p. 449) propõe, como alternativa à de Robin, outra possível exegese. Além das 14 tríades de que fala Robin (1 no 4, 1 no 5, 2 no 6, 2 no 7, 2 no 8, 3 no 9 e 3 no 10) pode-se pensar no 3 que está na tétrada do cinco, no 3 que está na tétrada do seis, no 3 que está no cinco do seis etc., de modo que a conclusão de Aristóteles justifica-se mesmo ficando só no plano dos números ideais (cf. acima nota 23). — Em conclusão: se a tríade em si é o homem, todas as

outras infinitas tríades contidas nos outros números ideais e nos números no interior destes, serão ou (*a*) outras tantas Ideias de homem, o que é absurdo, ou (*b*) se não serão outras tantas ideias de homem, serão em todo caso outros tantos homens, mas não sensíveis, dado que essas tríades não são a tríade em si, mas também não são números sensíveis. — Esta argumentação entra de modo muito problemático na questão da limitação do número à dezena; cf. também as observações de Annas, *Interpr. dei libri M N...* (1992), p. 211.

[26] (**1084 a 21-25**). *Terceiro argumento contra a possibilidade de que o número seja finito.* — Porque o número menor está contido no maior, por exemplo o 2 no 4, pois bem, se os números são Ideias e se 2 é Ideia de homem e 4 é Ideia de cavalo, então o homem será parte do cavalo (justamente porque 2 é parte de 4).

[27] (**1084 a 25-27**). *Quarto argumento contra a possibilidade de que o número seja finito.* — É muito breve: é puramente arbitrário e, portanto, absurdo, admitir um dez-em-si e não, também, um onze-em-si e assim por diante.

[28] (**1084 a 25-29**). *Quinto argumento contra a possibilidade de que o número seja finito.* — Schwegler (*Metaph.*, IV, p. 328) considera essa passagem, que contém o que no esquema geral seria a *quinta argumentação*, fora de lugar e pertencente a A 9, apresentada aqui por engano. Cf. também Bonitz, *Comm.*, p. 558. — Ross (*Metaph.*, II, p. 449) observa, ao contrário, que a passagem tem um nexo com o que precede. Antes Aristóteles reprovou a arbitrária afirmação de que os Números-Ideias são limitados ao 10, agora ele reprova outra arbitrária distinção, do seguinte modo. É admitido (por alguns Platônicos) que algumas coisas geram-se e são *sem ser necessário* que delas existam Ideias (i.é Ideias-números); pois bem, por que também todas as outras coisas restantes não poderão gerar-se e ser sem necessidade que delas existam Ideias (Ideias-números)? A coerência exigiria que se eliminassem as Ideias (números) como causa das coisas. — Permanece, contudo, verdade que a argumentação não se liga bem com o problema em discussão da impossibilidade de o número ser limitado (em particular à dezena). Por isso Annas objeta o seguinte: "Este argumento está claramente fora de lugar, e pertence ao capítulo 5. Uma mudança de lugar não surpreende tanto, se considerarmos o estado dessa seção. Ross considera o argumento de certa relevância, assumindo que 'Formas' signifique 'números-Formas', mas essa observação é certamente errada, porque não existe nenhum aceno nessa direção, e o paralelo com 1080 a 2-8 é contrário"; *Interpr. dei libri M N...* (1992), p. 211.

[29] (**1084 a 29 – b 2**). *Sexto argumento contra a possibilidade de que o número seja finito.* — Cf. Ps. Alexandre, *In Metaph.*, p. 771, 13 s. Hayduck. Tricot resume bem o sentido das linhas 29-31 (*Métaph.*, II, p. 772, nota 2): "Por que parar a geração dos números ideais na Dezena? Se a Dezena é gerada e se o Um princípio é forma, nada se opõe a que se gerem também os números sucessivos: por exemplo o Onze poderia resultar da aplicação do Um como forma à Dezena como matéria, não tendo o Um esgotado o seu ser numa série limitada de operações". Cf. também Robin, *Th. plat.*, p. 391, em nota. — Aristóteles não faz nenhum aceno aos argumentos que os Platônicos aduzem, para demonstrar a perfeição da dezena. Recordem-se os exemplos de Espeusipo, fr. 4 Lang = 122 Isnardi Parente = F 28 Tarán.

[30] (**1084 a 32-34**). *Dedução do vazio, da proporção e do ímpar.* — Ps. Alexandre (*In Metaph.*, p. 771, 23 ss. Hayduck) diz que o intervalo entre os números pares: 2, 4, 6, 8 assim como o intervalo entre os números ímpares 3, 5, 7, 9 é "o modelo e a imagem do *vazio*". Ele (*ibid.*, p. 772, 2 ss.) diz ainda que a série dos números 2, 4, 8 é "modelo da *proporção* aritmética", enquanto a série 3, 6, 9, é "modelo da *proporção* geométrica". O ímpar ou o *modelo do ímpar* é o 1 (*ibid.*, 9 s.).

[31] (**1084 a 34-35**). *A redução do repouso ao bem, do movimento e do mal aos princípios.* — O *repouso* e o *bem* são reportados ao Um; o *movimento* e o *mal* à Díade indefinida (Ps. Alexandre, *In Metaph.*, p. 772, 11 ss. Hayduck). C. Reale, *Para uma nova interpretação de Platão* ([2]2004), pp. 467 e 471 sobre a díade ligada com o movimento e com o mal.

[32] (**1084 a 35-37**). *Por que o ímpar deveria ser o um.* — Se o ímpar fosse a tríade, o cinco não poderia ser ímpar, porque ele não se formaria, como vimos acima, linha 1084 a 4 s., mediante a aplicação do *um* aos números pares, mas por acréscimo da díade ao ímpar (cf. Bonitz, *Comm.*, p. 559 e Robin, *Th. plat.*, pp. 665 s.).

[33] (**1084 b 1**). *A linha indivisível é o ponto.* — Cf. A 9, 992 a 22; leia-se com Jaeger γραμμή, <ἡ> ἄτομος.

[34] (**1084 b 2**). A díade que indica a linha.

[35] (**1084 b 2**). O ponto é = 1, a linha é = 2, a superfície é = 3, o sólido é = 4; ora 1 + 2 + 3 + 4 = 10. Cf. N 3, 1090 b 22 ss.

[36] (**1084 b 2 – 1085 a 2**). *A questão da natureza e da anterioridade do um.* — Começa aqui a terceira questão, cuja discussão ocupa todo o resto do capítulo, bem como as primeiras linhas do capítulo seguinte (até 1085 a 7). Eis a questão na formulação de Bonitz (*Comm.*, p. 559): "Si numerum cum Platone tamquam substantiam absolute exsistentem ponimus — nimirum

si quis cum Ar. de natura numeri consentit, ea quaestio non potest moveri — quaeritur utrum sit prius, unitas, quae est numeri elementum, an singuli numeri veluti dyas et trias".

[37] (1084 b 4-23). *Primeiro argumento sobre a questão do um.* — A discussão do problema posto (cf. nota precedente) é conduzida em função das teses estabelecidas em Z 10 e 11. Diz Aristóteles: (*a*) se considerarmos o *número* enquanto é um *composto* e o *um* como elemento desse composto, então o um é anterior. (*b*) Se, ao invés, considerarmos o número como forma e unidade como elemento material do número, então o número é anterior, porque a forma é anterior à matéria. A questão é a mesma da relação entre ângulo agudo e ângulo reto. (*a*) Se considerarmos o problema do ponto de vista da constituição material das coisas, o ângulo agudo é anterior, enquanto é matéria e elemento do reto; (*b*) ao invés, do ponto de vista da forma, é anterior o ângulo reto. Ora, os Platônicos pretendem que o um seja princípio em ambos os sentidos, enquanto, dizem eles, é *indivisível*. Mas, objeta Aristóteles, indivisíveis são tanto o universal e a forma quanto o indivíduo e o elemento. E os Platônicos pretenderiam fazer o Um princípio (*a*) no sentido da *matéria* e (*b*) no sentido da *forma*. O que é absurdo. Com efeito, conclui Aristóteles, as unidades da díade estão na díade não em *ato*, mas em *potência* e, portanto, como *matéria*. Por isso Aristóteles entende o um como princípio material (= potência) dos números. Para explicações mais pormenorizadas, cf. Ross, *Metaph.*, II, pp. 451-453.

[38] (1084 b 27). Alude-se a Leucipo e a Demócrito.

[39] (1084 b 23-32). *Segundo argumento sobre a questão do um.* — Annas oferece desse argumento uma boa exegese: "o discurso de Aristóteles deveria ser o seguinte: (i) como matemáticos, os Platônicos ocupavam-se das unidades, e ademais (ii) como filósofos, ocupavam-se da unidade formal dos números; mas porque combinaram esses dois pontos de vista, produziram um híbrido confuso das duas concepções, isto é, a sua concepção do um. Na realidade, Aristóteles complica as coisas, evidenciando uma confusão nos dois momentos do problema, de modo que a sua observação resulta a seguinte: (i) como matemáticos, os Platônicos consideravam anterior a unidade (embora, considerada de outro ponto de vista, a unidade não é verdadeiramente anterior, mas, ao contrário, o que é anterior é a unidade formal do número); e (ii) como filósofos, interessavam-se pela unidade formal do número (mas a tratavam também como se fosse uma parte do número, isto é, uma unidade). Em ambos os casos, o seu um deveria ser tanto forma quanto matéria, mas, na realidade, não pode ser ambas as

coisas. Aqui Aristóteles estragou um pouco o seu argumento, pois o que sustenta é que os Acadêmicos confundiram de modo semelhante para *os dois* os seus pontos de vista, enquanto a 'causa do seu erro', tal como se apresentava na linha 23, parecia ser a ilícita combinação de dois pontos de vista independentemente incensuráveis. Confronte-se 992 a 32, sobre a crítica de Aristóteles ao fato de que na Academia a filosofia tinha se tornado matemática: uma confusão que ele considera grave"; *Interpr. dei libri M N*... (1992), pp. 215 s.

[40] (**1084 b 33**). *A propósito da lição ἀδιαίρετον*. — Lemos ἀδιαίρετον, com Schwegler, *Metaph.*, IV, p. 330. — O texto transmitido ἄθετον é certamente corrompido: Bywater propõe ler ἀσύνθετον, Ross põe um sinal de corrupção antes de μόνον e depois de ἄθετον, e de maneira conjectural indica no aparato crítico μοναδικόν em vez de μόνον ἄθετον, Jaeger põe um sinal indicando texto corrompido depois de ἄθετον. A lição ἀδιαίρετον parece-nos dar um bom sentido, porque desse modo a argumentação torna-se clara.

[41] (**1084 b 33 – 1085 a 1**). *Terceiro argumento sobre a questão do Um.* — A unidade, enquanto indivisível, é muito mais próxima do Um-princípio do que a díade, que é divisível. Portanto, cada uma das unidades das quais a díade é constituída deverá ser anterior à própria díade. Ao invés, contra a lógica, esses pensadores não o admitem e põem como anterior à díade. (Ver, ademais, as objeções de Bonitz, *Comm.*, p. 561, nota 1; Robin, *La théorie platon.*, p. 339, nota 324, 1).

[42] (**1085 a 1-2**). *Quarto argumento sobre a questão do um.* — O sentido do argumento é, segundo Ross (*Metaph.*, II, p. 454), o seguinte: "Se algo é acrescentado a outro, fez sempre um dois, e o próprio dois e o próprio três fazem um dois, e um dois cuja geração os Platônicos não sabem explicar. Eles não podem fazê-lo derivar do Um e da díade infinita, porque o que estes produzem é o dois em si, o três em si e assim por diante". — Segundo Annas essa breve argumentação seria uma espécie de esboço daquela melhor discutida em 1082 b 11-16; cf. *Interpr. dei libri M N*... (1992), p. 216.

9. *Sumário e comentário a* M 9

[1] (**1085 a 3 – 1086 b 13**). Sumário. — *Depois de uma nova observação, que se liga com as relativas ao último tema tratado no precedente capítulo acerca da natureza do um, Aristóteles passa* (4) *ao exame de algumas dificuldades concernentes aos princípios dos quais derivariam, segundo os Platônicos,*

os objetos geométricos, e particularmente concernentes ao princípio material. Em particular, é examinada a posição de Platão com três *argumentações (mais uma argumentação entre parêntesis), e a de Espeusipo, com outras* duas *argumentações.* — (5) *Seguem-se outras* três *argumentações, em vista de mostrar as dificuldades que brotam da afirmação dos Platônicos, segundo a qual os números deveriam derivar do* um *e do* múltiplo, *e uma argumentação contra a pretensão de Espeusipo de derivar do ponto* (*como de elemento formal*) *as grandezas e os entes geométricos.* — *Encerra toda a discussão sobre os Números, entendidos como substâncias separadas, um sumário (1085 b 34 – 1086 a 21).* — *Na linha 1086 a 21 há uma brusca mudança de assunto e, de acordo com o testemunho de Siriano, a partir desse ponto, em alguns códices, começava o livro N. Aristóteles parece aqui ter em mente, mais do que nos precedentes capítulos, o terceiro dos problemas postos em M 1. Em primeiro lugar é enfrentada a doutrina das Ideias como diretamente ligada ao tema em discussão (enquanto os defensores das Ideias dizem que os elementos e princípios das Ideias são elementos e princípios de tudo), e são expostos conceitos já lidos em A 6 e M 4. Ver a exposição pormenorizada dos argumentos nas notas de comentário.*

[2] (**1085 a 3-7**). *Último argumento sobre a questão do um levantada no capítulo precedente.* — Segundo Annas, esta argumentação poderia ser um esboço numa "forma embrionária do argumento que se encontra em 1081 b 6-8"; *Interpr. dei libri M N...* (1992), p. 216.

[3] (**1085 a 7 – b 4**). *As questões relativas aos entes geométricos e a sua derivação dos princípios e suas articulações.* — Aristóteles passa agora da crítica dos Números à crítica dos Entes geométricos (até b 4), em particular trata a questão dos princípios dos quais derivam. Pode-se distinguir duas amplas argumentações (que, consideradas como sucessivas àquela tratada no capítulo precedente, seriam uma quarta a uma quinta série): (4) 1085 a 7 – b 4 e (5) 1085 b 4-34, com um resumo final de todo o desenvolvimento 1085 b 34 – 1086 a 21. — Para a exposição dos pontos nos quais articula-se a argumentação (4) cf. notas 6, 7, 9, 10, 13, 14; para a exposição dos pontos nos quais articula-se a (5) cf. notas 15-22.

[4] (**1085 a 9**). *Provável referência ao próprio Platão.* — Cf. Ross, *Metaph.*, II, p. 445. Seguramente refere-se também a outros Platônicos próximos a ele (cf. nota 5).

[5] (**1085 a 13**). *A questão da forma dos entes geométricos.* — Ps. Alexandre (*In Metaph.*, p. 777, 17 ss. Hayduck) recorda duas opiniões: segundo uma dessas, forma dos objetos geométricos seriam os próprios números ideais

(a Díade forma do comprimento, a Tríade forma do plano, etc.); segundo a outra, a forma seria o próprio Um. Na linha 32 Aristóteles menciona ainda outra, segundo a qual o princípio formal dos entes geométricos seria o ponto, que não é o Um, mas é algo análogo ao Um.

[6] (1085 a 14-19). *Primeira objeção contra os princípios materiais dos entes geométricos de Platão.* — Se os princípios materiais dos entes geométricos são os que diz Platão (longo e curto, largo e estreito, alto e baixo), então eis as consequências. (1) A linha, enquanto deriva do longo e curto, não terá uma ligação essencial com a superfície, que deriva do largo e estreito, nem o sólido terá uma ligação com a linha e a superfície porque deriva do alto e do baixo; e, então a superfície não poderá ser longa e curta, nem o sólido largo e estreito. (2) Para contornar esse inconveniente, deve-se afirmar que longo e curto, largo e estreito, alto e baixo são entre si essencialmente conexos, e derivam um do outro; mas, nesse caso, cai-se em outro absurdo: a ligação essencial entre os vários princípios comportará a sua identidade e, portanto, também a identidade do principiado, de modo que a linha, a superfície e o sólido virão a ser idênticos.

[7] (1085 a 19-20). *Segunda objeção contra os princípios materiais dos quais derivam os entes geométricos.* — Pode-se explicitá-la do seguinte modo. Como poderão derivar daqueles princípios ângulos e figuras? Estes derivam, com efeito, de excesso e falta. E que relação têm excesso e falta com aqueles princípios?

[8] (1085 a 20-21). *Referência ao par e ao ímpar.* — Cf. Ps. Alexandre, *In Metaph.*, p. 778, 16, Hayduck.

[9] (1085 a 20-23). *Terceira objeção contra os princípios materiais dos quais derivam os entes geométricos.* — Longo e curto e largo e estreito não podem ser princípios dos entes geométricos, porque, longe de serem princípios, são afecções e propriedades dos entes geométricos (nem mais nem menos do que o reto e o curvo, o liso e o áspero). E é óbvio que as afecções de um ente não podem ser princípios daquele ente, porque os princípios são anteriores aos entes dos quais são princípios, e as afecções são posteriores aos entes dos quais são afecções. Cf. também A 9, 992 b 3 ss.; N 1, 1088 a 17 ss.

[10] (1085 a 23-31). *Uma reflexão complementar e sua possível conexão com a problemática da qual se está tratando.* — Há muito tempo essa reflexão foi considerada como uma interrupção da discussão sobre os princípios geométricos (cf. Bonitz, *Comm.*, p. 562). Pode-se lê-la como uma reflexão entre parêntesis. — As Formas ou Ideias, concebidas como as concebem os Platônicos, ou seja, como universais separados e subsistentes em si e por

si, caem nessa insuperável dificuldade: são em si e por si imanentes às suas concretas individuações sensíveis, ou estão presentes de outro modo? Por exemplo, nos animais individuais sensíveis está presente o Animal-em-si (a Ideia de Animal), ou algo diferente do Animal-em-si? Analogamente na Díade e nos vários números está presente o Um-em-si, ou um diferente tipo de unidade? Ora, caso se conceba o universal não como ser substancialmente separado, ou seja, caso se o conceba à maneira aristotélica, não se incorre em semelhantes dificuldades. — Julia Annas, a propósito desse argumento faz interessantes observações, que vale a pena ler. "É possível que o argumento esteja simplesmente fora de lugar (cf. 1084 a 27-29). Todavia, é também possível que apresente uma efetiva conexão com o atual contexto, mesmo que essa conexão não seja explicitamente traçada. Para um platonista, o gênero e, portanto, o 'grande e pequeno', terá existência atual em cada uma das suas espécies, isto é, 'largo e estreito', etc. Isso quer dizer que, para um platonista, 'largo e estreito' deveria diretamente implicar 'grande e pequeno', mas isso, obviamente, não se verifica. Um semelhante destaque ligar-se-ia à observação feita anteriormente, segundo a qual a Academia não é capaz de fornecer uma explicação coerente da relação entre as dimensões e, por conveniência, a deixa sem explicação. Aristóteles, por sua vez, evita esse problema, considerando que o gênero tenha, nas próprias espécies, uma existência meramente potencial. Essa interpretação da natureza do gênero cai em dificuldades no exemplo do um, pelo fato de os números não serem espécie do gênero um; mas encontra confirmação no exemplo do Animal. Se levarmos em conta o estado dessa seção, é provável que o argumento, tal como o lemos hoje, não esteja completo", cf. *Interpr. dei libri M N...* (1992), p. 218.

[11] (**1085 a 32-34**). *Alusão a Espeusipo.* — Pode-se deduzi-la (nota Ross, *Metaph.*, II, p. 455) do confronto de 1091 b 30-35 com 1091 a 29 – b 3 e com Λ 1072 b 30. Cf. Lang fr. 49 = fr. 84, p. 100 Isnardi Parente (e comentário pp. 320 s.) = F 51, p. 153 Tarán (e comentário pp. 360 ss.).

[12] (**1085 a 34-35**). Cf. *supra*, linhas 9-20.

[13] (**1085 a 35-36**). *Quarta objeção contra os princípios materiais dos quais derivam os entes geométricos (primeira objeção contra Espeusipo).* — Se essa matéria que é *semelhante ao múltiplo* é uma única, então dela (em união com o ponto) só pode derivar uma só coisa; consequentemente, linha, superfície e ponto deverão ser uma só coisa: o que é absurdo.

[14] (**1085 a 36 – b 4**). *Quinta objeção contra os princípios materiais dos quais derivam os entes geométricos (segunda objeção contra Espeusipo).* — Se

essa matéria semelhante ao múltiplo é diversa para a linha, para a superfície e para o sólido, então seguir-se-ão essas consequências. (1) Ou uma derivará da outra, e então cair-se-á no caso precedente; (2) ou a diversidade será tal que na superfície não poderá haver linha, nem no sólido a superfície. Ambas as hipóteses são absurdas.

[15] (**1085 b 4-34**). A *questão da derivação dos números do um e dos muitos e das grandezas do ponto*. — Daqui até a linha 34 (cf. *supra*, nota 3) é tratado o problema (5), que pode ser resumido assim: "Explicare non posse, quomodo ex unitate et multitudine numeri fiant et ex similibus principiis magnitudines" (Bonitz, *Comm.*, p. 563). Aristóteles articula a discussão desse quinto problema em quatro pontos, que exporemos nas notas 18, 19, 21, 22.

[16] (**1085 b 7-8**). *Referência a Espeusipo*. — Cf. fr. 48 c, p. 77 Lang = fr. 83, p. 100 Isnardi Parente (cf. comentário pp. 318 ss.). = F 40, pp. 147 s. Tarán (cf. comentário pp. 328 ss.).

[17] (**1085 b 9-10**). *Possível referência a Xenócrates ou, talvez, também ao próprio Platão*. — Cf. Robin, *Th. plat.*, pp. 641-654.

[18] (**1085 b 10-12**). *Primeiro argumento sobre a questão da derivação dos números dos princípios*. — Como se combinam princípio material e princípio formal quando geram o número? Não tem sentido falar de mistura, nem de composição, nem de combinação, nem de geração (como se viu em 1082 a 20 a respeito do modo pelo qual as unidades constituem o número).

[19] (**1085 b 12-22**). *Segundo argumento sobre a questão da derivação dos números dos princípios*. — Robin (*Th. plat.*, pp. 376 s.) dava uma excelente exposição que convém transcrever: "A grande dificuldade..., para esses filósofos, está em dar conta das unidades consecutivas dos números. Cada uma dessas não pode ser o Um em si. De fato, ele é princípio, enquanto as unidades são coisas derivadas. Ora, se toda unidade é derivada, é necessário que seja derivada, como eles pretendem, a partir do Um em si e da Multiplicidade, da Multiplicidade em geral segundo uns, de uma certa Multiplicidade, isto é, da Díade de grande e pequeno, segundo outros. Ora, a suposta existência desse princípio material é a fonte de muitas impossibilidades, no que concerne a geração da unidade. Como, de fato, pode-se pretender que a unidade, que é indivisível, tenha em si algo da Multiplicidade em geral? Pretender, por outro lado, que ela provenha de uma certa multiplicidade, isto é, de uma posição primordial da multiplicidade, qual a Díade-princípio, leva a outras numerosas dificuldades. Nesse caso, com efeito, necessariamente, ou cada uma das outras partes

da multiplicidade, isto é, as partes derivadas, será indivisível como são as unidades, mesmo sendo parte da multiplicidade; ou cada uma dessas partes deverá ser verdadeiramente multiplicidade, de sorte que, contrariamente a toda verdade, as unidades serão divisíveis. A primeira hipótese tende a provar que o segundo princípio não é a multiplicidade; a segunda tende, ao invés, a mostrar que o que resulta do um e do múltiplo não são unidades. Num caso como no outro a geração das unidades é impossível, partindo dos princípios postos por esses filósofos; é preciso, consequentemente, renunciar a esses princípios".

[20] (1085 b 20-21). *Prova de apoio à segunda argumentação.* — Dizer que a unidade deriva (do Um-em-si e) do *Múltiplo*, significa dizer que o um (número) deriva do múltiplo de indivisíveis (que também é um número), isto é, que um número deriva de outro número como princípio: o que é impossível.

[21] (1085 b 21-27). *Terceiro argumento sobre a questão da derivação dos números dos princípios.* — Cf. Ps. Alexandre, *In Metaph.*, p. 781, 33 ss. Hayduck. Bonitz (*Comm.*, p. 564): "Atque hunc numerum, quem pro principio ponant (...), quaerit utrum finitum an infinitum haberi velint, quoniam in ipsa multitudinis notione infinitas nondum contineatur et ad repetendas inde finitas unitates finita multitudo requiri videatur". Ross explica (*Metaph.*, II, p. 458): "A única objeção a essa interpretação é que, se a adotamos, as linhas 24-26 não explicam absolutamente por que a originária multiplicidade não deveria ser finita. Mas Aristóteles evidentemente pensa pôr Espeusipo em dificuldade. Talvez, então, devamos interpretar assim a passagem: 'Havia, segundo Espeusipo, uma multiplicidade finita da qual e do Um derivavam as unidades. E há outra multiplicidade que é a 'própria multiplicidade' e a multiplicidade infinita. Que tipo de multiplicidade, então, é o princípio material do número?".

[22] (1085 b 27-34). *Argumento contra a derivação das grandezas do ponto, conexo com os precedentes argumentos.* — Aristóteles aduz agora um argumento contra o princípio formal do qual Espeusipo derivava os Entes geométricos. Os comentadores notam, justamente, que o argumento das linhas 27-34 é modelado sobre o das linhas 12-21: a linha 29 corresponde à linha 14, as linhas 30-31 às linhas 15-17 e as linhas 31-34 às linhas 17-21. — A hipótese de Espêusipo não se sustenta pelas seguintes razões. "Esse ponto, princípio das grandezas (assim resume o argumento Robin, *Th. plat.*, pp. 370 s.) não pode ser o único ponto. De que, então, derivarão os outros pontos? Não é possível que derivem do Ponto em si e de posições determinadas da extensão, porque, então, o ponto seria divisível. Dir-se-á, para evitar essa

consequência, que essas partes da extensão são indivisíveis como o são as unidades que entram na composição dos números? Mas, se é possível compor um número com indivisíveis, não ocorre o mesmo para as próprias grandezas extensas, essas não podem ser constituídas de indivisíveis".

[23] (**1085 b 34 – 1086 a 21**). Daqui até 1086 a 21 Aristóteles traça as conclusões que resumem a discussão geral sobre os Números e sobre as Grandezas ideais.

[24] (**1085 b 36**). Lemos τρόπους (em vez de πρώτους) com Ps. Alexandre (*In Metaph.*, p. 782, 22 Hayduck) e Ross (*Metaph.*, II, p. 459).

[25] (**1086 a 2-3**). *Referência a Espeusipo.* — Cf. M 6, 1080 b 14. Cf. fr. 42 e, p. 74 Lang = fr. 77, p. 97 Isnardi Parente.

[26] (**1086 a 5-11**). *Referência a Xenócrates.* — Cf. M 1, 1076 a 20; 6, 1080 b 22; 8, 1083 b 2. Cf. fr. 34, p. 171 Heinze = fr. 110, p. 94 Isnardi Parente.

[27] (**1086 a 11-13**), *Referência a Platão.*

[28] (**1086 a 13-15**). *O erro de fundo da separação dos números.* — Ps. Alexandre (*In Metaph.*, p. 783, 25 ss. Hayduck) explica: os que separam número matemático e número ideal e os consideram como duas naturezas distintas, nisso estão certos; por outro lado também os que negam o número ideal e admitem só o matemático estão certos, todos, porém, erram ao afirmar que os números são *separados* das coisas sensíveis.

[29] (**1086 a 15-16**). Sobretudo, segundo Aristóteles, revela-se falso o princípio da *separação* dos números das coisas sensíveis.

[30] (**1086 a 16-18**). *O dito de Epicarmo.* — Cf. Diels-Kranz, 23 B 14, I, p. 201.

[31] (**1086 a 21 – b 13**). A *questão do possível início do livro N neste ponto.* — Siriano (*In Metaph.*, p. 160, 6 Kroll) informa-nos que alguns faziam começar aqui o livro N. E isso não é improvável. É certo, em todo caso, que ao terceiro problema (se os Números e as Ideias são *substâncias e princípios* das coisas) posto em M 1, Aristóteles não respondeu de maneira adequada no curso de M, e perdeu-se em discutir, mais do que outra coisa, a questão dos números como substâncias separadas dos sensíveis. Aqui, ao contrário, ele retorna tematicamente sobre *a questão dos primeiros princípios, das causas e dos elementos*, embora a discussão posterior não seja linear. — J. Annas, a respeito disso, faz as seguintes justas observações: "Temos uma interrupção muito brusca, e essa seção volta ao programa do capítulo 1, mas provoca também a passagem à 'terceira investigação' então mencionada (...). A primeira frase é brusca, e deveria estar unida à última frase da seção

precedente. Aristóteles, que acabou de se ocupar dos números (segunda investigação), passa agora a ocupar-se dos princípios e das causas (terceira investigação). Mas a questão não é enfrentada logo; e o que resta de M é quase um parêntesis antes da terceira investigação, que será empreendida em N. O capítulo 9 retorna ao capítulo 1 nos seus próprios termos de referência: portanto, a terceira investigação é apresentada como uma investigação sobre a possibilidade de os números e as Formas serem em si aquelas 'causas', que se prometeu determinar (ver a formulação do problema no capítulo 1). — O capítulo 9, em todo caso, menciona também os princípios das Formas e dos números, e são esses princípios que em N, de fato, recebem a maior atenção"; *Interpr. dei libri* M N... (1992), pp. 221 s.

[32] (**1086 a 22-23**). *Referência aos Naturalistas pré-socráticos.*

[33] (**1086 a 23-24**). Cf. *Fís.*, A 4-6 (Ps. Alexandre, *In Metaph.*, p. 785, 8 s., pensa ao invés em *Fís.*, B 3 Hayduck).

[34] (**1086 a 29-30**). *Referência a Espeusipo.* — Cf. M 6, 1080 b 14.

[35] (**1086 a 30**). Cf. N 2, 1090 a 7-15; 3, 1090 a 20 – b 20; 1091 a 13-22.

[36] (**1086 a 34-35**). Cf. B 6, 1003 a 7-13; Z 13 ss.

[37] (**1086 b 2-3**). *Uma remissão significativa.* — Cf. A 6, 987 b 1 ss. e M 4, 1078 b 17 ss. Que também essa última passagem possa ser um termo de remissão, não há dúvida para nós, já que, como veremos, não se sustenta absolutamente a tese de Jaeger, que põe N como um dos primeiros livros, anterior a M, que, portanto, não poderia citar.

[38] (**1086 b 10-13**). Cf. Z 16, 1040 b 32 ss.

10. *Sumário e comentário a* M *10*

[1] (**1086 b 14 – 1087 a 35**). Sumário. — *O presente capítulo (que, como o final do precedente, provavelmente fazia parte integrante do livro N) examina uma questão relativa às Ideias e aos princípios das Ideias e, em geral, aos princípios das coisas. (Notar-se-á que, contrariamente ao procedimento de M, e em vez de confirmar o de N, Aristóteles oferece não só uma discussão meramente dialético-refutativa, mas resolve as questões que propõe e, em todo caso, participa teoreticamente de modo ativo). Se não se admitem substâncias ideais em si e por si, que tenham existência individual, elimina-se a substância; por outro lado, se se admitem essas substâncias, como deverão ser os seus princípios? Deverão ser particulares ou universais? Aristóteles desenvolve amplamente esse segundo dilema, mostrando o absurdo tanto do*

primeiro como do segundo braço. Por último ele responde de modo positivo dissolvendo a aporia e as suas implicações.

[2] (**1086 a 14-16**). Cf. B 4, 999 b 24; 6, 1003 a 6.

[3] (**1086 b 17**). *As substâncias separadas.* — Entenda-se: Formas ou Ideias (τὰς εἰδητικάς οὐσίας, como diz Ps. Alexandre, *In Metaph.*, p. 787, 13 Hayduck) separadas, isto é, *em si e por si* (aqui separadas não quer dizer transcendentes ao sensível, mas indica aquela característica da perseidade, que no livro Z vemos ser peculiar às substâncias enquanto tais). O dilema que se segue teria sentido mesmo se formulado a respeito da substância em geral.

[4] (**1086 b 16-20**). *Posição de dois dilemas.* — Eis o primeiro dilema: (*a*) se não se admite que as Ideias sejam substâncias em si e por si existentes ao modo das coisas individuais, então elimina-se a substância, justamente naquele peculiar sentido no qual entendemos a substância; (*b*) vice-versa, se se admite que as Ideias sejam substâncias individuais em si e por si, como deverão ser concebidos os princípios e os elementos delas (vale dizer, o Um e a Díade)? — Partindo desse segundo braço do dilema, Aristóteles procederá à instituição de um ulterior dilema: os princípios podem ser, de fato, particulares ou universais: e, então (*a*) deveremos dizer que são *particulares*, ou (*b*) deveremos dizer que são *universais*?

[5] (**1086 b 20-37**). *Primeiro braço do segundo dilema.* — O dilema em questão, recordemo-lo, é: os princípios são (*a*) *particulares* ou (*b*) *universais*? O primeiro braço do dilema é reduzido ao absurdo com os seguintes dois argumentos. (α) Se os princípios são *particulares*, eles serão necessariamente as únicas coisas existentes, no sentido de que não poderá haver nada além deles. O exemplo aduzido esclarece bem (cf. também B 4, 1000 a 1) o raciocínio. Se, digamos, a substância é a sílaba e os seus elementos são as letras; pois bem, se as letras são as realidades particulares e individuais, elas deverão necessariamente ser, cada uma, numericamente única. Haverá, portanto, um único A, um único *B* etc.; em suma, não haverá mais que as 24 letras do alfabeto irrepetíveis e, portanto, tantas sílabas ou palavras quantas são as constituíveis com as 24 letras irrepetíveis. O que é obviamente absurdo. — (β) Ademais, os elementos entendidos como individuais e particulares, são incognoscíveis, porque só existe ciência e demonstração do universal e não do particular.

[6] (**1086 b 37 – 1087 a 4**). *Segundo braço do segundo dilema.* — Excluído que os princípios possam ser (*a*) *particulares*, não resta senão que eles sejam (*b*) *universais*. Mas também essa hipótese é absurda. De fato, se os princípios

são universais, (α^1) ou são universais também as substâncias que deles derivam; mas esta é uma contradição nos termos, porque nenhum universal é substância. Ou (β^1), o que não é substância, justamente o universal, deverá ser anterior à substância, enquanto o que é princípio é anterior àquilo de que é princípio: e esta é uma contradição igualmente flagrante.

[7] (**1087 a 4-10**). *Ponto de solução do problema levantado.* — Grande parte da dificuldade cai se eliminarmos as Ideias. Com efeito, nada veta que existam não só um mas muitos A, muitos *B* etc., diferentes por número mas iguais por espécie, sem que exista um *A-em-si*, um *B-em-si*, etc. Justamente e só por isso podem existir infinitas sílabas e infinitas palavras. E do mesmo modo podem existir muitos homens, muitos cavalos etc., diferentes por número, iguais por espécie, sem que exista um Homem-em-si, um Cavalo-em-si etc.

[8] (**1087 a 10-13**). *O problema que resta a resolver.* — Eis a questão que resta a resolver, na clara formulação de Schwegler (*Metaph.*, IV, p. 338): "Toda ciência é do universal e, portanto, os princípios das coisas devem, para ser cognoscíveis, ser universais e não particulares. Por outro lado, o universal não é um ser em si e por si e não é substância das coisas... O conhecer, enquanto se refere ao universal, refere-se a algo que não é real, ou seja, não é possível um verdadeiro conhecimento do real".

[9] (**1087 a 13-25**). *A solução do problema.* — A solução do último dos problemas levantados é conquistada mediante uma particularíssima aplicação da doutrina da *potência* do *ato*. A ciência é, de um lado, em *potência* e, de outro, em *ato*. A ciência em potência é universal e indeterminada e, como tal, refere-se ao universal e ao indeterminado; ao contrário, a ciência em ato, sendo definida e determinada, refere-se ao definido e ao determinado. E quando conheço o determinado, conheço implicitamente e indiretamente também o indeterminado e o universal que está implicado naquele determinado. Portanto, é justo dizer que a ciência é do universal, se entendermos a ciência em potência; se, ao invés, entende-se a ciência em ato, então não é exato dizer que é do universal, senão no modo acima explicitado. — Os estudiosos na maioria ficam perplexos diante dessa saída de Aristóteles e destacam uma contradição com o que usualmente diz o Estagirita. Cf., por exemplo, Bonitz, *Comm.*, p. 569, nota 1; Ross, *Metaph.*, II, p. 446. Quanto à avaliação dessa solução é preciso destacar o seguinte. Enquanto alguns a consideram não mais que um expediente polêmico, ao contrário, Wundt (*Untersuchungen zur Metaph. d. Arist.*, p. 36) a considera uma das conquistas essenciais de Aristóteles.

SUMÁRIOS E COMENTÁRIO AO LIVRO N

(DÉCIMO QUARTO)

Nenhum dos contrários (...), em sentido absoluto, é princípio de todas as coisas, mas o princípio será diferente deles.

Metafísica, N 1, 1087 b 3-4.

Os entes matemáticos não existem separados dos sensíveis (...) e não são princípios.

Metafísica, N 6, 1093 b 27-29.

1. *Sumário e comentário a* N *1*

[1] (1087 a 29 – 1088 b 13). — Sumário. — *O capítulo pode ser dividido em cinco argumentações concatenadas. — (1) Em primeiro lugar,* Aristóteles *demonstra o absurdo que consiste em pôr como princípio de todas as coisas* os contrários. *De fato, os contrários não podem ser realidades primeiras, porque pressupõem a existência de um substrato ao qual inerem; nem podem ser substâncias, porque nada é contrário à substância; portanto, não podem ser princípios.* — (2) *Dos contrários postos como princípios, o primeiro, ou seja, o Um, é considerado pelos* Platônicos *como* Forma, *enquanto o outro, contrário ao primeiro, é considerado como matéria.* — (3) *Ademais, esses filósofos não esclareceram esses princípios satisfatoriamente. Entre eles há notável disparidade de visões. Além disso, mesmo que os princípios fossem os contrários, não se pode dizer que os* Platônicos *tenham individuado corretamente o contrário do Um.* — (4) *Em seguida,* Aristóteles *examina particularmente e critica cada um dos dois princípios, começando pelo* princípio formal. *No que se refere a esse princípio, isto é, o Um, os* Platônicos *incorreram no equívoco fundamental de considerá-lo uma realidade e uma substância, sendo que o Um supõe sempre outra natureza ou realidade da qual se predica.* Aristóteles *relembra a doutrina desenvolvida em* I 1, *segundo a qual o Um não é mais que a* medida das coisas, *diferente em cada gênero de coisas.* — (5) *Finalmente,* Aristóteles *refuta o princípio material dos* Platônicos, *entendido como o muito-e-pouco, o grande-e-pequeno, e semelhantes, com cinco argumentos críticos:* (a) *trata-se, na realidade, de afecções e de modo algum do substrato dos números e das grandezas;* (b) *trata-se* de relações, *e a relação, dentre as categorias, é a que tem menos realidade e menos ser, e enquanto relações pressupõem sempre outra realidade e um fundamento;* (c) *a relação não pode ser matéria, porque não pode ser potência;* (d) *o muito e pouco, o grande e pequeno e* coisas semelhantes *predicam-se de coisas das quais deveriam ser elementos, enquanto nenhum elemento pode ser predicado daquilo de que é elemento;* (e) *o pouco e o muito,*

longe de serem constitutivos de todos os números, predicam-se, o primeiro, do dois, e, o segundo, só dos números maiores.

[2] (**1086 a 29**). *Referência à substância inteligente (ou suprassensível).* — Cf. Ps. Alexandre, *In Metaph.*, p. 794, 14 Hayduck. Cf., ademais, as dificuldades levantadas por Bonitz, *Comm.*, p. 570 e cf. as observações de Ross, *Metaph.*, II, p. 470.

[3] (**1087 b 2-3**). Cf. Λ 2, 1069 b 2 ss.; 10, 1075 a 28 ss.; *Categ.*, 5, 3 b 24.

[4] (**1087 a 29 – b 4**). *Primeiro argumento contra a contrariedade dos princípios.* — Aristóteles refuta, em geral, a tese que põe os contrários como princípios (tese que é comum aos Naturalistas e aos Platônicos). (*a*) O princípio não pode ter nada anterior a si. (*b*) Mas os contrários são sempre afecções próprias de um substrato, e, portanto, não subsistentes em si e por si (como, por exemplo, a cor branca). (*c*) Portanto, existe necessariamente algo que é anterior aos contrários (isto é, o seu substrato) e, consequentemente (cf. o ponto *a*), os contrários não podem ser princípios. Aristóteles confirma o ponto (*b*), recordando que todas as coisas geram-se dos contrários, só enquanto existe um *substrato* deles e, portanto, que eles pressupõem necessariamente o próprio substrato e não podem existir separadamente dele. Enfim, confirma a conclusão (*c*) com um novo raciocínio do seguinte modo: os princípios devem ser *substâncias*; mas à substância nada pode ser contrário (nem à sustância entendida como forma, nem à substância entendida como matéria); portanto, os contrários não podem ser princípios.

[5] (**1087 b 4-5**). *Referência a Platão.* — Ver por exemplo Ps. Alexandre (*In Metaph.*, p. 796, 23 Hayduck). Cf. Reale, *Para uma nova interpr. de Platão* (1997), pp. 159-166.

[6] (**1087 b 6**). *Possível referência a Espeusipo.* — Ps. Alexandre (*In Metaph.*, p. 796, 32 ss. Hayduck) pensa nos Pitagóricos. Os modernos, ao contrário, pensam em Espeusipo (como em 1092 a 35 – b 3): cf. fr. 48 b, p. 77 Lang = fr. 82 a Isnardi Parente = F 39, p. 147 Tarán.

[7] (**1087 b 4-12**). *Segundo argumento contra a contrariedade dos princípios.* — Este argumento visa esclarecer que, para os Platônicos em geral, *um dos dois contrários serve de forma* (o Um), *enquanto o outro serve de matéria*. A reflexão que pusemos entre parêntesis quer dizer simplesmente o seguinte: no seu modo de se exprimir, todos os Platônicos admitem dois princípios e não mais que dois, dado que o princípio material do desigual como grande-e-pequeno é para eles *um* princípio e não *dois*. Portanto: de um lado existe o Um (princípio formal) e, de outro, o grande-e-pequeno (princípio material) a ser considerado não como dois, mas como um. Mas

os Platônicos, objeta Aristóteles, reduzem o grande-e-pequeno a uma coisa só *quanto à noção*, mas não efetivamente *quanto ao número*, e disso não oferecem uma explicação adequada. Cf. também as pertinentes observações de Annas, *Interpr. dei libri M N*... (1992), p. 231.

[8] (1087 b 14-16). *Referência a Platão e aos seguidores mais fiéis.* — Cf. A 9, 987 b 20, 26; 988 a 13, 26.

[9] (1087 b 16-17). *Referência a Platônicos não identificáveis.* — Cf. também 1088 a 18 s., 1089 b 12.

[10] (1087 b 17-18). *Referência a filósofos não identificáveis.* — Robin pensa que se trate de Pitagóricos platonizantes. "Talvez — explica o estudioso — trate-se de algum daqueles ἀκουσματικοί da escola pitagórica, que se ligavam a Hipaso de Metaponto" (*Th. plat.*, p. 659). Mas, como nota Ross (*Metaph.*, II, p. 471), isso não é absolutamente seguro.

[11] (1087 b 18-26). *Reflexões entre parêntesis.* — Pusemos entre parêntesis as linhas 18-25 para melhor evidenciar a linha geral do pensamento do parágrafo: trata-se, com efeito, de reflexões incidentais restritas unicamente ao princípio do excesso-falta. Aristóteles diz o seguinte. (*a*) Essa opinião evita apenas dificuldades dialético-discursivas, mas encontra as substanciais dificuldades encontradas pelas outras. (*b*) Se esses filósofos preferiram o princípio do *excesso e falta*, porque mais universal do que o *grande e pequeno* e, portanto, anterior a ele, então, por coerência, deveriam derivar também os números não da díade, mas de elementos anteriores à díade, dado que o número é mais universal e anterior à díade. Ao contrário, esses filósofos, pecando por incoerência, comportaram-se de modo diferente nos dois casos.

[12] (1087 b 26). *Possível evocação de certos Pitagóricos.* — Ps. Alexandre (*In Metaph.*, p. 798, 23 s. Hayduck) atribui essa doutrina aos Pitagóricos. Robin explica: "não é impossível que certos Pitagóricos tenham se apropriado de algumas expressões do último platonismo e lhes tenham dado um significado que não tinham nele" (*Th. plat.*, p. 660).

[13] (1087 b 27). *Referência a Espeusipo e seguidores.* — Cf. 1087 b 6 e *supra*, nota 6. Cf. F 39, p. 147 Tarán.

[14] (1087 b 12-33). *Terceiro argumento contra a contrariedade dos princípios.* — A ideia expressa em toda essa passagem, aparentemente complexa, é muito simples. Antes Aristóteles demonstrou que é errado pôr os contrários como princípio (cf. nota 3), agora ele reprova aos Platônicos e aos Pitagóricos platonizantes: (*a*) um inadequado esclarecimento dos próprios princípios (sobretudo do princípio material, a respeito do qual levantam-

se disparidades de pontos de vista) e (*b*) uma inexata determinação dos contrários. Ao Um não é contrário nem o *desigual*, nem o *diverso* e nem o *outro*, mas no máximo o *múltiplo*; portanto, os que põem como princípios contrários o Um e o múltiplo, têm mais razão do que os outros, todavia, caem em outro erro, porque opondo como contrários o Um e o múltiplo, o Um viria a ser *pouco*, dado que ao múltiplo opõe-se o pouco (Cf. I 6). — Exata a observação de Annas: "aqui Aristóteles sustenta que nenhum dos modos nos quais a Academia caracteriza os princípios primeiros apresenta um autêntico par de contrários. A sua observação deve ser que, embora a Academia sustente que os princípios são contrários, nenhuma das formulação da teoria expõe adequadamente esse fato e, portanto, nenhuma teoria é adequadamente formulada"; *Interpr. dei libri M N*..., (1992), pp. 231 s. — Acrescentaríamos aqui as observações que fizemos no *Ensaio introdutório*, pp. 195-199: Aristóteles camufla o sentido da estrutura *bipolar* dos dois princípios.

[15] (**1087 b 33 - 1088 a 14**). *Quarta argumentação: crítica do Um*. — Aristóteles passa agora a criticar o primeiro dos princípios dos Platônicos: o Um, vale dizer, o princípio que (segundo a sua interpretação) tem função de forma, e o discute até a linha 14. O núcleo da questão é o seguinte: o Um não é uma realidade por si subsistente, porque pressupõe sempre alguma outra natureza da qual se predica. Particularmente, o Um é uma medida (de uma multiplicidade) e, em todo caso, o sujeito do qual se predica é diferente. — Toda a argumentação supõe I 1-3, ao qual o leitor deve remeter-se para entendê-la.

[16] (**1087 b 33**). Cf. I 1, 1052 b 18 ss.

[17] (**1088 a 2**). *O significado de* εἶδος *nesse contexto*. — O texto diz κατὰ τὸ εἶδος, que significa, como se extrai das linhas 8 ss., não só a *espécie*, mas também o *gênero próximo* e o *gênero supremo* ou categorial. Inexato Ps. Alexandre, *In Metaph*., p. 799, 26 ss. Hayduck. Para um aprofundamento, cf. Ross, *Metaph*., II, p. 472.

[18] (**1088 a 2-3**). Quando se trate da *quantidade* (cf. I 1, 1053 a 23; *supra*, linha 1).

[19] (**1088 a 3-4**). Cf. I 2, *passim*.

[20] (**1088 a 6-8**). Cf. I 1, 1053 a 27 s.

[21] (**1088 a 8-14**). *A identidade de natureza entre medida e medido*. — Esses últimos três exemplos são claros. (1) O primeiro exemplifica dois casos de identidade *específica* entre medida e medido: a "medida" dos cavalos (considerados enquanto cavalos) é cavalo, isto é, o εἶδος, a *forma*

ou *espécie* de cavalo; a "medida" dos homens (considerados como tais) é homem, vale dizer, o εἶδος ou *espécie* de homem. — (2) O segundo exemplo ilustra, ao invés, o caso da identidade de *gênero* entre medida e medido: entre *homem, cavalo e Deus* a "medida" comum é "vivente", porque os três são, justamente, seres *vivos*. — (3) Enfim, o último exemplo ilustra o caso extremo: entre *homem, branco e caminhante* não existe nada comum que possa servir de medida: o homem é uma "substância", o branco é uma "qualidade", enquanto caminhante é uma "ação"; portanto, o número compreensivo de homem, branco e caminhante poderá ser, no máximo, um *número de categorias* (vale dizer, as categorias da *substância*, da *qualidade* e da *ação*): cf. Ps. Alexandre, *In Metaph.*, p. 800, 21 ss. Hayduck.

[22] **(1088 a 15 – b 13)**. *Quinta argumentação crítica do segundo princípio.* — Aristóteles passa agora à crítica do *princípio material* dos Platônicos, demonstrando que ele não é sustentável, com cinco argumentos (1) 1088 a 15-21, (2) 1088 a 21-35, (3) 1088 b 1-4, (4) 1088 b 4-8, (5) 1088 b 8-13 (cf. as notas seguintes)

[23] **(1088 a 15-21)**. *Primeira observação crítica da quinta argumentação (contra o segundo princípio).* — Contra o princípio material dos Platônicos: "muito e pouco" e "grande e pequeno" são *afecções* dos números e das grandezas e, portanto, longe de poderem ser princípios dos números e das grandezas, pressupõem a existência dos números e das grandezas (cf. M 9, 1085 a 21).

[24] **(1088 a 21-35)**. *Segunda observação crítica da quinta argumentação (contra o segundo princípio).* — O grande e o pequeno, que são as características do princípio material dos Platônicos, assim como o excesso e a falta, o idêntico e o diferente, etc., são *relações*. Mas a relação tem menos realidade e menos substancialidade do que todas as outras categorias. De fato, (*a*) a relação não existe se não existe outro que serve de substrato para ela. (*b*) Ademais, enquanto para a substância existe geração e corrupção, para a qualidade, para a quantidade e para o lugar existe movimento, para a relação não existe nada disso. — As últimas linhas oferecem a razão bem conhecida, segundo a qual não pode haver movimento segundo a relação. De fato, a relação implica sempre dois termos X Y; ora, basta que um desses termos (seja X, seja Y) mude para que, mesmo permanecendo o outro sem mudança, mude a relação e, com isso, mude também o termo que não mudou. Por exemplo, se X é maior do que Y, quando Y muda em certa medida, X pode, mesmo permanecendo igual e sem mudança, tornar-se, do ponto de vista relacional, menor do que Y, isto é, passar de maior a menor.

[25] (1088 b 1-4). *Terceira observação crítica da quinta argumentação (contra o segundo princípio).* — Eis a nova observação crítica contra o princípio material de Platão na expressão do Ps. Alexandre (*In Metaph.*, p. 802, 21-26 Hayduck): "A matéria de cada coisa [= de cada substância] é em potência aquilo de que é matéria... mas os relativos não são substância nem em potência nem em ato; portanto, os relativos não são matéria da substância. E em geral é absurdo dizer que uma relação é matéria e elemento da substância: de fato, os elementos da substância são anteriores à substância; ao contrário, as relações não só são posteriores à substância, mas são posteriores até mesmo à quantidade e à qualidade".

[26] (1088 b 4-8). *Quarta observação crítica da quinta argumentação (contra o segundo princípio).* — Eis ainda o comentário do Ps. Alexandre dessa quarta observação crítica contra o princípio material dos Platônicos (*In Metaph.*, p. 802, 26-32): "Ademais, os elementos não se predicam daquilo de que são elementos. De fato, o homem não é dito fogo e água. Ao contrário, o muito e o pouco, seja separadamente, seja conjuntamente, predicam-se do número; o longo e o curto da linha; o largo e o estreito da superfície, de modo que eles não podem ser elementos do número, da linha e da superfície, dado que os elementos não se predicam daquilo de que são elementos".

[27] (1088 b 9). Recorde-se que o "pouco", para Aristóteles, é o *dois*: cf. I 6, 1056 b 27, 31 s.

[28] (1088 b 8-13). *Quinta observação crítica da quinta argumentação (contra o segundo princípio).* — Este argumento é considerado por Annas, *Interpr. dei libri M N...* (1992), p. 236, parte integrante do precedente. Mas pode também ser considerado em si, porque apresenta um novo destaque. Como existe um número do qual diz-se que é pouco por excelência (vale dizer, o dois), assim também deve haver um número do qual diz-se que é muito em sentido absoluto (digamos, o dez; ou o 10.000). Mas se é assim, do número *só* se poderá predicar o "pouco" ou *só* o "muito", e não, ao mesmo tempo, o "pouco" e o "muito", o que seria necessário, se o número enquanto tal (e, portanto, todo número), como pretendem os Platônicos, derivasse do muito e do pouco.

2. *Sumário e comentário a* N 2

[1] (1088 b 14 – 1090 a 15). Sumário. — *O capítulo contém três temas: os dois primeiros são conexos à discussão desenvolvida no capítulo precedente, o*

último abre uma discussão que prosseguirá nos capítulos seguintes. — (1) *Em primeiro lugar, Aristóteles contesta que, em geral, seja possível que os entes eternos, como são, justamente, os Números e as Ideias dos Platônicos, possam ser constituídos de elementos. O que é constituído de elementos tem matéria e, portanto, potencialidade; ora, o que tem potência poderia também não ser atualmente e, portanto, não é eterno.* — (2) *Sucessivamente, Aristóteles examina as razões que levaram esses pensadores a se extraviarem. Essas razões estão, em última análise, no pressuposto parmenidiano, segundo o qual não existindo o não-ser, tudo se reduz à unidade. Ora, os Platônicos não souberam corretamente superar essa posição, e consideraram dever introduzir um princípio (material) que tivesse a função de não-ser, para salvar, ou melhor, para deduzir o múltiplo. O Estagirita mostra, então, o absurdo dessa pretensão com um maciço grupo de argumentações.* (a) *O princípio dos Platônicos, no máximo, explica a multiplicidade segundo* uma categoria, *mas não a multiplicidade das várias categorias e segundo as várias categorias.* (b) *O princípio que tem função de não-ser foi identificado pelos Platônicos com o* falso; *mas isso é certamente errado: o princípio da multiplicidade é a potência, isto é,* o não-ser em ato *(a matéria).* (c) *Reafirma o argumento apresentado em* (a). (d) O relativo e o desigual, *postos pelos Platônicos como princípio correspondente ao não-ser, não são, na realidade, nem o contrário nem o contraditório do um e do ser, mas são uma categoria do ser.* (e) Os Platônicos *não explicaram como pode existir uma multiplicidade de relações.* (f) A *multiplicidade explica-se admitindo um ser potencial (= matéria), que é diferente para cada coisa (e só analogicamente idêntico). A multiplicidade das categorias e segundo as várias categorias não substanciais explica-se em função da multiplicidade de substâncias (a sua matéria é a própria matéria das substâncias, considerada sob vários aspectos e, portanto, não existe separadamente da substância). A multiplicidade das substâncias explica-se bem se admitirmos que elas são uma forma unida a uma matéria e, portanto, se não pusermos o acento sobre a forma (como fizeram os Platônicos), mas sobre a matéria. A multiplicidade das substâncias não é deduzida pelos Platônicos: eles deduzem, no máximo, uma multiplicidade de determinações quantitativas.* — (3) *O capítulo fecha-se com uma argumentação que seria melhor ler no início do capítulo seguinte, dado que abre uma nova discussão. Por que dever-se-ia admitir números separados como substâncias em si? Os Platônicos, que reduzem as Ideias aos Números, têm alguma razão em acreditar nos números, dado que as Ideias, segundo eles, são causas das coisas. Mas Espeusipo, que rejeita as Ideias e admite só os Números, que razões tem para admitir tais Números? Ele mesmo não diz que sejam causa de alguma coisa, mas diz que eles são uma realidade em si e por si. Nem se vê de que esses Números possam ser causa: de fato, para explicar os teoremas basta o número como é explicado em M 3.*

[2] **(1088 b 21-22)**. Como, por exemplo, as efemérides (cf. *Hist. dos anim.*, V, 19, 552 b 17 ss.).

[3] **(1088 b 23-25)**. Cf. *Metafísica*, Θ 8, 1050 b 6 ss.; Ps. Alexandre (*In Metaph.*, p. 804, 24 Hayduck) pensa em *Do céu* (I 12).

[4] **(1088 b 25-35)**. *Os números ideais e as Ideias não podem derivar de elementos.* — Muito eficaz é o resumo da argumentação oferecido pelo Ps. Alexandre (*In Metaph.*, p. 804, 1-3 Hayduck): "Os números são constituídos por elementos; as coisas que são constituídas por elementos são compostas; as coisas compostas têm matéria; portanto, os números têm matéria. Mas as coisas que têm matéria não são eternas; portanto os números não são eternos...", e, *ibid.*, linhas 27-29 Hayduck: "os números ideais são compostos, os compostos têm matéria, e as coisas que têm matéria podem não ser, as coisas que podem não ser não são eternas. Portanto os números não são eternos". — Dessa aporia não se sai, segundo Aristóteles, com nenhuma das variantes introduzidas por alguns Platônicos.

[5] **(1088 b 28)**. *Provável referência a Xenócrates.* — Cf. fr. 99, pp. 90 s. Isnardi Parente e o comentário, pp. 330 ss.

[6] **(1088 b 28-29)**. *O problema da "díade indefinida"*. — Cf. o que dissemos no *Ensaio introdutório*, pp. 190-194 e as indicações dadas ali.

[7] **(1088 b 29-30)**. As examinadas no capítulo precedente, 1088 a 15 ss.

[8] **(1088 b 30-35)**. Particularmente, esses filósofos caem de cheio nas dificuldades examinadas imediatamente acima.

[9] **(1088 b 35 – 1090 a 2)**. *As razões pelas quais os Platônicos se desviaram.* — Analisadas as dificuldades nas quais se enredam as doutrinas dos princípios e dos elementos dos Platônicos, Aristóteles, na longa seção que se segue, passa ao exame das razões que desviaram esses pensadores. O Estagirita pensa que, em última análise, a raiz de todos os erros está no fato de terem partido do *arcaico problema parmenidiano*. Platão e os Platônicos pensaram que não poderiam evitar as conclusões do Eleata segundo as quais, negado o não-ser, toda a realidade se reduziria à unidade, senão admitindo um princípio contrário ao ser. Esse não-ser seria, precisamente, aquele princípio que eles, embora não concordemente, opõem ao Um. E desse princípio teria origem a multiplicidade das coisas. Esta solução, diz Aristóteles, é totalmente inadequada, por mais de uma razão. As argumentações que se seguem mostram, justamente, essa inadequação em todos os

níveis: (1) 1089 a 7-15, (2) 1089 a 15-31, (3) 1089 a 31 – b 4, (4) 1089 b 4-8, (5) 1089 b 8-15, (6) 1089 b 15 – 1090 a 2. Ver as exposições dos argumentos *infra*, nas notas 12, 15, 17, 18, 19, 20.

[10] (**1089 a 4**). Fr. 7 (Diels-Kranz, I, p. 234, 31), sobre o quê cf. Zeller-Reale, *La filos. dei Greci*, I, 3, pp. 193 ss.

[11] (**1089 a 5-6**). *A multiplicidade dos seres não se deduz.* — Aristóteles poderia ter em mente (entre outras coisas) Platão, *Sof.*, 237 A ss.; 256 E, mas também os dois princípios das doutrinas não escritas. Para bem compreender as páginas que se seguem, convém remeter-se a *Fís.*, I 2-3, onde Aristóteles mostra como se deve superar corretamente a posição dos Eleatas. A multiplicidade dos seres e dos diferentes significados do ser não se deduz, não é preciso ser deduzida, porque é imediatamente evidente. Os Eleatas, indo contra a evidência, se contradizem, e *Fís.*, I 2-3 mostra, justamente, todas as contradições contra as quais se choca a tese eleática da unidade e da univocidade do ser. — Ao exame dessa questão já dedicamos um ensaio: *L'impossibilità di intendere univocamente l'essere e la tavola dei significati di esso secondo Aristotele*, cit., *passim*, agora em: *Il conc. di filos. prima*[5] (1993), pp. 407-444. Ora, os Platônicos, em vez de reconhecerem o dado evidente, desviados por Parmênides, segundo Aristóteles, tentaram a absurda *dedução da multiplicidade* do ser, mediante um princípio que tivesse a função de não-ser, com os resultados que logo em seguida veremos. — A respeito desse ponto no pensamento platônico cf. Reale, *Para uma nova interpretação de Platão* ([2]2004), pp. 162-165.

[12] (**1089 a 7-15**). *Primeira objeção: o não-ser introduzido pelos Platônicos não explica a multiplicidade.* — Para compreender o raciocínio de Aristóteles deve-se ter presente que ele parte da própria posição, assumida como verdade indiscutível, isto é, da *admissão dos múltiplos significados do ser* (de resto, o leitor deve ter presente, além de *Fís.*, I 2-3, também *Metaf.*, Δ 7; Γ 2; E 2-4; K 3). Particularmente, Aristóteles remete-se à multiplicidade do ser segundo as várias categorias, e argumenta assim. (1) Antes de tudo ele recorda, por breves acenos, a argumentação de *Fís.*, I 2-3; dado que, como quer Parmênides, não exista o não-ser e que o ser seja *um, como será o Um?* (*a*) Ou reduzir-se-á tudo à *substância*, ou à *qualidade*, ou a outra categoria. Mas isso é absurdo (não se pode reduzir só à substância porque a substância implica, *de fato*, as ulteriores determinações categorias; nem se poderá reduzir a uma das outras categorias, que *de direito* implicam a substância; portanto, em ambos os casos, ressurge a multiplicidade do ser). (*b*) Ou todas as categorias juntas formarão uma unidade; tese obviamente

absurda. (2) Mas se é absurda a posição dos Eleatas, não menos absurda é a dos Platônicos. Aquela realidade, que eles introduzem com a função de não-ser, *não* pode absolutamente explicar a multiplicidade das categorias: no máximo, essa realidade, em união com o Um, explicará a multiplicidade subsistente no âmbito de *uma* categoria, mas não será capaz de explicar a multiplicidade segundo as *diversas* categorias.

[13] (1089 a 20-23). *Uma evocação do "Sofista" platônico.* — Aristóteles faz aqui uma referência ao que diz Platão no *Sof.*, 273 A e 260 B ss. Mas Aristóteles distorce o pensamento de Platão, que no *Sofista* diz apenas que o não-ser é o que pode dar razão do falso. E o não-ser, que, em união com o ser, dá origem à multiplicidade das coisas, é *o "diverso" fundador das diferenças*, que não é absolutamente o "falso" enquanto tal, embora ele também dê razão do falso, mas num plano e numa ótica diferentes.

[14] (1089 a 27). *Sobre o termo grego* πτώσεις. — Que esse termo nesse contexto assuma o sentido indicado na tradução, ou seja, *significado* que exprime *os vários casos*, pode-se extrair de: Trendelenburg, *Gesch. d. Kategorienlehre*, pp. 28 s.; Bonitz, *Über d. Kateg. d. Arist.*, pp. 613 ss.; 630 ss.

[15] (1089 a 15-31). *Segunda objeção: o princípio da multiplicidade de modo algum pode ser o não-ser dos Platônicos.* — Qual é a natureza, pergunta Aristóteles, desse não-ser, de que falam os Platônicos, que deveria explicar a multiplicidade dos entes? De fato, o não-ser, segundo Aristóteles, assim como o ser, tem múltiplos significados: (1) existe o não-ser *segundo todas as categorias* (por exemplo, não-homem, não-branco, etc.), (2) existe o não-ser como *falso* e (3) existe o não-ser *no significado de potência* (que é um não-ser em ato). Os Platônicos consideram que o não-ser como falso é a razão da multiplicidade das coisas. Eles julgam poder pôr o não-ser como falso a guisa de princípio hipotético, assim como fazem os geômetras, que supõem às vezes algo falso para provar o verdadeiro: por exemplo, quando supõem ter o comprimento de um pé o lado de uma figura, que não tem um pé de comprimento, em vista de poder proceder a uma determinada demonstração. Mas, objeta Aristóteles, fazendo isso, o geômetra não admite hipóteses falsas, e o seu raciocínio não se desenvolve sobre a figura traçada, mas sobre a figura inteligível que ela significa. Ademais, e aqui está o ponto mais decisivo da argumentação, não é certamente o não-ser como falso que pode dar razão da geração e da corrupção dos entes, *mas o não-ser como potência*. O homem deriva do que não é homem, mas é homem em potência, o branco deriva do que não é branco, mas é branco e potência, o grande deriva do que não é grande, mas é grande em potência, e assim por diante.

— Façamos duas observações complementares. A primeira. Como é que (perguntar-se-á) o ser tem *quatro* significados e o não-ser só *três*? Trata-se de uma anomalia? Respondemos que não. Todos os significados do ser têm o correlativo não-ser, *com exceção do ser como acidente.* Por que? Porque o ser como acidente, como vimos em E 2, é *prope nihil* (ἐγγύς τι τοῦ μὴ ὄντος: 1026 b 21), é quase só *puro nome* (ὥσπερ γὰρ ὄνομά τι μόνον), tanto que Aristóteles aprova Platão por ter dito que a sofística, tratando do acidente, trata do μὴ ὄν (1026 b 13 ss.). Sobre os três significados do não-ser ver também Λ 2, 1069 b 27 s. (cf. *Ensaio introdutório*, pp. 71 s.). — A segunda observação é a seguinte. Aristóteles, no precedente capítulo, demonstra pressupor I 1-2 e, aqui, com essa tábua dos significados do não-ser, que é obviamente modelada sobre a do ser, demonstra pressupor E 2-4, ou seja, escritos que Jaeger considera tardios. Mostra-se, portanto, extremamente improvável a tese jaegeriana, que pretende situar N entre os escritos mais antigos. — Sobre o problema, cf. *Il conc. di filos. prima*[5] (1993), p. 293 s.

[16] (**1089 a 31-32**). *Em que sentido os Platônicos delimitaram o problema da origem da multiplicidade.* — Entenda-se: no âmbito daquela que *eles consideravam como substância.* Os Platônicos consideravam, de fato, como substância os números, as linhas e os sólidos etc., que, para Aristóteles, são meras determinações quantitativas.

[17] (**1089 a 32 – b 4**). *Terceira objeção: os princípios dos Platônicos explicam, no máximo, os números e os entes geométricos, mas não a complexa multiplicidade do real.* — Mesmo dado (não concedido) que fossem verdadeiros os princípios dos Platônicos, explicariam, como já se disse, a multiplicidade dos seres no âmbito de uma única categoria. Dos seus princípios, de fato, derivam pontos, linhas, sólidos, que, para eles, são substâncias (mas, como se disse na nota precedente, para Aristóteles são apenas determinações quantitativas). Da díade indefinida de grande e pequeno, portanto, poderia no máximo derivar a multiplicidade segundo uma categoria, mas não, digamos, a multiplicidade das cores, dos sabores: em suma, não *a multiplicidade de todas as categorias e a multiplicidade das determinações que entram no âmbito de cada uma das múltiplas categorias.* — Se os Platônicos tivessem posto e aprofundado o problema da multiplicidade das categorias além do problema da multiplicidade das substâncias, teriam podido encontrar qual é a verdadeira causa da multiplicidade no âmbito da própria categoria da substância, vale dizer, *a matéria e a potência* (sobre a analogia das causas de todas as coisas, cf. Λ 4, 1070 b 17; Schwegler explica muito bem esse último ponto (*Metaph.*, IV, p. 349): "A ὕλη é um verdadeiro fundamento

pelo qual o ser de toda espécie é um múltiplo... Na verdade, cada coisa tem a própria ὕλη, mas *analogicamente* a causa material é uma e idêntica, como foi demonstrado em XII, 4 e 5".

[18] (1089 b 4-8). *Quarta observação crítica: o princípio antitético ao Um como foi entendido por certos Platônicos entra nas categorias do ser.* — Os Platônicos, não tendo compreendido que a matéria é a causa do múltiplo, buscaram e atribuíram ao *relativo* e ao *desigual* o princípio correspondente àquele não-ser que, juntamente com o Um e com o Ser, deveria causar a *multiplicidade* das coisas. Mas, fazendo isto, cometeram dois outros erros. (1) Não compreenderam que o *relativo* e o *desigual* não são nem contrários nem contraditórios do Um e do Ser (a negação do Um é o não-um e do Ser é o não-ser; cf. Ps. Alexandre, *In Metaph.*, p. 808, 36 Hayduck). (2) Não compreenderam que o *relativo* (a que se reduz o *desigual*) é uma *categoria do ser*, assim como a *substância*, a *qualidade*, etc.

[19] (1089 b 8-15). *Quinta observação crítica: os Platônicos consideram que o princípio antitético ao Um é de vários tipos, sem contudo explicar como isso é possível.* — Lemos esta observação na clara exposição de Bonitz (*Comm.*, p. 577): "Commemorata hac relativa principii materialis natura aliam interponit vituperationem... Platonici enim non unum τὸ ἄνισον pro principio posuerant, sed plures eius species singulas singulis praefecerant rerum generibus, cf. M 9. 1085 a 9; itaque hoc ante omnia erat explicandum, cum ex ἀνίσῳ omnem repeteren multitudinem et varietatem, unde tandem ipsum ἄνισον hanc specierum diversarum adscisceret multitudinem".

[20] (1089 b 15 – 1090 a 2). *Sexta argumentação crítica que resume as precedentes.* — Aristóteles desenvolve agora a última argumentação concernente ao tema da razão da multiplicidade das coisas, que os Platônicos, contrariamente às suas intenções, não souberam identificar. A argumentação não é linear (de fato, alguns estudiosos aí vêm mais de uma) e um ponto do texto (linhas 29 ss.) pode ser traduzido de maneiras opostas. A nosso ver, a argumentação serve de conclusão de toda a discussão dessa temática. — (*a*) Aristóteles reafirma, em primeiro lugar, que se quisermos explicar a multiplicidade das coisas é preciso admitir *o ser potencial para cada coisa*, isto é, a matéria (que é, justamente, distinta para cada coisa, e é o que a coisa é em potência); Platão tentou introduzir esse princípio potencial, mas não o identificou corretamente, na medida em que pretendeu que fosse o *relativo*, que, longe de ser um princípio potencial, é uma das categorias, assim como a qualidade, a quantidade, etc. (linhas 15-21). — (*b*) Ademais não só era preciso, como fizeram os Platônicos, limitar-se

a explicar como as coisas podem ser múltiplas segundo uma categoria, mas era tanto mais necessário, se se quisesse resolver o problema, indagar como podem ser múltiplas as próprias categorias: não existe só uma multiplicidade segundo *uma categoria*, mas existe uma *multiplicidade categorial* e uma *multiplicidade no interior de cada uma das categorias* (cf. linhas 21-24). — (*c*) Ora, no que concerne à multiplicidade categorial, existe uma particular dificuldade, que brota do fato de que as outras categorias além da substância não têm existência separada da substância. Elas são múltiplas, *porque o seu substrato é ou se torna múltiplo*; porém resta sempre verdadeiro que a matéria de cada categoria é distinta, só que ela não é separada nem separável da substância (linhas 24-28). — (*d*) A multiplicidade das substâncias, depois, será igualmente explicável se admitirmos que elas são, de um lado, *forma*, e de outro, *matéria* (e então a multiplicidade dependerá, justamente, dessa última). A dificuldade só permanece se, como fazem os Platônicos, pretendermos que o *relativo* seja o princípio da multiplicidade. E na realidade os Platônicos, no máximo, explicam não a multiplicidade da substância, mas a multiplicidade da *quantidade* (pois números, corpos, linha etc., são determinações quantitativas); e, obviamente, não é possível identificar quantidade e substância, sob pena de absurdo (linhas 28 – 1090 a 2).

[21] (**1089 b 16-20**). Cf. *supra*, 1089 b 4-8.

[22] (**1089 b 20-21**). Cf. *supra*, 1089 a 34.

[23] (**1089 b 21-24**). Cf. *supra*, 1089 a 31 – 1089 b 4.

[24] (**1089 b 25**). *O termo* ἐπίστασιν. — Esse termo deve ser entendido no sentido de *dificuldade* ou *problema* (sinônimo de ἀπορία), como observam Schwegler (*Metaph.*, IV, p. 349) e Ross (*Metaph.*, II, p. 477).

[25] (**1089 b 25-28**). *Como deve ser entendida a matéria das categorias.* — É claro o que Aristóteles quer dizer: como as substâncias são muitas, as categorias, que são afecções e determinações das substâncias, também são muitas; todavia, continua firme o princípio que *das diversas categorias distinta é a matéria*, só que não se trata de matéria subsistente fora da substância, mas trata-se da matéria da substância ou de aspectos desta.

[26] (**1089 b 28-32**). *Dificuldade da passagem e justificação crítica da tradução fornecida.* — Esta é uma das passagens mais difíceis do livro, porque extremamente concisa, e constituída de termos polivalentes. A interpretação sugerida pelo Ps. Alexandre (*In Metaph.*, p. 811, 14 ss. Hayduck) e acolhida por Schwegler (*Metaph.*, IV, p. 350) e, em parte, por Bonitz (*Comm.*, p. 578) permanece a mais plausível, sobretudo depois dos

aprofundamentos críticos feitos por Robin (*Th. plat.*, p. 544 ss.). Como o texto grego, à primeira vista, não parece corresponder à tradução, é necessário que reportemos os excelentes esclarecimentos de Robin. — (*a*) Antes de tudo ἔχει τινὰ λόγον deve ser entendido no sentido de ἀπορία, "questão", como quer o Ps. Alexandre. Explica Robin: "De resto, em b 31 λόγος é substituído por ἀπορία. Ademais, pode-se recordar que às vezes λόγος está unido como sinônimo a σκέψις *An. pr.* I, 13, 32 b 20; 43 sq.; cf. Bonitz, *Ind.*, 436 b, 4 sqq." (*Th. plat.*, p. 544, nota 491, 1). — (*b*) τόδε τι, as primeiras duas vezes, deve ser entendido como substância. — (*c*) Ao contrário, a última vez τόδε τι tem o sentido de εἶδος, *forma*; Robin insiste muito sobre isso, na p. 540 em nota, mas vemos que esse uso é frequente na *Metafísica* e, portanto, não existem dificuldades (nem existem dificuldades na mudança repentina de sentido, dado que, como vimos no que concerne à οὐσία e τόδε τι, a mobilidade de significado, inclusive na mesma linha, é quase regra). — (*d*) φύσις τοιαύτη "é natural supor que designe uma natureza do tipo daquela que estava em questão anteriormente (b, 27 s.) para se dar conta da pluralidade dos acidentes; isto é a ὕλη". — (*e*) O pronome τι quer dizer τόδε τι (talvez se deva corrigir <τὸ τόδε> τι). — (*f*) "O que o autor parece, efetivamente, querer dizer é que a *substância determinada* não é só uma essência determinada, mas que ela comporta também uma natureza tal como é, justamente, a matéria da qual se falou a propósito dos acidentes. Explicar-se-á assim muito bem a duplicação de καί, justificado pela repetição de τόδε τι: o τόδε τι é *ao mesmo tempo um* τόδε τι e *etc...*" (Robin, *Th. plat.*, p. 545, nota 491, 3). — (*g*) Aceitando essa exegese explica-se, depois, com facilidade o seguinte. O texto aristotélico prossegue: αὕτη δέ ἐστιν ἐκεῖθεν μᾶλλον ἡ ἀπορία. Ora, ἐκεῖθεν é uma referência às discussões feitas acima sobre o *desigual* (ver a prova em Robin, *Th. plat.*, p. 545, nota 491, 3), e a ligação das ideias revela-se a seguinte: "Existe uma dificuldade também a propósito da pluralidade das substâncias, a não ser que se reconheça a existência na substância concreta, além da forma, de uma matéria. Ora, essa dificuldade tem a sua origem muito mais na suficiência, anteriormente demonstrada, das explicações deles [= dos Platônicos] relativas ao princípio material, do que no que se refere ao princípio formal" (Robin, *Th. plat.*, p. 546, seguido da nota 491, 3). Do que eles consideravam "matéria", isto é, do desigual, os Platônicos, em vez da multiplicidade das substâncias, deduziram ποσά. (Ross, ao contrário, traduz: "But in the case of 'thises', it is possible to explain how the 'this' is many things, unless a thing is to be treated as both a 'this' and a *general character*. The difficulty arising from the facts about substances is rather this, how there are actualy many substances and not one". Mas não é possível traduzir φύσις ταιαύτη por *general character*. De resto, ver no comentário, II, p. 477, como Ross não consegue dar conta do nexo das ideias na passagem).

[27] (1089 b 32 – 1090 a 2). *Por que substância e qualidade não são identificáveis.* — Ps. Alexandre (*In Metaph.*, p. 812, 19 Hayduck) explica que o absurdo da identificação de *substância* e *quantidade* equivale (*a*) ao absurdo da identificação de *substância* e *acidente*. (*b*) Ademais, a substância como tal é substrato, enquanto como quantidade deveria ser *num* substrato (dificuldade que acaba por coincidir com a precedente).

[28] **(1090 a 2-25)**. *Argumentação que reabre a discussão sobre os números entendidos como substâncias separadas: crítica à posição de Espeusipo.* — Começa, a partir daqui, uma nova série de argumentações relativas ao tema dos números considerados como substâncias em si, já em parte tratado em M, e que prosseguirão até 1091 a 29. A diferença é a seguinte: "Ea quaestio quamquam soluta iam est superiore disputatione de rerum mathematicarum natura M 2-3, ad quam aliquoties lectores delegat (cf. 1090 a 15-28) nec novi multum hac disputatione affertur, *via tamen ac ratione haec ab illa differt*; illic enim ipsa rei natura disputandi legem et ordinem praescribit, hic vero eorum philosophorum, qui res mathematicas per se esse statuerunt, sententias singulas respicit et refutat" (Bonitz, *Comm.*, p. 579). — A argumentação é linear. Quais são as razões que podem justificar a existência de Números como realidades separadas? Os que identificam Ideias e Números admitem os Números, enquanto esses admitem que as Ideias sejam causas das coisas e, portanto, os números, para eles, são causas das coisas. Mas Espeusipo e os seus seguidores não admitem as Ideias. Por que, então, admitem os Números em si? Não se vê as suas razões e as suas funções.

[29] **(1090 a 7-15)**. *Como Espeusipo entendeu o número.* — Espeusipo, fr. 43, pp. 74 s Lang = fr. 80, p. 98 Isnardi Parente (ver o comentário pp. 313-15) = F 36, pp. 145 s. Tarán (e o comentário pp. 316 ss.). — Espeusipo renunciou às Ideias, todavia "não respeitou a natureza própria do número matemático, já que fez dele uma realidade transcendente, substituta da Ideia" (Robin, *Th. plat.*, p. 207, nota 215).

[30] **(1090 a 15)**. *Nexos do livro* N *com os outros livros da Metafísica.* — Cf. M, 2-3, e particularmente p. 1077 b 17 ss. — Note-se: N *pressupõe* M, assim como, no capítulo precedente, manifestamente pressupõe I, e, nas argumentações da p. 1089 a 15 ss., pressupõe E 2-4.

3. *Sumário e comentário* N 3

[1] (1090 a 16 – 1091 a 22). Sumário. — (1) *O capítulo prossegue, antes de tudo, a crítica das razões que deveriam motivar a admissão* de números como substâncias em si e separadas dos sensíveis. *Aristóteles critica* (a) *em primeiro lugar Platão, que admite os números ideais com base no procedimento da* "ekthesis". (b) *Em seguida critica os Pitagóricos, que, corretamente, admitiram os números como imanentes, mas erroneamente pretenderam explicar com os números as características físicas das coisas.* (c) Aristóteles *passa depois a Espeusipo, que eliminou as Ideias, e admitiu só o número (que, entretanto, não soube manter com as puras características matemáticas), para poder justificar o objeto da ciência. Mas, na verdade, se os objetos matemáticos fossem separados (como pretende Espeusipo), não se explicaria como as suas características podem estar presentes nas coisas sensíveis.* (d) *Enfim, são criticados alguns Pitagóricos-Platônicos que elevam à dignidade de substância* os limites dos corpos *e são mostrados os absurdos que se seguem dessa tese.* — (2) Aristóteles *apresenta, em seguida, um segundo grupo de argumentações, que diz respeito às relações entre os vários gêneros de realidades suprassensíveis.* (a) *Espeusipo, por exemplo, pretende que os vários gêneros de realidades suprassensíveis sejam entre si independentes, assim como o são das sensíveis: um não implicaria e não condicionaria o outro. Mas isso, para* Aristóteles, *é absurdo: a realidade não pode ser constituída de episódios separados, como uma tragédia má.* (b) *Xenócrates, que funde numa única realidade as Ideias e os entes matemáticos, evita algumas dificuldades nas quais cai Espeusipo, mas incorre noutras.* (c) *E Platão, que distinguia* Números *Ideais e números matemáticos, não mostra de onde derivam esses números matemáticos.* — (3) *O capítulo, enfim, sublinha o absurdo que está implícito na pretensão de atribuir uma geração aos entes eternos. É apresentado o exemplo dos Pitagóricos.*

[2] (**1090 a 16 – b 13**). *Críticas contra a admissão da existência de números como substâncias separadas.* — O primeiro grupo de críticas desse capítulo (que prossegue até a linha b 13) dirige-se contra alguns defensores da tese da existência de números como realidades substanciais, e pode ser dividido em quatro: (a) 1090 a 10-20 contra Platão e os Platônicos ortodoxos, (b) 1090 a 20-25 contra os Pitagóricos, (c) 1090 a 25 – b 5 contra Espeusipo de modo específico, (d) 1090 b 5-13 ainda contra Espeusipo e os Pitagóricos platonizantes; cf. as notas 4, 5, 6, 14, cf. supra p. 88 ss.

[3] (**1090 a 17**). *Evocação do conceito de* ἔκθεσις. — Sobre a ἔκθεσις cf. A 9, 992 b 10 e relativa nota (cf. também Z 6, 1031 b 21; M 9, 1086 b 10). Cf. Ps. Alexandre, *In Metaph.*, p. 813, 20 ss. Hayduck.

[4] (**1090 a 16-20**). *Crítica a Platão e aos Platônicos ortodoxos: não se sustentam as suas argumentações em favor da existência de Ideias e Números ideais.* — Aristóteles, com habilidade, no seu jogo polêmico, finge num primeiro momento reconhecer que Platão e os Platônicos ortodoxos tentam dar alguma explicação à tese segundo a qual os números existem como substâncias, enquanto eles ligam os números com as Ideias e, portanto, os argumentos com os quais demonstram a existência das Ideias valeriam para a existência dos números ideais. Mas, logo em seguida, observa que, dado que os argumentos em favor da existência das Ideias não se sustentam pelo fato de caírem em insustentáveis *substancializações dos universais*, consequentemente não se sustentam as demonstrações da existência dos números ideais feitas com base nesses argumentos. Cf. os lugares citados na nota precedente.

[5] (**1090 a 20-25**). *Breve evocação da posição dos Pitagóricos e das suas frágeis argumentações.* — Ver A 5, 985 b 31 ss. e relativo comentário. — Aqui Aristóteles apenas evoca sinteticamente o que já disse. — Ver também o que Aristóteles diz na p. 1090 a 30-35; cf. *infra*, nota 10.

[6] (**1090 a 25 – b 5**). *Crítica a Espeusipo em particular.* — Cf. *supra*, a nota 29 do capítulo precedente, e as indicações ali dadas.

[7] (**1090 a 25-27**). *Por que Espeusipo não pode dizer o que dizem os Pitagóricos.* — É claro que Espeusipo e seus seguidores não podem dizer, como dizem os Pitagóricos, que os números são constitutivos imanentes dos sensíveis, pois eles dizem que os números são substâncias em si e por si; e dizem que os números são substâncias por si, porque as ciências matemáticas não poderiam referir-se aos sensíveis (dadas as características da ciência, que são antitéticas às características das coisas sensíveis). — Ao invés, segundo Aristóteles, as ciências matemáticas podem referir-se aos sensíveis considerados de certo modo particular; cf. as passagens indicadas nas notas 8 e 9.

[8] (**1090 a 28-29**). Cf. *supra*, N 2, 1090 a 11-15 e M 2-3.

[9] (**1090 a 29-30**). Cf. ainda M 2-3.

[10] (**1090 a 30-35**). *Em que sentido os Pitagóricos não são criticáveis e em que sentido o são.* — Enquanto não *separam* e não fazem subsistir separados dos sensíveis os números, os Pitagóricos não são passíveis de crítica. São, ao contrário, enquanto pretendem deduzir as características físicas dos números (que propriamente não são realidades físicas). Cf. A 8, 990 a 10 ss. (Ver as observações que, a respeito disso, faz Timpanaro Cardini, *Pitagorici*, III, p. 143).

[11] (1090 b 3). Seja os Platônicos ortodoxos, seja Espeusipo.

[12] (1090 b 1-5). Cf. *supra*, 1090 a 29 s.

[13] (1090 b 5). *Referência aos Pitagóricos platonizantes e talvez a Espeusipo.* — Muitos estudiosos consideram que se trate dos Pitagóricos. Cf. Diels-Kranz, 58 B 24, I, p. 457, 5; Ross, *Metaph.*, II, p. 481. Outros, ao contrário, pensam que se trate de Espeusipo; cf. Zeller, *Die Philos. d. Griech.*, II, 1, p. 1005, nota 1. — Na verdade as linhas 11-13 não se adaptam ao pensamento pitagórico. Portanto, mesmo quem não admitisse que aqui se trate de Espeusipo, deveria admitir que se trata de *Pitagóricos platonizantes*, ou, em todo caso, que Aristóteles mistura os dois pontos de vista; cf. também as observações de Robin, *Th. plat.*, p. 228, nota 231 e Carlini, *Metafisica*, p. 467, nota 1. — Já Lang recolhia a passagem como fr. 44 de Espeusipo, p. 75 (embora com alguma dúvida) = fr. 81, p. 99 Isnardi Parente = F 50, p. 53 Tarán (ver o comentário de Tarán, pp. 358-360).

[14] (1090 b 5-13). *O argumento aduzido por Aristóteles contra os Pitagóricos platonizantes e contra Espeusipo.* — Eis o argumento aristotélico. Não se pode, pelo fato de o *ponto* ser o limite e a extremidade da linha, pelo fato de a *linha* ser limite e extremidade da *superfície* e a superfície ser limite e extremidade do sólido, concluir que ponto, linha, superfície são substâncias. (1) De fato, não são substâncias, mas simplesmente *limites* ou *terminações*. Se fossem substâncias deveriam, logicamente, ser substâncias também os limites do caminhar, e, em geral, do movimento; o que é obviamente absurdo. (2) Dado que também eles fossem substâncias, deveriam ser *substâncias dos sensíveis*, porque são limites dos sensíveis. Ao contrário, esses filósofos os põem como substâncias transcendentes aos sensíveis, o que é absurdo.

[15] (1090 b 13 – 1091 a 12). *Críticas contra as relações que, segundo os Platônicos, subsistiriam entre as realidades inteligíveis.* — Aristóteles apresenta agora críticas dirigidas contra os nexos que, segundo os Platônicos, deveriam existir entre os vários tipos de entes inteligíveis: primeiro, (a) 1090 b 16-20, polemiza contra Espeusipo; em seguida, (b) 1090 b 20-32, ataca Xenócrates; enfim, (c) 1090 b 32 – 1091 a 12, questiona o próprio Platão. Cf. notas 16, 17, 18, 19.

[16] (1090 b 16-20). *Crítica específica contra Espeusipo.* — Cf. fr. 50, p. 78 Lang = fr. 86, p. 101 Isnardi Parente = F 37, p. 146 Tarán (cf. também o comentário, pp. 321 s.). — A argumentação é linear e já nos é conhecida (cf. Z 2, 1028 b 21 ss. e Λ 10, 1075 b 37 ss.). — Pôr as várias classes de realidades como independentes e não intrinsecamente ligadas umas com as

outras significa *romper a ordem e infringir a estrutura unitária da realidade* e, portanto, reduzir a natureza como a uma tragédia de má qualidade, feita de episódios desconexos. Cf. Ps. Alexandre, *In Metaph.*, p. 815, 27 ss. Hayduck.

[17] (1090 b 20-21). *Crítica dirigida a Xenócrates.* — Entenda-se: os que afirmam a existência de números e de entes matemáticos *ideais*. Aristóteles passa agora a falar de Xenócrates, como é confirmado plenamente pelo que é dito nas linhas seguintes e particularmente nas duas últimas (31 s.). Cf. fr. 37, p. 172 Heinze = fr. 118, p. 97 Isnardi Parente (cf. também o comentário pp. 344-346). Ver a nota seguinte.

[18] (1090 b 21-32). *Crítica dirigida contra a eliminação dos Entes matemáticos feita por Xenócrates.* — Esta crítica a Xenócrates visa atingir a redução feita por ele dos Entes matemáticos (portanto, também das grandezas geométricas, além dos números matemáticos) a Ideias (eliminando, portanto, em certo sentido, os "Entes intermediários", ou pelo menos dissolvendo-os nos ideais). Essa redução não serve para nada: não cai na dificuldade em que cai Espeusipo (cf. nota 6), mas não se sustenta por si. Não se compreende como de Números-Ideias possam derivar grandezas (da díade o comprimento, da tríade a superfície, da tétrada os sólidos). Nem se compreende como essas grandezas possam ser Ideias; e, se não são Ideias, qual seja o seu modo de ser. E, particularmente, não se compreende a sua utilidade. — E ademais, os teoremas e as demonstrações matemáticas não podem referir-se a esses números ideais. Eis como o Ps. Alexandre resume bem o raciocínio feito por Aristóteles a respeito disso (*In Metaph.*, p. 916, 28-34 Hayduck): "erra quem pretendessem dizer que em virtude de teoremas que são demonstráveis deve existir o cubo em si, a pirâmide em si, e o círculo em si. De fato, o teorema ou, em geral, a demonstração não se refere a essas realidades, mas todo teorema e toda demonstração referem-se a grandezas *matemáticas* existentes em potência [= não como realidades em si e por si]. De modo que, se alguém quisesse dizer que as demonstrações referem-se ao círculo em si, ao triângulo em si e a realidades semelhantes, este viria a eliminar justamente as grandezas matemáticas, e a inventar teorias especiais".

[19] (1090 b 32 – 1091 a 12). *Críticas dirigidas contra Platão.* — Aristóteles aqui tem em vista diretamente a Platão e faz-lhe a seguinte crítica. Platão admite tanto o número ideal como o número matemático. Mas de onde deriva esse número matemático? (1) Derivará do *grande e pequeno*? Mas, nesse caso, coincidirá com o número ideal, que também deriva do grande e pequeno. (2) É verdade que Platão admite um segundo *grande e pequeno*;

mas deste derivam as grandezas e, portanto, não podem derivar os números matemáticos. (3) Admitiremos, então, um terceiro princípio do grande e pequeno? Nesse caso, ter-se-á uma absurda multiplicidade de princípios. (4) Ademais, também para o princípio formal, vale dizer, o Um, teremos dificuldades. O Um deveria ser distinto, conforme gere o número ideal ou o número matemático, o que é impossível, porque para Platão o número só pode ser gerado de um único Um e da díade indefinida. (5) Esses discursos são insensatos e absurdos (e isso Aristóteles o diz com fortes e saborosas imagens)

[20] (**1090 b 32 – 1091 a 5**). Cf. A 6, 987 b 14 ss. e relativas notas.

[21] (**1091 a 7-8**). Fr. 189 Bergk.

[22] (**1091 a 8-9**). Cf. também *Ret.*, III, 14, 1415 b 22 ss.

[23] (**1091 a 10-12**). Cf. *supra*, M 7, 1082 a 15; 8, 1084 a 3 ss.

[24] (**1091 a 12-22**). *Críticas dirigidas contra teorias que afirmam a geração dos entes eternos e dos números, seja as dos Platônicos seja as dos Pitagóricos.* — Aristóteles retoma a argumentação análoga àquela desenvolvida acima, cap. 2, 1088 b 14 ss. Exato Ps. Alexandre (*In Metaph.*, p. 818, 33-36 Hayduck): "... é falso e impossível dizer que as Ideias são eternas e, ao mesmo tempo, afirmar uma gênese delas. Isso equivale a dizer que elas são ingênitas e geradas: ingênitas enquanto são eternas e geradas enquanto derivam dos elementos do Um e da díade". — Análogo erro cometem os Pitagóricos, que fazem derivar os números do *limite* e do *ilimite*, embora o seu discurso entre na problemática física mais do que na metafísica.

[25] (**1091 a 13**). A *questão da formação do Um segundo os Pitagóricos.* — Eis o comentário de Timpanaro Cardini (*Pitagorici*, III, p. 154): "Aristóteles já disse [M 6, 1080 b 16] que os Pitagóricos não davam nenhuma explicação sobre como era formado o Um originário. Todavia, que eles se punham o problema e que várias hipóteses eram levantadas em vários grupos de Pitagóricos, pode ser induzido desse inciso, no qual Aristóteles refere muito provavelmente ideias correntes na escola. A primeira hipótese era geométrica, o plano; depois a χροιά, que é propriamente a cor superficial de um corpo, e (segundo Aristóteles em *De sensu*, 439 a 30...), equivalente para os Pitagóricos a ἐπιφάνεια, superfície, enquanto é um πέρας do corpo, mas não identificável com ela...; pode-se dizer que χροιά é o aspecto qualitativo da superfície, como a epiderme colorida que caracteriza as coisas. Uma terceira hipótese punha como princípio constitutivo do Um o esperma. Cada uma das três hipóteses, enquanto revelam divergências de opiniões, são a expressão de um particular aspecto da doutrina, que

pareceu fundamental aos outros; e certamente o esperma evoca o γόνιμον de Anaximandro (DK, p. 83, 34) e as doutrinas dos médicos de Crotona. Cf. também Filolau B 13".

[26] (**1091 a 15-18**). Ver, Reale, *Hist. da filos. antiga*, I, pp. 81 ss.

[27] (**1091 a 18-22**). Cf. *Fis.*, III 4, IV 6; *Do céu*, II 2, 9, 13; cf. Diels-Kranz, 58 B 28-38, I, pp. 459 ss.; Timpanaro Cardini, *Pitagorici*, III, pp. 168 ss., com o relativo comentário.

4. *Sumário e comentário a* N 4

[1] (**1091 a 23 – 1092 a 8**). Sumário. — *O presente capítulo abre-se com uma argumentação que se liga ao último tema tratado no capítulo precedente a respeito do erro contido na pretensão de admitir uma geração dos entes eternos. Aristóteles dirige-se agora contra os Platônicos, e mostra o absurdo que consiste em admitir uma geração do primeiro número par e não do primeiro ímpar. Ademais, o Estagirita mostra que a interpretação de Xenócrates do processo de igualização do grande e do pequeno (do qual originam-se, justamente, os números pares), entendido como processo meramente lógico e atemporal tendo relevância sobretudo em vista da exposição do sistema, é uma saída que não se sustenta. — O grosso do capítulo é dedicado a um problema já suscitado em* Λ *7:* (a) o bem *pode ser identificado com um dos princípios, ou* (b) o *bem nasce sozinho num momento sucessivo do desenvolvimento das coisas? — Aristóteles ilustra a tese e a antítese em função das posições assumidas pelos predecessores.* (b) *Em primeiro lugar discute a antítese. Pensam que o bem pertença só a um momento sucessivo do desenvolvimento das coisas os antigos teólogos, alguns pensadores contemporâneos* (Pitagóricos e Espeusipo), *os antigos poetas.* (a) *Ao contrário, são do parecer que o bem pertença ao princípio alguns poetas-filósofos, os Magos, Empédocles, Anaxágoras e muitos Platônicos. — Aristóteles responde à aporia da mesma maneira que já tinha respondido em* Λ 7, *mostrando que* o Bem pertence ao Princípio, *e que o Princípio é substância autossuficiente e independente, justamente enquanto é Bem. Só surgem dificuldades, e insuperáveis, se se considera, como fazem os Platônicos, que o Princípio seja o Um. Estas são examinadas uma a uma e mostra-se o seu fundamento.*

[2] (**1091 a 23-29**). *Críticas às teorias da geração dos números dos Platônicos.* — No final do capítulo precedente Aristóteles falava dos Pitagóricos. "Esses filósofos" não são mais os Pitagóricos, mas voltam a ser

os Platônicos, como demonstra o contexto do discurso que se segue, com uma pontada final contra Xenócrates. Essa parte inicial do cap. 4, até a linha 29 deve ser ligada com o capítulo precedente.

[3] (**1091 a 24-25**). Cf. A 6, 987 b 33 ss.

[4] (**1091 a 25-29**). *Uma referência polêmica dirigida contra Xenócrates.* — Essa tirada polêmica é provavelmente dirigida contra Xenócrates (que interpretava a ação igualizadora do Um sobre a díade, como processo não cronológico, mas meramente lógico, feito διδασκαλίας χάριν), como explica Ps. Alexandre (*In Metaph.*, p. 819, 37 Hayduck). — "A partir do momento — diz Aristóteles — que se fala de uma igualização, então, anteriormente existe uma desigualdade. Se a igualização existia *ab aeterno*, não se poderia falar de desigualdade anterior a essa igualização; de fato, ao que é eterno não se pode opor nada anterior, e uma geração, ainda que hipotética, dos Números, perderia todo significado. Consequentemente, se uma igualização real implica uma desigualdade real, à qual sucede, existe uma geração real e não fictícia dos Números ideais, e o duplo princípio material, longe de ser uma abstração, útil apenas para a exposição, deve ser, na doutrina platônica, uma realidade" (Robin, *Th. plat.*, pp. 405 s.; cf. nota 328). Portanto esta é uma inútil saída. — Cf. *Do céu*, I 9, 279 b – 280 a 2 = fr. 54, p. 179 Heinze = fr. 153 Isnardi Parente. — Notes-se sobretudo o nexo entre a expressão com que se conclui essa passagem οὐ τοῦ θεωρῆσαι ἕνεκε e a expressão que ocorre em *Do céu*, I 9, 279 a 35 – 280 a 1: ἀλλὰ διδασκαλίας χάριν e os relativos contextos.

[5] (**1091 a 29 – 1092 a 8**). *Relações subsistentes entre os Princípios primeiros, o bem e o mal.* — Começa aqui a parte que trata da temática específica do capítulo, que se estende até o final.

[6] (**1091 a 29-33**). *Posição do problema e estrutura da discussão.* — Cf. Λ 7, 1072 b 30 ss. Já na citada passagem de Λ, Aristóteles resolve a questão; e aqui ele a retoma, dando-lhe ulteriores aprofundamentos. Da tese (um dos princípios primeiros coincide com o bem?) e da antítese (o bem nasce necessariamente dos princípios?) do dilema posto aqui, Aristóteles desenvolverá primeiro a antítese (1091 a 33 – b 6) e depois a tese (1091 b 6-15).

[7] (**1091 a 33-36**). *Referência aos Pitagóricos e a Espeusipo.* — Cf. Λ 7, 1072 b 30 ss.

[8] (**1091 a 36 – b 1**). *Como deve ser interpretada esta observação.* — Subentenda-se: *e esse Um-princípio é bem.* Para tornar inteligível a passagem, basta subentender o pensamento indicado, sem que seja necessário fazer correções.

[9] (1091 b 1-3). *Um destaque da solução antecipado por Aristóteles.* — A dificuldade, diz ele, não nasce do fato de atribuir ao *princípio* o *bem;* mas do fato de pôr o Um como princípio-elemento do qual derivam os números. O pensamento aqui subentendido é o seguinte: se o princípio é, ao contrário, o Movente imóvel, cai obviamente toda dificuldade. Mas isso Aristóteles dirá logo abaixo.

[10] (1091 b 4-6). *A origem de todas as coisas segundo os antigos teólogos, segundo os poetas e segundo alguns pensadores.* — Na linha dos teólogos antigos e de alguns modernos pensadores, diz Aristóteles, estão também os poetas, segundo quem, na origem, reinavam Noite, Céu, Caos, ou Oceano, enquanto atualmente reinaria Zeus e o governo ótimo é, evidentemente, só o de Zeus e, portanto, não o originário (de Noite e Céu fala a cosmologia Órfica; de Caos fala Hesíodo, *Teog.*, 116; de Oceano, fala Homero, *Ilíada*, XIV, 201). — Conclui aqui na linha 6 a ilustração da antítese da aporia instituída nas linhas 31-33.

[11] (1091 b 9). *Ferécides de Siro.* — Ver os fragmentos e testemunhos em Diels-Kranz, Nr. 7, I, pp. 43-51. Cf. as observações de Annas, *Interpr. dei libri M N...* (1992), pp. 225 s.

[12] (1091 b 10). *Os Magos.* — Ver o que dizem Heródoto, 101 e Diógenes Laércio, *Proem.*, 8.

[13] (1091 b 13). *Referência aos Platônicos.*

[14] (1091 b 6-15). *Segunda parte da discussão do problema posto acima.* — As linhas 6-15 ilustram, como dissemos acima (cf. nota 6), a tese da aporia posta nas linhas 31-33. De um lado, portanto, estão os velhos teólogos, os poetas, os Pitagóricos, alguns Platônicos, alguns poetas-filósofos e alguns filósofos pré-socráticos.

[15] (1091 b 15-20). *Solução que Aristóteles dá ao problema.* — O princípio primeiro é incorruptível, autossuficiente e garantia de segurança justamente enquanto é bem, como explicou pormenorizadamente em Λ 6-10.

[16] (1091 b 20-25). *Referência a Espeusipo e seus seguidores.* — Cf. fr. 42 g, p. 74 Lang = fr. 79, p. 98 Isnardi Parente = F 45 a, p. 150 Tarán (e comentário, pp. 343 ss.). As dificuldades com as quais se defrontam esses filósofos são resenhadas ordenadamente logo abaixo: cf. notas 17-19.

[17] (1091 b 25-26). *Primeira dificuldade.* — Se o Um é princípio e é bem, todas as unidades que dele derivam e a ele se assemelham (enquanto unidades), também serão *bens*. E como as unidades são infinitas, ter-se-á uma grande profusão de bens!

[18] (1091 b 26-30). *Segunda dificuldade.* — Essa difícil argumentação é bem desenvolvida e esclarecida por Robin (*Th. plat.*, pp. 561 s.): "... pelo

fato de os Números constituídos pelo Um elementar serem Ideias e pelo fato de esse Um ser bom, segue-se outra consequência, igualmente embaraçosa, quer se admitam Ideias só dos bens, quer se admitam Ideias de todas as coisas. No primeiro caso, de fato, sendo o bem uma qualidade ou uma maneira de ser, só existirão Ideias de qualidades e, dado que as Ideias têm a mesma natureza das coisas das quais são modelos, as próprias Ideias serão qualidade e não serão substância. No segundo caso serão também Ideias de substância; mas, porque todas as Ideias têm o Um como princípio elementar, e porque o Um é bom, cada Ideia de substância possuirá o atributo do bem; consequentemente, todas as coisas que existem no mundo sensível, plantas, animais, etc., serão boas, porque todas existem por participação nas Ideias" (cf. também *ibid.*, nota 518, pp. 562 s.).

[19] (**1091 b 30 – 1092 a 5**). *Terceira dificuldade e proposta de solução.* — Dado que os Platônicos consideram os seus princípios como contrários, é claro que se o Um é o *bem em si*, o princípio contrário ao Um (seja ele o *múltiplo, o desigual, o grande e o pequeno*) deverá ser o *mal em si*. — Mas eis as consequências que se seguem do fato de fazer coincidir o princípio oposto ao Um (que é *bem-em-si*) com o *mal*. (*a*) Exceto o Um, todos os outros seres participarão do Mal em si, enquanto e na medida, justamente, em que participam do princípio oposto ao Um. — (*b*) Os números participam do mal, em medida maior relativamente às grandezas, porque eles derivam imediatamente dos princípios primeiros, aquelas, ao contrário, derivam de maneira mediada. — (*c*) Porque o princípio oposto ao Um-bem serve de matéria, o mal virá a ser "matéria" do Bem (Bonitz, *Comm.*, p. 588: "quum materia sit potentia formae et expetat formam qua definiatur (cf. *Phys.* I 9. 192 a 18-25), consequitur ut malum sit materia (χώρα a 1, voc. Platon. Cf. *Phys.*, IV 2. 209 b 11) boni". — (*d*) Enfim, porque o princípio material aspira ao princípio formal, ocorreria que o princípio material (= mal) aspiraria ao princípio que o destrói, enquanto um contrário destrói o outro, portanto o bem destrói o mal. — Todos os absurdos acima assinalados são eliminados, diz Aristóteles, se admitirmos a doutrina da *matéria-potência*: a matéria de cada coisa é a própria potencialidade da coisa (= o que é em potência a coisa). E o mal não coincidirá, enquanto tal, com a matéria, mas virá a ser simplesmente o bem em potência (ou, melhor, a matéria será, ao mesmo tempo, potência tanto para o bem como para o mal, e não o mal).

[20] (**1091 b 32-35**). *Explícita referência a Espeusipo.* — Cf. *supra* 1091 a 35. Esse texto de Aristóteles é apresentado como fr. 35 a, p. 69 Lang = fr. 66, p. 92 Isnardi Parente = F 45 a, p. 150 Tarán.

[21] (1091 b 35). *Referência a Platão e talvez a Xenócrates.*

[22] (1092 a 5-8). *Conclusões sumárias.* — Aristóteles resume aqui os erros dos Platônicos, dos quais brotam depois os outros como consequência necessária.

5. *Sumário e comentário a* N 5

[1] (1092 a 9 – b 25). Sumário. — *O presente capítulo,* (1) *em primeiro lugar conclui o tema das relações entre princípio e bem. Os absurdos em que caem os Platônicos a respeito disso provam que eles não conceberam corretamente os princípios.* Ademais, *não se pode dizer, como diz Espeusipo, que, como nas plantas e nos animais, o bem e o perfeito não estejam no princípio (sementes), mas nasçam só num momento sucessivo do seu desenvolvimento: de fato, os princípios das plantas e dos animais não são as sementes, mas os indivíduos já formados dos quais derivam as sementes.* — (2) Aristóteles *passa depois a criticar a pretensão (provavelmente ainda de Espeusipo) de deduzir um* lugar *dos objetos matemáticos; lugar que (entre outras coisas) esses Platônicos não explicam em que consiste.* — (3) *O terceiro tema desenvolvido é dado pela investigação acerca da relação entre os números e os seus princípios (talvez ainda em polêmica sobretudo com Espeusipo). Os números não podem derivar dos seus princípios ou elementos* (a) *nem por* mistura, (b) *nem por* composição, (c) *nem por* derivação de elementos imanentes *(como, digamos, a planta deriva da semente)*, (d) *nem por* derivação dos elementos contrários. *Concluindo, os Platônicos não sabem explicar de que modo os números derivam dos princípios.* — (4) *Esses filósofos, enfim, não dizem (ou não dizem com clareza) como os números, por sua vez, são causas das substâncias sensíveis. Os números não podem ser* limites *das coisas (nem tampouco podem ser causa das coisas do modo como propunha Eurito)*, nem relações formais *das coisas. Certamente o número não é causa dos acidentes, nem causa das substâncias sensíveis, em nenhum sentido em que se fala de causa. O número mede simplesmente a* quantidade *da matéria das coisas.*

[2] (1092 a 9-11). Conclusões das argumentações aduzidas no precedente capítulo.

[3] (1092 a 11-17). *Observação crítica contra Espeusipo.* — Cf. fr. 34 e, p. 69 Lang = fr. 58, p. 90 Isnardi Parente = F 43, pp. 149 s. Tarán.

[4] (1092 a 12-14). Cf. Λ 7, 1072 b 31 ss.; N 4, 1091 b 32 ss.

[5] (1092 a 14-15). *Impossibilidade de que os princípios sejam indeterminados e imperfeitos.* — Esta última é uma consequência que Aristóteles extrai das premissas da tese que está refutando, cujos absurdos está tentando mostrar. Ela contém o núcleo teorético de toda a argumentação. Se os princípios das coisas são indeterminados e imperfeitos, então o Um, que é princípio, é indeterminado e imperfeito; mas o que é indeterminado e imperfeito, *não é um ser determinado e completo*; consequentemente, o Um não é um ser determinado e completo. O que é absurdo e até mesmo contrário aos pressupostos desses filósofos.

[6] (1092 a 15-17). Cf. Λ 7, 1072 b 35 ss.

[7] (1092 a 17-21). *Continuação da crítica a Espeusipo não mais ligada ao tema central.* — Esta passagem não se encaixa bem nem com o que precede nem com o que segue (cf. Bonitz, *Comm.*, p. 589); refere-se, em todo caso, ainda a Espeusipo: cf. fr. 52, p. 79 Lang = fr. 92, p. 103 Isnardi Parente = F 53, p. 154 Tarán. — Poder-se-ia pensar que o nexo com o que precede seja, mais que lógico, psicológico: Aristóteles estava criticando Espeusipo no que se refere à doutrina do relação entre o princípio e o bem e aqui move outra crítica, não mais ligada ao tema, mas ao pensador. — Improvável, ademais, que se trate de um trecho reportado erroneamente aqui, extraído de M 8 ou 9, como pensa Bonitz, *loc. cit.* — A melhor hipótese, a nosso ver, consiste em entender o trecho como uma verdadeira argumentação, constituindo um tema em si na série de críticas a Espeusipo. — Recordemos que o Ps. Alexandre (*In Metaph.*, p. 824, 27 Hayduck) e, com ele, Siriano (*In Metaph.*, p. 186, 16 Kroll), consideram que o argumento é dirigido a Platão, mas, como observam os estudiosos, isso não pode ser, porque a χώρα do *Timeu* é eterna. — No curso da argumentação são destacadas duas dificuldades. (1) A primeira consiste em *atribuir um espaço aos entes matemáticos*, enquanto eles não têm lugar, se são concebidos corretamente (o espaço é próprio só das coisas sensíveis). (2) A segunda consiste em ter falado de espaço e lugar *sem ter explicitado em que ele consiste*. (Cf. Robin, *Th. plat.*, p. 475, nota 4120). — Siriano (*In Metaph.*, p. 186, 23 Kroll) refere quatro tipos de lugar distinguidos por Platão (e pelos Platônicos), que vale a pena recordar: (*a*) o lugar dos *corpos físicos*, isto é, o espaço físico, (*b*) o lugar ἐνύλων εἰδῶν, isto é, o lugar das *formas que se unem à matéria*, isto é, a matéria. (*c*) o lugar dos *corpos matemáticos* (a imaginação) e (*d*) o lugar ἀύλων λόγων, que é a alma intelectual.

[8] (1092 a 21 – b 8). *Retomada da questão da relação entre os números e os princípios e os elementos dos quais derivam.* — Esta seção parece ser dirigida

ainda principalmente (embora não exclusivamente) contra Espeusipo (cf. Ross, *Metaph.*, I, p. LXXII, II, p. 490). O *demonstrandum* é o seguinte: em nenhum dos sentidos em que se diz que algo deriva de algo, os números podem derivar dos princípios ou elementos. O discurso polêmico é articulado em quatro argumentações expostas nas notas seguintes.

[9] (1092 a 21-26). *Primeiro argumento: os números não podem derivar dos seus princípios por mistura.* — De fato, (*a*) em primeiro lugar, não de qualquer coisa é possível a mistura; portanto, seria preciso ver se os supostos princípios dos números podem ser misturados. (*b*) Ademais, na mistura os elementos fundem-se completamente um com o outro (por exemplo água e vinho, ou água e mel), e, portanto, o Um se dissolveria na mistura com o princípio oposto e não poderia mais subsistir separado e como realidade distinta da mistura, como pretendem esses filósofos.

[10] (1092 a 26-29). *Segundo argumento: os números não poderão derivar dos seus princípios por composição, como por exemplo a sílaba.* — De fato, (*a*) como a própria palavra diz, para que dois elementos entrem em composição, devem ter *posição* como, por exemplo, as letras *B* e A na sílaba *BA*; mas é óbvio que os supostos elementos dos números não podem ter uma posição. (*b*) Ademais, se fosse por composição, o Um e o múltiplo, tendo cada um a sua posição, deveriam poder ser pensados separadamente como *B* e A na sílaba *BA*, e o número viria a ser Um + múltiplo ou Um + desigual, assim como *BA* é igual a *B* + A. O que é, obviamente, absurdo.

[11] (1092 a 29-33). *Terceiro argumento: o número não pode derivar dos seus princípios como de elementos imanentes.* — Bonitz (*Comm.*, p. 590) interpreta: "ὡς ἐξ ἐνυπαρχόντων non possunt generari, ait Ar., nisi quorum γένεσις est. Num igitur putemus numeros ex principiis tamquam ex semine progigni? At hoc fieri non potest; e semine enim secerni quidpiam oportet, ut inde planta exsistat, τὸ αὐτοέν vero individuum [= indivisibile] est". Robin discute longamente essa passagem (*Th. plat.*, pp. 383-386, nota 317, 9).

[12] (1092 a 33 – b 8). *Quarto argumento: o número tampouco pode derivar dos princípios como de contrários.* — (*a*) De fato, as coisas que se geram de contrários, *pressupõem, necessariamente, um terceiro termo, isto é, o substrato material*, que é propriamente o que muda de um contrário ao outro. Se, portanto, os números derivassem dos seus princípios como de contrários, deveria existir, além do Um e do princípio que os Platônicos consideram contrário a ele, um terceiro termo, isto é, a matéria ou substrato desses contrários. O que não seria possível no sistema dos Platônicos. (*b*) Ademais, todas as coisas que derivam de contrários são corruptíveis;

ao invés, o número não é corruptível e, portanto, não deriva de contrários. — O discurso conclui-se com uma comparação que deveria esclarecer o que Aristóteles disse: o contrário tem ação destrutiva sobre o composto, assim como, no sistema de Empédocles, a Discórdia exerce ação destrutiva sobre a mistura que constitui a esfera. Entre parêntesis pusemos a observação crítica contra Empédocles, que é limitada ao exemplo ilustrativo.

[13] (1092 b 8-25). *O problema de como os números podem ser causa das substâncias e do ser das coisas sensíveis.* — Nesse trecho do capítulo Aristóteles polemiza sobretudo com os Pitagóricos e destaca que esses filósofos não explicaram bem o modo pelo qual os números são *causa das coisas sensíveis*, e que, em todo caso, não se sustentam aquelas relações entre números e coisas propostas por alguns deles.

[14] (1092 b 9-13). *Eurito de Tarento.* — Foi um Pitagórico discípulo de Filolau. Cf. Diels-Kranz, Nr. 45, I, pp. 419 ss.; Timpanaro Cardini, *Pitagorici*, II, pp. 250 ss. — Deve-se recordar a estranha tese de Frank (*Plato u. die sog. Pythag.*, p. 359, nota 187), segundo a qual Eurito não seria uma pessoa verdadeira, mas um símbolo da doutrina da matéria de Arquita (matéria entendida ὡς ῥευστή, de onde Εὔρυτος; cf. Diels-Kranz, I, p. 425, 15-20). Eurito representava com pedrinhas as coisas a definir e contava, depois, o número delas utilizadas na representação. O número resultante devia ser o número definidor e constitutivo da coisa. Cf. também, Teofrasto, *Metafísica*, 3, 6 a 15 ss. (nossa trad., pp. 175 s.).

[15] (1092 b 13-14). *O problema da relação harmônica e do seu fundamento numérico.* — Ps. Alexandre (*In Metaph.*, p. 827, 28-31 Hayduck) explica: "Ou será por que a relação segundo a qual as plantas e os animais se desenvolvem é uma relação harmônica, e a harmonia é constituída por uma relação de números, e os números são Ideias, por isso é necessário dizer que as Ideias (números) são causa das plantas e das outras substâncias?".

[16] (1092 b 14-15). *O problema da derivação dos acidentes dos números.* — Ps. Alexandre (*In Metaph.*, 827, 31-34 Hayduck) comenta: "Mas, mesmo concedendo que os números ideais são causa das substâncias (sensíveis), embora isso não seja verdade, como se poderia dizer que as afecções, pelo menos, e os acidentes derivam dos números?".

[17] (1092 b 16-23). *A substância como relação formal.* — A tese sustentada nas linhas 16-25 já nos é conhecida por A 10, onde é dado o mesmo exemplo extraído de Empédocles (fr. 96 Diels-Kranz), e por A 17. A *substância* não é o número, mas *relação formal* que liga os elementos; por exemplo a carne ou o osso é 3 partes de fogo e 2 de terra: ora, não são

certamente os números 3 e 2 a substância (os números 3 e 2 oferecem, ao invés, a quantidade de matéria), mas substância é a *relação formal* que liga as 3 partes de fogo às 2 de terra, e, *dessa relação*, brota a substância osso ou carne. — Não devemos nos equivocar com a expressão da linha 18: Aristóteles não quer dizer que o número é a matéria das coisas (tese que na linha 24 é expressamente excluída), mas que o número não se situa da parte da forma, mas da matéria; como o Ps. Alexandre (*In Metaph.*, p. 828, 4 Hayduck) bem explica, o número oferece a "quantidade e a medida da matéria" (τὸ ποσὸν καὶ τὸ μέτρον τῆς ὕλης).

[18] (1092 b 23-25). *Conclusão.* — Tanto número-substância, como o número matemático *não* são causa das coisas, em nenhum dos sentidos de causa: (*a*) não são causa *eficiente*, (*b*) não são causa *material*, (*c*) não são causa *formal* e (*d*) não são causa *final* das coisas.

6. *Sumário e comentário a* N 6

[1] (1092 b 26 – 1093 b 29). Sumário. — *O capítulo prossegue imediatamente o precedente, desenvolvendo a última questão levantada referente às relações entre número e coisas. Aristóteles explica o seguinte.* — (a) *Não é verdade que o bem nas coisas derive dos números e da mistura segundo determinadas proporções numéricas.* — (b) *Ademais, a mistura não ocorre por multiplicação mas por adjunção e soma.* — (c) *Se todas as coisas têm relação com os números, é claro que existem correspondências entre os números e as coisas, mas nem por isso os números são* causas *das coisas. Ademais, se coisas diferentes são redutíveis ao mesmo número (como ocorre no sistema daqueles filósofos), elas não poderiam mais ser diferentes.* — (d) *A correspondência entre números e coisas é, amiúde, fortuita, de modo que não pode ser o* número, *mas deve ser outra a causa das coisas. E, em geral, as várias correspondências que esses filósofos aduzem são ociosas.* — (e) *Muitas das correspondências destacadas por esses filósofos explicam-se simplesmente como analogias: a analogia, de fato, ocorre segundo cada uma das categorias do ser.* — (f) *Os números* ideais, *enfim, não podem nem sequer ser causas formais das consonâncias musicais, porque os sons das consonâncias musicais são comparáveis mais aos números matemáticos que aos números ideais, pelo fato de as unidades dos números ideais serem diferenciadas. Essas outras dificuldades provam, portanto, que os entes matemáticos não existem separados dos sensíveis e que não são princípios das coisas sensíveis.*

[2] (1092 b 26-30). *Primeira argumentação: o bem das coisas não deriva da simples mistura segundo os números.* — Os Pitagóricos (ou alguma corrente pitagorizante dos Platônicos) sustentavam que as coisas derivavam a sua bondade *da particular relação numérica da sua mistura*: precisamente, se a sua mistura era feita de números ou *proporções perfeitas* (ἐν εὐλογίστῳ) ou de *números ímpares* (ἐν περιττῷ). — Note-se: εὐλόγιστος é entendido pelo Ps. Alexandre (*In Metaph.*, p. 829, 4 s. Hayduck) no sentido de *pares*, mas os exemplos que seguem mostram, como observou Bonitz, *Comm.*, p. 593, que Aristóteles indica "eum numerum qui computando, h. e. multiplicando, facile conficiatur, igitur numerum quadratum solidum similesque, quibus omnino peculiarem vim ac potentiam tribuerunt"; ἐν περιττῷ indicaria, por sua vez, uma relação como 1 : 3, ou (como pensa Ross, *Metaph.*, II, p. 495) 2 : 3, e, em geral $n : n + 1$. — A tudo isso Aristóteles objeta que a experiência demonstra não serem verdadeiras essas teorias: o hidromel não é mais eficaz se composto segundo a proporção 3 x 3, ou, em todo caso, segundo essas taumatúrgicas proporções.

[3] (1092 b 30 – 1093 a 1). *Segunda argumentação: a mistura não pode ocorrer por multiplicação, mas por soma.* — "Poder-se-ia dizer que partes da mistura estão entre si em relação de 3 : 2, mas não que a sua relação é de 3 x 2. Em poucas palavras, a mistura pode ocorrer mediante soma de números..., mas não por multiplicação. Por que não? Porque na multiplicação as partes devem ser da mesma espécie... O mensurador deve ser da mesma medida que o medido. A série *a.b.c*, por exemplo, é medida, se é da mesma espécie de *a*. Ao contrário, fogo e água (as partes que se misturam para constituir a carne) não têm a mesma medida" (Schwegler, *Metaph.*, IV, pp. 365 s.).

[4] (1092 a 1-13). *Terceira argumentação: pelo fato de as coisas terem algo em comum com os números não derivam as consequências extraídas pelos Pitagóricos.* — Melhor do que outros, Ross esclarece a passagem (*Metaph.*, II, p. 496): "Parece que aqui foram usadas duas argumentações. (1) linhas 3-9. Se todas as coisas participam do número (esta não é uma simples concepção do adversário, mas a opinião do próprio Aristóteles), não há nada surpreendente no fato de algumas coisas (p. ex. os períodos do movimento do sol e da lua, os ciclos da vida dos animais) serem designados com números quadrados ou cúbicos, ou com números ligados entre si como iguais, ou como dobro ou metade um do outro. Isso não autoriza tratar os números como *causa* dos fenômenos. (2) linhas 9-13. Foi pressuposto que coisas distintas pudessem cair sob o mesmo número. Portanto, segundo a opinião que agora é considerada, serão a mesma coisa, o que é absurdo".

[5] (**1093 a 13 – b 6**). *Quarta argumentação: a causa das coisas não é o número, mas algo ulterior.* — Começa aqui uma longa *argumentação* (que prossegue até b 6), visando mostrar que, embora certas coisas possuam determinado número, a sua causa não é *aquele número*, mas é algo diferente do número, porque aquele número é um efeito da causa às vezes até mesmo acidental. — Aristóteles fornece alguns exemplos como prova dessa afirmação. Cf. as notas seguintes (6-13).

[6] (**1093 a 15**). Cf. *Hist. anim.*, II 1, 501 b 1 ss.; VI 22, 576 a 6 ss.

[7] (**1093 a 15-19**). *Algumas observações sobre o número sete.* — Por exemplo os Caudeus e os Babilônios (Ps. Alexandre, *In Metaph.*, p. 833, 1 Hayduck). — Lemos aqui um belo exemplo do que se falou na nota 5. O mágico número 7, em muitos casos, em vez de *causa*, é simplesmente um *efeito, as vezes acidental.* Contra Tebas eram 7, porque 7 eram as portas de Tebas; 7 as estrelas das Plêiades, porque esse é o número das que *nós* conseguimos contar, e assim por diante.

[8] (**1093 a 20-26**). *Presumíveis relações entre as três consoantes duplas e as três consoantes musicais.* — Este é outro exemplo da argumentação da qual se falou na nota 5. Eis um claro comentário de Schwegler (*Metaph.*, IV, p. 367): "As letras ξ ψ e ζ são consoantes duplas, ξ composta de κ e ς, ψ de π e ς e ζ de δ e ς. Ora, os Pitagóricos chamavam essas três consoantes duplas de *consonâncias* (συμφωνίαι) e consideravam que existiam justamente três consoantes duplas porque três são as consonâncias musicais. As συμφωνίαι da antiga música são as três consonâncias de quarta, quinta e oitava (...) Aristóteles afirma que o fato de as consoantes duplas serem três é puramente casual. De fato, também *g* e *r* (*gr*) poderiam ser indicados com um único sinal, de modo que as consoantes duplas passariam a ser 4, etc.". Se, ulteriormente, se afirmasse que aquelas três consoantes são duplas de maneira especial, como nenhuma outra, eis então a ulterior resposta. *As posições da boca com as quais pronunciamos as várias consoantes são fundamentalmente três* (garganta, dentes, lábios, dos quais proveem os sons guturais, dentais e labiais) e, acrescentando um sigma, os sons fundamentais obtidos naquelas posições são, justamente, as consoantes duplas de que se fala.

[9] (**1093 a 26-28**). *Possível alusão a alguns intérpretes de Homero.* — Ross supõe que aqui Aristóteles possa aludir a intérpretes de Homero que usavam o método da alegoria, como Ferécides de Siro, Teages de Régio, Metrodoro de Lâmpsaco, e outros (*Metaph.*, II, p. 498).

[10] (**1093 a 28 – b 6**). *A propósito da evocação dos exemplos que se seguem.* — Aristóteles evoca alguns casos análogos aos precedentes, que, a

seu juízo, são acidentais do mesmo modo que os precedentes. — Annas observa justamente que Aristóteles pode estar referindo-se a afirmações feitas ao acaso, ou seja, sem um preciso fio condutor, "mas é possível que, nessa passagem, ele ataque uma sistemática derivação paralela das partes do discurso da escala musical"; *Interpr. dei libri M N...* (1992), p. 262.

[11] (**1093 b 1**). *A propósito da expressão ἐν τῷ δεξιῷ.* — Traduzimos essa expressão seguindo a exegese de ps. Alexandre (*In Metaph.*, p. 834, 33 s. Hayduck), que explica que δεξίον indica a parte do verso "que vai do início até a metade", e ἀριστερόν a outra parte do verso que vai da metade até o fim.

[12] (**1093 b 2-4**). *A propósito das letras do alfabeto.* — As letras do alfabeto são 24; também 24 seriam as notas da flauta partindo da mais baixa até a mais alta; 24, depois, seria o número que exprime a perfeita harmonia do céu. O número 24 na harmonia do céu derivaria "do fato de os símbolos do zodíaco serem 12, as esferas serem 8, e os elementos serem 4", Ps. Alexandre, *In Metaph.*, p. 835, 16-18 Hayduck.

[13] (**1093 b 5-6**). *Conclusões da quarta argumentação.* — O fato de ser fácil encontrar correspondências entre números e seres tanto eternos como corruptíveis demonstra que se trata de correspondências em larga medida casuais e acidentais.

[14] (**1093 b 7-21**). *Quinta argumentação: relações analógicas subsistentes entre as coisas e os números.* — Aristóteles exprime muito bem a sua posição nesse argumento. (a) Os Números e os Entes matemáticos com todas as suas características, examinados adequadamente, não são causas e princípios das coisas, segundo o preciso significado desses termos. (b) Todavia, aos Platônicos deve ser reconhecido o mérito de ter individuado, entre o bem e o belo e os números, algumas relações e nexos estruturais. Também têm razão ao individuar correspondências entre números, termos matemáticos e várias coisas. (c) Mas essas correspondências são acidentais e fundam-se sobre analogias e não sobre princípios fundadores. Annas observa justamente: "Aqui Aristóteles não oferece nenhum fundamento para essas supostas analogias... Embora Aristóteles pareça menos indiferente a essas correspondências do que poderíamos esperar, não pode se permitir aceitar que elas sejam significativas..."; *Interpr. dei libri M N...* (1992), p. 263.

[15] (**1093 b 21-24**). *Sexta argumentação: a admissão dos números ideais compromete a própria teoria das Ideias.* — A exegese mais pertinente dessa última argumentação parecer ser a que foi fornecida por Annas: "... essa é uma espécie de nota de rodapé. Mesmo que os números, de certo modo,

fossem causas [*i.é* dado, mas não concedido], não seriam números-Forma, porque os números, nas relações numéricas etc., devem poder ser repetidos, e cada número-Forma é único no seu gênero, enquanto constituído de unidades não combináveis com as unidades de qualquer outro número. Portanto, ainda que aceitássemos esses argumentos em favor da causalidade dos números, eles não nos levariam a admitir as Formas", *Interpr. dei libri M N*... (1992), p. 263.

[16] (**1093 b 24-29**). *Uma conclusão emblemática da polêmica de Aristóteles com as doutrinas acadêmicas*. — A teoria acadêmica dos números, em todas as suas implicações e consequências, é incoerente e inconsistente.

Índice analítico à matéria tratada no Comentário à "Metafísica" Terceiro volume

Sumários e comentário ao livro Γ (quarto)

Sumários e comentário ao livro Δ (quinto)

Sumários e comentário ao livro E (sexto)

Sumários e comentário ao livro Z (sétimo)

Sumários e comentário ao livro H (oitavo)

Sumários e comentário ao livro Θ (nono)

Sumários e comentário ao livro I (décimo)

Sumários e comentário ao livro K (décimo primeiro)

Sumários e comentário ao livro Λ (décimo segundo)

Sumários e comentário ao livro M (décimo terceiro)

Sumários e comentário ao livro N (décimo quarto)

editoração impressão acabamento

rua 1822 nº 341
04216-000 são paulo sp
T 55 11 3385 8500/8501 • 2063 4275
www.loyola.com.br